magnum
Excel 97

Günter Born

magnum
Excel 97

Kompakt
Komplett
Kompetent

Markt&Technik
Buch- und Software-Verlag GmbH

Die Deutsche Bibliothek – CIP-Einheitsaufnahme

Excel 97 : kompakt, komplett, kompetent / Günter Born. –
Haar bei München : Markt und Technik, Buch- und Software-Verl.,
(M&T magnum)
ISBN 3-8272-5351-9
Buch.– 1998
  brosch.
CD-ROM.– 1998

Die Informationen in diesem Produkt werden ohne Rücksicht auf einen eventuellen
Patentschutz veröffentlicht.
Warennamen werden ohne Gewährleistung der freien Verwendbarkeit benutzt.
Bei der Zusammenstellung von Texten und Abbildungen wurde mit größter Sorgfalt
vorgegangen. Trotzdem können Fehler nicht vollständig ausgeschlossen werden.
Verlag, Herausgeber und Autoren können für fehlerhafte Angaben und deren Folgen
weder eine juristische Verantwortung noch irgendeine Haftung übernehmen.
Für Verbesserungsvorschläge und Hinweise auf Fehler sind Verlag und Herausgeber dankbar.
Alle Rechte vorbehalten, auch die der fotomechanischen Wiedergabe und der Speicherung in
elektronischen Medien.
Fast alle Hardware- und Software-Bezeichnungen, die in diesem Buch erwähnt werden, sind
gleichzeitig auch eingetragene Warenzeichen oder sollten als solche betrachtet werden.

10   9   8   7   6   5   4   3   2

02   01   00   99   98

ISBN 3-8272-5351-9

© 1998 by Markt&Technik Buch- und Software-Verlag GmbH,
Hans-Pinsel-Straße 9b, D-85540 Haar bei München
Alle Rechte vorbehalten
Einbandgestaltung: Grafikdesign Heinz H. Rauner, München
Lektorat: Rainer Fuchs, E-Mail: rfuchs@mut.de
Herstellung: Claudia Bäurle
Layout und Satz: Borges & Partner GmbH, Lehrte, http://www.borges-partner.de
Druck: Media-Print, Paderborn
Dieses Produkt wurde mit Desktop-Publishing-Programmen erstellt und auf
chlorfrei gebleichtem Papier gedruckt
Printed in Germany

QuickView

Teil 1 Grundlagen 21

Alle, die einen schnellen Einstieg in Excel 97 benötigen, finden in den Kapiteln dieses Teils die Grundlagen zum Umgang mit dem Programm. Kapitel 1 geht auf die Einsatzvoraussetzungen und die Installation ein. In Kapitel 2 finden Sie Hinweise zur Benutzeroberfläche des Programms. Die ersten Schritte werden in den Kapiteln 3 und 4 vermittelt. Abschließend lernen Sie in Kapitel 5 die Excel-Hilfe und den Office-Assistenten kennen.

Teil 2 Arbeitsmappen und Tabellen 119

In diesem Teil verfeinern Sie die Kenntnisse zum Umgang mit Excel 97 und häufig benötigten Funktionen. Sie lernen, mit Arbeitsmappen und Tabellen umzugehen, Daten in Tabellen einzutragen und zu bearbeiten. Das ist kein großes Problem, und mit den hier beschriebenen Techniken können Sie viele wiederkehrende Aufgaben getrost Excel 97 überlassen. Dies gilt auch für den Umgang mit Formeln und Berechnungen.

Teil 3 Erweiterte Excel-97-Funktionen 325

Sicherlich möchten Sie Ihre Ergebnisse aus Excel 97 drucken, Arbeitsblätter und Tabellen besonders elegant gestalten (formatieren) oder vielleicht auf Vorlagen zurückgreifen. Wie dies geht, wird in den Kapiteln dieses Teils behandelt. Dort lernen Sie auch mit den neuen Web-Funktionen umzugehen, Daten zwischen Excel 97 und anderen Programmen auszutauschen oder Hilfsmittel wie die Rechtschreibprüfung oder die sogenannten Add-In-Programme zu nutzen.

Teil 4 Analysen und Datenverwaltung 573

Eine der Stärken von Excel 97 liegt in den vielfältigen Möglichkeiten zur Analyse und Verwaltung von Daten. In diesem Teil lernen Sie den Umgang mit Listen, das Filtern von Daten, das Erstellen von Gliederungen und Berichten. Außerdem wird gezeigt, wie Sie mit Szenarien oder Pivot-Tabellen umgehen oder mit Excel 97 auf Datenbanken zugreifen.

| Teil 5 | Diagramme und Grafiken | 739 |

Die Präsentation von Daten oder das Ausstatten von Tabellen mit Zeichnungen und Bildern ist in Excel 97 mit wenigen Schritten möglich. Wie dies geht, was bei Diagrammen zu beachten ist und wie Sie die vielfältigen Möglichkeiten des Programmes zum Erstellen von Säulen- oder Kreisdiagrammen, Landkarten etc. nutzen, wird Kapitel für Kapitel gezeigt.

| Teil 6 | Makros und VBA-Programmierung | 883 |

Komplexe Aufgaben oder wiederkehrende Abläufe lassen sich durch Makros oder VBA-Programme automatisieren. Wie Sie Makros aufzeichnen und mit der Visual-Basic-Entwicklungsumgebung umgehen, erfahren Sie in den Kapiteln dieses Teils. Hier finden Sie auch einige Beispiele für spezielle VBA-Programme.

| Teil 7 | Anhang | 997 |

In Anhang A finden Sie Hinweise, wie sich Excel 97 individuell an Ihre Bedürfnisse anpassen läßt. In Anhang B werden verschiedene Neuerungen in Excel 97 kurz angerissen. Anhang C enthält eine Zusammenstellung hilfreicher Tastenkürzel, und Anhang D gibt Hinweise zur Begleit-CD-ROM.

Inhaltsverzeichnis

Teil 1 Grundlagen — 21

1 Einsatzvoraussetzungen und Installation 22
- 1.1 Wofür läßt sich Excel 97 einsetzen? 22
- 1.2 Was wird für Excel 97 benötigt? 22
- 1.3 Wie wird Excel 97 installiert? 24
- 1.4 Komponenten hinzufügen/entfernen 28

2 Benutzeroberfläche und Grundlagen 32
- 2.1 Microsoft Excel 97 aufrufen 32
- 2.2 Komponenten des Excel-Anwendungsfensters 35
- 2.3 Menüs und Symbolleisten 38
- 2.4 Was Sie über Excel-Dokumente wissen sollten 44

3 Excel 97 – Die ersten Schritte 54
- 3.1 Die erste Excel-97-Tabelle 54
- 3.2 Die Werte der ersten Spalte eingeben 55
- 3.3 Die Bearbeitungsleiste 57
- 3.4 Eingabe der Spaltenüberschrift 59
- 3.5 Jetzt werden die Umsatzzahlen eingegeben 61
- 3.6 Berechnung der Umsätze 65
- 3.7 Wie lassen sich Eingabefehler korrigieren? 71
- 3.8 Die Tabelle speichern 73
- 3.9 Excel 97 beenden 75

4 Die nächsten Schritte 76
- 4.1 Eine Arbeitsmappe laden 76
- 4.2 Verschieben von Zellinhalten 78
- 4.3 Bereiche mit Vorgabewerten füllen 81
- 4.4 Zellinhalte und Formate löschen 83
- 4.5 Zellbereiche kopieren 86
- 4.6 Korrektur der Berechnungsformeln 89
- 4.7 Formatieren einer Tabelle 92
- 4.8 Tabelle ausdrucken 101
- 4.9 Daten unter neuen Namen speichern 103

5 Wo gibt es Hilfe? 104
- 5.1 Hilfestellung mit QuickInfos 104
- 5.2 Direkthilfe abrufen 104
- 5.3 Arbeiten mit dem Office-Assistenten 105

	5.4	Aufruf der Excel-Hilfe	109
	5.5	Web-Hilfe	115
	5.6	Nutzen der Lotus-1-2-3-Hilfe	117

Teil 2 Arbeitsmappen und Tabellen 119

6 Arbeitsmappen organisieren 120
- 6.1 Neue Arbeitsmappe anlegen 120
- 6.2 Arbeitsmappe laden 125
- 6.3 Optionen beim Laden von Arbeitsmappen 128
- 6.4 Arbeitsmappen automatisch laden 136
- 6.5 Arbeitsmappe schließen 138
- 6.6 Arbeitsmappen speichern 139
- 6.7 Arbeitsmappen schützen 142
- 6.8 Automatisch speichern 146

7 Mit Arbeitsblättern umgehen 149
- 7.1 Anzahl der Arbeitsblätter in Arbeitsmappen 149
- 7.2 Arbeitsblatt auswählen 150
- 7.3 Arbeitsblätter gruppieren 152
- 7.4 Arbeitsblätter umbenennen 154
- 7.5 Arbeitsblätter verschieben/kopieren 156
- 7.6 Arbeitsblatt neu einfügen 161
- 7.7 Anzeigeoptionen für Arbeitsblätter 164

8 Dateneingabe 173
- 8.1 Eingabe von Zahlen 173
- 8.2 Eingabe von Datumswerten und Zeiten 180
- 8.3 Eingabe von Texten 185
- 8.4 Eingabe von Ausdrücken und Formeln 188
- 8.5 Bearbeiten von Kommentaren 191
- 8.6 Arbeiten mit Gültigkeitskriterien 194

9 Bereiche automatisch füllen 198
- 9.1 Füllen von Bereichen mit Vorgabewerten 198
- 9.2 Füllen von Bereichen mit Datenreihen 199
- 9.3 Füllen per Kontextmenü steuern 203
- 9.4 Reihenbildung erzwingen oder verhindern 206
- 9.5 Leerzellen mit AutoAusfüllen erzeugen 207
- 9.6 Datenreihen für AutoAusfüllen definieren 208
- 9.7 Die Funktion Ausfüllen 210

10 Bewegen in Tabellen 215
- 10.1 Cursorbewegungen bei der Eingabe 215
- 10.2 Blättern in der Tabelle 217
- 10.3 Direktanwahl einer Zelle 220
- 10.4 Positionierung über Namen 220
- 10.5 Die Funktion Gehe zu 221
- 10.6 Positionierung über die Suchfunktion 222

11 Selektieren und Arbeiten mit Namen 224
- 11.1 Zellen und Bereiche markieren 224
- 11.2 Mehrere Bereiche markieren 226
- 11.3 Markieren bestimmter Zellen 227
- 11.4 Bereiche mit Gehe zu markieren 228
- 11.5 Bereiche mit Namen belegen 231
- 11.6 Namen einfügen 237
- 11.7 Namen anwenden 239
- 11.8 Beschriftungsbereiche nutzen 243

12 Daten bearbeiten, verschieben und kopieren 247
- 12.1 Daten bearbeiten 247
- 12.2 Verschieben und Kopieren 249
- 12.3 Tabelleninhalt als Grafik in andere Programme kopieren 253
- 12.4 Inhalte selektiv einfügen 255
- 12.5 Zellinhalte löschen 257
- 12.6 Zellen, Zeilen und Spalten einfügen 260
- 12.7 Zellen, Zeilen und Spalten löschen 262
- 12.8 Zellinhalte mit Suchen und Ersetzen ändern 263
- 12.9 Änderungen zurücknehmen 265
- 12.10 Kontextmenüs zur Eingabe nutzen 266

13 Formeln und Berechnungen 267
- 13.1 Formeln eingeben 267
- 13.2 Operatoren in Formeln 269
- 13.3 Adreßbezüge in Formeln 273
- 13.4 Bezüge eingeben 276
- 13.5 Namen in Formeln 283
- 13.6 Formeln bei der Eingabe formatieren 285
- 13.7 Anzeige der Formeln in der Tabelle 285
- 13.8 Steuerung der Berechnungen 287
- 13.9 Aktualisierung von Fremdbezügen 293
- 13.10 Besonderheiten bei Datumswerten 295
- 13.11 Wahrheitswerte in Excel 295

14 Funktionen und Fehlerbearbeitung 296
    14.1 Funktionen verwenden (Beispiel) 296
    14.2 Funktionen abrufen 301
    14.3 Funktionsgruppen 309
    14.4 Arbeiten mit dem Excel-Detektiv 315

15 Arbeiten mit Matrizen 319
    15.1 Was steckt hinter Matrizen? 319
    15.2 Wie werden Matrixformeln eingegeben? 320
    15.3 Matrixformeln bearbeiten 322
    15.4 Matrixkonstante eingeben 323

Teil 3 Erweiterte Excel-97-Funktionen   325

16 Drucken 326
    16.1 Druckertreiber installieren 326
    16.2 Optionen zum Ausdrucken 332
    16.3 Einrichten des Seitenformats 336
    16.4 Einstellung der Seitenränder 345
    16.5 Vorgaben für den Tabellendruck setzen 354
    16.6 Weitere Optionen beim Ausdruck 359
    16.7 Dokumente drucken 360

17 Dateiorganisation 371
    17.1 Organisation der Dokumentverzeichnisse 371
    17.2 Dateieigenschaften verwalten 373
    17.3 Umgang mit Dateien 378
    17.4 Dateien suchen 387
    17.5 Suche im Web 396

18 Im- und Export von Dokumenten 397
    18.1 Import von Dateien 397
    18.2 Export von Dokumenten 409

19 Formatierung von Tabellen und Arbeitsblättern 414
    19.1 Formatierung von Zellinhalten 414
    19.2 Bedingte Formatangaben 435
    19.3 Zeichenformatierung und -ausrichtung 439
    19.4 Arbeitsblatt formatieren 452
    19.5 AutoFormat anwenden und anpassen 458
    19.6 Zellen schützen 462

- 20 Arbeiten mit Vorlagen 466
  - 20.1 Arbeiten mit Formatvorlagen 466
  - 20.2 Formatvorlage neu definieren 479
  - 20.3 Arbeiten mit Mustervorlagen 482
  - 20.4 Tabellenvorlagen für Arbeitsblätter definieren 489
- 21 Hyperlinks und HTML 493
  - 21.1 Arbeiten mit Hyperlinks 493
  - 21.2 Excel-97-Dokumente in HTML-Format exportieren 507
  - 21.3 Import von HTML-Dokumenten 519
  - 21.4 Umgang mit dem Web-Formular-Assistenten 520
- 22 OLE 527
  - 22.1 OLE-Einführung 527
  - 22.2 Die OLE-Funktion Einbetten 529
  - 22.3 Die OLE-Funktion Verknüpfen 542
  - 22.4 Beispiele für OLE-Anwendungen 547
- 23 Hilfsmittel 553
  - 23.1 Die Rechtschreibprüfung 553
  - 23.2 Arbeiten mit AutoKorrektur 555
  - 23.3 Die Funktion Nachschlagen 560
- 24 Excel-Add-In-Programme 562
  - 24.1 Add-In-Programme verwalten 562
  - 24.2 Excel-Add-In-Programme und Zusatzfunktionen 570
  - 24.3 Add-Ins von Microsoft Query 572

Teil 4 Analysen und Datenverwaltung 573

- 25 Arbeiten mit Listen 574
  - 25.1 Grundlagen 574
  - 25.2 Listen erstellen 576
  - 25.3 Die Funktion Maske 577
  - 25.4 Suchen in Listen 583
  - 25.5 Sortieren von Listen und Bereichen 590
- 26 Filtern von Listen 596
  - 26.1 Filtern einer Liste mit AutoFilter 596
  - 26.2 Arbeiten mit der Funktion Spezialfilter 600

27 Teilergebnisse, Gliederungen, Ansichten und Berichte 606
    27.1 Arbeiten mit Teilergebnissen 606
    27.2 Arbeiten mit Gliederungen 613
    27.3 Ansichten 620
    27.4 Arbeiten mit Berichten 625

28 Analysen und Szenarien 630
    28.1 Zielwertsuche und Mehrfachauswahl 630
    28.2 Arbeiten mit Szenarien 639
    28.3 Umgang mit dem Solver 648

29 Abfragen und Arbeiten mit Microsoft Query 658
    29.1 Einführung in Microsoft Query 658
    29.2 Zugriff auf externe Daten 663
    29.3 Arbeiten mit Microsoft Query 673

30 Pivot-Tabellen und Konsolidieren 695
    30.1 Pivot-Tabellen erstellen 695
    30.2 Erweiterte Techniken für Pivot-Tabellen 705
    30.3 Konsolidieren und Fremddaten 718

31 Excel 97 und Datenbanken 724
    31.1 Der Vorlagen-Assistent 724
    31.2 Excel 97 und Access 97 731
    31.3 Arbeitsmappe zu Access konvertieren 732
    31.4 Access-Formulare erstellen 735

Teil 5 Diagramme und Grafiken   739

32 Diagramme erstellen 740
    32.1 Grundlagen 740
    32.2 Diagramm per Assistent erstellen 742
    32.3 Diagrammoptionen 749

33 Diagramme bearbeiten 757
    33.1 Diagramm kopieren,
         verschieben und in der Größe ändern 757
    33.2 Datenbereiche im Diagramm anpassen 759
    33.3 Diagrammtypen und Varianten 766
    33.4 Benutzerdefinierte Diagrammtypen 776
    33.5 Ändern des Diagrammtyps 783
    33.6 Neuberechnen eines Diagramms 787
    33.7 Datenreihen einfügen, bearbeiten oder löschen 787

34	Diagramme formatieren und anpassen	793
	34.1 Beschriftungen ändern und formatieren	793
	34.2 Legende bearbeiten	799
	34.3 Gestaltung der Achsenskalierung und -beschriftung	803
	34.4 Datenreihen formatieren	810
	34.5 Arbeiten mit Fülleffekten	822
35	Landkarten	831
	35.1 Grundlagen	831
	35.2 Landkarten erstellen	832
	35.3 Beschriftung der Landkarte	841
	35.4 Diagrammobjekte bearbeiten	844
36	Grafiken und Zeichnungsobjekte	849
	36.1 Arbeiten mit Grafiken	849
	36.2 AutoFormen verwenden	855
	36.3 Die Funktion WordArt	858
	36.4 Die Funktion Zeichnen	863
	36.5 Objekte formatieren	869
	36.6 Objekte gruppieren und positionieren	877

Teil 6 Makros und VBA-Programmierung   883

37	Arbeiten mit Makros	884
	37.1 Grundlagen	884
	37.2 Makros aufzeichnen, bearbeiten und ausführen	886
38	Die Visual-Basic-Entwicklungsumgebung	897
	38.1 Den Visual Basic-Editor aufrufen	897
	38.2 Die Fenster des Visual Basic-Editors	897
	38.3 Die Symbolleisten des Visual Basic-Editors	910
	38.4 Die Menüs des Visual Basic-Editors	911
	38.5 Optionen anpassen	920
	38.6 VBA-Code testen	926
39	Dialoge und Formulare	935
	39.1 Grundlagen	935
	39.2 Excel 5.0-Steuerelemente im Arbeitsblatt	935
	39.3 Excel-97-Formulare	947
40	VBA unter Excel 97	958
	40.1 Grundlagen	958
	40.2 Arbeiten mit Excel-Objekten	961
	40.3 Spezielle Visual Basic-Makros	974
	40.4 Makroaufrufe per Menü und Schaltfläche	991

Teil 7 Anhang 997

- A Excel 97 individuell einrichten 998
  - A.1 Symbol- und Menüleisten gestalten 998
  - A.2 Excel 97 anpassen 1018
  - A.3 Konfigurationsdateien und Aufrufoptionen 1024
- B Was ist neu an Excel 97? 1028
  - B.1 Zellbereiche auswählen 1028
  - B.2 Zwischenergebnisse anzeigen 1028
  - B.3 AutoKorrektur 1028
  - B.4 Bezugszellenanzeige 1029
  - B.5 Beschriftungen 1029
  - B.6 Kommentare 1029
  - B.7 Gültigkeitsregeln 1029
  - B.8 Zellformate 1029
  - B.9 Zellhöhe/-breite 1029
  - B.10 Rückgängig/Wiederholen 1030
  - B.11 Internet-Funktionen 1030
  - B.12 Der Office-Assistent 1030
  - B.13 Seitenumbruch-Vorschau 1030
  - B.14 Add-Ins 1030
  - B.15 Grafiken und Zeichnen 1030
  - B.16 Menüs 1030
  - B.17 Menü- und Symbolleisten anpassen 1031
  - B.18 VBA-Code 1031
- C Tastenkombinationen 1032
  - C.1 Menübedienung 1032
  - C.2 Bewegen in der Tabelle 1032
  - C.3 Funktionstasten 1033
  - C.4 Formatieren 1035
  - C.5 Daten bearbeiten 1036
  - C.6 Sonstige Tastencodes 1037
- D Die Begleit-CD-ROM 1038
  - D.1 Die Übungsdateien 1038
  - D.2 Zusatzprogramme 1038
- E Das Service Release 1 für Office 97 1040
- F Literatur 1044

Stichwortverzeichnis 1045

Vorwort

Mit Excel 97 ist Microsoft wieder ein großer Schritt nach vorne gelungen. Wer Excel 97 nur gelegentlich nutzt, wird sicherlich von der Vielfalt der Funktionen »erschlagen«. Aber auch wer Excel 97 häufiger einsetzt, wird öfter vor der Frage stehen, wie sich bestimmte Funktionen nutzen lassen. Da ein gedrucktes Handbuch zu Excel 97 fehlt, ist der Benutzer auf die Online-Hilfe des Programms angewiesen. Wer sich über die Funktionalität des Programms informieren und Excel 97 schrittweise kennenlernen möchte, beschreitet mit der Online-Hilfe einen »steinigen« Weg. Als gelegentlicher Excel-Nutzer ist man hier auf verlorenem Posten, da sich kaum ein Überblick über die betreffenden Funktionen verschaffen läßt. (Dies mußte ich erneut beim Schreiben eines Titels zur VBA-Programmierung unter Microsoft Office 97 schmerzlich erleben. Erst nach dem Schreiben des Buches ergaben die Informationen der Excel- und VBA-Hilfe einen Sinn. Beim Umstieg von Lotus 1-2-3 auf Excel 5.0 machte ich vor einigen Jahren die gleichen Erfahrungen.) Vielen Excel-97-Anwendern ergeht es sicher ähnlich.

Aus diesem Grund war es für mich eine besondere Herausforderung, dieses Buch zu schreiben. Außerdem ergab sich dadurch eine gute Gelegenheit, auch selten benutzte Excel-Funktionen oder Neuerungen kennenzulernen. Als »gelegentlichem« Excel-97-Nutzer fehlte mir bisher immer die Zeit, um alle Neuerungen auszutesten.

Sicherlich können auf ca. tausend Seiten nicht alle Funktionen vollständig und erschöpfend behandelt werden. Ich hoffe aber, mit der in diesem Buch getroffenen Auswahl die Informationen zu liefern, die Sie als Excel-97-Anwender benötigen. Zum Abschluß bleibt mir nur der Dank an alle Personen, die mich bei der Arbeit an diesem Buch unterstützten. Besonders erwähnt seien Frau Susanne Kowalski für die kritische Durchsicht des Manuskripts und Herr Dr. Rainer Fuchs, der als Lektor des Verlages genügend Zeit und Geduld investierte, um aus dem Manuskript des Autors ein fertiges Buch zu machen.

Allen Lesern wünsche ich viel Spaß und Erfolg beim Lesen dieses Buches sowie beim Lernen, Ausprobieren und Arbeiten mit Excel 97.

Günter Born

Die Buchstruktur

Microsoft Excel 97 wurde von Microsoft mit umfangreichen Funktionen ausgestattet. Auch wer schon mit einem Tabellenkalkulationsprogramm gearbeitet hat, steht häufig recht hilflos vor der Funktionalität des betreffenden Programms. Die Online-Hilfe bietet zwar Informationen zu allen Funktionen, allerdings ist es nur mit großem Aufwand möglich, einen Überblick über die Excel-97-Funktionen zu erhalten. Nur wenn Sie genau wissen, wonach Sie suchen möchten, läßt sich mit der Excel-Hilfe effizient arbeiten.

Der vorliegende Titel »Magnum Excel 97« soll diese Lücke schließen und Sie beim Einstieg, Umstieg und Aufstieg in Excel 97 und/oder beim Arbeiten mit dem Programm unterstützen. Die Entscheidung, wie dieses Buch genutzt wird, bleibt weitgehend Ihnen überlassen.

Sie können dieses Buch als Anleitung zum Einstieg in Excel 97 verwenden. Hierzu wird lediglich vorausgesetzt, daß Sie bereits mit Windows und einem Computer umgehen können. Die Grundlagen zu Excel 97 und zur Tabellenkalkulation werden in verschiedenen Kapiteln im Grundlagenteil vermittelt. Beispiele erlauben Ihnen, die einzelnen Funktionen direkt nachzuvollziehen.

Kennen Sie bereits Microsoft Excel oder ein anderes Tabellenkalkulationsprogramm? Dann nutzen Sie dieses Buch als Begleiter, um die umfangreichen Funktionen des Programmes Excel 97 kennenzulernen.

Stehen Sie vor einem Problem und wissen nicht, wie dies mit Excel 97 zu lösen ist? Dann verwenden Sie dieses Buch als Nachschlagewerk und Ratgeber.

Möchten Sie Ihre Arbeit effizienter gestalten oder Excel 97 besser nutzen? Auch hier unterstützt Sie das vorliegende Buch durch viele Hinweise, Tips und Beispiele.

Um diesen unterschiedlichen Anforderungen gerecht zu werden, wurde diesem Buch eine bestimmte Struktur gegeben, die das Auffinden von Informationen erleichtert. »Magnum Excel 97« umfaßt 40 Kapitel, die die Funktionen des Programms beschreiben und inhaltlich in sechs Teilen zusammengefaßt sind.

Einsteigern und allen Benutzern, die sich mit Excel 97 noch nicht so gut auskennen, empfehle ich, die einzelnen Kapitel aus Teil 1 zu lesen. Hier werden Sie mit den ersten Schritten und den Grundlagen vertraut gemacht. Anschließend sollten Sie die Kapitel in Teil 2 bearbeiten, um häufig benutzte Funktionen in Excel 97 kennenzulernen.

Die restlichen Teile gehen auf spezieller werdende Fragestellungen ein. Je nach Interesse können Sie diese Teile kapitelweise bearbeiten oder lediglich einzelne Funktionen »herauspicken«.

Möchten Sie das Buch als Begleiter verwenden, um die Excel-Funktionen schrittweise kennenzulernen? Dann können und dürfen Sie natürlich das Buch von Kapitel 1 bis zu Kapitel 40 durchlesen. Aber wer hat hierzu schon Lust und Zeit? Hier stellt sich die Frage: Wie finde ich die gesuchten Informationen in diesem Buch?

Jeder der sechs Teile befaßt sich mit einem bestimmten Themengebiet wie zum Beispiel Grundlagen, Grundfunktionen, Erstellen von Grafiken und Diagrammen, VBA-Programmierung etc. Eine Beschreibung der zugehörigen Inhalte entnehmen Sie bitte dem »Quick-View«-Teil am Anfang des Buches.

In den einzelnen Kapiteln werden dann die zu dem jeweiligen Themengebiet zugehörenden Funktionen in einem oder mehreren Abschnitten behandelt. Über die im Inhaltsverzeichnis aufgeführten Überschriften lassen sich die gesuchten Themengebiete schnell auffinden. Außerdem steht Ihnen ein ausgiebiges Stichwortverzeichnis zum Nachschlagen zur Verfügung.

Auch im Text werden Sie beim Lesen unterstützt. Zahlreiche Bilder und konkrete Schritt-für-Schritt-Anleitungen zeigen, wie bestimmte Funktionen zu nutzen sind. *Kursiv* hervorgehobene Wörter stehen für die Namen von Dialogfeldern oder Optionen. Menübefehle werden mit sogenannten Kapitälchen der Art DATEI/NEU dargestellt. Ein Schrägstrich zwischen zwei Wörtern bedeutet, daß hier zwei Befehle anzuwählen sind: Bei DATEI/NEU müssen Sie beispielsweise erst das Menü DATEI öffnen und dann den Befehl NEU wählen. Verweise auf Dateinamen werden mit kursiven Großbuchstaben wie *BEISPIEL1.XLS* hervorgehoben.

Die einzelnen Kapitel enthalten zusätzliche Tips, Hintergrundinformationen, Warnungen etc., die durch die Symbole hervorgehoben werden.

Das nebenstehend gezeigte Symbol taucht am linken oder rechten Rand aller Absatztexte auf, in denen zusätzliche Hinweise oder spezielle Tips zur besseren Nutzung von Excel 97 gegeben werden.

Manche Excel-Funktionen sind mit Vorsicht zu genießen. Es kann zu Datenverlusten oder unerwarteten Ergebnissen kommen. Absätze, die mit dem nebenstehenden Symbol versehen sind, enthalten entsprechende Warnungen, die zu beachten sind.

Die im Buch besprochenen und auf der Begleit-CD-ROM enthalten Beispiele ermöglichen Ihnen, die einzelnen Schritte direkt nachzuvollziehen. Verweise auf den Inhalt der CD-ROM werden im Buch mit dem nebenstehenden Symbol versehen.

Grundlagen
Excel 97

Der Einstieg in Excel 97 ist nicht schwer – in diesem Teil werden die Grundlagen zum Umgang mit dem Programm gelegt. Sie erfahren, was zum Betrieb von Excel 97 benötigt wird und wie Komponenten installiert werden. Die Kapitel 3 und 4 begleiten Sie während der ersten Schritte mit Excel 97. Wenn etwas nicht gleich klappt, ist dies kein Grund zur Sorge. Vieles wiederholt sich, und Sie lernen die Funktionen quasi nebenbei kennen. Der Office-Assistent (siehe Kapitel 5) und dieses Buch unterstützen Sie zusätzlich an den Stellen, an denen Sie nicht weiterwissen.

1 Einsatzvoraussetzungen und Installation

1.1 Wofür läßt sich Excel 97 einsetzen?

Excel 97 ist die Tabellenkalkulation des Microsoft-Office-97-Pakets. Sie können Excel 97 daher im Verbund mit den anderen Office-Programmen oder alleine einsetzen. Die Stärke von Excel 97 liegt in der Unterstützung aller Aufgaben, die wiederkehrende Berechnungen und Analysen umfassen.

- Sie können beispielsweise Excel-Tabellen zur Darstellung und Berechnung von Firmenumsätzen einsetzen. Die Berechnungsfunktionen erlauben es auf einfache Weise, Einzelumsätze von Filialen und/oder Quartalen zu summieren.
- Excel unterstützt den Bereich des Controlling im Hinblick auf Budget-Verwaltung, Kostenkontrolle und andere Auswertungen.
- Zur Unterstützung von Präsentationen greift man häufig auf Diagramme zurück. Excel 97 besitzt Funktionen, um solche Diagramme automatisch auf Basis bestimmter Daten zu erstellen.

Die drei aufgeführten Einsatzgebiete zeigen bereits die umfassende Funktionalität von Excel 97. Im Grunde sind die Möglichkeiten zum Einsatz dieses Programms praktisch unbegrenzt. In der Vergangenheit habe ich bereits erlebt, daß Excel 97 als Controlling Werkzeug, als Präsentationsmedium, zur Auswertung wissenschaftlicher oder technischer Daten, zur Qualitätskontrolle und vieles mehr benutzt wurde. Selbst ein Einsatz zur Textverarbeitung ist nicht ausgeschlossen, bei einigen Problemstellungen bringt dieser Ansatz sogar Vorteile gegenüber Programmen wie Word 97. Auch im privaten Bereich läßt sich Excel 97 zum Beispiel zur Führung eines Haushaltsbuches, zur Finanzierungsberechnung bei Krediten, zur Verwaltung der KFZ-Kosten, zur Erstellung einer Einnahmen-/Überschußberechnung und anderes mehr verwenden. Persönlich nutze ich Excel beispielsweise zur Ermittlung der Ein-/Ausgaben oder zur Abrechnung der Hauskosten. Es führt an dieser Stelle zu weit, auf alle denkbaren (und undenkbaren) Einsatzfelder einzugehen. Vermutlich wissen Sie selbst am besten, wo sich Excel 97 bei der täglichen Arbeit einsetzen läßt.

1.2 Was wird für Excel 97 benötigt?

Um Microsoft Excel 97 auf Ihrem Rechner installieren und betreiben zu können, müssen einige Systemvoraussetzungen erfüllt sein. Darüber hinaus gibt es zusätzliche Bedingungen, die das Arbeiten mit dem Programm erheblich erleichtern. Der Rechner sollte über folgende Hardware verfügen, damit Sie Excel 97 oder das gesamte Microsoft-Office-97-Paket installieren können:

- Es wird ein Rechner mit 486-Prozessor oder besser (z. B. Pentium) benötigt. Vernünftig arbeiten läßt sich erst mit Rechnern, die einen Pentium-133-MHz-Prozessor oder besser besitzen.

- Das System sollte mindestens mit 12 Mbyte Arbeitsspeicher (unter Windows 95) ausgestattet sein. Bei Windows NT sind mindesten 16 Mbyte Arbeitsspeicher erforderlich. Um Windows und die Office-Programme vernünftig zu betreiben, sollten Sie jedoch mindesten 16 Mbyte Arbeitsspeicher besitzen. Besser sind jedoch 24 oder 32 Mbyte und mehr.

- Es wird eine Grafikkarte gemäß dem VGA-Standard benötigt, die mindesten 256 Farben unterstützt.

- Zur Bedienung von Windows und Excel ist eine Maus erforderlich.

- Auf der Festplatte Ihres Systems müssen zur Installation von Microsoft Office 97 ca. 131 Mbyte an freiem Speicher vorhanden sein. Beachten Sie aber, daß sich dieser Speicherumfang je nach ausgewählten Komponenten erhöhen oder erniedrigen kann.

- Sie benötigen ein CD-ROM Laufwerk zur Installation der Software. Alternativ läßt sich die Installation auch über ein Netzwerk vornehmen. Über einen Coupon, der dem Microsoft-Office-97-Paket beiliegt, können Sie auch einen Diskettensatz im 3,5-Zoll-Format (8,89 cm) anfordern. Dann läßt sich Microsoft Office 97 auch über ein Diskettenlaufwerk installieren.

Die meisten der oben genannten Hardware-Anforderungen sind bereits erfüllt, wenn Sie das zur Installation von Office 97 benötigte Betriebssystem besitzen:

- Microsoft Office 97 läuft unter den Betriebssystemen Microsoft Windows 95 (und unter dem Nachfolger Windows 98).

- Sie können Microsoft Office 97 natürlich auch unter Microsoft Windows NT installieren und betreiben. Bei Microsoft Windows NT 3.51 benötigen Sie zusätzlich das Service-Pack 5.

- Alternativ können Sie auf Microsoft Windows NT 4.0 Workstation ausweichen, müssen dann aber das Service-Pack 1 installiert haben.

Sofern eines dieser Betriebssysteme auf dem Rechner installiert ist und die Festplatte genügend freie Kapazität aufweist, sollte die Installation von Microsoft Excel 97 oder des gesamten Microsoft-Office-97-Pakets keine Probleme bereiten.

Um die Leistungen des Office-97-Pakets zu nutzen, empfiehlt sich bei Bedarf die Installation folgender Komponenten:

- ClipArts, Sounds und andere Dateien lassen sich direkt von der CD-ROM laden und in Dokumente einbinden. Haben Sie Excel 97 von Diskette installiert, sollten Sie den Rechner ggf. mit einem CD-ROM-Laufwerk hochrüsten. Dies vereinfacht auch die Installation von Zusatzkomponenten.

- Zur Ausgabe von Sounddateien wird eine Soundkarte benötigt. Sofern Sie nicht über einen Multimedia-PC verfügen, aber Sounds ausgeben möchten, ist die Hochrüstung mit einer solchen Karte erforderlich.

Beabsichtigen Sie auf die Web-Funktionen von Microsoft Excel 97 zurückzugreifen, sollten Sie zumindest Zugriff auf einen Intranet-Server in Ihrer Firma haben. Zum Zugriff auf das World Wide Web mit den Microsoft-Angeboten (wie Web-Hilfe) wird zusätzlich ein Internet-Zugang benötigt. Hierzu ist ein Modem (ab 14.400 Baud) erforderlich.

1.3 Wie wird Excel 97 installiert?

Um Excel 97 benutzen zu können, müssen Sie das Programm erst installieren. Hierzu benötigen Sie die CD-ROM (gegebenenfalls die Disketten), auf der Microsoft Excel 97 oder das gesamte Office-97-Paket enthalten ist. Sie können dabei Excel 97 oder Office 97 zum ersten Mal installieren. Alternativ haben Sie die Möglichkeit, Excel 97 über eine bestehende Version zu installieren.

Zur ersten Installation gehen Sie in folgenden Schritten vor:

1. Starten Sie Ihren Rechner mit Windows. Anschließend legen Sie die CD-ROM mit den zu installierenden Programmen in das Laufwerk ein.

2. In der Regel erscheint dann ein Menü, welches Ihnen die Installation anbietet. Klicken Sie auf *Installieren*.

3. Manchmal erscheint das Installationsmenü nicht automatisch (z.B. bei Disketten). Dann starten Sie den Windows-Explorer und suchen die Datei SETUP.EXE. Starten Sie das Programm durch einen Doppelklick (Bild 1.1).

1 Einsatzvoraussetzungen und Installation

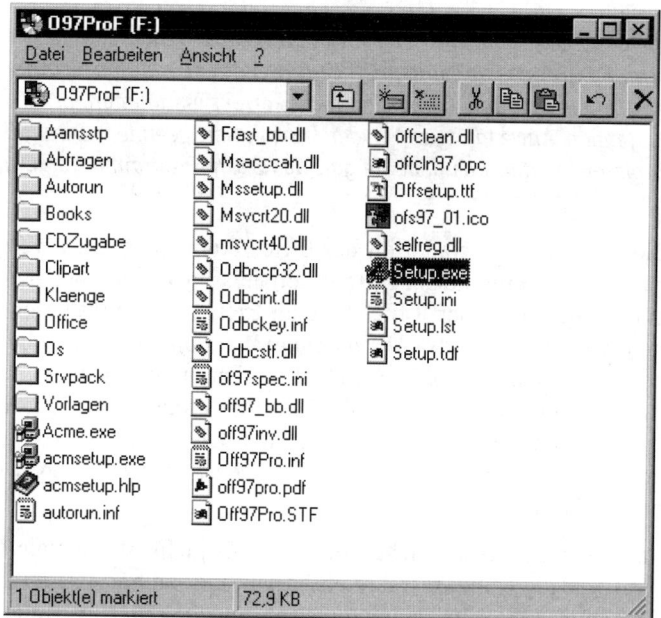

Bild 1.1: Setup-Programm im Windows-Fenster

Das Installationsprogramm prüft nach dem Start, ob im System bereits Komponenten installiert sind und ob genügend freier Speicherplatz auf der Festplatte frei ist. Ist zu diesem Zeitpunkt noch eine Anwendung geladen, zeigt das Setup-Programm ein »Fenster« (auch als Dialogfeld bezeichnet) mit dem Hinweis, diese Anwendung zu beenden (Bild 1.2). Sie sollten dann über die Windows-Taskleiste zu diesem Programm wechseln und die Anwendung schließen. Verfahren Sie auf diese Weise mit allen geöffneten Anwendungen.

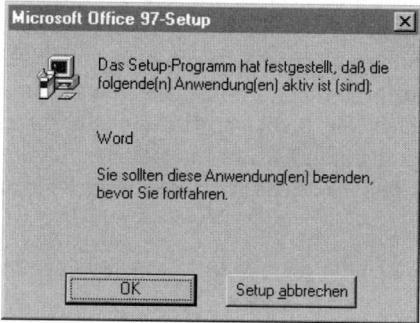

Bild 1.2: Warnung bei laufenden Anwendungen

Die Ursache für die Warnung vor laufenden Anwendungen liegt darin, daß ggf. noch Programme vorheriger Office-Anwendungen laufen. Dann läßt sich Microsoft Office 97 unter Umständen nicht korrekt installieren. Sie sollten daher alle laufenden Anwendungen vor der Installation beenden. Dies gilt auch für das Explorer-Fenster, aus dem Sie ggf. das Setup-Programm aufgerufen haben.

Die eigentliche Installation der Office-Programme läuft weitgehend automatisch ab. Während der Installation müssen Sie lediglich den Ordner angeben, in dem Microsoft Office 97 oder Excel 97 zu installieren ist. (Sie können hier beispielsweise *\Programme\Microsoft Office* eingeben.) Außerdem können Sie zwischen einer Standardinstallation und einer benutzerdefinierten Installation wählen. Verwenden Sie die Standardinstallation, richtet das Setup-Programm Microsoft Office 97 mit den am häufigsten benutzten Komponenten ein. Sofern Sie sich mit Office 97 oder Excel noch nicht auskennen, sollten Sie diese Variante wählen.

Das Setup-Programm bietet Ihnen die Möglichkeit, bestimmte Komponenten nachträglich zu installieren oder wieder zu entfernen (siehe folgender Abschnitt). Bei einer benutzerdefinierten Installation können Sie in gleicher Weise bestimmte Komponenten zum System hinzufügen oder entfernen.

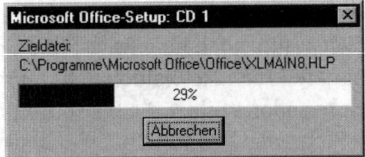

Bild 1.3: Anzeige des Installationsfortschritts

Während der Installation informiert das Setup-Programm Sie über den Fortschritt (Bild 1.3). Installieren Sie die Programme von Disketten, fordert SETUP.EXE ggf. die benötigten Installationsdisketten an. Bei einer Installation von CD-ROM brauchen Sie nichts zu tun. Sobald Microsoft Office 97 oder Excel 97 erfolgreich installiert wurde, meldet sich das Setup-Programm mit dem Dialogfeld aus Bild 1.4. Schließen Sie dieses Fenster über die *OK*-Schaltfläche.

Anschließend ist Office 97 oder die gewählte Komponente installiert.

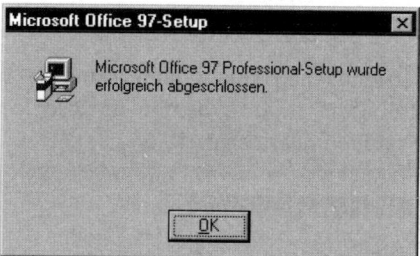

Bild 1.4: End-Dialog der Installation

 Um alle Funktionen nutzen zu können, sollten Sie jetzt Windows beenden und den Rechner neu starten. Dies stellt sicher, daß die komplette System-konfiguration aktualisiert wird.

Was tun, wenn Excel 97 beschädigt ist?

Manchmal kommt es vor, daß durch Installation einer Software Dateien von Excel 97 oder von Microsoft Office 97 beschädigt werden. Falls Sie beim Arbeiten mit Excel 97 oder Office das Gefühl haben, daß etwas beschädigt ist, können Sie die letzte Installation recht einfach aktualisieren lassen. Hierzu gehen Sie in folgenden Schritten vor:

1. Beenden Sie alle laufenden Window-Anwendungen, und legen Sie die Office-97-CD-ROM (oder den Datenträger mit dem Excel-97-Installations-programm) in das Laufwerk ein.

2. Falls sich das Setup-Programm nicht automatisch meldet, öffnen Sie das Fenster des Windows-Explorers und starten das Programm SETUP.EXE mit einem Doppelklick auf das Dateisymbol.

3. SETUP.EXE meldet sich mit dem in Bild 1.5 gezeigten Fenster. Klicken Sie auf die Schaltfläche *Neuinstallation*.

SETUP.EXE überprüft das System auf installierte Komponenten und ob genügend Speicherplatz vorhanden ist. Anschließend werden alle Dateien der bestehenden Installation von der CD-ROM (oder von Diskette) aktualisiert. Dieser Vorgang läuft automatisch ab; Sie werden über den Fortschritt über ein Dialogfeld (siehe Bild 1.3) informiert.

4. Nach der Installation sollten Sie Windows beenden und das System neu starten. Dies stellt sicher, daß alle neu installierten Komponenten durch Windows benutzt werden.

1.4 Komponenten hinzufügen/entfernen

Excel 97 besteht aus verschiedenen Komponenten und Zusatzfunktionen. Je nach gewählter Installationsvariante werden unterschiedliche Dateien und Komponenten im System eingerichtet.

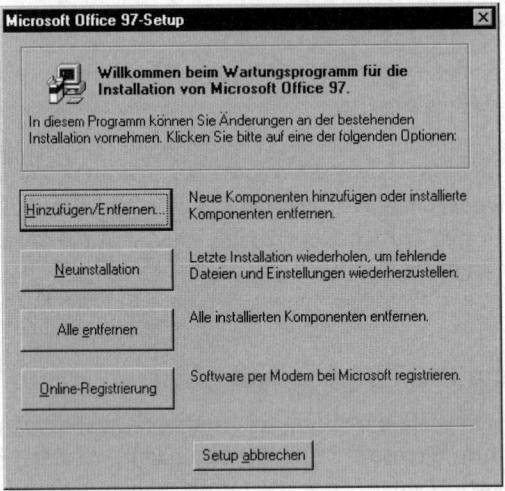

Bild 1.5: Setup-Dialogfeld

Stellen Sie nach der Installation fest, daß bestimmte Komponenten fehlen, lassen sich diese auch nachträglich zum System hinzufügen. Weiterhin können Sie nicht benötigte Komponenten von SETUP.EXE von der Festplatte entfernen lassen. Hierzu gehen Sie folgendermaßen vor:

1. Beenden Sie alle laufenden Window-Anwendungen, und legen Sie die Office-97-CD-ROM (oder den Datenträger mit dem Excel-97-Installationsprogramm) in das Laufwerk ein.

2. Falls sich das Setup-Programm nicht automatisch meldet, öffnen Sie das Fenster des Windows-Explorers und starten das Programm SETUP.EXE mit einem Doppelklick auf das Dateisymbol.

3. Klicken Sie im Dialogfeld *Microsoft Office-97-Setup* auf die Schaltfläche *Hinzufügen/Entfernen*.

Setup öffnet anschließend das in Bild 1.6 gezeigte Dialogfeld mit den installierbaren/entfernbaren Office-97-Komponenten. Die Komponenten werden dabei in der Liste *Optionen* aufgeführt. Jede dieser Optionen kann durch Anklicken des zugehörigen Kontrollkästchens – dies sind die viereckigen Kästchen vor dem Text – markiert (d. h. ausgewählt) oder von der Auswahl ausgeschlossen werden.

1 Einsatzvoraussetzungen und Installation

···› Ist das Kontrollkästchen leer, wird keine Datei dieser Komponente auf dem System installiert. In Bild 1.6 ist dies bei der Option »Microsoft Sammelmappe« gegeben.

···› Enthält das Kontrollkästchen ein Häkchen, wird die betreffende Komponente zur Installation vorgesehen.

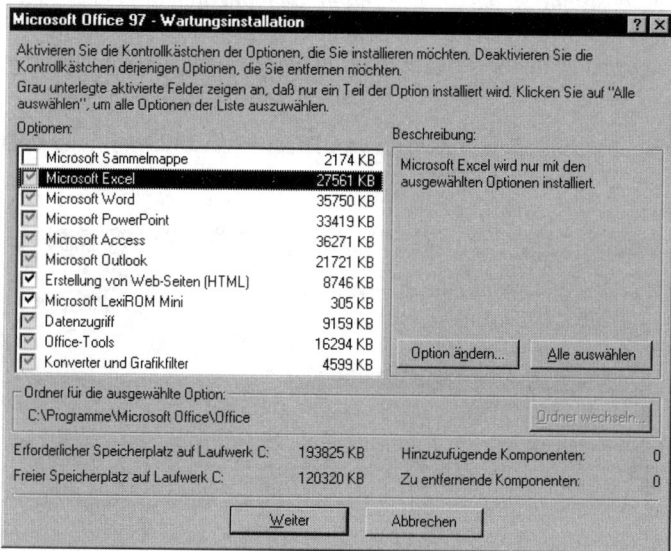

Bild 1.6: Dialogfeld Microsoft Office-97-Wartungsinstallation

Rechts im Dialogfeld finden Sie im Feld *Beschreibung* einen Text mit Hinweisen zur aktuell angewählten Komponente. Das Dialogfeld aus Bild 1.6 zeigt nur die Hauptkomponenten von Microsoft Office 97. Eine solche Komponente wie Microsoft Excel 97 besteht aber ihrerseits wieder aus Teilkomponenten, die entweder vollständig oder teilweise installierbar sind.

···› Enthält ein Kontrollkästchen ein Häkchen als Markierung und ist der Hintergrund des Kontrollkästchens weiß, wird die ausgewählte Komponenten komplett installiert. Dies ist in Bild 1.6 beispielsweise bei der Komponente »Microsoft LexiROM Mini« gegeben.

···› Grau hinterlegte Kontrollkästchen (z. B. »Microsoft Excel« in Bild 1.6) signalisieren, daß eine Komponente nicht mit allen Optionen installiert wurde. Konkret bedeutet dies, daß das Programm nicht über alle Funktionen verfügt.

Hinter den jeweiligen Komponenten zeigt das Setup-Programm auch den für die ausgewählten Teilkomponenten benötigten Speicherplatzbedarf auf der Festplatte. Im unteren Teil des Dialogfelds sind dann der Gesamtspeicherplatzbedarf der Installation sowie der verfügbare Speicherplatz auf der Festplatte aufgeführt. Achten Sie darauf, daß genügend freier Speicherplatz auf der Festplatte vorhanden ist.

 Leider ist die Angabe des Speicherbedarfs im Dialogfeld des Setup-Programms etwas irreführend. Das Programm zeigt den Speicherplatzbedarf an, der bei der Neuinstallation der ausgewählten Komponenten auf der Festplatte erforderlich ist. Existieren bereits Komponenten des Programms auf der Festplatte, kann der tatsächlich zur Installation benötigte Speicherplatzbedarf geringer sein.

Möchten Sie Komponenten von Excel 97 installieren oder entfernen, gehen Sie in folgenden Schritten vor:

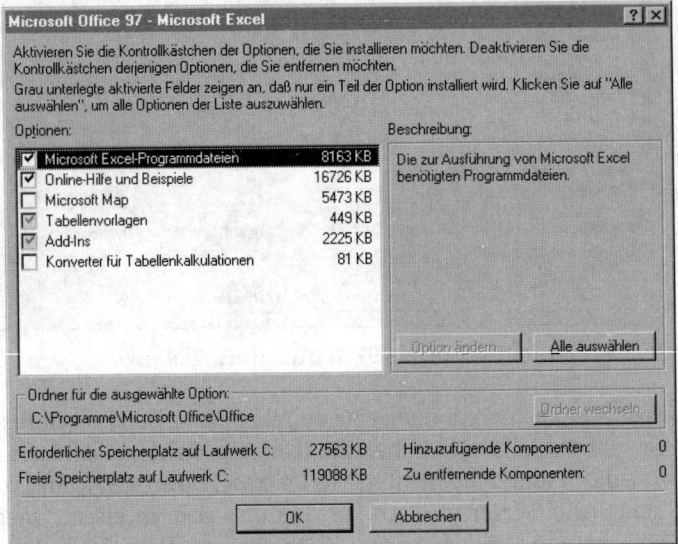

Bild 1.7: Optionen von Microsoft Excel 97

1. Sofern noch nicht erfolgt, markieren Sie das Kontrollkästchen vor dem Eintrag *Microsoft Excel* (Bild 1.6). Das Kontrollkästchen muß mit einem Häkchen versehen sein.

2. Sollen allen Optionen von Excel 97 installiert werden, klicken Sie auf die Schaltfläche *Alle auswählen*.

3. Um einzelne Teilkomponenten von Excel 97 auszuwählen, klicken Sie auf die Schaltfläche *Option ändern*. Das Setup-Programm öffnet das in Bild 1.7 gezeigte Dialogfeld. Dieses Dialogfeld enthält die Optionen der ausgewählten Komponente.

4. Markieren Sie die Kontrollkästchen der Teiloptionen, die bei der Installation hinzuzufügen sind. Über die Schaltfläche *Option ändern* lassen sich auch hier einzelne (Unter-)Komponenten zur Installation wählen.

5. Sobald Sie die Auswahl vorgenommen haben, schließen Sie das Dialogfeld über die *OK*-Schaltfläche.

6. Schließen Sie noch das folgende Dialogfeld.

Jetzt beginnt das Setup-Programm mit der Installation der Programmdateien. Alle Optionen, die Sie in den Dialogfeldern neu markiert haben, werden auf dem System installiert. Haben Sie die Markierung eines Kontrollkästchens gelöscht, entfernt Setup die zugehörigen Dateien von Ihrem System.

In diesem Buch werden die Excel-97-Funktionen beschrieben, die sich bei einer vollständigen Installation ergeben. Es wird daher vorausgesetzt, daß Sie eine vollständige Installation ausgeführt haben. Notfalls können Sie eine vollständige Installation über die gerade beschriebenen Schritte nachholen.

Beim Entfernen verschiedener Office-Komponenten sollten Sie Zurückhaltung üben. Zwar ist es möglich, bestimmte Komponenten mit Setup vom System zu entfernen. In vielen Fällen klappt dies auch, allerdings traten bei mir häufiger gravierende Fehlfunktionen nach dem Entfernen einzelner Komponenten auf. Diese Probleme konnten nur durch eine Neuinstallation von Microsoft Office 97 behoben werden.

2 Benutzeroberfläche und Grundlagen

2.1 Microsoft Excel 97 aufrufen

Bei der Installation wird Microsoft Excel 97 automatisch im Startmenü eingerichtet. Um das Programm aufzurufen, führen Sie folgende Schritte aus:

1. Klicken Sie in der Windows-Taskleiste auf die Schaltfläche *Start*. Die Schaltfläche befindet sich üblicherweise in der linken unteren Bildschirmecke.

2. Im angezeigten Startmenü zeigen Sie auf den Eintrag PROGRAMME und klicken dann MICROSOFT EXCEL (Bild 2.1).

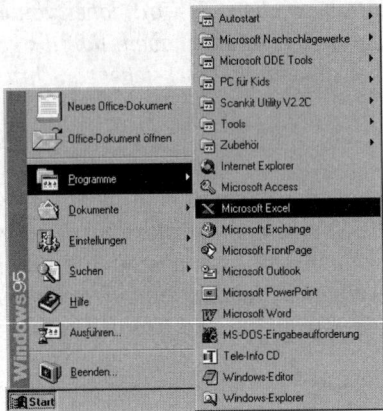

Bild 2.1: *Startmenü mit dem Eintrag für Microsoft Excel 97*

Windows startet dann Excel mit der bei der Installation eingerichteten Konfiguration. Nach dem Laden sehen Sie das Excel-Anwendungsfenster mit dem geladenen Arbeitsblatt (siehe folgende Abschnitte).

Alternativen zum Starten von Excel

Der im vorhergehenden Abschnitt beschriebene Weg stellt wohl die übliche Variante zum Starten von Excel dar. Vielleicht fehlt bei Ihnen (aus verschiedenen Gründen) der Eintrag für »Microsoft Excel« im Startmenü? Dann können Sie auf alternative Methoden ausweichen, um das Programm zu starten.

Aufruf über das Menü Ausführen

Am einfachsten ist es, wenn Sie das Programm über den Befehl *Ausführen* im Windows-Startmenü ausführen.

2 Benutzeroberfläche und Grundlagen

1. Klicken Sie auf die Schaltfläche START.
2. Wählen Sie im Startmenü den Eintrag AUSFÜHREN.
3. Im Dialogfeld *Ausführen* tippen Sie den Namen *Excel* im Textfeld *Öffnen* ein.
4. Schließen Sie dieses Dialogfeld über die *OK*-Schaltfläche.

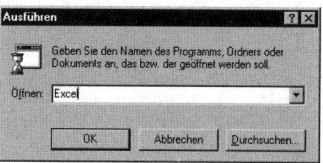

Bild 2.2: Dialogfeld Ausführen *zum Starten von Excel*

Sofern Microsoft Excel korrekt installiert wurde, startet Windows anschließend das Programm.

 Falls Sie mehrere Versionen von Microsoft Excel auf Ihrem System installiert haben, müssen Sie im Textfeld Öffnen *den Pfad zur gewünschten Programmdatei angeben. Der Ordner mit der installierten Excel-Version läßt sich auch über ein Fenster, welches Sie über die Schaltfläche* Durchsuchen *öffnen, wählen.*

Aufruf über das Explorer-Fenster

Eine weitere häufig benutzte Möglichkeit, die unter Umständen aber etwas komplizierter ist, besteht darin, das Symbol der Excel-Programmdatei im Explorer-Fenster per Doppelklick anzuwählen.

1. Suchen Sie im Fenster des Windows-Explorers den Ordner, in dem Microsoft Excel 97 installiert wurde. Dies ist üblicherweise der Ordner *PROGRAMME\MICROSOFT OFFICE\OFFICE*.
2. Suchen Sie das Symbol der Programmdatei *EXCEL*.
3. Wählen Sie dieses Symbol mit einem Doppelklick per Maus an.

Windows startet anschließend das Programm Excel.

 Neben den hier und im folgenden Abschnitt beschriebenen Methoden zum Start von Excel gibt es noch die Möglichkeit, das Programm über Dokumente aufzurufen. Dies wird in Teil 2 gezeigt.

Excel vom Desktop starten

Falls Sie häufiger mit Microsoft Excel arbeiten, können Sie sich den Aufruf erheblich erleichtern, indem Sie das Programm als Verknüpfungssymbol auf dem Desktop einrichten.

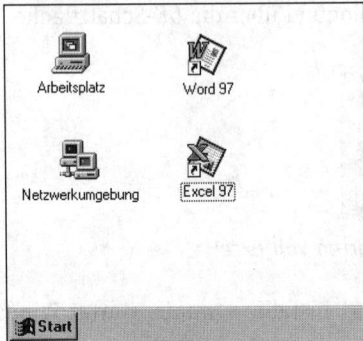

Bild 2.3: Desktop-Ausschnitt mit Excel-Verknüpfungssymbol

Bild 2.3 zeigt einen Ausschnitt des Windows-Desktop mit dem Verknüpfungssymbol des Programms Excel. Sofern dieses Verknüpfungssymbol eingerichtet ist, reicht ein einfacher Doppelklick auf dieses Symbol, um das Programm zu starten.

Excel als Verknüpfung auf dem Desktop einrichten

Um eine Verknüpfung für das Programm Excel auf dem Desktop einzurichten, sind nur wenige Schritte erforderlich.

1. Suchen Sie im Fenster des Windows-Explorer den Ordner, in dem Excel 97 installiert wurde. Dies ist üblicherweise der Ordner \PROGRAMME\MICROSOFT OFFICE\OFFICE\EXCEL.EXE.

2. Suchen Sie das Symbol der Programmdatei EXCEL.EXE.

3. Ziehen Sie das Symbol der Programmdatei bei gedrückter linker Maustaste zu einer freien Stelle auf dem Desktop.

Excel 97

Sobald Sie die linke Maustaste freigeben, richtet Windows automatisch eine Verknüpfung auf dem Desktop ein. Bei Bedarf können Sie jetzt noch den Titel für das Excel-Verknüpfungssymbol anpassen. (Markieren Sie das Symbol mit einem Mausklick, drücken Sie die Funktionstaste F2, und geben Sie anschließend den neuen Titeltext ein.) Das nebenstehende Symbol wurde auf diese Weise umbenannt.

2.2 Komponenten des Excel-Anwendungsfensters

Nach dem Starten erscheint das Excel-Anwendungsfenster auf dem Desktop. Standardmäßig wird dieses Anwendungsfenster mit einem neuen Dokument sowie mit verschiedenen Komponenten wie Menüs, Symbolleisten etc. angezeigt.

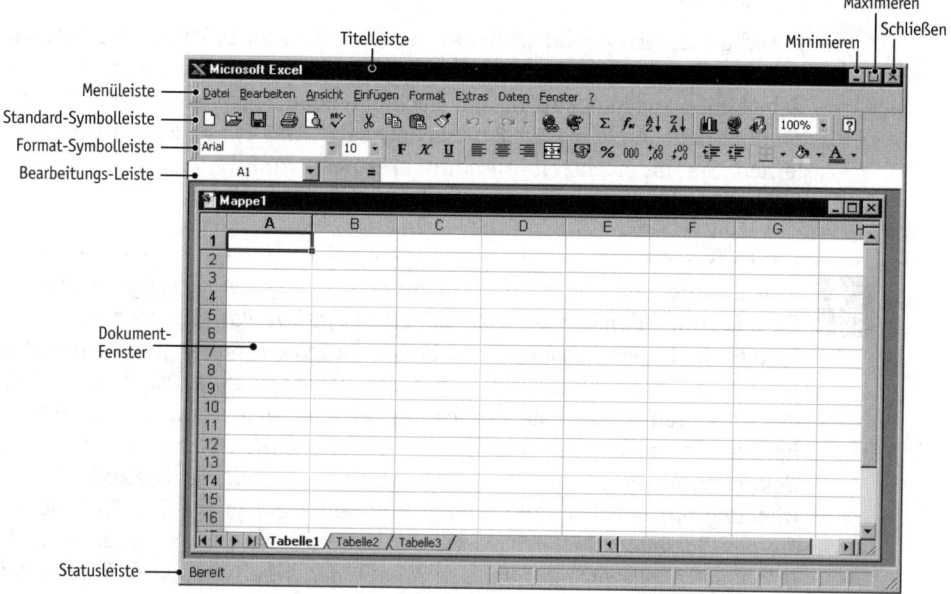

Bild 2.4: Das Excel-97-Anwendungsfenster

Die wichtigsten Elemente sind in Bild 2.4 beschriftet und werden nachfolgend kurz vorgestellt.

- ⇢ Die oberste Zeile des Anwendungsfensters enthält den Fenstertitel (Titelleiste) mit dem Programmnamen und dem Namen der Arbeitsmappe.

- ⇢ Die zweite Zeile des Anwendungsfensters ist die Menüleiste. Diese enthält das Excel-Hauptmenü mit den Einträgen *Datei, Bearbeiten, Ansicht* etc. Über diese Menüs lassen sich alle Excel-Befehle aktivieren.

- ⇢ Um häufig benötigte Funktionen direkt per Maus aufzurufen, stellt Excel mehrere Symbolleisten im Arbeitsbereich zur Verfügung. Diese befinden sich standardmäßig unterhalb der Menüzeile. In der Standarddarstellung sind die Symbolleisten *Standard* und *Format* zu sehen. Die *Standard*-Symbolleiste wird am oberen Bildschirmrand eingeblendet und enthält die Schaltflächen zur Dateibearbeitung, zum Drucken etc. Direkt darunter findet sich die *Format*-Symbolleiste mit den Schaltflächen zur Einstellung der Schriftart, zur Formatierung (fett, kursiv etc.) von Texten und Zahlen etc.

- ⋯▸ Die nächste Zeile (direkt oberhalb des Dokumentfensters mit der Tabelle) wird als *Bearbeitungsleiste* bezeichnet. Hier zeigt Excel die Namen von Zellen, eingegebene Werte und Formeln etc. an. Die Inhalte dieser Zeile ändern sich in Abhängigkeit von der gerade ausgeführten Funktion.

- ⋯▸ Das Fenster wird am unteren Rand durch die *Statusleiste* abgeschlossen. In dieser Zeile blendet Excel verschiedene Informationen wie zum Beispiel Hilfetexte ein.

Innerhalb des Anwendungsfensters werden die Excel-Dokumente eingeblendet. Bei diesen Dokumenten kann es sich um Tabellen, Diagramme etc. in Arbeitsmappen handeln. In den nachfolgenden Beispielen werden hauptsächlich Tabellen in diesem Bereich angezeigt. Was es hier zu beachten gibt, lernen Sie im nächsten Abschnitt kennen. In Bild 2.4 sehen Sie das »Dokumentfenster« mit einer geladenen Arbeitsmappe.

Beachten Sie, daß Bild 2.4 die Standardeinstellung von Microsoft Excel zeigt. Da das Anwendungsfenster individuell konfigurierbar ist, kann bei Ihrem System eine etwas andere Darstellung erscheinen. So ist das »Dokumentfenster« nicht immer zu sehen, sondern das angezeigte Tabellenblatt füllt den gesamten Anwendungsbereich des Dokumentfensters aus. Auch der Inhalt der Titelzeile hängt vom Status des Dokumentfensters ab. Erscheint das Dokument als Fenster im Anwendungsfenster, enthält die Titelzeile der Anwendung nur den Programmnamen Microsoft Excel (siehe Bild 2.4). Sobald Sie das Dokumentfenster maximieren, verschwindet dessen Titelzeile (siehe Bild 2.5). Excel blendet dann den Namen der Arbeitsmappe (z.B. Microsoft Excel - Mappe 1) in der Titelzeile ein.

Falls Sie einmal die Bedeutung eines Elements vergessen haben, zeigen Sie einfach mit dem Mauscursor darauf. Microsoft Excel blendet dann ein kleines Fenster mit einem Hinweistext – auch als QuickInfo-*Fenster bezeichnet – ein. In Bild 2.5 sehen Sie ein solches* QuickInfo-*Fenster mit dem Text für die Schaltfläche* Minimieren *in der rechten oberen Ecke des Anwendungsfensters.*

Die Fenstergröße ändern

In der rechten Ecke des Excel-Anwendungsfensters und im Dokumentfenster sehen Sie die drei aus anderen Windows-Anwendungen bekannten Schaltflächen zum Minimieren, Maximieren und Schließen des Fensters (Bild 2.4).

 ⋯▸ Die Schaltfläche *Minimieren* verkleinert das zugehörige Fenster zum Symbol.

2 Benutzeroberfläche und Grundlagen

- ▫️ ⇢ Mit der Schaltfläche *Maximieren* vergrößern Sie das Fenster auf die maximale Größe. Das Anwendungsfenster nimmt dann die Größe des Bildschirms ein. Das Dokumentfenster wird auf die Größe des Arbeitsbereichs im Anwendungsfenster erweitert.

- ▫️ ⇢ Ein maximiertes Fenster enthält das nebenstehende Symbol als mittlere Schaltfläche (siehe Bild 2.5). Klicken Sie auf die Schaltfläche *Wiederherstellen*, erhält das Fenster wieder die vorherige Größe.

- ▫️ ⇢ Die Schaltfläche *Schließen* veranlaßt, daß das zugehörenden Fenster geschlossen wird.

In Bild 2.4 zeigt das Anwendungsfenster bereits ein Fenster mit dem geladenen Dokument. In diesem Fall wurde eine neue Arbeitsmappe (siehe folgende Abschnitte) geladen. Auch ein solches »Dokumentfenster« besitzt Schaltflächen zum Minimieren, Maximieren und Schließen.

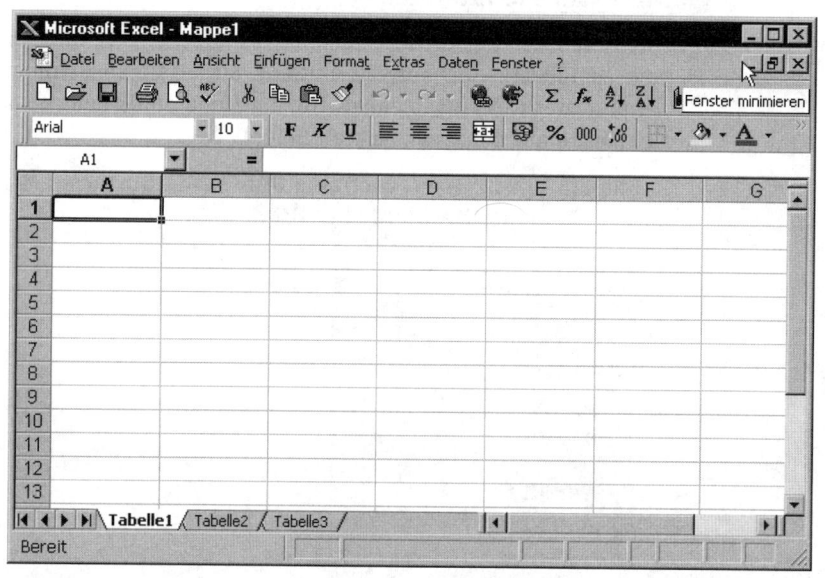

Bild 2.5: Anwendungsfenster mit maximiertem Dokumentfenster

> *Durch einen Doppelklick auf die Titelzeile eines Fensters läßt sich dieses in der Größe ändern. Dokument- und Anwendungsfenster werden sofort maximiert. Ein maximiertes Anwendungsfenster läßt sich durch einen Doppelklick auf die Titelzeile in den Normalmodus zurückschalten. Bei einem maximierten Dokumentfenster verwenden Sie dagegen die Schaltfläche* Fenster wiederherstellen.

> *Sie können auch mit dem Mauscursor auf den Rand eines Fensters zeigen. Wenn Sie die Maus bei gedrückter linker Maustaste verschieben, ändert sich die Größe des Fensters mit. Dieses Verhalten kennen Sie vielleicht bereits von anderen Windows-Fenstern. Näheres hierzu finden Sie auch am Kapitelende im Abschnitt »Größe des Tabellenfensters ändern«.*

2.3 Menüs und Symbolleisten

Im nachfolgenden Abschnitt erhalten Sie eine kurze Übersicht, wie sich Befehle über Menüs oder Symbolleisten abrufen lassen. Weiterhin wird erläutert, was Kontextmenüs sind und wie sich Symbolleisten verschieben lassen.

Die Excel-Menüleisten

Microsoft Excel besitzt verschiedene Menüleisten. Es wird aber immer nur eine Menüleiste, die auf die aktuelle Situation abgestimmt ist, im Anwendungsfenster eingeblendet. Um ein Menü zu öffnen, klicken Sie in der Menüleiste auf den gewünschten Befehl.

In Bild 2.6 sehen Sie das geöffnete DATEI-Menü. Um dieses Menü zu öffnen, klicken Sie in der Menüleiste auf DATEI.

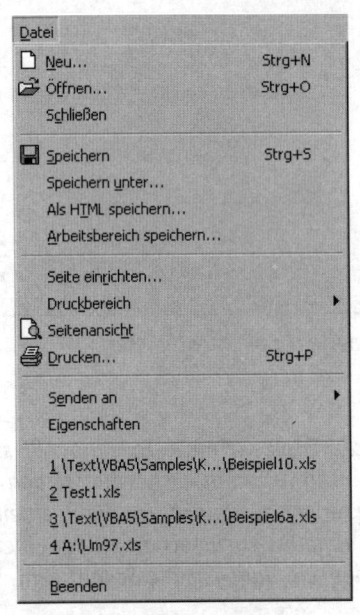

Bild 2.6: Datei-Menü in Excel 97

Das geöffnete Menü zeigt anschließend die verfügbaren Befehle. In Bild 2.6 sehen Sie beispielsweise Befehle zum Öffnen und Speichern von Dokumenten. Im unteren Teil werden die Namen der vier zuletzt geöffneten Excel-Dokumente angezeigt.

Innerhalb des geöffneten Menüs können Sie nun mit der Maus auf einzelne Einträge zeigen und diese auch anklicken. Das Anklicken führt den dem Menü zugeordneten Befehl aus. Über den Eintrag NEU rufen Sie den Befehl zum Anlegen einer neuen Arbeitsmappe auf. Mit dem Befehl DRUCKEN wird das aktuelle Tabellenblatt ausgedruckt.

Einige dieser Menüeinträge besitzen ein kleines Dreieck am rechten Rand. Dies signalisiert, daß zu diesem Menüpunkt ein Untermenü existiert. Sobald Sie den betreffenden Befehl per Mausklick anwählen, zeigt Excel das zugehörige Untermenü. In Bild 2.7 ist ein Beispiel für ein solches geöffnetes Untermenü zu sehen. Über den Befehl DRUCKBEREICH läßt sich der auszudruckende Bereich festlegen oder aufheben.

Zusätzlich sehen Sie bei einigen Befehlen hinter dem eigentlichen Menütext noch eine Angabe wie STRG+P (siehe zum Beispiel Bild 2.7). Diese Angabe besagt, daß sich der Befehl auch direkt über eine Tastenkombination aufrufen läßt. Die Angabe STRG+P bedeutet, daß Sie zum Aufruf des Befehls die Tasten [Strg] und [P] gleichzeitig drücken müssen. In diesem Buch wird eine solche Tastenkombination als [Strg]+[P] angegeben.

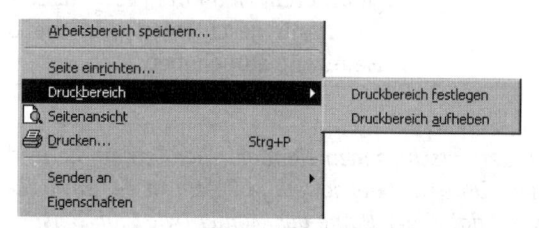

Bild 2.7: Menü mit Untermenü

Neben dem Arbeiten mit der Maus können Sie auch die Tastatur zur Menüauswahl verwenden. Dies beschränkt sich nicht nur auf die im vorhergehenden Absatz beschriebenen [Strg]-Tastenkombinationen. Mit den Tasten [Alt] oder [F10] läßt sich die Menüleiste ebenfalls aktivieren. Über die Cursortasten können Sie dann Menüs wählen oder in einem Menüeintrag navigieren. Die folgende Tabelle enthält eine Aufstellung der Tasten, die zum Umgang mit Menüs benötigt werden.

Tasten zur Menübedienung

Taste	Bemerkung
`Alt` oder `F10`	Wählt (selektiert) den ersten Befehl DATEI in der Menüleiste aus.
`Alt`+Buchstabe	Wählt das Menü mit dem angegebenen Buchstaben. Der betreffende Buchstabe ist im Menünamen unterstrichen. Ist das Menü bereits selektiert, reicht es, den im Menünamen unterstrichenen Buchstaben einzutippen, um das Menü zu öffnen.
`←`/`→`	Selektiert das Menü rechts oder links vom aktuell gewählten Menü.
`↑`/`↓`	Bewegt die Auswahl des Befehls im aktuell geöffneten Menü um eine Position nach oben oder nach unten.
`←┘`	Führt den ausgewählten Menübefehl aus.
`Esc`	Hebt die aktuelle Auswahl auf. Drücken Sie bei geöffnetem Menü die `Esc`-Taste zweimal, wird das Menü geschlossen und die Selektion der Menüzeile aufgehoben.

Die Bedeutung der verschiedenen Menüeinträge lernen Sie in den folgenden Kapiteln kennen. Dort wird der jeweilige Befehl in der Form MENÜ/BEFEHL angegeben. MENÜ ist dabei der Name des Menüs (wie zum Beispiel DATEI), während BEFEHL den Namen des Menüeintrags wie beispielsweise ÖFFNEN angibt.

Kontextmenü, was ist das?

Die in Microsoft Excel verfügbaren Menübefehle hängen von der jeweiligen Situation ab. Wenn Sie etwas kopieren, ergeben die Befehle zum Formatieren eines Dokuments wenig Sinn. Sie sehen dies daran, daß sich der Inhalt der Menüzeile ändert bzw. daß bestimmte Menübefehle gesperrt (grau abgeblendet) werden.

Microsoft Office 97 und damit auch Microsoft Excel 97 bieten einen besonderen Komfort: Die Programme stellen die für den aktuellen Vorgang verfügbaren Befehle zusammen.

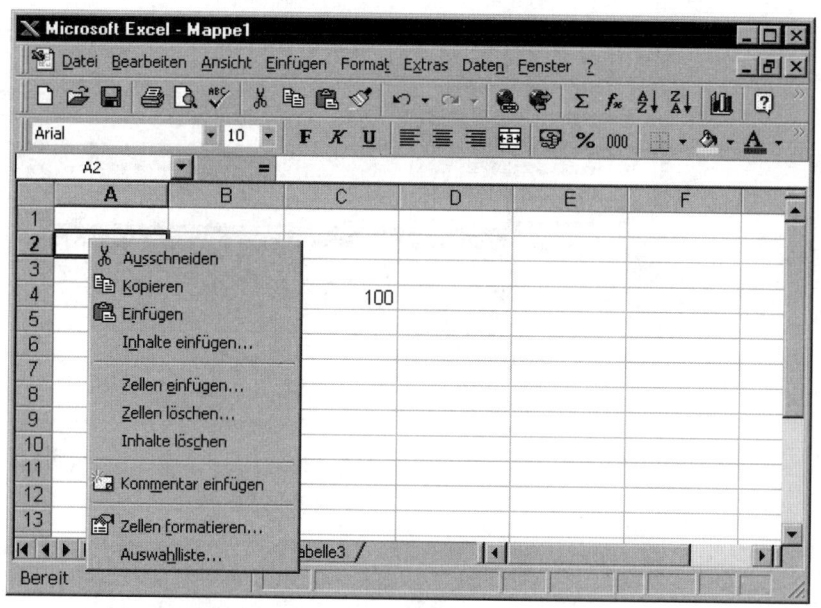

Bild 2.8: Excel-Anwendungsfenster mit Kontextmenü

Diese Befehle lassen sich abrufen, indem Sie mit der rechten Maustaste auf ein Objekt klicken. Excel öffnet jetzt ein Menü, in dem die verfügbaren Befehle zu sehen sind. Dieses Menü wird allgemein als »Kontextmenü« bezeichnet. Sobald Sie auf einen der Befehle im Kontextmenü klicken, wird dieser ausgeführt.

Symbolleisten

Das Excel-Anwendungsfenster zeigt neben der Menüleiste meistens eine oder mehrere Symbolleisten an. Diese Symbolleisten enthalten Schaltflächen (dies sind die kleinen Vierecke mit den Symbolen), die mit kleinen Symbolen belegt sind. Durch Anwahl dieser Schaltflächen können Sie, ähnlich wie bei Menüs, verschiedene Excel-Befehle abrufen.

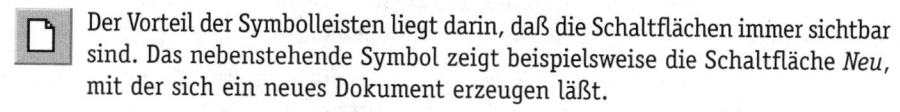

Der Vorteil der Symbolleisten liegt darin, daß die Schaltflächen immer sichtbar sind. Das nebenstehende Symbol zeigt beispielsweise die Schaltfläche *Neu*, mit der sich ein neues Dokument erzeugen läßt.

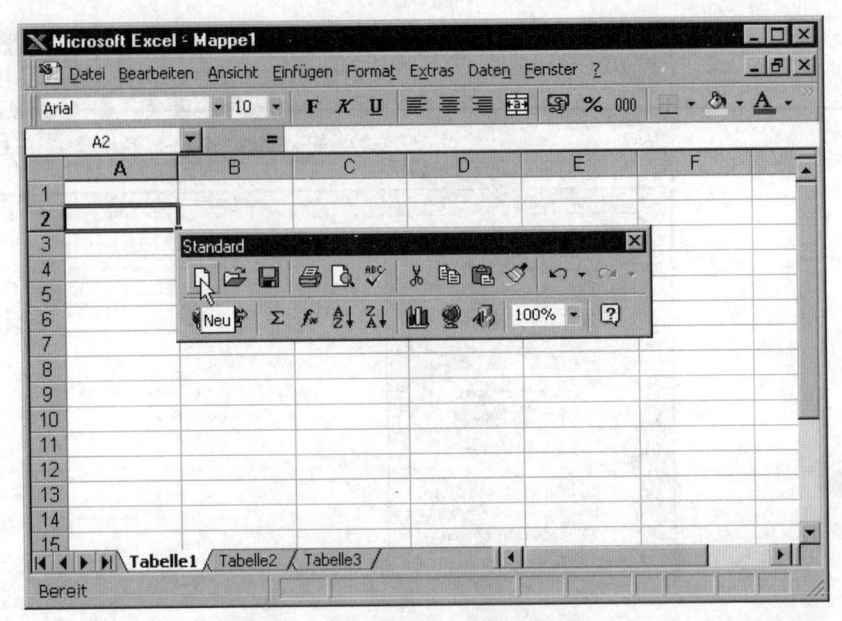

Bild 2.9: Schwebende Symbolleiste mit angewählter Schaltfläche

Nach der Installation befinden sich die einzelnen Symbolleisten am oberen Rand des Anwendungsfensters. Sie können aber die Schaltflächen auch in den Dokumentbereich ziehen. Dies ist in Bild 2.9 zu sehen, wo die Symbolleiste *Standard* vor dem Dokumentbereich angeordnet wurde. Man spricht in diesem Zusammenhang auch von »schwebenden Symbolleisten«.

1. Um eine schwebende Symbolleiste zu erzeugen, zeigen Sie mit der Maus auf eine freie Stelle dieser Leiste (es darf nicht auf eine Schaltfläche gezeigt werden). Am besten eignet sich der nebenstehend gezeigte linke Rand der Symbolleiste.

2. Halten Sie die linke Maustaste gedrückt, und ziehen Sie die Symbolleiste in den Dokumentbereich.

3. Sobald Sie die linke Maustaste freigeben, erscheint die Symbolleiste freischwebend im Dokumentbereich.

Sie können anschließend die Größe (Höhe, Breite) der Symbolleiste anpassen, indem Sie die Ränder der Leiste per Maus verschieben.

Ziehen Sie die schwebende Symbolleiste wieder zum oberen Rand des Anwendungsfensters, verankert Excel 97 die Leiste unterhalb der Menüleiste. Man sagt hierzu auch, die Symbolleiste wird am Fensterrand »angedockt«.

Sie können die Symbolleisten nicht nur am oberen Rand des Anwendungsfensters andocken. Ziehen Sie eine schwebende Leiste zum rechten, linken oder unteren Rand des Anwendungsfensters, dockt Excel die Leiste an diesem Fensterrand an.

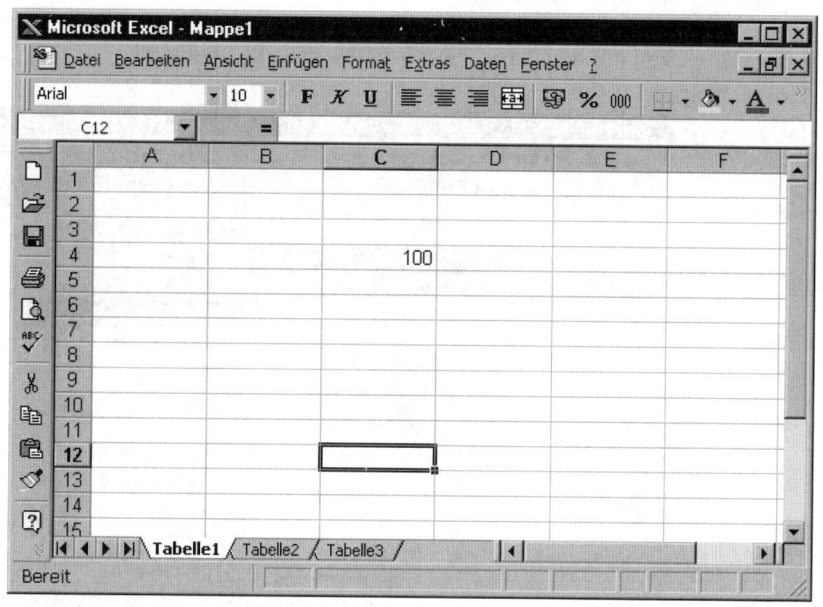

Bild 2.10: Excel-Fenster mit Symbolleiste am linken Rand

In Bild 2.10 sehen Sie das Excel-Anwendungsfenster mit einem Tabellenblatt und einer Symbolleiste, die am linken Fensterrand verankert ist. Durch diese Technik läßt sich das Aussehen des Excel-Anwendungsfensters jederzeit verändern.

> *Um eine schwebende Symbolleiste an der letzten Position zu verankern, doppelklicken Sie die Titelzeile der Leiste an. Ein Doppelklick auf eine freie Stelle einer verankerten Symbolleiste verwandelt diese in eine schwebende Symbolleiste im Dokumentbereich.*

Symbolleisten ein- und ausblenden

Symbolleisten werden von Microsoft Excel bei Bedarf eingeblendet. Benötigen Sie eine Symbolleiste nicht, läßt sich diese ausblenden.

- Sie können bei einer schwebenden Symbolleiste auf das Symbol der Schaltfläche *Schließen* in der rechten oberen Fensterecke klicken. Excel blendet die Symbolleiste sofort aus.

- Alternativ läßt sich der Befehl SYMBOLLEISTEN im Menü ANSICHT wählen. Excel führt dort die Namen der Symbolleisten auf (Bild 2.11). Mit einem Häkchen markierte Einträge stehen für eine angezeigte Symbolleiste.

Löschen Sie diese Markierung mit einem Mausklick, verschwindet die Symbolleiste. Möchten Sie eine auf diese Weise ausgeblendete Symbolleiste später wieder anzeigen, öffnen Sie erneut das Menü ANSICHT/SYMBOLLEISTE und klicken auf den Namen der gewünschten Symbolleiste.

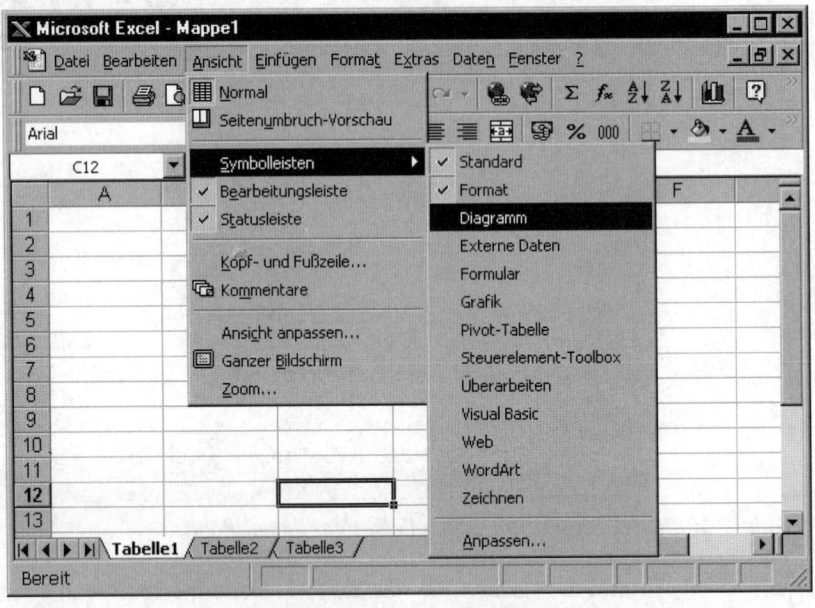

Bild 2.11: Ein-/ausblenden einer Symbolleiste

> *Die Bedeutung der einzelnen Schaltflächen innerhalb der Symbolleisten lernen Sie in den Kapiteln kennen, in denen die jeweiligen Funktionen besprochen werden.*

2.4 Was Sie über Excel-Dokumente wissen sollten

In Excel arbeiten Sie hauptsächlich mit Tabellen, die auch als Kalkulationstabellen, Arbeitsblätter oder Tabellenblätter bezeichnet werden. Diese Tabellen werden im Dokumentfenster des Excel-Anwendungsfensters angezeigt. Nachfolgend lernen Sie die wichtigsten Begriffe im Zusammenhang mit Excel-Dokumenten und mit dem Dokumentfenster kennen.

Das Excel-Dokumentfenster

Sobald Sie Microsoft Excel starten, wird in der Regel ein leeres Dokument (eine Arbeitsmappe mit Arbeitsblättern) angezeigt.

2 Benutzeroberfläche und Grundlagen

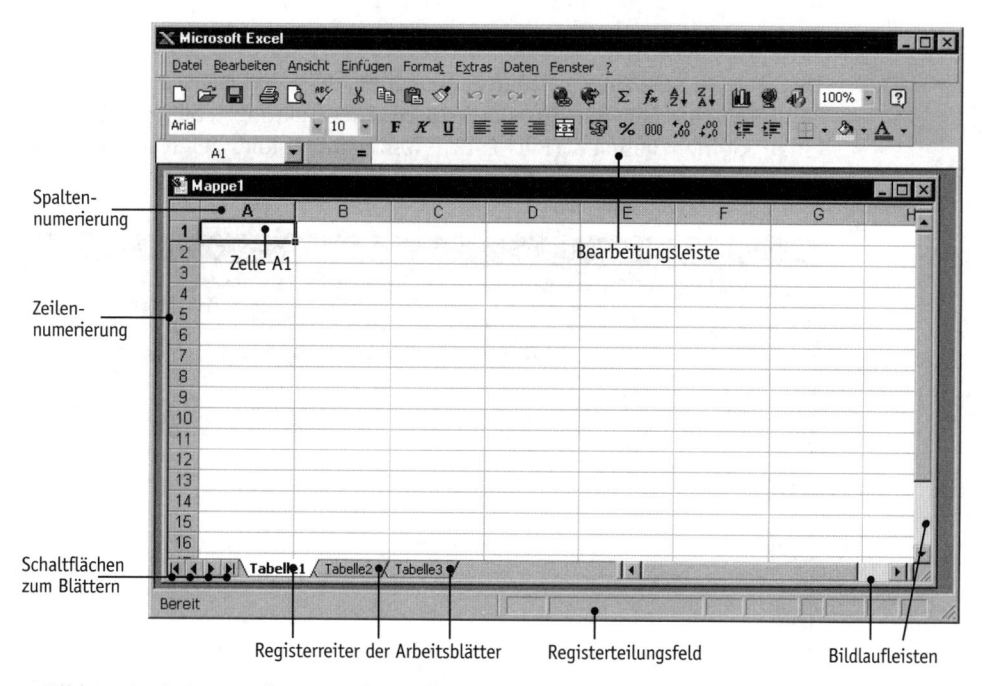

Bild 2.12: Dokumentfenster mit neuer Arbeitsmappe

Im Dokumentfenster sehen Sie lediglich ein Blatt einer Arbeitsmappe, das in Form einer Tabelle organisiert ist (Bild 2.12). Die Tabelle wird dabei in Zeilen und Spalten unterteilt, wobei Excel diese Struktur durch Gitterlinien anzeigt. Um die einzelnen Zeilen und Spalten eindeutig benennen zu können, verwendet Excel feste Namen:

- Die Zeilen erhalten eine fortlaufende Numerierung in Einerschritten. Die Numerierung beginnt in der obersten Zeile bei 1 und endet in der untersten Zeile bei 65536.

- Die Spalten werden von links nach rechts mit Großbuchstaben numeriert. Diese Numerierung beginnt mit dem Großbuchstaben A und setzt sich alphabetisch fort. Ab dem Buchstaben Z beginnt eine zweistellige Numerierung AA, AB etc. Die letzte Spalte besitzt die Nummer IV, d.h. es sind maximal 256 Spalten pro Tabelle möglich.

Das Feld am Kreuzungspunkt einer Zeile und Spalte wird in Excel als Zelle bezeichnet. Diese Zellen können Texte, Zahlen und Formeln aufnehmen. Um eine Zelle zu identifizieren, werden die Spalten- und Zeilennummern verwendet. Die Zelle in der oberen linken Ecke besitzt damit die Bezeichnung: *A1*. Der Buchstabe *A* steht dabei für die Spaltennummer, und die Ziffer *1* definiert die erste Zeile. Mit diesen Bezeichnungen lassen sich alle Zellen eines Tabellen- bzw. Kalkulationsblatts eindeutig angeben.

Wie erreiche ich eine Zelle

Möchten Sie eine Zelle markieren, verschieben Sie den Mauscursor zu dieser Zelle und drücken die linke Maustaste. Excel markiert diese Zelle durch einen kleinen Rahmen (Bild 2.13). Weiterhin nimmt der Mauscursor bei einer markierten Zelle die Form eines Kreuzes an.

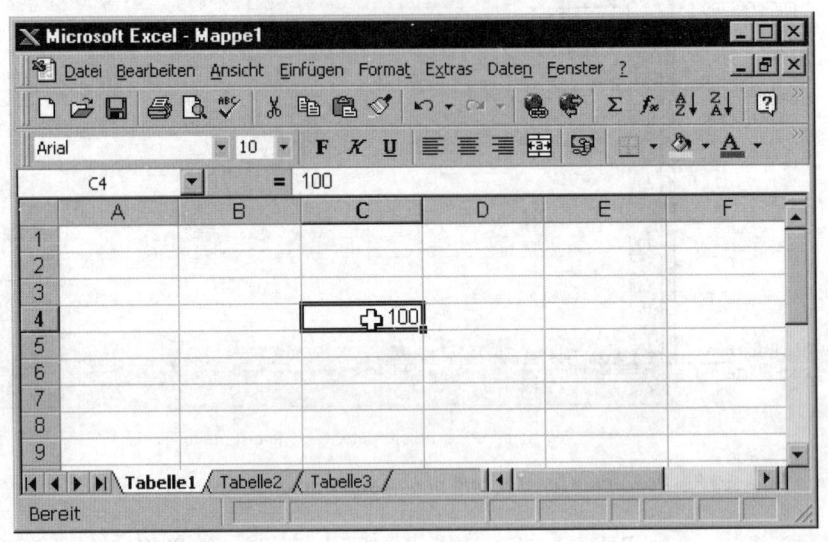

Bild 2.13: Tabelle mit Bildlaufleisten

Sie können nun Eingaben in dieser Zelle vornehmen oder bestehende Werte korrigieren (Näheres in den folgenden Kapiteln). Die Excel-Kalkulationsblätter sind jedoch viel größer, als Excel im Dokumentfenster darstellen kann. Sie sehen daher immer nur einen Ausschnitt aus der Kalkulationstabelle. Befindet sich die gesuchte Zelle außerhalb des sichtbaren Fensterausschnitts, können Sie über die horizontalen und vertikalen Bildlaufleisten in der Tabelle blättern.

- Hierzu positionieren Sie den Mauscursor auf dem Bildlauffeld und verschieben die Maus bei gedrückter linker Maustaste. Der angezeigte Bildausschnitt wird dabei verschoben. Dies erlaubt eine schnelle Positionierung in der Tabelle.

- Sie können aber auch freie Bereiche in der Bildlaufleiste per Maus anklicken. Dann bewegt Excel den Tabellenausschnitt seitenweise. Wenn Sie die Pfeile am Ende einer Bildlaufleiste per Mauscursor anwählen und dann die linke Maustaste drücken, rollt der Tabellenausschnitt innerhalb des Fensters in die betreffende Richtung.

- Klicken Sie auf die Schaltflächen an den Enden der Bildlaufleiste, wird der Ausschnitt nur noch zeilen- oder spaltenweise bewegt.

2 Benutzeroberfläche und Grundlagen

Das Dokumentfenster besitzt sowohl eine vertikale als auch eine horizontale Bildlaufleiste. Über diese beiden Leisten läßt sich zeilen- oder spaltenweise blättern.

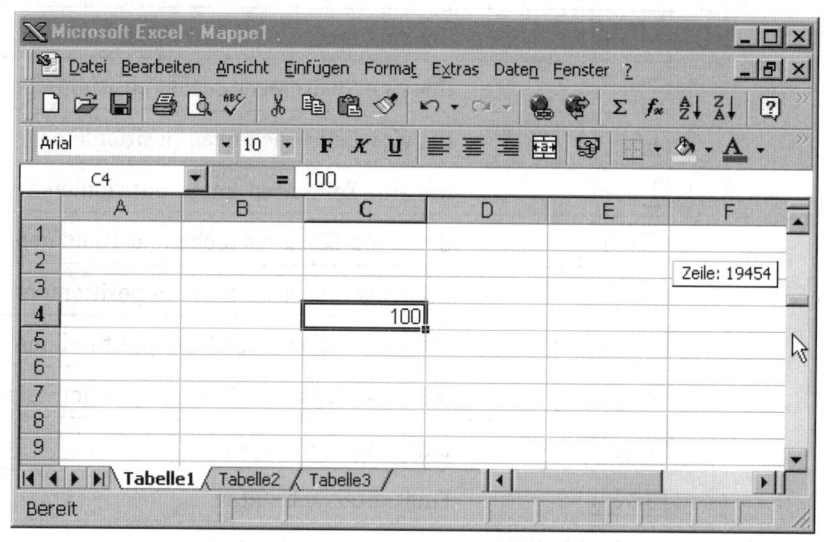

Bild 2.14: Anzeige der aktuellen Zeilennummer beim Blättern per Bildlaufleiste

> *Es dauert einige Zeit, um per Bildlaufleiste an das Ende einer Tabelle zu gelangen. Halten Sie die ⇧-Taste gedrückt, geht das Blättern in wesentlich größeren Schritten vor sich. Sie gelangen dann sehr schnell an das Tabellenende. Die aktuelle Zeilennummer wird beim Blättern in einem QuickInfo-Fenster angezeigt.*

Zusätzlich zum Blättern per Maus in den Bildlaufleisten können Sie auch verschiedene Tasten verwenden, um den sichtbaren Tabellenausschnitt zu verschieben. Die nachfolgende Tabelle enthält eine Aufstellung der betreffenden Tasten.

Tasten zum Bewegen im Tabellenblatt

Tasten	Bemerkung
←	Um eine Spalte nach links positionieren
→	Um eine Spalte nach rechts positionieren
↑	Um eine Zeile nach oben positionieren
↓	Um eine Zeile nach unten positionieren
Strg + ↑	Um einen Block nach oben positionieren
Strg + ↓	Um einen Block nach unten positionieren
Strg + ←	Um einen Block nach links positionieren
Strg + →	Um einen Block nach rechts positionieren
Bild ↑	Eine Seite nach oben
Bild ↓	Eine Seite nach unten
Alt + Bild ↑	Eine Seite nach rechts
Alt + Bild ↓	Eine Seite nach links
Pos1	Zur ersten Tabellenzelle der aktuellen Zeile
Strg + Pos1	Zur Tabellenzelle A12 gehen

Was sind Arbeitsmappen?

Excel 97 speichert seine Daten in sogenannten Arbeitsmappen. Wenn Sie eine Excel-Datei laden, wird die betreffende Arbeitsmappe geladen. Was ist nun unter diesen Arbeitsmappen zu verstehen? Im Grunde können Sie eine Excel-Arbeitsmappe wie eine normale Mappe auf Ihrem Schreibtisch betrachten. Eine solche Mappe kann mehrere Blätter (z.B. Briefe, Tabellen, Grafiken etc.) enthalten. Bei Excel ist dies nicht viel anders: Im Rahmen einer Tätigkeit kann es ja durchaus sein, daß nicht nur eine Kalkulationstabelle, sondern mehrere Tabellen, vielleicht eine Grafik oder ein Bericht anfallen. Da ist es natürlich vorteilhaft, wenn alle logisch zusammengehörenden Dokumente auch zusammen gespeichert und später wieder geladen werden.

Bild 2.15: Dokumentfenster mit Arbeitsblättern

Excel 97 trägt diesem Wunsch durch die sogenannten Arbeitsmappen Rechnung. Zu jeder Datei legt Excel bis zu 255 Arbeitsblätter an. Diese Blätter können verschiedene Informationen (z.B. Tabellen, Grafiken etc.) beinhalten. Wenn Sie eine Tabelle in einem Fenster anzeigen, erscheinen am unteren Fensterrand die Registerreiter der einzelnen Blätter (Bild 2.15). Microsoft bezeichnet diese Registerreiter auch als »Blattregister«. Die Beschriftung der Registerreiter gibt Ihnen einen Hinweis auf den Inhalt des betreffenden Blattes (Tabelle, Diagramm, Dialog etc.).

Wenn Sie den Registerreiter per Maus anklicken, bringt Excel das betreffende Blatt in die Anzeige. Über die Schaltflächen am linken unteren Fensterrand (siehe Bild 2.15) können Sie die einzelnen Blätter schrittweise zur Anzeige bringen. Diese Schaltflächen werden in Excel auch als »Registerlaufpfeile« bezeichnet. Die beiden äußeren Schaltflächen (bzw. Registerlaufpfeile) zeigen das erste und letzte Blatt der Arbeitsmappe. Die beiden mittleren Schaltflächen (bzw. Registerlaufpfeile) erlauben Blatt für Blatt vorwärts- und rückwärtszublättern.

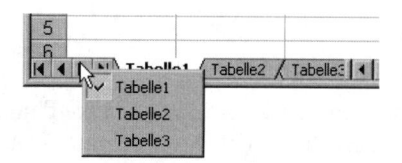

Bild 2.16: Auswahl eines Arbeitsblatts per Kontextmenü

Bei 256 Tabellenblättern wird die oben beschriebene Art der Auswahl etwas mühselig. Sie können sich die Sache aber einfacher machen: Klicken Sie mit der rechten Maustaste auf eine der Schaltflächen zum Blättern. Excel zeigt ein Kontextmenü mit den Namen der Arbeitsblätter (Bild 2.16). Klicken Sie anschließend auf das gewünschte Arbeitsblatt.

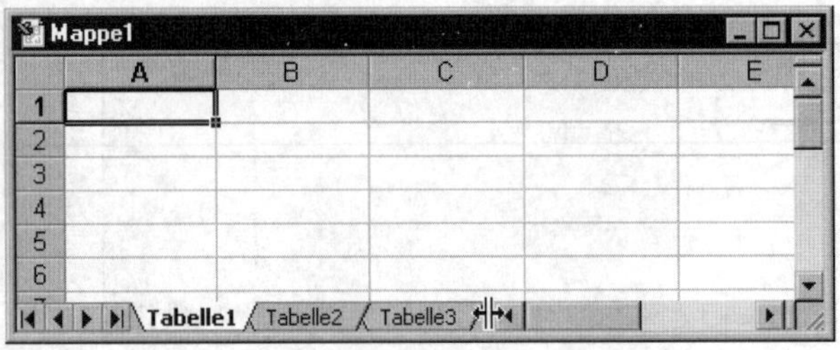

Bild 2.17: Veränderung des Bereiches mit Registerreitern

> *Möchten Sie die Reihenfolge der Blätter ändern? Dann positionieren Sie den Mauscursor auf den zugehörigen Registerreiter, halten die linke Maustaste gedrückt und verschieben die Maus in horizontaler Richtung. Der Registerreiter wird dadurch verschoben. Die Zahl der angezeigten Registerreiter hängt von der Größe des Ausschnitts am unteren Fensterrand ab. Wenn Sie den Mauscursor auf dem Registerteilungsfeld (siehe Bild 2.17) positionieren und die linke Maustaste gedrückt halten, läßt sich die Größe der horizontalen Bildlaufleiste per Maus verändern. Damit vergrößert oder verkleinert sich der Bereich mit den angezeigten Registerreitern.*

> *Excel 97 legt standardmäßig drei Arbeitsblätter pro Arbeitsmappe an. Sie können diese Größe jedoch über die Registerkarte* Allgemein *(Menü EXTRAS/ OPTIONEN) zwischen 1 und 255 einstellen.*

Größe des Tabellenfensters ändern

Wenn eine Tabelle als Fenster angezeigt wird, können Sie deren Größe relativ einfach per Maus verändern. In der rechten oberen Ecke des Fensters befinden sich drei Schaltflächen, über die Sie ein Fenster minimieren, maximieren oder schließen können (siehe Abschnitt 2.2.1).

Eine als Fenster im Arbeitsbereich angezeigte Tabelle läßt sich in ihrer Größe auch stufenlos verändern.

1. Hierzu zeigen Sie mit dem Mauscursor auf einer der vier Seiten des Fensters.
2. Sobald der Cursor die Form eines Doppelpfeils annimmt (Bild 2.18), können Sie die Maus bei gedrückter linker Maustaste in der angezeigten Richtung verschieben.
3. Wenn Sie die linke Maustaste loslassen, paßt Excel die Fenstergröße an.

Beachten Sie aber, daß die Fenstergröße maximal die Größe des Arbeitsbereiches im Anwendungsfenster einnehmen kann.

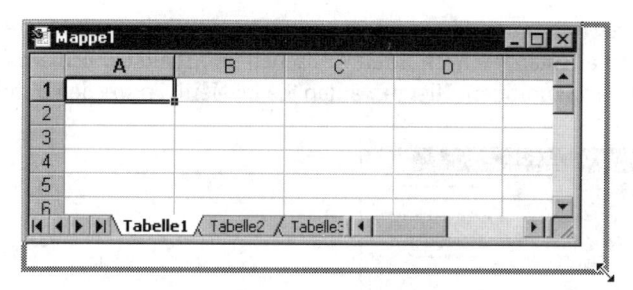

Bild 2.18: Ändern der Fenstergröße

> *Wenn Sie den Mauscursor in einer der Ecken des Fensters positionieren und die Maus bei gedrückter linker Maustaste verschieben, wird die Größe des Fensters proportional verändert. Um ein Fenster zu verschieben, positionieren Sie den Mauscursor auf der Titelzeile, halten die linke Maustaste gedrückt und verschieben dann die Maus. Sobald Sie die Maustaste freigeben, verschiebt Excel das Fenster an die gewünschte Position.*

Anordnen der Dokumentfenster

In den folgenden Kapiteln lernen Sie, wie sich mehrere Arbeitsblätter gleichzeitig laden lassen. Um zwischen den einzelnen Arbeitsblättern zu wechseln, öffnen Sie das Menü FENSTER und wählen dort den Namen der gewünschten Arbeitsmappe aus. Die aktuell angezeigte Arbeitsmappe ist im Menü FENSTER durch ein Häkchen markiert.

Bild 2.19: Das Menü Fenster

Alternativ können Sie Excel 97 anweisen, die Dokumentfenster der einzelnen Arbeitsmappen nach Ihren Wünschen im Arbeitsbereich des Anwendungsfensters anzuordnen. Hierzu wählen Sie im Menü FENSTER den Befehl *Anordnen*.

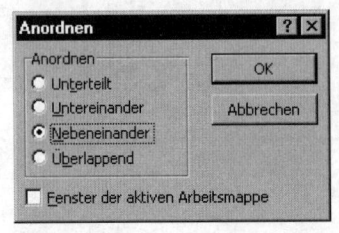

Bild 2.20: Optionen zum Anordnen von Dokumentfenstern

Microsoft Excel zeigt das Dialogfeld *Anordnen* (Bild 2.20) mit verschiedenen Optionen. Durch Anklicken einer dieser Optionen können Sie festlegen, wie Excel die Dokumentfenster anordnen soll.

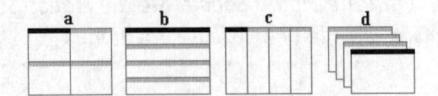

Bild 2.21: Anordnungen der Dokumentfenster

Bild 2.21 zeigt die stilisierten Anordnungen der Dokumentfenster gemäß den einzelnen Optionen.

- *Unterteilt:* Paßt die Dokumentfenster so in der Größe an, daß diese gemeinsam im Anwendungsbereich neben- und untereinander sichtbar werden (Bild 2.21 a und Bild 2.22).

- *Untereinander:* Mehrere geladene Arbeitsmappen werden in untereinanderliegenden Dokumentmappen gezeigt (Bild 2.21 b).

- *Nebeneinander:* Die geladenen Arbeitsmappen werden nebeneinander dargestellt (Bild 2.21 c).

- *Überlappend:* Alle Dokumentfenster werden überlappend angezeigt (Bild 2.21 d). Durch Anklicken eines Dokumentfensters läßt sich dieses in den Vordergrund holen.

Durch Anklicken eines Fensters läßt sich dieses als aktives Dokument setzen. Möchten Sie die Anordnung mehrerer Dokumentfenster wieder aufheben, klicken Sie in der rechten oberen Ecke des gewünschten Dokumentfensters auf die Schaltfläche *Maximieren*. Excel vergrößert das Fenster, bis es den Dokumentbereich einnimmt. Hierdurch werden die anderen Dokumentfenster verdeckt.

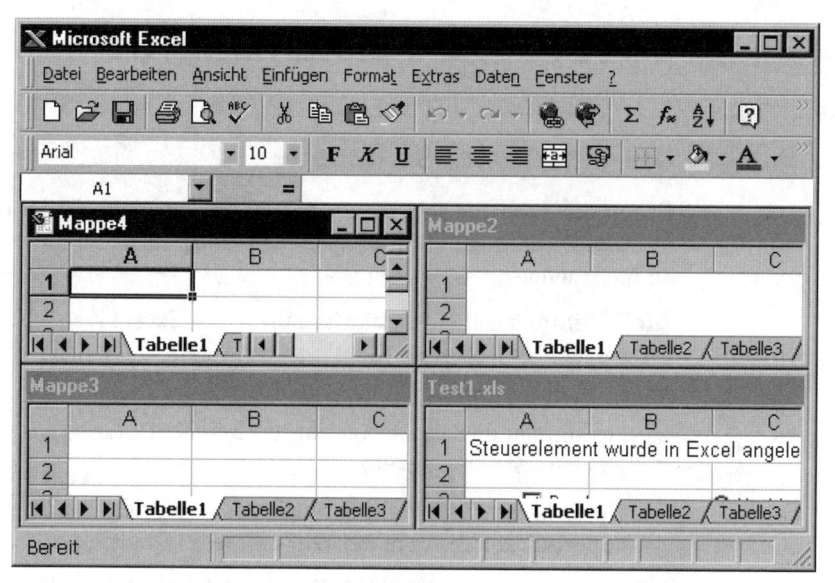

Bild 2.22: Dokumentanzeige im Modus Unterteilt

3 Excel 97 - Die ersten Schritte

3.1 Die erste Excel-97-Tabelle

Haben Sie noch nie mit Excel oder einem Tabellenkalkulationsprogramm gearbeitet? Dann ist jetzt der geeignete Zeitpunkt, um die ersten Schritte zu unternehmen.

Zur Einführung soll eine einfache Tabelle mit Excel 97 erstellt und bearbeitet werden. Um mit dieser Übung zu beginnen, müssen Sie allerdings Excel 97 zuerst starten.

···≫ Sie können dies durch Anwahl des Befehls PROGRAMME/MICROSOFT EXCEL im Windows Startmenü tun.

···≫ Wurde Excel 97 als Verknüpfungssymbol auf dem Desktop eingerichtet, doppelklicken Sie zum Starten auf dieses Symbol.

Falls Sie noch Probleme haben, diese beiden obigen Anweisungen umzusetzen, sollten Sie nochmals zu Kapitel 2 zurückblättern. Dort finden Sie weitere Hinweise zum Starten von Excel 97 und zum Einrichten einer Verknüpfung auf dem Desktop.

Bild 3.1: Taskleiste mit Excel

Läuft Excel 97 bereits, klicken Sie in der Taskleiste auf die Schaltfläche mit dem Excel-Symbol (Bild 3.1). Dies schaltet das Excel-Anwendungsfenster in den Vordergrund.

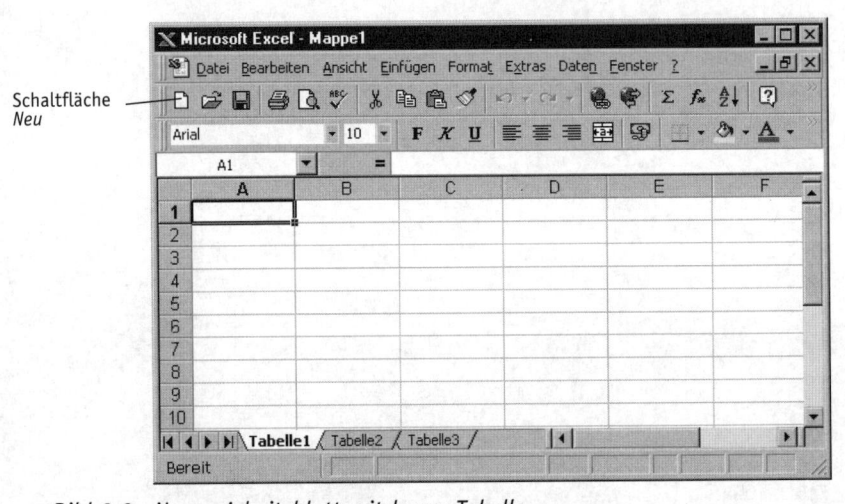

Bild 3.2: Neues Arbeitsblatt mit leerer Tabelle

Zum Erstellen der ersten Tabelle benötigen Sie ein leeres Dokument. Dieses wird standardmäßig beim Excel-Start angelegt. Enthält Ihr Excel-Anwendungsfenster keine leere Tabelle, klicken Sie in der Symbolleiste auf die nebenstehend gezeigte Schaltfläche *Neu*. Anschließend sehen Sie ein neues Arbeitsblatt mit einer leeren Tabelle (Bild 3.2).

Nach diesen Vorbereitungen sind Sie bereit, die erste Tabelle in Excel 97 zu erstellen. Als Beispiel könnten die Umsatzberechnungen eines Unternehmens dienen. Dieses Unternehmen besitzt mehrere Filialen, die vierteljährlich den Umsatz melden. (Na ja, mittlerweile werden bereits Monats-, Wochen- oder Tagesumsätze gemeldet, aber am Prinzip ändert dies nichts.)

Umsätze Filialen 97

Filiale	1.Quartal	2.Quartal	3.Quartal	4.Quartal	Gesamt
Köln	123,00	133,00	144,00	129,00	529,00
Dortmund	144,00	120,00	113,00	126,00	503,00
Essen	120,00	125,00	120,00	140,00	505,00
Düsseldorf	113,00	130,00	113,00	144,00	500,00
Summen	500,00	508,00	490,00	539,00	2037,00

Bild 3.3: Bericht mit den Umsatzzahlen

In Bild 3.3 sehen Sie einen Auszug aus einem Bericht, welcher die quartalsweisen Umsätze der einzelnen Filialen sowie die Summen über die Zeilen und Spalten aufführt. Zum Erstellen dieses Berichts müssen die Zahlen in der gezeigten Form in eine Art Tabelle eingetragen werden. Zusätzlich sind noch die Summen der einzelnen Spalten und Zeilen zu berechnen.

Falls dieses Bericht häufiger erstellt wird (z.B. jedes Quartal), kommen immer wiederkehrende Arbeiten auf die Person zu, die mit dieser Aufgabe befaßt ist. Die Tabelle im Bericht muß jeweils neu getippt und die Summen berechnet werden.

Eigentlich ist dies eine ideale Aufgabe, die Sie getrost Microsoft Excel überlassen können. Da Arbeitsblätter als Tabellen vorliegen können, lassen sich die entsprechenden Daten direkt eintragen. Weiterhin besitzt Excel 97 die Möglichkeit, die Berechnungen automatisch durchzuführen. Ändern sich die Umsatzzahlen, tragen Sie diese einfach in die Tabelle ein. Anschließend liegt das fertige Ergebnis für den Bericht vor.

3.2 Die Werte der ersten Spalte eingeben

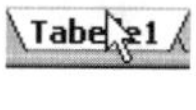

Wenn Sie die obigen Anweisungen befolgt haben, sollte das Blatt mit dem Namen *Tabelle 1* im Vordergrund des Excel-Fensters angezeigt werden (Bild 3.2). Andernfalls klicken Sie in der Arbeitsmappe auf den nebenstehend gezeigten Registerreiter des Arbeitsblatts *Tabelle 1*. In diese Tabelle sind nun Werte gemäß der Vorgabe aus Bild 3.3 einzutragen. Um die Eingabe nicht zu sehr zu komplizieren, wird im ersten Schritt auf die Eingabe der Titelzeile sowie auf die Gestaltung der Tabelle mit fett hervorgehobenen Zahlen und Linien verzichtet (dies lernen Sie später alles kennen).

Allerdings benötigen wir die Filialnamen am linken Rand der Tabelle, und auch die Quartale müssen im Tabellenkopf hinzugefügt werden. Im ersten Schritt sollen jetzt die Texte mit den Filialnamen in der ersten Spalte eingegeben werden.

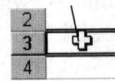

1. Zeigen Sie mit dem Mauscursor auf die Zelle *A3* (dies ist die dritte Zeile mit der Nummer *3* in der ersten Spalte *A*), und drücken Sie einmal die linke Maustaste. Excel markiert dann diese Zelle mit einem fetten Rahmen. Die Zelle mit dem fetten Rahmen wird auch als »aktive Zelle« oder als »aktuelle Zelle« bezeichnet.

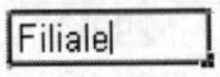

2. Geben Sie nun den Text *Filiale* direkt per Tastatur ein. Der Text erscheint in der betreffenden Zelle.

3. Sobald der Text oder der Wert fertig eingetippt ist, drücken Sie die ⏎-Taste.

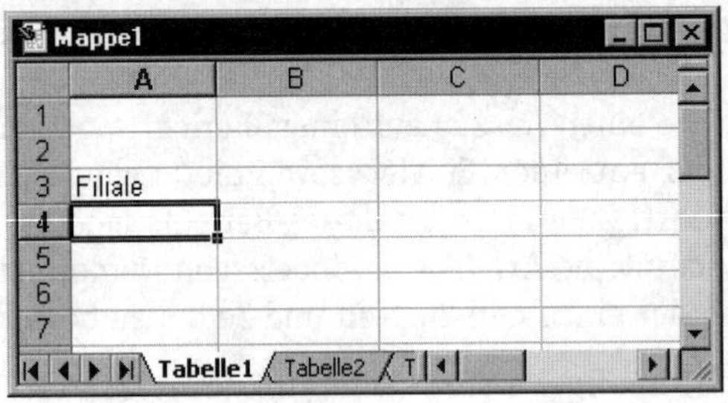

Bild 3.4: Eingabe des ersten Wertes

Excel 97 verschiebt den Rahmen der aktiven Zelle eine Zeile tiefer. Die Zelle A4 ist jetzt die »aktive Zelle« (Bild 3.4).

Wiederholen Sie die oben gezeigten Schritte, um auch die Filialnamen *Köln, Dortmund, Essen, Düsseldorf* sowie das Summenfeld einzugeben. Jedesmal wenn Sie die ⏎-Taste drücken, übernimmt Excel 97 die eingetippten Zeichen in die Zelle und die »aktive Zelle« wandert eine Position tiefer. Falls Sie einmal nichts in eine Zelle eingeben wollen, drücken Sie einfach nochmals die ⏎-Taste. Excel 97 markiert dann die unter der »aktiven Zelle« liegende Zelle als neue »aktive Zelle«. Ist doch alles gar nicht so schwer, oder?

Hilfe, bei der Eingabe ist ein Fehler passiert!

Haben Sie auf diese Weise die erste Spalte der Tabelle mit Text gefüllt? Dann schauen Sie sich die Texte einmal genau an. Stehen alle Texte richtig in den betreffenden Zellen? Sie sind ein Glückspilz. Wenn Sie häufiger Texte oder Daten in Tabellen eintippen, schlägt meist der Fehlerteufel zu, d.h. Sie müssen Ihre Eingaben korrigieren. Hierzu bietet Excel 97 Ihnen verschiedene Möglichkeiten:

- ⇢ Merken Sie bereits bei der Eingabe des Werts, daß ein Fehler passiert ist, läßt sich dieser über die Tasten (Entf) und (←) korrigieren (siehe auch Abschnitt »Wie lassen sich Eingabefehler korrigieren?« am Kapitelende).

- ⇢ Haben Sie bereits die (←)-Taste gedrückt und stellen anschließend fest, daß die Zelle einen falschen Inhalt hat? Dann klicken Sie per Maus auf die betreffende Zelle und geben den korrigierten Wert ein.

Nervt es Sie, daß Sie bei der Eingabe in eine Tabelle ständig zwischen Tastatur und Maus wechseln müssen? Über die Tastatur geben Sie die Werte für die Zellen ein, die Maus brauchen Sie, um auf die Zellen zu klicken. Arbeiten Sie lieber mit der Tastatur, können Sie die aktuelle Zelle auch über die Cursortasten (↑), (↓), (←) und (→) anwählen. Wenn Sie eine Tabelle neu anlegen, wird automatisch die Zelle A1 markiert. Drücken Sie jetzt die Cursortasten, bis der Markierungsrahmen für die aktuelle Zelle auf der gewünschten Zelle steht.

3.3 Die Bearbeitungsleiste

Haben Sie die obigen Schritte ausgeführt? Dann enthält Ihre Tabelle bereits einige Daten, und es ist an der Zeit, auf die Funktion der sogenannten »Bearbeitungsleiste« einzugehen. Was ist eine Bearbeitungsleiste, und wozu braucht man diese? Klicken Sie mit der Maus in der Tabelle auf die Zelle *A3* (dies ist die Zelle in Zeile *3* der Spalte *A*). In der Beispieltabelle enthält diese Zelle den Text *Filiale* (siehe Bild 3.4).

Sehen Sie jetzt einmal im Excel-Fenster oberhalb der Tabelle nach. Dort befindet sich eine Zeile, die in Excel 97 als »Bearbeitungsleiste« bezeichnet wird (Bild 3.5). Die Bearbeitungsleiste enthält links das »Namensfeld. Sobald Sie eine Zelle in einer Excel-Tabelle anwählen, wird der Name dieser Zelle in diesem Feld der Bearbeitungsleiste angezeigt. Ob Sie die richtige Zelle »erwischt« haben, läßt sich daher sofort im Namensfeld erkennen. Hier sollte bei der Anwahl der Zelle mit dem Wert *Filiale* der Zellenname *A3* auftauchen.

```
                        Abbrechen
                        Eingeben
                        Formel bearbeiten
                        Inhalt der aktuellen Zelle
```

Namensfeld
mit dem
Namen der
aktuellen Zelle

Aktuelle
Zelle

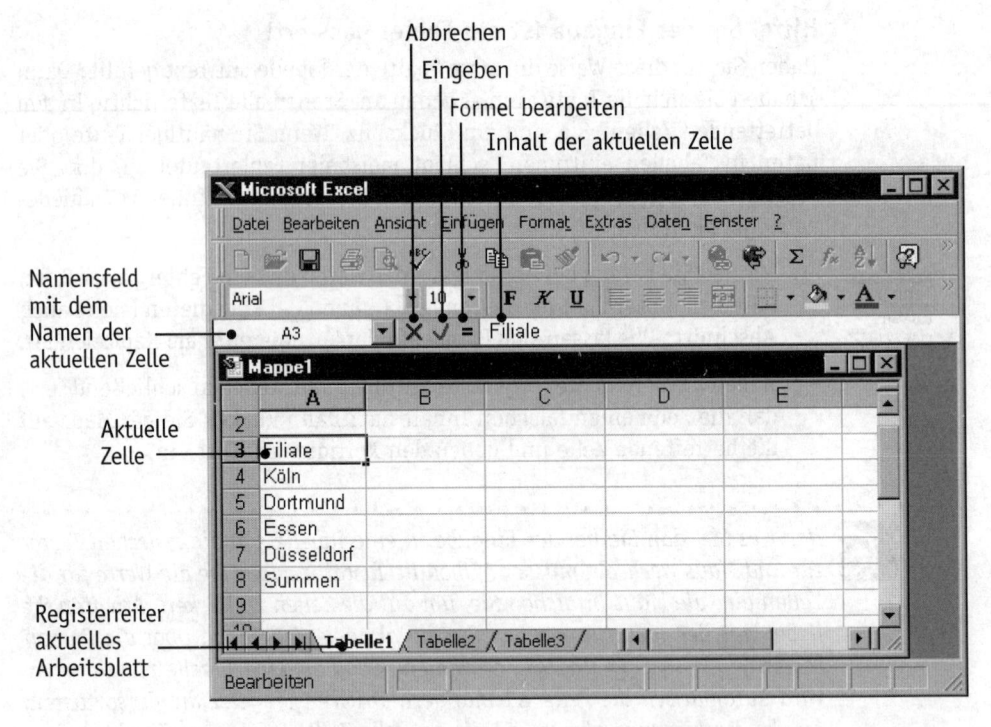

Registerreiter
aktuelles
Arbeitsblatt

Bild 3.5: Tabelle mit Eingabe

Gleichzeitig erscheint im rechten Teil der Bearbeitungszeile der aktuelle Wert der Zelle. In Bild 3.5 ist dies der Text *Filiale*. Klicken Sie mit der Maus auf dieses Feld, können Sie den Inhalt der Zelle bearbeiten (doch dazu später mehr).

= Test Vielleicht klicken Sie jetzt mit der Maus auf eine leere Zelle und tippen einen Wert ein. Auch diese Eingabe erscheint sofort im rechten Teil der Bearbeitungsleiste. In der nebenstehend gezeigten Bearbeitungsleiste wird gerade der Wert *Test* eingegeben. Drücken Sie zum Abschluß anstelle der ⏎- die Esc-Taste. Dadurch wird die Eingabe abgebrochen, ohne daß der Wert in die Zelle übernommen wird.

Während einer Eingabe erscheint zusätzlich in der Statusleiste des Excel-Fensters die Meldung »Eingeben«. Ist die Eingabe durch Drücken der ⏎-Taste abgeschlossen, erscheint der Status »Bereit«, d.h. Excel 97 signalisiert, daß es für weitere Aktionen bereit ist. Enthält die aktuelle Zelle bereits einen Wert und Sie klicken in der Bearbeitungsleiste auf den Wert, zeigt Excel 97 in der Statusleiste den Text »Bearbeiten«. An der Statusleiste können Sie daher erkennen, was gerade zu tun ist oder was Excel 97 von Ihnen erwartet.

Solange Sie eine Eingabe in eine Zelle vornehmen, werden in der Bearbeitungsleiste drei Schaltflächen sichtbar (Bild 3.5).

- Die erste Schaltfläche enthält ein rotes Kreuz und wird als »Stornofeld« bezeichnet. Zeigen Sie mit dem Mauscursor auf diese Schaltfläche, erscheint im QuickInfo-Fenster der Text *Abbrechen*. Solange die Eingabe noch nicht mit der ⏎-Taste abgeschlossen wurde, lassen sich die Werte über diese Schaltfläche verwerfen. Den gleichen Effekt erhalten Sie übrigens, wenn Sie die Esc-Taste drücken.

- Die zweite Schaltfläche enthält ein grünes Häkchen und wird als Eingabefeld bezeichnet. Die Schaltfläche zeigt im QuickInfo-Fenster den Text *Eingeben*. Sobald Sie diese Schaltfläche per Maus anwählen, übernimmt Excel 97 Ihre letzten Eingaben. Schneller geht es aber, wenn Sie zur Übernahme einer Eingabe die ⏎-Taste betätigen.

- Die letzte Schaltfläche mit der Markierung = dient zur Eingabe von Formeln (zur Berechnung) in einer Zelle. Zeigen Sie per Maus auf die Schaltfläche, erscheint der Text *Formel bearbeiten*. Sie können die Schaltfläche anklicken und anschließend eine Berechnungsformel eintippen. Näheres zu diesem Thema finden Sie in den folgenden Kapiteln.

Bei der Eingabe von Werten in Zellen können Sie diese Schaltflächen verwenden. Es besteht jedoch kein Zwang, diese Schaltflächen zu benutzen. Sie haben ja bereits bei der Eingabe der Filialnamen im vorherigen Schritt gesehen, daß Excel 97 »mitdenkt«. Nachdem Sie die Zelle *A3* angeklickt hatten, konnten Sie die Texte der ersten Spalte eingeben. Sobald Sie die Eingabe in eine Zelle mit der ⏎-Taste abschließen, übernimmt Excel 97 diese. Gleichzeitig wird automatisch die darunterliegende Zelle zur Eingabe des nächsten Werts markiert. Sie können auf diese Weise sehr bequem ganze Tabellenspalten mit Werten füllen.

3.4 Eingabe der Spaltenüberschrift

Haben Sie die erste Spalte der Tabelle mit den Namen der Filialen eingetippt? Dann sind noch die vier Spaltenüberschriften mit den Quartalsbezeichnungen zu setzen. Hierzu führen Sie folgende Schritte aus:

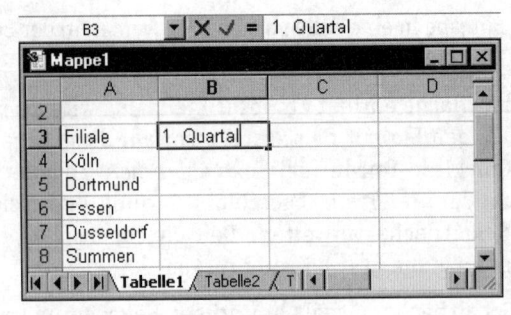

Bild 3.6: Eingabe der Spaltenüberschrift

1. Klicken Sie per Maus auf die Zelle *B3* (dies ist die dritte Zeile in der zweiten Spalte). Excel 97 markiert die Zelle mit dem Rahmen, und der Zellname *B3* erscheint in der Bearbeitungsleiste. Auf Wunsch können Sie die Markierung auch über die Cursortasten zur gewünschten Zelle verschieben.

2. Geben Sie nun per Tastatur den Text *1. Quartal* ein (Bild 3.6). Schließen Sie diese Eingabe mit der ←-Taste ab. Jetzt ist die zweite Spalte mit der betreffenden Überschrift versehen. Gleichzeitig markiert Excel 97 die darunterliegende Zelle.

3. Um die dritte Spalte der Tabelle mit der Überschrift *2. Quartal* zu versehen, müssen Sie die betreffende Zelle (hier *C3*) anklicken. Anschließend geben Sie den Text ein und drücken die ←-Taste zur Übernahme.

Bild 3.7: Tabelle mit Zeilen- und Spaltenbeschriftung

Verfahren Sie nun mit den restlichen Spalten in der oben beschriebenen Weise. Falls Sie alles richtig gemacht haben, sollte die Tabelle den in Bild 3.7 gezeigten Aufbau aufweisen.

3.5 Jetzt werden die Umsatzzahlen eingegeben

Nach diesen Vorbereitungen ist es an der Zeit, die einzelnen Umsätze für die Filialen in die Tabelle einzutragen. Hierbei gehen Sie nicht anders als bei der Eingabe der Texte vor.

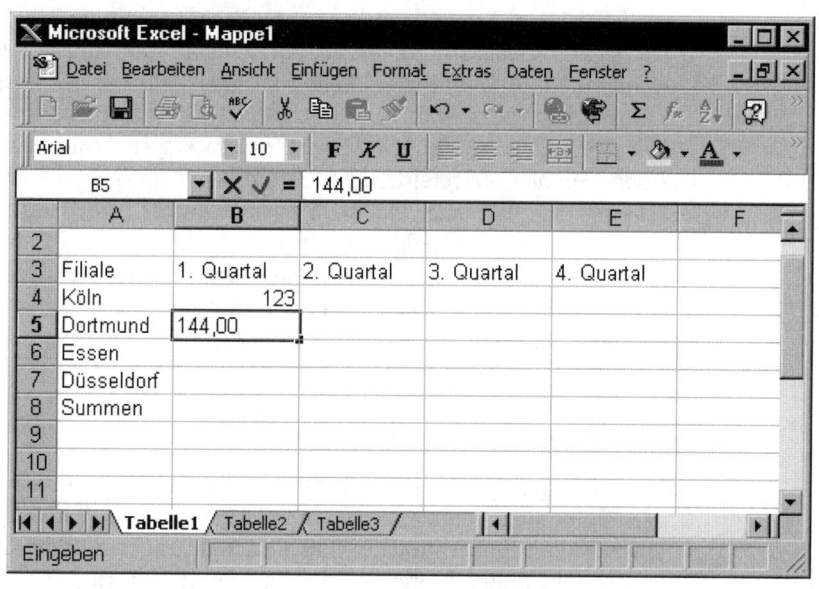

Bild 3.8: Eingabe einer Zahl

1. Klicken Sie per Maus auf die gewünschte Zelle (z.B. *B4* für den ersten Wert). Excel 97 markiert die betreffende Zelle mit einem fetten Rahmen.

2. Tippen Sie die Zahl direkt in die aktuelle Zelle ein. Als Dezimalpunkt verwenden Sie ein Komma. In der nebenstehend gezeigten Zelle wird gerade der Wert 123,00 eingeben.

3. Sobald Sie die Eingabe mit der ⏎-Taste abschließen, übernimmt Excel 97 Ihre Eingabe und markiert gleichzeitig die darunterliegende Zelle. Sie können nun den nächsten Wert eingeben (Bild 3.8).

Wiederholen Sie die einzelnen Schritte, um die restlichen Umsatzzahlen der Beispieltabelle aus Bild 3.3 in der Tabelle einzutragen. Lediglich die Summen der Umsätze lassen Sie noch weg (die Berechnung der Summen wollen wir Excel 97 überlassen).

> *Fällt Ihnen an dem eingegebenen Wert aus Bild 3.8 etwas auf? Obwohl Sie den Wert 123,00 eingetippt haben, zeigt Excel 97 in der Zelle nur die Zahl 123 an. Haben Sie vielleicht einen Fehler bei der Eingabe gemacht? Wiederholen wir die Eingabe noch einmal. Klicken Sie auf die Zelle B4. Dann geben Sie den Wert 123,00 ein. Sobald Sie diese Eingabe mit der ⏎-Taste abschließen, zeigt Excel 97 mit konstanter Boshaftigkeit die Zahl 123 an. Offenbar liegt ein Fehler in Excel 97 vor, oder? Die Anwort heißt Nein! Excel 97 läßt standardmäßig überflüssige Stellen in einer Zahl bei der Anzeige weg. Sie können dies recht einfach prüfen, indem Sie versuchsweise einige Zahlen eingeben. Die Eingabe 123,12 wird in der eingegebenen Weise angezeigt. Tippen Sie aber beispielsweise 0123 ein, zeigt Excel 97 die Zahl 123 in der Zelle an (die führende Null ist ja nicht relevant). Ähnliches gilt, falls eine Zahl hinter dem Dezimalpunkt nur Nullen enthält. Der Wert von 123,00 unterscheidet sich ja nicht von 123. Allerdings können Sie Excel 97 mitteilen, daß Sie auch die Nachkommastellen in der Zellanzeige sehen möchten. Wie dies geht, wird im nächsten Abschnitt gezeigt.*

Hinweise zur Zahleneingabe

1. Quartal
123
144,1
120,22
113

Im vorherigen Abschnitt wurde es bereits erwähnt: Wenn Sie Zahlen eingeben, werden die Kommastellen (in der deutschen Version von Excel 97) mit einem Komma abgetrennt. In Bild 3.8 ist aber auch zu sehen, daß Excel 97 angehängte Nullen hinter dem Dezimalpunkt entfernt. Je nach eingegebenen Werten führt dies zu einer recht kuriosen Darstellung. Im nebenstehend gezeigten Tabellenausschnitt wurden einige Zahlen mit und ohne relevante Nachkommastellen eingegeben. Die Darstellung in Excel 97 sieht alles andere als erbauend aus.

Ursache des »Übels« ist, daß Excel 97 in einer neuen Tabelle alle Zellen mit einem Standardformat versieht. Dieses Format erlaubt Excel 97, die Art der Anzeige in Abhängigkeit von den eingegebenen Werten (Zahlen, Texte, Datum, Zeit etc.) selbst zu wählen (und hierbei werden auch überflüssige Ziffern unterdrückt).

Sie können Excel 97 aber mitteilen, daß Sie eine bestimmte Anzahl an Nachkommastellen anzeigen möchten. Hierzu müssen Sie als erstes festlegen, welche Zellen hiervon »betroffen« sind. Vielleicht versuchen Sie dies einmal, an der von Ihnen angegebenen Beispieltabelle durchzuführen. Vermutlich enthält diese Tabelle nur Zahlen, die ohne Nachkommastellen dargestellt werden.

1. Klicken Sie auf die erste Zelle des Zahlenbereichs, dessen Darstellung anzupassen ist. In der Beispieltabelle wäre dies die Zelle *B4*.

2. Halten Sie jetzt die ⓪-Taste gedrückt, und klicken Sie auf die letzte Zelle, deren Darstellung angepaßt werden soll. Dies ist in der Beispieltabelle die Zelle *E7*.

Das Ergebnis sehen Sie in Bild 3.9, Excel 97 hat den gesamten Zellbereich mit einem dunklen Hintergrund belegt. Man bezeichnet dies auch als »Markieren«. Dieses Markieren ist sehr wichtig, da viele Operationen sich auf markierte Zellbereiche anwenden lassen. Um eine solche Markierung wieder aufzuheben, klicken Sie auf eine Zelle außerhalb des markierten Bereichs. (Weitere Informationen zu diesem Thema finden Sie in Kapitel 11.)

	A	B	C	D	E
2					
3	Filiale	1. Quartal	2. Quartal	3. Quartal	4. Quartal
4	Köln	123	133	144	129
5	Dortmund	144	120	113	126
6	Essen	120	125	120	140
7	Düsseldorf	113	130	113	144
8	Summen				

Bild 3.9: Beispieltabelle mit markiertem Zahlenbereich

Haben Sie den Wertebereich noch markiert? Dann können Sie Excel 97 anweisen, die Nachkommastellen in der gewünschten Weise darzustellen. Hierzu finden Sie in der *Format*-Symbolleiste zwei Schaltflächen:

Um eingegebene Werte nachträglich mit Nachkommastellen zu ergänzen, verwenden Sie die nebenstehend gezeigte Schaltfläche *Dezimalstelle hinzufügen*. Jedesmal wenn Sie eine Zelle mit einem numerischen Wert anwählen (oder einen solchen Zellbereich markieren) und dann die Schaltfläche betätigen, fügt Excel 97 eine weitere Nachkommastelle ein.

Möchten Sie die angezeigten Dezimalstellen reduzieren, wählen Sie die betreffende Zelle mit dem numerischen Wert an (oder Sie markieren einen Zellbereich mit Zahlen). Sobald Sie die nebenstehende Schaltfläche *Dezimalstelle löschen* anklicken, reduziert Excel 97 den Nachkommaanteil um eine Stelle.

Durch wiederholtes Anklicken der beiden Schaltflächen läßt sich der Nachkommaanteil der Zahl schrittweise verändern. Klicken Sie zweimal auf die Schaltfläche *Dezimalstelle hinzufügen*, zeigt Excel 97 zwei Nachkommastellen an. Ein Wert von 123 wird jetzt als 123,00 dargestellt. Dies bleibt auch so, wenn Sie später einen anderen Wert (z.B. 144,00) in die Zelle eintippen. Mit den beiden Schaltflächen steht Ihnen also ein mächtiges Instrument zur Verfügung, um die Darstellung von Dezimalzahlen gemäß Ihren Wünschen anzupassen. Die in den folgenden Beispielen gezeigten Tabellen enthalten teilweise bereits solche formatierten Anzeigen.

Bevor wir uns jedoch der Berechnung der Umsatzzahlen zuwenden, möchte ich noch auf eine zweite Besonderheit bei Zahlen eingehen. Sehen Sie sich einmal die beiden nebenstehend gezeigten Zahlen an. Es handelt sich um den gleichen Wert, wobei die untere Zahl zusätzlich einen Punkt an der Tausenderstelle aufweist. Diese Darstellung wird häufig im kaufmännischen Bereich bevorzugt, um die Lesbarkeit der Zahlen zu verbessern.

Falls Sie die Zahl 12345,01 in eine Zelle eintippen, wird Excel 97 diese in der gleichen Weise darstellen. Um die Tausenderstellen auch in der Anzeige zu markieren, können Sie den Punkt bereits bei der Eingabe eintippen. Um die untere der beiden oben gezeigten Zahlen anzuzeigen, tippen Sie 12.345,00 in Excel 97 ein.

Was ist aber zu tun, wenn Sie den Punkt für die Tausenderstelle bei der Eingabe vergessen haben? Alle Zahlen neu eintippen? Dies wäre etwas zu aufwendig. Excel 97 erlaubt Ihnen, bereits eingegebene Zahlen auch nachträglich mit Tausendtrennzeichen darzustellen.

1. Hierzu klicken Sie zuerst auf die gewünschte Zelle mit der Zahl. Alternativ können Sie auch mehrere Zellen markieren (siehe oben).

2. Anschließend klicken Sie auf die nebenstehend gezeigte Schaltfläche *1000er-Trennzeichen* der *Format*-Symbolleiste.

Excel 97 fügt dann einen Punkt als Tausendertrennzeichen in der Darstellung der betreffenden Zahlen ein. Ist eine Zahl kleiner als 1000, wird der Punkt nicht angezeigt. Bedenken Sie aber, daß Excel 97 den Punkt auch bei Zahlen ab einer Größe von 1 Million verwendet (z.B. 12.300.122,24).

Leider gibt es einen unschönen Effekt, der bei der Verwendung der Tausendertrennstellen auftritt. Ziel ist es eigentlich, eine »schönere« oder zumindest einheitliche Darstellung zu erreichen. Geben Sie Zahlen mit einen Punkt als Tausendertrennstelle in Excel 97 ein, erfolgt die Anzeige des Werts rechtsbündig in der Zelle. Sobald Sie jedoch die Schaltfläche 1000er-Trennzeichen *auf die Zelle anwenden, verschiebt Excel 97 die Darstellung in die Zellenmitte. Dieser Effekt ist in dem nebenstehend dargestellten Tabellenausschnitt deutlich zu sehen. Um eine uniforme Darstellung in einer Spalte zu erreichen, müssen Sie folglich die Schaltfläche auf alle Zellen anwenden.*

> *Wenn Sie eine Zahl mit sehr vielen Stellen eingeben, kann Excel 97 diese unter Umständen nicht mehr in der Zelle anzeigen. Gerade bei der Anwendung der Schaltfläche* 1000er-Trennzeichen *kommt dies häufig vor. Dann erscheint an Stelle der Zahl der Text* ######. *Entweder reduzieren Sie die Zahl der Nachkommastellen, oder Sie vergrößern die betreffende Spalte (siehe Kapitel 19 »Formatierung von Tabellen«).*

3.6 Berechnung der Umsätze

Sie haben nun die Umsatzzahlen der einzelnen Filialen in die Tabelle eingetragen. Gemäß den Vorgaben in Bild 3.3 benötigen Sie jetzt noch die Summen der Quartale sowie die Filialumsätze, summiert über die Quartale. Wie gelangen Sie an diese Werte?

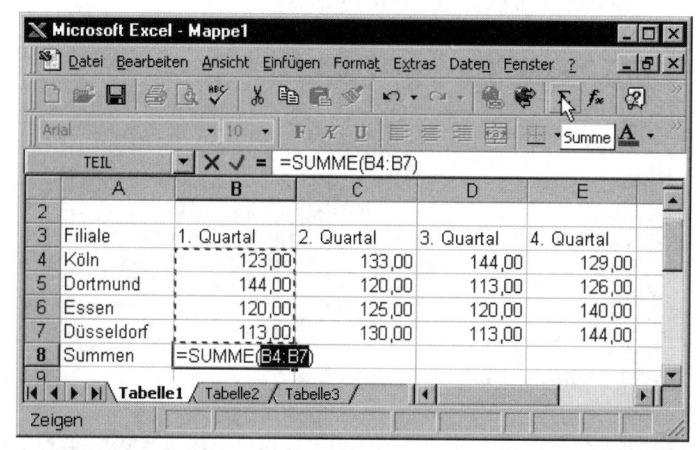

Bild 3.10: Eingabe einer Formel

Dies ist im Grund recht einfach: Sie nehmen einen Taschenrechner und addieren die einzelnen Werte der Spalte. Das Ergebnis tragen Sie in Zeile 8 der Tabelle ein ...

Sie haben Zweifel, ob dies der richtige Weg für den Umgang mit einem Tabellenkalkulationsprogramm ist? Dann sind Ihre Zweifel durchaus berechtigt, die Stärken von Excel 97 kommen immer dann zum Tragen, wenn Berechnungen und Auswertungen vorzunehmen sind. Also lassen Sie Excel 97 die einzelnen Spalten mit den Umsätzen addieren. Hierzu wird das Programm angewiesen, die Summe jeder Spalte in Zeile 8 einzutragen:

1. Klicken Sie mit dem Mauscursor auf der Zelle B8. Die Zelle wird als aktuelle Zelle mit einem fetten Rahmen markiert.

Σ 2. Nun klicken Sie in der Symbolleiste auf die Schaltfläche *Summe*. Excel 97 markiert automatisch die Zahlen der Spalte, die sich oberhalb der aktuellen Zelle befinden, mit einer gestrichelten Linie. Gleichzeitig erscheint die Formel (hier =*SUMME(B4:B7)*) in der Bearbeitungszeile (Bild 3.10). Dies bedeutet, die markierten Zellen werden in die Berechnung einbezogen.

3. In der Statuszeile des Excel-Fensters ist das Wort »Zeigen« zu sehen. Solange diese Anzeige sichtbar ist, können Sie den markierten Zellbereich mit den zu summierenden Werten noch ändern (klicken Sie auf die erste Zelle, und ziehen Sie anschließend die Maus bei gedrückter linker Maustaste zur letzten zu summierenden Zelle).

4. Ist der Zellbereich festgelegt, drücken Sie die ⏎-Taste, um die Eingabe der Formel abzuschließen.

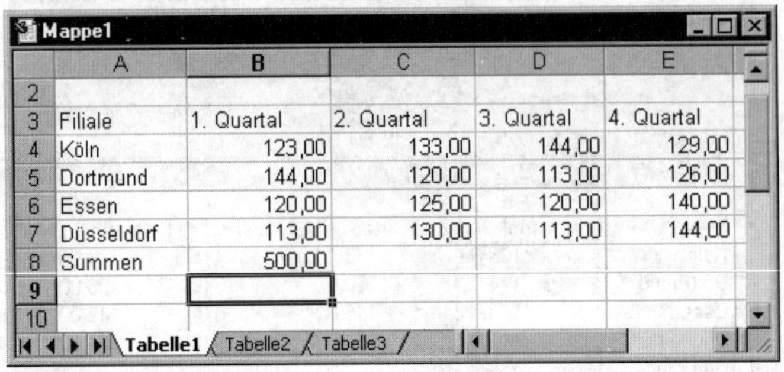

	A	B	C	D	E
2					
3	Filiale	1. Quartal	2. Quartal	3. Quartal	4. Quartal
4	Köln	123,00	133,00	144,00	129,00
5	Dortmund	144,00	120,00	113,00	126,00
6	Essen	120,00	125,00	120,00	140,00
7	Düsseldorf	113,00	130,00	113,00	144,00
8	Summen	500,00			
9					
10					

Bild 3.11: Anzeige des berechneten Ergebnisses

Excel 97 fügt nun die Berechnungsformel in der aktuellen Zelle ein. Anschließend wird die Berechnung durchgeführt, und das Ergebnis erscheint in der Anzeige (Bild 3.11).

Excel 97 denkt mit

Obwohl Sie die Zelle *B8* markiert haben, schlägt Excel 97 zur Summierung die Zellen *B4:B7* vor. Der Doppelpunkt steht in Excel übrigens für einen Zellbereich und wird als:

```
Zellbereich von B4 bis B7
```

interpretiert. Hier wird bereits ein Effekt sichtbar: Wir haben der Zelle *B8* zwar die Funktion *Summe* zugewiesen, aber keine Werte zum Summieren markiert. Excel 97 untersucht daher die Umgebung der Zelle. Befinden sich in der gleichen Spalte Werte oberhalb der Zelle, schlägt das Programm den

Wertebereich zur Summation vor. Befindet sich die aktuelle Zelle rechts von einer Wertereihe, trägt Excel 97 diese Werte in die Summenformel ein. Der zu summierende Bereich wird in der Tabelle durch eine dünne punktierte Linie markiert. Sobald Sie die Eingabe der Formel mit der ⏎-Taste abschließen, zeigt Excel 97 den berechneten Wert in der aktuellen Zelle an. Wenn Sie die Zelle erneut per Maus markieren, erscheint die Formel in der Bearbeitungsleiste (siehe Bild 3.10).

Summieren mehrerer Spalten

Über die oben beschriebene Technik könnten Sie die Formeln zur Summierung der einzelnen Spalten in der Tabelle einfügen. Bei umfangreichen Tabellen wird das Wiederholen immer gleicher Schritte (Zelle markieren und Formel *Summe* zuweisen) recht aufwendig. Eigentlich können Sie Microsoft Excel diese Arbeit überlassen. Weisen Sie Excel 97 doch an, die betreffenden Zellen automatisch mit der Summenformel zu versehen. Hierzu gehen Sie folgendermaßen vor:

1. Klicken Sie in die erste noch freie Zelle *C8*. Diese Zelle wird dann als aktive Zelle mit einem Rahmen markiert.

2. Ziehen Sie jetzt die Maus bei gedrückter linker Maustaste über die Zellen *D8* und *E8*. Microsoft Excel markiert diese Zellen ebenfalls mit einem Rahmen (Bild 3.12).

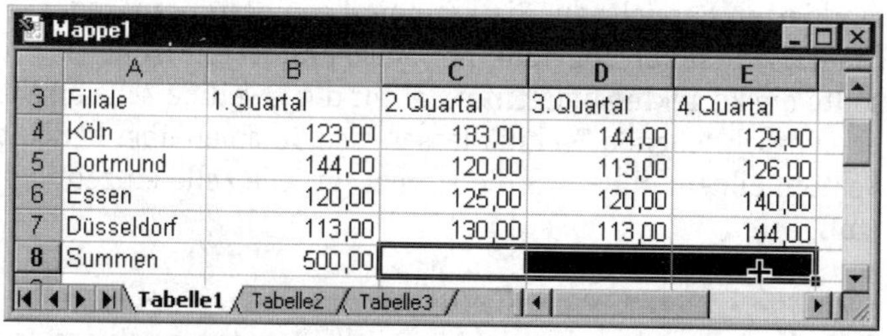

Bild 3.12: Markieren mehrerer Zellen

Mit diesen Schritten haben Sie eine alternative Technik zum Markieren von Zellen kennengelernt. Wenn Sie die Maus bei gedrückter linker Maustaste verschieben (man bezeichnet dies auch als »Ziehen«), markiert Excel 97 die Zellen, die durch den Mauscursor überstrichen werden. Sie können damit nebeneinanderliegende Zellen, Bereiche oder ein ganzes Arbeitsblatt markieren. Beachten Sie aber, daß sich mit dieser Technik immer nur rechteckige Bereiche mit mindestens einer Zelle markieren lassen. (Die zweite Variante zum Markieren der Zellen wurde bereits auf den vorherigen Seiten beschrieben. Weitere Informationen zu diesem Thema finden Sie in Kapitel 11.)

> **TIP:** Wenn Sie einen Bereich markieren, erscheint in der Statuszeile des Excel-Fensters der Text »Bereit«. Damit signalisiert Excel 97 Ihnen, daß es auf eine weitere Anweisung wartet. Sie können nun Berechnungsanweisungen definieren, Bereiche löschen oder verschieben. Die einzelnen Funktionen lernen Sie auf den folgenden Seiten kennen.

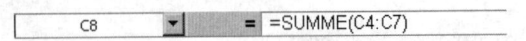

```
   C8          ▼    =  =SUMME(C4:C7)
```

Bild 3.13: Berechnungsformel

Nun weisen Sie Excel 97 an, die Summen der einzelnen Spalten zu berechnen und die Ergebnisse jeder Spalte in Zeile 8 abzulegen.

Σ
1. Hierzu klicken Sie die nebenstehend gezeigte Schaltfläche mit dem Summensymbol an. Diese Schaltfläche befindet sich in der Standard-Symbolleiste.

2. Excel 97 blendet die Anweisung zur Berechnung (hier *=SUMME(C4:C7)*) in der aktuellen Zelle ein (Bild 3.13).

Sobald Sie mit der Maus eine andere Zelle anklicken oder die ⏎-Taste drücken, fügt Excel 97 die Formeln in die markierten Zellen ein und zeigt auch das Ergebnis der Berechnung in der betreffenden Zelle an (Bild 3.14). Hierbei paßt Excel 97 automatisch die Summenformel für alle Zellen des markierten Bereichs an. Sie können dies überprüfen, indem Sie die betreffenden Zellen zur Kontrolle per Maus anklicken. In der Bearbeitungsleiste sollte die korrekte Summenformel für die jeweilige Zelle erscheinen. Mit der oben beschriebenen Technik lassen sich Summen über beliebige Zeilen oder Spalten bilden, ohne daß die Formel für jede Zelle einzeln definiert werden muß.

> **TIP:** *Falls die Zelle neben der aktuellen Zelle bereits eine Formel zum Summieren enthält, übernimmt Excel 97 bei Anwahl der Schaltfläche* Summe *die Formeln automatisch in den markierten Bereich. Bei der Übernahme werden die Zellbezüge (z.B. C4:C7) automatisch angepaßt, d.h. Sie müssen sich normalerweise nicht mit der Korrektur der Formeln befassen.*

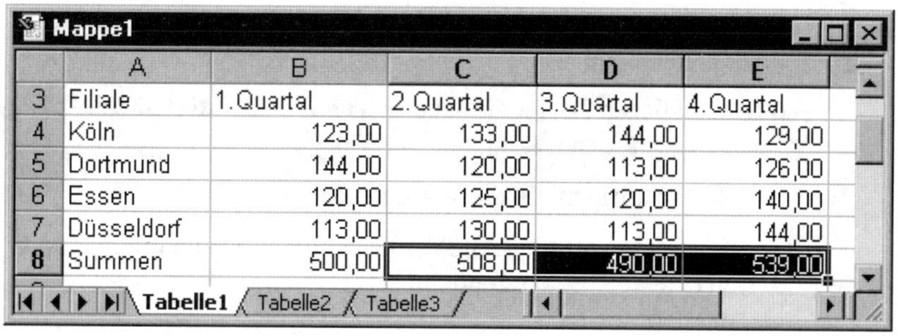

	A	B	C	D	E
3	Filiale	1.Quartal	2.Quartal	3.Quartal	4.Quartal
4	Köln	123,00	133,00	144,00	129,00
5	Dortmund	144,00	120,00	113,00	126,00
6	Essen	120,00	125,00	120,00	140,00
7	Düsseldorf	113,00	130,00	113,00	144,00
8	Summen	500,00	508,00	490,00	539,00

Bild 3.14: Anzeige berechneter Ergebnisse

Wenn Sie eine Zelle mit einer Berechnungsformel anklicken, erscheint die Berechnungsformel in der Bearbeitungszeile (siehe Bild 3.13). Markieren Sie die Zelle mit einem Doppelklick der linken Maustaste, wird die Formel auch in der aktuellen Zelle angezeigt (Bild 3.15). Excel 97 befindet sich nun im Korrekturmodus, d.h. Sie können die Formel direkt in der Zelle überschreiben oder ändern. Dies wird im folgenden Abschnitt diskutiert.

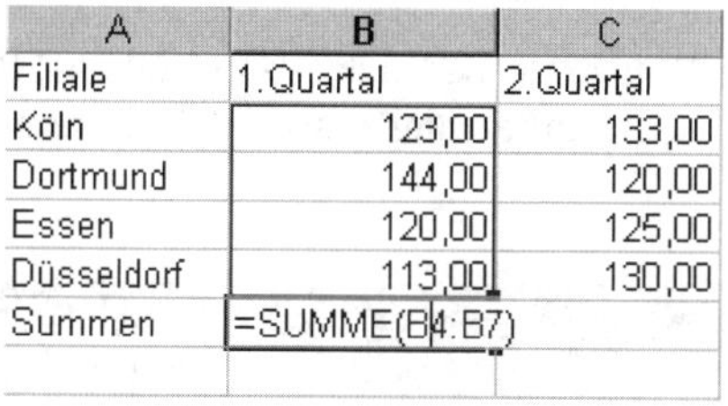

A	B	C
Filiale	1.Quartal	2.Quartal
Köln	123,00	133,00
Dortmund	144,00	120,00
Essen	120,00	125,00
Düsseldorf	113,00	130,00
Summen	=SUMME(B4:B7)	

Bild 3.15: Formelanzeige in einer Zelle

Die Zeilenwerte summieren

Im nächsten Schritt sollen die Zeilenwerte der Tabelle summiert werden.

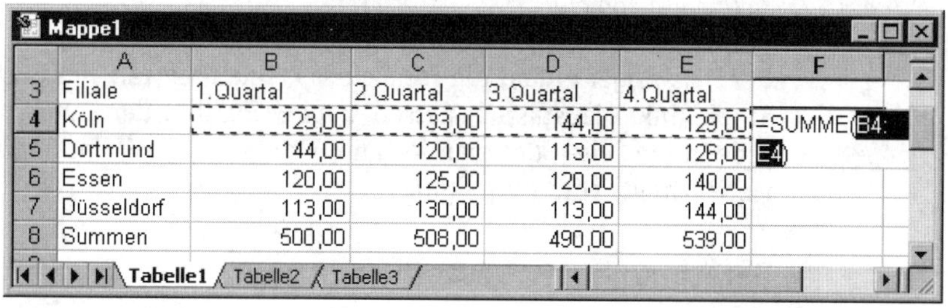

	A	B	C	D	E	F
3	Filiale	1.Quartal	2.Quartal	3.Quartal	4.Quartal	
4	Köln	123,00	133,00	144,00	129,00	=SUMME(B4:E4)
5	Dortmund	144,00	120,00	113,00	126,00	
6	Essen	120,00	125,00	120,00	140,00	
7	Düsseldorf	113,00	130,00	113,00	144,00	
8	Summen	500,00	508,00	490,00	539,00	

Bild 3.16: Zeile summieren

1. Hierzu klicken Sie einfach die gewünschte Zelle an. In Bild 3.16 ist dies die Zelle *F4*.
2. Klicken Sie auf die Schaltfläche *Summe*. Excel 97 schlägt einen Zellbereich zur Summierung vor.
3. Bestätigen Sie diese Auswahl durch Drücken der ⏎-Taste.

Excel 97 übernimmt die Formel, führt die Berechnung durch und zeigt den neuen Wert in der Zelle an.

Formel kopieren

Um die restlichen Formeln zur Berechnung der Jahresumsätze in die Tabelle einzutragen, können Sie den im vorherigen Abschnitt besprochenen Weg beschreiten und die Formeln schrittweise den Zellen zuweisen. Alternativ besteht jedoch die Möglichkeit, die Formel in der Zelle *F4* in die darunterliegenden Zellen zu kopieren.

1. Klicken Sie auf die Zelle, die bereits eine Formel enthält. In diesem Beispiel ist dies die Zelle *F4*.
2. Der Rahmen um die markierte Zelle weist in der rechten unteren Ecke eine kleine Marke auf. Zeigen Sie mit dem Mauscursor auf diese Marke.
3. Halten Sie die linke Maustaste gedrückt, und ziehen Sie diese Marke über die Zellen, in die der Inhalt der markierten Zelle zu kopieren ist (Bild 3.17).

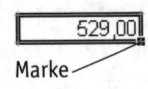

Bild 3.17: Zellinhalte kopieren

Der Mauszeiger nimmt die Form eines kleinen schwarzen Kreuzes an. Sobald Sie die linke Maustaste loslassen, kopiert Excel 97 den Inhalt der Ursprungszelle in die Zellen des markierten Bereichs. Da die Ursprungszelle eine Formel enthielt, wird diese kopiert.

Berechnung des Gesamtumsatzes

Im letzten Schritt soll nun noch der Jahresumsatz aller Filialen berechnet werden. Für diesen Wert ist die Zelle *F8* vorgesehen.

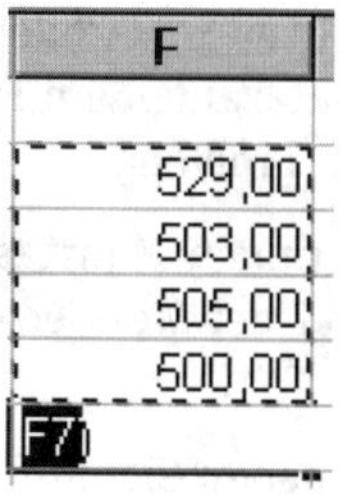

Bild 3.18: Zellen, die in die Formel eingehen

1. Klicken Sie die Zelle *F8* an. Anschließend wählen Sie die Schaltfläche *Summe*. Excel 97 markiert automatisch die Zellen, die sich oberhalb der aktuellen Zelle befinden (Bild 3.18). Sie könnten jetzt die Vorgabe durch Betätigen der ⏎-Taste bestätigen.

2. Zur Demonstration soll jedoch die Summenberechnung über die Quartalssummen der einzelnen Spalten erfolgen. Hierzu klicken Sie mit der Maus auf die Zelle *C8* und ziehen die Maus bis zur Zelle *E8* (Bild 3.19).

3. Die betreffenden Zellen werden durch eine dünne gestrichelte Linie markiert. Sobald Sie jetzt die ⏎-Taste drücken, übernimmt Excel 97 die markierten Zellen in die Summenberechnung.

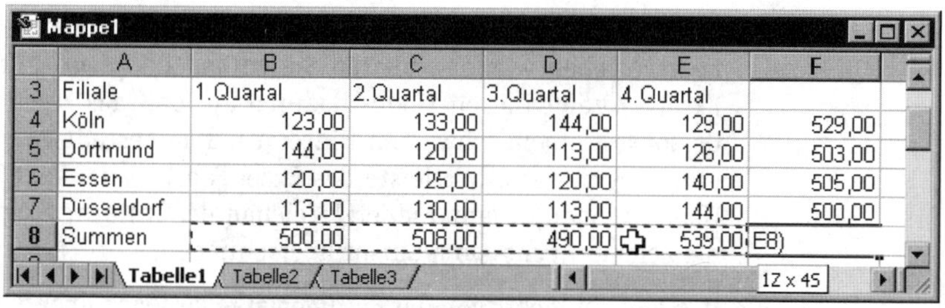

Bild 3.19: Markieren des Zellbereichs für die Berechnung

In den obigen Abschnitten haben Sie bereits die wichtigsten Techniken zum Umgang mit Excel-Tabellen kennengelernt. Sie können Werte eingeben und die Formel zur Summierung abrufen. Weiterhin wissen Sie, wie sich Zellen markieren und (deren Inhalte sich) durch Ziehen per Maus in benachbarte Zellen kopieren lassen. Weitere Techniken zum Umgang mit Tabellen lernen Sie in den restlichen Kapiteln dieses Buches kennen.

3.7 Wie lassen sich Eingabefehler korrigieren?

Mit der Eingabe der obigen Beispieltabelle samt den Berechnungsformeln haben Sie bereits einen wichtigen Schritt getan. Excel 97 berechnet nun für

Sie automatisch die Summe der jeweiligen Spalten und Zeilen. Stellen Sie nachträglich fest, daß bei der Eingabe der Umsatzzahlen ein Fehler passiert ist? Oder die Zahlen haben sich geändert? Kein Problem:

1. Klicken Sie die betreffende Zelle mit der linken Maustaste an. Damit wird diese als aktuelle Zelle markiert, und der Wert erscheint in der Bearbeitungsleiste.

2. Um den gesamten Wert zu überschreiben, geben Sie einfach die neuen Zahlen per Tastatur ein.

3. Soll der Wert jedoch geändert werden, klicken Sie mit der Maus vor die gewünschte Zahl in der Bearbeitungsleiste.

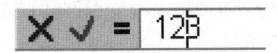

Bild 3.20: *Wert bearbeiten*

Jetzt wird die Einfügemarke in der Bearbeitungsleiste sichtbar (dies ist der senkrechte Strich in Bild 3.20). Sie können anschließend den Wert der Zelle editieren:

- Tippen Sie neue Ziffern oder Buchstaben ein, werden diese an der aktuellen Position der Einfügemarke in die Bearbeitungszeile eingefügt.

- Möchten Sie dagegen, daß die Zeichen rechts von der Einfügemarke überschrieben werden, müssen Sie vorher die [Einfg]-Taste drücken. Excel 97 zeigt diesen Modus dadurch an, daß das Zeichen unter dem Cursor mit einem schwarzen Hintergrund dargestellt wird. Gleichzeitig erscheint in der Statusleiste des Excel-Fensters der Text UB (steht für Überschreiben). Wenn Sie jetzt Zeichen per Tastatur eingeben, werden die Zeichen rechts vom Cursor überschrieben.

- Das Zeichen rechts von der Einfügemarke läßt sich über die Taste [Entf] löschen. Zeichen links von der Einfügemarke werden mit der [←]-Taste gelöscht.

- Die Einfügemarke können Sie entweder per Maus oder mit den Cursortasten [←] und [→] verschieben.

Alle Eingaben werden zusätzlich in die aktuelle Zelle übertragen. Dies ermöglicht Ihnen, jeden Wert in der Tabelle auf einfache Weise zu korrigieren. Neben Zahlen können Sie auch Formeln in der Bearbeitungsleiste anpassen. Sind Sie mit der Eingabe fertig, betätigen Sie die [←]-Taste. Anschließend berechnet Excel 97 die Inhalte der Zellen mit den Summenanweisungen neu und trägt die Ergebnisse ein. Sie erhalten also ohne Aufwand eine aktualisierte Tabelle.

> *In den folgenden Kapiteln lernen Sie weitere Möglichkeiten zur Korrektur von Tabelleneinträgen kennen.*

> *Sie können in Excel 97 den zuletzt ausgeführten Befehl über die nebenstehende Schaltfläche rückgängig machen. Der gleiche Befehl steht Ihnen im Menü BEARBEITEN zur Verfügung.*
>
> *Zusätzlich bietet Excel 97 die Möglichkeit, auch diese zurückgenommene Änderung wieder aufzuheben. Sie müssen lediglich die Schaltfläche* Wiederholen *(diese befindet sich neben der Schaltfläche* Rückgängig*) in der Symbolleiste anklicken.*

Vielleicht versuchen Sie, dies einmal an der Tabelle nachzuvollziehen, indem Sie einen Wert eintragen, diesen ändern und die Wirkung der beiden Schaltflächen studieren.

3.8 Die Tabelle speichern

Bevor Sie Excel 97 beenden, sollten Sie die Tabelle in einer Arbeitsmappe speichern. In der *Standard*-Symbolleiste existiert hierzu die nebenstehend gezeigte Schaltfläche *Speichern*.

1. Sobald Sie diese Schaltfläche bei einem neuen Dokument anklicken, öffnet Excel 97 das Dialogfeld *Speichern unter...* um den Dateinamen, das Laufwerk und das Zielverzeichnis abzufragen (Bild 3.21).

2. Excel 97 schlägt im Eingabefeld *Dateiname* bereits einen Namen (z.B. *Mappe1.xls*) für die zu speichernde Arbeitsmappe (Datei) vor. Sie können diese Vorgabe jedoch überschreiben. Geben Sie für die obige Tabelle den Namen UMSATZ vor. Bei Bedarf läßt sich der Zielordner über das Listenfeld *Speichern in* wählen.

3. Sind Ordner und Dateiname in das Dialogfeld eingetragen, klicken Sie auf die Schaltfläche *Speichern*.

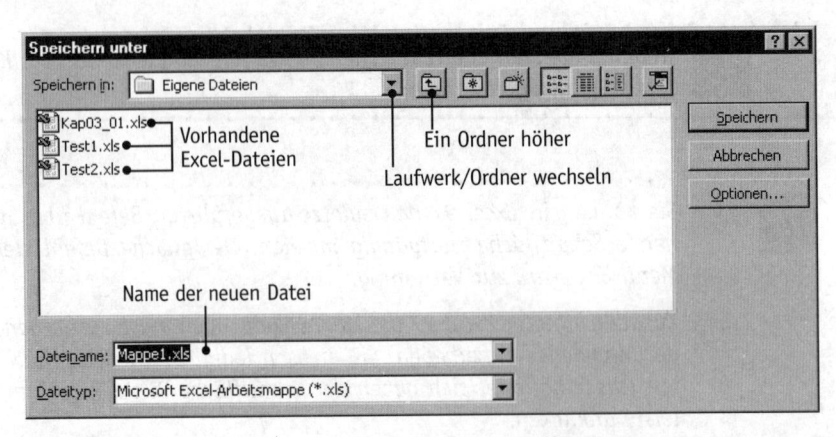

Bild 3.21: *Dialogfeld* Speichern unter

Jetzt legt Excel 97 die Arbeitsmappe unter dem betreffenden Namen an und speichert den Inhalt der Tabellen im Dokumentfenster in diese Datei. Sie können diese Datei zu einem späteren Zeitpunkt in Excel 97 erneut laden und bearbeiten (siehe folgendes Kapitel).

Sie finden das Beispiel in der Datei \BEISP\KAP03\UMSATZ.XLS *auf der Begleit-CD-ROM. Das Arbeitsblatt* Tabelle 1 *ist leer und kann zur Eingabe des Beispiels benutzt werden. Das Arbeitsblatt* Tabelle 1-Endergebnis *enthält bereits die fertige Tabelle. Im Blatt* Tabelle 2 *finden Sie eine vorformatierte Tabelle, und* Tabelle 3 *enthält einige Beispiele für Zahlen mit Tausendertrennzeichen.*

Microsoft speichert Tabellen immer in Arbeitsmappen und vergibt die Erweiterung XLS für den Dateinamen. Das Dialogfeld Speichern unter *erscheint nur, wenn Sie ein neues Dokument zum ersten Mal speichern. Falls Sie eine Arbeitsmappe bereits aus einer Datei geladen haben, bewirkt ein Anklicken der Schaltfläche* Speichern, *daß Excel 97 die Daten sofort und ohne weitere Nachfrage in der Datei sichert. Dabei überschreibt Excel 97 direkt den Inhalt der Datei mit den geänderten Daten. Im nächsten Kapitel erfahren Sie, wie sich eine Tabelle unter neuem Namen sichern läßt.*

Haben Sie die Schaltfläche Speichern *bei einem neuen Dokument ungewollt aktiviert, möchten aber noch nicht speichern? Dann können Sie das Fenster* Speichern unter *(auch als Dialogfeld bezeichnet) durch Betätigung der Schaltfläche* Abbrechen *schließen und zur Bearbeitung der Tabelle zurückkehren.*

3.9 Excel 97 beenden

Nachdem Sie die Tabelle in einer Arbeitsmappe gespeichert haben, können Sie Microsoft Excel beenden. Hierzu gibt es mehrere Möglichkeiten:

1. Klicken Sie per Maus auf die Schaltfläche *Schließen* in der rechten oberen Ecke des Excel-Anwendungsfensters.

2. Wählen Sie im Menü DATEI den Befehl BEENDEN.

3. Klicken Sie auf das Systemmenü in der linken oberen Fensterecke, und wählen Sie den Befehl SCHLIESSEN (Bild 3.22).

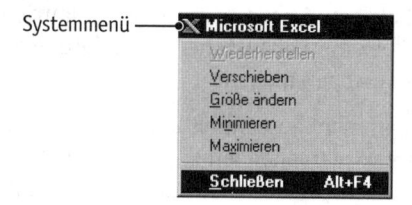

Bild 3.22: Excel-Systemmenü

4. Ein Doppelklick auf das Systemmenü oder die Eingabe der Tastenkombination [Alt]+[F4] beendet Excel 97 ebenfalls.

Haben Sie eine Tabelle geändert und versuchen, Excel ohne Speicherung der Änderungen zu verlassen, erinnert das Programm Sie an die Sicherung.

1. Betätigen Sie die Schaltfläche *Ja*, damit Excel 97 die Änderungen in der zugehörigen Arbeitsmappe speichert.

2. Haben Sie die Funktion zum Beenden von Excel 97 irrtümlich aufgerufen, klicken Sie die Schaltfläche *Abbrechen* per Maus an. Damit gelangen Sie zum Excel-Arbeitsbereich zurück.

3. Mit der Schaltfläche *Nein* werden die Änderungen verworfen, und Excel 97 wird ohne Speicherung beendet.

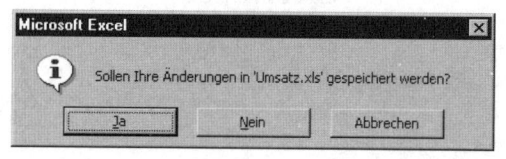

Bild 3.23: Sicherheitsabfrage beim Beenden von Microsoft Excel

Die Betätigung der Schaltfläche *Nein* ist übrigens die sicherste Methode, um irrtümliche Änderungen an einer Tabelle beim Verlassen von Excel 97 zu verwerfen.

4 Die nächsten Schritte

Haben Sie das Beispiel aus Kapitel 3 bearbeitet und in einer Datei gesichert? Dann sind Sie jetzt zu den nächsten Schritten bereit. In diesem Kapitel erfahren Sie, wie sich bereits gespeicherte Arbeitsmappen laden und die Daten in den zugehörigen Arbeitsblättern (Tabellen) bearbeiten lassen.

4.1 Eine Arbeitsmappe laden

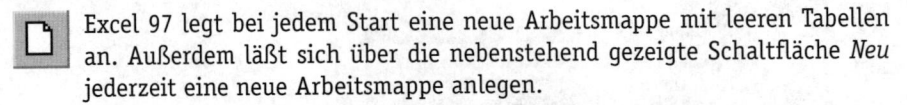

Excel 97 legt bei jedem Start eine neue Arbeitsmappe mit leeren Tabellen an. Außerdem läßt sich über die nebenstehend gezeigte Schaltfläche *Neu* jederzeit eine neue Arbeitsmappe anlegen.

Vermutlich möchten Sie aber nicht ausschließlich mit neuen Arbeitsmappen und Tabellen hantieren. Im vorhergehenden Kapitel haben Sie die Tabelle in einer Arbeitsmappe gespeichert. Es ist daher naheliegend, eine solche Datei mit einer Excel-Arbeitsmappe erneut zu laden und mit den gespeicherten Daten weiterzuarbeiten.

An dieser Stelle soll aber nicht die im Kapitel 3 erstellt Datei, sondern eine Beispieldatei von der Begleit-CD-ROM verwendet werden. Diese Datei ist bereits für die in diesem Kapitel gezeigten Schritte vorbereitet.

Sie finden die Datei \BEISP\KAP03\UMSATZ.XLS, die in den Beispielen dieses Kapitels benutzt wird, auf der Begleit-CD-ROM.

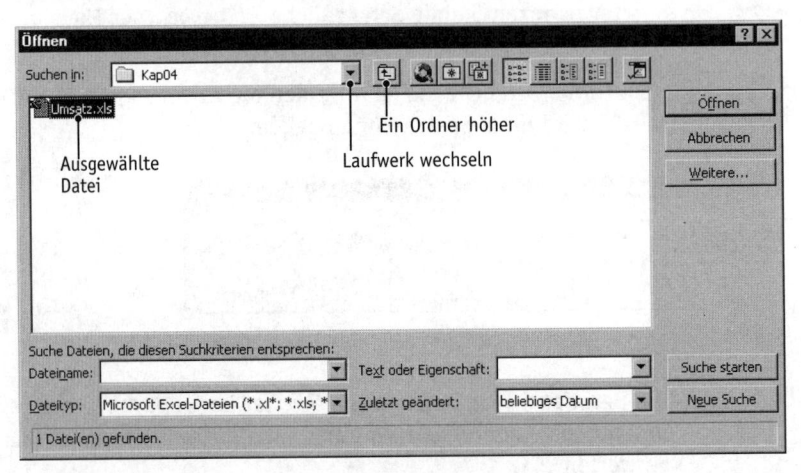

Bild 4.1: Dialogfeld zum Öffnen einer Arbeitsmappe

4 Die nächsten Schritte

1. Zum Öffnen einer Datei klicken Sie in der *Standard*-Symbolleiste des Excel-Fensters auf die nebenstehend gezeigte Schaltfläche *Öffnen*. (Sie können aber auch die Tastenkombination [Strg]+[O] drücken oder den Eintrag ÖFFNEN im Menü DATEI wählen.) Excel 97 zeigt das Dialogfeld *Öffnen* zur Eingabe des Dateinamens (Bild 4.1).

2. Wählen Sie ggf. über das Listenfeld *Suchen in* das CD-ROM-Laufwerk (Bild 4.2). Anschließend doppelklicken Sie im Dialogfeld *Öffnen* auf das Symbol des Ordners *BEISP* und dann auf das Symbol des Ordners *KAP4*.

3. Im Dialogfeld *Öffnen* sollte jetzt der Name der Übungsdatei *UMSATZ.XLS* erscheinen (Bild 4.1). Markieren Sie diese Datei mit einem Mausklick. Anschließend betätigen Sie die Schaltfläche *Öffnen*.

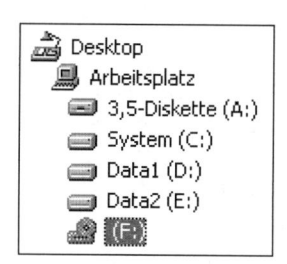

Bild 4.2: Auswahl des Laufwerks

Jetzt wird die ausgewählte Arbeitsmappe geladen. Sie sehen anschließend im Excel-Fenster eines der Arbeitsblätter der geladenen Arbeitsmappe (Bild 4.3). (Beim Laden einer Arbeitsmappe wird übrigens die beim Start von Excel 97 angelegte leere Tabelle automatisch geschlossen.)

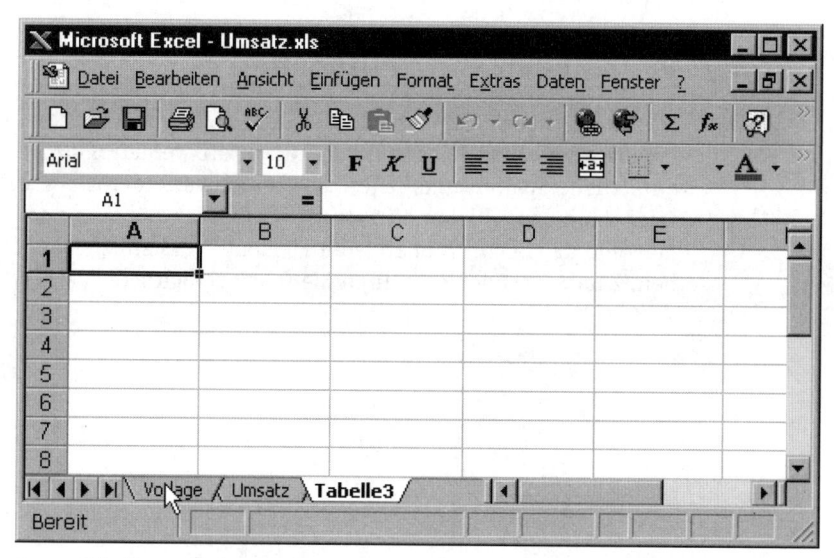

Bild 4.3: Leere Tabelle nach dem Laden

Haben Sie bereits mit einer Datei gearbeitet und diese gespeichert? Dann können Sie sich vielleicht den Umweg über das Dialogfeld Öffnen *sparen. Öffnen Sie das Menü* DATEI, *zeigt Excel 97 die Namen der vier zuletzt bearbeiteten Dateien an. Finden Sie den Namen der gesuchten Arbeitsmappe in diesem Menü, reicht ein Mausklick auf den betreffenden Eintrag, um die zugehörige Arbeitsmappe direkt zu laden.*

Leere Tabelle nach dem Laden, was tun?

Haben Sie die Übungsdatei *UMSATZ.XLS* aus dem Ordner *\BEISP\KAP4* der Begleit-CD-ROM geladen? Vermissen Sie die Daten für das Übungsbeispiel? Erscheint lediglich eine leere Tabelle gemäß Bild 4.3?

Nach dem Laden kann es vorkommen, daß Sie eine leere Tabelle wie in Bild 4.3 in der Anzeige erhalten. Excel 97 merkt sich beim Speichern den Zustand der Anzeige und sichert markierte Bereiche oder die Cursorposition mit. Haben Sie vor dem Sichern ein leeres Arbeitsblatt angewählt, erscheint dieses nach dem Laden in der Anzeige. (Zur Demonstration wurde das Übungsbeispiel entsprechende abgespeichert.)

Zur gewünschten Tabelle gelangen Sie durch Anklicken des Blattregisters der gewünschten Tabelle. Um die im nächsten Schritt benötigten Beispieldaten anzuzeigen, müssen Sie auf das Blattregister *Vorlage* klicken.

Ist das Blattregister nicht sichtbar, blättern Sie über die Schaltflächen (Registerlaufpfeile) in der linken unteren Ecke des Dokumentfensters, bis das Blattregister des gewünschten Arbeitsblatts sichtbar wird.

4.2 Verschieben von Zellinhalten

In den nächsten Schritten soll die Tabelle *UMSATZ.XLS* um eine Spalte mit einer Numerierung für die Filialen erweitert werden. Eine Erweiterung um zusätzliche Spalten und Zeilen ist ebenfalls erforderlich, sobald neue Umsatzzahlen oder Filialen hinzukommen. Der Eintrag *Filiale* soll zukünftig in der Zelle *C5* stehen. Alle anderen Elemente sind entsprechend zu verschieben. Zum Ausschneiden führen Sie folgende Schritte aus:

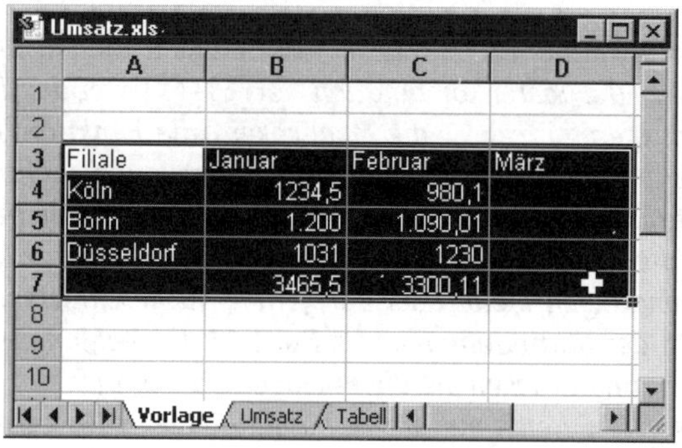

Bild 4.4: Markierung in der Beispieltabelle

Markieren Sie den auszuschneidenden Zellbereich (vom Texteintrag *Filiale* bis zum Wert der Zelle *D7*). Wissen Sie noch, wie sich ein Zellbereich markieren läßt? Klicken Sie auf die Zelle *A3*, halten Sie die linke Maustaste gedrückt, und ziehen Sie den Mauscursor über die Einträge der Tabelle zur Zelle *D7*.

Excel 97 markiert den betreffenden Bereich mit einem Rahmen und stellt die Zellen invertiert dar (Bild 4.4). Einzige Ausnahme bildet die Zelle in der linken oberen Ecke, die als aktive Zelle normal dargestellt wird. Nun müssen Sie den markierten Bereich der Tabelle ausschneiden und an anderer Stelle in der Tabelle wieder einfügen. Am einfachsten klicken Sie hierzu auf die nebenstehend gezeigte Schaltfläche der *Standard*-Symbolleiste des Excel-Fensters.

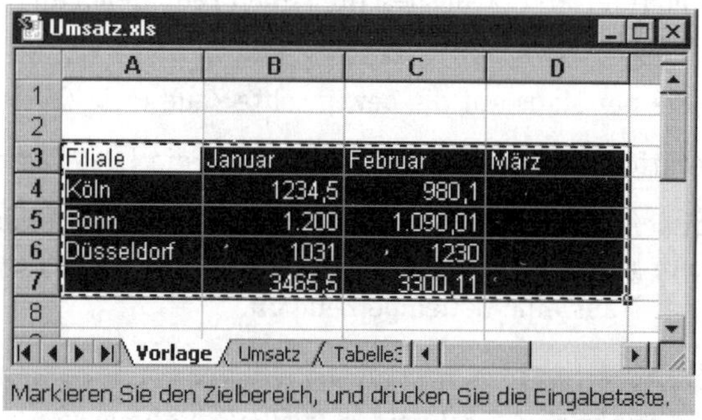

Bild 4.5: Markierung des ausgeschnittenen Zellbereichs

> *Neben der oben erwähnten Schaltfläche* Ausschneiden *können Sie die Funktion auch direkt über die Tastenkombination* Strg+X *von der Tastatur abrufen. Zusätzlich bietet Excel 97 die Möglichkeit, die Funktion* Ausschneiden *über den gleichnamigen Befehl im Menü* BEARBEITEN *aufzurufen. Alle drei Methoden sind funktional gleichwertig und fügen den Inhalt des markierten Bereiches in die Windows-Zwischenablage ein. Im Gegensatz zu anderen Windows-Anwendungen bleibt aber der gerade ausgeschnittene Bereich weiter sichtbar. In der Statuszeile blendet Excel 97 die Meldung »Markieren Sie den Zielbereich, und drücken Sie die Eingabetaste« ein (Bild 4.5). Zusätzlich wird der markierte Bereich mit einem »umlaufenden« Muster dargestellt.*

Bild 4.6: Verschobener Tabellenausschnitt

Um nun den markierten und ausgeschnittenen Zellbereich an die gewünschte Position zu verschieben, führen Sie folgende Schritte aus:

1. Klicken Sie per Maus auf die gewünschte Zelle (z.B. *C5*) im Zielbereich.
2. Dann betätigen Sie die Auswahl, indem Sie die ⏎-Taste drücken.

Excel 97 fügt den Inhalt der Zwischenablage an der betreffenden Position in die Tabelle ein (Bild 4.6). Um die Markierung des Bereiches aufzuheben, klicken Sie per Maus eine beliebige Zelle an.

> *Haben Sie die Funktion* Ausschneiden *irrtümlich aufgerufen oder entspricht der markierte Bereich nicht Ihren Vorstellungen, drücken Sie eine beliebige andere Taste. Damit bleibt der Inhalt des markierten Bereiches erhalten. Wurde der Bereich bereits verschoben, können Sie diese Änderung über die Tastenkombination* Strg+Z *korrigieren.*

Haben Sie die obigen Schritte ausgeführt? Dann können Sie zur Übung noch den Zellbereich *D9:E9* mit den Summen der einzelnen Spalten um drei Zeilen tiefer setzen (die beiden Zellen markieren, ausschneiden und in die

Zeile 12 wieder einfügen). Anschließend dürfte genügend Platz zur Erweiterung der Tabelle vorhanden sein. Sie sollten jetzt die Tabelle mit weiteren Filialdaten ergänzen. Vielleicht fügen Sie zur Übung als erstes die Filialnamen *Duisburg*, *Essen* sowie *Wuppertal* und abschließend den Text »Summe« in Spalte C zur Tabelle hinzu (siehe Bild 4.7). Wenn Sie nicht mehr wissen, wie dies funktioniert, können Sie in Kapitel 3 nachschlagen.

4.3 Bereiche mit Vorgabewerten füllen

Zur besseren Orientierung soll vor der Spalte mit den Filialnamen eine laufende Numerierung eingeblendet werden. Versuchen Sie doch, die beiden ersten Zahlen der Numerierung manuell Zelle für Zelle einzugeben.

1. Hierzu positionieren Sie den Mauscursor auf der Zelle *B6* und drücken kurz die linke Maustaste. Excel 97 markiert die Zelle *B6* als aktuelle Zelle.

2. Nun geben Sie die Zahl 1 per Tastatur ein und betätigen anschließend die ⏎-Taste. Excel 97 überträgt die Eingabe in die Zelle und markiert die darunterliegende Zelle.

3. Wiederholen Sie den letzten Schritt, und geben Sie die Zahl *2* in die Zelle *B7* ein.

Sie könnten auf diese Weise die Numerierung der Zeilen in der betreffenden Spalte fortführen. Eleganter geht es aber, wenn Sie Excel 97 veranlassen, den Zellbereich automatisch mit Vorgabewerten zu füllen.

1. Markieren Sie die beiden Zellen mit den Zahlen *1* und *2*. Der Rahmen zur Markierung der Auswahl weist in der rechten unteren Ecke ein kleines Kästchen auf, welches von Microsoft als »Ausfüllkästchen« bezeichnet wird.

Ausfüllkästchen

2. Zeigen Sie mit dem Mauscursor auf das Symbol des Ausfüllkästchens. Der Mauszeiger nimmt jetzt die Form eines Kreuzes an. Halten Sie die linke Maustaste gedrückt, und ziehen Sie den Mauszeiger bis zur unteren Zelle des Numerierungsbereichs (Bild 4.7).

3. Der markierte Bereich (auch als Ziehbereich bezeichnet) wird durch eine gestrichelte Linie eingerahmt. Gleichzeitig blendet Excel 97 neben dem Mauscursor ein QuickInfo-Fenster mit dem aktuellen Wert der untersten Zelle ein. Sobald Sie die linke Maustaste loslassen, füllt Microsoft Excel den markierten Bereich mit Vorgabewerten (siehe Bild 4.8).

Teil 1 · Grundlagen

Bild 4.7: Markierung des Ziehbereichs

> *Haben Sie vor dem Ziehen nur eine Zelle markiert, kopiert Excel 97 den Zellinhalt in den markierten Bereich. Erkennt Excel 97, daß es sich um eine (Daten-) Reihe handelt, werden die markierten Zellen mit den Folgewerten gefüllt. Bei Zahlen müssen Sie mindestens zwei Zellen mit Vorgabewerten markieren, damit Excel 97 die Zahlenfolge erkennt. Haben Sie nur eine Zelle markiert, wird deren Wert beim Ziehen in den Zellbereich kopiert. Dies ist in nebenstehendem Tabellenausschnitt zu sehen. Vor dem Ziehen wurde die Zelle mit dem Wert 1 markiert. Excel 97 kopiert anschließend den Wert der Zelle in die darunterliegenden Zellen des Ziehbereichs. In obigem Beispiel wurden dagegen vor dem Ziehen zwei Zellen mit den Zahlen 1 und 2 markiert. Excel 97 analysiert die markierten Zellen und erkennt, daß eine einfache (Zahlen-) Folge vorliegt. Beim Ziehen des Ausfüllkästchens ergänzt Excel 97 die markierten Zellen mit den Werten 3, 4, 5 usw. dieser Zahlenfolge.*

Sie können mit Excel 97 nicht nur Zahlenfolgen, sondern auch Reihen mit anderen Daten wie Wochentage, Monatsnamen etc. anlegen. Dies soll jetzt an der Tabelle ausprobiert werden. Die Zeile mit den Monatsnamen enthält nur die Umsätze bis zum Monat *März*. Deshalb soll die Spalte *F* um den Eintrag *April* ergänzt werden. Bei Bedarf lassen sich ja zusätzliche Monatsnamen hinzufügen. Um den Monat *April* in die Tabelle einzutragen, könnten Sie die betreffende Zelle anklicken und den Text per Tastatur eintippen.

Eleganter ist es aber, Excel 97 das Füllen der Reihe mit den Monaten zu überlassen. Bei Wochentagen oder Monatsnamen reicht bereits eine Zelle, damit Excel 97 die Reihe erkennt. Zur Ergänzung der Zeile mit den Monatsnamen gehen Sie folgendermaßen vor:

1. Klicken Sie auf die Zelle mit dem Eintrag des Monatsnamens *März*.
2. Zeigen Sie mit dem Mauscursor auf das Ausfüllkästchen der markierten Zelle. Der Mauscursor nimmt wieder die Form eines kleinen Kreuzes an.

3. Halten Sie die linke Maustaste gedrückt, und ziehen Sie die Maus nach rechts. Sobald Sie die Markierung bei gedrückter linker Maustaste auf andere Zellen ausdehnen, bestimmt Excel 97 die Werte für die Folgezellen und zeigt den Vorgabewert der letzten Zelle in einem QuickInfo-Fenster an (Bild 4.8).

4. Beim Loslassen der linken Maustaste werden die markierten Zellen mit fortlaufenden Monatsnamen ergänzt.

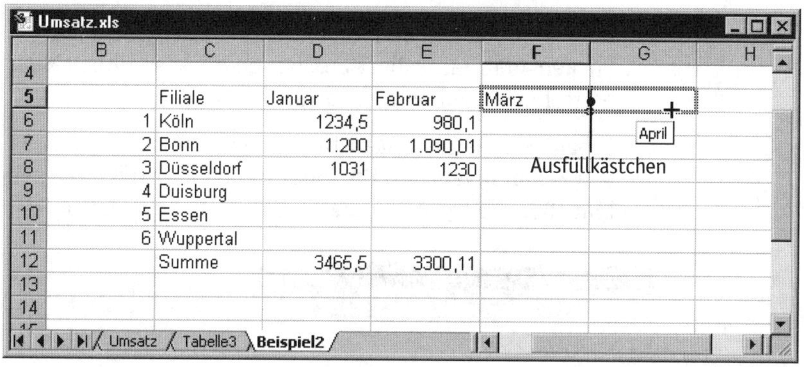

Bild 4.8: Ergänzen der Monatsnamen

Auf diese Weise läßt sich die Reihe mit den Monatsnamen durch Ziehen des Ausfüllkästchens auf weitere Zellen erweitern. In Kapitel 9 finden Sie weitere Hinweise, wie sich Zellbereiche automatisch mit Werten füllen lassen.

4.4 Zellinhalte und Formate löschen

In Kapitel 3 wurde es bereits erwähnt: Bei der Eingabe in eine Zelle lassen sich die Zeichen direkt mit der (Entf)-Taste löschen. Enthält die Zelle bereits einen Wert, markieren Sie diese zur Korrektur mit einem Mausklick. Wenn Sie anschließend auf den Inhalt der Bearbeitungszeile klicken, läßt sich deren Inhalt mit den Tasten (Entf) und (←) löschen.

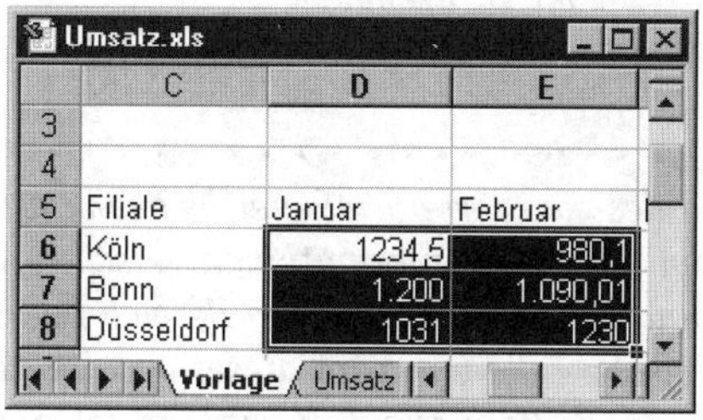

Bild 4.9: Markierter Zellbereich

Nehmen wir einmal an, Sie möchten die Umsatzdaten für Januar und Februar für die Filialen Bonn bis Düsseldorf löschen, da Sie versehentlich die falschen Daten eingetippt haben. Folglich klicken Sie jeweils auf die erste Zelle und betätigen die `Entf`-Taste. Dann wählen Sie die zweite Zelle und wiederholen den Vorgang ...

Im Grunde genommen ist dieses Vorgehen aber recht umständlich. Um einen ganzen Zellbereich mit wenigen Handgriffen zu löschen, führen Sie folgende Schritte aus:

1. Markieren Sie den zu löschenden Bereich, indem Sie auf die erste Zelle klicken und dann die Maus bei gedrückter linker Maustaste über die betreffenden Zellen ziehen (Bild 4.9).
2. Sobald Sie die linke Maustaste freigeben, stellt Excel 97 die betreffenden Zellen invers dar. Um die Inhalte der markierten Zellen zu löschen, brauchen Sie nur noch die `Entf`-Taste zu drücken.

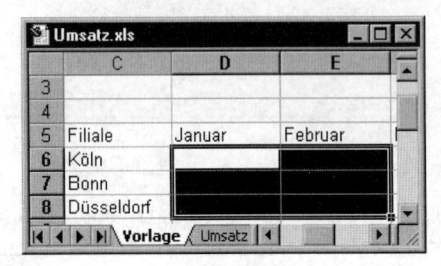

Bild 4.10: Gelöschter Zellbereich

Excel 97 löscht dann die Inhalte aller Zellen im markierten Bereich (Bild 4.10). Bei Bedarf können Sie anschließend in diese Zellen neue Werte eingeben.

Haben Sie sich beim Löschen vertan, können Sie die alten Werte über den Befehl RÜCKGÄNGIG im Menü BEARBEITEN oder über die Schaltfläche Rückgängig bzw. die Tastenkombination `Strg`+`Z` restaurieren. Da es sich bei den obigen Schritten nur um eine Übung handelt, sollten Sie die bereits eingegebenen Werte an dieser Stelle wieder zurückholen.

Auch wenn Sie den Inhalt des markierten Zellbereichs gelöscht haben und die Zellen leer aussehen, sind nicht alle Informationen verschwunden. Excel 97 behält die Zellformatierung für den betreffenden Bereich bei. Tippen Sie einen neuen Wert in eine solche Zelle ein, wird dieser im alten Format dargestellt. Das Zurücksetzen der Zellformatierung wird im folgenden Abschnitt gezeigt. Wie sich Zellen, Zeilen oder Spalten komplett entfernen lassen, erfahren Sie in Kapitel 13.

Wie lassen sich Zellformate löschen?

Im vorherigen Abschnitt haben Sie gelernt, daß sich die Inhalte markierter Zellen mit der Entf -Taste löschen lassen. Es kann aber bei der Eingabe neuer Werte für die Zelle recht störend sein, wenn die alten Zellformate benutzt werden.

Januar
1.234,50
1.200
1031

Nehmen wir an, Sie haben eine Zelle markiert und dieser über die Schaltfläche *1000er-Trennzeichen* das Tausenderformat zugewiesen. Auf die Folgen hatte ich bereits in Kapitel 3 im Abschnitt »Hinweise zur Zahleneingabe« hingewiesen. Excel 97 verschiebt bei der Anzeige den Zellinhalt plötzlich nach links. Der nebenstehende Zellausschnitt verdeutlicht den Effekt. Der erste Wert der Spalte *Januar* wurde mit dem Format für das *1000er-Trennzeichen* versehen. Dadurch erscheint der Wert gegenüber den restlichen Werten verschoben. (Vielleicht tippen Sie die nebenstehend gezeigten Werte im gezeigten Format in ein leeres Arbeitsblatt ein. Dann können Sie die folgenden Schritte direkt nachvollziehen.)

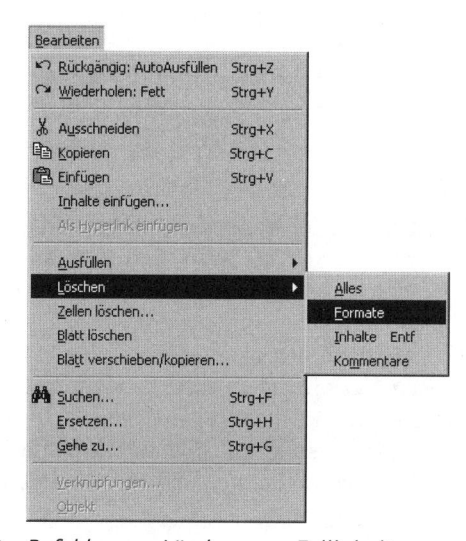

Bild 4.11: Befehle zum Löschen von Zellinhalten

Also gut, Sie beschließen, dieses Format wieder zu entfernen. Einfach die Zahl mit dem Tausenderformat über die Entf -Taste löschen reicht nicht. Tippen Sie eine neue Zahl ein, wird diese erneut im Tausenderformat dargestellt. Excel 97 merkt sich das Zellformat, auch wenn die Zelle keinen Wert mehr aufweist. Bei der erneuten Eingabe eines Werts wird dieser dann im alten Zellformat dargestellt. Dies ist nicht nur störend, sondern kann auch zu recht kuriosen Anzeigen führen (siehe Kapitel 8). Wie läßt sich die Formatierung einer Zelle aufheben? Um eine Zellformatierung zu »löschen«, ist folgendes Vorgehen erforderlich:

1. Markieren Sie die Zellen, deren Formatierung zu entfernen ist.
2. Wählen Sie im Menü BEARBEITEN den Befehl LÖSCHEN. Excel 97 zeigt dann das Untermenü aus Bild 4.11.
3. Zum Löschen der Zellformatierung wählen Sie im Untermenü den Befehl FORMATE.

Januar	
	1234,5
	1200
	1031

Excel 97 »löscht das Format« eigentlich nicht, sondern setzt die Zelle(n) auf ein Standardformat zurück. Dieses Standardformat erlaubt Excel 97, die Darstellungsart selbsttätig zu wählen, d.h. alle Zellinhalte im markierten Bereich werden anschließend in diesem Standardformat angezeigt. Das Ergebnis des obigen Zellausschnitts sehen Sie nebenstehend. Bei Zahlen werden überflüssige Nachkommastellen abgeschnitten, Texte erscheinen linksbündig ausgerichtet in der Zelle etc.

> **TIP** *Über die Befehle des Untermenüs können Sie natürlich auch Zellinhalte entfernen. Wählen Sie den Befehl* ALLES, *werden sowohl Zellinhalte als auch die zugehörigen Zellformate entfernt.*

4.5 Zellbereiche kopieren

Die Tabelle *UMSATZ.XLS* ist nun soweit vergrößert, daß sich die Umsätze von sechs Filialen für die Monate *Januar* bis *April* eintragen lassen. Wenn Sie mehr Filialen benötigen oder weitere Monate eintragen möchten, fügen Sie in der oben beschriebenen Weise die erforderliche Anzahl an Zeilen oder Spalten hinzu. Nun können Sie in den neuen Zeilen 9 bis 11 die fehlenden Werte eintragen. Da es sich hier um ein Beispiel handelt, sollen die bereits eingetragenen Werte in die neuen Zellen kopiert werden. Gleichzeitig lernen Sie die Funktion zum Kopieren von Zellbereichen kennen. Im ersten Schritt sollen die Werte der Spalten *Januar* und *Februar* in die Zellen der Spalten *März* und *April* kopiert werden.

1. Klicken Sie mit der Maus die Zelle *D6* an (diese Zelle markiert die linke obere Ecke des zu kopierenden Bereichs).
2. Nun ziehen Sie bei gedrückter linker Maustaste den Mauscursor zur Zelle *E8*. Diese Zelle liegt in der rechten unteren Ecke des zu kopierenden Bereichs.

4 Die nächsten Schritte

	B	C	D	E	F	G
4						
5		Filiale	Januar	Februar	März	April
6		1 Köln	1234,5	980,1		
7		2 Bonn	1.200	1.090,01		
8		3 Düsseldorf	1031	1230		
9		4 Duisburg				
10		5 Essen				
11		6 Wuppertal				
12		Summe	3465,5	3300,11		
13						

Bild 4.12: Markierter Zellbereich

Excel 97 markiert den betreffenden Zellbereich mit einem fetten Rahmen und stellt die Zellinhalte invers dar (Bild 4.12). Sobald der gewünschte Bereich markiert ist, können Sie die linke Maustaste loslassen. Sie müssen nun den markierten Bereich in die Zwischenablage kopieren. Ähnlich wie beim Ausschneiden (siehe Kapitel 3) bietet Excel 97 Ihnen mehrere Möglichkeiten zum Kopieren des markierten Bereichs:

- Betätigen Sie die nebenstehend gezeigte Schaltfläche *Kopieren* in der Symbolleiste.
- Oder geben Sie die Tastenkombination (Strg)+(c) ein.
- Alternativ wählen Sie den Befehl KOPIEREN im Menü BEARBEITEN.

Alle diese Befehle sind gleichwertig und veranlassen, daß Microsoft Excel eine Kopie der markierten Zellen in die Windows-Zwischenablage übernimmt. Nachdem Excel 97 eine Kopie des markierten Bereiches in der Windows-Zwischenablage angefertigt hat, erscheint in der Statuszeile die Meldung »Markieren Sie den Zielbereich, und drücken Sie die Eingabetaste«. Gleichzeitig wird der Rahmen um den markierten Zellbereich mit einem Laufmuster versehen.

Wenn Sie an dieser Stelle das Kopieren abbrechen möchten, genügt es, eine beliebige Taste zu drücken.

In diesem Beispiel soll der Zellbereich jedoch kopiert werden. Haben Sie den Bereich noch markiert? Das Kopieren erfordert folgende Schritte:

1. Klicken Sie nach dem Markieren auf die Zelle in der linken oberen Ecke des Zielbereichs, in dem der Inhalt der Zwischenablage einzufügen ist. In diesem Beispiel ist das die Zelle *F6*.
2. Bestätigen Sie diese Auswahl, indem Sie die (←)-Taste drücken.

	B	C	D	E	F	G
4						
5		Filiale	Januar	Februar	März	April
6	1	Köln	1234,5	980,1	1234,5	980,1
7	2	Bonn	1.200	1.090,01	1.200	1.090,01
8	3	Düsseldorf	1031	1230	1031	1230
9	4	Duisburg				
10	5	Essen				
11	6	Wuppertal				
12		Summe	3465,5	3300,11		
13						

Bild 4.13: Kopierter Zellbereich

Excel 97 fügt eine Kopie aus der Zwischenablage an der aktuellen Cursorposition ein. Die Zahl der eingefügten Zellen entspricht der Größe des vorher markierten Zellbereichs. Sie erkennen diesen Bereich, da dieser nach dem Kopieren noch markiert ist (Bild 4.13). Klicken Sie auf eine Zelle außerhalb des markierten Bereichs, um die Markierung aufzuheben.

Excel 97 führt das Kopieren so durch, daß die Werte bei Überlagerung der Quell- und Zielbereiche korrekt übertragen werden. Weiterhin bleibt beim Kopieren der vorher markierte Zellbereich erhalten.

Mehrfaches Einfügen aus der Zwischenablage

Um auch die restlichen Zellen (D9:G11) zu füllen, könnten Sie den Bereich *D6* bis *G8* erneut markieren und in der oben beschriebenen Weise in die darunter befindlichen Zellen kopieren. Excel 97 bietet Ihnen aber die Möglichkeit, den Inhalt der Zwischenablage mehrfach innerhalb die Tabelle einzufügen. Wie dies geht, möchte ich in den nachfolgenden Schritten skizzieren:

1. Markieren Sie den gewünschten Zellbereich (hier z.B. *D6:E8*) gemäß den weiter oben beschriebenen Schritten.

2. Klicken Sie auf die nebenstehend gezeigte Schaltfläche (oder Sie drücken die Tastenkombination [Strg]+[c] bzw. wählen den Befehl KOPIEREN im Menü BEARBEITEN). Excel 97 fertig eine Kopie des markierten Bereichs in der Windows-Zwischenablage an.

3. Klicken Sie auf die Zelle in der linken oberen Ecke des Zielbereichs.

4. Anschließend fügen Sie den Inhalt der Zwischenablage in die Tabelle ein. Hierzu klicken Sie auf die nebenstehend gezeigte Schaltfläche (oder Sie drücken die Tastenkombination [Strg]+[v] bzw. wählen den Befehl EINFÜGEN im Menü BEARBEITEN).

Excel 97 überschreibt die markierte Zelle sowie die rechts und unterhalb liegenden Zellen mit dem Inhalt der Zwischenablage. Die Größe des überschriebenen Zellbereichs entspricht der Größe des vorher markierten Zellbereichs. Beim Kopieren bleibt im Gegensatz zum Verschieben (siehe Kapitel 3) der vorher markierte Zellbereich in der Tabelle erhalten. Der zweite Vorteil bei dieser Methode liegt darin, daß der Inhalt der Zwischenablage bei dieser Vorgehensweise erhalten bleibt. Sie können daher deren Inhalt beliebig oft in die Tabelle übernehmen.

Zur Übung sollten Sie die Werte der Beispieltabelle zusätzlich in den Zellbereich F9 bis G11 kopieren. Hierzu müssen Sie nur die oben beschriebenen Schritte 3 und 4 erneut ausführen. Wenn alles korrekt läuft, sollte die Tabelle im Arbeitsblatt Vorlage *den Aufbau gemäß Bild 4.14 aufweisen.*

4.6 Korrektur der Berechnungsformeln

Ein Blick auf die Tabelle zeigt, daß nun alle neuen Zellen mit Werten belegt sind (Bild 4.14). Allerdings gibt es noch ein Problem: In der Zeile mit den Summen stehen offenbar noch die alten Werte.

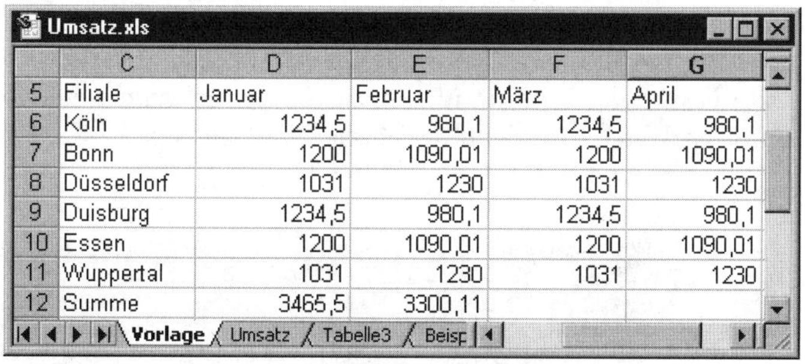

	C	D	E	F	G
5	Filiale	Januar	Februar	März	April
6	Köln	1234,5	980,1	1234,5	980,1
7	Bonn	1200	1090,01	1200	1090,01
8	Düsseldorf	1031	1230	1031	1230
9	Duisburg	1234,5	980,1	1234,5	980,1
10	Essen	1200	1090,01	1200	1090,01
11	Wuppertal	1031	1230	1031	1230
12	Summe	3465,5	3300,11		

Bild 4.14: Erweiterte Tabelle mit Umsatzdaten

Da beim Kopieren der Formeln (siehe Kapitelanfang) noch keine Werte in den neuen Zellen vorlagen, konnte Excel 97 die Bereiche für die Summierung nicht automatisch anpassen. Wenn Sie die entsprechenden Zellen per Maus anklicken, erscheint die zugehörige Formel in der Bearbeitungsleiste (Bild 4.15). Mit einem Doppelklick auf die Zelle wird die Formel übrigens auch direkt in der Tabellenzelle angezeigt. In der Formel findet sich noch der alte Bereich für die Summierung (=*SUMME(D6:D8)*). Sie können nun den angegebenen Bereich in der Klammer ändern.

1. Hierzu markieren Sie in der Bearbeitungszeile die Ziffer 8 und ändern die Zahl in den Wert 11 (Bild 4.16).
2. Schließen Sie die Eingabe mit der ⏎-Taste ab.

Jetzt sollte die korrekte Summe in der ersten Spalte erscheinen (Bild 4.16).

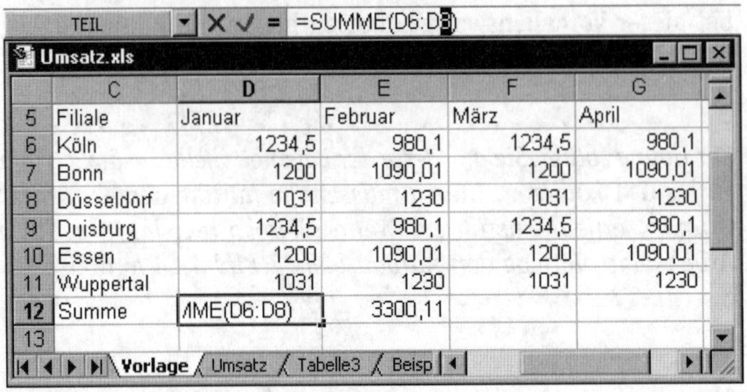

Bild 4.15: Korrektur der Berechnungsformel

> **TIP** *Schneller geht die Korrektur der Formel, wenn Sie die Zelle unterhalb der zu summierenden Spalte (hier D12) durch einen Mausklick markieren und dann die Schaltfläche Summe anklicken. Excel 97 korrigiert die Summenformel für die betreffende Spalte. Sie brauchen nur noch die Auswahl über die ⏎-Taste bestätigen. Alternativ können Sie den zu summierenden Bereich per Maus markieren und dann die Formel übernehmen.*

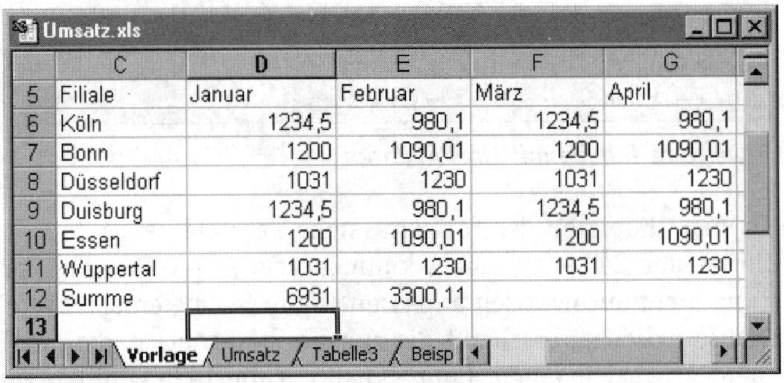

Bild 4.16: Tabelle mit korrigierten Umsatzzahlen

> *Wenn Sie einen Zellbereich markieren und dann die Schaltfläche* Summe *anklicken, fügt Excel 97 die Formel in die erste freie Zelle unterhalb des markierten Bereichs ein. Sie könnten ja auf die Idee kommen und die Zellen D12 bis G12 per Maus markieren. Anschließend wählen Sie die Schaltfläche* Summe, *in der Hoffnung, daß Excel 97 alle Zellen mit der Summenformel versieht. Da einige Zellen bereits eine Formel enthalten, berechnet Excel 97 in diesem Fall die Summe über die betreffenden Zellen und hinterlegt diese in der in der Markierung am weitesten rechts stehenden Zelle. Möchten Sie dagegen die Gesamtsumme des Umsatzes in der Zelle G12 anzeigen, können Sie die Zellen D12 bis E12 per Maus markieren. Da die Zelle G12 noch leer ist, genügt es, die Schaltfläche* Summe *anzuklicken und die* ⏎*-Taste zu betätigen. Excel 97 hinterlegt dann in der Zelle G12 die Summenformel und zeigt den Gesamtumsatz der vier Spalten an.*

Um das Beispiel fortzusetzen, sollten Sie jetzt die Summenformeln für die restlichen drei Spalten einfügen bzw. korrigieren.

Im letzten Schritt soll für das Beispiel noch die Gesamtsumme aller Umsätze in Zelle *D13* angezeigt werden.

1. Hierzu markieren Sie die betreffende Zelle *D13* durch einen Mausklick.
2. Anschließend aktivieren Sie die Schaltfläche *Summe*.
3. Excel 97 blendet jetzt die Formel *=SUMME(C12)* in der Zelle ein. Gleichzeitig wird die Zelle *D12* mit einer dünnen Linie markiert.
4. Sie können nun den Mauscursor auf der Zelle *D12* positionieren und die Maus bei gedrückter linker Maustaste nach rechts bis zur Zelle *G12* ziehen.
5. Excel 97 ergänzt dann den Bereich in der Summenformel zu *SUMME(D12:G12)*. Wenn Sie nun die ⏎-Taste drücken, wird der Gesamtumsatz der vier Spalten in Zelle *D13* angezeigt.

Die Beispieltabelle ist in Bild 4.17 zu sehen. Sie sollten nun noch der Tabelle einen Titeltext wie *Filialumsätze* in der Zelle *F3* hinzufügen.

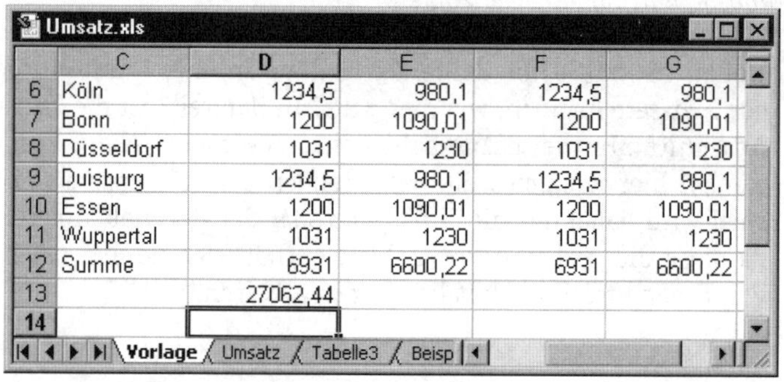

Bild 4.17: Beispieltabelle mit berechneten Werten

4.7 Formatieren einer Tabelle

In den vorhergehenden Abschnitten dieses Kapitels haben Sie die Datei *UMSATZ.XLS* von der CD-ROM geladen und die Tabelle *Vorlage* um weitere Daten ergänzt. Sie wissen jetzt auch, wie sich Formeln zur Umsatzberechnung in einzelnen Zellen einfügen lassen. Das Ergebnis ist in Bild 4.17 zu sehen. (In der von der CD-ROM geladenen Beispieldatei finden Sie das Arbeitsblatt *Umsatz*. Dieses Arbeitsblatt wird in den folgenden Schritten benutzt, da es eine vorbereitete Kopie der betreffenden Daten enthält.)

Aber mal ehrlich, diese Tabelle ist wohl für Präsentationen nicht sonderlich gut geeignet? Die Überschriften kommen nicht heraus, die Summen sind kaum erkennbar, und die Zahlen werden mit einer unterschiedlichen Anzahl an Nachkommastellen dargestellt. Hier kann eine Formatierung Abhilfe schaffen.

Im ersten Schritt sollten wohl alle Zahlen mit zwei Nachkommastellen erscheinen. Weiterhin ließe sich zum Beispiel der Überschriftstext *Filialumsätze* fett und unterstrichen ausgeben. Die Zeile mit den Monaten sollte kursiv formatiert werden, und die berechneten Summen lassen sich in fetter Darstellung direkt erkennen. Wünsche zur Formatierung gibt es viele. Mal sehen, wie sich diese in Excel 97 realisieren lassen.

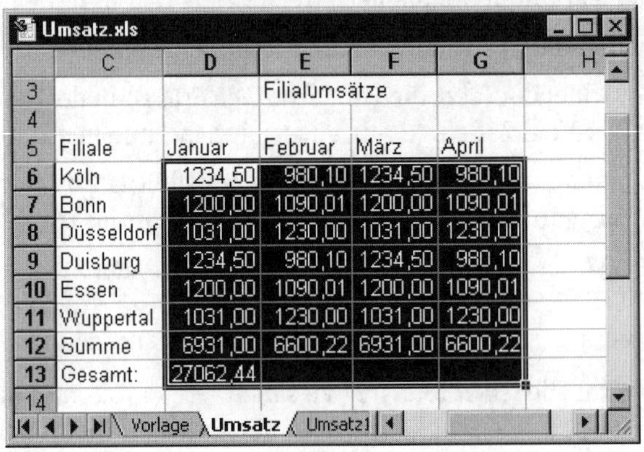

Bild 4.18: Tabelle mit formatierten Zahlen

Wollen wir zuerst die Zahlendarstellung in eine »vernünftige« Form bringen? Wissen Sie noch, wie dies geht? In Kapitel 3 ist die Vorgehensweise im Abschnitt »Hinweise zur Zahleneingabe« beschrieben. Zur Wiederholung werden hier nochmals die betreffenden Schritte gezeigt. (Für dieses Beispiel wird dabei auf die Tabelle *Umsatz* der Beispieldatei zurückgegriffen, da diese die vorbereiteten Zahlen enthält. Sie können aber auch mit der von Ihnen erstellten Tabelle *Vorlage* arbeiten.)

1. Markieren Sie den zu formatierenden Zahlenbereich (auf Zelle *D6* klicken und die Maus bei gedrückter linker Maustaste zur Zelle *G13* ziehen).

2. Excel 97 zeichnet den markierten Zellbereich mit einer dunklen Hintergrundfarbe. Jetzt reicht es, in der *Format*-Symbolleiste auf die nebenstehend gezeigte Schaltfläche *Dezimalstelle hinzufügen* zu klicken.

Excel 97 sollte jetzt alle Zahlen mit der gleichen Anzahl an Nachkommastellen darstellen. Wiederholen Sie notfalls Schritt 2, um mehr Dezimalstellen anzuzeigen. Um die Zahl der Dezimalstellen zu reduzieren, verwenden Sie die nebenstehend gezeigte Schaltfläche. In Bild 4.18 sehen Sie die Tabelle mit den formatierten Zahlen. Die Tabelle sieht jetzt schon besser aus. Nun ist es an der Zeit, auch die Formate für die restlichen Tabellenteile (Überschriften und Summenzeile) zu ändern. Excel 97 bietet Ihnen zwei Möglichkeiten:

⇢ Sie können die Formatierung automatisch über die Funktion *AutoFormat* vornehmen lassen. Dann bestimmt Excel 97 das Aussehen der Tabelle.

⇢ Oder Sie nehmen die Formatierung manuell über die Formatierungsfunktionen vor. Dies gibt Ihnen die Flexibilität, die Tabelle nach eigenen Vorstellungen zu gestalten.

Nachfolgend werden beide Möglichkeiten kurz vorgestellt. Welche dieser Möglichkeiten Sie wählen, bleibt Ihnen überlassen.

Formatieren mit AutoFormat

Excel 97 erlaubt Ihnen, eine Tabelle sehr schnell über die Funktion *AutoFormat* aufzubereiten. Hierzu führen Sie folgende Schritte aus:

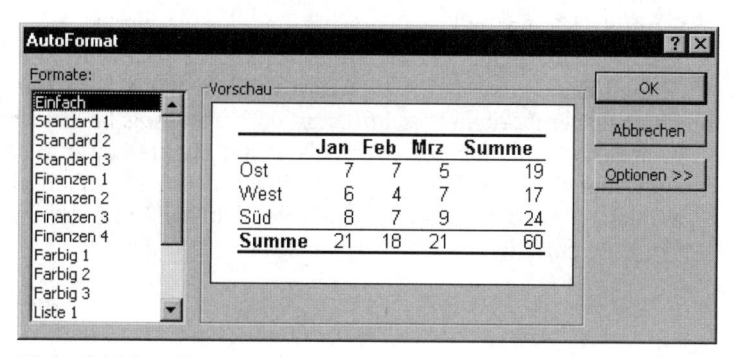

Bild 4.19: Dialogfeld AutoFormat

1. Markieren Sie den zu formatierenden Bereich der Tabelle, indem Sie die Maus bei gedrückter linker Maustaste über die Zellen ziehen. Für unser Beispiel soll dies der Bereich *C3:G13* im Arbeitsblatt *Umsatz* sein.
2. Wählen Sie anschließend den Befehl AUTOFORMAT... im Menü FORMAT. Auf dem Bildschirm erscheint nun das Dialogfeld *AutoFormat* zur Auswahl des Formats (Bild 4.19).
3. Wählen Sie in der Liste *Formate* eines der vordefinierten Standardformate (z.B. *Einfach*). Im Fenster *Vorschau* erhalten Sie einen Eindruck davon, wie die Tabelle formatiert wird.
4. Schließen Sie das Dialogfeld über die *OK*-Schaltfläche.

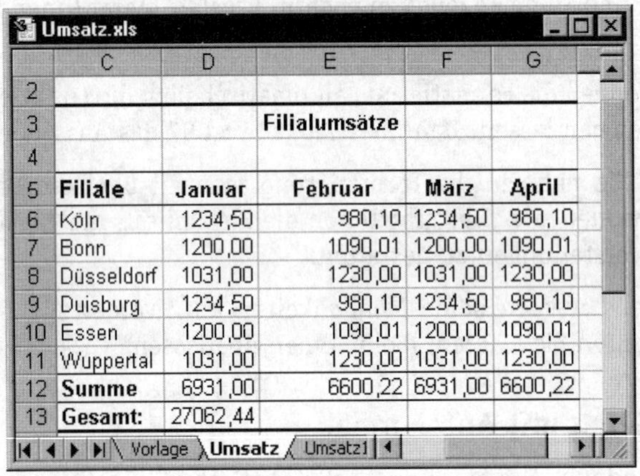

	C	D	E	F	G
2					
3			Filialumsätze		
4					
5	Filiale	Januar	Februar	März	April
6	Köln	1234,50	980,10	1234,50	980,10
7	Bonn	1200,00	1090,01	1200,00	1090,01
8	Düsseldorf	1031,00	1230,00	1031,00	1230,00
9	Duisburg	1234,50	980,10	1234,50	980,10
10	Essen	1200,00	1090,01	1200,00	1090,01
11	Wuppertal	1031,00	1230,00	1031,00	1230,00
12	**Summe**	6931,00	6600,22	6931,00	6600,22
13	**Gesamt:**	27062,44			

Bild 4.20: Formatierte Tabelle

Excel 97 beginnt mit der Formatierung des markierten Tabellenbereiches. Das Ergebnis nach Anwendung des Formats *Einfach* sehen Sie in Bild 4.20. Mal ehrlich, entspricht dieses Format Ihren Wünschen? Der dicke Strich oberhalb der Tabellenüberschrift stört doch irgendwie. Die Ursache: Wir hatten zum Formatieren die betreffende Zeile mit markiert. Wenn Sie vor Anwendung der Funktion *AutoFormat* lediglich den Tabellenbereich *C7* bis *G15* wählen, formatiert Excel 97 Titelzeile nicht mit (und der Strich oberhalb der Zeile entfällt).

> *Aber wie werden Sie die Formatierung wieder los, die Sie per AutoFormat einer Tabelle zugewiesen haben? Wenn Sie mit dem Ergebnis der Formatierung nicht zufrieden sind, läßt sich diese direkt nach Anwendung von AutoFormat über die Funktion Rückgängig (z.B. Tastenkombination `Strg`+`z` drücken) aufheben. Anschließend können Sie über die oben gezeigten Schritte ein anderes Format zuweisen. Haben Sie bereits weitere Änderungen an der Tabelle vorgenommen, gibt es einen anderen Weg. Führen Sie die obigen Schritte zum Zuweisen eines Formats über die Funktion AutoFormat aus. In der Liste Formate finden Sie den Eintrag Ohne. Sobald Sie dieses Format wählen und das Dialogfeld AutoFormat schließen, hebt Excel 97 die Formatierung der Tabelle auf.*

Vielleicht probieren Sie jetzt zur Übung die verschiedenen Formate über *AutoFormat* an der Tabelle des Arbeitsblatts *Umsatz* aus.

Manuelle Formatierung einer Tabelle

Häufiger kommt es jedoch vor, daß das Ergebnis von *AutoFormat* nicht den Erwartungen entspricht. Sie möchten vielleicht verschiedene Formatierungen benutzen und die Tabelle mit Linien versehen. Daher möchte ich Ihnen kurz zeigen, wie sich eine Tabelle auch ohne die Funktion *AutoFormat* gestalten läßt. In der Arbeitsmappe des Beispiels gibt es noch das Arbeitsblatt *Umsatz (2)*, welches ebenfalls eine Kopie der Beispieltabelle enthält. Verwenden Sie dieses Arbeitsblatt, um die Möglichkeiten zur manuellen Formatierung auszuprobieren.

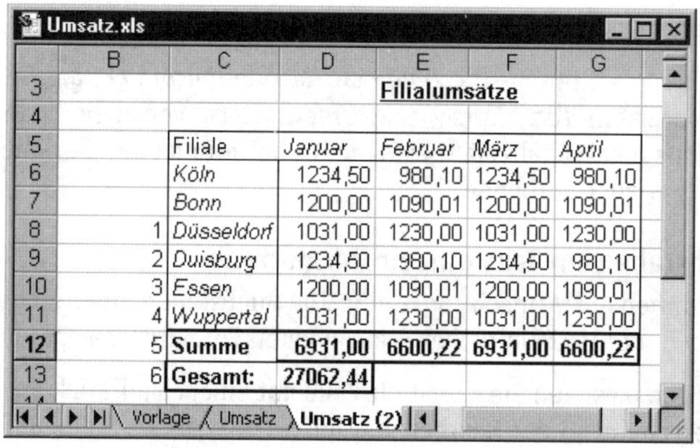

Bild 4.21: Manuell formatierte Tabelle

Über die manuelle Formatierung stellt Excel 97 Ihnen unterschiedliche Formatierungsfunktionen zur Verfügung. In Bild 4.21 sehen Sie ein Beispiel für eine mögliche Formatierung. Wie sich diese Formatierung erreichen läßt, wird auf den nachfolgenden Seiten kurz vorgestellt. Die Vorgehensweise ist hierbei immer gleich:

1. Um die einzelnen Einträge der Tabelle zu formatieren, müssen Sie zuerst die betreffenden Zellen (z.B. Überschrift oder Spaltenüberschrift) markieren.
2. Anschließend können Sie die gewünschten Funktionen zur Formatierung (siehe folgende Abschnitte) aufrufen.

Für die meisten Formatierungsattribute (z.B. fett, kursiv, unterstrichen, linksbündig etc.) stellt Excel 97 Ihnen Schaltflächen zur Verfügung.

Fett, kursiv und unterstrichen

Sobald Sie eine Zelle oder einen Bereich der Tabelle (z.B. mit Zahlen, Text etc.) angewählt haben, lassen sich die betreffenden Zeichen mit Schriftattributen wie *fett* oder *kursiv* auszeichnen. Sie müssen lediglich die folgenden Funktionen aufrufen.

- **F** ⋯⋗ Klicken Sie auf die nebenstehend gezeigte Schaltfläche *Fett*, um die Inhalte der markierten Zellen fett anzuzeigen. Dies gilt sowohl für Texte als auch für Zahlen und berechnete Ergebnisse.

- **K** ⋯⋗ Um zum Beispiel die Monatsnamen und die Namen der Filialen kursiv anzuzeigen, verwenden Sie die Schaltfläche *Kursiv*. Excel 97 formatiert dann alle markierten Elemente mit dem Attribut kursiv.

- **U** ⋯⋗ Zusätzlich lassen sich die Inhalte markierter Zellen über die nebenstehende Schaltfläche unterstreichen. Dies wurde in Bild 4.21 bei der Tabellenüberschrift genutzt.

Möchten Sie zum Beispiel die Überschrift fett gestalten, markieren Sie die Zelle und klicken die Schaltfläche fett an. Ein erneuter Mausklick auf die betreffende Schaltfläche hebt das Format wieder auf.

Zur Übung sollten Sie die Zellen der Tabelle *Umsatz (2)* gemäß Bild 4.21 mit den Formaten *Fett, Kursiv* und *Unterstrichen* versehen. Sofern Ihnen das Ergebnis nicht gefällt, läßt sich die Formatierung über die Schaltfläche *Rückgängig* wieder aufheben.

Buchstaben im Text einzeln formatieren

Sie können auf Wunsch sogar einzelne Buchstaben eines eingegebenen Textes (z.B. *öln* im Filialnamen) mit eigenen Formaten belegen.

1. Hierzu wählen Sie zuerst die Zelle mit einem Mausklick an. Der Zellinhalt erscheint in der Bearbeitungsleiste.
2. Nun markieren Sie die getrennt zu formatierenden Buchstaben in der Bearbeitungsleiste des Excel-Fensters (Bild 4.22). Ziehen Sie die Maus bei gedrückter linker Maustaste über den Text. Excel 97 zeigt die markierten Zeichen invers an.

3. Dann ist eine der Schaltflächen für fett, kursiv oder unterstrichen zu betätigen. Excel 97 zeigt bereits sofort die Auswirkungen an der betreffenden Zelle.

Sobald Sie die Formatierung abschließen (z.B. die ⏎-Taste drücken oder auf eine andere Zelle klicken), übernimmt Excel 97 das Format in der Tabelle. Auf die oben beschriebene Weise können Sie längere Texte in Zellen mit verschiedenen Auszeichnungen versehen, um ggf. die Lesbarkeit zu erhöhen.

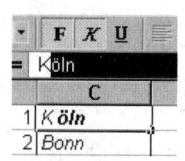

Bild 4.22: Formatieren einzelner Zeichen

> **Achtung!** *Leider ist diese Art der Formatierung für Zahlen nicht möglich. Sie können zwar eine Zelle mit einer Zahl markieren und das Format in der oben gezeigten Art zuweisen. Das neue Format wird auch in der Zelle angezeigt. Sobald Sie jedoch die Formatierung durch Drücken der ⏎-Taste übernehmen möchten, verwirft Excel 97 die Vorgaben.*

Das Format für einzelne Buchstaben aufheben

Um das Format einzelner Zeichen wieder aufzuheben, müssen Sie folgendermaßen vorgehen:

1. Klicken Sie auf die gewünschte Zelle. Anschließend markieren Sie in der Bearbeitungsleiste genau die Zeichen, deren Format zurückzusetzen ist. Die Schaltflächen in der *Format*-Symbolleiste zeigen Ihnen, welche Zeichenformate gesetzt sind (die betreffenden Schaltflächen erscheinen in eingedrückter Darstellung).

2. Klicken Sie die oben beschriebenen Schaltflächen zum Formatieren erneut per Maus an, setzt Excel 97 das betreffend Format der Zeichen zurück. Sie sehen das Ergebnis bereits in der Zellanzeige.

Sobald Sie die Markierung der Zelle durch Anklicken einer anderen Zelle oder durch Drücken der ⏎-Taste aufheben, wird die Formatierung permanent in der Zelle übernommen. Durch Drücken der Esc-Taste können Sie die Formatänderung abbrechen. Dann bleibt die vorherige Einstellung erhalten. Außerdem haben Sie ja jederzeit die Möglichkeit, den letzten Befehl (z.B. über die Tastenkombination Strg+z) rückgängig zu machen.

Text direkt in der Zelle bearbeiten

Texte lassen sich übrigens auch direkt in der Zelle formatieren. Hierzu wählen Sie die Zelle mit einem Eingabewert oder einem Text nicht mit einem einfachen Klick, sondern per Doppelklick an. Dann erscheint nur ein einfacher Rahmen, und die einzelnen Zeichen lassen sich direkt in der Zelle per Maus markieren. Sie müssen nur die Maus bei gedrückter linker Maustaste über den Text ziehen. Die markierten Buchstaben werden anschließend invers angezeigt. Wenn Sie nun eine der Schaltflächen für fett, kursiv oder unterstrichen betätigen, formatiert Excel 97 nur die markierten Zeichen der Zelle.

Excel 97 zeigt in der Bearbeitungszeile die Formatierung der Zellinhalte nicht an (Bild 4.22). Das Markieren bereits formatierter Zeichen wird dadurch erschwert, Sie sollten daher Änderungen der Formatierung immer in der Zelle durchführen.

Horizontale Ausrichtung des Zellinhalts

Ein anderer Aspekt betrifft die horizontale Ausrichtung der Zelleninhalte. Standardmäßig werden alle Texteinträge linksbündig, Zahlen dagegen rechtsbündig am Zellenrand justiert. Sie können dies zum Beispiel in Bild 4.21 erkennen, die Zahlen sind gegen die Spaltenüberschriften etwas verschoben. Bei Bedarf läßt sich diese Ausrichtung aber explizit über die in Bild 4.23 gezeigten drei Schaltflächen der *Format*-Symbolleiste ändern.

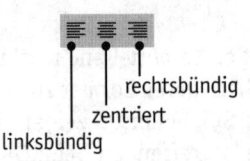

Bild 4.23: Schaltflächen zum Ausrichten

- ⇢ Die linke Schaltfläche aus Bild 4.23 sorgt für die linksbündige Ausrichtung der markierten Zellinhalte.

- ⇢ Möchten Sie den Inhalt einer oder mehrerer Zellen zentrieren, verwenden Sie die mittlere Schaltfläche aus Bild 4.23.

- ⇢ Mit der in Bild 4.23 rechts gezeigten Schaltfläche werden die Inhalte der markierten Zellen am rechten Rand ausgerichtet.

Mit diesen Schaltflächen lassen sich die Einträge in der Tabelle individuell gestalten.

Format übertragen

Zusätzlich bietet Excel 97 Ihnen die Möglichkeit, das Format eines markierten Bereichs automatisch auf andere Bereiche zu übertragen. Nehmen wir an, Sie haben einen Text fett und unterstrichen formatiert. Oder eine Zahl in der Tabelle ist mit einer festen Nachkommastellenzahl formatiert. Soll ein anderer Bereich innerhalb der Tabelle mit dem gleichen Format dargestellt werden, führen Sie folgende Schritte aus:

1. Markieren Sie den Bereich der Tabelle (oder die Zelle), der die gewünschte Formatierung enthält.

2. Klicken Sie die Schaltfläche *Format übertragen* in der *Format*-Symbolleiste an. Der Cursor wechselt dann zur Form eines Pinsels (Bild 4.24).

3. Markieren Sie nun per Maus den zu formatierenden Bereich. Sie müssen hierzu lediglich die Maus bei gedrückter linker Maustaste über die zu formatierenden Zellen ziehen (Bild 4.24).

4. Sobald Sie die linke Maustaste freigeben, überträgt Excel 97 die Formatierung des Quellbereichs auf den neuen Zielbereich.

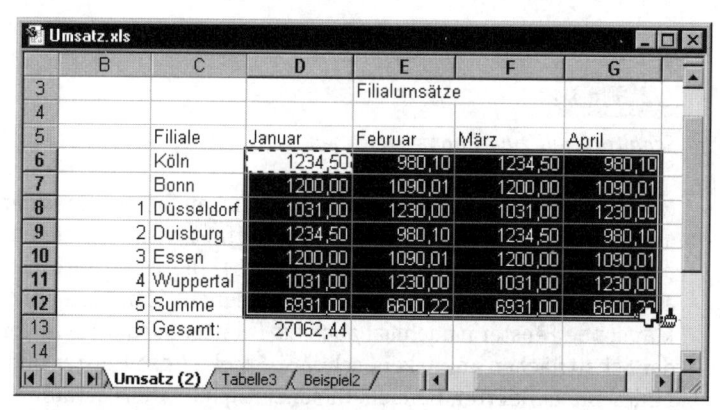

Bild 4.24: Format in den Zellbereich übertragen

> *Wenn Sie das Format auf mehrere Bereiche übertragen möchten, wählen Sie die Schaltfläche* Format übertragen *mit einem Doppelklick der linken Maustaste an. Die Schaltfläche bleibt dann eingedrückt, und Sie können beliebige Bereiche formatieren. Um die Funktion* Format übertragen *wieder abzuschalten, müssen Sie die betreffende Schaltfläche erneut per Maus anklicken.*

Linien in der Tabelle ziehen

Die Tabelle aus Bild 4.21 ist mit verschiedenen Linien versehen. Diese Linien lassen sich über die Funktion *Rahmen* abrufen. In der *Format*-Symbolleiste befindet sich eine entsprechende Schaltfläche (Bild 4.25). Um einem Zellbereich eine Linie (oder einen Rahmen) zuzuweisen, ist folgende Vorgehensweise erforderlich:

1. Erst müssen Sie den gewünschten Zellbereich markieren. Sie könnten ja versuchsweise die Zeile mit den Monatsnamen in der Beispieltabelle markieren.

2. Anschließend klicken Sie in der *Format*-Symbolleiste auf die Schaltfläche *Rahmen*. Jetzt weist Excel 97 dem markierten Bereich die zuletzt gewählte Linienform zu. In der nebenstehend gezeigten Schaltfläche findet sich das Symbol einer unterstrichenen Zelle. Folglich wird der markierte Zellbereich mit einer dünnen Linie am unteren Gitterrand versehen.

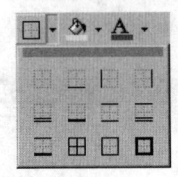

Bild 4.25: Schaltflächen zum Rahmenzeichnen

Möchten Sie die Linienform wechseln, klicken Sie per Maus den Pfeil neben der Schaltfläche *Rahmen* an. Excel 97 öffnet dann ein kleines Fenster mit den verfügbaren Rahmenstilen (Bild 4.25). Diese Fenster werden Ihnen bei anderen Funktionen noch häufiger begegnen. Man bezeichnet dieses aufklappende Fenster manchmal auch als Palette. Sobald Sie in der Palette eine der Schaltflächen anklicken, schließt Excel 97 das Fenster und zeichnet die Linien im markierten Bereich. Gleichzeitig bleibt das gewählte Linienformat in der Schaltfläche sichtbar und läßt sich für weitere Zellen nutzen.

4 Die nächsten Schritte

> Möchten Sie eine Tabelle mit verschiedenen Linienformen und Rahmen versehen? Dann ist das ständige Öffnen der Palette zur Auswahl des Rahmentyps recht aufwendig. Sie können das Fenster mit den Linientypen jedoch auch als Symbolleiste (in diesem Buch auch als Werkzeugleiste oder frei schwebende Symbolleiste bezeichnet) auf dem Bildschirm einrichten (Bild 4.26). Dann lassen sich die Linien und Rahmen direkt durch Anklicken der Schaltflächen in der Werkzeugleiste Rahmen zuweisen. Um die Werkzeugleiste einzublenden, öffnen Sie das Fenster mit den Rahmenstilen und ziehen es bei gedrückter linker Maustaste in den Dokumentbereich. Sobald Sie die linke Maustaste loslassen, erscheint die Werkzeugleiste Rahmen. Sie können die Werkzeugleiste verschieben, indem Sie deren Titelzeile per Mauscursor anwählen und die Maus bei gedrückter linker Maustaste bewegen. Klicken Sie die Schaltfläche Schließen an (dies ist die Schaltfläche mit dem Kreuz in der rechten oberen Fensterecke), entfernt Excel 97 die Werkzeugleiste.

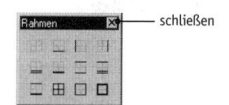

Bild 4.26: Werkzeugleiste Rahmen

4.8 Tabelle ausdrucken

»Was man schwarz auf weiß besitzt, kann man getrost nach Hause tragen.« Nach diesem Motto soll die Tabelle mit den Umsatzzahlen im nächsten Schritt auf dem Drucker ausgegeben werden.

Hierzu bietet Excel 97 die nebenstehend gezeigte Schaltfläche *Drucken* in der *Standard*-Symbolleiste an. Sobald Sie diese Schaltfläche anklicken, beginnt Excel 97 mit dem Ausdrucken der Tabelle. Auf dem Bildschirm erscheint dann ein Fenster mit der Ausgabemeldung (Bild 4.27).

Bild 4.27: Meldung während des Druckens

Anschließend übernimmt der Windows-Druckmanager die Ausgabe an den Drucker, während Excel 97 wieder für andere Aufgaben zur Verfügung steht.

> *Wenn Sie die Funktion* Drucken *irrtümlich gestartet haben, können Sie während der Aufbereitung der Daten die Ausgabe durch Anklicken der Schaltfläche* Abbrechen *beenden (Bild 4.27).*

Bild 4.28 zeigt den Ausschnitt des ausgedruckten Blatts mit den Daten der Tabelle.

Umsatz (2)

	Filiale	Januar	Februar	März	April
1	Köln	1234,50	980,10	1234,50	980,10
2	Bonn	1200,00	1090,01	1200,00	1090,01
3	Düsseldorf	1031,00	1230,00	1031,00	1230,00
4	Duisburg	1234,50	980,10	1234,50	980,10
5	Essen	1200,00	1090,01	1200,00	1090,01
6	Wuppertal	1031,00	1230,00	1031,00	1230,00
	Summe	6931,00	6600,22	6931,00	6600,22
	Gesamt:	27062,44			

(Spanning header above columns Januar–April: **Filialumsätze**)

Bild 4.28: Ausdruck der Tabelle

> *Die Tabelle umfaßt eigentlich mehr Zellen, als in Bild 4.28 dargestellt sind. Excel 97 untersucht bei der Ausgabe die Tabelle und gibt nur den Bereich mit Zellen aus, in denen auch Werte oder Texte stehen.*

> *Manchmal wird die Schaltfläche* Drucken *grau dargestellt und läßt sich nicht anwählen. In diesem Fall bearbeiten Sie vermutlich gerade einen Zellinhalt in der Bearbeitungszeile. Klicken Sie eine andere Zelle an, um die Schaltfläche* Drucken *freizugeben.*

4.9 Daten unter neuen Namen speichern

Möchten Sie eine Arbeitsmappe mit den enthaltenen Arbeitsblättern in einer neuen Datei speichern? Sofern die Tabelle aus einer Datei geladen wurde, sichert die Schaltfläche *Speichern* die Änderungen in dieser Datei.

1. Um die Daten in einer neuen Datei zu sichern, wählen Sie im Menü DATEI den Befehl SPEICHERN UNTER.

2. Im Dialogfeld *Speichern unter* wählen Sie das Laufwerk, den Ordner, ggf. das gewünschte Dateiformat und den Dateinamen.

3. Schließen Sie das Dialogfeld über die Schaltfläche *Speichern*.

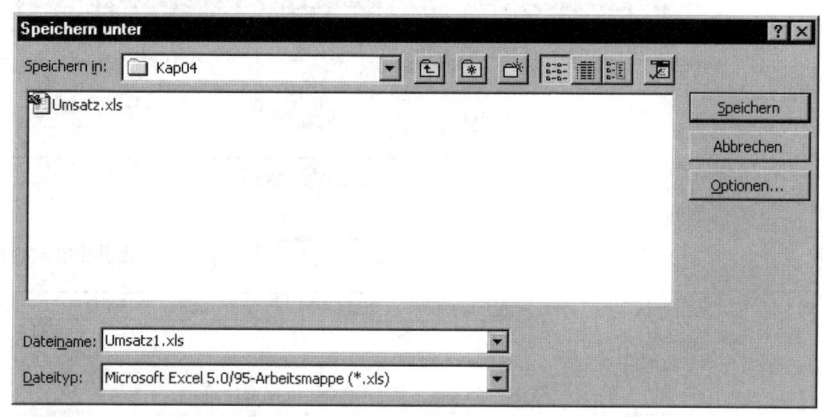

Bild 4.29: Dialogfeld Speichern unter

Jetzt sichert Excel 97 die Daten der Arbeitsmappe in der neuen Datei. Gleichzeitig wird der im Dokumentfenster angezeigte Dateiname geändert. Alle Änderungen, die Sie anschließend über die Schaltfläche *Speichern* sichern, werden in die neue Datei zurückgeschrieben.

5 Wo gibt es Hilfe?

5.1 Hilfestellung mit QuickInfos

Zu allen Schaltflächen der Symbolleiste bietet Excel 97 Ihnen eine kurze Funktionsbeschreibung. Sobald Sie den Mauscursor auf die betreffende Schaltfläche positionieren, erscheint unterhalb des Mauscursors ein Fenster mit dem QuickInfo-Text, der den Namen der zugehörigen Funktion (z.B. *Drucken* ...) beschreibt.

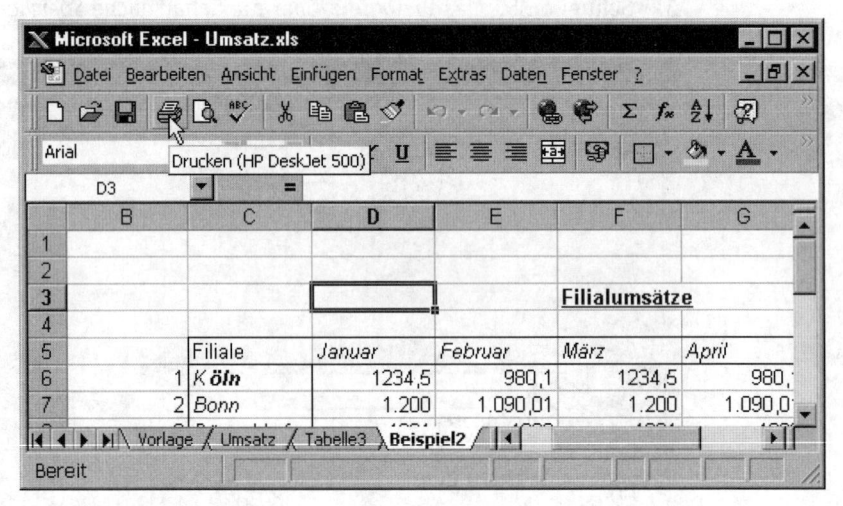

Bild 5.1: Anzeige eines QuickInfo-Fensters

Diese QuickInfo-Fenster werden von Excel 97 auch bei verschiedenen anderen Gelegenheiten eingeblendet. Wenn Sie beispielsweise die Bildlaufleiste zum Blättern per Maus ziehen, erscheint die Nummer der aktuellen Zeile im QuickInfo-Fenster.

5.2 Direkthilfe abrufen

Haben Sie ein Dialogfeld geöffnet, läßt sich häufig ein Fenster mit dem Text der Direkthilfe abrufen (Bild 5.2). Hierzu gehen Sie folgendermaßen vor:

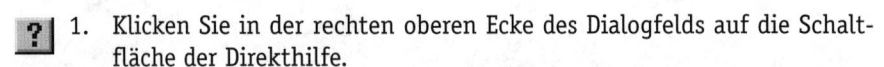

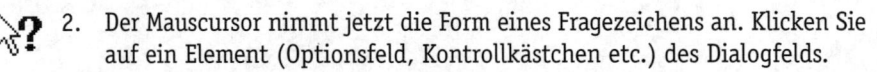

1. Klicken Sie in der rechten oberen Ecke des Dialogfelds auf die Schaltfläche der Direkthilfe.

2. Der Mauscursor nimmt jetzt die Form eines Fragezeichens an. Klicken Sie auf ein Element (Optionsfeld, Kontrollkästchen etc.) des Dialogfelds.

3. Microsoft Excel 97 öffnet ein QuickInfo-Fenster und zeigt den Text der Direkthilfe an (Bild 5.2). Durch einen Mausklick auf eine Stelle außerhalb des Hilfefensters wird die Anzeige geschlossen.

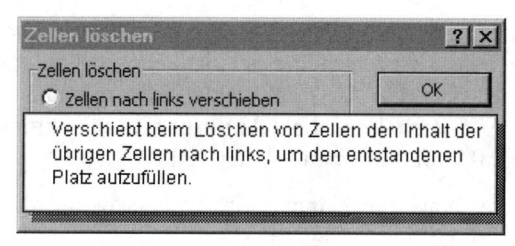

Bild 5.2: Anzeige Direkthilfe

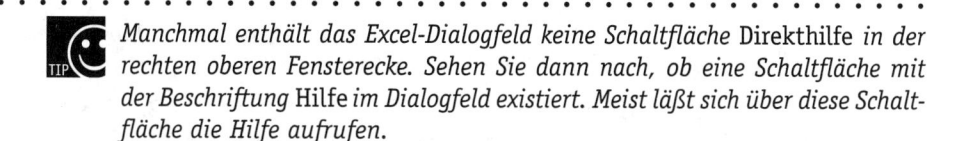

> **TIP** *Manchmal enthält das Excel-Dialogfeld keine Schaltfläche* Direkthilfe *in der rechten oberen Fensterecke. Sehen Sie dann nach, ob eine Schaltfläche mit der Beschriftung* Hilfe *im Dialogfeld existiert. Meist läßt sich über diese Schaltfläche die Hilfe aufrufen.*

5.3 Arbeiten mit dem Office-Assistenten

In Microsoft Office 97 wurde die Funktion des sogenannten »Office-Assistenten« neu eingeführt. Hierbei handelt es sich um eine Hilfefunktion, die Sie bei der Arbeit »begleitet« und bei Bedarf Tips zum Arbeiten gibt.

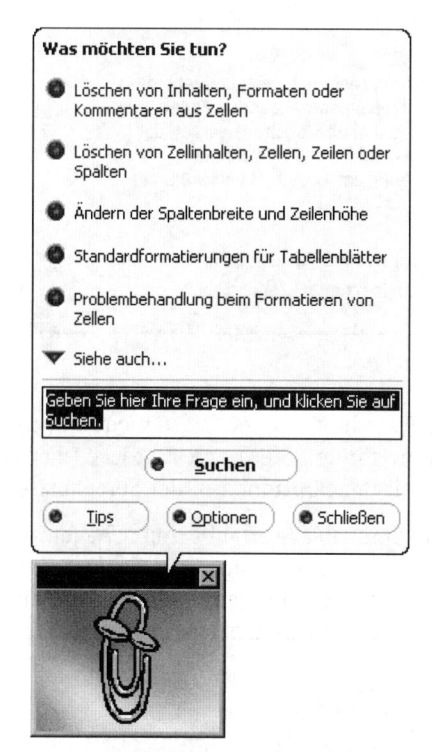

Bild 5.3: Fenster des Office-Assistenten mit Sprechblase

Den Office-Assistenten rufen Sie auf, indem Sie in der *Standard*-Symbolleiste auf die nebenstehend gezeigte Schaltfläche klicken oder die Funktionstaste F1 drücken. Der Assistent meldet sich anschließend mit einem Fenster und einer Sprechblase, die Erläuterungen zur aktuellen Aufgabe gibt und die Anwahl von Optionen erlaubt (Bild 5.3).

1. Wird die Sprachblase nicht angezeigt, klicken Sie auf das Symbol der »Büroklammer« im Fenster des Assistenten.
2. Das Fenster läßt sich verschieben, indem Sie auf die Titelleiste des Fensters zeigen und dann diese Leiste zur gewünschten Position ziehen.
3. Über die Schaltfläche *Schließen* oder durch Anklicken einer Stelle außerhalb der Sprechblase wird diese geschlossen.
4. Klicken Sie auf eines der angezeigten Themen (z.B. »Löschen von Zellinhalten, Zellen, Zeilen oder Spalten« in Bild 5.3) öffnet der Assistent ein Fenster mit den Hilfstexten zu diesem Thema (Bild 5.4). Über die Schaltflächen im Hilfefenster gelangen Sie zu Seiten mit weiterführenden Informationen.

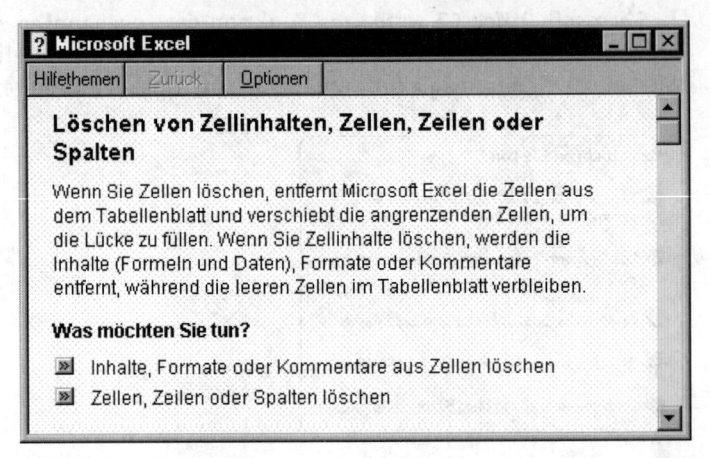

Bild 5.4: Hilfstext zu einem Thema

▼ Siehe auch...

⋯▸ Manchmal reicht der Platz in der Sprechblase nicht aus, um alle Optionen darzustellen. Dann können Sie durch Anklicken der Option *Siehe auch...* eine weitere Seite mit Optionen in der Sprechblase abrufen.

⋯▸ Das Eingabefeld in der Sprechblase erlaubt Ihnen Fragen zu formulieren (Bild 5.5). Durch Anklicken der Schaltfläche *Suchen* veranlassen Sie, daß der Assistent die Hilfedateien nach dem eingetippten Suchbegriff analysiert. Wird das Thema gefunden, zeigt der Assistent die Überschriften in der Sprechblase an.

5 Wo gibt es Hilfe?

Bild 5.5: Suchen per Office-Assistent

⇢ Über die Schaltfläche *Tips* können Sie dem Office-Assistenten eine Sprechblase mit den Tips des Tages entlocken (Bild 5.6). Sofern Sie sich noch nicht besonders gut mit Microsoft Excel 97 auskennen, dürften diese Tips recht hilfreich sein. Sie erfahren quasi nebenbei, wie sich bestimmte Vorgänge einfacher und effektiver bewerkstelligen lassen.

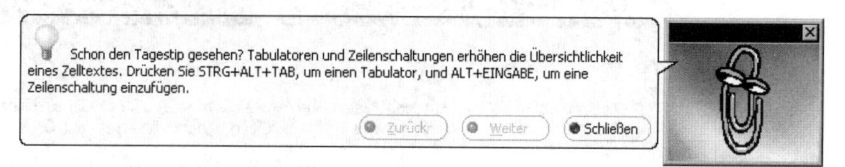

Bild 5.6: Office-Assistent mit Tips-Sprechblase

Zum Einstieg in Excel 97 ist der Office-Assistent teilweise recht hilfreich. Sobald Sie jedoch die meisten Funktionen kennen, stört das Fenster des Office-Assistenten eher, da es Teile des Dokumentbereichs verdeckt. Um den Office-Assistenten auszublenden, klicken Sie einfach auf die nebenstehend gezeigte Schaltfläche *Schließen* in der rechten oberen Ecke des Fensters. Sie können den Assistenten jederzeit über die Schaltfläche *Office-Assistent* oder die Funktionstaste [F1] erneut einblenden.

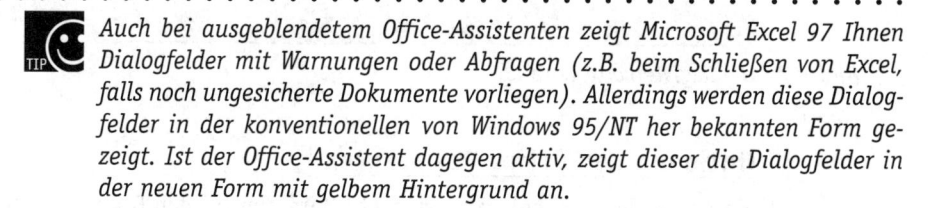

Auch bei ausgeblendetem Office-Assistenten zeigt Microsoft Excel 97 Ihnen Dialogfelder mit Warnungen oder Abfragen (z.B. beim Schließen von Excel, falls noch ungesicherte Dokumente vorliegen). Allerdings werden diese Dialogfelder in der konventionellen von Windows 95/NT her bekannten Form gezeigt. Ist der Office-Assistent dagegen aktiv, zeigt dieser die Dialogfelder in der neuen Form mit gelbem Hintergrund an.

Den Office-Assistenten wechseln

Microsoft Office 97 zeigt standardmäßig eine stilisierte »Büroklammer« als Symbol im Fenster des Office-Assistenten. Dieser Assistent wird »Karl Klammer« genannt. Sie haben aber die Möglichkeit, verschiedene Assistenten (bzw. Symbole für Assistenten) abzurufen.

1. Klicken Sie auf das Fenster des Assistenten, um die Sprechblase mit der Schaltfläche *Optionen* anzuzeigen.
2. Klicken Sie auf die Schaltfläche *Optionen*. Der Office-Assistent zeigt dann das Dialogfeld aus Bild 5.7.
3. Klicken Sie auf die Registerkarte *Katalog*.
4. Über die Schaltflächen *<Zurück* und *Weiter>* lassen sich jetzt die unterschiedlichen Assistenten anwählen.

Sobald Sie das Dialogfeld über die *OK*-Schaltfläche schließen, übernimmt Microsoft Excel 97 den gewählten Assistenten.

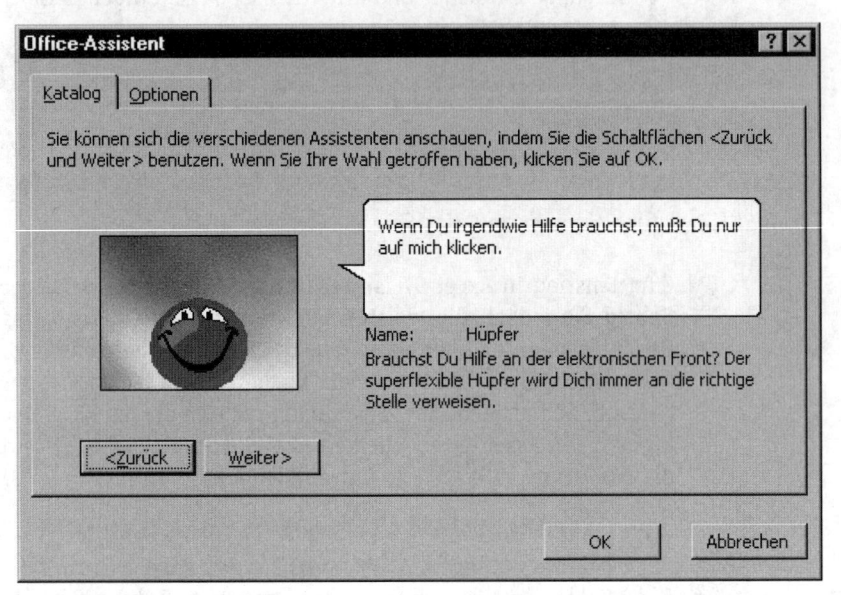

Bild 5.7: Die Registerkarte Katalog

Optionen des Office-Assistenten

Sie haben die Möglichkeit, bestimmte Optionen für den Office-Assistenten einzustellen.

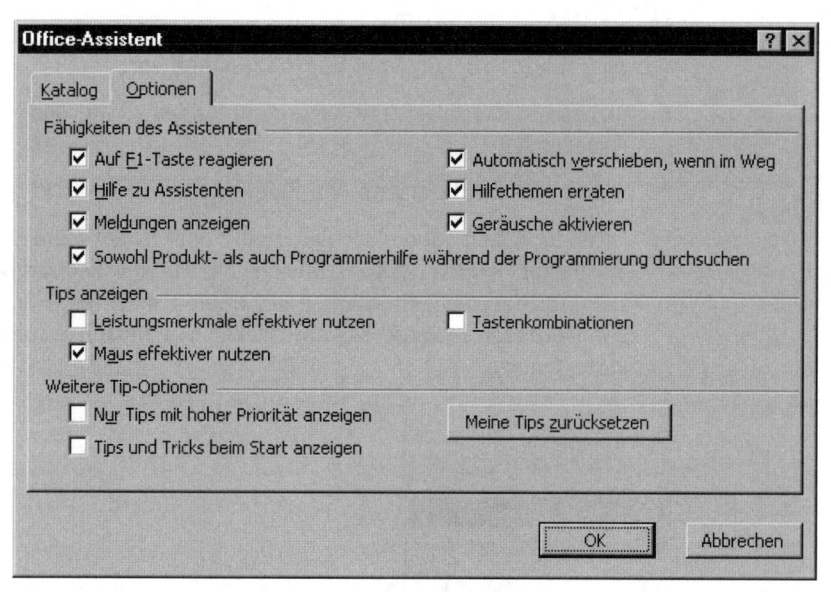

Bild 5.8: Optionen des Office-Assistenten

1. Klicken Sie auf das Fenster des Assistenten, um die Sprechblase mit der Schaltfläche *Optionen* anzuzeigen.

2. Klicken Sie auf die Schaltfläche *Optionen*. Der Office-Assistent zeigt dann das Dialogfeld *Office-Assistent*, in dem Sie die Registerkarte *Optionen* wählen (Bild 5.8).

3. Anschließend können Sie die verschiedenen Option durch Markieren der zugehörigen Kontrollkästchen setzen.

Sobald Sie das Dialogfeld über die *OK*-Schaltfläche schließen, übernimmt der Office-Assistent die neuen Einstellungen. Informationen über die Bedeutung der einzelnen Optionen erhalten Sie über die Direkthilfe. Die Schaltfläche zum Abrufen der Direkthilfe finden Sie in der rechten oberen Fensterecke. Hinweise zum Umgang mit der Direkthilfe liefert der Abschnitt »Direkthilfe abrufen« am Kapitelanfang.

5.4 Aufruf der Excel-Hilfe

Falls Sie bereits Erfahrung mit älteren Excel-Versionen oder mit anderen Windows-Programmen haben, werden Sie vermutlich die konventionelle Windows-Hilfefunktion bevorzugen. Diese bietet Ihnen die Möglichkeit, gezielt über ein Inhaltsverzeichnis, einen Index mit Stichwörtern oder über eine Suchfunktion Informationen zu den benötigten Themen abzurufen. Wer sich mit Microsoft Excel 97 bereits auskennt und nur kurz nachsehen möchte, wie eine bestimmte Funktion genau funktioniert, ist mit der konventionellen Hilfe sicherlich besser bedient.

Um das Dialogfeld *Hilfethemen* mit den Registerkarten *Inhalt, Index* und *Suchen* aufzurufen, gehen Sie folgendermaßen vor:

1. Öffnen Sie das Hilfemenü mit einem Mausklick auf das Menü mit dem Fragezeichen *?*.
2. Wählen Sie im Hilfemenü den Befehl INHALT UND INDEX (Bild 5.9).
3. Excel 97 öffnet jetzt das Dialogfeld *Hilfethemen* (Bild 5.10) mit den erwähnten Registerkarten. Klicken Sie auf die Registerkarte, die Sie zum Abrufen der Hilfethemen verwenden möchten. Für die weiteren Erläuterungen in diese Kapitel klicken Sie zunächst auf die Registerkarte *Inhalt*.

Bild 5.9: Das Hilfemenü

Die Registerkarte Inhalt

Die Registerkarte *Inhalt* zeigt Ihnen die für Microsoft Excel verfügbaren Hilfethemen geordnet nach Überschriften und Themengruppen an (Bild 5.10).

Eine Themengruppe wird durch eine Überschrift repräsentiert. Das Symbol eines Buches zeigt an, daß noch weitere Unterthemen existieren.

- Ein Doppelklick auf das Symbol eines geschlossenen Buches öffnet die Liste mit den Unterthemen. Gleichzeitig wechselt das Symbol zu einem »aufgeschlagenen Buch«. Die Liste der Unterthemen kann ihrerseits wieder Buchsymbole aufweisen, die auf weitere Teilthemen verweisen. Ein Doppelklick auf diese Symbole zeigt die nächste Ebene mit Teilthemen an.

- Doppelklicken Sie auf das Symbol eines geöffneten Buches, wird die Liste mit den zugehörigen Teilthemen ausgeblendet. Das Hauptthema wird mit dem Symbol eines geschlossenen Buches versehen.

- Erreichen Sie eine Überschriftsebene, der das Symbol eines Blatts vorangestellt ist, gibt es keine weiteren Unterthemen mehr. Ein Doppelklick auf dieses Symbol ruft direkt die betreffende Hilfeseite auf. Alternativ können Sie das Thema wählen und auf die Schaltfläche *Anzeigen* klicken.

Bild 5.10: Die Registerkarte Inhalt

Das Inhaltsverzeichnis dieser Registerkarte ist praktisch wie das Inhaltsverzeichnis eines Buches organisiert. Dort gibt es auch verschiedene Überschriftsebenen. Der Vorteil der Registerkarte *Inhalt* besteht darin, daß Sie die Informationen schrittweise abrufen können.

Die Registerkarte Index

Benötigen Sie Informationen zu einem bestimmten Thema, ist der Zugriff auf die Hilfethemen über die Registerkarte *Index* vorzuziehen. In dieser Registerkarte werden die Themen wie im Stichwortverzeichnis eines Buches aufgeführt (Bild 5.11).

1. Tippen Sie das Stichwort für den gewünschten Begriff in das Feld »1. Geben Sie den ersten Buchstaben des zu suchenden Wortes ein.« ein.
2. Bereits bei der Eingabe des Stichworts erscheinen die in der Hilfe verfügbaren Stichwörter im Feld »2. Klicken Sie auf einen Indexeintrag ....«. Wählen Sie nun einen dieser Einträge mit einem Mausklick an.
3. Betätigen Sie die Schaltfläche *Anzeigen*, um die zugehörige Seite mit den Hilfeinformationen aufzurufen (siehe Bild 5.14).

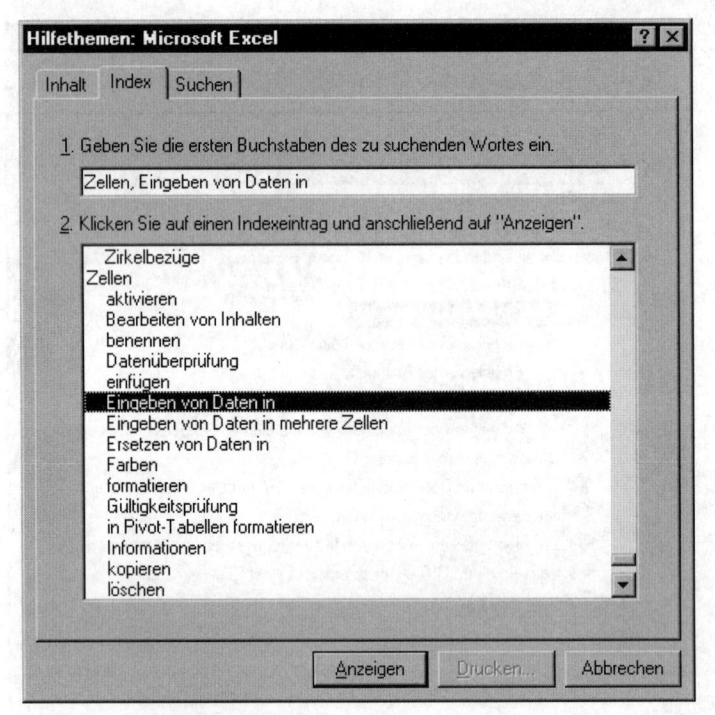

Bild 5.11: Die Registerkarte Index

Bei vielen Stichwörtern werden mehrere Hilfethemen in der Liste angezeigt. Sie müssen notfalls mehrere Hilfeseiten öffnen, um die gewünschten Informationen zu erhalten.

Die Registerkarte Suchen

Der Vorteil der Hilfe wird aber erst bei der Suche nach bestimmten Themen sichtbar. Sobald Sie die Registerkarte *Suchen* aktivieren, läßt sich gezielt nach bestimmten Begriffen suchen.

Beim ersten Aufruf dieser Funktion muß Windows eine Datenbank mit einem Stichwortverzeichnis aus den Hilfedateien aufbauen. Daher erscheint das in Bild 5.12 gezeigte Dialogfeld. Über die einzelnen Optionsfelder läßt sich wählen, wie die Datenbank aufzubauen ist. Klicken Sie auf die Schaltfläche *Weiter>* und dann auf die Schaltfläche *Fertigstellen*. Dies startet die Funktion zum Erstellen der Datenbank, was einige Zeit in Anspruch nehmen kann.

Wenn Sie anschließend die Registerkarte *Suchen* anwählen, greift die Hilfe auf die Stichwörter in dieser Datenbank zu. Zum Suchen nach bestimmten Informationen gehen Sie folgendermaßen vor:

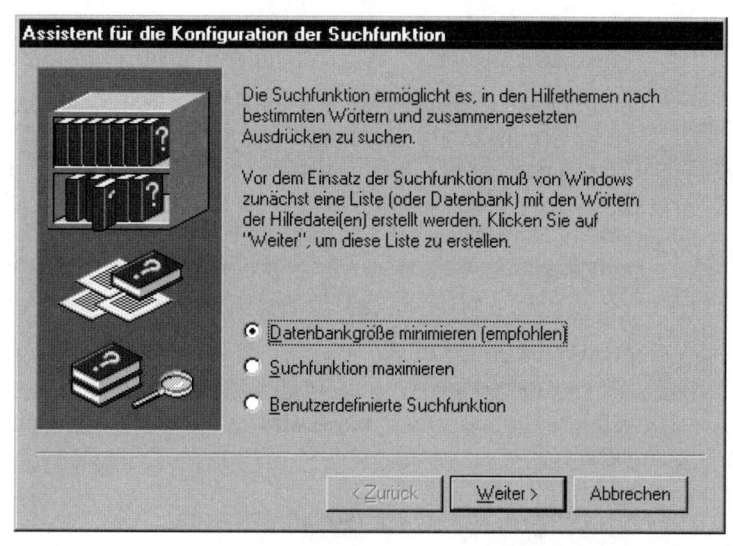

Bild 5.12: Aufbau des Suchindex

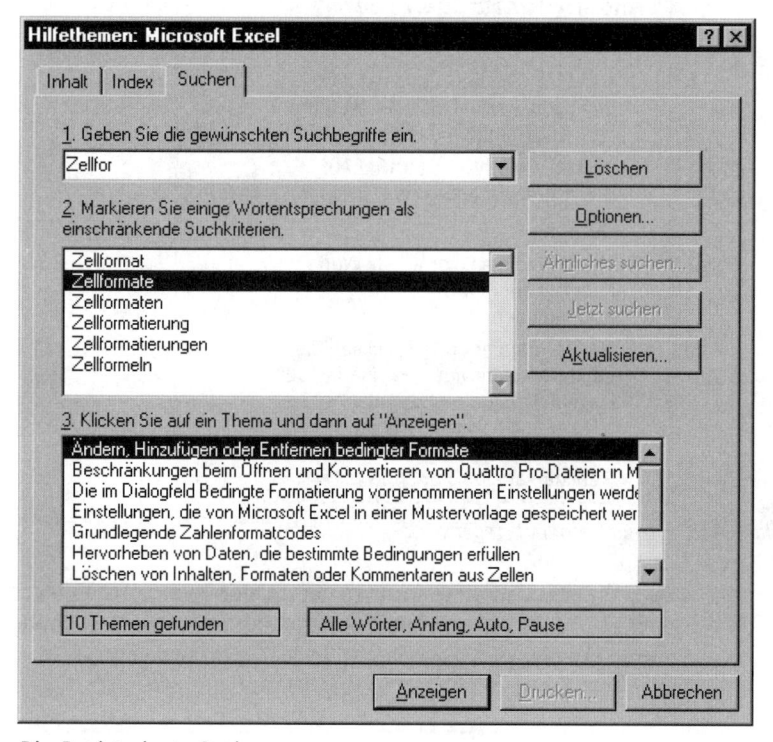

Bild 5.13: Die Registerkarte Suchen

1. In der Registerkarte *Suchen* müssen Sie den gewünschten Suchbegriff in das Feld »1. Geben Sie den gewünschten Suchbegriff ein.« eintippen.
2. Gefundene Stichwörter werden im Feld »2. Markieren Sie einige Wortentsprechungen als einschränkende Suchkriterien.« aufgeführt. Unter Umständen hat die Hilfe sehr viele Stellen gefunden, an denen der von Ihnen eingegeben Begriff auftritt. Sie können dann die Suche einschränken, indem Sie eines der Themen im Feld »2. Markieren Sie einige Wortentsprechungen als einschränkende Suchkriterien.« anklicken.
3. Klicken Sie anschließend eines der Themen im Feld »3. Klicken Sie auf ein Thema und dann auf „Anzeigen".«.

Sobald Sie die Schaltfläche *Anzeigen* wählen, ruft die Suchfunktion die betreffende Hilfeseite auf. Diese wird in einem Fenster (siehe Bild 5.14) dargestellt.

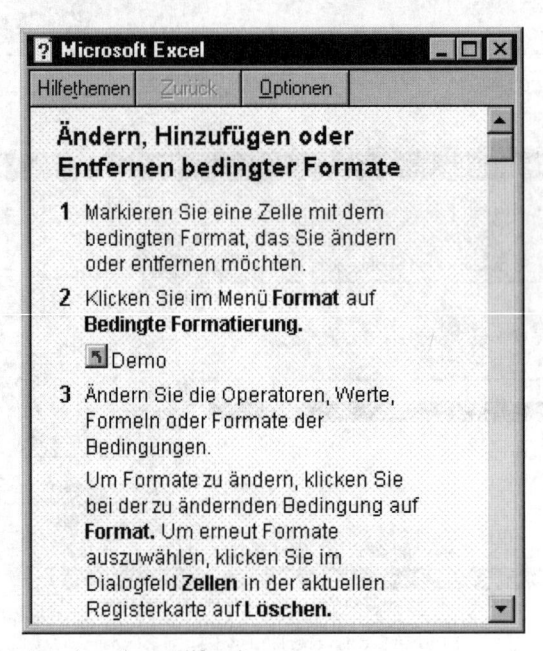

Bild 5.14: Anzeige einer Hilfeseite

Über die Bildlaufleiste können Sie in der Hilfeseite blättern. Die Schaltfläche *Hilfethemen* aktiviert erneut das gleichnamige Dialogfeld mit den drei Registerkarten.

In den Hilfstexten werden manchmal einzelne Begriffe in grüner Schrift dargestellt. Diese Textstellen stellen Verweise zu zusätzlichen Hilfeseiten dar. Ein Doppelklick auf einen solchen Verweis (auch als Hyperlink bezeichnet) ruft die Folgeseite mit den Informationen auf. Um den Text einer Hilfeseite zu drucken, klicken Sie auf die Schaltfläche Optionen öffnen. *Im angezeigten Menü wählen Sie den Eintrag* THEMA DRUCKEN.

5.5 Web-Hilfe

Microsoft Office 97 unterstützt den direkten Zugriff auf die Informationsseiten des World Wide Web. Voraussetzung ist jedoch, daß Ihr System mit einem Zugang zum World Wide Web (WWW) ausgestattet ist.

Sie benötigen zum Zugang einmal einen physikalischen Anschluß an einen Web-Server. Dieser Zugang erfolgt mittels eines Modems oder einer ISDN-Karte über einen normalen Telefonanschluß. Die zweite Voraussetzung ist die Berechtigung zum Zugriff auf den Web-Server. Solche Zugangsberechtigungen erhalten Sie von lokalen Internet-Providern oder von Anbietern wie CompuServe (CIS), America Online (AOL), T-Online etc. Auf der Begleit-CD-ROM finden Sie beispielsweise die Zugangssoftware von CompuServe. Besitzen Sie ein Modem, läßt sich nach der Installation der Zugangssoftware auf die Excel-97-Web-Dienste zugreifen.

Welche Dienste verfügbar sind, sehen Sie im Hilfemenü:

1. Öffnen Sie das Hilfemenü mit einem Mausklick auf das Fragezeichen ?.
2. Klicken Sie im Hilfemenü auf den Befehl MICROSOFT IM WEB.
3. Excel 97 zeigt ein weiteres Untermenü mit den verfügbaren Themen (Bild 5.15). Klicken Sie auf den gewünschten Befehl, um die Web-Seite aufzurufen.

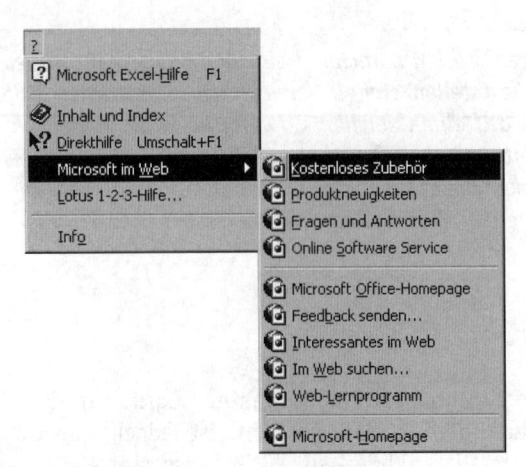

Bild 5.15: Web-Hilfe

Microsoft Excel 97 nimmt anschließend Verbindung zum Internet auf. Dann wird die betreffende Web-Seite angewählt und im Microsoft Internet Explorer (oder im installierten Web-Browser) angezeigt. Bild 5.16 zeigt eine solche Informationsseite des Microsoft-Web-Servers.

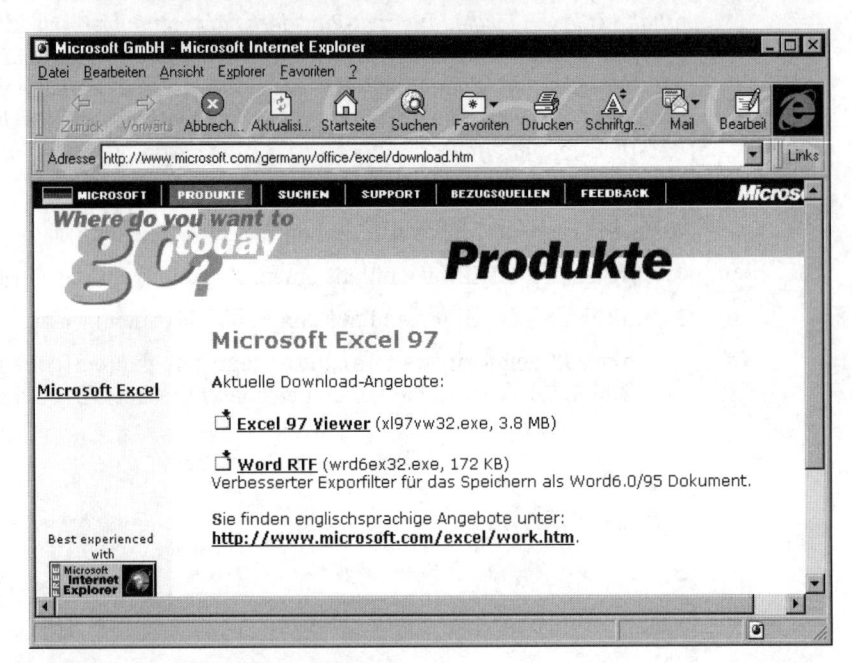

Bild 5.16: Web-Seite mit Zusatzinformationen

Über die Befehle im Untermenü MICROSOFT IM WEB lassen sich Informationen zu Neuerungen, Produktinformationen, Hinweise zu Funktionen, Softwareaktualisierungen und Zugaben abrufen.

> Über den Eintrag ONLINE-SOFTWARESERVICE läßt sich die Informationsseite mit den Themen des Softwareservice einblenden. Neben Informationen auf häufig gestellte Fragen erhalten Sie hier auch die Telefonnummern des Microsoft-Software-Service.

> Über den Eintrag INFO im Hilfemenü läßt sich das Dialogfeld mit der Excel-Produkt-ID einblenden. Diese Informationen benötigen Sie, wenn Sie telefonischen Kontakt mit dem Software-Service aufnehmen möchten. Über die Schaltflächen dieses Dialogfelds lassen sich zusätzliche Informationsseiten mit systemspezifischen Daten abrufen.

5.6 Nutzen der Lotus-1-2-3-Hilfe

Wenn Sie von Lotus 1-2-3 auf Excel 97 umsteigen, können Sie auf die Lotus-Hilfe zurückgreifen.

Hierzu wählen Sie im Hilfemenü den Befehl LOTUS 1-2-3-HILFE.

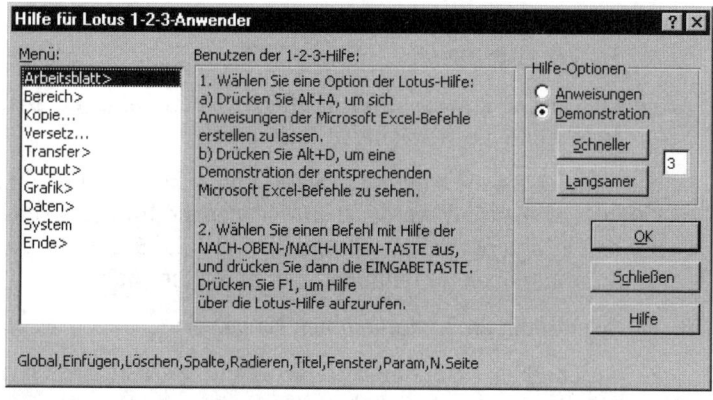

Bild 5.17: Dialogfeld der Lotus-1-2-3-Hilfe

Excel 97 zeigt dann ein Dialogfeld (Bild 5.17), in dem Sie Informationen zu den einzelnen Excel-Menüs und -Funktionen abrufen können. Diese Informationen sind speziell auf den Lotus-1-2-3-Anwender ausgerichtet. Sie können dabei über die Optionen der Gruppe *Hilfe-Optionen* wählen, ob die Hilfe von Anweisungen oder als Demonstration gegeben werden soll.

> Die Option *Demonstrationen* bewirkt, daß die betreffenden Anweisungen als Animation der benötigten Excel-Befehle abläuft. Die Schaltflächen *Langsamer* und *Schneller* erlauben, die Ablaufgeschwindigkeit der Animation einzustellen.

⇢ Über *Anweisungen* veranlassen Sie die Hilfe, daß ein Fenster mit Anweisungen zu den Excel-Befehlen eingeblendet wird (Bild 5.18).

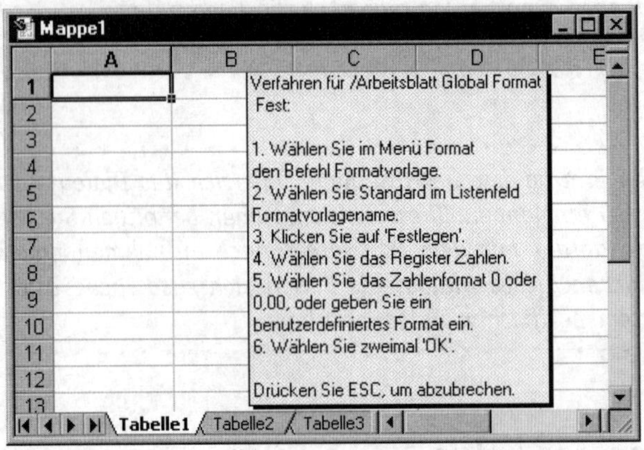

Bild 5.18: Anweisungen der Lotus-1-2-3-Hilfe

Um die Hilfe abzurufen, gehen Sie folgendermaßen vor:

1. Öffnen Sie das Hilfemenü, und klicken Sie anschließend auf den Befehl *Lotus 1-2-3-Hilfe*.

2. Im Dialogfeld *Hilfe für Lotus 1-2-3-Anwender* wählen Sie einen Befehl aus der Liste *Menü*.

3. Klicken Sie auf die *OK*-Schaltfläche. Jetzt zeigt das Dialogfeld in der Liste *Menü* die verfügbaren Unterbefehle an.

Wiederholen Sie die obigen Schritte 2 und 3, bis der Befehl in der untersten Kategorie angewählt wurde. Dann blendet die Hilfe das Fenster (Textfeld) mit den Erläuterungen in der Anzeige ein (Bild 5.18). Um das Textfeld mit den Informationen zu schließen, verfahren Sie wie folgt:

1. Selektieren Sie es durch einen Mausklick.

2. Anschließend markieren Sie den Rand des Textfeldes mit einem Mausklick.

3. Drücken Sie die (Entf)-Taste.

Haben Sie den Rahmen des Textfelds markiert, läßt sich das Textfeld in der Größe anpassen oder an beliebige Stellen im Arbeitsblatt verschieben.

Arbeitsmappen und Tabellen

Haben Sie den Einstieg geschafft? Dann kann es ja weitergehen. Jetzt lernen Sie die Feinheiten zum Umgang mit Arbeitsmappen und Arbeitsblättern kennen. Sie erfahren, welche Möglichkeiten es zur Dateneingabe gibt und wie Sie bestimmte Aufgaben, wie das Füllen von Bereichen, Excel 97 überlassen können. Weitere Stichwörter sind das Bewegen und Markieren in Tabellen, das Bearbeiten und Kopieren von Daten oder Berechnungen mit Formeln und Funktionen. Auch dies ist nicht schwer und eröffnet Ihnen bereits einen Großteil der Excel-97-Funktionalität.

6 Arbeitsmappen organisieren

6.1 Neue Arbeitsmappe anlegen

Microsoft Excel 97 bzw. Microsoft Office 97 bieten verschiedene Möglichkeiten, um eine neue Arbeitsmappe anzulegen. Beim Start einer Excel-97-Sitzung wird standardmäßig eine neue Arbeitsmappe mit drei Tabellen angelegt. Sie müssen aber Excel 97 nicht extra aufrufen, um eine neue Arbeitsmappe anzulegen. Die nachfolgenden Abschnitte zeigen Ihnen verschiedene Möglichkeiten, wie sich Arbeitsmappen unter Microsoft Excel 97, unter Microsoft Office 97 und unter Windows 95/NT 4.0 anlegen lassen.

... über die Schaltfläche Neu

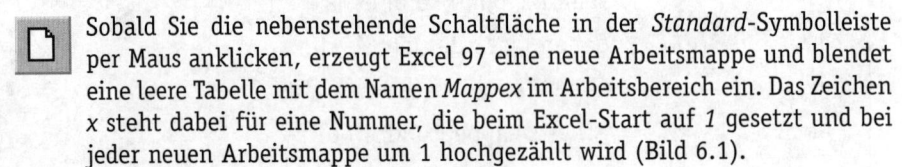

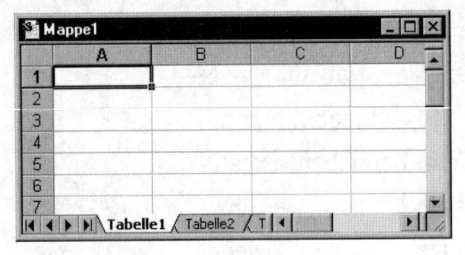

Sobald Sie die nebenstehende Schaltfläche in der *Standard*-Symbolleiste per Maus anklicken, erzeugt Excel 97 eine neue Arbeitsmappe und blendet eine leere Tabelle mit dem Namen *Mappex* im Arbeitsbereich ein. Das Zeichen x steht dabei für eine Nummer, die beim Excel-Start auf *1* gesetzt und bei jeder neuen Arbeitsmappe um 1 hochgezählt wird (Bild 6.1).

Bild 6.1: Neue Arbeitsmappe mit drei Tabellen

> *Alternativ können Sie eine neue Arbeitsmappe anlegen, indem Sie die Tastenkombination* [Strg]+[n] *in Excel 97 betätigen.*

... über den Befehl Neu

Im Menü DATEI finden Sie den Befehl NEU. Dieser Befehl erlaubt Ihnen ebenfalls, eine neue Arbeitsmappe anzulegen.

1. Klicken Sie auf das Menü DATEI, und wählen Sie dann den Befehl NEU im Menü.

2. Excel 97 öffnet ein Dialogfeld mit zwei Registerkarten. Wählen Sie ggf. die Registerkarte *Allgemein*.

3. Klicken Sie auf das Symbol des Eintrags *Arbeitsmappe* (Bild 6.2, im Hintergrund).

Microsoft Excel 97 legt jetzt eine neue Arbeitsmappe mit der Anzahl der eingestellten Tabellen an (Bild 6.1).

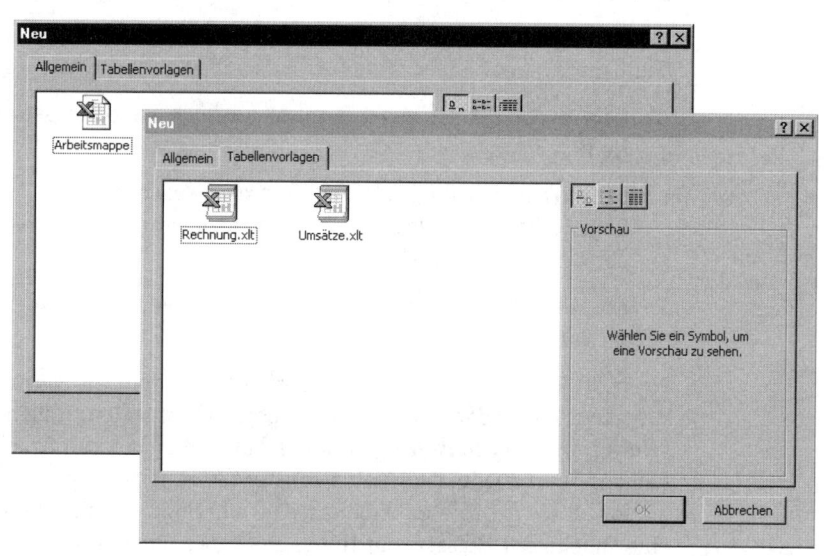

Bild 6.2: Das Dialogfeld Neu *mit den beiden Registerkarten* Allgemein *und* Tabellenvorlage

Das Dialogfeld Neu *enthält zwei Registerkarten, die das Anlegen neuer Arbeitsmappen kontrollieren. Die Registerkarte* Allgemein *enthält nur den Eintrag* Arbeitsmappe, *die immer eine Arbeitsmappe in der Standardkonfigurierung anlegt. Die Auswahl des Symbols* Arbeitsmappe *entspricht im Ergebnis der Anwahl der Schaltfläche* Neu *oder dem Drücken der Tastenkombination* Strg+n. *Wie Sie die Registerkarte* Tabellenvorlagen *verwenden, wird im folgenden Abschnitt beschrieben.*

... mit einer Tabellenvorlage

Excel 97 richtet jede neue Arbeitsmappe mit bestimmten Vorgaben (z.B. Papiergröße, Name der Arbeitsmappe etc.) ein. Befolgen Sie die Anweisungen im obigem Absatz, werden der Arbeitsmappe die Standardvorgaben zugewiesen (es werden drei leere Arbeitsblätter erstellt). Was ist aber, wenn Ihnen diese Vorgaben nicht passen? Benötigen Sie zum Beispiel ein Firmenlogo in den Tabellen. Sollen Arbeitsmappen innerhalb einer Gruppe ein einheitliches Aussehen erhalten? Möchten Sie, daß bereits beim Anlegen der neuen Arbeitsmappe bestimmte Informationen (z.B. Tabellen und Diagramme) in die Arbeitsblätter übernommen werden?

Wenn Sie diese Fragen mit »Ja« beantworten, sollten Sie mit Tabellenvorlagen arbeiten. Mit diesen Vorlagen bietet Excel 97 Ihnen das geeignete Werkzeug, um die Arbeit zu rationalisieren. Hier lassen sich Logos, Grafiken, Tabelleninhalte, Formeln etc. vordefinieren und automatisch neuen Arbeitsmappen zuweisen.

Sobald eine Tabellenvorlage definiert ist, können Sie diese über Funktion *Neu* beim Anlegen einer neuen Arbeitsmappe verwenden.

1. Klicken Sie auf das Menü DATEI, und wählen Sie dann den Befehl NEU im Menü.
2. Excel 97 öffnet ein Dialogfeld mit zwei Registerkarten. Wählen Sie die Registerkarte *Tabellenvorlagen*. Diese Registerkarte enthält die Symbole der definierten Tabellenvorlagen.
3. Klicken Sie auf das Symbol der gewünschten Tabellenvorlage (Bild 6.2, im Vordergrund).

Microsoft Excel 97 legt jetzt eine neue Arbeitsmappe an, verwendet aber die Vorgaben, die in der Tabellenvorlage gespeichert waren. Haben Sie zum Beispiel den Eintrag *Umsätze* gewählt, erhält die erste neue Arbeitsmappe den Namen *Umsätze1*. Im geöffneten Fenster der Arbeitsmappe werden die Informationen des geöffneten Arbeitsblatts angezeigt. Enthält die Mustervorlage eine Tabelle zur Umsatzermittlung, zeigt das zugehörige Arbeitsblatt automatisch diese Tabelle. In Bild 6.3 sehen Sie eine solche neue Arbeitsmappe, die bereits einen Titel sowie verschiedene Einträge in *Tabelle 1* enthält.

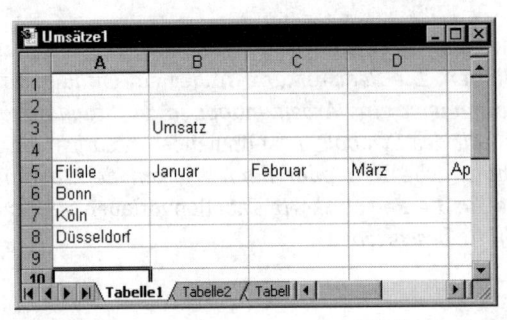

Bild 6.3: Neue Arbeitsmappe, die aus der Tabellenvorlage erstellt wurde.

> *Excel 97 benutzt für die Dateien der Mustervorlagen die Erweiterung .XLT. Die Dateien werden dabei im Office-Ordner \VORLAGEN gespeichert. Dieser Ordner befindet sich meist im Verzeichnis \PROGRAMME\MICROSOFT OFFICE. Beim Eintrag* Arbeitsmappe *in der Registerkarte* Allgemein *handelt sich um die Excel-Standardvorlage, die keine Datei benötigt. Die beiden Einträge* Rechnung *und* Umsätze *stellen hingegen benutzerspezifische Mustervorlagen dar, deren Inhalt bei der Auswahl in die neue Arbeitsmappe übernommen wird. Wie Sie solche Tabellenvorlagen erstellen oder die Vorgaben in* Arbeitsblatt *von Excel 97 überschreiben, erfahren Sie im Kapitel »Arbeiten mit Vorlagen«.*

... mit der Office-Shortcut-Leiste

Microsoft Office 97 bietet die Option, eine Office-Shortcut-Leiste einzurichten. Diese Leiste bietet ebenfalls eine Schaltfläche, um eine neue Arbeitsmappe direkt anzulegen (Bild 6.4).

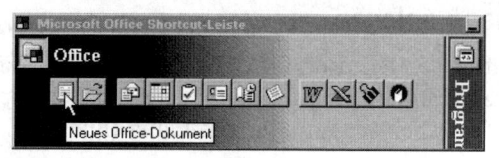

Bild 6.4: Office-Shortcut-Leiste

1. Hierzu müssen Sie die Schaltfläche *Neues Office-Dokument* (Bild 6.4) anwählen. Dies öffnet das Dialogfeld *Neues Office-Dokument* mit den verfügbaren Registerkarten.

2. In der Registerkarte *Allgemein* finden Sie den Eintrag *Leere Arbeitsmappe*. Wählen Sie dieses Symbol, um eine Arbeitsmappe mit leeren Arbeitsblättern anzulegen. Um eine Arbeitsmappe basierend auf einer Tabellenvorlage anzulegen, wählen Sie das betreffende Symbol in der Registerkarte *Tabellenvorlagen* (Bild 6.5).

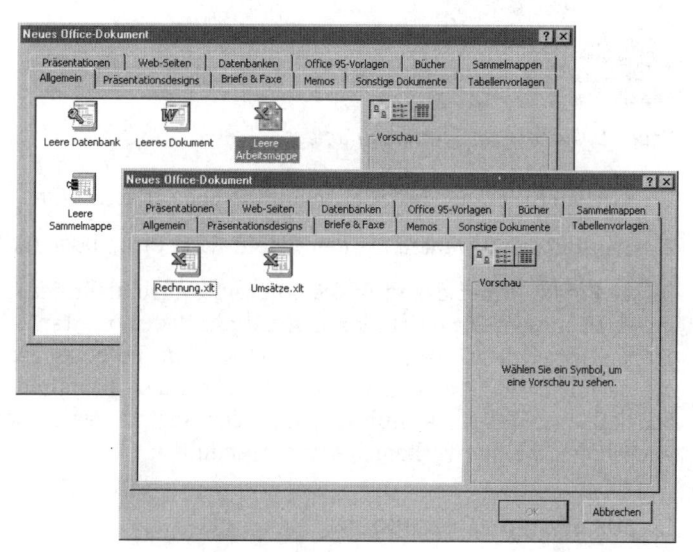

Bild 6.5: Dialogfeld Neues Office-Dokument

Die Einträge der Registerkarte *Allgemein* erzeugen Dokumente, die dem Aufruf der Funktion *Neu* über die Schaltfläche *Neu* der Excel-97-*Standard*-Symbolleiste entsprechen. Die Einträge in der Registerkarte *Tabellenvorlagen* entsprechen dem Anlegen einer neuen Arbeitsmappe über den Befehl NEU im Menü DATEI (siehe obiger Abschnitt).

Sobald Sie das Symbol in der betreffenden Registerkarte markieren und die
OK-Schaltfläche betätigen, wird die Arbeitsmappe angelegt. Sie können das
Symbol auch per Doppelklick in der Registerkarte wählen, um die Mappe
anzulegen.

... per Startmenü anlegen

Nach der Installation von Microsoft Office 97 stellt Windows Ihnen im Startmenü eine zusätzlich Option zum Anlegen neuer Arbeitsmappen oder zum Öffnen bestehender Arbeitsmappen zur Verfügung (Bild 6.6).

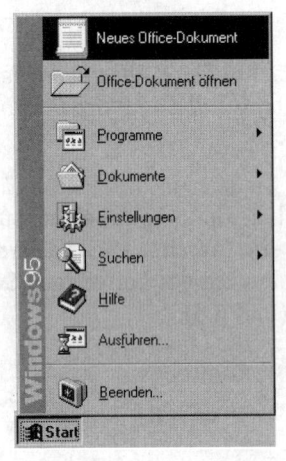

Bild 6.6: Neues Dokument im Startmenü anlegen

1. Klicken Sie in der Task-Leiste auf die Schaltfläche *Start*.
2. Im Startmenü wählen Sie den Befehl NEUES OFFICE-DOKUMENT (Bild 6.6).

Dieser Befehl öffnet das in Bild 6.5 gezeigte Dialogfeld *Neues Office-Dokument*. In diesem Dialogfeld können Sie die Registerkarten *Allgemein* und *Tabellenvorlagen* wählen. Anschließend wählen Sie eines der Symbole für die gewünschte Arbeitsmappe und schließen das Dialogfeld über die *OK*-Schaltfläche. Weitere Ausführungen zu den Registerkarten des Dialogfelds entnehmen Sie den vorhergehenden Abschnitten.

... aus Windows erzeugen

Eine weitere Möglichkeit besteht darin, eine neue Arbeitsmappe direkt in Windows zu erzeugen. Dies hat den Vorteil, daß die betreffende Datei bereits im Zielordner angelegt und Microsoft Excel 97 nicht aufgerufen wird. Hierbei werden Arbeitsmappen basierend auf einer Windows-Vorlage eingerichtet. Diese Vorlage wird bei der Windows-Installation oder beim Einrichten von Microsoft Office 97 angelegt. Um eine neue Arbeitsmappe anzulegen, gehen Sie folgendermaßen vor:

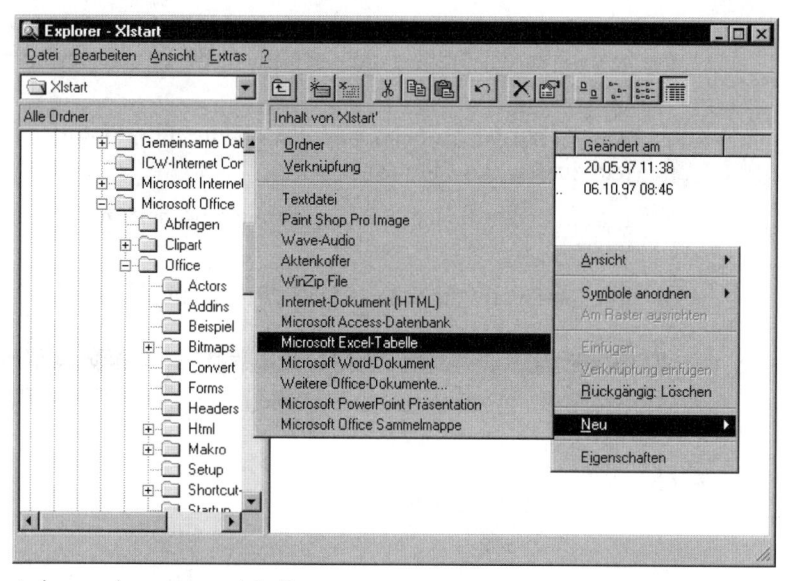

Bild 6.7: Anlegen einer neuen Arbeitsmappe

1. Wählen Sie im Windows-Explorer oder in einem Fenster der Windows-Shell den Zielordner, in dem die betreffende Arbeitsmappe als Datei zu speichern ist.

2. Klicken Sie mit der rechten Maustaste auf eine freie Stelle im Fenster des Ordners. (Im Windows-Explorer verwenden Sie das rechte Fenster.)

3. Wählen Sie im Kontextmenü den Befehl NEU. Dann klicken Sie auf den Befehl MICROSOFT EXCEL-TABELLE.

Windows erzeugt eine leere Arbeitsmappe und speichert diese in einer XLS-Datei. Sie können diese Datei anschließend umbenennen.

6.2 Arbeitsmappe laden

Arbeitsmappen werden in Excel 97 mit der Erweiterung *XLS* gespeichert. Um die Funktion zum Laden einer Arbeitsmappe aufzurufen, bieten Excel 97 und Windows verschiedene Optionen:

⇢ Wählen Sie die nebenstehend gezeigte Schaltfläche in der *Standard-*Symbolleiste.

⇢ Alternativ können Sie den Eintrag ÖFFNEN im Menü DATEI anklicken.

⇢ Wählen Sie die Tastenkombination [Strg]+[o], um das Dialogfeld *Öffnen* direkt aus Excel 97 aufzurufen.

In allen drei Fällen zeigt Microsoft Excel das Dialogfeld *Öffnen* zur Auswahl des Laufwerks, des Ordners und des Namens der gespeicherten Arbeitsmappe an (Bild 6.8).

1. Wählen Sie das Laufwerk und den gewünschten Ordner über das Listenfeld *Suchen in* (Bild 6.8).
2. Markieren Sie die Datei der zu öffnenden Arbeitsmappe mit einem Mausklick.
3. Klicken Sie auf die Schaltfläche *Öffnen*, um die Arbeitsmappe zu laden.

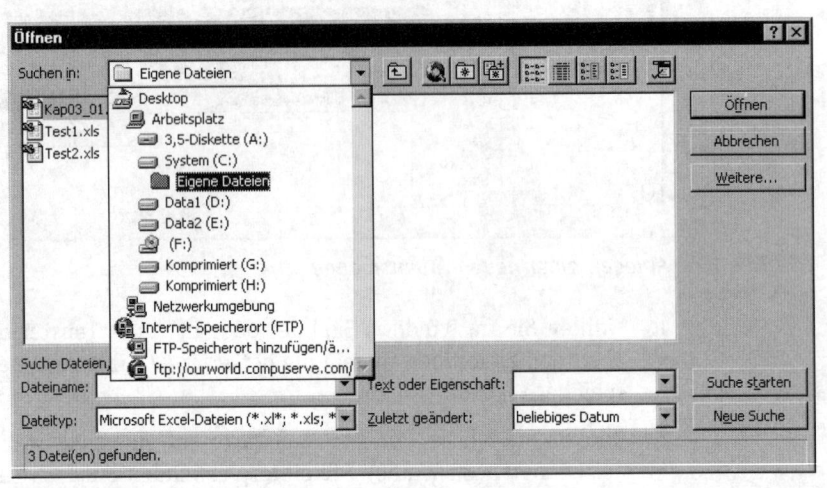

Bild 6.8: Laufwerk und Ordner im Dialogfeld Öffnen auswählen

Microsoft Excel 97 beginnt anschließend mit dem Laden der XLS-Datei. Enthält die Arbeitsmappe Makros, erscheint noch eine Warnung vor Makro-Viren (Bild 6.9).

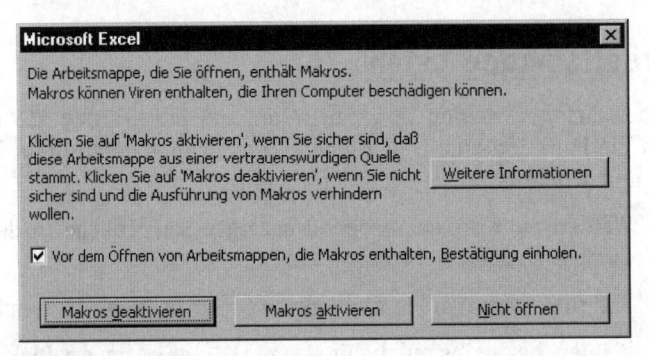

Bild 6.9: Warnung vor Makro-Viren

> **Achtung!** *Arbeitsmappen mit Makros können Viren enthalten, die zu Schäden an Ihrem System führen können. Dies reicht von gelöschten Dateien bis hin zu formatierten Festplatten.*

- Sofern das XLS-Dokument aus einer unbekannten Quelle stammt, sollten Sie die Schaltfläche *Makros deaktivieren* verwenden. Anschließend können Sie die Arbeitsmappe inspizieren und ggf. entscheiden, ob diese sinnvolles Material enthält.
- Falls es sich um eine eigene Arbeitsmappe handelt, die mit Makros versehen wurde, wählen Sie die Schaltfläche *Makros aktivieren*.

Über die Schaltfläche *Nicht öffnen* läßt sich der gesamte Ladevorgang abbrechen. Haben Sie die Makros beim Laden deaktiviert, stehen diese anschließend nicht zur Verfügung.

> **Achtung!** *Einige Viren-Scanner sind in der Lage, auch Makro-Viren in Office-97-Dokumenten aufzuspüren. XLS-Dateien aus unbekannten Quellen wie zum Beispiel dem Internet, die Makros enthalten, sollten Sie diese auf solche Viren untersuchen.*

> **TIP** *Sie können sich den Umweg über das Dialogfeld* Öffnen *sparen. Excel 97 merkt sich die Namen der vier zuletzt geöffneten Arbeitsmappen und führt diese im Menü* DATEI *auf. Öffnen Sie dieses Menü, und klicken Sie den Namen der gewünschten Arbeitsmappe an. Dann lädt Excel 97 die zugehörige Datei und berücksichtigt automatisch den korrekten Zugriffspfad. Enthält das* DATEI*-Menü die Namen der zuletzt bearbeiteten Mappen nicht, öffnen Sie die Registerkarte* Allgemein *(Menü* EXTRAS*, Eintrag* OPTIONEN*) und markieren das Kontrollkästchen »Liste zuletzt geöffnete Dateien«. Die Zahl der Einträge in der Liste läßt sich über das Drehfeld neben dem Kontrollkästchen einstellen.*

... über Office Shortcut-Leiste oder Startmenü laden

Die Microsoft-Office-Shortcut-Leiste erlaubt Ihnen ebenfalls, eine Excel-Arbeitsmappe zu laden. Das gleiche gilt für das Windows-Startmenü.

Bild 6.10: Öffnen eines Office-Dokuments

⇢ In der Microsoft-Office-Shortcut-Leiste wählen Sie die Schaltfläche *Office-Dokument öffnen* (Bild 6.10).

⇢ Oder Sie klicken im Windows-Startmenü auf das Symbol *Office-Dokument öffnen* (Bild 6.6).

In beiden Fällen öffnet sich das Dialogfeld *Office-Dokument öffnen*. Wählen Sie in diesem Dialogfeld das Laufwerk und den Ordner mit der zu ladenden Arbeitsmappe aus. Standardmäßig ist der Ordner *EIGENE DATEIEN* voreingestellt. Sobald Sie den Ordner mit den Arbeitsmappen gewählt haben, klicken Sie auf das Symbol der gewünschten Datei und betätigen anschließend die Schaltfläche *Öffnen*.

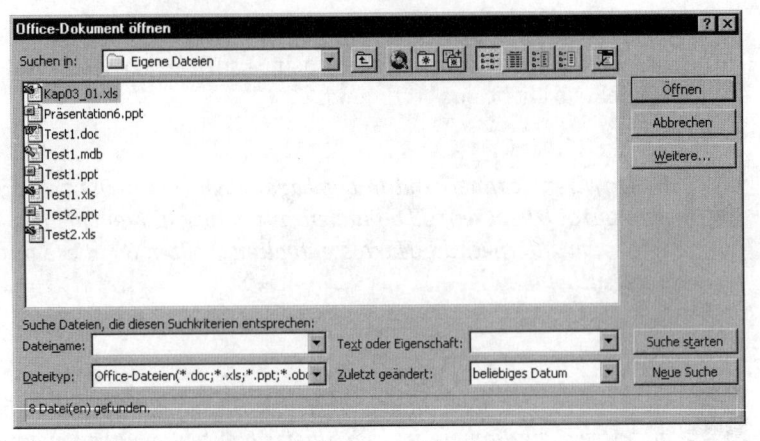

Bild 6.11: Dialogfeld Office-Dokument öffnen

> Informationen zum Suchen nach Arbeitsmappen finden Sie in Kapitel 17 »Dateiorganisation«.

6.3 Optionen beim Laden von Arbeitsmappen

Beim Laden von Arbeitsmappen bietet Excel 97 Ihnen verschiedene Optionen an. Sie können mehrere Arbeitsmappen gleichzeitig laden, die Mappen gegen Veränderungen schützen etc. Nachfolgend finden Sie einige Hinweise zu diesem Thema.

Mehrere Arbeitsmappen gleichzeitig laden

Um mehrere Arbeitsmappen gleichzeitig zu laden, rufen Sie die Funktion *Öffnen* (z.B. über die betreffende Schaltfläche) auf. Im Dialogfeld *Öffnen* müssen Sie nun die gewünschten Arbeitsmappen auswählen.

1. Klicken Sie in der Liste mit den Dateinamen auf einen Eintrag. Wenn Sie nun die ⇧-Taste gedrückt halten und einen weiteren Namen wählen, markiert Excel 97 alle dazwischenliegenden Einträge.

2. Um mehrere nicht benachbarte Einträge zu markieren, halten Sie die Strg-Taste gedrückt und wählen die gewünschten Dateinamen per Mausklick an.

Sobald Sie das Dialogfeld über die Schaltfläche *Öffnen* schließen, lädt Excel 97 alle markierten Dateien bzw. Arbeitsmappen.

Ändern der Anzeigeoptionen im Dialogfeld Öffnen

Das Dialogfeld *Öffnen* zeigt in der Standarddarstellung die Symbole der im aktuellen Ordner enthaltenen Arbeitsmappen (konkret handelt es sich um die zugehörigen Dateien). Sie haben aber die Möglichkeit, die Anzeige des Dialogfelds *Öffnen* über verschiedene Optionen anzupassen.

Im Dialogfeld *Öffnen* finden Sie eine Gruppe von vier Schaltflächen, die die Darstellung der Dateiliste beeinflussen (Bild 6.12).

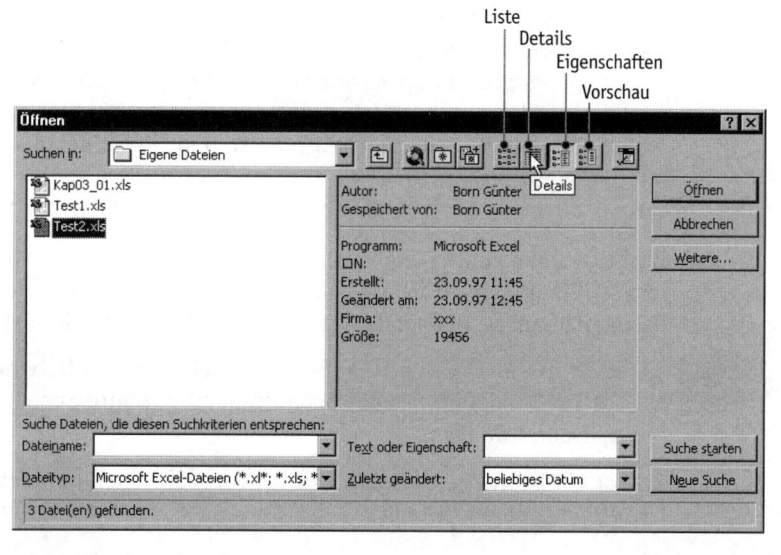

Bild 6.12: Optionen zur Darstellung

⇢ Mit der linken Schaltfläche *Liste* erreichen Sie, daß das Dialogfeld *Öffnen* nur die Liste der im Ordner verfügbaren Arbeitsmappensymbole anzeigt (siehe Bild 6.11).

⇢ Die Schaltfläche *Details* erweitert die Dateiliste um Spalten mit Datums- und Größenangaben für die angezeigten Dateien. Diese Darstellung entspricht der Anzeige von Dateilisten im Windows-Explorer bei eingeschalteter Option *Details*.

⇢ Die Schaltfläche *Eigenschaften* teilt das Fenster mit der Dateiliste. Im rechten Teil werden die Eigenschaften der gewählten Arbeitsmappe mit eingeblendet (Bild 6.12).

⇢ Die Schaltfläche *Vorschau* erlaubt Ihnen die Anzeige des Arbeitsmappeninhalts als Vorschau im Dialogfeld *Öffnen*. Hierzu muß die Arbeitsmappe jedoch mit einer Vorschau gespeichert werden.

Welche dieser Optionen Sie zur Anzeige verwenden, bleibt Ihnen überlassen.

Schreibschutz beim Laden aktivieren

Wenn Sie in Arbeitsgruppen auf fremde Arbeitsmappen zugreifen, sind ungewollte Änderungen an diesen Daten zu vermeiden. Der Autor einer Arbeitsmappe besitzt zwar die Möglichkeit, die Arbeitsmappen gegen unbefugte Veränderungen per Kennwort zu schützen (siehe folgende Seiten). Probleme gibt es aber, falls ein Benutzer zum Beispiel das Schreibschutzkennwort kennt und beim Laden eingibt. Dann ist der Schutzmechanismus aufgehoben, und er kann die betreffenden Daten (ungewollt) verändern. Ähnliches gilt, falls Sie eine Arbeitsmappe öffnen und die Daten testweise zum Beispiel für eine »Was-wäre-wenn-Analyse verändern«. Sicherlich können Sie beim Schließen der Arbeitsmappe ein Speichern der Änderungen explizit verhindern. Aber wem ist nicht schon passiert, daß beim Beenden einer geladenen Arbeitsmappe die falsche Schaltfläche gedrückt und damit die Änderungen doch ungewollt gespeichert wurden?

Wichtige Dokumente lassen sich daher bereits beim Laden vor Veränderungen schützen. Sobald Sie die Funktion *Öffnen* aktivieren, blendet Excel 97 das gleichnamige Dialogfeld auf dem Bildschirm ein (Bild 6.12).

1. Nach der Auswahl von Laufwerk, Verzeichnis und Dateinamen klicken Sie im Dialogfeld auf die nebenstehend gezeigte Schaltfläche *Befehle und Einstellungen*.

2. Excel 97 öffnet ein Kontextmenü, in dem Sie den Befehl *Schreibgeschützt öffnen* wählen (Bild 6.13).

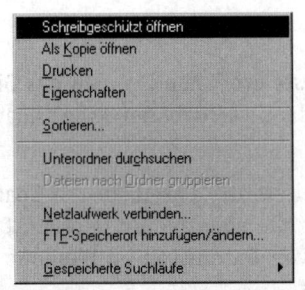

Bild 6.13: Menü mit Befehlen zum Öffnen von Arbeitsblättern

6 Arbeitsmappen organisieren

Excel 97 öffnet direkt die betreffende Arbeitsmappe mit einem Schreibschutzattribut. Dies wird durch einen entsprechenden Vermerk in der Titelzeile des Fensters der geöffneten Arbeitsmappe angezeigt (Bild 6.14).

Bild 6.14: Scheibgeschützte Arbeitsmappe

Sie können den Inhalt dieser Arbeitsmappe zwar ändern, der Versuch einer Speicherung über die betreffende Schaltfläche wird von Excel 97 aber mit einer Fehlermeldung zurückgewiesen (Bild 6.15).

Sie müssen dann die *OK*-Schaltfläche betätigen. Excel 97 öffnet anschließend das Dialogfeld *Speichern unter*, und Sie können die Arbeitsmappe unter einem neuen Dateinamen ablegen.

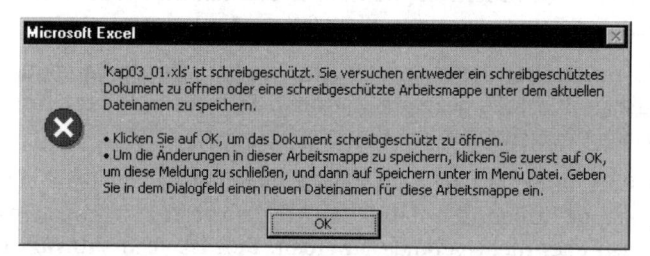

Bild 6.15: Fehlermeldung bei gesetztem Schreibschutz

> *Sie haben aber die Möglichkeit, den Schreibschutz von Excel 97 zu beeinflussen. Die nebenstehende Schaltfläche erlaubt Ihnen, den Schreibschutz einer geladenen und aktiven Arbeitsmappe ein- und auszuschalten. Die Schaltfläche muß separat über die Registerkarte* Befehle *im Dialogfeld* Anpassen *in einer Symbolleiste eingerichtet werden. Die Registerkarte wird nach Anwahl des Befehls* ANPASSEN *im Menü* EXTRAS *angezeigt. Sie finden die Schaltfläche in der Kategorie* Datei *in der Liste* Befehle. *Hinweise zum Einrichten von Schaltflächen in Symbolleisten finden Sie in Anhang A.*

Arbeitsmappe als Kopie öffnen

Eine andere Möglichkeit zum Schützen von Arbeitsmappen besteht darin, daß Sie diese direkt als Kopie öffnen. Hierzu gehen Sie folgendermaßen vor:

1. Rufen Sie in Excel 97 das Dialogfeld *Öffnen* auf. (Dies wurde in den vorhergehenden Abschnitten besprochen.)
2. Wählen Sie im Dialogfeld *Öffnen* die nebenstehend gezeigte Schaltfläche *Befehle und Einstellungen*.
3. Klicken Sie im Kontextmenü auf den Befehl ALS KOPIE ÖFFNEN (Bild 6.13).

Microsoft Excel 97 legt automatisch eine Kopie der XLS-Datei unter dem Namen *KOPIE VON XXXX* an. Die Zeichen XXX stehen hier als Platzhalter für den ursprünglichen Dateinamen. Gleichzeitig öffnet Excel 97 das Arbeitsblatt der Kopie. Speichern Sie Änderungen im Arbeitsblatt, werden diese automatisch in der Kopie hinterlegt.

Öffnen einer reservierten Arbeitsmappe

Arbeiten Sie mit Excel 97 in einem Netzwerk, können unter Umständen mehrere Bearbeiter gleichzeitig auf Arbeitsmappen zugreifen. Sobald ein Benutzer eine Arbeitsmappe in Microsoft Excel 97 lädt, wird diese für den jeweiligen Benutzer exklusiv zur Bearbeitung reserviert.

Falls ein anderer Benutzer versucht, die betreffende Datei zu laden, erhält er die in Bild 6.16 gezeigte Warnung. Er kann sich jetzt für verschiedene Optionen entscheiden:

⇢ Über die Schaltfläche *Schreibgeschützt* läßt sich die Datei mit der Arbeitsmappe öffnen. Die Daten der Arbeitsblätter sind zwar einsehbar, können aber nicht verändert werden. Dies ist auch sinnvoll, da Änderungen am gleichen Arbeitsblatt durch zwei Benutzer zu Problemen führen.

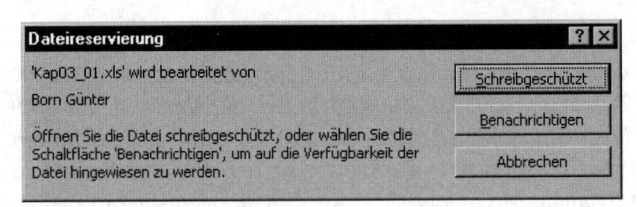

Bild 6.16: Warnung bei reservierter Datei

⇢ Über die Schaltfläche *Benachrichtigen* wird die Arbeitsmappe ebenfalls schreibgeschützt geöffnet. Gleichzeitig melden Sie sich jedoch zur Benachrichtigung an. Sobald der Benutzer, der die Datei zuerst geöffnet hat, die zugehörige Arbeitsmappe schließt, erhalten Sie eine Benachrichtigung (Bild 6.17). Wählen Sie die Schaltfläche *Lesen-Schreiben*, um den Inhalt des Arbeitsblattes verändern zu können.

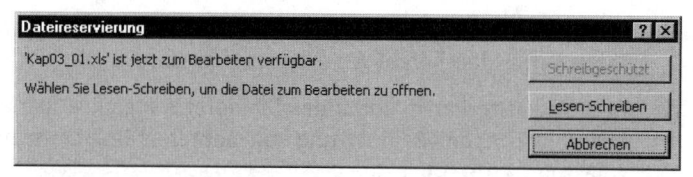

Bild 6.17: Benachrichtigung bei einer Dateireservierung

Falls Sie die Schaltfläche *Abbrechen* wählen (Bild 6.16), wird die Arbeitsmappe nicht geladen. Wählen Sie die Schaltfläche *Abbrechen* im Dialogfeld aus Bild 6.17, bleibt die Arbeitsmappe schreibgeschützt geöffnet.

Bei einer reservierten Arbeitsmappe läßt sich der Schreibschutz nicht über die nebenstehend gezeigte Schaltfläche aufheben. Sobald der Benutzer diese Schaltfläche betätigt, erhält er einen Hinweis, daß die betreffende Arbeitsmappe reserviert ist.

Arbeiten Sie nicht im Netzwerk, erhalten aber trotzdem die Meldung, daß die Arbeitsmappe reserviert ist? In diesem Fall haben Sie Excel 97 zweimal gestartet und in einer Excel-Kopie bereits die Arbeitsmappe geladen. Prüfen Sie in der Task-Leiste, ob Excel 97 bereits geladen ist. Beenden Sie ggf. eine Kopie, und arbeiten Sie mit der geladenen Arbeitsmappe weiter.

Arbeitsmappen freigeben

Sollen mehrere Benutzer gleichzeitig mit einer Arbeitsmappe arbeiten? Diese erstmals in Excel 95 verfügbare Funktion erlaubt Ihnen auch unter Microsoft Excel 97, eine Arbeitsmappe zur gleichzeitigen Bearbeitung durch verschiedene Benutzer freizugeben. Hierzu gehen Sie folgendermaßen vor:

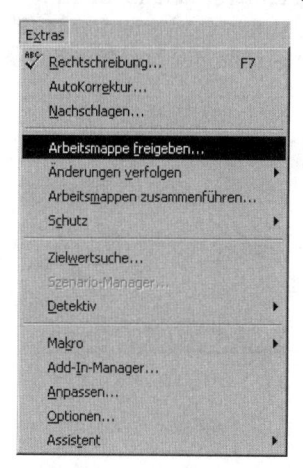

Bild 6.18: Arbeitsmappe freigeben

1. Laden Sie die Arbeitsmappe in Microsoft Excel 97, und wählen Sie im Menü EXTRAS den Befehl ARBEITSMAPPE FREIGEBEN.
2. In der Registerkarte *Status* des Dialogfelds *Freigabe* markieren Sie das Kontrollkästchen »Bearbeitung von mehreren Benutzern zur selben Zeit zulassen...« (Bild 6.19).

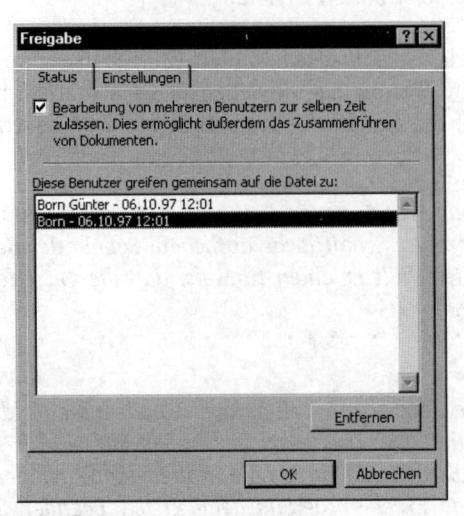

Bild 6.19: Freigabe einer Arbeitsmappe

Sobald Sie das Dialogfeld *Freigabe* über die *OK*-Schaltfläche schließen, wird die Arbeitsmappe zur gemeinsamen Bearbeitung durch mehrere Benutzer freigegeben. Microsoft Excel 97 sichert dann alle Änderungen in einer Protokolldatei in der Arbeitsmappendatei mit. Speichert ein Benutzer jetzt Änderungen in diese Arbeitsmappe, während diese von einem weiteren Benutzer geladen ist, erhält er einen Hinweis, daß er die Einstellungen des anderen Benutzers ändert. Welche Benutzer gerade die Arbeitsmappe geladen haben, sehen Sie übrigens in der Registerkarte *Status* (Bild 6.19). Zusätzlich wird die Freigabe in der Titelzeile der betreffenden Arbeitsmappe angezeigt (Bild 6.20).

Bild 6.20: Freigegebene Arbeitsmappe

Optionen zur Freigabe

Bei der Freigabe einer Arbeitsmappe können Sie verschiedene Einstellungen setzen (Bild 6.21).

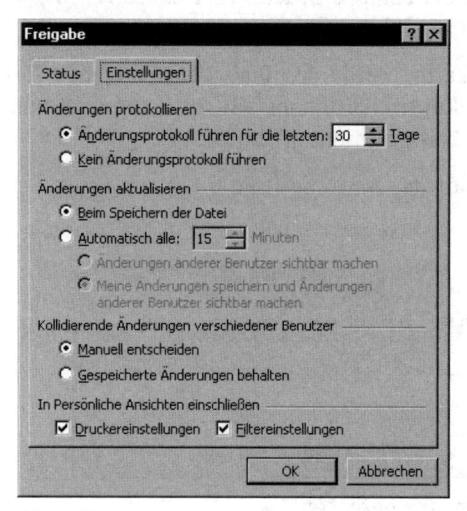

Bild 6.21: Einstellungen zur Freigabe

- Die Optionen der Gruppe »Änderungen protokollieren« legen fest, wie lange die Änderungen in der Protokolldatei aufgehoben werden.

- In der Gruppe »Änderungen aktualisieren« können Sie festlegen, zu welchen Zeitpunkten Excel 97 die Änderungen eines Benutzers sichern soll. Standardmäßig erfolgt dies lediglich beim Speichern der Arbeitsmappe. Sie können aber auch eine zyklische Speicherung wählen. Zusätzlich läßt sich beim automatischen Speichern vereinbaren, daß von anderen Benutzern durchgeführte Änderungen in den Arbeitsblättern angezeigt werden.

- Ein Problem tritt auf, wenn zwei Benutzer gleiche Daten innerhalb einer Arbeitsmappe ändern. Dann bleiben die Änderungen des Benutzers, der diese zuletzt eingetragen hat, wirksam. In der Gruppe »Kollidierende Änderungen verschiedener Benutzer« läßt sich festlegen, wie Excel 97 auf diese Situation reagieren soll.

Detailliertere Informationen zu den einzelnen Optionsfeldern erhalten Sie über die Direkthilfe (Schaltfläche mit dem Fragezeichen in der rechten oberen Ecke anklicken und dann auf die Option klicken).

Der Befehl ARBEITSMAPPE FREIGEBEN läßt sich nur dann anwählen, wenn die Arbeitsmappe nicht mit einem Schreibschutz geöffnet wurde.

Freigabe aufheben

Um die Freigabe einer Arbeitsmappe aufzuheben, wählen Sie folgende Schritte:

1. Laden Sie die Arbeitsmappe in Microsoft Excel 97, und wählen Sie im Menü EXTRAS den Befehl ARBEITSMAPPE FREIGEBEN.

2. In der Registerkarte *Status* des Dialogfelds *Freigabe* löschen Sie die Markierung des Kontrollkästchens »Bearbeitung von mehreren Benutzern zur selben Zeit zulassen...« (Bild 6.19).

3. Das Dialogfeld mit der Warnung (Bild 6.22) schließen Sie über die *Ja*-Schaltfläche.

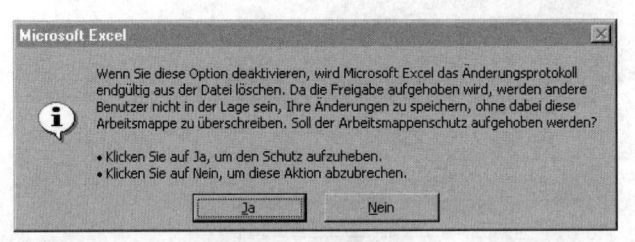

Bild 6.22: Freigabe der Arbeitsmappe aufheben

Excel 97 löscht dann die Protokollaufzeichnungen und hebt die Freigabe auf. Anschließend kann nur noch ein Benutzer die Datei zur Bearbeitung laden.

6.4 Arbeitsmappen automatisch laden

In verschiedenen Fällen ist es erwünscht, daß Arbeitsmappen automatisch beim Aufruf von Excel 97 geladen werden. Hierzu bietet das Programm mehrere Möglichkeiten:

- Sie können den Namen der zu ladenden XLS-Datei in der Kommandozeile des Excel-Aufrufes (z.B. EXCEL KUNDEN.XLS) definieren. Dieses Verfahren ist jedoch nicht allzu flexibel und führt bei mehreren Dateien schnell zu Chaos.

- Soll eine Arbeitsmappe beim Start von Excel 97 automatisch geladen werden, kopieren Sie diese in das Excel-Unterverzeichnis *XLSTART* (Bild 6.23).

Mit der zuletzt aufgeführten Methode haben Sie die Möglichkeit, beliebige Arbeitsmappen beim Start von Excel 97 zu laden. Das Programm analysiert dieses Verzeichnis nicht nur bezüglich der Tabellenvorlagen für neue Tabellen, sondern lädt auch alle gefundenen Excel-Arbeitsmappen.

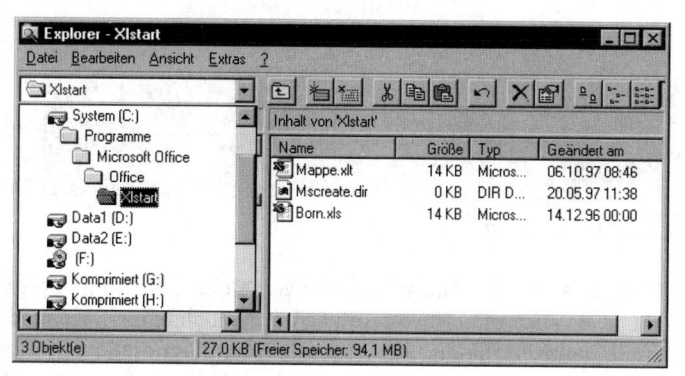

Bild 6.23: Der Ordner XLSTART

> Die Dateierweiterung der Dateien in diesem Ordner ist dabei unerheblich. Excel 97 erkennt an Hand der gespeicherten Daten, ob es sich um ein Excel-4.0-Arbeitsblatt oder eine (Excel-5.0/95/97-) Arbeitsmappe handelt. Daher reicht es nicht, die Dateien im Verzeichnis XLSTART umzubenennen, um ein automatisches Laden zu verhindern. Sie müssen die Dateien der Arbeitsmappen aus dem Verzeichnis löschen.

> Sie können neben XLSTART ein alternatives Startverzeichnis einrichten. Hierzu müssen Sie die Registerkarte Allgemein (Menü EXTRAS, Eintrag OPTIONEN) öffnen und den Pfad im Feld »Zusätzlicher Startordner« vorgeben.

Gleiche Arbeitsmappen, verschiedene Ordner?

Ein Problem tritt unter Excel 97 auf, wenn Sie mehrere Arbeitsmappen mit dem gleichen Dateinamen in verschiedenen Verzeichnissen speichern. Windows kann zwar diese unterschiedlichen Dateien an Hand der Verzeichnispfade unterscheiden. In Excel 97 treten aber erhebliche Probleme beim Laden auf.

⋯❖ Nehmen wir einmal an, Sie haben eine neue Variante einer Arbeitsmappe erstellt, die unter gleichem Namen in einem getrennten Verzeichnis gespeichert wurde. Nun sollten beide Varianten in Excel 97 geladen und verglichen werden. Nachdem Sie die Ursprungsdatei geladen haben, meldet Excel 97 beim Zugriff auf die zweite Datei im getrennten Pfad, daß bereits eine Arbeitsmappe mit diesem Namen geladen ist (Bild 6.24).

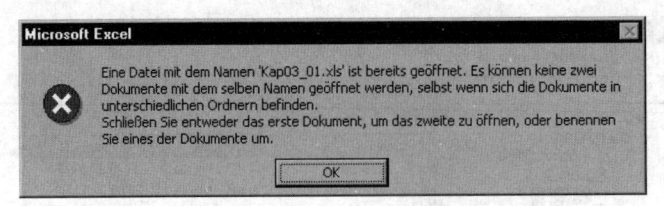

Bild 6.24: Fehler beim Laden

Der andere Fall tritt auf, falls Sie im Verzeichnis *XLSTART* sowohl eine Arbeitsmappe als auch eine Mustervorlage mit dem gleichen Dateinamen speichern. Windows unterscheidet die beiden Dateien über die Erweiterung (*XLS, XLT*). Bei Start von Excel 97 wird dann die Arbeitsmappe (z.B. mit dem Namen *MAPPE1.XLS*) geladen. Da eine Tabellenvorlage mit dem Namen *MAPPE.XLT* existiert, können Sie auch ein neues Arbeitsblatt mit dieser Vorlage erzeugen. Excel 97 benennt dann beide Arbeitsmappen mit dem gleichen Namen, *MAPPE1*. Der Versuch, die neue Arbeitsmappe unter dem vorgeschlagenen Namen zu speichern, wird abgelehnt. Excel 97 zeigt eine Meldung, daß eine Datei mit diesem Namen geöffnet ist (Bild 6.25).

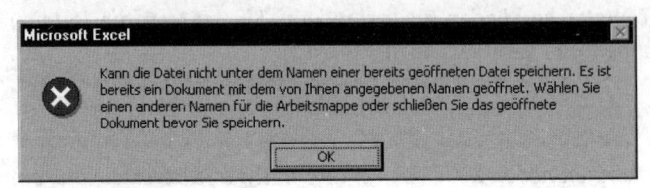

Bild 6.25: Fehlermeldung beim Speichern

Sie können das Problem nur dadurch umgehen, indem Sie andere Dateinamen für die Arbeitsmappen verwenden. (Das gleiche Problem tritt übrigens beim Speichern von Arbeitsmappen auf.)

6.5 Arbeitsmappe schließen

Excel 97 bietet Ihnen verschiedene Möglichkeiten, um geöffnete Arbeitsmappen zu schließen:

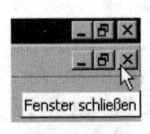

⇢ Klicken Sie auf die Schaltfläche *Schließen* in der rechten oberen Ecke des Dokumentfensters. Ist das Dokumentfenster maximiert, befinden sich diese Schaltflächen unterhalb der Schaltflächen zum Schließen des Anwendungsfensters.

⇢ Doppelklicken Sie auf das Systemmenü des Dokumentfensters. Das Systemmenü ist das Symbol, welches in der linken oberen Ecke des Dokumentfensters erscheint. Bei einem maximierten Dokumentfenster befindet sich das Systemmenü ganz links in der Menüleiste. Bei geöffnetem Systemmenü können Sie den Befehl SCHLIESSEN wählen.

⇢ Alternativ haben Sie die Möglichkeit, die Tastenkombination `Strg`+`W` zum direkten Schließen des Dokumentfensters zu wählen.

⇢ Die letzte Möglichkeit besteht darin, den Befehl SCHLIEẞEN im Menü DATEI für diesen Zweck verwenden.

Excel 97 schließt die aktive Arbeitsmappe, gibt vorher aber eine Sicherheitsabfrage bezüglich der Speicherung (ungesicherter) Änderungen aus. Dadurch wird verhindert, daß Sie irrtümlich eine Arbeitsmappe schließen, ohne vorher die Änderungen zu sichern.

> *Möchten Sie alle geöffneten Arbeitsmappen auf einmal schließen, halten Sie die `⇧`-Taste gedrückt, während Sie das Menü DATEI öffnen. In diesem Fall erscheint der Eintrag ALLES SCHLIEẞEN im DATEI-Menü. Wählen Sie den Eintrag aus, schließt Excel 97 alle geöffneten Fenster mit den Arbeitsmappen. Allerdings erscheint bei jeder geänderten Mappe eine Sicherheitsabfrage bezüglich der Datensicherung.*

6.6 Arbeitsmappen speichern

Zum Speichern von Arbeitsmappen läßt sich die Schaltfläche *Speichern* in der *Standard*-Symbolleiste verwenden. Alternativ können Sie die Tastenkombination `Strg`+`S` drücken. Bei einer neuen Datei öffnet diese Schaltfläche das Dialogfeld *Speichern unter* (Bild 6.26), in dem Sie den Dateinamen und den Namen des Ordners für die Datei angeben.

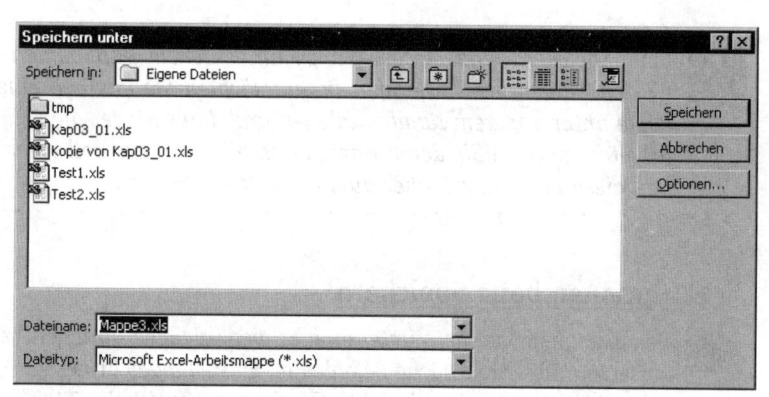

Bild 6.26: Das Dialogfeld Speichern unter

Excel 97 verwendet für die Datei automatisch den Namen der neuen Arbeitsmappe (z.B. *UMSATZ1.XLS*), wobei als Erweiterung *XLS* vorgesehen ist. Sie können im Feld *Dateiname* aber einen neuen Namen eingeben:

- Excel 97 richtet sich beim Dateinamen nach den Windows-Konventionen (bis zu 255 Zeichen für den Namen). Da aber die Pfadangabe auf 255 Zeichen begrenzt ist, sollten Sie Dateinamen höchstens mit einer Länge von 20 bis 30 Zeichen versehen.

- Als Erweiterung verwendet Excel 97 für Arbeitsmappen die Zeichen *XLS*. Sie können aber auch andere Erweiterungen (z.B. *XXX*) benutzen. Für Tabellenvorlagen gilt zum Beispiel die Erweiterung *XLT*, die sich über das Listenfeld *Dateityp* abrufen läßt.

- Wenn Sie beim Speichern einen Namen aus der Dateiliste wählen, wird die betreffende Datei überschrieben.

Weiterhin lassen sich Laufwerk und Zielverzeichnis ändern. Excel 97 erwartet als Erweiterung für Arbeitsmappen-Dateinamen die Zeichenfolge *XLS*. Fehlt diese Angabe, ergänzt Excel die betreffende Erweiterung. Sie können zwar auch andere Extensionen (z.B. *XXX* oder *XLT*) benutzen. Dies führt aber schnell zu Verwirrung, und die Voreinstellungen (*.XLT*) lassen sich in Excel nicht mehr benutzen. Sie sollten sich deshalb an die Konventionen des Programms halten.

Arbeitsmappe unter neuem Namen speichern

Sie können eine bereits als Datei existierende Arbeitsmappe unter einem neuen Dateinamen speichern. Hierzu öffnen Sie das Menü DATEI und wählen den Eintrag SPEICHERN UNTER. Dann erscheint das Dialogfeld aus Bild 6.26, und Sie können die gleichen Schritte wie beim Speichern neuer Arbeitsblätter ausführen.

Beim Speichern einer Arbeitsmappe unter neuem Dateinamen vergißt Excel 97 den Namen der vorherigen Datei. Möchten Sie manuell eine Sicherungskopie unter anderem Namen anlegen und dann wieder die Originaldatei bearbeiten, müssen Sie deren Namen anschließend manuell eingeben. Sie können diese Problematik aber durch ein Makro beheben.

Optionen beim Speichern

Das Dialogfeld *Speichern unter* erlaubt, verschiedene Optionen beim Speichern zu setzen. Die Schaltfläche *Befehle und Einstellungen* öffnet ein Kontextmenü, in dem Sie verschiedene Befehle abrufen können (Bild 6.27).

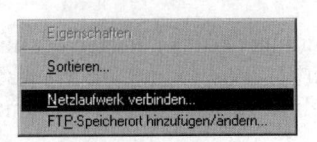

Bild 6.27: Kontextmenü beim Speichern

6 Arbeitsmappen organisieren

→ Über den Befehl NETZWERK VERBINDEN können Sie eine Verbindung zu einem Netzlaufwerk aufbauen (sofern dies nicht beim Start des Rechners erfolgt). Bei Anwahl des Befehls erscheint ein Dialogfeld, in dem Sie den Laufwerksbuchstaben und den Netzwerkpfad eintragen (Bild 6.28). Über dieses Laufwerk können Sie dann während der Windows-Sitzung auf die Arbeitsmappen im Netzwerk zugreifen. Markieren Sie das Kontrollkästchen »Verbindung beim Start wiederherstellen«, richtet Windows beim nächsten Start das Netzlaufwerk automatisch ein.

Bild 6.28: Netzlaufwerk verbinden

→ Die Schaltfläche *Optionen* (siehe Bild 6.26) blendet ein Dialogfeld zur Eingabe verschiedener Speicheroptionen ein (Bild 6.30).

Die Bedeutung der Optionen wird in den folgenden Abschnitten beschrieben.

Sicherungsdateien automatisch anlegen

Excel 97 sichert beim Speichern immer die aktuelle Version des Dokuments (z.B. Arbeitsmappe) in der geöffneten Datei. Hierdurch geht gleichzeitig die vorherige Fassung des Dokuments verloren. Um beim Speichern der Dokumente automatisch Sicherungskopien anzulegen, markieren Sie im Dialogfeld *Speichern-Optionen* (Bild 6.30) das Kontrollkästchen »Sicherungsdatei erstellen«.

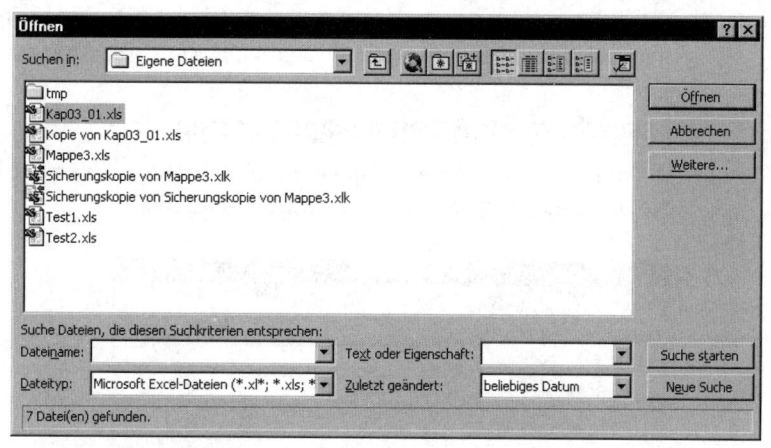

Bild 6.29: Dialogfeld Öffnen *mit Sicherungskopien*

141

Damit legt Excel 97 beim Speichern eines Dokuments zusätzlich eine Sicherungsdatei mit der alten Fassung an (Bild 6.29).

> *Excel 97 verwendet die Erweiterung* .XLK *für Sicherungsdateien. Die Option* Sicherungsdatei erstellen *bezieht sich nur auf die betreffende XLS-Datei. Damit weicht Excel 97 von anderen Programmen (z.B. Word 97) ab, die globale Schalter zur Aktivierung von Sicherungskopien verwenden.*

Sicherungsdatei wieder einlesen

Um eine Sicherungsdatei wieder einzulesen, verwenden Sie das Dialogfeld *Öffnen* (Schaltfläche *Öffnen*, oder Eintrag ÖFFNEN im Menü DATEI). Im Feld *Dateiname* tragen Sie das Suchmuster *.XLK ein, oder Sie wählen den betreffenden Dateityp in der gleichnamigen Liste. Excel 97 zeigt dann die gespeicherten Sicherungsdateien in der Dateiliste an (Bild 6.29). Wählen Sie den gewünschten Namen, und betätigen Sie die *OK*-Schaltfläche. Damit liest Excel 97 die Sicherungskopie ein.

> *Sie können auch eine geladene Sicherungsdatei über die Schaltfläche* Speichern *sichern. Excel 97 legt dann eine neue Sicherungskopie an. Diese erhält jedoch einen recht langen Dateinamen (Bild 6.29). Benennen Sie notfalls die Datei um, damit der Name handhabbar bleibt.*

6.7 Arbeitsmappen schützen

Excel 97 bietet Ihnen mehrere Möglichkeiten, um Arbeitsmappen vor dem Benutzer zu schützen. Einmal läßt sich die Option *Schreibgeschützt öffnen* beim Laden setzen (siehe oben). Sobald aber fremde Benutzer (zum Beispiel in Netzwerkumgebungen) unberechtigt auf Dokumente zugreifen können, sollten Sie andere Mechanismen zum Zugriffsschutz verwenden.

Leseschutz für Arbeitsmappen setzen

Um die Einsicht in Arbeitsmappen durch Unbefugte zu verhindern, können Sie die Dokumente durch ein Kennwort schützen.

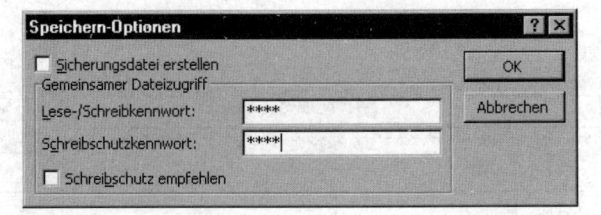

Bild 6.30: Speichern-Optionen

6 Arbeitsmappen organisieren

1. Hierzu öffnen Sie das Dialogfeld *Speichern unter* und wählen die Schaltfläche *Optionen*. Excel zeigt das Dialogfeld Bild 6.30.
2. Tragen Sie im Dialogfeld *Speichern-Optionen* ein Sicherungskennwort im Feld *Lese-/Schreibkennwort* ein. Dieses darf bis zu 15 Zeichen (Buchstaben, Zahlen, Sonderzeichen und Leerzeichen) umfassen. Excel 97 unterscheidet dabei Groß- und Kleinbuchstaben. Für jeden eingegebenen Buchstaben erscheint bei der Eingabe ein Platzhalterzeichen *.
3. Da Excel 97 bei Kennwörtern auf Groß-/Kleinschreibung achtet, müssen Sie das Kennwort ein zweites Mal zur Bestätigung eingeben (Bild 6.31).

Schließen Sie nun die Dialogfelder, und speichern Sie das Dokument über die betreffende Funktion.

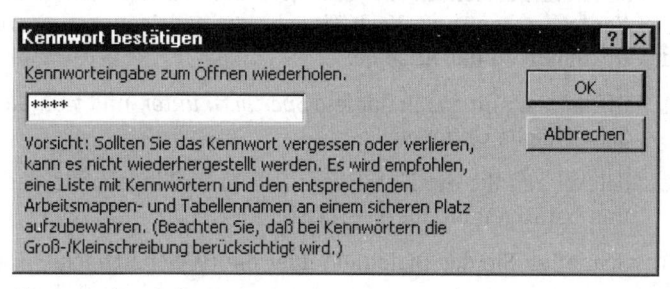

Bild 6.31: Kennwortbestätigung

Erst nach dem Speichern wird das Kennwort wirksam. Ab diesem Zeitpunkt benötigen Sie das Kennwort, um die Datei erneut zu öffnen und anzuzeigen (Bild 6.32). Wenn Sie sich bei der Eingabe vertippt haben, zeigt Excel 97 lediglich eine Fehlermeldung.

Bild 6.32: Abfrage des Kennwortes

> *Der Kennwortschutz gilt nur für die aktuelle Arbeitsmappe. Wenn Sie mehrere Arbeitsmappen gleichzeitig geöffnet haben, müssen Sie für jedes Dokument das Kennwort neu vergeben.*

> *Sie dürfen das Kennwort für eine Arbeitsmappe nicht vergessen. Excel 97 verschlüsselt das Dokument, d.h. ohne das betreffende Kennwort läßt sich der Dateiinhalt nicht mehr anzeigen. Beachten Sie aber folgendes: Solange die Datei nicht gespeichert wurde, ist das Kennwort nicht gesetzt. Beim Export in Fremdformate geht der Kennwortschutz ebenfalls verloren. Excel 97 besitzt eine weitere gravierende Sicherheitslücke. Wenn Sie die Option* Sicherungsdatei erstellen *aktiviert haben, legt Excel 97 beim ersten Speichern der Datei eine XLK-Datei als Kopie an. Die erste Kopie enthält keinen Kennwortschutz, ist also ohne Kennwort lesbar.*

Kennwortschutz aufheben

Um den Kennwortschutz aufzuheben, öffnen Sie das Dokument. Hierzu wird das Kennwort benötigt. Nach Eingabe des gültigen Kennwortes erscheint das Dokument in der Anzeige.

1. Öffnen Sie nun das Dialogfeld *Speichern unter,* und wählen Sie dann die Schaltfläche *Optionen*.

2. Selektieren Sie die Platzhalter (****) im Eingabefeld des Kennwortes, und betätigen Sie die ⟵-Taste.

3. Schließen Sie das Dialogfeld über die *OK*-Schaltfläche.

4. Speichern Sie die Arbeitsmappe (z.B. über die Tastenkombination Strg+W).

Damit ist die Kennwortsperre beseitigt, und Sie können das Dokument zukünftig frei öffnen und bearbeiten.

> *Denken Sie bei der Verwendung von Sicherungskopien daran, daß auch diese ggf. per Kennwort geschützt sind. Sie müssen ggf. den Kennwortschutz dieser Dateien aufheben.*

Schreibschutz per Kennwort

Eine abgestufte Variante des Kennwortschutzes bietet das Feld *Schreibschutz-Kennwort* im Dialogfeld *Speichern-Optionen* (Bild 6.30). Sollen verschiedene Benutzer zwar das Dokument einsehen, aber nicht ändern können, gehen Sie folgendermaßen vor:

1. Öffnen Sie das Dialogfeld *Speichern unter,* und wählen Sie die Schaltfläche *Optionen*. Excel 97 öffnet dann das Dialogfeld *Speichern-Optionen* (Bild 6.30).

2. Tragen Sie in das Eingabefeld *Schreibschutz-Kennwort* ein Paßwort für das Dokument ein. Dieses darf ebenfalls bis zu 15 Zeichen (Buchstaben, Zah-

len, Sonderzeichen und Leerzeichen) umfassen. Für jeden eingetragenen Buchstaben zeigt Excel 97 bei der Eingabe einen Platzhalter * an.

3. Da Excel 97 bei Kennwörtern auf Groß-/Kleinschreibung achtet, müssen Sie das Kennwort ein zweites Mal eingeben.

4. Schließen Sie nun das Dialogfeld, und speichern Sie das Dokument.

Wenn jetzt ein Benutzer die Arbeitsmappe öffnen möchte und diese im Dialogfeld *Öffnen* wählt, erscheint ein Dialogfeld zur Kennwortabfrage (Bild 6.33). Kennen Sie das Kennwort nicht, können Sie die Schaltfläche *Schreibschutz* wählen. Dann wird die Arbeitsmappe geladen und angezeigt. Änderungen lassen sich aber nicht unter dem aktuellen Dateinamen speichern.

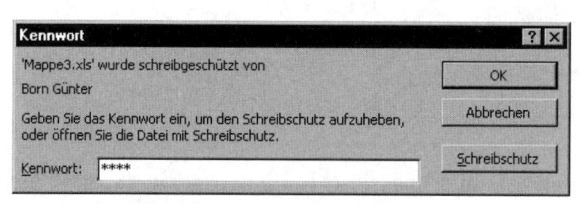

Bild 6.33: Kennwortabfrage bei gesetztem Schreibschutz

Es besteht aber die Möglichkeit, die Arbeitsmappe unter einem anderen Dateinamen zu sichern.

Sie können die Kennwörter für Zugriff und Schreibschutz kombinieren. Dann kann ein befugter Personenkreis das Dokument zwar einsehen, aber nicht ändern. Möchten Sie auf den Schreibschutz per Kennwort verzichten, können Sie trotzdem das Kontrollkästchen Schreibschutz empfehlen *im Dialogfeld* Speichern-Optionen *setzen (siehe Bild 6.30). Wenn der Benutzer dann die Datei öffnet, wird das Dialogfeld aus Bild 6.34 eingeblendet.*

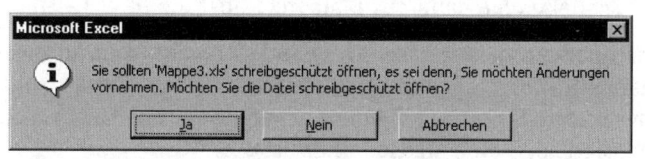

Bild 6.34: Dialogfeld bei gesetzter Option Schreibschutz empfehlen

Damit bleibt es dem Benutzer überlassen, ob er mit Ihnen kooperiert und den Schreibschutz akzeptiert.

6.8 Automatisch speichern

Gewissenhafte Naturen sichern Ihre Änderungen in Arbeitsmappen zum Ende einer Bearbeitung in einer Datei. Besonders vorsichtige Mitbürger betätigen die Schaltfläche *Speichern* sogar periodisch während der Bearbeitung der Arbeitsmappe. Dadurch läßt sich ein Datenverlust weitgehend verhindern. Beachten Sie aber, daß die Schaltfläche *Speichern* nur das Dokument im aktuellen Fensters sichert. (Meist tritt ein Fehler immer dann auf, wenn der Schaden maximal ist.)

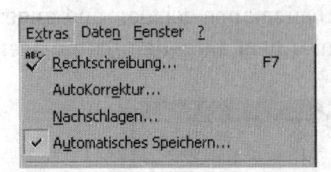

Bild 6.35: Befehl Automatisch Speichern

Damit Ihnen dies nicht passiert, hat Microsoft in Excel 97 die Option *Automatisches Speichern* integriert. Hierbei handelt es sich um ein sogenanntes Add-In-Makro, welches installiert und konfiguriert werden muß. Zur Prüfung, ob die Funktion arbeitsbereit ist, öffnen Sie das Menü EXTRAS. Findet sich hier der Eintrag AUTOMATISCHES SPEICHERN (Bild 6.35), können Sie den folgenden Schritt überspringen. Andernfalls führen Sie nachfolgende Anweisungen aus:

1. Öffnen Sie das Menü EXTRAS und wählen den Eintrag ADD-IN-MANAGER. Damit öffnet Excel 97 das gleichnamig Dialogfeld (Bild 6.36).

2. In diesem Dialogfeld finden Sie eine Liste der verfügbaren Add-In-Makros, die auf Ihrem PC installiert sind. Sie müssen das Kontrollkästchen vor dem Eintrag *Automatisches Speichern* markieren (per Maus anklicken, bis ein Häkchen erscheint).

3. Schließen Sie dann das Dialogfeld über die *OK*-Schaltfläche.

Anschließend richtet Excel 97 das Add-In-Makro zum automatischen Speichern ein. Wenn Sie jetzt das Menü EXTRAS erneut öffnen, sollte der Eintrag AUTOMATISCHES SPEICHERN mit einem vorangestellten Häkchen erscheinen (signalisiert, daß die Funktion aktiv ist).

Fehlt in der Liste des Add-In-Managers der Eintrag Automatisches Speichern, wurde das Programm bei der Excel-Installation vergessen. Sie müssen SETUP erneut ausführen und die Add-In-Datei installieren. Erst dann können Sie obige Schritte ausführen.

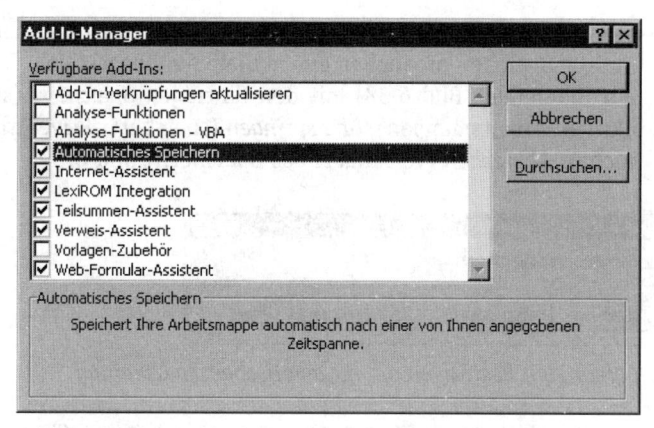

Bild 6.36: Add-In-Manager mit der Option Automatisch Speichern

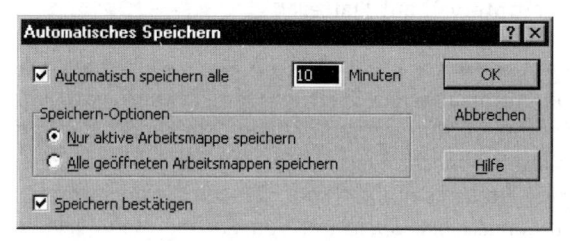

Bild 6.37: Optionen zum automatischen Speichern

Optionen für AutoSpeichern setzen

Im nächsten Schritt sollten Sie noch verschiedene Optionen für das automatische Speichern setzen. Hierzu wählen Sie den Eintrag AUTOMATISCHES SPEICHERN im Menü EXTRAS an. Auf dem Bildschirm erscheint das Dialogfeld aus Bild 6.37.

- Das Kontrollkästchen *Automatisch Speichern alle* muß markiert sein. Sofern Sie die Markierung des Kontrollkästchens löschen, deaktiviert Excel 97 die zugehörige Funktion, und das Häkchen vor dem Eintrag AUTOMATISCHES SPEICHERN im Menü EXTRAS verschwindet.

- Bei markiertem Kontrollkästchen *Automatisch speichern alle* läßt sich das Speicherintervall zwischen 1 und 120 Minuten vorgeben. In Abhängigkeit von Ihrer Eingabegeschwindigkeit dürften Vorgaben zwischen 10 und 30 Minuten sicherlich sinnvoll sein. Wer besonders flinke Finger besitzt, kann das Intervall ja reduzieren. Nachteil an der Sache: Beim Speichern umfangreicher Arbeitsblätter ist ein sinnvolles Arbeiten kaum noch möglich.

- Die Optionsfelder der Gruppe »Speichern-Optionen« erlauben Ihnen, die Speicherung auf die aktive Arbeitsmappe zu begrenzen oder alle geöffneten Arbeitsmappen zu sichern.

⋯⋗ Falls Sie das Kontrollkästchen *Speichern bestätigen* markieren, müssen Sie alle Speichervorgänge in einem Dialogfeld bestätigen. Excel 97 zeigt ein Dialogfeld (Bild 6.38) mit den Einträgen *Speichern* (speichert die aktiven Arbeitsmappen), *Überspringen* (speichert aktive Arbeitsmappen nicht), *Abbrechen* (verhindert das Speichern) und *Hilfe*.

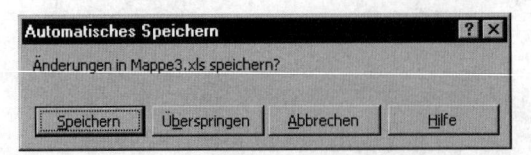

Bild 6.38: Dialogfeld zum Bestätigen der automatischen Speicherung

Setzen Sie die betreffenden Optionen, und schließen Sie das Dialogfeld über die *OK*-Schaltfläche. Damit sichert Excel 97 die Arbeitsblätter im vorgegebenen Zeitintervall auf Platte.

Die Funktion Automatisches Speichern *funktioniert auch dann, wenn sich das Excel-Fenster im Hintergrund befindet. Haben Sie die Option* Speichern bestätigen *gesetzt, macht Excel 97 Sie auf die fehlende Bestätigung durch eine blinkende Titelzeile aufmerksam. Denken Sie aber daran, daß die Funktion zum automatischen Speichern den Rechner sehr belastet. Bei kurzen Speicherintervallen und langen Dokumenten wirken sich die ständigen Unterbrechungen störend aus.*

Auch wenn die Option Automatisch Speichern *gewählt wurde, müssen Sie Ihre Arbeitsmappe vor dem Beenden von Excel 97 sichern. Nur dann werden die Änderungen in der Datei mit Sicherheit berücksichtigt.*

7 Mit Arbeitsblättern umgehen

7.1 Anzahl der Arbeitsblätter in Arbeitsmappen

Eine Arbeitsmappe enthält einzelne Arbeitsblätter. Diese Blätter dienen zur Aufnahme von Tabellen, Diagrammen, Makros etc. Die Anzahl der Arbeitsblätter pro Arbeitsmappe ist variabel, muß aber dabei zwischen 1 und 255 liegen.

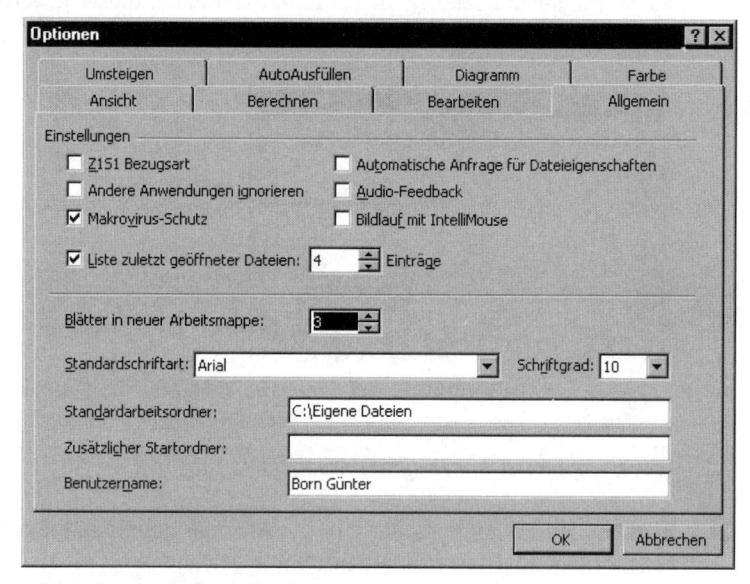

Bild 7.1: Blätter pro Arbeitsmappe festlegen

Wenn Sie eine neue Arbeitsmappe anlegen, richtet Excel 97 automatisch eine bestimmte Anzahl von Arbeitsblättern ein. Standardmäßig handelt es sich um drei Arbeitsblätter. Die Anzahl können Sie jedoch verändern:

⇢ Im Menü EXTRAS läßt sich über den Eintrag OPTIONEN die Registerkarte *Allgemein* aufrufen (Bild 7.1). In dieser Registerkarte existiert das Feld »Blätter in neuer Arbeitsmappe«. Wenn Sie zum Anlegen einer neuen Arbeitsmappe die Schaltfläche *Neu* benutzen oder die Vorlage *Arbeitsmappe* in der Registerkarte *Allgemein* verwenden (siehe Kapitel 6), greift Excel 97 auf den im Dialogfeld *Optionen* gesetzten Wert zurück. Sie sollten daher den Wert so wählen, daß die Zahl der Arbeitsblätter Ihrem Bedarf entspricht.

⇢ Legen Sie die neue Arbeitsmappe über die Funktion *Neu* (Tastenkombination [Strg]+[n] oder Befehl NEU im Menü DATEI) an, läßt sich eine Tabellenvorlage über die gleichnamige Registerkarte auswählen (siehe Kapitel 6). In diesem Fall übernimmt Excel 97 die Vorgaben bezüglich der Zahl der Arbeitsblätter aus dieser Vorlage.

Weiterhin können Sie einzelne Arbeitsblätter aus der Mappe löschen oder neue Blätter hinzufügen beziehungsweise aus anderen Arbeitsmappen übernehmen. Näheres hierzu finden Sie in den folgenden Abschnitten.

7.2 Arbeitsblatt auswählen

Die Arbeitsmappe enthält in der Regel mehr als ein Arbeitsblatt. Das Blatt, dessen Inhalt angezeigt wird, bezeichnet man häufig als »aktuelles Arbeitsblatt«. Eingaben beziehen sich standardmäßig auf dieses Arbeitsblatt. Ähnliches gilt auch für auszudruckende Teile.

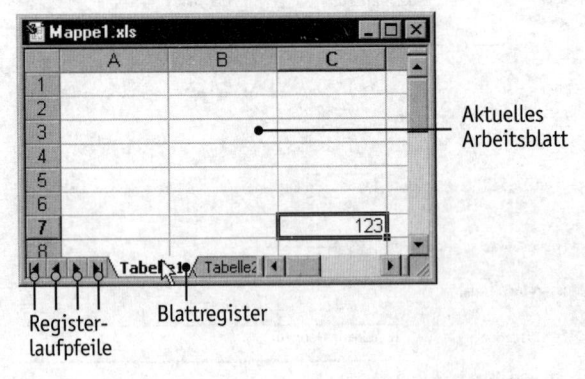

Bild 7.2: Arbeitsmappe mit angezeigtem Arbeitsblatt Tabelle 1

Möchten Sie ein anderes Blatt in die Anzeige holen? Dann genügt es, den zugehörigen Registerreiter am unteren Blattrand per Maus anzuklicken (Bild 7.2). Diese Registerreiter werden in der Excel-Dokumentation auch als »Blattregister« bezeichnet. Excel 97 zeigt selektierte Arbeitsblätter durch ein helles Blattregister an. Die anderen Blattregister werden dagegen grau dargestellt.

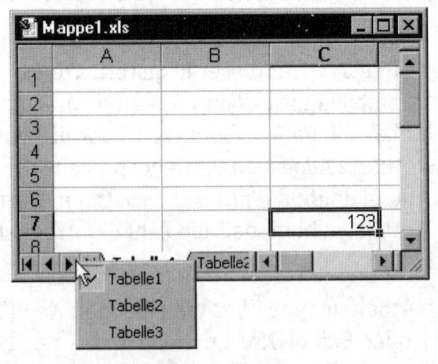

Bild 7.3: Auswahl eines Arbeitsblatts per Kontextmenü

Sind die gesuchten Registerreiter verdeckt, können Sie den sichtbaren Bereich über die Registerlaufpfeile (links neben dem Blattregister) verschieben. Dieser Weg ist bei Arbeitsmappen, die viele Arbeitsblätter enthalten, aber recht umständlich.

Schneller geht die Auswahl eines Arbeitsblatts über das Kontextmenü. Positionieren Sie den Mauscursor im Bereich der Registerlaufpfeile, und drücken Sie die rechte Maustaste. Excel 97 blendet das Kontextmenü mit den Namen der in den Mappen enthaltenen Arbeitsblätter ein (Bild 7.3). Sie können dann mit einem Mausklick das gewünschte Arbeitsblatt aus dieser Liste wählen.

Bereich für Blattregister vergrößern

Enthält Ihre Arbeitsmappe mehr als drei Arbeitsblätter? Stört es Sie, daß die Zahl der angezeigten Registerreiter der Arbeitsblätter zu klein ist? Wenn Sie mehr (oder weniger) Registerreiter sehen möchten, können Sie die Breite dieses Bereichs einstellen.

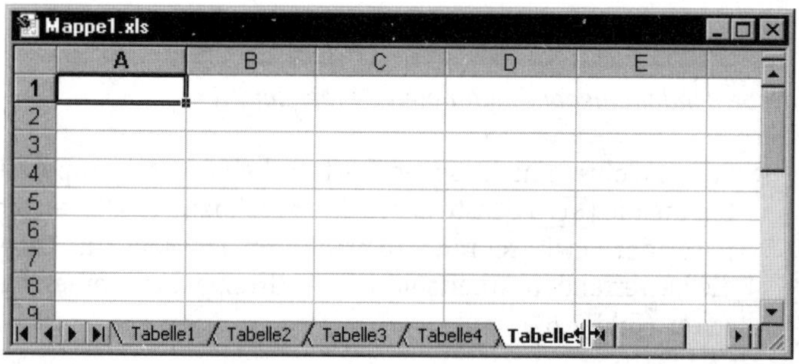

Bild 7.4: Breite der Anzeige verändern

1. Zeigen Sie per Maus auf das Teilungsfeld zwischen der horizontalen Bildlaufleiste und dem Anzeigebereich der Registerreiter. Der Mauscursor nimmt dann die Form eines Doppelpfeils an (Bild 7.4).

2. Halten Sie die linke Maustaste gedrückt, und ziehen Sie das Teilungsfeld nach links oder rechts.

Sobald Sie die linke Maustaste freigeben, wird der Anzeigebereich der Registerreiter vergrößert oder verkleinert. Entsprechend paßt Excel 97 die Breite der horizontalen Bildlaufleiste an.

7.3 Arbeitsblätter gruppieren

Standardmäßig beziehen sich Eingaben nur auf das aktuelle Arbeitsblatt in der Anzeige. Beim Ausdrucken wird auch nur dieses Arbeitsblatt berücksichtigt. Um mehrere Arbeitsblätter gleichzeitig auszudrucken oder zu bearbeiten, können Sie diese markieren. In der Excel-Nomenklatur wird dies als »gruppieren« bezeichnet.

⇢ Um mehrere benachbarte Arbeitsblätter zu selektieren (in einer Gruppe zusammenzufassen), klicken Sie den Registerreiter des ersten Arbeitsblattes an. Anschließend halten Sie die ⇧-Taste gedrückt und wählen den letzten Registerreiter des gewünschten Bereiches per Maus an. Excel 97 markiert die dazwischenliegenden Blattregister durch einen hellen Hintergrund (Bild 7.5).

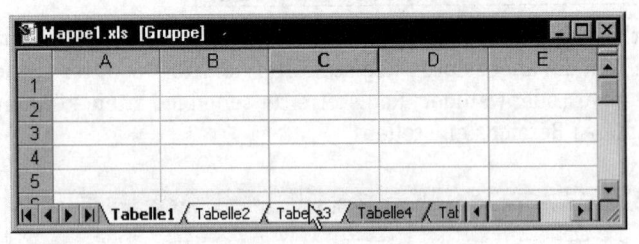

Bild 7.5: Nebeneinanderliegende gruppierte Arbeitsblätter

⇢ Sollen mehrere nicht benachbarte Arbeitsblätter gruppiert werden, halten Sie die Strg-Taste gedrückt. Anschließend klicken Sie die Registerreiter der gewünschten Arbeitsblätter per Maus an. Excel 97 markiert die betreffenden Arbeitsblätter der Gruppe durch einen hellen Registerreiter (Bild 7.6).

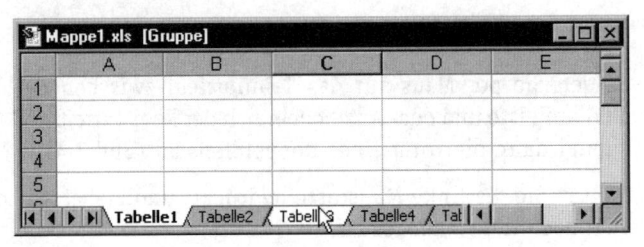

Bild 7.6: Gruppierung einzelner Arbeitsblätter

⇢ Um alle Arbeitsblätter eine Mappe zu einer Gruppe zusammenzufassen, positionieren Sie den Mauscursor auf einem Registerreiter. Dann rufen Sie das Kontextmenü durch Drücken der rechten Maustaste auf und wählen den Eintrag ALLE ARBEITSBLÄTTER MARKIEREN (Bild 7.7). Excel 97 markiert dann alle Registerreiter als ausgewählt.

7 Mit Arbeitsblättern umgehen

Dieses Zusammenfassen mehrerer Arbeitsblätter zu einer Gruppe ist unbedingt erforderlich, wenn Sie gleichzeitig in diesen Blättern arbeiten möchten. Sie können dieses Gruppieren zur Aktivierung einer Art »Kopierfunktion« mit Durchschlag benutzen:

- Haben Sie mehrere Arbeitsblätter zu einer Gruppe zusammengefaßt, können Sie im aktuellen Arbeitsblatt eine Eingabe in einer Zelle vornehmen.

- Excel 97 führt diese Operation automatisch in den anderen Arbeitsblättern aus. Dies bedeutet, Sie erhalten automatisch einen »Durchschlag« aller Eingaben in den Arbeitsblättern der Gruppe.

Dies ist zum Beispiel bei der Eingabe von Überschriften oder Formeln hilfreich, die in mehreren Tabellen benötigt werden.

> *Sobald Sie eine Gruppe definiert haben, zeigt Excel 97 dies durch den Vermerk* [Gruppe] *in der Titelzeile der Arbeitsmappe (siehe z.B. Bild 7.6).*

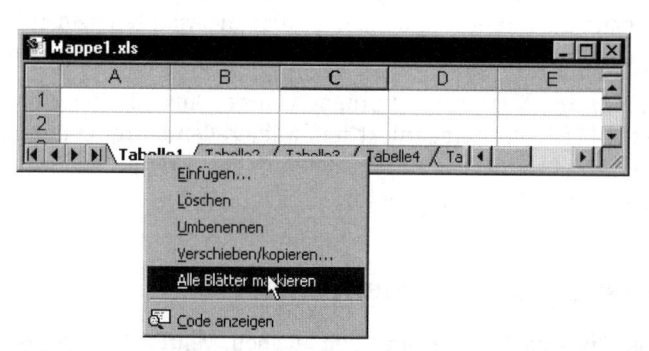

Bild 7.7: Arbeitsmappe mit Kontextmenü

> *Möchten Sie den Bereich einer Markierung vergrößern oder verkleinern, halten Sie die* ⇧*-Taste gedrückt und wählen einen neuen Registerreiter per Maus. Excel 97 paßt dann den Umfang der Gruppe an den gewählten Bereich an. Um einzelne Blätter in die Auswahl aufzunehmen, halten Sie die* Strg*-Taste gedrückt und wählen den betreffenden Registerreiter. Excel 97 fügt das Arbeitsblatt zur Gruppe hinzu und zeigt dies durch einen hellen Registerreiter an.*

Gruppierung aufheben

Um eine Gruppierung aufzuheben, besitzen Sie folgende Möglichkeiten:

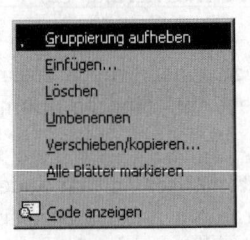

Bild 7.8: Gruppierung aufheben

- Sie wählen per Maus den Registerreiter eines nicht markierten Arbeitsblattes aus. Excel 97 löscht dann die Markierung der restlichen Blätter und stellt das angewählte Arbeitsblatt in die Anzeige.

- Positionieren Sie den Mauscursor auf einem Registerreiter der Gruppe, und drücken Sie die rechte Maustaste. Im eingeblendeten Kontextmenü wählen Sie den Eintrag GRUPPIERUNG AUFHEBEN (Bild 7.8). Excel 97 setzt dann die Markierung auf den zuletzt angewählten Registerreiter, schiebt das Arbeitsblatt in die Anzeige und hebt die Gruppierung auf.

Um einzelne Blätter einer Gruppe von der Auswahl auszunehmen, halten Sie die [Strg]-Taste gedrückt und wählen den betreffenden Registerreiter. Excel 97 entfernt das Arbeitsblatt aus der Gruppe und zeigt dies durch einen grauen Registerreiter an.

7.4 Arbeitsblätter umbenennen

Wenn Sie eine Arbeitsmappe neu anlegen, vergibt Excel 97 für die Arbeitsblätter die Namen *Tabelle1, Tabelle2* etc. In diesen Arbeitsblättern werden Tabellen gespeichert. Verwenden Sie ein Blatt zur Aufnahme von Diagrammen, erhält dies den Namen *Diagramm1, Diagramm2* etc. Ähnliches gilt für Arbeitsblätter, die (ältere) Makros aufnehmen (*Makro1, Makro2* etc.).

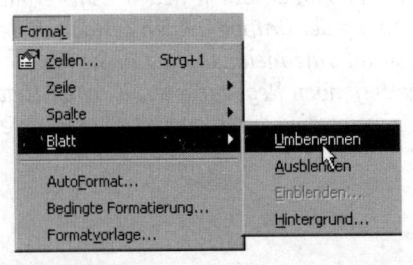

Bild 7.9: Arbeitsmappe im Menü Format umbenennen

7 Mit Arbeitsblättern umgehen

Diese Bezeichnung ist bei vielen Arbeitsblättern sicherlich nicht sonderlich übersichtlich und enthält keine Hinweise auf spezielle Inhalte. Deshalb bietet Excel 97 die Möglichkeit, jedem Arbeitsblatt einen individuellen Namen zuzuweisen. Hierzu führen Sie folgende Schritte aus:

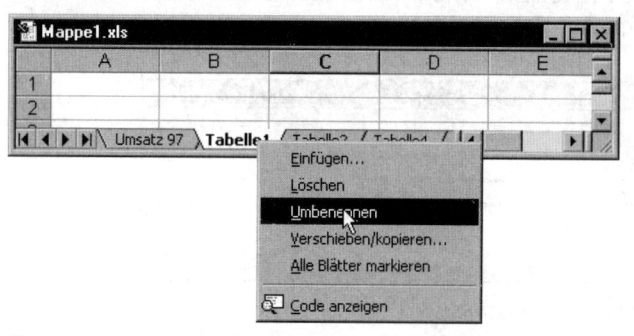

Bild 7.10: Kontextmenü zum Umbenennen eines Arbeitsblatts

1. Wählen Sie das Arbeitsblatt über den zugehörigen Registerreiter per Maus doppelt an.

2. Selektieren Sie den Eintrag BLATT im Menü FORMAT. Im eingeblendeten Untermenü wählen Sie den Eintrag UMBENENNEN (Bild 7.9).

3. Alternativ können Sie den Registerreiter mit der rechten Maustaste anklicken und den Befehl UMBENENNEN im Kontextmenü wählen (Bild 7.10).

4. In allen Fällen markiert Excel 97 die Beschriftung des Blattregisters. Sie können nun die neue Bezeichnung eintippen.

Klicken Sie zum Abschluß auf einen Bereich außerhalb der Beschriftung, wird diese im Registerreiter des Arbeitsblatts fixiert.

Der Name für das Arbeitsblatt darf bis zu 31 Zeichen lang sein. Im Namen dürfen Leerzeichen (z.B. Umsatz 1993) auftreten. Nicht zulässig sind jedoch folgende Zeichen: [ ] : / \ ? *.

Ein Doppelklick auf den Registerreiter eines Arbeitsblatts markiert den Text ebenfalls zum Umbenennen. Definieren Sie die Namen der Arbeitsblätter bereits in der Tabellenvorlage, übernimmt Excel 97 automatisch diese Namen in alle Arbeitsmappen, die auf Basis der Vorlage angelegt werden.

Excel 97 besitzt keine Funktion, um die Umbenennung eines Arbeitsblattes rückgängig zu machen Haben Sie die Funktion zum Umbenennen irrtümlich aufgerufen, drücken Sie die Esc *-Taste, um die Eingabe abzubrechen. Dann verwirft Excel 97 die Eingaben, und die alte Beschriftung bleibt erhalten.*

7.5 Arbeitsblätter verschieben/kopieren

Excel 97 ordnet die Arbeitsblätter innerhalb der Arbeitsmappe in aufsteigender Reihenfolge (*Tabelle1*, *Tabelle2* etc.) an. Häufig ist jedoch eine andere Anordnung der Blätter in einer Arbeitsmappe erwünscht (z.B. Tabelle, Diagramm, Tabelle, Diagramm etc.).

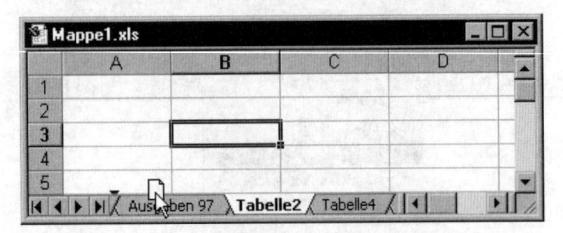

Bild 7.11: Arbeitsblatt verschieben

Am einfachsten läßt sich ein einzelnes Blatt (oder mehrere Blätter) innerhalb einer Arbeitsmappe verschieben.

1. Klicken Sie den zugehörigen Registerreiter per Maus an.
2. Dann ziehen Sie den Registerreiter bei gedrückter linker Maustaste vertikal an die gewünschte Position.

Excel 97 verschiebt das betreffende Blatt und ordnet es an der neuen Position ein (Bild 7.11). Beim Ziehen wird als Cursor ein stilisiertes Arbeitsblatt gezeigt.

> Möchten Sie mehrere Arbeitsblätter in der Arbeitsmappe verschieben, fassen Sie diese vorher zu einer Gruppe zusammen (siehe oben). Anschließend gehen Sie wie beim Verschieben eines einzelnen Arbeitsblattes vor. Der Mauscursor nimmt beim Verschieben einer Gruppe die nebenstehend gezeigte Form an.

Excel 97 erlaubt Ihnen nicht nur das Verschieben eines Arbeitsblatts innerhalb einer Mappe. Sie können Arbeitsblätter auch in andere Arbeitsmappen, und damit in andere Dateien, verschieben.

Bild 7.12: Arbeitsblatt zwischen Arbeitsmappen verschieben

7 Mit Arbeitsblättern umgehen

1. Laden Sie die beiden Arbeitsmappen, zwischen denen die Arbeitsblätter auszutauschen sind (z.B. über die Funktion *Öffnen*).
2. Sorgen Sie dafür, daß die zwei Arbeitsmappen im Arbeitsbereich sichtbar sind (wie dies geht, wird weiter unten besprochen).
3. Wählen Sie den Registerreiter des zu verschiebenden Arbeitsblatts per Maus an.
4. Ziehen Sie den Registerreiter bei gedrückter linker Maustaste zur gewünschten Ziel-Arbeitsmappe.

Sobald Sie die Maus loslassen, fügt Excel 97 das betreffende Arbeitsblatt an der neuen Position in der zweite Mappe ein (Bild 7.13).

Wenn Sie beim Verschieben des Arbeitsblatts die `Strg`*-Taste gedrückt halten, fertigt Excel 97 eine Kopie des betreffenden Arbeitsblatts an der neuen Position an.*

Enthält die Arbeitsmappe bereits ein Arbeitsblatt mit dem Namen des zu verschiebenden Arbeitsblattes, hängt Excel 97 eine Numerierung der Art (2) *an den Namen an (Bild 7.13). Dies stellt sicher, daß sich die Arbeitsblätter in der Mappe in der Bezeichnung unterscheiden. In Bild 7.14 enthält die Arbeitsmappe scheinbar zwei Tabellen mit dem gleichen Namen* Tabelle2. *Dies ist aber nicht der Fall. Einer der beiden Namen weist ein angehängtes Leerzeichen auf, wodurch sich die Unterscheidung zu* Tabelle2 *ergibt.*

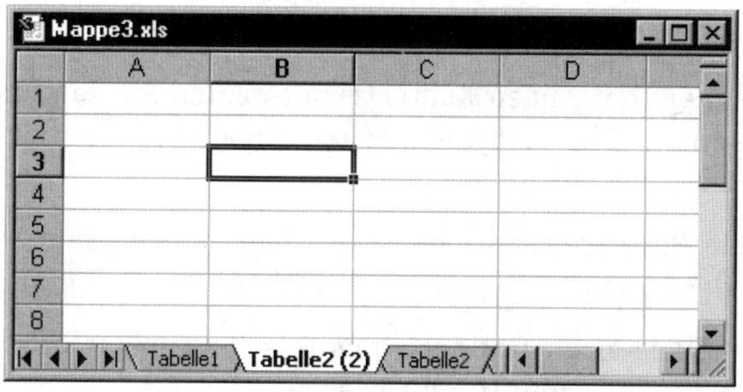

Bild 7.13: Arbeitsmappe mit neuem Tabellenblatt

Möchten Sie mehrere Arbeitsblätter verschieben, fassen Sie diese vorher zu einer Gruppe zusammen. Auf diese Art lassen sich einzelne Arbeitsblätter sehr leicht verschieben. Wenn Sie mehrere Arbeitsblätter als Gruppe markieren, können Sie diese ebenfalls kopieren oder verschieben.

Bild 7.14: Doppelte Benennung eines Arbeitsblatts

Arbeitsblätter per Menü verschieben/kopieren

Im vorhergehenden Abschnitt wurde gezeigt, wie einfach das Verschieben eines oder mehrerer Arbeitsblätter per Drag&Drop ist. Falls Sie sich den Trick mit der `Strg`-Taste merken, lassen sich auf diese Art auch sehr einfach Kopien herstellen. Excel 97 bietet Ihnen aber die Möglichkeit, Arbeitsblätter über Menüfunktionen zu kopieren oder zu verschieben.

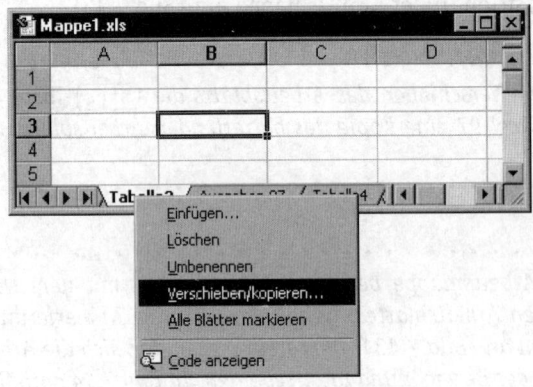

Bild 7.15: Kontextmenü mit Befehl zum Verschieben/Kopieren

Um ein Arbeitsblatt (oder eine Gruppe) zu verschieben oder zu kopieren, gehen Sie folgendermaßen vor:

1. Klicken Sie mit der rechten Maustaste auf den Registerreiter des Arbeitsblatts oder auf einen Registerreiter der Gruppe.

2. Im dann erscheinenden Kontextmenü wählen Sie den Eintrag VERSCHIEBEN/KOPIEREN... (Bild 7.15). Alternativ können Sie die Funktion über das Menü BEARBEITEN aufrufen.

3. Auf dem Bildschirm blendet Excel 97 in beiden Fällen das Dialogfeld aus Bild 7.16 ein.

4. Wählen Sie jetzt die Optionen zum Verschieben/Kopieren, und bestätigen Sie dies über die *OK*-Schaltfläche.

Excel 97 übernimmt anschließend das Verschieben bzw. Kopieren der markierten Arbeitsblätter.

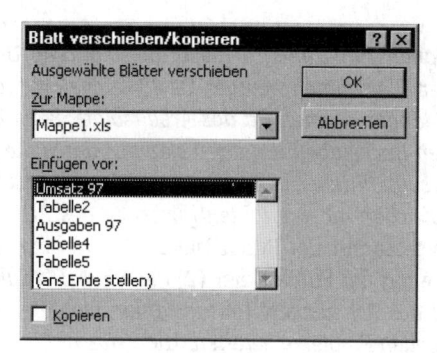

Bild 7.16: Dialogfeld Blatt verschieben oder kopieren

⋯▸ Bei der Auswahl des Ziels zum Kopieren oder Verschieben läßt sich eine andere Arbeitsmappe im Feld *Zur Mappe* wählen. Voraussetzung ist lediglich, daß die Ziel-Arbeitsmappe bereits in Excel 97 geladen ist. Öffnen Sie das Listenfeld *Zur Mappe*, zeigt Excel 97 Ihnen die geladenen Arbeitsmappen. Durch Auswahl der Zielmappe werden die Namen der in dieser Mappe gespeicherten Arbeitsblätter in der Liste *Einfügen vor* eingeblendet. Standardmäßig wird in dieses Feld der Name der aktuellen Arbeitsmappe eingetragen.

⋯▸ Die Liste *Einfügen vor* enthält die Namen aller Arbeitsblätter der Ziel-Arbeitsmappe (dies ist die im Feld *Zur Mappe* eingestellte Mappe). Sie können nun einen dieser Einträge auswählen. Excel 97 fügt dann die ausgewählten Arbeitsblätter vor dieser Position ein. Als Quelle dienen immer die ausgewählten Blätter der aktuellen Arbeitsmappe.

⋯▸ Das Kontrollkästchen *Kopieren* bestimmt die Art der Operation. Standardmäßig werden Arbeitsblätter verschoben. Sobald Sie das Kontrollkästchen markieren, fertigt Excel 97 jedoch Kopien an.

Wie bereits im vorherigen Abschnitt erläutert wurde, kann beim Kopieren eines Arbeitsblattes oder beim Verschieben in eine andere Arbeitsmappe ein Namenskonflikt auftreten, falls die Zielmappe bereits ein Arbeitsblatt mit dem betreffenden Namen enthält. Excel 97 löst diesen Konflikt, indem eine fortlaufende Nummer in Klammern an den Namen angehängt wird (siehe beispielsweise Bild 7.13).

Wenn Sie in der Liste Zur Mappe *(Bild 7.17) den Eintrag* (Neue Arbeitsmappe) *anwählen, erstellt Excel 97 eine neue Mappe und kopiert oder verschiebt die markierten Arbeitsblätter in diese Mappe.*

> **Bei früheren Excel-Versionen funktionierte diese automatische Umbenennung aber nur, wenn Sie für den Blattnamen weniger als 28 Zeichen verwendet haben. Excel 97 akzeptiert auch längere Namen für das Arbeitsblatt. Beim Umbenennen werden einfach die letzten Buchstaben des alten Namens durch die fortlaufende Nummer (2) ersetzt. Sie sollten daher beim Benennen der Arbeitsblätter darauf achten, daß die letzten Zeichen nicht zur Identifizierung des Arbeitsblatts relevant sind. Der Name** Umsätze mit der Firma Meier 97 **wird beim Umbenennen beispielsweise in** Umsätze mit der Firma Meier (2) **geändert. Die Jahreszahl geht hierbei verloren. Enthält das Arbeitsblatt Umsatzzahlen mehrerer Jahre, dürfte die Identifikation der Tabellen Probleme bereiten. Hier wäre es besser, die Jahreszahl am Textanfang zu positionieren (z.B.** Umsätze 97 Firma Meier*).*

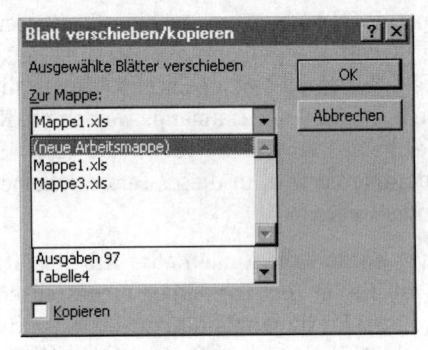

Bild 7.17: Neue Arbeitsmappe anlegen

> **Es gibt noch einen weiteren Trick, mit dem sich ein Arbeitsblatt einer bestehenden Mappe direkt in eine neue Mappe verschieben/kopieren läßt. Ziehen Sie den Registerreiter des Arbeitsblattes in den Arbeitsbereich des Excel-Fensters. Sobald Sie die Maustaste loslassen, legt Excel 97 eine neue Arbeitsmappe an und kopiert/verschiebt das gewählte Arbeitsblatt (Bild 7.18). Das Kopieren erzwingen Sie, indem Sie beim Ziehen die** [Strg]*-Taste gedrückt halten.*

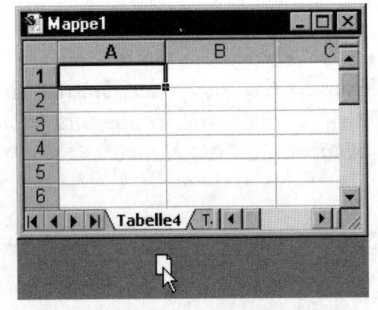

Bild 7.18: Arbeitsblatt in neue Mappe verschieben

7.6 Arbeitsblatt neu einfügen

Um ein neues Blatt in eine Arbeitsmappe einzufügen, bietet Excel 97 Ihnen folgende Möglichkeiten:

1. Positionieren Sie den Mauscursor auf dem Registerreiter an der Einfügeposition.
2. Drücken Sie die rechte Maustaste, und wählen Sie anschließend im Kontextmenü den Eintrag *Einfügen* (Bild 7.19). Auf dem Bildschirm erscheint das Dialogfeld *Einfügen* (Bild 7.20) mit den Registerkarten *Allgemein, Tabellenvorlage* und unter Umständen *Office 95-Vorlagen*.
3. Wählen Sie den Typ des einzufügenden Arbeitsblattes aus. Anschließend schließen Sie das Dialogfeld über die *OK*-Schaltfläche.

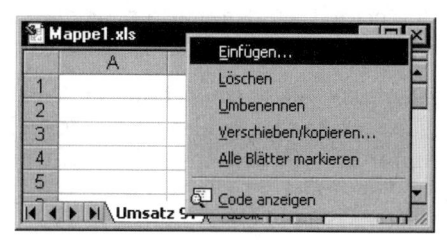

Bild 7.19: Arbeitsblatt einfügen

Excel 97 fügt das neue Arbeitsblatt mit dem gewählten Typ (Makro, Tabelle, Dialog, Diagramm etc.) vor dem aktuell selektierten Blatt ein. Die Registerkarte *Allgemein* enthält dabei die von Excel 97 vordefinierten Blattypen:

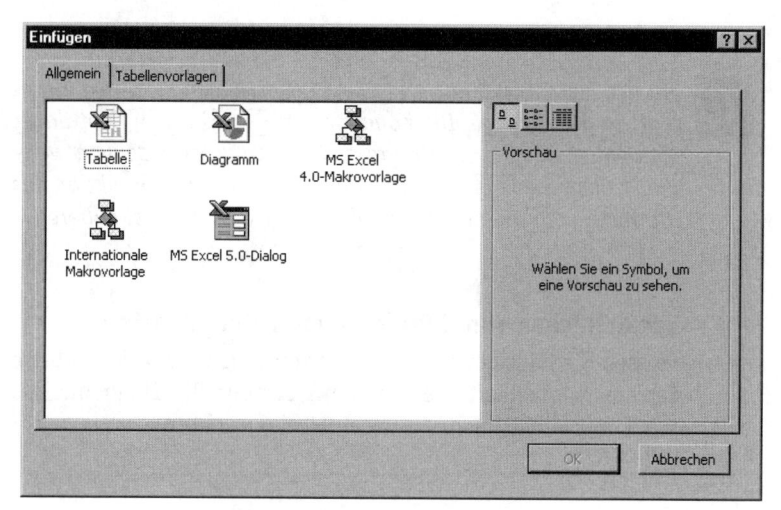

Bild 7.20: Auswahl des einzufügenden Blatttyps

⇢ *Tabelle:* Dieses Arbeitsblatt dient zur Aufnahme einer einfachen Kalkulationstabelle.

⇢ *Diagramm:* In diesem Arbeitsblatt lassen sich Excel-Diagramme unterbringen. Alternativ können Sie Diagramme aber auch in Tabellen einfügen.

⇢ *MS-Excel-4.0-Makrovorlage:* Dieses Arbeitsblatt stellt die Kompatibilität zu Excel 4.0 sicher. Sie können Excel-4.0-Makros in diesem Arbeitsblatt ablegen.

⇢ *Internationale Makrovorlage:* Verwenden Sie diesen Typ, wenn das Arbeitsblatt Makros einer internationalen Makrovorlage aus früheren Excel-Versionen aufnehmen soll.

⇢ *MS-Excel-5.0-Dialog:* Soll ein Arbeitsblatt noch Dialoge aufnehmen, die in Microsoft Excel 5.0 erstellt wurden, müssen Sie diesen Typ wählen. In Excel 97 werden Dialoge dagegen in VBA-Modulen hinterlegt.

Neben den in der Registerkarte *Allgemein* definierten Typen können Sie auch die Registerkarte *Tabellenvorlagen* wählen. In dieser Registerkarte finden Sie die Namen der unter Excel 97 definierten Tabellenvorlagen. Wählen Sie eine solche Vorlage, fügt Excel 97 alle in dieser Vorlage definierten Arbeitsblätter in die Arbeitsmappe ein.

Zum Erstellen von Excel-97-Makros und -Dialogen benötigen Sie keine eigenen Arbeitsblätter mehr. Die Makros und Dialoge werden als VBA-Module in einer Tabelle hinterlegt. Näheres hierzu finden Sie in Teil 6.

Mit der Tastenkombination ⇧+F11 erzeugen Sie direkt ein neues Tabellenblatt in der Anzeige. Die Kombination Strg+F11 legt dagegen ein neues Makroblatt an. Um ein Diagrammblatt direkt zu erzeugen, verwenden Sie die Funktionstaste F11. Besitzt Ihre Tastatur nur 10 Funktionstasten, läßt sich die Taste F11 über die Kombination Alt+F1 simulieren.

Schaltflächen zum Einfügen von Arbeitsblättern

Müssen Sie häufiger Arbeitsblätter einfügen, benötigen aber keine komfortablere Möglichkeit hierzu? Dann besteht die Möglichkeit, eine Symbolleiste mit Schaltfläche in Excel 97 einzurichten.

7 Mit Arbeitsblättern umgehen

1. Öffnen Sie das Menü ANSICHT, und wählen Sie den Eintrag SYMBOLLEISTEN.
2. Im angezeigten Untermenü ist der Befehl ANPASSEN zu wählen.
3. Excel 97 öffnet ein weiteres Dialogfeld mit dem Titel *Anpassen*. Wählen Sie bei Bedarf die Registerkarte *Symbolleisten*, um eine neue benutzerdefinierte Symbolleiste anzulegen.
4. Wechseln Sie zur Registerkarte *Befehle*. In der Liste *Kategorien* klicken Sie auf den Eintrag *Einfügen*. Die Schaltflächen der Befehle finden Sie anschließend in der rechten Befehlsliste (Bild 7.21).
5. Ziehen Sie die gewünschten Schaltflächen bei gedrückter linker Maustaste zur benutzerdefinierten Symbolleiste.

Sobald Sie die linke Maustaste freigeben, fügt Excel 97 die Schaltfläche in die Symbolleiste ein. Sobald Sie das Dialogfeld *Anpassen* schließen, läßt sich die Schaltfläche zum Einfügen der Arbeitsblätter in der aktuellen Mappe verwenden.

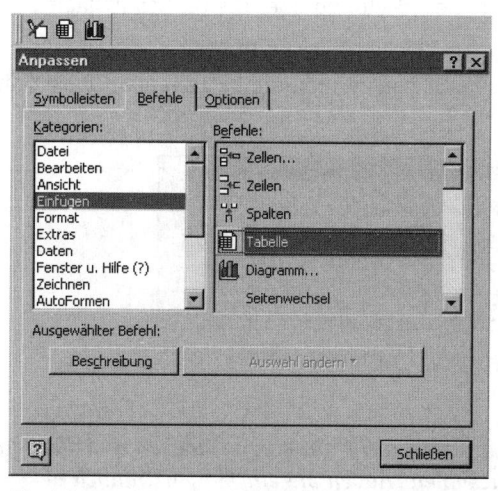

Bild 7.21: Einrichten einer Schaltfläche zum Hinzufügen von Tabellenblättern in der benutzerdefinierten Symbolleiste

> *Excel 97 unterstützt nur Schaltflächen für neue Diagramme und neue Tabellen. Dies sind die einzigen Arbeitsblattypen, die Sie in neuen Arbeitsmappen verwenden sollten.*

Arbeitsblätter löschen

Um eines oder mehrere Arbeitsblätter zu löschen, gehen Sie in folgenden Schritte vor:

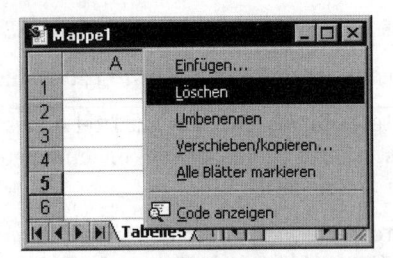

Bild 7.22: Löschen eines Arbeitsblatts

1. Markieren (bzw. gruppieren) Sie die zu löschenden Arbeitsblätter.
2. Anschließend öffnen Sie im Menü BEARBEITEN den Befehl LÖSCHEN. Alternativ können Sie das Arbeitsblatt mit der rechten Maustaste anklicken und im Kontextmenü den Befehl LÖSCHEN wählen (Bild 7.22).
3. In beiden Fällen quittiert Excel 97 dies mit der Meldung aus Bild 7.23. Bestätigen Sie diese Meldung über die *OK*-Schaltfläche.

Anschließend werden die markierten Blätter der Gruppe aus der Arbeitsmappe entfernt. Damit gehen auch die betreffenden Daten dieser Arbeitsblätter verloren.

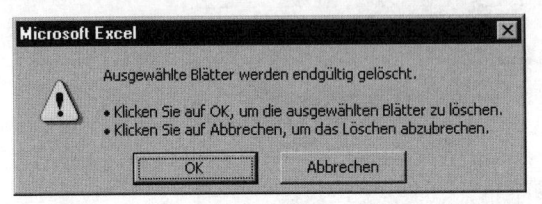

Bild 7.23: Sicherheitsabfrage beim Löschen von Arbeitsblättern

> **Achtung!** Excel 97 kann den Schritt nicht rückgängig machen und das gerade entfernte Arbeitsblatt zurückholen! Haben Sie ein Blatt irrtümlich gelöscht, hilft aber ein Trick: Schließen Sie die Arbeitsmappe ohne Speichern, oder speichern Sie sie unter neuem Namen. Damit steht die alte Fassung der Arbeitsblätter noch in der XLS-Datei zur Verfügung. Sie können diese notfalls über die Funktion Einfügen *in die Arbeitsmappe übernehmen.*

7.7 Anzeigeoptionen für Arbeitsblätter

Excel 97 bietet verschiedene Optionen, um die Anzeige der Arbeitsmappen zu beeinflussen. Sie können die Arbeitsblätter zur Bearbeitung anordnen sowie nicht benötigte Elemente aus der Anzeige ausblenden.

Arbeitsblätter ein-/ausblenden

Excel 97 erlaubt Ihnen, einzelne Arbeitsblätter oder ganze Gruppen auszublenden und später zur Anzeige wieder freizugeben. Dies ist zum Beispiel für Präsentationen hilfreich, wenn nur Diagramme zur Anzeige gelangen sollen. Um Arbeitsblätter auszublenden, führen Sie folgende Schritte aus:

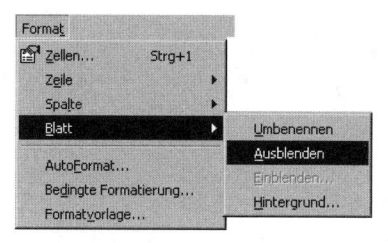

Bild 7.24: Menü Format

1. Markieren (bzw. gruppieren) Sie den oder die Registerreiter der auszublendenden Blätter per Maus (siehe oben). Die Funktion *Ausblenden* bezieht sich immer auf die Gruppe ausgewählter Blätter.

2. Öffnen Sie das Menü FORMAT, und wählen Sie den Eintrag BLATT. Anschließend klicken Sie im erscheinenden Untermenü den Befehl AUSBLENDEN an (Bild 7.24).

Excel 97 blendet sofort die markierten Blätter aus der Anzeige aus. Um die betreffenden Blätter wieder in die Anzeige einzublenden, gehen Sie folgendermaßen vor:

1. Wählen Sie erneut den Eintrag BLATT im Menü FORMAT an. Es erscheint ein Untermenü, in dem jetzt der Eintrag EINBLENDEN freigegeben ist.

2. Klicken Sie auf den Befehl EINBLENDEN. Excel 97 öffnet das Dialogfeld zur Auswahl der Arbeitsblätter (Bild 7.25).

3. Die Liste enthält die Namen aller ausgeblendeten Blätter. Sie können nun einen der Namen per Maus anwählen und über die *OK*-Schaltfläche in die Anzeige einblenden.

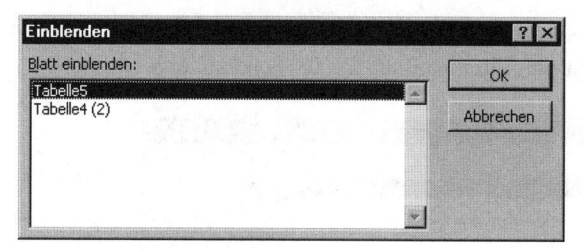

Bild 7.25: Einblenden von Arbeitsblättern

Auf diese Weise lassen sich die betreffenden Arbeitsblätter schrittweise einblenden.

Arbeitsmappen ein-/ausblenden

In Kapitel 6 wurde bereits erwähnt, daß sich mehrere Arbeitsmappen im Arbeitsbereich laden und anzeigen lassen.

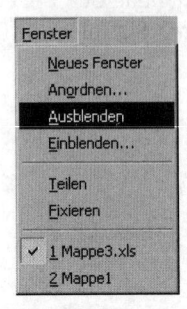

Bild 7.26: Das Menü FENSTER

Falls Sie die Anzeige eines oder mehrerer geladener Arbeitsmappen stört, können Sie diese aus der Anzeige ausblenden.

1. Klicken Sie auf das Fenster der auszublendenden Arbeitsmappe.
2. Wählen Sie im Menü FENSTER den Befehl AUSBLENDEN (Bild 7.26).

Excel 97 blendet anschließend die betreffende Arbeitsmappe aus der Anzeige aus.

> *Beachten Sie aber, daß diese Arbeitsmappe weiterhin geladen ist. Enthält diese Arbeitsmappe beim Beenden von Excel 97 noch ungesicherte Daten, erscheint eine Warnung mit der Nachfrage, ob diese Daten zu sichern sind. Auch wenn Sie die Arbeitsmappe im Anzeigebereich des Excel-Fensters nicht sehen, müssen Sie das Speichern bestätigen. Andernfalls gehen die Änderungen verloren!*

Soll eine ausgeblendete Arbeitsmappe wieder angezeigt werden? Dann sind nur zwei Schritte erforderlich:

1. Wählen Sie im Menü FENSTER den Befehl EINBLENDEN (Bild 7.26).
2. Klicken Sie im Dialogfeld *Einblenden* auf den Namen der Arbeitsmappe.
3. Bestätigen Sie dies über die *OK*-Schaltfläche.

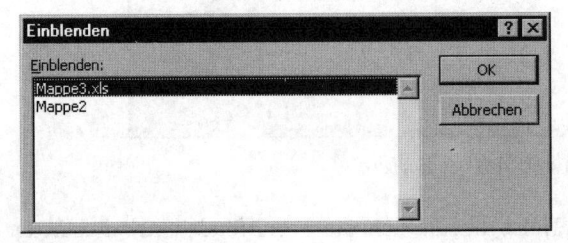

Bild 7.27: Dialogfeld Einblenden

Auch hier erlaubt Excel 97 Ihnen nur, eine Arbeitsmappe pro Schritt einzublenden.

Arbeitsmappen anordnen

Haben Sie mehrere Arbeitsmappen geladen und deren Dokumentfenster maximiert? Dann wird der Inhalt der aktuellen Arbeitsmappe im Excel-Fenster angezeigt. Um zu einer anderen Arbeitsmappe zu wechseln, öffnen Sie das Menü FENSTER. Hier führt Excel 97 die Namen der geladenen Mappen auf. Klicken Sie den Namen der gewünschten Mappe an, holt Excel 97 diese in den Vordergrund.

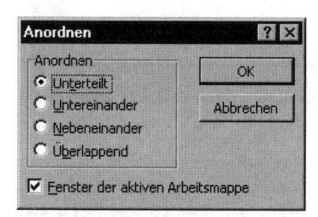

Bild 7.28: Optionen zum Anordnen der Fenster

Möchten Sie gleichzeitig mit den Inhalten verschiedener Mappen arbeiten? Sie können die Dokumentfenster in den Normalmodus schalten und diese überlappend oder manuell nebeneinander anordnen (Bild 7.29).

Einfacher geht es jedoch, wenn Sie Excel 97 das Anordnen der Arbeitsmappenfenster im Anwendungsfenster überlassen. Das Menü FENSTER bietet Ihnen dabei verschiedene Optionen (Bild 7.26).

1. Sobald Sie den Befehl ANORDNEN im Menü FENSTER wählen, zeigt Excel 97 das Dialogfeld *Anordnen* (Bild 7.28).

2. Durch Anwahl eines Optionsfeldes geben Sie Excel 97 die Ausrichtung der Dokumentfenster vor.

3. Bestätigen Sie die Auswahl über die *OK*-Schaltfläche.

Die Optionen der Gruppe *Anordnen* dieses Dialogfeldes sind in Kapitel 2 im Abschnitt »Anordnen der Dokumentfenster« beschrieben.

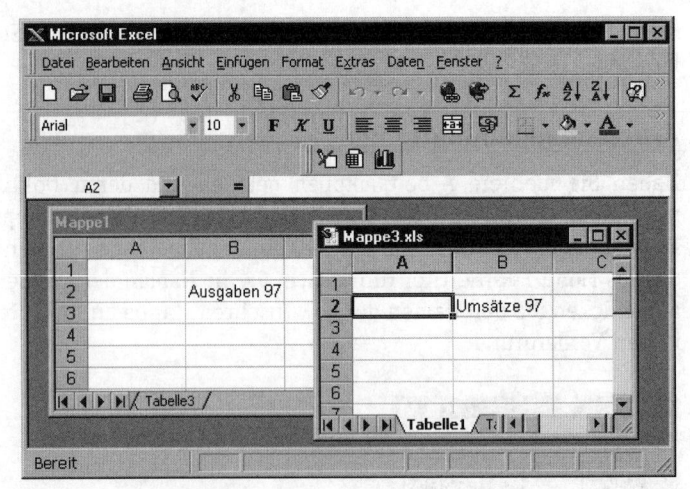

Bild 7.29: Überlappende Fenster

Arbeitsmappe in einem zweiten Fenster anzeigen

Die Darstellung der Arbeitsmappe in einem zweiten Fenster ist zum Beispiel bei sehr umfangreichen Tabellen hilfreich. Sie können dann in den verschiedenen Fenstern unterschiedliche Tabellenausschnitte wählen. Um ein Arbeitsblatt in einem zweiten Fenster darzustellen, gehen Sie folgendermaßen vor:

1. Markieren Sie die betreffende Arbeitsmappe.
2. Wählen Sie im Menü FENSTER den Befehl NEUES FENSTER.

Excel 97 erzeugt jetzt ein zweites Dokumentfenster mit dem Inhalt der Arbeitsmappe. Die unterschiedlichen Fenster einer Arbeitsmappe werden mit fortlaufenden Nummern in der Titelzeile markiert (Bild 7.30).

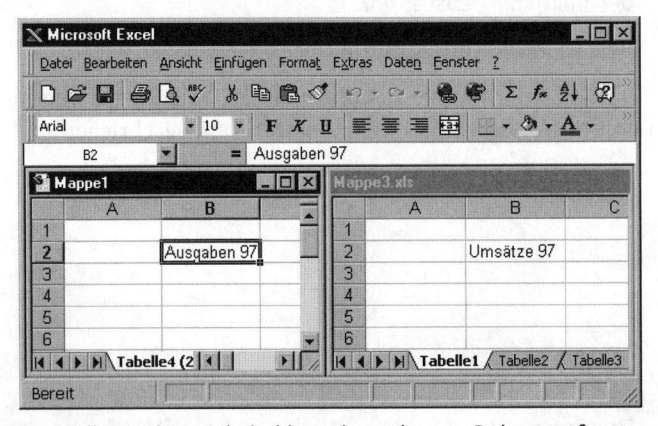

Bild 7.30: Darstellung eines Arbeitsblatts in mehreren Dokumentfenstern

Alle Änderungen in einem Arbeitsblatt werden in den zugehörigen Fenstern berücksichtigt. Blenden Sie zum Beispiel eine Spalte aus, wirkt sich dies auf alle Anzeigen aus. Bearbeiten Sie die Arbeitsblätter in einem Fenster, aktualisiert Excel 97 auch die Darstellung im zweiten Fenster. Letztendlich arbeitet Excel 97 nur mit der Arbeitsmappe, auch wenn zwei Fenster angezeigt werden.

Ein Wechsel zwischen den verschiedenen Fenstern ist durch Anklicken der Titelzeile möglich. Wird ein Fenster verdeckt, läßt es sich über das Menü FENSTER in den Vordergrund der Anzeige schalten.

Schneller geht der Wechsel zwischen den Fenstern jedoch per Tastatur. Mit [Strg]+[↹] *aktivieren Sie das nächste Fenster. Die Tastenkombination* [Strg]+[⇧]+[↹] *schaltet dagegen zum vorhergehenden Fenster zurück. Ein aktives Fenster läßt sich über die Tastenkombination* [Strg]+[W] *schließen.*

Arbeitsblätter in Fenstern anordnen?

Excel 97 bietet keine Funktion, um einzelne Arbeitsblätter einer Arbeitsmappe nebeneinander anzuzeigen. Sie können aber zu einem Trick greifen:

1. Markieren Sie das Arbeitsblatt, und wählen Sie im Menü FENSTER den Befehl NEUES FENSTER. Jetzt wird das Arbeitsblatt in einem eigenen Fenster angezeigt.

2. Wiederholen Sie diesen Schritt für die restlichen Arbeitsblätter, die Sie getrennt anzeigen möchten.

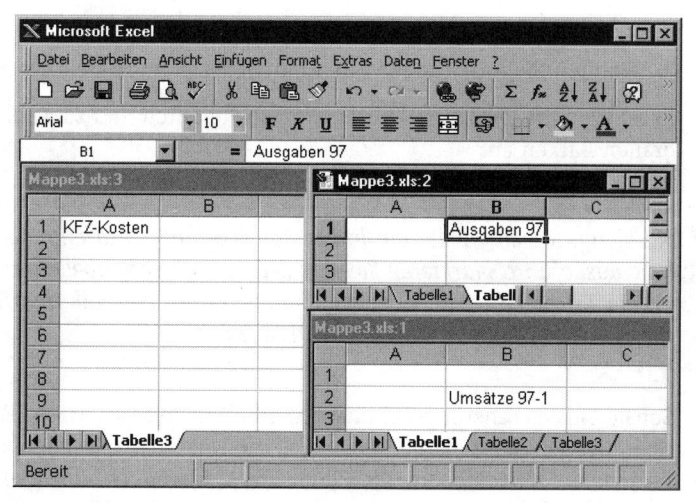

Bild 7.31: Unterteilte Dokumentfenster zur Anzeige mehrerer Arbeitsblätter einer Arbeitsmappe

3. Ordnen Sie die Fenster über den Befehl ANORDNEN im Menü FORMAT an (Näheres finden Sie im vorhergehenden Abschnitt).

4. Klicken Sie auf die Dokumentfenster. Anschließend wählen Sie unterschiedliche Arbeitsblätter zur Anzeige.

Durch die Anzeige in mehreren Fenstern lassen sich unterschiedliche Arbeitsblätter wählen und nebeneinander anzeigen (Bild 7.31).

Fenster teilen

Über die Schiebebalken läßt sich der Ausschnitt innerhalb des Fensters verschieben. In manchen Fällen ist es jedoch hilfreich, wenn einzelne Bereiche fest im Fenster sichtbar bleiben. Denken Sie zum Beispiel an eine Tabelle mit Spaltenüberschriften. Beim Blättern in der Tabelle ist es hilfreich, wenn die obersten Zeilen mit der Überschrift erhalten bleiben (Bild 7.32). In Excel ist es möglich, Fenster zu teilen und zu fixieren.

Bild 7.32: Geteiltes Dokumentfenster

Die Arbeitsblätter lassen sich über verschiedene Methoden mit einer solchen Teilung versehen.

1. Klicken Sie per Maus eine Zelle unterhalb des zu teilenden Bereiches an.
2. Wählen Sie anschließend den Befehl TEILEN im Menü FENSTER.

Excel 97 führt jetzt eine Teilung der Tabelle durch und zeigt dies durch den grauen Balken an.

Markieren Sie eine Zelle am linken Tabellenrand, wird eine horizontale Teilung ausgeführt. Markieren Sie eine Zelle am oberen Tabellenrand, teilt Excel 97 die Tabelle vertikal. Eine angewählte Zelle innerhalb des Tabellenblatts führt zu einer horizontalen und vertikalen Teilung.

Sobald Sie das Fenster geteilt haben, erhalten diese separate Bildlaufleisten. Über diese Bildlaufleisten lassen sich die sichtbaren Tabellenbereiche eines Teilfensters verschieben. Die Zellen des anderen Teils bleiben fest in der Anzeige stehen.

Die Teilung läßt sich auch direkt per Maus vornehmen, indem Sie auf die Teilungsmarke (dies ist der schwarze Strich, der sich an die Bildlaufleiste anschließt) am Rand der Bildlaufleiste zeigen. Der Mauscursor muß die nebenstehend gezeigte Form eines Doppelpfeils annehmen. Anschließend ziehen Sie dieses Feld zur gewünschten Position. Excel 97 teilt dann das betreffende Fenster entsprechend auf.

Um die Teilung wieder aufzuheben, öffnen Sie das Menü FENSTER erneut. Dort findet sich nun der Eintrag TEILUNG AUFHEBEN, der anzuwählen ist. Damit gibt Excel 97 den Bereich wieder frei.

Wenn Sie ein geteiltes Arbeitsblatt über die Schaltfläche Speichern *in einer Datei sichern, bleibt die Teilung des Fensters auch nach dem erneuten Laden der Arbeitsmappe erhalten, auch wenn Excel 97 zwischenzeitlich beendet wurde.*

Fenster fixieren

Neben geteilten Fenstern können Sie, wie bereits erwähnt, auch einen Bereich innerhalb der Tabelle fixieren. Dies bietet sich bei Tabellenüberschriften ebenfalls an. Beim Blättern in der Tabelle ist es hilfreich, wenn die obersten Zeilen mit der Überschrift erhalten bleiben. Dies können Sie über die Funktion FIXIEREN im Menü FENSTER erreichen.

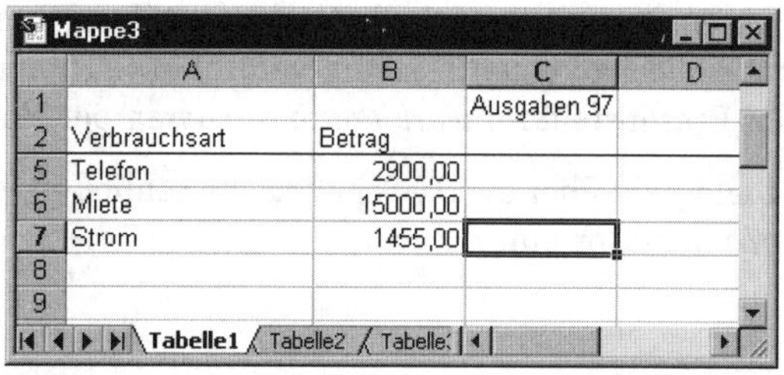

Bild 7.33: Fixierter Tabellenbereich

1. Klicken Sie per Maus eine Zelle unterhalb des zu fixierenden Bereiches an.
2. Wählen Sie den Befehl FIXIEREN im Menü FENSTER.

Wenn Sie jetzt den sichtbaren Tabellenbereich verschieben, bleiben die Zeilen oberhalb der markierten Zelle fest in der Anzeige stehen. Im Gegensatz zu einem geteilten Fenster wird beim Fixieren kein grauer Balken, sondern eine dünne schwarze Linie benutzt (Bild 7.33).

Um die Fixierung wieder aufzuheben, öffnen Sie das Menü FENSTER erneut. Dort findet sich nur der Eintrag FIXIERUNG AUFHEBEN, der anzuwählen ist. Damit gibt Excel 97 den Bereich wieder frei.

Anzeige im Fenster vergrößern

Excel 97 bietet Ihnen im Menü ANSICHT den Eintrag ZOOM, mit dem sich die Skalierung der Anzeige im aktuellen Fenster beeinflussen läßt.

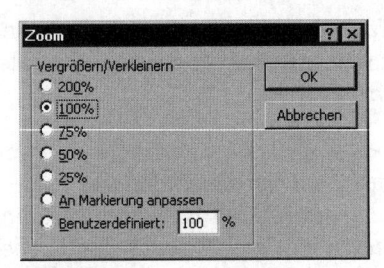

Bild 7.34: Einstellung des Zoomfaktors

1. Wählen Sie den Eintrag ZOOM im Menü ANSICHT.
2. Excel 97 zeigt dann das Dialogfeld aus Bild 7.34, in dem Sie die gewünschte Vergrößerung durch Markierung der Optionsfelder vorgeben.

...> Über die Option *Benutzerdefiniert* läßt sich in das zugehörigen Eingabefeld ein Skalierungsfaktor in Prozentschritten (bezogen auf die Originalgröße) eintragen.

...> Haben Sie einen Bereich der Tabelle markiert, läßt sich dieser Bereich auf die Größe des Dokumentfensters vergrößern. Hierzu müssen Sie lediglich das Optionsfeld *An Markierung anpassen* per Maus anklicken.

Sobald Sie das Dialogfeld über die *OK*-Schaltfläche schließen, stellt Excel 97 den gewählten Zoomfaktor ein.

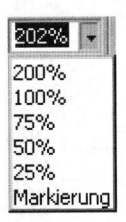

Bild 7.35: Skalierungsfaktor setzen

Sie können den Skalierungsfaktor auch direkt über das *Zoom*-Feld in der *Standard*-Symbolleiste setzen (Bild 7.35). Öffnen Sie das Kombinationsfeld mit einem Mausklick. Dann rufen Sie den gewünschten Wert per Maus ab. Um eine benutzerdefinierte Skalierung zu wählen, tippen Sie den Wert (in Prozent) in das Kombinationsfeld ein.

8 Dateneingabe

8.1 Eingabe von Zahlen

Um Daten in eine Tabelle einzutragen, müssen Sie zuerst die betreffende Zelle per Maus anklicken. Excel 97 markiert eine Eingabezelle mit einem fetten Rahmen. Die Grundlagen zum Eingeben von Werten wurden bereits in Kapitel 3 vorgestellt.

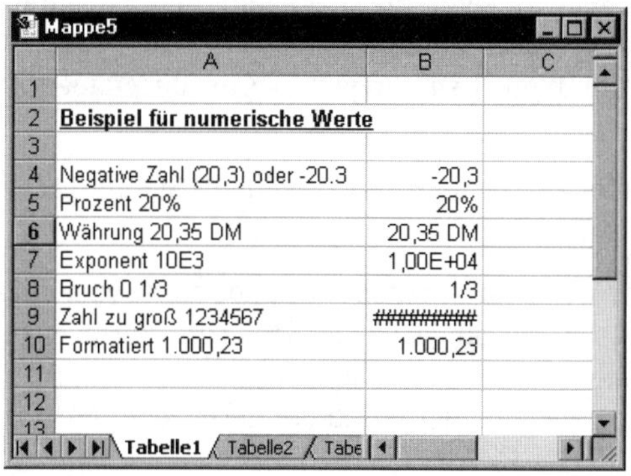

Bild 8.1: Zahlendarstellung in Excel 97

Eine Zahl (die Zelle enthält anschließend eine numerische Konstante) läßt sich in Excel 97 sehr einfach eintragen:

1. Markieren Sie die gewünschte Zelle per Mausklick.
2. Tippen Sie die verschiedenen Ziffern per Tastatur ein.
3. Bestätigen Sie die Eingabe mittels der ⏎-Taste.

In Zahlen dürfen dabei die folgenden Zeichen:

0..9 + - ( ) , . / % E e DM

auftreten. In Excel 97 sind dabei allerdings einige Regeln zu beachten, damit das Programm die Eingabe korrekt als Zahl erkennt und abspeichert.

- ⋯ Das Vorzeichen (+) einer Zahl kann bei der Eingabe entfallen. Negative Werte müssen dagegen mit einem Minuszeichen beginnen (z.B. -20,33) oder sind mit einer runden Klammer einzufassen (z.B. (20,33)). In der Tabelle erscheint eine mit Klammern eingegebene negative Zahl dann immer mit dem Minuszeichen.

- ⋯ Dezimalzahlen werden in der deutschen Version von Excel 97 durch ein Komma getrennt (z.B. 13,24). Vergessen Sie dies und setzen einen Dezimalpunkt ein, wandelt Excel 97 die Eingabe in einen Datumswert!

- Zur besseren Lesbarkeit dürfen Sie innerhalb der Zahlen Punkte an den Tausenderstellen einfügen (z.B. 1.000.000,0). Alternativ können Sie die nebenstehend gezeigte Schaltfläche benutzen, um einer Zelle das Format mit Tausendertrennzeichen zuzuweisen.
- Währungswerte können durch ein angehängtes Währungssymbol (DM) markiert werden (siehe unten). Das Prozentzeichen (z.B. 10%) erscheint in der Anzeige direkt hinter dem Wert.
- Sie können den Buchstaben E (oder e) bei der Eingabe zur Definition von Exponenten in wissenschaftlicher Zahlenschreibweise verwenden (z.B. 10E3). Excel 97 setzt diese Eingabe dann in eine normalisierte Zahl um, d.h. es erscheint nur eine Stelle vor dem Komma, und der Exponent wird entsprechend angepaßt (aus der obigen Zahl wird dann 1,0E+04).
- Einen Dezimalbruch (z.B. 5 1/4) können Sie in Excel 97 mit dem Divisionszeichen (z.B. 5 1/2) eingeben.

Die Darstellung der Werte im Arbeitsblatt hängt dabei vom eingestellten Format ab (Bild 8.1). Ist die eingegebene Zahl zum Beispiel zu groß für die Anzeige in der Zelle, gibt Excel 97 die Zeichenkette ##### aus. Sie können aber die Breite der Zelle verändern, und der betreffende Wert wird angezeigt.

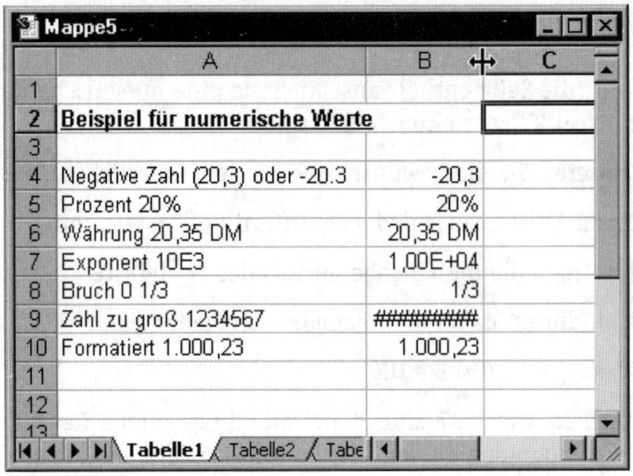

Bild 8.2: Spaltenbreite anpassen

Wenn die Zeichen #### in der Anzeige einer Zelle erscheinen, ist der Wert zur Darstellung zu groß. Doppelklicken Sie auf den Spaltentrenner zwischen den betreffenden Spalten (Bild 8.2). Dann stellt Excel 97 die optimale Spaltenbreite zur Darstellung der Zahl ein. Alternativ können Sie mit der Maus auf den Spaltentrenner zeigen und die Spaltenbreite durch Ziehen des Trenners (bei gedrückter linker Maustaste) verändern.

Bruchzahlen eingeben

Sobald Sie einen Bruch (zum Beispiel als 1/2) eingeben, interpretiert Excel 97 dies als Datumswert und zeigt in der Tabelle den *1.Feb* an. Um die automatische Datumserkennung zu überlisten, müssen Sie vor dem Bruch die Zahl 0 und ein Leerzeichen (z.B. 0 1/2) eingeben. Dann übernimmt Excel 97 den Bruch als 1/2 in die Tabelle.

Eingabe Text oder Zahl?

Die automatische Interpretation einer Eingabe durch Excel 97 bietet einige Tücken. Wann erkennt Excel 97 eine Eingabe als Text und wann als Wert an.

- Enthält eine Eingabe lediglich gültige Zeichen für eine Zahl, wird diese auch als Zahl gespeichert. (Datumswerte und Brüche stellen auch Zahlen dar!).

Das Ergebnis läßt sich sehr einfach an der Ausrichtung des Werts der Zelle erkennen. Texte werden standardmäßig linksbündig ausgerichtet, während Zahlen rechtsbündig formatiert erscheinen.

Möchten Sie zur Eingabe von Zahlen die numerische Tastatur verwenden, muß die [Num ⇩]-Taste vorher eingeschaltet werden. Dann erscheint der Text NF in der Excel-Statuszeile.

Wie Sie Zahlen als Text eingeben, wird weiter unten im Abschnitt »Zahlen als Text« besprochen.

Behandlung von Prozentwerten

Sie können in Excel-Tabellen Prozentwerte direkt in eine Zelle eintragen (z.B. 15%). Dieser Wert erscheint als 15% in der Anzeige. Intern verarbeitet Excel 97 den Prozentwert jedoch als Dezimalbruch (0,15). Dies ist hilfreich, falls Sie diesen Wert in Berechnungen verwenden. Sie müssen den Wert 15% nicht erst in einen Dezimalbruch der Art 0,15 umwandeln.

Angezeigter und gespeicherter Wert

Wert 3,21 — Der angezeigte Wert innerhalb der Tabelle unterscheidet sich in vielen Fällen von der eingegebenen Größe. Wenn Sie in Excel 97 zum Beispiel die Zahl 3,209 eingeben, erscheint bei einer Darstellung von zwei Dezimalstellen der Wert 3,21 in der Anzeige. Die Ursache liegt in der internen Speicherung der Eingaben als Fließkommazahl. Diese werden mit 15 Stellen Genauigkeit (IEEE 8-Byte-Floating Point) geführt. In der Anzeige rundet Excel 97 dann den Wert auf die vorgesehene Stellenzahl.

Für interne Berechnungen nutzt das Programm jedoch die gespeicherten Fließkommazahlen. Dies führt insbesondere bei Berechnungen im kaufmännischen Bereich zu Rundungsfehlern in der letzten Stelle. Sie können dies vermeiden, indem Sie Excel 97 anweisen, die gleiche Stellenzahl bei Speicherung und Anzeige zu benutzten. Hierzu öffnen Sie die Registerkarte *Berechnen* (Menü EXTRAS, Eintrag OPTIONEN) und markieren in der Gruppe Arbeitsmappe das Kontrollkästchen *Genauigkeit wie angezeigt* (Bild 8.3). Damit setzt Excel 97 alle als Konstante eingegebenen Werte intern auf den angezeigten Wert um.

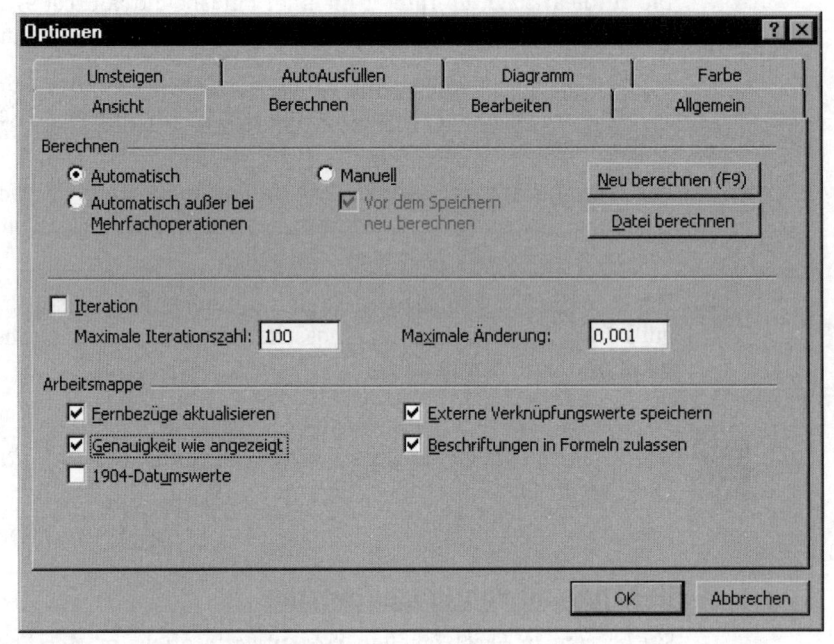

Bild 8.3: Die Registerkarte Berechnen

Dabei wird jedoch die Genauigkeit der gespeicherten Zahl reduziert, denn Excel 97 muß die überzähligen Stellen runden. Befinden sich in der Tabelle bereits eingetragene Werte, erscheint deshalb eine Sicherheitsabfrage (Bild 8.4), die über die *OK*-Schaltfläche zu bestätigen ist.

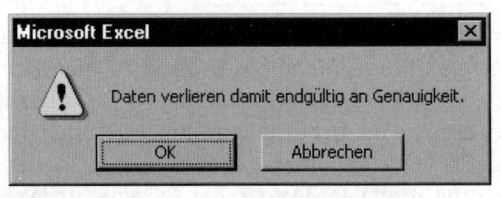

Bild 8.4: Sicherheitsabfrage vor der Reduzierung der Genauigkeit

TIP *Im Gegensatz zu früheren Excel-Versionen gilt diese Einstellung für die aktuelle Arbeitsmappe.*

TIP *Wenn Sie in einem Arbeitsblatt nur bestimmte Bereiche mit dieser reduzierten Genauigkeit definieren möchten, hilft ein kleiner Trick. Formatieren Sie alle numerischen Werte mit möglichst vielen Nachkommastellen (15 Stellen). Dann setzen Sie das Format der Werte, die mit reduzierter Stellenzahl behandelt werden sollen. Wenn Sie jetzt die Option* Genauigkeit wie angezeigt *aktivieren, gleicht Excel 97 zwar alle Werte der geladenen Tabellen an die Bildschirmdarstellung an. Aber nur die Zellen mit reduzierter Stellenzahl in der Anzeige verlieren an Genauigkeit. Informationen zum Formatieren von Zellen finden Sie in Kapitel 19.*

Eingabe mit fester Stellenzahl

Im kaufmännischen Bereich werden häufig Währungsbeträge eingegeben und verrechnet. Hier erfolgt die Eingabe von DM-Beträgen nicht mit Komma, sondern als Wert in Pfennigen (z.B. 10,23 wird als 1023 eingegeben). In der Darstellung soll aber wieder das Ergebnis 10,23 DM erscheinen. Ähnliche Fälle gibt es aus anderen Bereichen, wo die Zahl der Nachkommastellen fest vorgegeben ist.

Sie können sich in diesen Fällen die Eingabe sehr erleichtern, indem eine feste Anzahl an Dezimalstellen verwendet wird. Wählen Sie die Registerkarte *Bearbeiten* (Menü EXTRAS, Eintrag OPTIONEN), und setzen Sie das Kontrollkästchen *Feste Dezimalstellen setzen* (Bild 8.5). Anschließend läßt sich die Stellenzahl in das zugehörige Eingabefeld *Stellenzahl* eintragen. Excel 97 setzt dann bei der Eingabe automatisch den Dezimalpunkt (Komma) für die letzten Stellen.

FIX Ist die Option *Feste Dezimalstellen setzen* gesetzt, erscheint in der Statuszeile der Text FIX. Sie können jetzt beispielsweise den Wert 2000 in eine Zelle eintippen. Excel 97 stellt die Zahl als 20 oder im Format mit der gewünschten Stellenzahl wie 20,00 dar.

TIP *Die Vorgabe der festen Dezimalstellen läßt sich bei der Eingabe übergehen, indem Sie einfach ein Komma eintippen (z.B. 12,3).*

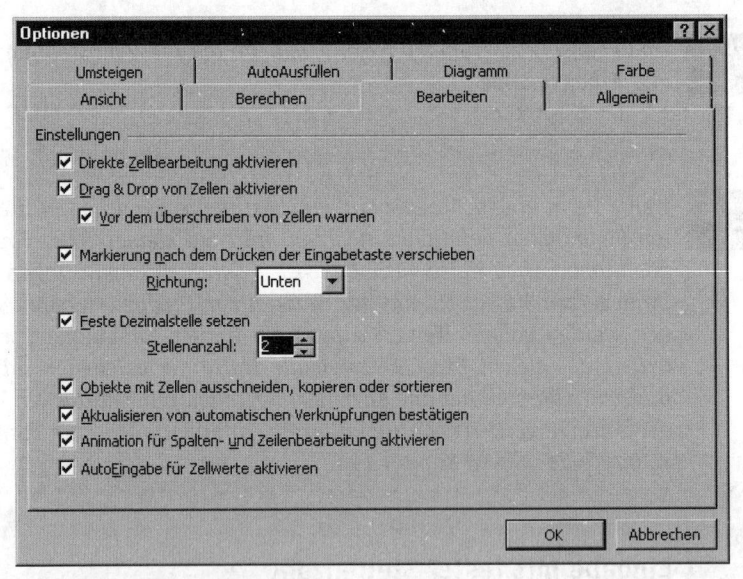

Bild 8.5: Die Registerkarte Bearbeiten

Zelle auf das Standardformat zurücksetzen

Nach dem »Vorsicht, Falle« möchte ich auf ein besonderes Problem im Zusammenhang mit der Eingabe von Zahlen hinweisen. Excel 97 wurde von seinen Entwicklern mit einer Reihe intelligenter Funktionen ausgestattet, die die Benutzereingaben interpretieren. Dies ist zwar ganz angenehm und erleichtert den Umgang mit dem Programm, kann aber schnell ins Abseits führen. Ein Punkt ist die bereits erwähnte Interpretation von Zahlen und Texten, die sich an der Ausrichtung der angezeigten Werte in der Zelle (Zahlen rechtsbündig, Texte linksbündig) leicht erkennen läßt. Ein anderes Beispiel ist in Bild 8.6 zu sehen. Die Tabelle enthält in der ersten Spalte die Eingabewerte und in der zweiten Spalte die Excel-Anzeigen.

Bild 8.6: Anzeige von Eingaben

Die Unterschiede zwischen Eingabe und Anzeige lassen einen schon etwas ins Grübeln geraten. Wer erwartet schon, daß Excel 97 bei der Eingabe des Wertes 10,00 in eine leere Zelle 1,00E+01 anzeigt. Noch ungewöhnlicher wird es, wenn nach einer Eingabe der Zahl 14 der Wert 00:00 erscheint. Auch der Versuch, die Werte mehrfach neu einzugeben, ändert nichts. Excel 97 zeigt die Werte mit permanenter Boshaftigkeit in diesem Format an. Wer hier einen Fehler vermutet, kann beruhigt werden. Excel 97 interpretiert lediglich die Eingaben etwas eigenwillig:

- Sobald Sie in eine leere Zelle einen Wert eintragen, übernimmt Excel 97 diesen Wert und weist auch ein Format zu (z.B. Zahl mit Prozent- oder Exponentdarstellung). Dieses Format bleibt auch dann erhalten, wenn Sie den Eintrag dieser Zelle mit der [Entf]-Taste löschen.

Leider gibt Excel 97 Ihnen keinen Hinweis auf dieses Format. Trägt der ahnungslose Benutzer nun eine neue Zahl in diese Zelle ein, verwendet Excel 97 das alte Format zur Anzeige.

Auf den Bauch fallen Sie bei Zellen, denen ein Datumsformat zugewiesen wurde. Kaum nachvollziehbar ist zum Beispiel, wie aus der Eingabe 13,26 die Anzeige 06:14 wird. Ähnliches gilt für die Zahl 14, die als 0:00 in der Zelle erscheint, wobei die Bearbeitungszeile anschließend den Wert 14.01.1900 00:00:00 enthält (siehe Bild 8.6).

In diesen Fällen haben Sie nur die Möglichkeit, das Format der Zelle(n) auf die Standardvorgaben zurückzusetzen. Markieren Sie die Zelle oder den Zellbereich, und betätigen Sie dann die Tastenkombination [Strg]+[⇧]+[6]. Damit erscheint die Eingabe 14 zum Beispiel wieder als 14 in der Anzeige.

Die Umsetzung der Datumswerte in dieses merkwürdige Format läßt sich erklären. Excel 97 verwendet intern ein eigenes Format zur Darstellung von Datum und Zeit (siehe unten). Daher wird der eingegebene Wert (z.B. 13,26) in eine Fließkommazahl gewandelt und das Ergebnis intern in der Zelle gespeichert. Das Anzeigemodul liest die Binärzahl und rechnet diese völlig korrekt in einen Datums-Zeitwert zurück. Allerdings ist das Ergebnis dann alles andere als sinnvoll.

8.2 Eingabe von Datumswerten und Zeiten

Excel 97 zeigt Ihnen die Werte für Datum und Uhrzeit im jeweils landesspezifischen Format (z.B. 18.02.1994, 18:30:20) an. Um ein Datum per Tastatur in eine Zelle einzutragen, wählen Sie diese mit der Maus an. Erscheint der fette Markierungsrahmen, tragen Sie den Datumswert in folgendem Format ein:

Tag.Monat.Jahr

Tag-Monat-Jahr

Tag/Monat/Jahr

Die Angaben für den Tag und den Monat dürfen Sie dabei als ein- oder zweistellige Zahlen eintragen. Das Jahr muß zwei- oder vierstellig angegeben werden. Die Eingabe 18.2.94 wird zum Beispiel in 18.02.1994 umgewandelt.

Wird das Datum in der Form eines Dezimalbruchs (z.B. 2/3) in einer Zelle mit Datumsformat eingetragen, interpretiert Excel 97 dies als 2.Apr und zeigt auch diesen Wert in der Zelle an. Dies ist auch der Grund, warum Dezimalbrüche mit einer vorangestellten 0 gefolgt von einem Leerzeichen einzugeben sind.

Die Eingabe einer Uhrzeit muß in der Form:

Stunden:Minuten

Stunden:Minuten:Sekunden

erfolgen. Die Werte dürfen dabei sowohl ein- als auch zweistellig eingegeben werden. Excel 97 stellt die Eingabe 18:30 im Format 18:30 in der Anzeige dar.

Die Vorgaben für Datum und Uhrzeit beziehen sich dabei auf die deutschsprachige Landeseinstellung. In der englischen Variante werden Datum und Uhrzeit anders dargestellt.

Trouble mit der US-Zeit?

Excel 97 zeigt die Uhrzeit standardmäßig im 24-Stunden-Format an. Gemäß Dokumentation lassen sich bei der Eingabe die Zeichen *AM* oder *PM* anhängen. Dann wird die 12-Stunden-Anzeige verwendet. Allerdings ergeben sich bei der Eingabe einige Unregelmäßigkeiten, die zu Ärger führen können.

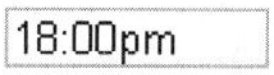

| 18:00pm | ⇢ Wenn Sie die Uhrzeit im 12-Stundenformat benötigen, müssen Sie sich peinlich genau an die Excel-97-Vorgaben (die aber nicht alle in der Dokumentation stehen) halten. Nach der Uhrzeit muß ein Leerzeichen folgen, bevor Sie die Angaben AM, A, PM oder P eintragen. Vergessen Sie das Leerzeichen, interpretiert Excel 97 die eingegebene Zeit bei einer neuen Zelle als Text (siehe nebenstehend gezeigte Darstellung).

⇢ Die Eingabe 8:00 PM wird von Excel 97 korrekt erkannt und angezeigt. Hüten Sie sich aber, einen falschen 24-Stundenwert (z.B. 18:00 PM) in die Zeitangabe zu schmuggeln. In Bild 8.7 enthält die Zelle *B10* einen solchen Wert (18:00 PM). Eigentlich hatte ich vermutet, daß Excel 97 dies erkennt und 6:00 PM anzeigt. Statt dessen wird die Eingabe als Text übernommen und linksbündig in der Zelle ausgerichtet.

⇢ Freundlicher reagiert Excel 97 aber, wenn Sie bereits eine Zelle mit einer korrekten Zeitangabe im 12-Stunden-Format belegt hatten. Die Eingabe 18:00 (Zelle *B11* in Bild 8.7) wird dann korrekt als 6:00 PM dargestellt. Klicken Sie auf die Zelle, erscheint die Uhrzeit 18:00 in der Bearbeitsleiste.

⇢ Mit schreibfaulen Zeitgenossen arbeitet Excel 97 nicht zusammen. Die Eingabe 14 für 14:00 wird von Excel 97 schlicht als 00:00 Uhr angezeigt (siehe Bild 8.7, Zelle *B12*).

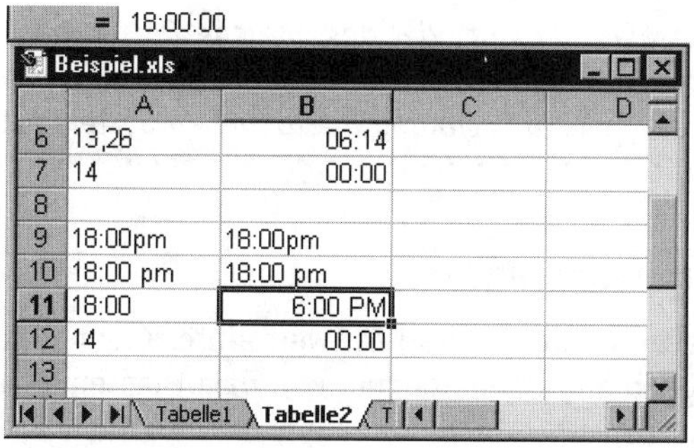

Bild 8.7: Eingaben von Werten

Dies bedeutet, daß bei der Eingabe eines Datums und der Uhrzeit sehr genaue Maßstäbe anzulegen sind. Sie können übrigens Datum und Uhrzeit gleichzeitig in einer Zelle speichern. Trennen Sie die Werte bei der Eingabe durch ein Leerzeichen (z.B. 14-2-94 18:00). Achten Sie auch darauf, daß die Zelle genügend Platz zur Darstellung der Werte besitzt. Andernfalls erscheint der String ###### als Hinweis, daß die Zahl nicht darstellbar ist.

> *Im Grunde ist das Verhalten von Excel 97 bei der Übernahme der Zeit- und Datumswerte zu erklären. Excel 97 ist letztlich ziemlich inkonsequent; zwar bleibt die Formatierung der Zelle erhalten. Diese wird aber bei der Eingabe nicht verwendet. Nur das Ausgabemodul greift auf das Format zurück. Wird nun zum Beispiel die Zeit 14 eingegeben, speichert Excel 97 dies als 14,0 im Fließkommaformat. Zur Anzeige benutzt Excel 97 das 1900-Zeitsystem (siehe unten) und interpretiert den gespeicherten Wert als Datum und Zeit. Der Ganzzahlenanteil definiert dabei den Tag, der aber wegen des gespeicherten Formats in der Zelle nicht angezeigt wird. Der Nachkommateil der Zahl 14,0 ist Null, d.h. die Zeit wird auf 00:00 gesetzt.*

Eintrag der aktuellen Systemzeit

In jedem PC werden das aktuelle Datum und die Uhrzeit geführt. Sofern Sie diese Werte in einer Excel-Zelle benötigen, verwenden Sie folgende Tasten zur Übernahme: [Strg]+[.] fügt das aktuelle Datum in die selektierte Zelle ein, und [Strg]+[⇧]+[.] setzt die aktuelle Uhrzeit in die selektierte Zelle. Beachten Sie jedoch, daß diese Werte anschließend nicht mehr aktualisiert werden. Es handelt sich quasi um einen Schnappschuß der Systemzeit.

> *Benötigen Sie die aktuelle Zeit oder das aktuelle Datum nach jeder Neuberechnung der Tabelle, müssen Sie die Funktion =JETZT() verwenden. Diese Funktion liefert bei jeder Berechnung die aktuellen Systemdaten.*

Manche Uhren gehen anders

Excel 97 speichert die Datums- und Zeitwerte intern immer als serielle Zahl (Sekunden, bezogen auf einen Startpunkt). Damit lassen sich Datums- und Zeitwerte in Formeln subtrahieren, addieren etc.

Die Definition des Startpunktes mit dem Datum 0-0-0 und der Zeit 0:0:0 ist aber abhängig vom Betriebssystem. Excel 97 für Windows verwendet das 1900-System, d.h. die Zeitrechnung beginnt am 1. Januar 1900 um 00:00:00 Uhr. APPLE hat für das System 7 der Macintosh-Rechner den Nullpunkt auf den 2. Januar 1904 um 00:00:00 festgelegt. Beziehen sich jetzt Berechnungen in Formeln auf das 1900-Datumssystem, ergeben sich gegebenenfalls Abweichungen zwischen Mac und Windows bei der Anzeige interner Werte. Sie können das Excel-Datumssystem unter Windows aber leicht umschalten:

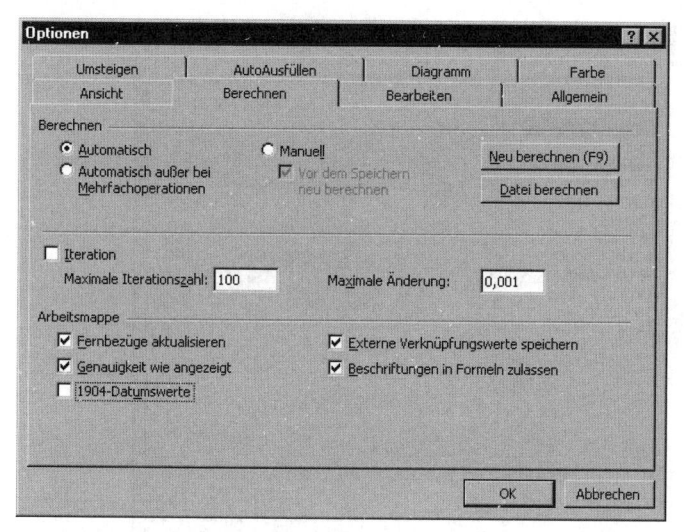

Bild 8.8: Umstellen des Datumssystems

1. Öffnen Sie die Registerkarte *Berechnen* über den Eintrag OPTIONEN im Menü EXTRAS (Bild 8.8).

2. Dann markieren Sie das Kontrollkästchen *1904-Datumswerte* und schließen das Dialogfeld über die *OK*-Schaltfläche

Excel 97 verwendet dann intern die Mac-Zeitbasis für Berechnungen.

Datum in serielle Zahl wandeln

Für Datumsdifferenzen benötigen Sie das Datum als serielle Zahl. Excel 97 erlaubt Ihnen, einen Datumswert in eine serielle Zahl zu wandeln und anschließend in einen Datumswert zurückzukonvertieren. Die Tastenkombination:

[Strg]+[⇧]+[6]

wandelt den Datumswert der Zelle in eine serielle Zahl. Mit der Tastenkombination [Strg]+[z] läßt sich dieser Befehl wieder rückgängig machen. Haben Sie zwischenzeitlich bereits andere Änderungen am Arbeitsblatt vorgenommen, markieren Sie die Zelle und wählen im Menü FORMAT den Befehl ZELLEN (oder Sie drücken die Tastenkombination [Strg]+[1]).

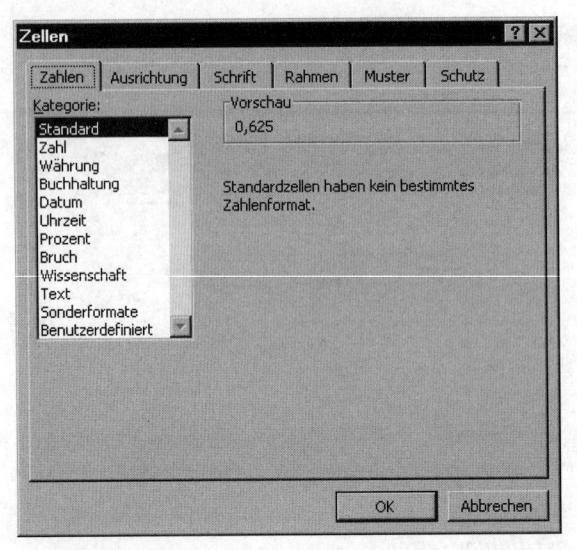

Bild 8.9: Zellformat setzen

In der Registerkarte *Zahlen* im Dialogfeld *Zellen* müssen Sie jetzt das Format von der Kategorie *Standard* auf eine der Kategorien *Datum* oder *Uhrzeit* umsetzen. Anschließend stellt Excel 97 den Zellinhalt wieder korrekt als Datum/Zeit dar.

> *Die obige Tastenkombination* [Strg]+[⇧]+[6] *nutzt lediglich einen Trick: Das Zellformat wird von* Datum *oder* Zeit *auf* Standard *zurückgesetzt. Dadurch muß das Anzeigemodul den Zellinhalt als numerischen Wert darstellen. Mit der Zuweisung eines Datums-/Zeitformats erlauben Sie dem Excel-Anzeigemodul, den Wert wieder als Datum auszugeben.*

Eingabe von Währungsdaten

Eine besondere Variante von Zahlen stellen Währungsbeträge dar. Einmal erscheint in der Anzeige die Währungseinheit (z.B. DM). Weiterhin kann die Anzeige auf zwei Nachkommastellen begrenzt werden.

Allerdings hängt es von der Ländereinstellung ab, welche Währungen bei der Eingabe korrekt erkannt werden. In der Standardeinstellung »deutsch« müssen die Zeichen DM an einen Währungswert angehängt werden. Die folgenden Zeilen verdeutlichen diesen Sachverhalt:

12,43DM	wird korrekt erkannt
12,43 DM	wird ebenfalls erkannt
DM 12,34	wird als Text interpretiert
12,0 $	wird als Text angezeigt
12,- DM	geht leider nicht
12 DM	wird korrekt erkannt

Letztlich sind nur Zahlen erlaubt, die Ziffern 0-9, ein Komma und den Anhang DM enthalten. Dabei ist es unerheblich, ob zwischen letzter Ziffer und Währungsangabe ein Leerzeichen steht. Die in Deutschland häufig benutzte Schreibweise 12,- DM funktioniert in Excel 97 leider nicht.

> *In der Excel-Hilfe wird erwähnt, daß Sie auch andere Währungszeichen wie $-Zeichen verwenden können. Leider gilt dies nur für die US-Ländereinstellung bzw. für die Einstellung dieser Länder. Die Windows-Systemeinstellung legt auch die Währungszeichen fest. Sie erkennen eine solche Fehlereingabe direkt, da Excel 97 Texte standardmäßig linksbündig an der Zelle ausrichtet. Zahlen werden dagegen am rechten Zellenrand ausgerichtet.*

8.3 Eingabe von Texten

Neben Zahlen enthalten Excel-Tabellen in der Regel auch Texte. Dies gilt für Überschriften oder Zeilen- und Spaltenbeschriftungen. Weiterhin kann Excel 97 zur Präsentation verwendet werden, wo Texte zum Inhalt der Dokumente gehören.

Um einen Text in eine Zelle zu speichern, müssen Sie diese anwählen und anschließend die Zeichen eingeben. Excel 97 analysiert die Eingabe auf gültige Zeichen für eine Zahl (siehe oben). Tritt in der Zeichenkette ein anderes Zeichen auf, wird der gesamte String als Text formatiert. Dies wurde zum Beispiel bei der Eingabe 12,- DM deutlich, die das unerlaubte Zeichen - enthält. Texte werden in der Standardformatierung linksbündig in der Zelle ausgerichtet.

Lange Texte in einer Zelle

Texte dürfen bei der Eingabe zwischen 1 und 32.768 Zeichen umfassen, wobei sich beliebige Zeichen verwenden lassen. Beachten Sie jedoch, daß das Ergebnis zwischen Eingabe, Anzeige und Ausdruck differieren kann. Reicht der Textstring über den Rand der Zelle hinaus, hängt die Darstellung von der Umgebung der Textzelle ab.

- Sind die Zellen rechts von der aktuellen Zelle leer, blendet Excel 97 den eingegebenen Text in der Anzeige und beim Ausdruck in voller Länge ein. Bei zentriert oder rechtsbündig formatierten Texten erweitert Excel 97 die Darstellung entsprechend in den linken und rechten Zellen.
- Finden sich in den Nachbarzellen Werte, würde der Text diese überdekken. In diesem Fall schneidet Excel 97 den Text bei der Ausgabe und Anzeige an der Zellengrenze ab.

Beachten Sie jedoch, daß der Text immer in der eingegebenen Länge gespeichert wird. Dies wird erkennbar, wenn Sie eine Zelle mit abgeschnittenem Text per Maus anwählen. In der Bearbeitsleiste findet sich der komplette Text. Zur Korrektur können Sie übrigens den Text in der Zelle oder in der Bearbeitungsleiste horizontal scrollen. Verwenden Sie die Maus oder die Cursortasten [←] und [→] hierzu.

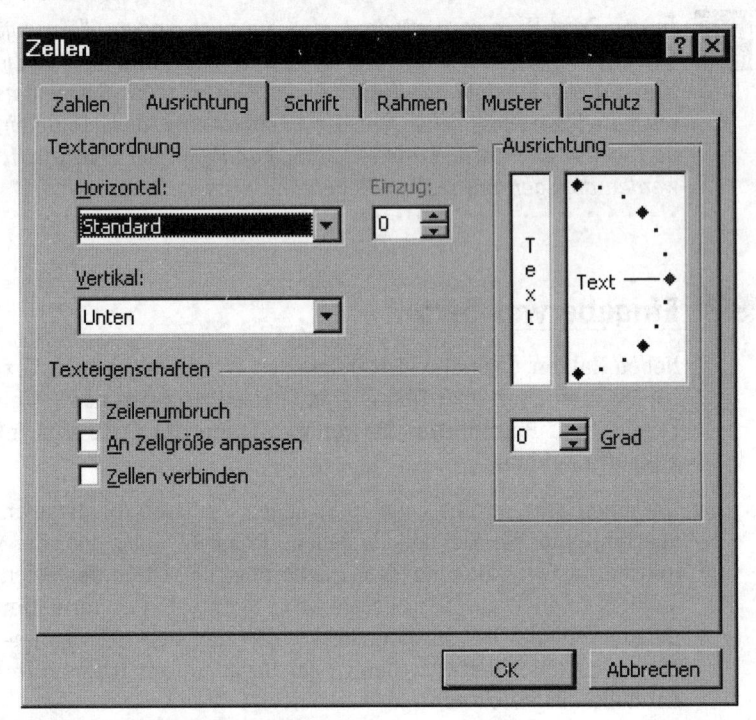

Bild 8.10: Die Registerkarte Ausrichtung

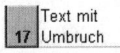

| 17 | Text mit Umbruch |

Weiterhin haben Sie bei der Eingabe die Möglichkeit, den einzugebenden Text in mehrere Zeilen innerhalb der Tabelle aufzuteilen. Drücken Sie an den betreffenden Textstellen die Tastenkombination [Alt]+[↵]. Excel 97 führt dann einen Zeilenumbruch an der betreffenden Stelle aus (siehe nebenstehende Zelle).

Einzelheiten zum Formatieren von Texten bzw. Tabellen finden Sie in Kapitel 19. Hier erfahren Sie auch, wie sich Texte linksbündig, rechtsbündig oder zentriert ausrichten lassen.

Weiterhin gibt es die Möglichkeit, Textfelder über die nebenstehend gezeigte Schaltfläche der Funktion *Zeichnen* in einer Tabelle anzulegen. Diese Textfelder lassen sich vor dem Hintergrund wie eine Grafik verschieben und werden in Teil 3 besprochen.

Sie können Excel 97 aber auch veranlassen, generell einen Zeilenumbruch bei der Eingabe von Texten am Zellrand vorzunehmen. Öffnen Sie hierzu die Registerkarte Ausrichtung *(Menü FORMAT, Eintrag ZELLE). Sobald Sie das Kontrollkästchen* Zeilenumbruch *markieren (Bild 8.10), teilt Excel 97 den Text auf mehrere Zeilen auf.*

Zahlen als Text eingeben

Sobald Sie eine gültige Zahl eingeben, wandelt Excel 97 diese automatisch in eine interne Darstellung um und speichert sie im entsprechenden Format. Nun kommt es aber häufiger vor, daß numerische Werte als Text eingegeben und in der Kalkulationstabelle gespeichert werden müssen. Hier hilft ein einfacher Trick bei der Eingabe:

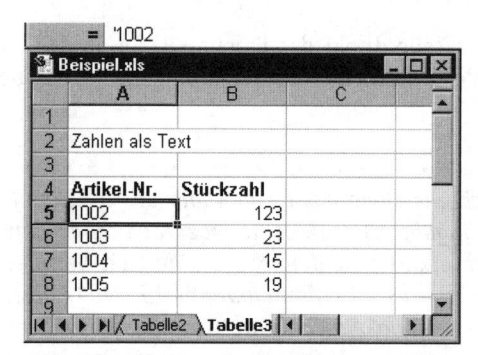

Bild 8.11: Zahleneingabe als Text

1. Markieren Sie wie gewohnt die gewünschte Zelle mit der einzugebenden Zahl.
2. Geben Sie für die Zahl (z.B. 1234) die Zeichenkette ="1234" oder '1234 ein.
3. Betätigen Sie die ⏎-Taste zur Übernahme des Wertes.

Die Klammerung durch Anführungszeichen oder der vorangestellte Apostroph läßt Excel 97 erkennen, daß es sich um eine Zeichenkette handelt. Dann übernimmt das Programm die Eingabe und stellt diese linksbündig in der betreffenden Zelle dar (Bild 8.11).

Die Werte in der Spalte *Artikelnr.* in Bild 8.11 sind alle linksbündig in der Zelle ausgerichtet. Bei der Eingabe wurde ein Apostroph vorangestellt, um die Zahl als Text zu markieren. Excel 97 zeigt diesen Apostroph in der Tabelle jedoch nicht an. Nur wenn Sie eine Zelle zur Bearbeitung markieren, wird das Apostroph-Zeichen in der Bearbeitungszeile mit ausgegeben.

> Eine andere Möglichkeit zur Eingabe von Zahlen als Text besteht darin, ein ungültiges Zeichen für Zahlen (kein Leerzeichen!) mit aufzunehmen. Die Eingaben 15,34 kg, DM 12,40 und 13,- werden allesamt als Text behandelt.

8.4 Eingabe von Ausdrücken und Formeln

Bei der Eingabe von Berechnungsformeln erwartet Excel 97 ein besonderes Format. Der Versuch, eine Berechnung mit der Eingabe

```
13+15
```

vorzunehmen, wird durch Excel 97 nicht erkannt. Das Programm interpretiert die Zeile als Text und speichert diesen auch entsprechend. Sie müssen laut Dokumentation jede Berechnungsformel mit einem Gleichheitszeichen einleiten. Verwenden Sie die Eingabe

```
=13+15
```

zeigt Excel 97 in der Zelle direkt das Ergebnis (hier 28) an. Wenn Sie die Zelle erneut anwählen, erscheint die obige Eingabe in der Bearbeitungszeile.

> Dies ist meines Erachtens allerdings für den unbedarften Benutzer nicht allzu freundlich. Die Eingabe 13 + 15 sollte eigentlich durch den Excel-Parser korrekt als Ausdruck erkannt werden. Stellen Sie zum Beispiel ein Pluszeichen vor die erste Zahl + 13 + 15, dann akzeptiert Excel 97 diese Eingabe als Rechenausdruck und zeigt das Ergebnis an. Wenn Sie die Zelle erneut anwählen, enthält die Bearbeitungszeile jedoch ein Gleichheitszeichen an Stelle des +-Zeichens (=13 + 15).

Zahlenformate in Ausdrücken und Formeln

Innerhalb einer Formel können Zahlen, Datumswerte etc. als Konstante auftreten. Weiter oben haben Sie Möglichkeiten zur Formatierung von Konstanten (z.B. 1.200,03) kennengelernt, die sich bei der Eingabe und Anzeige als sehr hilfreich erwiesen. Bei Formeln verhält sich Excel 97 allerdings anders. Sofern Sie die folgenden Regeln nicht beherzigen, erhalten Sie nach Eingabe einer Formel eine Fehlermeldung (Bild 8.12).

⇢ Negative Zahlen müssen in einer Formel mit einem Minuszeichen markiert werden. Die Verwendung einer Klammer (z.B. (13)-19)) führt definitiv zu einem falschen Ergebnis, da Excel 97 diese zur Bildung von Unterausdrücken (z.B. =(13+15)*20) verwendet.

⇢ In Konstanten lassen sich Punkte zum Beispiel als Tausendertrennzeichen verwenden (z.B. 1.200,03). In Formeln und Ausdrücken (z.B. =1.300,0 + 14)) ist dies nicht mehr zulässig und führt zu einer Fehlermeldung (Bild 8.12).

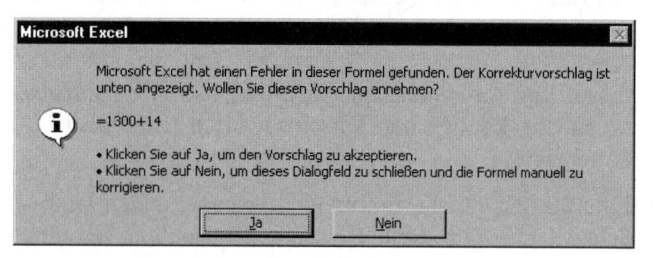

Bild 8.12: Fehlermeldung bei falscher Formel

⇢ Währungszeichen (z.B. =15,0 DM * 10) sind in Formeln nicht erlaubt und führen ebenfalls zu der in Bild 8.12 gezeigten Fehlermeldung. Auch ein Prozentzeichen (z.B. =15,0 * 10%) ist unzulässig.

⇢ Datums- und Zeitangaben lassen sich nicht direkt in Formeln eintragen. Die Werte müssen vielmehr als Text in Anführungszeichen gestellt werden. Excel 97 wandelt diese dann in das interne serielle Datumsformat (1900- oder 1904-System) um und führt die Berechnung durch. Die Differenz zweier Daten läßt sich zum Beispiel mit der Anweisung ="20.05.1995"-"03.10.1989" berechnen. Excel 97 gibt dann die Differenz in Tagen in der Zelle aus. Ist das Zeit- oder Datumsformat nicht erkennbar, stellt Excel 97 die Eingabe als Text linksbündig in der Zelle dar.

Wenn Sie dies beachten, sollten einige Probleme bei der Eingabe von Ausdrücken behoben sein.

Falls Sie dagegen in einem Ausdruck eine Referenz auf eine Zelle aufnehmen, die Prozentwerte, Währungsangaben etc. enthält, gibt es keine Probleme. Excel 97 benutzt den internen Wert der Zelle, der in einem zur weiteren Verarbeitung gültigen Format vorliegt.

Wie Excel 97 Fehler anzeigt

Bei Fehlern in Formeln und Ausdrücken gibt Excel 97 die Meldung aus Bild 8.12 aus und macht einen Korrekturvorschlag.

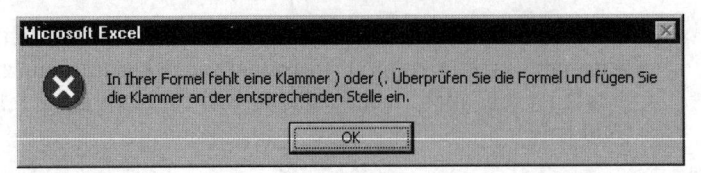

Bild 8.13: Fehlerhinweis

- Dieser Korrekturvorschlag entspricht häufig dem beabsichtigten Ausdruck. Sie können den Vorschlag durch Drücken der *Ja*-Schaltfläche annehmen.

- Falls Sie mit der Korrektur nicht einverstanden sind, wählen Sie die Schaltfläche *Nein*. Excel 97 zeigt eine Meldung mit einem Hinweis auf die Art des Fehlers (Bild 8.13).

Sobald Sie die Fehlermeldung über die *OK*-Schaltfläche quittieren, zeigt Excel 97 die fehlerhafte Stelle innerhalb des Ausdrucks in inverser Form in der Bearbeitungsleiste an (Bild 8.14). Sie können anschließend die Formel in der Bearbeitungszeile des Excel-Fensters korrigieren und mit der ⟵-Taste abschließen.

Bild 8.14: Anzeige des Fehlers

> Gerade bei der Eingabe geklammerter Ausdrücke können Sie sich die letzte Klammer »sparen«. Excel 97 merkt den Fehler und schlägt Ihnen im Dialogfeld aus Bild 8.12 vor, die abschließende Klammer zu ersetzen.

Formel mit Zellbezügen

Häufig enthalten Formeln Bezüge auf andere Zellen. Die folgende Anweisung addiert beispielsweise die Zellen *D11* und *D12*.

```
= D11 + D12
```

Sie können diesen Ausdruck natürlich direkt in die Zelle eintippen. Bei umfangreichen Ausdrücken oder falls Sie die Lage der Zelle im Tabellenblatt bei der Eingabe nicht genau kennen, sollten Sie Excel 97 die Eingabe der Zellbezüge überlassen.

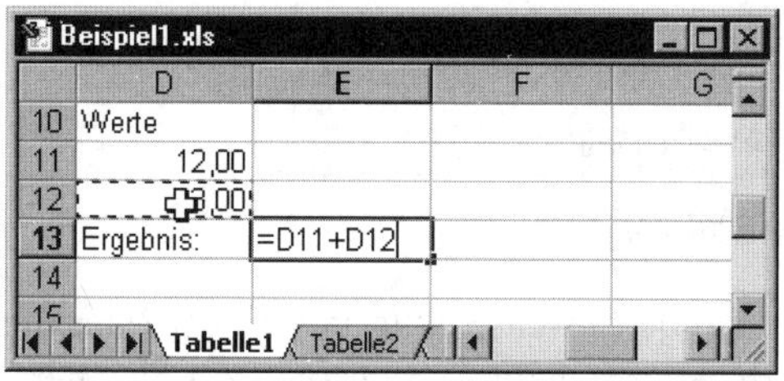

Bild 8.15: Abrufen von Zellbezügen in Ausdrücken

1. Klicken Sie auf die Zelle, die den Ausdruck aufnehmen soll.
2. Geben Sie das Gleichheitszeichen = zur Kennzeichnung des Ausdrucks ein.
3. Tippen Sie ggf. weitere Zeichen des gewünschten Ausdrucks ein.
4. Sobald jetzt ein Zellbezug benötigt wird, klicken Sie per Maus auf die Zelle dieses Bezugs.

Excel 97 übernimmt automatisch die Zellbezeichnung im Ausdruck. Anschließend können Sie den Ausdruck ergänzen und bei weiteren Zellbezügen Schritt 4 wiederholen. In Bild 8.15 wurde gerade der letzte Zellbezug durch Anklicken der Zelle D12 in den Ausdruck aufgenommen.

Weitere Hinweise zum Umgang mit Ausdrücken bzw. Formeln finden Sie in Kapitel 13.

8.5 Bearbeiten von Kommentaren

In komplexeren Arbeitsblättern mit vielen Einträgen und Berechnungen kann leicht die Übersicht verlorengehen. Dies gilt insbesondere, wenn ein Arbeitsblatt mit Rechenformeln zu einem späteren Zeitpunkt zu überarbeiten ist. Hier sind zusätzliche Kommentare und Anmerkungen hilfreich. Excel 97 bietet Ihnen deshalb die Möglichkeit, zu jeder Zelle einen sogenannten Kommentar zu speichern. Hierbei handelt es sich um einen Text, der aber nicht in der Zelle des Arbeitsblatts angezeigt wird.

Kommentar eingeben, ändern und anzeigen

Um einen Kommentar zu einer Zelle einzugeben, führen Sie folgende Schritte aus:

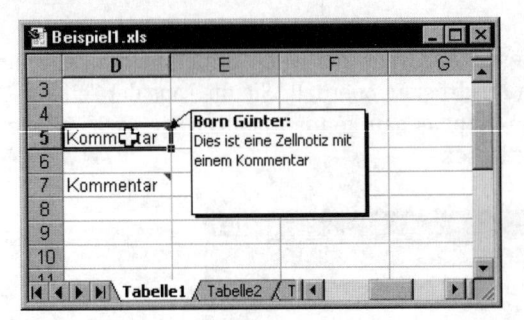

Bild 8.16: Anzeige eines Kommentars

1. Markieren Sie die gewünschte Zelle mit einem Mausklick. Sobald der Markierungsrahmen erscheint, ist die Zelle zur Eingabe vorbereitet.
2. Öffnen Sie das Menü EINFÜGEN, und wählen Sie den Eintrag KOMMENTAR. Alternativ können Sie die Zelle mit der rechten Maustaste anklicken und im Kontextmenü den Befehl KOMMENTAR EINFÜGEN wählen.
3. Auf dem Bildschirm erscheint jetzt ein Textfeld, in das Sie den Kommentartext eingeben können.

Sie können in das Fenster Texte beliebiger Länge eingeben, obwohl ein Kommentar eigentlich kurz sein sollte. Zur Bearbeitung stehen Ihnen die üblichen Editiertasten (z.B. Cursortasten, [Entf], [←], [Einfg] etc.) zur Verfügung. Weiterhin können Sie per Mauscursor Textstellen markieren und die Einfügemarke positionieren.

Sobald Sie auf eine Zelle neben dem Kommentarfeld klicken, wird der Kommentar mit der Zelle gespeichert. Sie erkennen Zellen mit Kommentaren an einem kleinen roten Dreieck in der rechten oberen Ecke.

Zeigen Sie mit dem Mauscursor auf eine Kommentarzelle, blendet Excel 97 den Kommentartext ein (Bild 8.16).

1. Soll ein Kommentar dauerhaft im Tabellenblatt erscheinen, klicken Sie mit der rechten Maustaste auf die Zelle.
2. Anschließend wählen Sie im Kontextmenü den Befehl KOMMENTAR ANZEIGEN.

Das Textfeld mit dem Kommentar bleibt dann so lange eingeblendet, bis Sie im Kontextmenü den Befehl KOMMENTAR AUSBLENDEN wählen.

⁕ Um einen Zellkommentar zu ändern, genügt es, die betreffende Zelle mit der rechten Maustaste anzuwählen und im Kontextmenü den Befehl KOMMENTAR BEARBEITEN zu wählen (Bild 8.17).

Bild 8.17: Kontextmenü mit Befehlen zur Zellbearbeitung

⋯▸ Gelöscht wird ein Kommentar, indem Sie die betreffende Zelle mit der rechten Maustaste anklicken und im Kontextmenü den Befehl KOMMENTAR LÖSCHEN wählen.

Sie können pro Zelle jeweils nur einen Kommentar speichern.

Standardmäßig blendet Excel 97 das Kommentarfeld ein, sobald Sie auf eine Zelle zeigen. Ist die Zelle aber markiert, wird beim Zeigen kein Kommentar erscheinen. Mit Strg+F2 *wird das Textfeld mit dem Kommentar jedoch eingeblendet. Die Bearbeitung eines Kommentars läßt sich auch über die Tastenkombination* ⇧+F2 *einschalten.*

Kopieren von Kommentaren

Sie können bestehende Texte von Kommentaren leicht auf andere Zellen übertragen. Hierzu führen Sie folgende Schritte aus:

1. Markieren Sie die Zelle mit dem zu kopierenden Kommentar.

2. Wählen Sie aus dem Menü BEARBEITEN den Eintrag KOPIEREN, oder geben Sie die Tastenkombination Strg+C ein.

3. Markieren Sie anschließend die Zielzelle, in die der Kommentar zu kopieren ist.

4. Wählen Sie nun im Menü BEARBEITEN den Eintrag INHALTE EINFÜGEN. Auf dem Bildschirm wird dann ein Dialogfeld mit verschiedenen Optionen angezeigt (Bild 8.18).

5. Markieren Sie das Optionsfeld *Kommentar,* und schließen Sie das Dialogfeld über die *OK*-Schaltfläche.

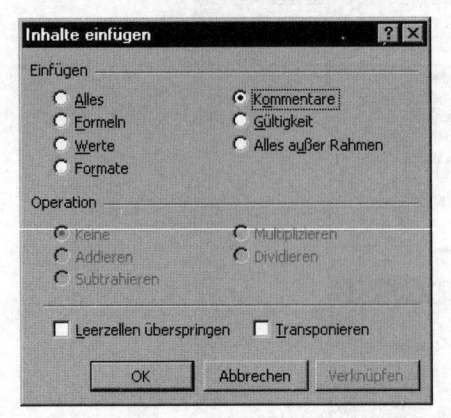

Excel 97 kopiert damit den Inhalt des Kommentars in die Zielzelle.

Bild 8.18: Auswahl der zu kopierenden Elemente

> **Achtung!** Beim Kopieren wird ein eventuell bestehender Kommentar der Zielzelle ohne Warnung überschrieben.

8.6 Arbeiten mit Gültigkeitskriterien

Bei der Eingabe von Werten in Zellen gibt es häufig Fälle, in denen nur bestimmte Werte akzeptiert werden können. Insbesondere wenn die Zellinhalte später in Berechnungen einbezogen werden (siehe Kapitel 13 und 14), kann dies relevant sein.

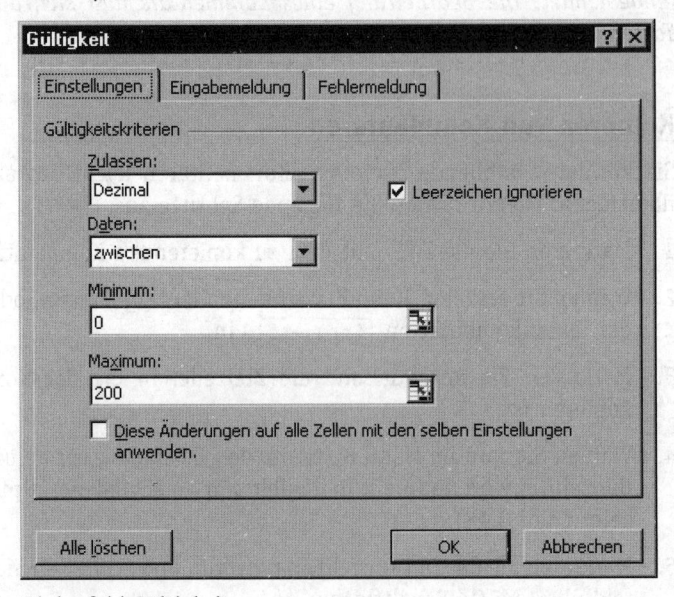

Bild 8.19: Dialogfeld Gültigkeit

Excel 97 bietet Ihnen die Möglichkeit, Gültigkeitskriterien für einzelne Zellen oder ganze Zellbereiche zu vereinbaren. Diese Gültigkeitskriterien werden über den Befehl GÜLTIGKEIT im Menü DATEN definiert. Sobald Sie eine Zelle oder einen Bereich markieren und anschließend diesen Befehl wählen, erscheint das Dialogfeld aus Bild 8.19 zur Definition der Gültigkeitskriterien.

In der Registerkarte *Einstellungen* läßt sich festlegen, welche Werte in eine Zelle eingebbar sein sollen.

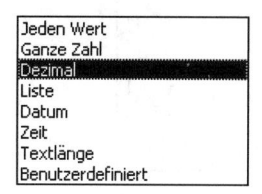

```
Jeden Wert
Ganze Zahl
Dezimal
Liste
Datum
Zeit
Textlänge
Benutzerdefiniert
```

Bild 8.20: Abrufbare Wertetypen

- Wählen Sie im Listenfeld *Zulassen* einen der vorgegebenen Wertetypen. Anschließend kann die Zelle nur noch diese Werte als gültig aufnehmen. Standardmäßig ist hierbei der Eintrag *Jeden Wert* vorgegeben. Um Zahlen in einem Bereich zu begrenzen, wählen Sie den Eintrag *Dezimal*.

- Das Listenfeld *Daten* definiert die Bedingung für die Gültigkeit. Hier lassen sich Begriffe wie *zwischen*, *nicht zwischen*, *gleich*, *größer*, *kleiner* etc. einstellen.

- In den Feldern *Minimum* und *Maximum* sind dann die Wertebereiche für die Zelle anzugeben. Haben Sie die Bedingung *gleich* gewählt, benötigen Sie nur ein Kriterium, bei *zwischen* sind Minimum und Maximum vorzugeben.

Sie können die Inhalte der Felder *Minimum* und *Maximum* direkt als Konstante definieren, indem Sie die Werte in das Feld eintippen. Alternativ besteht die Möglichkeit, eine Zellreferenz auf eine Zelle mit dem betreffenden Wert zu vereinbaren. Sobald Sie die nebenstehend gezeigte Schaltfläche am rechten Rand des Feldes anklicken, zeigt Excel 97 die Tabelle. Sie können dann eine Zelle anklicken und die ⏎-Taste betätigen. Excel 97 übernimmt den Zellbezug in das betreffende Feld.

Eingabemeldung definieren

Bei der Definition der Gültigkeitskriterien empfiehlt es sich, für den Benutzer eine Eingabemeldung einzurichten. Diese Eingabemeldung tragen Sie in die Registerkarte *Eingabemeldung* ein (Bild 8.21).

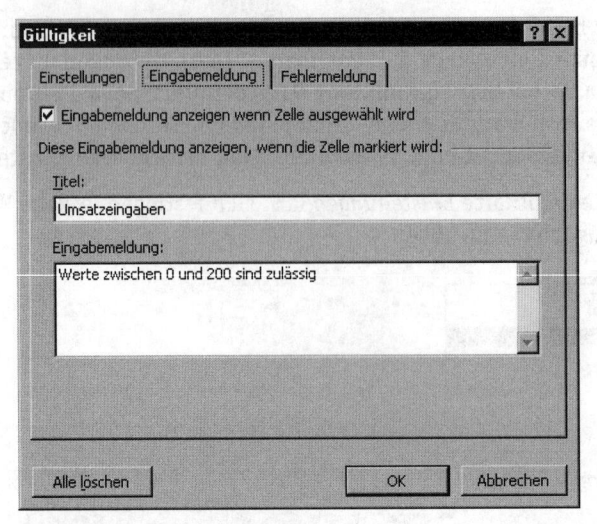

Bild 8.21: Registerkarte Eingabemeldung

Tragen Sie in das Feld *Titel* den Text ein, der als Titel in der Eingabemeldung erscheinen soll. Im Feld *Eingabemeldung* können Sie anschließend eine ausführliche Erläuterung für den Benutzer hinterlegen.

Bild 8.22: Tabelle mit eingeblendeter Eingabemeldung

Zeigt der Benutzer bei der Eingabe der Daten auf eine Zelle, für die Gültigkeitskriterien und eine Eingabemeldung definiert wurden, blendet Excel 97 ein Textfeld mit Hinweisen ein (Bild 8.22).

Fehlerdialog festlegen

Im Rahmen der Gültigkeitsprüfung kann Excel 97 bei einer Zelleingabe auch eine Fehlermeldung anzeigen (Bild 8.24). Diese Meldung muß aber in der Registerkarte *Fehlermeldung* vereinbart werden (Bild 8.23).

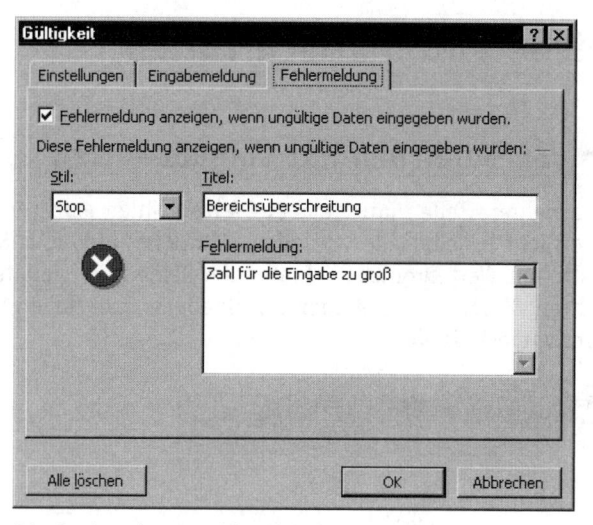

Bild 8.23: Die Registerkarte Fehlermeldung

Wählen Sie als erstes im Listenfeld *Stil* die Art des im Dialogfeld angezeigten Symbols. Excel 97 erlaubt Ihnen, die Symbole *Stop*, *Warnung* und *Information* abzurufen.

In das Feld *Titel* tragen Sie einen Text ein, der in der Titelzeile des Fehlerdialogs eingeblendet wird (Bild 8.24). Den eigentlichen Text, der innerhalb des Dialogfelds angezeigt wird, tragen Sie in das Feld *Fehlermeldung* ein.

Sobald Sie das Dialogfeld *Gültigkeit* über die *OK*-Schaltfläche schließen, werden die Gültigkeitskriterien gesetzt. Versucht der Benutzer anschließend, einen Wert außerhalb des Gültigkeitsbereichs einzugeben, erscheint der in Bild 8.24 gezeigte Fehlerdialog.

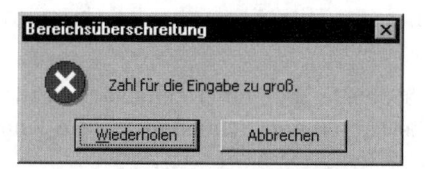

Bild 8.24: Fehlerdialog bei einer falschen Eingabe

Die Schaltfläche *Wiederholen* ermöglicht dem Benutzer die Eingabe eines neuen Werts. Mit *Abbrechen* wird die Eingabe verworfen, und der alte Wert der Zelle bleibt erhalten.

In der Datei \BEISP\BEISPIEL2.XLS finden Sie das Arbeitsblatt Gültigkeit, *welches einen Gültigkeitsbereich enthält.*

9 Bereiche automatisch füllen

9.1 Füllen von Bereichen mit Vorgabewerten

Wenn Sie mehrere Zellen mit gleichen Werten füllen möchten, müssen Sie die Werte nicht in jede Zelle eintragen. Ähnliches gilt, falls Sie eine Zeile oder Spalte mit Werten einer fortlaufenden Reihe (z.B. Monatsnamen) füllen möchten. Excel 97 bietet hier verschiedene Funktionen, die nachfolgend kurz vorgestellt werden.

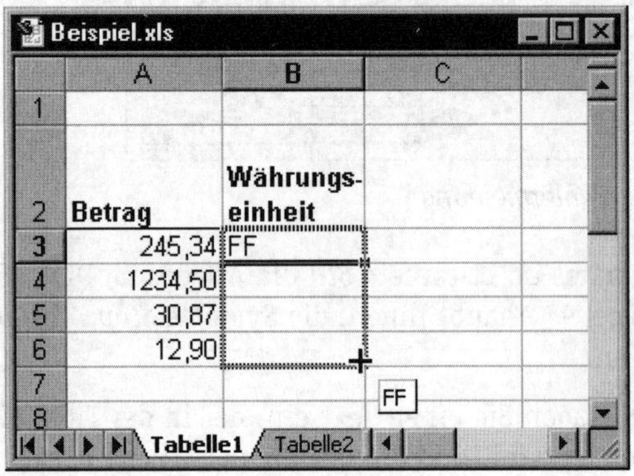

Bild 9.1: Bereich mit Vorgabewerten

Nehmen wir an, Sie haben eine Tabelle mit Währungsbeträgen (Bild 9.1). Da es sich um Fremdwährungen handelt, wird die Währungseinheit nicht mit dem Betrag eingegeben, sondern in einer getrennten Spalte angehängt. Wenn die Tabelle nun vorwiegend Einträge in Französischen Franc (FF) enthält, müssen Sie nicht in jeder Zelle die Zeichen FF eintragen. Führen Sie folgende Schritte aus:

1. Klicken Sie in eine beliebige Zelle einer beliebigen Spalte, und geben Sie dort den Vorgabewert *FF* ein. Schließen Sie die Eingabe mit der (←)-Taste ab.

2. Klicken Sie erneut auf die Zelle mit dem Vorgabewert. Dann zeigen Sie mit dem Mauscursor auf das »Ausfüllkästchen« in der rechten unteren Ecke dieser Zelle.

3. Markieren Sie anschließend den mit Vorgabewerten zu füllenden Zellbereich, indem Sie das Ausfüllkästchen bei gedrückter linker Maustaste über die betreffenden Zellen ziehen (Bild 9.1).

Excel 97 zeigt den Vorgabewert für den Füllbereich in einem QuickInfo-Fenster an. Sobald Sie die linke Maustaste loslassen, überträgt Excel den Vorgabewert der ersten Zelle in alle anderen markierten Zellen der Tabelle (Bild 9.2).

Nach der Übernahme bleibt der Bereich weiterhin markiert. Sobald Sie eine Zelle außerhalb des markierten Bereiches per Maus anwählen oder eine Cursortaste drücken, hebt Excel 97 die Markierung auf.

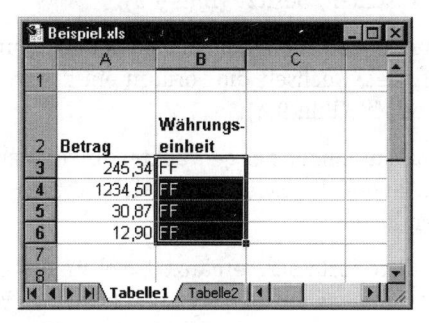

Bild 9.2: Zellbereich mit Vorgabewerten

> *Haben Sie ungewollt Zellen mit dem Vorgabewert überschrieben, können Sie dies durch die Tastenkombination* (Strg)+(Z) *direkt nach Ausführung des Befehls wieder rückgängig machen.*

9.2 Füllen von Bereichen mit Datenreihen

Häufiger tritt wohl der Fall auf, daß die Zellen einer Zeile oder Spalte mit Vorgabewerten in Form einer Reihe aufzufüllen sind. Denken Sie zum Beispiel an eine Überschriftszeile für Umsatzdaten, die die Monate *Januar*, *Februar* etc. enthält. Ähnlich verhält es sich mit Numerierungen von Spalten, mit Wochentagen, mit Monatsnamen etc. Hier bietet Excel 97 die Möglichkeit, diese Bereiche automatisch mit Datenreihen zu füllen (dies wurde bereits in Kapitel 4 kurz demonstriert).

Um zum Beispiel eine Zeile mit den Monatsnamen zu füllen, reicht in der ersten Zelle der Eintrag *Januar*. Die rechts daneben stehenden Zellen können Sie automatisch mit den folgenden Monatsnamen auffüllen.

Bild 9.3: Beispieltabelle mit einem Vorgabewert für den Monat

1. Tragen Sie den Vorgabewert für den Monat (hier Januar) in die erste Zelle ein, und markieren Sie diese Zelle. Excel 97 versieht diese Zelle mit einem fetten Rahmen, der in der rechten unteren Ecke ein kleines Viereck, das Ausfüllkästchen, besitzt (Bild 9.3).

2. Zeigen Sie auf das Ausfüllkästchen. Sobald sich der Mauscursor auf dem Ausfüllkästchen befindet, wechselt die Form in ein Kreuz, welches aus einer festen Linie besteht (Bild 9.4).

3. Ziehen Sie jetzt den Mauscursor bei gedrückter linker Maustaste über den zu füllenden Zellbereich. Excel 97 versieht diesen Bereich mit einem Markierungsrahmen.

4. Sobald Sie die Maustaste loslassen, ergänzt Excel 97 die Zellen innerhalb des Markierungsrahmens mit den Werten der Reihe (Bild 9.4).

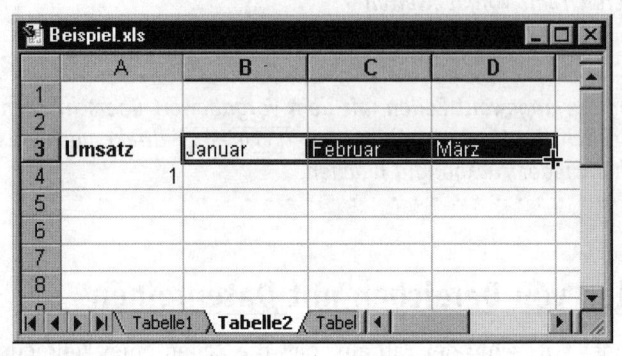

Bild 9.4: Zeile mit automatisch gefüllten Zellen

Sie können beim Ziehen die Größe des Bereiches durch Verschieben des Ausfüllkästchens per Maus beliebig verändern. Beim Verkleinern werden die nach dem Markieren freigegebenen Zellinhalte wieder gelöscht. Sobald Sie eine Zelle außerhalb des markierten Bereiches anklicken, hebt Excel 97 den Markierungsrahmen auf. Jetzt haben Sie nur noch die Möglichkeit, die Reihe auf weitere Zellen zu erweitern.

Haben Sie die Reihe auf zu viele Zellen ausgedehnt? Markieren Sie einfach eine leere Zelle neben der Reihe. Anschließend ziehen Sie das Ausfüllkästchen der leeren Zelle über den Zellbereich, aus dem die Werte zu entfernen sind. Excel 97 leert dann diese Zellen.

Füllen einer Zahlenreihe

Analog zur Ergänzung der Monatsnamen soll nun in der ersten Spalte eine fortlaufende Numerierung der Zellen erzeugt werden. Im ersten Schritt möchte ich zeigen, wie es nicht funktioniert:

1. Markieren Sie die erste Zelle mit einem Mausklick. Hier ist der Startwert 1 bereits eingetragen.
2. Anschließend zeigen Sie mit der Maus auf das Ausfüllkästchen und ziehen dieses bei gedrückter linker Maustaste nach unten.
3. Excel 97 zeigt den betreffenden Zellbereich an und blendet gleichzeitig ein QuickInfo-Fenster mit dem Wert 1 ein.
4. Lassen Sie jetzt die linke Maustaste los.

Eigentlich sollte Excel 97 die Zellen im markierten Bereich mit einer Zahlenreihe füllen. Dies ist auch der Fall. Aber der Vorgabewert im QuickInfo-Fenster deutet bereits darauf hin, daß zum Füllen der Wert 1 benutzt wird. Das Ergebnis ist in Bild 9.5 zu sehen.

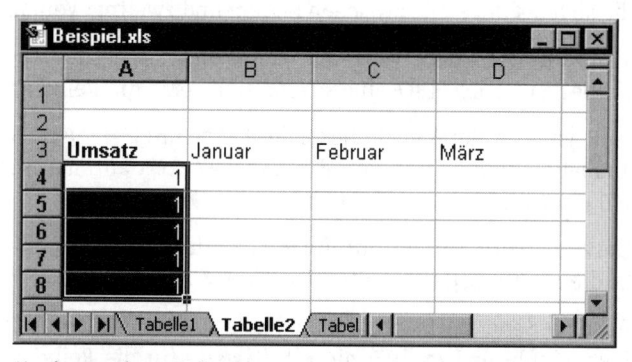

Bild 9.5: Kopieren eines Zellwerts

Hier scheint die Funktion auf den ersten Blick zu versagen, wurde der Bereich doch mit dem Wert 1 gefüllt. Dies ist zwar recht praktisch, wenn Sie einen Zellinhalt in einen Bereich kopieren möchten. Zur Erzeugung der Numerierung müssen Sie aber einen anderen Ansatz wählen. Hier hilft das Hintergrundwissen weiter, wie Excel 97 die Vorgabewerte für Reihen ermittelt.

- Sobald Excel 97 den Aufbau der Reihe erkennt, werden die betreffenden Werte beim Ziehen des Ausfüllkästchens im markierten Bereich eingefügt. Bei einem Monats- und Wochennamen erkennt Excel 97 auch bei Markierung eines Werts die Reihe.

- Bei Texten, die Zahlen enthalten (z.B. Termin 1, KW 1, Filiale 1), benutzt Excel 97 automatisch die Zahl zur Reihenbildung (z.B. Filiale 1, Filiale 2 etc.). Dies ist beispielsweise in Bild 9.6 zu sehen.

Bild 9.6: Autonumerierung bei Texten mit Ziffern am Ende

- Bei Zahlen hängt der Reihenaufbau von den Startwerten ab. Mit einem Wert in einer markierten Zelle kann Excel 97 den Aufbau der Reihe nicht eindeutig bestimmen. (Wie eine Reihenbildung mittels der [Strg]-Taste erzwungen werden kann, wird im übernächsten Abschnitt gezeigt.) Geben Sie zwei Werte vor, bildet die erste Zahl den Startwert. Die folgenden Elemente der Reihe werden aus der Schrittweite bestimmt, die sich als Differenz zwischen erstem und zweitem Vorgabewert ergibt.

- Wenn Sie mehr als 2 Werte im Vorgabebereich definieren (z.B. 1; 2; 5; 3), bestimmt Excel 97 einen Trend und setzt die Reihe analog fort.

Dies soll jetzt in der Tabelle aus Bild 9.7 genutzt werden. Bisher enthält diese Tabelle nur den Startwert, d.h. Excel 97 setzt automatisch die Schrittweite 0 ein (die Zahl 1 wird im Ziehbereich kopiert).

1. Um die Spalte korrekt mit einer Numerierung zu versehen, tragen Sie in die zweite Zelle (hier *A5*) den Wert 2 ein.

2. Anschließend markieren Sie die beiden Zellen mit den Werten 1 und 2. Dies erlaubt es Excel 97, die Schrittweite für die Reihe zu bestimmen.

3. Dann ziehen Sie das Auswahlkästchen des markierten Bereichs über den zu füllenden Zellbereich. Beim Ziehen zeigt Excel 97 bereits den Füllwert für die aktuelle Zelle in einem QuickInfo-Fenster an (Bild 9.7).

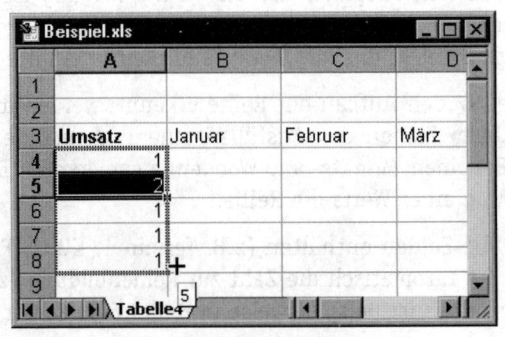

Bild 9.7: Spalte mit Vorgabewerten füllen

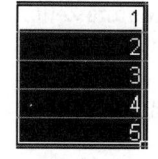

Sobald Sie die linke Maustaste loslassen, ergänzt Excel 97 den markierten Bereich mit den Vorgabewerten der Reihe. Auf diese Art lassen sich Bereiche beliebiger Größe mit Vorgabewerten füllen.

Excel 97 bestimmt, wie bereits erwähnt, die Schrittweite aus den Zellen mit den Vorgabewerten. Tragen Sie hier zum Beispiel die Werte 3 und 5 ein, beginnt die Reihe mit 3 und wird in Zweierschritten fortgesetzt. Sie können dabei auch Kommazahlen (z.B. 1,0 1,1 oder 1,0 1,5 etc.) eintragen. Werden die Werte in umgekehrter Reihenfolge vorgegeben (z.B. 2; 1), erzeugt Excel 97 eine Reihe mit absteigenden Zahlen (2 - 1 - 0 -1 -2 etc.). Damit lassen sich beliebige arithmetische Reihen konstruieren.

Eine besondere Stärke von Excel 97 ist dabei, daß Sie die vordefinierten Reihen mit Namen selbst erweitern können. Diese Technik wird nachfolgend beschrieben.

Zeitwerte zum Füllen benutzen

Bei Zeitwerten können Sie eine Zelle mit dem Vorgabewert füllen. Dann ergänzt Excel 97 die Reihe automatisch gemäß einer internen Definition der betreffenden Reihe. Geben Sie beispielsweise zwei Werte vor und markieren die Zellen, versucht Excel 97 auch hier, den Startwert und die Schrittweite aus den Vorgaben zu ermitteln. Die folgende Tabelle enthält einige Beispiele für Vorgabewerte von Zeitreihen.

Vorgabewerte	Werte der Reihe
9:00	10:00, 11:00, 12:00
Mo	Di, Mi, Do
Montag	Dienstag, Mittwoch, Donnerstag
Jan	Feb, Mrz, Apr
Jan, Apr	Jul, Okt, Jan
Jan 96, Apr 96	Jul 96, Okt 96, Jan 97
15. Jan, 15. Apr	15. Jul, 15. Okt
1994, 1995	1996, 1997, 1998

Tabelle 9.1: Vorgabewerte für Reihen

9.3 Füllen per Kontextmenü steuern

In den vorhergehenden Abschnitten und Kapiteln wurde bereits erläutert, daß Excel 97 Zellen mit Werten und Formaten versieht. Beim Arbeiten mit dem Ausfüllkästchen sollte sich daher auch ein Format über mehrere Zellen kopieren lassen. Außerdem ist es hilfreich, wenn Sie die im vorhergehenden Abschnitt besprochenen Excel-Konventionen zur Bestimmung der Füllwerte ausschalten können. Das Kontextmenü der Funktion *AutoAusfüllen* bietet Ihnen genau diese Optionen.

1. Markieren Sie die Zellen mit den Vorgabewerten in gewohnter Weise.
2. Ziehen Sie das Ausfüllkästchen bei gedrückter rechter Maustaste über den zu füllenden Zellbereich.

Wenn Sie beim Ziehen des Ausfüllkästchens nicht die linke, sondern die rechte Maustaste drücken, blendet Excel 97 beim Loslassen der Taste ein Kontextmenü ein (Bild 9.8). In diesem Menü werden verschiedene Optionen zur Auswahl der Vorgabewerte angeboten.

- *Zellen kopieren:* Der Inhalt der markierten Zellen mit den Vorgabewerten wird in den markierten Bereich kopiert.
- *Reihe ausfüllen:* Bildet eine Reihe über die Vorgabewerte und füllt den markierten Bereich mit den Werten der Reihe.
- *Formate ausfüllen:* Übernimmt die Formate der Vorgabewerte und überträgt diese in den markierten Bereich. Ist die Zelle mit dem Startwert beispielsweise fett und die zweite Zelle normal formatiert, wird im markierten Bereich jede zweite Zelle fett formatiert.
- *Werte ausfüllen:* Übernimmt die Zellinhalte (Werte) der markierten Zellen mit den Vorgabewerten und überträgt sie in den Füllbereich.
- *Tage ausfüllen:* Erweitert den Füllbereich um Tage (1., 2., 3. etc.).
- *Wochentage ausfüllen:* Erweitert den Füllbereich um die Namen der Wochentage.
- *Monate ausfüllen:* Erweitert den Füllbereich um die Monatsnamen.
- *Jahre ausfüllen:* Erweitert den Füllbereich um die Jahreszahlen.
- *Arithmetischer Trend:* Bei diesem Befehl ermittelt Excel 97 einen arithmetischen Trend aus den Vorgabewerten und ergänzt den Füllbereich durch Werte der betreffenden Trendfunktion. Bei einer arithmetischen Reihe unterscheiden sich die Werte durch einen konstanten Wert auf der Grundlage der markierten Startwerte. Die folgende Tabelle zeigt Beispiele für solche arithmetischen Reihen.

Bild 9.8: Kontextmenü beim AutoAusfüllen

Vorgabewerte	Folgewerte der arithmetischen Reihe
1, 2	3, 4, 5, 6, 7, 9, 9 (Schrittweite 1)
1, 3	5, 7, 9, 11 (Schrittweite 2)
100, 95	90, 85 (Schrittweite -5)

Tabelle 9.2: Beispiele für arithmetische Reihen

> *Wachstumstrend:* Verwenden Sie diesen Befehl im Kontextmenü, multipliziert Microsoft Excel 97 die vorliegenden Werte mit einem konstanten Faktor (Schrittweite). Beim Startwert 1 und dem zweiten Vorgabewert 2 wird als Multiplikator 2 benutzt. Damit errechnen sich die Zahlen der Reihe zu: 1*2 = 2, 2*2 = 4, 4*2 = 8, 8 * 2 = 16 etc. Weitere Beispiele finden Sie in Tabelle 9.2.

Vorgabewerte	Folgewerte des Befehls Wachstumstrend
1, 2	4, 8, 16 (Multiplikation mit 2)
1, 3	9, 27, 81 (Multiplikation mit 3)
2, 3	4,5; 6,75; 10,125 (Multiplikation mit 1,5)

> *Reihe:* Bei Auswahl dieser Option wird eine Reihe nach einer Vorgabe erzeugt. Excel 97 zeigt ein Dialogfeld zur Auswahl. Sie können eine benutzerdefinierte oder eine vordefinierte Reihe verwenden (siehe folgende Abschnitte).

Grau angezeigte Befehle im Kontextmenü sind gesperrt, da sie im betreffenden Kontext keinen Sinn ergeben (z.B. Wochentage bei numerischen

Werten). Weitere Informationen zu den Reihentypen finden Sie auf den folgenden Seiten im Abschnitt »Ausfüllen«.

> *Wenn Sie das Auswahlkästchen nach oben oder links in den markierten Bereich mit den Vorgabedaten schieben und die linke Maustaste freigeben, löscht Excel 97 die Daten im Auswahlbereich.*

9.4 Reihenbildung erzwingen oder verhindern

Neben der Verwendung des Kontextmenüs (siehe vorhergehender Abschnitt) können Sie die Reihenbildung der Funktion *AutoAusfüllen* über andere Techniken beeinflussen.

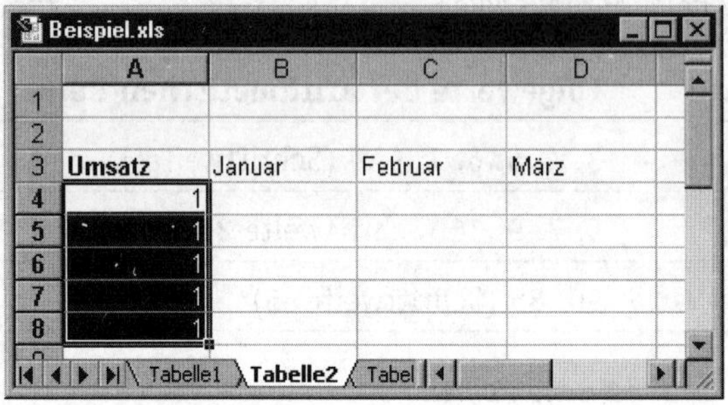

Bild 9.9: Kopieren der Vorgabewerte

In Bild 9.9 existieren in der Spalte »Umsatz« nicht genügend Vorgabewerte (wenn zum Besipiel die Zelle *A4* markiert wird) für eine automatische Reihenbildung. Excel 97 kopiert daher nur den Vorgabewert 1 in den markierten Bereich. Sie können Excel 97 aber zur Reihenbildung »überreden«.

1. Markieren Sie die erste Zelle mit dem Vorgabewert (hier ist dies der Wert 1).

2. Halten Sie die (Strg)-Taste gedrückt, und ziehen Sie das Ausfüllkästchen über den zu füllenden Bereich.

Jetzt erzeugt Excel 97 in den markierten Zellen eine Reihe mit den Werten 1, 2, 3, 4 etc. Die (Strg)-Taste erzwingt oder verhindert die Reihenbildung, in Abhängigkeit vom erkannten Ausfüllmodus.

- In Bild 9.9 erkennt Excel 97 keine Reihe, aktiviert folglich die Funktion zum Kopieren. Durch Drücken der (Strg)-Taste wird die Reihenbildung mit der Schrittweite 1 beim Ziehen des Ausfüllkästchens erzwungen.

- Genau entgegengesetzt wirkt die (Strg)-Taste, wenn Excel 97 eine Reihe aus den Vorgabewerten erkannt hat. Dies ist beispielsweise in der in

Bild 9.10 gezeigten Tabelle der Fall. Hier wurden zwei Zellen mit Vorgabewerten markiert. Excel 97 erkennt eine Reihe und fügt die Werte beim Ziehen des Ausfüllkästchens im markierten Bereich ein. Halten Sie dagegen die [Strg]-Taste gedrückt, kopiert die Funktion lediglich die Vorgabewerte in die markierten Zellen (hier 1 2 1 2 etc.).

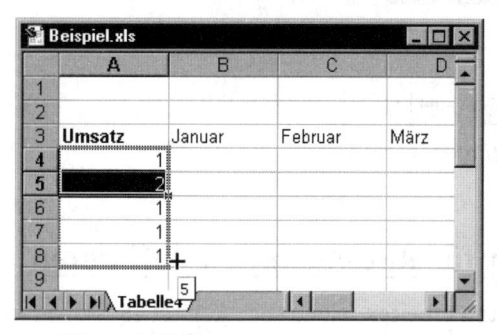

Bild 9.10: Ausfüllen mit Reihenwerten

Mit dieser Technik läßt sich die Funktion *AutoAusfüllen* sehr elegant steuern. Gerade beim Kopieren von Datums- oder Zeitwerten erzeugt Excel 97 beim Ausfüllen eine Reihe. Durch gleichzeitiges Drücken der [Strg]-Taste erreichen Sie, daß der Wert der Vorgabezelle lediglich kopiert wird.

9.5 Leerzellen mit AutoAusfüllen erzeugen

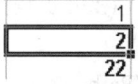

Benötigen Sie eine neue Zelle innerhalb einer Tabelle? Der nebenstehend gezeigte Tabellenausschnitt enthält drei Zahlen in untereinanderstehenden Zellen. Benötigen Sie eine leere Zelle zwischen den Werten 2 und 22?

In diesem Fall müssen Sie oberhalb der Zelle mit dem Wert 22 eine leere Zelle einfügen. Die Zellen unterhalb dieser neuen Zelle werden in der Spalte nach unten verschoben. Sie können hierzu die Funktion *Zelle einfügen* über das Kontextmenü aufrufen. Einfacher geht es jedoch, wenn Sie folgende Schritte benutzen:

1. Klicken Sie auf die Zelle mit der Zahl 2.
2. Zeigen Sie mit der Maus auf das Ausfüllkästchen. 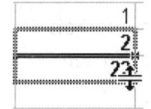
3. Halten Sie die [⇧]-Taste gedrückt, und ziehen Sie das Ausfüllkästchen eine Zelle tiefer. Sofern alles geklappt hat, sehen Sie als Mauszeiger den nebenstehend gezeigten Doppelpfeil.

Sobald Sie jetzt die linke Maustaste und die [⇧]-Taste loslassen, fügt Excel 97 im Ziehbereich leere Zellen ein. Das Ergebnis ist in Bild 9.11 zu sehen.

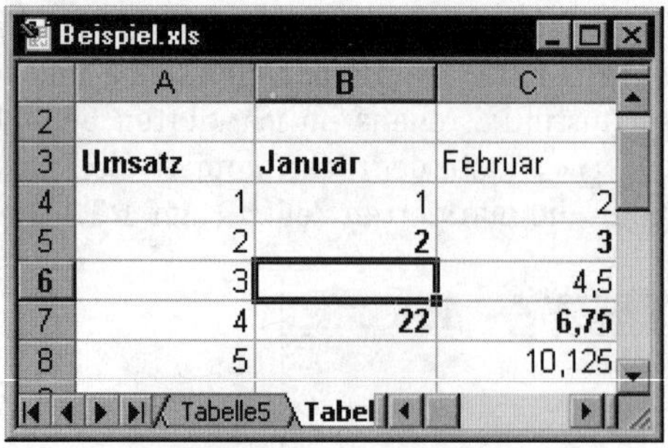

Bild 9.11: Tabelle mit eingefügter Leerzelle

9.6 Datenreihen für AutoAusfüllen definieren

Wenn Sie mit Listen arbeiten (siehe auch Kapitel 15 »Arbeiten mit Listen«) erfordert dies häufig die Eingabe immer gleichlautender Listenüberschriften. Nehmen wird zum Beispiel eine Tabelle, in der Filialnamen mit monatlichen Umsatzzahlen geführt werden. Die Monatsnamen lassen sich mit *AutoAusfüllen* leicht erzeugen, da Excel 97 die betreffende Reihe gespeichert hat. Bei den Filialnamen sind Sie aber gezwungen, diese bei jeder Tabelle neu einzugeben. Einziger Ausweg wäre, die Namen aus einer bestehenden Liste auszuschneiden und dann zu kopieren.

Excel 97 ermöglicht Ihnen aber einen wesentlich eleganteren Weg, indem Sie sich für die Funktion Autoausfüllen eigene Reihen definieren. Die benötigte Funktion verbirgt sich in der Registerkarte *AutoAusfüllen* (Bild 9.12) und läßt sich über den Eintrag OPTIONEN im Menü EXTRAS aufrufen.

Das Feld *Benutzerliste* enthält alle bereits definierten Listen (Reihen), die der Funktion *AutoAusfüllen* zur Verfügung stehen. In der Standardkonfiguration von Excel 97 sind dies nur die vier Einträge für die Wochentage und die Monate. Sie können diese Listen nun ergänzen, ändern, löschen oder neu anlegen. Wird ein Eintrag im Feld *Benutzerliste* angewählt, zeigt Excel 97 die einzelnen Listeneinträge im zweiten Feld *Listeneinträge*.

- Eine bestehende Liste läßt sich per Maus selektieren. Anschließend können Sie die Einträge im Feld *Listeneinträge* korrigieren und über die Schaltfläche *Einfügen* zurückspeichern.

- Wählen Sie eine Liste per Maus an, und betätigen Sie dann die Schaltfläche *Löschen*, um die Liste mit den Vorgabewerten zu entfernen.

Um eine neue Liste anzulegen, gehen Sie folgendermaßen vor:

1. Wählen Sie den Eintrag *Neue Liste* im Feld *Benutzerliste* an. Im Feld *Listeneinträge* erscheint als Standardeinstellung eine leere Liste.

9 Bereiche automatisch füllen

2. Nun tragen Sie die gewünschten Einträge in dieses Feld ein. Jeder Eintrag ist mit der ⏎-Taste abzuschließen. Bei Bedarf können Sie über die Bildlaufleiste in der Liste blättern.

3. Sobald alle Einträge definiert wurden, fügen Sie die Definitionen über die Schaltfläche *Einfügen* in die Benutzerliste ein.

| Äpfel |
| Birnen |
| Bananen |

Excel 97 kopiert eine neue benutzerdefinierte Liste an das Ende der Tabelle. Geben Sie später einen Begriff der Reihe in eine Zelle in einem Kalkulationsblatt ein, läßt sich die Reihe durch Ziehen per Maus abrufen. Sie sehen eine solche Liste in dem nebenstehend gezeigten Tabellenausschnitt. Es handelt sich hier um eine benutzerdefinierte Liste (siehe Bild 9.12).

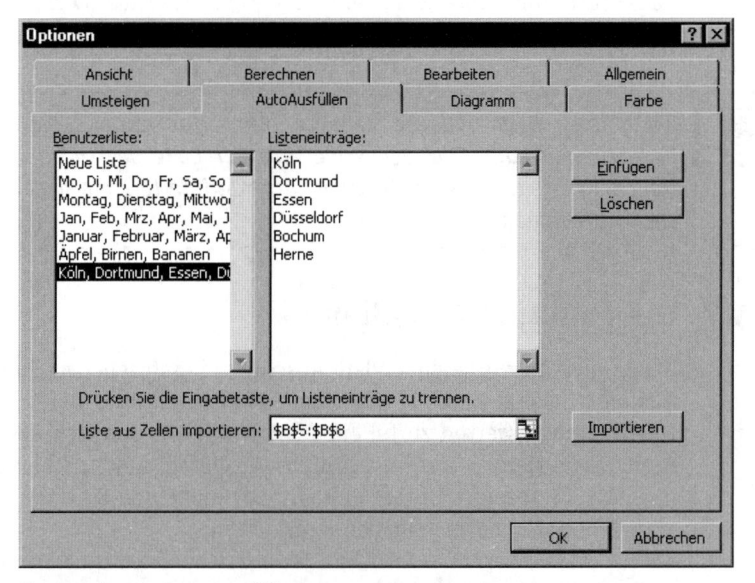

Bild 9.12: Registerkarte AutoAusfüllen

Listen für Reihen importieren

Sofern es sich um benutzerdefinierte Reihen mit vielen Einträgen handelt, sind die Eingabe und Pflege recht schwierig. Insbesondere Schreibfehler und falsch sortierte Einträge lassen sich nur schwer finden und korrigieren. Deshalb empfiehlt sich hier der Import dieser Daten direkt aus einer Kalkulationstabelle. Hierzu gehen Sie folgendermaßen vor:

1. Tragen Sie die gewünschten Elemente einer solchen Liste in die Spalte eines Kalkulationsblatts ein. Dann lassen sich die Einträge leicht zur Kontrolle ausdrucken.

2. Vor der Übernahme in die Liste sollten die Einträge – falls gewünscht – noch sortiert werden. Hierzu markieren Sie die betreffenden Werte in der Spalte und betätigen nebenstehende Schaltfläche (siehe auch Kapitel 25).

3. Belassen Sie die Markierung des sortierten Tabellenbereiches, und rufen Sie nun die Registerkarte *AutoAusfüllen* über den Eintrag OPTIONEN im Menü EXTRAS auf. Die Registerkarte zeigt im Feld *Liste aus Zellen importieren* bereits den markierten Zellbereich an.

4. Nun genügt es, die Schaltfläche *Importieren* per Maus anzuwählen. Excel 97 übernimmt die markierten Werte aus der Tabelle als Reihe für die Funktion *AutoAusfüllen*.

Mit dieser Technik können Sie beliebige Listen in die Registerkarte übernehmen. Zum Löschen einer nicht mehr benötigten Liste markieren Sie diese im Feld *Benutzerliste*. Anschließend betätigen Sie einfach die Schaltfläche *Löschen*. Nach Quittierung einer Sicherheitsabfrage entfernt Excel 97 den Eintrag aus der Liste. Die Registerkarte läßt sich über die *OK*-Schaltfläche schließen.

Sie müssen beim Anlegen benutzerdefinierter Listen lediglich die Randbedingungen einhalten. Jedes Element der Liste darf maximal 80 Zeichen lang sein. Weiterhin kann eine benutzerdefinierte Liste maximal 2000 Zeichen aufnehmen.

9.7 Die Funktion Ausfüllen

Neben der im vorhergehenden Abschnitt beschriebenen Funktion *AutoAusfüllen* besitzt Excel 97 die Möglichkeit, markierte Bereiche mit festen Initialisierungswerten zu füllen. Die Optionen lassen sich über den Befehl AUSFÜLLEN im Menü BEARBEITEN aufrufen. Der Befehl AUSFÜLLEN blendet dann das in Bild 9.13 gezeigte Untermenü ein. Die einzelnen Einträge dieses Untermenüs besitzen dabei folgende Funktionen:

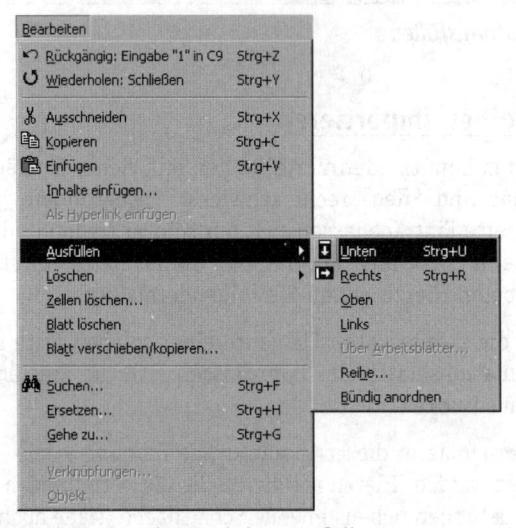

Bild 9.13: Untermenüs der Funktion Ausfüllen

- Der Befehl UNTEN (bzw. die Tastenkombination [Strg]+[u]) kopiert den Inhalt und das Format der obersten Zelle(n) eines markierten Bereiches in die darunterliegenden Zellen.

- Mit RECHTS oder der Tastenkombination [Strg]+[r] lassen sich der Inhalt und das Format einer Zelle oder eines Zellbereichs in die rechts daneben liegenden Zellen des markierten Bereiches übernehmen.

- Wählen Sie den Befehl UNTEN, um den Inhalt und das Format der untersten Zelle(n) des markierten Bereiches in die darüberliegenden Zellen zu übernehmen.

- Der Eintrag LINKS erlaubt, den Inhalt und das Format einer Zelle/eines Zellbereichs in die links davon stehenden Zellen des markierten Bereiches zu kopieren.

Mit diesen Befehlen können Sie relativ leicht einzelne Werte in einen markierten Zellbereich übernehmen.

> *Der Befehl REIHE zeigt das Dialogfeld Reihe. Einzelheiten zu diesem Dialogfeld finden Sie weiter unten. Die Bedeutung der restlichen Befehle im Untermenü wird nachfolgend besprochen.*

Übernahme von Zellwerten in Arbeitsblätter

Wenn Sie die eingegebenen Werte in mehrere Arbeitsblätter mit Tabellen übertragen möchten, können Sie dies bereits bei der Eingabe veranlassen. Sie müssen nur die betreffenden Tabellen in einer Gruppe zusammenfassen (Registerreiter der Blätter bei gedrückter [Strg]-Taste per Maus anwählen, siehe Kapitel 7). Sobald Sie dann eine Eingabe in einer Zelle vornehmen, überträgt Excel 97 diese in die gleichen Zellen der restlichen Blätter der Gruppe.

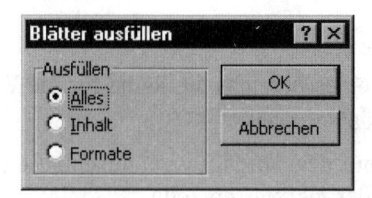

Bild 9.14: Auswahl der zu kopierenden Informationen

Um nachträglich den Inhalt eines markierten Bereiches auf andere Arbeitsblätter zu kopieren, gehen Sie folgendermaßen vor:

1. Fassen Sie die betreffenden Arbeitsblätter zu einer Gruppe zusammen.
2. Anschließend markieren Sie den zu kopierenden Bereich in der Quelltabelle.

3. Wählen Sie den Befehl AUSFÜLLEN im Menü BEARBEITEN. Im Untermenü (siehe Bild 9.13) wählen Sie nun den Eintrag ÜBER ARBEITSBLÄTTER.

4. Auf dem Bildschirm wird das Dialogfeld *Blätter ausfüllen* eingeblendet (Bild 9.14).

Über die drei Optionsfelder dieses Dialogfelds lassen sich die in die anderen Blätter der Gruppe zu übernehmenden Elemente festlegen.

- Mit dem Optionsfeld *Alles* kopiert Excel 97 quasi die Zellen samt Format und Kommentare in die gleichen Zellen der restlichen Arbeitsblätter der Gruppe.
- Über das Optionsfeld *Inhalt* können Sie nur den Inhalt (d.h. die angezeigten Werte der Zellen) des markierten Bereiches in die anderen Arbeitsblätter transferieren.
- Die Option *Formate* transferiert nur die Formate der einzelnen Zellen im markierten Bereiche in die gleichen Zellen der Arbeitsblätter der Gruppe.

Der Transfer ist nur dann möglich, wenn die restlichen Blätter der Gruppe auch Tabellen enthalten. Diagramm- oder Makroblätter werden bei diesem Transfer dagegen ignoriert.

> *Ist der Eintrag ÜBER ARBEITSBLÄTTER im Untermenü gesperrt (grauer Schriftzug), haben Sie vergessen, eine Gruppe von Arbeitsblättern zu erstellen.*

Die Option Bündig anordnen

Diese Option verteilt Texte, die über den rechten Zellrand hinausreichen, innerhalb eines markierten Bereiches gleichmäßig auf alle Zellen untereinander. Die einzelnen Textstücke werden dabei der Breite der Zellen angepaßt.

Reihen zum Füllen abrufen

Möchten Sie beim Ausfüllen eines Bereichs die Reihe für die Vorgabewerte festlegen? Dann gehen Sie folgendermaßen vor:

1. Klicken Sie auf die Zelle mit dem Vorgabewert. Anschließend zeigen Sie auf das Ausfüllkästchen der markierten Zelle.

2. Ziehen Sie das Ausfüllkästchen bei gedrückter rechter Maustaste über den zu füllenden Bereich.

3. Nach dem Loslassen der rechten Maustaste erscheint ein Kontextmenü (siehe Bild 9.8), in dem Sie den Befehl REIHE wählen.

4. Im dann erscheinenden Dialogfeld *Reihe* wählen Sie eine Option für die auszufüllende Reihe.

Sobald Sie das Dialogfeld über die *OK*-Schaltfläche schließen, füllt Excel 97 den markierten Bereich mit den Werten.

> *Das Dialogfeld* Reihe *läßt sich auch über den Befehl* AUSFÜLLEN/REIHE *im Menü* BEARBEITEN *aufrufen (Bild 9.13). Das Ergebnis ist das gleiche wie bei der Auswahl des Befehls im Kontextmenü.*

Die Optionen in der Gruppe *Reihen* legen die Füllrichtung des markierten Bereiches fest. Diese Option ist dann sinnvoll, wenn mehr als eine Zeile oder Spalte markiert ist. Sie können dabei einen markierten Bereich spalten- oder zeilenweise ausfüllen lassen. Wichtig ist dabei, daß bei zeilenweiser Vorgehensweise die Vorgabewerte in den linken Zellen, während bei spaltenweisem Füllen die Initialisierungswerte in der obersten Zeile stehen. Sind diese Zellen leer, füllt Excel 97 die restlichen Zellen unter Umständen nicht. Haben Sie lediglich eine Spalte oder Zeile als Füllbereich markiert, setzt Excel 97 automatisch die richtige Option.

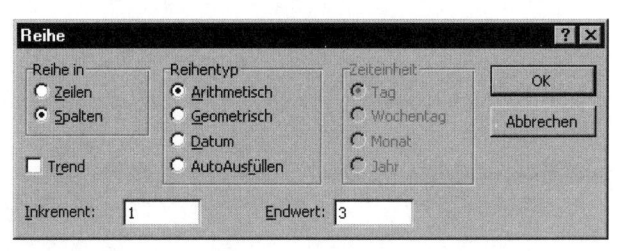

Bild 9.15: Dialogfeld Reihe

Der Typ der gewünschten Reihe läßt sich über die Optionen der Gruppe *Reihentyp* festlegen. Excel 97 besitzt drei fest vordefinierte Reihentypen, mit denen sich ein Zellbereich füllen läßt. Der Reihentyp wird dabei durch die Optionsfelder der Gruppe *Reihentyp* eingestellt.

- Bei einer arithmetischen Reihe wird der Wert im Feld *Inkrement* zum aktuellen Zellwert addiert. Damit lassen sich Numerierungen von Zellbereichen sehr einfach realisieren. Wenn Sie das Kontrollkästchen *Trend* aktivieren, ignoriert Excel 97 die Vorgabe im Feld *Inkrement* und berechnet eine lineare Trendreihe (optimale Gerade durch die Vorgabewerte).

- Bei geometrischen Reihen wird der Zellwert mit dem Inhalt des Feldes *Inkrement* multipliziert. Bei gesetzter Option *Trend* ignoriert Excel 97 die Vorgabe in *Inkrement* und berechnet eine geometrische Trendreihe aus den Vorgabewerten. Die Ergebnisse liegen auf einer Exponentialkurve, die durch die Vorgabewerte angenähert wird.

- Das dritte Optionsfeld erlaubt, Datumswerte in Reihen zu verwenden. Sobald Sie das Optionsfeld markieren, gibt Excel 97 die Optionsfelder der Gruppe *Zeiteinheit* (siehe Bild 9.15) frei. In Abhängigkeit vom gesetzten Optionsfeld lassen sich dann Tage, Wochentage, Monate und Jahre in der Reihe ausgeben.

Über die beiden Felder *Inkrement* und *Endwert* läßt sich wählen, welche Bereiche für die Füllfunktion benutzt werden. Das Feld *Inkrement* bestimmt die Schrittweite und die Richtung (Zu- oder Abnahme) der Werte in der Reihe. Bei negativen Werten wird eine abnehmende Reihe verwendet. Über den Endwert legen Sie den letzten Wert der Reihe fest. Excel 97 versieht aber nur die Zellen des markierten Bereiches mit Werten.

Die Funktion AutoAusfüllen *wurde bereits in den vorhergehenden Abschnitten vorgestellt. Sofern Sie dieses Optionsfeld per Maus auswählen, verwendet Excel 97 vordefinierte Reihen zum Ausfüllen des markierten Bereiches. Wie Sie benutzerdefinierte Datenreihen für diese Funktion definieren, ist weiter oben beschrieben.*

10 Bewegen in Tabellen

10.1 Cursorbewegungen bei der Eingabe

Bei der Eingabe von Werten ist Ihnen vielleicht aufgefallen, daß der Cursor nach Betätigung der ⏎-Taste eine Zelle tiefer gesetzt wird. Excel 97 besitzt eingebaute Funktionen, die den Cursor automatisch auf benachbarte Zellen setzen. Sie können dabei die Richtung der Cursorbewegung nach Eingabe eines Wertes durch die Tastenkombinationen aus Tabelle 10.1 steuern.

Tasten	Cursorbewegung
⏎	eine Zelle tiefer
⇧+⏎	eine Zelle höher
⇥	eine Zelle nach rechts
⇧+⇥	eine Zelle nach links

Tabelle 10.1: Tasten zur Steuerung der Cursorbewegung

Wenn Sie zum Beispiel eine Eingabe mit ⇧+⏎ abschließen, wird der Cursor anschließend in der darüberliegenden Zelle positioniert. Die ⇥-Taste erlaubt die Verschiebung des Cursors in horizontaler Richtung. Ausnahme bildet nur eine markierte Spalte, wo der Cursor zwangsweise nach oben oder unten verschoben wird.

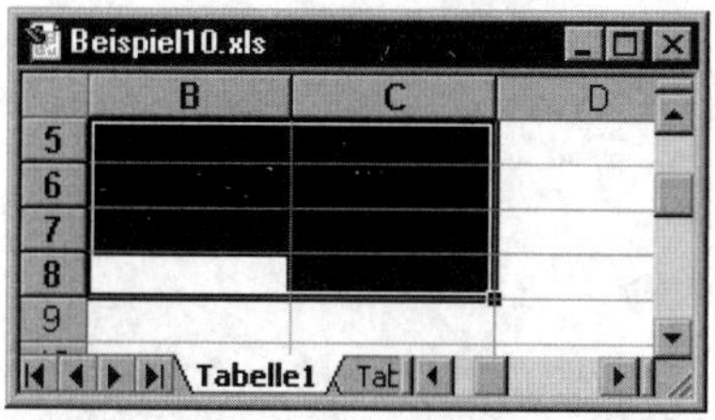

Bild 10.1: Markierter Zellbereich mit aktueller Zelle unten links

In einem markierten Bereich können Sie übrigens mit der Tastenkombination Strg+⇧+# im Uhrzeigersinn die Zellen in den Ecken anwählen (Bild 10.1).

Teil 2 · Arbeitsmappen und Tabellen

> *Liegen in einer Tabelle mehrere nicht zusammenhängende markierte Bereiche vor (Bild 10.2), können Sie die Cursortasten nicht direkt verwenden. Sobald Sie lediglich die Cursortasten drücken, löst Excel 97 sofort den markierten Bereich auf. Um die aktuelle Zelle im markierten Bereich weiterzuschieben, müssen Sie die Tastenkombination* [Strg]+[Alt] *in Verbindung mit einer Cursortaste benutzen. Die Tastenkombination* [Strg]+[Alt]+[→] *bewegt den Cursor zur nachfolgenden markierten Zelle (dies ist die rechts neben der aktuellen Position befindliche Markierung). Mit* [Strg]+[Alt]+[←] *erreichen Sie markierte Bereiche, die links von der aktuellen Position (bzw. in der Reihenfolge vorher) liegen.*

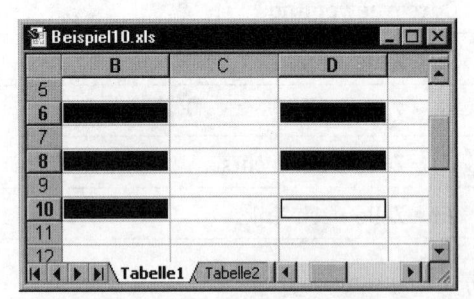

Bild 10.2: Markierte Bereiche in der Tabelle

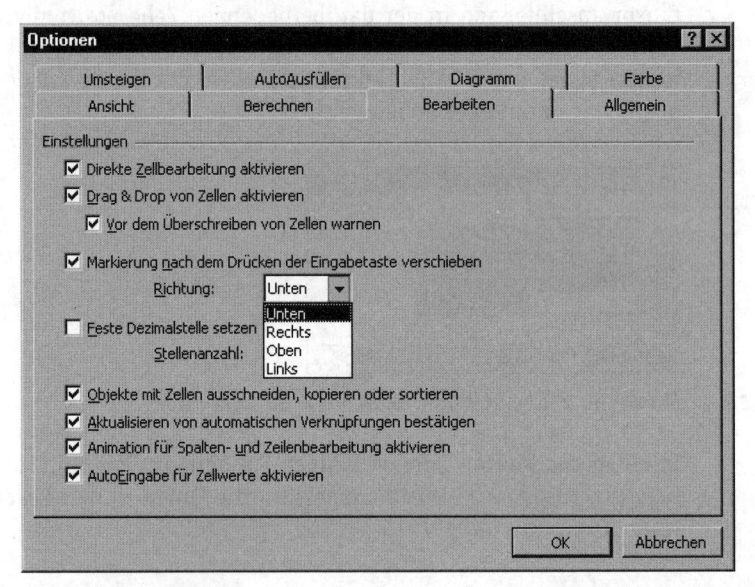

Bild 10.3: Registerkarte Bearbeiten

216

> *Die Positionierung des Cursors auf die Nachbarzelle nach dem Anschluß einer Eingabe über die ⏎-Taste ist abhängig von der Einstellung der Optionen. In der Registerkarte Bearbeiten (Menü EXTRAS, Eintrag OPTIONEN) existiert das Kontrollkästchen »Markierung nach dem Drücken der Eingabetaste verschieben«. Nur wenn dieses Kontrollkästchen markiert ist, reagiert Excel 97 gemäß der in Tabelle 10.1 beschriebenen Weise. Im Listenfeld Richtung läßt sich festlegen, wohin der Cursor nach dem Drücken der ⏎-Taste bewegt werden soll.*

10.2 Blättern in der Tabelle

Über die Bildlaufleisten des Dokumentfensters können Sie per Maus in der Tabelle zu den einzelnen Zellbereichen blättern. Dies ist bei »langen« Tabellen jedoch recht umständlich, zur Feinpositionierung eignet sich die Bildlaufleiste ebenfalls nicht sonderlich gut.

> *Um möglichst schnell per Bildlaufleiste zum unteren Tabellenteil zu gelangen, halten Sie beim Blättern per Bildlaufleiste die ⇧-Taste gedrückt. Dann ändert Excel 97 die Schrittweite zum Blättern. Sie sehen dies daran, daß der Schieber (Bildlaufpfeil) im Bildlaufbereich beim Drücken der ⇧-Taste verkleinert wird.*

Um effektiver innerhalb einer Tabelle zu navigieren, sollten Sie die Tastenkombinationen aus Tabelle 10.2 verwenden.

Tasten	Richtung
Bild↑	eine Seite nach oben
Alt+Bild↓	eine Seite nach rechts
Strg+Bild↓	nächstes Arbeitsblatt
Bild↓	eine Seite nach unten
Alt+Bild↑	eine Seite nach links
Strg+Bild↑	vorheriges Arbeitsblatt
Pos1	in die erste Spalte der Seite
Strg+Pos1	zum Anfang der Tabelle
Strg+Ende	rechte untere Ecke der letzten jemals belegten Zelle

Tabelle 10.2: Tasten zum Blättern in Tabellen

Die Tastenkombination (Strg)+(Ende) geht zur letzten jemals belegten Zelle in der unteren rechten Ecke der Tabelle. Dies kann durchaus eine leere Zelle sein, in der aber noch eine Formatierung gespeichert ist. Erst wenn Sie die Formatierung mit (Strg)+(⇧)+(6) zurücksetzen, wird die Zelle nicht mehr angesprungen.

> **TIP** *In der Registerkarte* Umsteigen *(Menü EXTRAS, Eintrag OPTIONEN) lassen sich alternative Bewegungstasten über das gleichnamige Kontrollkästchen einstellen. Dann gelten die in Tabelle 10.2 gezeigten Tasten nicht mehr. Vielmehr verwendet Excel 97 die in Tabelle 10.3 aufgeführten Lotus 1-2-3-Bewegungstasten.*

Tastenkombination	Bewegung
(⇧)+(Tab) oder (Strg)+(←)	Eine Seite nach links
(Tab) oder (Strg)+(→)	Eine Seite nach rechts
(Strg)+(Bild↓)	Zum nächsten Blatt in einer Arbeitsmappe
(Strg)+(Bild↑)	Zum vorherigen Blatt in einer Arbeitsmappe
(→)	Eine Zelle nach rechts
(←)	Eine Zelle nach links
(Pos1)	Zur ersten Zelle im Blatt (der Zelle in der oberen linken Ecke)
(F5)	Zu einer bestimmten Zelle oder einem bestimmten Zellbereich (entspricht dem Befehl GEHE ZU im Menü BEARBEITEN)
(F6)	Zum nächsten Fenster derselben Arbeitsmappe
(⇧)+(F6)	Zum vorherigen Ausschnitt desselben Fensters

Tabelle 10.3: Alternative Bewegungstasten

10 Bewegen in Tabellen

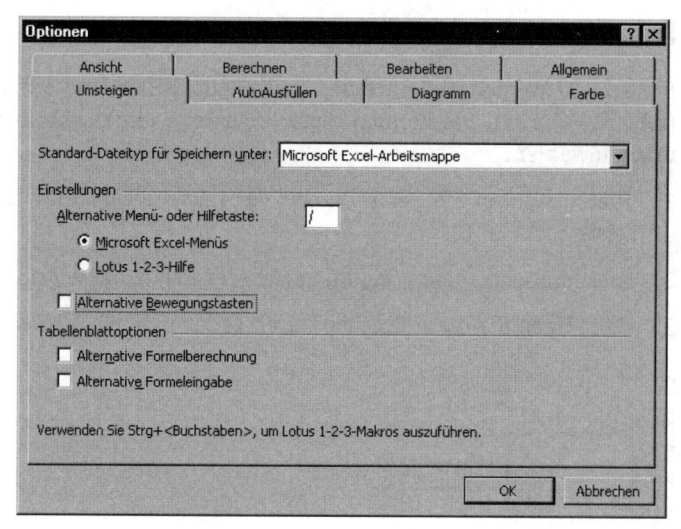

Bild 10.4: Registerkarte Umsteigen

> **SCRL** **TIP**
> *Beim Blättern mittels der Tasten `Bild↑` und `Bild↓` innerhalb eines Fensters wandert die aktive Zelle im Fenster mit. Wenn Sie dagegen vorher die `Rollen⇩`-Taste drücken, wird die aktive Zelle fixiert. Sie können dann ebenfalls mit `Bild↑` und `Bild↓` blättern. Solange die `Rollen⇩`-Taste aktiv ist, erscheint der Text SCRL in der Statusleiste. Durch ein zweites Betätigen der Taste `Rollen⇩` läßt sich die Fixierung wieder aufheben.*

Wenn Sie die `Strg`-Taste gedrückt halten, können Sie mit den Cursortasten `←`, `↑`, `→` und `↓` zu den Randzellen eines Datenblocks springen. Ein Datenblock ist dabei ein Zellbereich mit Einträgen, der durch leere Spalten und Zeilen begrenzt wird. Beachten Sie jedoch, daß dies nicht funktioniert, wenn die `Rollen⇩`-Taste gedrückt ist.

Bild 10.5: Datenblock in einer Tabelle

10.3 Direktanwahl einer Zelle

In Excel 97 werden die einzelnen Zellen mit Zeilen- und Spaltennummern (z.B. B14) belegt. Sie können daher eine Zelle direkt über diese Bezeichnung anwählen.

1. Hierzu klicken Sie per Maus auf das Namensfeld in der Bearbeitungsleiste (Bild 10.6).
2. Anschließend tippen Sie die gewünschte Zelladresse (z.B. D99) ein.
3. Bestätigen Sie diese Eingabe durch Drücken der ⏎-Taste.

Bild 10.6: Eingabe einer Zelladresse

Excel 97 markiert die Zelle und bringt den entsprechenden Zellausschnitt zur Anzeige.

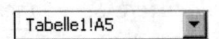

Bild 10.7: Verweis auf andere Tabelle

Sie können im Namensfeld die Zelladressen in der Form *Ax* eingeben. Dann bezieht sich der Verweis auf eine Zelle des aktuellen Arbeitsblatts. Zugriffe auf Zellen anderer Arbeitsblätter sind möglich, indem Sie den Namen des Arbeitsblatts vor den Zellnamen stellen und ein Ausrufezeichen dazwischen einfügen. In Bild 10.7 wird eine Zelle in *Tabelle1* angewählt.

10.4 Positionierung über Namen

Die Anwahl der einzelnen Zellen über die Zellnummern (*B9*, *C15* etc.) setzt voraus, daß Sie die betreffenden Nummern kennen. Bei umfangreichen Tabellen ist dies recht umständlich, da die Nummern keine Aussage über den Inhalt einer Zelle oder eines Bereiches machen. Im folgenden Kapitel wird gezeigt, wie Sie Zellbereiche mit Namen belegen können. Namen vereinfachen viele Abläufe in Excel 97 erheblich. Unter anderem können Sie zu benannten Bereichen auch über deren Namen gelangen.

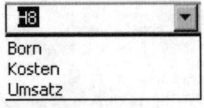

Bild 10.8: Namen im Namensfeld

1. Öffnen Sie das Listenfeld *Namensfeld* in der Bearbeitungsleiste (Bild 10.8). Sie müssen lediglich auf den Pfeil am rechten Rand des Felds klicken.

2. Sind Namen in der Tabelle definiert, werden diese im Listenfeld aufgeführt. Klicken Sie auf einen dieser Namen.

Excel 97 zeigt sofort die Zellen des benannten Bereichs an.

> *Neben der besseren Lesbarkeit bietet die Adressierung über Namen noch einen weiteren Vorteil: Namen sind innerhalb der Arbeitsmappe eindeutig. Ist gerade ein anderes Arbeitsblatt angewählt, wechselt Excel 97 zu dem Arbeitsblatt und dem Bereich, der den Namen enthält. Informationen, wie sich Namen definieren lassen, finden Sie im nächsten Kapitel.*

10.5 Die Funktion Gehe zu

Eine sehr elegante Möglichkeit zur Positionierung innerhalb einer Tabelle bietet die Funktion *Gehe zu*. Diese Funktion läßt sich über die Funktionstaste [F5], über die Tastenkombination [Strg]+[g] oder über den Eintrag GEHE ZU im Menü BEARBEITEN aufrufen. Excel 97 blendet dann das Dialogfeld aus Bild 10.9 im Arbeitsbereich ein.

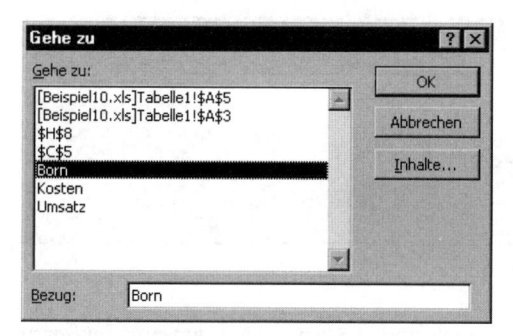

Bild 10.9: Das Dialogfeld Gehe zu

In der Liste *Gehe zu* finden Sie alle innerhalb der Arbeitsmappe definierten Namen. Weiterhin speichert Excel 97 die Position der letzten vier angewählten Zellen in dieser Liste.

⇢ Sie müssen lediglich einen Eintrag in der Liste anwählen und über die *OK*-Schaltfläche bestätigen. Excel 97 positioniert den Cursor dann auf der betreffenden Zelle und markiert diese.

⇢ Den gleichen Effekt erreichen Sie, indem Sie einen Eintrag der Liste mit einem Doppelklick der linken Maustaste markieren.

> *Bezieht sich der Name auf ein anderes Tabellenblatt der Arbeitsmappe, wird dieses automatisch aufgerufen. Sie können im Feld* Bezug *direkt den Namen einer anderen Arbeitsmappe im Format [Mappe.XLS]Blatt!Zelle angeben (z.B. [UMSATZ93.XLS]FILIALEN!Mannheim).*

> *Haben Sie mit* Gehe zu *an eine bestimmte Zelle positioniert? Dann drücken Sie die Taste* F5 *, und betätigen Sie anschließend die* ←*-Taste. Dies bringt Sie wieder zur alten Zellposition zurück. Excel 97 verwendet den ersten Eintrag der Namensliste als Sprungziel. Hierbei handelt es sich aber gerade um die vorher angewählte Zelle.*

10.6 Positionierung über die Suchfunktion

Sie können Excel 97 nach bestimmten Einträgen in einem Tabellenblatt suchen lassen. Hierzu wählen Sie den Eintrag SUCHEN im Menü BEARBEITEN, oder Sie drücken die Tastenkombination Strg+f. Auf dem Bildschirm erscheint das Dialogfeld aus Bild 10.10. Über die einzelnen Optionen dieses Dialogfelds läßt sich nach Zellinhalten der Tabelle suchen. Excel 97 positioniert die aktuelle Zelle auf der gefundenen Stelle.

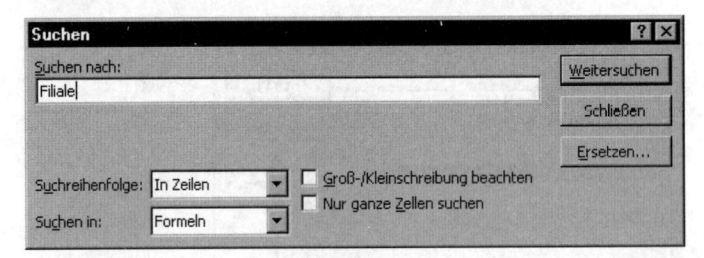

Bild 10.10: Das Dialogfeld Suchen

in das Feld *Suchen nach* tragen Sie den Suchtext ein. Im Suchmuster dürfen Sie auch die Stellvertreterzeichen ? und * verwenden. Das Fragezeichen steht als Stellvertreter für einen Buchstaben, während der Stern mehrere Buchstaben im Suchmuster darstellt. Mit Ma?er werden Textstellen mit Maier und Mayer gefunden. Der Begriff M*er liefert dagegen Einträge wie Meier, Meyer, Müller, Mauer etc. Kommt ein Stellvertreterzeichen im Suchbegriff vor, muß eine Tilde ~ vorangestellt werden (z.B. Kosten~?).

Die Suche läßt sich dabei über verschiedene Optionen steuern:

- Das Listenfeld *Suchreihenfolge* bestimmt die Reihenfolge, in der einzelne Zellen zu durchsuchen sind (zeilen- oder spaltenweise).
- Mit *Suchen in* können Sie Zellen mit Formeln, Werten oder Kommentaren angeben. Excel 97 kann immer nur einen Typ bei der Suche berücksichtigen.
- Standardmäßig unterscheidet Excel 97 bei der Suche nicht zwischen Groß- und Kleinbuchstaben. Kennen Sie den Suchbegriff, läßt sich die Suche auf Übereinstimmungen durch Markieren des Kontrollkästchens *Groß-/Kleinschreibung beachten* eingrenzen. Sind Sie sich aber über die Schreibweise unsicher, sollten Sie dieses Kontrollkästchen nicht aktivieren.
- Mit der Option *Nur ganze Zellen suchen* bezieht sich die Suche auf Zellen oder Zeichenfolgen, die genau den Suchbegriff (wortweiser Vergleich) enthalten.

Ist ein markierter Bereich gewählt, bezieht sich die Suche auf diesen Bereich. Die Suche läßt sich auf Tabellen oder andere Blätter anwenden. Wenn Sie eine Gruppe von Blättern markieren, durchsucht Excel 97 alle Blätter nach dem jeweiligen Begriff.

> *Existieren mehrere Stellen mit dem Suchbegriff im Suchbereich, können Sie diese sukzessive abrufen. Wurde der erste Eintrag gefunden, betätigen Sie die Schaltfläche* Schließen, *um das Dialogfeld zu schließen. Anschließend läßt sich über die Tasten* ⇧+F4 *zum nächsten Eintrag und über* Strg+⇧+F4 *zum vorigen Begriff positionieren.*

> *Excel 97 durchsucht die Tabelle ab der aktuellen Zelle spaltenweise nach unten nach dem Suchbegriff. Um den folgenden Eintrag zu suchen, klicken Sie im geöffnetem Dialogfeld* Suchen *auf die Schaltfläche* Weitersuchen. *Möchten Sie dagegen Textstellen in Richtung Tabellenanfang suchen, halten Sie die* ⇧-*Taste gedrückt, während Sie die Schaltfläche* Weitersuchen *aktivieren.*

> *Die Taste* F *in der Tastenkombination* Strg+F *zum Aufruf der Suchfunktion steht dabei für »Find«. Wie Sie mit der Funktion »Suchen und Ersetzen« Tabelleninhalte manipulieren, wird in Kapitel 12 behandelt.*

11 Selektieren und Arbeiten mit Namen

11.1 Zellen und Bereiche markieren

In Teil 1 haben Sie bereits die Grundlagen zum Selektieren (d.h. zum Markieren) von Zellen kennengelernt. Nachfolgend finden Sie eine Zusammenstellung weiterer Techniken zum Markieren von Zellbereichen.

···▸ Um eine Zelle zu markieren, reicht ein einfacher Mausklick. Diese Zelle wird auch als aktuelle Zelle bezeichnet. Excel 97 zeichnet diese Zelle durch einen fetten Rahmen mit einer Doppellinie aus.

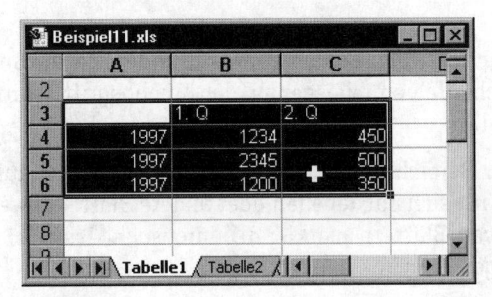

Bild 11.1: Markierter Zellbereich

···▸ Soll ein Bereich markiert werden, klicken Sie mit der Maus auf die Zelle in der linken oberen Ecke dieses Bereiches. Anschließend halten Sie die linke Maustaste gedrückt und ziehen die Maus diagonal zur rechten unteren Ecke des Bereichs. Excel 97 selektiert alle Zellen und markiert den Bereich durch einen dunklen Zellhintergrund (Bild 11.1).

···▸ Um einen Zellbereich mit den Cursortasten zu markieren, müssen Sie die ⇧-Taste gedrückt halten. Drücken Sie eine der Cursortasten, verschiebt Excel 97 die Auswahl der aktuellen Zelle. Gleichzeitig wird diese Zelle in die Auswahl einbezogen.

···▸ Alternativ können Sie den Erweiterungsmodus über die Funktionstaste F8 einschalten. Solange in der Statusleiste der Text ERW auftritt, können Sie die Cursortasten zur Erweiterung der Markierung verwenden. Eine erneute Betätigung der Funktionstaste F8 hebt den Erweiterungsmodus wieder auf.

···▸ Sie können einen Zellbereich auch über die Bearbeitungsleiste markieren. Wählen Sie hierzu das Namensfeld (Listenfeld links neben dem Stornofeld) per Maus an, und geben Sie dann den Bereich (z.B. *B4:C5*) ein.

···▸ Möchten Sie eine Spalte markieren, klicken Sie per Maus auf den Spaltenkopf (dies sind die Felder mit den Buchstaben *A, B, C* etc.). Drücken Sie die

Tastenkombination [Strg]+[Leertaste], markiert Excel 97 ebenfalls die Spalte, in der sich die aktuelle Zelle befindet.

Bild 11.2: Markierte Zeile

⇢ Eine Zeile läßt sich durch Anklicken des Zeilenkopfes (dies sind die Zahlen 1, 2 etc. am linken Tabellenrand) per Maus markieren (Bild 11.2). Schneller geht es, wenn Sie die Tastenkombination [⇧]+[Leertaste] betätigen, um die Zeile mit der aktiven Zelle zu markieren.

⇢ Möchten Sie eine Zeile oder eine Spalte in einem Datenblock markieren? Klicken Sie auf eine Zelle im Datenblock. Halten Sie die Tasten [⇧]+[Strg] gedrückt, und betätigen Sie eine Cursortaste, die die Richtung der Markierung angibt. Drücken Sie zum Beispiel die Taste [↑], markiert Excel 97 die Zellen oberhalb der aktuellen Zelle bis zum oberen Rand des Datenblocks. Ähnliches gilt für eine Zeile. Um den gesamten Datenblock zu markieren, drücken Sie die Tastenkombination [⇧]+[Strg]+[+].

⇢ Soll das gesamte Arbeitsblatt markiert werden, klicken Sie die Schaltfläche *Alles markieren* an. Dies ist das graue Viereck in der linken oberen Ecke der Tabelle, wo sich Zeilen- und Spaltenkopf schneiden. Schneller geht das Markieren einer kompletten Tabelle über die Tastenkombination [Strg]+[a].

Können Sie sich die Tastenkombinationen zum Markieren im Datenblock (dies ist ein Zellbereich, der Werte enthält und durch leere Zellen begrenzt wird) nicht merken? Natürlich läßt sich auch die Maus zum Markieren im Block verwenden. Bei größeren Datenblöcken reichen die Zellen mit den Daten aber häufig über den Rand des Dokumentfensters hinaus. Dann wird das Markieren durch Ziehen per Maus recht umständlich. Vielleicht helfen Ihnen die nachfolgenden Tips, wie sich per Maus innerhalb des Datenblocks markieren läßt.

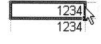

⇢ Die aktuelle Zelle wird durch den nebenstehend gezeigten Markierungsrahmen hervorgehoben.

⇢ Ein Doppelklick auf den rechten Rand verschiebt die Markierung innerhalb der aktuellen Zeile zu der Zelle, die im Datenblock ganz rechts steht.

⇢ Um zur Zelle am linken Rand des Datenblocks der Zeile zu gelangen, doppelklicken Sie auf den linken Rand des Rahmens.

⇢ Über einen Doppelklick auf den oberen bzw. unteren Rand des Markierungsrahmens verschiebt Excel 97 die Markierung für die aktuelle Zelle innerhalb der aktuellen Spalten an den oberen/unteren Rand des Datenblocks.

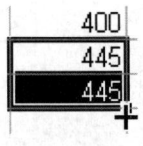

Möchten Sie die Zellen der aktuellen Spalte ab der aktuellen Zelle bis zum unteren Rand des Datenblocks markieren? Dann wählen Sie das Auswahlkästchen in der rechten unteren Ecke des Markierungsrahmens per Doppelklick an. Der nebenstehend gezeigte Ausschnitt aus einem Zellbereich zeigt zwei Zellen, die auf diese Weise markiert wurden. Der Mauscursor zeigt noch auf das Auswahlkästchen.

11.2 Mehrere Bereiche markieren

Alle oben beschriebenen Techniken markieren einen zusammenhängenden Zellbereich. Häufig werden jedoch Markierungen mehrerer nicht benachbarter Zellen benötigt (Bild 11.3).

Bild 11.3: Tabelle mit mehreren markierten Bereichen

Hierzu müssen Sie die einzelnen Zellbereiche markieren und gleichzeitig dafür sorgen, daß Excel 97 die bereits markierten Bereiche weiterhin in der Selektion behält. Gehen Sie folgendermaßen vor:

1. Markieren Sie den ersten Bereich, der in die Selektion einbezogen wird.
2. Halten Sie die ⌈Strg⌉-Taste gedrückt, und markieren Sie den zweiten Bereich.
3. Wiederholen Sie Schritt 2 für alle weiteren zu markierenden Bereiche.

Excel 97 erweitert anschließend den selektierten Bereich um die jeweils neu markierten Bereiche. Erst wenn Sie die ⌈Strg⌉-Taste loslassen und eine Zelle außerhalb der markierten Bereiche anklicken, hebt Excel 97 die Markierung auf.

Sind Eingaben in mehrere nicht benachbarte Zellen durchzuführen, sollten Sie diese zuerst selektieren. Betätigen Sie nach einer Eingabe die ⏎-Taste, springt der Cursor automatisch zur nächsten selektierten Zelle. Sofern Sie die Selektion über einen Namen vornehmen (siehe unten), läßt sich diese später aus dem Namensfeld per Mausklick abrufen.

11.3 Markieren bestimmter Zellen

Zusätzlich zu den oben beschriebenen Techniken kennt Excel 97 noch bestimmte Funktionen, um besondere Zellen zu markieren. Eine Übersicht finden Sie unter dem Stichwort »Inhalte auswählen« (siehe folgende Abschnitte). Tabelle 11.1 zeigt eine Übersicht über verschiedene Tastenkombinationen, mit denen sich die betreffenden Tabelleninhalte ebenfalls markieren lassen.

Tasten	Auswahl
Strg+⇧+o	Markiert alle Zellen mit Kommentaren.
Strg+⇧++	Markiert einen Datenblock (rechteckiger Bereich um die aktive Zelle, der durch leere Zeilen/Spalten begrenzt wird).
Strg+⇧+7	Markiert eine Matrix, die zur aktiven Zelle gehört.
Strg+ö	Markiert Zellen einer Zeile mit Abweichungen zur Vergleichszelle. Markieren Sie den Zellbereich, halten Sie die Strg-Taste gedrückt, und klicken Sie auf die Vergleichszelle. Wenn Sie jetzt die Tastenkombination Strg+ö eintippen, analysiert Excel 97 die Tabelle auf Abweichungen.
Strg+⇧+ö	Markiert Zellen einer Spalte mit Abweichungen zur Vergleichszelle.
Strg+ü	Markiert Zellen, auf die von einer Formel direkt zugegriffen wird. Sie müssen vor Aufruf der Tastenkombination die Zelle mit der Formel anklicken.
Strg+⇧+ü	Markiert Zellen, die Werte aus dem markierten Bereich verwenden.

Tasten	Auswahl
Strg + ä	Markiert Zellen, auf die von einer Formel indirekt zugegriffen wird.
Strg + ⇧ + ä	Markiert Zellen, die Werte aus dem markierten Bereich direkt oder indirekt verwenden.
Strg + Pos1	Zur Zelle A1.
⇧ + Pos1	Erweitert die Markierung zum Anfang der Zeile.
Strg + ⇧ + Pos1	Erweitert die Markierung zum Anfang des Blatts.
Strg + Ende	Zur Zelle in der rechten unteren Ecke des belegten Zellbereichs.
Strg + ⇧ + Ende	Erweitert die Markierung zum Ende des belegten Bereiches.
⇧ + ←	Reduziert die Markierung auf die aktuelle Zelle.

Tabelle 11.1: Tastenkombinationen zum Markieren in Tabellen

Beachten Sie, daß verschiedene Tastencodes nicht verfügbar sind, wenn Sie in der Registerkarte Umsteigen *(Menü* EXTRAS, *Eintrag* OPTIONEN*) das Kontrollkästchen* Alternative Bewegungstasten *markieren.*

Drücken Sie unbeabsichtigt ⇧ + Einf, *überschreibt Excel 97 den Zellinhalt mit dem Inhalt der Zwischenablage.*

11.4 Bereiche mit Gehe zu markieren

Über die Funktion *Gehe zu* lassen sich ebenfalls mehrere unabhängige Bereiche markieren. Hierzu gehen Sie folgendermaßen vor:

1. Rufen Sie die Funktion *Gehe zu* über die Funktionstaste F5 auf.

2. Wählen Sie einen der im Dialogfeld *Gehe zu* aufgeführten Bereiche an (siehe auch Kapitel 10).

3. Halten Sie die Strg-Taste gedrückt, und betätigen Sie gleichzeitig die *OK*-Schaltfläche.

Mit diesen Schritten wird der ausgewählte Bereich markiert. Wiederholen Sie diese Schritte für alle gewünschten Bereiche. Solange Sie beim Schließen des Dialogfeldes die (Strg)+Taste gedrückt halten, wird die Markierung der Bereiche erweitert.

Inhalte in Gehe zu auswählen

Die Funktion *Inhalte auswählen* erlaubt die einfache Auswahl von Zellen mit bestimmten Inhalten. Sobald Sie das Dialogfeld *Gehe zu* aufgerufen haben, steht Ihnen die Funktion über die Schaltfläche *Inhalte* zur Verfügung. Sobald Sie diese Schaltfläche betätigen, erscheint das Dialogfeld aus Bild 11.4.

Je nach gesetztem Optionsfeld kann Excel 97 automatisch bestimmte Zellen markieren. Ist vor Aufruf des Dialogfeldes ein Bereich markiert, durchsucht Excel 97 nur diesen Bereich. Um die gesamte Tabelle zu bearbeiten, sollten Sie daher nur eine einzelne Zelle markieren und dann die Funktion aufrufen. Ausnahme bilden die beiden Optionen *Vorgänger-Zellen* und *Nachfolger-Zellen*, bei denen immer das gesamte Blatt bearbeitet wird.

- Die Option *Kommentare* markiert alle Zellen, die einen Kommentar enthalten. Dies sind die Zellen, die in der Anzeige mit einem roten Dreieck in der rechten oberen Ecke dargestellt werden. Sie können diese Option aber auch direkt über die Tastenkombination (Strg)+(⇧)+(o) aufrufen.

- Das Optionsfeld *Konstanten* wählt alle Zellen aus, die nicht mit einen Gleichheitszeichen (=) beginnen, d.h. Zellen mit Werten wie 'Hallo oder 123,14.

- Die Funktion kann auch nach Formeln suchen. Hier läßt sich selektiv über Kontrollkästchen angeben, welche Werte eine Formel als Ergebnis liefert (Text, Zahl, logischer Wert, Fehler). Zellen, deren Formeln das Ergebnis liefern, werden markiert.

- Die Option *Leerzellen* markiert alle leeren Zellen des Bereichs oder des Arbeitsblatts.

- Wählen Sie das Optionsfeld *Aktueller Bereich,* markiert Excel 97 automatisch einen Bereich (in diesem Buch auch als »Datenblock« bezeichnet) im Kalkulationsblatt. Dieser Bereich umfaßt die aktuelle Zelle sowie die Umgebung. Der Bereich wird durch leere Spalten und Zeilen begrenzt. Sie können diese Auswahl auch direkt über die Tastenkombination (Strg)+(⇧)+(+) aufrufen.

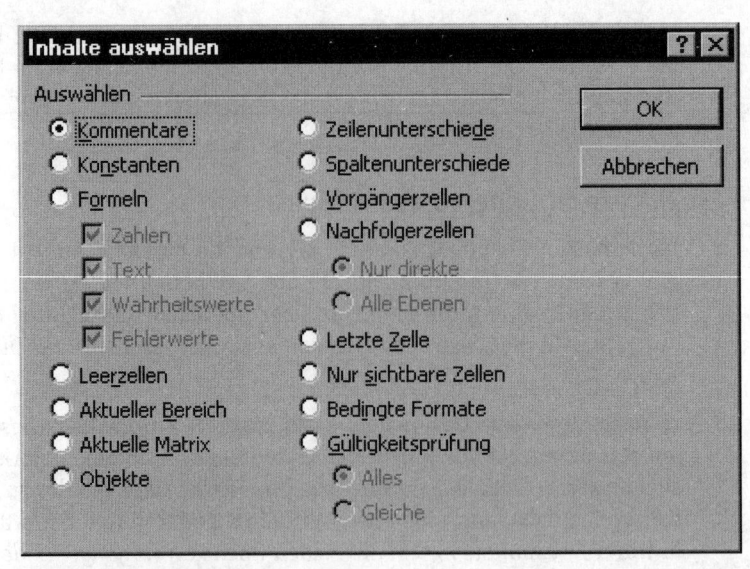

Bild 11.4: Das Dialogfeld Inhalte auswählen

- Enthält die Tabelle eine Matrix, läßt sich diese über die Option *Aktuelle Matrix* oder direkt über die Tastenkombination [Strg]+[⇧]+[7] anwählen. Es wird immer die Matrix selektiert, die die aktuelle Zelle enthält.

- Das Optionsfeld *Objekte* markiert alle Grafik- und Textobjekte, sowie eventuell vorhandene Schaltflächen im Arbeitsblatt.

- Sie können Excel 97 auch nach Zeilen- und Spaltenunterschieden suchen lassen. Dabei wird die aktive Zelle als Referenz verwendet. Bei der Suche nach Zeilenunterschieden werden alle Zellen der aktuellen Zeile mit der Referenzzelle auf Abweichungen verglichen und gegebenenfalls markiert. Diese Funktion läßt sich auch direkt über [Strg]+[ö] aufrufen. Eine Suche nach Spaltenunterschieden wird über [Strg]+[⇧]+[ö] oder über das betreffende Optionsfeld eingeleitet und analysiert die Zellen einer Spalte innerhalb des markierten Bereiches oder der Tabelle.

- Über das Optionsfeld *Vorgänger Zellen* markiert Excel 97 alle Zellen, auf die von Formeln im markierten Bereich zugegriffen wird. Sie können dabei über die Optionsfelder *Nur direkt* und *Alle Ebenen* einstellen, wie weit dieser Bezug reicht. Mit *Nur direkt* (oder der Tastenkombination [Strg]+[ü]) markiert Excel 97 nur die Zellen, bei denen ein direkter Bezug zur Vorgängerzelle besteht. Das zweite Optionsfeld (oder die Tastenkombination [Strg]+[⇧]+[u]) markiert Zellen, die direkt oder indirekt über die Formeln des markierten Bereiches angesprochen werden.

- Das Optionsfeld *Nachfolger Zellen* erlaubt die Markierung von Zellen, die Werte aus dem aktuell selektierten Bereich verwenden. Es gelten dabei die gleichen Optionen wie bei der Markierung der Vorgängerzellen. Allerdings werden bei der Direktanwahl die Tastenkombinationen [Strg]+[ä] (*Nur direkte*) und [Strg]+[⇧]+[ä] (*Alle Ebenen*) benutzt.

- Mit *Letzte Zelle* wird die Zelle im Tabellenblatt oder in der Makrovorlage markiert, die einen Eintrag besitzt oder eine Formatierung enthält.

- Wählen Sie das Optionsfeld *Nur sichtbare Zellen*, um alle sichtbaren Zellen in einer Tabelle zu markieren. Damit werden ausgeblendete Zellen nicht berücksichtigt.

- Die Option *Bedingte Formate* markiert Zellen, denen bedingte Formate zugewiesen wurden. Wählen Sie das Optionsfeld *Alles*, um die gesamte Tabelle zu analysieren. Mit *Gleiche* werden nur Zellen markiert, die das gleiche bedingte Format wie die aktuelle Zelle aufweisen.

- Die Option *Gültigkeitsprüfung* markiert Zellen, auf die Gültigkeitsregeln angewandt werden. Wählen Sie das Optionsfeld *Alles*, um die gesamte Tabelle zu analysieren. Mit *Gleiche* werden nur Zellen markiert, die die gleiche Gültigkeitsregel wie die aktuelle Zelle aufweisen.

Wählen Sie die gewünschte Option aus, und schließen Sie das Dialogfeld über die *OK*-Schaltfläche. Anschließend zeigt Excel 97 die markierten Zellen, die den definierten Kriterien entsprechen, an.

11.5 Bereiche mit Namen belegen

Die Anwahl der einzelnen Zellen über die Zellnummern (*B9*, *C15* etc.) setzt voraus, daß Sie die betreffenden Nummern kennen. Bei umfangreichen Tabellen ist dies recht umständlich, da die Koordinaten keine Aussage über den Inhalt einer Zelle oder eines Bereiches geben. Im vorhergehenden Kapitel wurde die Funktion *Gehe zu* vorgestellt, mit der Sie direkt Bereiche einer Tabelle anwählen können.

Um dabei die Übersicht zu behalten, erlaubt Excel 97, bestimmten Bereichen frei definierbare Namen zuzuweisen. Die Bezeichnung *Umsatzdaten_92* ist sicherlich aussagekräftiger als die Bereichsangabe *A9:C15*. Die Funktion *Gehe zu* arbeitet letztlich mit Bereichsnamen, und in vielen anderen Funktionen sind diese Namen ebenfalls nutzbar (z.B. beim Drucken, siehe Kapitel 16). Besondere Bedeutung bekommen Namen innerhalb von Formeln. Eine Berechnung der Art »=Umsatz_Netto*MwSt« ist wohl intuitiver als »=A9*B12«.

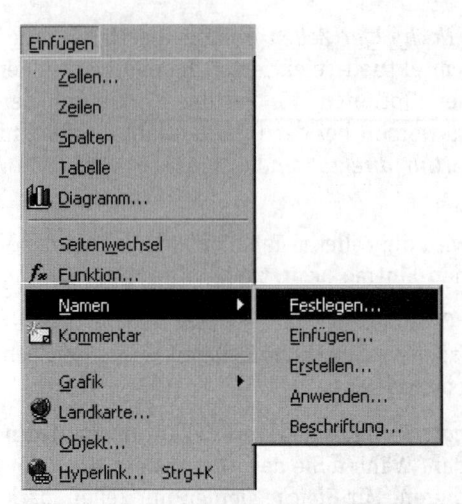

Bild 11.5: Menü Einfügen mit dem Befehl Namen

Um einem Bereich einen Namen zuzuweisen, führen Sie folgende Schritte aus:

1. Markieren Sie den betreffenden Bereich in der Tabelle. Die betreffenden Techniken wurden weiter oben besprochen.
2. Dann öffnen Sie das Menü EINFÜGEN und wählen den Eintrag NAMEN an. Im Untermenü klicken Sie auf den Befehl FESTLEGEN (Bild 11.5).

Alternativ können Sie die Funktion auch direkt über die Tastenkombination ⎡Strg⎤+⎡F3⎤ aufrufen. Excel 97 blendet das Dialogfeld *Namen festlegen* auf dem Bildschirm ein (Bild 11.6).

Der mittlere Bereich enthält die Liste der bereits in der aktuellen Arbeitsmappe definierten Namen.

- ⋯▸ Das Feld *Bezieht sich auf:* zeigt den aktuell im Arbeitsblatt ausgewählten Bereich sowie den Namen des Blattes. Klicken Sie im Dialogfeld auf die nebenstehend gezeigte Schaltfläche am rechten Rand des Feldes, läßt sich ein neuer Bereich in einer Tabelle markieren und durch die ⎡←⎤-Taste übernehmen.

- ⋯▸ Das Feld *Namen in der Arbeitsmappe* dient zur Eingabe des gewünschten Namens für den Bereich. Haben Sie eine Zelle mit einem Textinhalt markiert, schlägt Excel 97 diesen Text als Namen vor.

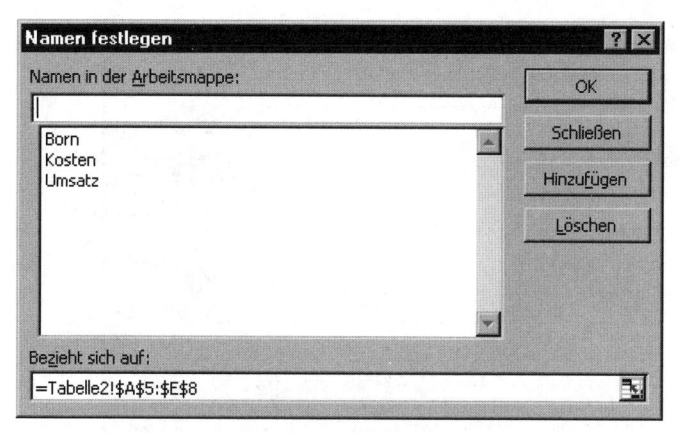

Bild 11.6: Dialogfeld Namen festlegen.

Für die Wahl des Namens müssen Sie verschiedene Konventionen beachten:

- Ein Name darf bis zu 255 Zeichen lang sein und Buchstaben, Ziffern und die Sonderzeichen \ . ? _ enthalten. Das erste Zeichen muß ein Buchstabe, ein Unterstrich _ oder ein Backslash \ sein.

- Namen, die mit Zahlen oder Zellbezügen übereinstimmen (z.B. *Z2S4* oder *B19*) sind nicht zulässig.

- Leerzeichen und Bindestriche sind in Namen unzulässig. Sie können Teilnamen durch einen Unterstrich *MwSt_Satz* oder durch einen Punkt *MwSt.Satz* trennen.

- Excel 97 unterscheidet bei Namen keine Groß-/Kleinschreibweise, d.h. die Namen *born* und *Born* sind für Excel 97 gleich. Sie können aber Groß-/Kleinschreibung zur besseren Lesbarkeit verwenden.

Um einen Namen hinzuzufügen oder einen bestehenden Namen auf einen anderen Bereich zu setzen, gehen Sie folgendermaßen vor:

1. Geben Sie den gewünschten Namen in das Feld *Namen in der Arbeitsmappe* ein.

2. Klicken Sie auf die Schaltfläche *Hinzufügen*.

3. Schließen Sie das Dialogfeld über die *OK*-Schaltfläche.

Damit speichert Excel 97 den Namen für den markierten Bereich im Arbeitsblatt. Sie können später auf die Markierung über diesen Namen zugreifen.

> Das Feld Namen in der Arbeitsmappe *signalisiert, daß der Name für die gesamte Arbeitsmappe eindeutig sein muß. Existiert bereits ein Name, wird dieser in der Liste angezeigt. Tragen Sie gleichzeitig diesen Namen in das Feld* Namen in der Arbeitsmappe *ein, verbindet Excel 97 den Namen mit der aktuellen Markierung.*

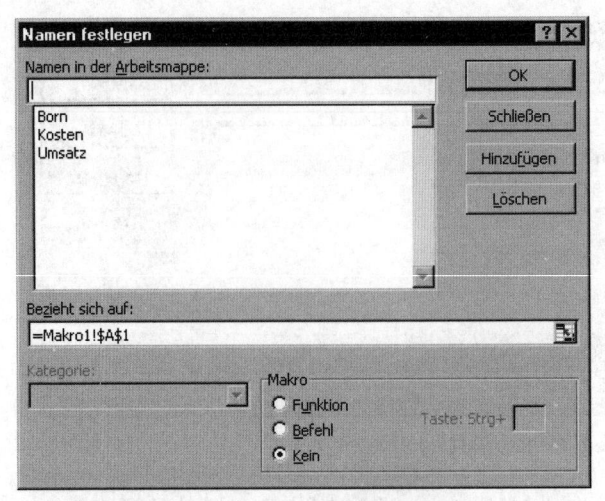

Bild 11.7: Dialogfeld Namen festlegen bei Makroblättern

> *Der untere Teil mit dem Listenfeld Kategorie und die Gruppe Makro (Bild 11.7) erscheint nur, wenn ein Makroblatt selektiert ist. Das Feld Kategorie wird freigegeben, sobald eines der Optionsfelder Befehl oder Funktion markiert ist. Damit können Sie eigene Kategorien erstellen oder ein Makro einer bestehenden Kategorie zuweisen. Über die Optionsfelder der Gruppe Makro läßt sich der Typ des Makros definieren, der mit einem Namen belegt wird. Dann läßt sich dieses Makro später über den Namen aufrufen. Einem Befehlsmakro kann über das Feld Taste ein Tastaturbefehl zugewiesen werden. Der Befehl besteht aus der* Strg *-Taste, die zusammen mit dem angegebenen Buchstaben zur Aktivierung gedrückt werden muß. Diagrammblättern lassen sich keine Namen zuweisen.*

Ein Name darf in einer Tabelle einem Bereich, einer Zellkonstanten oder einer Formel zugewiesen werden. Die Schaltflächen innerhalb des Dialogfeldes *Namen festlegen* besitzen dabei folgende Bedeutung:

- Über die *OK*-Schaltfläche wird das Dialogfeld geschlossen. Gleichzeitig übernimmt Excel 97 den im Feld *Namen in der Arbeitsmappe* abgelegten Eintrag.
- Möchten Sie einem markierten Bereich mehrere unterschiedliche Namen zuweisen, fügen Sie den aktuellen Namen über die Schaltfläche *Hinzufügen* ein. Damit bleibt das Dialogfeld geöffnet.
- Wenn Sie die Schaltfläche *Schließen* betätigen, beendet Excel 97 das Dialogfeld und verwirft die letzte Eingabe.
- Um einen Namen in der Liste zu löschen, wählen Sie diesen per Maus an. Anschließend betätigen Sie die Schaltfläche *Löschen*.

Sie können eine beliebige Anzahl von Namen innerhalb der Arbeitsmappe definieren. Über die Bildlaufleiste des Dialogfelds (Bild 11.6) läßt sich in der Liste der definierten Namen blättern.

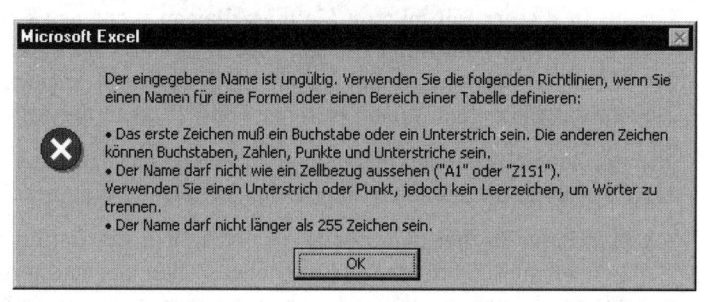

Bild 11.8: Fehler bei Leerzeichen im Namen

> Sie sollten die Namen so wählen, daß sie einen Rückschluß auf die zugehörigen Daten geben. Achten Sie bei der Namensvergabe auch darauf, daß keine Leerzeichen im Namen vorkommen. Andernfalls erscheint ein Meldungsfenster mit einem Fehlerhinweis (Bild 11.8).

Namensdefinition schnell und einfach

> Möchten Sie einen neuen Namen im aktuellen Kalkulationsblatt definieren, können Sie sich den Umweg über das Dialogfeld Namen festlegen sparen.

1. Markieren Sie den zu benennenden Zellbereich. Dies kann per Maus oder über die Tastatur geschehen.
2. Klicken Sie das Namensfeld in der Bearbeitungszeile an. Das Namensfeld ist das Listenfeld links neben den Bearbeitungsschaltflächen, welches die Zellbezeichnung der aktiven Zelle enthält.
3. Überschreiben Sie die Zellbezeichnung per Tastatur mit dem neuen Namen.
4. Drücken Sie die ⏎-Taste zur Übernahme des Namens.

Damit fügt Excel 97 den neuen Namen in der Liste ein. Existiert der Name bereits, verzweigt Excel 97 zu diesem Bereich und markiert die zugehörigen Zellen. Ist ein Bereich mit mehreren Namen belegt, zeigt Excel 97 anschließend den ersten Bereichsnamen aus der Liste an. Sie können mit dieser Methode allerdings keinen Namen umbenennen oder löschen.

Namen übernehmen

Innerhalb einer Tabelle sind häufig Begriffe eingetragen (z.B. Spaltenüberschriften), die sich als Namen zur Benennung eines Bereiches übernehmen lassen. In diesem Fall müssen Sie diese Namen nicht neu eintippen, sondern können die Funktion *Erstellen...* im Untermenü des Befehls NAMEN (siehe Bild 11.5) verwenden. Sobald dieser Unterbefehl angewählt wird, erscheint das Dialogfeld *Namen erstellen* (Bild 11.9) in der Anzeige.

Die vier Kontrollkästchen bestimmen dabei, wie der Name aus dem markierten Bereich zu übernehmen ist. Hierbei ist folgendes zu beachten.

⇥ Markieren Sie bei den vier Kontrollkästchen die Optionen, die anzuwenden sind. Es werden die restlichen Zellen des markierten Bereiches mit den Namen der Zellen der obersten oder untersten Reihe, der linken oder rechten Spalte oder einer Kombination daraus belegt. Excel 97 verwendet immer die Optionen, deren Kontrollkästchen aktiviert wurde.

⇥ Ist bereits ein Name für den markierten Bereich definiert, blendet Excel 97 eine Sicherheitsabfrage bezüglich des Überschreibens ein, die Sie manuell quittieren müssen.

⇥ Die Namen werden dabei aus den Werten der Zellen abgeleitet (z.B. Umsatz). Ein Datum wandelt Excel 97 in einen Text um.

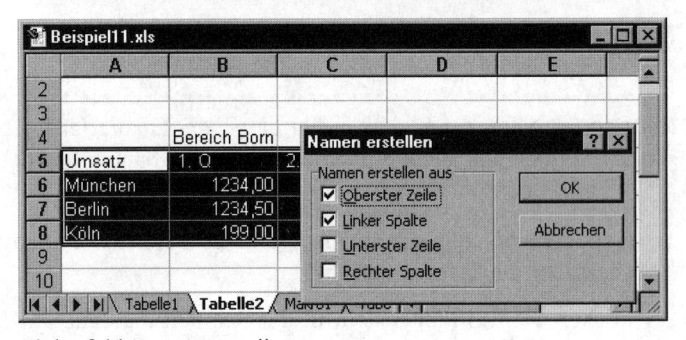

Bild 11.9: Dialogfeld Namen erstellen

Beachten Sie, daß bei dieser Option unter Umständen viele Namen für die Bereiche definiert werden. Markieren Sie zum Beispiel fünf Spalten und nutzen die Option *Oberste Zeile,* weist Excel 97 jeder Spalte den Namen der obersten Zelle zu.

Sie können diese Funktion auch direkt über die Tastenkombination [Strg]+[⇧]+[F3] *aufrufen.*

11 Selektieren und Arbeiten mit Namen

> *Excel 97 analysiert den markierten Bereich auf mögliche Namen. Enthält die oberste Zeile oder die linke Spalte zum Beispiel Text, setzt das Programm bereits die Markierung für die einzelnen Kontrollkästchen.*

11.6 Namen einfügen

Über Namen lassen sich leicht definierte Bereiche einer Zelle zuordnen. Nehmen wir an, Sie haben in einer Zelle die Mehrwertsteuer abgelegt und dieser Zelle den Namen *MwSt* zugewiesen (Bild 11.10). Um den Inhalt dieser Zelle in eine andere Zelle zu übernehmen, gehen Sie folgendermaßen vor:

1. Markieren Sie die Zielzelle, in die der Inhalt des benannten Bereichs zu übernehmen ist.
2. Klicken Sie im Menü EINFÜGEN auf den Befehl NAMEN/EINFÜGEN (Bild 11.5).
3. Wählen Sie im Dialogfeld *Namen einfügen* den gewünschten Namen (Bild 11.10).
4. Schließen Sie das Dialogfeld über die *OK*-Schaltfläche.

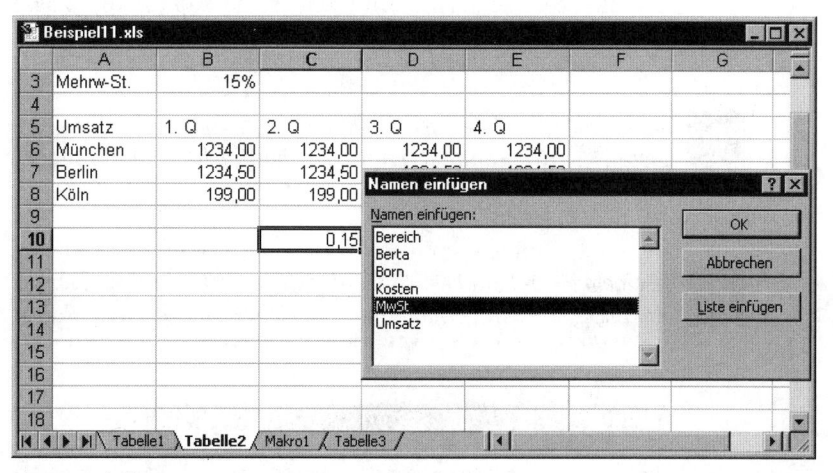

Bild 11.10: Namen einfügen

Excel 97 fügt jetzt den Bezug »=MwSt« in die Zelle ein. Bestätigen Sie dies durch Drücken der ⏎-Taste, erscheint der Inhalt der ursprünglichen Zelle mit dem Namen *MwSt* in der aktuellen Zelle (dies ist in Bild 11.10 in Zelle *C10* zu sehen, während die Mehrwertsteuer in Zelle *B3* hinterlegt wurde).

Liste der Namen in Tabelle einfügen

Haben Sie eine Reihe verschiedener Bereiche mit Namen belegt? Ist der Überblick verlorengegangen, welcher Name zu welchem Bereich gehört?

Dann sollten Sie Excel 97 die Liste der Namen samt den zugehörigen Bereichen anzeigen lassen. Hierzu gehen Sie in folgenden Schritten vor:

1. Wechseln Sie nach Möglichkeit zu einer leeren Tabelle. In diese Tabelle wird die Liste eingefügt.

2. Wählen Sie eine Zelle als linke obere Ecke der Namensliste an. (Beachten Sie, daß die Liste zwei Spalten mit einer Zeile für jeden Namen umfaßt!)

3. Klicken Sie im Menü EINFÜGEN auf den Befehl NAMEN/EINFÜGEN (Bild 11.5).

4. Excel 97 zeigt Ihnen jetzt das Dialogfeld *Namen einfügen* mit den definierten Namen an (Bild 11.10). Klicken Sie auf die Schaltfläche *Liste einfügen*.

Excel 97 fügt die Liste mit den Namen und den zugehörigen Einträgen für die Bereiche in der Tabelle ein (Bild 11.11). Die linke Spalte enthält dabei die Namen, die rechte Spalte definiert den zugehörigen Bereich. Die Liste läßt sich sehr einfach ausdrucken (siehe Kapitel 16), was bei der Fehlersuche hilfreich ist.

Sie können die Liste auch direkt einfügen, indem Sie eine Zelle anwählen, die Taste F3 *drücken und dann die Schaltfläche* Liste einfügen *betätigen.*

In einem Makroblatt besteht die eingefügte Liste aus 5 Spalten (Name, Zellbezug, Makrotyp {0=kein, 1=Funktion, 2=Befehl}, Tastenbefehl, Kategorie).

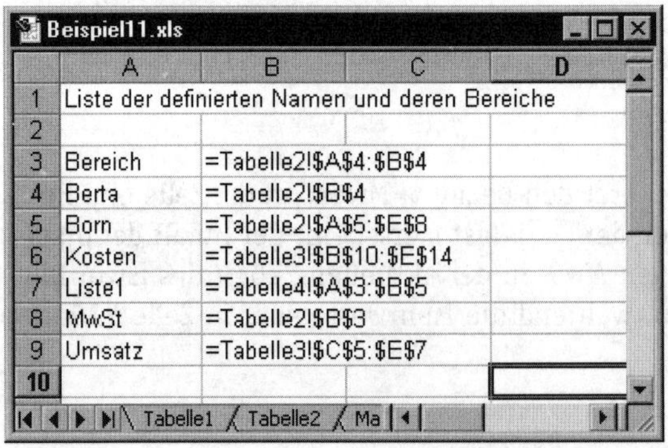

	A	B	C	D
1	Liste der definierten Namen und deren Bereiche			
2				
3	Bereich	=Tabelle2!$A$4:$B$4		
4	Berta	=Tabelle2!$B$4		
5	Born	=Tabelle2!$A$5:$E$8		
6	Kosten	=Tabelle3!$B$10:$E$14		
7	Liste1	=Tabelle4!$A$3:$B$5		
8	MwSt	=Tabelle2!$B$3		
9	Umsatz	=Tabelle3!$C$5:$E$7		
10				

Bild 11.11: Tabelle mit Liste der Namen und Bereiche

11.7 Namen anwenden

Excel 97 unterstützt Sie mit einer weiteren komfortablen Funktion, mit der sich Namen anwenden lassen. Nehmen wir einmal an, Sie haben eine umfangreiche Tabelle erstellt, die auch Formeln zur Berechnung enthält. Leider haben Sie beim Erstellen der Formeln versäumt, mit benannten Bereichen bzw. Namen zu arbeiten. Die Zellen enthalten dann Ausdrücke der Form:

=A19*B30

Nachträglich entschließen Sie sich, die Tabelle mit Namen zu versehen. Nehmen wir an, es gibt einige Zellen, die Konstanten enthalten, die häufiger in Berechnungen vorkommen. Statt die Konstante der Zelle B30 in einer Formel anzuwenden, könnten Sie die Zelle zum Beispiel mit dem Namen *MwSt* belegen. Anschließend wäre in allen Formeln, in denen der Mehrwertsteuerwert (d.h. dieser Zellwert) auftritt, der Zellbezug *B30* durch *MwSt* auszutauschen.

Sie können sich sicher vorstellen, daß dieses Unterfangen bei manueller Ausführung recht fehlerträchtig und langwierig ist. Überlassen Sie Excel 97 diese Aufgabe.

1. Soll nur ein Tabellenbereich bearbeitet werden, markieren Sie diesen vor der Anwendung der Funktion.
2. Klicken Sie im Menü EINFÜGEN auf den Befehl NAME/ANWENDEN (Bild 11.5).
3. Im Dialogfeld *Namen anwenden* wählen Sie den (die) gewünschten Namen aus (Bild 11.12). Zum Markieren mehrerer Namen klicken Sie auf die betreffenden Einträge. Ein zweiter Klick hebt die Markierung auf.
4. Anschließend klicken Sie auf die *OK*-Schaltfläche.

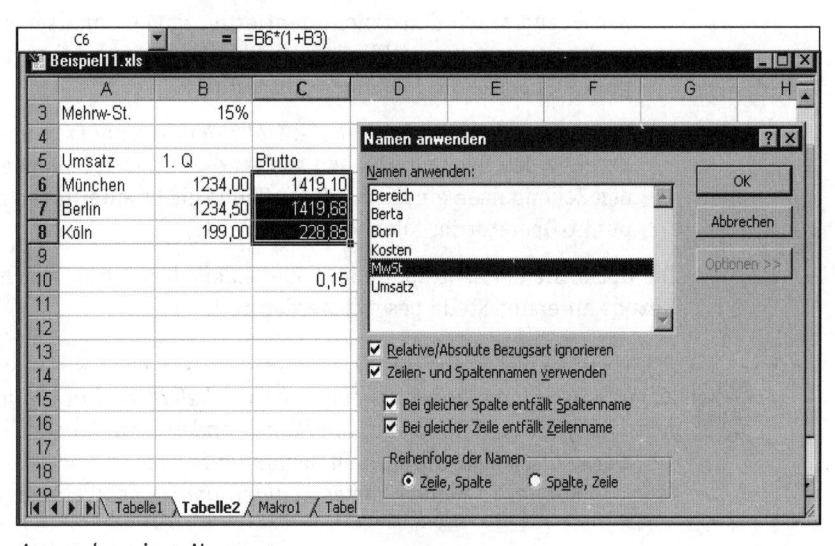

Bild 11.12: Anwenden eines Namens

Excel 97 durchsucht jetzt alle Zellen mit Verweisen auf die gewählten benannten Bereiche. In Bild 11.12 enthält die Bearbeitungszeile einen Verweis auf die Zelle *B3*. Diese Zelle ist aber auch mit dem Namen *MwSt* belegt. Nach der Bearbeitung weisen alle Zellen einen Verweis auf diesen Namen *MwSt* auf, d.h. *B3* wird durch *MwSt* ersetzt.

Optionen im Dialogfeld Namen anwenden

Klicken Sie im Dialogfeld *Namen anwenden* auf die Schaltfläche *Optionen>>*, wird das Dialogfeld um einige Kontrollkästchen und Optionsfelder erweitert.

- Ein markiertes Kontrollkästchen *Relative/Absolute Bezugsart ignorieren* sorgt dafür, daß Excel 97 alle Zellbezüge durch die Namen ersetzt. Heben Sie die Markierung auf, geht Excel 97 bei der Auflösung der Bezüge folgendermaßen vor: Absolute Bezüge werden nur dann ersetzt, wenn der Name auch als absoluter Bezug definiert wurde. Gleiches gilt sinngemäß für relative Bezüge.

  Haben Sie einen Namen *MwSt* bei der Definition im Feld *Bezieht sich auf* mit *$D$3* festgelegt, handelt es sich um einen absoluten Bezug für den Namen. Wird jetzt eine Formel der Art =$D$3 gefunden, ersetzt Excel 97 den Verweis durch den Namen. Enthält die Formel jedoch einen relativen Bezug der Art =D3, wird dieser nur dann durch den Namen ersetzt, wenn das Kontrollkästchen der obigen Option gesetzt ist.

- Ist die Option *Zeilen- und Spaltennamen verwenden* markiert, erlaubt Excel 97 auch, die Spalten- und Zeilennamen in Verweisen zu ersetzen. Dies gilt immer dann, wenn die genauen Namen der Zellen nicht gefunden werden.

- Die Option *Bei gleicher Spalte entfällt Spaltenname* weist Excel 97 an, den Bezug durch den zeilenorientierten Namen zu ersetzen, ohne den Spaltennamen einzuschließen. (Siehe die Erläuterungen zum Schnittpunkt-Operator im folgenden Abschnitt.)

- Die Option *Bei gleicher Zeile entfällt der Zeilennamen* veranlaßt, daß Excel 97 den Bezug durch den spaltenorientierten Namen ersetzt, ohne den Zeilennamen einzuschließen. (Siehe die Erläuterungen zum Schnittpunkt-Operator im folgenden Abschnitt.)

Die Optionsfelder *Zeile,Spalte* und *Spalte,Zeile* legen fest, welcher Teil eines Bezugs an erster Stelle gesetzt werden soll.

Zusätzliche Informationen zu den Optionen liefert die Direkthilfe des Dialogfelds. Beispiele zum Anwenden von Namen finden Sie unter anderem in Kapitel 12 (hier wird gezeigt, wie sich ein benannter Bereich in eine Zelle übernehmen läßt). In Kapitel 13 werden Namen benutzt, um Formeln lesbarer zu gestalten.

11 Selektieren und Arbeiten mit Namen

■ Schnittpunkt-Operatoren anwenden

Bei der Anwendung von Namen auf Formeln gibt es noch eine Besonderheit, die hier erwähnt werden soll. In Bild 11.13 sehen Sie eine einfache Tabelle, die die Quartalsumsätze verschiedener Filialen enthält. Für jede Filiale wurden die Netto- und die Bruttoumsätze pro Quartal in einer Spalte aufgeführt. Möchten Sie beispielsweise die summierten Nettoumsätze einer Filiale berechnen, müssen Sie die einzelnen Zellen dieser Filiale addieren. Für die Filiale »München« läßt sich dies mit folgender Formel bewerkstelligen:

=B6+D6+F6+H6

Die betreffende Formel wurde in der Zelle C12 eingetragen. Bei umfangreichen Tabellen wäre es jedoch schön, wenn diese Formel nicht mit Zellbezügen, sondern mit Namen versehen würde. Allerdings gibt es noch ein Problem: Eigentlich ist es unsinnig, jede dieser Zellen mit einem eigenen Namen (z.B. *Muenchen_Quart1_Netto*) zu versehen, um diesen Namen anschließend in die Formel aufzunehmen.

Die in Bild 11.13 gezeigte Tabelle benutzt einen etwas anderen Ansatz zum Benennen von Bereichen.

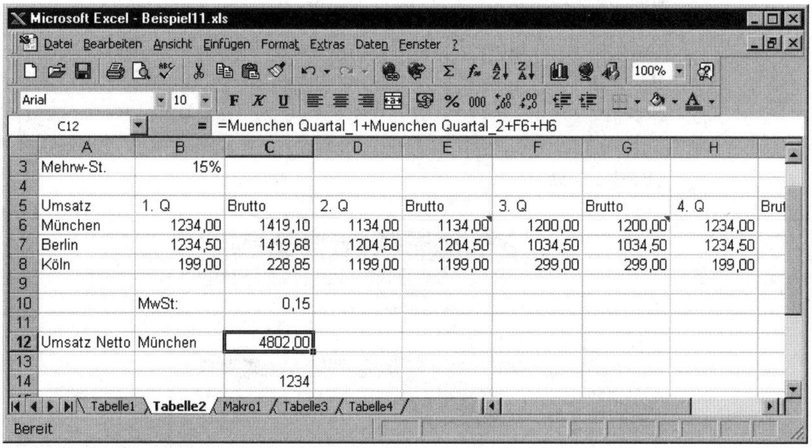

Bild 11.13: Tabelle mit Umsatzberechnungen

··→ Die Zeile mit den Umsatzdaten der Filiale »München« wurde markiert und mit dem Namen *Muenchen* versehen.

··→ Die Spalten mit den Nettoumsätzen der einzelnen Quartale wurden mit Namen wie *Quartal_1*, *Quartal_2* etc. versehen.

Natürlich können Sie in Tabellen andere, aussagekräftigere Namen verwenden. Die Vorgaben dienen hier lediglich zur Demonstration. Im nächsten Schritt läßt sich jetzt Excel 97 anweisen, die Namen auf die Tabelle anzuwenden.

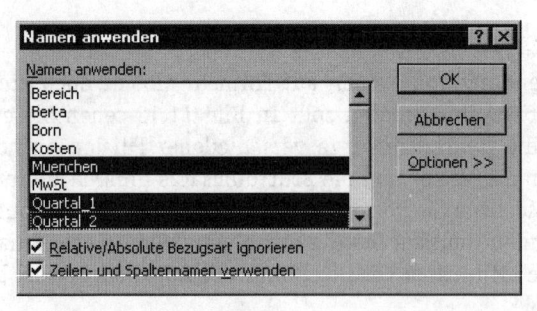

Bild 11.14: Namen anwenden

Im Dialogfeld *Namen anwenden* wurden die Namen *Muenchen, Quartal_1* und *Quartal_2* markiert (Bild 11.14). Sobald das Dialogfeld über die *OK*-Schaltfläche geschlossen wird, beginnt Excel 97 mit der Analyse der Tabelle. Dabei werden die Zellbezüge in Formeln durch die Namen der betreffenden Bereiche ersetzt. Allerdings stimmen die Zellbezüge der Formel:

=B6+D6+F6+H6

nicht mit den Namen der benannten Bereiche überein. Trotzdem zeigt Excel 97 die geänderte Formel:

=Muenchen Quartal_1+Muenchen Quartal_2+F6+H6

Obwohl die Zellen *B6* und *D6* nicht mit Namen belegt wurden, konnte Excel 97 einen Bezug auf einen benannten Bereich einführen. Hierbei kommt der Schnittmengenoperator zum Einsatz. Die Zelle *B6* entspricht genau der Schnittmenge zwischen den benannten Bereichen *Muenchen* und *Quartal_1* (Bild 11.15).

Bild 11.15: Schnittmenge in Tabelle

Ähnliches gilt für die restlichen Zellen, die in der Schnittmenge beliebiger Namen liegen. Excel 97 benutzt die Auswertung dieser Schnittmengen, um die Zellbezüge innerhalb der Formel durch Namen zu ersetzen.

> *Lassen Sie Excel 97 Namen auf Formeln anwenden, fehlt manchmal ein Name im Schnittpunkt-Operator. Die Formel:*

= Munchen Quartal_1 - Munchen Quartal_2

wird dann als:

= Munchen Quartal_1 - Quartal_2

angegeben. Hier wurde im zweiten Ausdruck der Zeilenname *Muenchen* nicht mehr aufgeführt. Sie haben im Dialogfeld *Namen anwenden* das Kontrollkästchen *Bei gleicher Zeile entfällt Zeilenname* angegeben (Bild 11.12). Excel 97 nutzt dann einen impliziten Schnittpunkt-Operator und läßt den Zeilennamen weg. Ähnliches gilt auch für die Spaltennamen, die sich durch die Option *Bei gleicher Spalte entfällt Spaltenname* unterdrücken lassen.

Sie können dies auch direkt nutzen, indem Sie einen Schnittpunkt-Operator in einer Zellformel angeben. Einen Schnittpunkt-Operator bilden Sie, indem Sie die beiden Namen getrennt durch ein Leerzeichen in die Formel einfügen. Mit der Anweisung

= Muenchen Quartal_1

wird der Wert der Zelle, die in der Schnittmenge der beiden Namen *Muenchen* und *Quartal_1* liegt, in die aktuelle Zelle mit der Formel übernommen.

Sie finden die Datei BEISPIEL11.XLS auf der Begleit-CD im Verzeichnis BEISP\KAP11. Tabelle2 enthält die in Bild 11.14 gezeigten Daten samt Namen und Schnittpunkt-Operatoren.

11.8 Beschriftungsbereiche nutzen

Excel 97 erlaubt Ihnen, in Formeln Namen anstelle von Zellreferenzen einzubeziehen. Durch die Namen werden die Formeln besser lesbar (Stichwort »natürlichsprachliche Formeln«). Dies wurde in den vorherigen Abschnitten bereits mehrfach gezeigt. Allerdings ist es aufwendig, Namen für die betreffenden Zellbereiche zu definieren. Schauen Sie sich einmal die Tabelle aus Bild 11.16 an.

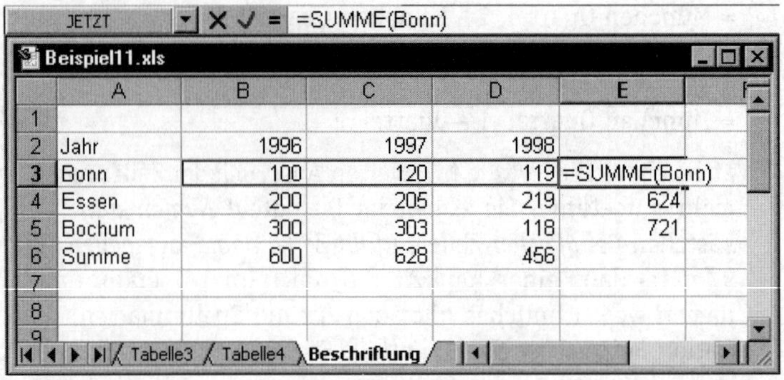

Bild 11.16: Tabelle mit Spalten- und Zeilenbeschriftung

Diese Tabelle besitzt Spalten- und Zeilentitel, um die einzelnen Rubriken der Tabelle zu beschriften. Der Betrachter erkennt sofort, daß die Werte der Zeile 3 die Umsatzdaten der Filiale *Bonn* für die Jahre 1996 bis 1998 umfassen. Um die Umsatzsumme der Filialen für das Jahr 1996 zu berechnen, sind alle Werte der Spalte *B3* zu summieren. Analoges gilt für die Berechnung der Umsatzsumme einer Filiale über die Jahre 1997 und 1998; hier sind die Werte der betreffenden Zeile zu summieren. Die Formel zur Berechnung des Umsatzes im Jahr 1996 ließe sich zu:

=Summe (B3:B5)

angeben. Für die anderen Formeln gilt ähnliches. Transparenter wird die Sache, wenn die Umsatzdaten des Jahres 1996 mit einem Namen wie *_1996* versehen werden. Dann läßt sich die Formel zu:

=Summe (_1996)

angeben. Voraussetzung ist allerdings, daß Sie den Bereich mit dem Namen *_1996* belegt haben. Dies ist aufwendig und im Grunde genommen auch überflüssig. Durch die Spaltenbeschriftung erkennt der Betrachter, welche Zahlen zum Jahr 1996 gehören. Eigentlich sollte Excel 97 dies ebenfalls erkennen können.

Hier kommt die Funktion *Beschriftungsbereiche* ins Spiel. Sie können diese Funktion im Menü EINFÜGEN aufrufen:

1. Klicken Sie im Menü EINFÜGEN auf den Befehl NAMEN.

2. Anschließend klicken Sie im angezeigten Untermenü auf den Befehl BESCHRIFTUNG (Bild 11.5).

Excel 97 öffnet das Dialogfeld *Beschriftungsbereiche* (Bild 11.17), in dem Sie die Bereiche mit den Beschriftungen festlegen. Für die in Bild 11.16 gezeigte Tabelle gibt es zwei Beschriftungsbereiche:

···❖ Die Spaltenüberschriften liegen im Zellbereich B2:D2.
···❖ Die Zeilenüberschriften werden im Zellbereich A3:A5 geführt.

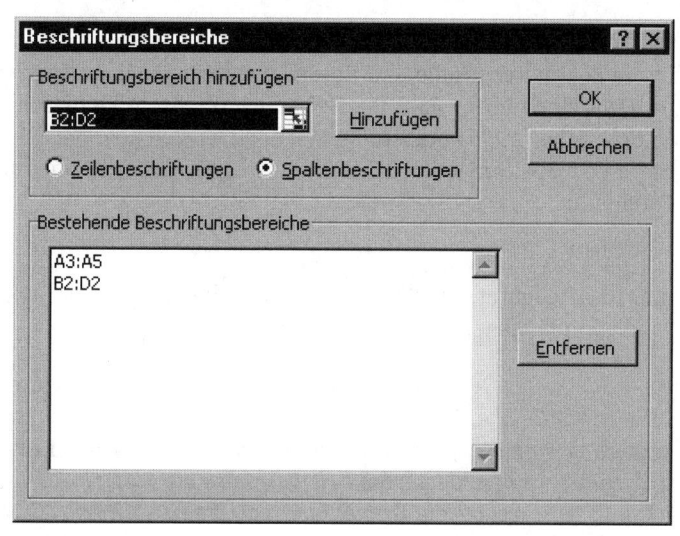

Bild 11.17: Das Dialogfeld Beschriftungsbereiche

Um die Zellbereiche festzulegen, gehen Sie folgendermaßen vor:

1. Markieren Sie eines der Optionsfelder *Zeilenbeschriftungen* oder *Spaltenbeschriftungen*.

2. Dann markieren Sie den Zellbereich (eine oder mehrere Zellen), die den Beschriftungstext der Zeile oder Spalte enthalten. Für die Spaltenbeschriftung der in Bild 11.16 gezeigte Tabelle wären dies *B2:D2*.

3. Klicken Sie auf die Schaltfläche *Hinzufügen*, um den Bereich in die Liste *Bestehende Beschriftungsbereiche* einzutragen.

Sobald Sie das Dialogfeld über die *OK*-Schaltfläche schließen, merkt sich Excel 97 die so definierten Bereiche für das Arbeitsblatt.

Geben Sie jetzt eine Formel ein, können Sie innerhalb der Formel auch die in den Zeilen- oder Spaltenüberschriften angegebenen Texte angeben. Die Formel zur Berechnung der Umsatzsumme der Filiale *Bonn* über die Jahre 1996 bis 1998 wird dann nicht zu:

=Summe (B3:D3)

sondern als

=Summe (Bonn)

angegeben. (Sie erkennen dies in Bild 11.16 in der Bearbeitungszeile.) Um die Umsätze des Jahres 1996 in einer Zelle zu berechnen, geben Sie die Formel:

=Summe (1996)

in die Bearbeitungszeile ein. Normalerweise wäre diese Angabe unzulässig, da *1996* eine gültige Zahl ist. Bei Namen müßten Sie beispielsweise einen Unterstriche *_1996* voranstellen. Handelt es sich aber bei der Angabe *1996* um einen Spalten- oder Zeilentitel, erkennt Excel 97 dies und setzt die Formeln in

=Summe ('1996')

um. Dies bedeutet, die Werte der Spalte, die mit der Überschrift *1996* versehen wurde, gehen in die Summenberechnung ein.

> *Dies trifft für alle Zellen zu, die eine Jahres- oder Datumsangabe als Beschriftung enthalten, gleichzeitig aber im Dialogfeld* Beschriftungsbereiche *aufgeführt werden. Geben Sie beispielsweise die Formel =SUMME(1997) ein, aktualisiert Excel 97 die Formel automatisch zu =SUMME('1997').*

Excel 97 durchsucht bei Analyse die Namensliste (die diesen Namen nicht enthält). Anschließend werden die Beschriftungsbereiche analysiert. Findet Excel 97 dort den angegeben Text, verwendet es die Daten der betreffenden Spalte oder Zeile.

Mit der Option *Beschriftungsbereiche* bietet Excel 97 Ihnen eine elegante Möglichkeit, um Zeilen- oder Spaltentitel in eine Berechnung einzubeziehen. Einen Beschriftungsbereich entfernen Sie, indem Sie im Dialogfeld *Beschriftungsbereiche* den Eintrag in der Liste *Bestehende Beschriftungsbereiche* markieren und dann die Schaltfläche *Entfernen* betätigen (Bild 11.17).

> *Versehen Sie eine Liste mit Hilfe des Befehls* BESCHRIFTUNG *im Menü* EINFÜGEN/NAMEN *mit Beschriftungsbereichen, sollten Sie die Ansicht des Tabellenblatts auf 39 Prozent (oder weniger) verkleinern. Excel 97 markiert dann alle Bereiche, die im Dialogfeld* Beschriftungsbereiche *aufgeführt werden, mit einem blauen Rahmen. Beim Drucken oder nach dem Vergrößern des Zoomfaktors auf mehr als 39% verschwindet dieser blaue Rahmen.*

12 Daten bearbeiten, verschieben und kopieren

12.1 Daten bearbeiten

Um Daten einer Zelle zu korrigieren, müssen Sie lediglich die betreffende Zelle anklicken. Anschließend lassen sich die Zeichen in die Bearbeitungszeile überschreiben oder erweitern.

> *Wenn Sie die Taste* [F2] *drücken oder die Zelle mit einem Doppelklick anwählen, läßt sich deren Inhalt auch direkt bearbeiten.*

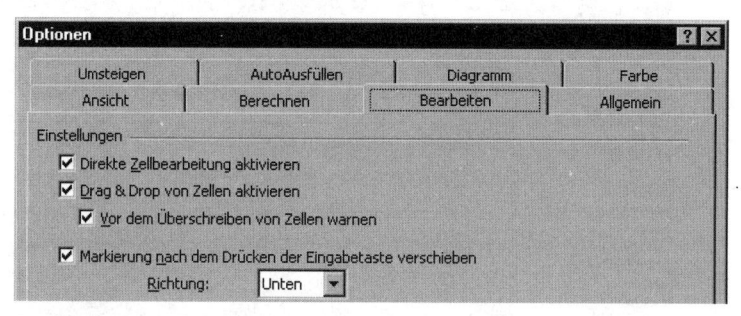

Bild 12.1: Registerkarte Bearbeiten (Ausschnitt)

> *Die direkte Bearbeitung des Zellinhalts läßt sich über das Kontrollkästchen* Direkte Zellbearbeitung *in der Registerkarte* Bearbeiten *(Menü* EXTRAS*, Eintrag* OPTIONEN*) sperren (Bild 12.1). Möchten Sie auf die Bearbeitungsleiste verzichten, heben Sie die Markierung des Kontrollkästchens* Bearbeitungsleiste *in der Registerkarte* Ansicht *(Menü* EXTRAS*, Eintrag* OPTIONEN*) auf (Bild 12.2). Excel blendet dann die Bearbeitungsleiste aus der Anzeige aus.*

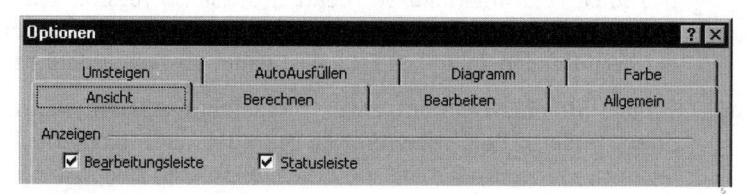

Bild 12.2: Registerkarte Ansicht (Ausschnitt)

Teil 2 · Arbeitsmappen und Tabellen

> *Wenn Sie die beiden oberen Optionen kombinieren und sowohl die direkte Zellbearbeitung sperren als auch die Bearbeitungsleiste ausblenden, können Sie Eingaben in eine Kalkulationstabelle verhindern. Der Benutzer hat dann keine Möglichkeit mehr, eine Zelle zur Korrektur anzuwählen (es sei denn er setzt die Optionen wieder). Dies ist unter Umständen hilfreich, wenn Eingaben über Steuerelemente (siehe Teil 6) erfolgen.*

Umgang mit der Bearbeitungsleiste

Die Bearbeitungsleiste im Excel-97-Fenster (Bild 12.3) läßt sich zur Bearbeitung der Zellinhalte nutzen.

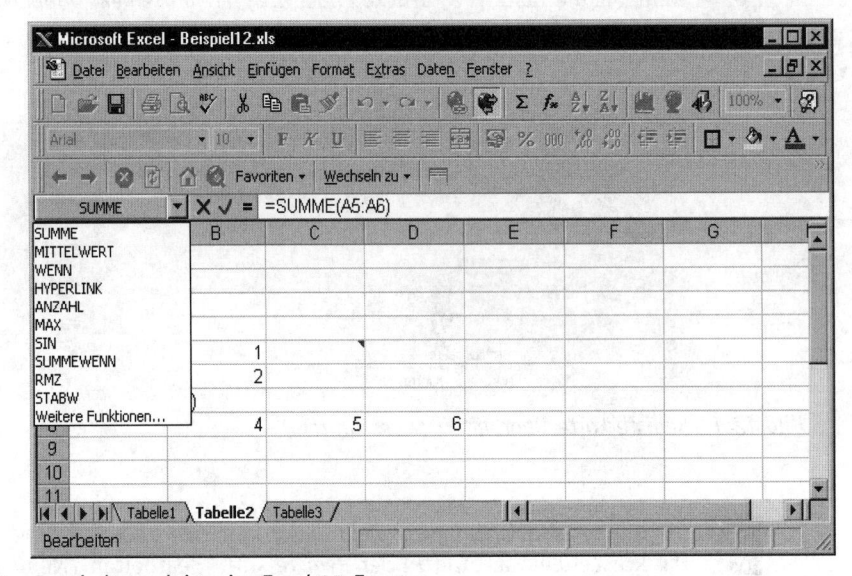

Bild 12.3: Bearbeitungsleiste im Excel-97-Fenster

Sobald Sie auf eine Zelle klicken, wird der Inhalt dieser Zelle in der Bearbeitungsleiste angezeigt. Dadurch können Sie beispielsweise Formeln innerhalb einer Zelle anzeigen und bearbeiten.

Das linke Feld innerhalb der Bearbeitungsleiste besitzt eine zweigeteilte Funktion. Bei der Anwahl einer Zelle mittels Mausklick erscheint der Name der betreffenden Zelle. Das Feld wird daher als Namensfeld bezeichnet.

Wählen Sie eine Zelle mit einem Doppelklick an, läßt sich der Zellinhalt direkt in der Zelle bearbeiten (Sie brauchen dann nicht zur Bearbeitungsleiste zu wechseln). Enthält die Zelle eine Formel, zeigt Excel 97 im Namensfeld eine Schaltfläche zum Abrufen von Funktionen an. Klicken Sie auf die Schaltfläche neben dem Feld, öffnet sich eine Liste der verfügbaren Funktionen (siehe Bild 12.3).

X ✓ = Die nebenstehend gezeigten Schaltflächen *Abbrechen*, *Eingeben* und *Formel bearbeiten* erlauben Ihnen, Eingaben zu verwerfen, in die Zelle zu übertragen oder die Zellformel zu bearbeiten (siehe auch Kapitel 3).

Eingabe in selektierte Bereiche

Schließen Sie die Eingabe in einer Zelle mit der ⏎-Taste ab, markiert Excel 97 die darunterliegende Zelle als aktuelle Zelle. Dieses Verhalten (welches gemäß Bild 12.1 über die Registerkarte *Bearbeiten*, Option *Markierung nach dem Drücken der Eingabetaste verschieben*) beeinflußbar ist, ist bei der Eingabe in mehrere Zellen recht hilfreich.

Falls Sie aber nur einige wenige Zeilen, dafür aber mehrere nebeneinanderliegende Spalten mit Daten füllen möchten, ist es störend, am Spaltenende jeweils die erste Zelle der nächsten Spalte anzuklicken. Noch problematischer wird es, wenn die Zellen mit den Eingaben über die Tabelle verstreut sind. Hier hilft Ihnen ein Trick bei der Eingabe weiter:

⇢ Markieren Sie einfach den Bereich, in den Eingaben erfolgen sollen.

Wenn Sie jetzt die ⏎-Taste drücken, positioniert Excel 97 die Auswahl auf der nächsten Zelle im markierten Bereich. Haben Sie einen rechteckigen Bereich markiert, können Sie alle Zellen der ersten Spalte durch Eingaben füllen. Erreichen Sie die unterste Zelle der Spalte (im markierten Bereich), setzt die ⏎-Taste die Auswahl auf die erste Zelle der folgenden Spalte. Sie können sich folglich durch Drücken der ⏎-Taste durch alle Zellen des markierten Bereichs bewegen.

12.2 Verschieben und Kopieren

Um den Inhalt eines Zellbereichs zu verschieben, können Sie die Funktionen *Ausschneiden*, *Kopieren* und *Einfügen* verwenden. Diese Funktionen lassen sich über Schaltflächen, das Menü BEARBEITEN und über Tastenkombinationen aufrufen. Tabelle 12.1 gibt die hierzu benötigten Tastenkombinationen an.

Tasten	Befehl
Strg+x	Schneidet den markierten Bereich aus und fügt den Inhalt in die Zwischenablage ein.
Strg+c	Kopiert den Inhalt des markierten Bereiches in die Zwischenablage.
Strg+v	Fügt den Inhalt der Zwischenablage in die Tabelle ein.

Tabelle 12.1: Tastenkombinationen zum Kopieren und Verschieben

Alternativ können Sie die Funktionen über die Einträge des Menüs BEARBEITEN oder über Schaltflächen der Symbolleiste aufrufen.

- ···> Die Funktion Ausschneiden wird über die nebenstehende Schaltfläche oder über den gleichnamigen Eintrag im Menü BEARBEITEN aktiviert und schneidet den markierten Zellbereich aus. Abweichend zu den anderen Windows-Anwendungen bleibt der Ausschnitt aber weiterhin sichtbar, bis die Kopie aus der Zwischenablage in eine Tabelle eingefügt wird.

- ···> Mit nebenstehender Schaltfläche oder über den Eintrag KOPIEREN im Menü BEARBEITEN läßt sich eine Kopie des markierten Bereiches in der Zwischenablage anfertigen. Der markierte Bereich bleibt erhalten. Sie können dann den Inhalt der Zwischenablage in andere Arbeitsblätter übernehmen.

- ···> Der Eintrag EINFÜGEN im Menü BEARBEITEN oder die nebenstehende Schaltfläche fügt den Inhalt der Zwischenablage in die Tabelle ein.

Einfacher geht das Kopieren oder Verschieben aber per Maus, indem Sie folgende Schritte ausführen:

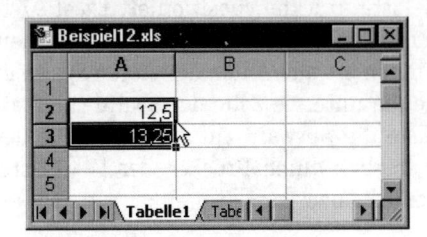

Bild 12.4: Verschieben eines markierten Bereiches

1. Markieren Sie zuerst den zu verschiebenden Bereich. Excel 97 umgibt diesen Bereich mit einem fetten Rahmen.

2. Positionieren Sie den Mauscursor auf dem Rand dieses Rahmens. Sie dürfen nicht auf das Ausfüllkästchen zeigen! Der Cursor wechselt von einem Kreuz in ein Pfeilsymbol (Bild 12.4).

3. Ziehen Sie bei gedrückter linker Maustaste den Rahmen zur gewünschten Zielzelle. Excel 97 markiert die benachbarten Zellen mit einem grauen Rahmen (Bild 12.5).

4. Sobald Sie die linke Maustaste loslassen, verschiebt Excel 97 den markierten Bereich zur neuen Position (Bild 12.6).

Falls Ihnen das Ergebnis nicht gefällt, läßt sich der alte Zustand über die Tastenkombination [Strg]+[Z] restaurieren.

12 Daten bearbeiten, verschieben und kopieren

Bild 12.5: Rahmen beim Ziehen per Maus

Bild 12.6: Ergebnis in der Tabelle

Neben dem Verschieben eines Bereiches können Sie auch eine Kopie der Daten anfertigen. Sie haben hier zwei Möglichkeiten:

⇢ Liegt der Bereich zur Aufnahme der Kopie direkt neben der (den) markierten Zelle(n), zeigen Sie auf das Ausfüllkästchen. Anschließend ziehen Sie das Ausfüllkästchen über die Zellen, in die der Wert kopiert werden soll. Diese Technik des Füllens wird ausgiebig in Kapitel 9 besprochen.

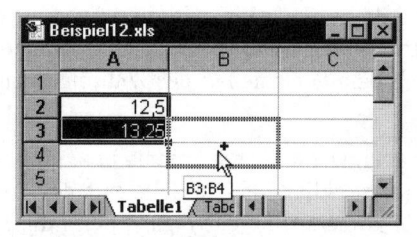

Bild 12.7: Kopieren eines Bereiches

⇢ Befolgen Sie die weiter oben zum Verschieben gezeigten Schritte 1 bis 4. Zum Kopieren halten Sie beim Ziehen zusätzlich die [Strg]-Taste gedrückt. Excel 97 blendet in der Statuszeile einen Hinweis auf die Kopieroperation ein. Weiterhin erscheint beim Cursor ein kleines Kreuz. Sobald Sie die linke Maustaste freigeben, fertigt Excel 97 an der neuen Position eine Kopie des markierten Bereiches an.

Sie können diesen Vorgang über die Tastenkombination [Strg]+[z] ebenfalls rückgängig machen.

> Um eine Mehrfachkopie anzufertigen, legen Sie eine Kopie des markierten Bereiches in der Zwischenablage ab (Strg + c). Dann können Sie diese Kopie mehrfach über die Tastenkombination Strg + v in die Tabelle einfügen. Die gleiche Technik läßt sich verwenden, um einen Zellbereich in ein anderes Tabellenblatt oder eine andere Arbeitsmappe zu übernehmen.

Formeln und Funktionen verschieben/kopieren

Das Verschieben und Kopieren von Zellen mit Formeln läßt sich analog der im vorhergehenden Abschnitt beschriebenen Weise per Maus oder über die Zwischenablage vornehmen. Allerdings sind folgende Punkte zu beachten:

- Beim Verschieben ändern sich die Zellinhalte (Formeln und Werte) nicht. Excel 97 paßt aber die Formeln in Zellen an, die sich absolut auf die verschobenen Zellen beziehen. Bei relativen Bezügen auf einen Bereich erhalten die abhängigen Formeln den Wert #BEZUG zugewiesen.

- Wenn Sie dagegen eine Zelle mit einer Formel kopieren, paßt Excel 97 relative Zellbezüge automatisch an. Absolute Zellbezüge werden unverändert übernommen.

Dies hat unter Umständen erhebliche Konsequenzen auf Berechnungen. Enthält eine Zelle zum Beispiel eine Summe über einen Spaltenbereich:

=SUMME(A1:A4)

bleibt der Ausdruck beim Verschieben zur Zelle *A10* erhalten. Die Zellangaben *A1:A4* stellen relative Bezüge dar. Fügen Sie nun in den dazwischenliegenden Zellen *A5* bis *A9* zusätzliche Werte ein, ignoriert Excel 97 diese bei der Berechnung der Werte. In Kapitel 4 wurde ein solches Beispiel behandelt, bei dem die Formeln nach dem Verschieben des Zellinhalts zu korrigieren waren.

Recht komfortabel ist es aber, wenn Sie die Summe über eine Spalte bilden (z.B. *SUMME(A1:A4)*) und anschließend die Zelle mit der Summenformel nach rechts in einen Zelle kopieren. Excel 97 paßt dann die Formel sofort an die geänderte Spaltenbezeichnung an (*SUMME(B1:B4)*). Damit wird automatisch die korrekte Summe der Nachbarspalte berechnet. Wollten Sie dagegen den Inhalt der Formel unmodifiziert kopieren (z.B. weil Sie das Rechenergebnis benötigen), müssen Sie mit absoluten Bezügen arbeiten (z.B. *=SUMME($A$1:$A$4)*).

> *Sie können mit den Funktionen Ausschneiden und Kopieren auch markierte Teile der Bearbeitungsleiste ausschneiden und in Zellen mit der Tastenkombination* `Strg`+`v` *übernehmen. Weiterhin läßt sich eine Teilformel aus der Bearbeitungsleiste ausschneiden, eine andere Zelle anwählen und die Teilformel in die Bearbeitungsleiste einfügen. Damit können Sie komplexe Ausdrücke sehr elegant in verschiedene Zellen übernehmen.*

> *Die Unterschiede zwischen absoluten und relativen Bezügen werden in Kapitel 13 erläutert.*

12.3 Tabelleninhalt als Grafik in andere Programme kopieren

Excel 97 bietet die Möglichkeit eine Tabelle oder Bereiche daraus auszuschneiden (`Strg`+`x` oder `Strg`+`c`) und mit `Strg`+`v` wieder in die Fremdanwendung einzufügen. Hierbei werden aber lediglich die Zellinhalte (Werte, Texte etc.) kopiert. Möchten Sie die Struktur der Tabelle in der Fremdanwendung anzeigen, können Sie die Tabelle als Grafik in anderen Windows-Anwendungen (z.B. Word 97) einfügen. Hierzu gehen Sie folgendermaßen vor:

1. Markieren Sie den zu kopierenden Bereich der Tabelle per Maus.

2. Halten Sie die `⇧`-Taste gedrückt, während Sie das Menü BEARBEITEN öffnen. Excel 97 zeigt den Eintrag GRAFIK KOPIEREN, den Sie anwählen.

3. Auf dem Bildschirm erscheint das Dialogfeld aus Bild 12.8 zur Auswahl der Optionen. Selektieren Sie die gewünschten Optionsfelder, und schließen Sie das Dialogfeld über die *OK*-Schaltfläche

4. Anschließend wechseln Sie zur Fremdanwendung und fügen die Grafik aus der Zwischenablage in das Dokument ein.

Die Optionen der Gruppe *Darstellung* bestimmen, wie der markierte Zellbereich zu kopieren ist.

- Wählen Sie die Option *Wie angezeigt*, um den markierten Bereich in ein anderes Excel-Tabellenblatt einzufügen. Der markierte Bereich, der in der Zielanwendung erscheint ist der gleichen Größe wie im Original-Arbeitsblatt.

- Die Option *Wie ausgedruckt* erleichtert das Einfügen in Fremdanwendungen. Excel 97 verwendet dann die Einstellungen für den Ausdruck, um die Größe der Grafik beim Einfügen zu ermitteln. Hierbei kann sich eine Vergrößerung oder Verkleinerung ergeben.

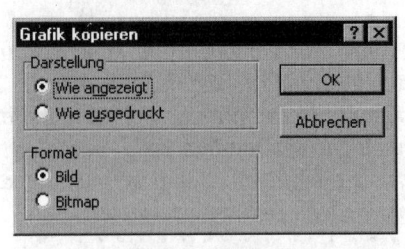

Bild 12.8: Dialogfeld Grafik kopieren

Mit den beiden Optionsfeldern der Gruppe *Format* läßt sich festlegen, in welcher Form der Zellinhalt in die Zwischenablage kopiert wird.

- Die Option *Bild* legt eine Kopie des Bildes im Windows-Metafile-Format in der Zwischenablage ab. Dies sichert die Übertragung auf Systeme mit anderen Bildschirmauflösungen.

- Über das Optionsfeld *Bitmap* legt Excel 97 eine einfache Bitmap-Grafik in der Zwischenablage ab. Diese Grafik läßt sich zwar in den meisten Anwendungen problemlos einfügen. Aber die Auflösung und der Bildschirmtyp müssen für eine korrekte Anzeige identisch sein.

Mit der Funktion *Grafik kopieren* lassen sich beliebige Elemente eines Excel-Blattes in andere Arbeitsblätter oder Anwendungen übernehmen.

Tabellenausschnitt als Grafik einfügen

Haben Sie einen Tabellenausschnitt über die Funktion *Grafik kopieren* in die Zwischenablage übertragen? Excel 97 bietet Ihnen auch die Möglichkeit, diese Grafik in ein Arbeitsblatt aufzunehmen. Dies kann bei Präsentationen recht sinnvoll sein. Gehen Sie folgendermaßen vor:

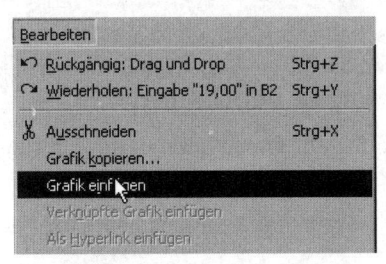

Bild 12.9: Befehl Grafik einfügen

1. Halten Sie nach dem Ausschneiden des Bereichs als Grafik die ⇧-Taste gedrückt, und öffnen Sie das Menü BEARBEITEN.

2. Wählen Sie den jetzt eingeblendeten Eintrag GRAFIK EINFÜGEN (Bild 12.9).

Excel 97 fügt den Inhalt der Zwischenablage als Grafik in das Blatt ein (Bild 12.10).

12 Daten bearbeiten, verschieben und kopieren

Bild 12.10: Tabelle mit eingefügter Grafik

12.4 Inhalte selektiv einfügen

Bei Verwendung der Funktion Einfügen (`Strg`+`v`) übernimmt Excel 97 den kompletten Inhalt der Zwischenablage, d.h. Werte und Formeln mitsamt der Formatierung und eventuelle Zellkommentare werden kopiert. Dies ist jedoch nicht in allen Fällen erwünscht. Excel 97 kennt verschiedene Optionen, um lediglich Teile der Zellinformationen einzufügen, die Sie unter BEARBEITEN/INHALTE EINFÜGEN finden.

···▸ Über die Schaltfläche *Format übertragen* kopieren Sie lediglich das Format eines markieren Zellbereichs auf die angewählten Zellen. Näheres hierzu finden Sie in Kapitel 4.

Enthält die Zwischenablage Daten, die aus einer Excel-Tabelle ausgeschnitten wurden, lassen sich die Inhalte selektiv übernehmen.

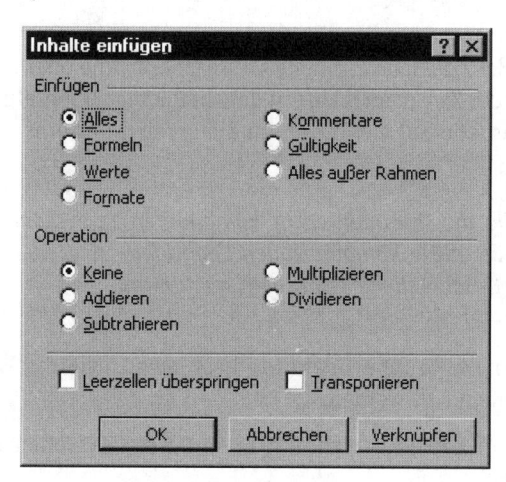

Bild 12.11: Das Dialogfeld Inhalte einfügen

1. Hierzu markieren Sie zuerst die Zelle, in die der Inhalt der Zwischenablage einzufügen ist.
2. Dann öffnen Sie das Menü BEARBEITEN oder das Kontextmenü (Zelle mit der rechten Maustaste anklicken).
3. Wählen Sie nun den Befehl INHALTE EINFÜGEN. Excel 97 blendet das Dialogfeld aus Bild 12.11 auf dem Bildschirm ein.
4. Markieren Sie die gewünschten Optionen, und schließen das Dialogfeld über die *OK*-Schaltfläche.

Die Optionen der Gruppe *Einfügen* bestimmen dann, welche Informationen aus der Zwischenablage zu übernehmen sind. Standardmäßig ist die Vorgabe *Alles* aktiv, d.h. Excel 97 übernimmt alle Zellattribute aus der Zwischenablage.

⇢ Über das Optionsfeld *Formeln* werden nur Formeln übernommen. Enthalten Zellen Werte, bleiben diese unberücksichtigt.

⇢ Wird das Optionsfeld *Werte* markiert, kopiert Excel 97 nur die Werte aus der Zwischenablage in den Zielbereich. Enthält eine Zelle eine Formel, wird deren Wert in die Zielzelle übernommen. Dies ist hilfreich, um Werte einzufrieren (siehe Tip).

⇢ Möchten Sie die Zellformatierung übernehmen, ist das Optionsfeld *Formate* zu markieren.

⇢ Das Optionsfeld *Kommentare* sorgt lediglich für die Übernahme der Zellkommentare in die Zielzelle.

⇢ Die Option *Gültigkeit* übernimmt die Regeln zur Gültigkeitsprüfung in die Zielzelle.

⇢ Mit *Alles außer Rahmen* lassen sich ausgeschnittene oder kopierte Zellbereiche aus der Zwischenablage in den Zielbereich übernehmen. Hierbei werden eventuelle Rahmenlinien im Zielbereich entfernt.

> *Leider können Sie die Optionen nicht kombinieren (z.B. Kommentare und Formate). Wenn Sie diese Kombinationen benötigen, müssen Sie den Befehl mehrfach mit unterschiedlichen Optionen ausführen.*

Die Optionsfelder der Gruppe *Operation* bestimmen, wie die Werte in den Zielbereich übernommen werden.

⇢ Mit der Option *Keine* überschreibt Excel 97 die Zielzellen mit dem Inhalt des Quellbereichs.

⇢ Sie können aber eines der restlichen Optionsfelder (*Addieren*, *Subtrahieren*, *Multiplizieren*, *Dividieren*) markieren, so daß Excel 97 die Inhalte der Zwischenablage mit den Zielzellen verknüpft (addieren, subtrahieren, multiplizieren oder dividieren).

Die folgende Option kann zum Beispiel beim Übertragen von Formeln hilfreich sein. Über das Kontrollkästchen *Leerzellen überspringen* verhindern Sie, daß leere Zellen im Quellbereich die zugehörigen Zellen im Zielbereich überschreiben. Ohne Markierung dieses Kontrollkästchens werden die betreffenden Zellinhalte im Zielbereich gelöscht.

Die Option *Transponieren* spiegelt die Daten beim Einfügen an der Diagonalen der Tabelle. Dies bedeutet, daß die Zeilenwerte des Quellbereichs im Zielbereich als Spalte abgelegt werden.

Wenn Sie die Schaltfläche *Verknüpfen* betätigen, stellt Excel 97 eine Verknüpfung zwischen Quell- und Zielbereich her. Dies ist eine sehr mächtige Funktion. Ändern sich die Daten im Quellbereich, führt Excel 97 bei Verknüpfungen automatisch eine Aktualisierung im Zielbereich durch.

> *Bei der Funktion »Inhalte einfügen« darf der Quell- und Zielbereich identisch sein. Wählen Sie dann die Option* Werte, *übernimmt Excel 97 bei Zellen mit Formeln deren Werte. Dadurch werden die Inhalte der Zellen »eingefroren«. Dies ist bei dynamischen Werten (z.B. aktuelles Datum, berechneten Reihen etc.) hilfreich, wenn die Werte bei einer Neuberechnung statisch bleiben sollen.*

> *Enthält die Zwischenablage keine Excel-97-Daten, zeigt die Funktion »Inhalte einfügen« ein geändertes Dialogfeld, in dem Bilder oder Objektdaten als Elemente zum Einfügen angeboten werden. Näheres zu diesem Thema finden Sie im Kapitel über OLE.*

12.5 Zellinhalte löschen

Zellen einer Tabelle können Werte, Formeln, Formate und Kommentare enthalten. Daher stehen Sie häufig vor der Frage, wie sich Zellinhalte löschen lassen.

- Die offensichtliche Möglichkeit besteht darin, einen Zellbereich zu markieren und die `Entf`-Taste zu drücken. Anschließend sind die betreffenden Zellen leer.

Allerdings wurde bereits in Kapitel 8 auf die Folgen hingewiesen: Die Formate bleiben erhalten und führen bei weiteren Eingaben zu kuriosen Ergebnissen.

Excel 97 bietet Ihnen verschiedene Funktionen, um den Inhalt eines selektierten Zellbereichs selektiv zu löschen.

1. Hierzu markieren Sie den gewünschten Zellbereich, öffnen das Menü BEARBEITEN und wählen dann den Eintrag LÖSCHEN.
2. Excel 97 blendet ein Untermenü mit den Einträgen ALLES, FORMATE, INHALTE und KOMMENTARE ein. Wählen Sie einen dieser Einträge per Maus an.

Jetzt entfernt Excel 97 die betreffenden Informationen aus dem markierten Zellbereich.

- Standardmäßig wird der Befehl ALLES verwendet, um den markierten Zellbereich zu löschen. Die Zellen sind dann wirklich leer.
- Über FORMATE können Sie die von Excel 97 in Zellen gespeicherten Zellformate entfernen. (Genau betrachtet setzt Excel 97 das Format der Zelle auf *Standard* zurück.)
- Mit INHALTE lassen sich die in den Zellen angezeigten Werte löschen. Dieser Befehl entspricht dem Drücken der (Entf)-Taste.
- Der Befehl KOMMENTARE bietet eine elegante Möglichkeit, Kommentare schnell zu löschen.

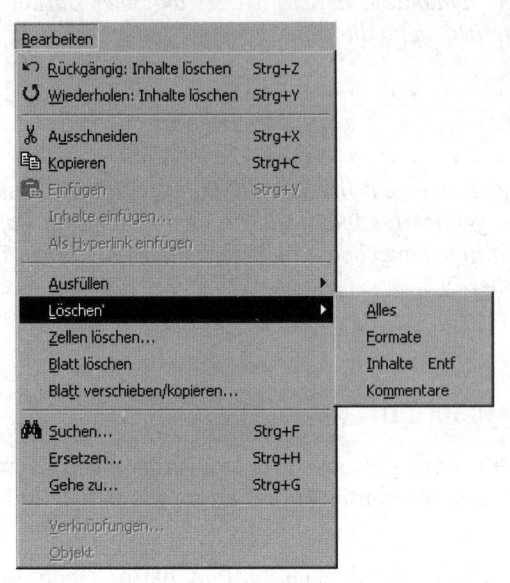

Bild 12.12: Befehle im Untermenü Löschen

Achtung! *Im Kontextmenü existiert der Eintrag INHALTE LÖSCHEN. Dieser Eintrag bietet aber keine Untermenüs, sondern löscht sofort den markierten Zellbereich. Hierbei werden jedoch nur die Zellinhalte, nicht jedoch Formate oder Kommentare entfernt.*

> *Wenn Sie in einem markierten Bereich das Ausfüllkästchen über die markierten Zellen schieben, löscht Excel 97 ebenfalls deren Inhalt. Denken Sie aber daran, daß die Formate der Zelle, deren Ausfüllkästchen Sie ziehen, übertragen werden.*

Zellinhalte per Schaltfläche löschen

Falls Sie lieber Zellbereiche per Schaltfläche löschen, bietet Excel 97 auch hier die gewünschten Funktionen. Sie müssen diese Schaltflächen lediglich in einer benutzerdefinierten Symbolleiste einrichten.

1. Legen Sie ggf. eine benutzerdefinierte Symbolleiste an.
2. Klicken Sie mit der rechten Maustaste auf die benutzerdefinierte Symbolleiste, und wählen Sie im Kontextmenü den Befehl ANPASSEN.
3. Klicken Sie im Dialogfeld *Anpassen* auf die Registerkarte *Befehle*. Wählen Sie in der Liste *Kategorien* den Eintrag *Bearbeiten*.
4. Anschließend suchen Sie in der Befehlsliste die gewünschte Schaltfläche (Bild 12.13).
5. Ziehen Sie die Schaltfläche bei gedrückter linker Maustaste zur gewünschten Symbolleiste.

Bild 12.13: Einrichten einer Schaltfläche in einer Symbolleiste

Sobald Sie die linke Maustaste loslassen, fügt Excel 97 die gewählte Schaltfläche mit der betreffenden Funktionalität in die Symbolleiste ein.

Richten Sie sich die nebenstehende Schaltfläche in einer Symbolleiste ein, um die Zellinhalte markierter Bereiche zu löschen.

Analog läßt sich die nebenstehende Schaltfläche in einer benutzerdefinierten Symbolleiste definieren. Diese Schaltfläche löscht die Formatierung markierter Zellbereiche.

Kommentare in markierten Zellen werden über die nebenstehend gezeigte Schaltfläche gelöscht. Beachten Sie, daß diese Schaltfläche gesperrt bleibt, falls der markierte Zellbereich keine Kommentare aufweist.

12.6 Zellen, Zeilen und Spalten einfügen

Die Funktionen *Verschieben* und *Kopieren* beziehen sich nur auf die Zellinhalte, nicht jedoch auf die Struktur der Tabelle. Excel 97 bietet zusätzlich die Möglichkeit, die Zellstruktur einer Tabelle durch Einfügen einzelner Zellen, Spalten oder Zeilen zu verändern.

1. Hierzu positionieren Sie die Maus auf der Stelle der Tabelle, an der eine Zelle, Zeile oder Spalte einzufügen ist.

2. Dann öffnen Sie das Menü EINFÜGEN und wählen einen der Einträge ZELLEN, ZEILEN oder SPALTEN.

Excel 97 fügt damit die betreffende Zelle, eine Spalte oder eine Zeile an der aktuellen Position in der Tabelle ein. Wurde der Befehl ZELLE gewählt, benötigt Excel 97 Informationen, wohin die Nachbarzellen zu verschieben sind (Bild 12.14).

Die beiden oberen Optionsfelder ermöglichen Excel 97, die Zellinhalte nach rechts oder nach unten zu verschieben. Die Struktur der Tabelle bleibt dabei unverändert. Sie haben aber auch die Möglichkeit, eine komplette Zeile oder Spalte zur Aufnahme der neuen Zelle aufzunehmen. Dann verschiebt Excel 97 die bestehenden Zellinhalte entsprechend.

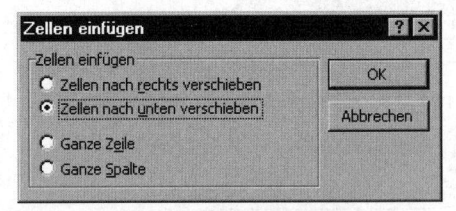

Bild 12.14: Das Dialogfeld Zellen einfügen

Wählen Sie dagegen die Einträge *Ganze Spalte* oder *Ganze Zeile* an, fügt Excel 97 eine Zeile oder Spalte in die Tabelle ein. Wählen Sie anstelle des Befehls ZELLE die Einträge ZEILE oder SPALTE, fügt Excel 97 die Elemente ohne Nachfrage in die Tabelle ein.

Sie können die Funktion zum Einfügen einer Zelle auch über das Kontextmenü (Zelle markieren und rechte Maustaste betätigen) aufrufen. Wenn Sie eine Zeile oder Spalte markieren und den Befehl ZELLEN EINFÜGEN aufrufen, ergänzt Excel 97 die Tabelle ohne Nachfrage mit einer kompletten Zeile oder Spalte. Die Funktion »Zelle einfügen« läßt sich auch direkt mit der Tastenkombination Strg+[+] *aufrufen.*

Einfügen von Zellen mit Inhalt

Sie können nicht nur leere Zellen in ein Kalkulationsblatt einfügen, sondern auch ausgeschnittene Zellbereiche als neue Zellen anhängen.

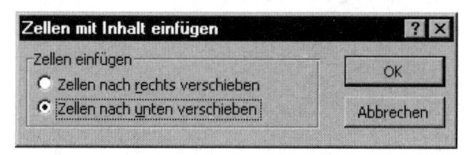

Bild 12.15: Zellen mit Inhalten einfügen

1. Markieren Sie einen Zellbereich mit den zu kopierenden Werten, und fügen Sie diesen über die Tastenkombination Strg+[c] in die Zwischenablage ein.

2. Klicken Sie auf die Zelle, an der der Inhalt der Zwischenablage als Zellbereich einzufügen ist.

3. Öffnen Sie das Menü EINFÜGEN. Dort wählen Sie den Befehl KOPIERTE ZELLEN. Excel 97 blendet das Dialogfeld aus Bild 12.15 auf dem Bildschirm ein.

4. Wählen Sie die gewünschte Option, und bestätigen Sie dies über die *OK*-Schaltfläche.

Excel 97 fügt damit neue Zellen mit dem Inhalt der Zwischenablage ein. Die an der Einfügestelle befindlichen Zellbereiche werden nach rechts oder nach unten verschoben.

12.7 Zellen, Zeilen und Spalten löschen

Möchten Sie in der Tabelle bestimmte Zellen, Zeilen oder Spalten entfernen, können Sie dies über folgende Schritte tun.

1. Positionieren Sie die Maus auf der Stelle der Tabelle, an der eine Zelle, Zeile oder Spalte zu entfernen ist.

2. Dann öffnen Sie das Menü BEARBEITEN oder das Kontextmenü (rechte Maustaste drücken) und wählen den Eintrag ZELLEN LÖSCHEN.

3. Excel 97 blendet das Dialogfeld aus Bild 12.16 auf dem Bildschirm ein. Markieren Sie eines der Optionsfelder, und schließen Sie das Dialogfeld über die *OK*-Schaltfläche.

Excel 97 löscht damit die betreffende Zelle an der aktuellen Position in der Tabelle und verschiebt die restlichen Zellen in der gewählten Weise.

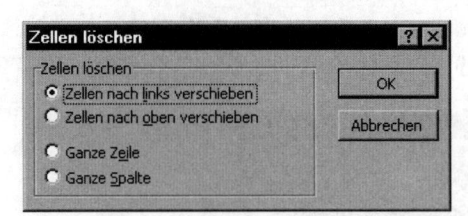

Bild 12.16: Das Dialogfeld Zellen löschen

Die beiden oberen Optionsfelder ermöglichen Excel 97, die Zellinhalte nach links oder nach oben zu verschieben. Die Struktur der Tabelle bleibt dabei erhalten. Sie haben aber auch die Möglichkeit, eine komplette Zeile oder Spalte aus der Tabelle zu entfernen, indem Sie eine der unteren Optionen markieren. Dann verschiebt Excel 97 die bestehenden Zellinhalte entsprechend.

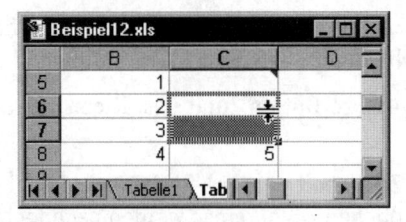

Bild 12.17: Zellen per Maus löschen

> Sie können die Zellen außerdem auch durch Ziehen (Schieben) per Maus löschen:

1. Markieren Sie den zu löschenden Bereich mit der Maus.
2. Positionieren Sie den Mauscursor auf dem Ausfüllkästchen, und ziehen Sie das Ausfüllkästchen über den markierten Bereich.
3. Die betreffenden Zellen werden grau dargestellt (Bild 12.17). Sobald Sie die linke Maustaste freigegeben, löscht Excel 97 die Inhalte der grau hinterlegten Zellen.

Wenn Sie während des Verschiebens der Maus zusätzlich die ⇧-Taste drücken, löscht Excel 97 die markierten Zellen samt Inhalt aus der Tabelle. Sie erkennen dies am geänderten Cursorsymbol (Bild 12.17). Auf die gleiche Art können Sie eine markierte Zeile oder Spalte löschen.

> *Wenn Sie eine Zeile oder Spalte markieren und die Funktion »Zelle löschen« aufrufen, entfernt Excel 97 die Zeile oder Spalte ohne Nachfrage. Sie können dies aber über die Tastenkombination* Strg+Z *rückgängig machen. Die Funktion »Zelle löschen« läßt sich auch direkt mit der Tastenkombination* Strg+- *aufrufen.*

12.8 Zellinhalte mit Suchen und Ersetzen ändern

Müssen Sie in einem Tabellenblatt viele Stellen ändern? Falls die Änderungen sich auf einen wiederkehrenden Begriff beziehen, können Sie Excel 97 nach bestimmten Einträgen in einem Tabellenblatt suchen lassen. Diese Funktion wurde bereits in Kapitel 10 vorgestellt. Über die Funktion *Ersetzen* veranlassen Sie Excel 97, die gefundenen Begriffe durch einen neuen Begriff zu ersetzen.

1. Hierzu wählen Sie den Eintrag ERSETZEN im Menü BEARBEITEN, oder Sie drücken die Tastenkombination Strg+H. Auf dem Bildschirm erscheint dann das Dialogfeld aus Bild 12.18.
2. Tragen Sie in das Dialogfeld den Suchbegriff, den Ersatztext und ggf. die Optionen ein.

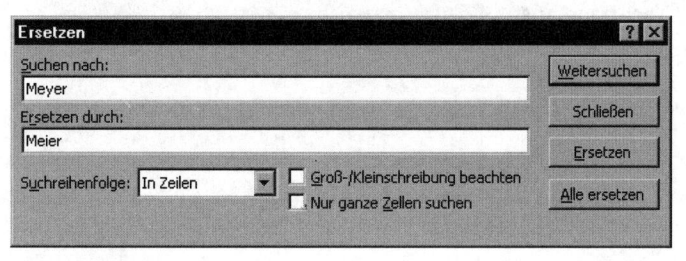

Bild 12.18: Das Dialogfeld Ersetzen

Der Suchbegriff ist in das Feld *Suchen nach* einzutragen. Gefundene Stellen in der Tabelle lassen sich durch den im Feld *Ersetzen durch* enthaltenen Text austauschen.

Im Suchmuster können Sie auch die Stellvertreterzeichen ? und * verwenden. Das Fragezeichen steht als Stellvertreter für einen Buchstaben, während der Stern mehrere Buchstaben im Suchmuster darstellt. Mit Ma?er werden Textstellen mit Maier und Mayer gefunden. Der Begriff M*er liefert dagegen Einträge wie Meier, Meyer, Müller, Mauer etc. Kommt ein Stellvertreterzeichen im Suchbegriff vor, muß eine Tilde ~ vorangestellt werden (z.B. Kosten~?). Näheres zum Umgang mit Stellvertreterzeichen finden Sie auch in Kapitel 6.

Die Suche nach diesen Textstellen wird dabei über verschiedene Optionen gesteuert:

- Das Listenfeld *Suchreihenfolge* bestimmt die Reihenfolge, in der einzelne Zellen zu durchsuchen sind (zeilen- oder spaltenweise).
- Sind Sie sich über die Schreibweise unsicher, löschen Sie die Markierung des Kontrollkästchens *Groß-/Kleinschreibung beachten*. Excel 97 unterscheidet dann keine Groß-/Kleinschreibung.
- Mit der Option *Nur ganze Zellen suchen* bezieht sich die Suche auf Zellen oder Zeichenfolgen, die genau den Suchbegriff (wortweiser Vergleich) enthalten.

Dies Suche läßt sich auf Tabellen oder andere Blätter anwenden. Wenn Sie eine Gruppe von Blättern markieren, durchsucht Excel 97 alle Blätter nach dem jeweiligen Begriff. Findet Excel 97 mehrere Stellen mit dem Suchbegriff, können Sie über die Tastenkombination ⇧+F4 auf den nächsten Eintrag und über Strg+⇧+F4 auf den Vorgänger positionieren. Der Zugriff auf den folgenden Eintrag läßt sich auch über die Schaltfläche *Weitersuchen* starten.

Wird ein Textmuster mit dem Suchbegriff gefunden, wird die Stelle markiert. Sie können den markierten Bereich über die Schaltfläche *Ersetzen* mit dem Text im Feld *Ersetzen durch* austauschen lassen. Mit der Schaltfläche *Alle ersetzen* wechselt Excel 97 alle gefundenen Textstellen ohne Nachfrage aus.

12.9 Änderungen zurücknehmen

Excel 97 zeichnet alle von Ihnen in einem Tabellenblatt vorgenommenen Änderungen in einem internen Puffer auf. Um den letzten Befehl rückgängig zu machen, bietet Excel 97 Ihnen verschiedene Optionen.

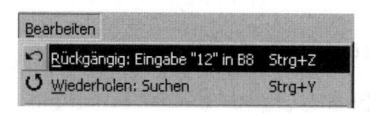

Bild 12.19: Menü Bearbeiten (Ausschnitt)

···⟩ Öffnen Sie das Menü BEARBEITEN. Existiert ein Befehl zum Rückgängigmachen wird dieser in das Menü eingetragen. Klicken Sie auf den Eintrag, um den letzten Befehl rückgängig zu machen.

···⟩ Alternativ können Sie direkt nach Ausführung des Befehls die Tastenkombination (Strg)+(Z) drücken. Excel 97 macht dann die Änderungen ebenfalls rückgängig.

···⟩ In der Symbolleiste sehen Sie die nebenstehend gezeigte Schaltfläche. Ist diese Schaltfläche freigegeben, lassen sich die zuletzt durchgeführten Befehle ebenfalls rückgängig machen.

Gibt es keine Befehle rückgängig zu machen, bleiben der Eintrag im Menü BEARBEITEN bzw. die Schaltfläche gesperrt.

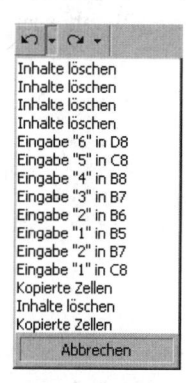

Bild 12.20: Aufgezeichnete Befehle

> Excel 97 zeichnet (im Gegensatz zu früheren Versionen) mehr als den letzten ausgeführten Befehl auf. Klicken Sie in der Symbolleiste auf den Pfeil neben der Schaltfläche Rückgängig, öffnet Excel 97 eine Liste der aufgezeichneten Befehle (Bild 12.20). Klicken Sie auf einen dieser Einträge, wird genau die Wirkung dieses Befehls zurückgenommen.

> *Neben der Funktion* Rückgängig *gibt es auch die Funktion* Wiederholen. *Sie können diese Funktion über das Menü* BEARBEITEN, *die Tastenkombination* [Strg]+[y] *und über die Schaltfläche* Wiederholen *aufrufen.*

12.10 Kontextmenüs zur Eingabe nutzen

Bearbeiten Sie Zellen einer Tabelle, stellt Excel 97 Ihnen die erforderlichen Befehle in der Menüleiste, über Tastencodes oder über Schaltflächen zur Verfügung. Bei selten benutzten Operationen erinnern sich viele Benutzer nicht mehr, in welchem Menüzweig der betreffende Befehl hinterlegt war.

Excel 97 erleichtert Ihnen die Arbeit mit Arbeitsblättern, indem es die im aktuellen Kontext gültigen Befehle in einem Kontextmenü zusammenstellt.

1. Klicken Sie mit der rechten Maustaste auf die Zelle oder das Element, welches Sie ändern oder bearbeiten möchten.
2. Excel 97 zeigt das Kontextmenü, in dem Sie den gewünschten Befehl auswählen.

Die Einträge im Kontextmenü enthalten dabei häufig auch das Symbol der Schaltfläche, über die sich der Befehl ebenfalls abrufen läßt. In Bild 12.21 sehen Sie ein Kontextmenü, welches von Excel 97 zum Bearbeiten einer Zelle innerhalb einer Kalkulationstabelle zusammengestellt wird. Hier finden Sie beispielsweise auch die oben erwähnten Befehle zum Ausschneiden, Kopieren und Einfügen von Zellen.

Bild 12.21: Kontextmenü zum Bearbeiten einer Zelle

13 Formeln und Berechnungen

13.1 Formeln eingeben

Eine Formel wird in Excel 97 immer mit einem Gleichheitszeichen eingeleitet. Damit erkennt das Programm, daß es sich um eine zu berechnende Zelle handelt und wertet den folgenden Ausdruck aus. Formeleingaben sind denkbar einfach:

1. Markieren Sie die gewünschte Zelle.
2. Tippen Sie ein Gleichheitszeichen, gefolgt von der Formel, ein.

Bei der Eingabe zeigt Excel 97 die Formel sowohl in der Zelle als auch in der Bearbeitungsleiste an (Bild 13.1).

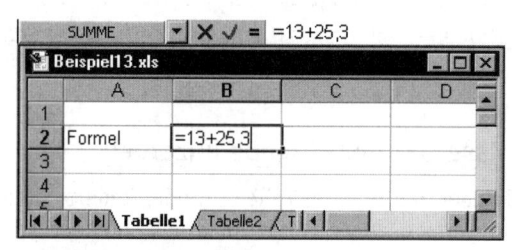

Bild 13.1: Eingabe einer Formel

> *Aus Kompatibilitätsgründen erkennt Excel 97 einen Ausdruck auch dann als Formel, wenn er mit einem Pluszeichen (+), einem Minuszeichen (-) oder mit dem LOTUS-Funktionsoperator @ eingeleitet wird. Die Plus- und Minuszeichen werden dann automatisch in ein Gleichheitszeichen umgewandelt.*

Sobald Sie jedoch die Eingabe mit der ⏎-Taste abschließen, blendet Excel 97 das Ergebnis der Berechnung in der Zelle ein. Nur für die aktive Zelle wird deren Inhalt in der Bearbeitungsleiste dargestellt (Bild 13.2). Enthält diese Zelle eine Formel, erscheint diese in der Anzeige.

Bild 13.2: Anzeige einer Formel in der aktiven Zelle

Sie können anschließend erneut die Zelle anklicken und die Formel in der Bearbeitungsleiste bearbeiten bzw. korrigieren. Wählen Sie eine Zelle mit einem Doppelklick oder mit der Funktionstaste [F2] an, erscheint die Formel auch in der aktiven Zelle. Sie können die Formel dann direkt im Arbeitsblatt korrigieren.

Die Anzeige der Bearbeitungsleiste läßt sich über die Registerkarte Anzeige *(Menü* EXTRAS*, Eintrag* OPTIONEN*) ausblenden. Löschen Sie hierzu die Markierung des Kontrollkästchens* Bearbeitungsleiste *in der Gruppe* Bildschirmanzeige*. Damit lassen sich die Formeln nur noch direkt in der Zelle markieren (siehe auch Kapitel 12). Über die Registerkarte* Bearbeiten *(Menü* EXTRAS*, Eintrag* OPTIONEN*) läßt sich die Zellbearbeitung unterdrücken. Löschen Sie in der Gruppe* EINSTELLUNGEN *die Markierung des Kontrollkästchens* DIREKTE ZELLBEARBEITUNG*.*

Falls Sie beide Optionen abschalten, ist eine Bearbeitung der Zelle nicht mehr möglich.

Formelergebnisse bei der Eingabe anzeigen

Geben Sie eine Formel neu in einer Zelle ein, oder ändern Sie etwas an dem in der Bearbeitungsleiste angezeigten Ausdruck, blendet Excel 97 in der Zelle den Ausdruck ein. Erst nachdem Sie die Eingabe mit der [←]-Taste oder durch Anklicken der Schaltfläche *Eingeben* abgeschlossen haben, erscheint der berechnete Ausdruck in der Zelle.

Möchten Sie bereits während der Eingabe das berechnete Ergebnis sehen? Dann klicken Sie auf die nebenstehend gezeigte Schaltfläche *Formel bearbeiten*. Über diese Schaltfläche blendet Excel 97 dann unterhalb der Bearbeitungsleiste ein Feld mit dem Formelergebnis, der Schaltfläche zum Aufruf des Office-Assistenten sowie den Schaltflächen *Ende* und *Abbrechen* ein bzw. aus (Bild 13.3).

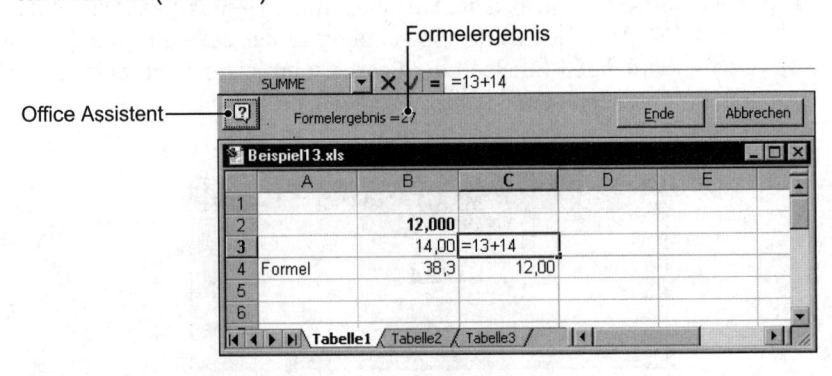

Bild 13.3: Anzeige des Formelergebnisses

Über die Schaltfläche *Abbrechen* können Sie die Änderungen an der Formel verwerfen, während die Schaltfläche *Ende* die Eingaben übernimmt.

13.2 Operatoren in Formeln

Formeln bestehen aus mathematischen Operatoren (+, -, *, / etc.) und den Operanden (Konstante, Zellbezüge). Die nachfolgenden Ausdrücke werden von Excel 97 als gültige Formeln erkannt.

```
=14 + 25
= 25 * 27,5
= (13 + 4) / 2,5
= A13 + B4
```

Mit den Operatoren führen Sie elementare mathematische Rechenoperationen wie Addition oder Subtraktion durch. Das Ergebnis wird dann in der betreffenden Zelle als Wert abgelegt. In Excel 97 sind verschiedene mathematische Operatoren definiert:

Operatoren für Formeln

Operator	Bemerkung
-	Negation (z.B. -10)
%	Prozent (20%)
^	Exponent (z.B. 3^10 für 1000)
* /	Multiplikation und Division (z.B. =10 * 5 /2,5)
+ -	Addition und Subtraktion (z.B. =14 + 16 - 23)
&	Textverkettung (z.B. "Hallo "&" Hugo")
=	Vergleichsoperator gleich (z.B. A1 = 10)
<	Vergleichsoperator kleiner (z.B. 10 < 15)
>	Vergleichsoperator größer (z.B. 15 > 12)
<=	Vergleichsoperator kleiner gleich (z.B. 10 <= 15)
>=	Vergleichsoperator größer gleich (z.B. 100 >= 15)
<>	Vergleichsoperator ungleich (z.B. A1 <> 10)

Die Vergleichsoperatoren liefern einen Wahrheitswert (wahr oder falsch) als Ergebnis des Vergleichs zurück. Die Anweisung = 15 < 11 liefert zum Beispiel den Wahrheitswert *falsch*, da die Bedingung nicht erfüllt ist (siehe auch folgende Seiten).

Der &-Operator führt eine Verkettung von Zeichenketten (Strings) aus, d.h., aus zwei Zeichenketten wird ein String erzeugt. Enthält die Zelle A19 zum Beispiel die Überschrift »Dortmund«, läßt sich der Text mit der Anweisung:

= "Umsatz der Filiale " & A19

zu einem Text zusammenfassen. In obigem Fall erscheint in der betreffenden Zelle mit der Formel die Anzeige:

Umsatz der Filiale Dortmund

Wenn Sie die Zellbezüge variieren, lassen sich recht mächtige Textoperationen durchführen.

Prioritäten der Operatoren

Bei der Berechnung einer Formel wendet Excel 97 bestimmte Prioritäten an. So wird eine Punktrechnung (* /) immer vor einer Strichrechnung (+ -) ausgeführt. Tabelle 13.1 zeigt nicht nur die verschiedenen Operatoren, sondern auch deren Prioritäten. Die Negation einer Zahl besitzt die höchste Priorität. Daran schließen sich Prozentzeichen und Exponent an.

Die Vergleichsoperatoren wurden in Tabelle 13.1 aus Platzgründen in mehrere Zeilen aufgeteilt, besitzen aber die gleiche Priorität. Excel 97 wertet eine Formel oder einen Ausdruck immer von links nach rechts aus. Wenn Sie eine andere Berechnungsfolge benötigen, setzen Sie die entsprechenden Ausdrücke in runde Klammern (z.B. =(13 + 14) *3). Excel 97 wertet zuerst die Klammern in einem Ausdruck aus und bearbeitet dann die Teilausdrücke. Damit besitzen die Klammern absoluten Vorrang vor den restlichen Operatoren.

Weiterhin können Sie in einer Formel noch Bezugsoperatoren (siehe folgende Seiten) verwenden. Diese besitzen eine höhere Priorität als mathematische Operatoren und werden in Tabelle 13.2 weiter hinten in diesem Kapitel dargestellt.

Die Verwendung von Klammern kann die Lesbarkeit einer Formel stark erhöhen. Sie sollten deshalb in unklaren Fällen immer Klammern benutzen, um falsche Rechenergebnisse zu vermeiden. Fehlt eine öffnende oder schließende Klammer, zeigt Excel 97 dies nach Betätigung der ⏎-Taste an.

Wenn Sie eine schließende Klammer eingeben, hebt Excel 97 in der Bearbeitungsleiste die öffnende Klammer kurzzeitig fett hervor (Bild 13.4). Das gleiche passiert, wenn Sie die Einfügemarke über die Cursortasten ← und → hinter eine schließende Klammer bewegen. Dadurch können Sie die Zuordnung der Klammern durch Excel 97 leicht erkennen.

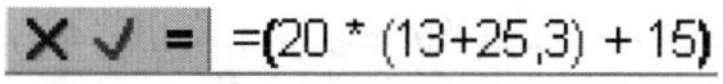

X ✓ = =(20 * (13+25,3) + 15)

Bild 13.4: Klammerausdruck

Konstanten in Formeln

Sie können in einer Formel konstante Werte und Zellbezüge verwenden (z.B. 15,26*A3). In den vorhergehenden Kapiteln (z.B. Kapitel 8) haben Sie bereits verschiedene Möglichkeiten zur Eingabe von Konstanten in eine Zelle kennengelernt. So lassen sich negative Werte durch Klammern einfassen und Tausenderstellen durch Punkte abtrennen.

Dies ist bei Konstanten in einer Formel nicht erlaubt! Die Klammern dienen zur Definition von Teilausdrücken. Um einen negativen Wert auszudrücken, setzen Sie das Minuszeichen als Negationsoperator vor den Wert (z.B. = 25 * -10). Treten Punkte als Separatoren in einer Konstante auf (z.B. = 1.200,23 * 15%), zeigt Excel 97 eine Fehlermeldung. Sie müssen dann den Punkt in der betreffenden Konstanten entfernen (oder den Vorschlag des Excel-97-Formelassistenten akzeptieren).

Automatische Umwandlung von Eingabewerten

Wenn Sie Werte in eine Zelle eintragen, wandelt Excel 97 diese unter Umständen automatisch in andere Werte um. Beachten Sie aber, daß die Formel in der eingegebenen Weise erhalten bleibt.

- Zahlen in Textform werden in numerische Werte konvertiert, sofern mathematische Operatoren dazwischen stehen. Die Anweisung = "1" + "2" enthält zwar zwei Textstrings; durch das Pluszeichen erkennt Excel 97 aber den Versuch der Addition. In der Zelle wird daher das Ergebnis 3 als numerischer Wert (rechtsbündig ausgerichtet) angezeigt. Um die beiden Strings zusammenzuführen, müssen Sie die Form = "1" & "2" verwenden. Dann zeigt Excel 97 das Ergebnis 12 als Text in der Zelle an.

- Ähnlich verhält es sich mit gemischten Werten (z.B. = 1 + "4" oder =2,0 + "4,0 DM"). Excel 97 erkennt durch den mathematischen Operator die Absicht des Benutzers und konvertiert den Text (der aber einer gültigen Zahl entsprechen muß) in einen numerischen Wert. Enthält der Text eine ungültige Zahl (z.B. = 1 + "2,- DM"), kann Excel 97 den Wert nicht konvertieren. In diesem Fall erscheint die Anzeige #WERT! in der Zelle.

- Bei Datumsberechnungen müssen Sie diese in Anführungszeichen angeben (z.B. "30.6.1986" - "31.3.1973"). Excel 97 wandelt diese in ein serielles Datumsformat und berechnet für das angegebene Beispiel die Differenz in Tagen. Das Ergebnis kann dabei positiv oder negativ sein. Die Anweisung darf auch gemischte Trennzeichen für das Datum aufweisen (z.B. "30.6.1986" - "31-3-1973"). Achten Sie aber darauf, daß das richtige Datumssystem verwendet wird. Die Eingabe "30.6.1986" - "3/31/1973" wird mit der Anzeige #WERT! beantwortet, da die zweite

Zahl im englischen Datumssystem (Monat, Tag, Jahr) eingetragen wurde. Sie müssen das Datum immer im eingestellten Datumssystem eintragen. Bezüglich Zeitberechnungen lesen Sie bitte im folgenden Abschnitt nach.

- Wird ein Text erwartet, wandelt Excel 97 eventuell eingegebene Werte (numerisch, logisch) in Textkonstanten um. Die Eingabe = "1" & 2 führt zum Beispiel zur Anzeige 12, die als Text linksbündig in der Zelle ausgerichtet ist. Auch die Verwendung eines Wahrheitswertes funktioniert auf diese Weise. Die Eingabe = "Das Ergebnis ist: " & WAHR führt zur Anzeige »Das Ergebnis ist WAHR«, die als Text ausgerichtet wird.

- Bei Verwendung von Wahrheitswerten werden Texte, die einem Wahrheitswert entsprechen, ebenfalls gewandelt. Die Eingabe

»= WENN(0;"Gewinn";"Niete")«

liefert immer den Wert *Niete*, da Excel 97 bei Wahrheitswerten die Zahlen 0 (falsch) und 1 (wahr) erkennt. Tragen Sie als Argument für den Wahrheitswert einen Text ein, wird dieser in eine logische Größe gewandelt. Die Eingabe »= WENN("wahr";"Gewinn";"Niete")« liefert korrekt den Wert Gewinn. Verwenden Sie dagegen die Variante »= WENN("richtig";"Gewinn";"Niete")«, kann Excel 97 den logischen Wert nicht erkennen und zeigt die Meldung #WERT! in der Zelle.

Diese automatische Konvertierung bei der Eingabe bedeutet, daß Sie Ihre Eingaben jeweils überprüfen müssen, falls solche gemischten Konstruktionen Verwendung finden.

Solche impliziten Typumwandlungen sind aber für externe Benutzer nur schwer zu durchschauen und sollten nach Möglichkeit vermieden werden.

Haben Sie die Option Alternative Formelberechnung *in der Registerkarte* Umsteigen *(Menü EXTRAS, Eintrag OPTIONEN) gewählt, werden die Formeln nach den Regeln von Lotus 1-2-3 ausgewertet.*

Konvertierung von Zeiten

Falls Sie mit Uhrzeiten rechnen möchten (z.B. = "8:00" - "7:00"), müssen Sie einige Besonderheiten von Excel 97 beachten. Die obige Anweisung läßt sich eingeben und liefert auch einen Wert. Wer allerdings als Ergebnis 1:00 erwartet, wird sich wohl über die Anzeige 0,041666667 wundern. Excel 97 zeigt die serialisierte Zeit als Fließkommazahl an. Sobald Sie der Zelle ein Format für die Uhrzeit (siehe Kapitel 8) zuweisen, erscheint dann der erwartete Wert von 1:00. Allerdings hält die Uhrzeitanzeige noch einige Besonderheiten bereit:

"10:00" - "9:00PM" liefert #WERT!

"10:00" - "9:00 PM" liefert ######

"10:00 PM" - "9:00 PM"   liefert 1:00

"10:00 PM" - "9:00" liefert 13:00

Angesichts dieser Ergebnisse sollten Sie auf gemischte Angaben (deutsch, englisch) in Zeitberechnungen verzichten. Teilweise hängt das Ergebnis auch vom gewählten Zeitformat ab.

Ähnliches gilt, falls Sie die Anzahl Tage vom aktuellen Tag zu einem vorgegebenen Datum berechnen möchten. Durch die serialisierte Speicherung des Datums können Sie die Werte direkt subtrahieren. Die Eingabe:

= HEUTE() - "28.9.1986"

führt jedoch zu einer Fließkommazahl in der Anzeige, wobei die Vorkommastellen die Differenz in Tagen wiedergeben. Wenn Sie die Zelle auf diese Vorkommastellen formatieren, treten durch die Rundung Fehler auf. Sie müssen daher die Funktion als:

=GANZZAHL(HEUTE()-"26.6.94"))

formulieren. HEUTE() liefert das aktuelle Datum, und GANZZAHL wandelt das Ergebnis in eine ganze Zahl um. Wird die Zelle dann noch als numerisch formatiert, zeigt Excel 97 den erwarteten Wert an.

13.3 Adreßbezüge in Formeln

In Formeln lassen sich Werte aus anderen Zellen übernehmen und weiterverrechnen. Die Anweisung:

= A2 + A3

addiert zum Beispiel die Werte der zwei Zellen A2 und A3. Das Ergebnis wird in der aktuellen Zelle abgelegt.

Arten von Bezügen

Bei der Eingabe der Bezüge aus anderen Zellen unterscheidet Excel 97 verschiedenen Arten:

- *Relative Adreßbezüge* beziehen sich auf Zellen relativ zur aktuellen Zelle. Diese Bezüge enthalten lediglich die Zeilen- und Spaltennummer (z.B. A1, B50, C29 etc.). Diese Vorgaben werden beim Kopieren von Formeln automatisch angepaßt (siehe Kapitel 12).

- Möchten Sie einen Adreßbezug dagegen auf eine absolute Zelle in der Tabelle setzen, ist die absolute Adressierung zu verwenden. Hier wird vor die Zeilen- und Spaltennummer ein Dollarzeichen ($) gestellt. Die

Angabe $A$1 stellt einen solchen absoluten Adreßbezug dar. Excel 97 erkennt daran, daß immer die Zelle A1 in der Tabelle gemeint ist. *Absolute Adreßbezüge* werden beim Kopieren nicht verändert.

⇢ 3D-Adreßbezüge treten auf, wenn eine Zelle in einem anderen Arbeitsblatt angesprochen wird. In diesem Fall müssen Sie den Namen des Arbeitsblatts und das Ausrufezeichen vor den Adreßbezug stellen (z.B. Tabelle2!A2).

Als weitere Variante kennt Excel 97 noch gemischte Bezüge, wo absolute und relative Adreßangaben zusammen auftreten. Diese Bezüge enthalten ein Dollarzeichen ($) vor der Spalten- oder Zeilenbezeichnung. Die Angabe A$1 stellt einen solchen gemischten Bezug dar. Die Spalte A wird dabei relativ angegeben, d.h. beim Kopieren der Formel in die Spalte B erhält der Ausdruck den Text B$1. Die Zeilennummer ist dagegen absolut definiert, bleibt also beim Kopieren immer erhalten.

Die Adreßbezüge werden beim Verschieben automatisch durch Excel 97 so angepaßt, daß absolute und relative Angaben wieder stimmen. Aus Benutzersicht ergeben sich keine Änderungen in der Formel. Bezog sich allerdings eine Formel auf einen verschobenen Bereich, fehlt dieser anschließend der Eingangswert. Dies wird durch Excel 97 mit dem Eintrag #BEZUG! in der betreffenden Zelle angezeigt.

Zellinhalte mit Formeln lassen sich gemäß den in Kapitel 12 beschriebenen Techniken kopieren und verschieben. Um lediglich eine Zellformel eine Zelle tiefer zu kopieren, hilft ein einfacher Trick. Wählen Sie die Zelle an und drücken die Tastenkombination `Strg`+`,`. Excel 97 übernimmt dann den Inhalt der darüberliegenden Zelle in die aktive Zelle.

Wechsel der Adreßbezüge

Sie können relative und absolute Bezüge ineinander konvertieren. Dies geht einmal manuell, indem Sie das Dollarzeichen vor den Spalten- und Zeilenbezeichnungen setzen oder löschen.

Excel 97 bietet Ihnen über die Funktionstaste `F4` jedoch eine Makrofunktion zur automatischen Konvertierung an. Hierzu müssen Sie den Adreßbezug oder die komplette Formel per Maus markieren (in der Bearbeitungsleiste oder in der Zelle). Wenn Sie jetzt die Taste `F4` betätigen, wechselt Excel 97 die Bezüge gemäß der untenstehenden Reihenfolge:

relativ, absolut, gemischt Zeile, gemischt Spalte

Enthält die Zelle zum Beispiel den Bezug A1, wird dieser durch mehrfaches Betätigen der Taste `F4` in folgende Varianten konvertiert:

$A$1, A$1, $A1, A1

Enthält der Zellbezug bereits eine absolute oder gemischte Angabe, wird die nächste Variante gemäß der obigen Reihenfolge gewählt (z.B. B$1 wird zu $B1).

Das Z1S1-Bezugssystem

Excel 97 benutzt standardmäßig das A1-Bezugssystem zur Bezeichnung der Zellen, d.h., die Zeilen werden von 1 bis 65 536 durchnumeriert, und die Spalten erhalten Buchstaben von A bis IV (255 Spalten). Sie können optional auch für die Spalten eine Numerierung verwenden. Excel 97 bietet diese Variante unter der Bezeichnung Z1S1 (Zeilen- und Spalten numeriert) an. Öffnen Sie hierzu die Registerkarte *Allgemein* über den Eintrag OPTIONEN im Menü EXTRAS.

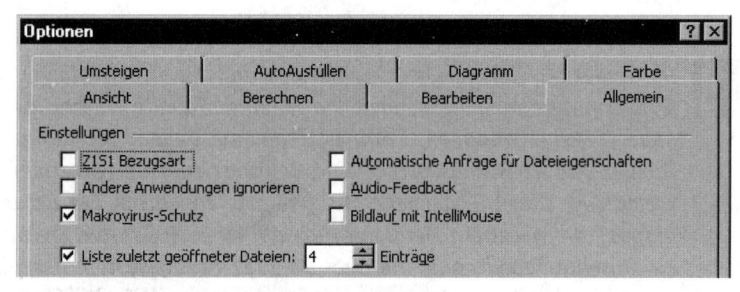

Bild 13.5: Die Registerkarte Allgemein *(Ausschnitt)*

In der Gruppe *Einstellungen* müssen Sie das Kontrollkästchen Z1S1 Bezugsart markieren (Bild 13.5). Schließen Sie die Registerkarte über die OK-Schaltfläche. Dann setzt Excel 97 die Spaltennumerierung in der Tabelle um und paßt auch die Adreßbezüge an die Z1S1-Bezugsart an (Bild 13.6).

Diese Variante wird verschiedentlich zur Angabe relativer Bezüge verwendet, da sie hier gewisse Vorteile besitzt. Die Bezüge lassen sich dabei ebenfalls relativ, absolut oder gemischt definieren. Allerdings ergibt sich hier eine abweichende Nomenklatur:

- Mit der Angabe Z1S1 wird ein absoluter Zellbezug auf die Zelle der ersten Zeile und ersten Spalte definiert (entspricht A1).

- Bei relativen Bezügen müssen die Nummern in runden Klammern angegeben werden. Das Vorzeichen bestimmt dabei die Richtung des relativen Zellbezugs. Positive Werte adressieren Zellen, die rechts oder unterhalb der aktuellen Zelle liegen. Negative Werte beziehen sich auf Werte oberhalb und links der aktuellen Zelle. Die Angabe Z(1)S(2) bezieht sich zum Beispiel auf eine Zelle, die eine Zeile tiefer und zwei Spalten nach rechts steht. Mit Z(-2)S(1) wird eine Zelle gewählt, die zwei Zeilen höher und eine Spalte rechts steht.

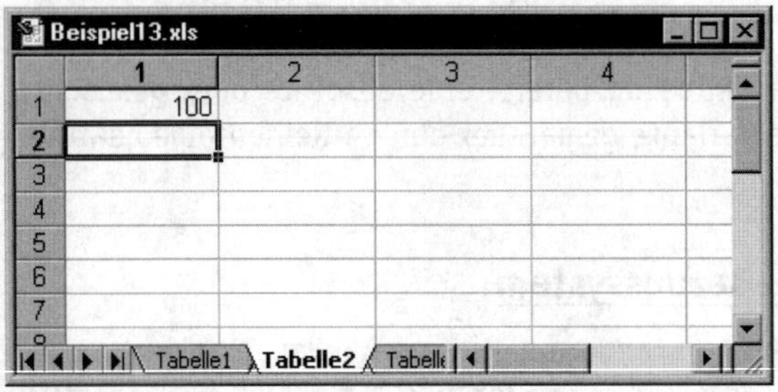

Bild 13.6: Tabelle mit Z1S1-Numerierung

Sie können innerhalb des Z1S1-Systems auch gemischte Zellbezüge (z.B. Z1S(2), Z(3)S4) verwenden. Die Eingabe der Zellbezüge erfolgt wie bei der A1-Bezugsart (siehe unten), und auch die Konvertierung kann über die [F4]-Taste erfolgen (siehe oben).

> Die Änderung der Bezugsart wirkt sich auf alle Arbeitsblätter der aktuellen Arbeitsmappe aus. Verwenden Sie in einer Tabelle Zellbezüge auf Tabellen anderer Arbeitsmappen, kann es Probleme geben. Sie definieren in einer Tabelle mit A1-Bezugssystem eine Referenz zu einer externen Tabelle (z.B. Fremd!A4). Excel 97 bemerkt die fehlende Tabelle in der aktuellen Arbeitsmappe und öffnet ein Menü zur Auswahl einer XLS-Datei. Sie wählen nun die gewünschte Tabelle aus, die aber im Z1S1-Bezugssystem gespeichert wurde. Dann blendet Excel 97 nur die Meldung »'A4' in 'AUTOS.XLS': nicht festgelegt oder zu komplex« ein und verweigert den Zugriff. Sie müssen dann den Zellbezug auf Z4S1 umsetzen oder das Bezugssystem der Tabelle umsetzen. Wenn Sie bei einer bestehenden Verbindung das Bezugssystem einer Tabelle umsetzen, korrigiert Excel 97 die Referenzen in den anderen geöffneten Mappen automatisch.

13.4 Bezüge eingeben

Im vorhergehenden Abschnitt wurde bereits ein Adreßbezug auf andere Zellen vorgestellt. Die Anweisung:

= A2 + A3

bezieht zwei Werte aus anderen Zellen und addiert diese. Sie können Bezüge natürlich direkt per Tastatur in die Formel eintragen. Eleganter geht es jedoch, wenn Sie den Operator per Tastatur eintragen und dann per Maus die gewünschte Bezugszelle anklicken. Nehmen wir an, Sie möchten den Wert der Zelle B7 mit der Konstanten 1000 multiplizieren. Geben Sie folgenden Text in der Bearbeitungsleiste ein:

= 1000 *

Dann klicken Sie per Maus die Zelle B4 in der Tabelle an. Excel 97 übernimmt jetzt automatisch diese Referenz in die Bearbeitungsleiste, d.h., diese enthält anschließend folgenden Eintrag:

= 1000 * B4

Die zuletzt angewählte Zelle wird mit einer dünnen umlaufenden Linie markiert (Bild 13.7). Solange diese Lauflinie sichtbar ist, können Sie andere Zellen anklicken. Excel 97 übernimmt dann deren Zellkoordinaten in die Formel. Erst wenn Sie eine Taste drücken, um zum Beispiel einen Operator einzugeben, wird der Zellbezug in der Formel fixiert.

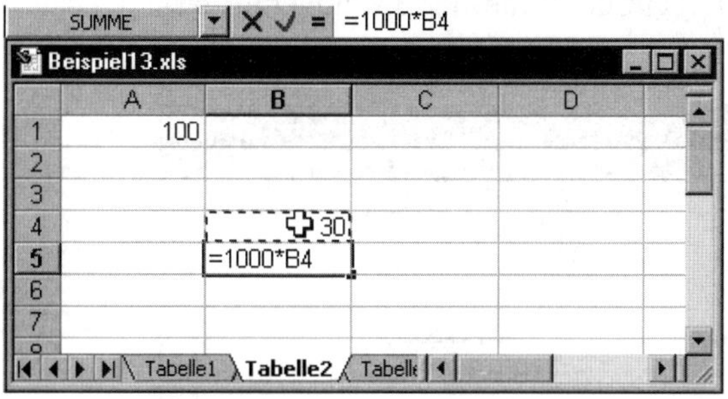

Bild 13.7: Übernahme eines Zellbezuges per Maus

> Sie können zur Korrektur eines Adreßbezugs diesen Befehl in der Bearbeitungsleiste markieren und anschließend eine neue Zelle anklicken. Excel 97 ersetzt dann den alten Eintrag durch die neuen Zellkoordinaten. Bei fehlerhaften Eingaben (z.B. A2A4) kann Excel 97 diese nicht übernehmen und zeigt in der Zelle den Text #NAME?. Fehlerhafte Eingaben erkennen Sie auch, falls Kleinbuchstaben in den Zellbezügen nicht in Großbuchstaben konvertiert werden.

> Benötigen Sie einen Bezugsoperator auf einen Zellbereich (z.B. A4:B5), markieren Sie den Bereich per Maus. Excel 97 übernimmt dann die Angaben in die Bearbeitungsleiste. Solange die Lauflinie sichtbar ist, können Sie die Bereichsangabe per Maus korrigieren. Möchten Sie Zellinhalte aus anderen Arbeitsblättern übernehmen, wählen Sie diese per Maus an. Auch hier setzt Excel 97 automatisch den korrekten Zellbezug ein. Weitere Hinweise zum Zugriff auf andere Tabellen erhalten Sie auf den folgenden Seiten.

■ Arbeiten mit Bezugsoperatoren

Excel 97 bietet Ihnen die Möglichkeit, mit drei verschiedenen Bezugsoperatoren komplette Zellbereiche in Formeln anzugeben.

- Ein Doppelpunkt (:) als Bereichsoperator definiert einen Zellbereich zwischen zwei Bezugspunkten (z.B. A1:D3), wobei die Bezugspunkte im Bereich eingeschlossen sind.
- Mehrere Bereiche lassen sich durch ein Semikolon (;) als Vereinigungsoperator zusammenfassen (z.B. C1; C5; C9:C15).
- Weiterhin erlaubt Excel 97 die Bestimmung von Schnittmengen über das Leerzeichen als Operator.

Der Vereinigungsoperator wird in Kapitel 11 im Rahmen von Zugriffen auf benannte Bereiche verwendet. Bei Verwendung mehrerer Bezugsoperatoren in einer Formel gilt die in Tabelle 13.2 aufgeführte Reihenfolge der Prioritäten.

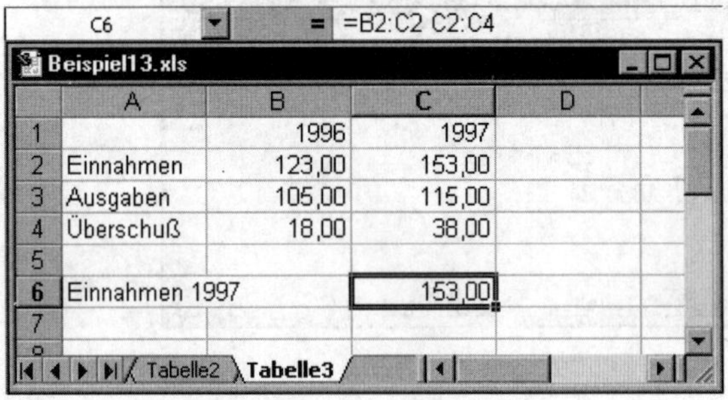

Bild 13.8: Schnittmengenoperator in Tabelle

Priorität der Bereichsoperatoren

Operator	Bedeutung
:	Bereichsoperator (höchste Priorität)
Leerzeichen	Schnittmengenoperator
;	Vereinigungsoperator

Sie können die Bearbeitung aber durch Klammerung von Teilausdrücken beeinflussen.

Interessant ist der Operator zur Bestimmung einer Schnittmenge von Zellen. Nehmen wir die Tabelle aus Bild 13.8, in der die Einnahmen des Jahres 1997 in die Zelle C6 zu übernehmen sind. Sicherlich können Sie direkt über den Zellbezug (hier C2) auf diese Zelle zugreifen. Ist die Position der Zelle aber variabel, läßt sich der Wert über den Schnittmengenoperator ermitteln. Die Angabe:

    = B2:C2 C2:C4

bestimmt die gemeinsamen Zellen der beiden Bereiche, was genau die Zelle C2 ergibt.

> *Vorteile bietet der Schnittmengenoperator, wenn Sie Zellbereiche mit Namen belegen (siehe auch Kapitel 11). Dann läßt sich zum Beispiel obige Formel zu*
>
> = Einnahmen _1997
>
> *bestimmen. Voraussetzung ist lediglich, daß die Namen* Einnahmen *für die Zeile mit den Einnahmen und* _1997 *für die betreffende Jahresspalte definiert werden.*

Excel 97 unterscheidet zwei Varianten bei der Bildung von Schnittmengen. Wird ein Leerzeichen (wie im obigen Beispiel) in der Formel eingegeben, definiert dies eine explizite Berechnung der Schnittmengen. Excel 97 führt bei verschiedenen Anweisungen eine implizierte Schnittmengenbestimmung durch. Nehmen wir an, Sie definieren einen Bereich mit dem Namen *Umsatz*, der eine komplette Zeile umfaßt. Innerhalb der gleichen Zeile fügen Sie die Formel *Umsatz * 1000* ein. Hier ist nicht klar, welche Zelle aus dem Bereich *Umsatz* für die Multiplikation benutzt wird. Da das Ergebnis eine Zahl ist, muß Excel 97 eine Zelle aus der Zeile wählen. In solchen Fällen nimmt Excel 97 die aktuelle Zelle mit der Formel und bestimmt die Schnittmenge mit dem angegebenen Bereich *Umsatz*.

> *Wenn Sie von Lotus 1-2-3 umgestiegen sind, können Sie auch die Bereichsoperatoren dieses Programms (z.B. A1..B4) benutzen. Excel 97 setzt die Eingaben automatisch um.*

Bezüge zu anderen Tabellen

Excel 97 erlaubt es Ihnen, Adreßbezüge auf Zellen im aktuellen Arbeitsblatt, auf Zellen in Arbeitsblättern der gleichen Arbeitsmappe oder sogar auf Zellen in anderen Arbeitsmappen zu definieren.

- Ein Bezug auf eine Zelle in einem anderen Arbeitsblatt der gleichen Mappe besitzt das Format *Blatt!Zelle*. Hierbei steht Blatt für den Namen des betreffenden Arbeitsblatts, der durch ein Ausrufezeichen vom Zellnamen abgetrennt wird. Eine gültige Vorgabe wäre zum Beispiel *Umsatz!A3*, wobei in der Arbeitsmappe ein Blatt mit dem Namen *Umsatz* existieren muß. Diese Bezüge werden manchmal auch als 3D-Bezüge bezeichnet.

- Ein Bezug auf eine Zelle in einem Arbeitsblatt einer anderen Mappe (externer Bezug) besitzt das Format *[Datei]Blatt!Zelle*. Hierbei steht *Datei* für den Namen der betreffenden Arbeitsmappe (XLS), der durch eckige Klammern einzuschließen ist. Vor dem Dateinamen kann noch eine Laufwerksbezeichnung mit Pfad stehen. Eine gültige Vorgabe wäre zum Beispiel *C:\UMSATZ\[ERGEBNIS.XLS]Umsatz1!A3*. *Umsatz1* stellt dabei das Blatt in der Arbeitsmappe *ERGEBNIS.XLS* dar.

Im folgenden Abschnitt werden Techniken besprochen, die eine einfache Übernahme der Zellbezüge anderer Arbeitsmappen erlauben.

=Blatt3!B3   Tragen Sie einen Zellbezug auf ein Arbeitsblatt ein, welches nicht in der aktuellen Arbeitsmappe vorhanden ist, öffnet Excel 97 nach Übernahme der Formel mittels der ⏎-Taste das in (Bild 13.9) gezeigte Dialogfeld zur Auswahl der Arbeitsmappe.

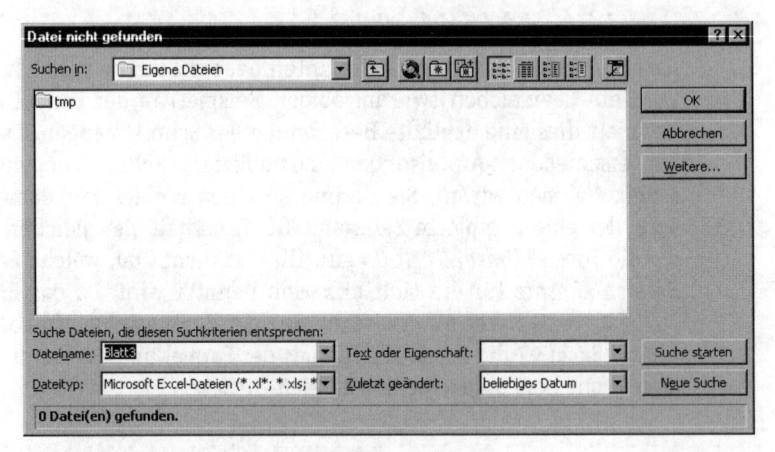

Bild 13.9: Das Dialogfeld Datei *nicht gefunden*

Haben Sie sich lediglich vertippt, schließen Sie dieses Dialogfeld über die Schaltfläche *Abbrechen*. Möchten Sie dagegen auf eine externe Tabelle zugreifen, wählen Sie den Namen der XLS-Datei. Beachten Sie dabei, daß Excel 97 automatisch den Namen des Arbeitsblatts als Dateiname im Feld *Dateiname* einträgt (Bild 13.9). Sie müssen daher den Inhalt dieses Feldes löschen, die Datei suchen und das Dialogfeld über die *OK*-Schaltfläche schließen. Excel 97 lädt die Arbeitsmappe und zeigt ein zweites Dialogfeld zur Auswahl der betreffenden Tabelle (Bild 13.10).

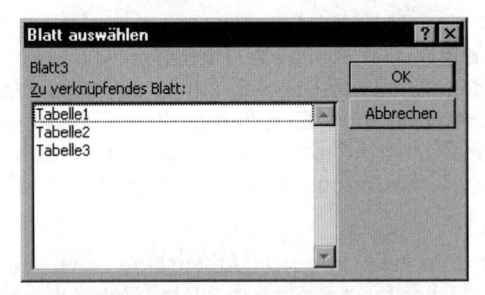

Bild 13.10: Auswahl eines Arbeitsblatts

Wählen Sie die gewünschte Tabelle aus der Liste, und bestätigen Sie dies über die *OK*-Schaltfläche. Excel 97 trägt dann die korrekte Zellreferenz, einschließlich der Laufwerksbezeichnung, Pfad, Tabellenname und Zelle in die Formel ein (Bild 13.11).

> *Enthält der Name eines Arbeitsblatts Leerzeichen, müssen Sie den Namen in Hochkommta einschließen (z.B. 'Umsatz 93'!A3). Wenn Sie das Blatt per Maus über den Registerreiter wählen, setzt Excel 97 automatisch die Hochkommta ein.*

> *Zum Zugriff auf andere Arbeitsblätter können Sie einen symbolischen Tabellennamen (z.B. 'Umsatz Filiale1'!A1) verwenden. Excel 97 erkennt, daß die Tabelle in der aktuellen Mappe fehlt und öffnet dann das Dialogfeld zur Auswahl eines Dateinamens. Sie können nun jede beliebige XLS-Datei und die benötigte Tabelle wählen. In der Formel beläßt Excel 97 Ihre Vorgaben, stellt den Namen lediglich in eckige Klammern (z.B. ['Umsatz Filiale1']Tabelle1!A1). Dies trägt sicherlich zur Transparenz einer Berechnungsformel bei.*

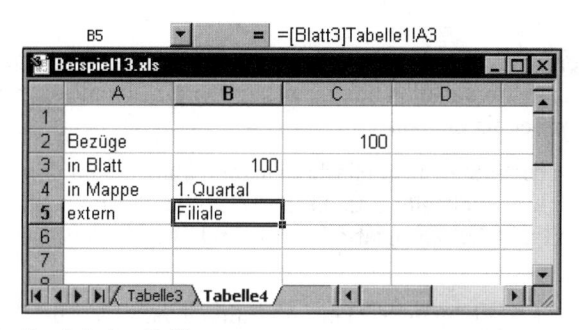

Bild 13.11: Korrigierter Zellbezug

> *Die Funktion liest bei der Aktualisierung den Wert der Quellzelle (externe Arbeitsmappe) aus der Datei. Dies gilt auch dann, wenn die Arbeitsmappe geladen ist. Änderungen in der Tabelle wirken sich erst aus, wenn diese explizit in die Datei zurückgespeichert werden. Seltsamerweise trifft dies aber nicht zu, wenn im Dialogfeld Verknüpfen die Schaltfläche Quelle wechseln benutzt wird. Dann übernimmt Excel 97 den aktuellen Wert der Tabelle.*

Arbeiten mit Verknüpfungen

Der Zugriff auf externe Arbeitsmappen ist zum Beispiel bei komplexen Modellen hilfreich, wo Daten auf unterschiedliche Tabellen aufgeteilt werden. Dadurch lassen sich Berechnungen dreidimensional gestalten. Ein anderer Ansatz benutzt eine Verknüpfung mehrerer Arbeitsblätter, um Ergebnisse in einem neuen Arbeitsblatt zusammenzufassen und zu vereinfachen. Hierdurch lassen sich neue Sichten auf bestehende Arbeitsblätter erzeugen.

Nehmen wir an, Sie benötigen Informationen über die Ausgaben verschiedener Abteilungen eines Unternehmens. Jede Abteilung pflegt diese Daten in getrennten Mappen (ABTEIL1.XLS, ABTEIL2.XLS etc.). Über ein Netzwerk läßt sich aber auf die Dateien zugreifen.

Zur Anzeige legen Sie nun ein neues Arbeitsblatt an und verknüpfen dieses mit den Daten der anderen XLS-Dateien. Hierzu sind in den Zellen des neuen Arbeitsblatts die Verknüpfungsbedingungen gemäß folgender Notation einzutragen:

'E:\ABTEIL1\[BUCH.XLS]Ausgaben'!$A$19

Beachten Sie dabei, daß bei Laufwerks- und Pfadangaben der komplette Ausdruck bis zum Ausrufezeichen in Hochkommta zu setzen ist. Auf Grund der oben beschriebenen Probleme bei falschen Zellbezügen sollten Sie folgendermaßen bei der Definition einer externen Verknüpfung vorgehen:

1. Öffnen Sie alle Arbeitsmappen, die bei der Verknüpfung benötigt werden.

2. Markieren Sie die aktuelle Zelle im Zielarbeitsblatt (abhängige Tabelle), und geben Sie das Gleichheitszeichen (=) ein. Damit erwartet Excel 97 eine Formel als Eingabe.

3. Nun wechseln Sie zur Quellarbeitsmappe und wählen dort per Maus die gewünschte Quellzelle aus. Excel 97 markiert diese mit einem Laufrahmen und trägt automatisch die Zellreferenz in der Bearbeitungszeile ein.

Sobald Sie die ⬅-Taste drücken, übernimmt Excel 97 die Zellreferenz in der aktiven Zelle des abhängigen Arbeitsblatts.

Die Tabellen der externen Arbeitsmappen lassen sich nach wie vor getrennt bearbeiten. Sie sollten die Quellarbeitsmappen jedoch vor der verknüpften Mappe speichern. Dadurch wird sichergestellt, daß die Verknüpfungen mit aktuellen Daten berechnet werden. Beim Öffnen einer Tabelle aktualisiert Excel 97 die externen Verknüpfungen. Wird eine Datei nicht gefunden, erhalten Sie eine entsprechende Meldung.

Möchten Sie Werte aus verknüpften Zellen einfrieren, markieren Sie den betreffenden Bereich und drücken die Taste F9 (oder Strg+⇧+o). Damit ersetzt Excel 97 die Verknüpfung durch den letzten übertragenen Wert.

Informationen zur Aktualisierung von Verknüpfungen finden Sie weiter unten im Abschnitt »Aktualisierung von Fremdbezügen«.

13.5 Namen in Formeln

Innerhalb einer Formel lassen sich für Zellbezüge auch Namen vorgeben. Die Formel:

= Einnahmen - Ausgabe

dürfte wohl etwas informativer als die Rechenvorschrift B3-B4 sein. Einzige Voraussetzung ist, daß Sie die entsprechenden Zellen oder Bereiche mit Namen belegen. Bild 13.12 zeigt zum Beispiel, wie sich der Schnittmengenoperator innerhalb einer Formel benutzen läßt. In der Tabelle wurden die Bereiche *Einnahmen*, *Ausgaben* für die Zeilen 2, 3 und *_1996*, *_1997* für die Spalten B, C definiert. Damit läßt sich die Berechnung *Einnahmen - Ausgaben* nicht verwenden. Sie können Excel 97 aber anweisen, die Schnittmengen aus den Zeilen und der Spalte *_1997* zu bestimmen und diese Ergebnisse zu verwenden. Die entsprechende Rechenvorschrift wird auf die Zelle C7 angewandt und erscheint in der Bearbeitungsleiste.

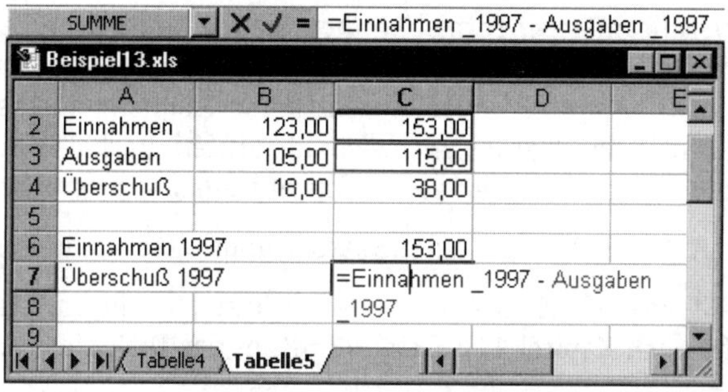

Bild 13.12: Einsatz von Namen und Schnittmengen in Formeln

> *Der Vorteil bei Verwendung von Namen statt direkter Zellbezüge besteht neben der besseren Lesbarkeit vor allem darin, daß Excel 97 flexibler auf Änderungen in den Bereichen reagiert. Wenn Sie Zeilen oder Spalten eines Bereiches ändern, wird der zugehörige Name nicht verändert. Beim Zugriff über den Namen erhält Excel 97 die Information über die Größe des Bereiches. Nur wenn der komplette Bereich gelöscht und der Name nicht gefunden wird, tritt eine Fehlermeldung #NAME? auf. Dann sollten Sie den Ausdruck auf korrekte Schreibweise prüfen und nachsehen, ob der Name überhaupt definiert wurde. Formeln mit Namensbezügen werden schneller berechnet und benötigen auch weniger Speicherplatz als Formeln mit Zellbezügen. In Excel 4.0 gelten Namen nur für ein Arbeitsblatt. In Excel 97 sind die vereinbarten Namen jedoch global für die komplette Arbeitsmappe gültig. Excel 97 erweitert daher Excel 4.0-Dateien beim Import um den Namen des Arbeitsblatts (z.B. Tabelle1!Gewinn). Diese Namen lassen sich andererseits als arbeitsblattspezifische Bereichsnamen interpretieren.*

> Achten Sie bei der Eingabe der Namen aber darauf, daß diese mit einem Buchstaben beginnen müssen. Die Eingabe 1997 für die entsprechende Spalte wird nicht als Name erkannt. Auch der Trick mit einem vorangestellten Buchstaben (z.B. X1997 funktioniert nicht, da es sich um eine gültige Zellreferenz handelt! Sie können allerdings den Namen mit einem Unterstrich (z.B. _1997) einleiten. Wegen der schlechten Lesbarkeit und um Mißverständnissen vorzubeugen, (z.B. Umsatz -_1997) sollten Sie aber auf Unterstriche verzichten.

Bei der Eingabe eines Namens paßt Excel 97 diesen an die Schreibweise in der Namensliste an. Verwenden Sie bei der Definition Groß- und Kleinschreibung. Wenn Sie dann einen Namen mit Kleinbuchstaben eingeben, wird dieser bei korrekter Schreibweise automatisch an die Definition angepaßt. Andernfalls existiert den Name nicht und wurde vermutlich falsch geschrieben.

Übernahme von Namen bei der Eingabe

Bei der Definition einer Formel können Sie die benötigten Namen manuell eintragen. Bei umfangreichen Tabellen oder vielen Namen geht aber schnell die Übersicht verloren. Leider besteht keine Möglichkeit, die Namen über das Namensfeld der Bearbeitungsleiste abzurufen. Deshalb ermöglicht Excel 97 Ihnen die Übernahme eines Namens aus einer eigenen Namensliste.

1. Tragen Sie die Formel in der Bearbeitungsleiste wie gewohnt ein.
2. Sobald Sie einen Namen benötigen, drücken Sie die Funktionstaste F3 (siehe auch Kapitel 11). Excel 97 öffnet das Dialogfeld aus Bild 13.13.
3. Wählen Sie einen Namen aus der Liste, und bestätigen Sie die Übernahme durch die OK-Schaltfläche.

Excel 97 fügt den Namen automatisch in der Bearbeitungszeile an der Einfügemarke ein.

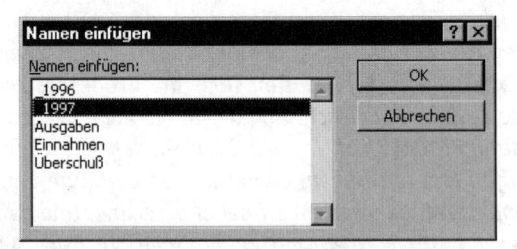

Bild 13.13: Übernahme eines Namens in eine Formel

> Um in einer langen Namensliste schnell einen Eintrag zu finden, öffnen Sie das Dialogfeld und geben den ersten Buchstaben des Namens ein. Excel 97 blättert automatisch zum ersten Eintrag mit diesem Buchstaben.

Zellbezüge durch Namen ersetzen

Haben Sie in den Kalkulationsformeln direkte Zellbezüge der Art A3, $A$4 benutzt und möchten diese durch Verwendung von Namen übersichtlicher gestalten? Dann sollten Sie die direkten Zellbezüge durch Namen ersetzen. Excel 97 bietet Ihnen hierbei über den Befehl NAMEN/ANWENDEN im Menü EINFÜGEN Unterstützung an. Sobald Sie einen Zellbezug anwählen und die Funktion aufrufen, blendet Excel 97 ein Dialogfeld mit der Liste der definierten Namen ein. Wählen Sie einen oder mehrere Namen, tauscht Excel 97 die Zellbezüge gegen die Namen aus. Näheres zu diesem Thema finden Sie im Kapitel 11, Abschnitt »Namen anwenden«.

13.6 Formeln bei der Eingabe formatieren

Solange Sie nur einfache Ausdrücke in eine Zelle eingeben, müssen Sie sich um eine Formatierung keine Gedanken machen. Problematisch wird es jedoch, wenn die Formel sehr viele Ausdrücke enthält. Dann läßt sich die Lesbarkeit durch eine Formatierung erheblich erhöhen. Sie können zum Beispiel Teilausdrücke in mehrere Zeilen umbrechen (Bild 13.14).

1. Hierzu tragen Sie jeweils den Teilausdruck in der Zeile ein.
2. Dann fügen Sie den Zeilenumbruch über die Tastenkombination [Alt]+ [←] ein.

Dadurch wird die Eingabe in einer zweiten Zeile ermöglicht. Wenn Sie die Formel auf diese Art auf mehrere Zeilen aufteilen, lassen sich Änderungen leicht vornehmen, und die Übersichtlichkeit bleibt gewahrt.

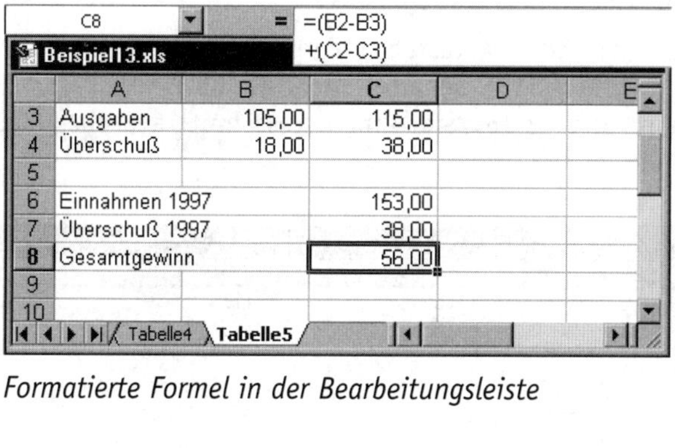

Bild 13.14: Formatierte Formel in der Bearbeitungsleiste

13.7 Anzeige der Formeln in der Tabelle

In der Tabelle werden normalerweise nur die Zellinhalte angezeigt. Enthält die Zelle eine Formel, gibt Excel 97 den Ergebniswert in der Anzeige aus. Nur wenn Sie die betreffende Zelle anwählen, erscheint die Formel in der Bearbeitungsleiste. Weiterhin können Sie die Zelle mit einem Doppelklick anwählen oder die Funktionstaste [F2] drücken. Dann zeigt Excel 97 die Formel zur Bearbeitung in der Zelle.

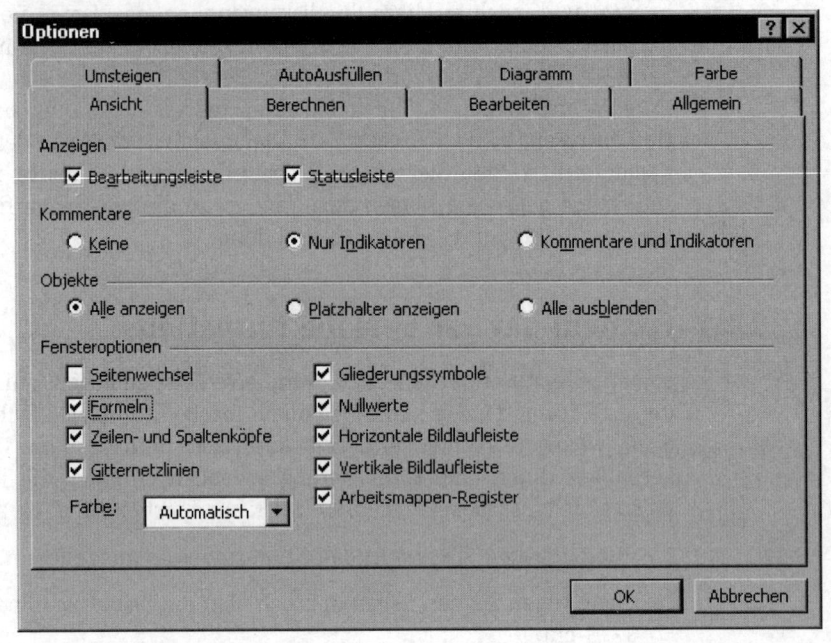

Bild 13.15: Registerkarte Ansicht

Zur Dokumentation und Fehlersuche ist die Anzeige aller Formeln in der Kalkulationstabelle aber erforderlich. Diese Anzeige erreichen Sie über das Kontrollkästchen *Formeln* Registerkarte *Ansicht* (Menü EXTRAS, Eintrag OPTIONEN).

Sobald Sie das Kontrollkästchen *Formeln* in der Gruppe *Fensteroptionen* markieren (Bild 13.15), schaltet Excel 97 die Anzeige der Formeln in der Tabelle ein. Bild 13.16 zeigt einen Ausschnitt aus einer Tabelle mit den eingeblendeten Zellformeln.

Bild 13.16: Tabelle mit eingeblendeten Formeln

Sie können aber weiterhin die Zellen der Tabellen anwählen und neue Werte eintragen oder bestehende Daten korrigieren.

Schneller geht das Ein- und Ausschalten der Formelanzeige in der Tabelle, wenn Sie die Tastenkombination ⌈Strg⌉+⌈#⌉ verwenden.

Beachten Sie, daß bei der Formelanzeige alle eingegebenen Konstanten linksbündig in den Zellen ausgerichtet werden. Sie können bei der Eingabe nicht mehr erkennen, ob Excel 97 den Wert als Zahl interpretiert. Bei der Darstellung schneidet Excel 97 die Formel ab, sobald diese über den Zellrand reicht und die Nachbarzelle mit einem Eintrag belegt ist.

13.8 Steuerung der Berechnungen

Sobald Sie in einer Tabelle eine Eingabe vornehmen, rechnet Excel 97 alle betroffenen Zellen automatisch durch. Damit wird sichergestellt, daß die Tabelle aktuelle Werte enthält.

Berechnungsoptionen

Bei umfangreichen Arbeitsblättern mit vielen Formeln dauert die Neuberechnung eines Arbeitsblattes einige Zeit. Die Verzögerungen sind bei Eingaben störend. Schalten Sie in diesen Fällen die automatische Berechnung einer Formel über die Registerkarte *Berechnen* (Menü EXTRAS, Funktion OPTIONEN) aus.

Die Registerkarte *Berechnen* bietet in der gleichnamigen Gruppe verschiedene Optionen (Bild 13.17).

- Standardmäßig ist das Optionsfeld *Automatisch* markiert, d.h., nach jeder Eingabe erfolgt eine Neukalkulation.

- Die Option *Automatisch außer bei Mehrfachoperationen* erlaubt es Excel 97, bei Eingaben alle abhängigen Formeln zu berechnen. Die Berechnung wird nur bei Mehrfachoperationen ausgesetzt.

- Die Option *Manuell* schaltet jegliche Berechnung der Tabellen ab (manueller Berechnungsmodus).

- Das Kontrollkästchen *Vor dem Speichern neu berechnen* stellt sicher, daß immer aktualisierte Daten in der XLS-Datei gesichert werden.

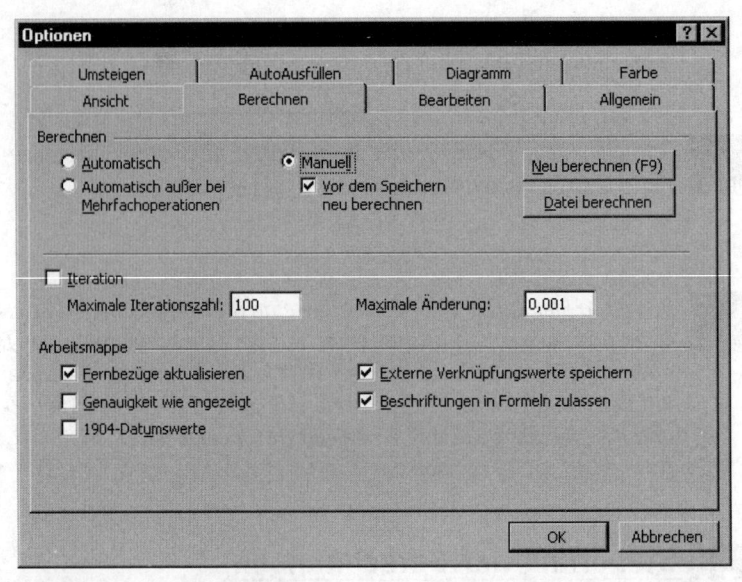

Bild 13.17: Die Registerkarte Berechnen

Sie können im manuellen Berechnungsmodus die Tabelle neu berechnen, indem Sie in der Registerkarte *Berechnen* die Schaltfläche *Neu berechnen (F9)* betätigen. Schneller geht es allerdings, wenn Sie die Funktionstaste [F9] drücken. Die Schaltfläche *Datei berechnen* sichert die neu berechneten Werte in die Datei.

Haben Sie den manuellen Berechnungmodus eingeschaltet und eine Tabelle verändert, weist Excel 97 Sie durch die Meldung Berechnen *in der Statuszeile auf die erforderliche Neuberechnung hin. Die Funktionstaste* [F9] *startet die Neuberechnung aller geänderten Werte in den geöffneten Arbeitsmappen und Diagrammen. Wenn Sie statt dessen die Tastenkombination* [⇧]+[F9] *verwenden, aktualisiert Excel 97 nur das aktuell geöffnete Tabellenblatt.*

Zirkulare Berechnungen

Beim Aufbau einer Formelreihe können durchaus zirkulare Bezüge auftreten. In diesem Fall hängt die Formel vom eigenen Wert ab. Dies kann direkt oder indirekt vorkommen:

Zelle	Formel
A5	= A5 + 10 direkt
A3	= A5 * 2 indirekt
A5	= A3 + 2

Solche zirkularen Bezüge können durchaus erwünscht sein, in den meisten Fällen handelt es sich aber um Eingabefehler. Sobald Excel 97 dies erkennt, erscheint eine Fehlermeldung (Bild 13.18).

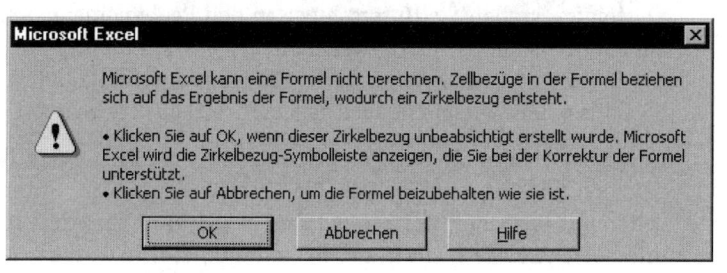

Bild 13.18: Meldung bei Zirkelbezügen

Bestätigen Sie das Dialogfeld über die *OK*-Schaltfläche, blendet Excel 97 in der Statuszeile die Meldung Zirkelbezug xx ein (Bild 13.19). Diese Meldung wird jedoch nur sichtbar, wenn das Excel-Anwendungsfenster groß genug ist! Die Zirkelbezüge werden durch blaue Linien in der Tabelle markiert. Gleichzeitig wird die Symbolleiste mit den Schaltflächen zur Analyse der Zirkelbezüge angezeigt.

Ist ein Zirkelbezug gewollt, müssen Sie dies Excel 97 mitteilen. Hierzu wählen Sie die Registerkarte *Berechnen* (Menü EXTRAS, Eintrag OPTIONEN) und aktivieren das Kontrollkästchen *Iteration* (siehe Bild 13.17). In der Standardeinstellung führt Excel 97 dann 100 Iterationsdurchläufe aus. Ändern sich die Zellwerte im Absolutwert um weniger als 0,001, bricht Excel 97 aber vorher die Iteration ab. Sie können diese Vorgabewerte über die Felder in der Registerkarte *Berechnen* verändern.

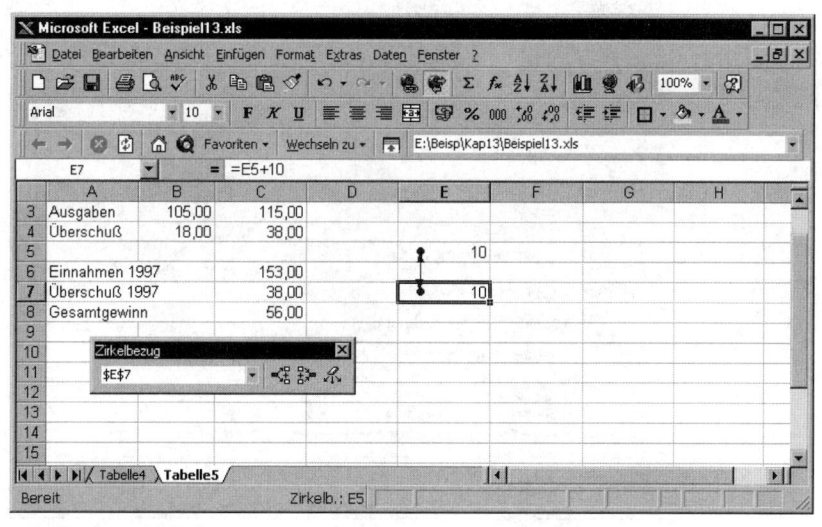

Bild 13.19: Anzeige von Zirkelbezügen

Lotus-1-2-3-konforme Berechnungen

Excel 97 geht die Zellen zeilenweise von oben nach unten durch und führt die notwendigen Berechnungen durch. Wenn Sie jedoch von Lotus 1-2-3 umsteigen, stellen Sie Unterschiede in den Rechenergebnissen fest. Bilden Sie zum Beispiel den Mittelwert (Durchschnitt) einer Spalte, die drei Zahlen 3 4 5 und zwei Zellen mit Texteinträgen enthält, liefert Excel 97 das Ergebnis 4. Dies entspricht auch dem erwarteten Mittelwert der drei Vorgaben.

In Lotus erhalten Sie dagegen als Mittelwert die Zahl 2,6, d.h., es liegt ein gänzlich anderes Ergebnis vor. Die Ursache liegt in der Interpretation der Zellen mit logischen Werten und Texten. Excel 97 ignoriert solche Einträge und bezieht diese nicht in die Berechnung ein. In Lotus 1-2-3 werden die Zellen auf den Wert 0 gesetzt, d.h., bei der Summation ergibt sich kein Einfluß. Bei einer Mittelwertberechnung geht aber auch die Anzahl der summierten Werte mit ein. Diese ist bei Excel 97 *drei* und bei Lotus 1-2-3 *fünf*, wodurch ein unterschiedliches Ergebnis angezeigt wird.

Sie können Excel 97 aber veranlassen, daß die Berechnungen kompatibel zu Lotus 1-2-3 ausgeführt werden. Öffnen Sie die Registerkarte *Umsteigen* (Menü EXTRAS, Eintrag OPTIONEN), und markieren Sie in der Gruppe *Tabellenblattoptionen* das Kontrollkästchen *Alternative Formelberechnung* (Bild 13.20).

In dieser Registerkarte lassen sich weitere Optionen für die alternative Bearbeitung von Tabellen im Lotus 1-2-3-Modus setzen.

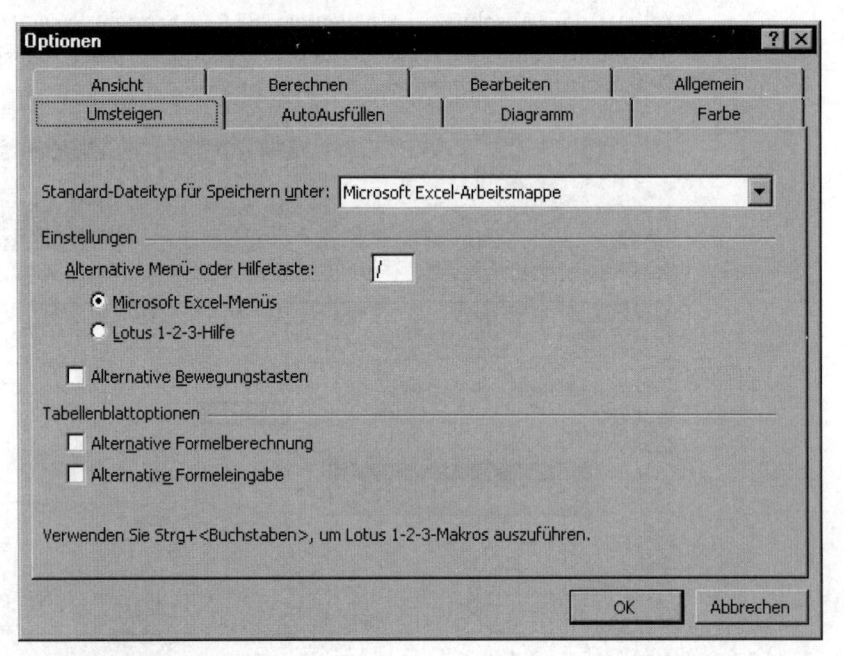

Bild 13.20: Registerkarte Umsteigen

> *Wenn Sie eine Lotus 1-2-3 WK*-Datei importieren, setzt Excel 97 automatisch die betreffenden Optionen.*

Rechnen mit Anzeigewerten

Excel 97 führt Berechnungen immer mit den intern gespeicherten Werten aus. Dabei wird eine Genauigkeit von 15 Stellen zugrunde gelegt. Dies führt aber unter Umständen zu fehlerhaften Anzeigen bei berechneten Werten. Das folgende Beispiel ist typisch für Abweichungen in der Berechnung.

Wert	Anzeigewert		
1,304	1,30		
0,501	0,50	Summe Anzeigewerte Excel:	1,91
0,104	0,10	Summe Anzeigewerte manuell:	1,90
1,909	1,91		

Der Benutzer sieht nur die Anzeigewerte mit zwei Dezimalstellen. Addiert er die Werte, erhält er als Ergebnis 1,90. Excel 97 führt die Addition jedoch mit den internen Werten durch und rundet das Ergebnis anschließend für die Darstellung. In den Einzelwerten fällt die letzte Nachkommastelle beim Runden weg. Durch die Summation ergibt sich aber auf der zu rundenden Ziffer ein Wert größer 5, d.h., die nächst höhere Stelle wird um 1 erhöht.

Dies ist gerade bei Währungsrechnungen äußerst störend, wo die Ergebnisse auf den Pfennig genau übereinstimmen müssen. Sie haben aber die Möglichkeit zur Umgehung der Problematik. Öffnen Sie die Registerkarte *Berechnen* (Menü Extras, Eintrag Optionen), und markieren Sie das Kontrollkästchen *Genauigkeit wie angezeigt* (Bild 13.21). Dann rundet Excel 97 alle Eingaben auf die Stellenzahl der Anzeige und speichert den Wert. Bei Berechnungen ergeben sich die gemäß Anzeige erwarteten Werte.

> *Beachten Sie aber, daß beim Setzen dieser Option Stellen abgeschnitten werden und Rechengenauigkeit verloren geht. Setzen Sie die Option zurück, können die abgeschnittenen Stellen nicht mehr restauriert werden.*

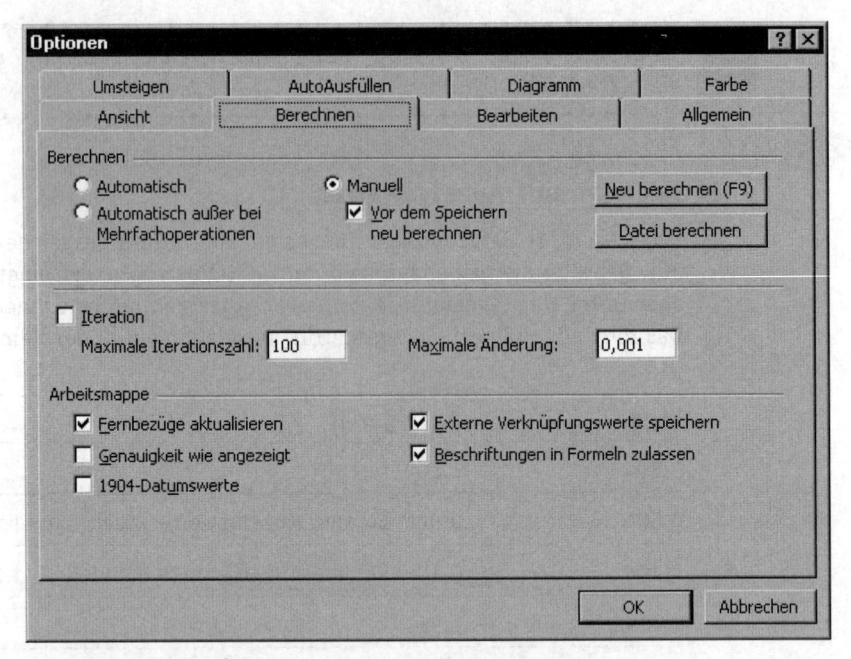

Bild 13.21: Registerkarte Berechnen

Einfrieren der Werte

Bei Zellen mit Formeln aktualisiert Excel 97 die Ergebnisse bei jeder Neukalkulation. Sie können aber die Formel durch den Ergebniswert ersetzen:

1. Hierzu wählen Sie die Zelle mit einem Mausklick an.

2. Dann markieren Sie die gesamte Formel oder einen Teilausdruck per Maus (z.B. in der Bearbeitungsleiste).

3. Sobald Sie nun die Taste F9 drücken, ersetzt Excel 97 den markierten Ausdruck durch das Ergebnis.

Dies ist zum Beispiel bei Verknüpfungen hilfreich, wenn zukünftig keine neuen Werte mehr zu importieren sind.

Da die Taste F9 *auch zum Neuberechnen verwendet wird, mußten die Entwickler eine Sicherheitssperre gegen versehentliches Einfrieren der Formel schaffen. Der Ersatz des Wertes funktioniert deshalb nur, wenn Sie den Ausdruck in der Bearbeitungsleiste explizit markieren.*

Bedenken Sie, daß Excel 97 mit diesem Schritt die Formel löscht. Benötigen Sie diese, sollten Sie vorher eine Sicherungskopie anlegen.

13.9 Aktualisierung von Fremdbezügen

Enthält eine Tabelle Bezüge aus anderen Anwendungen (z.B. Zugriffe auf Datenbanken), können Sie über die Registerkarte *Berechnen* (Menü EXTRAS, Eintrag OPTIONEN) das Kontrollkästchen *Fernbezüge aktualisieren* markieren (siehe Bild 13.21). Dann aktualisiert Excel 97 bei jeder Neuberechnung auch die Daten dieser Bezüge.

> *Unter Fremdbezügen wird der Zugriff auf Dateien in Fremdformaten verstanden. Handelt es sich dagegen um ein externes Excel-Arbeitsblatt, spricht man lediglich von externen Bezügen.*

Bedenken Sie aber, daß die Aktualisierung von Fremdbezügen unter Umständen sehr viel Zeit benötigt. Sie sollten daher die Option standardmäßig deaktivieren. Dann rechnet Excel 97 mit den letzten übertragenen Werten.

Aktualisierung von Verknüpfungen

Sie können in Excel 97 Verknüpfungen zu anderen Arbeitsblättern der gleichen Mappe oder zu externen Mappen aufbauen (siehe oben). Innerhalb der gleichen Mappe erfolgt bei Eingaben in der Quellzelle automatisch eine Aktualisierung der Zielzellen (falls die automatische Berechnung eingeschaltet ist). Anders sieht es jedoch bei externen Bezügen aus. Ist die Quellarbeitsmappe geladen, aktualisiert Excel 97 bei Eingaben auch die Zielzellen. Haben Sie dagegen nur die Quellarbeitsmappe geladen und bearbeiten diese, berücksichtigt Excel 97 die Veränderungen in der Zieltabelle nicht.

Erst wenn Sie die abhängige Arbeitsmappe mit den Verknüpfungen laden, erscheint eine Meldung (Bild 13.22).

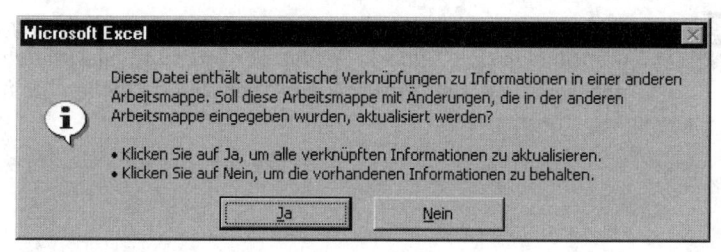

Bild 13.22: Aktualisierung der Verknüpfungen beim Laden

Wenn Sie die Schaltfläche *Ja* anwählen, aktualisiert Excel 97 die betreffenden Verknüpfungen, ohne die betreffende Arbeitsmappe zu laden. Dies bringt bei großen Arbeitsmappen Vorteile in der Speicherbelegung.

Möchten Sie beim Öffnen die Verknüpfungen zu externen Mappen nicht aktualisieren, läßt sich dies über die Schaltfläche *Nein* des Dialogfelds erreichen. Sie haben dann zu einem späteren Zeitpunkt die Möglichkeit zur manuellen Aktualisierung der Verknüpfungen.

1. Öffnen Sie das Menü BEARBEITEN, und wählen Sie den Eintrag VERKNÜPFUNGEN.
2. Excel 97 blendet das Dialogfeld *Verknüpfungen* (Bild 13.23) mit den aktuellen Verknüpfungen ein.
3. Sie können dann individuell eine der aufgeführten Verknüpfungen per Maus anwählen und über die Schaltfläche *Jetzt aktualisieren* die Daten auffrischen.

Der Vorteil dieser Methode liegt darin, daß Sie jede einzelne Verknüpfung getrennt aktualisieren können. Dies ist insbesondere in Netzwerken hilfreich, wenn temporär bestimmte Dateien nicht verfügbar sind (z.B. weil ein Benutzer seinen Rechner abgeschaltet hat). Über die Schaltfläche *Quelle wechseln* können Sie den Dateibezug einer Verknüpfung neu definieren.

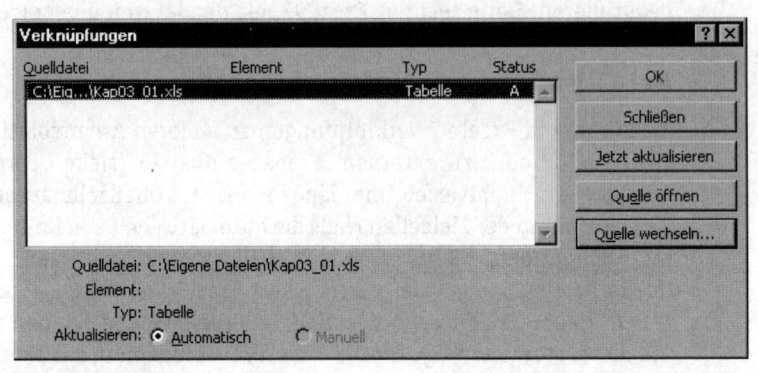

Bild 13.23: Dialogfeld Verknüpfungen

> Das Dialogfeld Verknüpfungen *dient auch zur Aktualisierung anderer verknüpfter Objekte (z.B. Bilder). Der Typ der Verknüpfung wird dabei im Dialogfeld angezeigt. Weitere Hinweise zum Thema OLE erhalten Sie in Kapitel 22.*

13.10 Besonderheiten bei Datumswerten

Excel 97 ist sowohl auf dem Macintosh als auch unter Windows verfügbar. Die Datums- und Zeitwerte werden dabei als serialisierte Zahlen gespeichert (siehe auch Kapitel 8). Da beide Betriebssystem-Plattformen unterschiedliche Datumssystem verwenden (1900-System auf dem PC, 1904-System auf dem Mac), muß dies bei der Konvertierung von Dateien zwischen den beiden Plattformen beachtet werden. Excel 97 erkennt automatisch beim Laden der Datei, auf welcher Plattform diese erstellt wurde. Abhängig von der Plattform wird dann das betreffende Datumssystem gesetzt, d.h., laden Sie auf einem PC eine Mac-Excel-Datei, stellt das Programm automatisch die Datumswerte auf das 1904-System um. Der Wechsel betrifft in diesem Fall nur die aktive Arbeitsmappe und wirkt sich lediglich auf neu eingegebene Werte aus. Die bereits gespeicherten Werte werden automatisch konvertiert.

13.11 Wahrheitswerte in Excel

Unter den mathematischen Operatoren (Tabelle 13.1) befinden sich auch Vergleichsoperatoren (<, > etc.). Setzen Sie diese in einer Zellformel ein, enthält die Zelle anschließend einen Wahrheitswert (wahr, falsch). Die Formel:

    = B19 > 4

vergleicht den Inhalt der Zelle B19 auf größer 4. Ist die Bedingung erfüllt, legt Excel 97 den Wert WAHR in der Zelle ab. Im anderen Fall erhält die Zelle den Wert FALSCH zugewiesen. Dabei sollten Sie jedoch eine Besonderheit beachten; die Wahrheitswerte werden intern als 1 (wahr) und 0 (falsch) gespeichert. Dadurch können Sie den Wahrheitswert in Berechnungen einbeziehen. Die Anweisung:

    = 10 + B1

liefert dann den Inhalt der Zelle B1 + 10. Enthält diese Zelle den Wahrheitswert WAHR, ist das Ergebnis 11. Andernfalls wird der Wert 10 zurückgegeben. Beziehen Sie aber diese Zelle in eine Berechnung (z.B. Mittelwert) ein, ignoriert Excel 97 Zellen mit logischen Werten.

> *Im Kompatibilitätsmodus zu Lotus 1-2-3 ist dies etwas anders. Hier werden die Wahrheitswerte als 1 (wahr) und 0 (falsch) angezeigt. Weiterhin bezieht Lotus 1-2-3 die Zellen mit dem Wert 0 in Berechnungen ein.*

14 Funktionen und Fehlerbearbeitung

14.1 Funktionen verwenden (Beispiel)

Zur Vereinfachung von Formeln können Sie in Excel 97 Funktionen benutzen. Funktionen sind letztlich nichts anderes als vordefinierte Formeln, die mindestens einen Wert zurückliefern. Sofern Ihnen die Verwendung von Funktionen nicht klar ist, hier ein einfaches Beispiel: Nehmen wir die in Bild 14.1 gezeigte Tabelle. Diese enthält in der Spalte *B* drei Umsatzzahlen, die zu addieren sind. Das Ergebnis soll in der Zelle *B7* abgelegt werden.

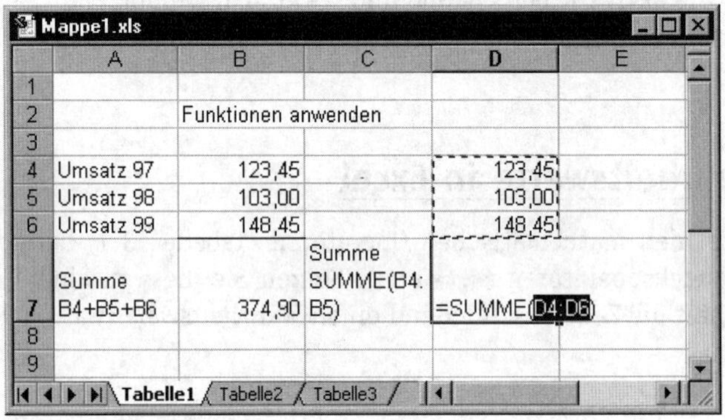

Bild 14.1: Tabelle mit Werten

Als Formel enthält die Zelle *B7* die Angabe:

   = B4 + B5 + B6

Jeder Einzelwert wird über den Zellbezug gelesen und anschließend addiert. Das Ergebnis erscheint in Zelle *B7*. In Kapitel 3 wurde bereits ein Beispiel gezeigt, bei dem die Berechnung einer Summe innerhalb einer Spalte eleganter erfolgt. Excel 97 verfügt über eine interne Funktion zur Berechnung der Summe mehrerer Zellen. In Bild 14.1 enthält die Spalte D nochmals die Werte, die jetzt über die Funktion SUMME zu summieren sind. Diese Funktion besitzt für das in Bild 14.1 gezeigte Beispiel den Aufbau:

   = SUMME(D4:D6)

Der Bereich D4:D6 gibt dabei die zu summierenden Zellen an. Die interne Funktion SUMME ermittelt nun den Wert aus dem angegebenen Zellbereich und liefert das Ergebnis in der Zelle mit der Formel zurück.

Bei der Summation einer kompletten Spalte mit 30 Elementen wird der Vorteil einer Funktion schnell sichtbar.

Funktionen aufrufen (allgemeine Syntax)

Funktionen sind nichts anderes als vordefinierte »Rechenvorschriften« (d.h. im Grunde eigentlich Formeln), die Berechnungen unter Verwendung bestimmter Werte, der sogenannten »Argumente«, vornehmen. Die Art der Anordnung des Funktionsnamen und der folgenden Werte sowie deren Reihenfolge wird auch als »Syntax« bezeichnet. Formeln sind in Excel 97 immer mit der folgenden Syntax:

Funktionsname (Parameter1; Parameter2; ...; ParameterN)

anzugeben.

- Als erstes kommt der Funktionsname. Dieser Name identifiziert die Funktion eindeutig und muß als interne (in Excel 97 definiert) oder externe (als Add-In vereinbarte) Funktion definiert sein. Excel 97 kennt etwa 400 verschiedene Funktionen, die sich in Tabellenblättern anwenden lassen.

- An den Namen schließt sich ein Klammerausdruck zur Aufnahme der Argumente an. Die einzelnen Argumente sind durch ein Separatorzeichen zu trennen. In der deutschen Version von Excel 97 ist hierzu ein Semikolon vorgesehen.

Die Funktion SUMME addiert beispielsweise Werte oder Zellbereiche. Mit der Funktion RMZ lassen sich die Ratenzahlungen für ein Darlehen unter Verwendung des Zinssatzes, der Laufzeit des Darlehens und der Darlehenshöhe berechnen.

Für die bereits im obigen Beispiel verwendete Funktion SUMME sieht die Aufrufsyntax folgendermaßen aus:

=SUMME(A1:A4; B1:B4)

Hier wurden zwei durch ein Semikolon getrennte Zellbereiche A1:A4 und B1:B4 als Argumente benutzt.

Funktionsargumente

Die Zahl der für eine Funktion zulässigen Argumente wird durch die Funktion selbst bestimmt. Allgemein erlaubt Excel 97 es Ihnen, bis zu 30 Argumente anzugeben. Hierbei wird zwischen erforderlichen Argumenten und optionalen Argumenten unterschieden.

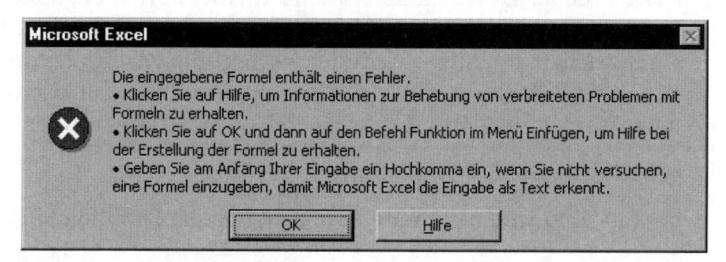

Bild 14.2: Fehler bei Funktionseingabe

⋯⋮ Erforderliche Argumente müssen beim Aufruf der Funktion in der angegebenen Reihenfolge angegeben werden. Fehlen diese Argumente, meldet Excel 97 beim Abschluß der Eingabe mittels der ⎡←⎤-Taste einen Fehler (Bild 14.2).

⋯⋮ Optionale Argumente können Sie beim Funktionsaufruf weglassen. Die Funktion erkennt, wenn optionale Argumente übergeben werden und wertet diese aus.

Bezogen auf die Funktion zur Berechnung einer Summe muß mindestens ein Bereich zum Summieren eingegeben werden.

=SUMME(A1:A4; B1:B4)

In der obigen Anweisung wäre das erste Argument A1:A4 unbedingt erforderlich. Der zweite Parameter B1:B4 ist dagegen optional, da zur Summierung ein Zellbereich genügt. Natürlich muß als Argument bei der Funktion SUMME nicht zwingend ein Bereich vorgegeben werden. Die Angabe einer Zelle (z.B. =SUMME(A1)) reicht vollkommen (hier würde die Funktion lediglich den Inhalt der Zelle A1 zurückliefern).

Hinweise zur Anzahl der Parameter, deren Reihenfolge und Bedeutung erhalten Sie in der Excel 97-Online-Hilfe.

Datentypen von Argumenten

Als Argumente für Funktionen lassen sich in Excel 97 Werte (Zahlen, Datum, Zeit, Texte, etc.) verwenden. Diese Werte können in Zellen stehen. Die Anweisung:

=SUMME(D4; D5; D6)

summiert die Inhalte der angegebenen Zellen. Neben einzelnen Zellen werden häufig Zellbereiche der Art D1:D9 als Argumente verwendet. Sie können die Werte für Argumente auch direkt als Konstanten im Funktionsaufruf angeben. Die Anweisung:

=SUMME(100; 200; 300)

addiert die angegebenen Konstanten. Hierbei dürfen die Konstanten keine Formatierungen wie Punkte als Tausendertrennzeichen oder Klammern als Minuszeichen enthalten. Weiterhin besteht die Möglichkeit, daß als Argumente einer Funktion die Ergebnisse eines weiteren Funktionsaufrufes benutzt werden. Dies ist bei geschachtelten Funktionsaufrufen der Art:

=SUMME(D4:D6; SUMME(B4:B6))

der Fall. Hier wird das zweite Argument von der Funktion SUMME geliefert.

> *Weiterhin lassen sich bei einigen Funktionen Matrizen als Funktionsargumente übergeben. Hinweise zu Matrizen finden Sie im folgenden Kapitel.*

Welche Argumente Sie benutzen dürfen, wird durch die jeweilige Funktion definiert. Diese Funktion legt auch die Datentypen für die Argumente fest. Als Datentypen für die einzelnen Argumente sind die Excel-Datentypen wie Zahlen, Wahrheitswerte, Fehlerwerte, Stringkonstanten (Texte) zu verwenden. Bei der Funktion SUMME dürfen Sie beispielsweise nur Argumente vom Datentyp »numerische Zahl« verwenden. Die Angabe:

= SUMME (100,0; 200,0; "Hallo")

#WERT!   ist offensichtlich falsch, da die Textkonstante „Hallo" keinen numerischen Wert besitzt. Die Funktion liefert daher den nebenstehend gezeigten Wert als Ergebnis zurück. In obigem Beispiel erscheint diese Anzeige direkt in der Zelle des Tabellenblatts. Allerdings ist es mit der Angabe der Datentypen für Argumente nicht ganz so einfach. Ein Beispiel liefert die folgende Zeile:

=SUMME(B4:B6;"123")

Hier wurde offenbar als optionales Argument eine Textkonstante benutzt. Da diese Textkonstante aber eine korrekte Zahl enthält, wandelt Excel 97 diese in einen Wert und addiert diesen zur Summe!

> *Welche Argumente und welche Datentypen zulässig sind, sagt Ihnen die Excel 97-Hilfe, wenn Sie den Namen der betreffenden Funktion eingeben. Beachten Sie, daß nicht jede Funktion ein Argument benötigt. Nicht jede Funktion akzeptiert jeden Datentyp als Argument.*

■ Funktionsergebnisse

Eine Funktion liefert in der Regel einen Wert als Ergebnis zurück. (Einige Funktionen können auch eine Matrix als Ergebnis zurückgeben.) Der zurückgegebene Wert hängt dabei von der Funktion und ggf. von den angegebenen Argumenten ab.

- Eine Zahl, eine Zeit, ein Datum, ein Text etc. als Ergebnis wird direkt in der Zelle angezeigt.
- Wahrheitswerte werden als WAHR oder FALSCH in der Zelle angezeigt.
- Erscheint eine Angabe der Art #...! in der Zelle, liegt ein Fehler in der Funktionsberechnung vor. Bei der Angabe #DIV/0 wurde beispielsweise innerhalb der Funktion eine Division durch Null ausgeführt. Das Ergebnis ist damit ungültig.

Enthält eine Zelle die Zeichen #####, ist der zurückgegebene Wert größer, als Excel 97 in der Zelle darstellen kann. Sie können aber die Spaltenbreite erhöhen, um mehr Stellen anzuzeigen.

Fehlerwerte

Kann Excel 97 den Wert einer Formel bzw. Funktion nicht korrekt berechnen, zeigt das Programm einen Fehlerwert in der Zelle an. Tabelle 14.1 gibt eine Übersicht über die möglichen Fehlerwerte.

Anzeige	Bedeutung
#DIV/0	Division durch 0 in der Formel
#NV	benötigter Wert ist nicht verfügbar
#NAME?	ein angegebener Name ist nicht definiert
#NULL!	die angegebene Schnittmenge ist unzulässig (leer)
#ZAHL!	die Zahl wurde falsch verwendet
#BEZUG!	der Bezug auf eine Zelle ist unzulässig
#WERT!	Verwendung einer falschen Zahl oder eines Operators
######	Ergebnis paßt nicht in Zelle

Tabelle 14.1: Fehlerwerte in Excel 97

Sofern einer dieser Werte in der Zelle angezeigt wird, müssen Sie die Formel untersuchen und den Fehler beheben. Die Meldung #BEZUG! weist in der Regel auf Zellbezüge hin, die keine gültigen Werte enthalten (z.B. nach dem Verschieben).

Geschachtelte Funktionen

Sie können Funktionen beliebig innerhalb einer Formel mit anderen Ausdrücken kombinieren und schachteln. Die Anweisung:

= A1 + (A14 * (13 + A1)) + SUMME(B1:B9)

berechnet die Summe des Zellbereichs B1:B9 und addiert diese zu den restlichen Teilausdrücken. Mit der Anweisung:

= SUMME(SUMME(A1:A4); SUMME(B1:B4))

ermittelt Excel 97 zuerst die Teilsummen der beiden angegebenen Bereiche. Die Ergebnisse werden anschließend als Argumente für einen weiteren Aufruf der Funktion SUMME benutzt.

14 Funktionen und Fehlerbearbeitung

> *Beachten Sie aber, daß das letzte Beispiel nicht sonderlich effizient arbeitet. Mit der Angabe =SUMME (A1:A4; B1:B4) läßt sich das gleiche Ergebnis erzielen. Außerdem wird dieser Aufruf durch Excel 97 effizienter abgewickelt.*

14.2 Funktionen abrufen

Microsoft Excel 97 bietet Ihnen verschiedene Möglichkeiten, um Funktionen abzurufen. Hierbei lassen sich häufiger benutzte Funktionen direkt über Listen anwählen, während andere Funktionen per Funktionspalette oder Funktionsassistent einzugeben sind.

Die Funktion SUMME

Die Ermittlung einer Summe ist wohl die am häufigsten benutzte Funktion in Excel 97. Deshalb wurde in der Standard-Symbolleiste eine eigene Schaltfläche für die Summenbildung eingefügt. Um einen Bereich zu summieren, gehen Sie folgendermaßen vor:

1. Wählen Sie die Ergebniszelle per Maus an, und klicken Sie dann auf die nebenstehend gezeigte Schaltfläche *Summe*.

2. Excel 97 setzt dann die Funktion SUMME in der Bearbeitungsleiste ein. Befinden sich oberhalb oder links von der Ergebniszelle numerische Werte, markiert das Programm diesen Bereich mit einer dünnen Lauflinie (Bild 14.3).

3. Die Werte der von der Lauflinie eingeschlossenen Zellen werden damit in die Summe einbezogen. Sie können den zu summierenden Bereich per Maus neu markieren. Excel 97 paßt dann automatisch die Funktionsargumente an.

4. Möchten Sie einen zweiten Zellbereich in die Summierung einbeziehen, halten Sie die [Strg]-Taste gedrückt. Anschließend markieren Sie den gewünschten Zellbereich. Excel 97 fügt diesen Bereich getrennt durch ein Semikolon als weiteres Argument in die Summenformel ein.

5. Sobald Sie die [←]-Taste betätigen, schließt Excel 97 die Eingabe ab und übernimmt die Summenformel samt Argumenten in die aktive Zelle.

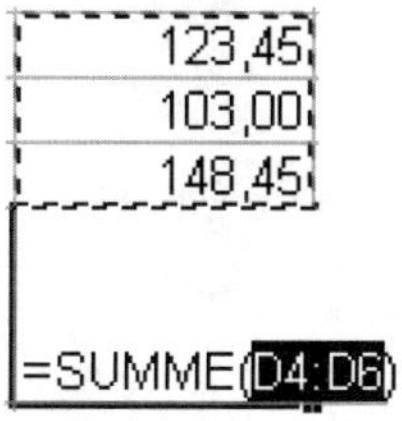

```
     123,45
     103,00
     148,45

=SUMME(D4:D6)
```

Bild 14.3: Markierung der zu summierenden Zellen

Bei fehlerfreier Eingabe erscheint das Ergebnis in der aktiven Zelle. Möchten Sie den zu summierenden Bereich später neu anpassen, genügt es, die Ergebniszelle anzuwählen und die Schaltfläche mit der Summenfunktion neu anzuklicken. Excel 97 markiert erneut den Wertebereich, der sich anschließend per Maus anpassen läßt. Alternativ können Sie natürlich die Summenformel manuell in der Bearbeitungsleiste korrigieren.

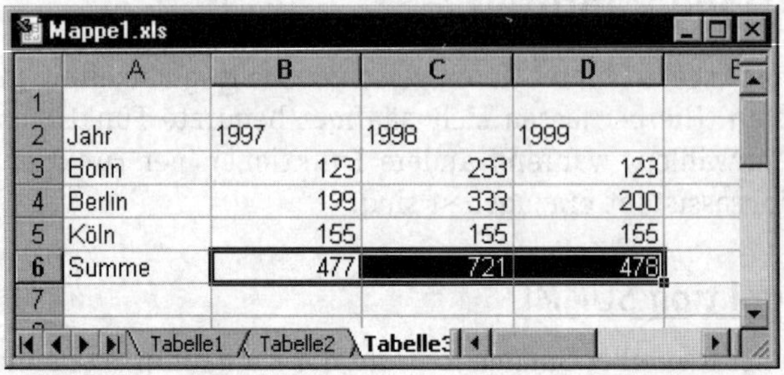

Bild 14.4: Summieren mehrerer Spalten

> **TIP:** Möchten Sie mehrere nebeneinanderliegende Spalten einer Tabelle summieren, markieren Sie die leere Zeile unterhalb der Spalten und wählen dann die Schaltfläche Summe an (Bild 14.4). Damit schlägt Excel 97 automatisch die entsprechenden Summenformeln für die Spalten vor. Analoges gilt für die Berechnung von Zeilensummen.

Markieren Sie mehrere Zellen mit Einzelsummen, erkennt Excel 97 die Absicht zur Berechnung einer Gesamtsumme und fügt die betreffende Formel ein. Ähnliches gilt für Zellen rechts von einer Summenzeile.

> **TIP:** Mit der Tastenkombination [Alt]+[⇧]+[0] läßt sich die Funktion Summe direkt abrufen.

Funktion über das Funktionenfeld abrufen

Häufig benötigte Funktionen lassen sich über das »Funktionenfeld« der Bearbeitungsleiste abrufen (Bild 14.5).

14 Funktionen und Fehlerbearbeitung

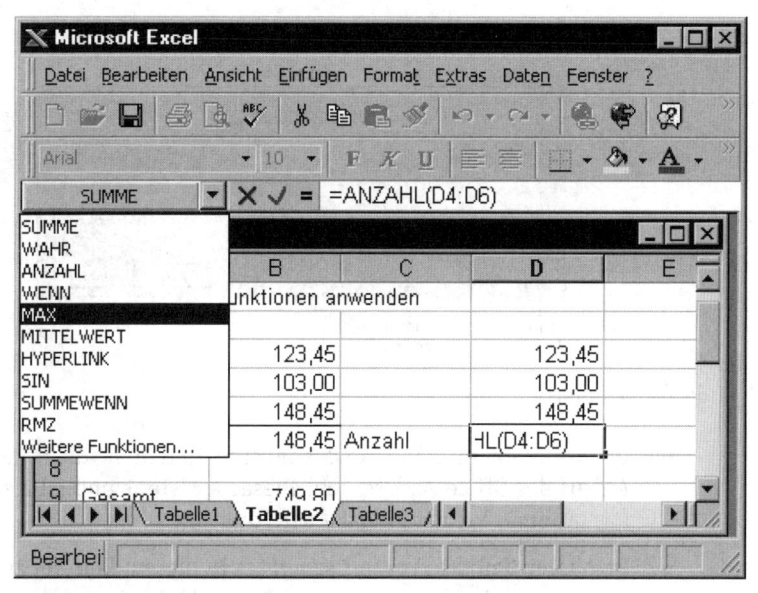

Bild 14.5: Geöffnetes Funktionenfeld

1. Klicken Sie auf die Zelle, in der Sie eine Funktion einfügen möchten.

2. Geben Sie das Gleichheitszeichen in der Bearbeitungszeile ein. Enthält das Feld bereits eine Formel, markieren Sie die Stelle, an der die Funktion einzufügen ist.

3. Excel 97 ersetzt das Namensfeld durch das nebenstehend gezeigte Listenfeld *Funktionen*. Hierbei wird bereits eine Funktion vorgeschlagen, die Sie durch einen Mausklick auf das Feld abrufen können.

4. Möchten Sie eine andere Funktion verwenden, öffnen Sie das Listenfeld und rufen die gewünschte Funktion mit einem Mausklick ab (Bild 14.5).

5. Excel 97 blendet jetzt die »Formelpalette« zur Eingabe der Funktionsargumente ein (Bild 14.6). Setzen Sie die Argumente, und schließen Sie die Formelpalette über die Schaltfläche *Ende*.

Excel 97 übernimmt die Formel samt Argumenten in der Zelle.

Arbeiten mit der Formelpalette

Excel 97 unterstützt Sie bei der Eingabe einer Formel über die Formelpalette. Sobald Sie eine Formel eingeben oder nach Anwahl einer Zelle auf die Schaltfläche *Formel bearbeiten* in der Bearbeitungsleiste klicken, öffnet Excel 97 das Fenster der »Formelpalette« (Bild 14.6).

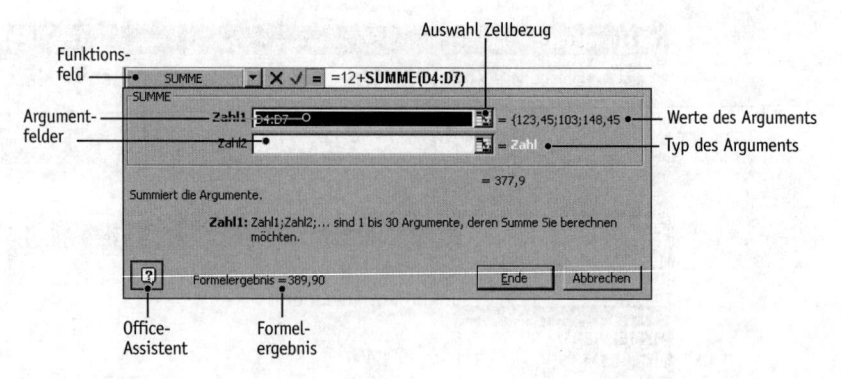

Bild 14.6: Formelpalette

···> In der linken unteren Ecke des Fensters finden Sie die Schaltfläche zum Aufruf des Office-Assistenten. Dieser Assistent unterstützt Sie mit Informationen bei der Eingabe der Funktion.

···> Im oberen Teil des Fensters sehen Sie in diesem Beispiel zwei Felder zur Eingabe der Funktionsargumente. In Bild 14.6 sind die beiden Felder mit *Zahl1* und *Zahl2* bezeichnet. Wurde bereits ein Argument eingetragen, erscheint gegebenenfalls dessen Wert hinter dem Feld. In Bild 14.6 zeigt das Fenster die Zellinhalte des angegebenen Bereichs. Bei einem leeren Argumentfeld blendet Excel 97 den Datentyp für das Argument (z.B. Zahl) ein. Die Zahl der Argumente hängt von der Funktion ab. Erlaubt eine Funktion mehr als zwei Argumente, werden die betreffenden Felder spätestens bei Anwahl des untersten Feldes ergänzt (siehe z.B. Bild 14.7).

···> Im unteren Teil des Fensters finden Sie einmal einen Hinweis auf die angegebene Funktion, deren Argumente sowie das Funktionsergebnis.

Die Eingabe der Funktion läßt sich über die Schaltfläche *Ende* übernehmen oder über die Schaltfläche *Abbrechen* verwerfen. Um Argumente einzugeben, gehen Sie folgendermaßen vor:

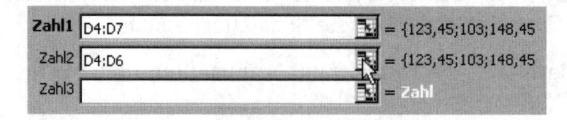

Bild 14.7: Eingabe eines Arguments

1. Klicken Sie zuerst auf das Feld, in dem das Argument zu setzen ist. Handelt es sich um das unterste Argumentfeld, ergänzt Excel 97 die Funktionspalette um ein weiteres Feld (Bild 14.7).

2. Bei Bedarf können Sie jetzt das Argument direkt eintippen. Möchten Sie eine Referenz auf eine Zelle oder einen Bereich als Argument angeben, klicken Sie auf die Schaltfläche rechts neben dem Eingabefeld.

3. Excel 97 verkleinert jetzt das Fenster der Formelpalette zu einem schmalen Balken. Sie können nun die gewünschte Zelle anklicken oder einen Zellbereich markieren (Bild 14.8).

4. Bestätigen Sie die Auswahl durch Drücken der ⏎-Taste. Damit wird wieder das komplette Fenster der Formelpalette angezeigt.

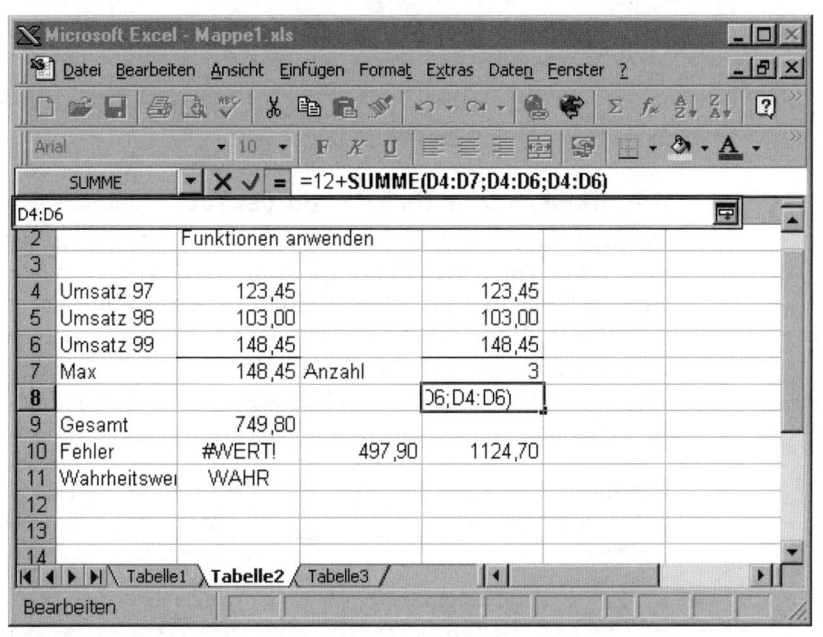

Bild 14.8: Markieren eines Zellbereichs bei der Argumenteingabe in der Formelpalette

Bei Bedarf wiederholen Sie die obigen Schritte, bis alle Funktionsargumente angegeben wurden. Schließen Sie die Eingabe über die Schaltfläche *Ende* ab.

Argumente korrigieren

Um die Argumente einer Funktion zu korrigieren, haben Sie mehrere Möglichkeiten:

Bild 14.9: Korrektur eines Arguments

..⇒ Sie klicken auf die Zelle mit der Formel, markieren das Argument in der Bearbeitungszeile und tippen den neuen Wert ein.

- ⇢ Handelt es sich bei dem Ausdruck um einen angegebenen Zellbereich, klicken Sie in der Bearbeitungsleiste hinter die Bereichsangabe. Excel 97 markiert den Bereich im Arbeitsblatt durch einen blauen Rahmen (Bild 14.9). Anschließend läßt sich ein neuer Bereich auswählen.
- ⇢ Sie rufen das Fenster der Formelpalette auf und wählen anschließend die nebenstehend gezeigte Schaltfläche im Argumentfeld. Anschließend können Sie einen neuen Bereich für das Argument wählen.

Welche Art der Korrektur Sie wählen, hängt von den gegebenen Umständen ab. Funktional sind die verschiedenen Varianten gleich. Über die [Esc]-Taste läßt sich die Korrektur abbrechen.

Anmerkungen zum Umgang mit der Formelpalette

Die Bezeichnung und die Zahl der Argumentfelder variiert dabei in Abhängigkeit von der ausgewählten Funktion. In Bild 14.10 wurde die Funktion ABRUNDEN verwendet. Diese erwartet als erstes Argument eine Zahl, und im zweiten Argument die abzurundende Stelle. Bei anderen Funktionen kann der Aufbau der Eingabefelder anders aussehen. Sobald Sie das zweite Feld per Maus anwählen, blendet Excel 97 automatisch ein weiteres Eingabefeld ein.

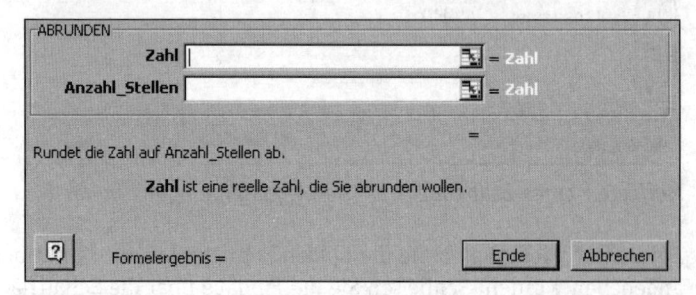

Bild 14.10: Formelpalette mit der Funktion ABRUNDEN

Rechts neben dem Eingabefeld werden die Werte oder der Typ des Arguments angezeigt. Der Typ erscheint, solange noch kein Wert als Argument vorgegeben wurde. Die Werte werden angezeigt, sobald das Argument festliegt. Im unteren Teil der Formelpalette findet sich das Funktionsergebnis.

Sobald Sie das Dialogfeld über die Schaltfläche *Ende* schließen, übernimmt Excel 97 die Funktion samt Argumenten in der Zelle. Um eine bestehende Funktion zu ändern, wählen Sie die Zelle an und markieren bei Bedarf den Teilausdruck. Dann genügt die Anwahl der nebenstehend gezeigten Schaltfläche zum Aufruf der Formelpalette. Sie können anschließend die Argumente verändern.

Arbeiten mit dem Funktionsassistenten

Neben der Addition bietet Excel 97 eine Reihe weiterer Funktionen. Sie können natürlich alle Funktionen manuell in die betreffende Zelle eintragen. Ein Problem besteht jedoch darin, sich alle Funktionsnamen zu merken. Eleganter und weniger fehleranfällig ist die Verwendung des Dialogfelds *Funktion einfügen*. Sobald Sie eine Zelle zum Einfügen einer Formel gewählt haben, läßt sich dieses Dialogfeld über verschiedene Wege aufrufen:

⇢ Haben Sie die Liste der Funktionsnamen geöffnet (Bild 14.5), klicken Sie auf den Eintrag *Weitere Funktionen*.

⇢ Wählen Sie den Befehl FUNKTIONEN im Menü EINFÜGEN.

⇢ Klicken Sie in der Symbolleiste auf die nebenstehend gezeigte Schaltfläche *Funktions-Assistent*.

Excel 97 öffnet jetzt das Dialogfeld *Funktion einfügen* (Bild 14.11). Um eine Funktion per Funktionsassistent zu definieren, führen Sie folgende Schritte aus:

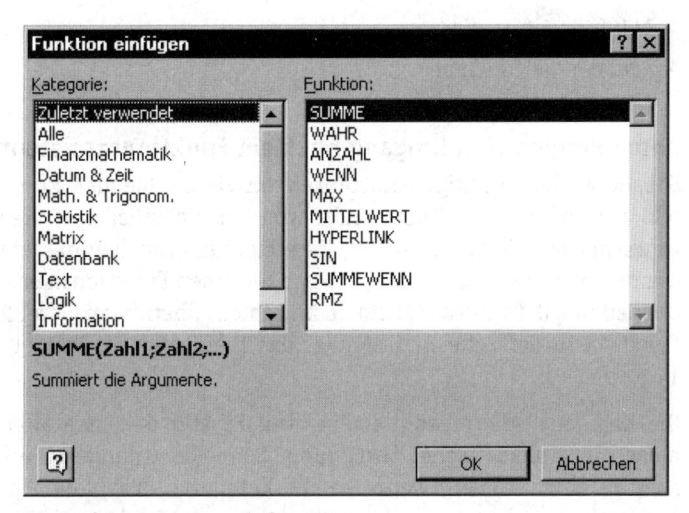

Bild 14.11: Dialogfeld Funktion einfügen

1. Markieren Sie die gewünschte Zelle, oder positionieren Sie die Einfügemarke in der Bearbeitungszeile an der Stelle, an der die Funktion einzufügen ist.

2. Rufen Sie den Funktionsassistenten auf (siehe oben).

3. Wählen Sie im angezeigten Dialogfeld (Bild 14.11) die gewünschte Funktion. Die Liste *Kategorie* faßt dabei die Funktionen in verschiedene Gruppen zusammen. Sobald Sie einen Eintrag per Maus anwählen, blendet der Assistent die zugehörigen Funktionsnamen in der zweiten Liste *Funktion:* ein.

4. Über die *OK*-Schaltfläche läßt sich das Dialogfeld schließen. Dabei fügt Excel 97 den Funktionsnamen mit Platzhaltern für die Argumente in die Formel ein.

5. Gleichzeitig wird das Fenster der Formelpalette geöffnet. In diesem Fenster können Sie dann die Argumente der Funktion definieren (siehe vorhergehender Abschnitt).

Sie können die Schaltfläche *Abbrechen* verwenden, um das Dialogfeld *Funktion einfügen* ohne Übernahme der ausgewählten Funktion zu schließen.

Der Funktionsassistent läßt sich auch direkt über die Tasten ⇧+F3 aufrufen. Wenn Sie bereits einen gültigen Funktionsnamen (z.B. SUMME) per Tastatur eingegeben haben, können Sie die Klammern mit Platzhaltern in der Argumentliste durch Drücken der Tastenkombination Strg+⇧+a abrufen (Bild 14.12).

```
=Summe(Zahl1;Zahl2;...)
```

Bild 14.12: Argumente der Funktion

Anmerkungen zum Umgang mit dem Funktionsassistenten

Sobald Sie den Funktionsassistenten aktivieren, blendet dieser das Dialogfeld aus Bild 14.11 auf dem Bildschirm ein. Dabei ist die Kategorie *Zuletzt verwendet* markiert, und in der Liste *Funktion* tauchen die letzten 10 verwendeten Funktionsnamen auf. Wenn Sie einen Funktionsnamen mit einem Doppelklick der linken Maustaste anwählen, übernimmt Excel 97 direkt die Funktion in der Zelle und blendet das Dialogfeld der Formelpalette (Bild 14.6) ein.

Die Kategorie *Alle* erzeugt im rechten Fenster die Liste aller Funktionsnamen in alphabetischer Sortierung. Schneller gelangen Sie in der Regel aber an einen Namen, wenn Sie die Kategorie anwählen. Tippen Sie den Anfangsbuchstaben einer Kategorie oder einer Funktion in der betreffenden Liste ein, zeigt das Dialogfeld den ersten Eintrag, der mit dem Buchstaben beginnt, direkt an.

Die Kategorie *Benutzerdefiniert* erlaubt es Ihnen, externe Funktionen, die als Add-Ins oder Makros definiert sind, abzurufen. Hinweis zum Erstellen benutzerdefinierter Funktionen finden Sie im Abschnitt zur VBA-Programmierung.

Die Schaltfläche *Abbrechen* beendet den Assistenten ohne Übernahme der Eingabe.

14.3 Funktionsgruppen

Beim Einfügen von Funktionen über das Dialogfeld *Funktion einfügen* gruppiert Excel 97 die verfügbaren Funktionen in Kategorien. Nachfolgend finden Sie einige Hinweise auf die in den einzelnen Kategorien enthaltenen Funktionen.

Finanzmathematische Funktionen

Die Kategorie »Finanzmathematische Funktionen« enthält Funktionen rund um das Thema Verzinsung und Abschreibung.

Angenommen, Sie erhalten das Angebot einer Lebensversicherung für eine monatliche Zusatzrente von 1000,- DM über den Zeitraum von 20 Jahren. Hierzu sollen Sie einmalig 60000,- DM zahlen, wobei die Gesellschaft eine Verzinsung des Kapitals von 5% garantiert. Zur Ermittlung, welchem Kapitalwert diese Zahlungen entsprechen, läßt sich der Barwert über die Funktion:

=BW(Zins;Zeit*12;Rente;0;0)

ermitteln. Der erste Parameter gibt den Zinssatz der Investition an, während im zweiten Parameter die Laufzeit der Zahlungen enthalten ist. Der dritte Parameter legt fest, wieviel pro Zeiteinheit (Monat) an Rente gezahlt wird. Der vierte Parameter bestimmt den Endwert des Guthabens nach Ablauf des Zeitraums (hier ist der Wert 0, da das Kapital dann zurückgezahlt sein soll). Die Anwendung der obigen Formel ergibt jedoch, daß das Angebot der Versicherung nicht allzu lukrativ ist, da der Barwert der verzinsten Rentenzahlungen wesentlich unterhalb der eingezahlten Summe liegt.

Das Arbeitsblatt Tabelle4 *der Datei* \BEISP\KAP14\BEISPIEL14.XLS *enthält zwei Beispiele zur Anwendung finanzmathematischer Funktionen.*

Datum- und Uhrzeitfunktionen

Die Kategorie »Datum & Zeit« enthält Funktionen zur Berechnung von Datum und Uhrzeit. Excel 97 speichert alle Datums- und Zeitwerte intern als serielle Zahlen. In der Kategorie Datum & Zeit finden Sie Funktionen, um ein Datum oder eine Zeit in eine serielle Zahl zu überführen bzw. serielle Zahlen in Datum und Zeit zurückzuwandeln.

Die Funktion DATUM wandelt einen Datumswert in eine solche serielle Zahl um. Liegt das Datum als Text vor, müssen Sie die Funktion DATWERT verwenden, um die serielle Zahl zu erhalten. Mit der Funktion WOCHENTAG läßt sich der Name des Wochentags aus einem seriellen Datumswert ermitteln. Die Angabe:

=WOCHENTAG ("10.11.1997";2)

liefert die Zahl 1 zurück, was dem Wochentag Montag entspricht. Die Funktion JETZT() liefert beispielsweise das aktuelle Datum und die aktuelle Zeit zurück. Verwenden Sie die Funktion DATUM, müssen Sie dieser drei Parameter der Form:

= DATUM (Jahr; Monat; Tag)

übergeben. Die Funktion liefert aus diesen drei Werten ein serielles Datum zurück. Sie können diese serielle Zahl zur Berechnung von Datumsdifferenzen verwenden.

= DATUM (1997;10;10) - DATUM (1997;10;9)

liefert den Wert 1 als Differenz zurück. Enthält eine Zelle einen Datumswert der Form 10.10.1997, müssen Sie die Parameter der Funktion DATUM über die Funktionen JAHR, MONAT und TAG zuweisen:

=DATUM(JAHR(B6);MONAT(B6);TAG(B6))

In obiger Formel wird der Datumswert aus Zelle B6 in Jahr, Monat und Tag extrahiert der Funktion DATUM übergeben.

Das Arbeitsblatt Tabelle5 *der Datei* \BEISP\KAP14\BEISPIEL14.XLS *enthält einige Beispiele zur Anwendung von Datumsfunktionen.*

Mathematische und trigonometrische Funktionen

In der Kategorie »Math. & Trigonom.« finden Sie eine Sammlung mathematischer und trigonometrischer Funktionen. Mit der Funktion SUMME haben Sie bereits eine der mathematischen Funktionen kennengelernt. Um mehrere Zahlen miteinander zu multiplizieren, läßt sich die Funktion:

= PRODUKT (P1;P2;P3;..)

benutzen. Die Funktion ABS liefert den absoluten Betrag einer Zahl (die Zahlen 20 und -20 ergeben in ABS das Ergebnis 20). Die Funktion GANZZAHL liefert den ganzzahligen Teil eines Werts (z.B. 123,14 ergibt 123). Mit WURZEL ermitteln Sie die Quadratwurzel des Parameters.

Statistik-Funktionen

Die Kategorie »Statistik« enthält einfache statistische Funktionen, die sich auf Tabellenbereiche anwenden lassen. Mit der Funktion:

= ANZAHL (A10:A19)

bestimmen Sie beispielsweise die Zahl der Werte im angegebenen Bereich. Die Funktionen:

= MIN (A10:A19)   = MAX (A10:A19)

ermitteln die kleinste und die größte Zahl im angegebenen Zellbereich. Mit der Funktion:

= MITTELWERT (A10:A19)

bestimmten Sie den Mittelwert der Zellinhalte im angegeben Bereich.

Matrix-Funktionen

Die Kategorie »Matrix« enthält einfache Funktionen, um auf Matrixbereiche zuzugreifen. Mit der Funktion VERWEIS läßt sich beispielsweise eine mehrspaltige Liste nach Informationen durchsuchen. Nehmen wir an, Sie pflegen eine Preisliste, die in der ersten Spalte die Warenbezeichnung und in der zweiten Spalte den Preis pro Einheit enthält (Bild 14.13 oberer Teil).

Frucht	Preis/kg
Äpfel	2,80
Birnen	3,80
Bananen	4,80
Papaya	5,80

Eingaben:	
Frucht	Birnen
Menge/kg	1,00
Preis	3,80
Endpreis	3,80

Bild 14.13: Preisliste

Nun möchten Sie eine Funktion realisieren, bei der der Benutzer den Artikel sowie die Menge angibt. Anschließend erscheint sofort der Einzelpreis sowie der akkumulierte Gesamtpreis. In Bild 14.13 ist dies im unteren Teil der Tabelle zu sehen. Über die Funktion VERWEIS läßt sich der Einzelpreis eines angegebenen Artikels aus der Tabelle ermitteln:

= SVERWEIS(Suchbegriff;Suchmatrix;Spalte)

Der erste Parameter gibt den Suchbegriff an, nach dem VERWEIS in der Matrix suchen soll. Der Matrixbereich wird im zweiten Parameter hinterlegt. Die Funktion durchsucht dann die erste Spalte des Matrixbereichs nach dem Suchbegriff. Der Parameter *Spalte* legt dann fest, aus welcher Spalte der Matrix der Ergebniswert zurückzugeben ist. Die Funktion ist so einzurichten, daß sie mit dem Suchbegriff »Birnen« den Preis von 3,80 zurückliefert. Anschließend läßt sich der Gesamtpreis aus dem Einzelpreis und der Menge ermitteln. Kapitel 39 enthält ebenfalls ein Beispiel, in dem eine Matrixfunktion zur Ermittlung eines Werts genutzt wird.

Im Arbeitsblatt Tabelle5 *der Datei* \BEISP\KAP14\BEISPIEL14.XLS *finden Sie ein Beispiel zur Anwendung der Funktion VERWEIS.*

Datenbank-Funktionen

Excel 97 enthält eine Reihe spezieller Datenbankfunktionen, die sich auf Listen in Tabellen anwenden lassen. Diese Datenbankfunktionen beginnen alle mit den Namen »DB« und lassen sich über die Kategorie »Datenbank« abrufen. Mittels der Funktionen läßt sich analysieren, ob in einer Liste Werte mit bestimmten Kriterien übereinstimmen. So läßt sich beispielsweise in einer Liste prüfen, wie viele Datensätze einem bestimmten Kriterium genügen (z.B. Bestand kleiner 5).

Alle Datenbankfunktionen besitzen drei Argumente:

DBname (Datenbank;Feld;Kriterium)

Das erste Argument legt die Datenbank (d.h. den Zellbereich mit der Liste) fest. Hierbei ist die Spaltenbeschriftung mit im Bereich anzugeben. Im Argument *Feld* wird die Beschriftung der auszuwertenden Spalte angeben (z.B. "Menge").

Preis
>=10,00

Im letzten Argument ist das Kriterium anzugeben, nach dem das Feld zu durchsuchen ist. Das Kriterium läßt sich in der Tabelle angeben, indem der Spaltenname und das Kriterium gemäß nebenstehender Darstellung untereinander in zwei Zellen hinterlegt werden. Anschließend geben Sie als Kriterium einen Verweis auf die beiden Zellen an.

Im Arbeitsblatt Tabelle6 *der Datei* \BEISP\KAP14\BEISPIEL14.XLS *finden Sie ein Beispiel zur Anwendung der Datenbankfunktionen.*

Textfunktionen

Mit den Textfunktionen lassen sich in Excel 97 Texte bearbeiten sowie Werte zwischen Text und Zahlen konvertieren. Die Funktion:

=GROSS("total")

liefert einen angegebenen Text in Großbuchstaben zurück, was in diesem Beispiel den Text "TOTAL" ergibt. Die Funktion KLEIN() liefert dagegen immer Kleinbuchstaben zurück. Mit der Funktionen LEFT() lassen sich aus Texten linksbündig eine vorgebbare Anzahl Zeichen ausschneiden. RECHTS() liefert die Zeichen am rechten Rand eines Texts. Mit WERT() wandeln Sie einen Text in eine Zahl um.

Die Textfunktionen lassen sich beispielsweise sehr elegant verwenden, um Zahlen, die als Text in einer Tabelle vorliegen, in Berechnungen einzubeziehen. Nehmen wir einmal an, Sie haben eine Bestandsliste, in der die Preise in der Form »4,50 DM/kg« oder »3,50 DM/Sack« hinterlegt sind. In diesem Fall wurde die Maßeinheit mit in der Zelle hinterlegt. Um nun solche Werte in Berechnungen (z.B. den Preis bei 5 Einheiten) zu verwenden, müssen Sie die Zahl aus dem Text herausfiltern. Um den Wert 4,50 aus dem Text »4,50 DM/kg« herauszufiltern, setzen Sie folgende Funktion ein:

=WERT(LINKS(B6;4))

Die Funktion LINKS (B6;4) liest den Textinhalt der Zelle B6 und liefert die ersten vier Zellen zurück. Anschließend wird der Teiltext über WERT in einen numerischen Wert gewandelt. Dieser Wert läßt sich jederzeit in Berechnungen einbeziehen.

Im Arbeitsblatt Tabelle7 *der Datei* \BEISP\KAP14\BEISPIEL14.XLS *finden Sie ein Beispiel zur Anwendung der Textfunktionen.*

Informationsfunktionen

Mit den Informationsfunktionen läßt sich unter Excel 97 prüfen, ob eine Zelle einen bestimmten Wert besitzt. Die Funktion:

= ISTTEXT(Wert)

prüft zum Beispiel, ob der angegebe Wert einen Text enthält. Sie können dabei als Parameter sowohl Konstanten (z.B. = ISTTEXT("Test")) als auch eine Zellreferenz angeben. Als Ergebnis wird der Wert *True* (für eine Zelle mit Text) oder *False* für andere Werte zurückgegeben.

Logikfunktionen

Mit den Logikfunktionen können Sie Vergleiche, Verknüpfungen oder Entscheidungen ausführen. Sehr hilfreich ist die WENN-Funktion, die eine Überprüfung bestimmter Bedingungen erlaubt. Die Funktion besitzt die Syntax:

= WENN (Bedingung, Wenn_wahr, Wenn_falsch)

Ergibt die Auswertung der Bedingung den Wert *True*, wird der im zweiten Parameter *Wenn_wahr* angegebene Wert in die Zelle zurückgeliefert. Ist das Ergebnis der Bedingung *Falsch*, liefert die Funktion den Wert des dritten Parameters zurück.

	A	B	C	D	E	F
4						
5	Produkt	Preis	Menge			Bestellung
6	Äpfel	3,99	10			Bananen
7	Bananen	3,49	20		Produkt	
8	Bohnen	2,90	30		Menge	23
9	Tomaten	0,99	40			
10	Birnen	1,59	50		Bestand	20
11	Nüsse	2,00	60		Preis	3,49
12					Liefermenge	Bestand zu klein
13						
14					Gesamtpreis	***Fehler***

Bild 14.14 : Überprüfung der Bestellmenge

Sehen Sie sich einmal die Tabelle aus Bild 14.14 an. In einer kleinen Liste sind Bestände und Preise für bestimmte Waren hinterlegt. Rechts neben der Liste kann der Benutzer über ein Listenfeld einen Produktnamen anwählen. In der darunterliegenden Zelle läßt sich die bestellte Menge der Ware eintragen. Excel 97 soll anschließend aus dem Listenpreis und der Bestellmenge den Gesamtpreis ermitteln. Der Preis läßt sich recht einfach über die INDEX-Funktion aus der Liste ermitteln. Als Parameter wird der Funktion der Listenbereich, ein Index und eine Spaltennummer übergeben. (Der Index ist der Wert, der vom Benutzer im Listenfeld ausgewählt wurde – hier erfolgt ein Vorgriff auf Kapitel 39, wo dieses Steuerelement vorgestellt wird.) Der Parameter mit der Spaltennummer gibt an, welchen Eintrag Index aus der Liste zurückliefern soll.

Nun ist noch eine Besonderheit bei Bestellungen zu beachten: Wird eine Menge bestellt, die den Bestand überschreitet, soll eine deutliche Warnung in der Tabelle eingeblendet werden. Dies läßt sich über eine WENN-Funktion erreichen. Im Bereich mit den Bestellungen werden Bestellmenge und Istbestand eingeblendet. Die WENN-Funktion kann dann folgenden Vergleich ausführen:

= WENN (Bestellmenge <=Istbestand, Bestellmenge, "Bestand zu gering")

Solange der eingegebene Wert der Bestellmenge unterhalb des Bestands liegt, wird der Wert der Bestellmenge übernommen. Übersteigt die bestellte Menge den Bestand, erscheint der Text »Bestand zu gering« in der betreffenden Zelle. Die Berechnung des Gesamtpreises benutzt dann ebenfalls eine WENN-Funktion der Form:

=WENN(ISTZAHL(Liefermenge);Preis*Menge;"***Fehler***")

Enthält die Zelle *Liefermenge* eine Zahl, wird aus Menge und Preis der Gesamtpreis errechnet. Andernfalls erscheint in der Zelle der Hinweis auf den Fehler.

> *Sie finden das Beispiel im Arbeitsblatt* Tabelle8 *der Datei* \BEISP\KAP14\BEISPIEL14.XLS *auf der Begleit-CD-ROM.*

> *Weitere Informationen zu den in Excel 97 verfügbaren Funktionen erhalten Sie über die Online-Hilfe des Programmes. Sie können diese Erläuterungen bei Bedarf auch drucken. Zusätzlich lassen sich eigene Funktionen mit Visual Basic for Application (VBA) realisieren. Auf eine Funktionsreferenz wurde daher in diesem Buch aus Platzgründen verzichtet.*

14.4 Arbeiten mit dem Excel-Detektiv

Neben der direkten Anzeige fehlerhafter Werte (siehe oben) ergibt sich häufig die Situation, daß ungewollte Zirkelbezüge auftreten (siehe vorhergehendes Kapitel) oder daß das erwartete Ergebnis nicht auftritt. Dann müssen Sie die einzelnen Formeln durchgehen und die verschiedenen Berechnungsschritte verfolgen.

Hier werden die Schwächen des Kalkulationsprogrammes sichtbar: anders als bei linearen Berechnungsabläufen in Form eines Programmes erhalten Sie bei Excel 97 nur die Formeln der einzelnen Zellen eingeblendet. Selbst die Option zur Anzeige der Formeln führt hier nicht viel weiter, da jede Formel am rechten Zellenrand abgeschnitten wird, falls die nebenstehende Zelle belegt ist.

Um eine gewisse Unterstützung bei der Fehlersuche zu geben, besitzt Excel 97 einen Fehlerdetektiv. Dieser kann Informationen über die Zellen, die zugehörigen Zellnotizen und die Bezüge zwischen den einzelnen Formeln der Zelle anzeigen.

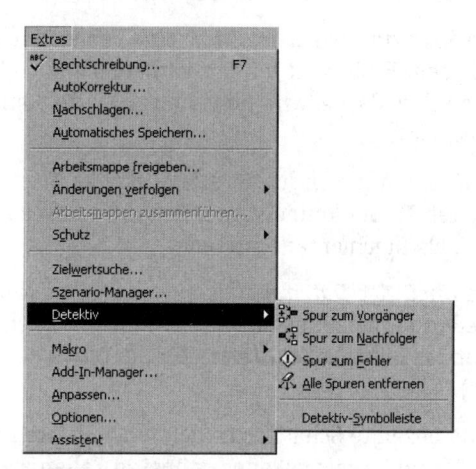

Bild 14.15: Aufruf des Excel-Detektivs

Der Detektiv wird über den gleichnamigen Eintrag im Menü EXTRAS aufgerufen. Nach Anwahl des Menüpunktes blendet Excel 97 ein Untermenü mit den Einträgen:

Spur zum Vorgänger

Spur zum Nachfolger

Spur zum Fehler

Alle Spuren entfernen

Detektiv-Symbolleiste

ein (Bild 14.15). Über die einzelnen Untermenüs lassen sich die Funktionen des Detektivs aufrufen. Sie können sich die Arbeit erleichtern, wenn Sie das Untermenü DETEKTIV-SYMBOLLEISTE anwählen. Dann blendet Excel 97 eine frei verschiebbare Symbolleiste (Bild 14.16) auf dem Bildschirm ein.

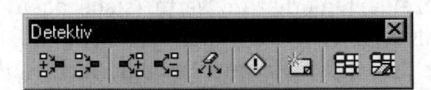

Bild 14.16: Detektiv-Symbolleiste

Wenn Sie per Maus auf die einzelnen Schaltflächen zeigen, blendet Excel 97 den Namen der zugehörigen Funktion ein. Hierbei handelt es sich um die gleichen Namen, die auch im Untermenü auftauchen.

- Die vier linken Schaltflächen erlauben es, Spuren zu Vorgänger- und Nachfolgerzellen zu setzen und wieder zu löschen. Dies läßt sich verwenden, um Referenzen einer Zelle anzuzeigen bzw. um herauszufinden, wo der Wert einer Zelle benutzt wird.

- Die fünfte Schaltfläche *Alle Spuren entfernen* löscht alle Fehlerspuren, die vom Excel-Detektiv in der Tabelle eingeblendet wurden.

- Die Schaltfläche *Spur zum Fehler* markiert eine Fehlerspur von der aktuellen Zelle mit dem Fehlerwert zu den vorhergehenden Zellen. Klikken Sie auf diese Schaltfläche, wird über die markierte Spur zur betreffenden Zelle verzweigt.

- Mit *Neuer Kommentar* läßt sich in einer Zelle ein Kommentar einfügen (siehe auch Kapitel 8). Sie können anschließend Hinweise zu den betreffenden Zellen als Kommentar eintragen.

- Die Schaltfläche *Ungültige Daten markieren* veranlaßt Excel 97, ungültige Daten in Zellen hervorzuheben (Bild 14.17). Um solche Daten anzuzeigen, müssen Sie Gültigkeitskriterien für die Zellen definiert haben (siehe Kapitel 8).

- Die nebenstehend gezeigte Schaltfläche der Symbolleiste *Detektiv* hebt die Markierung der fehlerhaft gekennzeichneten Zellen wieder auf.

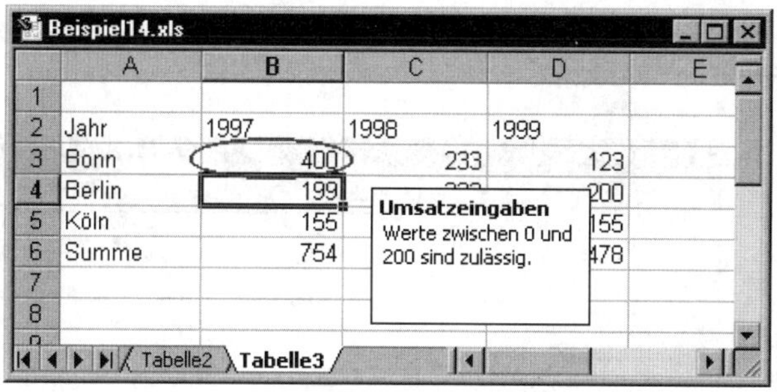

Bild 14.17: Anzeige einer Zelle mit ungültigem Wert.

Arbeiten mit dem Detektiv

Die Schaltflächen in der Symbolleiste Detektiv erlauben es, die Verbindungen zu vorhergehenden Zellen, zu nachfolgenden Zellen und zum Fehler optisch sichtbar zu machen. Wenn Sie die Schaltfläche *Spur zum Vorgänger* aktivieren, blendet Excel 97 in der Tabelle blaue Verbindungslinien zu den Zellen ein, die in der aktiven Formel als Bezug verwendet wurden (Bild 14.18).

Wenn Sie die Schaltfläche erneut betätigen, werden die Pfeile auf die nächste Vorgängerebene erweitert. Auf diese Art können Sie alle vorhergehenden Berechnungsschritte einer Zelle optisch markieren. Die rechts daneben liegende Schaltfläche löscht die Spuren zu den Vorgängern ebenenweise.

Analog hierzu lassen sich die Spuren zu den nachfolgenden Zellen (Spur zum Nachfolger) über die dritte und vierte Schaltfläche (von links) anzeigen und wieder löschen. Dies sind die Zellen, in denen der Wert der aktuellen Zelle benutzt wird.

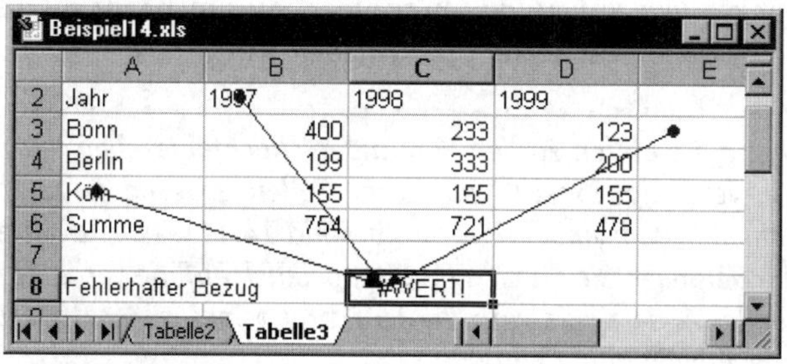

Bild 14.18: Anzeige der Fehlerspur in einer Tabelle

Die Schaltfläche *Spur zum Fehler* ist hilfreich, wenn ein Fehler in der Berechnungskette auftritt. Der Fehlerwert wird dabei natürlich in jedem Berechnungsschritt von Zelle zu Zelle weitergegeben. Sobald Sie die Zelle mit dem Fehler markieren und dann die Schaltfläche *Spur zum Fehler* anwählen, zieht Excel 97 eine Spur zu der betreffenden Zelle, in der der Fehler zuerst auftrat. Liegt kein Fehler in der aktuellen Zelle vor, löst die Anwahl der Schaltfläche eine Fehlermeldung aus.

Die Schaltfläche *Alle Spuren entfernen* löscht alle Spuren innerhalb der Tabelle auf einmal.

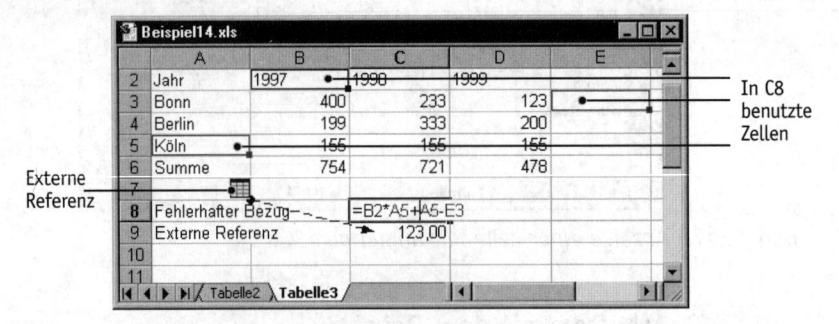

Bild 14.19: Anzeige der referenzierten Zellen

Um in Excel 97 die Referenzen auf benutzte Zellen darzustellen, lassen sich noch weitere Tricks nutzen.

- ⋯▹ Haben Sie eine Zelle mit externen Referenzen (auf die Zellen anderer Arbeitsmappen) gewählt, lassen sich diese Referenzen über die Schaltfläche *Spur zum Vorgänger* sichtbar machen (Bild 14.19).

- ⋯▹ Markieren Sie dagegen eine Zelle, blendet die Schaltfläche *Spur zum Vorgänger* blaue Linien zu allen referenzierten Zellen ein.

Es gibt einen zusätzlichen Kniff, wie Sie auch ohne den Detektiv zur vorhergehenden Zelle wechseln können. Doppelklicken Sie auf eine Zelle, hebt Excel 97 die Vorgängerzellen in der aktuellen farblich Tabelle hervor (Bild 14.19). Hierzu muß die Option *Direkte Zellbearbeitung* in der Registerkarte *Bearbeiten* (Menü EXTRAS, Eintrag OPTIONEN) gelöscht sein. Bei aktivierter Option *Direkte Zellbearbeitung* funktioniert dies nicht, da die Zelle bei einem Doppelklick zur Bearbeitung freigegeben wird.

Wählen Sie die Linien zu den Vorgänger-/Nachfolgezellen mit einem Doppelklick an, verzweigt Excel 97 zu diesen Zellen. Externe Zellreferenzen werden durch ein Tabellensymbol dargestellt (Bild 14.19). Ist die betreffende Mappe geladen, gelangen Sie durch einen Doppelklick auf die Verbindungslinie direkt zur Tabelle. Andernfalls wird die Funktion »Gehe zu« aktiviert, über die Sie dann die Tabelle laden können.

Neben dem Detektiv *können Sie auch die Funktion* Suchen *benutzen, um nach Fehlerwerten in Zellen suchen zu lassen. Aktivieren Sie das Dialogfeld* Suchen *über die Tastenkombination* Strg+f. *Anschließend geben Sie den Fehlerwert (z.B. #WERT) ein und setzen die Option* Suchen in Zellen auf Werte. *Dann sucht Excel 97 alle Zellen, in denen der betreffende Fehlerwert auftritt.*

15 Arbeiten mit Matrizen

15.1 Was steckt hinter Matrizen?

Die in den vorherigen Kapiteln beschriebenen Formeln liefern nur ein Ergebnis in der zugehörigen Zelle zurück. Aufwendig wird dies, wenn Sie immer wiederkehrende Berechnungen für einzelne Zellen benötigen.

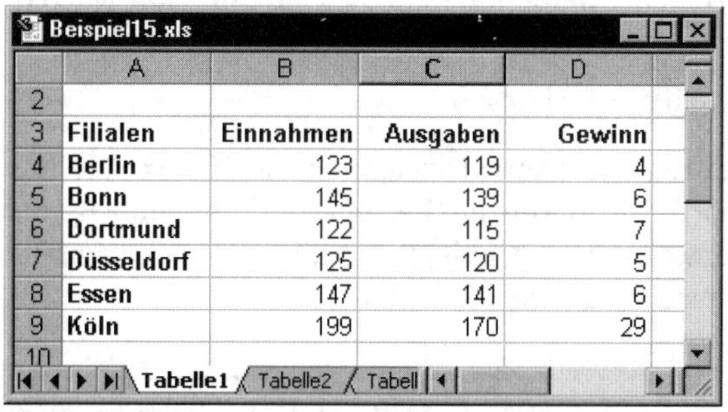

	A	B	C	D
2				
3	Filialen	Einnahmen	Ausgaben	Gewinn
4	Berlin	123	119	4
5	Bonn	145	139	6
6	Dortmund	122	115	7
7	Düsseldorf	125	120	5
8	Essen	147	141	6
9	Köln	199	170	29
10				

Bild 15.1: Beispiel für eine Matrixberechnung

Nehmen wir einmal die in Bild 15.1 gezeigte Beispieltabelle. In Spalte B sind die Umsätze einzelner Filialen eines Unternehmens aufgelistet. Spalte C zeigt die Kosten der betreffenden Filialen. Den Geschäftsführer interessiert jetzt der Gewinn, den die einzelnen Filialen abgeworfen haben. Dieser läßt sich für die Filiale Berlin zu:

=B4 - C4

ermitteln. Sobald die Formel in Zelle D4 eingetragen wird, zeigt diese das Ergebnis an. Um die restlichen Gewinnzahlen zu ermitteln, muß jede Zelle in Spalte D mit einer entsprechenden Formel versehen werden.

=B4 - C4

=B5 - C5

=B6 - C6

=B7 - C7

=B8 - C8

=B9 - C9

Zwar ließe sich die Formel aus Zelle D4 kopieren (dabei werden die Zellbezüge durch Excel 97 automatisch angepaßt). Aber irgendwie wird diese Sache aufwendig, insbesondere wenn es sich um einige hundert Zellen handelt. Excel 97 benötigt für jede Ergebniszelle eine Formel, die aufzurufen und auszuwerten ist.

Hier kommen nun Matrizen ins Spiel. Der Bereich B4:B9 enthält alle Einnahmen, während in C4:C9 die Ausgaben stehen. Benötigt wird so etwas wie eine Anweisung:

B4:B9 - C4:C9

die Excel 97 anweist, für jede Zeile der angegebenen Bereiche die Formel:

= Bx - Cx

zu berechnen. Das Ergebnis sollte anschließend in die zugehörige Zelle in Spalte D übertragen werden. Genau dies läßt sich mit Matrixformeln erledigen. Die Anweisung lautet hier:

{=B4:B9 - C4:C9}

Die geschweiften Klammern bezeichnen die Matrix, die anschließend die Formel enthält. Die Anweisung bezieht zwei Zellbereiche B4:B9 und C4:C9 ein, die zeilenweise zu subtrahieren sind. Durch die Interpretation als Matrix liefert die Anweisung fünf Ergebniswerte.

Beachten Sie aber, daß Matrixformeln mehr Speicher benötigen als normale Formeln.

15.2 Wie werden Matrixformeln eingegeben?

Eine Matrixformel erlaubt es, mehrere Berechnungen durchzuführen, und liefert dann entweder einen einzelnen Wert oder mehrere Ergebnisse. Die Matrixformel greift dabei auf zwei oder mehr Wertesätze zu. Diese Wertesätze werden als Matrixargumente bezeichnet. Wichtig ist, daß alle Matrixargumente über dieselbe Anzahl von Zeilen und Spalten verfügen.

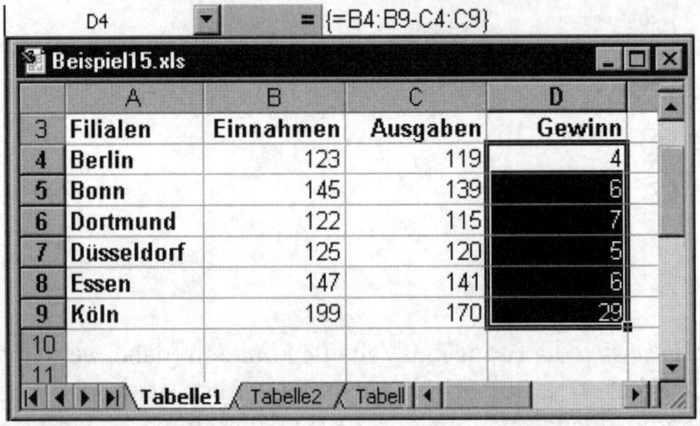

Bild 15.2: Eingabe einer Matrixformel

Um eine Matrixformel zu erkennen, benötigt Excel 97 eine bestimmte Signatur. Die Formel in obigem Beispiel (Bild 15.2) ist in Klammern {} eingeschlossen, die als Signatur für Matrixformeln stehen. Zur Eingabe einer solchen Formel führen Sie folgende Schritte aus:

1. Markieren Sie per Maus die Zellen, die die Ergebnisse des Matrixbereichs aufnehmen sollen. Um zum Beispiel die Bereiche B4:B9 und C4:C9 zeilenweise in D4:D9 zu subtrahieren, ist der Bereich in Spalte D zu markieren (Bild 15.2).
2. Geben Sie jetzt die Formel wie gewohnt in der Bearbeitungszeile ein. Sie müssen allerdings an Stelle eines Zellbezuges Bereiche verwenden (z.B. = B4:B9 - C4:C9).
3. Schließen Sie die Eingabe der Formel mit den Tasten Strg+⇧+↵ ab.

Die Tastenkombination in Schritt 3 bewirkt, daß Excel 97 die Formel als Matrixformel mit geschweiften Klammern einfaßt. Gleichzeitig überträgt das Programm die Matrixformel in die Zellen des markierten Bereiches. Klicken Sie anschließend auf eine dieser Zellen, sehen Sie an den geschweiften Klammern, daß es sich um eine Matrixformel handelt.

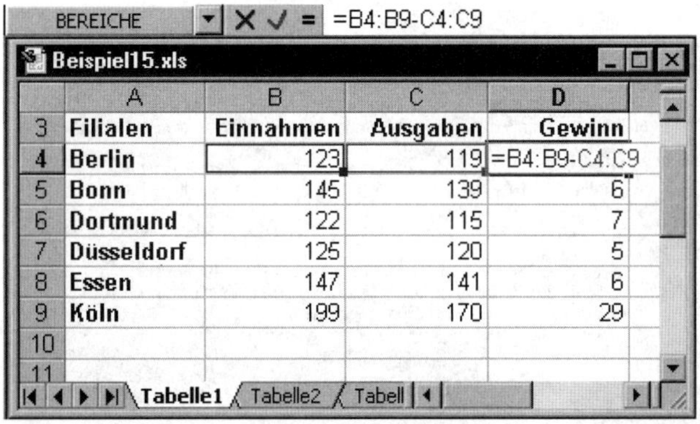

Bild 15.3: Anzeige der Elemente, die in die Berechnung eingehen

Möchten Sie wissen, welche Zellen in eine Berechnung eingehen, doppelklicken Sie auf eine Zelle im Ergebnisbereich. In der Bearbeitungsleiste zeigt Excel 97 die Matrixformel an. Gleichzeitig werden die Zellen, die in die Ergebniszelle eingehen, im Tabellenblatt hervorgehoben (Bild 15.3). Drücken Sie die Esc-Taste, um die Bearbeitung der Formel abzubrechen.

15.3 Matrixformeln bearbeiten

Sobald Sie eine Matrixformel in einem Bereich eingegeben haben, gibt es Probleme bei der Korrektur. Wenn Sie beispielsweise den Inhalt einer Zelle im Ergebnisbereich der Matrix löschen möchten, erscheint ein Dialogfeld mit einem Fehlerhinweis. Ähnlich verhält es sich, wenn Sie eine Ergebniszelle anklicken und dann die Formel in der Bearbeitungszeile ändern möchten. Excel 97 blendet bei jedem Versuch, einen Teil der Matrix zu verändern und mit der ⏎-Taste abzuschließen, den in Bild 15.4 angezeigte Fehlerdialog ein.

Eine Matrix läßt sich nur als Ganzes verändern. Daher muß der Matrixbereich (d.h. der Bereich, in dem die Ergebnisse abgelegt werden) markiert werden. Hierzu haben Sie verschiedene Möglichkeiten:

⋯⋗ Sie markieren eine Zelle der Matrix, rufen die Funktion *Gehe zu* auf (z.B. über die Funktionstaste F5). Im Dialogfeld *Gehe zu* klicken Sie auf die Schaltfläche *Inhalte*. Excel 97 zeigt das Dialogfeld *Inhalte auswählen* (Bild 4.21), in dem Sie das Optionsfeld *Aktuelle Matrix* markieren. Nach dem Schließen des Dialogfeldes über die *OK*-Schaltfläche hat Excel 97 den Matrixbereich markiert.

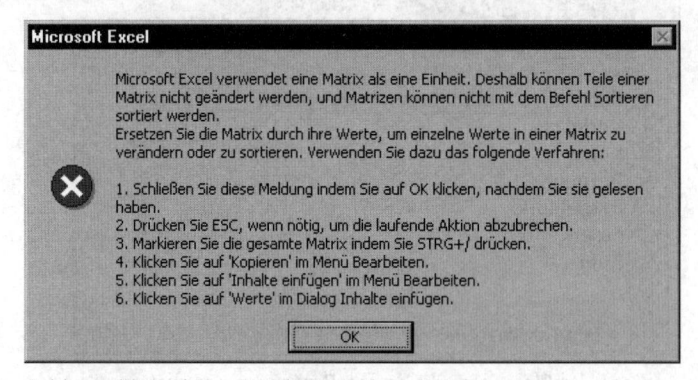

Bild 15.4: Fehlermeldung beim Bearbeiten einer Matrix

⋯⋗ Alternativ können Sie auch eine Zelle anwählen und die Matrixformel in der Bearbeitungsleiste verändern.

Wichtig ist es lediglich, daß Sie in allen Varianten die Änderung an der Formel in der Bearbeitungsleiste mit der Tastenkombination Strg+⇧+⏎ abschließen. Excel 97 fügt anschließend die Anweisung erneut im Matrixbereich ein. Betätigen Sie dagegen die Änderung nur über die ⏎-Taste, erscheint die Fehlermeldung aus Bild 15.4.

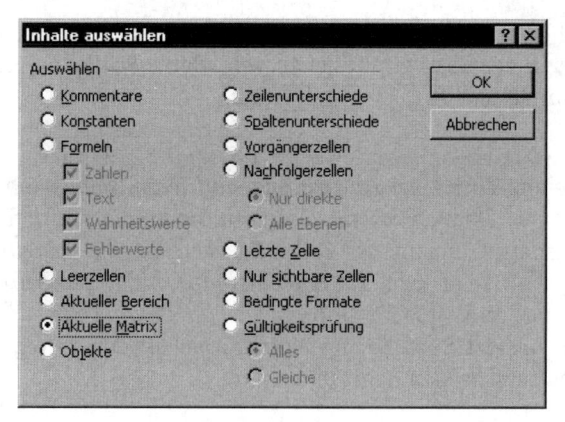

Bild 15.5: Das Dialogfeld Inhalte einfügen

Sofern die Matrix als Ganzes nicht verändert wird, können Sie jedoch auch verschiedene Operationen auf einzelnen Zellen ausführen. Dies gilt zum Beispiel für die Formatierung der jeweiligen Ergebnisse. Weiterhin lassen sich einzelnen Zellen getrennte Kommentare zuweisen.

> *Um alle Elemente einer Matrix zu markieren, wählen Sie eine Zelle der Matrix per Maus an. Dann genügt es, die Tastenkombination* [Strg]+[⇧]+[/] *zu drücken.*

15.4 Matrixkonstante eingeben

Die Ausführungen in den vorhergehenden Abschnitten bezogen sich auf Matrixformeln, die normale Zellen als Eingaben verwenden. In der Mathematik werden auch Daten (z.B. Konstanten) in Form von Matrizen zusammengefaßt. Solche Matrizen lassen sich in Excel 97 ebenfalls als Matrixkonstante vereinbaren. Hierbei sind folgende Regeln zu beachten.

- Wird die Konstante in einer Matrixformel benutzt, müssen Sie die geschweiften Klammern mit eingeben (z.B. = A2:A4 * {4; 3; 2}). Um die Matrixformel abzuschließen, ist die Tastenkombination [Strg]+[⇧]+[↵] erforderlich.

- Bei der Eingabe sind die Werte der verschiedenen Spalten durch Punkte und die Zeilen durch Semikola zu trennen.

Die Eingabe {2. 7. 5; 3. 4. 5} erzeugt dann die Matrix mit folgenden Konstanten:

2 7 5

3 4 5

Nach Anwahl der Matrixformel lassen sich die einzelnen Elemente der Matrixkonstanten in der Bearbeitungsleiste verändern. Schließen Sie dann aber die Matrixformel mit [Strg]+[⇧]+[↵] ab.

Möchten Sie die Werte einer Matrixformel einfrieren, wählen Sie eine Matrixzelle mit einem Doppelklick an. Jetzt erscheint die Matrixformel in der Bearbeitungsleiste und in der Zelle. Drücken Sie die Tastenkombination [Strg]+[⇧]+[o], zeigt Excel die Ergebniswerte in der Bearbeitungszeile als Matrixkonstante (z.B. ={34; 23}). Wenn Sie nun die Zeile mit [Strg]+[⇧]+[↵] abschließen, ersetzt Excel 97 die Matrixformel in den betreffenden Zellen durch die entsprechenden Konstanten.

*Sie können eine Matrix auch in einer normalen Formel verwenden (z.B. = 3 * {2.3;4.5}. Hier verwendet Excel 97 jedoch nur den ersten Wert der Matrix und berechnet 3 * 2.*

Wenn Sie eine Matrixkonstante in einer Zelle eintragen, zeigt Excel 97 ebenfalls nur den ersten Wert an. Erst bei Anwahl der Zelle erscheint die Matrixkonstante in der Bearbeitungsleiste.

Sie dürfen in einer Matrixkonstanten numerische oder logische Werte, Texte oder Fehlerwerte gemischt ablegen. Texte sind dabei in Anführungszeichen einzuschließen. In der Konstanten dürfen keine Formeln und nicht die Zeichen $ % ( ) auftreten.

Excel 97 besitzt verschiedene Funktionen, die speziell zur Bearbeitung von Matrizen ausgelegt sind (z.B. INDEX, MINV etc.). Hinweise zu diesen Funktionen finden Sie in der Online-Hilfe des Programms.

Sie finden in der Datei \BEISP\KAP15\BEISPIEL15.XLS die in diesem Kapitel gezeigte Beispieltabelle. Diese Tabelle enthält jeweils eine Matrix, um den Gewinn und den Gewinn in Prozent zu ermitteln.

Erweiterte Excel 97-Funktionen

In diesem Teil lernen Sie, wie Sie Ihre Ergebnisse aus Excel 97 drucken oder Ihre Arbeitsblätter und Tabellen besonders elegant gestalten (man nennt dies auch »Formatieren«). Vielleicht möchten Sie Ihren Arbeitsblättern eine persönliche Note verleihen?

Mit Vorlagen stellt dies in Excel 97 kein Problem dar.

Wozu sich die neuen Web-Funktionen nutzen lassen, wie Sie Daten zwischen Excel 97 und anderen Programmen austauschen oder Hilfsmittel wie die Rechtschreibprüfung nutzen, lesen Sie jetzt.

16 Drucken

16.1 Druckertreiber installieren

Der Druckertreiber wird nicht in Excel 97, sondern unter Windows eingerichtet. Wenn Sie einen neuen Druckertreiber installieren möchten, müssen Sie dies über den Windows-Ordner *Drucker* tun. (Nachfolgend wird die Installation eines lokalen Druckers unter Windows 95 skizziert. Die Installation unter Windows NT oder im Netzwerk erfolgt auf ähnliche Weise.)

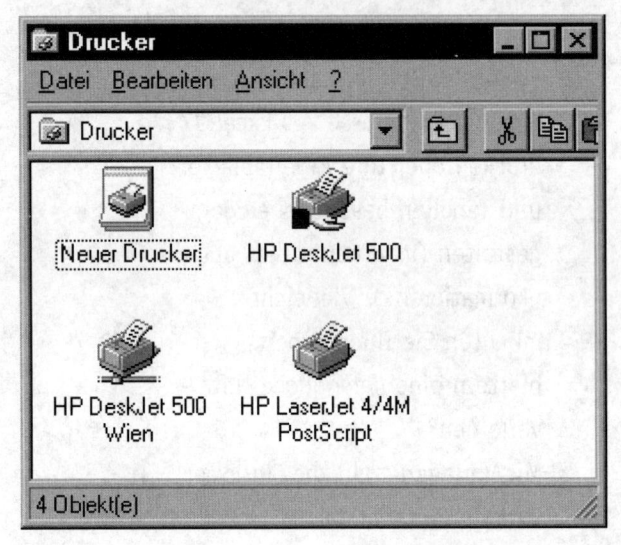

Bild 16.1: Der Ordner Drucker

1. Öffnen Sie den Windows-Ordner *Drucker*. Dieser Ordner läßt sich am einfachsten über den Befehl EINSTELLUNGEN/DRUCKER im Windows-Startmenü öffnen.

2. Doppelklicken Sie auf das Symbol *Neuer Drucker* (Bild 16.1). Windows startet den Druckerassistenten, der Sie durch die einzelnen Schritte der Installation führt (Bild 16.2).

3. Geben Sie die jeweils benötigten Optionen in den einzelnen Dialogseiten ein. Anschließend verwenden Sie die Schaltfläche *Weiter>*, um zum jeweils folgenden Schritt der Druckerinstallation zu gelangen. Mit der Schaltfläche *<Zurück* läßt sich die vorherige Dialogseite zurückholen, um Optionen zu prüfen oder nachträglich zu verändern.

16 Drucken

Die erste Dialogseite dient lediglich zur Information über die Druckerinstallation und kann sofort über die Schaltfläche *Weiter>* übergangen werden.

Im zweiten Schritt legen Sie fest, ob der Druckertreiber lokal für den Computer oder für einen Netzwerkbetrieb einzurichten ist (Bild 16.2). Sobald Sie zur nächsten Dialogseite weiterschalten, erscheint ein Fenster zur Auswahl des Druckertreibers (Bild 16.3).

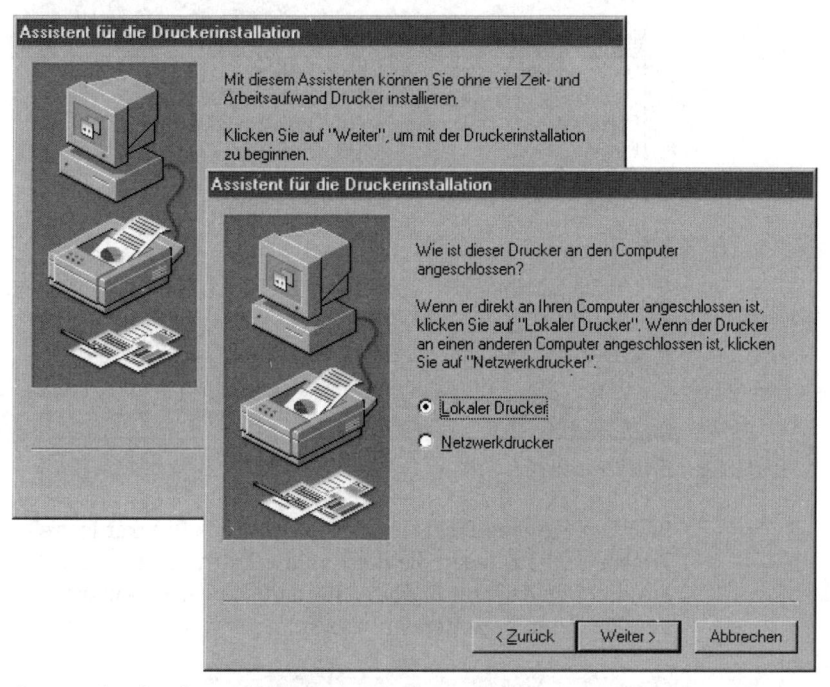

Bild 16.2: Fenster des Druckerassistenten

···⫶ In der linken Liste blendet Windows die Namen der unterstützten Druckerhersteller ein. Wählen Sie den Hersteller des Druckers aus dieser Liste.

···⫶ In der Liste *Drucker* ist anschließend der Druckertyp auszuwählen, für den ein Treiber installiert werden soll.

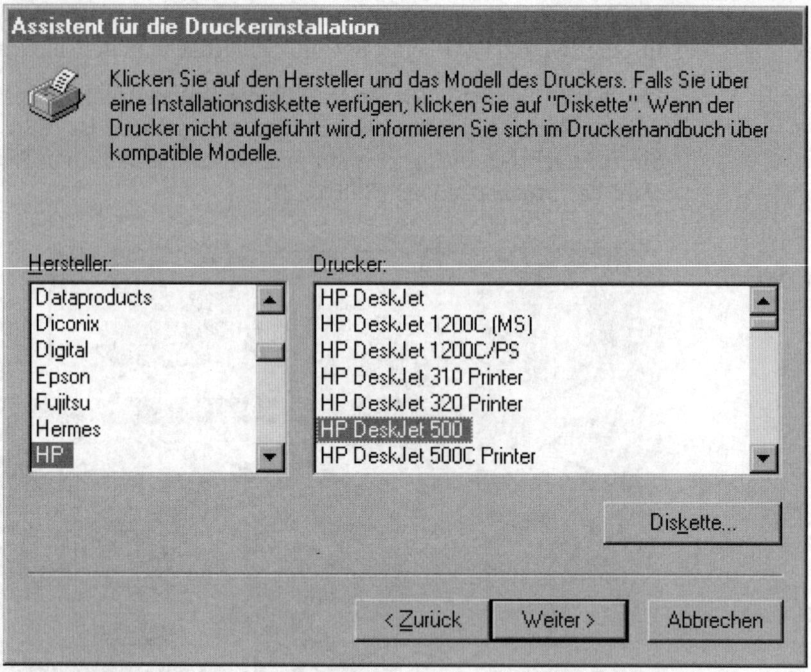

Bild 16.3: Druckerauswahl

Besitzen Sie eine Diskette oder CD-ROM des Druckerherstellers, die neuere Treiber enthält, legen Sie diese in das Laufwerk ein. Anschließend wählen Sie die Schaltfläche *Diskette*. Im dann angezeigten Dialogfeld stellen Sie den Pfad zum betreffenden Verzeichnis mit den Treibern ein.

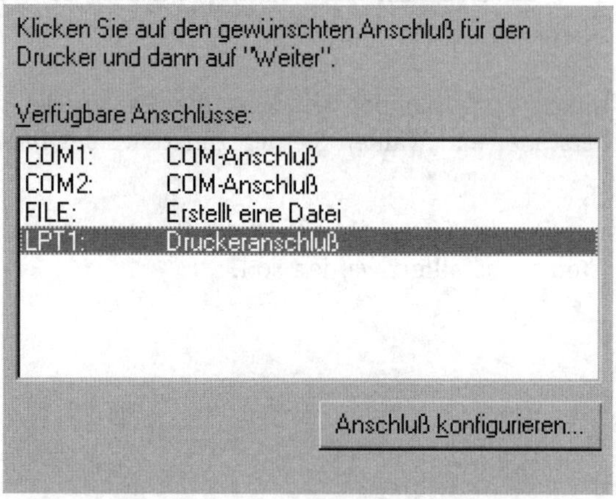

Bild 16.4: Auswahl des Druckeranschlusses (Ausschnitt)

Im nächsten Schritt läßt sich der Druckeranschluß zuweisen (Bild 16.4).

- ⇢ Standardmäßig werden Sie bei lokalen Druckern den LPT-Ausgang benutzen. Besitzt der Computer mehrere parallele Druckerausgänge, sind diese als LPT1:, LPT2 etc. in der Liste aufgeführt.

- ⇢ Ist der Drucker an einer seriellen Schnittstelle angeschlossen, wählen Sie den COM-Ausgang. Bei mehreren seriellen Schnittstellen wählen Sie einen der aufgeführten Schnittstellenausgänge COM1, COM2, COM3 etc., an dem der Drucker angeschlossen ist.

- ⇢ Mit der Option FILE: veranlassen Sie Windows, alle Druckausgaben in Dateien umzuleiten. Beim Drucken fragt Windows anschließend nach dem Dateinamen. Sie haben später die Möglichkeit, diese Druckdateien von Platte auf ein Ausgabegerät umzuleiten.

Über die Schaltfläche *Anschluß konfigurieren* können Sie ggf. die Optionen für den Druckeranschluß setzen. Dies ist insbesondere bei seriellen Schnittstellen hilfreich, wo die Übertragungsparameter (Baudrate, Stopbits etc.) zu setzen sind.

> *Die Ausgabe FILE: brauchen Sie im Grunde niemals zu wählen. Um ein Dokument in eine Datei zu drucken, läßt sich die Option* Ausdruck in Datei umleiten *im Dialogfeld* Drucken *verwenden (siehe unten).*

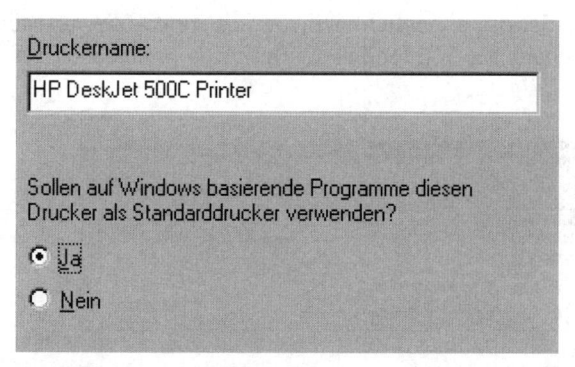

Bild 16.5: Dialogfeld zum Festlegen des Druckernamens (Ausschnitt)

Im nächsten Schritt können Sie den Namen des Druckers festlegen (Bild 16.5). Windows schlägt bereits eine Bezeichnung vor, die aus dem Namen des Druckertreibers abgeleitet wird. Existiert der betreffende Name bereits auf dem lokalen Rechner, hängt Windows eine Bezeichnung wie »(Kopie 2)« zur Unterscheidung an den Namen an. Sie haben aber die Möglichkeit, jede andere Bezeichnung im betreffenden Textfeld des Dialogfelds einzutippen. Dieser Name muß jedoch eindeutig im Ordner *DRUCKER* sein. Der in diesem

Dialogfeld eingetragene Name erscheint im Ordner *DRUCKER* und später auch im Dialogfeld *Drucken*.

Sind mehrere Drucker installiert, kann Windows ein Gerät als Standarddrucker verwalten. Alle Anwendungen verwenden dieses Ausgabegeräte beim Starten. Über die Option *Ja* (Bild 16.5) veranlassen Sie Windows, daß der neu installierte Treiber als Standardgerät benutzt wird.

> *Je nach Installationsablauf erscheint noch ein Dialogfeld mit der Abfrage, ob Sie MS-DOS-basierende Programme (im Netzwerk) benutzen möchten.*

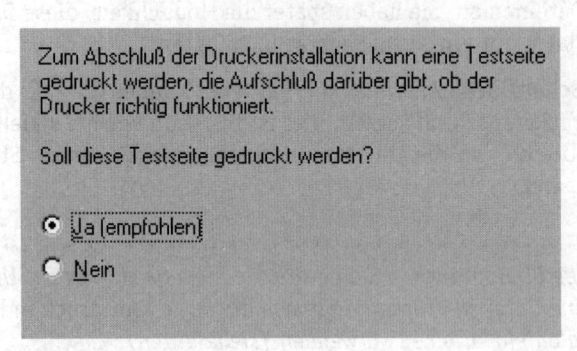

Bild 16.6: Ausgabe der Testseite

Im letzten Schritt ermöglicht Windows es Ihnen, die Ausgabe einer Testseite vorzubereiten. Wählen Sie die Option *Ja (empfohlen)* im betreffenden Dialogfeld (Bild 16.6).

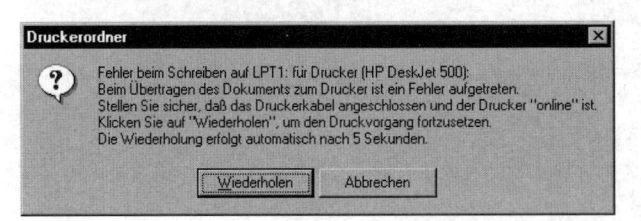

Bild 16.7: Druckerfehler

Sobald Sie zum nächsten Schritt weitergehen, beginnt Windows mit der Installation des Druckertreibers (dies ist ein Stück Software, welches die Druckausgaben der Windows-Anwendungen übernimmt und für das Gerät aufbereitet). Vermutlich werden Sie bei der Installation aufgefordert, die Windows-CD-ROM einzulegen.

Nach erfolgreicher Installation sollte eine Testseite auf dem angeschlossenen Drucker erscheinen. Haben Sie vergessen, den Drucker einzuschalten (oder falls ein anderer Fehler vorliegt), erscheint das Dialogfeld aus Bild

16.7. Stellen Sie die Betriebsbereitschaft des Geräts her, Windows erkennt dies nach einigen Sekunden und beginnt mit der Druckausgabe. Der Fehlerdialog wird dann automatisch ausgeblendet.

Windows fragt nach der Installation, ob die ausgegebene Testseite in Ordnung war (Bild 16.8).

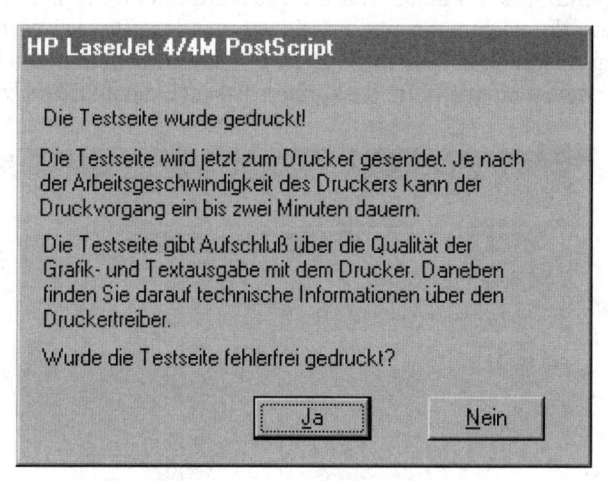

Bild 16.8: Abfrage, ob die Testseite in Ordnung war

···> Ist der Ausdruck der Testseite in Ordnung, schließen Sie das eingeblendete Dialogfeld über die *Ja*-Schaltfläche.

···> Traten Fehler beim Ausdruck auf, klicken Sie auf die Schaltfläche *Nein*. Windows ruft dann ein Hilfefenster auf ().

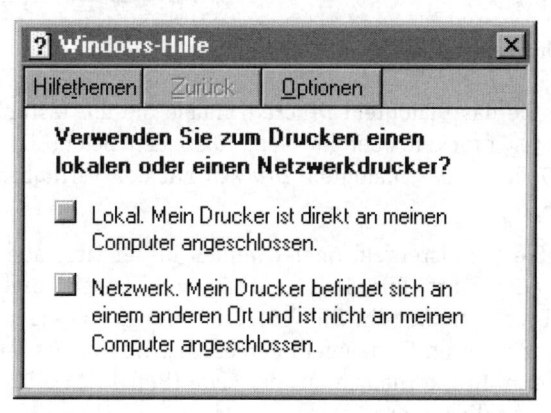

Bild 16.9: Hilfe bei der Fehlerdiagnose

In diesem Hilfefenster finden Sie Unterstützung bei der Fehlerdiagnose.

16.2 Optionen zum Ausdrucken

Wechsel des Druckertreibers

Windows erlaubt es Ihnen, mehrere Druckertreiber im System zu installieren. Allerdings kann immer nur ein Druckertreiber aktiv sein. Insbesondere in Netzwerkumgebungen sind häufig verschiedene Drucker verfügbar. Wenn Sie zum Ausdruck auf einen anderen Drucker umschalten möchten, ist der Druckertreiber zu wechseln. Sie können dies im Dialogfeld *Drucken* einstellen.

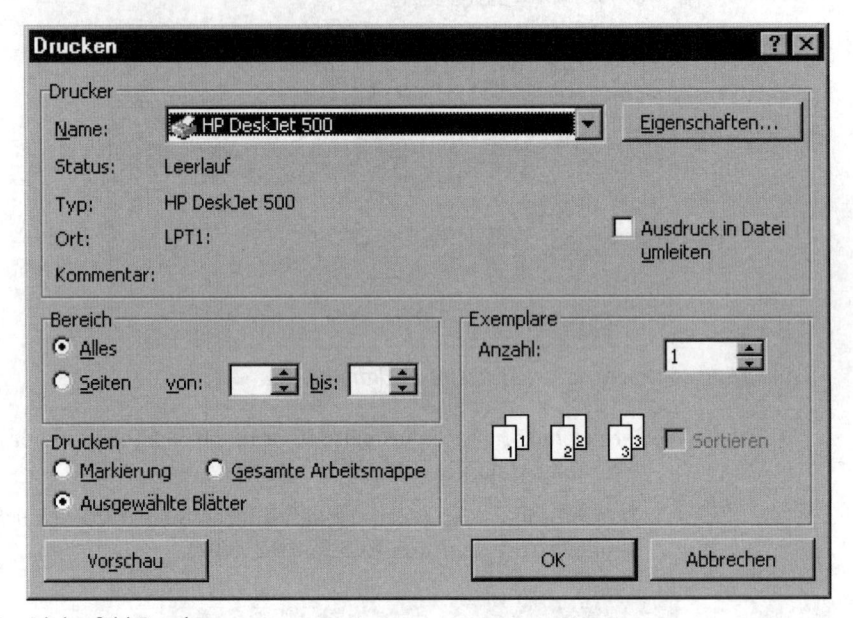

Bild 16.10: Dialogfeld Drucken

1. Starten Sie das Dialogfeld *Drucken*, indem Sie die Tastenkombination [Strg]+[P] drücken oder im Menü DATEI den Befehl DRUCKEN wählen. Excel 97 öffnet das Dialogfeld *Drucken* mit den verfügbaren Optionen (Bild 16.10).

2. Öffnen Sie das Listenfeld *Name*, werden in der Liste alle installierten Treiber aufgeführt. Bild 16.11 enthält zum Beispiel drei Treiber. Der aktive Druckertreiber (in Bild 16.10 ist dies der DeskJet 500-Treiber) wird ganz oben im Eingabefeld dargestellt. Wählen Sie jetzt einen der angezeigten Druckernamen aus der Liste (Bild 16.11). Zur Auswahl genügt ein Anklicken des Namens per Maus.

Sobald Sie jetzt das Dialogfeld über die Schaltfläche *Drucken* schließen, erfolgt die Ausgabe auf den gewählten Drucker.

16 Drucken

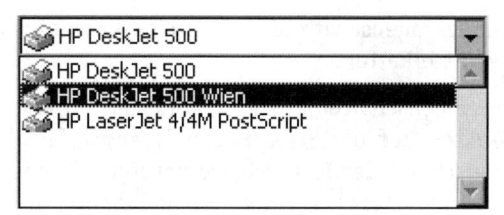

Bild 16.11: Auswahl des Druckernamens

> Sie können das Dialogfeld auch über die Schaltfläche Abbrechen *schließen. Der von Ihnen gewählte Drucker bleibt während der aktuellen Excel-Sitzung erhalten (es sei denn, Sie wählen erneut einen anderen Drucker). Erst wenn Sie Excel 97 beenden und erneut starten, übernimmt das Programm die Windows-Einstellungen für den Standarddrucker.*

Druckereigenschaften ändern

Der Druckertreiber erlaubt es Ihnen, verschiedene Eigenschaften wie Papierformat, Grafikauflösung, Druckerausgang etc. einzustellen. Diese Eigenschaften werden in einem Eigenschaftenfenster mit mehreren Registerkarten zusammengefaßt (Bild 16.12).

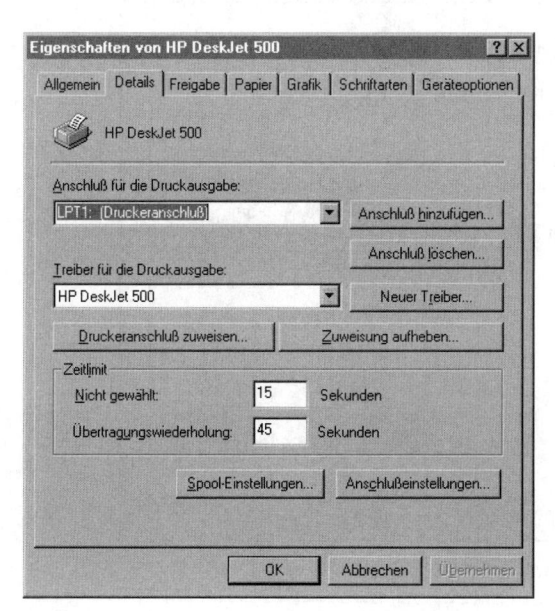

Bild 16.12: Eigenschaften des Druckers

Je nach ausgewählter Registerkarte lassen sich verschiedene Eigenschaften wählen. Allerdings gibt es noch eine Besonderheit zu beachten: In Abhängigkeit vom Aufruf des Eigenschaftenfensters zeigt dieses eine unterschiedliche Anzahl an Registerkarten.

- Sie können das Eigenschaftenfenster des Druckers öffnen, indem Sie im Dialogfeld *Drucken* auf die Schaltfläche *Eigenschaften* klicken (Bild 16.10). Dann erscheint das Eigenschaftenfenster mit einer Auswahl an Registerkarten (Bild 16.14). Excel 97 erlaubt Ihnen nur die Änderung solchen Eigenschaften, die für den Ausdruck des Dokuments relevant sind (Papierformat, Grafik etc.).

- Um alle Registerkarten mit den Druckereigenschaften anzuzeigen, müssen Sie den Ordner *DRUCKER* öffnen (Startmenü EINSTELLUNGEN/DRUCKER). Anschließend klicken Sie mit der rechten Maustaste auf das Druckersymbol, und wählen im Kontextmenü den Befehl EIGENSCHAFTEN. Windows zeigt Ihnen jetzt das Dialogfeld aus Bild 16.12 mit allen verfügbaren Registerkarten.

Beachten Sie aber, daß die Anzahl und der genaue Aufbau der Registerkarten vom gewählten Drucker abhängt.

Bild 16.13: Aufruf der Druckereigenschaften

Wechsel des Druckeranschlusses und anderer Eigenschaften

Um den Druckertreiber mit einem anderen Anschluß zu verbinden, müssen Sie die Eigenschaften des Druckertreibers ändern.

16 Drucken

1. Hierzu öffnen Sie das Dialogfeld mit den Eigenschaften des Druckertreibers über das Kontextmenü des Druckersymbols (siehe oben). Wählen Sie die Registerkarte *Details* (Bild 16.12).

2. Im Listenfeld *Anschluß für die Druckausgabe* läßt sich dann der Druckausgang einstellen.

In dieser Registerkarte finden Sie weitere Optionen, um neue Druckertreiber einzurichten, den Druckertreiber zu wechseln oder die Spooleinstellungen zu setzen.

> *Windows speichert die Druckausgaben in sogenannten Spooldateien. Diese Dateien werden dann vom Druckertreiber sukzessive an den Drucker weitergeleitet. Dies ermöglicht es, daß Excel 97 bereits für andere Aufgaben verfügbar ist, während der Ausdruck noch läuft. Weitere Einzelheiten zum Einrichten eines Druckers und seiner Eigenschaften finden Sie in den im Literaturverzeichnis unter /3,4,5/ aufgeführten Titeln.*

Papierformat im Druckertreiber einrichten

In Abhängigkeit vom Druckertreiber lassen sich in Excel 97 verschiedene Papierformate (auch als Papiergröße bezeichnet) verwenden. Dies reicht von den US-Blattformaten über DIN A4 bis hin zu Sondergrößen für Briefumschläge und Etiketten. Das Papierformat wird in der Registerkarte *Papier* des Druckers eingestellt (Bild 16.14).

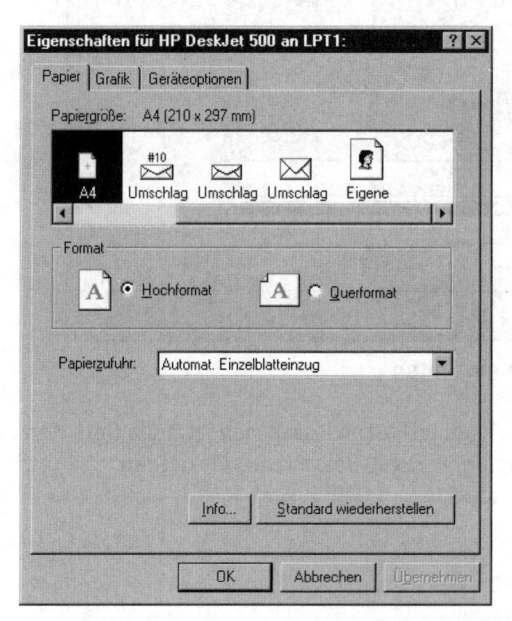

Bild 16.14: Eigenschaftenfenster mit den dokumentspezifischen Eigenschaften

1. Das Dialogfeld läßt sich über die Schaltfläche *Eigenschaften* des Dialogfelds *Drucken* öffnen (siehe vorherige Abschnitte).

2. Anschließend klicken Sie auf eine der vorgegebenen und vom Drucker unterstützten Papiergrößen. Über das Symbol *Eigene* können Sie eigene Papiergrößen definieren (siehe unten im Abschnitt »Benutzerdefiniertes Papierformat einstellen«).

3. Über die Optionsfelder *Hochformat* und *Querformat* läßt sich zusätzlich die Ausrichtung des Ausdrucks festlegen (siehe Folgenseiten). Zusätzlich läßt sich auch der Papierschacht für den Papiereinzug wählen.

Sobald Sie die Registerkarte über die *OK*-Schaltfläche schließen, übernimmt der Druckertreiber die betreffenden Optionen. Diese Optionen gelten für alle Anwendungen, die auf dem betreffenden Rechner den Druckertreiber verwenden.

16.3 Einrichten des Seitenformats

Excel 97 bietet Ihnen im Menü DATEI den Befehl SEITE EINRICHTEN. Über diesen Befehl öffnen Sie das Dialogfeld *Seite einrichten* mit verschiedenen Registerkarten (Bild 16.15).

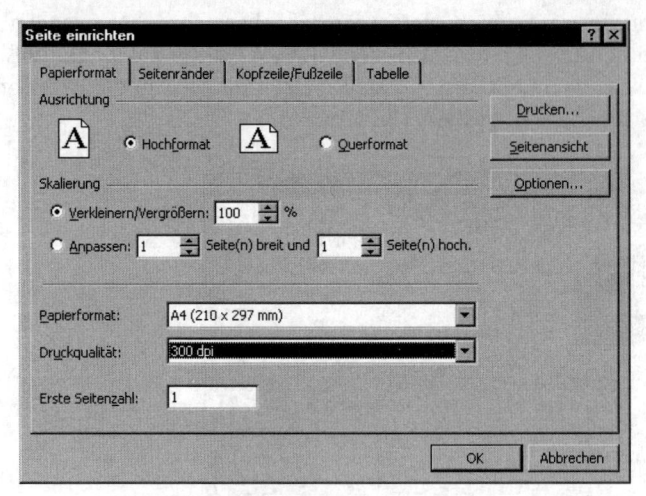

Bild 16.15: Dialogfeld Seite einrichten

In den einzelnen Registerkarten lassen sich jetzt die Optionen für die Druckausgabe der jeweiligen Excel-Dokumente einrichten.

Im Gegensatz zu dem in Bild 16.14 gezeigten Eigenschaftenfenster stellt Excel 97 in der Dialogbox Seite einrichten *Eigenschaften zusammen, die spezifisch für die Anwendung sind. Dies bedingt natürlich auch druckerspezifische Eigenschaften. Sie haben daher mehrere Möglichkeiten, bestimmte Eigenschaften zu setzen. Über die Schaltfläche* Optionen *der Registerkarte* Papierformat *(Bild 16.15) können Sie beispielsweise auch das in Bild 16.14 gezeigte Eigenschaftenfenster öffnen. Das Dialogfeld* Seite einrichten *läßt sich zusätzlich aus der Seitenansicht über die Schaltfläche* Layout *aufrufen.*

Das Dialogfeld *Seite einrichten* enthält die Registerkarten *Papierformat, Seitenränder, Kopfzeile/Fußzeile* und *Tabelle*. Zur Auswahl einer Registerkarte klicken Sie auf den zugehörigen Registerreiter.

Seitenformat definieren

In der Registerkarte *Papierformat* (Bild 16.15) stellen Sie alle Optionen ein, die mit dem Papierformat und den Druckoptionen zu tun haben.

Der Aufbau des Dialogfeldes Papierformat *wechselt in Abhängigkeit vom Aufruf. Wählen Sie den Eintrag* Seite einrichten *im Menü* Datei, *erscheint das Dialogfeld aus Bild 16.12. Wird die Registerkarte jedoch aus den Dialogfeldern* Drucken *oder* Layout *aufgerufen, fehlen die beiden Schaltflächen* Drucken *und* Seitenansicht. *Dies hat z.B. einen Einfluß auf den Ablauf beim Einstellen eines benutzerdefinierten Papierformats.*

Hoch- und Querformat

Über die beiden Optionsfelder *Hochformat* und *Querformat* läßt sich die Ausrichtung des Blattes beim Ausdruck festlegen (Bild 16.15). Wenn Sie Tabellen mit einer Sonderbreite ausgeben möchten, verwenden Sie die Option *Querformat*.

Tabellen, die im Querformat gedruckt werden, benötigen meist mehr Speicherplatz (in der Spooldatei und im Drucker). Falls es Probleme mit Speicherplatzmangel gibt, sollten Sie den Ausdruck versuchsweise auf Hochformat zurücksetzen.

Skalierung des Ausdrucks

Beim Ausdruck teilt Excel 97 die Tabelle so auf, daß alle Zeilen und Spalten mit dem Inhalt ausgegeben werden. Ist die Tabelle breiter als das Blatt Papier, druckt Excel 97 die Tabelle auf mehrere nebeneinander liegende

Seiten. Das gleiche gilt, falls die Tabelle mehr Zeilen besitzt, als auf eine Druckseite passen.

Excel 97 bietet Ihnen aber die Möglichkeit, die Tabellenblätter einer Arbeitsmappe vergrößert oder verkleinert auszudrucken. Damit läßt sich zum Beispiel ein extra breite Tabelle so verkleinern, daß Sie beim Ausdruck noch auf ein Blatt Papier paßt. Um die Tabelle bei der Ausgabe zu skalieren, gehen Sie folgendermaßen vor:

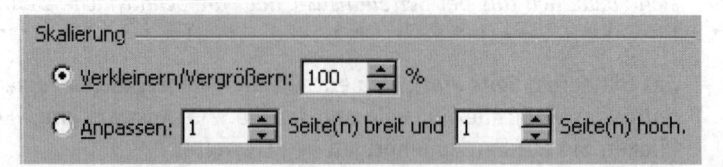

Bild 16.16: Gruppe Skalierung *in der Registerkarte* Seite

1. Öffnen Sie das Dialogfeld *Seite einrichten* über den Eintrag S<small>EITE EINRICHTEN</small> im Menü D<small>ATEI</small>.

2. Die Registerkarte *Papierformate* enthält die Gruppe *Skalierung* mit zwei Optionsfeldern (Bild 16.16). Markieren Sie das Optionsfeld *Verkleinern/Vergrößern*.

3. Anschließend verändern Sie im zugehörigen Eingabefeld den Skalierungsfaktor.

4. Schließen Sie das Dialogfeld über die Schaltfläche *OK*.

Excel 97 setzt die Skalierung meist auf 100%, d.h., die Tabelle wird in der Standardgröße ausgedruckt. Sie können bei der Ausgabe eine Tabelle aber auf bis zu 10% verkleinern und andererseits auf 400% vergrößern. Die Änderung der Skalierung wirkt sich dabei auf alle selektierten Tabellen einer Arbeitsmappe aus.

Die Skalierung läßt sich per Maus nur in Schritten zu 5% verändern. Sie können aber per Tastatur jeden Skalierungsfaktor in Stufen zu 1% angeben. Wenn Sie dann diesen Wert per Maus verändern, bezieht sich die Schrittweite von 5% auf den eingegebenen Wert.

Möchten Sie die Einstellung nach dem Ausdruck wieder auf die normale Größe zurücksetzen, öffnen Sie erneut die Registerkarte *Papierformat* (siehe oben) und setzen die Skalierung auf 100% zurück.

Die Skalierung bei der Ausgabe funktioniert nur bei Tabellen und bei Tabellen, die Diagramme enthalten. Ein Diagrammblatt läßt sich nicht mit diesem Verfahren skalieren (siehe folgender Abschnitt). Weiterhin muß der verwendete Drucker die Skalierungsfunktion unterstützen.

Beachten Sie auch, daß sich die Skalierung immer auf beide Richtungen der auszudruckenden Tabelle auswirkt. Wenn Sie eine lange Tabelle, die über zwei Seiten reicht, auf eine Seite verkleinern, wird auch die Breite entsprechend angepaßt.

Die Veränderung des Skalenfaktors hat keinen Einfluß auf die Anzeige der Tabelle am Bildschirm. Die einzige Änderung ergibt sich bei der Anzeige der vertikalen und horizontalen Markierungen (gestrichelte Linien) für die automatischen Seitenumbrüche. Diese werden mit der Neuskalierung auf den Punkt mit dem Seitenumbruch verschoben.

Wenn Sie die Skalierung für einen Ausdruck ändern, behält Excel 97 diese Einstellung bei und sichert diese mit der Arbeitsmappe. Damit beim nächsten Ausdruck die Standardgröße wieder stimmt, sollten Sie die Skalierung sofort nach dem Drucken zurücksetzen.

Der Ausdruck läßt sich direkt über die Schaltfläche *Drucken* aus der Registerkarte *Papierformat* starten. Excel 97 öffnet dann das Dialogfeld zum Starten des Ausdrucks.

Anpassen des Ausdrucks an die Seitengröße

Die Anpassung der Druckbreite und -höhe einer Tabelle an die Seitengröße des Druckers über den Skalierungsfaktor kann eine mühsame Angelegenheit werden. Nicht immer treffen Sie direkt den optimalen Skalenfaktor, so daß die Tabelle genau auf die gewünschte Seitenzahl paßt.

In diesem Fall sollten Sie Excel 97 die Anpassung überlassen. Sie müssen dem Programm lediglich die Zahl der über- und nebeneinanderliegenden Seiten vor der Ausgabe mitteilen. Dann erfolgt eine automatische Skalierung der Tabelle beim Ausdruck. Hierzu sind folgende Schritte erforderlich:

1. Öffnen Sie die Registerkarte *Papierformat* über den Eintrag SEITE EINRICHTEN im Menü DATEI.

2. Markieren Sie in der Gruppe *Skalierung* (Bild 16.16) das Optionsfeld *Anpassen*.

3. Im nächsten Schritt passen Sie die Einträge in den Feldern *Seite(n) breit* und *Seite(n) hoch* nach Ihren Wünschen an.

4. Dann schließen Sie das Dialogfeld über die *OK*-Schaltfläche, oder Sie starten die Ausgabe über die Schaltfläche *Drucken*.

Excel 97 verwendet bei der Ausgabe die Zahl der angegebenen Seiten in horizontaler und vertikaler Richtung. Mit der Vorgabe *2 Seite(n) breit* wird die Tabelle in der Breite so skaliert, daß sie auf diese zwei Seiten paßt.

> *Bei dieser Funktion kann Excel 97 den Skalierungsfaktor nur reduzieren. Ist die Tabelle schmäler oder kürzer als die angegebene Seitenzahl, wird die Tabelle nicht vergrößert, um sie auf die angegebenen Seiten anzupassen. Excel 97 gibt dann nur die Blätter aus, die mit Daten belegt sind. Damit erscheinen unter Umständen weniger Seiten als angegeben auf dem Drucker.*

Die Funktion *Anpassen* eignet sich immer dann sehr gut, wenn eine Tabelle nur geringfügig breiter als eine Druckseite ist. Excel 97 übernimmt dann bei der Ausgabe automatisch die Skalierung der Tabelle auf die Breite eines Blattes.

> *Beachten Sie, daß manuelle Seitenwechsel in der Tabelle bei dieser Form des Ausdrucks nicht mehr berücksichtigt werden. Sie können diese Funktion nur für Tabellen- und nicht für Diagrammblätter benutzen.*

> *Um das Blatt nur in einer Richtung anzupassen, wählen Sie das Optionsfeld Anpassen, lassen aber ein Feld (z.B. Höhe) frei. Dann paßt Excel 97 die Seiten nur in der vorgegebenen Richtung an. Mit diesem Trick können Sie zum Beispiel eine Tabelle mit einer Breite von einer Seite, aber beliebiger Länge ausgeben.*

Größe eines Diagrammblattes anpassen

Diagrammblätter werden standardmäßig im Querformat, angepaßt auf die Seitenabmessungen, ausgedruckt. Um das Diagrammblatt an die gewünschten Druckformate anzupassen, sind mehrere Schritte erforderlich.

1. Wählen Sie zuerst ein Diagrammblatt in der Arbeitsmappe an. Hierbei handelt es sich um ein Blatt, welches im Registerreiter den Namen *Diagramm ...* trägt und/oder als Diagrammblatt definiert wurde.

2. Dann öffnen Sie das Dialogfeld *Seite einrichten* (siehe oben). Auf dem Bildschirm erscheint das gleichnamige Dialogfeld mit den Registerkarten zur Definition der Seitenparameter.

3. In diesem Fall wird aber die Registerkarte *Diagramm* anstelle der Registerkarte *Tabelle* eingeblendet (Bild 16.17). Klicken Sie den zugehörigen Registerreiter der Karte per Maus an.
4. Wählen Sie nun die gewünschten Druckoptionen aus, und schließen Sie das Dialogfeld über die *OK*-Schaltfläche. Alternativ läßt sich die Ausgabe über die Schaltfläche *Drucken* starten.

In der Gruppe *Gedruckte Diagrammgröße* finden Sie die drei möglichen Optionen für die Skalierung der Diagrammblätter.

⋯▸ Standardmäßig wird das Optionsfeld *Ganze Seite verwenden* markiert. Damit druckt Excel 97 das Diagramm quer auf die Größe einer Seite aus. Da das Diagramm an den Seitenabmessungen ausgerichtet wird, stimmen unter Umständen die Größenverhältnisse der ausgedruckten Objekte nicht mehr mit der Bildschirmdarstellung überein.

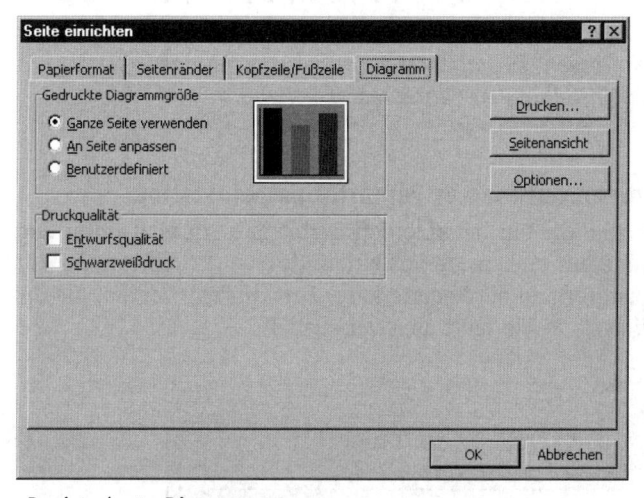

Bild 16.17: Registerkarte Diagramm

⋯▸ Sie können die Verzerrung des Diagramms beim Ausdruck vermeiden, indem Sie das Optionsfeld *An Seite anpassen* markieren. Excel 97 vergrößert anschließend das Diagramm so lange, bis eine Seite des Blattes komplett ausgefüllt wird. Damit bleiben die Proportionen erhalten und die andere Achse wird entsprechend skaliert.

⋯▸ Mit dem dritten Optionsfeld *Benutzerdefiniert* übernimmt Excel 97 die Größe des Diagramms vom Bildschirm für den Ausdruck. Damit haben Sie die Möglichkeit, die Skalierung des Diagrammblatts auf dem Bildschirm vorzugeben. Die gleiche Größe erscheint beim Ausdruck auf dem Papier.

Wenn Sie die Markierung der Optionsfelder umsetzen, zeigt Excel 97 die Veränderung in der Vorschau mit der stilisierten Grafik an. Über die Schaltfläche *Drucken* läßt sich das Dialogfeld zur Druckausgabe abrufen. Die Schaltfläche *Optionen* öffnet das Fenster mit den Optionen des Druckertreibers (Bild 16.14). Hier läßt sich die Orientierung der Ausgabe, die Papiergröße etc. umdefinieren. Über *Seitenansicht* können Sie das Druckbild am Bildschirm kontrollieren (siehe auch folgende Abschnitte).

Mehr über Diagramme erfahren Sie im Kapitel 32.

Papiergröße einstellen

Sie können die Papiergröße in der Registerkarte *Papierformat* einstellen. Hierzu wählen Sie eine der Optionen, die im Listenfeld *Papierformat* aufgeführt werden (Bild 16.15). Je nach Druckertreiber werden allerdings verschiedene vordefinierte Formate angeboten. In der Regel wird jedoch die Voreinstellung des DIN-A4-Formates für die Ausgabe reichen.

> *Beachten Sie, daß die Einstellungen des Papierformats die Randeinstellungen beeinflussen. Es empfiehlt sich daher, zuerst das Papierformat und dann die Randeinstellung zu definieren.*

Benutzerdefiniertes Papierformat einstellen

Möchten Sie ein benutzerdefiniertes Papierformat unter Excel 97 verwenden? Dann stehen Sie vor einem (kleinen) Problem: Sie können zwar die Papiergröße in der Registerkarte *Papierformat* setzen, die Option *Benutzerdefinierte Größe* fehlt aber vermutlich.

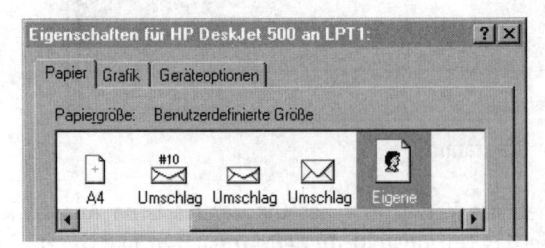

Bild 16.18: Benutzerdefinierte Papiergröße

1. Klicken Sie in der Registerkarte *Papierformat* (Dialogbox *Seite einrichten*) auf die Schaltfläche *Optionen* (Bild 16.15).

2. Excel 97 öffnet das Dialogfeld mit den Eigenschaften des Druckertreibers. In der Registerkarte *Papier* wählen Sie als Papiergröße das Symbol *Eigene* an (Bild 16.18).

3. Excel 97 blendet ein Dialogfeld zur Eingabe der Papiermaße (Bild 16.19) ein. Setzen Sie als erstes die Maßeinheit (mm, Zoll) über die Optionsfelder der Gruppe *Maßeinheit*.

4. Dann können Sie die Breite und die Höhe eines Blatts in den betreffenden Feldern eintragen. Der Druckertreiber blendet dabei das Intervall der zulässigen Werte ein.

Sobald Sie die *OK*-Schaltfläche betätigen, übernimmt der Druckertreiber die eingestellten Maße. Jetzt ist es sinnvoll, die Randeinstellung für eine Druckseite zu definieren.

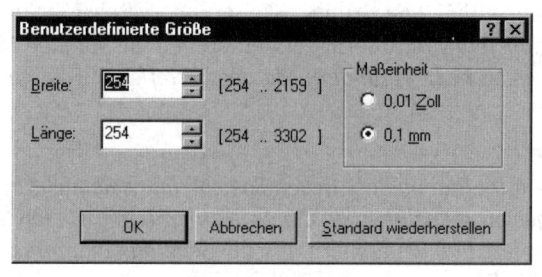

Bild 16.19: Benutzerdefiniertes Papierformat

> *Über die Schaltfläche* Standard wiederherstellen *können Sie die Vorgaben des Druckertreibers für die Papiergröße zurücksetzen.*

Druckqualitität einstellen

Im Listenfeld *Druckqualität* werden Ihnen verschiedene Auflösungen für die Ausgabe angeboten (Bild 16.15). Diese Auflösungen hängen vom verwendeten Druckertreiber ab und wirken sich vor allem bei der Ausgabe von Grafiken in der Druckgeschwindigkeit aus. Enthält ein Dokument viele Diagramme, können Sie für einen Konzeptausdruck die Druckqualität reduzieren. Dies erhöht die Ausgabegeschwindigkeit des Druckers erheblich. Für reine Tabellen reicht die reduzierte Auflösung von 150 dpi problemlos. Dies spart Speicherplatz und Zeit beim Ausdrucken.

Druckqualität bei Diagrammen

Die Registerkarte *Diagramm* (siehe Bild 16.17) enthält die Gruppe *Druckqualität*. Wenn Sie das Kontrollkästchen *Entwurfsqualität* markieren, druckt Excel 97 das Diagramm mit reduzierter Auflösung aus. Dies führt einmal zu einer wesentlich schnelleren Bearbeitung des Diagramms. Weiterhin ist dies die einzige Möglichkeit, ein Diagramm auf Druckern mit wenig Speicher auszugeben. Bei Laserdruckern steigt der Speicherbedarf für die Ausgabe einer Ganzseitengrafik mit der Auflösung der Grafik. Für die volle Auflösung benötigen Sie in der Regel einen Speicher von 2 Mbyte im Drucker.

Das Kontrollkästchen *Schwarzweißdruck* steuert die Ausgabe des Diagramms auf dem Drucker. Normalerweise ist das Kontrollkästchen nicht markiert. Auf Farbdruckern werden die Diagramme mit den Bildschirmfarben ausgegeben. Bei Schwarzweißdruckern setzt Excel 97 die Farben in Graustufen um.

Sobald Sie jedoch die Option *Schwarzweißdruck* setzen, wandelt Excel 97 die Datenreihen (z.B. Balken) in schwarzweiß um. Farben im Diagramm werden in Muster konvertiert. Beachten Sie aber, daß zum Beispiel ein farbiger Diagrammhintergrund auf Farbdruckern weiterhin farbig erscheint.

> *Wenn Sie ein Diagrammblatt selektieren und dann die Registerkarte* Papierformat *öffnen, enthält die Gruppe* Skalierung *(vergleiche Bild 16.15) nur noch das Optionsfeld* Vergrößern/Verkleinern *mit der Vorgabe 100%. Sie können diese Vorgabe nicht verändern, da das betreffende Feld gesperrt ist.*

> *Können Sie ein Diagrammblatt wegen Speichermangels nicht auf dem Laserdrucker ausgeben, reduzieren Sie die Auflösung. Dann wählen Sie die Option* Benutzerdefiniert *und verkleinern anschließend das Diagramm so lange, bis der Drucker die Daten zur Ausgabe akzeptiert.*

Seitennumerierung

Excel 97 versieht die einzelnen Seiten beim Ausdruck mit einer fortlaufenden Seitennumerierung. Soll die erste auszudruckende Seite die Nummer 1 erhalten, setzen Sie im Feld *Erste Seitenzahl* den Eintrag auf *1* (Bild 16.15). Damit vergibt Excel 97 die Seitennummern in fortlaufender Reihenfolge. Soll die erste Seite mit einer abweichenden Seitennummer beginnen (z.B. 10), tragen Sie diese Seitennummer im Feld ein. Standardmäßig setzt Excel 97 das Feld auf *Automatisch*, d.h., in Abhängigkeit von einem Druckauftrag werden die Seitennummern fortlaufend ausgegeben. Die erste Seite des Druckauftrages erhält dann die Nummer 1.

> *Die Seitennummer ist nur dann von Bedeutung, wenn die Seitenzahlen in der Kopf- oder Fußzeile auftauchen (siehe folgende Abschnitte). Sie können für die erste Seite auch den Wert 0 oder negative Zahlen angeben.*

Auswahl des Papierschachtes

Wenn Sie das Dialogfeld mit den Druckeroptionen (siehe Bild 16.14) angewählt haben, läßt sich auch der Papierschacht umschalten.

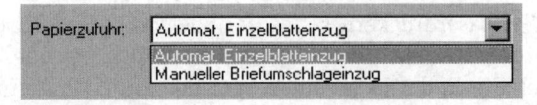

Bild 16.20: Papierschacht auswählen

Hierzu öffnen Sie das Listenfeld *Papierzufuhr* und wählen den gewünschten Schacht aus (Bild 16.20). Damit wird der Drucker bei allen Windows-Ausgaben das Papier aus dem betreffenden Schacht einziehen.

> *Beachten Sie, daß die verfügbaren Optionen vom verwendeten Druckertreiber abhängig sind.*

16.4 Einstellung der Seitenränder

Die Registerkarte *Seitenränder* erlaubt die Einstellung der Seitenränder beim Ausdruck. Weiterhin können die auszugebenden Daten auf dem Blatt zentriert werden. Die Registerkarte wird über den Eintrag SEITE EINRICHTEN im Menü DATEI aufgerufen. Falls die Registerkarte im Dialogfeld verdeckt ist, wählen Sie per Maus den zugehörigen Registerreiter an. Dann erscheint die Registerkarte in der Anzeige (Bild 16.21).

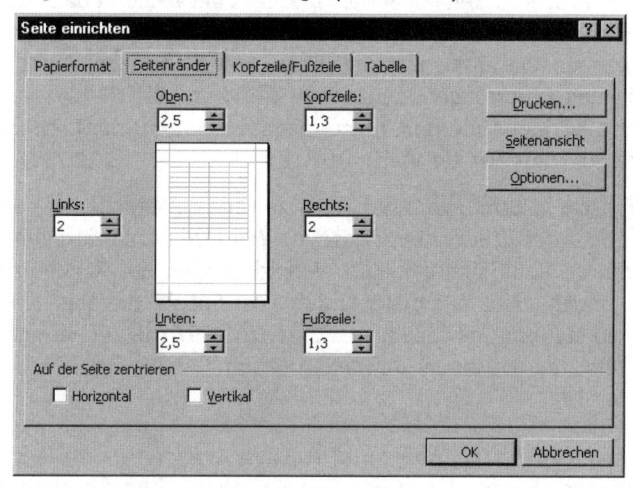

Bild 16.21: Die Registerkarte Seitenränder

Diese Registerkarte enthält die Felder, um den oberen, unteren, linken und rechten Druckrand einer Seite einzustellen. Excel 97 verwendet die Werte aus Tabelle 16.1 als Voreinstellung für die Seitenränder.

Standardeinstellungen für Seitenränder

cm	Bemerkung
2,5	oberer Rand
2,5	unterer Rand
2,0	linker Rand
2,0	rechter Rand
1,3	Kopfzeile
1,3	Fußzeile

Sie können diese Vorgaben jedoch variieren und die Werte innerhalb sinnvoller Grenzen verändern. Negative Werte werden beim Schließen des Dialogfeldes mit der Fehlermeldung zurückgewiesen. Überschreitet eine Randeinstellung die Seitengröße, erscheint beim Schließen des Dialogfeldes ebenfalls eine Meldung »Ränder passen nicht auf die Seitengröße«. In diesem Fall müssen Sie die betreffenden Werte korrigieren.

Excel 97 erlaubt auf jeder ausgedruckten Seite die Ausgabe einer Kopf- und Fußzeile. Diese Kopf- und Fußzeilen erscheinen jeweils im oberen und unteren Seitenrand jeder Seite.

Die beiden Kontrollkästchen *Horizontal* und *Vertikal* der Gruppe *Auf der Seite zentrieren* beeinflussen die Ausrichtung einer Tabelle oder eines Diagramms auf der auszudruckenden Seite. Ist keines der beiden Kontrollkästchen markiert, positioniert Excel 97 die Tabelle in der linken oberen Ecke des Blatts. Sie können die auszugebenden Werte jedoch horizontal und vertikal zwischen den *Druckrändern* zentrieren. Nur wenn die *Randeinstellung* symmetrisch gewählt wurde (z.B. links = rechts, oben = unten). erscheint der Ausdruck zentriert auf der Blattmitte.

Im Fenster *Vorschau* wird übrigens die Lage der Tabelle oder des Diagramms innerhalb der Druckseite angezeigt. Weiterhin sind dort die Seitenränder als dünne Linie sichtbar. Eine Veränderungen der Randeinstellung wirkt sich jedoch nicht auf diese Linien aus. Sobald Sie aber ein Feld für die Randeinstellung anwählen, markiert Excel 97 die zugehörige Hilfslinie in der Vorschau mit einem schwarzen Strich.

Die Angaben für die Kopf- und Fußzeile erfolgen in cm, bezogen auf den Seitenrand. Für die Kopfzeile dient der obere Rand der ersten Zeile als Bezugspunkt. Bei der Fußzeile bezieht sich die Angabe auf den unteren Rand der untersten Zeile. Damit liegen die Kopf-/Fußzeilen immer im Seitenrand. Achten Sie bei Änderungen an den Excel-Vorgaben darauf, daß die Kopf- und Fußzeilen die Randbreite nicht überschreiten. Andernfalls überlappen sich Tabelleninhalt und Kopf-/Fußzeilen. Bedenken Sie auch, daß bei mehrzeiligen Kopf- und Fußtexten diese entsprechend Platz benötigen.

Manche Anwender versuchen die Druckränder auf 0 cm zu setzen, um möglichst viel Platz für den Ausdruck der Tabelle zu erhalten. Die meisten Drucker können aber nicht bis zum Rand drucken, d.h., an den Seitenrändern werden einige mm der Ausgabe abgeschnitten. Deshalb sollten Sie als Mindestgröße den Rand auf 0,5 cm belassen.

> *Sie können die Randeinstellung per Maus in Schritten zu 0,5 cm verändern. Über die Tastatur lassen sich auch Zwischenwerte mit einer Nachkommastelle (z.B. 1,6) eingeben. Wenn Sie diesen Wert anschließend per Maus verstellen, bezieht Excel 97 die Schrittweite von 0,5 cm auf den zuletzt eingegebenen Wert.*

Definition der Kopf- und Fußzeilen

Excel 97 gibt beim Ausdrucken standardmäßig auf jedem Blatt eine Kopf- und Fußzeile aus. Der Inhalt dieser Kopf-/Fußzeilen läßt sich über die Registerkarte *Kopfzeile/Fußzeile* festlegen (Bild 16.22).

Um die Registerkarte aufzurufen, öffnen Sie das Menü DATEI und wählen dann den Eintrag SEITE EINRICHTEN. Sollte die Registerkarte verdeckt sein, klicken Sie den zugehörigen Registerreiter per Maus an.

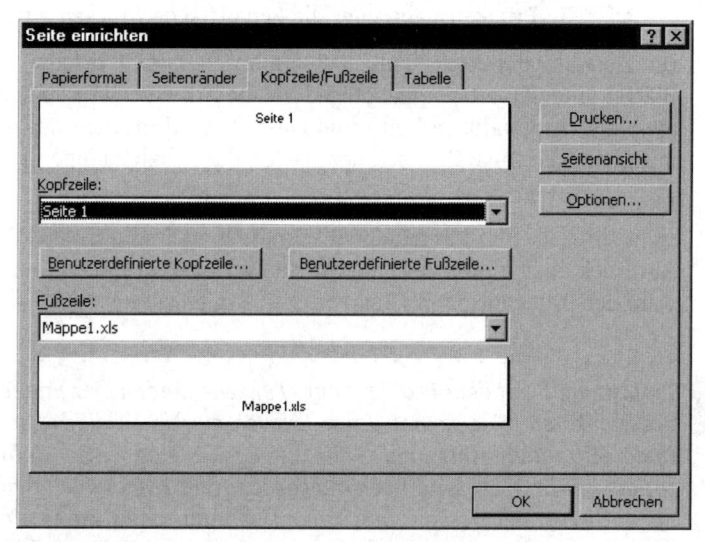

Bild 16.22: Die Registerkarte Kopfzeile/Fußzeile

In der Vorschau der Kopf- und Fußzeile erscheint jeweils der vorgewählte Text (z.B. Tabelle 1, Diagramm 1, Seite 1 etc.). Excel 97 setzt die Seitennummer standardmäßig in der Fußzeile ein.

Auswahl einer vordefinierten Kopf-/Fußzeile

Excel 97 definiert für eine Arbeitsmappe eine Anzahl verschiedener fester Textvorschläge zur Gestaltung der Kopf- und Fußzeilen. Diese Vorschläge lassen sich über die Listenfelder *Kopfzeile* und *Fußzeile* abrufen (Bild 16.23).

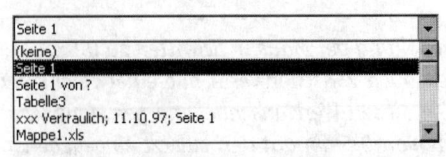

```
Seite 1                    ▼
(keine)                    ▲
Seite 1
Seite 1 von ?
Tabelle3
xxx Vertraulich; 11.10.97; Seite 1
Mappe1.xls
```

Bild 16.23: Vorgaben für die Kopf-/Fußzeile

1. Hierzu müssen Sie das betreffende Listenfeld öffnen. Klicken Sie mit der Maus auf den Pfeil neben dem Listenfeld, oder geben Sie die Tastenkombinationen [Alt]+[k] (Kopfzeile) bzw. [Alt]+[f] (Fußzeile) ein.

2. Excel 97 zeigt die Liste mit den verfügbaren Einträgen an (Bild 16.23). Über die Bildlaufleiste können Sie in der Liste blättern. Zur Übernahme der Zeile klicken Sie den Eintrag per Maus an.

3. Excel 97 übernimmt die Vorgabe und zeigt die Zeile im Layoutfenster an. Sie können dann das Dialogfeld über die *OK*-Schaltfläche schließen oder die Druckausgabe über die Schaltfläche *Drucken* aufrufen.

Die Auswahl der Kopf-/Fußzeile gilt anschließend für die ausgewählten Blätter einer Arbeitsmappe. Sobald Sie die Arbeitsmappe speichern, werden auch die ausgewählten Kopf- und Fußzeilendefinitionen mit gesichert. Damit bleibt die Auswahl nach dem Laden der Arbeitsmappe erhalten.

Über die Schaltfläche *Seitenansicht* läßt sich ein Fenster mit der Seitenansicht abrufen. Hier können Sie die Einstellung der Kopf-/Fußzeilen vor dem Ausdruck überprüfen. Die Schaltfläche *Optionen* öffnet das Fenster zur Auswahl der Druckoptionen (Ausrichtung, Papiergröße etc.).

> *Im Listenfeld mit dem Text der Kopf-/Fußzeile werden einzelne Textteile durch ein Semikolon (;) getrennt. Diese Zeichen markieren die Textteile, die links, in der Mitte und rechts in der Zeile auszugeben sind. In der Online-Dokumentation von Excel 97 wird noch angegeben, daß Kommata (,) zur Separation der Texte benutzt werden. Dies stimmt aber nur dann, wenn eine Ländereinstellung mit einem Komma als Separatorzeichen (z.B. Englisch) benutzt wird.*

> *Sollten sich beim Ausdruck die Kopf-/Fußzeilen mit den Tabellendaten überlagern, stimmt Ihre Randeinstellung nicht. Wählen Sie die Registerkarte* Seitenränder *(Menü* DATEI, *Eintrag* SEITE EINRICHTEN*), und korrigieren Sie die Vorgaben. Die Abstände für die Kopf-/Fußzeile müssen immer kleiner als der obere/untere Rand gewählt werden. Denken Sie auch daran, daß eine Kopf-/Fußzeile mehrere Zeilen haben kann und dadurch in den Tabellenbereich hineinragt.*

Abschalten der Kopf-/Fußzeile

Falls Sie die ganze Größe eines Blatts zum Ausdruck verwenden möchten, können Sie die Kopf- und Fußzeilen unterdrücken.

1. Hierzu öffnen Sie die Registerkarte *Kopfzeile/Fußzeile* (Eintrag SEITE EINRICHTEN im Menü DATEI).

2. Dann öffnen Sie das Listenfeld der Kopf- oder Fußzeile und wählen den Eintrag *(keine)* mit einem Mausklick an (Bild 16.23). In der Vorschau wird jetzt die zugehörige Zeile unterdrückt.

3. Schließen Sie das Dialogfeld über die *OK*-Schaltfläche, und korrigieren Sie bei Bedarf die Randeinstellung. Dann läßt sich der Ausdruck über die Schaltfläche *Drucken* starten.

Diese Einstellung gilt dann für alle vorher angewählten Tabellen. Wenn Sie die Arbeitsmappe speichern, bleibt die Einstellung für diese Tabellen erhalten. Gegebenenfalls müssen Sie vor dem Ausdruck noch die Randeinstellung korrigieren, damit möglichst viel Platz für die Tabelle auf der Seite verfügbar ist.

Benutzerdefinierte Kopf-/Fußzeilen

Wenn Sie mit den vordefinierten Kopf-/Fußzeilen von Excel 97 nicht einverstanden sind, können Sie sich eigene Texte definieren.

1. Öffnen Sie die Registerkarte *Kopfzeile/Fußzeile* über den Eintrag SEITE EINRICHTEN im Menü DATEI.

2. Möchten Sie einen der vorgegebenen Texte modifizieren, wählen Sie diesen Text über das betreffende Listenfeld an.

3. Dann betätigen Sie die Schaltfläche *Benutzerdefinierte Kopfzeile* bzw. *Benutzerdefinierte Fußzeile*. Auf dem Bildschirm erscheint das Dialogfeld zur Definition der Kopf-/Fußzeile (Bild 16.24).

4. Tragen Sie die Texte und Felder für die jeweilige Zeile ein. Schließen Sie das Dialogfeld über die *OK*-Schaltfläche.

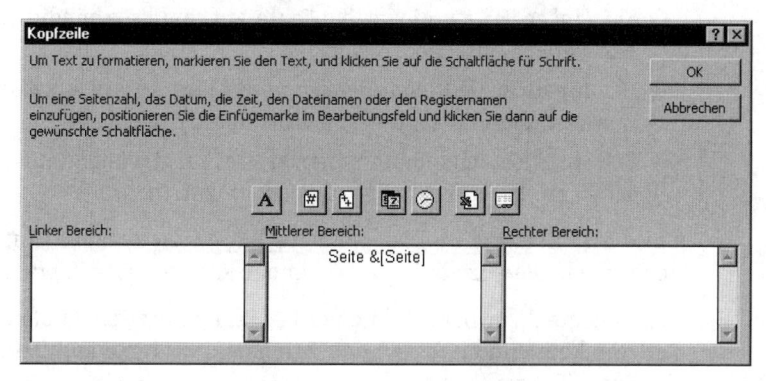

Bild 16.24: Benutzerdefinierte Kopfzeile

Excel 97 übernimmt die Vorgaben für die benutzerdefinierte Kopf-/Fußzeile. Sie können das Dialogfeld *Seite einrichten* über die *OK*-Schaltfläche schließen und die Tabelle zu einem späteren Zeitpunkt drucken. Alternativ läßt sich die Schaltfläche *Drucken* im Dialogfeld *Seite einrichten* zur Ausgabe verwenden.

> *In Excel 97 können Sie immer nur eine benutzerdefinierte Kopf- und Fußzeile pro Tabellenblatt einrichten. Innerhalb einer Arbeitsmappe erlaubt Excel 97 allerdings für jede Tabelle die Einrichtung einer eigenen benutzerdefinierten Kopf- und Fußzeile.*

Wenn Sie zum Beispiel die Schaltfläche *Benutzerdefinierte Kopfzeile* anwählen, löscht Excel 97 den Inhalt der vorhandenen benutzerdefinierten Kopfzeile. Die vorgegebenen Kopf-/Fußzeilendefinitionen können Sie nicht verändern. Es besteht jedoch die Möglichkeit, diese Einträge in eine benutzerdefinierte Zeile zu übernehmen und dann zu modifizieren.

> *Wenn Sie firmenspezifische Kopf-/Fußzeilen in Arbeitsblättern benötigen, können Sie diese in Mustervorlagen speichern (siehe Kapitel 20). Diese Vorgaben lassen sich anschließend beim Erstellen neuer Tabellen übernehmen (siehe Kapitel 6).*

Die benutzerdefinierte Kopf-/Fußzeile gilt für alle während der Erstellung angewählten Tabellen einer Arbeitsmappe (auch als Gruppe bezeichnet). Wenn Sie die Arbeitsmappe speichern, bleibt die Definition erhalten und steht nach dem Laden wieder zur Verfügung.

Die Kopf- und Fußzeilen können mehrere Textzeilen umfassen. Es muß jedoch immer der gleiche Text über alle Seiten eines Druckauftrags verwendet werden. Excel 97 teilt die Kopf- oder Fußzeile zur Formatierung in drei Bereiche auf:

- Ein *Linker Bereich* nimmt die Texte auf, die linksbündig im betreffenden Bereich auszugeben sind.
- Der Inhalt im *Mittleren Bereich* wird beim Ausdruck zwischen linkem und rechtem Blattrand (nicht Druckrand!) zentriert.
- Soll ein Text, eine Seitennummer etc. rechtsbündig auf der Seite erscheinen, ist er im *Rechten Bereich* einzutragen.

Diese Struktur wird im Dialogfeld aus Bild 16.24 sichtbar (Aufruf über die Schaltfläche *Benutzerdefinierte ...* in der Registerkarte *Kopfzeile/Fußzeile*).

Das Dialogfeld zur Definition einer Fußzeile besitzt einen identischen Aufbau. Sie können nun in den drei Bereichen die Texte und Definitionen für die Kopf-/Fußzeile eintragen.

16 Drucken

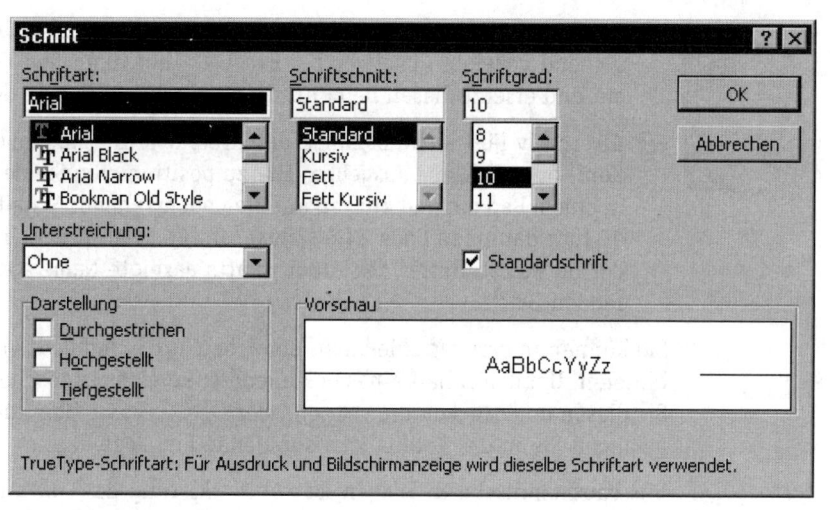

Bild 16.25: Die Registerkarte Schrift

- Texte lassen sich direkt per Tastatur im betreffenden Feld eingeben. Möchten Sie einen Zeilenumbruch einleiten, betätigen Sie die ⏎-Taste. Um den eingegebenen Text zu formatieren, markieren Sie die gewünschten Zeichen und klicken dann die nebenstehende Schaltfläche per Maus an. Damit blendet Excel 97 das Dialogfeld Schrift ein (Bild 16.25). In diesem Dialogfeld lassen sich unterschiedliche Schriftarten, der Schriftgrad und die Formatierung (fett, kursiv, unterstrichen, durchgestrichen etc.) vorgeben.

- Soll die aktuelle Seitennummer im Ausdruck erscheinen, betätigen Sie die nebenstehende Schaltfläche. Excel 97 fügt dann den Code &[Seite] im betreffenden Feld ein. Beim Ausdruck erscheint dann die aktuelle Seitennummer auf dem betreffenden Blatt.

Um die ausgedruckten Tabellen in einen Bericht einzufügen, muß die Seitenzahl häufig angepaßt werden. In diesem Fall ergänzen Sie die Angabe &[Seite] durch &[Seite]+20. Die Seitennumerierung beginnt dann mit 21.

- Die Gesamtzahl der Seiten des Druckauftrags läßt sich über eine eigene Schaltfläche definieren. In der Vorgabezeile erscheint dann der Code &[Seiten], und Excel 97 setzt beim Ausdruck den aktuellen Wert ein.

- Wenn Sie die nebenstehende Schaltfläche drücken, setzt Excel 97 den Code &[Datum] ein. Beim Ausdruck wird dann das aktuelle Datum im Format TT.MM.JJJJ eingetragen.

- Um die Zeit im Ausdruck anzugeben, verwenden Sie die betreffende Schaltfläche. Im Text wird der Code &[Zeit] eingetragen. Beim Ausdruck erscheint dann die aktuelle Zeit im Format HH:MM.

⇢ Benötigen Sie den Namen der Arbeitsmappe, verwenden Sie die nebenstehend gezeigte Schaltfläche. Excel 97 fügt dann den Code &[Datei] ein und ersetzt diesen beim Ausdruck durch den Namen der XLS-Datei.

⇢ Alternativ läßt sich der Name des Arbeitsblatts (z.B. Tabelle 1) in der Kopf- oder Fußzeile ausgeben. Hierzu positionieren Sie den Mauscursor in einem Bereich und klicken auf die nebenstehende Schaltfläche. Excel 97 fügt dann den Code &[Register] ein. Beim Ausdruck erscheint dann der im Registerreiter des Arbeitsblatts gezeigte Name auf dem betreffenden Blatt.

Sie können in den verschiedenen Bereichen Texte und Codes beliebig kombinieren. Um den Inhalt eines bestehenden Bereichs zu löschen, markieren Sie diesen und drücken die (Rück)- oder (Entf)-Taste. Über die (Tab)-Taste gelangen Sie in das jeweils rechts liegende Eingabefeld.

Das kaufmännische &-Zeichen ist zur Markierung der Codes für die Felder (Datum, Zeit etc.) reserviert. Möchten Sie zum Beispiel den Text:

    Müller & Sohn

in der Kopf-/Fußzeile eintragen, ist ein doppeltes && erforderlich. Verwenden Sie nur ein einfaches &-Zeichen, interpretiert Excel 97 den nachfolgenden Text als Code. Damit treten undefinierte Resultate auf. Die Kombination &T unterstreicht zum Beispiel das nachfolgende Wort, &b generiert das Feld &[Register] etc.

Dies ist ein Beispiel, wo sich der Text der Kopfzeile überlagert.

Bild 16.26: Textüberlagerung in der Kopf-/Fußzeile

Wenn Sie Texte linksbündig, in der Mitte und rechtsbündig in den einzelnen Bereichen eintragen, kann es durchaus passieren, daß sich diese Texte beim Ausdruck überlagern (Bild 16.26). Sie sind also selbst dafür verantwortlich, daß die Texte korrekt ausgegeben werden. Gegebenenfalls sind die Texte in einem Bereich mit einem Zeilenumbruch ((↵)-Taste drücken) zu versehen.

Die Funktion Kopf-/Fußzeile besitzt eine Reihe an Merkwürdigkeiten, die nachfolgend kurz angesprochen werden. Während sich die horizontalen Einzüge der Tabelle auf die Randeinstellung beziehen, richtet Excel 97 die Kopf-/Fußzeilen an den Blatträndern mit einem festen Abstand von 2 cm am linken und rechten Blattrand aus. Sind die Texte der einzelnen Bereiche zu lang, überlagern sie sich (Bild 16.26). Sie können eine Überlagerung der Textzeile zwar vermeiden, indem Sie die Einträge in die Felder Linker Bereich, Mittlerer Bereich *und* Rechter Bereich *auf mehrere Zeilen aufteilen. Bei der Fußzeile gibt es jedoch Probleme mit der Zeilenausrichtung. Enthält der linke Bereich zum Beispiel zwei Zeilen, gibt Excel 97 den Inhalt des mittleren und rechten Bereichs in der zweiten Zeile aus (Bild 16.27). Damit ist eine sinnvolle Formatierung kaum noch möglich.*

Bild 16.27: Verschobene Fußzeilen

Sollten sich beim Ausdruck die Kopf-/Fußzeilen mit den Tabellendaten überlagern, stimmt Ihre Randeinstellung nicht. Wählen Sie die Registerkarte Seitenränder (Menü Datei, *Eintrag* Seite einrichten*), und korrigieren Sie die Vorgaben. Die Abstände für die Kopf-/Fußzeile müssen immer kleiner als der obere/untere Rand sein. Denken Sie auch daran, daß ein Kopf-/Fußtext mehrere Zeilen haben kann und dadurch in den Tabellenbereich hineinragt.*

Die Definition der Kopf-/Fußzeilen gilt immer nur für die aktuell angewählten Blätter der Arbeitsmappe. Möchten Sie, daß Excel 97 die selbstdefinierten Kopf-/Fußzeilen automatisch in einer neuen Arbeitsmappe übernimmt, hilft ein einfacher Trick. Legen Sie eine neue Arbeitsmappe an, und versehen Sie diese mit einer selbstdefinierten Kopf- und Fußzeile. Dann speichern Sie diese als Vorlage z.B. unter FIRMA.XLT *im Unterverzeichnis* XLSTART. *Wenn Sie anschließend eine neue Arbeitsmappe über die Funktion* Neu *im Menü* Datei *anlegen, fragt Excel 97 nach der Vorlage. Wählen Sie* FIRMA.XLT, *weist Excel 97 die Einstellungen dieser Vorlage zu. Weitere Informationen zum Thema Mustervorlagen finden Sie in Kapitel 6 und 20.*

16.5 Vorgaben für den Tabellendruck setzen

Beim Ausdruck von Tabellen verwendet Excel 97 eine Reihe von Standardeinstellungen (z.B. Reihenfolge der ausgegebenen Seiten, Gitternetzlinien, Druckbereich etc.). Sie haben aber die Möglichkeit, diese Vorgaben an die eigenen Bedürfnisse anzupassen. Hierzu rufen Sie die Registerkarte *Tabelle* (Bild 16.28) über den Eintrag *Seite einrichten* im Menü *Datei* auf. Innerhalb der Registerkarte lassen sich dann die verschiedenen Optionen für die aktuell selektierten Arbeitsblätter setzen.

> **TIP** Wenn Sie statt einer Tabelle ein Diagrammblatt vor Aufruf des Befehls SEITE EINRICHTEN anwählen, erscheint an Stelle der Registerkarte Tabelle *die Registerkarte mit dem Namen* Diagramm. *Diese Registerkarte wird im Abschnitt* Größe eines Diagrammblattes einstellen *besprochen.*

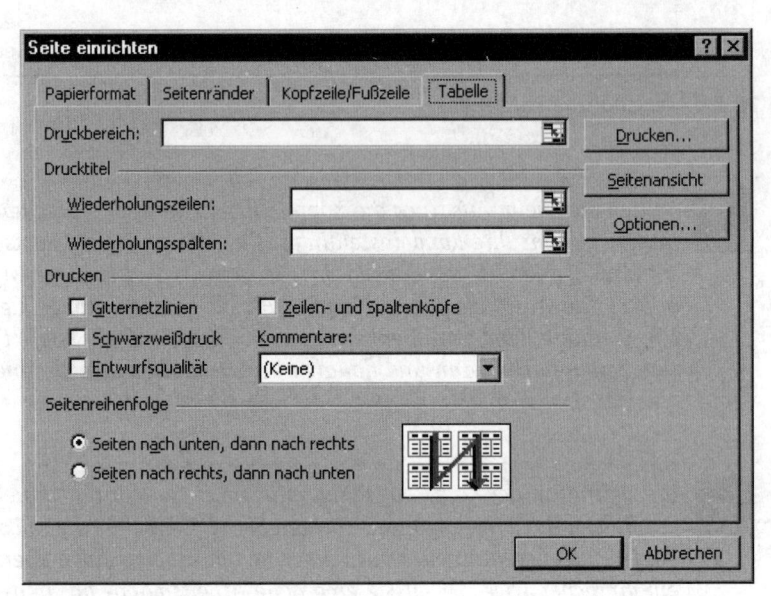

Bild 16.28: Die Registerkarte Tabelle

Druckbereich markieren

Standardmäßig gibt Excel 97 beim Ausdruck die komplette Tabelle aus. Nur wenn Teile der Tabelle leer sind, werden diese freien Bereiche bei der Ausgabe unterdrückt. Sie können aber vor der Ausgabe die zu druckenden Bereiche markieren (siehe folgender Abschnitt). Sind häufiger Ausschnitte einer Tabelle zu drucken, empfiehlt sich die Definition eines *Druckbereiches*. Hierzu dient das Feld *Druckbereich* in der Registerkarte *Tabelle*.

Tragen Sie in diesem Feld die auszudruckenden Bereiche ein. Sie können dabei die Zellbezüge (z.B. A1:D9) oder den Namen eines benannten Bereiches (z.B. Umsatz) angeben. Sind mehrere Bereiche auszudrucken, können Sie diese jeweils durch ein Semikolon getrennt im Feld *Druckbereich* eintragen. Die Eingabe:

A2:C4;A20:D33;Umsatz;Kosten

druckt vier Bereiche aus, wobei zwei hiervon mit Namen benannt wurden. Bei nicht aneinandergrenzenden Bereichen teilt Excel 97 diese auf mehrere Seiten auf.

Neben der manuellen Eingabe per Tastatur können Sie die Bereiche auch per Maus festlegen. Hierzu klicken Sie im Eingabefeld *Druckbereich* auf die nebenstehend gezeigte Schaltfläche. Anschließend lassen sich der (die) auszudruckende(n) Bereich(e) per Maus markieren. Möchten Sie mehrere Bereiche per Maus markieren, halten Sie die [Strg]-Taste beim Markieren gedrückt. Excel 97 fügt dann automatisch ein Semikolon im Feld ein und hängt die Zellkoordinaten an die bestehende Definition an.

Excel 97 teilt mehrere nicht nebeneinanderliegende Bereiche auf verschiedene Blätter auf. Möchten Sie diese Bereiche trotzdem auf ein Blatt drucken, können Sie diese ausschneiden und für die Ausgabe nebeneinander positionieren. Wenn Sie dann das Arbeitsblatt ohne Speichern schließen, werden die Änderungen verworfen.

Das Angeben eines Druckbereiches in der Registerkarte Tabelle *ist recht umständlich. Sie können sich aber zwei Schaltflächen zum Setzen und Aufheben der Druckbereiche in einer Symbolleiste einrichten.*

Über die nebenstehend gezeigte Schaltfläche *Druckbereich festlegen* läßt sich ein markierter Tabellenbereich (oder mehrere markierte Bereiche) als Druckbereich übernehmen. Die Schaltfläche wird über die Registerkarte *Befehle* eingerichtet. Klicken Sie mit der rechten Maustaste auf die Symbolleiste. Wählen Sie im Kontextmenü den Befehl ANPASSEN. In der Liste *Kategorie* der Registerkarte *Befehle* wählen Sie den Eintrag *Datei*. Anschließend suchen Sie in der Liste *Befehle* den Eintrag *Druckbereich setzen*. Ziehen Sie diesen Eintrag per Maus zur Symbolleiste. Sobald Sie die linke Maustaste nach dem Ziehen loslassen, richtet Excel 97 die Schaltfläche ein.

Um den Druckbereich schnell wieder aufzuheben, richten Sie sich den Befehl *Druckbereich aufheben* als Schaltfläche in der Symbolleiste ein. Dies funktioniert genauso wie das Einrichten der Funktion *Druckbereich setzen*. Der Befehl besitzt aber kein Symbol, sondern wird als Text dargestellt. Sie können der Schaltfläche jedoch ein eigenes Symbol zuweisen.

Drucktitel bei der Ausgabe

Tabellen werden in der Regel mit Überschriften und Texten versehen. Dies können Überschriften für die einzelnen Spalten oder Namen zur Bezeichnung der jeweiligen Zeilen sein. In der Regel werden diese Spalten- und Zeilenüberschriften jedoch nur einmal in der Tabelle (im Tabellenkopf und am linken Rand) angegeben. Bild 16.29 zeigt eine solche schematisierte Tabelle, die in der zweiten Zeile die Tabellenüberschrift und links die Zeilentitel enthält. Die erste Spalte dient dabei zur Angabe der Zeilenbezeichnungen (hier Städtenamen).

Wird nun eine solche Tabelle ausgedruckt, erscheinen die Überschriften nur auf den Blättern, die der jeweiligen Tabellenposition entsprechen. In Bild 16.29 deuten die gestrichelten Linien die Grenzen an, an denen ein Seitenwechsel erfolgt. Die Tabelle wird damit auf zwei Blätter aufgeteilt, wobei die Überschriften nur auf der ersten Seite erscheinen.

Excel 97 bietet Ihnen aber die Möglichkeit, beim Ausdrucken die Überschriften auf allen auszugebenden Seiten anzuzeigen. Hierzu sind die Felder *Wiederholungszeilen* und *Wiederholungsspalten* in der Registerkarte *Tabelle* in der Gruppe *Drucktitel* zu definieren (siehe Bild 16.28). Nehmen wir an, die Tabelle aus Bild 16.29 soll so ausgedruckt werden, daß die Spalten- und Zeilenüberschriften auf den Folgeblättern erscheinen.

	A	B	C	D	E
1					
2		**Vergleiche Umsätze**			
3					
4	Jahr	1994	1995	1996	
5	Bonn	123	233	123	
6	Berlin	199	333	200	
7	Köln	155	155	155	
8	Summe	477	721	478	
9					
10					
11	Jahr	1997	1998	1999	
12	Bonn	123	233	123	
13	Berlin	199	333	200	
14	Köln	155	155	155	
15	Summe	477	721	478	
16					

Bild 16.29: Beispieltabelle mit Zeilen- und Spaltenüberschriften

1. Hierzu wählen Sie das Feld *Wiederholungszeilen* per Maus an und tragen die entsprechenden Zeilennummern (z.B. $3:$4) ein.

2. Im nächsten Schritt klicken Sie das Feld *Wiederholungsspalten* per Maus an, und Sie geben die Spaltennummern an (z.B. $B:$B).

```
Seite 1     Vergleiche Umsätze

     Jahr    1994    1995    1996
     Bonn            123     233     123
     Berlin          199     333     200
     Köln            155     155     155
     Summe           477     721     478


Seite 2     Vergleiche Umsätze

     Jahr    1997    1998    1999
     Bonn            123     233     123
     Berlin          199     333     200
     Köln            155     155     155
     Summe           477     721     478
```

Bild 16.30: Ausgabe der Seiten mit Titeln

Alternativ können Sie auch die nebenstehend gezeigte Schaltfläche in den betreffenden Feldern anklicken und die Bereiche im Tabellenblatt per Maus markieren. In obigem Beispiel werden die Zeile 2 sowie die Spalte A als Überschriften bei der Ausgabe benutzt. Sie können beliebige Bereiche mit den Überschriften eintragen. Beachten Sie aber, daß immer die kompletten Spalten oder Zeilen benutzt werden.

Sobald Sie das Dialogfeld über die *OK*-Schaltfläche schließen, übernimmt Excel 97 die Überschriften bei der Ausgabe auf jedes Blatt. Die Spaltenüberschriften werden dabei auf untereinanderliegende Blätter übertragen. Die Zeilenbezeichnungen gibt Excel 97 bei den nebeneinanderliegenden Seiten aus. Die Beispieltabelle umfaßt zwei Seiten, deren Ausdruck in Bild 16.30 gezeigt wird. Die Seitennummern der einzelnen Blätter wurden nachträglich zur Kennzeichnung in der linken oberen Ecke eingeblendet.

Sie können zwar jede beliebige Zeilen- und Spaltennummer als Drucktitel angeben. Beachten Sie aber, daß die Überschriften erst dann erscheinen, nachdem Excel 97 die betreffende Zeile ausgedruckt hat. Wenn Sie also die zehnte Zeile als Überschrift benutzen, wird diese erst auf der zweiten Seite erscheinen.

Sie können die Drucktitel *für jedes Tabellenblatt einer Arbeitsmappe getrennt festlegen.*

Definition der Seitenreihenfolge

Bei der Ausgabe größerer Tabellen teilt Excel 97 diese auf mehrere Blätter auf. Dies kann automatisch durch das Programm oder durch manuell eingefügte Seitenwechsel erfolgen. Beim Drucken läßt sich die Reihenfolge der auszugebenden Seiten in der Registerkarte *Tabelle* über die Optionsfelder der Gruppe *Seitenreihenfolge* einstellen.

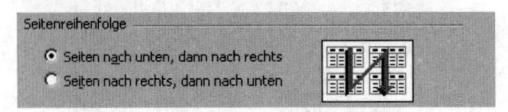

Bild 16.31: Reihenfolge unten, rechts

- Standardmäßig werden untereinanderliegende Seiten der Tabelle ausgegeben. Dann erfolgt die Ausgabe der rechts danebenliegenden Seiten. Dies entspricht der Skizze in Bild 16.31. Hierzu ist das Optionsfeld *Seiten nach unten, dann nach rechts* zu markieren.

- Möchten Sie die Seiten in einer horizontalen Reihenfolge ausgeben, markieren Sie das Optionsfeld *Seiten nach rechts, dann nach unten*. Die Reihenfolge entspricht der Skizze in Bild 16.32.

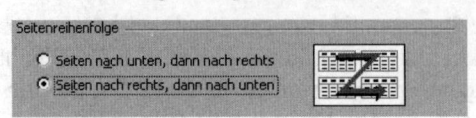

Bild 16.32: Reihenfolge rechts, unten

Seitenwechsel beim Ausdruck

Excel 97 nimmt normalerweise die Seitenwechsel automatisch bei der Ausgabe vor. Die Position für vertikale und horizontale Seitenwechsel bestimmen sich aus der Einstellung der Papiergröße und der Seitenränder.

Sofern das Ergebnis des Ausdrucks Ihren Vorstellen nicht entspricht, können Sie manuelle Seitenwechsel in die Tabelle einfügen.

- Für einen horizontalen Seitenwechsel klicken Sie per Maus auf die gewünschte Zeilennummer am linken Tabellenrand. Excel 97 markiert die betreffende Zeile. Dann öffnen Sie das Menü EINFÜGEN und wählen den Befehl SEITENWECHSEL an. Oberhalb der Zeile erscheint eine gestrichelte Linie als Markierung für den Zeilenumbruch.

- Sie können analog einen vertikalen Seitenwechsel in einer Spalte setzen. Hierzu markieren Sie am oberen Tabellenrand die gewünschte Spalte. Wenn Sie jetzt die Funktion SEITENWECHSEL im Menü EINFÜGEN anwählen, setzt Excel 97 die Marke für den Seitenwechsel links von der markierten Spalte.

Für einen manuellen Seitenwechsel läßt sich auch eine Zelle in der linken Spalte oder in der obersten Zeile markieren. Excel 97 erkennt dann Ihre Absicht und setzt eine horizontale oder vertikale Markierung als Seitenumbruch. Markieren Sie dagegen eine Zelle mitten in der Tabelle, fügt Excel 97 sowohl einen horizontalen als auch einen vertikalen Seitenumbruch oberhalb und links der markierten Zelle aus.

Um einen manuellen Seitenumbruch aufzuheben, markieren Sie die Zelle unterhalb bzw. rechts neben der Markierungslinie. Wenn Sie nun das Menü EINFÜGEN öffnen, erscheint der Eintrag SEITENWECHSEL ENTFERNEN. Wählen Sie diesen Eintrag, um einen manuellen Seitenumbruch zu löschen.

> Um alle manuellen Seitenumbrüche in einer Tabelle zu entfernen, markieren Sie alle Zellen (z.B. über die Tastenkombination [Strg]+[A]. Dann öffnen Sie das Menü EINFÜGEN und wählen den Eintrag ALLE SEITENWECHSEL ENTFERNEN.

16.6 Weitere Optionen beim Ausdruck

Die Gruppe *Drucken* in der Registerkarte *Tabelle* enthält verschiedene Kontrollkästchen, mit denen sich die Ausgabe steuern läßt.

- Werden in der Tabelle *Gitternetzlinien* angezeigt, lassen sich diese auch ausdrucken. Möchten Sie diese Gitternetzlinien beim Ausdruck unterdrücken, heben Sie die Markierung des gleichnamigen Kontrollkästchens auf. Um die Gitternetzlinien zuzulassen, setzen Sie die Markierung durch Anklicken des Kontrollkästchens per Maus.

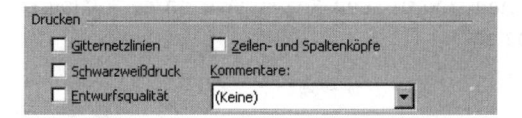

Bild 16.33: Druckoptionen

- Mit der Option *Schwarzweißdruck* werden Zellen und Zeichenobjekte schwarzweiß ausgegeben. Alle Elemente im Vordergrund, die nicht 100% weiß sind, werden schwarz gedruckt. Alle nicht 100% schwarzen Hintergrundobjekte werden dagegen weiß ausgegeben. Diese Option kann bei der Ausgabe farbig formatierter Daten auf Schwarzweißdruckern hilfreich sein.

- Um die Druckgeschwindigkeit zu erhöhen, markieren Sie die Option *Entwurfsqualität*. Dann verzichtet Excel 97 auf die Ausgabe der Gitternetzlinien und reduziert auch die Auflösung ausgegebener Grafiken.

	A	B	C	D
2		Vergleiche Umsätze		
3				
4	Jahr	1994	1995	1996
5	Bonn	123	233	123
6	Berlin	199	333	200
7	Köln	155	155	155
8	Summe	477	721	478

Bild 16.34: Ausgabe einer Tabelle mit Zeilen- und Spaltennummern

⇢ Mit dem Kontrollkästchen *Zeilen- und Spaltenköpfe* läßt sich das Bezugssystem der Zellen mit ausdrucken. Sobald Sie das Kontrollkästchen markieren, werden die Zeilen- und Spaltennummern in der Tabelle mit ausgedruckt (Bild 16.34).

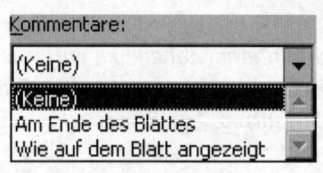

Bild 16.35: Kommentare ausgeben

⇢ In einer Tabelle lassen sich zusätzliche Kommentare zu einzelnen Zellen ablegen. Im Listenfeld *Kommentare* (Bild 16.35) läßt sich wählen, wo Excel 97 diese Kommentare drucken soll. Sollen die Kommentare *Zellbezüge* aufweisen, aktivieren Sie auch das Kontrollkästchen *Zeilen- und Spaltenköpfe*.

Die restlichen Schaltflächen der Registerkarte *Tabelle* dienen zur Steuerung der Ausgabe. Mit *Optionen* läßt sich ein Dialogfeld mit den Druckeroptionen abrufen (siehe z.B. Bild 16.14). Der Ausdruck wird über die Schaltfläche *Drucken* gestartet. Mit *Seitenansicht* gelangen Sie in die Seitenvorschau. Diese Schaltflächen sind in allen Registerkarten des Dialogfeldes *Seite einrichten* gleich belegt.

16.7 Dokumente drucken

Die Ausgabe eines Dokumentes (Tabelle, Bericht, Diagramm) ist unter Excel 97 sehr einfach.

1. Laden Sie die betreffende Arbeitsmappe in den Speicher, und wählen Sie dann das zu druckende Arbeitsblatt aus. Dies können Sie durch Anklicken des Registerreiters am unteren Fensterrand erreichen.

2. Dann genügt es, die nebenstehend gezeigte Schaltfläche per Maus anzuwählen.

Excel 97 gibt die komplette Tabelle auf dem Drucker aus. Nur wenn Bereiche der Tabelle am unteren und rechten Tabellenrand leer sind, unterläßt Excel 97 die Ausgabe der zugehörigen Zellen. Um Teile der Tabelle gezielt auszugeben, müssen Sie die nachfolgend vorgestellten Funktionen nutzen.

Halten Sie die ⇧-*Taste bei der Anwahl der Schaltfläche mit dem Druckersymbol gedrückt, gelangen Sie in die* Seitenansicht.

Tabelle bereichsweise ausgeben

Um einen Ausschnitt aus einer Tabelle zu drucken, gehen Sie folgendermaßen vor:

1. Markieren Sie den gewünschten Ausschnitt in der Tabelle. Dies kann durch Ziehen mit der Maus oder über die Cursortasten bei gedrückter ⇧-Taste erfolgen.

2. Dann geben Sie die Tastenkombination Strg+p ein, oder Sie wählen den Eintrag DRUCKEN im Menü DATEI.

⇢ Excel 97 aktiviert die Druckfunktion und zeigt das Dialogfeld *Drucken* auf dem Bildschirm (Bild 16.36). In diesem Dialogfeld klicken Sie das Optionsfeld *Markierung* an.

Wenn Sie anschließend das Dialogfeld über die *OK*-Schaltfläche schließen, gibt Excel 97 nur den markierten Bereich der Tabelle aus. Umfaßt der markierte Bereich mehr als eine Seite, oder befinden sich manuelle Seitenwechsel innerhalb der Markierung, verwendet Excel 97 zur Ausgabe mehrere Seiten.

Das Dialogfeld Drucken *besitzt eine zentrale Rolle zur Steuerung des Ausdrucks (siehe auch vorherige Seiten). Hier läßt sich nicht nur der Drucker konfigurieren (Schaltfläche* Optionen*). Sie können dort auch weitere Funktionen aufrufen. Die Schaltfläche* Seitenansicht *aktiviert zum Beispiel die Funktion zur Anzeige der Druckvorschau am Bildschirm. Näheres hierzu erfahren Sie in den folgenden Abschnitten. Über die Schaltfläche* Seite einrichten *öffnen Sie das Dialogfeld mit den Registerkarten zur Einstellung der Seitenränder, der Kopf-/Fußzeilen etc. (siehe vorhergehende Abschnitte).*

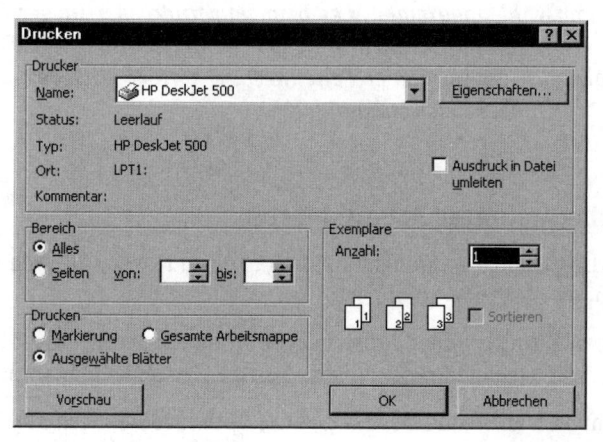

Bild 16.36: Das Dialogfeld Drucken

> *Wenn Sie einen bestimmten Bereich häufiger drucken möchten, sollten Sie einen Druckbereich definieren. Dann genügt es, zur Ausgabe die Druckerschaltfläche in der Standard-Symbolleiste anzuwählen. Hinweise zur Definition des Druckbereiches finden Sie weiter oben im Abschnitt »Druckbereich markieren«.*

Ausgabe seitenweise

In der Registerkarte *Drucken* legen die Optionsfelder der Gruppe *Bereich* den Umfang der Ausgabe fest.

- Standardmäßig ist das Optionsfeld *Alles* markiert, d.h. die komplette Tabelle wird an den Drucker ausgegeben. Diese Option wirkt wie die Schaltfläche *Drucken* in der Symbolleiste. Ist allerdings ein Druckbereich im Register *Tabelle* definiert, bezieht sich die Ausgabe auf diese Zellen.

- Um lediglich einzelne Seiten der Tabelle auszudrucken, verwenden Sie das Optionsfeld *Seiten* im Dialogfeld *Drucken*. Sie müssen dann in den Feldern *von* und *bis* die gewünschten Seitennummern eintragen.

Wenn Sie nur eine Seite der Tabelle drucken möchten, tragen Sie in beiden Feldern die gleiche Zahl ein. Um den Rest der Tabelle ab einer bestimmten Seite zu drucken, genügt es, das Feld *von* mit einem Wert zu versehen. Die Reihenfolge der Ausgabe wird dabei von der Einstellung in der Registerkarte *Tabelle* (Option *Druckreihenfolge*) bestimmt.

> *Haben Sie einen Druckbereich in der Registerkarte* Tabelle *definiert (siehe oben), erkennt Excel 97 u.U. manuelle Seitenwechsel in vertikaler Richtung nicht mehr korrekt. Sie können den Seitenwechsel zwar einfügen, und die Markierung wird angezeigt. Aber beim Ausdruck oder in der Seitenansicht tritt dieser Seitenwechsel nicht auf. Erst wenn der Druckbereich aufgehoben wird, läßt sich ein vertikaler Seitenwechsel korrekt eingeben und wird von Excel 97 auch als solcher erkannt.*

Ausgabe mehrerer Arbeitsblätter

Eine Arbeitsmappe kann bis zu 255 Blätter umfassen, die sich einzeln oder in Gruppen ausdrucken lassen.

1. Um alle Blätter einer Arbeitsmappe in einem Schritt zu drucken, öffnen Sie das Dialogfeld *Drucken* (Menü DATEI oder Tastenkombination (Strg)+(p)).

2. Dann setzen Sie die Markierung des Optionsfeldes *Gesamte Arbeitsmappe* (siehe Bild 16.36).

Wenn Sie jetzt das Dialogfeld über die *OK*-Schaltfläche schließen, druckt Excel 97 alle Blätter der Arbeitsmappe aus.

1. Möchten Sie gezielt mehrere Blätter einer Arbeitsmappe ausgeben, müssen Sie diese zuerst markieren (Gruppe definieren). Hierzu halten Sie die [Strg]-Taste gedrückt und klicken per Maus die Registerreiter (Blattregister) am unteren Blattrand an. Bei einem selektierten Arbeitsblatt wird der zugehörige Registerreiter hell dargestellt.

2. Nun öffnen Sie das Dialogfeld *Drucken* über die Tastenkombination [Strg]+[p]. In der Gruppe *Drucken* sollte jetzt das Optionsfeld *Ausgewählte Blätter* markiert sein.

3. Starten Sie anschließend die Ausgabe über die *OK*-Schaltfläche.

Mit diesen Optionen läßt sich eine beliebige Auswahl an Arbeitsblättern ausdrucken. Um die Markierung eines Arbeitsblattes aufzuheben, genügt es, bei gedrückter [Strg]-Taste den zugehörigen Registerreiter per Maus anzuklicken. Excel 97 stellt dann den Registerreiter grau dar.

Ausgabe mehrerer Kopien

Wenn Sie mehrere Kopien des Ausdrucks benötigen, brauchen Sie die Druckfunktion nicht mehrfach aufzurufen. Es genügt, im Dialogfeld *Drucken* die Zahl der Kopien im Eingabefeld *Exemplare* (siehe Bild 16.36) eintragen. Excel 97 fertigt dann automatisch die entsprechende Anzahl von Kopien an.

Konzeptausdruck

Wenn Sie ein Dokument lediglich zum Korrekturlesen ausdrucken möchten, benötigen Sie in der Regel nicht die Formatierungsmerkmale und Grafiken. Excel 97 bietet deshalb die Option *Entwurfsqualität*, bei der auf Gitterlinien und hohe Grafikauflösung verzichtet wird. Die Ausgabe kann dadurch schneller erfolgen. Um den Konzeptausdruck anzufertigen, führen Sie folgende Schritte aus:

1. Aktivieren Sie die Funktion *Drucken* (Tastenkürzel [Strg]+[p]).

2. Betätigen Sie die Schaltfläche *Seite einrichten...*, um die Registerkarte *Tabelle* aufzurufen.

3. In der Registerkarte *Tabelle* ist dann das Kontrollkästchen *Entwurfsqualität* zu markieren.

4. Schließen Sie die Registerkarte über die *OK*-Schaltfläche, und starten Sie den Ausdruck durch Anklicken der Schaltfläche *OK* im Dialogfeld *Drucken*.

Das Ergebnis des Konzeptausdrucks hängt im wesentlichen vom verwendeten Drucker ab. Einige Treiber reduzieren die Auflösung oder verzichten auf

Grafik, Fett- und Kursivdruck. Nadeldrucker lassen den zweiten Durchlauf mit versetzter Zeile weg.

Solange das Kontrollkästchen markiert ist, gibt Excel 97 die Dokumente im Konzeptmodus aus. Um keine Überraschung beim folgenden Ausdruck zu erleben, sollten Sie direkt nach der Ausgabe die Option wieder zurücksetzen. Sie können hierzu die Registerkarte direkt über den Eintrag Seite einrichten *im Menü* Datei *aufrufen.*

Ausdruck von Zellformeln

Standardmäßig druckt Excel 97 den Inhalt eines Arbeitsblattes in der Form, wie er am Bildschirm gezeigt wird. Wenn Sie allerdings eine Zelle mit einer Formel per Doppelklick selektieren, erscheint zwar die zugehörige Formel in der Anzeige. Da nun aber der Bearbeitungsmodus aktiv ist, sperrt Excel 97 die Druckfunktion. Wenn Sie die Schaltfläche *Drucken* anklicken, ertönt ein Piepton als Fehlerhinweis.

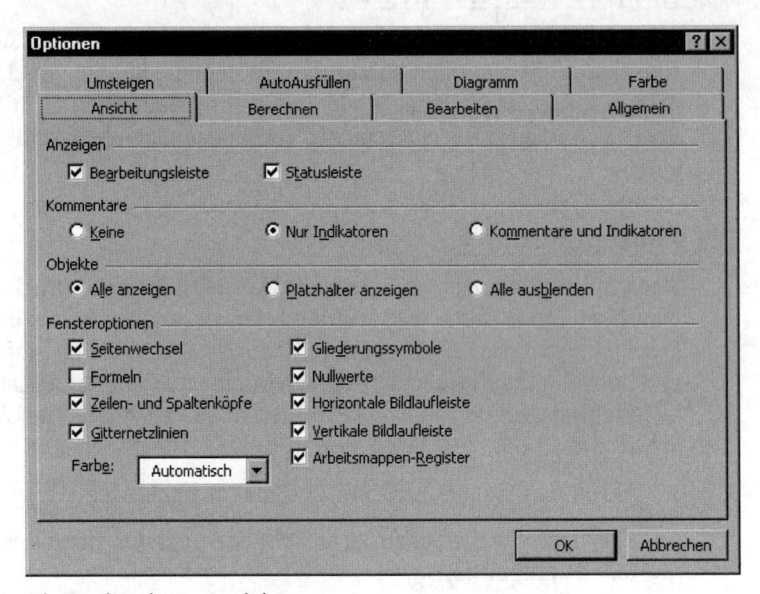

Bild 16.37: Die Registerkarte Ansicht

Möchten Sie die Zellformeln eines Arbeitsblattes oder eines markierten Bereiches ausdrucken, sind folgende Schritte auszuführen:

1. Wählen Sie das Arbeitsblatt, oder markieren Sie den gewünschten Bereich.

2. Öffnen Sie das Dialogfeld *Ansicht* (Eintrag OPTIONEN, Menü EXTRAS, siehe Bild 16.37), und markieren Sie anschließend das Kontrollkästchen *Formeln* in der Gruppe *Fensteroptionen*.

Sobald Sie das Dialogfeld schließen, blendet Excel 97 die Zellformeln in der Anzeige ein. Wenn Sie nun die Ausgabe über das entsprechende Dialogfeld (Strg+p) oder über die Schaltfläche *Drucken* starten, erscheinen die Zellformeln in der Ausgabe.

Um die Zeilen- und Spaltennummern am oberen und linken Rand mit auszugeben, öffnen Sie das Menü Datei und wählen den Befehl SEITE EINRICHTEN. *Dann ist die Registerkarte* Tabelle *auszuwählen (siehe Bild 16.28). Markieren Sie nun das Kontrollkästchen* Zeichen- und Spaltenköpfe, *und starten Sie die Druckausgabe. Vergessen Sie nach dem Ausdruck nicht, die betreffenden Optionen zurückzusetzen, da Excel 97 diese für die Arbeitsmappe beibehält. Sie können auf diese Weise Formeln aus verschiedenen Arbeitsblättern oder auch nur markierte Bereiche drucken. Excel 97 bietet hier die gleichen Möglichkeiten wie bei der Ausgabe der Zellinhalte.*

Ausdruck von Kommentaren

In Excel 97 können Sie über die Funktion *Kommentare* im Menü *Einfügen* Kommentare zu einer markierten Zelle ablegen. Excel 97 ermöglicht es Ihnen, diese Kommentare mit einem Arbeitsblatt oder einem markierten Bereich auszudrucken.

1. Hierzu öffnen Sie das Dialogfeld *Seite einrichten* (z.B. über das Menü *Datei*) und wählen die Registerkarte *Tabelle* aus.
2. Wählen Sie im Listenfeld *Kommentare*, wo Excel 97 diese ausdrucken soll.

Excel 97 gibt die Kommentare auf getrennten Seiten mit der Tabelle aus (siehe auch vorhergehende Abschnitte).

Drucken von Berichten

Excel 97 bietet Ihnen hier die Möglichkeit, die auszugebenden Dokumente in einem Bericht zusammenzustellen. Dann genügt ein Tastendruck, um den Bericht mit den aktuellen Daten auszudrucken. Berichte werden über den Berichts-Manager (ein Excel 97-Add-In) angefertigt. Näheres hierzu finden Sie in Kapitel 24.

Anzeige der Ausgabe in der Seitenansicht

Zur Kontrolle des Layouts genügt häufig eine Anzeige auf dem Bildschirm. Hierzu bietet Excel 97 die Seitenansicht, die sich über nebenstehende Schaltfläche oder über den gleichnamigen Eintrag im Menü DATEI aufrufen läßt. Auf dem Bildschirm erscheint dann das Layout einer Druckseite (Bild 16.38).

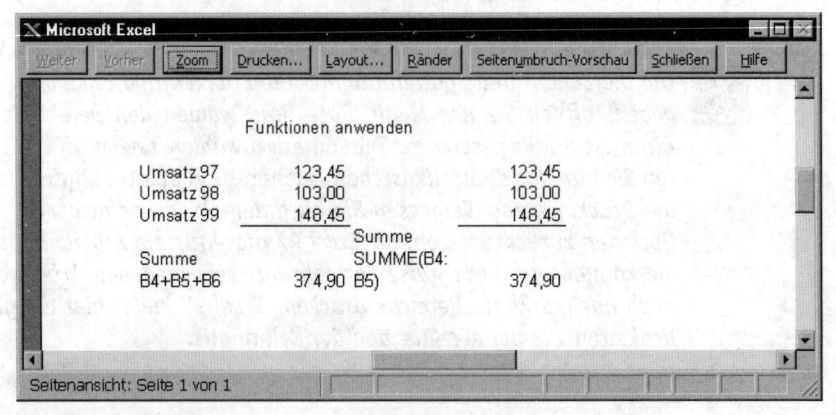

Bild 16.38: Die Seitenansicht

Die Funktion zeigt jede Seite so an, wie sie beim Ausdruck erscheint. Die aktuelle Seitennummer des Dokuments wird dabei in der Statusleiste am unteren Rand eingeblendet. Über die einzelnen Schaltflächen lassen sich zusätzliche Funktionen aufrufen.

- Die Schaltflächen *Weiter* und *Vorher* erlauben ein Blättern innerhalb der Vorschau. Diese Schaltflächen werden nur freigegeben, wenn ein Arbeitsblatt mehr als eine Seite umfaßt (und wenn die Zoomfunktion nicht eingeschaltet ist).

- Die Schaltfläche *Zoom* wirkt wie ein Schalter; bei der ersten Anwahl stellt Excel 97 die Vorschau auf Normalgröße um. Wird die Schaltfläche erneut betätigt, schaltet Excel 97 wieder zur verkleinerten Darstellung zurück. Schneller geht es, wenn Sie die Maus auf der angezeigten Seite positionieren. Nimmt der Cursor die Form einer Lupe an, genügt ein Druck auf die linke Maustaste, um die Anzeige zu vergrößern. Ein zweiter Mausklick schaltet zur ursprünglichen Anzeige zurück.

- Über die Schaltfläche *Drucken* läßt sich der Ausdruck aus der Vorschau starten. Nach Anwahl der Schaltfläche erscheint das Dialogfeld *Drukken*. Dies gilt jedoch nicht, wenn die Funktion *Seitenansicht* bereits aus dem Dialogfeld *Drucken* aufgerufen wurde. Dann beginnt Excel 97 sofort mit der Ausgabe.

- Bei der Schaltfläche *Layout...* wurde die Funktion *Seite einrichten* hinterlegt. Diese Schaltfläche ruft das Dialogfeld *Seiten einrichten* auf, wobei die zuletzt angewählte Registerkarte erscheint.
- Wenn Sie die Schaltfläche *Ränder* anwählen, blendet Excel 97 in der Vorschau Hilfslinien mit den gesetzten Randeinstellungen ein. Eine erneute Anwahl der Schaltfläche löscht die Anzeige der Ränder wieder.
- Mit der Schaltfläche *Seitenumbruch-Vorschau* blendet Excel 97 eine verkleinerte Tabelle mit den vorgesehenen Seitenumbrüchen ein (Bild 16.39). Die Seitenumbruch-Vorschau können Sie über das Menü ANSICHT verlassen.

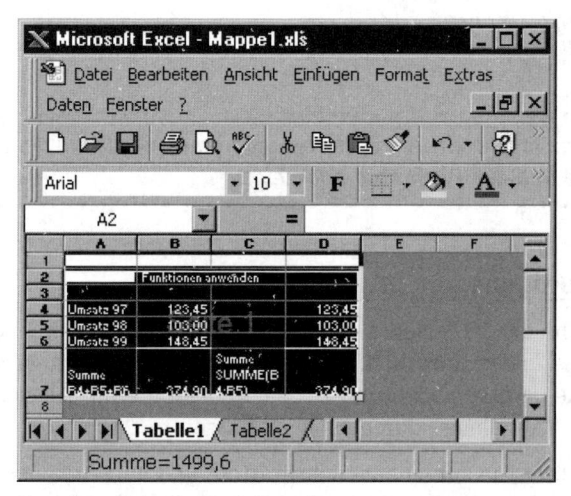

Bild 16.39: Vorschau Seitenumbrüche

Über die Schaltfläche *Schließen* verlassen Sie die Anzeige, über *Hilfe* können Sie zusätzliche Informationen zur *Seitenansicht* abrufen.

> *Um nur bestimmte Seiten anzuzeigen, aktivieren Sie zuerst die Funktion Drukken über die Tastenkombination* [Strg]+[p]. *Dann geben Sie die Seitenzahlen in den Feldern Von und Bis ein. Wenn Sie jetzt die Schaltfläche Seitenansicht anwählen, erscheinen nur die angegebenen Seiten in der Vorschau.*

Wenn Sie die [⇧]-Taste gedrückt halten und dann die Schaltfläche für die Seitenansicht anklicken, wird das Dokument sofort ausgedruckt. Die Schaltfläche *Seitenansicht* wird durch die [⇧]-Taste auf die Funktion *Drucken* umgestellt.

> *Wenn Sie die Anzeige auf* Zoom *schalten, läßt sich nur noch innerhalb der aktuellen Seite blättern. Um andere Seiten abzurufen, müssen Sie erst in die verkleinerte Darstellung zurückschalten.*

> *Über die Schaltfläche* Ränder *lassen sich Hilfslinien mit den Rand- und Spaltenbreiten einblenden. An den Linienenden befinden sich kleine schwarze Vierecke, auch als* Handles *bezeichnet. Über diese Handles lassen sich die Rand- und Spaltenbreiten direkt in der Seitenansicht anpassen. Positionieren Sie den Mauscursor auf dem Handle, und verschieben Sie die Linie bei gedrückter linker Maustaste.*

> *Enthält eine Tabelle ein eingebettetes Diagramm, werden in der Seitenansicht die Tabelle und das Diagramm angezeigt.*

Beschleunigung der Druckausgabe

Die Ausgabe der Dokumente nimmt in Excel 97 auch auf schnellen Rechnern einige Zeit in Anspruch. Daher kommt einer Verkürzung der Ausgabezeiten eine gewisse Bedeutung zu. Sie können die Ausgabezeit durch verschiedene Maßnahmen durchaus beeinflussen:

- Verzichten Sie auf ladbare Schriftarten, und nutzen Sie die resident im Drucker installierten Fonts. Dadurch entfällt der Schrifttransfer, und der Druckmanager muß lediglich die Textzeichen übertragen. Dies spart zusätzlich Platz im Arbeitsspeicher des Rechners und des Druckers.

- Wenn Sie an Stelle von TrueType-Schriftarten die Druckerschriftarten nutzen können, führt dies zu einem beschleunigten Ausdruck. Bei TrueType-Schriftarten berechnet der Computer das Seitenlayout und gibt die Seite dann als Grafik auf dem Drucker aus, was den Rechner und den Drucker belastet.

- Das Drucken im Hintergrund benötigt viele Systemressourcen (Speicher, Plattenkapazität, Rechenzeit). Ist nicht mehr genügend freier Platz auf der Festplatte, kann Excel 97 unter Umständen große Tabellen mit Grafiken und Diagrammen nicht mehr ausdrucken. Sie müssen dann freie Kapazität auf der Festplatte schaffen.

- Für Kontrollausdrucke sollten Sie die Option *Konzeptdruck* nutzen. Auch die Verringerung der Druckauflösung verringert die Ausgabezeit.

Verzichten Sie nach Möglichkeit auf die Ausgabe von Berichten, da der Berichtsmanager sehr viel Zeit zur Aufbereitung der Dokumente benötigt.

Umleiten der Druckausgabe in eine Datei

Ist ein Dokument auf einem anderen System (z.B. Fotobelichter) mit einer höheren Auflösung auszugeben, können Sie die EXCEL-Ausgaben in eine Datei umleiten und anschließend weitergeben. Damit benötigt man auf diesem System keine Kopie von Excel 97, um das Dokument auszudrucken.

1. Hierzu rufen Sie das Dialogfeld *Drucken* über die Tastenkombination (Strg)+(p) auf.
2. Markieren Sie das Kontrollkästchen *Ausdruck in Datei umleiten*.
3. Geben Sie bei der Abfrage des Dateinamens den Pfad und den Namen der Druckdatei vor.

Windows leitet dann die Ausgaben an eine Druckdatei, die Sie später (z.B. mit dem DOS-Befehl COPY) zum Drucker übertragen können.

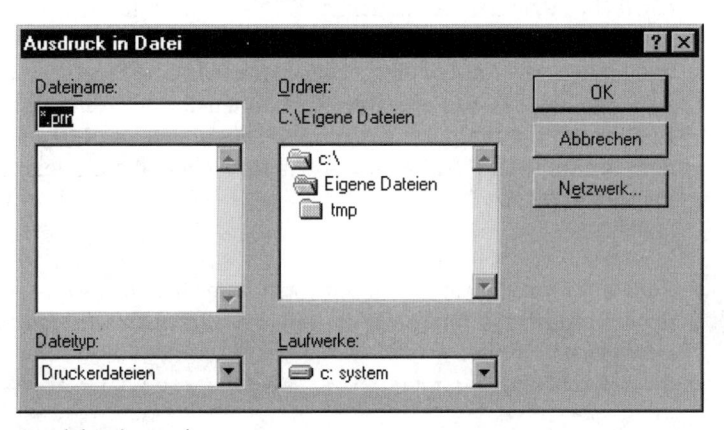

Bild 16.40: Druckdatei angeben

> *Bei umfangreichen Dokumenten paßt die Druckdatei nicht auf eine Diskette. Drucken Sie dann das Dokument in Abschnitten aus, oder komprimieren Sie die Datei über Programme wie PKZIP.*

Drucken aus Dialogfeldern und aus Windows

Wenn Sie im Dialogfeld *Öffnen* eine XLS-Datei mit der rechten Maustaste anwählen, erscheint im Kontextmenü der Befehl DRUCKEN. Dieser erlaubt es Ihnen, die betreffende Arbeitsmappe direkt auszudrucken.

Teil 3 · Erweiterte Excel97-Funktionen

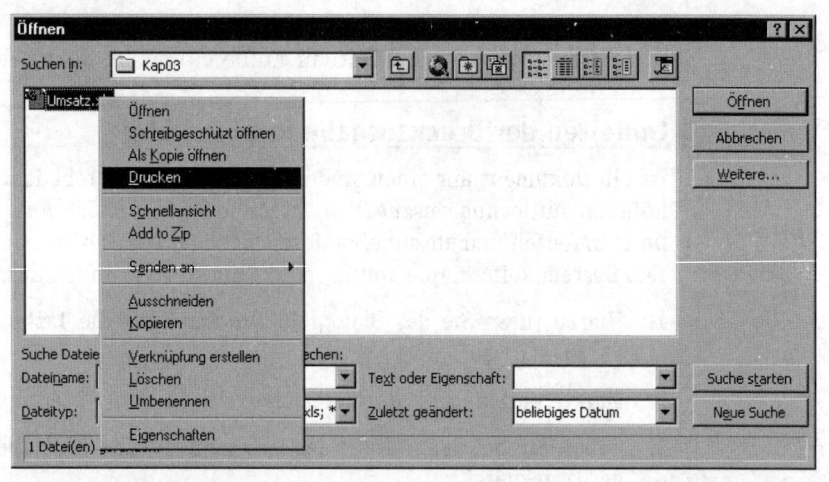

Bild 16.41: Drucken per Kontextmenü

Im Fenster des Windows-Explorers können Sie eine XLS-Datei ebenfalls mit der rechten Maustaste anklicken. Wählen Sie im Kontextmenü den Befehl DRUCKEN, startet Windows das Programm Excel 97, veranlaßt den Ausdruck und schließt die Anwendung wieder. Ziehen Sie eine XLS-Datei unter Windows zum Symbol des Druckers (dieses können Sie als Verknüpfung auf dem Desktop einrichten), und lassen Sie das Symbol der Dokumentdatei über dem Drucker »fallen«, veranlaßt Windows ebenfalls die Ausgabe der Datei über Excel 97.

Nähere Informationen zum Ausdrucken unter Windows sowie zur Verwaltung der Druckaufträge finden Sie im Literaturverzeichnis in den unter /3,4,5/ angegebenen Titeln.

17 Dateiorganisation

17.1 Organisation der Dokumentverzeichnisse

Wenn Sie intensiv mit Excel 97 arbeiten, ergibt sich schnell die Frage nach der Organisation der Dateien. Wie speichern Sie die XLS-Dateien ab, wie erfolgt die Datensicherung, wie läßt sich in Excel 97 das Verzeichnis der Dokumentdateien variieren? Im ersten Schritt sollten Sie die Verzeichnisstruktur zur Speicherung Ihrer Dokumentdateien (XLS) entwerfen. Nachfolgend möchte ich Ihnen einige Anregungen zur Aufteilung dieser Verzeichnisse geben:

- Excel 97 legt die XLS-Dateien im eigenen Unterverzeichnis (meist *EIGENE DATEIEN*) ab. Wenn Sie häufiger verschiedene Arbeitsmappen bearbeiten, erscheint mir die Definition eigener Verzeichnisse für die Arbeitsmappen übersichtlicher. Insbesondere können Sie mehrere Unterverzeichnisse (z.B. RECHNUNG, UMSATZ, MEIER, BACH etc.) definieren, in denen logisch zusammenhängende Arbeitsmappen gesichert werden. Ein anderes Organisationsschema sieht zum Beispiel eine projekt- oder mitarbeiterspezifische Ablage der XLS-Dateien in Unterverzeichnissen vor. Diese Unterverzeichnisse sind insbesondere zur Datensicherung direkt zugänglich.

- Verwenden Sie sprechende Namen für die Benennung der Unterverzeichnisse. Dies erleichtert fremden Personen die Orientierung im System. Ein vereinfachter Zugriff auf diese Ordner läßt sich über die Funktion »Favoriten« (siehe Kapitelende) realisieren.

- Um die Listen zur Dateiauswahl im Dialogfeld *Öffnen* übersichtlich zu halten, sollten Sie nicht allzu viele Dateien in einem Verzeichnis speichern. Bei 10 bis 20 Dateien pro Verzeichnis ist der Zugriff in der Liste noch praktikabel. Legen Sie bei Bedarf weitere Unterverzeichnisse an.

Wenn Sie die Verzeichnisstruktur nach diesen Kriterien anlegen, sollten sich die Dokumente leicht verwalten und pflegen lassen.

Änderung des Arbeitsverzeichnisses

Mit projektspezifischen Unterverzeichnissen für die Arbeitsmappen schaffen Sie eine Struktur, die die Dateilisten im Dialogfeld *Öffnen* übersichtlich hält. Sobald Sie die Funktion *Öffnen* aktivieren, zeigt das Dialogfeld bereits ein Verzeichnis mit XLS-Dateien an. Excel 97 gibt beim Start ein Standardverzeichnis vor. Legen Sie die Arbeitsmappen in einem eigenen Verzeichnis an, erfordert dies jedesmal einen Wechsel zu diesem Dokumentverzeichnis. Dies ist aufwendig und im Grunde auch unnötig. Excel 97 bietet Ihnen in der Registerkarte *Allgemein* die Möglichkeit, die Zugriffspfade auf den Standardordner und den Startordner festzulegen (Bild 17.1).

Aktivieren Sie die Registerkarte über den Eintrag OPTIONEN im Menü EXTRAS, und stellen Sie die benötigten Optionen ein.

···≻ Sie möchten, daß die Funktion *Öffnen* nach dem Start von Excel 97 bereits das Verzeichnis mit den projektspezifischen Excel-XLS-Dateien anzeigt? Dann tragen Sie im Feld *Standardarbeitsordner* (Bild 17.1) den betreffenden Zugriffspfad (z.B. *C:\EXCEL97\DOKUMENTE\ABTEIL1*) ein. Sobald Sie nach dem Start von Excel 97 die Funktion *Öffnen* wählen, stellt diese das Arbeitsverzeichnis ein. Sie brauchen nur noch den Dateinamen zu wählen.

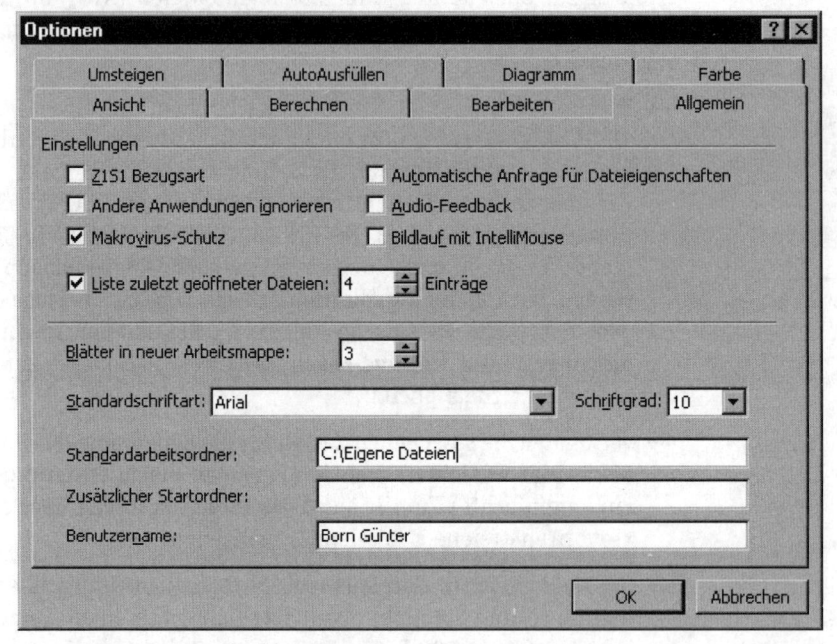

Bild 17.1: Einstellen des Standardordners

···≻ Beim Start untersucht Excel 97 das Unterverzeichnis XLSTART nach XLS-Dateien und lädt diese automatisch. Weiterhin werden die Mustervorlagen in diesem Verzeichnis geführt. Excel 97 bietet Ihnen zusätzlich die Möglichkeit, ein alternatives Startverzeichnis zu definieren. Tragen Sie den Pfad im Feld *Zusätzlicher Startordner* (Bild 17.1) ein.

Auf diese Art können Sie sich Ihre persönliche Arbeitsumgebung schaffen. Dies ist insbesondere in Netzwerkumgebungen hilfreich. Sind die Felder in der Registerkarte *Allgemein* leer, greift Excel 97 auf die Standarddefinition zurück.

> *Das Arbeitsverzeichnis wird nur beim Start von Excel 97 auf die Vorgaben in der Registerkarte* Allgemein *gesetzt. Bei einer laufenden Anwendung gilt immer das zuletzt angewählte Verzeichnis.*

17.2 Dateieigenschaften verwalten

Excel 97 bietet Ihnen die Möglichkeit, dem Dokument verschiedene Eigenschaften (wie den Namen des Erstellers, ein Thema oder verschiedene Stichworte) zuzuordnen bzw. diese Eigenschaften auch abzufragen.

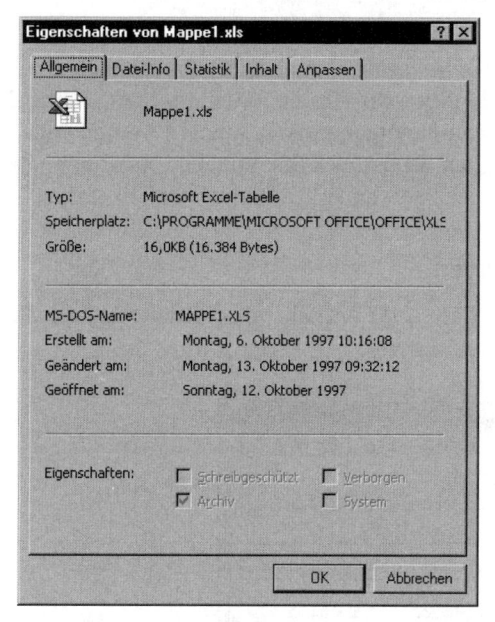

Bild 17.2: Eigenschaften der Datei

Leider wird das Dialogfeld zur Eingabe der Dateieigenschaften von den meisten Anwendern recht stiefmütterlich behandelt, da Excel 97 diese Informationen standardmäßig nicht abfragt. Sie können aber Excel 97 anweisen, diese Informationen vom Anwender abzufragen.

1. Hierzu öffnen Sie die Registerkarte *Allgemein* im Dialogfeld *Optionen* (Menü EXTRAS, Befehl OPTIONEN).

2. In der Registerkarte *Allgemein* markieren Sie das Kontrollkästchen *Automatische Anfrage für Dateieigenschaften*.

Nach dem Schließen des Dialogfelds fragt Excel 97 beim Speichern neuer Arbeitsmappen in Dateien automatisch die Dateieigenschaften ab (Bild 17.3).

In der Registerkarte Datei-Info *kann der Benutzer die häufig benutzten Eigenschaften des Dokuments wie Titel oder Stichworte eintragen (siehe folgende Abschnitte).*

Dialogfeld Dateieigenschaften aufrufen

Um die Daten im Dialogfeld *Eigenschaften xxx* (xxx steht für den Namen der Arbeitsmappe) zu kontrollieren, zu ergänzen und gegebenenfalls zu löschen, öffnen Sie das Menü DATEI und wählen den Eintrag EIGENSCHAFTEN. Auf dem Bildschirm erscheint das Dialogfeld aus Bild 17.2 mit verschiedenen Registerkarten.

In der Registerkarte *Allgemein* zeigt Excel 97 Ihnen lediglich die Eigenschaften der Datei (Typ, Ort, Größe, Attribute) an. Diese Eigenschaften lassen sich nicht vom Benutzer ändern, sondern werden vom System vorgegeben. Die restlichen Registerkarten erlauben es Ihnen, die dokumentspezifischen Eigenschaften zu kontrollieren oder zu setzen.

Datei-Info pflegen

Die Registerkarte *Datei-Info* enthält verschiedene Eigenschaften, die das Dokument charakterisieren.

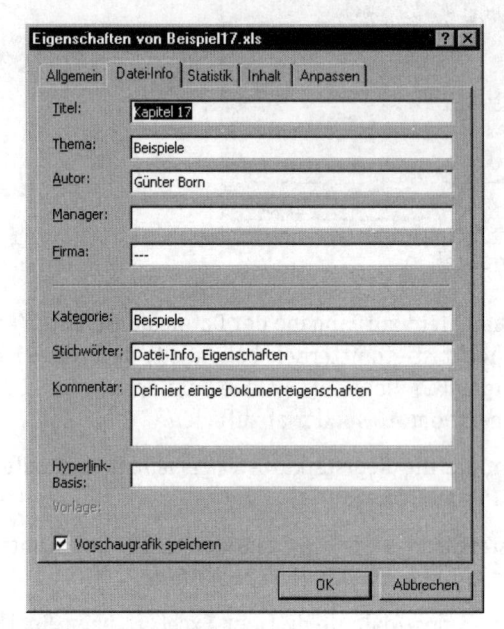

Bild 17.3: Registerkarte Datei-Info

- ···> *Titel* kann eine Titelzeile für das Dokument aufnehmen, die beim Ausdruck der Datei-Info erscheint.
- ···> Im Feld *Thema* können Sie einen Oberbegriff für das Dokument eintragen. Denkbar ist es, in diesem Feld ein Stichwort zur Art des Dokuments (z.B. Rechnung, Bericht, Diagramm etc.) zu vergeben.

- Das Feld *Autor* wird automatisch durch Excel 97 vorbelegt. Es wird der Name eingefügt, der in der Registerkarte *Allgemein* im Feld *Benutzername* (siehe Bild 17.1) vergeben wurde. Sie können den Eintrag in der Registerkarte *Allgemein* (Menü EXTRAS, Eintrag OPTIONEN) verändern. Alternativ besteht die Möglichkeit, den Inhalt des Eingabefelds *Autor* manuell umzusetzen. Die zweite Alternative besteht darin, die Eigenschaften in einer Vorlagedatei zu vereinbaren. Erstellt der Benutzer eine neue Arbeitsmappe auf Basis dieser Datei, enthält diese automatisch die vordefinierten Eigenschaften.

- Das Feld *Stichwörter* dient zur Aufnahme einer beliebigen Anzahl von Stichwörtern zum Dokument. Dieses Feld ist besonders für Recherchen im Dialogfeld *Weitere Suche* (siehe unten) wichtig. Sie sollten deshalb aussagekräftige Stichworte zum Inhalt des Dokuments vergeben.

- Im Feld *Kommentar* läßt sich ein zusätzlicher Kommentar eintragen. Sie könnten hier zum Beispiel Informationen zum Bearbeitungsstand oder Hinweise zur Korrektur eintragen. Das Kommentarfeld wird durch Excel 97 jedoch nicht ausgewertet.

Die Felder sind frei belegbar, d.h., Sie können eines, mehrere oder alle Felder mit Einträgen versehen. Die einzige Randbedingung besteht darin, daß jedes Feld maximal 255 Zeichen faßt. Bei einigen Feldern wird dabei der Text in der Anzeige gescrollt.

> *Möchten Sie im Dialogfeld* Öffnen *eine Vorschaugrafik der Arbeitsmappe sehen? Dann markieren Sie das Kontrollkästchen* Vorschaugrafik speichern *in der Registerkarte* Datei-Info. *Beim Speichern legt Excel 97 eine Grafik mit dem Inhalt einer Arbeitsmappe in der Datei ab. Beachten Sie aber, daß diese Grafik den Dateiumfang erhöht.*

> *Im Gegensatz zu Word 97 kennt Excel 97 keine Möglichkeit, den Inhalt des Dialogfelds* Datei-Info *mit dem Dokument oder separat auszudrucken.*

> *Sind die Eigenschaften in den Registerkarten gesperrt, prüfen Sie bitte, ob die Arbeitsmappe für die Bearbeitung durch mehrere Benutzer freigegeben wurde (Menü* EXTRAS, *Befehl* ARBEITSMAPPE FREIGEBEN*).*

Anzeige der Dateistatistik

Die Registerkarte *Statistik* zeigt Ihnen einige statistische Daten des Dokuments (Bild 17.4). Im Kopfbereich sehen Sie die Daten, wann das Dokument erstellt, zuletzt geändert, geöffnet oder ausgedruckt wurde. Diese Eigenschaften werden automatisch vom System verwaltet und lassen sich vom Benutzer nicht ändern.

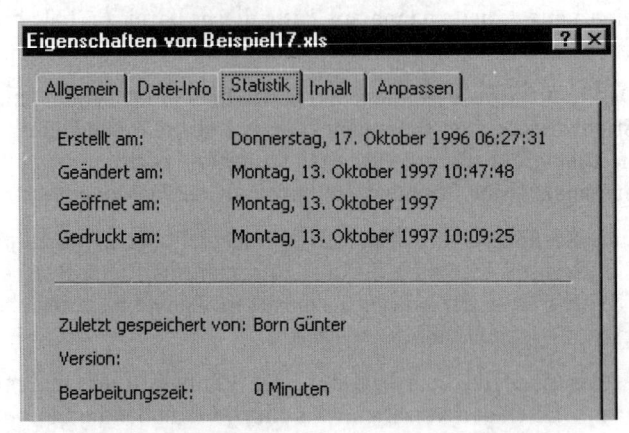

Bild 17.4: Die Registerkarte Statistik

Anzeige des Arbeitsmappeninhalts

Wählen Sie die Registerkarte *Inhalt*, zeigt Excel 97 Ihnen eine Liste der in der aktuellen Arbeitsmappe gespeicherten Arbeitsblätter.

Benutzerdefinierte Eigenschaften

Häufig möchte man Dokumenten bestimmte Informationen (z.B. Bearbeiter, Ablagedaten etc.) zuordnen. Diese Informationen lassen sich als benutzerdefinierte Eigenschaften in der Registerkarte *Anpassen* eintragen.

Um eine benutzerdefinierte Eigenschaft zu setzen, gehen Sie in folgenden Schritten vor:

1. Tragen Sie im Feld *Name* einen Namen für die Eigenschaft ein. Sie können hierzu auch einen der bereits vordefinierten Namen aus der Liste abrufen.

2. Tragen Sie im Feld *Wert* den Wert der Eigenschaft ein.

3. Im Feld *Typ* wählen Sie den Datentyp (Text, Zahl, Wahrheitswert) für den Wert der betreffenden Eigenschaft.

4. Klicken Sie auf die Schaltfläche *Hinzufügen*, um die Eigenschaft in die Liste der Eigenschaften aufzunehmen.

Alle definierten Eigenschaften werden in der Registerkarte angezeigt (Bild 17.5). Um den Wert einer solchen Eigenschaften zu ändern, gehen Sie folgendermaßen vor:

1. Markieren Sie in der Registerkarte *Anpassen* die gewünschte Eigenschaft (den Eintrag per Maus anklicken).
2. Anschließend passen Sie die Eigenschaft im Feld *Wert* an.
3. Klicken Sie auf die Schaltfläche *Ändern*, um den neuen Wert als Eigenschaft zu übernehmen.

Eine (per Mausklick) markierte benutzerdefinierte Eigenschaft läßt sich über die Schaltfläche *Löschen* entfernen.

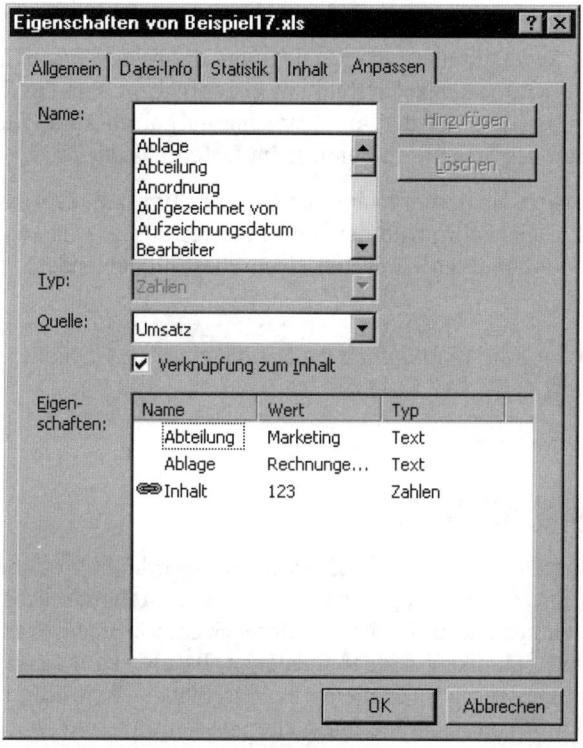

Bild 17.5: Die Registerkarte Anpassen

Eine Verknüpfung zum Inhalt herstellen

Sie haben die Möglichkeit, Dokumentinhalte direkt mit einer benutzerdefinierten Eigenschaft zu verknüpfen. Ändert sich der Dokumentinhalt, paßt Excel 97 automatisch die betreffende Eigenschaft an. Um diese Verknüpfung zu definieren, gehen Sie folgendermaßen vor:

1. Markieren Sie eine Zelle oder einen Bereich in einem Arbeitsblatt, und weisen Sie diesem einen Namen zu.
2. Öffnen Sie die Registerkarte *Anpassen* (Bild 17.5) im Eigenschaftenfenster. Anschließend definieren Sie eine benutzerdefinierte Eigenschaft.
3. Zum Abschluß markieren Sie das Kontrollkästchen *Verknüpfung zum Inhalt* (Bild 17.5). Das Kontrollkästchen läßt sich nur markieren, wenn ein benannter Bereich im Arbeitsblatt existiert.
4. Jetzt ändert Excel 97 die Bezeichnung des Feldes *Wert* in *Quelle*. Gleichzeitig wird aus dem Textfeld ein Listenfeld, in dem die Namen der benannten Bereiche der Arbeitsmappe enthalten sind. Wählen Sie den Namen des benannten Bereichs im Listenfeld *Quelle*.

Excel 97 setzt als Datentyp automatisch den Typ (z.B. Zahl) des benannten Bereichs. Gleichzeitig wird der Inhalt der ersten Zelle im angegebenen Bereich in der benutzerdefinierten Eigenschaft eingeblendet.

> **TIP** *Sie erkennen eine Verknüpfung am Symbol eines Kettenglieds (siehe unterste Eigenschaft in Bild 17.5).*

17.3 Umgang mit Dateien

Die Dialogfelder *Öffnen* und *Speichern unter* erlauben es Ihnen, die XLS-Dateien mit Arbeitsmappen zu laden bzw. bestehende Arbeitsmappen in Dateien zu speichern. Zusätzlich bietet Excel 97 Ihnen über diese Dialogfelder die Möglichkeit, Ordner anzulegen, Dateien zu löschen, zu kopieren, umzubennen, auszudrucken oder zu verschieben. Weiterhin können Sie im Dialogfeld *Öffnen* nach Dateien suchen lassen oder eine Vorschau einblenden. Die nachfolgenden Abschnitte zeigen, wie sich die betreffenden Funktionen nutzen lassen.

Dokumente öffnen

Über das Dialogfeld *Öffnen* können Sie sehr leicht eine Datei zum Bearbeiten öffnen.

1. Selektieren Sie die betreffende Datei in der Dateiliste.
2. Bestätigen Sie die Schaltfläche *Öffnen*.

Excel 97 lädt die betreffende Datei, schließt das Dialogfeld und wechselt zur Dokumentansicht. Sie können dann die Mappe bearbeiten, drucken oder unter anderem Namen speichern.

Mehrere Dateien gleichzeitig öffnen

Im Dialogfeld *Öffnen* lassen sich mehrere Dateien gleichzeitig öffnen und laden. Sie müssen lediglich die betreffenden Dateien selektieren.

- Selektieren Sie die erste der gewünschten Dateien, drücken Sie dann die ⇧-Taste, und klicken Sie die letzte Datei per Maus an. Excel 97 markiert alle dazwischenliegenden Dateien.

- Möchten Sie mehrere nicht benachbarte Dateien markieren, halten Sie die Strg-Taste gedrückt und wählen die Namen per Maus an (siehe auch Kapitel 6).

Sobald Sie die Schaltfläche *Öffnen* betätigen, lädt Excel 97 die selektierten Dateien (Arbeitsmappen), schließt das Dialogfeld und wechselt in die Dokumentansicht. Auf dem Bildschirm wird dabei das zuletzt geladene Dokument angezeigt. Sie können aber die Anordnung der Dokumentfenster über das Menü FENSTER nach Belieben verändern (siehe Kapitel 7).

> *Wenn Sie auf einen Schlag zehn Arbeitsmappen laden, dürfen Sie sich nicht wundern, wenn die Systemleistung wegen Speichermangels abnimmt. Falls Sie dennoch mehr als neun Dateien gleichzeitig laden, bietet Excel 97 im Menü FENSTER die Möglichkeit, auch zwischen mehr als neun geladenen Dokumenten zu wechseln.*

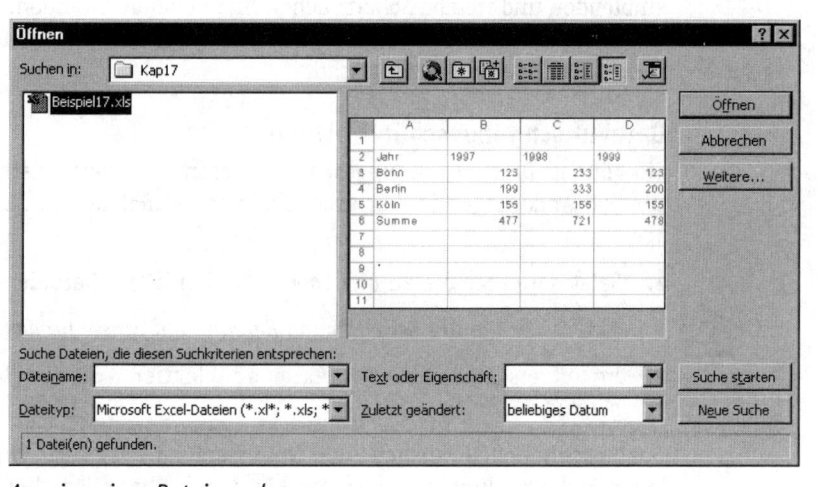

Bild 17.6: Anzeige einer Dateivorschau

Datei-Vorschau nutzen

Das Dialogfeld *Öffnen* erlaubt Ihnen eine Vorschau auf den Inhalt der Datei. Hierzu rufen Sie das Dialogfeld über den Befehl ÖFFNEN im Menü DATEI oder über die alternativen Methoden (Schaltfläche in der Symbolleiste, Tastenkombination [Strg]+[o]) auf.

Um die Vorschau für die ausgewählte Arbeitsmappe zu sehen, klicken Sie im Dialogfeld auf die nebenstehend gezeigte Schaltfläche. Sofern die Arbeitsmappendatei eine Vorschaugrafik enthält (siehe oben im Abschnitt »Datei-Info pflegen«), zeigt Excel 97 Ihnen den Inhalt der betreffenden Vorschaugrafik im Dialogfeld (Bild 17.6).

Die Anzeige der Vorschau benötigt einige Zeit, wodurch das Blättern in der Dateiliste kurzzeitig unterbrochen wird. Daher sollten Sie diese Option sparsam einsetzen.

*Excel 97 ist auch in der Lage, Dateien im Fremdformat (z.B. *.BMP) in der Vorschau anzuzeigen. Dies funktioniert aber nur, falls der betreffende Filter (siehe folgendes Kapitel zum Im-/Export) installiert ist. Die Konvertierung kann das Blättern in der Dateiliste noch mehr verzögern.*

Anzeige weiterer Informationen

Alternativ können Sie statt der Dateivorschau auch Dateieigenschaften im Dialogfeld *Öffnen* einblenden. Wie Sie die Dateieigenschaften im Dialogfeld einblenden und welche Schaltflächen hierzu benutzt werden, wird in Kapitel 6 besprochen. Dort finden Sie auch Hinweise, wie sich mehrere Dokumente gleichzeitig öffnen lassen.

Dateien schreibgeschützt öffnen

Sie können Dateien schreibgeschützt öffnen. Dies verhindert, daß Sie irrtümlich Änderungen in den Arbeitsblättern vornehmen und in die Dateien speichern.

1. Selektieren Sie die zu öffnenden Dateien in der Dateiliste.
2. Aktivieren Sie die Schaltfläche *Befehle und Einstellungen*.
3. Im nun erscheinenden Kontextmenü selektieren Sie den Befehl *Schreibgeschützt öffnen*.

Der anschließende Versuch, das Dokument zu speichern, wird dann mit einer Fehlermeldung quittiert. Sie können die Datei lediglich unter einem neuen Namen sichern. Weitere Hinweise finden Sie in Kapitel 6.

Drucken im Dateimanager

Das Dialogfeld *Öffnen* besitzt den großen Vorteil, daß Sie mehrere XLS-Dateien gleichzeitig markieren können. Über das Kontextmenü steht dann der Befehl DRUCKEN zur Verfügung. Sobald Sie diesen Befehl wählen, lädt Excel 97 die markierten Dateien, druckt deren Inhalt und schließt die Dateien wieder.

Excel 97 verwendet beim Ausdruck den eingestellten Druckbereich der Arbeitsmappe (siehe Kapitel 16).

Sie können im Dialogfeld Öffnen beliebige Dateitypen markieren und dann den Befehl DRUCKEN wählen. Excel 97 kann jedoch nur XLS-Dateien drucken. Wurde eine andere Datei (z.B. XLT) gewählt, zeigt Excel 97 eine Fehlermeldung. Sie müssen dann die OK-Schaltfläche bestätigen, damit Excel 97 die nächste Datei in der Ausgabeliste bearbeitet.

Dateien löschen und kopieren

Wenn Sie unter Excel 97 schnell eine Dokumentdatei kopieren oder löschen möchten, können Sie zum Windows-Explorer wechseln. Probleme gibt es aber, falls die Datei noch in Excel 97 geladen ist. Dann funktioniert die Anwahl in anderen Programmen nicht. Deshalb bietet Ihnen Excel 97 die Möglichkeit, Dateien direkt im Dialogfeld *Öffnen* zu kopieren oder zu löschen.

Um eine Datei zu löschen, aktivieren Sie das Dialogfeld *Öffnen*. In der Dateiliste werden die betreffenden Dateien angezeigt.

1. Selektieren Sie nun eine oder mehrere Dateien und drücken anschließend die rechte Maustaste.

2. Im Kontextmenü wählen Sie den Befehl LÖSCHEN.

3. Excel 97 zeigt eine Sicherheitsabfrage (Bild 17.8), die Sie über die *Ja*-Schaltfläche schließen.

Wenn Sie den Befehl irrtümlich aktivieren, können Sie die Funktion über die Schaltfläche *Nein* abbrechen. Mit der Schaltfläche *Ja* löscht Excel 97 alle markierten Dateien.

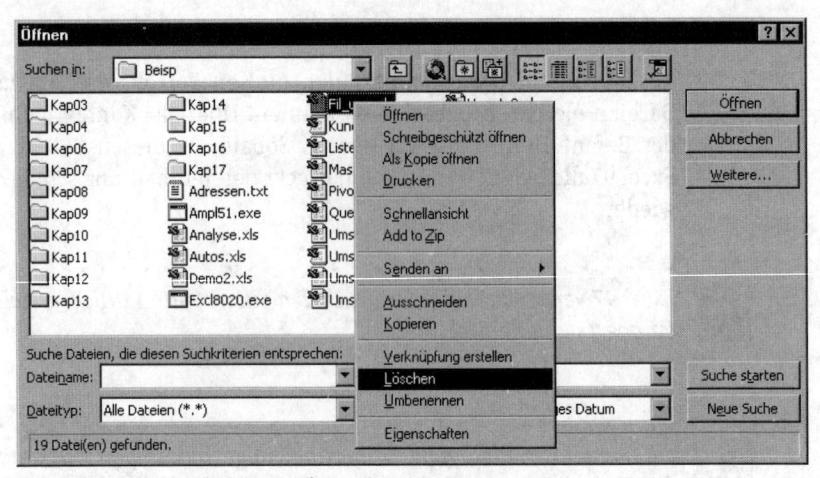

Bild 17.7: Kontextmenü im Dialogfeld Öffnen

> Schneller geht das Löschen, wenn Sie die gewünschte Datei selektieren und dann die (Entf)-Taste drücken. Sie haben allerdings keine Möglichkeit, die selektierten Dateien einzeln zum Löschen zu bestätigen. Weiterhin bietet Excel 97 auch die Möglichkeit, Ordner zu löschen. Irrtümlich gelöschte Dateien können Sie ggf. noch aus dem Papierkorb restaurieren. Wie dies funktioniert und welche Randbedingungen dabei gelten, wird in den im Literaturverzeichnis unter /3,4,5/ angegebenen Titeln besprochen.

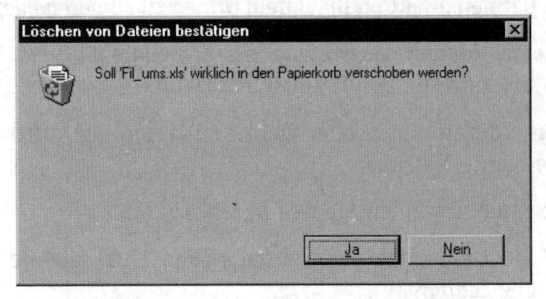

Bild 17.8: Sicherheitsabfrage beim Löschen von Dateien

Dateien kopieren

Um in Excel 97 Dateien direkt im Dialogfeld *Öffnen* zu kopieren, gehen Sie folgendermaßen vor:

1. Selektieren Sie eine oder mehrere Dateien im Dialogfeld *Öffnen*.

2. Dann drücken Sie die rechte Maustaste und wählen im Kontextmenü den Befehl KOPIEREN.

3. Wechseln Sie im Dialogfeld *Öffnen* zum gewünschten Zielordner.

4. Klicken Sie auf eine freie Stelle im Dialogfeld *Öffnen,* und drücken Sie die rechte Maustaste.

5. Wählen Sie im Kontextmenü den Befehl EINFÜGEN.

Excel 97 fügt dann die »ausgeschnittene« Datei im aktuellen Ordner ein. Existiert der Name der Datei bereits, erscheint das Dialogfeld aus Bild 17.9, in dem das Überschreiben der Datei zu bestätigen ist.

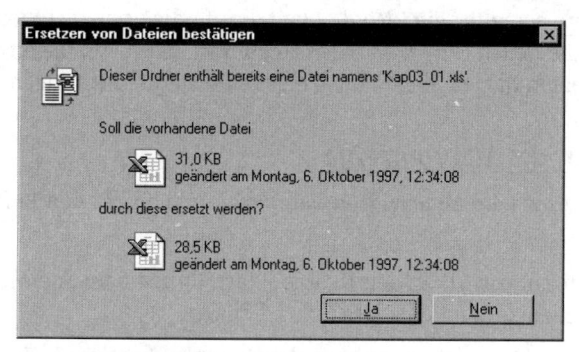

Bild 17.9: Bestätigen beim Überschreiben

Ordner anlegen

Stellen Sie beim Kopieren im Dialogfeld *Öffnen* fest, daß der Zielordner noch nicht existiert, klicken Sie mit der rechten Maustaste auf eine freie Stelle im Dialogfeld. Anschließend wählen Sie im Kontextmenü den Befehl EXPLORER (Bild 17.10). Excel 97 öffnet das Fenster des Explorers, in dem Sie einen neuen Ordner anlegen können.

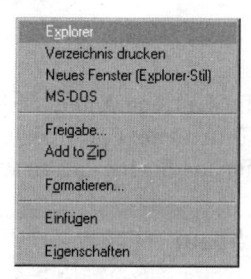

Bild 17.10: Kontextmenü mit Befehl Explorer

Beim Speichern einer neuen Arbeitsmappe im Dialogfeld *Speichern unter* können Sie ebenfalls auf den Befehl EXPLORER klicken, um das Explorer-Fenster zu öffnen.

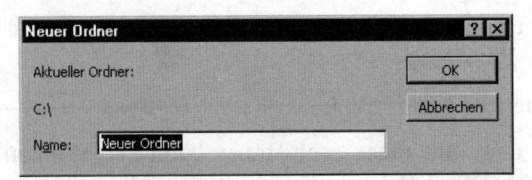

Bild 17.11: Das Dialogfeld Neuer Ordner

Alternativ besteht die Möglichkeit, auf die nebenstehend gezeigte Schaltfläche *Neuen Ordner erstellen* zu klicken. Excel 97 erzeugt einen neuen Ordner, dessen Namen Sie in einem eigenen Dialogfeld eintragen (Bild 17.11).

Sortieren der Dateianzeige

Die Reihenfolge der angezeigten Dateien läßt sich über den Befehl *Sortieren* verändern.

1. Hierzu klicken Sie in den Dialogfeldern *Öffnen* oder *Speichern unter* auf die nebenstehend gezeigte Schaltfläche.

2. Im angezeigten Kontextmenü ist der Befehl SORTIEREN zu wählen. Auf dem Bildschirm erscheint das Dialogfeld zur Auswahl der Sortierkriterien (Bild 17.12).

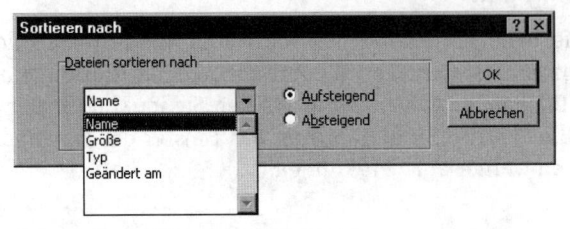

Bild 17.12: Das Dialogfeld Sortieren nach

Die Sortierreihenfolge läßt sich über die Einträge *Name, Größe, Typ* oder *Geändert am* wählen. Zusätzlich stehen Ihnen zwei Optionsfelder zur Verfügung, um eine aufsteigende oder absteigende Sortierung zu wählen.

Zum übergeordneten Ordner wechseln

Um in die Dialogfelder *Öffnen* bzw. *Speichern unter* in einem Unterordner zu wechseln, genügt ein Doppelklick auf das betreffende Ordnersymbol.

Ein Wechsel zu einem übergeordneten Ordner erfolgt, indem Sie auf die nebenstehend gezeigte Schaltfläche klicken.

Komprimieren von Excel-Dateien

Nach einer gewissen Zeit sammeln sich einige Excel-Dateien auf der Festplatte an und »knabbern« an Ihrer freien Plattenkapazität. Dies gilt insbesondere, wenn Sie Grafiken oder Audionotizen in die Tabellen einbinden. Dann sind Dateigrößen von einigen Mbyte pro Dokument schnell erreicht.

Irgendwann beginnt dann das große Aufräumen: Welche Dateien werden noch gebraucht? Diese kann wohl gelöscht werden ... halt, da sind ja die Umsätze vom Vorjahr drin gespeichert ...

Die Situation ist wohl bekannt, also kopieren Sie die Dateien auf Diskette. Leider benötigen Sie schon Spezialdisketten, um viele Excel-Dateien aufzunehmen. Falls Sie kein 120-Mbyte-Diskettenlaufwerk, kein ZIP-Drive oder kein Bandlaufwerk zur Sicherung besitzen, können Sie die Excel-Dateien auch in ZIP-Archiven komprimieren. Diese komprimierten Dateien beanspruchen nur noch einen Bruchteil der ursprünglichen XLS-Dateigröße.

Es gibt verschiedene Programme (z.B. PKZIP), mit denen sich die Dateien komprimieren lassen. Ein Programm, welches direkt unter Windows läuft, eine recht komfortable Oberfläche besitzt und sich in die Windows-Kontextmenüs einklinkt, ist WinZip. Ist das Programm installiert, können Sie Excel-Dateien direkt komprimieren:

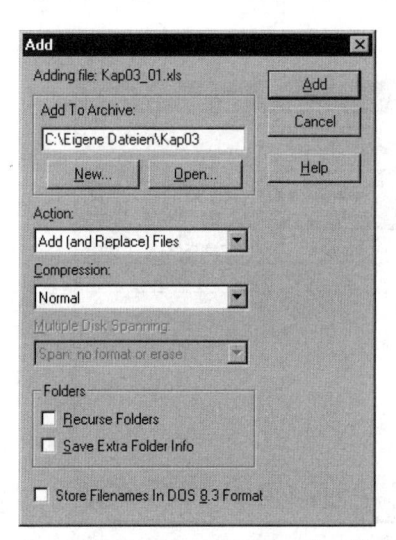

Bild 17.13: Das Dialogfeld zur Eingabe der WinZip-Optionen

1. Klicken Sie im Dialogfeld *Öffnen* mit der rechten Maustaste auf die betreffende Datei.
2. Im Kontextmenü wählen Sie den Befehl ADD TO ZIP (Bild 17.10).
3. Excel 97 veranlaßt Windows, das Programm WinZip zu aktivieren. WinZip blendet dann das Dialogfeld zur Eingabe der Archivoptionen ein (Bild 17.13). Den Pfad zur ZIP-Datei geben Sie im Feld *Add to Archive* ein.

Über die Schaltfläche *Add* veranlassen Sie, daß WinZip den Inhalt der Datei in ein ZIP-Archiv aufnimmt. Die ursprüngliche Datei bleibt dabei unverändert erhalten. Sie können diese Datei bei Bedarf später löschen, da sich die Originaldatei aus dem ZIP-Archiv entpacken läßt.

Über die Listenfelder *Action* und *Compression* läßt sich vereinbaren, wie WinZip die Archive anlegt. Sie können bei Disketten beispielsweise einstellen, daß deren Inhalt vor dem Anlegen des Archivs gelöscht wird. Am besten fahren Sie mit der Option *Action = Add (and Replace) Files* und einer normalen Komprimierung.

In der Gruppe *Folders* läßt sich über das Kontrollkästchen *Save Extra Folder Info* festlegen, ob auch der Name des Unterverzeichnisses in das ZIP-Archiv aufgenommen wird. Dies erlaubt es WinZip, beim Entpacken des Archivs die Dateien direkt im Verzeichnis zu speichern. Existiert dieses Verzeichnis nicht, wird es neu angelegt.

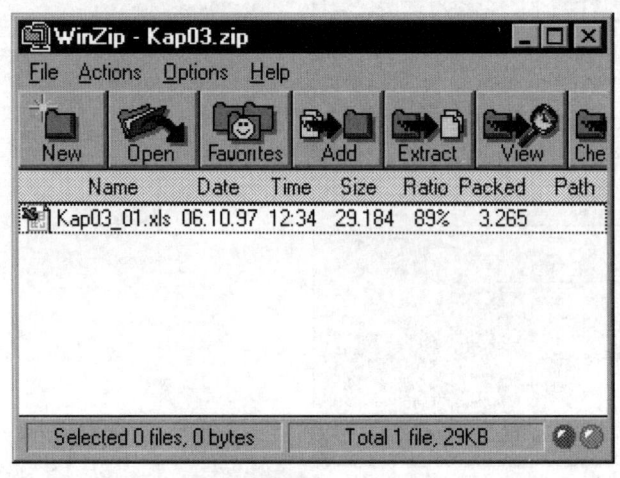

Bild 17.14: Das Winzip-Anwendungsfenster

Um eine solche ZIP-Datei später zu entpacken, doppelklicken Sie unter Windows auf die ZIP-Datei. Windows startet WinZip, welches sich mit dem in Bild 17.14 gezeigten Fenster meldet. Sie sehen alle im Archiv enthaltenen Dateien samt deren Originalgröße und dem im ZIP-Archiv belegten Speicherplatz. Über die Schaltfläche *Extract* läßt sich eine markierte Datei wieder expandieren.

> Bei WinZip handelt sich um ein Shareware-Progamm, welches auf der CD-ROM beigelegt wurde. Sie können das Programm zum Test installieren. Die Software steht auch in einer deutschen Fassung zur Verfügung und läßt sich über einen deutschen Anbieter reservieren. Weitere Hinweise finden Sie im Anhang und in der Begleitdokumentation des Programms.

17.4 Dateien suchen

Im Dialogfeld *Öffnen* können Sie nach bestimmten Dateien suchen, deren Lage auf der Festplatte oder im Netz unbekannt ist. Hierzu bietet Excel 97 Ihnen verschiedene Methoden, die nachfolgend skizziert werden.

Der einfachste Ansatz der Suche besteht darin, daß Sie im Dialogfeld *Öffnen* den Namen der gewünschten Datei eingeben und danach suchen lassen.

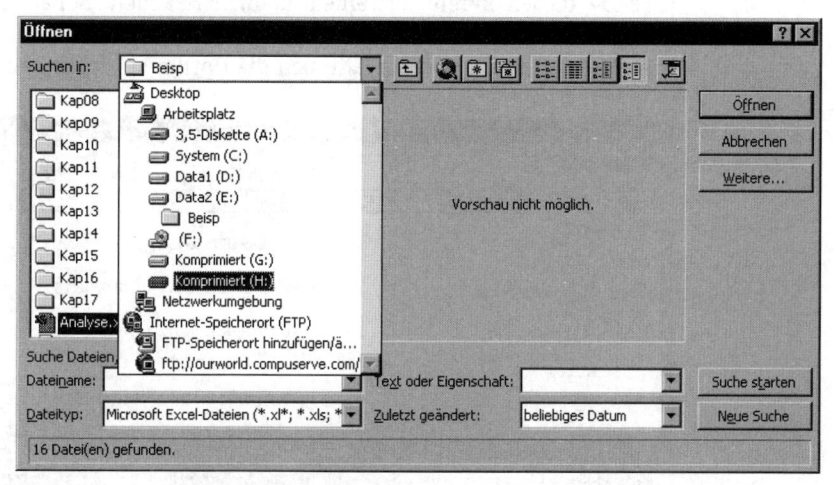

Bild 17.15: Einstellen des Speicherorts

1. Tragen Sie im Feld *Dateiname* den Namen der zu suchenden Datei ein (siehe z.B. Bild 17.17).

2. Im Feld *Dateityp* stellen Sie den Typ der gesuchten Datei ein.

3. Auf Wunsch läßt sich im Feld *Text oder Eigenschaft* ein zusätzliches Suchkriterium angeben.

4. Soll das Datum der Änderung einbezogen werden, stellen Sie dieses im Feld *Zuletzt geändert* ein.

Den Speicherort (Laufwerk, Netzwerkeinheit oder FTP-Adresse) können Sie über das Listenfeld *Suchen in* abrufen (Bild 17.15). Sobald Sie die Schaltfläche *Suche starten* anklicken, beginnt Excel 97 mit der Suche nach der (den) gewünschten Datei(en) im aktuellen Ordner.

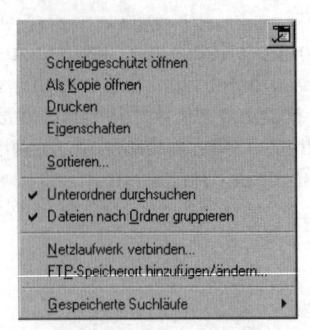

Bild 17.16: Das Menü mit dem Befehl Unterordner durchsuchen

Möchten Sie, daß Excel 97 auch die Unterordner des aktuellen Ordners in die Suche einbezieht? Dann klicken Sie auf die Schaltfläche *Befehle und Einstellungen* im Dialogfeld *Suchen*. Excel 97 öffnet das in Bild 17.16 gezeigte Menü. Klicken Sie auf den Befehl UNTERORDNER DURCHSUCHEN, markiert Excel 97 diesen Befehl mit einem kleinen Häkchen. Sobald das Häkchen erscheint, wird die Suche auch auf Unterordner ausgedehnt. (Durch eine weitere Anwahl des Befehls läßt sich die Option zurücksetzen.)

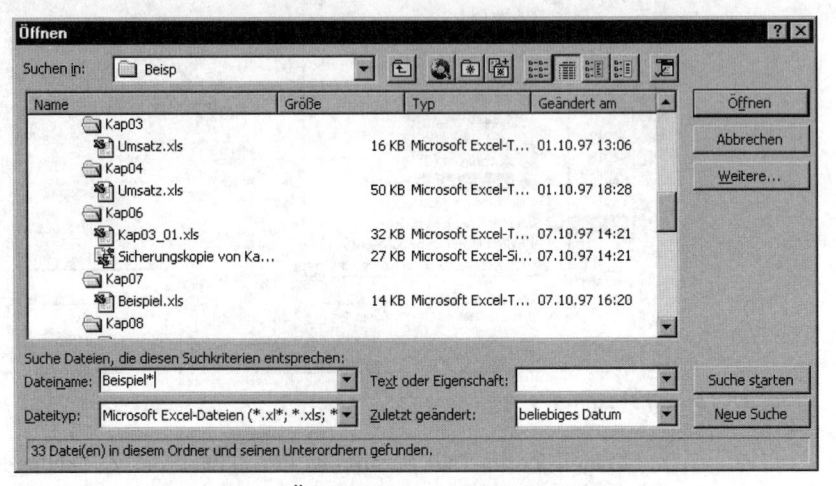

Bild 17.17: Suchbegriffe im Dialogfeld Öffnen

Nach der Suche zeigt das Dialogfeld die gefundenen Dateien, wobei bei gesetzter Option *Unterordner durchsuchen* auch die zugehörigen Ordner angezeigt werden (Bild 17.17).

> *Häufig erscheint es, als würden keine XLS-Dateien gefunden, da Excel 97 eine von der gewohnten Darstellung im Windows-Explorer abweichende Darstellung verwendet (Bild 17.17). Verwenden Sie die Bildlaufleiste, um in der Dateiliste zu blättern. Nur wenn die gesuchte Datei dort nicht aufgeführt ist, müssen Sie die Suchkriterien neu definieren.*

Planung der Suchoptionen

Um die gewünschten Dateien zu finden, müssen Sie zuerst geeignete Suchkriterien eingeben. Auch wenn in diesem Abschnitt nur die Suche über Dateinamen vorgestellt wird, könnten Ihnen die folgenden Informationen das Leben etwas erleichtern.

- Die Suchkriterien auf der Ebene des Dateinamens umfassen das Laufwerk, den Zugriffspfad sowie beliebige Teile des Dateinamens. Das Laufwerk bzw. der Speicherort läßt sich über das Listenfeld *Suchen in* wählen.

- Zusätzlich lassen sich noch Unterverzeichnisse in die Recherche einbeziehen. Wählen Sie die Schaltfläche *Befehle und Einstellungen*, und klikken Sie im Kontextmenü auf den Befehl *Unterordner durchsuchen* (Bild 17.16). Um die Länge der Dateiliste zu begrenzen und die Suchdauer zu verkürzen, sollten Sie bei der Suche möglichst das Hauptverzeichnis, in dem die Dokumente gespeichert sind (z.B. *\EXCEL97\DOKUMENTE* und nicht *C:*) angeben. Dann braucht die Suchfunktion nur den betreffenden Verzeichnisbaum bei der Suche zu bearbeiten. Andernfalls werden die angegebenen Datenträger komplett durchsucht.

- Sie können die Suche auf bestimmte Dateitypen begrenzen. Hierzu stellen Sie im Feld *Dateityp* den gewünschten Suchbegriff ein (z.B. *.XLS). Die unterstützten Suchbegriffe lassen sich über das Listenfeld abrufen.

- Weiterhin können Sie einen Suchbegriff für den Dateinamen im Feld *Dateiname* vorgeben. In diesem Feld läßt sich auch mit Platzhalterzeichen (Wildcardzeichen) arbeiten (siehe folgende Abschnitte).

Excel 97 verknüpft die gesetzten Suchkriterien durch die ODER-Funktion, d.h., es werden alle Dateien angezeigt, die das eine oder das andere Kriterium erfüllen.

Suchen mit Wildcardzeichen

Wenn Sie den kompletten Dateinamen nicht kennen, können Sie im Feld *Dateiname* mit den sogenannten *Wildcard-Zeichen* arbeiten. Dies sind Ersatzzeichen im Dateinamen, die für andere Buchstaben stehen.

- Das (Wildcard-) Zeichen * wird dabei innerhalb des Dateinamens als Platzhalter verwendet. Excel 97 läßt dann an Stelle des Platzhalters alle Zeichen im Dateinamen zu.

- Wenn Sie mitten im Suchmuster Ersatzzeichen benötigen, bietet Excel 97 hierzu ein anderes Zeichen: Das Fragezeichen ? wirkt innerhalb des Dateinamens ebenfalls als Platzhalter, bezieht sich aber nur auf ein Zeichen. Excel 97 läßt dann beliebige Zeichen an der Position des Fragezeichens im Dateinamen zu.

Die Eingabe M??er findet alle Dateinamen, die mit Meier, Meyer oder Maier versehen sind.

> **Achtung!** Die Verwendung des Platzhalters * ist tückisch, wenn anschließend noch Zeichen folgen. Die Bedingung H*LLO.XLS sollte nach Dateien mit dem betreffenden Muster suchen. Als Ergebnis müßte HALLO.XLS oder HELLO.XLS auftreten. Wenn Sie die Suche ausführen, kommen aber auch Dateien wie HUGO.XLS, HILFE.XLS oder HAUS.XLS in der Liste vor. Excel 97 setzt auf den Windows-Konventionen zur Verarbeitung von Wildcardzeichen auf und ersetzt alle Zeichen bis zum Punkt durch den Platzhalter. Damit wirkt bei H*LLO nur noch der erste Buchstabe als Selektor, während die Zeichen LLO nutzlos sind. Um gezielt nach H.LLO.XLS zu suchen, müssen Sie den Suchbegriff als H?LLO.DOC eintragen. Damit wird Excel gezwungen, nur ein Zeichen im Dateinamen als Platzhalter zu interpretieren. Der Text LLO bleibt damit wirksam, und es werden nur Dateien wie HALLO.XLS und HELLO.XLS gefunden.

Suchkriterien entfernen

Haben Sie im Dialogfeld *Öffnen* bestimmte Suchkriterien definiert, zeigt die Dateiliste nur solche Dokumente, die den Suchkriterien entsprechen. Möchten Sie zur alten »ungefilterten« Darstellung zurückkehren?

Sobald Sie die Schaltfläche *Neue Suche* im Dialogfeld *Öffnen* anklicken, löscht Excel 97 die gesetzten Suchkriterien im Dialogfeld und zeigt die alte Dateiliste an.

Dateisuche über *Weitere Suche*

Im Dialogfeld *Öffnen* finden Sie die Schaltfläche *Weitere*. Sobald Sie diese Schaltfläche anwählen, öffnet Excel 97 das Dialogfeld *Weitere Suche* (Bild 17.18), in dem Sie zusätzliche Suchkriterien angeben können.

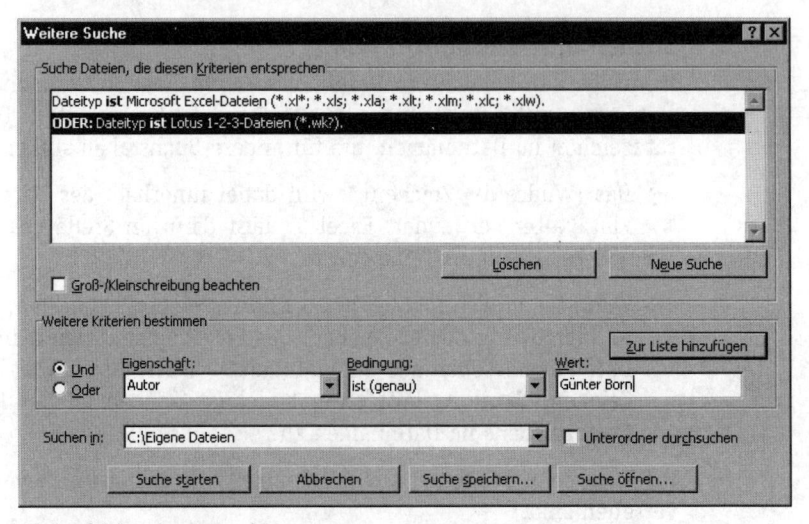

Bild 17.18: Dialogfeld Weitere Suche

In den Feldern der Gruppe *Weitere Kriterien* geben Sie die Suchkriterien ein.

- Im Listenfeld *Eigenschaft* lassen sich die Eigenschaften angeben, nach denen zu suchen ist. Neben dem Dateinamen und dem Dateityp können Sie auch nach Eigenschaften wie Autor, Titel etc. suchen lassen. Diese Eigenschaften werden im Dialogfeld *Eigenschaften* (siehe oben) gesetzt.
- Das Listenfeld *Bedingung* bestimmt, wie die Eigenschaft bei der Suche mit dem Feld *Wert* zu vergleichen ist. Excel 97 gibt Ihnen verschiedene Vergleichsoperatoren vor. Möchten Sie die Eigenschaft auf eine genaue Übereinstimmung prüfen, wählen Sie die Bedingung *ist (genau)*. Beachten Sie aber, daß die angebotenen Kriterien von der ausgewählten Eigenschaft abhängen.
- Im Feld *Wert* geben Sie den Wert vor, dem die Eigenschaft der anzuzeigenden Datei entsprechen soll.

Sie haben die Möglichkeit, mehrere Kriterien bei der Suche anzugeben. Diese Kriterien lassen sich mit UND bzw. ODER untereinander verknüpfen.

- Hierzu müssen Sie eines der beiden Optionsfelder *Und* bzw. *Oder* der Gruppe *Weitere Kriterien bestimmen* markieren.
- Anschließend definieren Sie die Suchkriterien. Zur Übernahme der Suchkriterien in die Liste klicken Sie auf die Schaltfläche *Zur Liste hinzufügen*.

Bei Textvergleichen können Sie zusätzlich das Kontrollkästchen *Groß-/Kleinschreibung beachten* markieren. Excel 97 beachtet dann die betreffende Schreibweise beim Vergleich der Suchkriterien.

Der Ordner, in dem die Suche erfolgen soll, läßt sich im Feld *Suchen in* wählen. Über das geöffnete Listenfeld läßt sich der Speicherort (Laufwerk, Netzwerk, FTP-Adresse etc.) einstellen. Markieren Sie das Kontrollkästchen *Unterordner durchsuchen*, bezieht Excel 97 auch die Unterordner in die Suche ein.

- Soll ein Suchkriterium gelöscht werden, markieren Sie dieses mit einem Mausklick in der Liste. Anschließend betätigen Sie die Schaltfläche *Löschen*.

Klicken Sie auf die Schaltfläche *Neue Suche*, setzt Excel 97 die Suchkriterien zurück. Sie sehen dann in der Regel nur noch eine Zeile, in der die Dateierweiterung für das Suchmuster vorgegeben wird. Um die Suche zu starten, wählen Sie die Schaltfläche *Suche starten*.

Suchkriterien speichern

Wenn Sie häufiger komplexe Suchläufe benötigen oder eine Suche in Einzelschritte aufteilen müssen, sichern Sie die Suchkriterien. Das Dialogfeld *Weitere Suche* (siehe Bild 17.18) enthält hierzu die Schaltfläche *Suche speichern*. Um die Kriterien zu speichern, gehen Sie folgendermaßen vor:

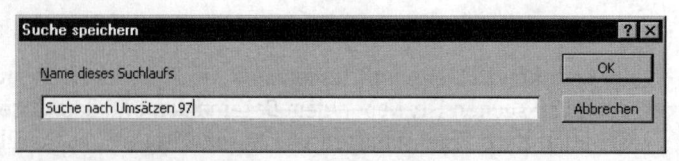

Bild 17.19: Speichern der Suchkriterien

1. Öffnen Sie das Dialogfeld *Weitere Suche,* und definieren Sie die gewünschten Suchkriterien.

2. Betätigen Sie die Schaltfläche *Suche speichern.* Excel 97 zeigt dann ein Dialogfeld zur Eingabe des Namens, unter dem die Suchkriterien zu speichern sind (Bild 17.19).

3. Tragen Sie nun den Namen im Eingabefeld ein, und schließen Sie das Dialogfeld über die *OK*-Schaltfläche.

Excel 97 legt anschließend alle im Dialogfeld angegebenen Suchkriterien unter diesem Namen ab. Gespeicherte Suchkriterien erhöhen die Flexibilität bei der Suche. Sie bieten die Möglichkeit, auf bereits formulierte Suchkriterien zurückzugreifen und die Dateiliste schnell zu aktualisieren. Sie könnten z.B. für jeden Dokumenttyp oder Benutzer die betreffenden Suchkriterien (z.B. Laufwerk und Verzeichnis) definieren und diese unter eigenem Namen speichern.

Suchkriterien abrufen

Wenn Sie später die gespeicherten Suchkriterien für eine Suche reaktivieren möchten, genügt es, die Schaltfläche *Suche öffnen* anzuklicken. Excel 97 zeigt ein Dialogfeld mit allen gespeicherten Suchläufen (Bild 17.20).

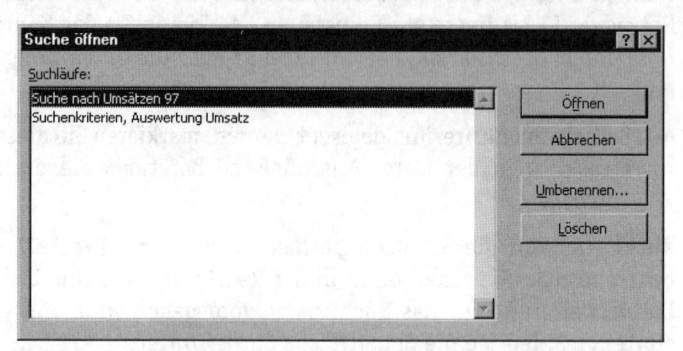

Bild 17.20: Gespeicherte Suchläufe

1. Wählen Sie den Eintrag mit den gewünschten Suchkriterien.

2. Klicken Sie auf die Schaltfläche *Öffnen.*

3. Anschließend führen Sie die Suche über die Schaltfläche *Suche starten* im Dialogfeld *Weitere Suche* aus (Bild 17.18).

Um einen markierten Eintrag umzubenennen, wählen Sie die Schaltfläche *Umbenennen* und geben den neuen Begriff im angezeigten Dialogfeld ein.

Gespeicherte Suchkriterien ändern

Um gespeicherte Suchkriterien zu ändern, müssen Sie folgendermaßen vorgehen:

1. Rufen Sie den betreffenden Eintrag über das Dialogfeld *Suche öffnen* ab (Bild 17.20).
2. Excel 97 zeigt dann die Suchkriterien im Dialogfeld *Weitere Suche* an. Sie können die Kriterien in den Eingabefeldern manipulieren.
3. Zum Speichern betätigen Sie erneut die Schaltfläche *Suche speichern* und geben den Namen des Suchlaufs ein.

Wenn Sie Schritt 3 bei der Ausführung übergehen, nutzt Excel 97 bei einem neuen Suchlauf die neuen Suchkriterien, verändert den gespeicherten Inhalt in der Suchliste aber nicht. Wenn Sie den alten Namen erneut selektieren, sind die ursprünglichen Suchkriterien wieder verfügbar.

Gespeicherte Suchkriterien löschen

Sollen gespeicherte Suchkriterien wieder gelöscht werden, gehen Sie folgendermaßen vor:

1. Markieren Sie diese im Dialogfeld *Suche öffnen*.
2. Dann klicken Sie auf die Schaltfläche *Löschen*.

Excel 97 bereinigt die internen Einträge und entfernt die Kriterien aus der Liste.

Recherchen über *Weitere Suche*

Die in den vorhergehenden Abschnitten besprochenen Suchkriterien erlauben Ihnen sehr umfangreiche Recherchen in Dokumentbeständen. Nehmen wir einmal an, in einer Abteilung werden Daten in Excel-Arbeitsmappen gespeichert und in einem elektronischen Archiv (z.B. Optical Disk oder Netzwerkserver) gespeichert. Im Rahmen eines Berichts möchten Sie auf alle Daten zu einem bestimmten Thema (z.B. Filialumsätze im Norden) zurückgreifen.

Die Suche über den Dateinamen hilft hier nicht weiter, speziell wenn die Dateien zur Datensicherung mit einer fortlaufenden Bezeichnung (z.B. VER87001.XLS, VER89002.XLS ...) versehen wurden. Die einzige Lösung ist hier, nach bestimmten Inhalten im Dokument zu fahnden. Sie könnten Excel 97 zum Beispiel anweisen, alle Arbeitsmappen mit der Erweiterung XLS aus den Jahren 87 bis 93 nach den Begriffen *Umsatz, Filialen, Nord* zu durchsuchen. Bei geeigneter Formulierung der Suchkriterien müßte Excel 97 Ihnen die betreffenden Dokumente anzeigen.

> *Hier wird nun der Vorteil des Dialogfeldes* Datei-Info *deutlich. Wenn Sie beim Erstellen des Dokuments Stichworte, Titel, Autorenname und Thema eingetragen haben, können Sie nach diesen Kriterien suchen lassen (siehe auch Kapitelanfang).*

> *Microsoft Office-Programme verwendet das Dienstprogramm* Indexerstellung*, um im Dialogfeld* Öffnen *(Menü* DATEI*) die Suche nach Dateiinhalten oder Dateieigenschaften zu beschleunigen. Das Dienstprogramm läßt sich zusammen mit Microsoft Office 97 installieren. Dann wird auf jedem lokalen Laufwerk des Computers für alle Office-Dokumente automatisch ein Index erstellt. Allerdings dauert diese Indexerstellung beim ersten Einsatz unter Umständen sehr lange. Anschließend wird der Index bei jedem Windows-Start im Hintergrund aktualisiert. Falls dies das System zu stark belastet, die Excel-Arbeitsmappendateien (bzw. die Office-Dokumente) andererseits auf bestimmte Verzeichnisse begrenzt sind, sollten Sie das Indexprogramm aus der Windows-Gruppe* Autostart *austragen.*

Suche in Favoriten

Excel 97 erlaubt Ihnen die Suche in bestimmten häufig benutzten Ordnern die Suche. Die Liste dieser Ordner läßt sich über die nebenstehend gezeigte Schaltfläche *Suche in Favoriten* des Dialogfeldes öffnen.

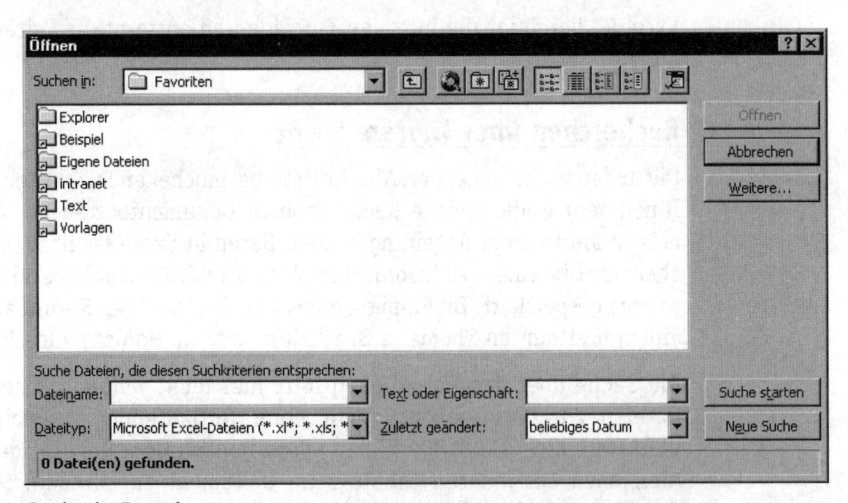

Bild 17.21: Suche in Favoriten

Durch Anklicken eines Ordnersymbols gelangen Sie in die betreffenden Ordner. Anschließend läßt sich die Datei auf die gewohnte Weise laden (anklikken und die Schaltfläche *Öffnen* wählen).

Favoriten definieren

Die Einträge der Ordner für die *Favoriten*-Liste müssen Sie selbst definieren. Haben Sie im Dialogfeld *Öffnen* einen Ordner gewählt, klicken Sie auf das nebenstehend gezeigte Symbol der Schaltfläche *Zu Favoriten hinzufügen*. Diese Schaltfläche befindet sich im Dialogfeld *Öffnen*. Excel 97 blendet dann ein Menü mit zwei Einträgen ein (Bild 17.22).

- Einmal wird der aktuell geöffnete Ordner im Befehl xxxx ZU FAVORITEN HINZUFÜGEN aufgeführt. Wählen Sie diesen Befehl, nimmt Excel 97 den aktuellen Ordner in der Favoritenliste auf.

- Enthält der aktuelle Ordner weitere Unterordner, von denen einer markiert ist, zeigt Excel 97 das Untermenü MARKIERTES ELEMENT ZU FAVORITEN HINZUFÜGEN an. Wählen Sie diesen Befehl, trägt Excel 97 den markierten Ordner in die Liste ein.

Wählen Sie später die Schaltfläche *Suchen in Favoriten* an, blendet Excel 97 die von Ihnen definierten Ordnersymbole im Dialogfeld *Öffnen* ein (Bild 17.21).

Excel 97 greift bei der Funktion »Suche in Favoriten« auf den im Windows-Verzeichnis eingerichteten Ordner FAVORITEN *zu. Bei der Aufnahme der Ordner in die Favoritenliste richtet Excel 97 in diesem Ordner eine Windows-Verknüpfung zum Zielordner ein. Sie erkennen dies an dem eingeblendeten Verknüpfungssymbol in der linken unteren Ecke des Ordnersymbols. Ein Doppelklick auf das Ordnersymbol erlaubt Ihnen direkt zum jeweiligen Ordner zu verzweigen. Allerdings sollten Sie beachten, daß bei Verknüpfungen die Schaltfläche* Übergeordneter Ordner *nicht funktioniert. Weiterhin gelten die definierten Favoriten für alle Anwendungen, die auf diese Funktion zugreifen.*

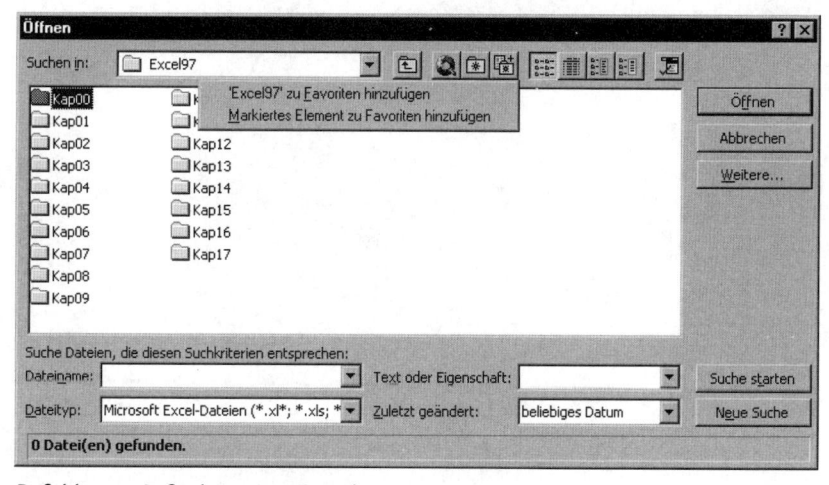

Bild 17.22: Befehle zur Aufnahme von Favoriten

17.5 Suche im Web

Microsoft Excel 97 unterstützt direkt den Zugriff auf Seiten des World Wide Web (WWW). Im Dialogfeld *Öffnen* finden Sie daher die nebenstehend gezeigte Schaltfläche *Suchen im Web*.

Klicken Sie auf diese Schaltfläche, wird das Fenster des Internet-Explorers oder eines anderen Browsers geöffnet. Sie können anschließend die URL-Adresse einer Seite angeben, in der die XLS-Datei enthalten ist. Die URL-Adresse darf dabei im WWW (z.B. *http://www.microsoft.com*), auf einem lokalen Intranet-Server (z.B. *http://marketing.data*) oder auf einer lokalen Platte (z.B. *file://E:\Umsatz*) liegen.

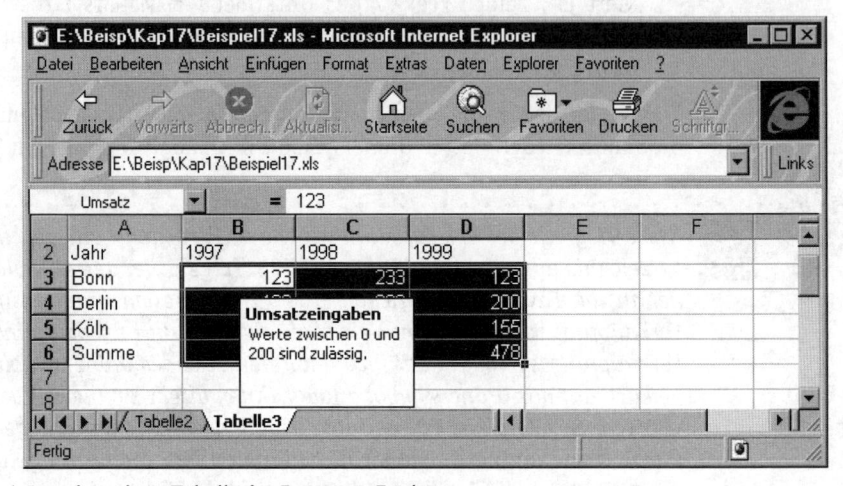

Bild 17.23: Anzeige einer Tabelle im Internet Explorer

18 Im- und Export von Dokumenten

18.1 Import von Dateien

Excel 97 kann die Formate der Vorgängerversionen (2.0 bis 95) direkt lesen. Zusätzlich sind Dateien in Fremdformaten wie Lotus 1-2-3 bearbeitbar. Allerdings gibt es eine Reihe von Grenzen und Problemfällen beim Konvertieren. So werden nicht alle Optionen von Excel 97 durch die früheren Versionen unterstützt. Nachfolgender Abschnitt geht auf die Thematik des Im- und Exports von Dateien ein.

Wenn Sie in Excel 97 Daten einer anderen Anwendung importieren möchten, können Sie dies über folgende Verfahren tun:

- Sie verwenden die DDE- oder OLE-Techniken, um eine Verbindung zwischen den beiden Windows-Anwendungen herzustellen und die Daten im Dokument einzubetten. Diese Thematik wird in Kapitel 22 behandelt.

- Sie importieren die Daten im Fremdformat (z.B. Zugriff auf Datenbanken über MS-Query oder die Importfunktion). Diese Thematik wird in Kapitel 27 behandelt.

- Sie importieren die Dokumentdatei in das Excel-Format. Excel 97 wird hierzu mit Filtern geliefert, die den Import unterstützen. Diese Technik wird nachfolgend besprochen.

Um in Excel 97 eine Fremddatei zu importieren, aktivieren Sie die Funktion *Öffnen* (z.B. über die betreffende Schaltfläche oder das Tastenkürzel (Strg)+(o)). Auf dem Bildschirm erscheint das bereits bekannte Dialogfeld *Öffnen* (Bild 18.1).

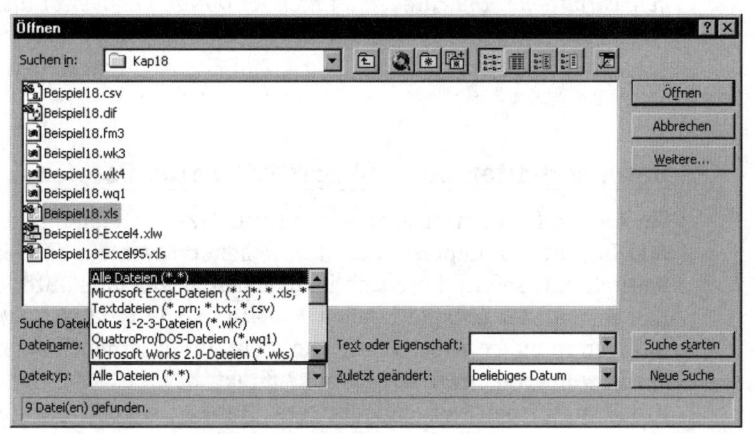

Bild 18.1:   Importformate im Dialogfeld Öffnen

Über das Listenfeld *Dateityp* müssen Sie das Format der betreffenden Fremddatei auswählen.

- Mit der Option *Alle Dateien (*.*)* werden alle im aktuellen Ordner gespeicherten Dateien im Dialogfeld *Öffnen* angezeigt. Sie können aber nur solche Dateien öffnen, die durch Excel 97 als gültige Tabellen bzw. Arbeitsmappen unterstützt werden.

- Bei geöffnetem Listenfeld *Dateityp* zeigt Excel 97 weitere unterstützte Formate an. Wählen Sie einen der angegebenen Dateitypen, ändert Excel 97 die Dateierweiterung auf die Extension des Dateityps. Sie sehen anschließend nur noch Dateien dieses Typs im Dialogfeld *Öffnen*.

Sobald Sie den Namen der benötigten Fremddatei markieren, läßt sich diese über die *OK*-Schaltfläche laden.

Sofern Sie die Erweiterung für die Dateinamen der Fremddatei kennen, läßt sich diese auch im Feld Dateiname *als Suchmuster vorgeben (z.B. *.WK* für Lotus 1-2-3-Dateien). Dann erscheinen nur die jeweiligen Dateien dieses Typs in der Anzeige.*

Beachten Sie, daß Excel 97 die Vorschau des Dateiinhalts für die meisten Fremdformate nicht unterstützt. Allerdings erscheint bei der Anwahl verschiedener Grafikformate der Dateiinhalt in der Vorschau. Excel 97 zeigt im Listenfeld Dateityp *nur die unterstützten Formate an. Welche Formate unterstützt werden, hängt von den installierten Dateifiltern ab. Sie können solche Dateifilter nachträglich unter Microsoft Office 97 installieren. Näheres hierzu finden Sie beispielsweise in Kapitel 1 im Abschnitt »Komponenten hinzufügen/entfernen«. Die Filter sind unter der Option »Konverter und Filter« (siehe Bild 1.6 in Kapitel 1) und unter der Option »Microsoft Excel/Konverter für Tabellenkalkulationen« (siehe Bild 1.7 in Kapitel 1) zu finden.*

Besonderheiten beim Import von Lotus-Dateien

Sie können Kalkulationsblätter aus Lotus 1-2-3 Dateien direkt importieren. Add-Ins, die von Impress oder Allways benutzt werden, liest Excel 97 automatisch mit, sofern diese sich im gleichen Verzeichnis unter dem gleichen Namen und der entsprechenden Erweiterung (z.B. .ALL, .FMT) befinden. Grafiken in einem Arbeitsblatt, die nicht aus externen Programmen eingebettet wurden, konvertiert Excel 97 direkt, bevor es sie in einem separaten Arbeitsblatt speichert. Eingebettete Grafiken werden ebenfalls in einem separaten Blatt eingebettet.

> Beachten Sie jedoch, daß einige Formatbefehle durch Excel 97 nicht konvertierbar sind. Sie müssen diese dann im Excel-Arbeitsblatt durch Excel-Formate ersetzen. So werden +/- und Textformate durch das Excel-Standardformat ersetzt.

Änderung der Berechnungsreihenfolge

Lotus und Excel 97 interpretieren die Rangreihenfolge arithmetischer Operanden unterschiedlich. In Excel 97 besitzt der Negationsoperator eine höhere Priorität als der Exponent-Operator. In Lotus 1-2-3 wurde die Priorität genau anders herum definiert.

Lotus 1-2-3 kennt weiterhin verschiedene Arten zur Ausführung von Berechnungen (natürlich, spaltenweise, zeilenweise). Excel 97 kann Berechnungen nur in der natürlichen Reihenfolge ausführen.

Beim Import von Funktionen paßt Excel 97 diese an die interne Namensgebung an. Beachten Sie jedoch die unterschiedliche Behandlung von Texten und logischen Werten in Excel 97 und Lotus 1-2-3.

Das Datumsformat stimmt zwischen Excel 97 und Lotus 1-2-3 überein. Allerdings ist in Excel 97 das Argument für die Funktion DATUM auf 0 bis 178 begrenzt, während Lotus 1-2-3 die Werte der @DATUM-Funktion zwischen 0 und 199 akzeptiert. Liegt ein Wert außerhalb des Excel-Bereiches, erkennt das Programm den Wert nicht als Datum an.

Tabellen unterscheiden sich zwischen Excel 97 und Lotus in weiteren Einzelheiten. So kennen die früheren Lotus 1-2-3-Tabellen die in Excel 97 definierten Matrizen nicht.

> *Über die Registerkarte* Umsteigen *(Menü* EXTRAS, *Eintrag* OPTIONEN*) lassen sich einige dieser Abweichungen korrigieren. Weitere Hinweise, was beim Import von Lotus-Dateien zu beachten ist, finden Sie in der Excel-Hilfe, wenn Sie in der Registerkarte* Index *das Stichwort »Importieren von Daten« eintippen, auf die Schaltfläche* Anzeigen *klicken und anschließend das Thema »Anzeigen oder Speichern von Dateien aus anderen Programmen als Microsoft Excel-Arbeitsmappen« wählen.*

Import im Textformat

Häufig liegen Daten in Textform vor. Sind diese Texte bereits in Tabellenform organisiert, lassen sie sich recht einfach in Excel 97 übernehmen.

- Sie können dabei die Daten in einem Textverarbeitungsprogramm laden und über die Zwischenablage in Excel-Tabellen übernehmen. Excel 97 unterstützt hierbei sowohl einfache Texte als auch im *Rich Text Format* (RTF) abgelegte Daten. Bei normalem Text werden Zeichen wie $ und %

übernommen, die Schriftart, der Schriftgrad etc. gehen allerdings verloren. Im RTF-Format kann Excel 97 auch die Formatinformationen auswerten und in der Tabelle berücksichtigen.

···≫ Die Alternative besteht darin, die Textdateien direkt in Excel 97-Arbeitsblätter zu importieren.

Liegt ein Text als Datei vor, können Sie diesen zeilenweise in die Tabelle übernehmen. Von Bedeutung ist letztlich nur die korrekte Aufteilung des Textes auf die einzelnen Spalten der Tabelle. Unterstützung bei dieser Aufteilung liefert der *Text-Assistent*. Dieses Programm läßt sich in zwei Modi aufrufen.

···≫ Sobald Sie eine Textdatei öffnen möchten (z.B. über die Funktion *Öffnen* im Menü *Datei* oder über den Dateimanager), blendet Excel 97 das Dialogfeld des Text-Assistenten ein.

···≫ Haben Sie bereits einen Text in einer Excel-Tabelle vorliegen, der aber nicht zufriedenstellend formatiert ist, können Sie diesen Textausschnitt markieren und mit dem Text-Assistenten formatieren. Hierzu rufen Sie das Programm über den Eintrag TEXT IN SPALTEN im Menü DATEI auf (siehe folgende Abschnitte).

Der Text-Assistent führt Sie in drei Schritten durch die Prozeduren zum Einlesen der Textdaten. Sobald Sie die Textdatei öffnen oder den Eintrag *Text in Spalten* anwählen, erscheint das Dialogfeld mit dem Schritt 1 des Assistenten (Bild 18.2).

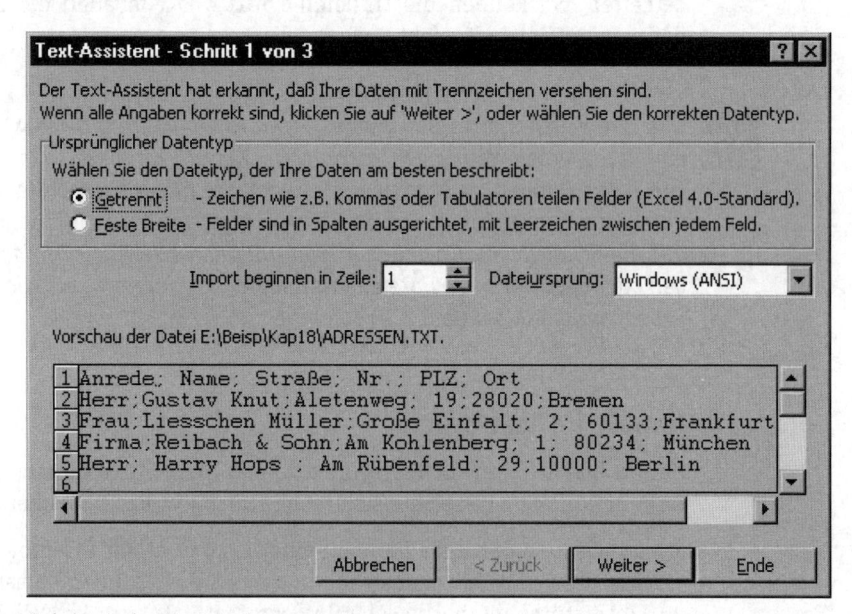

Bild 18.2: Schritt 1 des Text-Assistenten

In der Vorschau zeigt der Assistent die Daten des zu bearbeitenden Textbereiches an. Diese Daten müssen zeilenweise vorliegen, wobei die einzelnen Felder entweder eine feste Breite aufweisen oder durch Trennzeichen wie Kommata, Semikola, Leerzeichen etc. getrennt sind. Über die zwei Optionsfelder der Gruppe *Ursprünglicher Datentyp* legen Sie fest, wie der Assistent den Text interpretieren soll.

Enthält der Textbereich eine Titelzeile, die nicht benötigt wird, können Sie diese über das Feld *Import beginnen in Zeile* überlesen. Das Feld *Dateiursprung* erlaubt es Ihnen, den verwendeten Zeichensatz einzustellen. Der Assistent unterscheidet die Zeichensätze von Windows (ANSI), Macintosh, DOS und OS/2. Dieses Feld erscheint jedoch nur, wenn Sie eine Textdatei öffnen.

Über die Schaltfläche *Weiter >* läßt sich anschließend zum nächsten Schritt weiterschalten. Abhängig von der Voreinstellung zeigt der Assistent allerdings unterschiedliche Dialogfelder für Schritt 2. Wurde im ersten Schritt die Option *Getrennt* markiert, blendet der Assistent das Dialogfeld aus Bild 18.3 ein.

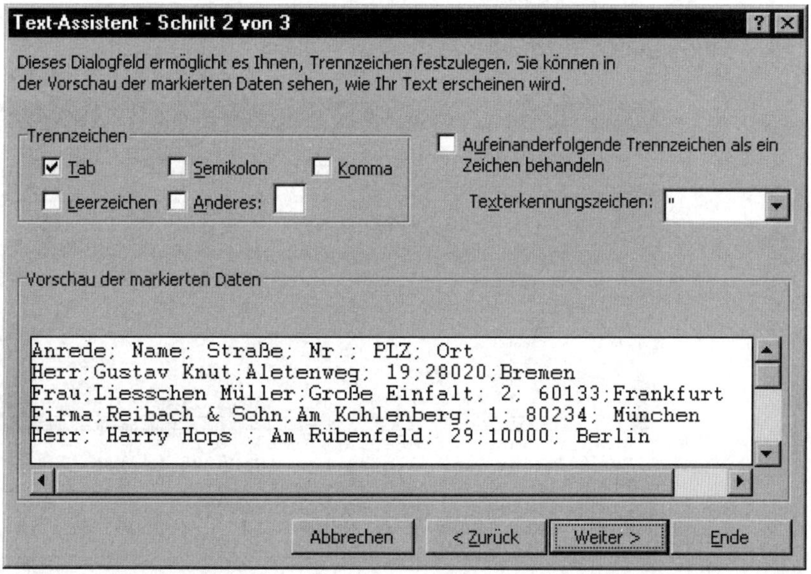

Bild 18.3: Auswahl der Trennzeichen

In diesem Dialogfeld müssen Sie die Trennzeichen für die einzelnen Felder festlegen. (Als *Felder* bezeichnet man die einzelnen Elemente einer Zeile wie Name, Vorname, Postleitzahl etc.) Dies erfolgt durch Markieren der entsprechenden Kontrollkästchen der Gruppe *Trennzeichen*. Der Assistent ermöglicht es Ihnen, dabei verschiedene Trennzeichen zu kombinieren. Wurden Texte in Anführungszeichen (" oder ") eingefaßt, können Sie dieses Zeichen ebenfalls auswählen. Erkennt der Assistent ein solches Zeichen, weist er dem betreffenden Feld in der Zieltabelle automatisch ein Textformat zu. Die Ergebnisse werden in der Vorschau angezeigt (Bild 18.4).

```
Vorschau der markierten Daten
┌────────┬──────────────────┬────────────────┬─────┬───────┬────────┐
│Anrede  │Name              │Straße          │Nr.  │PLZ    │Ort     │
│Herr    │Gustav Knut       │Aletenweg       │19   │28020  │Bremen  │
│Frau    │Liesschen Müller  │Große Einfalt   │2    │60133  │Frankfu │
│Firma   │Reibach & Sohn    │Am Kohlenberg   │1    │80234  │Münche  │
│Herr    │Harry Hops        │Am Rübenfeld    │29   │10000  │Berlin  │
└────────┴──────────────────┴────────────────┴─────┴───────┴────────┘
```

Bild 18.4: Anzeige der Felder in der Vorschau

Sofern Ihnen diese Trennung nicht gefällt, können Sie andere Trennzeichen setzen oder über die Schaltfläche < *Zurück* zu Schritt 1 zurückgehen. Haben Sie die Option *Feste Breite* in Schritt 1 gewählt, zeigt der Assistent ein modifiziertes Dialogfeld in Schritt 2 an, welches praktisch nur noch Ergebnisse in der Vorschau enthält (Bild 18.5). Diese Art des Imports eignet sich, falls Sie Texte als Textelemente in eine Tabelle aufnehmen möchten.

Sobald Sie zu Schritt 3 weiterschalten, blendet der Assistent das Dialogfeld aus Bild 18.6 ein. Der Inhalt des Dialogfeldes ist in beiden Varianten (Optionen *Gleich* oder *Feste Breite*) gleich.

```
Text-Assistent - Schritt 2 von 3                                    ? X

Dieses Dialogfeld ermöglicht es Ihnen, Feldbreiten (Spaltenumbrüche) festzulegen.

┌─────────────────────────────────────────────────────────────────────┐
│ Pfeillinien zeigen einen Spaltenumbruch an.                         │
│    Um einen Spaltenwechsel einzufügen, klicken Sie an die gewünschte Position. │
│    Um einen Spaltenwechsel zu löschen, doppelklicken Sie auf den gewünschten Pfeil. │
│    Um einen Spaltenwechsel zu verschieben, ziehen Sie den Pfeil mit der Maus. │
└─────────────────────────────────────────────────────────────────────┘

Vorschau der markierten Daten
         10        20        30        40        50
┌─────────────────────────────────────────────────────────────────────┐
│Anrede; Name; Straße; Nr.; PLZ; Ort                                  │
│Herr;Gustav Knut;Aletenweg; 19;28020;Bremen                          │
│Frau;Liesschen Müller;Große Einfalt; 2; 60133;Frankfurt              │
│Firma;Reibach & Sohn;Am Kohlenberg; 1; 80234; München                │
│Herr; Harry Hops ; Am Rübenfeld; 29;10000; Berlin                    │
└─────────────────────────────────────────────────────────────────────┘

            Abbrechen    < Zurück    Weiter >    Ende
```

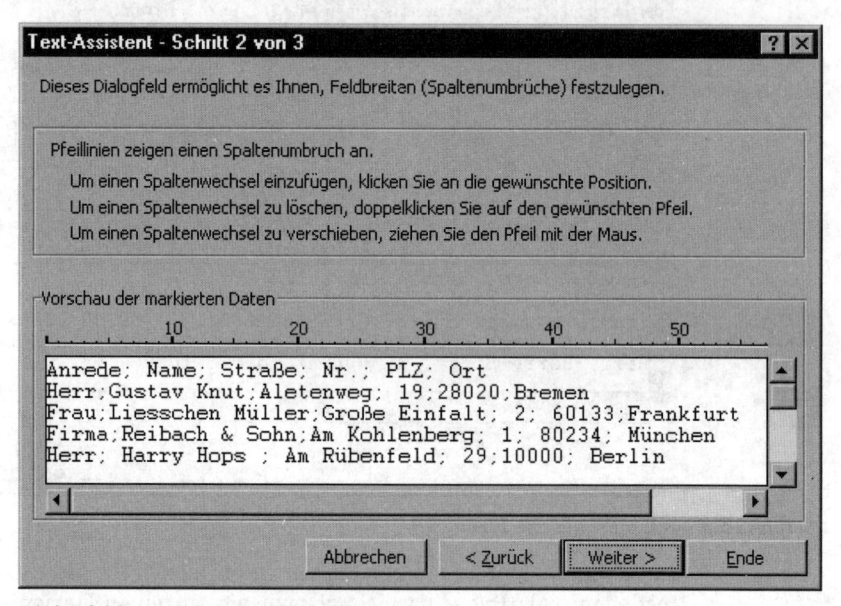

Bild 18.5: Dialogfeld aus Schritt 2 bei fester Breite

In Schritt 3 läßt sich festlegen, wie Excel 97 die Daten der einzelnen Spalten interpretiert. Haben Sie in Schritt 2 ein Trennzeichen für Texte (z.B. " ") vereinbart, markiert der Assistent in der Vorschau alle Textspalten mit dem Wort *Text*. Alle anderen Spalten werden mit dem Text *Standard* überschrieben.

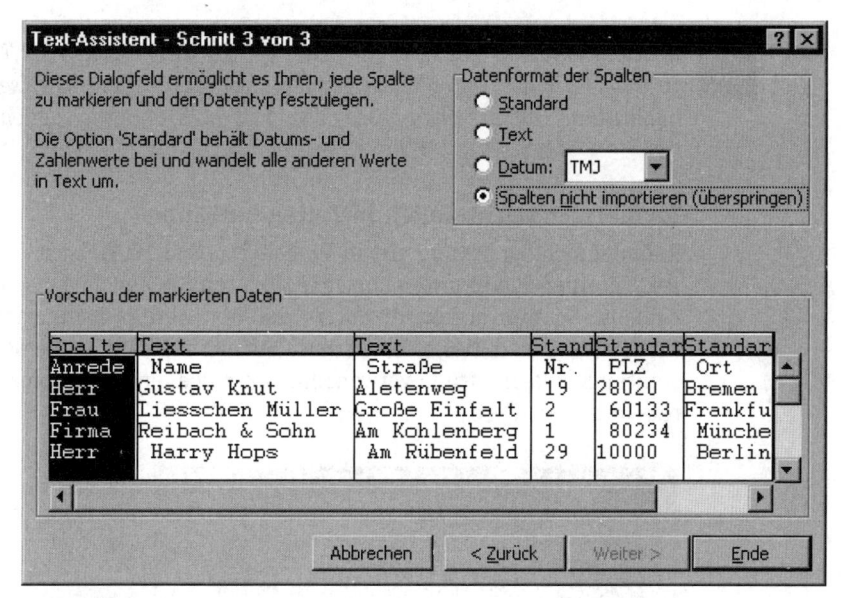

Bild 18.6: Schritt 3 des Text-Assistenten

Sie können aber jederzeit per Maus einen Spaltenkopf anklicken. Excel 97 markiert die betreffende Spalte und ermöglicht es Ihnen, das Datenformat über eines der Optionsfelder der Gruppe *Datenformat der Spalten* zu setzen. In Bild 18.6 wurde einigen Spalten nachträglich ein Textformat zugewiesen.

Soll eine Spalte nicht übernommen werden, wählen Sie den Spaltenkopf per Maus an. Anschließend ist die Markierung *Spalten nicht importieren* im betreffenden Optionsfeld zu setzen. Excel 97 markiert die Spalte mit der Überschrift *Spalte*.

Bild 18.7: Importierte Textdateien

Sobald Sie beim Import die Schaltfläche *Ende* anklicken, übernimmt Excel 97 die Textdaten in die Tabelle eines Arbeitsblatts. Haben Sie nicht alle Optionen in den einzelnen Schritten definiert, verwendet Excel 97 Standardvorgaben. Das Ergebnis eines solchen Imports sehen Sie in Bild 18.7. Die einzelnen Zeilen der Textdatei wurde hier in Zellen der Tabelle aufgeteilt.

Im Verzeichnis \BEISP\KAP18 finden Sie die Datei ADRESSEN.TXT, die entsprechende Daten enthält. Sie können diese Datei versuchsweise in Excel 97 importieren und die oben beschriebenen Schritte nachvollziehen.

Textbereich nachträglich in Zellen aufteilen

Befindet sich der Text bereits in der Tabelle (Bild 18.8), ist er aber als reiner Text in einer Spalte untergebracht? Möchten Sie den Text nachträglich auf einzelne Spalten aufteilen? Sofern der Text bereits Trennzeichen enthält (in Bild 18.8 sind dies beispielsweise Semikola), können Sie den Text-Assistenten zur Bearbeitung verwenden. Hierzu gehen Sie in folgenden Schritten vor:

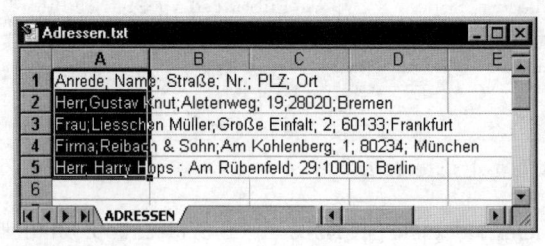

Bild 18.8: Tabelle mit Text

1. Sie müssen den zu bearbeitenden Textbereich vor dem Aufruf des Assistenten markieren (Bild 18.8). Beachten Sie, daß Sie nur die Spalte mit dem Text wählen, da der Assistent immer nur eine Spalte bearbeiten kann.

2. Anschließend rufen Sie den Assistenten zur Textkonvertierung über den Befehl TEXT IN SPALTEN im Menü DATEN auf (Bild 18.9).

Der Text-Assistent bietet Ihnen das Dialogfeld aus Bild 18.2 an. Sie müssen die drei Schritte zur Konvertierung der markierten Textspalte ausführen. Die Schritte wurden bereits im vorhergehenden Abschnitt vorgestellt.

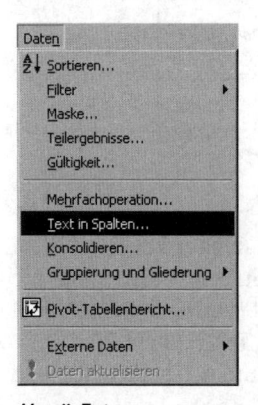

Bild 18.9: Menü Extras

Im letzten Schritt 3 gibt es aber eine kleine Abweichung zum Import von Textdateien. Excel 97 muß die markierten Daten der Quellspalte in mehrere Felder aufteilen und anschließend abspeichern. Sie können hierzu die markierte Spalte und die rechts danebenliegenden Spalten als Zielbereich belassen (dies macht aber häufig keinen Sinn, da diese Spalten belegt sind).

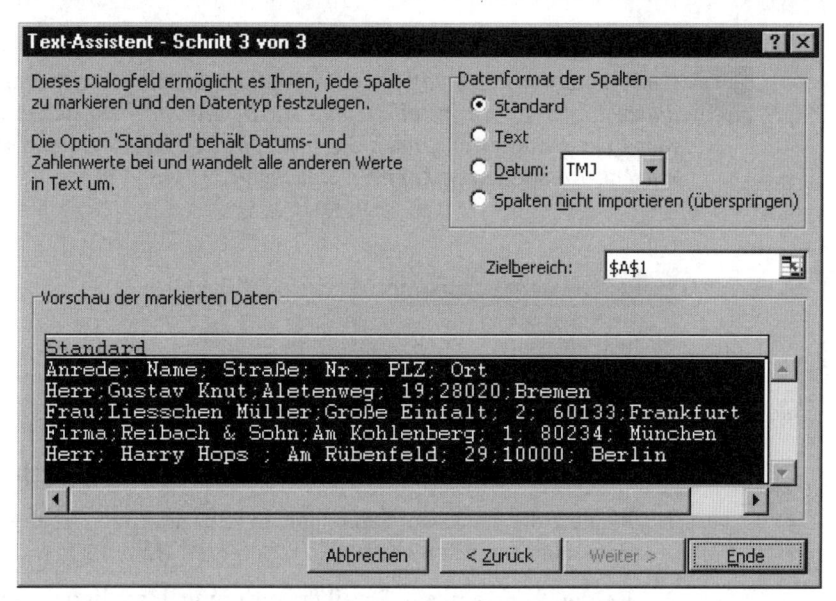

Bild 18.10: Schritt 3 mit Feld zur Angabe des Zielbereichs

Daher blendet der Assistent im Schritt 3 unterhalb der Gruppe *Datenformat der Spalte* ein Feld mit dem Zielbereich ein (Bild 18.10).

Im Feld *Zielbereich* ist die oberste linke Zelle des Zielbereichs anzugeben. Sie können dort die Vorgabe belassen. Falls Sie auf die nebenstehend gezeigte Schaltfläche am rechten Rand des Feldes klicken, läßt sich die betreffende Zelle im Arbeitsblatt markieren. Excel 97 hebt die Zelle mit einer dünnen Lauflinie hervor. Betätigen Sie die ⏎-Taste, übernimmt Excel 97 diese Auswahl (als absolute Zellreferenz) in das Feld.

Sobald das angezeigte Format Ihren Vorstellungen entspricht, schließen Sie das Dialogfeld über die Schaltfläche *Ende*. Excel 97 importiert dann die Textdatei in die einzelnen Spalten der Tabelle. Bild 18.7 zeigt das Ergebnis des Imports einiger einfacher Adreßdaten.

Beim Import von Texten setzt Excel 97 die Standard-Spaltenbreite für das neue Arbeitsblatt. Dadurch werden die Einträge abgeschnitten dargestellt. Sie müssen ggf. die Spaltenbreite manuell anpassen.

Importieren mit dem Dateikonvertierungs-Assistenten

Liegen mehrere Dateien in einem Fremdformat vor, ist es unter Umständen günstiger, den Assistenten zur Dateikonvertierung einzusetzen. Dieser Assistent kann die betreffenden Dateien in einem Durchlauf in Excel 97-Arbeitsmappen überführen.

> *Der Assistent wird als Add-In zur Verfügung gestellt. Vor der Anwendung muß daher dieses Add-In installiert und zur Benutzung freigegeben werden. Hinweise zur Installation finden Sie in Kapitel 1. Informationen zum Umgang mit Add-Ins werden in Kapitel 24 gegeben.*

Bild 18.11: Untermenü des Befehls Assistent im Menü Extras

Zur Konvertierung der Fremddateien führen Sie die folgenden Schritte aus:

1. Wählen Sie im Menü EXTRAS den Befehl ASSISTENT. Excel 97 öffnet ein Untermenü mit den verfügbaren Befehlen (Bild 18.11).

2. Ist der Assistent zur Dateikonvertierung installiert, wählen Sie den gleichnamigen Befehl im Untermenü.

3. Der Assistent führt Sie anschließend durch die einzelnen Schritte zur Konvertierung. Wählen Sie die gewünschten Optionen.

Über die Schaltfläche *Weiter >* schalten Sie zum nächsten Schritt. Mit der Schaltfläche *< Zurück* können Sie zum vorhergehenden Dialogfeld zurückkehren. Die Schaltfläche *Fertigstellen* startet die Konvertierung. Excel 97 legt die konvertierten Daten in eigenen Dateien im Zielverzeichnis ab. Nachfolgend werden die einzelnen Schritte der Konvertierung kurz vorgestellt.

Schritt 1 – Quelldaten festlegen

Im ersten Schritt benötigt der Assistent Informationen über die zu konvertierenden Dateien (Bild 18.12).

1. Wählen Sie als erstes das zu konvertierende Fremdformat im Listenfeld *Dateiformat*.

2. Anschließend tragen Sie den Quellordner mit den zu konvertierenden Dateien im Feld *Laufwerke und Ordner* ein.

18 Im- und Export von Dokumenten

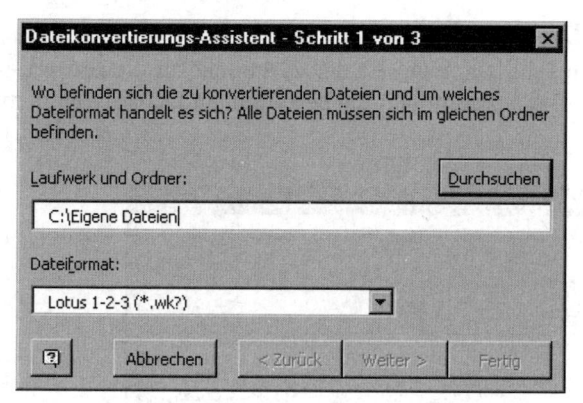

Bild 18.12: Schritt 1 – Dateiformat und Quellverzeichnis auswählen

Über die Schaltfläche *Durchsuchen* läßt sich ein Dialogfeld zur Auswahl des Ordners öffnen. Wählen Sie eine der Dateien im Quellverzeichnis aus, übernimmt der Assistent den Ordner im Feld *Laufwerke und Ordner*.

Schritt 2 – Dateien festlegen

In Schritt 2 sind die zu konvertierenden Dateien festzulegen. Das vom Assistenten angezeigte Dialogfeld enthält eine Liste aller im gewählten Fremdformat im Quellordner vorliegenden Dateien.

Bild 18.13: Auswahl der zu konvertierenden Dateien

Sobald Sie das Kontrollkästchen vor dem betreffenden Dateinamen mit einem Mausklick markieren, erscheint ein Häkchen. Alle mit einem markierten Kontrollkästchen versehenen Dateien werden konvertiert.

Schritt 3 – Zielordner vorgeben

Im letzten Schritt müssen Sie den Zielordner für die konvertierten Dateien vorgeben. Der Assistent legt die betreffenden XLS-Dateien in diesem Ordner ab.

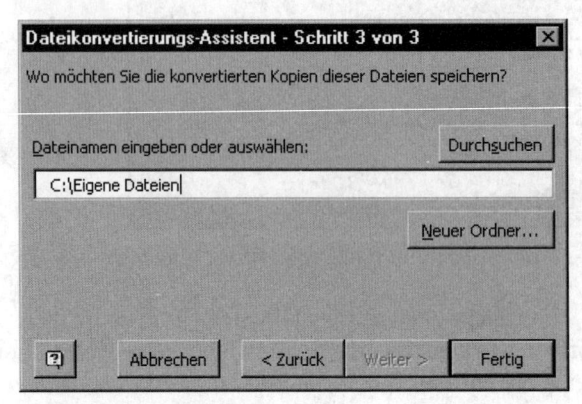

Bild 18.14: Zielverzeichnis angeben

Sie können den Zielordner direkt im betreffenden Textfeld angeben. Der Assistent schlägt beim ersten Aufruf den Ordner *C:\EIGENE DATEIEN* vor. Möchten Sie einen neuen Ordner zur Ablage der konvertierten Dateien anlegen, wählen Sie die Schaltfläche *Neuen Ordner*.

> **Achtung!** Leider bringt die Schaltfläche Durchsuchen *nicht allzuviel. Sie können über die Schaltfläche zwar ein Dialogfeld zur Ordnerauswahl verwenden. Aufgrund eines Bugs läßt sich der ausgewählte Ordner jedoch nicht in das Feld übernehmen. Nur wenn dieser Ordner bereits eine XLS-Datei enthält und Sie diese Datei anklicken, überträgt der Assistent den zugehörigen Ordnernamen in das Feld mit dem Zielverzeichnis.*

Sobald Sie die Optionen zur Konvertierung gesetzt haben, klicken Sie auf die Schaltfläche *Fertigstellen*. Der Assistent beginnt mit der Konvertierung der Fremddateien. Sie werden durch Meldungen in der Statusleiste des Excel-Fensters über den Ablauf informiert. Nach Abschluß der Konvertierung legt der Assistent eine neue Mappe mit einem Bericht über die konvertierten Dateien an (Bild 18.15).

18 Im- und Export von Dokumenten

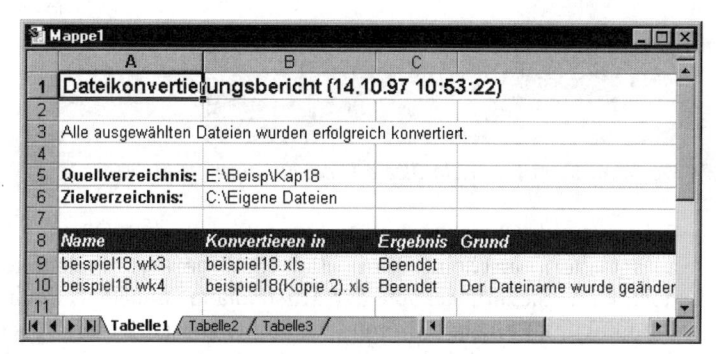

Bild 18.15: Der Dateikonvertierungsbericht

18.2 Export von Dokumenten

Um Arbeitsmappen (Dokumente) in einem Fremdformat zu speichern, gehen Sie folgendermaßen vor:

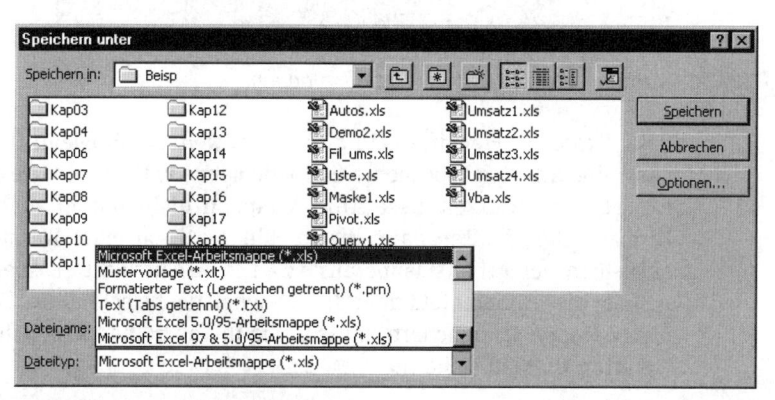

Bild 18.16: Auswahl des Exportformates

1. Wählen Sie den Befehl SPEICHERN UNTER im Menü DATEI. Excel 97 öffnet das Dialogfeld *Speichern unter*.

2. Öffnen Sie das Listenfeld *Dateityp*, und wählen Sie anschließend das gewünschte Exportformat (Bild 18.16). Sobald Sie den Dateityp festgelegt haben, ergänzt Excel 97 die Erweiterung im Dateinamen entsprechend.

3. Geben Sie jetzt noch den Dateinamen und den Speicherort vor.

4. Sobald Sie das Dialogfeld über die *OK*-Schaltfläche schließen, beginnt Excel 97 mit dem Export der Arbeitsmappe im Fremdformat.

Beim Export in das Fremdformat tritt häufiger das Problem auf, daß sich bestimmte Excel-97-spezifische Inhalte der Arbeitsmappe nicht auf das Fremdformat abbilden lassen.

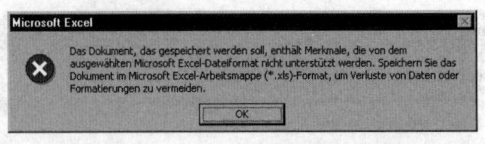

Bild 18.17: Warnung beim Export in ältere Excel-Formate

Beim Versuch, Excel-97-Arbeitsmappen im Format früherer Excel-Version zu speichern, erscheint das in Bild 18.17 gezeigte Dialogfeld. Haben Sie noch keine Sicherungskopie der Arbeitsmappe angelegt, SIe benötigen die Daten aber zu einem späteren Zeitpunkt, sollten Sie die (noch geöffnete) Arbeitsmappe zusätzlich im Excel-97-Format speichern.

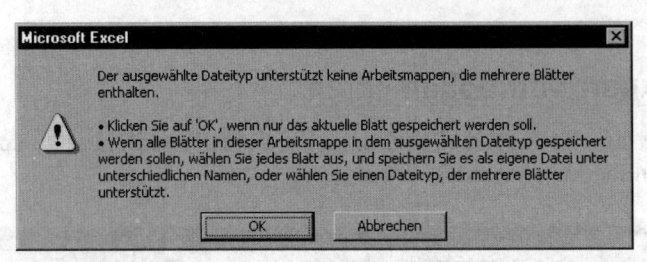

Bild 18.18: Warnung beim Export von Arbeitsmappen

Beim Export in Fremdformate gibt es ein weiteres Problem: Unter Excel 97 kann eine Arbeitsmappe mehrere Arbeitsblätter enthalten. Viele ältere Fremdformate unterstützen diese Arbeitsmappen nicht und erlauben keine 3D-Formate. Sie erhalten dann die in Bild 18.18 gezeigte Warnung. Um das aktuell in der Arbeitsmappe ausgewählte Arbeitsblatt zu speichern, können Sie dieses Dialogfeld über die *OK*-Schaltfläche schließen. Um eine komplette Mappe zu speichern, müssen Sie die einzelnen Arbeitsblätter in getrennten Dateien sichern.

Export von Daten in Textdateien

Sie können eine Tabelle oder einen Bereich einer Tabelle sehr einfach in eine Textdatei überführen. Sie schneiden einen Bereich aus und fügen die Daten in eine neue Tabelle ein. Dann wird die Tabelle in beiden Fällen über die Funktion *Speichern unter* mit dem gewünschten Namen gesichert. Vorher öffnen Sie das Dialogfeld *Dateityp* und stellen als Ausgabeformat *Text, CSV* oder ein anderes Textformat ein. Excel 97 legt dann eine PRN-, CSV- oder TXT-Datei im Zielverzeichnis an.

> *Wenn Sie Daten in CSV-Dateien sichern, lassen sich diese später ohne Textassistent zurücklesen.*

Beim Speichern einer Tabelle im Textformat (TXT, CSV oder PRN) sichert Excel 97 nur die sichtbaren Teile der Tabelle. Wird zum Beispiel ein Texteintrag durch die Spaltenbreite begrenzt, schneidet Excel 97 die restlichen Zeichen unter Umständen beim Speichern ab.

Besonderheiten bei Excel-Formaten

Das Programm Excel 97 existiert in verschiedenen Versionen, die unterschiedliche Formate und Dateiendungen verwenden. Diese Formate lassen sich in Excel 97 lesen und teilweise schreiben. Auf Grund der historischen Entwicklung werden Dateien mit gleichen Namenserweiterungen aber in den verschiedenen Versionen unterschiedlich interpretiert. Tabelle 18.1 gibt einen Überblick über die Dateierweiterungen der unterschiedlichen Excel-Versionen.

Dateierweiterungen in verschiedenen Excel-Versionen

Typ Arbeitsblatt	Excel 97-Version					
	2.1	3.0	4.0	5.0	95	97
Arbeitsmappe	—	—	XLW	XLS	XLS	XLS
Arbeitsblatt	XLS	XLS	XLS	—		
Mustervorlage	—	XLT	XLT	XLT	XLT	XLT
Chart	XLC	XLC	XLC	—		
Makro	XLM	XLM	XLM	—		
Arbeitsbereich	XLW	XLW	XLW	XLW	XLW	XLW
Add-In	—	XLA	XLA	XLA	XLA	XLA

Ab Excel 97 werden nur noch vier verschiedene Dateierweiterungen benutzt. Vor allem faßt Excel 97 die einzelnen Arbeitsblätter in Mappen zusammen. Dies ist beim Im- und Export von Excel-Dateien früherer Versionen zu beachten (siehe oben).

Die Excel-4.0-Dateitypen XLL und XLB wurden in obiger Tabelle nicht aufgenommen, da sie für den Im- und Export nicht relevant sind.

Je nach Art der installierten Filterprogramme lassen sich verschiedene Dateiformate lesen und gegebenenfalls auch schreiben. Tabelle 18.2 enthält eine kurze Aufstellung dieser Formate.

Im- und Exportformate in Excel 97

Formate	Bemerkung
alle	Excel 97, alle Formate lesen und schreiben
.SLK	Symbolic Link-Format (SYLK)
.TXT	Textformat (auch MAC, OS/2)
.CSV	Comma Separated Text
.WKS	Lotus 1-2-3, 1A, MS-Works (nicht schreiben)
.WK1, .FMT	Lotus 1-2-3, 2.x-Format
.WK3, -FM3, .PRN	Lotus 1-2-3, 3.x und Windows
.WK4	Lotus 1-2-3, 4.x und Windows
.ALL	Lotus Allways
.DIF	Data Interchange Format
.DBF	dBASE II bis IV Formate
.WQ1, .WQS	Quattro Pro (MS-DOS)
—	Multiplan (nur lesen)
.PIC	Lotus PIC (nur lesen, falls ALL-Datei vorhanden)

Informationen über den internen Aufbau dieser Fremddateien finden Sie im Literaturverzeichnis unter /6/.

Denken Sie daran, daß sich der Name der Exportdatei vom Namen der Dokumentdatei unterscheidet. Excel 97 überschreibt bei gleichem Namen ihre Dokumentdatei mit dem Fremdformat. Wenn Sie dann das Dokument zurücklesen, sind mit hoher Wahrscheinlichkeit Formatierungsmerkmale verloren.

Falls bei Ihrem System nicht alle der oben aufgeführten Formate im Dialogfeld erscheinen, fehlen die betreffenden Filter. Sie können diese jedoch über das Excel-Setup-Programm nachträglich installieren.

Um zu verhindern, daß die Importdatei irrtümlich mit dem Excel-Dateiformat überschrieben wird, sollten Sie diese grundsätzlich schreibgeschützt öffnen.

Hinweise zu Excel 5.0/95/97

Sofern Sie mit Excel 97 erstellte Dateien häufiger mit Microsoft Excel 5.0, Excel 95 bearbeiten müssen, sollten Sie die Arbeitsmappen in einem besonderen (dualen Dateiformat) speichern. Sichern Sie die Arbeitsmappe im Format »Microsoft Excel 97 & 5.0/95-Arbeitsmappe«, enthält die Datei sowohl das Microsoft Excel 97- als auch das Microsoft Excel 5.0/95-Dateiformat. (Die Dateiformate von Microsoft Excel 5.0/95 sind identisch.)

Zum Sichern in diesem Format öffnen Sie das Dialogfeld *Speichern unter* (Menü DATEI, Befehl SPEICHERN UNTER). Anschließend wählen Sie das Dateiformat im gleichnamigen Listenfeld, tragen den Dateinamen ein und schließen das Dialogfeld über die Schaltfläche *Speichern*. Beachten Sie aber, daß Arbeitsmappen, die im dualen Dateiformat gespeichert werden, größer als »normal gespeicherte« Arbeitsmappen sind.

Haben Sie die Arbeitsmappe in diesem Format gesichert, läßt sich diese weiterhin mit Microsoft Excel 97 bearbeiten. Versucht ein Benutzer, die Arbeitsmappe unter Microsoft Excel 5.0/95 zu öffnen, wird eine Meldung angezeigt, die Datei schreibgeschützt zu öffnen. Ignoriert der Benutzer diese Empfehlung und speichert die Arbeitsmappe in der Excel-Version, gehen alle Merkmale und Formatierungen verloren, die nur in Microsoft Excel 97 verfügbar sind.

Sie können die Datei jedoch durch ein Schreibschutzkennwort schützen, um ein Überschreiben zu verhindern (siehe Kapitel 6).

19 Formatierung von Tabellen und Arbeitsblättern

19.1 Formatierung von Zellinhalten

Wenn Sie in einer leeren Zelle eine Eingabe speichern, wertet Excel 97 diese aus und weist dem Zellinhalt die entsprechende Formatierung zu. Der Typ des ersten Teilausdrucks bestimmt dabei das Format der Zelle.

- Handelt es sich beim Zellinhalt um einen Text (z.B. Heinrich Heine), weist Excel 97 der Zelle das Textformat zu, d.h. der Eintrag wird standardmäßig linksbündig ausgerichtet. Bei der Kombination aus Text und Zahl (z.B. ="Jahr " & 1994) ist der erste Ausdruck ein Text, daher weist Excel 97 ein Textformat zu und wandelt die Jahreszahl in einen String.

- Wird eine Konstante (z.B. 123) in eine Zelle eingetragen, stellt Excel 97 diesen Wert rechtsbündig im numerischen Format in der Anzeige dar. Die Aufteilung auf Kommastellen etc. hängt dabei vom Standardformat für numerische Werte ab.

- Eine Formel wird durch das vorangestellte Gleichheitszeichen eingeleitet. Excel 97 weist dem Ergebnis in Abhängigkeit vom Typ des Formelergebnisses ein Format zu. Texte werden im Textformat linksbündig ausgerichtet. Numerische Werte und Wahrheitswerte erhalten eine rechtsbündige Ausrichtung in der Anzeige. Dies gilt übrigens auch, wenn Sie eine Eingabe wie ="123" + 1920 verwenden. Dann nimmt Excel 97 eine automatische Konvertierung des Strings in eine Zahl vor.

Näheres zur automatischen Konvertierung von Zahlen finden Sie in Kapitel 8. Die Anzeige eines Zellinhalts hängt vom Standardformat ab, welches einer leeren Zelle bei der Eingabe zugewiesen wird. Die Anpassung der Formate wird auf den nachfolgenden Seiten und in Kapitel 20 besprochen.

- Sobald Sie einen Wert in eine Zelle eintragen, behält diese das Format, auch wenn der Wert wieder gelöscht wird (siehe auch Kapitel 8).

- Mit der Tastenkombination [Strg]+[⇧]+[6] oder über die betreffenden Schaltflächen (siehe Kapitel 3) läßt sich das Zellformat aber löschen. Viele der Formatierungsmerkmale sind über die *Format-Symbolleiste* direkt abrufbar (Bild 19.1).

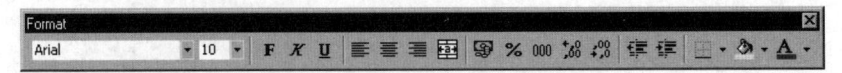

Bild 19.1: Format-Symbolleiste

Die Schaltflächen zur Formatierung von Zellinhalten und Texten werden auf den folgenden Seiten vorgestellt.

19 Formatierung von Tabellen und Arbeitsblättern

> *Sie können die Symbolleiste auch als schwebende Werkzeugleiste im Excel-Arbeitsbereich einblenden. Doppelklicken Sie auf einen freien Bereich innerhalb der Symbolleiste (nicht auf eine Schaltfläche klicken), zeigt Excel 97 die freischwebende Leiste. Sie können deren Größe verändern, indem Sie die Seitenränder bei gedrückter linker Maustaste verschieben. Um die Symbolleiste wieder im Kopf des Excel-Fensters einzublenden, genügt ein Doppelklick auf die Titelzeile der Leiste. Möchten Sie die Lage der Symbolleiste im Kopfbereich des Fensters wechseln, positionieren Sie die Maus auf einer freien Stelle der Leiste, halten die linke Maustaste gedrückt und ziehen die Symbolleiste an die neue Position. Mit dieser Methode läßt sich die Leiste auch am linken, rechten und unteren Fensterrand verankern (Bild 19.2).*

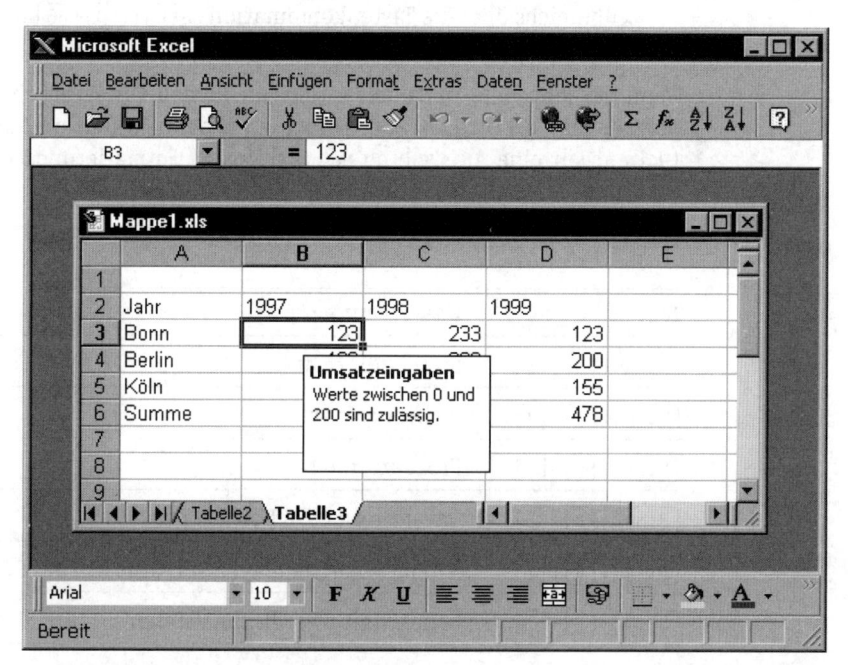

Bild 19.2: *Format-Symbolleiste am unteren Fensterrand*

Formatierung mit Standardformaten

Excel 97 kennt eine Reihe von Standardformaten, die sich implizit bei der Eingabe sowie explizit einzelnen Zellen oder ganzen Bereichen zuweisen lassen. Die implizite Formatierung während der Eingabe haben Sie bereits in Kapitel 8 kennengelernt (z.B. 10 % weist das Prozentformat zu). Möchten Sie nachträglich das Format einer Zelle verändern, gehen Sie folgendermaßen vor:

1. Wählen Sie die Zelle oder den Zellbereich per Maus aus.
2. Betätigen Sie eine der Schaltflächen in der *Format*-Symbolleiste (siehe Bild 19.1). Alternativ können Sie die Tastenkombinationen aus Tabelle 19.1 benutzen.

Excel 97 ersetzt dann das bisherige Zellformat durch das neue Format. Einzige Voraussetzung hierzu ist, daß es sich um eine gültige Formatkombination handelt. (Es macht wenig Sinn, einem Text ein 1000er-Trennzeichen zuzuweisen.)

⇢ Haben Sie einer Zelle irrtümlich ein Format zugewiesen, können Sie dieses sofort danach über die Tastenkombination [Strg]+[z] aufheben.

⇢ Weiterhin läßt sich nachträglich das Format einer Zelle oder eines Zellbereichs über die Tastenkombination [Strg]+[⇧]+[6] löschen. Excel 97 verwendet dann das Format *Standard* für die Zelle(n).

Wenn Sie sehr viele Werte mit unterschiedlichen Formaten eintragen, verwenden Sie Tastencodes zum Formatieren der markierten Zellen. Tabelle 19.1 enthält eine Aufstellung der wichtigsten Formatierungscodes.

Tastenkombinationen zum Formatieren von Zellen

Tasten	Bemerkung
[Strg]+[⇧]+[6]	Standardformat
[Strg]+[⇧]+[4]	Währungsformat
[Strg]+[⇧]+[5]	Prozentformat
[Strg]+[⇧]+[3]	Datumsformat (TT.MM.JJJJ)
[Strg]+[⇧]+[2]	Exponentdarstellung (1,92E-01) mit zwei Dezimalstellen
[Strg]+[⇧]+[1]	Format mit zwei Dezimalstellen (0,00)

Tabelle 19.1 gibt dabei in der ersten Spalte die Tasten wieder, die bei der Eingabe erforderlich sind. Viele Tasten sind mit zwei Zeichen belegt, von denen eines beim Drücken der [⇧]-Taste erscheint. In diesem Buch wurden die Tastenbezeichnungen der ersten Ebene verwendet (z.B. [Strg]+[⇧]+[6]). Dies weicht etwas von der Excel-Dokumentation ab, die zum Beispiel für das Standardformat die Tastenkombination [Strg]+[⇧]+[&] angibt. Funktional sind beide Anweisungen gleich, da die betreffende Taste sowohl mit dem Zeichen [6] als auch mit [&] beschriftet ist.

Integrierte Zellformate

Excel 97 erlaubt Ihnen eine Reihe vordefinierter Formate auf einzelne Zellen oder Bereiche anzuwenden. Einige dieser Formate wurden bereits in Tabelle 19.1 vorgestellt und lassen sich über Tastenkombinationen abrufen. Um auf alle integrierten Formate zurückzugreifen, müssen Sie die betreffende(n) Zelle(n) per Maus markieren. Anschließend ist die Registerkarte *Zahlen* (Bild 19.3) aufzurufen.

⋯▸ Dies kann über den Eintrag ZELLEN im Menü FORMAT erfolgen.

⋯▸ Wenn Sie das Kontextmenü über die rechte Maustaste abrufen, zeigt Excel 97 den Befehl ZELLEN FORMATIEREN.

⋯▸ Als dritte Möglichkeit können Sie das Dialogfeld *Zellen* über die Tastenkombination [Strg]+[1] aufrufen.

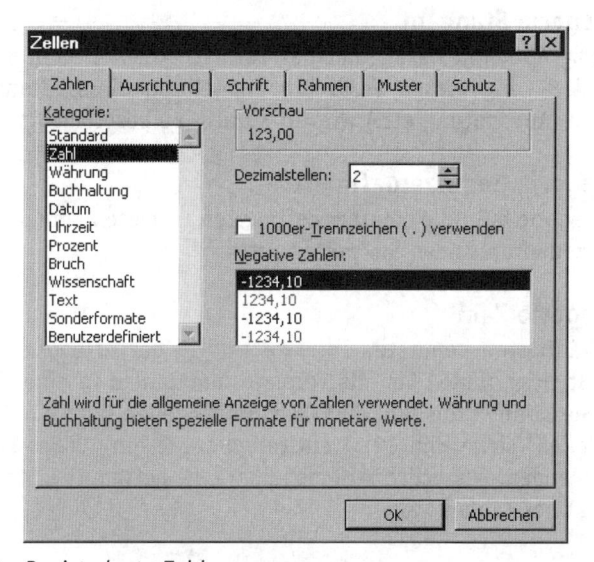

Bild 19.3: Registerkarte Zahlen

Excel 97 blendet das Dialogfeld *Zellen* mit verschiedenen Registerkarten ein. Sie müssen die Registerkarte *Zahlen* auswählen, um die Zellformate zu definieren.

⋯▸ Sobald Sie einen Eintrag in der Liste *Kategorie* anwählen, blendet Excel 97 die verfügbaren Formatschablonen ein.

⋯▸ Abhängig von der gewählten Kategorie können Sie anschließend ein Darstellungsformat wählen. Bei Zahlen legen Sie z.B. fest, wie viele Stellen das Ergebnis enthält und wie negative Werte zu interpretieren sind. Der Eintrag *1234,00* definiert zum Beispiel ein Zahlenformat mit zwei Nachkommastellen. Die Zahl der Nachkommastellen läßt sich über das betreffende Feld in der Registerkarte einstellen. Ähnliches gilt für die Anzeige der Tausendertrennzeichen.

Im Abschnitt *Benutzerdefiniertes Format* lernen Sie zusätzliche Optionen zur Formatierung von Zellinhalten kennen.

> *Excel 97 arbeitet intern mit Formatschablonen, die das Format einer Zahl, eines Datums, einer Zeit etc. angeben. Diese Schablonen werden in der Registerkarte* Zahlen *in der Kategorie* Benutzerdefiniert *angezeigt. Wählen Sie dagegen eine andere Kategorie, fragt Excel 97 lediglich einige Optionen ab und erstellt automatisch die Formatanweisung. In diesen Fällen haben Sie nichts mit diesen Anweisungen zu tun.*

Die Kategorie Standard

Der Eintrag *Standard* bezeichnet das Format, welches allen leeren Zellen von Excel 97 zugewiesen wird. Die Einstellung dieses Standardformats (Schriftart, Ausrichtung etc.) wird in Kapitel 20 besprochen.

Die Kategorie Benutzerdefiniert

Diese Kategorie faßt alle benutzerdefinierten Formate in einer Liste zusammen. Einzelheiten finden Sie weiter unten.

Die Kategorie Zahl

Die am häufigsten benutzten Formate sind in der Kategorie *Zahl* zusammengefaßt. Hier finden Sie alle Formate, um Zahlen in einer Zelle darzustellen. Sie können die Zahl der Nachkommastellen über die Option *Nachkommastellen* (siehe Bild 19.3) einstellen sowie ein 1000er-Trennzeichen ein-/ausblenden. Zusätzlich läßt sich über eine getrennte Liste die Darstellung negativer Zahlen wählen.

> *Die Zahl der Nachkommastellen und das 1000er-Trennzeichen kann auch über Schaltflächen der* Format-*Symbolleiste abgerufen werden.*

Die Kategorie Buchhaltung

Die Kategorie *Buchhaltung* enthält verschiedene Formatoptionen, um Währungswerte darzustellen. Allen Einträgen gemeinsam ist die Ausgabe von zwei Nachkommastellen und die Aufnahme des Währungssymbols.

Die Kategorie Datum

Unter der Kategorie *Datum* wurden verschiedene Formate zur Anzeige von Datumswerten abgelegt. Die Formatvorgabe 3. April 97 zum Beispiel zeigt den Monatsnamen als Text an. Sie können sich aber weitere Formate selbst definieren (siehe Abschnitt »Benutzerdefinierte Formate«).

Die Kategorie Uhrzeit

Unter der Kategorie *Uhrzeit* finden Sie die Optionen zur Formatierung der Zeitanzeige. Sie können dabei die deutsche 24-Stundenanzeige oder das englische Zeitsystem mit AM/PM verwenden. Zur Anzeige kumulierter Zeiten (z.B. 93 Stunden) verwenden Sie ein benutzerdefiniertes Format mit der Schablone [h]:mm:ss (siehe unten).

Die Kategorie Prozent

Sie können einer Zahl bereits bei der Eingabe das Format % zuweisen (z.B. 12 %). Excel 97 arbeitet intern mit einem durch 100 dividierten Eingabewert, stellt aber in der Anzeige den Eingabewert in Prozent dar. Im Feld *Nachkommastellen* läßt sich zusätzlich die Zahl der Nachkommastellen einstellen. Das Prozentformat läßt sich auch über die nebenstehend gezeigte Schaltfläche abrufen.

Die Kategorie Bruch

Excel 97 erlaubt die Eingabe von Werten als Bruch (z.B. 1 ½). Die Einträge dieser Kategorie legen fest, wie Brüche auszugeben sind. Hinweise zur Eingabe von Brüchen finden Sie in Kapitel 8.

Die Kategorie Wissenschaft

Zur Eingabe oder Anzeige sehr großer oder sehr kleiner Werte läßt sich das Format *Wissenschaft* verwenden. Die Zahlen werden dann im Exponentformat 0,00E+00 angezeigt. Excel 97 normalisiert alle Werte über den Exponenten, d.h. für die Basis existiert eine Vorkommastelle und zwei Dezimalstellen hinter dem Punkt. Der Exponent wird als vorzeichenbehaftete Zahl angegeben. Beachten Sie aber, daß die Genauigkeit einer Zahl in Excel 97 für Windows nur 15 Stellen umfaßt.

Die Kategorie Währung

Die Formate in der Kategorie *Währung* entsprechen im wesentlichen den Zahlenformaten. Allerdings läßt sich das Währungssymbol über ein Listenfeld abrufen. Die Währungsformate erlauben eine getrennte Darstellung positiver und negativer Werte. Sie können dieses Format auch direkt über die nebenstehend gezeigte Schaltfläche in der *Format*-Symbolleiste abrufen.

Die Kategorie Text
Die Kategorie *Text* erlaubt es, den Inhalt einer Zelle (z.B. eine Formel oder eine Zahl) als Text zu formatieren. Ein solches Feld wird als Text interpretiert, auch wenn eine Formel oder eine Zahl eingetragen wird.

> Weisen Sie zum Beispiel einem Zellbereich mit Formeln das Format Text zu, richtet Excel 97 die Ergebnisse in der Anzeige linksbündig aus. Sie können diese Ausrichtung über die Schaltfläche Rechtsbündig wieder aufheben. Um die Formel berechnen zu lassen, setzen Sie das Zellformat mit der Tastenkombination [Strg]+[⇧]+[6] zurück. Anschließend wählen Sie die Zelle mit einem Doppelklick an und drücken die [↵]-Taste. Jetzt zeigt Excel 97 an Stelle der Formel das Ergebnis der Berechnung linksbündig in der Zelle an.

Genauso aufwendig ist es, wieder zur Anzeige der Formel zu gelangen. Sie müssen das Format *Text* der Zelle zuweisen, anschließen die Zelle per Doppelklick anwählen und die [↵]-Taste drücken.

Die Kategorie Sonderformate
Die Kategorie *Sonderformate* erlaubt es, Zellen mit Postleitzahlen, Versicherungsnummern, ISBN-Nummern zu formatieren.

Arbeiten mit benutzerdefinierten Formaten

Reichen Ihnen die mit Excel 97 gelieferten Formate zur Anzeige von Werten nicht? Dann ist es kein größeres Problem, ein eigenes Format für die betreffende Zelle zu definieren. Um ein solches benutzerdefiniertes Format zu vereinbaren und einer Zelle zuzuweisen, gehen Sie folgendermaßen vor:

1. Wählen Sie die zu formatierende Zelle(n) per Maus an und rufen die Registerkarte *Zahlen* im Dialogfeld *Zellen* (z.B. mit der Tastenkombination [Strg]+[1] auf.

2. Anschließend wählen Sie die Kategorie *Benutzerdefiniert*. Im Feld *Formate* geben Sie den Text des Formatausdrucks (nachfolgend als Formatschablone bezeichnet) ein. Existiert bereits ein ähnliches Format, können Sie dieses durch Anklicken in der Formatliste in das Eingabefeld kopieren.

3. Excel 97 wendet das Format sofort auf den Inhalt der aktiven Zelle an und blendet das Ergebnis in der Zeile *Vorschau* ein (Bild 19.4).

4. Sobald Sie das Dialogfeld über die *OK*-Schaltfläche schließen, weist Excel 97 das neue Format den markierten Zellen zu.

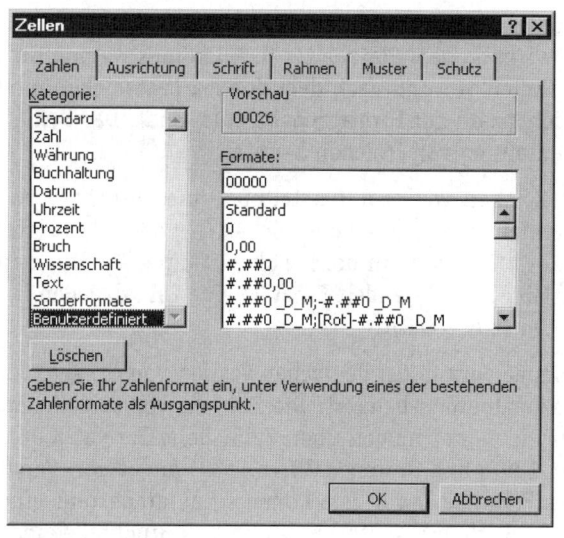

Bild 19.4: *Benutzerdefinierte Formate*

Das neu definierte Format wird in die Liste der Formate übernommen und läßt sich auch mehrfach für andere Zellen abrufen.

> *Excel 97 speichert die Formatdefinition mit der Arbeitsmappe, d.h. benutzerdefinierte Formate sind nur innerhalb der jeweiligen Arbeitsmappe gültig.*

Zur Formatierung der Anzeige lassen sich verschiedene Formatierungszeichen innerhalb der Formatschablone benutzen. Nachfolgend werden diese Zeichen und deren Bedeutung kurz vorgestellt.

0   Die Null dient als Platzhalter für Ziffern, die immer anzuzeigen sind. Durch ein Komma wird dabei die Lage des Dezimalpunktes festgelegt. Werte, deren Nachkommastellen im vorgegebenen Format nicht vollständig darstellbar sind, werden in der Anzeige gerundet. Die Eingabe 0,00 erzeugt eine Zahl mit zwei Nachkommastellen. Geben Sie mehr Stellen an als die Zahl umfaßt, füllt Excel 97 fehlende Stellen mit Nullen auf (z.B. 0000,00 erzeugt 0123,24). Ein Punkt innerhalb des Formats erlaubt die Anzeige von 1000er-Trennzeichen (z.B. 0.000,00).

\#   Dieses Zeichen dient ebenfalls als Platzhalter für eine Ziffer. Im Unterschied zur Null unterdrückt dieser Platzhalter nicht signifikante Stellen. Die Eingabe ###,## führt beispielsweise beim Wert 1,23 zur gleichen Anzeige, während bei der Ziffer 0 als Platzhalter die Anzeige 001,23 erscheint. Sie können das #-Zeichen mit einem Punkt als Platzhalter für 1000er-Trennzeichen kombinieren (z.B. #.##0,00).

? Auch das Fragezeichen dient als Platzhalter für Ziffern und entspricht in der Wirkung dem Platzhalter 0. Allerdings werden für nicht signifikante Nullen vor und nach dem Komma Leerzeichen eingefügt, damit die Zeichenzahl der Formatangabe entspricht. Das Symbol wird häufig zur Darstellung von Brüchen benutzt.

/ Dieses Zeichen wird zur Darstellung eines Bruchs verwendet. Zähler und Nenner werden durch die Zeichen 0, # oder ? als Platzhalter formatiert. Mit # ?/? wird nur der Nachkommanteil als Bruch angezeigt (z.B. 5 ¼). Mit ???/??? wandelt Excel 97 eine Zahl dagegen in einen echten Bruch um (z.B. 9/20).

, Das Komma wird in der deutschen Version von Excel 97 zur Markierung des Dezimalpunkts benutzt. Die Zeichen vor dem Komma bestimmen die Anzeige einer numerischen Zahl. Beim Format #,00 werden Werte kleiner 1,00 ohne führende Ziffer (,89) angezeigt. Verwenden Sie die Null als Platzhalter vor dem Komma, um mindestens eine Stelle anzuzeigen (z.B. #0,##). Weiterhin lassen sich Bruchteile einer Sekunde mit dem Komma in Zeitangaben formatieren (siehe folgende Abschnitte).

% Das Prozentzeichen veranlaßt Excel 97, den internen Wert vor der Anzeige mit 100 zu multiplizieren. Weiterhin wird das Prozentzeichen in der Ausgabe eingefügt.

. Der Punkt dient als Tausendertrennzeichen in numerischen Formaten. Mit der Formatanweisung #.###,00 werden Zahlen größer 999 mit einem Punkt als 1000er-Trennzeichen (z.B. 1.230,20) dargestellt.

> **Achtung!** *Wird ein Punkt nicht von Ziffernplatzhaltern umschlossen (z.B. #.), normiert Excel 97 die Zahl auf Tausend. Der Wert 12000 wird dann zum Beispiel als 12 angezeigt. Folgen dem Platzhalter 0 oder # zwei Punkte (#..), normiert Excel 97 die Anzeige auf 1 Million.*

E Die Zeichen *E- E+ e- e+* stehen für eine Exponentialdarstellung numerischer Werte. Das Formatzeichen muß sich an die Formatangaben für die Ziffern der Basis (z.B. #,##E-##) anschließen. Die Platzhalter rechts vom Platzhalter *E* definieren die Zahl der Ziffern im Exponenten. Das Minuszeichen veranlaßt, daß bei negativen Exponenten ein Minuszeichen erscheint. Mit dem Pluszeichen blendet Excel 97 bei positiven Exponenten ein Pluszeichen ein.

\ Sobald Sie Zeichen in der Formatschablone eintragen (z.B. (#,## Pfund)), gibt Excel 97 diese Zeichen im Ergebnis mit aus. Probleme bekommen Sie aber, falls Sie das Zeichen eines Platzhalters (z.B. ?) als Text ausgeben möchten. Soll der Platzhalter als Zeichen im Ergebnis erscheinen, stellen Sie den Backslash vor das betreffende Zeichen (z.B. *#,00 DM).

Alternativ können Sie das betreffende Zeichen auch in Anführungszeichen einfassen (z.B. "?"??,??).

* Der Stern dient als Wiederholungszeichen. Damit wird das folgende Zeichen so oft wiederholt, bis die Spalte aufgefüllt ist. Die Angabe * #,## füllt zum Beispiel die Spalte mit führenden Leerzeichen auf.

> *Das Wiederholungszeichen birgt allerdings eine Falle. Die Eingabe *#,## führt bei der Zahl -190,23 dazu, daß die Zelle mit -#######190,23 aufgefüllt wird. Da das #-Zeichen zur Anzeige einer Formatüberschreibung benutzt wird, kann dies den Benutzer verwirren.*

_ Der Unterstrich fügt in der Anzeige eine Leerstelle in der Breite des folgenden Zeichens ein. Das Format #,##_D_M sorgt zum Beispiel dafür, daß hinter der letzten Stelle ein Freiraum für ein eventuelles Währungszeichen (DM) freigelassen wird. Benutzen Sie Klammern zur Darstellung negativer Zahlen, sollten Sie positive Zahlen mit dem betreffenden Zeichen _ versehen, damit die Abstände in der Anzeige mit in Klammern gesetzten negativen Zahlen übereinstimmen.

" Werden Texte im Formatstring eingetragen, sollten Sie diese in Anführungszeichen einschließen (z.B. ##0,00 "DM"). Die Anführungszeichen sind aber nur dann zwingend erforderlich, wenn im Text Zeichen vorkommen, die auch als Platzhalter verwendet werden (z.B. "99").

@ Dieser Platzhalter markiert eine Zelle mit Textformat. Dies ist bei Formeln hilfreich, die temporär in Text umgewandelt werden. Bei der Eingabe von Text in der Zelle ersetzt Excel 97 das Zeichen @ durch den Text.

M Dieses Zeichen dient in Datumsformaten als Platzhalter für den Monat. Mit *M* wird der Monat als numerische Zahl ohne führende Nullen dargestellt. Die Schablone *MM* weist den Monat als numerischen Wert mit führenden Nullen (z.B. 05) aus. Verwenden Sie die Vorgabe *MMM*, gibt Excel 97 den Monat in abgekürzter Form mit drei Zeichen (z.B. Jan, Feb etc.) aus. Soll der Monatsname voll ausgeschrieben werden, verwenden Sie die Zeichenkombination *MMMM*.

T Der Buchstabe *T* dient zur Formatierung des Wochentages. Mit *T* wird der Tag als numerische Zahl ohne führende Nullen (1 bis 31) dargestellt. Die Schablone *TT* weist den Tag als numerischen Wert mit führenden Nullen (z.B. 06) aus. Verwenden Sie die Vorgabe *TTT*, zeigt Excel 97 den Wochentag in abgekürzter Form mit zwei Zeichen (z.B. Mo, Di, Mi etc.) an. Soll der Wochentag voll ausgeschrieben werden, verwenden Sie die Zeichenkombination *TTTT*.

J   Mit *JJ* oder *JJJJ* läßt sich das Jahresdatum als zwei- oder vierstellige Zahl anzeigen.

h   Verwenden Sie dieses Zeichen in Datumsformaten zur Anzeige der Stundenwerte. Mit *h* wird die Zeit im 24-Stundenformat ohne führende Nullen dargestellt. Die Vorgabe *hh* ergänzt die Uhrzeit in Stunden um führende Nullen (z.B. 03). Zur Umschaltung auf die 12-Stundenanzeige hängen Sie die Zeichen *PM, P, p, pm, AM , A, a* oder *am* an das Format an.

m   Dieses Zeichen formatiert die Minutenanzeige innerhalb eines Zeitwertes. Mit *m* zeigt Excel 97 die Minutenwerte ohne führende Null (1 bis 59) an. Sollen immer zwei Stellen ausgegeben werden, verwenden Sie die Formatschablone *mm*.

s   Mit *s* legen Sie das Format für die Sekundenanzeige ohne führende Nullen fest. Mit *ss* verwendet Excel 97 immer zwei Stellen für die Sekundenanzeige und ergänzt fehlende Ziffern durch den Wert 0.

[ ]   Wenn Sie Zeitangaben außerhalb des Intervalls für Stunden (0 bis 23) und Minuten/Sekunden (0 bis 59) benötigen, müssen Sie den Platzhalter für das Format in eckige Klammern einfassen. Die Formatschablone [h].mm sorgt zum Beispiel für die Anzeige von Zeitwerten, die größer als 23 sind (z.B. 180:20). Sie können die Zeit analog in Minuten oder Sekunden angeben. Randbedingung ist lediglich, daß nur der linke Platzhalter in der Formatschablone in Klammern gesetzt werden darf.

Weiterhin werden die eckigen Klammern noch zur Zuweisung von Farben (z.B. [Rot] und zur bedingten Formatierung (z.B. [>100]) benutzt. Näheres hierzu finden Sie in den folgenden Abschnitten.

Sie können die obigen Platzhalter zu Formatschablonen kombinieren (z.B. "Gesamtbetrag " #.##0,00). Excel 97 trägt alle benutzerdefinierten Formate einer der Kategorien (meist die aktuelle Kategorie) ein. Zusätzlich faßt Excel 97 alle benutzerdefinierten Formate in der gleichnamigen Kategorie zusammen. Über Besonderheiten bei der Erstellung benutzerdefinierter Formate informieren Sie die folgenden Abschnitte.

Formatvarianten für Zahlen und Text

Innerhalb einer Zelle können Zahlen und Text gemischt werden (z.B. 120 DM). Zusätzlich dürfen Zahlen positive oder negative Werte annehmen und Zellen können leer sein. Excel 97 ist hier äußerst flexibel und reagiert auf jeden dieser Zustände mit einem eigenen Format. Eine Excel-Formatschablone läßt sich dabei in mehrere Bereiche unterteilen. Standardmäßig werden die folgenden vier Bereiche benutzt, die durch Semikola zu trennen sind. Die vier Abschnitte definieren die Formate für:

positive Zahlen, negative Werte, Nullwerte, Texte

19 Formatierung von Tabellen und Arbeitsblättern

Verwenden Sie nur einen Bereich innerhalb der Schablone, gibt Excel 97 alle Werte in diesem Format aus.

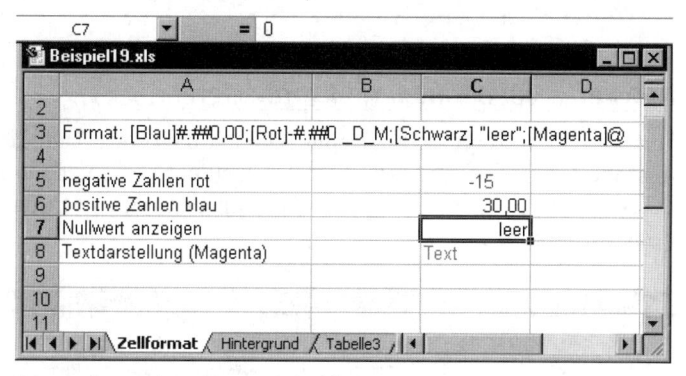

	A	B	C	D
2				
3	Format: [Blau]#.##0,00;[Rot]-#.##0 _D_M;[Schwarz] "leer";[Magenta]@			
4				
5	negative Zahlen rot		-15	
6	positive Zahlen blau		30,00	
7	Nullwert anzeigen		leer	
8	Textdarstellung (Magenta)		Text	

Bild 19.5: Anwendung einer Formatschablone

Mit #0,00 stellen Sie alle Werte mit mindestens drei Stellen (z.B. 0,99) dar. Um andererseits positive Werte normal und negative Werte in der Farbe *Rot* auszugeben, verwenden Sie die folgende Formatschablone:

#,00;[Rot] #,00

Beide Zahlen werden mit zwei Nachkommastellen ausgegeben. Negative Werte erscheinen aber in roter Farbe, da die Schablone diese Farbe im zweiten Parameter [Rot] #,00 definiert. Die Farbe muß dabei in eckigen Klammern angegeben werden.

> *Beachten Sie, daß Excel 97 Ihre Formatangaben wörtlich nimmt und kein Vorzeichen anzeigt. Soll ein Minuszeichen vor der Zahl erscheinen, können Sie dieses in der Formatschablone mit angeben (z.B. [Rot]-#,00). Um in der deutschen Version von Excel 97 eine Anzeige negativer Werte in runden Klammern zu erzwingen, verwenden Sie die Formatschablone #,00; (#,00).*

Der dritte Parameter läßt sich verwenden, um Zellen mit dem Wert 0 entsprechend darzustellen. In Bild 19.5 wird die betreffende Zelle mit dem Text *leer* versehen (siehe auch folgenden Abschnitt »Nullwerte ausblenden und formatieren«).

Im vierten Parameter können Sie das Format der Zelle festlegen, falls diese keine Zahlen, sondern einen Text enthält. In der in Bild 19.5 gezeigten Tabelle erscheint der Text in der Farbe *Magenta*. Die im Beispiel verwendete Formatschablone ist in Bild 19.5 in der dritten Tabellenzeile angegeben.

Sie finden die Tabelle in der Datei \Beisp\Kap19\Beispiel19.xls auf der Begleit-CD-ROM.

Nullwerte ausblenden und formatieren

Standardmäßig zeigt Excel 97 eine Zelle mit dem Wert 0 an. Sie können die Ausgabe von Zellen mit dem Wert 0 jedoch auf verschiedene Arten beeinflussen. Einmal lassen sich alle Zellen mit dem Wert 0 in der Tabellenanzeige unterdrücken.

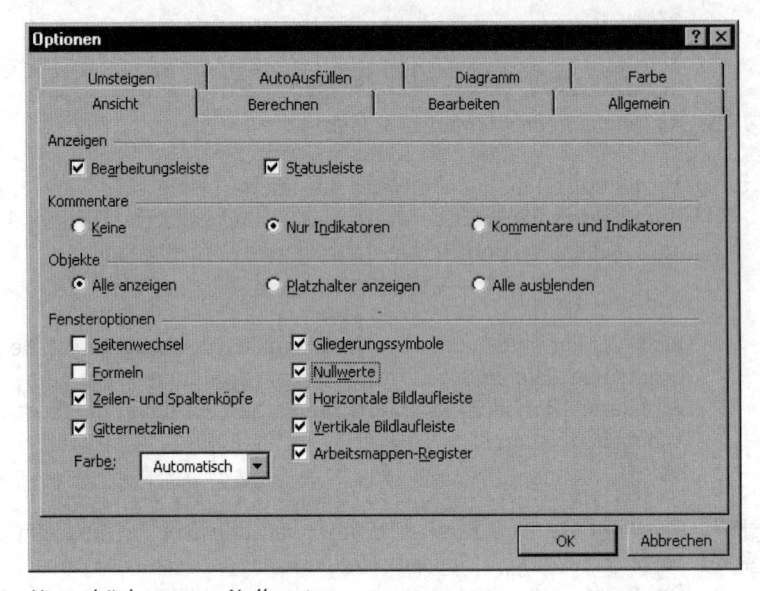

Bild 19.6: Unterdrückung von Nullwerten

1. Hierzu wählen Sie im Menü EXTRAS den Eintrag OPTIONEN. Anschließend klicken Sie auf die Registerkarte *Ansicht*.

2. Löschen Sie die Markierung des Kontrollkästchens *Nullwerte*, indem Sie es per Maus anklicken (Bild 19.6).

3. Schließen Sie die Registerkarte über die *OK*-Schaltfläche.

Wenn Sie jetzt in einer Zelle den Wert 0 eintragen, unterdrückt Excel 97 die Anzeige dieses Wertes. Das gleiche gilt für Ergebniszellen von Formeln, die den Wert 0 enthalten.

Nullwerte in Einzelzellen ausblenden

Alternativ können Sie den Nullwert einer einzelnen Zelle über die Formatschablone unterdrücken. Wenn Sie die Vorgabe:

#,##;-#,##;;

verwenden, unterdrückt Excel 97 die Anzeige, sobald die Zelle den Wert 0 enthält. Die Ursache ist recht einfach; der dritte Bereich in der Formatschablone enthält keine Angaben über das Format von Nullwerten. Folglich unterdrückt Excel 97 die betreffenden Werte in der Anzeige.

Nullwerte zwangsweise anzeigen
Sobald Sie in der Registerkarte *Ansicht* die Markierung des Kontrollkästchens *Nullwerte* aufheben, blendet Excel 97 diese global in der Tabelle aus (siehe vorhergehende Seite). Es kann jedoch erforderlich werden, die Zellinhalte mit Nullwerten in einzelnen Bereichen anzuzeigen. Da die individuellen Zellformate eine höhere Priorität als globale Formate besitzen, können Sie über das Zellformat eine Anzeige erzwingen. Sie müssen lediglich in der Formatschablone dem Bereich mit den Nullwerten ein bestimmtes Format zuweisen. Die Vorgabe:

#,##; -#,00; 0

sorgt dann dafür, daß in der betreffenden Zelle die Anzeige 0 wirklich erscheint.

Veränderung der Anzeige bei Nullwerten
Über die Formatschablone bietet Excel 97 Ihnen eine elegante Möglichkeit, auf Nullwerte zu reagieren. Entsprechende Beispiele zum Ein- und Ausblenden des Wertes 0 wurden in den beiden vorhergehenden Abschnitten beschrieben. Aber die Formatanzeige ist noch flexibler: Nehmen wir an, Sie möchten bei der Umsatzberechnung in einer Tabelle alle Zellen mit dem Wert 0 mit einem besonderen Text belegen. Die Formatschablone:

#,00; -#,00; Kein Umsatz

blendet dann an Stelle der 0 den Text *Kein Umsatz* ein. Sie können diesen Text natürlich noch mit einem Farbattribut belegen (z.B. [Rot] Kein Umsatz), um die Nullwerte besonders hervorzuheben.

Werte verstecken

Nicht immer möchte man den Inhalt einer Zelle anzeigen lassen. Denken Sie zum Beispiel an Ergebnisse von Zwischenwerten, die später beim Ausdruck nicht mehr erscheinen dürfen. Hier können Sie die Formatanweisungen zur Gestaltung der Anzeige verwenden. Lassen Sie einfach die Formatangabe im betreffenden Bereich weg, und trennen Sie die Bereiche durch Semikola. Die Vorgabe:

#,##;;;

blendet nur positive Werte ein. Negative Zahlen, Nullwerte und Texte innerhalb der Zelle besitzen kein Format und werden bei der Anzeige unterdrückt. Wenn Sie alle Eingaben in der Zelle ausblenden möchten, reicht die Eingabe:

;;;

Damit steht Excel 97 kein Format zur Anzeige zur Verfügung und alle Eingaben verschwinden. Nur bei Anwahl der Zelle erscheint deren Inhalt in der Bearbeitungsleiste. Analog lassen sich natürlich positive Werte unterdrücken und negative Zahlen und Nullwerte anzeigen.

Textformat bei numerischen Werten

Wenn Sie in einer Zelle wahlweise numerische Werte und Texte zuweisen, können Sie die Anzeige dieser Texte über die Formatschablone beeinflussen. Die Eingabe folgender Formatangabe:

##,##; -#0,00; Kein Eintrag; [Blau]@

sorgt dafür, daß alle Texteingaben in blauer Schrift in der Tabelle erscheinen. Sie können zusätzlich den Texteintrag mit festen Texten ergänzen. Die Vorgabe:

#,##; -#,##; ; [Blau]"—"@

fügt vor den eingegebenen Textwerten das Zeichen — — ein.

Die Formatierung von Texten kann bei der Eingabe von Zahlen sehr hilfreich sein. Standardmäßig erkennen Sie an der Ausrichtung, ob Excel 97 eine eingegebene Zahl als numerischen Wert übernimmt. Wenn Texte und Zahlen rechtsbündig ausgerichtet werden, geht dieses Unterscheidungsmerkmal verloren. Verwenden Sie aber eine besondere Farbe zur Formatierung von Texteingaben, fällt dies bei der Eingabe direkt auf.

Formate für Fremdwährungen

Excel 97 paßt sich mit der Währungsanzeige an die Ländereinstellung an. Um das Standard-Währungsformat zu verändern, können Sie natürlich die Ländereinstellung umsetzen. Dies bedeutet jedoch, daß Sie auch die Nebeneffekte (z.B. andere Trennzeichen für Dezimalstellen etc.) akzeptieren müssen. Der Ansatz nützt Ihnen wenig, falls Sie in einer Tabelle verschiedene Währungsformate benötigen.

Eine Lösung besteht darin, die Währungseinheit im Spaltenkopf oder in einer getrennten Spalte als Text anzugeben. Dann können Sie in den Zellen mit den Währungswerten mit reinen Zahlen arbeiten.

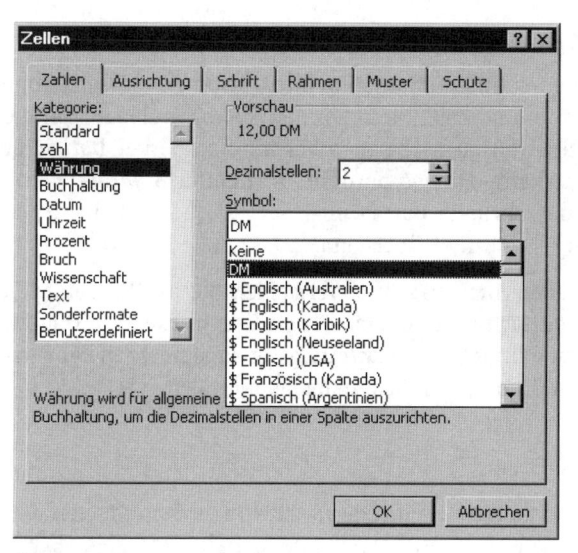

19 Formatierung von Tabellen und Arbeitsblättern

Bild 19.7: Währungsformate zuweisen

> **TIP:** *Eleganter geht aber die Angabe der Währungseinheit über die Registerkarte Zahlen.*

1. Markieren Sie die gewünschte(n) Zelle(n).
2. Anschließend öffnen Sie die Dialogbox *Zahlen* (über die Tastenkombination [Strg]+[1] und wählen die Registerkarte *Zahlen*.
3. Wählen Sie die Kategorie *Währung*.
4. Stellen Sie die Zahl der Dezimalstellen und das Währungssymbol ein (Bild 19.7).

Sobald Sie das Dialogfeld über die *OK*-Schaltfläche schließen, blendet Excel 97 die gewählte Währungsbezeichnung ein.

Diese Vorgehensweise ist einfacher als die Definition eines benutzerdefinierten Formats (z.B. #.##0,00 "FF") in früheren Excel-Versionen.

Eigene Währungsdarstellung in Excel 97

Benötigen Sie die Währungseinheit *DM* vor dem Währungsbetrag? Dann können Sie auf ein benutzerdefiniertes Format der Form:

DM 0,00; "DM-"0,00

ausweichen. Excel 97 zeigt anschließend den Währungsbetrag mit vorangestellter Währungseinheit an. Die zwei Varianten in der Formatschablone sind erforderlich, da Excel 97 sonst das Minuszeichen vor den DM-Betrag (z.B. -DM120,00) stellt. Sie können auf sehr elegante Art Füllzeichen vor der ersten Ziffer plazieren. Mit "+"0,00 "DM";"-"0,00 "DM" zeigt Excel 97 das Vorzeichen der Zahl vor der ersten Ziffer an. Sie können hier auch einen Stern vor die erste Ziffer setzen, um nachträgliche Manipulationen zu verhindern.

Besonderheiten bei Zeit- und Datumsformaten

Excel 97 bietet Ihnen eine Reihe integrierter Formatschablonen zur Anzeige von Datum und Zeit. Diese können Sie recht elegant (und ohne sich mit den Einzelheiten zu befassen) über die Kategorien *Datum* und *Uhrzeit* in der Registerkarte *Format* abrufen. In Kapitel 8 wurde weiterhin gezeigt, daß sich das aktuelle Datum über [Strg]+[.] und die aktuelle Zeit über [Strg]+[⇧]+[.] direkt übernehmen lassen.

Seien Sie aber vorsichtig, und vermeiden Sie es, die obigen Tasten bei der Eingabe mehrfach hintereinander zu drücken. Excel 97 kombiniert dann die Eingaben und bringt die merkwürdigsten Ergebnisse in der Anzeige. Bei dreimaliger Betätigung der Tastenkombination [Strg]+[⇧]+[.] erscheint zum Beispiel:

03:2003:2003:20

in der Anzeige, d.h. die Uhrzeit 3:20 wird einfach aneinandergefügt. Wenn Sie die aktuelle Zeit jedoch nur zweimal abrufen, zeigt Excel 97 eine (falsche) Zeit als Kommazahl (z.B. 3,23489) in der Zelle an.

Für die Übernahme der Datumswerte gilt das gleiche. Sie können das Verhalten von Excel 97 nur dadurch umgehen, indem Sie sofort nach der Übernahme des Wertes die [←]-Taste drücken. Damit wird der Wert gespeichert, und Sie können die Zelle erneut anwählen und den nächsten aktuellen Wert ohne Probleme übernehmen.

Wenn Sie die aktuelle Zeit zweimal hintereinander einfügen und dann die [←]-Taste drücken, setzt Excel 97 das Zellformat von hh:mm:ss auf hh:mm um. Die Tasten [Strg]+[⇧]+[.] erlauben übrigens nur die Übernahme der Stunden und Minuten der aktuellen Zeit.

Zeitanzeige in Millisekunden

In den integrierten Formatschablonen fehlt eine Variante, um Zeiten in Millisekunden darzustellen. Falls Sie diese Anzeige doch benötigen, führt kein Weg an einem benutzerdefinierten Format vorbei. Dann beginnt aber das Rätselraten bezüglich der Gestaltung der Formatschablone. Die Eingabe hh:mm:ss,### wird mit der Fehlermeldung *Ungültiges Zahlenformat* zurückgewiesen. Das Format hh:mm:ss:ms demonstriert, welchen Unsinn Sie mit Zeitformaten anstellen können. In der Anzeige erscheint die Zeit 18:30:29:3029, was wohl nicht allzuviel Sinn ergibt. Einzig die Verwendung der Ziffer 0 als Platzhalter wird von Excel 97 als Zahlenformat für Zeiten akzeptiert. Die Formatvorgabe:

hh:mm:ss,000

führt endlich zur gewünschten Anzeige der Uhrzeit mit Ergebnissen im Millisekundenbereich. Sollen Sekunden und Millisekunden erscheinen, setzen Sie das Format [s],000 ein. Dann wandelt Excel 97 Stunden und Minuten automatisch in Sekunden um.

Beachten Sie aber, daß die Tastenkombination [Strg]+[⇧]+[.] *keinen Sekundenwert liefert. Der Nachkommateil wird also immer auf 0 stehen. Sie können aber die Funktion =JETZT() in der Zelle hinterlegen und das Zeitformat entsprechend setzen. Bei jeder Neuberechnung der Zelle liefert die Funktion die Zeit zurück, wobei auch Millisekunden angezeigt werden.*

Formatierung der Datums- und Zeitanzeige

Mit den oben vorgestellten Formatschablonen lassen sich zwar Datums- und Zeitwerte in einer Zelle einblenden. Kritisch wird es aber, wenn ein sehr langes Datum in einer schmalen Spalte einzublenden ist (siehe Bild 19.8). Dann zeigt Excel 97 an Stelle der erwarteten Werte die Zeichen ######, d.h. der Zellinhalt läßt sich nicht darstellen. Häufig können Sie aber die Spaltenhöhe beeinflussen, so daß eine Aufteilung der Datumsangabe auf mehrere Zeilen möglich ist. Nehmen wir an, Sie möchten die Anzeige:

 05. Juli 1997 11:04:00

auf mehrere Zeilen aufteilen. Dann können Sie das Datum und die Uhrzeit in die Zelle eintragen und über eine Formatanweisung in der gewünschten Form anzeigen. Zur Aufteilung auf mehrere Zeilen ist ein Trick anzuwenden:

1. Wählen Sie die Zelle an, und wechseln Sie in die Bearbeitungsleiste.

2. Dann positionieren Sie den Mauscursor an der Stelle, an der ein Zeilenumbruch auszuführen ist.

3. Fügen Sie nun einen Zeilenumbruch durch Drücken der Tastenkombination [Alt]+[←] in der Formatangabe ein.

4. Schließen Sie die Eingabe mit der [←]-Taste ab, stellt Excel 97 den Zellinhalt in mehreren Zeilen dar.

Wenn Sie die Zellhöhe vergrößern (siehe unten), lassen sich auch längere Datumsangaben in einer schmalen Spalte darstellen.

Allerdings besitzt die obige Vorgehensweise zwei gravierende Nachteile. Einmal funktioniert der Zeilenumbruch nur dann, wenn das Datum und die Zeit fest als Konstante in der Zelle gespeichert wurden. Bei Formeln läßt sich das Ergebnis dagegen nicht fassen. Weiterhin wird bei Übernahme des nächsten Wertes (z.B. mit [Strg]+[.]) der Zeilenumbruch wieder aufgehoben und eine einzeilige Anzeige vorgegeben.

> *Mit der Funktion* TEXT(Zelle,Format) *können Sie Excel 97 aber überlisten und beliebige Zellinhalte als Text ausgeben und formatieren:*

- Speichern Sie das Datum und die Zeit in einer beliebigen Zelle der Tabelle ab. Bei Bedarf läßt sich die Anzeige verstecken (siehe oben).
- Anschließend wählen Sie eine leere Zelle, in der die Funktion TEXT eingetragen wird.

```
=TEXT(JETZT();"TTTT
TT. MMMM JJJ
hh:mm")
```

	A	B
15		
16	Zeit und Datum	Mittwoch 15.Oktober.1997 09:07
17	Zeit und Datum	Mittwoch 15. Oktober 1997 09:07
18		
19		
20		

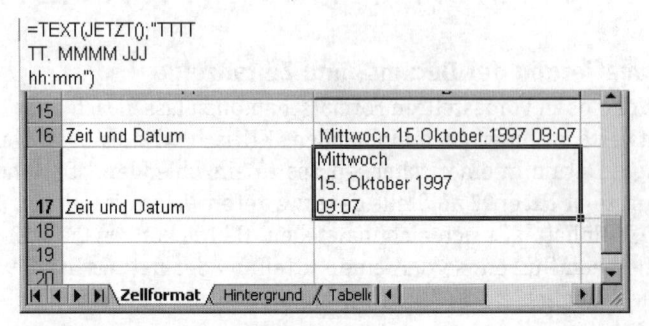

Bild 19.8: Datumsanzeige in mehreren Zeilen

Die Datums- und Zeitanzeige könnte dann folgenden Aufbau besitzen:

TEXT (A12;"TTTT TT. MMMM JJJJ hh:mm")

In der Zelle erscheint dann der Inhalt zum Beispiel als Mittwoch 15. Oktober 1997 09:07. Zwar ist von einer Aufteilung auf mehrere Zeilen nichts zu sehen, aber der Ansatz besitzt einige gravierende Vorteile:

- Einmal wird durch den Zellbezug (hier A12) ein Wert aus einer anderen Zelle übernommen. Eingaben in der Zelle A12 wirken sich nur noch im Wert und nicht mehr im Format auf die Ergebniszelle aus. (Alternativ können Sie die in Bild 19.8 gezeigte Funktion JETZT() benutzen, um die aktuelle Zeit abzufragen.)
- Weiterhin wird im zweiten Parameter der Funktion das Format als String angegeben. In dieses Format können Sie aber in der Bearbeitungszeile an beliebigen Stellen Zeilenumbrüche einfügen.

Damit lassen sich auch Funktionsergebnisse auf mehrere Zeilen (Bild 19.8) aufteilen. In Bild 19.8 ist auch die Bearbeitungszeile mit dem formatierten Formatstring sichtbar. Durch Einfügen von Leerzeichen in den einzelnen Zeilen läßt sich das Ergebnis innerhalb der Zelle ausrichten.

> *Wenn Sie das Datum in einen Text umwandeln, müssen Sie die Option* Zeilenumbruch *in der Registerkarte* Ausrichten *setzen (Bild 19.9). Der Text wird dadurch auf mehrere Zeilen umbrochen. Die Registerkarte rufen Sie z.B. auf, indem Sie den Befehl* ZELLEN *im Menü* FORMAT *anwählen.*

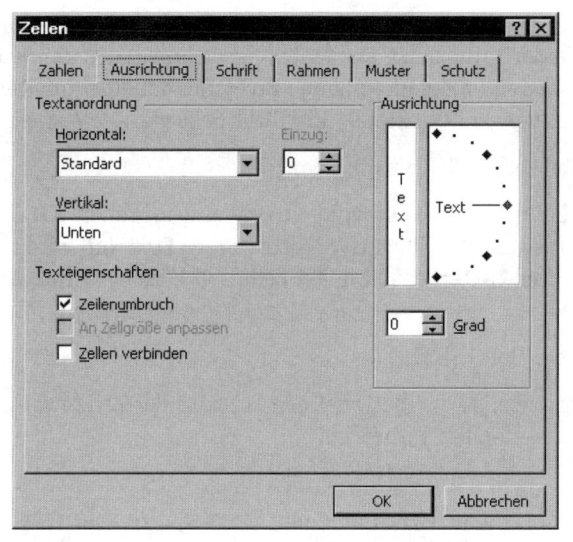

19 Formatierung von Tabellen und Arbeitsblättern

Bild 19.9: Registerkarte Ausrichtung

Farben in Formatanweisungen

Excel 97 erlaubt Ihnen die Zuordnung von Farben zu bestimmten Formaten. Entsprechende Beispiele wurden bereits auf den vorhergehenden Seiten vorgestellt. Im Anzeigeformat läßt sich auch eine Farbe definieren. Hierzu muß vor den Formatzeichen lediglich der Farbcode in eckige Klammern gestellt werden. Tabelle 19.2 enthält eine Zusammenstellung der gültigen Farbcodes.

Farbcodes für Formatdefinitionen

Farbe	Bemerkung
[SCHWARZ]	Ausgabe in schwarzer Schrift
[BLAU]	Ausgabe in blauer Schrift
[ZYAN]	Ausgabe in der Farbe Zyan
[GRÜN]	Anzeige von Zeichen in Grün
[MAGENTA]	Farbe Magenta zur Anzeige
[ROT]	Anzeige der Zellinhalte in Rot
[WEISS]	Alle Zeichen werden in Weiß abgebildet
[GELB]	Anzeige in gelber Farbe
[FARBE n]	Anzeige in der Farbe n

Die Angabe [FARBE n] sieht für n einen Wert zwischen 0 und 56 vor, der eine Farbe aus einer Farbpalette auswählt. Diese Farbpalette können Sie in Excel 97 frei definieren (siehe im Anhang »Excel individuell einrichten«). Fehlt die Farbangabe, verwendet Excel 97 die Farbe *Schwarz*. Die Anweisung:

[Blau]#,##;[Rot]#,##;[Grün]0;[Zyan]@

färbt den Zellinhalt in Abhängigkeit vom eingegebenen Wert. Positive Zahlen erscheinen in *Blau*, negative Werte in *Rot*. Eine Null wird immer in *Grün* angezeigt, und Texteingaben in der Zelle stellt Excel 97 in *Zyan* dar. Mit der Vorgabe:

[Blau];[Rot];[Gelb];[Grün]

übernimmt Excel 97 die bestehenden Formate der Zelle, weist der Ausgabe aber die betreffenden Farben zu.

> *Der Zellinhalt läßt sich auch über das Registerkarte* Schrift *mit unterschiedlichen Farben versehen.*

Löschen einer Formatschablone

Excel 97 zeigt alle benutzerdefinierten Formatschablonen in der Kategorie *Benutzerdefiniert* an. Wenn Sie ein neues Format aus einer bestehenden Schablone ableiten, bleibt die alte Definition ebenfalls erhalten. Dies führt mit der Zeit zu einer sehr langen Liste mit ähnlichen benutzerdefinierten Formaten, was eine potentielle Fehlerquelle darstellt. Sie sollten daher nicht benötigte benutzerdefinierte Formatschablonen aus der Liste entfernen. Um einen Eintrag zu löschen, gehen Sie folgendermaßen vor:

1. Öffnen Sie die Registerkarte *Zahlen* (z.B. über den Eintrag ZELLEN im Menü FORMAT).

2. Wählen Sie in der Kategorie *Benutzerdefiniert* den zu entfernenden Eintrag in der Liste *Formate* an.

3. Drücken Sie die Schaltfläche *Löschen*.

Excel 97 entfernt das betreffende Format ohne weitere Nachfrage aus der Liste. Wenn Sie den nächsten Eintrag per Maus anwählen, läßt sich dieser ebenfalls löschen.

> *Leider müssen Sie die Einträge immer einzeln löschen. Bei einer umfangreichen Liste ist dies sehr umständlich. Daher sollten Sie bereits bei der Definition eines benutzerdefinierten Formats die nicht benötigte Variante löschen. Da Excel 97 die benutzerdefinierten Formate auch in den zugehörigen Kategorien einblendet, wählen Sie den betreffenden Eintrag und betätigen die Schaltfläche* Löschen. *Damit entfernt Excel 97 den Eintrag aus der Liste.*

Kopieren benutzerdefinierter Formate

Die benutzerdefinierten Formate stehen nur in der aktuellen Arbeitsmappe zur Verfügung und werden mit dieser Mappe gespeichert und geladen. Wenn Sie eine andere Arbeitsmappe öffnen, fehlen die selbstdefinierten Formate. Sie können dieses Problem über zwei Wege umgehen:

⇒ Definieren Sie sich Mustervorlagen mit den entsprechenden Formaten. Dann lassen sich die Definitionen beim Anlegen einer neuen Mappe übernehmen. Näheres hierzu finden Sie in Kapitel 20.

⇒ Die andere Möglichkeit besteht darin, die benutzerdefinierten Formate zwischen den Arbeitsblättern zu kopieren.

Zum Kopieren eines Formates müssen beide Arbeitsmappen geöffnet werden. Anschließend gehen Sie folgendermaßen vor:

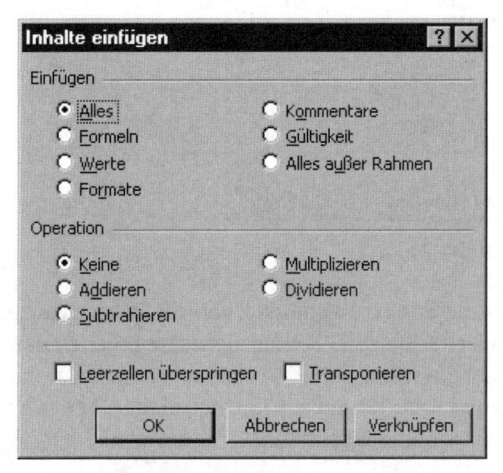

Bild 19.10: Optionen im Dialogfeld Inhalte einfügen

1. Kopieren Sie eine Zelle mit dem jeweiligen Format über Tastenkombination [Strg]+[C] in die Zwischenablage.

2. Wechseln Sie anschließend zum zweiten Arbeitsblatt, und wählen Sie die Option INHALTE EINFÜGEN im Menü BEARBEITEN.

3. Excel 97 zeigt dann das Dialogfeld zur Auswahl des einzufügenden Inhalts (Bild 19.10). Wählen Sie die Option *Formate,* kopiert Excel 97 nur das Zellformat.

19.2 Bedingte Formatangaben

Eine weitere interessante Alternative bietet Excel 97 mit den bedingten Formatangaben. Sie können hierzu eine Formatschablone verwenden oder auf den Befehl BEDINGTE FORMATANGABEN im Menü FORMAT zugreifen.

Bedingte Formatangaben über Formatschablonen

Verwenden Sie eine Formatschablone, können Sie eine Bedingung in eckigen Klammern vorgeben:

[Bedingung1] Format; [Bedingung2] Format; ....

Damit unterteilt Excel 97 die Formatangabe in verschiedene Bereiche, die in Abhängigkeit von der Bedingung ausgewählt werden. Die Auswertung beginnt dabei von links nach rechts. Sobald eine Bedingung erfüllt ist, übernimmt Excel 97 das Format. Alle noch folgenden Bedingungen werden ignoriert. Die Bedingung beinhaltet dabei einen Wert und die Operatoren <, >, <=, >=, =, <>.

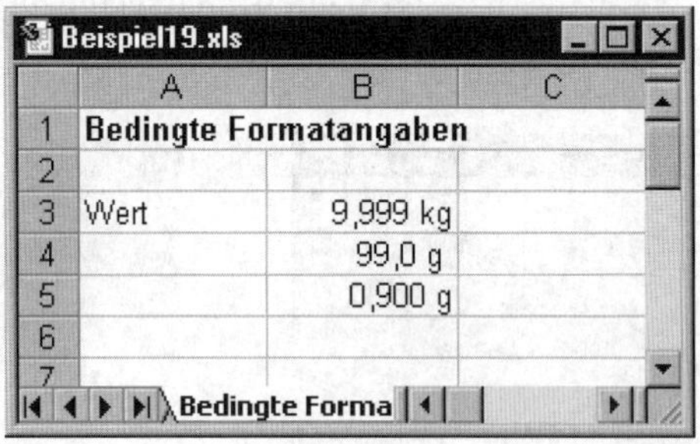

Bild 19.11: Bedingte Zahlendarstellung

Damit lassen sich die Formate abhängig von einer bestimmten Bedingung gestalten. Ein typisches Beispiel stellen Gewichtsangaben dar (Bild 19.11). Werte unterhalb 1 kg werden üblicherweise mit der Maßeinheit g (Gramm) angegeben. Eine Formatanweisung zur Anzeige eingegebener Werte in Gramm und Kilogramm könnte folgende Struktur aufweisen.

[>999] #","### kg;[>=1] ###,0 "g" ; ##0,000 "g"

Wird ein Wert größer als 999 g eingetragen, setzt Excel 97 das Format auf kg. Das Problem der Division durch 1000 bei der Umschaltung von g auf kg wird durch das Format #","### gelöst. Damit bleibt der Wert in Gramm erhalten, wird aber mit einem Komma an der 1000er-Stelle angezeigt. Im Bereich zwischen 1 und 999 werden die Zahlen in Gramm mit einer Nachkommastelle dargestellt. Alle anderen Werte (kleiner 1 g und negative Zahlen) erhalten die Maßeinheit g, werden aber mit drei Nachkommastellen angezeigt.

> *Sobald eine Bedingung in eckigen Klammern in einer Formatangabe auftaucht, setzt Excel 97 die Aufteilung in vier Bereiche (positive Zahl, negative Zahl, Nullwert, Text) aus. Sie können aber für die drei numerischen Bereiche bedingte Formate definieren (z.B. [>500][Blau];[>10][Gelb]; [<0][Rot]; [=0][Zyan]).*

Zellhintergrund mit bedingten Formaten gestalten

Eine sehr elegante Möglichkeit, einem markierten Zellbereich bedingte Formate zuzuweisen, bietet der Befehl BEDINGTE FORMATIERUNG im Menü FORMATE (Bild 19.12).

Sobald Sie einen Zellbereich oder eine Zelle markieren und diesen Befehl anwählen, öffnet Excel 97 ein Dialogfeld zur Definition der bedingten Zellformate (Bild 19.13).

⋯▸ Im Listenfeld *Bedingung* läßt sich abrufen, welches Element (Zellwert oder Formel) zum Vergleich herangezogen werden soll.

⋯▸ Die Vergleichsbedingung rufen Sie über das zweite Listenfeld ab. Excel 97 bietet verschiedene vordefinierte Bedingungen (gleich, zwischen etc.) an.

Bild 19.12: Menü-Format

⋯▸ Abhängig von der gewählten Bedingung sind dann noch ein oder zwei Vergleichswerte in den beiden rechten Feldern anzugeben. Sie können dabei mit Konstanten arbeiten (z.B. Zellwert zwischen 100 und 200). Alternativ sind Zellreferenzen erlaubt. Hierzu klicken Sie im betreffenden Feld auf die nebenstehend gezeigte Schaltfläche. Anschließend markieren Sie die Zelle, in der der Referenzwert enthalten ist. Dann schließen Sie die Auswahl über die ⏎-Taste ab.

Bild 19.13: Dialogfeld Bedingte Formatierung

⋯▸ Nach der Definition der Vergleichsbedingungen weisen Sie der Zelle (oder dem Zellbereich) ein Format zu. Hierzu klicken Sie im Dialogfeld *Be-*

dingte Formatierung (Bild 19.13) auf die Schaltfläche Format. Excel 97 zeigt dann das Dialogfeld Zellen (Bild 19.14) mit den Registerkarten Schrift, Rahmen und Muster. Über die einzelnen Registerkarten können Sie die gewünschten Zellformate (wie Schriftart, Schriftgröße, Schriftfarbe, Hintergrundfarbe oder Rahmen) zuweisen.

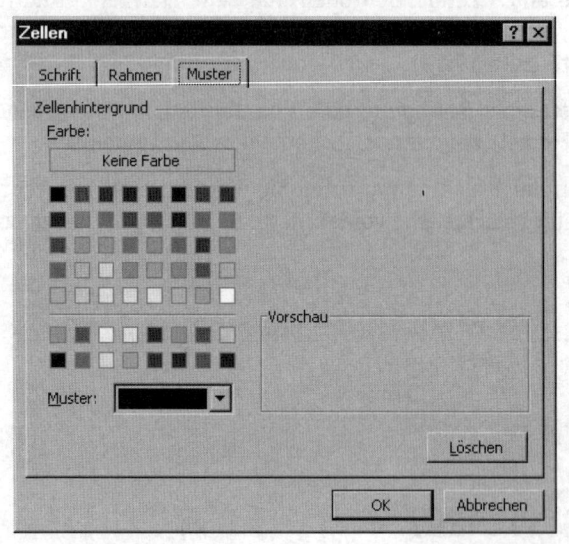

Bild 19.14: Das Dialogfeld Zellen

Sobald Sie das Dialogfeld über die OK-Schaltfläche schließen, übernimmt Excel 97 die Vorgaben für das bedingte Format (Bild 19.16).

Möchten Sie mehrere Bedingungen für einen markierten Bereich oder eine Zelle festlegen, klicken Sie auf die Schaltfläche Hinzufügen. Excel 97 erweitert dann das Dialogfeld Bedingte Formatierung um eine weitere Zeile mit Bedingungen (Bild 19.15). Bei der Auswertung der Zelle verknüpft Excel 97 die betreffenden Bedingungen mit ODER. Treffen diese Bedingungen zu, wird das betreffende Format angewandt.

Sie können die Funktion zur bedingten Formatierung verwenden, um den Zellhintergrund in Abhängigkeit von den Zellwerten einzufärben. Die in Bild 19.16 gezeigte Tabelle wird durch die bedingte Formatierung eingefärbt. Bewegen sich die Kosten unterhalb des Grenzwerts 20 (Millionen), zeigt Excel 97 einen grünen Zellhintergrund. Bei Kosten zwischen 20 und 25 (Millionen) wechselt der Zellhintergrund nach gelb. Überschreitet der Wert der Zelle die Grenze von 25, wird die Zelle rot markiert. Mit dieser Formatierung lassen sich Auswertungen (z.B. im Controlling oder bei der Auswertung von Meßdaten) sehr elegant optisch aufbereiten.

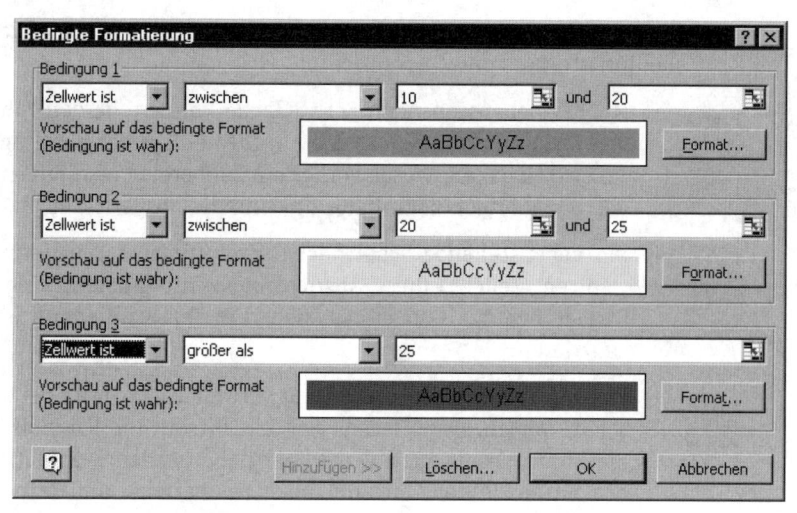

Bild 19.15: Eingabe mehrerer Bedingungen

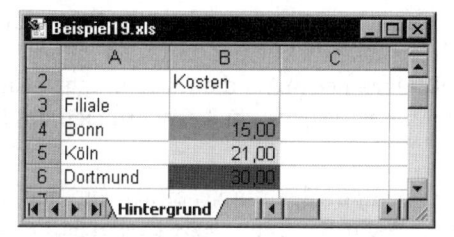

Bild 19.16: Anwendung einer bedingten Formatierung

> Sie finden die Beispieltabelle auf der Begleit-CD-ROM in der Datei \Beisp\Kap19\Beispiel19.xls *im Arbeitsblatt* Hintergrund.

19.3 Zeichenformatierung und -ausrichtung

Neben der reinen Formatierung numerischer Anzeigen bietet Excel 97 Ihnen vielfältige Möglichkeiten zur Gestaltung der Anzeige. Dies beginnt bei Formatattributen wie fett, kursiv oder unterstrichen und reicht bis hin zur Ausrichtung an den Zellrändern. Der folgende Abschnitt geht auf diese Thematik ein.

Zahlen und Text ausrichten

Excel 97 richtet Texte nach der Eingabe am linken Zellrand aus. Numerische Werte, Datum, Zeit etc. werden dagegen rechtsbündig angezeigt. Excel 97 bietet Ihnen aber in der Symbolleiste verschiedene Schaltflächen, um die Zellinhalte horizontal auszurichten.

⇢ Mit der nebenstehenden Schaltfläche können Sie den Inhalt der aktiven Zelle linksbündig ausrichten. Dies entspricht der Standardvorgabe für Texteingaben. Wurde vorher ein Zellbereich markiert, zeigt Excel 97 alle zugehörigen Zellinhalte linksbündig ausgerichtet an.

⇢ Die nebenstehende Schaltfläche sorgt für eine Zentrierung der angewählten (Zellen). Diese Ausrichtung wird standardmäßig von keinem Format benutzt und eignet sich, um Texte innerhalb einer Zelle zu zentrieren.

⇢ Eine rechtsbündige Ausrichtung verwendet Excel 97 bei allen numerischen Werten, beim Datum, bei der Uhrzeit und bei logischen Größen. Sie können aber auch Texte über nebenstehende Schaltfläche rechtsbündig ausrichten. Dies gilt auch für Datums- und Zeitwerte, die mit einer Formatangabe als Text linksbündig ausgerichtet wurden.

Haben Sie einen Zellbereich angewählt, läßt sich der gesamte Bereich über die Schaltflächen ausrichten. Sobald Sie die Schaltfläche per Maus anklicken, wird diese eingedrückt dargestellt. Mit einem zweiten Mausklick auf die Schaltfläche heben Sie die Ausrichtung wieder auf. Excel 97 verwendet dann die vorgegebenen Ausrichtungen des Standardformats.

⇢ Um einen Text über mehrere Spalten zu zentrieren, markieren Sie die zugehörigen Zellen. Wenn Sie dann nebenstehende Schaltfläche per Maus anwählen, justiert Excel 97 den Text innerhalb des markierten Bereichs.

Die Funktion Zentrieren *erwartet jedoch, daß der Text in der linken Zelle des markierten Bereichs steht. Dann wird der Text nach rechts in den markierten Zellen zentriert. Das Zentrieren funktioniert nicht, wenn Sie einen bereits vorhandenen Zelleintrag nachträglich über links daneben liegende Zellen zentrieren möchten. Excel 97 kann den Text nur bis zum linken Rand der Textzelle schieben.*

Die Registerkarte Ausrichtung
Sie können die Zellinhalte sowohl horizontal als auch vertikal ausrichten. Hierzu müssen Sie die Registerkarte *Ausrichtung* (Bild 19.17) aufrufen.

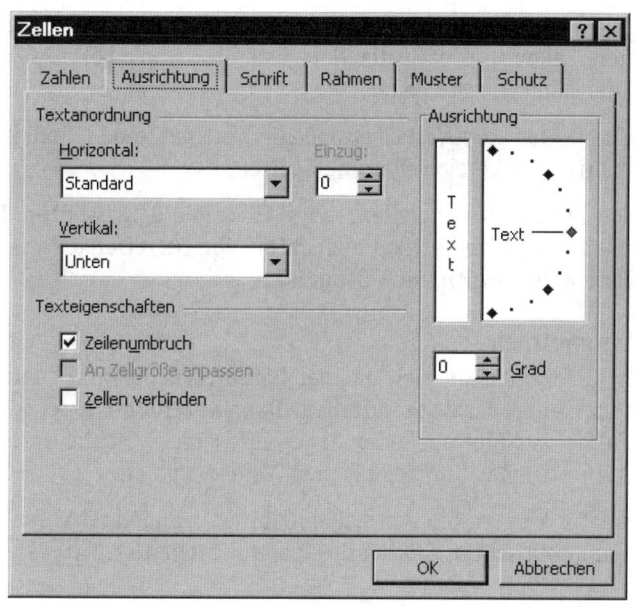

Bild 19.17: Registerkarte Ausrichtung

1. Wählen Sie hierzu die Zelle oder den Bereich an.
2. Dann drücken Sie beispielsweise die Tastenkombination [Strg]+[1].
3. Excel 97 blendet das zuletzt verwendete Dialogfeld in der Anzeige ein. Sollte die Registerkarte *Ausrichtung* verdeckt sein, wählen Sie per Maus den zugehörigen Registerreiter an.
4. Anschließend setzen Sie die gewünschten Optionen und schließen das Dialogfeld über die *OK*-Schaltfläche.

Über das Listenfeld *Horizontal* läßt sich der Inhalt der angewählten Zellen in der betreffenden Richtung ausrichten.

⋯▸ Die Option *Standard* erlaubt Excel 97 die Ausrichtung in Abhängigkeit vom eingegebenen Wert (Texte links, Zahlen rechts etc.).

⋯▸ Die Option *Links (Einzug)* erlaubt eine linksbündige Ausrichtung am Zellrand, wobei sich ein Einzug nach rechts über das betreffende Feld setzen läßt.

⋯▸ Die Optionen *Rechts* und *Zentriert* sind selbsterklärend und stehen ebenfalls über die Schaltflächen der *Format*-Symbolleiste zur Verfügung.

⋯▸ Die Option *Ausfüllen* ist sehr hilfreich, wenn Sie eine Zelle mit einem Zeichen (z.B. "–––––––") füllen müssen. Sobald Sie die Option *Ausfüllen* markieren, wiederholt Excel 97 den bereits in der Zelle eingetragenen String, bis die Zelle gefüllt ist.

- Die Option *Aufteilen* verteilt den Zellinhalt innerhalb der Zelle auf mehrere Zeilen und paßt die Wortabstände so an, daß alle Zeilen genauso breit sind wie die Zelle.

- Die Option *Zentriert über Spalten* zentriert einen Text in einem markierten Zellbereich über die Spalten.

Analog können Sie in Zellen, deren Höhe die dargestellten Zeichen übersteigt, die Anzeige vertikal ausrichten. Die betreffenden Optionen stehen im Listenfeld *Vertikal* zur Verfügung.

Zeilenumbruch

Längere Texte lassen sich mit der Option *Zeilenumbruch* automatisch auf mehrere Zeilen der Zelle aufteilen. Dann vergrößert Excel 97 automatisch die Zellhöhe, damit die Zeilen angezeigt werden. Um die Option zu nutzen, markieren Sie das Kontrollkästchen *Zeilenumbruch*.

Alternativ können Sie den Zeilenumbruch manuell vornehmen, indem Sie an den gewünschten Stellen die Tastenkombination [Alt]+[←] drücken.

> **TIP** Benötigen Sie innerhalb der Zelle Tabulatorstopps, können Sie diese mit der Tastenkombination [Strg]+[Alt]+[↹] eingeben.

Das Kontrollkästchen *An Zellgröße anpassen* vermindert die Laufweite der Zeichen etwas, damit der Wert der Zelle in der Spalte angezeigt werden kann.

Das Kontrollkästchen *Zellen verbinden* bewirkt, daß die Zellen bei der Anzeige zusammengefaßt werden.

Ausrichtung eines Zellinhalts

Die Gruppe *Ausrichtung* zeigt Ihnen die Varianten bei der Ausrichtung von Texten und Zellanzeigen auf (Bild 19.17). Standardmäßig wird der Text in horizontaler Richtung ausgegeben. Sie können den Text jedoch auch senkrecht stellen und in verschiedenen Neigungen ausgeben. Hierzu genügt es, den Neigungswinkel im Drehfeld *Grad* vorzugeben. Excel 97 stellt das Ergebnis dann gemäß der Textvorschau dar.

Bild 19.18: Benutzerdefinierte Symbolleiste

> *Sofern Sie Texte in Zellen häufiger vertikal oder schräg ausgerichtet anzeigen müssen, sollten Sie sich die in Bild 19.18 in der untersten Zeile angezeigten Schaltflächen einrichten. Die Schaltflächen befinden sich in der Registerkarte* Befehle *in der Kategorie* Format. *Im Kapitel »Excel 97 individuell einrichten« finden Sie weitere Hinweise zur Gestaltung benutzerdefinierter Symbolleisten.*

Anzeige fett, kursiv und unterstrichen formatieren

Sie können in Excel 97 die Anzeige jeder Zelle individuell gestalten. Dies gilt für die verschiedenen Schriftstile wie fett und kursiv ebenso wie für unterstreichen, durchstreichen etc. Um den angezeigten Inhalt einer Zelle oder eines Bereiches zu formatieren, gehen Sie folgendermaßen vor:

1. Wählen Sie die Zelle oder den Zellbereich per Maus an.
2. Dann aktivieren Sie die betreffende Formatfunktion.

Excel 97 stellt anschließend den Zellinhalt im gewünschten Format dar. Bei Texten können Sie die Attribute sogar einzelnen Zeichen oder Zeichenketten zuweisen (z.B. *1. Reihe*). Bei Zahlen und anderen Zellinhalten bezieht sich das Formatattribut immer auf die gesamte Zelle. Zum Ein- und Ausschalten der Schriftstile *Fett*, *Kursiv* und *Unterstrichen* existieren verschiedene Möglichkeiten:

Den Schriftstil *Fett* aktivieren Sie über die nebenstehende Schaltfläche. Durch ein zweites Anklicken der Schaltfläche läßt sich das Format wieder abschalten. Alternativ läßt sich der Schriftstil *Fett* durch Betätigung der Tastenkombination [Strg]+[⇧]+[f] ein-/ausschalten.

Betätigen Sie die Schaltfläche *Kursiv* in der Symbolleiste, um die Kursivschrift ein- oder auszuschalten. Alternativ können Sie die Kursivschrift durch Betätigung der Tastenkürzel [Strg]+[⇧]+[k] ein- und ausschalten.

Mit der Tastenkombination [Strg]+[⇧]+[u] oder über nebenstehende Schaltfläche kann der Inhalt einer Zelle unterstrichen dargestellt werden. Ein zweiter Aufruf der Formatfunktion *Unterstreichen* hebt die Formatierung wieder auf.

Weiterhin können Sie die drei Formatattribute fett, kursiv und unterstrichen über die Registerkarte *Schrift* setzen (siehe Bild 19.19).

> *Ob eine Funktion aktiviert ist, erkennen Sie an der Form der zugehörigen Schaltfläche. Bei aktiver Fettschrift zum Beispiel wird die Schaltfläche eingerückt dargestellt.*

> *Excel 97 unterstreicht im Modus* Unterstreichen *alle eingegebenen Zeichen, d.h. auch Leerzeichen, Zwischenräume und Zeichen mit Unterlängen werden unterstrichen.*

Varianten beim Unterstreichen

Unter Excel 97 lernen Sie die »hohe Kunst des Unterstreichens« kennen. Das Programm unterscheidet zwischen einfachem Unterstreichen, doppelt Unterstreichen und einfachem oder doppeltem Unterstreichen im Buchhalterstil.

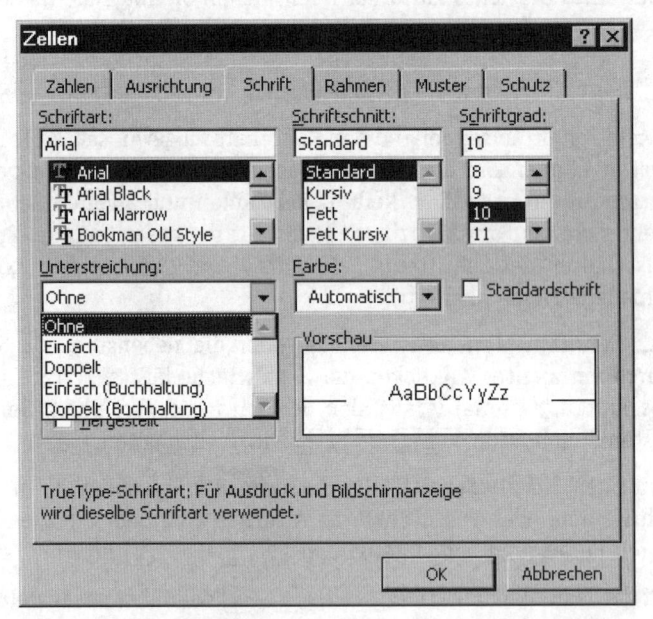

Bild 19.19: Registerkarte Schrift *mit den Optionen zum Unterstreichen*

- Einfaches und doppeltes Unterstreichen beschränkt sich dabei auf den Teil der Zelle, der Texte oder Zahlen enthält. Dabei werden eine oder zwei Linien als Unterstriche verwendet.

- Buchhalter unterstreichen jeweils die komplette Zelle, unabhängig von der Länge der Zahl in der Zelle. Sie haben dabei die Auswahl zwischen einem oder zwei Unterstrichen.

Die Funktionen zum Unterstreichen rufen Sie über die Registerkarte *Schrift* (Befehl ZELLE, Menü FORMAT) ab (Bild 19.19). Schneller geht es aber über das Kontextmenü (Eintrag ZELLEN FORMATIEREN) oder über die Tastenkombination (Strg)+(1).

Sobald Sie das Listenfeld *Unterstreichen* anwählen, blendet Excel 97 die verfügbaren Optionen (Bild 19.19) ein. Sie müssen dann eine der Optionen anwählen und die Registerkarte über die *OK*-Schaltfläche schließen.

> Wenn Sie die Option *Doppelt unterstreichen* häufiger nutzen, sollten Sie sich die nebenstehende Schaltfläche in einer benutzerdefinierten Symbolleiste einfügen. Die Schaltfläche findet sich in der Registerkarte *Befehle* in der Kategorie *Format*. Weitere Hinweise zum Einrichten benutzerspezifischer Schaltflächen finden Sie im Kapitel »Excel 97 individuell einrichten«.

Texte und Anzeigen durchstreichen

Excel 97 bietet Ihnen die Möglichkeit, den Inhalt von Zellen oder Texten durchgestrichen darzustellen. Die betreffende Funktion wird über die Registerkarte *Schrift* gesetzt.

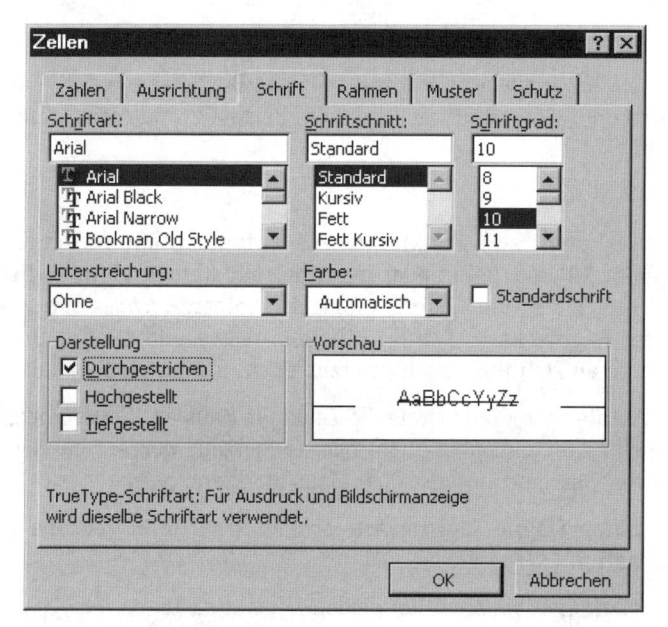

Bild 19.20: Die Registerkarte Schrift

1. Markieren Sie zuerst den durchzustreichenden Text durch Anklicken der Zelle per Maus oder indem Sie den Text zeichenweise markieren.

2. Dann rufen Sie die Dialogbox *Zellen* auf (z.B. über die Tastenkombination [Strg]+[1]). Danach klicken Sie die entsprechende Registerkarte (hier *Schrift*) an.

3. Die Registerkarte *Schrift* enthält die Gruppe *Darstellung* mit drei Kontrollkästchen (Bild 19.20). Setzen Sie die Markierung des Kontrollkästchens *Durchgestrichen*, und schließen Sie das Dialogfeld über die *OK*-Schaltfläche.

Excel 97 stellt den markierten Textbereich durchgestrichen dar. Um einen durchgestrichenen Text wieder normal anzuzeigen, müssen Sie ihn erneut markieren und die obigen Schritte wiederholen. Hierbei entfernen Sie das Häkchen des Kontrollkästchens.

Sie können die Funktion *Durchstreichen* auch direkt über die Tastenkombination [Strg]+[5] ein- und wieder ausschalten. Falls Sie sich die obige Tastenkombination nicht merken möchten, richten Sie sich nebenstehende Schaltfläche in einer benutzerdefinierten Symbolleiste ein. Sie finden diese Schaltfläche in der Registerkarte *Befehle* in der Kategorie *Format*.

Zeichen hoch- und tiefstellen

Bei der Texteingabe sind öfters einzelne Buchstaben oder komplette Worte hoch- oder tiefgestellt zu schreiben. Beispiele sind Auszeichnungen in Formeln:

m^2, H_2O, T_x^2

Excel 97 stellt zwei Funktionen zur Verfügung, mit der einzelne Buchstaben um 3 Punkt höher oder tiefer gestellt werden können. Diese Funktionen lassen sich nur über die Kontrollkästchen *Hochgestellt* und *Tiefgestellt* in der Registerkarte *Schrift* aktivieren (siehe Bild 19.20). Um ein Zeichen oder einen Zellinhalt hoch-/tiefzustellen, führen Sie folgende Schritte aus:

1. Wählen Sie die betreffende Zelle per Maus an. Sollen einzelne Zeichen eines Texteintrages hoch- oder tiefgestellt werden, müssen Sie diese in der Bearbeitungsleiste per Maus markieren.

2. Rufen Sie die Registerkarte *Schriftart* auf (z.B. über die Tastenkombination [Strg]+[1].

3. Markieren Sie eines der beiden Kontrollkästchen *Hochgestellt* oder *Tiefgestellt*.

Sobald Sie das Dialogfeld über die *OK*-Schaltfläche schließen, verschiebt Excel 97 den Text um 3 Punkt gegenüber der Grundlinie nach oben oder nach unten. Gleichzeitig wird der Schriftgrad um einige Punkt reduziert, so daß die Zeichen kleiner erscheinen.

Um einen hoch- oder tiefgestellten Text wieder auf die Grundlinie zurückzustufen, ist die Zelle oder der Text erneut zu markieren und dann die Markierung im Kontrollkästchen der Registerkarte *Schrift* zu löschen.

Änderung der Schriftart und des Schriftgrades

Excel 97 weist den Zellen zur Anzeige eine Standardschriftart mit einer vorgegebenen Größe zu. In der Regel ist dies die Schriftart *Arial* mit einer Größe von 10 Punkt. Sie haben aber die Möglichkeit, jeden Zellinhalt in einer eigenen Schriftart und -größe anzuzeigen. Bei Texten können Sie sogar einzelne Zeichen in unterschiedlichen Schriftarten und -größen ausgeben. Um die Anzeige mit anderen Schriftarten/-größen zu versehen, gehen Sie folgendermaßen vor:

1. Wählen Sie die Zelle oder den Zellbereich per Maus an. Markieren Sie gegebenenfalls den gewünschten Textbereich.
2. Dann rufen Sie die betreffende Einstellung über die *Format*-Symbolleiste ab.

Die *Format*-Symbolleiste weist zwei Kombinationsfelder zur Einstellung der Schriftart und des Schriftgrades auf (Bild 19.21).

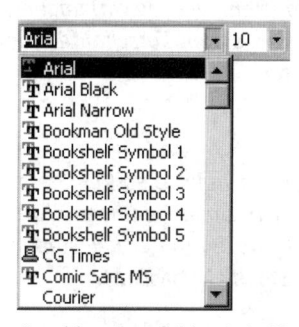

Bild 19.21 Kombinationsfelder Schriftart und -grad

Wenn Sie das linke Kombinationsfeld öffnen, zeigt Excel 97 die Namen der verfügbaren Schriftarten an. Sie müssen einen Eintrag per Maus auswählen. Excel 97 stellt die markierten Bereiche in der betreffenden Schriftart dar.

Um die Zeichengröße (Schriftgrad) zu verändern, öffnen Sie das rechte Kombinationsfeld mit dem Schriftgrad für die aktuell angewählte Schriftart. Excel 97 blendet dann die verfügbaren Schriftgrade (in der Maßeinheit Punkt) in der Liste ein. Sie können einen Eintrag aus dieser Liste per Maus anwählen. Excel 97 übernimmt den Schriftgrad für alle markierten Anzeigen.

Bei TrueType-Schriften sind auch Zwischengrößen von 0,5 Punkt möglich. Fehlt die gewünschte Schriftgröße in der Liste, geben Sie den betreffenden Wert direkt im Kombinationsfeld Schriftgrad der Symbolleiste ein.

Änderung über die Registerkarte Schrift

Excel 97 verwendet für alle eingegebenen Zeichen die Standardschriftart. Wenn Sie einen bereits eingegebenen Text oder einen Zellinhalt nachträglich mit einer neuen Schriftart versehen möchten, müssen Sie diese markieren. Anschließend ist die gewünschte Schriftart zu definieren. Neben dem Listenfeld aus der *Format*-Symbolleiste können Sie die Schriftart und -größe über die Registerkarte *Schrift* einstellen (Bild 19.20). Das entsprechende Dialogfeld läßt sich zum Beispiel über die Tastenkombination [Strg]+[1] aufrufen. Hier finden Sie die Listenfelder zur Auswahl der Schriftgröße und des Schriftgrades. Weiterhin können Sie die in den vorhergehenden Abschnitten besprochene Formatierung über diese Registerkarte einstellen.

> *Excel 97 überträgt die ausgewählte Schriftart nur in die markierten Zellen. Sobald Sie eine neue Zelle anwählen und eine Eingabe vornehmen, benutzt Excel 97 wieder die Standardschriftart. Wie Sie diese Schriftart verändern, erfahren Sie in den folgenden Abschnitten. Die Auswirkungen der Schriftart stellt Excel 97 bereits bei der Anwahl in einem Vorschaufeld dar. Bei Bedarf können Sie dann die Schriftart wechseln.*

> *Möchten Sie häufiger die Schriftgröße verändern, sollten Sie sich die beiden nebenstehend gezeigten Schaltflächen in einer benutzerdefinierten Symbolleiste einrichten. Sie finden die Schaltflächen in der Registerkarte Befehle in der Kategorie Format (Menü EXTRAS, Befehl Anpassen).*

Haben Sie die Schriftart geändert und möchten schnell die Standardschriftart einstellen? Dann genügt es, wenn Sie den Eintrag des Felds *Schriftschnitt* in der Registerkarte *Schrift* auf *Standard* setzen. Oder Sie markieren in der Registerkarte *Schrift* das Kontrollkästchen *Standardschrift*. Excel 97 stellt dann in der Liste *Schriftart* die Standardschriftart ein. Die folgende Tabelle zeigt einige Schriftproben, die mit verschiedenen Schriftarten gestaltet wurden.

Excel 97 bietet Ihnen eine Reihe unterschiedlicher Schriftarten zur Auswahl an. Welche dieser Schriftarten bei Ihnen vorhanden sind, hängt von den jeweils installierten Schriften ab. Sie können die mit Office 97 gelieferten TrueType-Fonts auch nachträglich installieren (siehe Kapitel 1).

> *Eine Schriftart beinhaltet eine Gruppe von Zeichen (Buchstaben, Ziffern, Sonderzeichen etc.) mit dem gleichen Design. Sie können in Excel 97 nur die Schriftarten verwenden, die unter Windows installiert sind. Es gibt eine große Anzahl zusätzlicher Schriftarten, die Sie unter Windows installieren und anschließend unter Excel 97 verwenden können. Neben kommerziellen Schriftenanbietern bieten Mailboxen und Shareware-Versender eine riesige Auswahl.*

Schriftarten

Text	Schriftart
ABCdefgh	Arial
ABCdefgh	Arial Rounded MT Bold
ABCdefgh	Bookman Old Style
ABCdefgh	Britannic Bold
ABCdefgh	Brush Script MT
ABCdefgh	Century Gothic
ABCdefgh	Courier New
ABCdefgh	Letter Gothic
ABCdefgh	Matura MTScript Capitals
ΑΒΧδεφγη	Symbol
ABCdefgh	Times New Roman
✈☛☼♎♏⚔♑♒	Wingdings

Besonderheiten bei Schriftarten

Windows (und damit auch Excel) unterscheidet zwischen *Drucker-* und *TrueType-Schriftarten*.

- *Druckerschriftarten* werden fest im jeweiligen Drucker installiert oder über Schriftkassetten geladen. Um Druckerschriftarten auch am Bildschirm anzuzeigen, muß Windows zusätzlich eine Bildschirmschriftart laden. Der Vorteil dieser Druckerschriftarten besteht in einer schnelleren Ausgabe des Dokuments und des Ausdrucks. Der Nachteil liegt in der vielfach vom Ausdruck abweichenden Bildschirmdarstellung. Bei unterschiedlichen Druckern ändert sich ebenfalls die Form des Ausdrucks von Modell zu Modell.

- Dieser Nachteil wird durch die *TrueType-Schriftarten* behoben. Hier ist die Beschreibung der Schrift in der Schriftart gespeichert und wird für die Bildschirm- und Druckerausgabe jeweils umgesetzt. Die Schriftgrößen sind damit stufenlos skalierbar, und beim Druckerwechsel werden die Dokumente bei vergleichbarer Auflösung mit den gleichen Zeilen- und Seitenumbrüchen ausgegeben.

Excel 97 markiert vor dem Namen jeder Schriftart durch ein T- oder ein Druckersymbol, ob es sich um eine TrueType- oder um eine Druckerschriftart handelt.

> *Allerdings hängt die Qualität der TrueType-Ausgaben von der Qualität der jeweiligen Implementierung ab. Im professionellen Bereich sollten Sie auf Postscript Type1-Fonts (und ggf. den Adobe Type Manager) ausweichen.*

Babylon im Schriftenbereich

Mittlerweile bietet der Markt eine unübersehbare Auswahl an Schriften, insbesondere was den TrueType-Bereich betrifft. Verschärft wird die Situation durch eine babylonische Sprachverwirrung, die bei den Schriftbezeichnungen herrscht. Aus lizenzrechtlichen Gründen benennt jeder Anbieter seine Schriften anders. Im professionellen Satzbereich haben sich die Namen der Adobe-Schriften (z.B. Times Roman, Helvetica, Zapf Dingsbat, Courier etc.) etabliert. Unter Windows werden Sie diese Namen aber meist vergeblich suchen (es sei denn, Sie haben den Adobe Type Manager und die Schriften installiert). Aber keine Angst, letztlich sind die zugehörigen Schriften auch auf Ihrem System verfügbar.

- Benötigen Sie *Times Roman* und besitzen einen HP-Drucker, findet sich in der Liste der Schriftarten die Bezeichnung *CG Times*. Microsoft bietet die (TrueType-) Schrift unter dem Namen *Times New Roman* an. Taucht dagegen der Name *Dutch* auf, hat die Firma *BitStream* ihre Finger im Spiel bzw. einen *Times Roman*-Font geliefert.

- Bei der Schriftart *Helvetica* (Adobe) werden die Bezeichnungen noch abenteuerlicher. Was bei Hewlett Packard unter *Univers* läuft, verkauft BitStream unter dem klingenden Namen *Swiss*. (Bei vielen Grafikpaketen wird *Swiss* als Bitmap-Schriftart mitgeliefert.) Microsoft packt dagegen eine *Helvetica*-Schrift unter dem Synonym *Arial* seinen Produkten bei.

- Für die Symbolschriftart *Zapf Dingsbat* (Adobe) bietet Microsoft die Schrift *Wingdings* an.

- Lediglich bei Courier scheint sich die Herstellerwelt in der Namensgebung einig, auch wenn Microsoft die TrueType-Schrift als *Courier New* bezeichnet. Bei HP-Druckern wird dem Schriftnamen häufig noch die Zeichenbreite (in CPI) angehängt.

Treten in der Liste *Schriftart* doppelte Namen aus der Menge der oben aufgeführten Schriftfamilien auf, bedeutet dies eine mehrfache Installation. Die Folge ist eine Platzverschwendung auf der Platte und ein unnötiger Ressourcenverbrauch unter Windows (ab 255 geladenen Schriften kann dies zu Problemen führen). Prüfen Sie deshalb, ob sich nicht die doppelt vorhandenen Schriften löschen lassen (geht in der Windows-Systemsteuerung über das Symbol *Schriftarten*).

Einstellung der Standardschriftart

Excel 97 weist bei jeder Neueingabe der Anzeige eine Standardschriftart und -größe zu. Dies ist in der Regel die Schriftart Arial mit 10 Punkt. Möchten Sie die Standardschriftart ändern, rufen Sie hierzu die Registerkarte *Allgemein* (Menü EXTRAS, Eintrag *Optionen*) auf. Diese Registerkarte enthält die Listenfelder *Standardschriftart* und *Schriftgrad*.

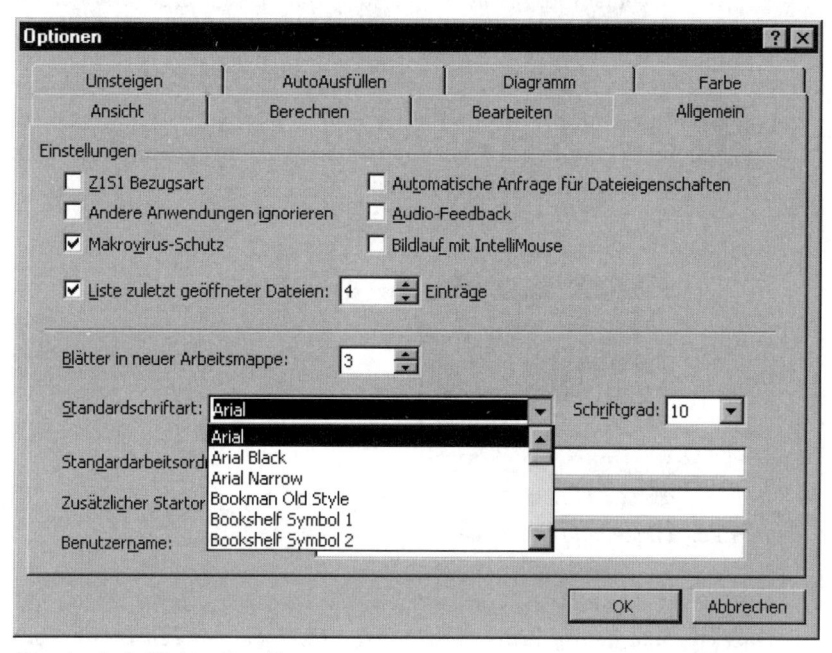

Bild 19.22: Standardschriftart einstellen

Sobald Sie die Vorgaben ändern, wendet Excel 97 diese für neu angelegte Tabellenblätter und Arbeitsmappen an.

> Die Änderung wird unter Umständen aber erst nach dem Neustart von Excel 97 wirksam.

Anzeigen farblich gestalten

In vielen Fällen ist es erwünscht, die eingegebenen Texte oder die angezeigten Ergebnisse farblich hinterlegt oder mit Schriftfarben zu gestalten. Excel 97 bietet verschiedene Möglichkeiten, um einen Text einzufärben.

1. Hierzu markieren Sie den einzufärbenden Text.
2. Anschließend wählen Sie die nebenstehend gezeigte Schaltfläche der *Format*-Symbolleiste an.

Excel 97 weist die zuletzt benutzte Farbe zu. Um die Farbe zu wechseln, klicken Sie auf den Pfeil neben der Schaltfläche. Excel 97 zeigt eine Farbpalette, aus der sich die Farbe wählen läßt (Bild 19.23).

Die zuletzt gewählte Farbe bleibt in der Schaltfläche sichtbar und kann weiteren Zellen zugewiesen werden. Wenn Sie die Farbe *Automatisch* wählen, verwendet Excel 97 die Windows-Definition für diese Farbe. In der Regel ist dies die Farbe Schwarz. Über diese Farbe läßt sich ein eingefärbter Anzeigebereich auch wieder zurücksetzen.

> Zum Einfärben mehrerer markierter Textbereiche läßt sich auch das Listenfeld *Farbe* in der Registerkarte *Schrift* verwenden. Sie müssen lediglich die gewünschte Farbe einstellen.

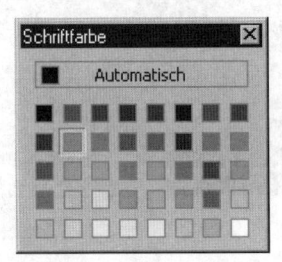

Bild 19.23: Einstellung der Farbe

> Sind häufig Texte einzufärben, öffnen Sie das Fenster der Farbpalette. Dann ziehen Sie die Kopfzeile zu einer freien Stelle des Anwendungsfensters. Damit bleibt die Palette immer geöffnet (Bild 19.23) und Sie können die Farben sehr schnell abrufen.

Zum Schließen der Palette genügt die Anwahl der Schaltfläche *Schließen* in der rechten oberen Ecke des Fensters.

19.4 Arbeitsblatt formatieren

Neben der Formatierung einzelner Zellanzeigen (Stellenzahl, Ausrichtung und Schrift) können Sie einem Arbeitsblatt weitere Formate zuweisen. Dies beginnt mit Rahmen und Linien an Stelle der Gitternetzlinien und reicht bis zu Farben und Mustern für den Hintergrund der Zellen.

Rahmen

Sie können um jede Zelle oder um ganze Zellbereiche Rahmen und Linien ziehen. Excel 97 bietet in der *Format*-Symbolleiste die Schaltfläche *Rahmen*, um Rahmen und Linien direkt abzurufen.

- Sobald Sie eine Zelle markieren und die Schaltfläche *Rahmen* anklicken, übernimmt Excel 97 die zuletzt eingestellte Rahmenform.
- Öffnen Sie die Palette mit den verfügbaren Rahmenformen durch einen Mausklick auf den Pfeil rechts neben der Schaltfläche, lassen sich die restlichen Rahmenformen abrufen (Bild 19.24).

Die zuletzt gewählte Rahmenform wird der markierten Zelle zugewiesen und bleibt in der Schaltfläche sichtbar.

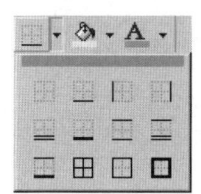

Bild 19.24: Rahmenformen in Excel 97

> *Um unterschiedliche Rahmenstile schnell zuweisen zu können, öffnen Sie die Palette mit den Rahmenstilen. Dann ziehen Sie die Kopfleiste der Palette in den Dokumentbereich. Das Fenster bleibt geöffnet, und Sie können die Rahmenstile leicht abrufen.*

Linientyp einstellen

Excel 97 zeichnet in der Voreinstellung Rahmen und Linien mit einem dünnen Strich. Sie können den Linientyp aber ändern und damit punktierte, strichpunktierte, dünne oder dicke Linien abrufen.

1. Markieren Sie hierzu den zu formatierenden Bereich, und rufen Sie das Dialogfeld *Zellen* auf (z.B. über [Strg]+[1]).
2. Sofern die Registerkarte *Rahmen* (Bild 19.25) verdeckt ist, wählen Sie den zugehörigen Registerreiter per Maus an.
3. Dann wählen Sie die Optionen in den Gruppen *Rahmen* und *Art* mit einem Mausklick an.
4. Bei Bedarf läßt sich noch die Rahmenfarbe über das Listenfeld *Farbe* angeben.

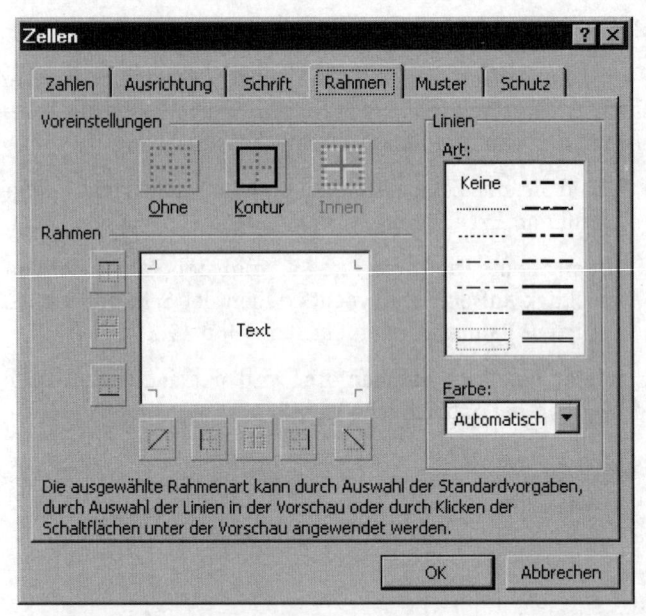

Bild 19.25: Die Registerkarte Rahmen

Sobald Sie die Registerkarte über die *OK*-Schaltfläche schließen, übernimmt Excel 97 die gewählten Einstellungen.

- In der Gruppe *Rahmen* läßt sich der Rahmentyp (Rahmen oder Linien samt deren Lage) festlegen.

- Interessanter sind die Felder der Gruppe *Art*, die die Linienform beeinflussen. Nachdem Sie den Rahmentyp festgelegt haben, wählen Sie das Feld mit der gewünschten Linienform per Mausklick an.

- Zusätzlich besteht die Möglichkeit, die Linienfarbe über das Listenfeld *Farbe* zu ändern. Excel 97 öffnet dann die Farbpalette, und Sie können ein Farbfeld anwählen. Die Farbe *Automatisch* wird durch Windows definiert (meist *Schwarz*).

Sobald Sie die *OK*-Schaltfläche per Maus anwählen, schließt Excel 97 das Dialogfeld und übernimmt die Einstellungen im markierten Bereich. Excel 97 wendet die eingestellten Optionen nur auf den aktuell markierten Bereich an. Wenn Sie anschließend eine andere Zelle wählen und diese über die Schaltfläche der Symbolleiste mit einem Rahmen versehen, wird dieser in Schwarz mit einer dünnen Linie ausgeführt.

> *Ein Rahmen besteht immer aus vier Einzellinien, die Sie beim Löschen in der Registerkarte* Rahmen *über die Gruppe* Rahmen *getrennt aufheben können (Markierung im betreffenden Feld löschen). Zum Löschen der Rahmenlinie einer Zelle öffnen Sie das Fenster mit den Rahmenstilen (über die Schaltfläche* Rahmen *der Format-Symbolleiste, siehe Bild 19.24). Anschließend wählen Sie die nebenstehend gezeigte Schaltfläche.*

> *Möchten Sie mehrere Zellbereiche mit farbigen Rahmen oder bestimmten Linientypen versehen? Dann markieren Sie den ersten Bereich und weisen diesem explizit die gewünschten Linien zu. Anschließend markieren Sie den zweiten Zellbereich und wählen den Befehl* Wiederholen/Rahmen *im Menü* BEARBEITEN, *oder Sie drücken die Tastenkombination* [Strg]+[y]. *Excel 97 wiederholt den letzten ausgeführten Befehl.*

Um einem markierten Zellbereich sehr schnell einen Gesamtrahmen zuzuweisen, drücken Sie gleichzeitig die Tasten [Strg]+[⇧]+[-]. Soll der Rahmen wieder entfernt werden, verwenden Sie die Tastenkombination [Strg]+[⇧]+[Alt]+[-].

Füllfarben

Sie können einzelnen Zellen oder einem markierten Zellbereich eine Füllfarbe oder ein Füllmuster zuweisen. Die Füllfarbe ist unabhängig von der Schriftfarbe des Zellinhalts und den Farben eines vorhandenen Rahmens. Standardmäßig steht hierzu in der *Format*-Symbolleiste die nebenstehend gezeigte Schaltfläche *Füllfarbe* zur Verfügung.

1. Markieren Sie den Bereich mit den Zellen, die in einer anderen Hintergrundfarbe darzustellen sind.

2. Öffnen Sie die Palette der verfügbaren Farben (Pfeil neben der Schaltfläche per Maus anklicken).

3. Klicken Sie ein Farbfeld in der Farbpalette (Bild 19.26) per Maus an.

Excel 97 färbt dann den Zellhintergrund in der betreffenden Farbe ein. Um die Farbe eines markierten Bereiches wieder aufzuheben, müssen Sie die Farbpalette erneut anwählen und dann den Eintrag *Kein Füllbereich* wählen (Bild 19.26). Dann erscheint der Zellhintergrund wieder transparent (entspricht der Farbe weiß).

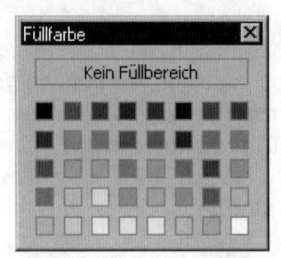

Bild 19.26: Füllfarben

> Excel 97 blendet die zuletzt gewählte Farbe in der Schaltfläche Füllfarbe. Um einen anderen Bereich gleich einzufärben, genügt es, die Zellen zu markieren und dann die Schaltfläche per Maus anzuklicken.

Möchten Sie mehrere Bereiche mit verschiedenen Farben versehen, öffnen Sie die Farbpalette. Dann ziehen Sie diese bei gedrückter linker Maustaste in den Dokumentbereich. Damit bleibt die Palette geöffnet, und Sie können die Farben bequem auswählen. Die Palette läßt sich durch Anklicken der Schaltfläche *Schließen* in der rechten oberen Fensterecke wieder schließen.

Füllmuster in Zellen setzen

Excel 97 bietet Ihnen zusätzlich die Möglichkeit, den Zellhintergrund mit einem Muster (Schraffur) zu versehen. Hierzu gehen Sie folgendermaßen vor:

1. Markieren Sie den zu schraffierenden Zellbereich und öffnen das Dialogfeld *Zellen* (z.B. über `Strg`+`1`).

2. Dann wählen Sie in der Registerkarte *Muster* die gewünschte Hintergrundfarbe des Musters aus der Farbpalette.

3. Sobald Sie das Listenfeld *Muster* öffnen, blendet Excel 97 eine Palette mit den verfügbaren Mustern in der Registerkarte ein (Bild 19.27). Wählen Sie nun das gewünschte Muster aus dieser Palette.

Excel 97 zeigt das Ergebnis im Feld *Vorschau* an. Sobald Sie die *OK*-Schaltfläche betätigen, übernimmt Excel 97 das Muster als Hintergrund für den markierten Zellbereich.

Zum Aufheben des Musters markieren Sie den Bereich erneut und wählen in der Farbpalette die Farbe *keine Farbe*.

19 Formatierung von Tabellen und Arbeitsblättern

> Um ein Muster in mehrere Zellbereiche zu kopieren, versehen Sie den ersten Zellbereich mit diesem Muster. Dann markieren Sie den nächsten Bereich und drücken die Tasten [Strg]+[y]. Damit führt Excel 97 den letzten Befehl erneut aus und überträgt das Muster in den markierten Bereich.

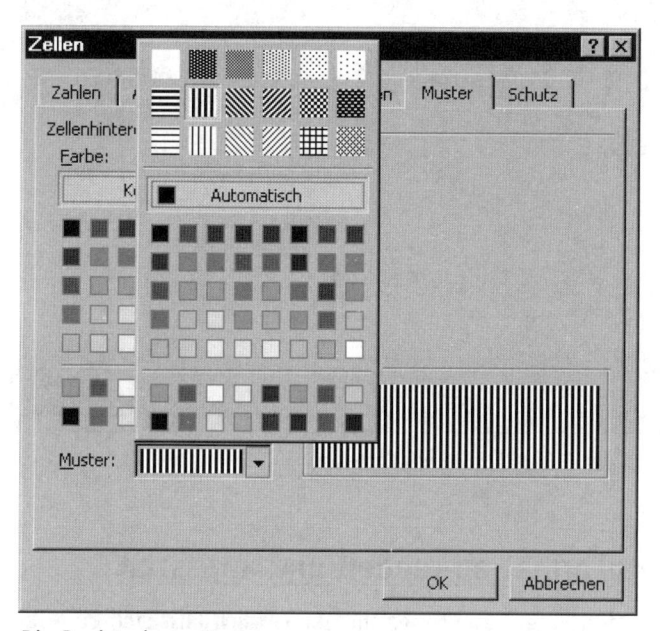

Bild 19.27: Die Registerkarte Muster

Benötigen Sie häufiger Muster für den Zellhintergrund, richten Sie sich die nebenstehend gezeigte Schaltfläche (Befehl ANPASSEN im Menü EXTRAS, Registerkarte Befehle, Kategorie Formate) in einer Symbolleiste ein. Über die Schaltfläche läßt sich die Palette mit den Füllmustern direkt abrufen.

Gitternetzlinien einfärben

Sie können in einer Tabelle die Gitternetzlinien nicht nur ein- und ausblenden. Excel 97 erlaubt Ihnen auch, die Farbe der Gitternetzlinien frei zu wählen.

1. Hierzu öffnen Sie die Registerkarte Ansicht (Menü EXTRAS, Eintrag Optionen).

2. In der Gruppe Fensteroptionen markieren Sie das Kontrollkästchen Gitternetzlinien.

3. Anschließend öffnen Sie das Listenfeld Farbe und wählen ein Feld der Farbpalette (Bild 19.28).

Wenn Sie nun die Registerkarte über die Schaltfläche OK schließen, zeichnet Excel 97 die Gitternetzlinien in der gewählten Farbe.

457

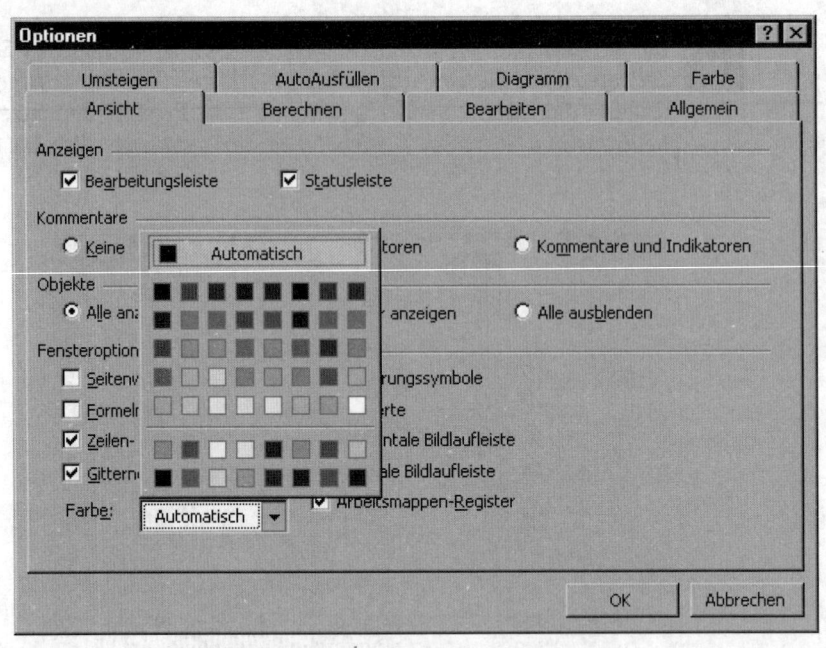

Bild 19.28: Farbe der Gitternetzlinien einstellen

19.5 AutoFormat anwenden und anpassen

Über den Befehl AUTOFORMAT im Menü FORMAT läßt sich eine Tabelle sehr elegant mit einer Formatierung versehen. Dazu genügt es, daß sich die Eingabemarkierung in der Tabelle befindet. AutoFormat bietet Ihnen eine Reihe vordefinierter Formatvorlagen, die sich auf den Inhalt des markierten Tabellenbereiches anwenden lassen. Hierzu müssen Sie lediglich den gewünschten Stil in der Liste *Formate* anwählen. Excel 97 zeigt sofort eine stilisierte Tabelle im betreffenden Stil in der Vorschau.

Standardmäßig sind alle Kontrollkästchen markiert, d.h. die Optionen sind wirksam. Soll *AutoFormat* eine Option beim Formatieren nicht verändern, löschen Sie die Markierung des betreffenden Kontrollkästchens. Die Wirkung wird sofort im Fenster *Vorschau* an der angezeigten Tabelle sichtbar. Möchten Sie zum Beispiel das Zahlenformat Ihrer Tabelle beibehalten, ist die Markierung im gleichnamigen Kontrollkästchen zu löschen.

> *Falls Sie die Funktion* AutoFormat *häufiger verwenden, richten Sie sich die nebenstehende Schaltfläche (Befehl* ANPASSEN *im Menü* EXTRAS, *Registerkarte* Befehle, *Kategorie* Formate) *in einer benutzerdefinierten Symbolleiste ein.*

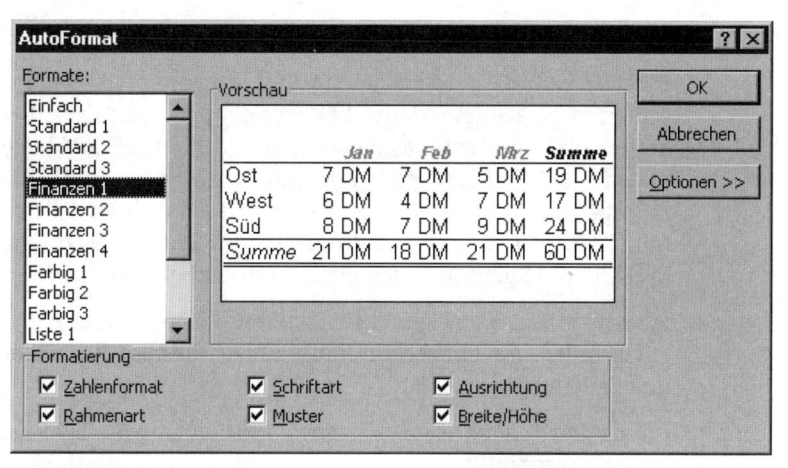

19 Formatierung von Tabellen und Arbeitsblättern

Bild 19.29: Das Dialogfeld AutoFormat

Falls Ihnen das Ergebnis von *AutoFormat* nicht gefällt, können Sie das vorhergehende Format restaurieren, indem Sie direkt nach der Anwendung von AutoFormat die Tasten [Strg]+[z] drücken.

Besonderheiten beim Kopieren von Formaten

Excel 97 bietet Ihnen die Möglichkeit, Zellformate über nebenstehende Schaltfläche zu kopieren. Die entsprechende Funktion wurde in Kapitel 4 vorgestellt. Beachten Sie aber, daß die Funktion nur das Format des ersten Zeichens eines Zellinhalts übertragen kann. Bei Zahlen, logischen Werten etc. ist dies kein Problem, da hier alle Zeichen mit dem gleichen Format versehen werden.

Bei Texten sieht die Sache aber etwas anders aus, denn hier lassen sich jedem Zeichen individuelle Formate zuweisen. Bild 19.30 zeigt deutlich den Effekt, der beim Übertragen eines Formates auftritt. Die linken Ursprungszellen weisen mehrere unterschiedliche Zeichenformate auf. Dieses Format wurde in die rechts daneben liegenden Zellen übertragen. Das Ergebnis unterscheidet sich aber deutlich von der Vorgabe.

Bild 19.30: Ergebnisse beim Kopieren von Formaten

Spaltenbreite und -höhe verändern

Excel 97 paßt die Anzeige der Ergebnisse an die Breite der Spalte an. Überschreiten berechnete Werte die Spaltenbreite, gibt Excel 97 die Zeichenkette ##### aus. Texte reichen über den rechten Zellrand hinaus, sofern die folgenden Zellen leer sind. Andernfalls schneidet Excel 97 den Text ab. Eingegebene Konstanten werden ebenfalls am rechten Zellrand abgeschnitten. Ist die Zellhöhe für die Anzeige des Zellinhalts zu klein, schneidet Excel 97 die Buchstaben am oberen Zellrand einfach ab.

Sie haben aber die Möglichkeit, die Breite einer Spalte und die Zeilenhöhe einzustellen. Am einfachsten funktioniert dies per Maus über die Spalten- und Zeilenköpfe.

Um die Spaltenbreite zu verändern, positionieren Sie die Maus im Spaltenkopf am rechten Rand der zu verändernden Spalte. Wenn Sie dann die linke Maustaste drücken, nimmt der Cursor die nebenstehend gezeigte Form an. Sie können anschließend die Spaltenbreite durch Ziehen per Maus variieren. Sobald Sie die Maustaste freigeben, fixiert Excel 97 die neue Spaltenbreite.

Die Veränderung der Zeilenhöhe erfolgt analog, Sie müssen den Mauscursor im Zeilenkopf am unteren Rand der Zeile positionieren und dann die linke Maustaste drücken. Solange der Cursor die nebenstehend gezeigte Form annimmt, läßt sich die Spaltenhöhe durch Ziehen per Maus einstellen.

Sie haben zusätzlich die Möglichkeit, die Spaltenhöhe über das Menü FORMAT zu beeinflussen. Sobald Sie den Eintrag ZEILEN anwählen, blendet Excel 97 das Untermenü aus Bild 19.31 ein. Über die einzelnen Einträge läßt sich die markierte Zeilenhöhe verändern.

···> Der Eintrag HÖHE öffnet das Dialogfeld *Zeilenhöhe* (Bild 19.32), in dem Sie die gewünschte Höhe in mm eintragen können.

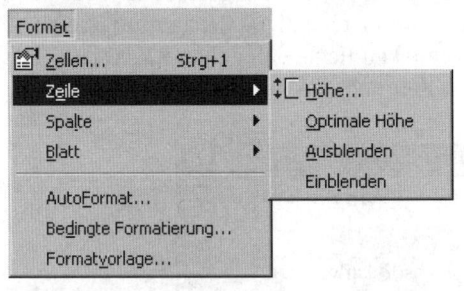

Bild 19.31: Menü Zeile

19 Formatierung von Tabellen und Arbeitsblättern

···❥ Wählen Sie dagegen den Eintrag OPTIMALE HÖHE, paßt Excel 97 die Zeilenhöhe am Inhalt der zugehörigen Zellen an.

···❥ Über den Menüpunkt *Ausblenden* lassen sich einzelne Zeilen der Tabelle verstecken. Die Funktion *Ausblenden* besitzt die gleiche Wirkung wie die Zeilenhöhe 0. Sie können daher den gleichen Effekt erreichen, wenn Sie die Zeilenhöhe per Maus auf 0 reduzieren.

···❥ Möchten Sie eine versteckte Zeile wieder sichtbar machen, markieren Sie per Maus die Zeilenköpfe der beiden benachbarten Zeilen. Die Position der versteckten Zeile ist an der Lücke in der Zeilennumerierung leicht erkennbar. Wenn Sie anschließend das Untermenü *Einblenden* wählen, wird die verborgene Zeile wieder in der ursprünglichen Größe angezeigt.

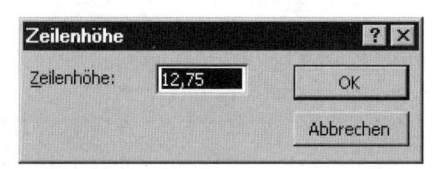

Bild 19.32: Einstellen der Zeilenhöhe

Das Ein- und Ausblenden von Zeilen ist hilfreich, wenn beim Ausdruck einer Tabelle bestimmte Zellbereiche nicht erscheinen sollen. In Teil 4 lernen Sie die Funktion *Gliederung* kennen, die ein wesentlich effizienteres Ein- und Ausblenden ermöglicht.

Um die Spaltenbreite zu beeinflussen, gehen Sie in gleicher Weise vor. Sie müssen lediglich den Eintrag SPALTEN im Menü FORMAT wählen. Excel 97 blendet ebenfalls ein Untermenü mit den verfügbaren Befehlen ein (Bild 19.33).

···❥ Der Eintrag BREITE blendet ein Dialogfeld zur Eingabe der Spaltenbreite in mm in der Anzeige ein.

···❥ Über den Befehl OPTIMALE BREITE paßt Excel 97 die Breite der markierten Spalte automatisch an den Zellinhalt an.

···❥ Die beiden Einträge EINBLENDEN und AUSBLENDEN erlauben es, einzelne Spalten zu verstecken und wieder anzuzeigen.

···❥ Beim Anlegen einer neuen Tabelle setzt Excel 97 alle Spalten auf die gleiche Breite. Den gleichen Effekt erhalten Sie für markierte Spalten, wenn Sie das Untermenü *Standardbreite* anwählen.

Hierbei gelten die gleichen Kriterien wie bei der bereits auf vorhergehenden erläuterten Zeilenanpassung.

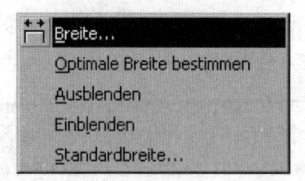

Bild 19.33: Untermenü Spalten

> *Die optimale Anpassung der Spalten- und Zeilenhöhe an die jeweiligen Zellinhalte kann auch direkt per Maus erfolgen. Hierzu müssen Sie lediglich den rechten Rand der Spalte oder den unteren Rand der Zeile im Spalten-/Zeilenkopf mit einem Doppelklick der linken Maustaste anwählen. Dann paßt Excel 97 automatisch die Zellabmessungen an. Falls dies bei Ihnen nicht klappt, haben Sie die falsche Stelle angewählt. Nur wenn der Cursor die Form eines Doppelpfeils annimmt, führt Excel 97 die automatische Anpassung der Zellenabmessungen nach einem Doppelklick aus.*

Mit [Strg]+[9] wird eine markierte Zeile aus- und mit [Strg]+[⇧]+[9] wieder eingeblendet. Verwenden Sie die Tasten [Strg]+[8], um eine Spalte zu verstecken, und [Strg]+[⇧]+[8], um diese wieder anzuzeigen.

19.6 Zellen schützen

Wenn Sie eine Tabelle in mühevoller Arbeit erstellt und formatiert haben, ist es doppelt frustrierend, wenn ein unerfahrener Benutzer dieses Layout durch Eingaben in den falschen Zellen zerstört. Ähnliches gilt für Berechnungsformeln, die schnell durch eine Eingabe überschrieben sind. Um ein Arbeitsblatt, eine Arbeitsmappe oder Zellbereiche vor Veränderungen zu schützen, müssen Sie diese sperren. Excel 97 bietet hierzu die betreffenden Funktionen.

Zellbereich sperren

Bild 19.34 zeigt eine Beispieltabelle mit Einnahmen und Ausgaben, in der Benutzereingaben automatisch berechnet werden. Nun ist es in der Regel nicht erwünscht, daß der Benutzer die Textzellen (z.B. Einnahmen, Ausgaben etc.) verändert. Weiterhin müssen Eingaben in Zellen mit Formeln verhindert werden. Andernfalls werden die Formeln durch die Eingaben überschrieben.

Standardmäßig wird allen Zellen der Status *Gesperrt* zugewiesen. Zellen sind jedoch erst dann wirklich gesperrt, wenn das Blatt beziehungsweise die Arbeitsmappe über den Befehl EXTRAS/SCHUTZ/BLATT geschützt wird.

19 Formatierung von Tabellen und Arbeitsblättern

Um in einer zu schützenden Tabelle Eingaben in Zellen zuzulassen, gehen Sie folgendermaßen vor:

Bild 19.34: Beispieltabelle mit zu schützenden Bereichen

1. Markieren Sie die Engabezellen per Maus oder Tastatur.
2. Rufen Sie nun die Registerkarte *Schutz* (Bild 19.35) auf. Dies kann über den Eintrag ZELLEN im Menü FORMAT erfolgen. Schneller öffnen Sie die Dialogbox *Zellen* per Kontextmenü oder über die Tastenkombination (Strg)+(1).
3. Löschen Sie die Markierung im Kontrollkästchen *Gesperrt* (gilt für alle Zellen, in denen Sie Eingaben erlauben möchten).
4. Schließen Sie die Registerkarte über die Schaltfläche *OK*.

Bei Bedarf können Sie nun weitere Zellbereiche über die Schritte 1 bis 3 markieren und von der Sperre ausnehmen.

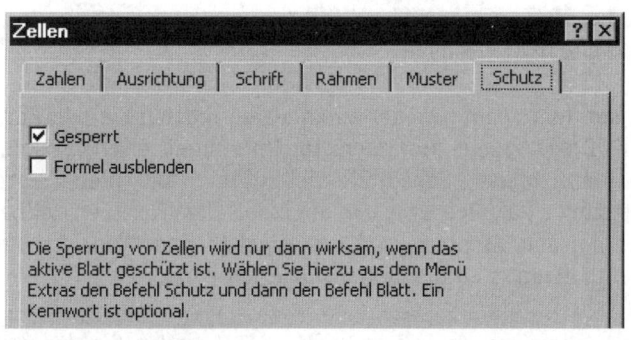

Bild 19.35: Registerkarte Schutz

5. Anschließend wählen Sie im Menü EXTRAS den Eintrag *Schutz*.
6. Excel 97 öffnet ein Untermenü, dort entscheiden Sie sich für den Befehl *Blatt* (Bild 19.36).

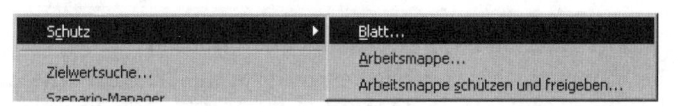

Bild 19.36: Das Untermenü SCHUTZ

1. Auf dem Bildschirm erscheint das Dialogfeld *Blatt schützen* (Bild 19.37), in dem Sie optional ein Paßwort und verschiedene Optionen vergeben können. Setzen Sie die Optionen, und schließen Sie das Dialogfeld über die *OK*-Schaltfläche.

Erst mit dem letzten Schritt wird der Schutz für die gesperrten Zellen des Arbeitsblatts wirksam. Ein Eingabeversuch wird mit einer Fehlermeldung zurückgewiesen.

Über die Kontrollkästchen im Dialogfeld *Blatt schützen*, können Sie sowohl Zellinhalte als Objekte und Szenarios vor Veränderungen schützen (Bild 19.37). In der Regel reicht es jedoch, die Option *Inhalte* zu markieren, damit Formeln und Zellinhalte geschützt werden. Wenn Sie im Dialogfeld *Blatt schützen* ein Kennwort eintragen, läßt sich der Zellschutz nur über dieses Kennwort wieder aufheben.

Bild 19.37: Dialogfeld Blatt schützen

Um den Blattschutz wieder aufzuheben, müssen Sie den Eintrag SCHUTZ im Menü EXTRAS erneut anwählen. Im Untermenü erscheint jetzt der Eintrag BLATTSCHUTZ AUFHEBEN. Sobald Sie diesen Punkt anwählen, hebt Excel 97 den Blattschutz auf. Beachten Sie aber, daß die einzelnen Zellbereiche immer noch mit dem Attribut *geschützt* versehen sind. Wenn Sie den Blattschutz erneut setzen, sind die Zellen wieder gesperrt.

In der Registerkarte Schutz *(Bild 19.35) finden Sie das Kontrollkästchen* Formel ausblenden. *Möchten Sie die Anzeige von Formeln unterdrücken, markieren Sie den Zellbereich oder das komplette Blatt und setzen das betreffende Kontrollkästchen. Sie können die Zellen dann zwar anwählen, die Anzeige in der Bearbeitungsleiste bleibt aber bis auf Ihre Eingabe leer.*

Arbeitsblatt und Tabellenstruktur schützen

Sie können auch das ganze Fenster oder die Struktur einer Arbeitsmappe vor Veränderungen schützen. Hierzu gehen Sie folgendermaßen vor:

1. Öffnen Sie die zu schützende Arbeitsmappe.
2. Dann wählen Sie den Befehl *Schutz/Arbeitsmappe* im Menü EXTRAS (Bild 19.36).
3. Excel 97 blendet das Dialogfeld *Arbeitsmappe schützen* (Bild 19.38) auf dem Bildschirm ein. Sie müssen nun das optionale Kennwort und die gewünschten Optionen setzen.
4. Sobald Sie das Dialogfeld über die Schaltfläche *OK* schließen, aktiviert Excel 97 den Schutz für die Arbeitsmappe.

Haben Sie im Dialogfeld ein Kennwort vorgegeben, läßt sich der Schutz nur über dieses Kennwort wieder entfernen.

Bild 19.38: Das Dialogfeld Arbeitsmappe schützen

Die Option *Fenster* wird von Excel 97 recht rigoros überwacht. Sie können dann weder Zeilen noch Spalten verändern (z.B. ausblenden oder in der Größe anpassen) noch das Fenster verschieben oder in der Größe beeinflussen. Was allerdings funktioniert ist das Blättern über die Bildlaufleisten. Weiterhin können Sie in allen ungeschützten Zellen Eingaben vornehmen. Da Excel 97 auch das Systemmenü des Fensters ausblendet, können Sie das Fenster nur über die Tasten [Strg]+[F4] oder über den Eintrag SCHLIEßEN im Menü DATEI schließen. Wird dabei der Zellinhalt gespeichert, bleibt der Schutz auch nach dem Laden der Datei erhalten.

Um den Schutz wieder aufzuheben, müssen Sie das Fenster anwählen und dann im Menü EXTRAS den Eintrag SCHUTZ anwählen. Im Untermenü klicken Sie auf den Befehl ARBEITSMAPPENSCHUTZ AUFHEBEN. Haben Sie ein Paßwort bei der Aktivierung des Blattschutzes benutzt, wird dieses vorher abgefragt.

Der Befehl Arbeitsmappen schützen und freigeben *im Menü* EXTRAS/SCHUTZ *öffnet ein Dialogfeld, in dem sich wählen läßt, ob ein Änderungsprotokoll beim Setzen und Aufheben des Schutzes geführt werden soll.*

20 Arbeiten mit Vorlagen

20.1 Arbeiten mit Formatvorlagen

In Kapitel 19 haben Sie Funktionen kennengelernt, um einzelne Zellen oder Bereiche individuell zu formatieren. Es ist kein größeres Problem, Zellen mit Rahmen oder Hintergrundmustern zu versehen. Allerdings bedeutet jede Formatierung einen bestimmten Arbeitsaufwand, und die Einschränkungen beim Kopieren auf das Format des ersten Zeichens sind eher hinderlich.

Wie wäre es, wenn Sie den Text für eine Tabellenüberschrift eingeben, den Bereich markieren und dann ein Format mit anderer Schriftart, Rahmen und Hintergrundmuster in einem Schritt abrufen? Genau diese Möglichkeit haben Sie bei der Nutzung von Formatvorlagen. Excel 97 erlaubt Ihnen, mehrere Formate unter einem Namen zusammenzufassen und als »Formatvorlage« zu speichern. Anschließend läßt sich das Format aus der Vorlage mit einem Arbeitsschritt in einen markierten Bereich übertragen. Wie Sie Formate aus Vorlagen abrufen, das Format *Standard* anpassen und neue Vorlagen erstellen, erfahren Sie in diesem Abschnitt.

Zuweisen einer Formatvorlage

Excel 97 speichert in einer Formatvorlage alle Informationen zur Formatierung eines markierten Bereiches (z.B. Schriftart, Schriftgrad, Auszeichnungen wie fett, kursiv etc.). Wenn Sie ein Dokument (Tabelle) anlegen und dann einen Text oder einen Wert in einer Zelle eingeben, wird dieser mit der Formatvorlage »Standard« formatiert.

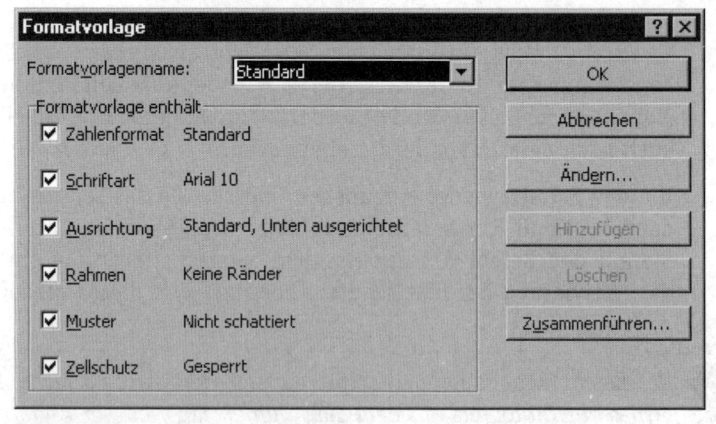

Bild 20.1: Das Dialogfeld Formatvorlage

Möchten Sie einem markierten Bereich ein Format aus der Vorlage zuweisen, gehen Sie folgendermaßen vor:

1. Markieren Sie den gewünschten Bereich im Arbeitsblatt (dieser kann eine oder mehrere Zellen umfassen).
2. Wählen Sie im Menü FORMAT den Eintrag FORMATVORLAGE. Excel 97 blendet das Dialogfeld *Formatvorlage* aus Bild 20.1 auf dem Bildschirm ein.
3. Öffnen Sie nun das Listenfeld *Formatvorlagenname*. Dann wählen Sie einen der vordefinierten Einträge (Bild 20.2).
4. Sobald Sie das Dialogfeld über die *OK*-Schaltfläche schließen, übernimmt Excel 97 alle Formate der Vorlage im markierten Bereich.

Die bereits in den Zellen gespeicherte Formatierung wird dabei überschrieben. Die Einstellungen der aktuell gewählten Formatvorlage werden im Dialogfeld *Formatvorlage* in der Gruppe *Formatvorlage enthält* angezeigt (Bild 20.1). Über die Kontrollkästchen können Sie einzelne Optionen ein- oder ausblenden. Wählen Sie zum Beispiel die Vorlage *Standard*, benötigen aber den Zellschutz nicht, löschen Sie einfach die Markierung des betreffenden Kontrollkästchens. Excel 97 übernimmt nur die markierten Formateigenschaften in die markierten Zellen.

Bild 20.2: Liste der Formatvorlagen

Bild 20.2 zeigt die Liste der Vorlagennamen, wobei es sich teilweise um selbstdefinierte Formate handelt. Wenn Sie in Excel 97 eine Arbeitsmappe neu einrichten, sind die Einträge wie *Spaltentitel* und *Textbereich* nicht vorhanden. Die Definition eigener Formatvorlagen wird in den nachfolgenden Abschnitten besprochen.

Excel 97 speichert die Formatvorlagen immer mit der Arbeitsmappe ab, d.h. die Definition ist innerhalb der Mappe gültig. In den folgenden Abschnitten erfahren Sie aber, wie sich Vorlagen aus anderen Arbeitsmappen übernehmen lassen.

> **Achtung!** *Wenn Sie das Menü* Format *öffnen, kann es sein, daß der Eintrag* Formatvorlage *gesperrt ist (grauer Schriftzug). In diesem Fall haben Sie das Arbeitsblatt geschützt (siehe Kapitel 19). Um ein Format zuzuweisen, müssen Sie erst den Schutz aufheben (Menü* Extras, *Eintrag* Schutz/Blatt*).*

> **TIP** *Sie können das Dialogfeld* Formatvorlage *auch direkt über die Tastenkombination* [Alt]+[⇧]+[#] *aufrufen. Dies funktioniert aber nur, wenn die benutzerdefinierte Symbolleiste mit dem Listenfeld* Formatvorlage *(Bild 20.3) nicht angezeigt wird.*

Formatvorlagen per Symbolleiste abrufen

> **TIP** *Im Grunde ist der Weg über das Dialogfeld* Formatvorlage *sehr umständlich. Dies gilt insbesondere, wenn Sie mehrere Bereiche einer Tabelle schnell mit unterschiedlichen Formaten versehen möchten. In den vorhergehenden Kapiteln wurde bereits gezeigt, wie sich eine benutzerdefinierte Symbolleiste mit Schaltflächen zur schnelleren Formatierung einer Tabelle nutzen läßt. Bild 20.3 zeigt die Elemente dieser Symbolleiste.*

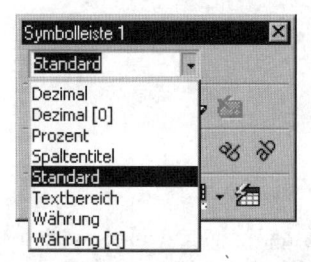

Bild 20.3: Benutzerdefinierte Symbolleiste zum Formatieren

In der linken oberen Ecke finden Sie das Listenfeld mit dem Namen der aktuellen Formatvorlage (hier *Standard*). Sie können dieses Listenfeld per Maus öffnen und direkt den Namen einer Formatvorlage abrufen. Dadurch lassen sich die Formate im markierten Tabellenbereich sehr schnell wechseln. Um das betreffende Listenfeld in einer benutzerdefinierten Symbolleiste einzurichten, gehen Sie folgendermaßen vor:

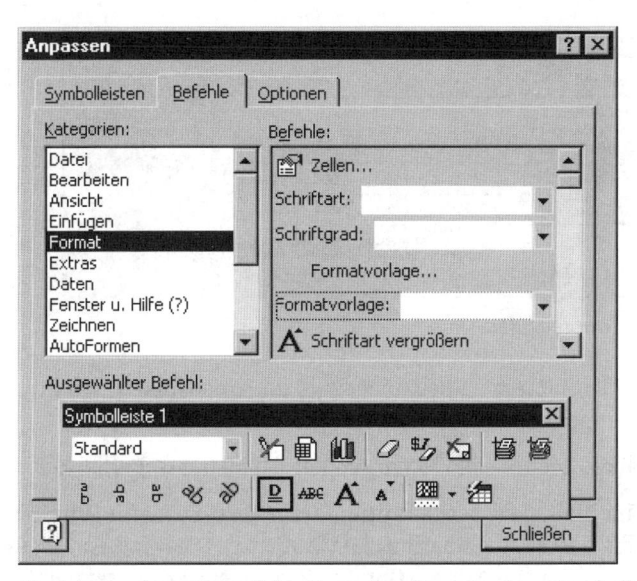

Bild 20.4: Einrichten eines Listenfelds Formatvorlage *in einer Symbolleiste*

1. Klicken Sie mit der rechten Maustaste auf die benutzerdefinierte Symbolleiste (oder auf eine der Excel-Symbolleisten, falls Sie diese anpassen möchten).
2. Wählen Sie im Kontextmenü den Befehl ANPASSEN.
3. Klicken Sie in der Registerkarte *Befehle* auf die Kategorie *Format*.
4. Suchen Sie in der Liste *Befehle* den Eintrag des Listenfelds *Formatvorlage*. (Der Eintrag *Formatvorlage...* erzeugt dagegen eine Textschaltfläche, über die Sie das Dialogfeld *Formatvorlage* öffnen können.)
5. Ziehen Sie das Listenfeld *Formatvorlage* bei gedrückter linker Maustaste zur Symbolleiste.
6. Sobald Sie die Maustaste loslassen, fügt Excel 97 das neue Listenfeld ein. Sie müssen nun das Dialogfeld *Anpassen* schließen.

Anschließend können Sie die im aktuellen Arbeitsblatt definierten Formatvorlagen direkt über das neue Listenfeld der Symbolleiste abrufen.

Formatvorlage per Tastaturkürzel abrufen

Leider besitzt Excel 97 standardmäßig keine Möglichkeit, Formatvorlagen per Tastenkombination oder über eine Schaltfläche abzurufen. Für Tastatur-Freaks (und Schaltflächen-Fans) gibt es nur den Umweg über Makros. Hierzu gehen Sie folgendermaßen vor:

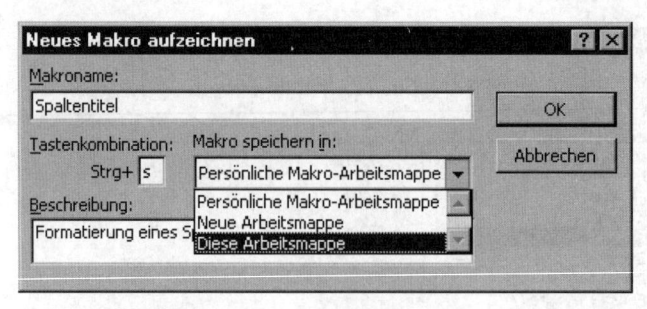

Bild 20.5: Makro aufzeichnen

1. Wählen Sie eine beliebige Zelle im Arbeitsblatt, (Wichtig ist, daß kein Bereich markiert ist!)
2. Aktivieren Sie den Makrorecorder (Menü EXTRAS, Befehl *Makro/Aufzeichnen*).
3. Im Dialogfeld zur Definition der Makroparameter (Bild 20.5) tragen Sie die Tastenkombination zum Aufruf des Makros ein. Weiterhin sollten Sie auf jeden Fall die Option *Makro speichern in* setzen. Sie können das Makro dabei in der Arbeitsmappe hinterlegen, wenn es nur für das aktuelle Dokument gelten soll.
4. Schließen Sie das Dialogfeld über die *OK*-Schaltfläche. Excel 97 zeigt eine Symbolleiste *Aufzeichnen* mit den Schaltflächen zur Steuerung des Makrorecorders.
5. Führen Sie jetzt die Schritte zum Zuweisen einer Formatvorlage an die aktuelle Zelle durch.
6. Beenden Sie die Makroaufzeichnung, indem Sie auf die nebenstehend gezeigte Schaltfläche der Symbolleiste *Aufzeichnen* klicken.

Sofern Sie alle Schritte richtig ausgeführt haben, sollte anschließend das Makro funktionsfähig sein. Sie können dies leicht prüfen, indem Sie einen Bereich in der Tabelle markieren und anschließend die Tastenkombination zum Aufruf des Makros drücken. Excel 97 sollte dann dem markierten Bereich die Formatvorlage zuweisen.

```
Sub Standard()
'
' Standard Makro
' Zellen auf Standardformat zurücksetzen
'
    Selection.Style = "Standard"
End Sub
```

20 Arbeiten mit Vorlagen

> **TIP** *Das Makro zum Zuweisen der Formatvorlage besteht letztlich nur aus einem Befehl* Selection.Style = "..." *(siehe oben).*

> **Achtung!** *Leider gibt es noch eine unschöne Sache in Excel 97. Weisen Sie einem markierten Zellbereich die Formatvorlage manuell über das Menü* FORMAT/FORMATVORLAGE *zu, oder verwenden Sie das Listenfeld* Formatvorlage *der Symbolleiste (siehe oben), können Sie diese Formatierung sofort mit der Tastenkombination* [Strg]+[Z] *zurücknehmen. Verwenden Sie dagegen eine Tastenkombination oder eine Schaltfläche, um die Formatierung per Makro zuzuweisen, zeichnet Excel 97 diese Befehle nicht auf, d.h. der Befehl* Rückgängig *funktioniert nicht. Sie benötigen daher ein zweites Makro, welches einen markierten Zellbereich auf die Formatvorlage* Standard *zurücksetzt.*

Formatvorlage per Schaltfläche abrufen

Arbeiten Sie lieber mit Schaltflächen statt mit Tastenkombinationen? In diesem Fall sollten Sie die aufgezeichneten Makros einer Schaltfläche in einer Symbolleiste zuweisen (Bild 20.6, Schaltflächen *Titel* und *Standard*). Dann reicht ein Mausklick auf die betreffende Schaltfläche, um einem markierten Zellbereich das Format zuzuweisen.

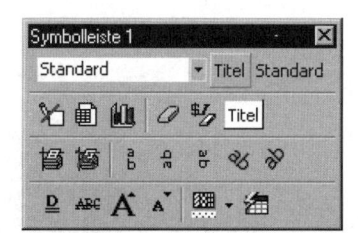

Bild 20.6: Schaltflächen zum Zuweisen einer Formatvorlage

Wie ein Makro zum Zuweisen eines Formats aufgezeichnet wird, ist im vorhergehenden Abschnitt erläutert. Um das Makro auf eine Schaltfläche der Symbolleiste zu legen, sind in Excel 97 einige »Klimmzüge« erforderlich. Diese werden nachfolgend kurz skizziert.

1. Wählen Sie die benutzerdefinierte Symbolleiste, in der die Schaltflächen aufzunehmen sind, mit einem Klick der rechten Maustaste an.

2. Wählen Sie im Kontextmenü der Befehl *Anpassen*.

3. Im Dialogfeld *Anpassen* wählen Sie in der Registerkarte *Befehle* die Kategorie *Makros*.

4. Anschließend ziehen Sie das Symbol *Schaltfläche anpassen* bei gedrückter linker Maustaste zur Symbolleiste (Bild 20.7).

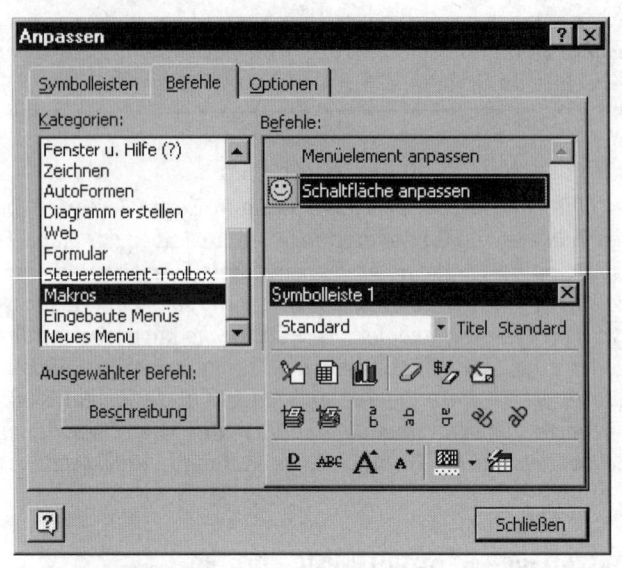

Bild 20.7: Schaltfläche einrichten

Nach diesen Schritten können Sie die Schaltfläche mit der rechten Maustaste anklicken und das Symbol der Schaltfläche bzw. deren Optionen (z.B. Text anstelle eines Symbols zuweisen) über das Kontextmenü (Bild 20.8) anpassen. (Näheres hierzu finden Sie im Anhang »Excel 97 individuell anpassen«.)

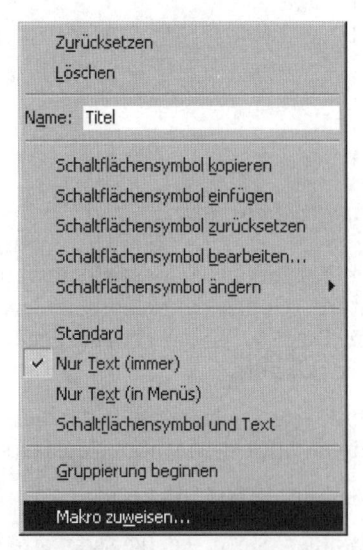

Bild 20.8: Kontextmenü zur Konfigurierung einer Schaltfläche

Was noch fehlt, ist jedoch die Zuweisung des Makros zur Schaltfläche. Hier verhält sich Excel 97 leider etwas anders als die restlichen Office-97-Anwendungen.

1. Klicken Sie mit der rechten Maustaste auf die Schaltfläche, und wählen Sie im Kontextmenü den Befehl MAKRO ZUWEISEN (Bild 20.8).
2. Im Dialogfeld *Zuweisen* (Bild 20.9) klicken Sie auf den Makronamen. Bei Bedarf setzen Sie noch den Eintrag im Listenfeld *Makros in*.
3. Anschließend wählen Sie die *OK*-Schaltfläche zum Schließen des Dialogfelds.

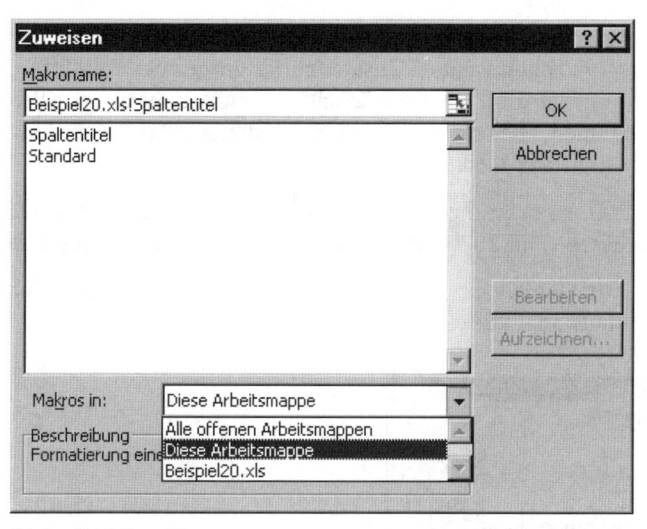

Bild 20.9: Dialogfeld Zuweisen

Sobald Sie das noch geöffnete Dialogfeld *Anpassen* schließen, läßt sich das Makro über die Schaltfläche der Symbolleiste abrufen.

Beachten Sie auch hier, daß sich Änderungen, die von Makros ausgeführt werden, nicht über den Befehl RÜCKGÄNGIG im Menü BEARBEITEN zurücknehmen lassen.

Beispiel zum Umgang mit Vorlagen

Einige Vorteile der Verwendung von Formatvorlagen möchte ich an der Tabelle aus Bild 20.10 demonstrieren. Die Tabelle enthält eine Spaltenüberschrift, die mit normaler Schrift und ohne besondere Formatierung eingegeben wurde (genau genommen wurde den Zellen das Format *Standard* zugewiesen).

Bild 20.10: Beispieltabelle

Nun soll die Spaltenüberschrift mit der Schriftart *Times New Roman* in 12 Punkt versehen werden. Zusätzlich ist ein grauer Zellhintergrund und ein Rahmen um die Zellen erwünscht. Wenn Sie diese Formatierung manuell vornehmen, erfordert dies einige Arbeitsschritte. Bei Anwendung einer Formatvorlage *Tabellentitel* reichen folgende Schritte:

1. Markieren Sie die zu formatierenden Zellen, und öffnen Sie in der Symbolleiste (Bild 20.11) das Listenfeld mit den Namen der Formatvorlagen.

2. Nun genügt es, den Namen der Formatvorlage (z.B. Spaltentitel) per Maus anzuklicken.

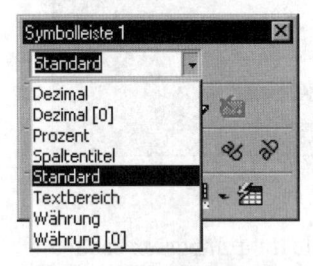

Bild 20.11: Formatvorlage abrufen

Excel 97 formatiert sofort die markierten Zellen gemäß den Definitionen der Vorlage. Das Ergebnis für die Beispieltabelle ist in Bild 20.12 zu sehen.

> *Weisen Sie auf diese Weise einem markierten Zellbereich irrtümlich ein Format zu, läßt sich dieses über den Befehl RÜCKGÄNGIG im Menü BEARBEITEN wieder aufheben.*

> **Achtung!** *Im Rahmen der Arbeit mit Formatvorlagen ist mir noch eine besondere Eigenart von Excel 97 aufgefallen. Sie können den Inhalt einer Zelle über das Ausfüllkästchen in weitere Bereiche kopieren (siehe Kapitel 9). Excel 97 übernimmt beim Kopieren auch das Zellformat. Die Zellinhalte lassen sich löschen, indem Sie den markierten Bereich über das Ausfüllkästchen verkleinern. Allerdings behalten die Zellen das zugewiesene Format (z.B. Schattierung oder Rahmen) bei.*

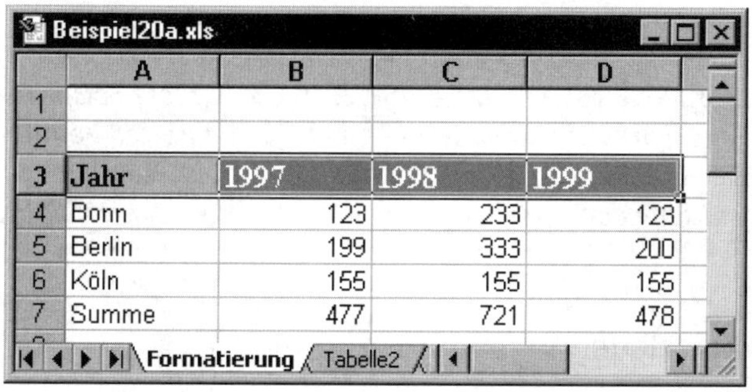

Bild 20.12: Formatierte Spaltenüberschrift

> **TIP** *Um auch die Formatierung beim Verkleinern des markierten Bereiches per Ausfüllkästchen zu löschen, gibt es allerdings einen Trick: Sie müssen gleichzeitig die ⌈Strg⌉-Taste gedrückt halten, wenn Sie die Zellmarkierung über das Ausfüllkästchen zurücknehmen. Dann hebt Excel 97 auch das Format auf.*

Formatierung wieder aufheben

Haben Sie einem markierten Bereich eine falsche Formatvorlage zugewiesen, können Sie diesen Schritt sofort über die Tastenkombination ⌈Strg⌉+⌈Z⌉ rückgängig machen.

> **TIP** *Beachten Sie aber die bereits oben erwähnte Einschränkung, daß dieser Befehl nicht mehr funktioniert, wenn Sie die Formatvorlage per Makro zuweisen!*

Stellen Sie nachträglich fest, daß die zugewiesene Vorlage nicht paßt, läßt sich diese jederzeit löschen. Markieren Sie einfach den betreffenden Zellbereich, und weisen Sie die Formatvorlage *Standard* zu. Dann werden die Zellinhalte ohne weitere Formatierung dargestellt.

Teil 3 · Erweiterte Excel-97-Funktionen

> **Achtung!** *Eine per Formatvorlage zugewiesene Formatierung läßt sich mit der Tastenkombination [Strg]+[⇧]+[6] nicht aufheben. Diese Tastenkombination beeinflußt nur das Anzeigeformat der Zellinhalte. Es wird auch deutlich, daß das Format* Standard *eine wichtige Rolle einnimmt. Sie sollten daher beim Umdefinieren dieser Vorlage vorsichtig sein. Benötigen Sie eine modifizierte* Standard*-Formatvorlage, sollten Sie diese unter einem neuen Namen (z.B.* Standard1*) ablegen.*

> **CD** *Auf der Begleit-CD-ROM finden Sie im Verzeichnis \BEISP\KAP20 die beiden Dateien* BEISPIEL20.XLS *und* BEISPIEL20A.XLS. *Diese Beispiele enthalten verschiedene Formatierungen, die in diesem Kapitel benutzt wurden. In* BEISPIEL20.XLS *ist im Arbeitsblatt* Geschützt *ein Zellschutz gesetzt. Die daraus resultierenden Probleme werden im nächsten Abschnitt besprochen.*

Formatvorlagen verändern

Sie können bestehende Formatvorlagen bearbeiten und einzelne Einträge löschen, zusätzliche Formate hinzufügen oder lediglich einzelne Parameter verändern

Bild 20.13: Das Dialogfeld Formatvorlage

1. Um dies zu tun, aktivieren Sie das Dialogfeld *Formatvorlage* (Bild 20.13), indem Sie im Menü FORMAT den Befehl FORMATVORLAGE anklicken.

2. Dann wählen Sie den Namen der gewünschten Vorlage im Feld *Formatvorlagenname* an. Alle Änderungen beziehen sich auf diese Vorlage.

3. Nun können Sie einzelne Optionen für das Format setzen oder entfernen.

Excel 97 zeigt die aktuellen Einstellungen im Dialogfeld *Formatvorlage* in der Gruppe *Formatvorlage enthält* an. Jede Änderung der Vorlage wirkt sich sofort auf alle Zellen mit diesem Format aus und bleibt für die Dauer der Sitzung erhalten. Excel 97 sichert die Änderungen jedoch nur dann permanent, wenn Sie beim Schließen der Arbeitsmappe die Speicherung zulassen.

Sobald Sie das Dialogfeld *Formatvorlage* über die *OK*-Schaltfläche schließen, übernimmt Excel 97 die neuen Formate als Definition. Gleichzeitig wird das Format dem markierten Zellbereich zugewiesen.

- Zum Deaktivieren einer Formatoption genügt es, die Markierung des jeweiligen Kontrollkästchens zu löschen und das Dialogfeld über die *OK*-Schaltfläche zu schließen.

- Möchten Sie einzelne Formate (z.B. die Schriftart) ändern, betätigen Sie die Schaltfläche *Ändern*. Excel 97 blendet dann das Dialogfeld *Zellen* (Bild 20.14) auf dem Bildschirm ein. Über die verschiedenen Registerkarten lassen sich die gewünschten Optionen setzen.

Schließen Sie das Dialogfeld *Zellen*, und klicken Sie dann im Dialogfeld *Formatvorlage* auf die *OK*-Schaltfläche. Excel 97 weist der aktuellen Zelle das geänderte Format zu und sichert gleichzeitig alle Änderungen der Vorlage in der Arbeitsmappe.

Die Bedeutung der verschiedenen Registerkarten im Dialogfeld Zellen *wird in Kapitel 19 beschrieben. Wenn Sie zum Beispiel die Schriftart, den Schriftgrad und die Formatierung einer Formatvorlage ändern möchten, führen Sie die oben gezeigten Schritte aus. Setzen Sie in der Registerkarte* Schrift *die gewünschten Formatmerkmale. Stellen Sie zum Beispiel das Feld* Schriftart *auf »Times New Roman« und den Schriftgrad auf 12 Punkt. Wenn Sie jetzt noch den Schriftstil »Fett« und die Farbe »Grün« wählen, unterscheidet sich das Format sicherlich von der Standardvorlage. Zusätzlich können Sie einen Rahmen und ein Hintergrundmuster über die Registerkarten* Rahmen *und* Muster *definieren. Um Texte auszurichten, verwenden Sie das Registerkarte* Ausrichtung.

Die Schriftart der Formatvorlage Standard *wird auch für die Numerierung der Zeilen- und Spaltenköpfe verwendet. Wenn Sie diese Schriftart ändern, wirkt sich dies unter Umständen fatal auf die Anzeige der Zeilen- und Spaltennummern aus (siehe zum Beispiel Bild 20.15).*

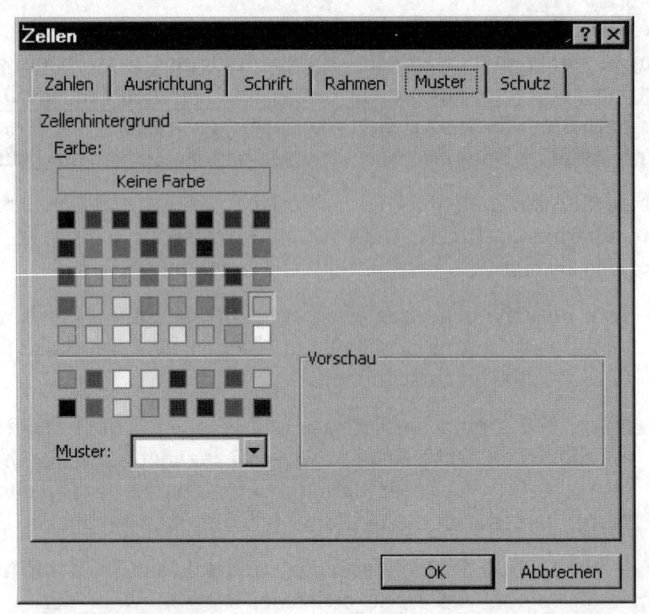

Bild 20.14: Das Dialogfeld Zellen

> Beim Ändern von Formatvorlagen ist mir noch eine unschöne Sache aufgefallen: Ist in einem der Arbeitsblätter der aktuellen Arbeitsmappe ein Zellschutz gesetzt, läßt Excel 97 keine Änderungen an der Formatvorlage zu! Dies gilt auch dann, wenn Sie gerade mit einem ungeschützten Arbeitsblatt arbeiten. Der Versuch, das Dialogfeld Formatvorlagen über die OK-Schaltfläche zu schließen, wird mit dem Fehlerdialog aus Bild 20.16 abgebrochen. Sie können dann nur das Dialogfeld Formatvorlagen über die Schaltfläche Abbrechen schließen (wobei die Änderungen verloren gehen!). Anschließend heben Sie den Zellschutz auf. Verwirrend wird die Sache aber, wenn Sie das Menü Extras/Schutz öffnen und dort vielleicht den Befehl Blatt vorfinden. In diesem Fall müssen Sie erst die geschützten Arbeitsblätter herausfinden und anwählen. Dann erscheint auch der Befehl Blattschutz aufheben im Menü Extras/Schutz. Nach dem Aufheben des Blattschutzes läßt sich die Formatvorlage anpassen. (Dieses Verhalten von Excel 97 ist einsichtig: Ein geschütztes Arbeitsblatt kann ja Zellen enthalten, denen eine Formatvorlage zugewiesen wurde. Ändern Sie diese Formatvorlage, wirkt sich dies auf alle Zellen aus, die diese Vorlage benutzen. Dies widerspricht aber der Philosophie des Zellschutzes. Folglich lehnt Excel 97 Änderungen an Formatvorlagen ab, wenn ein Arbeitsblatt der Mappe geschützt ist.)

Bild 20.15: Tabelle mit falscher Standard-Schriftart

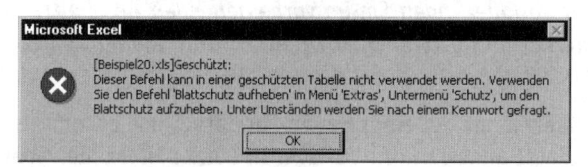

Bild 20.16: Fehler bei gesetztem Zellschutz

20.2 Formatvorlage neu definieren

Um eine neue Formatvorlage zum Dokument hinzuzufügen, sind nur wenige Schritte erforderlich:

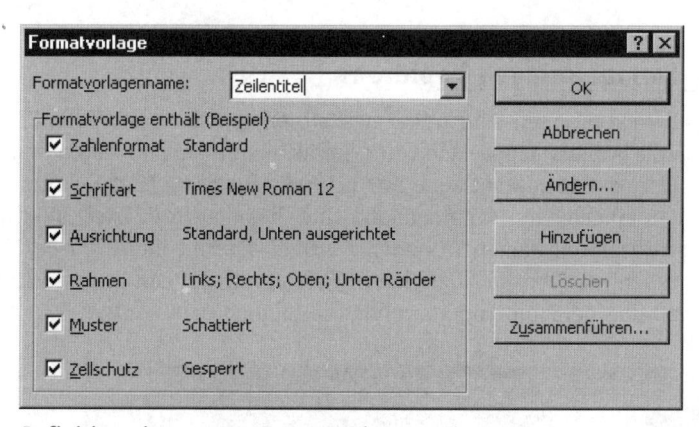

Bild 20.17: Definition einer neuen Formatvorlage

1. Rufen Sie das Dialogfeld *Formatvorlage* (z.B. über [Alt]+[⇧]+[#]) auf.

2. Dann geben Sie im Feld *Formatvorlagenname* den Namen der neuen Formatvorlage ein (Bild 20.17). Dieser Name kann dabei durchaus Leerzeichen (z.B. *Zeilentitel Berichte*) aufweisen.

3. Setzen Sie jetzt die für die Formatvorlage gewünschten Optionen. Sobald Sie einen Text im Feld *Formatvorlagenname* eintragen, gibt Excel 97 die Schaltfläche *Hinzufügen* frei.

4. Wählen Sie die Schaltfläche *Hinzufügen*, um die neue Vorlage unter dem angegebenen Namen anzulegen.

Excel 97 trägt den neuen Namen in der Liste ein, Sie können die Vorgaben der Formatvorlage anschließend in Excel 97 abrufen.

> *Sie haben jederzeit die Möglichkeit, die Formatierung der Vorlage über die Schaltfläche* Ändern *im Dialogfeld* Formatvorlage *an Ihre Wünsche anzupassen. Excel 97 blendet das Dialogfeld* Zellen *ein. Über die verschiedenen Registerkarten lassen sich dann die Formatoptionen verändern. Weitere Hinweise zum Ändern der Vorlage finden Sie im vorhergehenden Abschnitt. Die Bedeutung der Registerkarten im Dialogfeld* Zellen *wird in Kapitel 19 beschrieben.*

Excel 97 übernimmt bei einer neuen Formatvorlage automatisch die Vorgaben der zuletzt angewählten Vorlage. In der Regel ist dies aber die Formatvorlage *Standard*.

> *Wenn Sie die Definition einer bereits bestehenden Vorlage unter neuem Namen abspeichern möchten, wählen Sie diese per Maus an. Dann genügt es, den Namen zu überschreiben und die Schaltfläche* Hinzufügen *zu betätigen. Excel 97 kopiert dann die komplette Formatdefinition der Vorlage.*

Formatvorlagen kopieren

Formatvorlagen sind nur innerhalb einer Arbeitsmappe gültig. Sobald Sie eine Arbeitsmappe laden und im aktuellen Fenster darstellen, enthält die Liste der Formatvorlagen nur noch die für diese Mappe definierten Namen. Bei einer neuen Arbeitsmappe sind dies die unter Excel 97 standardmäßig vorbelegten Namen *Standard*, *Dezimal*, *Prozent* und *Währung*. Excel 97 bietet Ihnen aber die Möglichkeit, Formatvorlagen aus anderen Arbeitsmappen zu übernehmen. Hierzu gehen Sie folgendermaßen vor:

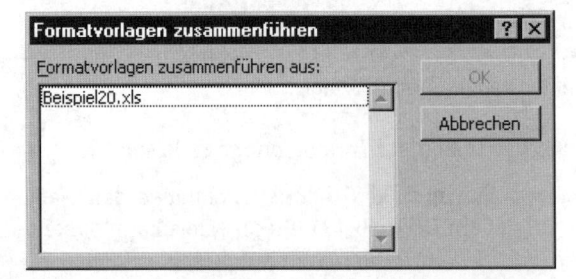

Bild 20.18: Das Dialogfeld Formatvorlage zusammenführen

1. Öffnen Sie die Arbeitsmappen, aus denen Formatvorlagen zu übernehmen sind.
2. Wechseln Sie zur Arbeitsmappe, in der die neuen Formatvorlagen benötigt werden.
3. Rufen Sie das Dialogfeld *Formatvorlage* über den gleichnamigen Eintrag im Menü FORMAT auf.
4. Wählen Sie die Schaltfläche *Zusammenführen* in diesem Dialogfeld (siehe Bild 20.17).
5. Auf dem Bildschirm blendet Excel 97 das Dialogfeld *Formatvorlagen zusammenführen* mit den Namen aller geladenen Arbeitsmappen ein (Bild 20.18). Sie müssen nun den Namen einer XLS-Datei anwählen und die *OK*-Schaltfläche betätigen.

Excel 97 übernimmt die Formatvorlagen der Arbeitsmappe in die aktuelle Arbeitsmappe.

Enthält Ihre Arbeitsmappe bereits Formatvorlagen, prüft Excel 97 vor der Übernahme die Namen der externen Vorlagen. Bei Namensgleichheit erscheint die Meldung aus Bild 20.19. Wenn Sie die Schaltfläche Ja *anwählen, überschreibt Excel 97 die gleichnamigen Formatvorlagen der aktuellen Arbeitsmappe mit den fremden Vorlagen.*

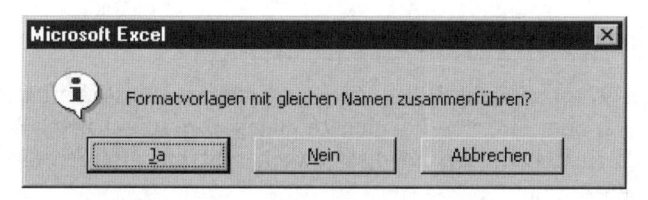

Bild 20.19: *Warnung bei gleichnamigen Formatvorlagen*

Möchten Sie das Überschreiben vermeiden, die Vorlagen aber trotzdem übernehmen, benennen Sie die Formatvorlage vor der Übernahme einfach um (siehe auch »Ändern einer Formatvorlage«).

Löschen einer Formatvorlage

Um eine Formatvorlage aus einer Arbeitsmappe zu löschen, gehen Sie folgendermaßen vor:

1. Laden Sie die Arbeitsmappe, und wählen Sie deren Dokumentfenster an.

2. Öffnen Sie das Dialogfeld *Formatvorlagen*. Dies kann zum Beispiel über den Eintrag FORMATVORLAGEN im Menü FORMAT erfolgen.

3. Öffnen Sie die Liste mit den Namen der Formatvorlagen, und wählen Sie einen Namen aus. Betätigen Sie die Schaltfläche *Löschen*.

Excel 97 entfernt die Definition der Formatvorlage aus der Namensliste. Sobald Sie das Dialogfeld schließen, setzt Excel 97 die Formatierung aller mit dieser Vorlage formatierten Zellen auf das Format *Standard* zurück.

> *Hier wird ein weiterer Vorteil der Formatvorlagen deutlich. Änderungen lassen sich an zentraler Stelle durchführen und wirken sich automatisch in allen betroffenen Zellen aus. Bei manueller Formatierung ist dagegen ein erheblicher Änderungsaufwand durchzuführen. Beachten Sie aber, daß Excel 97 die Definition der Vorlage erst dann endgültig löscht, wenn Sie die Arbeitsmappe speichern.*

> *Haben Sie eine Formatvorlage irrtümlich gelöscht und das Dialogfeld Formatvorlagen geschlossen? Dann können Sie die Formatvorlage noch retten, indem Sie die Arbeitsmappe ohne zu speichern schließen. Wenn Sie anschließend die Arbeitsmappe erneut laden, ist die Formatvorlage wieder verfügbar.*

20.3 Arbeiten mit Mustervorlagen

Excel 97 ermöglicht Ihnen über sogenannte »Mustervorlagen«, Arbeitsmappen oder einzelne Dokumente gleichartig aufzubauen. Wie Sie bestehende Mustervorlagen für diese Zwecke nutzen, erfahren Sie im nachfolgenden Abschnitt.

Was sind Mustervorlagen?

Bei einer Mustervorlage handelt es sich im Grunde genommen um eine Arbeitsmappe, die sich als Muster zur Erstellung anderer Arbeitsmappen verwenden läßt. Eine Mustervorlage kann zum Beispiel folgende Elemente enthalten:

- Einzelne Arbeitsblätter mit vordefinierten Logos, Textbereichen oder Grafiken. Dies ist zum Beispiel hilfreich, wenn das Tabellenlayout mit Firmennamen versehen werden soll.

- Das Seitenlayout der Tabellen (Seitenabmessungen), Formatvorlagen für Zellen, benutzerdefinierte Kopf- und Fußzeilen zum Ausdruck.

- Formeln und Makros, die in den neuen Arbeitsblättern zu verwenden sind.

Sobald Sie eine Arbeitsmappe über die Funktion NEU im Menü DATEI anlegen und eine Vorlage wählen, überträgt Excel 97 alle Formatierungsmerkmale der Mustervorlage in die neue Arbeitsmappe. Benötigen Sie zum Beispiel häufiger eine Arbeitsmappe zur Darstellung der aktuellen Umsatzentwicklung, können Sie sich eine solche Mappe anlegen und als Mustervorlage speichern. Wenn Sie dann einer neuen Mappe diese Vorlage zuweisen (Menü DATEI, Eintrag NEU), enthält die Mappe bereits alle Elemente der Mustervorlage. Einzelheiten zum Anlegen neuer Mappen über Mustervorlagen finden Sie in Kapitel 6. Mit Mustervorlagen verfügen Sie über ein mächtiges Werkzeug, um Arbeitsmappen schnell zu erstellen und mit einem einheitlichen Layout zu versehen.

Mustervorlage neu erstellen

Um eine Mustervorlage neu zu erstellen, legen Sie sich zuerst eine Arbeitsgruppe mit mindestens einem Arbeitsblatt an. In dieser Arbeitsmappe definieren Sie alle Arbeitsblätter samt Inhalten, die später in der Mustervorlage benötigt werden (z.B. Tabellen, Diagrammblätter, Formate etc.). Bild 20.20 zeigt zum Beispiel einen Ausschnitt aus einer solchen Arbeitsmappe.

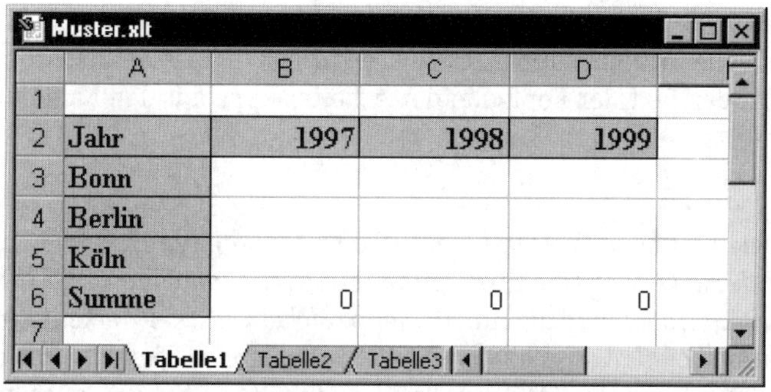

Bild 20.20: Beispieltabelle als Basis einer Mustervorlage

Es wurde lediglich ein Arbeitsblatt zur Berechnung der Einnahmen und Ausgaben erstellt. Die Kopftexte und die Berechnungsformeln sind in der Tabelle bereits enthalten. Zusätzlich wurde eine Formatierung über Formatvorlagen vorgenommen. Sie haben aber die Möglichkeit, beliebige Arbeitsmappen anzulegen und mit Inhalten zu füllen. Um diese Arbeitsmappe mit der Tabelle als Mustervorlage zu speichern, führen Sie folgende Schritte aus:

1. Wählen Sie den Eintrag SPEICHERN UNTER im Menü DATEI. Excel 97 blendet das Dialogfeld zum Sichern einer Datei unter einem neuen Dateinamen ein (Bild 20.21).

2. Als erstes wählen Sie im Feld *Dateityp* den Eintrag »Mustervorlage (*.xlt)« aus. Excel 97 speichert Mustervorlagen unter der Erweiterung *.XLT.

3. Im zweiten Schritt müssen Sie das Zielverzeichnis und den Dateinamen der Mustervorlage wählen. Damit die Vorlage beim Anlegen neuer Dateien angezeigt wird, ist die Datei im Excel-Verzeichnis \XLSTART zu speichern.

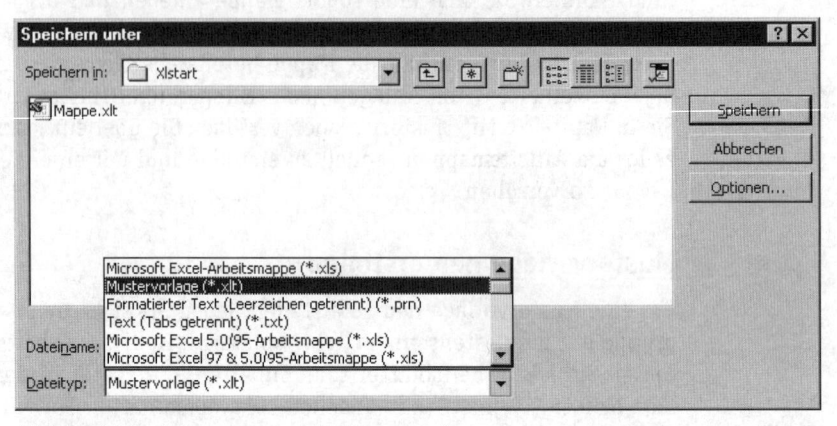

Bild 20.21: Dialogfeld Speichern unter *mit Mustervorlage*

Wenn Sie jetzt die Schaltfläche *Speichern* betätigen, sichert Excel 97 die aktuelle Arbeitsmappe als Mustervorlage im Zielverzeichnis. Gleichzeitig wird der Text der Kopfzeile der Arbeitsmappe auf den Namen der XLT-Datei gesetzt.

Achten Sie beim Speichern darauf, daß der Dateityp Mustervorlage *ausgewählt wird. Sie könnten die Erweiterung XLT auch manuell im Feld für den Dateinamen eintragen und die Arbeitsmappe sichern. Excel 97 erkennt trotz der Erweiterung XLT, daß es sich um eine XLS-Datei handelt. Befindet sich eine XLS-Datei im Verzeichnis XLSTART, wird diese automatisch beim Start geladen.*

Haben Sie in der Registerkarte Allgemein *ein zusätzliches Startverzeichnis definiert (Menü* EXTRAS, *Eintrag Optionen), können Sie die Mustervorlagen auch in diesem Ordner ablegen.*

Der von Ihnen gewählte Name der Mustervorlage besitzt eine besondere Bedeutung. Die Schaltfläche Neu *der Excel-Standard-Symbolleiste erzeugt (ohne jede weitere Nachfrage) eine leere Arbeitsmappe. Möchten Sie die Standardvorgaben der von Excel 97 bei der Anwahl der Schaltfläche* Neu *erzeugten Arbeitsmappe anpassen? Dann speichern Sie die Mustervorlage unter dem Namen* MAPPE.XLT *im Ordner* XLSTART *ab.*

Auf der Begleit-CD-ROM finden Sie im Verzeichnis \BEISP\KAP20 zwei XLT-Dateien, die Sie als Mustervorlagen in den Ordner XLSTART kopieren können.

Arbeitsmappen automatisch beim Excel-Start laden

Der Excel-Ordner *XLSTART* wird beim jedem Excel-Start ausgewertet. Dateien mit der Erweiterung XLT, die Mustervorlagen enthalten, werden anschließend ignoriert (diese Dateien werden lediglich benutzt, wenn Sie ein Arbeitsblatt auf Basis einer Mustervorlage über den Befehl NEU im Menü DATEI erstellen).

Enthält dieser Ordner aber zusätzlich Arbeitsmappen (Dateien mit der Erweiterung XLS), lädt Excel 97 diese Arbeitsmappen automatisch. Sie können dies überprüfen, indem Sie die auf der Begleit-CD-ROM im Verzeichnis *\BEISP\KAP20* befindlichen XLS-Dateien in den Ordner *XLSTART* kopieren. Beim nächsten Excel-Start sollten die Arbeitsmappen bereits geöffnet sein.

Mustervorlage zuweisen

Um eine neue Arbeitsmappe auf Basis einer Mustervorlage zu erstellen, müssen Sie lediglich die Funktion NEU im Menü DATEI anwählen. Excel 97 blendet dann das Dialogfeld aus Bild 20.22 mit den Namen der in XLSTART gespeicherten Vorlagen ein. (Unter Umständen sehen Sie auf Ihrem Bildschirm eine weitere Registerkarte mit der Bezeichnung *Office-95-Vorlagen*.)

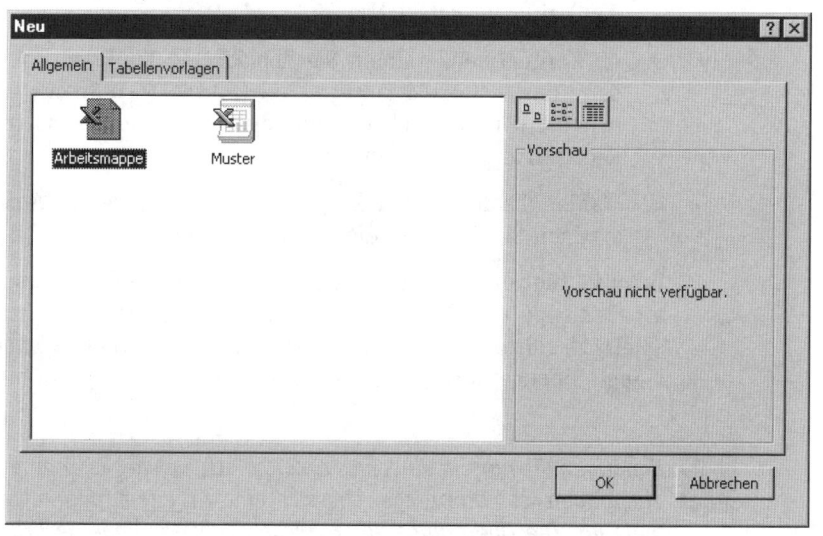

Bild 20.22: Auswahl einer automatischen Mustervorlage

Es genügt, einen Eintrag auswählen und über die *OK*-Schaltfläche zu bestätigen. Excel 97 legt die neue Arbeitsmappe an und übernimmt die Definitionen aus der Mustervorlage.

> *In Bild 20.22 sind zwei Einträge zu sehen. Der Eintrag* Arbeitsmappe *resultiert aus der Datei* MAPPE.XLT, *die im Verzeichnis* XLSTART *enthalten war. Löschen Sie diese Datei, erscheint der Eintrag* Arbeitsmappe *trotzdem. Excel 97 verwendet dann die internen Standardvorgaben. Der zweite Eintrag* Muster *in Bild 20.22 basiert auf einer Datei mit dem Namen* MUSTER.XLT, *die sich im Ordner* XLSTART *befand.*

Arbeitsblatt aus einer Mustervorlage erstellen

Neben dem Anlegen kompletter Arbeitsmappen auf Basis einer Mustervorlage können Sie auch einzelne Blätter einer Arbeitsmappe auf Mustervorlagen beziehen. Voraussetzt wird hierbei, daß bereits eine Arbeitsmappe existiert. Um ein neues Arbeitsblatt auf Basis einer Mustervorlage in die Arbeitsmappe einzufügen, sind folgende Schritte erforderlich:

1. Öffnen Sie die vorhandene Arbeitsmappe, in der das neue Blatt einzufügen ist.

2. Klicken Sie mit der rechten Maustaste auf ein Blattregister am unteren Rand eines Arbeitsblatts.

3. Im Kontextmenü wählen Sie den Eintrag *Einfügen*. Excel 97 blendet dann das Dialogfeld *Einfügen* ein (Bild 20.23). Sofern Mustervorlagen in XLSTART gespeichert sind, erscheinen deren Blattnamen in der Registerkarte *Allgemein*.

4. Wählen Sie den Namen der gewünschten Vorlage aus. Anschließend bestätigen Sie dies über die *OK*-Schaltfläche.

Excel 97 fügt dann das neue Arbeitsblatt gemäß den Vorgaben der Musterarbeitsmappe in die aktuelle Mappe ein. Enthält die Mustervorlage beispielsweise drei Arbeitsblätter, werden alle drei Arbeitsblätter zur Arbeitsmappe hinzugefügt.

> *Benötigen Sie nur ein einzelnes Arbeitsblatt, welches über eine Mustervorlage einzufügen ist? Dann legen Sie sich eine Arbeitsmappe mit einem Arbeitsblatt an. Die Übernahme einer solchen Arbeitsmappe bewirkt, daß nur ein Arbeitsblatt eingefügt wird.*

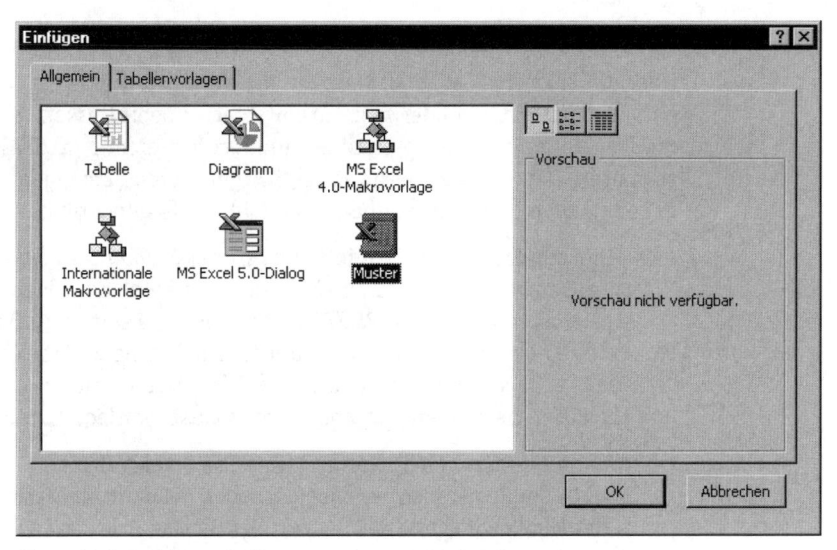

Bild 20.23: Neues Arbeitsblatt einfügen

> *Wie Sie die Standardvorgaben für neue Arbeitsblätter anpassen, erfahren Sie im Abschnitt »Anpassen der internen Excel-Vorgaben«.*

Mustervorlage ändern

Das Ändern einer bestehenden Mustervorlage ist in Excel 97 recht einfach:

1. Zum Ändern der Mustervorlage wählen Sie den Befehl ÖFFNEN im Menü DATEI.

2. Dann wählen Sie im Dialogfeld *Öffnen* eine XLT-Datei im Verzeichnis *XLSTART* an.

3. Sobald Sie die Schaltfläche *Öffnen* betätigen, zeigt Excel 97 den Inhalt der Mustervorlage.

4. Passen Sie den Inhalt der Mustervorlage an, und speichern Sie die Änderungen in der XLT-Datei. Möchten Sie die Mustervorlage unter neuem Namen ablegen, verwenden Sie den Befehl SPEICHERN UNTER (Menü DATEI).

Legen Sie eine neue Arbeitsmappe auf Basis der jeweiligen Mustervorlage an, werden die Änderungen sofort berücksichtigt.

> *Wurde in der Registerkarte* Allgemein *(Menü* EXTRAS, *Eintrag Optionen) ein zusätzliches Startverzeichnis eingerichtet, lassen sich die Mustervorlagen auch in diesem Verzeichnis speichern.*

Anpassen der internen Excel-Vorgaben

Über die Mustervorlagen können Sie die Voreinstellungen von Excel 97 für neue Arbeitsmappen oder neue Arbeitsblätter beeinflussen. Sie müssen lediglich die Mustervorlage erstellen und im Verzeichnis XLSTART unter bestimmten Namen speichern. Excel 97 geht beim Erzeugen einer neuen Arbeitsmappe oder eines neuen Arbeitsblatts folgendermaßen vor:

⇢ Benutzen Sie die Schaltfläche *Neu* in der *Standard*-Symbolleiste, prüft Excel 97, ob im Startordner (*XLSTART* oder im alternativen Startordner) eine Mustervorlage *MAPPE.XLT* vorhanden ist. Fehlt diese Datei, benutzt Excel 97 die internen Einstellungen für die neue Arbeitsmappe. Existiert dagegen eine Datei *MAPPE.XLT* in diesem Ordner, greift Excel 97 auf die betreffenden Vorgaben dieser Mustervorlage zurück.

⇢ Wählen Sie den Befehl NEU im Menü DATEI, zeigt Excel 97 das Dialogfeld *Neu*. In der Registerkarte *Allgemein* sehen Sie dann die Namen der verfügbaren Mustervorlagen (Bild 20.24). Der Eintrag *Arbeitsblatt* basiert entweder auf den Excel-97-Vorgaben oder auf der Datei *MAPPE.XLT*. Alle anderen Einträge benötigen eine entsprechende Mustervorlage als XLT-Datei im Startverzeichnis. Der Eintrag *Muster* basiert auf der Datei *MUSTER.XLT*.

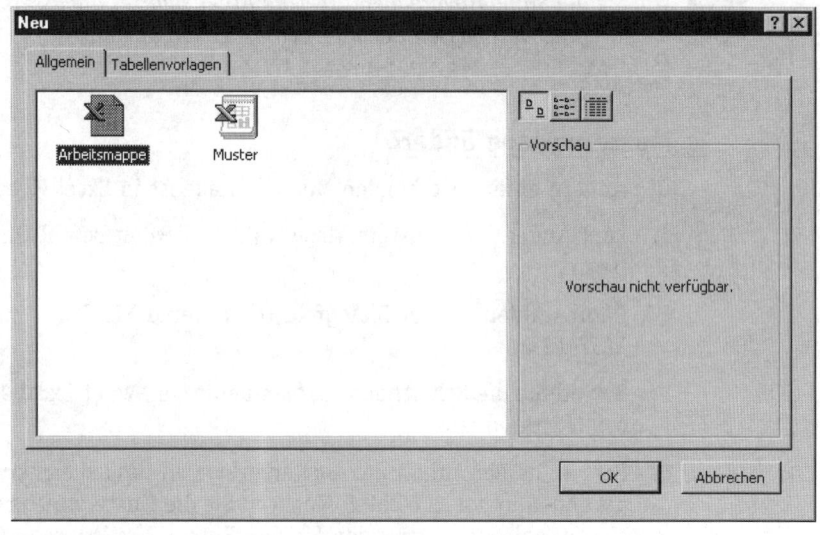

Bild 20.24: Vorlagen für Arbeitsmappen

Ähnlich sieht es beim Einfügen eines neuen Arbeitsblatts in eine Arbeitsmappe aus. Sobald Sie den Befehl EINFÜGEN im Kontextmenü wählen, öffnet Excel 97 das Dialogfeld *Einfügen* (Bild 20.23). In diesem Dialogfeld finden Sie die Standardsymbole für Excel-Tabellen, -Diagramme, -Dialoge etc. Wurde von Ihnen eine Mustervorlage definiert, erscheint deren Symbol ebenfalls in der Registerkarte *Allgemein* (siehe auch die Ausführungen im Abschnitt »Arbeitsblatt aus einer Mustervorlage erstellen«).

Möchten Sie die internen Excel-97-Einstellungen für Arbeitsblätter verändern? Dies ist recht einfach, Sie müssen nur die in Tabelle 20.1 aufgeführten Dateien als Mustervorlagen im Startordner *XLSTART* hinterlegen. Sobald Excel 97 eine der betreffenden Vorlagen findet, überschreibt es die Standardeinstellungen.

Dateinamen für Standardvorlagen

Dateiname	Bedeutung
TABELLE.XLT	Tabellenblatt
DIAGRAMM.XLT	Diagrammblatt
MODUL.XLT	Visual-Basic Modul
DIALOG.XLT	Dialogblatt
MAKRO.XLT	Makroblatt

Sobald Sie ein neues Arbeitsblatt anlegen, verwendet Excel 97 die Vorgaben aus den Mustervorlagen dieser Dateien.

Um eine Mustervorlage für ein Arbeitsblatt zu erzeugen, legen Sie eine Arbeitsmappe an. Anschließend entfernen Sie alle Arbeitsblätter bis auf das Arbeitsblatt, welches in der Mustervorlage benutzt werden sollen. Abschließend führen Sie die Änderungen aus und speichern die Arbeitsmappe als XLT-Datei unter dem betreffenden Namen. Excel 97 blendet das betreffende Symbol in der Registerkarte Allgemein *im Dialogfeld* Einfügen *ein. In Excel 97 dürften dabei im wesentlichen die Einträge für Tabellen und Diagramme von Interesse sein, da die restlichen Arbeitsblätter lediglich aus Kompatibilitätsgründen zu älteren Excel-Versionen erhalten wurden.*

20.4 Tabellenvorlagen für Arbeitsblätter definieren

Mustervorlagen werden beim Anlegen einer neuen Arbeitsmappe oder eines neuen Arbeitsblatts benutzt. In den vorhergehenden Abschnitten wurde deren Entwurf und die Anwendung besprochen.

In den Dialogfeldern *Einfügen* und *Neu* zeigt Excel 97 zusätzlich die Registerkarte *Tabellenvorlagen* (Bild 20.25). Über diese Registerkarte lassen sich ebenfalls neue Arbeitsmappen oder Arbeitsblätter anlegen. Sobald Sie eines der Symbole in der Registerkarte *Tabellenvorlagen* wählen und die *OK*-Schaltfläche betätigen, übernimmt Excel 97 die Vorgaben aus der Vorlage.

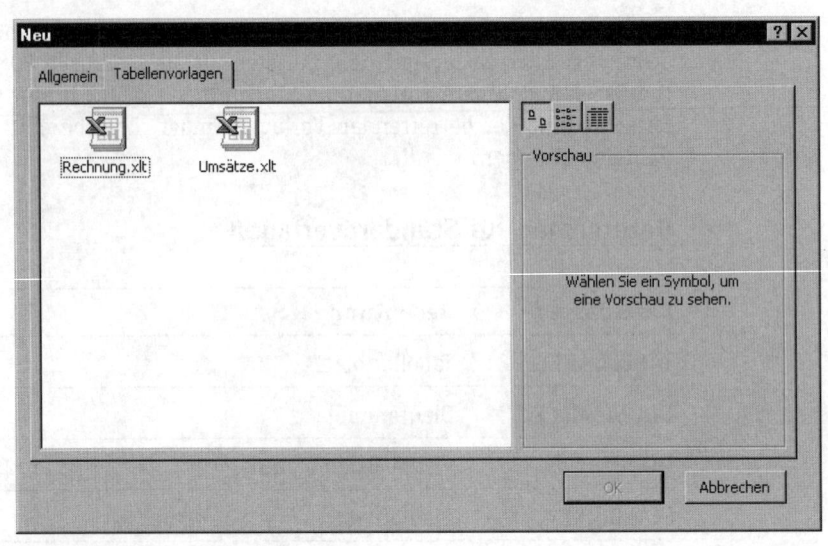

Bild 20.25: Die Registerkarte Tabellenvorlagen

Die in dieser Registerkarte angezeigten Tabellenvorlagen erstellen Sie mit folgenden Schritten:

1. Erzeugen Sie in Excel 97 eine neue Arbeitsmappe. Legen Sie die Anzahl der benötigten Arbeitsblätter und deren Typen fest.

2. Fügen Sie die Inhalte in die Arbeitsblätter ein, die bei neuen Arbeitsblättern/Arbeitsmappen enthalten sein sollen.

3. Speichern Sie die Arbeitsmappe als XLS-Datei im Office-Ordner mit den Vorlagen. Dieser Ordner wird meistens unter *\PROGRAMME\MICROSOFT OFFICE\VORLAGEN* angelegt (Bild 20.26).

Wenn Sie die betreffenden Vorlagen erzeugt haben, lassen sich diese über die Registerkarte *Tabellenvorlagen* abrufen.

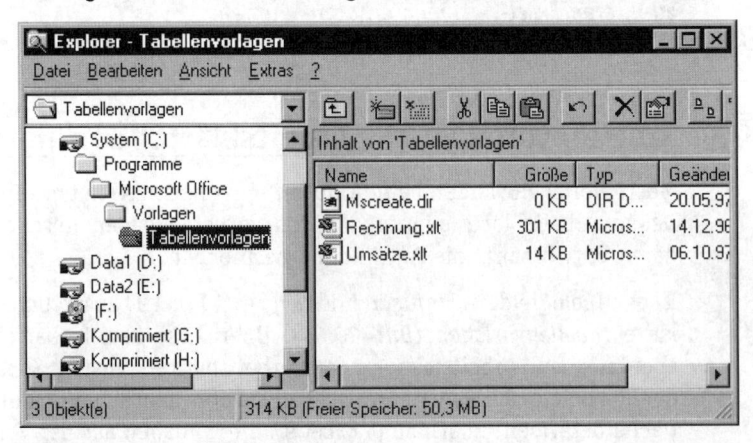

Bild 20.26: Vorlagenordner mit XLS-Dateien

Auf der Begleit-CD-ROM finden Sie einige XLS-Dateien, die Sie als Beispiele für Mustervorlagen benutzen können.

Tabellenvorlagen für Windows anpassen

Sie können unter Windows direkt eine leere Arbeitsmappe im Excel-97-Format anlegen. Hierzu müssen Sie lediglich eine freie Stelle im Ordnerfenster (oder im Explorer-Fenster) mit der rechten Maustaste anklicken.

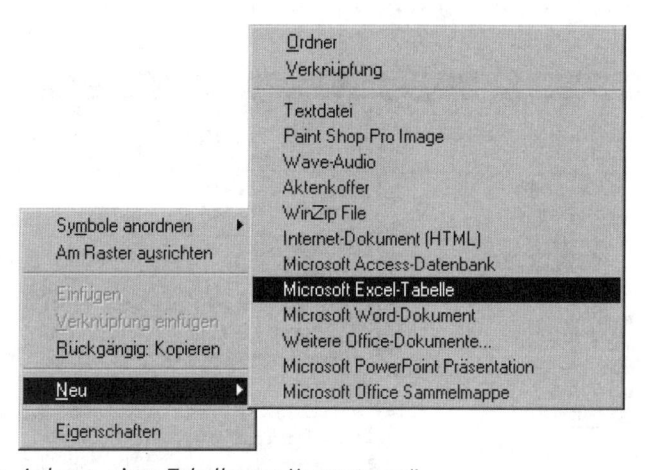

Bild 20.27: Anlegen einer Tabelle per Kontextmenü

Im Kontextmenü wählen Sie die Befehle NEU/MICROSOFT EXCEL-TABELLE (Bild 20.27). Windows legt dann eine XLS-Datei auf Basis einer Standardvorlage an.

Diese Vorlage hat jedoch nichts mit den Excel-97-Vorlagen zu tun. Vielmehr benutzt Windows die im Windows-Ordner *SHELLNEW* abgelegte Datei *EXCEL8.XLS* (oder eine Datei ähnlichen Namens, siehe Bild 20.28).

Möchten Sie die unter Windows erzeugten XLS-Dateien an eigene Bedürfnisse anpassen? Dann müssen Sie die Vorlagedatei *EXCEL8.XLS* in Excel 97 laden, korrigieren und erneut im Windows-Ordner *SHELLNEW* speichern.

> *Die Windows-Shell wertet die Informationen im Ordner SHELLNEW aus und kopiert die betreffende XLS-Datei in das Zielverzeichnis (das Verzeichnis, welches vom Benutzer beim Öffnen des Kontextmenüs geöffnet war). Neben der Vorlagedatei muß der Befehl zum Anlegen einer neuen Datei zusätzlich in der Windows-Registrierung eingetragen werden. Standardmäßig erfolgt dies bei der Windows-Installation bzw. bei der Installation von Microsoft Office 97. Sie können die Registrierungseinstellungen jedoch auch manuell umsetzen. Einzelheiten zu diesem Thema erfahren Sie in dem im Literaturverzeichnis unter /7/ aufgeführten Titel.*

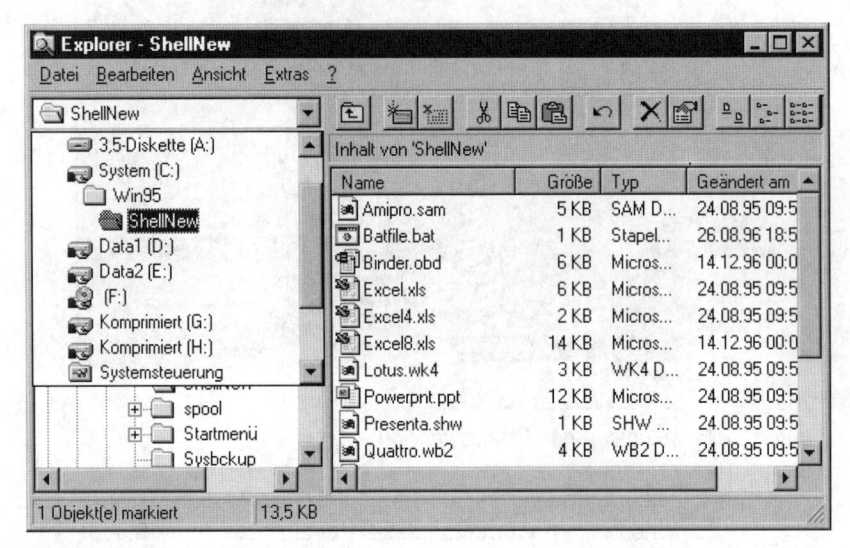

Bild 20.28: Vorlagedateien im Windows-Ordner

21 Hyperlinks und HTML

21.1 Arbeiten mit Hyperlinks

In diesem Abschnitt erfahren Sie, wie sich Hyperlinks unter Excel 97 definieren und nutzen lassen.

Was sind Hyperlinks?

Excel 97 erlaubt Ihnen, Hyperlinks in Tabellen einzufügen. Was sind aber diese Hyperlinks, und was kann man damit machen?

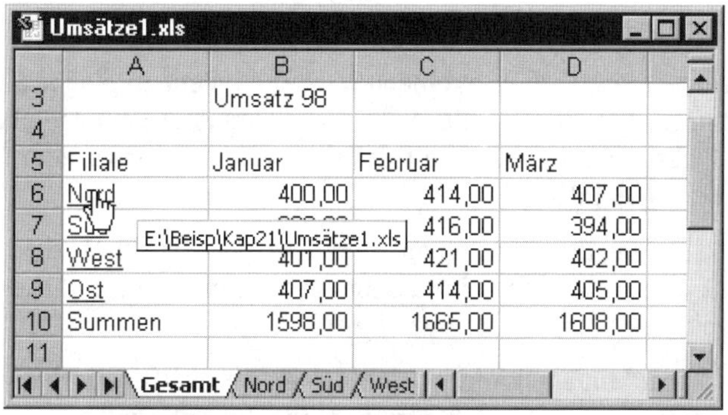

Bild 21.1: Tabelle mit Hyperlinks

Nehmen wir einmal die in Bild 21.1 gezeigte Tabelle. Diese enthält im Arbeitsblatt *Gesamt* offenbar die Umsatzdaten verschiedener Vertriebsgebiete des ersten Quartals.

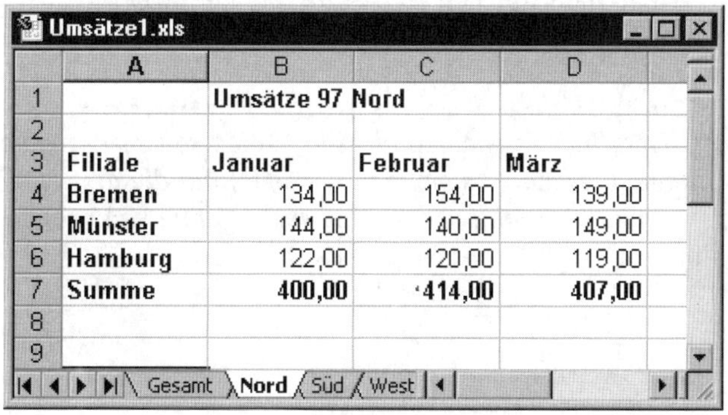

Bild 21.2: Teiltabelle mit Filialumsätzen

Die Umsatzdaten eines Vertriebsgebietes setzen sich aber aus den zugehörigen Filialumsätzen zusammen, die in eigenen Arbeitsblättern enthalten sind. In Bild 21.2 sehen Sie beispielsweise die Umsätze des Vertriebsgebiets *Nord*. Nehmen wir jetzt an, jemand hat die Informationen aus dem Arbeitsblatt *Gesamt* aufgerufen und interessiert sich für die Einzelergebnisse eines Vertriebsgebiets. In diesem Fall muß er die betreffende Teiltabelle aufrufen. Solange diese Daten in der gleichen Arbeitsmappe vorliegen und noch mit *Nord*, *Süd*, *West* oder *Nord* bezeichnet sind, dürfte der Wechsel problemlos möglich sein. Was ist aber, falls die Daten in einer gänzlich anderen Arbeitsmappe vorliegen? Was ist, falls die Daten irgendwo innerhalb eines Arbeitsblatts der Arbeitsmappe enthalten sind? Es gibt verschiedene Fälle, bei denen der Aufruf der betreffenden Teildaten problematisch ist.

Hier wäre es doch schön, wenn der Benutzer diese Daten quasi per Mausklick abrufen kann. Genau hier kommen Hyperlinks ins Spiel: Ein Hyperlink ist nichts anderes als ein Verweis auf ein anderes Dokument (Tabelle, Diagramm etc.).

- Hyperlinks werden in einem Excel-Dokument in blauer Schrift und unterstrichen dargestellt. Sobald der Benutzer mit der Maus auf einen Hyperlink zeigt, wechselt das Cursorsymbol zur Form einer stilisierten Hand (Bild 21.1).

- Wählt der Benutzer einen Hyperlink per Mausklick an, versucht Excel 97 Verbindung zum Zieldokument aufzunehmen und dieses in der Anzeige zu laden.

Beim Zieldokument kann es sich um eine Excel-Tabelle handeln (wie dies beispielsweise in Bild 21.2 gezeigt wird). Hyperlinks können aber auch auf andere Dokumente (z.B. Word-Dokumente, HTML-Dokumente) verweisen. Der Speicherort dieser Dokumente ist weitgehend frei wählbar. Das Dokument kann dabei in der gleichen Arbeitsmappe oder in anderen Dateien enthalten sein. Excel 97 kann über Hyperlinks ebenfalls Dokumente adressieren, die im Internet oder in einem Intranet abgelegt sind. Zeigt der Benutzer per Maus auf den Hyperlink, blendet Excel 97 die Zieladresse als QuickInfo-Fenster ein (Bild 21.1).

Manche Hyperlinks erscheinen nicht in blauer, sondern in violetter Schrift in der Anzeige. Dies signalisiert, daß die Seite, auf die der Hyperlink verweist, bereits einmal angewählt wurde. Man spricht dann von »bereits angewählten Hyperlinks«.

Navigieren mit Hyperlinks

Das Arbeiten mit Hyperlinks ist recht einfach. Sie gelangen über Hyperlinks direkt zu den jeweiligen Dokumenten. Die Schaltflächen der *Web*-Symbolleiste erlauben Ihnen anschließend, zu den vorherigen Dokumenten zurückzukehren. Der Wechsel zwischen verschiedenen Dokumenten per Hyperlink wird auch als »Navigieren« bezeichnet.

⋯⋗ Ein Mausklick auf einen Hyperlink innerhalb eines Dokuments veranlaßt, daß Excel 97 das Zieldokument im Anwendungsfenster anzeigt. Handelt es sich dabei um eine Excel-Tabelle (oder ein anderes Arbeitsblatt), erscheint dieses in der gewohnten Weise. Bei Fremddokumenten wird die betreffende Anwendung (z.B. Word 97, PowerPoint 97, Access 97 oder der Internet Explorer) im Excel-Anwendungsfenster geladen.

⋯⋗ Sobald ein Hyperlink angewählt wurde, zeigt Excel 97 die *Web*-Symbolleiste an (Bild 21.3). Diese Symbolleiste läßt sich jedoch über die nebenstehend gezeigte Schaltfläche der *Standard*-Symbolleiste ein- bzw. ausblenden. Innerhalb der *Web*-Symbolleiste finden Sie Schaltflächen, um zwischen den einzelnen Dokumenten zu navigieren.

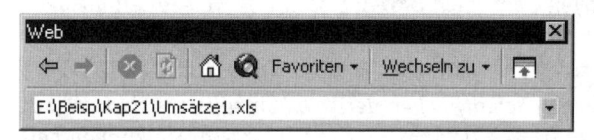

Bild 21.3: Web-Symbolleiste

Die *Web*-Symbolleiste lehnt sich dabei an die Symbolleiste des Microsoft Internet Explorer an. Beim Zugriff auf Excel-97-Dokumente per Hyperlink sind im wesentlichen die beiden linken Schaltflächen von Bedeutung:

⋯⋗ Wählen Sie die nebenstehend gezeigte Schaltfläche *Zurück*, falls Sie zur Anzeige des vorherigen Dokuments zurückkehren möchten.

⋯⋗ Haben Sie bereits ein Dokument per Hyperlink angewählt und sind anschließend über die Schaltfläche *Zurück* zum vorherigen Dokument gewechselt, wird die Schaltfläche *Vorwärts* freigegeben. Mit dieser Schaltfläche gelangen Sie direkt zum letzten per Hyperlink angewählten Dokument.

Über die beiden Schaltflächen *Vorwärts* und *Rückwärts* können Sie recht bequem zwischen bereits angezeigten Dokumenten wechseln. Die aktuelle Dokumentadresse wird dabei im Listenfeld *Adresse* in der *Web*-Symbolleiste angezeigt (Bild 21.4).

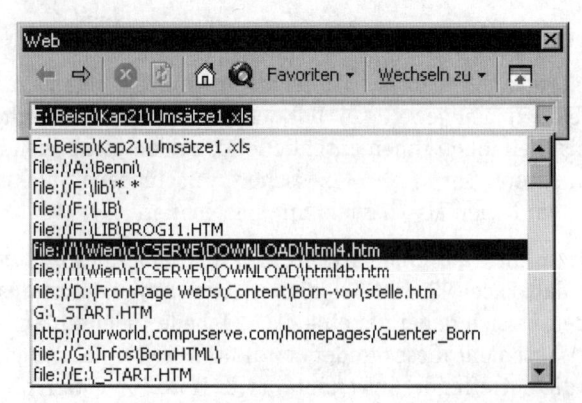

Bild 21.4: Auswahl einer Adresse

> *Arbeiten Sie mit mehreren Dokumenten? Dann läßt sich eine Adresse unter Umständen sehr schnell abrufen, indem Sie das Listenfeld* Adresse *anwählen und direkt den gewünschten Adreßeintrag anklicken. Es kann sich dabei um eine Adresse handeln, die eine lokale Datei auf dem Rechner definiert. Alternativ dürfen aber auch URL-Adressen auf Web-Seiten ausgewählt werden.*

> *Die restlichen Schaltflächen der Web-Symbolleiste sind im wesentlichen beim Navigieren in Web-Dokumenten von Interesse. Sie können beispielsweise das Laden von HTML-Dokumenten abbrechen, ein HTML-Dokument aktualisieren, eine Homepage, eine Suchseite oder häufig besuchte Seiten (Favoriten) im Web aufrufen. Der Eintrag* Wechseln zu *öffnet ein Menü mit Befehlen, die teilweise auch in der Web-Symbolleiste verfügbar sind. Näheres zum Umgang mit der Web-Symbolleiste und dem Microsoft Internet Explorer finden Sie beispielsweise in dem im Literaturverzeichnis unter /8/ angegebenen Titel.*

Hyperlinks einfügen

Excel 97 erlaubt Ihnen, Hyperlinks mit wenigen Schritten in Tabellen einzufügen. Hierzu gehen Sie folgendermaßen vor:

1. Klicken Sie auf die Zelle, deren Inhalt als Hyperlink benutzt werden soll. Möchten Sie nur einen Teil des Zellinhalts als Hyperlink verwenden, markieren Sie den betreffenden Teilstring.

2. Wählen Sie in der *Standard*-Symbolleiste die nebenstehend gezeigte Schaltfläche *Hyperlink*.

3. Sofern Sie die Excel-Tabelle noch nicht gesichert haben, fordert Excel 97 Sie zum Sichern auf (Bild 21.5). Sie sollten das Dokument in einer Datei speichern, da sich die Hyperlinks ja auf die aktuelle Datei beziehen können.

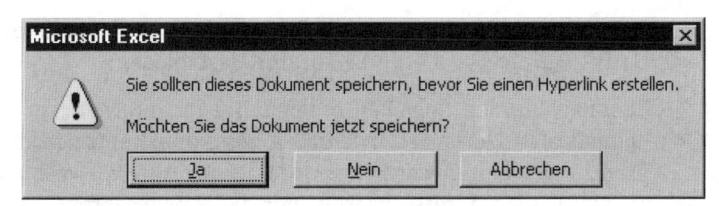

Bild 21.5: Aufforderung zum Sichern des Dokuments

4. Excel 97 öffnet anschließend das Dialogfeld zur Definition des Hyperlink (Bild 21.6). Tragen Sie in diesem Dialogfeld die benötigten Parameter für die Hyperlink-Adresse ein.

Sobald Sie das Dialogfeld über die *OK*-Schaltfläche schließen, legt Excel 97 den Hyperlink an. Sie erkennen dies daran, daß der betreffende Zellinhalt blau und unterstrichen dargestellt wird. Ein Mausklick auf diesen Hyperlink bringt das zugehörige Dokument zur Anzeige.

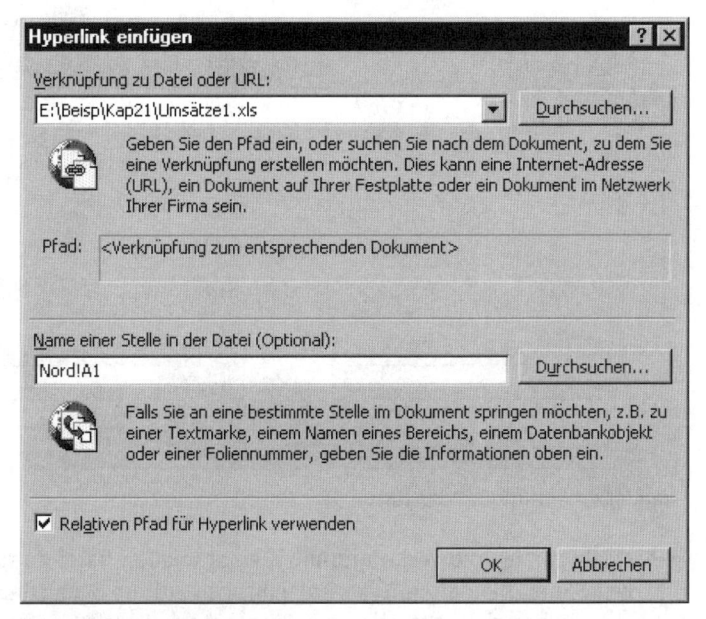

Bild 21.6: Dialogfeld Hyperlink einfügen

Welche Parameter werden für die Hyperlinks benötigt?

Die Definition des Hyperlink besteht aus verschiedenen Schritten, bei der Sie im Dialogfeld *Hyperlink einfügen* mehrere Parameter bzw. Optionen setzen.

Im ersten Schritt müssen Sie die Hyperlink-Adresse im Feld *Verknüpfung zu Datei oder URL* eintragen (Bild 21.6). Diese Adresse definiert, an welchem Speicherort das betreffende Dokument liegt. Excel 97 bietet Ihnen verschiedene Möglichkeiten, um die Verknüpfung zu einer Datei oder einer URL (URL = Universal Resource Locator) festzulegen:

⇢ Kennen Sie den Speicherort der Datei im Internet, ist es häufig am günstigsten, die betreffende URL-Adresse direkt einzutragen. URL-Adressen zu Web-Seiten werden meist in der Form *http://www.adresse.xx* eingetragen. Die Adresse beginnt mit den Zeichen *http://*, die festlegen, mit welchem Protokoll auf das Dokument zuzugreifen ist. Die drei Buchstaben *www* geben an, daß es sich um eine Seite im World Wide Web handelt (allerdings gibt es mittlerweile eine Reihe Web-Server, die diese drei Buchstaben nicht mehr im Namen aufweisen). Anschließend kommt die eigentliche Adresse, die die Web-Domäne angibt (z.B. http://www.mut.com als Adresse des Markt & Technik-Verlages). Die Buchstaben xx hinter dem Domänennamen geben die Art des Servers an (*de* steht beispielsweise für Deutschland, *com* signalisiert einen kommerziellen Server, *gov* wird bei Regierungsservern verwendet etc.).

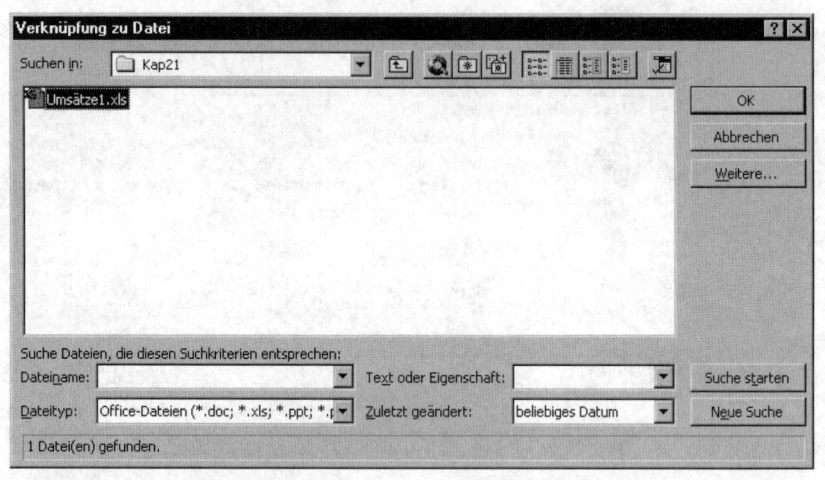

Bild 21.7: Dialogfeld Verknüpfen zu Datei

⇢ Möchten Sie eine Verknüpfung zu einer lokalen Datei einrichten, klicken Sie im Dialogfeld *Hyperlink einfügen* auf die Schaltfläche *Durchsuchen* neben dem betreffenden Eingabefeld. Excel 97 öffnet dann das Dialogfeld *Verknüpfung zu Datei* (Bild 21.7). In diesem Dialogfeld wählen Sie das Laufwerk, den Ordner und die betreffende Datei. Sobald Sie das Dialogfeld über die *OK*-Schaltfläche schließen, überträgt Excel 97 die ausgewählte Datei als Verknüpfung in das Feld *Verknüpfung zu Datei oder URL*. In Bild 21.6 sehen Sie die Verknüpfungsanweisung zu einer lokalen Datei mit einem Excel-97-Arbeitsblatt.

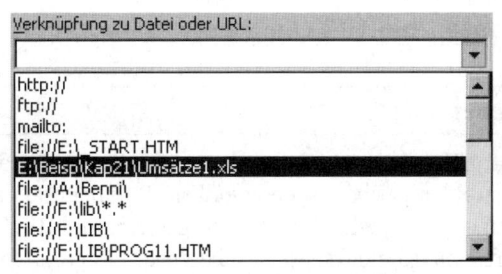

Bild 21.8: Liste der bereits benutzten Speicheradressen

⇢ Die dritte Möglichkeit, eine URL-Adresse oder eine Verknüpfung einzutragen, besteht darin, bereits einmal benutzte Adressen ganz oder teilweise wiederzuverwenden. Hierzu öffnen Sie das Listenfeld des Feldes *Verknüpfung zu Datei oder URL*. Excel 97 zeigt Ihnen eine Liste vordefinierter oder bereits benutzter URL-Adresse (Bild 21.8). Durch Anwahl eines solchen Eintrages können Sie die Adresse übernehmen und ggf. ändern bzw. ergänzen.

Die dritte Variante ist vor allem dann hilfreich, wenn Sie eine Web-Adresse eingeben, das benutzte Protokoll aber nicht kennen (oder wenn eine Adresse bereits einmal benutzt wurde). Der Zugriff auf Dokumente im Internet kann über verschiedene Protokollvarianten erfolgen, von denen Excel 97 folgende Varianten unterstützt:

Bei der Angabe der URL-Adressen müssen Sie sich an die Möglichkeiten Ihres Systems halten. Sofern Sie keinen Internet-Zugang haben, machen URL-Angaben mit Adressen im World Wide Web keinen Sinn. Microsoft Excel 97 kann die Dokumente nicht laden und lehnt den Zugriff auf das Dokument ab. Beachten Sie bei der Angabe von mailto, *daß es sich um gültige Adressen handelt und daß der betreffende Empfänger etwas mit den Nachrichten anfangen kann. Sinnvoll wäre es beispielsweise, die Person, die die betreffenden Dokumente pflegt, in einer* mailto-*Adresse anzugeben. Dann können die Personen, die Fehler oder Fragen zu den Daten haben, mit dem Administrator dieser Dokumente auf einfache Weise Kontakt aufnehmen. Die* mailto-*Adresse kann dabei auch ein Postfach in einem lokalen Intranet umfassen. Zum Erstellen der Nachricht muß weiterhin ein Mail-Editor (z.B. Outlook 97) installiert sein.*

Protokollvarianten bei URL-Adressen

Protokoll	Bemerkung
http://	Steht für *Hypertext Transfer Protocol* und stellt die Standardauswahl zum Übertragen von HTML-Dokumenten im World Wide Web dar. Beispiele für solche Adressen sind: http://www.microsoft.com (die Adresse des Microsoft Servers) oder: http://www.mut.com (die Adresse des Markt & Technik Verlags).
ftp://	Das *File Transfer Protocol* wird im Internet zur Übertragung von Dateien zwischen Server und Client genutzt. Mit der Angabe: *ftp://www.microsoft.com/* ließe sich beispielsweise eine Datei *TIPS.ZIP* vom *Germany/tips.zip* Microsoft Web Server auf den lokalen PC laden. (Beachten Sie aber, daß hier eine fiktive Adresse angegeben wurde, unter der vermutlich keine Datei *TIPS.ZIP* existiert.)
mailto://	Erlaubt Ihnen, eine E-Mail-Adresse als Hyperlink anzugeben. Wählt der Benutzer diesen Hyperlink an, wird der E-Mail-Editor des Systems gestartet. Der Benutzer kann jetzt eine Nachricht verfassen, die anschließend automatisch zu dem in der *mailto*-Adresse angegebenen E-Mail-Empfänger verschickt wird. Die Vorgabe: *mailto:rfuchs@mut.de* veranlaßt, daß die E-Mail an den Lektor dieses Buches beim Verlag geschickt wird (bitte probieren Sie dies jedoch nicht aus, da sonst der arme Lektor mit Ihren E-Mails bombardiert wird!).
file://	Dieses Protokoll weist darauf hin, daß es sich um eine lokale Datei handelt, die geladen werden soll. Die Datei läßt sich dabei mit einem relativen oder einem absoluten Pfad angeben (siehe unten).

> **Achtung!** *Bei der Eingabe einer URL-Adresse gibt es ein gravierendes Problem, welches durch Windows nicht genügend geregelt wird. Sie sollten bei URL-Adressen Groß- und Kleinschreibung unterscheiden, wenn es sich um Internet- oder Intranet-Adressen handelt. Web- oder Intranet-Server, die unter Windows NT laufen, erkennen die Adressen zwar auch, wenn keine Groß-/Kleinschreibung eingehalten wird. Sollte jedoch die Datei auf einem unter UNIX betriebenen Server laufen, sieht die Welt etwas anders aus. UNIX unterscheidet in Dateinamen zwischen Groß- und Kleinschreibung, und Ihre Adreßangabe wird unter Umständen wegen der Schreibweise abgewiesen.*

Angabe der lokalen (Teil-) Adresse im Dokument

Über die Angabe der URL-Adresse kann Excel 97 die betreffende Dokumentdatei laden und zur Anzeige bringen. Dies reicht aber für viele Dokumente nicht aus. Häufig befindet sich die interessierende Stelle innerhalb des Dokuments. In einem HTML-Dokument kann es beispielsweise vorkommen, daß Sie eine lokale Marke auf Seite 2 anzeigen möchten.

Bei Microsoft-Excel-97-Arbeitsmappen möchten Sie vermutlich ein bestimmtes Arbeitsblatt anzeigen. PowerPoint-Dokumente bestehen aus Folien, von denen ggf. eine anzuzeigen ist. In Word-Dokumenten kann ebenfalls eine bestimmte (per Textmarke angegebene) Dokumentseite abgerufen werden.

Diese Verweise in das lokale Dokument lassen sich über das Feld *Name einer Stelle in der Datei (Optional)* hinterlegen (Bild 21.6). Bei HTML-Dokumenten werden solche lokalen Verweise in der Form *#xxx* angegeben, wobei die Buchstaben xxx für einen definierten Namen stehen (z.B. #Seite2). In Word 97 werden die Namen von Textmarken in diesem Feld hinterlegt. Bei Excel 97 verwenden Sie die Namen von Arbeitsblättern (und ggf. zusätzlich Zellreferenzen).

Um die Angabe eines solchen optionalen Verweises in eine Datei zu erleichtern, klicken Sie bei Excel-97-Dokumenten auf die Schaltfläche *Durchsuchen* rechts neben dem Eingabefeld. Excel 97 öffnet anschließend das in Bild 21.9 gezeigte Dialogfeld.

Excel 97 blendet bereits die Namen aller Blätter sowie benannter Bereiche in diesem Dialogfeld ein. Durch Anwahl eines solchen Eintrags definieren Sie eine lokale Referenz. Gleichzeitig können Sie noch die Zelle der linken oberen Ecke des Bereiches angeben. Bei der Anwahl des Hyperlinks zeigt Excel 97 automatisch den definierten Ausschnitt aus dem Arbeitsblatt an.

Teil 3 · Erweiterte Excel-97-Funktionen

Bild 21.9: Angaben einer lokalen Adresse

> Unterstützt Excel 97 die Angabe lokaler Adressen im Dokument nicht, erscheint bei der Anwahl der Schaltfläche Durchsuchen eine Fehlermeldung (Bild 21.10). Sie können aber die lokale Referenz direkt im Feld eintragen.

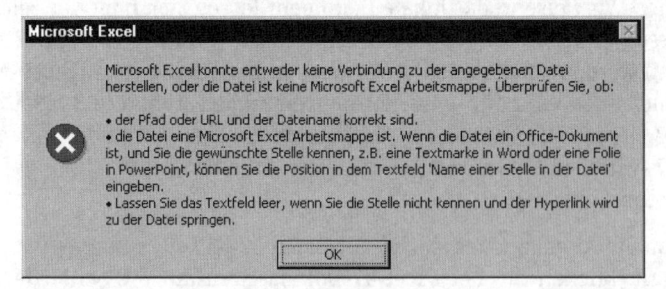

Bild 21.10: Fehler bei falschem Dokumenttyp

Was sind relative oder absolute Adressen?

Bei URL-Adressen wird zwischen relativen und absoluten Adressen unterschieden. Die Steuerung, ob ein Hyperlink mit einer relativen oder einer absoluten Adresse angelegt wird, erfolgt im Dialogfeld *Hyperlink einfügen* über das Kontrollkästchen *Relativen Pfad für Hyperlink verwenden* (Bild 21.6). Was versteckt sich hinter diesen beiden Adressierungsarten, und was ist bei der Anwendung zu beachten?

⇝ Beim Erstellen von HTML- oder Internet-/Intranet-Dokumenten werden diese häufig auf einer lokalen Platte in einem Ordner gesichert. Die Lage dieses Ordners läßt sich dann in der Form *Laufwerk, Orderhierarchie,*

Dateiname angeben (z.B. *file://C:\Text\Excel97\Umsatz1.xls*). Diese Angabe legt den Speicherort des Dokuments absolut fest. Ähnliches gilt auch, wenn Sie statt *file:* auf *http:* ausweichen und eine Internet-Adresse der angeben (z. B. *http://www.microsoft.com/Germany/office97/tips.html*). Man spricht dann auch von absoluten Adressen, da die Lage des Dokuments direkt angegeben wird.

⋯⁖ Alternativ besteht die Möglichkeit, die Lage eines Dokuments relativ zum aktuell geladenen Dokument anzugeben. Nehmen wir einmal an, Sie haben eine Arbeitsmappe aus dem Ordner *\RECHNUNGEN* geladen (der Ordner und das Laufwerk sind dem Browser bekannt, da der Benutzer die Datei ja bereits geladen hat). Nun möchten Sie einen Hyperlink auf eine Datei im gleichen Ordner (oder in einem Unterordner) hinterlegen. Der Verweis auf die Datei im gleichen Ordner benötigt dann nur noch den Namen der Dokumentdatei. Soll ein Dokument in einem Unterordner geladen werden, ist der Ordnername mit anzugeben (z.B. *\1987\UMSATZ.XLS*). Excel 97 kann dann aus der Adresse des aktuell geladenen Dokuments auf die Adresse des neuen Dokuments schließen. Solche Adreßangaben, die keine Laufwerksangaben oder keine Web-Adressen beinhalten, werden auch als relative Verweise bezeichnet.

Absolute Adreßangaben benötigen Sie, wenn die Dokumente an einem anderen Speicherort (z.B. im World Wide Web) hinterlegt sind. Der gravierende Nachteil der absoluten Adreßangaben besteht darin, daß die Referenzen ungültig werden, sobald Sie das Dokument verschieben. Haben Sie beispielsweise einige Dokumente im Ordner *\RECHNUNGEN* auf dem Laufwerk G: angelegt, können Sie absolute Verweise zu den betreffenden Dateien einrichten. Sobald der Ordner *\RECHNUNGEN* jedoch auf ein anderes Laufwerk (z.B. C:) verschoben wird, funktionieren die Verweise nicht mehr. Etwas ähnliches gilt, falls der Ordner *\RECHNUNGEN* in den Unterordner *\UMSÄTZE* verschoben wird.

Abhilfe schaffen hier relative Verweise. Sobald Sie ein Dokument geladen haben, lassen sich Verweise auf Dokumente in der gleichen Ordnerhierarchie mit relativen Pfadangaben einrichten. Es wird nur noch angegeben, welche Unterverzeichnisse zu verwenden sind.

Allgemein sollten Sie mit relativen Pfadangaben arbeiten, da diese flexibler zu handhaben sind. Sie können die Markierung des Kontrollkästchens Kontrollkästchen *Relativen Pfad für Hyperlink verwenden (Bild 21.6) markieren. Falls Sie jedoch im Feld* Verknüpfung zu Datei oder URL *eine Datei angeben, die ein anderes Laufwerk als die aktuell geladene Excel-Arbeitsmappe benutzt, hebt Excel 97 die Markierung automatisch auf. (Ein relativer Verweis auf ein anderes Laufwerk ist nicht möglich.)*

Weiterführende Informationen zur Gestaltung von URL-Adressen und Hinweise zu absoluten bzw. relativen Pfadangaben finden Sie in den im Literaturverzeichis unter /8,9/ aufgeführten Titeln.

> *Im Verzeichnis \BEISP\KAP21 der Begleit-CD-ROM finden Sie die Datei UMSÄTZE1.XLS. Diese Datei enthält einige Beispiele für Hyperlinks, die auf die Arbeitsblätter der gleichen Arbeitsmappe verweisen.*

Hyperlink kopieren

Zum Kopieren eines Hyperlinks können Sie die unter Excel 97 gewohnten Schritte nicht benutzen (Sie können die Zelle kaum markieren, da jeder Mausklick auf den Zellinhalt den Hyperlink aktiviert!). Vielmehr gehen Sie in folgenden Schritten vor:

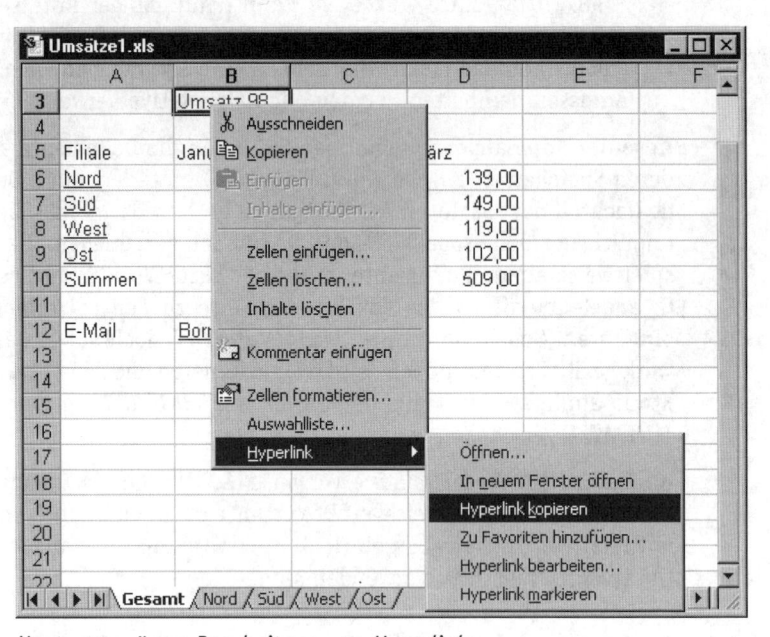

Bild 21.11: Kontextmenü zur Bearbeitung von Hyperlinks

1. Klicken Sie mit der rechten Maustaste auf den Hyperlink.

2. Im Kontextmenü wählen Sie den Befehl HYPERLINK/HYPERLINK KOPIEREN (Bild 21.11). Excel 97 markiert die Zelle mit dem Hyperlink durch einen Rahmen.

3. Wählen Sie die Zielzelle per Mausklick an. Anschließend können Sie den Hyperlink mit der Tastenkombination [Strg]+[V] (oder mit einem anderen Befehl z.B. aus dem Menü BEARBEITEN) einfügen.

Bei einer leeren Zelle fügt Excel 97 anschließend die URL-Adresse des Hyperlink als Text (z.B. *http://www.msn.com*) in die Zelle ein. Enthält die Zelle bereits einen Text, wird dieser als Hyperlink blau unterstrichen markiert. Gleichzeitig überträgt Excel 97 die URL-Adresse zu dieser Zelle.

Haben Sie den Befehl zum Kopieren des Hyperlinks versehentlich aufgerufen, drücken Sie die [Esc]-*Taste. Excel 97 hebt die Markierung der Zelle auf.*

Einen Hyperlink bearbeiten

Möchten Sie den Inhalt eines Hyperlink korrigieren? Dann müssen Sie ebenfalls den Weg über das Kontextmenü wählen.

1. Klicken Sie mit der rechten Maustaste auf die Zelle mit dem Hyperlink (oder markieren Sie den Hyperlink, falls nur ein Teil des Zellinhalts als Hyperlink definiert ist).

2. Wählen Sie im Kontextmenü den Befehl HYPERLINK/HYPERLINK BEARBEITEN (Bild 21.11).

Excel 97 öffnet das Dialogfeld *Hyperlink bearbeiten*, in dem Sie die einzelnen Optionen ändern können (Bild 21.12).

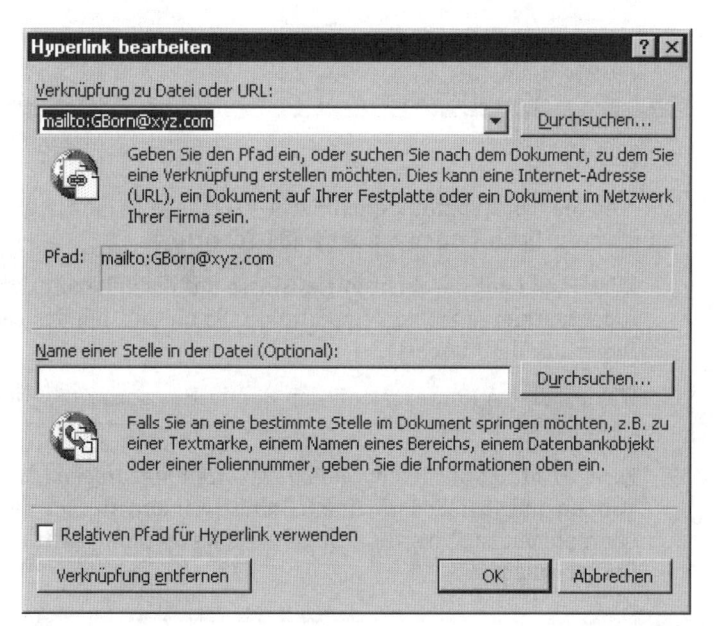

Bild 21.12: Das Dialogfeld Hyperlink bearbeiten

Hyperlink entfernen

Zum Entfernen sind nur wenige Schritte erforderlich:

1. Klicken Sie mit der rechten Maustaste auf die Zelle mit dem Hyperlink (oder markieren Sie den Hyperlink, falls nur ein Teil des Zellinhalts als Hyperlink definiert ist).
2. Wählen Sie im Kontextmenü den Befehl HYPERLINK/HYPERLINK BEARBEITEN (Bild 21.11).
3. Excel 97 öffnet das Dialogfeld *Hyperlink bearbeiten*, in dem Sie die Schaltfläche *Verknüpfung entfernen* anwählen (Bild 21.12).

Excel 97 schließt das Dialogfeld und entfernt den Hyperlink. Der Zellinhalt wird dann in der gewohnten Weise dargestellt.

Hyperlink zu Favoriten hinzufügen

Excel 97 bietet Ihnen in der *Web*-Symbolleiste den Eintrag *Favoriten*. Öffnen Sie das zugehörige Menü, zeigt Excel 97 die Namen häufig benutzter Hyperlinks (Bild 21.13).

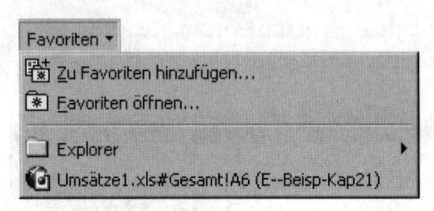

Bild 21.13: Liste der Favoriten

Möchten Sie den Hyperlink einer Excel-97-Tabelle in die Liste der Favoriten aufnehmen? Dann führen Sie folgende Schritte aus:

1. Klicken Sie mit der rechten Maustaste auf die Zelle mit dem Hyperlink (oder markieren Sie den Hyperlink, falls nur ein Teil des Zellinhalts als Hyperlink definiert ist).
2. Wählen Sie im Kontextmenü den Befehl HYPERLINK/ZU FAVORITEN HINZUFÜGEN (Bild 21.11).
3. Excel 97 öffnet das Dialogfeld *Zu Favoriten hinzufügen* (Bild 21.14). Sie können nun bei Bedarf einen Ordner wählen, in den der Eintrag zu übernehmen ist. Über die Schaltfläche *Neuer Ordner* läßt sich ein neuer Ordner anlegen.

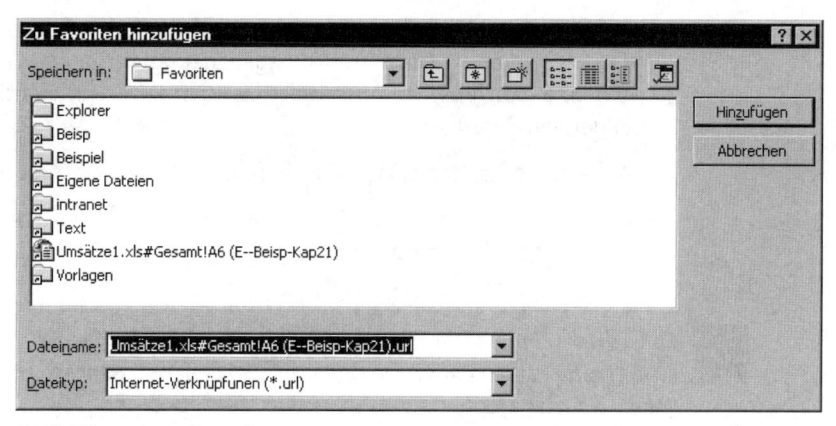

Bild 21.14: Definition eines Favoriten

Sobald Sie die Schaltfläche *Hinzufügen* anwählen, wird das Dialogfeld geschlossen und der Hyperlink in die Liste der Favoriten aufgenommen.

21.2 Excel-97-Dokumente in HTML-Format exportieren

In Excel 97 haben Sie die Möglichkeit, Tabellen bzw. Arbeitsblätter als HTML-Dokumente zu exportieren. Dies erlaubt es anderen Benutzern, mit einem Web-Browser die betreffenden Dokumente zu laden und anzuzeigen. Dies bringt Vorteile, falls Excel-97-Tabellen Bestandteile von Web-Seiten sind.

Eine HTML-Datei erzeugen

Um eine Excel-Tabelle (oder ein Diagramm) in das HTML-Format zu überführen, gehen Sie in folgenden Schritten vor:

Bild 21.15: Zu exportierende Tabelle

1. Laden Sie die Arbeitsmappe, und wählen Sie das Arbeitsblatt, welches zu exportieren ist (Bild 21.15). Gegebenenfalls können Sie auch bereits den zu exportierenden Ausschnitt markieren (dies erleichtert die nachfolgenden Schritte).
2. Wählen Sie im Menü Datei den Befehl ALS HTML-DATEI SPEICHERN.

Microsoft Excel 97 öffnet das Dialogfeld des Internet-Assistenten, der Sie durch die einzelnen Schritte des Exports führt (Bild 21.16).

> *Falls dieses Dialogfeld nicht erscheint oder falls der Befehl ALS HTML-DATEI SPEICHERN nicht verfügbar ist, müssen Sie den Assistenten erst installieren (siehe Kapitel 1).*

Auswahl der Tabellenbereiche (Schritt 1)

Zuerst müssen Sie die zu exportierenden Tabellenbereiche im Dialogfeld wählen und deren Reihenfolge (zur Darstellung in der HTML-Datei) festlegen. War vor dem Aufruf des Assistenten bereits ein Bereich markiert, zeigt der Assistent diesen im Dialogfeld im Feld *Zu konvertierende Bereiche und Diagramme*.

1. Möchten Sie weitere Bereiche im Dokument in das HTML-Dokument einbeziehen, klicken Sie auf die Schaltfläche *Hinzufügen*.
2. Im dann geöffneten Dialogfeld (Bild 21.17) läßt sich der Tabellenbereich direkt festlegen. Einfacher geht es jedoch, wenn Sie das Dialogfeld beiseite schieben und die betreffenden Tabellenbereiche im Arbeitsblatt per Maus markieren. Sobald Sie das Dialogfeld über die *OK*-Schaltfläche schließen, übernimmt der Assistent den Bereich.

Nicht benötigte Tabellenbereiche entfernen Sie, indem Sie die betreffende Zeile im Feld *Zu konvertierende Bereiche und Diagramme* markieren und dann die Schaltfläche *Entfernen* anklicken.

> *Der HTML-Exportfilter speichert mehrere markierte Bereiche in der im Feld Zu konvertierende Bereiche und Diagramme vorgegebenen Reihenfolge in die Ausgabedatei. Sie können die Reihenfolge über die beiden Schaltflächen Verschieben beeinflussen. Hierzu markieren Sie den Eintrag und klicken auf die Schaltflächen.*

Mit der Schaltfläche *Weiter* blättern Sie zum nächsten Schritt des Internet-Assistenten.

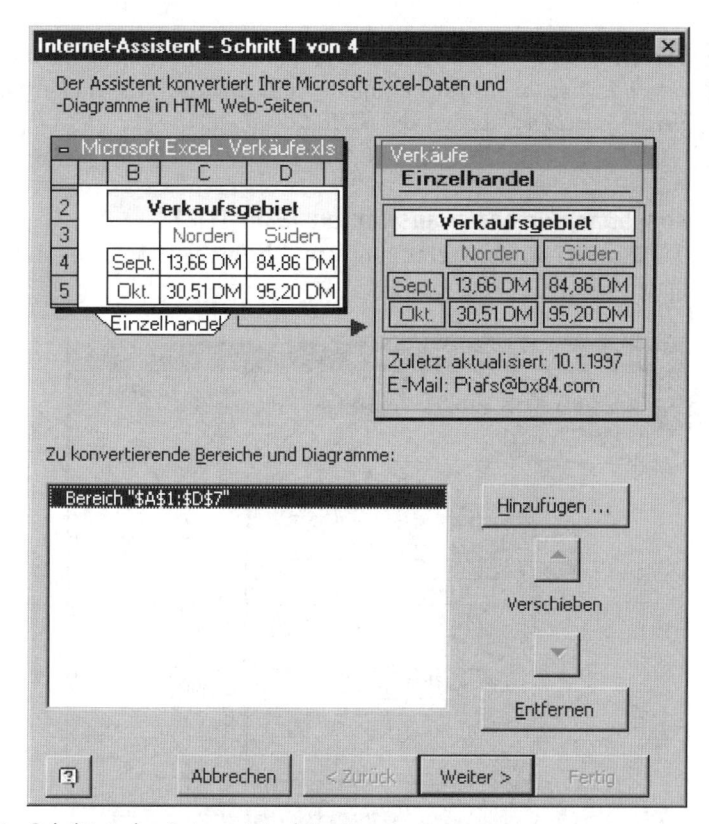

Bild 21.16: Schritt 1 des Internet-Assistenten

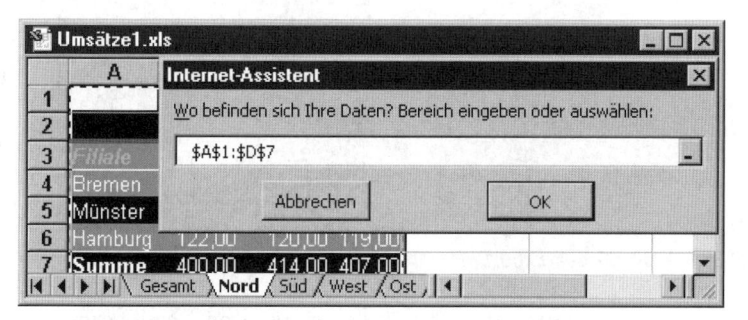

Bild 21.17: Bereich festlegen

> **Achtung!** *Überprüfen Sie genau, welche Exportbereiche im Dialogfeld angezeigt werden. Das gleiche gilt für den Namen des Arbeitsblatts. Andernfalls kopieren Sie die falschen Daten in die HTML-Dokumente.*

Konvertierverfahren auswählen (Schritt 2)

Der Excel-HTML-Konverter kann ein Tabellenblatt auf zwei Arten exportieren:

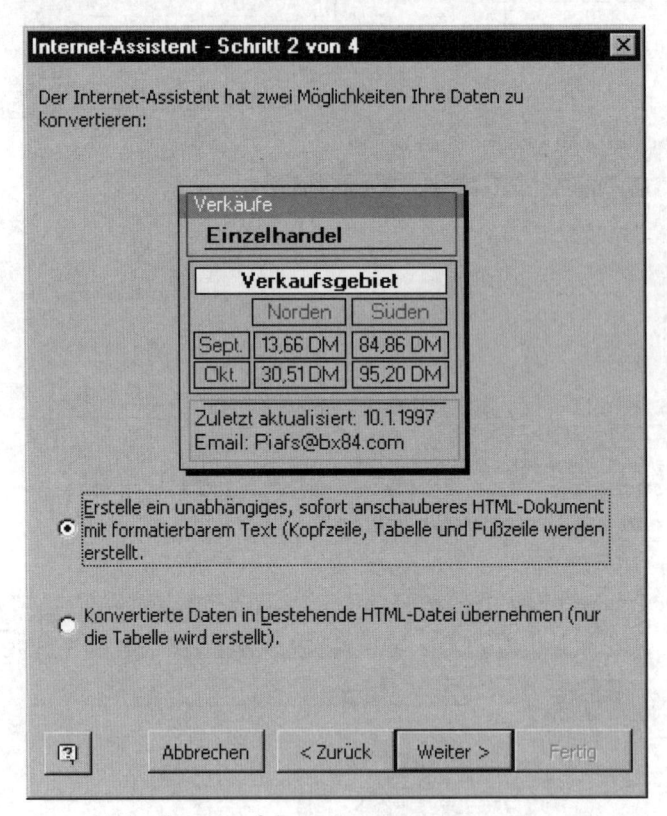

Bild 21.18: Auswahl des Exportverfahrens

⋯▸ Sie können den Inhalt der markierten Bereiche direkt in ein neues HTML-Dokument exportieren. Dieses Dokument läßt sich im Browser abrufen und enthält die Daten samt den übernommenen Formatinformationen.

⋯▸ Der Assistent kann ein HTML-Dokument auf Basis einer HTML-Vorlage erzeugen. Dies gibt Ihnen die Möglichkeit, Tabellendaten in Dokumente einzubauen.

> *Leider besitzt der Assistent keine Möglichkeit zur Aktualisierung eines bereits bestehenden HTML-Dokuments.*

Die Auswahl des Konvertierverfahrens erfolgt über die zwei Optionsfelder in Schritt 2 des Internet-Assistenten (Bild 21.18). Wählen Sie die gewünschte Export-Option, und blättern Sie über die Schaltfläche *Weiter >* zum nächsten Schritt.

> *Möchten Sie in Schritt 2 oder später noch etwas an der Tabellenauswahl oder den Optionen ändern, klicken Sie auf die Schaltfläche < Zurück. Dadurch wird die vorhergehende Seite des Assistenten angezeigt.*

Kopfzeile und Dokumentbereich (Schritt 3)
Im dritten Schritt bestimmen Sie die Optionen zur Gestaltung des Ausgabedokuments:

- Tragen Sie im Feld *Titel* einen Text für den Dokumenttitel ein. Dieser Text wird im HTML-Dokument in den TITLE-Tag umgesetzt (dieser erscheint bei der Dokumentanwahl in der Kopfzeile des Browsers).
- Im Feld *Kopfzeile* läßt sich ein Zusatztext für den Kopfbereich hinterlegen (da HTML-Dokumente keine Kopf- oder Fußzeilen kennen).
- Weiterhin läßt sich noch eine Beschreibung im Dialogfeld eingeben, die im HTML-Dokument unterhalb der Kopfzeile ausgegeben wird.
- Die beiden Kontrollkästchen erlauben Ihnen, den Bereich mit den Tabellendaten durch horizontale Linien vom Dokumentanfang und -ende abzutrennen.
- Am Dokumentende fügt der Assistent die Daten über den Autor, die E-Mail-Adresse und das Erstelldatum ein.

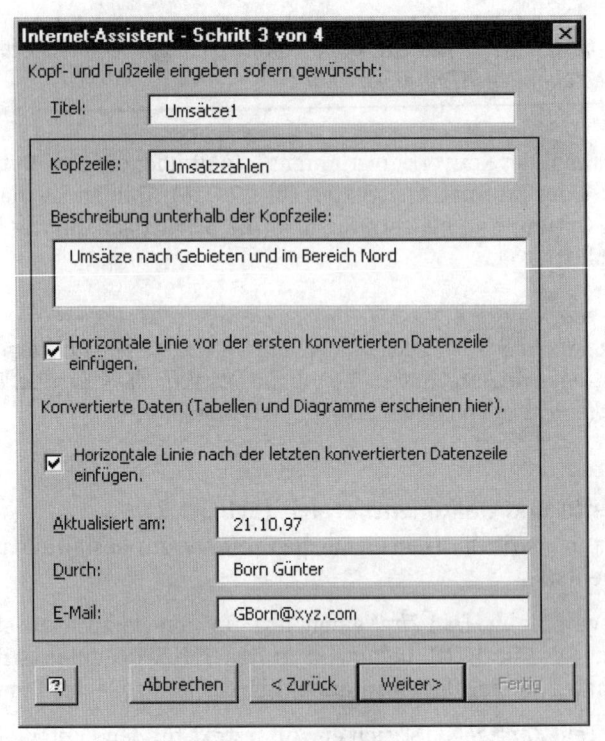

Bild 21.19: Optionen zur Dokumentgestaltung

Setzen Sie die gewünschten Daten in den betreffenden Feldern (Bild 21.19). Anschließend betätigen Sie die Schaltfläche *Weiter >*.

Zieldatei auswählen (Schritt 4)

Vor dem Export benötigt Excel 97 noch den Namen der HTML-Zieldatei (Bild 21.20).

Auf dieser Seite können Sie auch die Kodierung des HTML-Dokuments über das Listenfeld *Welche Codeseite möchten Sie für Ihre Web-Seite verwenden?* einstellen. Dies ist aber selten erforderlich (nur, falls die Excel-Tabelle spezielle Zeichen, z.B. osteuropäische Zeichensätze, enthält).

Beim Speichern unterscheidet der Assistent zwischen zwei Varianten, die über die jeweiligen Optionsfelder auszuwählen sind:

⋯▸ Im einfachsten Fall schreibt der Assistent die Daten in eine HTML-Datei in einem lokalen Ordner Ihrer Festplatte (oder im Netzwerk). In diesem Fall tragen Sie das Laufwerk, den Pfad und den Dateinamen für das HTML-Dokument im Feld Pfad ein (Bild 21.20). Über die Schaltfläche *Durchsuchen* lassen sich der Pfad und das Laufwerk ebenfalls wählen.

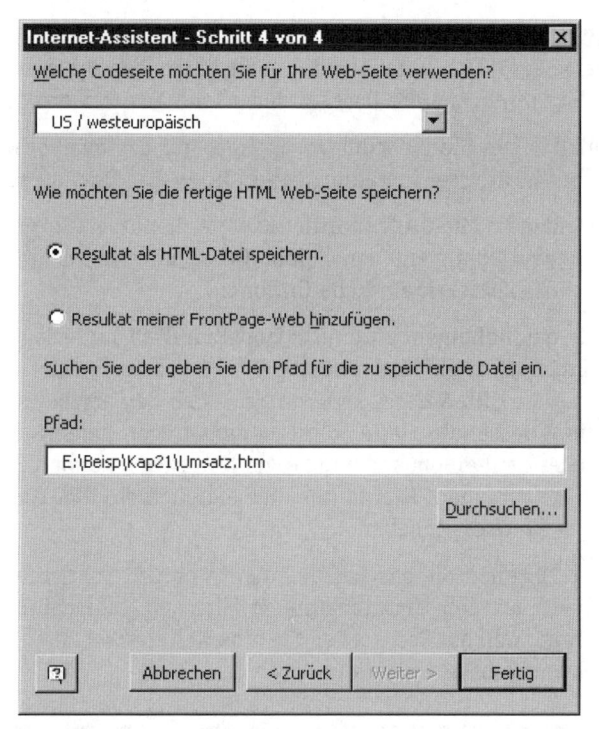

Bild 21.20: Festlegen der Zieldatei und der Kodierung

- Benutzen Sie zur Erstellung der HTML-Dokumente das Programm Microsoft FrontPage 97 (oder FrontPage 98), kann der Assistent die zu exportierenden Daten direkt als HTML-Dokument in ein sogenanntes FrontPage-Web (dort sind alle Dokumente eines Projekts enthalten) stellen. (Zum Markieren des Optionsfelds muß das Web-Projekt in FrontPage geladen sein.) Markieren Sie das Optionsfeld, und tragen Sie die URL-Adresse im Eingabefeld ein (Bild 21.21). Beim Speichern aktualisiert der Assistent automatisch die FrontPage-Konfigurationsdateien für dieses Projekt.

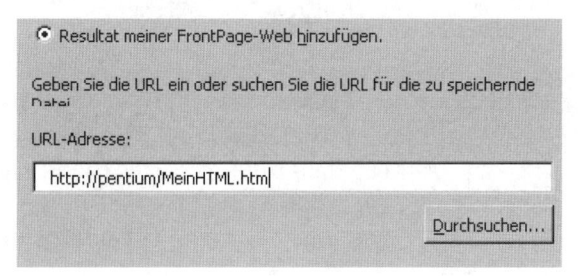

Bild 21.21: URL-Adresse bei Auswahl der FrontPage-Web

Sind alle Vorgaben eingetragen, klicken Sie auf die Schaltfläche *Fertig*. Der Assistent erzeugt jetzt die HTML-Datei, die Sie anschließend in einem Web-Browser (z.B. Microsoft Internet Explorer) laden.

Anzeige der Ergebnisdatei

Zur Anzeige der HTML-Datei benötigen Sie einen Web-Browser. Dann gibt es mehrere Varianten, um die Datei zu laden und anzuzeigen:

- Doppelklicken Sie im Windows-Explorer auf das Symbol der HTML-Datei. Ist ein Browser installiert, zeigt dieser das Dokument.

- Zum Laden im Microsoft Internet Explorer benutzen Sie zum Zugriff auf ein lokales Dokument den Befehl ÖFFNEN im Menü DATEI. Bei anderen Browsern existieren ähnliche Optionen.

- Wurde das Dokument in einem FrontPage-Web hinterlegt, können Sie das Ergebnis direkt in FrontPage 97/98 anzeigen, oder Sie tippen im Browser die URL-Adresse des FrontPage-Web-Servers im Browser an (dies ist die Adresse, die Sie in Schritt 4 eingetragen haben). Haben Sie das Dokument auf einem anderen Server hinterlegt, können Sie in der gleichen Art vorgehen. Hier müssen Sie lediglich die URL-Adresse des Servers im Browser eingeben.

In Bild 21.22 sehen Sie das Ergebnis der in obigen Schritten exportierten Excel-Tabelle mit den Umsatzdaten im Microsoft Internet Explorer. Beim Blättern innerhalb der Seite sehen Sie eine weitere Tabelle mit den Umsatzdaten des Vertriebsbereichs Nord.

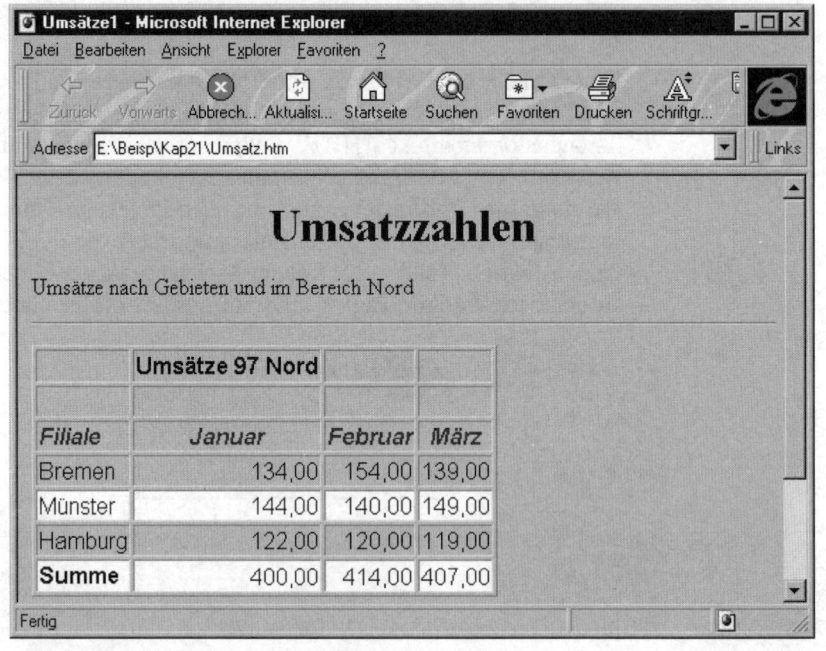

Bild 21.22: Beispieldokument im Microsoft Internet Explorer

Sie finden die Excel-Datei UMSÄTZE.XLS sowie das HTML-Dokument UMSATZ.HTM auf der Begleit-CD-ROM im Verzeichnis \BEISP\KAP21.

Speichern in ein bestehendes Dokument

Der Internet-Assistent erlaubt Ihnen, einen markierten Bereich aus einem Excel-Arbeitsblatt in ein bestehendes HTML-Dokument zu übernehmen (konkret bedeutet dies: Sie können eine Vorlagedatei benutzen, um diese mit den Exportdaten zu einem neuen Ergebnisdokument zu verbinden).

1. Hierzu wählen Sie in Schritt 2 des Internet-Assistenten das Optionsfeld *Konvertierte Daten in bestehende HTML-Datei übernehmen* (siehe Bild 21.18).

2. In Schritt 3 ist dann der Name der Vorlagedatei im Dialogfeld unter *Pfad zu der bestehenden Datei* einzutragen (Bild 21.23).

3. In Schritt 4 tragen Sie wie gewohnt den Pfad zur Zieldatei ein (Bild 21.24). Alternativ können Sie die URL-Adresse einer Web-Seite hinterlegen (siehe oben).

4. Anschließend wählen Sie die Schaltfläche *Fertig*, um die Daten in das HTML-Format zu überführen.

Die Vorlagedatei muß für Excel 97 angepaßt sein (siehe unten). Daher sollten Sie als Zieldatei niemals den Namen der Vorlage angeben, da diese andernfalls von Excel 97 beim Export überschrieben wird. Sie müßten in diesem Fall eine neue Vorlagedatei erzeugen.

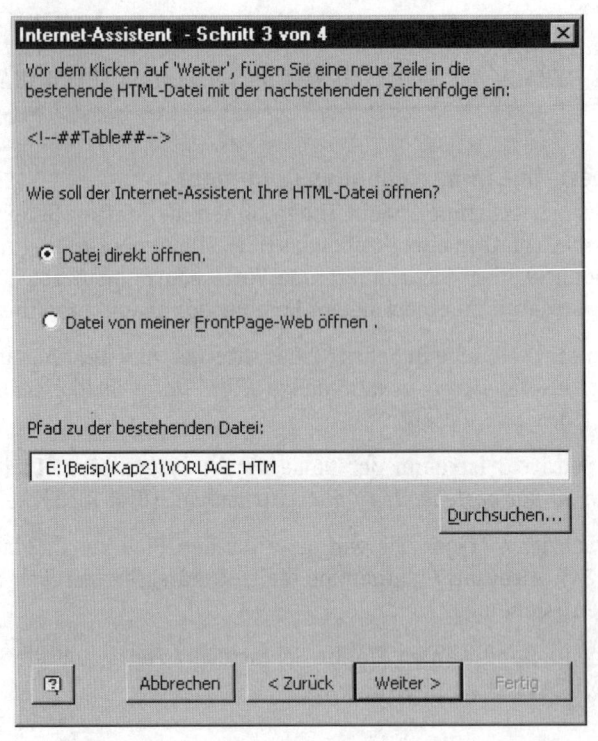

Bild 21.23: Auswahl der Vorlagedatei

Beim Export liest Excel 97 die Vorlagedatei und fügt den markierten Datenbereich der Excel-Arbeitsmappe in die betreffende Vorlage ein. Dies erlaubt Ihnen ggf., einen Bericht mit integrierten Daten einer Excel-Tabelle als HTML-Dokument anzulegen.

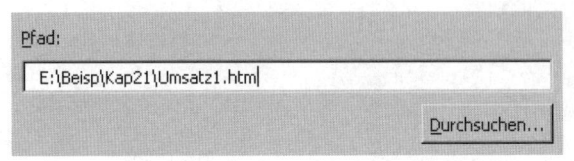

Bild 21.24: Angabe der Zieldatei

Wie sieht die Vorlagedatei aus?

Die zum Export benutzte Vorlagedatei muß ein bestimmtes Format aufweisen. Andernfalls kann Excel 97 nichts mit der Datei anfangen.

- Als erstes muß die Vorlagedatei im HTML-Format vorliegen, d.h., es muß sich um ein gültiges HTML-Dokument mit den hierzu erforderlichen HTML-Tags handeln.

21 Hyperlinks und HTML

⇢ Weiterhin muß die HTML-Datei einen HTML-Kommentar der Form <!—##Table##—> enthalten.

Der Export-Assistent benötigt diese Marke, um herauszufinden, wo die Excel-Daten im HTML-Dokument einzufügen sind. Die betreffende Anweisung ist in der Zieldatei nicht mehr enthalten. Das nachfolgende Listing zeigt ein Beispiel für den Quellcode einer solchen Vorlagedatei.

```
<HTML>
<HEAD>
<META HTTP-EQUIV="Content-Type" CONTENT="text/html; charset=windows-1252">
<META NAME="Generator" CONTENT="Born">
<TITLE>Umsätze 1997</TITLE>
</HEAD>
<BODY BGCOLOR="#FEFEBC">
<H1 ALIGN="CENTER">Umsatzzahlen Vertriebsgebiete</H1>
<!-##Table##->
</BODY>
</HTML>
```

Diese Datei läßt sich direkt im Microsoft Internet Explorer anzeigen und enthält lediglich eine Überschrift »Umsatzzahlen Vertriebsgebiete« sowie einen gelben Hintergrund.

Sobald Sie den markierten Tabellenbereich mit der Vorlage exportieren, erzeugt der Assistent ein neues HTML-Dokument aus der HTML-Vorlage. Die Daten werden dabei in Form einer Tabelle an der markierten Stelle im Zieldokument eingefügt. Sie können anschließend dieses Dokument in einem Browser ansehen (Bild 21.25).

Sie finden ein solches Beispiel als Datei UMSATZ1.HTM *im Verzeichnis* \BEISP\KAP21 *auf der Begleit-CD-ROM. Für eigene Versuche können Sie die Datei* VORLAGE.HTM *auf die Festplatte kopieren, das Schreibschutzattribut aufheben und den HTML-Quellcode anpassen. Anschließend exportieren Sie den Inhalt der Arbeitsmappe* UMSÄTZE1.XLS *(oder Teile davon) in eine HTML-Datei. Die Ergebnisse lassen sich im Microsoft Internet Explorer ansehen.*

Teil 3 · Erweiterte Excel-97-Funktionen

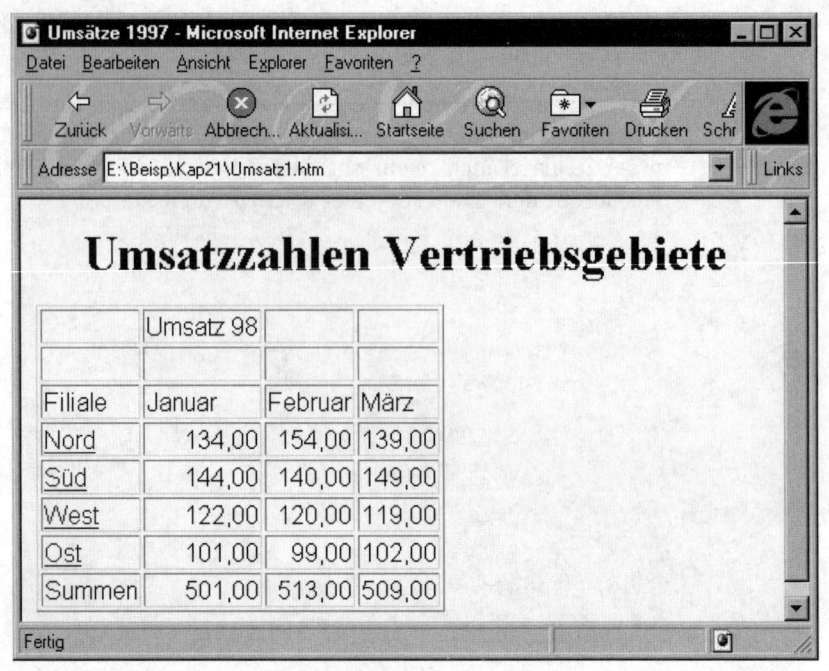

Bild 21.25: Anzeige des von der Vorlage abgeleiteten Dokuments im Internet Explorer

> **TIP** Die in Bild 21.25 gezeigte Tabelle ist linksbündig am Dokumentrand ausgerichtet. Abhängig vom verwendeten Dokumentrand möchten Sie vielleicht die Tabelle etwas nach rechts einrücken. Mit den entsprechenden HTML-Anweisungen (z.B. <CENTER>..</CENTER>) in der Vorlagedatei läßt sich die Ausrichtung der Tabelle beim Export beeinflussen. Hinweise zu diesem Thema sowie weiterführende Informationen finden Sie in dem im Literaturverzeichnis unter /8/ angegebenen Titel.

> **Achtung!** Vorlagedateien lassen sich mit Microsoft Word 97 erstellen. Probleme gibt es aber mit dem <!—##Table##—>-Tag, der direkt mit der Formatvorlage HTML Markup einzugeben ist. Allerdings bevorzuge ich HTML-Editoren, die den Quellcode der Vorlage nicht verändern.

Im Verzeichnis \BEISP\KAP21 *finden Sie die beiden Dateien* VORLAGE1.HTM *und* UMSATZ2.HTM. *Die Datei* VORLAGE.HTM *enthält die HTML-Befehle zum Ausrichten der Tabelle, während* UMSATZ2.HTM *ein Beispiel für eine fertige Tabelle darstellt. Auf der Begleit-CD-ROM finden Sie im Verzeichnis* HTML *Material zum Thema HTML. Die Datei* BORNHTML *enthält ein kurzes Tutorial mit einer Einführung in die Sprache HTML. Im Ordner* EDITOREN *finden Sie verschiedene HTML-Editoren, mit denen Sie die Vorlagedateien erstellen und modifizieren können.*

Beim Export von Excel-Dokumenten gehen alle Informationen verloren, die keine Entsprechung im HTML-Befehlsumfang haben. Wählen Sie zum Beispiel mehrere getrennte Zellbereiche zum Export aus, werden diese direkt ohne weitere Zwischenräume in das HTML-Dokument übernommen. In Bild 21.25 sehen Sie zum Beispiel auch, daß die leeren Zellen unterhalb des Titels in der Tabelle dargestellt werden. Es ist daher besser, diese Tabellentitel im HTML-Dokument (entweder in der Vorlage oder in den Dialogfeldern des Assistenten) anzugeben und nur den eigentlichen Tabellenbereich mit den Daten zu exportieren. Excel-Arbeitsblätter lassen sich über den Befehl BLATT/HINTERGRUND im Menü FORMAT mit einem Hintergrundmuster versehen. Dieses Muster geht ebenfalls beim Export verloren. Die Farben für Zellen werden aber exportiert. Zusätzliche Hinweise zu diesem Thema sowie Informationen zu möglichen Problemstellen finden Sie in dem im Literaturverzeichnis unter /8/ aufgeführten Titel.

21.3 Import von HTML-Dokumenten

Excel 97 erlaubt Ihnen, ein HTML-Dokument als Arbeitsmappe zu importieren. Hierzu gehen Sie folgendermaßen vor:

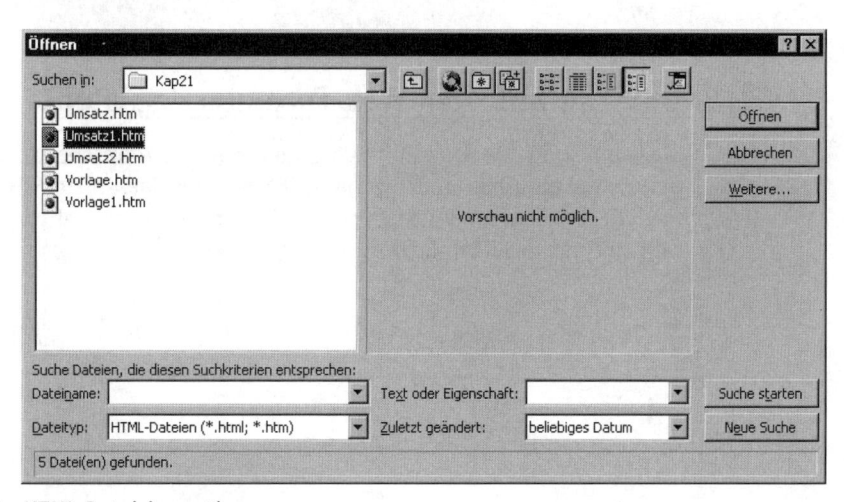

Bild 21.26: HTML-Datei importieren

1. Wählen Sie in Excel 97 den Befehl ÖFFNEN im Menü DATEI.
2. Im Dialogfeld *Öffnen* setzen Sie den Dateityp auf *HTML-Dateien (*html;*.htm)*.
3. Anschließend wählen Sie die gewünschte HTML-Datei in der Dateiliste.

Sobald Sie die Schaltfläche *Öffnen* betätigen, beginnt Excel 97 mit dem Import der HTML-Datei. Enthält das Dokument Daten in Form einer Tabelle, werden diese ebenfalls in Zellen eines Arbeitsblatts abgelegt. Excel 97 öffnet die Datei als neue Arbeitsmappe mit einem Arbeitsblatt (Bild 21.27). Sie können dieses Arbeitsblatt aber in andere Arbeitsmappen kopieren.

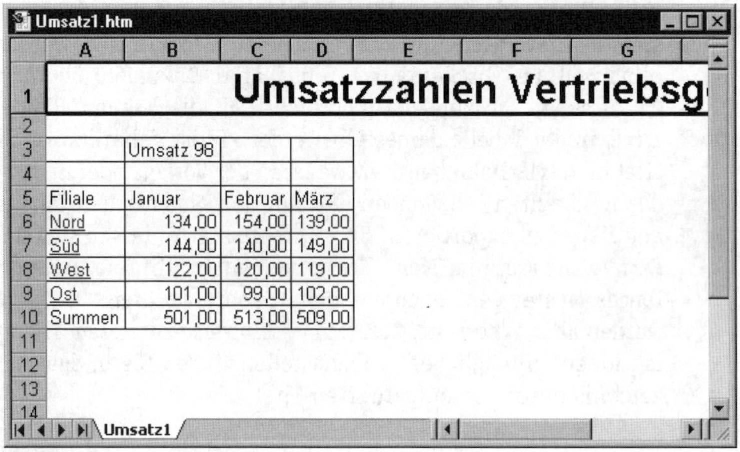

Bild 21.27: Importiertes HTML-Dokument

Nach dem Import können Sie noch die Gitternetzlinien einblenden (Menü EXTRAS, Befehl OPTIONEN, Registerkarte *Ansicht*, Kontrollkästchen *Gitternetzlinien*).

21.4 Umgang mit dem Web-Formular-Assistenten

Sie können in Excel 97 Formulare entwerfen, die anschließend von Web-Benutzern abrufbar sind. In diesen Formularen lassen sich Informationen (z.B. Bestellungen oder Anfragen) abfragen, die anschließend an eine Datenbank auf dem Web-Server übermittelt werden.

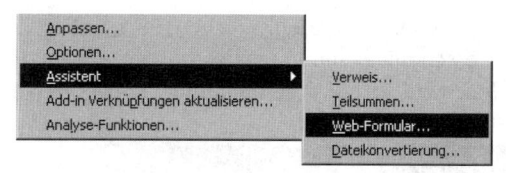

Bild 21.28: Befehl Web-Formular

Im Gegensatz zu den im vorhergehenden Abschnitt beschriebenen HTML-Dokumenten benötigen Sie eine Excel-XLS-Datei mit dem Formular, eine Access-Datenbank mit den dynamischen Daten sowie verschiedene Steuerdateien für den Web-Server. Wählt der Benutzer das betreffende Dokument an, erzeugt der Web-Server aus den zugehörigen Dateien ein aktualisiertes HTML-Dokument und schickt dieses zum Browser des Benutzers.

Der Web-Formular-Assistent unterstützt Sie bei der Aufbereitung eines solchen Formulars. Der Assistent ist als Add-In ausgeführt. Nachfolgend werden die Schritte zum Erstellen eines Web-Dokuments skizziert.

Den Assistenten rufen Sie über das Menü EXTRAS auf, indem Sie auf den Befehl ASSISTENT und im Untermenü auf WEB-FORMULAR klicken (Bild 21.28). Der Assistent meldet sich mit dem in Bild 21.29 gezeigten Dialogfeld.

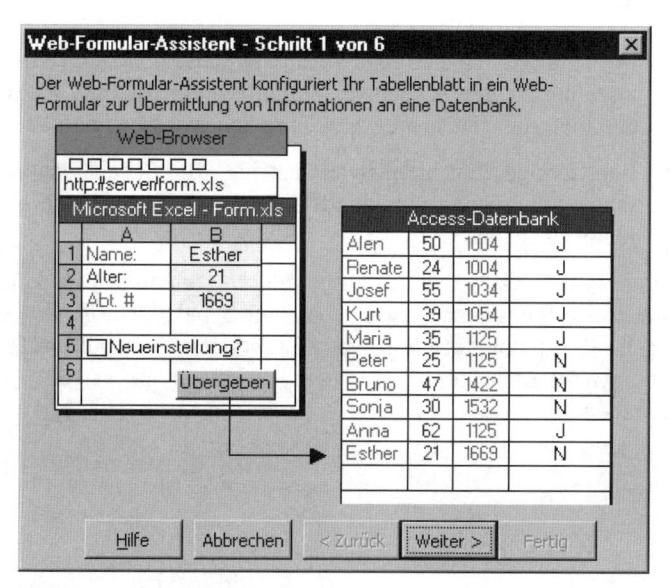

Bild 21.29: Web-Formular-Assistent

Über die Schaltflächen *<Zurück* und *Weiter>* können Sie zwischen den einzelnen Schritten navigieren. Die Schaltfläche *Fertig* erzeugt die für das Web-Dokument benötigten Dateien. Über die Schaltfläche *Hilfe* lassen sich Informationen zu den jeweiligen Schritten abrufen.

In Schritt 2 sind die Steuerelemente und Zellen der Tabellen anzugeben, die im Web-Formular erscheinen sollen. (Wie Sie ein Formular mit Steuerelementen erstellen, wird in Teil 6 behandelt.)

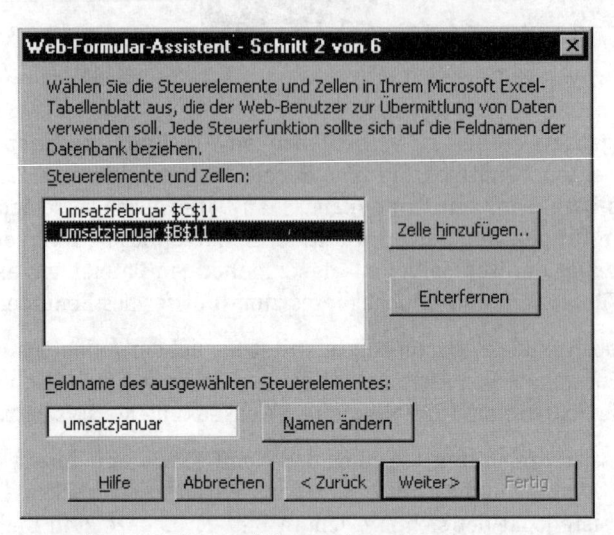

Bild 21.30: Auswahl der Zellen und Steuerelemente

- Über die Schaltfläche *Zelle hinzufügen* läßt sich eine Zellreferenz in der Liste der zu übertragenden Elemente erstellen (Bild 21.30). Beachten Sie aber, daß immer nur eine Zelle angewählt werden kann.

- Überflüssige Elemente lassen sich über die Schaltfläche *Entfernen* löschen (auch wenn die Schaltflächenbeschriftung noch einen Schreibfehler enthält).

Über das Feld *Feldname des ausgewählten Steuerelements* können Sie den Namen des Steuerelements angeben. Die Schaltfläche *Namen ändern* sorgt für die Übernahme des Namens, wobei gleichzeitig gültige Feldnamen erzwungen werden. Diese Feldnamen werden zur Auswertung der Benutzereingaben benötigt.

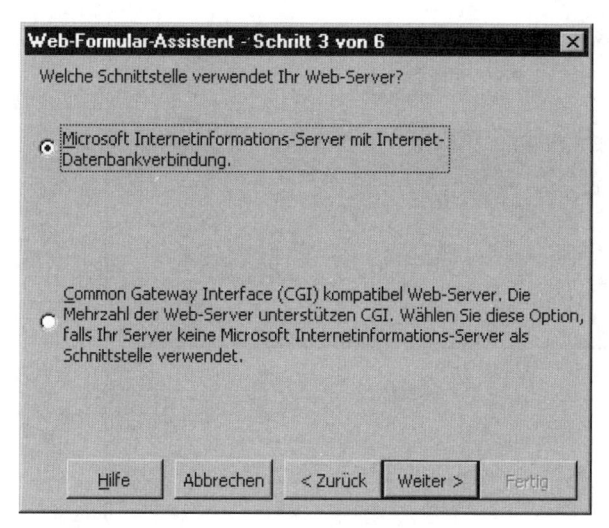

Bild 21.31: Abfrage der Schnittstelle zum Web-Server

In Schritt 3 fragt der Assistent ab, welche Schnittstelle zum Web-Server benutzt wird (Bild 21.31). Dies ist zur Generierung der Steuerinformationen für die Schnittstelle wichtig.

- Der Assistent unterstützt den Microsoft Internet Information Server, der bestimmte Steuerdateien zur Anbindung des HTML-Formulars an die Datenbank (meist Access) benötigt.

- Alternativ können Sie ein CGI-Script erzeugen lassen, welches von anderen Web-Servern ausgeführt werden kann.

Aus diesen Steuerdateien erzeugt der Web-Server das Benutzerformular und wertet auch die Benutzereingaben aus.

Der Assistent erstellt aus den von Ihnen in Schritt 2 im Arbeitsblatt gewählten Zellen das Formular. Dieses Formular läßt sich in zwei Varianten speichern:

- Sie können die betreffende XLS-Datei des Formulars einem FrontPage-Web hinzufügen lassen. Dies setzt aber voraus, daß FrontPage 97/98 auf Ihrem System gestartet und das Web geöffnet ist.

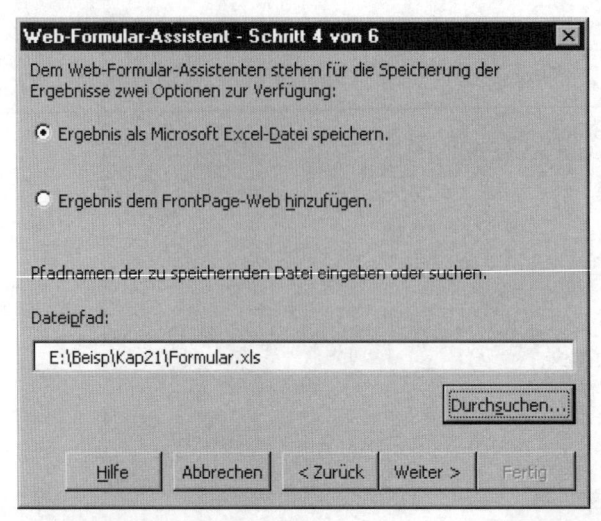

Bild 21.32: Speichern des Formulars

⇢ Alternativ können Sie die Formulardatei in einem Verzeichnis als XLS-Datei anlegen lassen (Bild 21.32).

Im nächsten Schritt fragt der Assistent die Informationen ab, die dem Benutzer bei der Anwahl und beim Absenden des Formulars angezeigt werden (Bild 21.33).

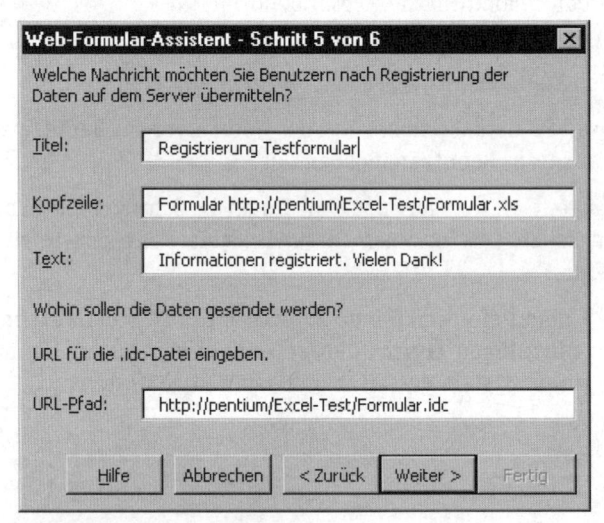

Bild 21.33: Registrierungsinformationen

Im untersten Feld der Dialogseite sehen Sie den Speicherort, an dem der Assistent die IDC-Datei hinterlegt. Dies ist entweder ein Verzeichnis oder eine Web-URL-Adresse. Die IDC-Datei enthält Steuerinformationen über die Felder, deren Daten in der Datenbank auszulesen und im Formular auszugeben sind. Diese Datei wird beim Aufruf des Formulars durch den Web-Server ausgewertet.

Die Art der erzeugten Datei hängt jedoch von Ihren Vorgaben in den vorherigen Schritten ab. Bei einem CGI-Script wird beispielsweise keine IDC-Datei angelegt.

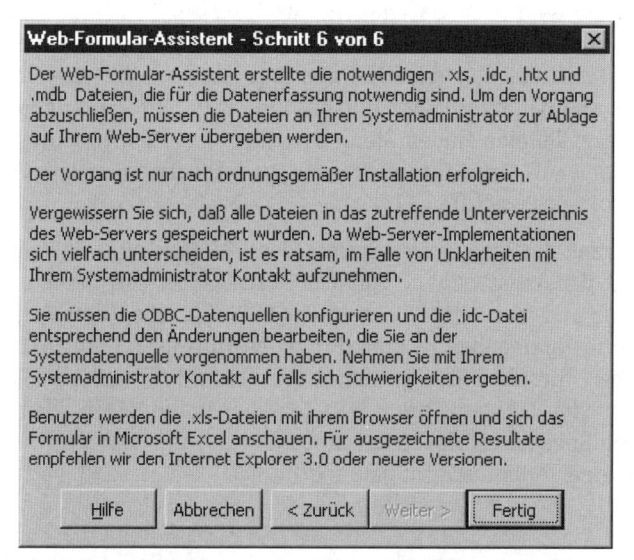

Bild 21.34: Abschlußseite beim Erzeugen des Web-Formulars

Nachdem die Informationen eingetragen wurden, wählen Sie die Schaltfläche *Weiter >*. Der Assistent zeigt das Dialogfeld aus Bild 21.34. Wenn Sie auf *Fertig* klicken, fügt der Assistent dem Formular die Schaltfläche *Übermitteln* hinzu, speichert das Formular und erstellt die benötigten Dateien für die Server-Datenbank. Um die Einrichtung des Systems zu vervollständigen, müssen Sie anschließend den folgenden Schritt ausführen:

- Kopieren Sie das Formular und die anderen Dateien aus dem vom Assistenten angegeben Speicherort auf den gewünschten Web-Server. (Der Administrator des Web-Servers sollte entscheiden, wohin die Dateien auf dem Server zu kopieren sind.)

> *Verwenden Sie den Microsoft Internet Information Server, erstellt der Assistent eine Microsoft-Excel-Arbeitsmappe mit dem Formular, eine Access-97- .MDB-Datenbankdatei, deren Felder mit dem Formular übereinstimmen sowie eine .IDC-Datei, die zur Steuerung dient. Die IDC-Datei stellt Informationen über die ODBC-Datenquelle (Open Database Connectivity) und eine SQL-Anweisung bereit, um den Web-Benutzer beim Abruf des Formulars mit der Datenbank zu verbinden. Eine .HTX-Datei wird benutzt, um die Vollzugsmeldung für die Internet Database Connector-Software auf dem Server zu kodieren.*

Der Administrator des Web-Servers muß mit Hilfe des Microsoft-Internet-Server-Setup-Programms oder des ODBC-Symbols in der Server-Systemsteuerung eine ODBC-Datenquelle für die .MDB-Datenbank einrichten. Anschließend müssen Sie die .IDC-Datei in einem Textprogramm bearbeiten. Die ersten drei Zeilen der IDC-Datei enthalten den Namen der ODBC-Datenquelle, den Benutzernamen und das Kennwort. Informationen zum Einrichten dieser Dateien finden Sie in der Hilfe zum Microsoft Internet Information Server. Weitere Informationen zur MDB-Datenbank finden Sie in der Microsoft-Access-Hilfe.

Verwendet der Web-Server Scripts des CGI (Common Gateway Interface), erstellt der Assistent eine Microsoft-Excel-Arbeitsmappe, die das Formular enthält, und eine Script-Datei in der PERL-Sprache. Diese Script-Datei liest die Formulareingaben in eine durch Tabstops getrennte Textdatei ein und speichert diese als .CSV-Textdatei. In diesem Fall muß eine Unterstützung der Sprache PERL auf Ihrem Web-Server installiert sein. Weiterhin müssen Sie den Speicherort der .CSV-Textdatei auf Ihrem Web-Server angeben. Der Web-Server-Administrator sollte Informationen zu PERL besitzen.

> *Zur Verwendung des Informationssystems müssen Web-Benutzer Microsoft Excel 97 geöffnet halten und das Formular verwenden. Benutzer, die Microsoft Excel 97 besitzen, können Arbeitsmappen direkt aus Web-Browsern wie dem Microsoft Internet Explorer heraus öffnen.*

> *Im Verzeichnis \BEISP\KAP21 finden Sie die Dateien FORMULAR.* bzw. WEB.* als Beispiel für ein exportiertes Formular. Das ursprüngliche Formular befindet sich in WEB.XLS.*

22 OLE

22.1 OLE-Einführung

Nachfolgend erhalten Sie eine kurze Einführung in die Thematik zur Nutzung von OLE unter Excel 97.

Was ist OLE?

Der Fachterminus OLE steht für »Object Linking and Embedding«. Die Funktion gliedert sich dabei in das Verknüpfen (Linking) und das Einbetten (Embedding) von Objekten. Was hat es nun mit diesem klingenden Namen auf sich, und wo liegt der Vorteil, wenn ein Bild per OLE statt über den Befehl GRAFIK im Menü EINFÜGEN in das Arbeitsblatt eingefügt wird?

Langfristiges Ziel ist es, daß sich Windows-Programme auf die eigentlichen Aufgaben beschränken. Word 97 soll lediglich die Funktionen zur Textverarbeitung beherrschen, Excel 97 konzentriert sich auf Berechnungen, ein Grafikprogramm besitzt nur noch die Zeichenfunktionen etc. Nun wird ein Mechanismus geschaffen, mit dem sich aus einem Programm auf die Funktionen anderer Anwendungen zugreifen läßt. Damit kann Excel 97 zum Beispiel die Funktionalität von Word 97 nutzen, oder Bilder werden in CorelDRAW! erstellt und als Objekt in Excel 97 eingebunden. (Durch die Reduzierung der Funktionalität sollten die Programme schlanker und die Entwicklungszeit kürzer werden.) Vor allem kann sich der Benutzer die Funktionen zusammenstellen, die er wirklich benötigt. Weiterhin ist ein Austausch oder die Erweiterung der Funktionen durch externe Programme möglich.

Einzige Bedingung ist, daß die verwendeten Programme die OLE-Technik unterstützen. Microsoft greift diesen Ansatz in Hilfsprogrammen wie MS-Graph oder WordArt auf, die im *PROGRAMME*-Verzeichnis installiert werden und anschließend für alle Anwendungen verfügbar sind. Wenn Sie Office 97 verwenden, können Sie aus Excel 97 zusätzlich auf Access 97, Word 97 und PowerPoint 97 zugreifen. Zur Bearbeitung von Bildern und Zeichnungen stehen Ihnen ebenfalls eine Reihe von Zusatzprogrammen zur Verfügung.

OLE-Objekte in Arbeitsblättern nutzen

Um ein Objekt per OLE in Ihr Arbeitsblatt einzubinden, müssen Sie lediglich die folgenden Schritte durchführen:

1. Klicken Sie im Arbeitsblatt an die Stelle, an der das Objekt einzubetten ist.
2. Öffnen Sie das Menü EINFÜGEN, und selektieren Sie den Eintrag OBJEKT.

3. Im dann erscheinenden Dialogfeld *Objekt* wählen Sie – falls nötig – die Registerkarte *Neu erstellen*, selektieren anschließend den Objekttyp des gewünschten Programmes und betätigen die *OK*-Schaltfläche (Bild 22.1).

4. Excel 97 aktiviert das Programm zur Bearbeitung des Objekts. Hier müssen Sie nun das gewünschte Objekt (z.B. eine Zeichnung) erstellen.

5. Schließen Sie die Anwendung, mit der das Objekt erstellt wurde.

Excel 97 legt jetzt das Objekt an. Auf diese Weise lassen sich zum Beispiel Bitmap-Bilder, PowerPoint-Folien, Word-Dokumente etc. in Arbeitsblätter einfügen.

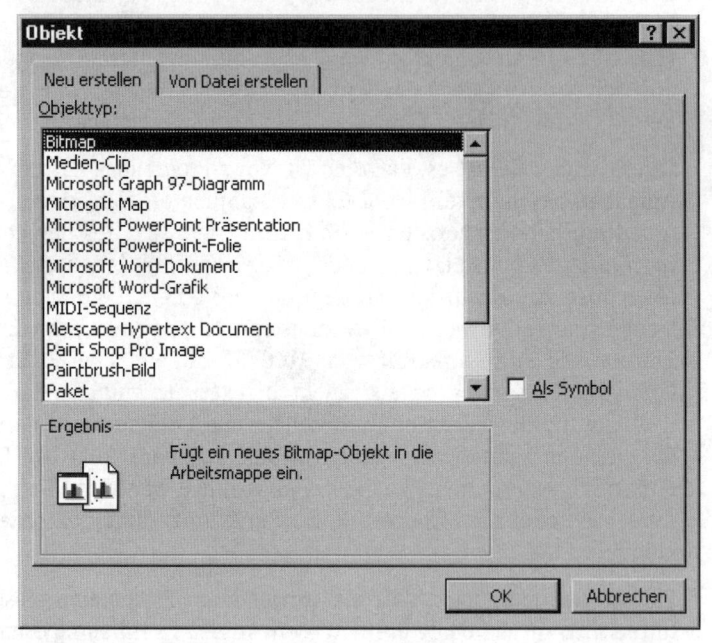

Bild 22.1: Auswahl des Objekttyps

Einzige Voraussetzung für die Nutzung von Objekten per OLE ist, daß die Programme diese Technik unterstützen (d.h., das betreffende Programm muß als OLE-Server fungieren). Windows und andere Microsoft-Anwendungen wie Office 97 bieten bereits eine Reihe OLE-fähiger Programme (z.B. MS Paint, Word 97, Access 97, PowerPoint, WordArt etc.).

Um das Objekt aus dem Arbeitsblatt mit dem zugehörigen Anwendungsprogramm zu bearbeiten, genügt ein Doppelklick auf das Objekt. Sie können Objekte mit Rahmen und Schattierungen umgeben und deren Größe verändern. Hier möchte ich auf Teil 5 verweisen, wo auch die Einbindung von Bildern und Zeichnungen in Arbeitsblätter besprochen wird.

> *Manche Objekte (z.B. Sounddaten) lassen sich nicht im Dokument darstellen. Das Kontrollkästchen* Als Symbol *erlaubt Ihnen, jedes Objekt als Symbol im Arbeitsblatt einzubinden. Sobald Sie das Kontrollkästchen markieren, erscheint beim Einfügen das Objekt als Symbol.*

Eigentlich ließe sich das Thema bereits abschließen. Im letzten Absatz dieses Kapitels finden Sie noch einige Beispiele, um Objekte per OLE in ein Arbeitsblatt zu integrieren. Aber wie im täglichen Leben gibt es eine Reihe von Feinheiten bei der Nutzung von OLE. Sie können Objekte zum Beispiel wahlweise einbetten oder mit einem OLE-Server verbinden (verknüpfen). Dies hat verschiedene Konsequenzen bezüglich Speicherbedarf und Bearbeitung. Die beiden nachfolgenden Abschnitte gehen auf diese Themen ein.

22.2 Die OLE-Funktion Einbetten

Die Funktion *Einbetten* fügt die Daten aus einer anderen Anwendung (z.B. Zeichnungen, Diagramme, Grafiken) in das Excel-Arbeitsblatt ein. Existiert bereits eine Datei mit den Daten, legt Excel 97 eine zweite Kopie im Arbeitsblatt an. Dies hat den Vorteil, daß das Original bei Änderungen der Objekte im Arbeitsblatt erhalten bleibt.

Objekt erstellen und in Arbeitsblätter einbetten

Um nun ein neues Objekt (z.B. ein Bitmap-Bild) in ein Arbeitsblatt einzufügen, gehen Sie folgendermaßen vor:

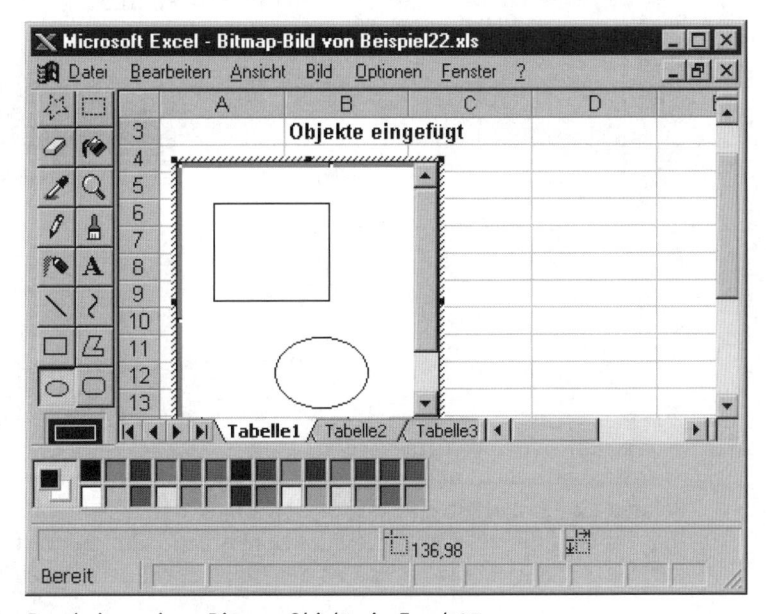

Bild 22.2: Bearbeiten eines Bitmap-Objekts in Excel 97

1. Markieren Sie die Einfügeposition im Arbeitsblatt mit einem Mausklick.
2. Anschließend öffnen Sie das Menü EINFÜGEN und aktivieren den Eintrag OBJEKT. Excel 97 öffnet das Dialogfeld zur Auswahl des Objekttyps (Bild 22.1).

Das Dialogfeld enthält zwei Registerkarten: Mit einer Registerkarte läßt sich ein neues Objekt erstellen, die zweite Registerkarte erlaubt, auf eine bereits bestehende Datei zuzugreifen.

1. Zum Erstellen eines neuen Objekts wählen Sie die Registerkarte *Neu erstellen* (Bild 22.1) an. Die Liste *Objekttyp* enthält die Namen der unter Windows registrierten OLE-fähigen Anwendungen.
2. Markieren Sie einen Eintrag per Maus, und bestätigen Sie dies durch einen Doppelklick der linken Maustaste oder über die *OK*-Schaltfläche.

Excel 97 öffnet dann die betreffende OLE-Anwendung und erlaubt Ihnen, das Objekt (z.B. eine Grafik) zu erstellen. Haben Sie beispielsweise Paint als Objekttyp aktiviert (in Bild 22.1 ist dies der Eintrag *Paintbrush*, der aber MS Paint aufruft), ändert sich der Inhalt des Excel-Anwendungsfensters. Sie sehen die Tabelle sowie die Bearbeitungselemente von MS Paint (Bild 22.2).

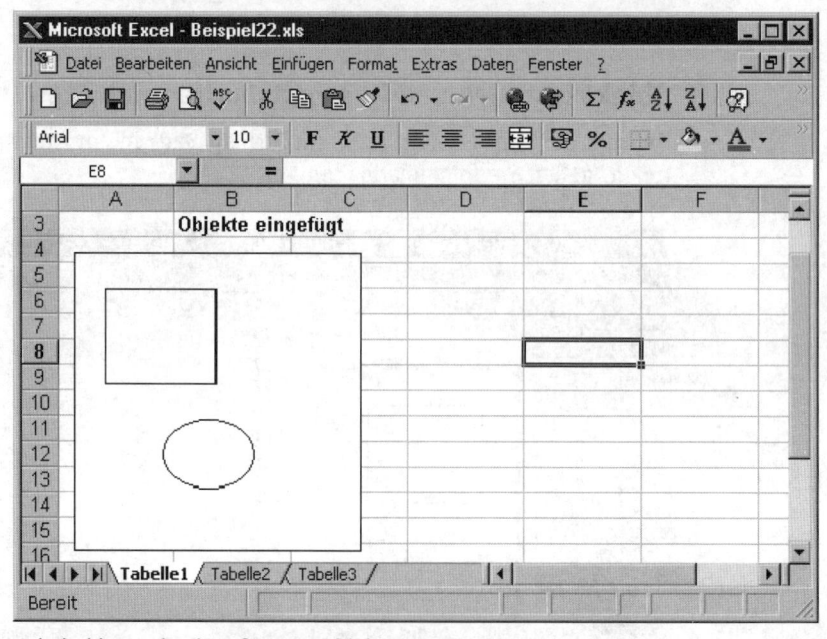

Bild 22.3: Arbeitsblatt mit eingefügtem Objekt

Solange Sie innerhalb des markierten Objektbereichs arbeiten, stellt der OLE-Server (hier MS Paint) die Funktionen von Paint zur Verfügung. Klikken Sie auf eine Stelle außerhalb des Objekts, schließt Excel 97 den OLE-

Server. Sie sehen dies daran, daß die gewohnten Elemente des Excel-Anwendungsfensters wieder erscheinen (Bild 22.3).

> *Um das Objekt erneut zu bearbeiten, müssen Sie den Objektbereich per Doppelklick anwählen.*

Diese Technik ermöglicht Excel 97 zum Beispiel Bilder, oder Zeichnungen in ein Arbeitsblatt zu übernehmen. Das Objekt wird dabei mit einer Zelle verankert. Klicken Sie auf das Objekt, erscheint in der Bearbeitungszeile der Eintrag:

=EINBETTEN(„PBrush";"")

Der erste Parameter gibt dabei den Namen der OLE-Anwendung an, während der zweite Parameter leer bleibt.

> *Excel 97 speichert die Daten eines eingebetteten Objekts in der XLS-Datei, d.h., Sie werden die Ergebnisdatei vergeblich suchen. Der Umfang der XLS-Datei nimmt allerdings stark zu, sobald Sie Objekte mit einbetten.*

Objekt aus einer Datei einfügen

Häufig liegen die Daten des einzubettenden Objekts (z.B. eine Grafik, eine Zeichnung etc.) bereits in einer Datei vor. Hier bietet Excel 97 Ihnen die Möglichkeit, eine Kopie dieser Datei als Objekt im Arbeitsblatt einzubinden und in der XLS-Datei zu speichern.

1. Gehen Sie wie beim Erstellen neuer Objekte vor, und aktivieren Sie die Funktion OBJEKT im Menü EINFÜGEN.
2. Im Dialogfeld *Objekt* selektieren Sie aber die Registerkarte *Von Datei erstellen* (Bild 22.4).

Teil 3 · Erweiterte Excel-97-Funktionen

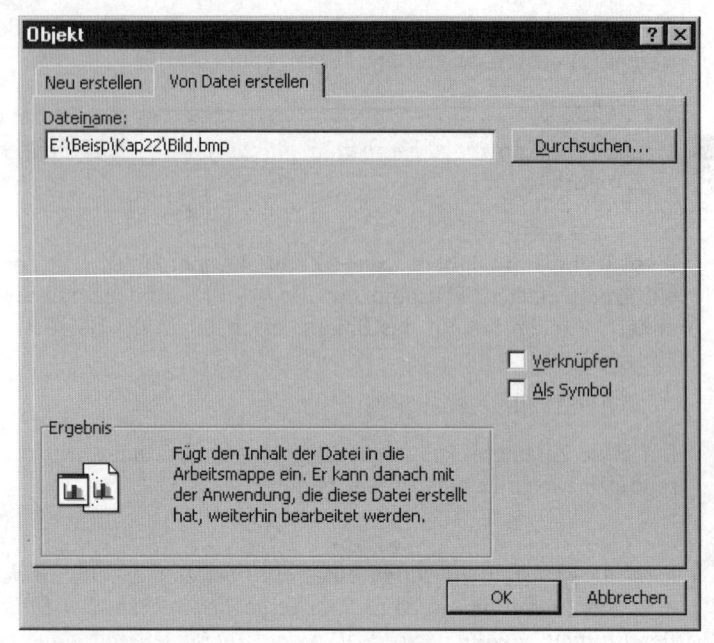

Bild 22.4: Objekt aus Datei erstellen

Im Feld *Dateiname* können Sie anschließend jeden beliebigen Dateinamen eintragen. Weiterhin steht es Ihnen frei, das Laufwerk und den Pfad zur gewünschten Datei anzugeben. Zur Suche nach der Objektdatei läßt sich die Schaltfläche *Durchsuchen* verwenden. Sobald Sie diese Schaltfläche anwählen, öffnet Excel 97 das Dialogfeld *Durchsuchen* (Bild 22.5). Anschließend läßt sich der Name der gewünschten Datei auswählen. Schließen Sie das Dialogfeld über die Schaltfläche *Einfügen*. Excel 97 fügt das betreffende Objekt im Arbeitsblatt ein.

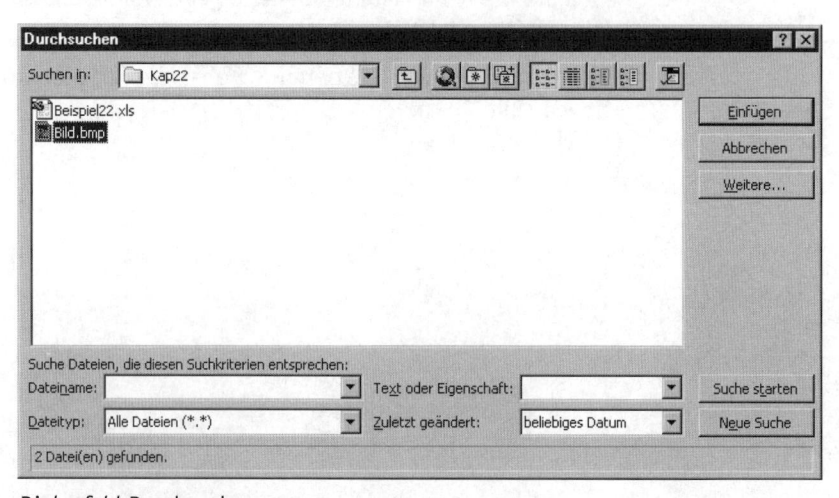

Bild 22.5: Dialogfeld Durchsuchen

Das Kontrollkästchen *Verknüpfen* im Dialogfeld *Von Datei erstellen* erlaubt Ihnen eine Verbindung aufzubauen, bei der nicht die kompletten Objektdaten in der XLS-Datei gespeichert werden. Wie ein Objekt mit einer Datei verknüpft wird, erfahren Sie im Abschnitt »Die OLE-Funktion Verknüpfungen«. Das Kontrollkästchen *Als Symbol* veranlaßt Excel 97, das Symbol der Anwendung als Platzhalter für das Objekt einzufügen (siehe folgender Absatz).

Objektanzeige im Arbeitsblatt

Wenn Sie ein Objekt in Ihr Arbeitsblatt einfügen, sollte dieses anschließend sichtbar werden. Wie Excel 97 ein Objekt anzeigt, hängt nun aber von der Art des Objekts ab. Bei Grafiken ist es einleuchtend, daß diese direkt im Arbeitsblatt erscheinen. Wie sieht es aber bei einem Klang aus? Damit solche Objekte ebenfalls sichtbar werden, bietet Excel 97 Ihnen die Möglichkeit, Symbole in der Anzeige einzubinden. Zur Darstellung gilt folgendes:

- Kann ein Objekt nicht als Grafik dargestellt werden, setzt Excel 97 automatisch ein Symbol im Arbeitsblatt ein.

- Enthält das Objekt ein Bild, wird dieses nach Möglichkeit im Arbeitsblatt eingeblendet.

- Optional können Sie beim Anlegen eines Objekts ein Symbol zur Anzeige definieren. Hierzu müssen Sie das bereits oben erwähnte Kontrollkästchen *Als Symbol* markieren.

Wenn Sie zum Beispiel ein Klangobjekt über das Dialogfeld *Objekt* (Befehl OBJEKT, Menü EINFÜGEN) einfügen, blendet Excel 97 automatisch das Symbol eines Lautsprechers im Arbeitsblatt ein (Bild 22.6). Das Objekt wird dabei einer Zelle zugewiesen. Bei Anwahl des Objekts erscheint zum Beispiel der Eintrag:

    =EINBETTEN("soundrec";"")

in der Bearbeitungszeile. Der erste Parameter gibt die Anwendung (Sound-Recorder) an. Der zweite Parameter bleibt leer.

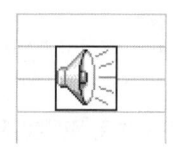

Bild 22.6: Objektdarstellung als Symbol

Ändern des Objektsymbols

Beim Einfügen eines Objekts verwendet Excel 97 automatisch ein bestimmtes vordefiniertes Symbol. Was ist zu tun, wenn Ihnen das angezeigte Symbol des Objekts nicht gefällt? Wie läßt sich in Excel 97 an Stelle eines Bildes lediglich ein Symbol anzeigen? Um ein eigenes Symbol an Stelle des Objekts einzublenden, führen Sie folgende Schritte aus:

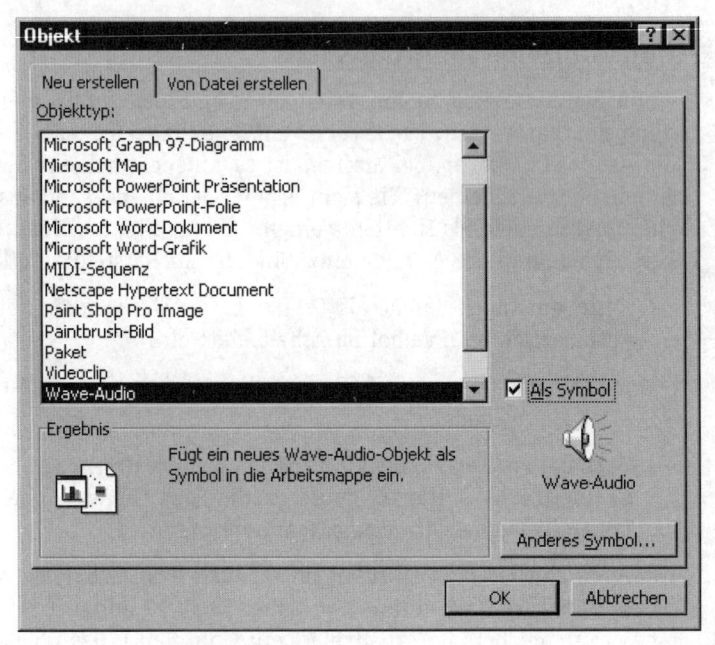

Bild 22.7: Anzeige eines Objektsymbols

1. Öffnen Sie das Dialogfeld *Objekt* über den gleichnamigen Eintrag im Menü EINFÜGEN.

2. Zur Anzeige eines Symbols müssen Sie in der selektierten Registerkarte des Dialogfelds *Objekt* das Kontrollkästchen *Als Symbol* markieren (siehe z.B. Bild 22.4).

3. Excel 97 blendet in der betreffenden Registerkarte das Symbol der Anwendung ein (Bild 22.7).

Das Symbol wird dabei aus der EXE-Datei der Windows-Anwendung, die dem Objekttyp zugeordnet ist, ausgelesen.

Falls Ihnen das Standardsymbol nicht zusagt, können Sie die Schaltfläche *Anderes Symbol* aktivieren. Excel 97 blendet dann das Dialogfeld *Anderes Symbol* in der Anzeige ein (Bild 22.8).

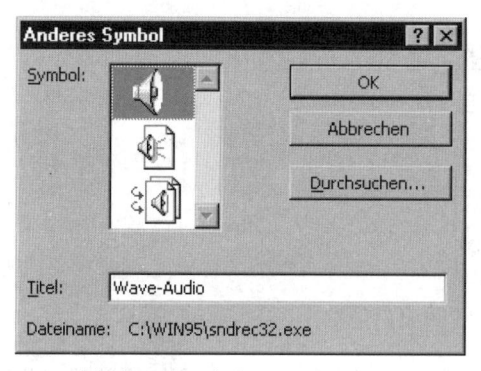

Bild 22.8: Auswahl eines Symbols

Sofern die gerade selektierte Anwendung mehrere Icons beinhaltet, werden diese in der Liste *Symbol* angezeigt. Sie können dann einen Eintrag per Maus anwählen und über die *OK*-Schaltfläche dem Objekt zuweisen.

Über die Schaltfläche *Durchsuchen* erlaubt Excel 97 dem Objekt, beliebige Icons aus anderen Dateien zuzuweisen. Sobald Sie die Schaltfläche aktivieren, erscheint das gleichnamige Dialogfeld zur Dateiauswahl (Bild 22.5). In der Dateiliste werden alle Einträge des aktuellen Verzeichnisses angezeigt. Beachten Sie aber, daß in der Regel nur Dateien mit den Endungen .ICO, .DLL und .EXE die gesuchten Symbole enthalten. Markieren Sie einen Dateinamen per Doppelklick. Damit schließt Excel 97 das Dialogfeld, und die Anzeige *Anderes Symbol* (Bild 22.8) wird wieder sichtbar. Beinhaltet die selektierte Datei ein Symbol, erscheint dieses in der Symbolliste.

> *Sie können alle EXE- und DLL-Dateien nach Icons durchsuchen. Insbesondere die Datei* SHELL32.DLL *(im Windows-Verzeichnis) enthält viele Icons. Zusätzlich werden ICON-Editoren angeboten, mit denen sich ICO-Dateien erstellen und den Objekten zuweisen lassen.*

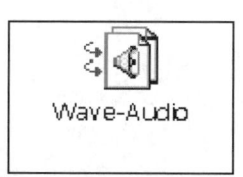

Bild 22.9: Geändertes Objektsymbol mit Titeltext

Im Feld *Titel* läßt sich ein beliebiger Text eintragen, der später mit dem Symbol im Arbeitsblatt erscheint (Bild 22.9). Hier können Sie zum Beispiel einen Hinweis unterbringen, um welches Objekt es sich handelt. Schließen Sie das Dialogfeld *Anderes Symbol* über die *OK*-Schaltfläche. Dann erzeugen Sie das neue Objekt oder binden eine Datei als Objekt ein (siehe vorhergehende Abschnitte). Sobald das Arbeitsblatt wieder sichtbar ist, blendet Excel 97 das Icon an Stelle des Objekts ein.

Bild 22.10: Abgeschnittener Symboltitel

Sie dürfen im Feld *Titel* des Dialogfelds *Anderes Symbol* einen längeren Text (bis 255 Zeichen) eintragen. Der Text wird bei der Eingabe im Feld nach links verschoben. In der Anzeige blendet Excel 97 jedoch nur einen Teil des Textes unterhalb des Symbols ein (Bild 22.10). Hierdurch lassen sich in Excel 97 kaum sinnvolle Kommentare zu einem Objekt über das Titelfeld ablegen.

> Da ein Objekt aber einer Zelle zugeordnet ist und andererseits Kommentare in einer Zelle erlaubt sind, können Sie den Kommentartext zu einem Objekt in einer solchen Zellnotiz ablegen.

Eingebettetes Objekt bearbeiten

Um ein eingebettetes Objekt zu bearbeiten, genügt ein Doppelklick auf das Symbol oder das angezeigte Objekt. Excel 97 aktiviert dann den OLE-Server zur Bearbeitung des Arbeitsblatts. Der OLE-Server ist dabei nichts anderes als die Anwendung, die zur Erstellung des Objekts verwendet wurde. Bei einem mit MS Paint erstellten Bild bildet dieses Programm den OLE-Server.

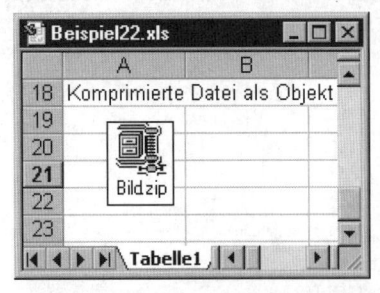

Bild 22.11: Arbeitsblatt mit eingefügter ZIP-Datei

Alternativ können Sie das Objekt mit der rechten Maustaste anklicken. Im Kontextmenü erscheint dann ein Befehl zur Bearbeitung des Objekts. Der Befehl hängt dabei vom gewählten Objekt ab. In Bild 22.12 ist der Befehl BITMAP-OBJEKT zu sehen, der bei Anwahl eines Grafik-Objekts erscheint, das mit MS Paint erstellt wurde. Das betreffende Menü enthält mehrere Unterbefehle.

⋯⁞ Der Befehl BEARBEITEN erlaubt die sogenannte »In-Place«-Bearbeitung. In diesem Fall wird der OLE-Server gestartet. Unterstützt der Server die OLE-2-Spezifikation (siehe Kapitelende), blendet Excel 97 den Server im Anwendungsfenster ein (Sie sehen dann die Symbolleisten, Menüs und Schaltflächen der betreffenden Server-Anwendung). Sie können dann das Objekt (z.B. eine Grafik) direkt im Arbeitsblatt bearbeiten (siehe Bild 22.2).

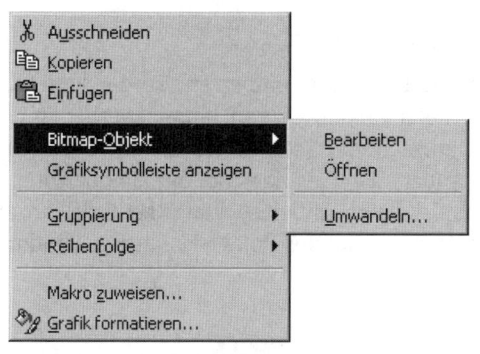

Bild 22.12: Kontextmenü mit Befehlen zur Bearbeitung des Objekts

⋯⁞ Über den Befehl ÖFFNEN läßt sich das Objekt in der Anwendung bearbeiten. Hierbei wird die Anwendung in einem getrennten Fenster gestartet. Dieses Verhalten entspricht der älteren OLE-1-Spezifikation, die von manchen OLE-Servern ausschließlich unterstützt wird.

> *Wenn Sie eine Datei einbinden, benötigen Sie in diesem Schritt keinen OLE-Server, da eine Bearbeitung entfällt. Das Excel-Arbeitsblatt dient hier lediglich als Container, welcher zusätzlich die Daten des Objekts speichert. Mit der Weitergabe der XLS-Datei stellen Sie sicher, daß der Empfänger auch die Objektdaten erhält. Der Fall, daß eine Datei beim Kopieren vergessen wird, ist damit ausgeschlossen. Probleme bereiten allerdings die Dateigrößen, die bei Bildern, Klängen, Videoclips etc. schnell mehrere MByte umfassen. Hier können Sie aber auf das Komprimierprogramm WinZip der Begleitdiskette zugreifen, um die XLS-Datei in gepackter Form als ZIP-Archiv weiterzugeben. Alternativ besteht die Möglichkeit, die Objektdateien zu komprimieren und dann als Objekte im Arbeitsblatt einzufügen. Bild 22.11 zeigt zum Beispiel einen Arbeitsblattausschnitt, in welchem eine mit WINZIP komprimierte Bild-Datei eingefügt wurde.*

Wenn WinZip installiert ist, wird dessen Symbol im Arbeitsblatt angezeigt. Um später eine Datei aus dem eingebetteten Objekt zu entpacken, genügt die Anwahl des Symbols mit einem Doppelklick. Anschließend startet Excel 97 das Programm WinZip, und Sie können die Dateien wie gewohnt (aus dem Arbeitsblatt) in beliebige Zielverzeichnisse entpacken.

> *Die Funktion »Einbetten« und das auf der Begleitdiskette mitgelieferte Programm WinZip ermöglichen eine sehr effiziente Archivierung Ihrer Bilder in einem Arbeitsblatt. Vor der Weitergabe packen Sie die Bilder in einer ZIP-Datei und fügen diese im Arbeitsblatt ein. Sofern der Empfänger über WinZip verfügt, kann er jederzeit die Bilder aus dem Arbeitsblatt entpacken und im Zielverzeichnis ablegen.*

Probleme bei fehlendem OLE-Server

Was passiert, wenn Sie eine Datei einbetten, zu der kein OLE-Server vorhanden ist? Gerade beim Austausch von Dokumenten mit Fremdsystemen ist damit verstärkt zu rechnen. Solange Sie nur die Datei einbinden, passiert kaum etwas. Anders sieht es aber bei der Bearbeitung aus. Das Problem tritt zum Beispiel beim Einbetten von WMF-Grafiken auf. An Stelle der Grafik erscheint das Symbol des Objekt-Managers (Windows-Programm) im Arbeitsblatt (Bild 22.13).

Bild 22.13: Symbol des Objekt-Managers

Offenbar findet Excel 97 kein Programm zur Bearbeitung der WMF-Objekte und blendet das Symbol aus Bild 22.13 ein. Der Objekt-Manager (Paket) fungiert damit nur als Container zur Aufnahme des Objekts.

Alternativ können Sie ein Paket-Objekt als Container in ein Arbeitsblatt einfügen. Hierzu gehen Sie folgendermaßen vor:

1. Wählen Sie die Zelle an, in der das Objekt einzufügen ist.
2. Öffnen Sie das Dialogfeld *Objekt* über den gleichnamigen Eintrag im Menü EINFÜGEN.
3. Wählen Sie als einzufügendes Objekt den Typ *Paket* in der Registerkarte *Neu erstellen*.
4. Excel 97 blendet jetzt das Dialogfeld des Objekt-Managers ein (Bild 22.14). Über den Befehl IMPORTIEREN im Menü DATEI läßt sich ein Dialogfeld zur Auswahl der Importdatei wählen.

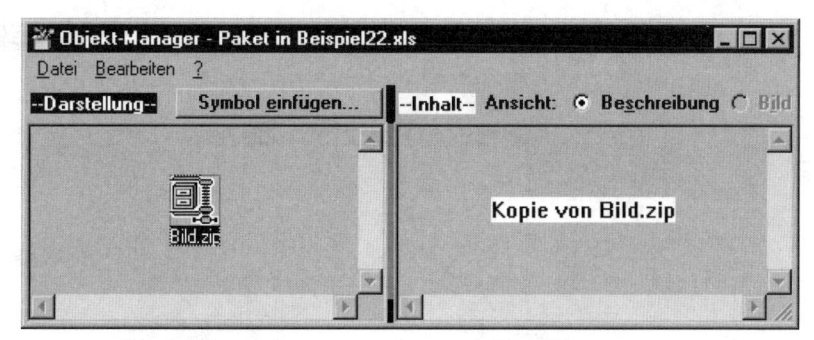

Bild 22.14: Dialogfeld des Objekt-Managers

Bei Bedarf können Sie noch die Schaltfläche *Symbol einfügen* benutzen, um ein Symbol zu definieren. Die Befehle im Menü BEARBEITEN erlauben Ihnen eine Beschreibung des Objekts sowie Befehle zum Bearbeiten des Objekts zu definieren. Näheres hierzu entnehmen Sie der Hilfe des Objekt-Managers.

Objekt umwandeln

Wenn Sie Arbeitsblätter mit eingebetteten Objekten weitergeben, werden die Empfänger nicht immer über die Anwendungen zur Bearbeitung der Daten verfügen. In manchen Fällen unterstützen aber andere Anwendungsprogramme das betreffende Objektformat. Beispielsweise können die meisten Textverarbeitungsprogramme die Daten der Mitbewerber lesen und bearbeiten. Liegt nun eine WordPerfect-Datei als Objekt im Arbeitsblatt vor, läßt sich dieses zum Beispiel durch Word 97 auswerten. Ähnliches gilt für Bilder und Dokumente. Um ein Objekt in ein Fremdformat zu konvertieren (oder einem anderen OLE-Server zuzuweisen), führen Sie folgende Schritte aus:

1. Wählen Sie das gewünschte Objekt mit einem Mausklick an. Excel 97 markiert dieses Objekt mit einem Rahmen.

2. Öffnen Sie das Excel-Menü BEARBEITEN, und selektieren Sie den untersten Menüeintrag (z.B. BITMAP-OBJEKT). Alternativ können Sie diesen Befehl auch im Kontextmenü wählen, wenn Sie das Objekt mit der rechten Maustaste anklicken. Der Name des Befehls ist abhängig vom selektierten Objekt (z.B. Klang-Objekt, Paket-Objekt, Bitmap-Objekt etc.).

3. Sobald Sie diesen Eintrag anklicken, erscheint ein Untermenü mit verschiedenen Einträgen. Diese Einträge (z.B. ÖFFNEN, UMWANDELN) hängen vom Typ des selektierten Objekts ab. Wählen Sie nun den Eintrag UMWANDELN im Untermenü.

Auf dem Bildschirm erscheint das Dialogfeld *Umwandeln*, in dem Sie eine Formatkonvertierung durchführen können (Bild 22.15). In der Anzeige erscheint eine Liste der möglichen Formate, in der die Objekt konvertierbar ist. Über die zwei Optionsfelder *Umwandeln in* und *Aktivieren als* steuern Sie ggf. die Konvertierung.

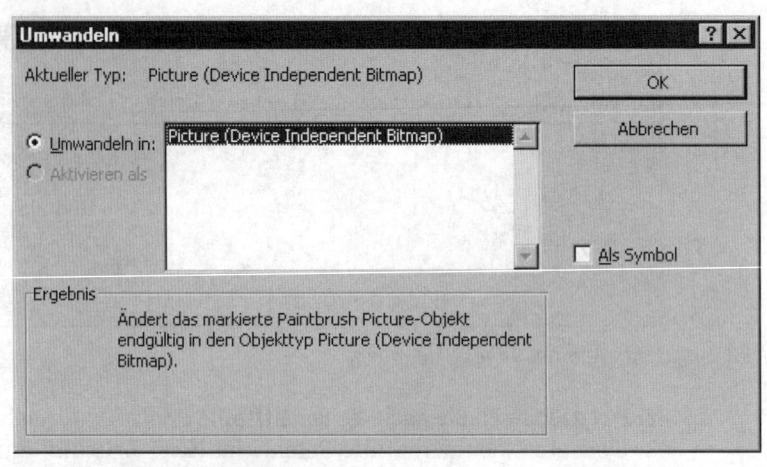

Bild 22.15: Das Dialogfeld Umwandeln

- Wenn Sie das Objekt im Arbeitsblatt dauerhaft konvertieren möchten, markieren Sie den Objekttyp und dann das Optionsfeld *Umwandeln in*. Excel 97 aktiviert die Anwendung, die das Objekt in das neue Format konvertiert, und speichert anschließend die Objektdaten im Fremdformat ab.

- Soll das Objekt lediglich während der Bearbeitung temporär im Fremdformat vorliegen, selektieren Sie den Objekttyp und dann das Optionsfeld *Aktivieren als*. Dann ruft Excel 97 ebenfalls die Fremdanwendung zur Konvertierung der Daten auf, verzichtet aber auf die Speicherung dieser Daten in der XLS-Datei.

Sobald Sie die *OK*-Schaltfläche aktivieren, startet Excel 97 das Fremdprogramm zur Konvertierung und legt ggf. das Objekt im neuen Format an.

> *Öffnen Sie nach Anwahl eines Objekts das Menü* Bearbeiten, *enthält dieses im untersten Eintrag den Namen des OLE-Servers (z.B. Klang-Objekt). Steht dort nur der Name* Objekt, *ist die Server-Anwendung unbekannt. Wählen Sie trotzdem den Eintrag an, erhalten Sie eine Meldung mit dem Hinweis auf den fehlenden Server.*

> *Sie finden im Ordner* \BEISP\KAP22 *der Begleit-CD-ROM die Datei* BEISPIEL22.XLS. *Das Arbeitsblatt* Tabelle 1 *enthält einige Beispiele für eingebettete Objekte.*

Objekte formatieren

Sie können ein Objekt formatieren, d.h. mit einem Rahmen, einer Hintergrundfarbe etc. versehen. Hierzu gehen Sie folgendermaßen vor:

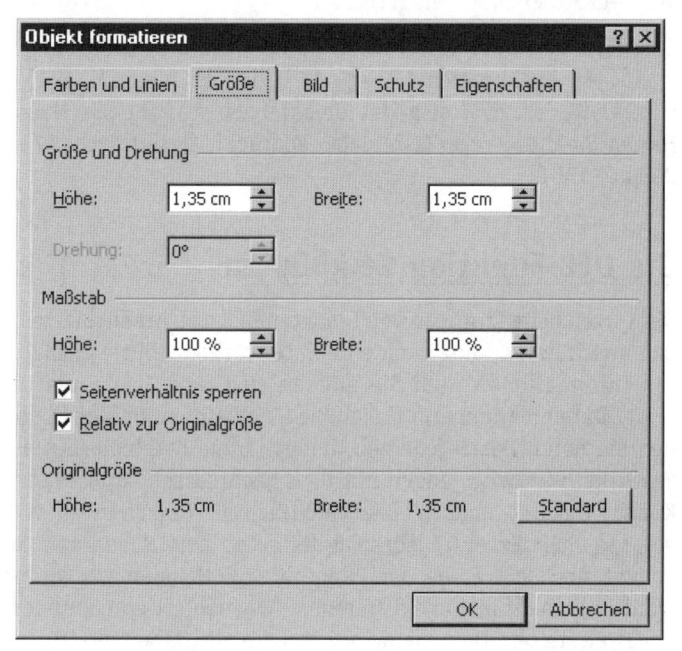

Bild 22.16: Dialogfeld Objekt formatieren

1. Markieren Sie das Objekt mit einem Klick der rechten Maustaste.
2. Anschließend wählen Sie im Kontextmenü den Befehl OBJEKT FORMATIEREN.
3. Im Dialogfeld *Objekt formatieren* setzen Sie dann die gewünschten Parameter in den einzelnen Registerkarten.

Die Größe des Objekts sowie die Skalierung läßt sich über die Registerkarte *Größe* beeinflussen. Alternativ können Sie die Objektgröße durch Ziehen per Maus verändern. Farben und Linien für Rahmen werden in der Registerkarte *Farbe und Linien* gesetzt. Die Registerkarte *Bild* erlaubt Ihnen, das Objektsymbol zuzuschneiden.

Die Registerkarte *Eigenschaften* besitzt Optionsfelder, um die Objektposition innerhalb des Arbeitsblatts festzulegen. Weiterhin können Sie in der Registerkarte den Ausdruck des Objekts unterdrücken. Über die Registerkarte *Schutz* läßt sich ein Objekt als geschützt markieren. Dieser Schutz wird jedoch nur wirksam, nachdem das Blatt geschützt wurde.

Objekt löschen, verschieben und kopieren

Um ein Objekt zu löschen, müssen Sie dieses lediglich mit einem Mausklick anwählen und dann die `Entf`-Taste betätigen. Damit werden die Daten aus dem Arbeitsblatt entfernt.

Zum Kopieren oder Verschieben können Sie die Funktionen *Ausschneiden* (`Strg`+`x`), *Kopieren* (`Strg`+`c`) und *Einfügen* (`Strg`+`v`) verwenden. Weiterhin läßt sich das Objekt nach Anwahl per Maus verschieben. Halten Sie die `Strg`-Taste dabei gedrückt, fertigt Excel 97 eine Kopie des Objekts an.

22.3 Die OLE-Funktion Verknüpfen

Der Vorteil beim Einfügen von Objekten in Excel-Arbeitsblätter besteht darin, daß anschließend nur noch eine Datei vorliegt. Diese enthält alle benötigten Informationen, und Sie müssen sich nicht mehr um die Verwaltung dieser Dateien kümmern. Haben Sie eine Datei eingefügt (Embedding), können Sie deren Daten jederzeit ändern, ohne daß sich dies auf die Urdatei auswirkt. Dies wird jedoch mit dem Nachteil sehr großer Dateien erkauft. Kommt ein Bild zum Beispiel mehrfach als Objekt in einer Arbeitsmappe vor, speichert Excel 97 jedesmal die Daten neu. Neben dem Speicherbedarf kommt noch die Frage der Pflege hinzu. Nehmen wir an, Sie haben ein Word-Dokument als Objekt in einem Arbeitsblatt eingebunden. Ändert sich etwas an diesem Dokument, müssen Sie alle Arbeitsblätter mit den eingebetteten Objekten modifizieren.

Um diese Nachteile zu umgehen, bietet Ihnen die OLE-Funktion die (bereits erwähnte) Möglichkeit, ein Dokument lediglich mit einem Objekt zu verknüpfen (Linking). Dies spart Speicherplatz in der XLS-Datei, da nur noch die Informationen bezüglich der Verbindung gesichert werden. Weiterhin können Sie die Dateien zentral pflegen und anschließend im Dokument aktualisieren lassen. Um in Excel 97 eine direkte Verknüpfung zu einer anderen Anwendung herzustellen, müssen Excel 97 und die betreffende Anwendung aktiv sein. Weiterhin muß die Anwendung die betreffenden Daten bereits geladen haben. Um die Verknüpfung einzurichten, führen Sie folgende Schritte aus:

1. Sofern Sie die Daten gerade erstellt haben, sind diese in einer Quelldatei zu sichern. Existiert bereits eine Datei, sollten Sie die Daten in der Anwendung laden.

2. Markieren Sie die zu verknüpfenden Informationen in der Fremdanwendung. Dies kann zum Beispiel ein Bild oder ein Textdokument sein.

3. Kopieren Sie die markierten Elemente mit dem Eintrag KOPIEREN im Menü BEARBEITEN in die Zwischenablage.

4. Wechseln Sie zum Excel-Arbeitsblatt, und fügen Sie den Inhalt über den Eintrag INHALTE EINFÜGEN im Menü BEARBEITEN in das Arbeitsblatt ein.

5. Excel 97 zeigt das Dialogfeld *Inhalte einfügen* (Bild 22.17). Setzen Sie hier das Optionsfeld *Verknüpfen*. (Dieses Optionsfeld wird jedoch nur freigegeben, wenn die betreffende Anwendung dies zuläßt. Das Dialogfeld *Einfügen* speichert dagegen das Objekt im Arbeitsblatt).

6. Je nach selektiertem Objekttyp erscheinen dann verschiedene Einträge in der Liste *Als* (abhängig vom OLE-Server). Sie können nun einen dieser Einträge auswählen.

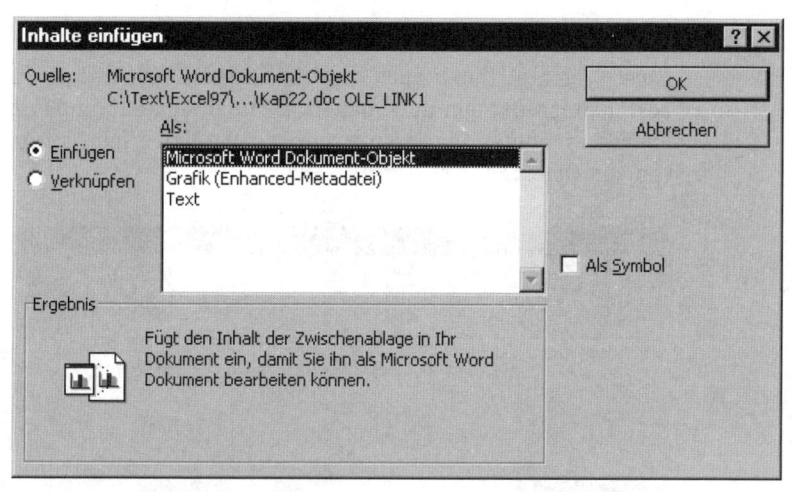

Bild 22.17: Das Dialogfeld Inhalte einfügen

Excel 97 gibt in der Gruppe *Ergebnis* zusätzliche Hinweise bezüglich der Auswirkungen aus. Dann müssen Sie eines der beiden Optionsfelder (*Einfügen* oder *Verknüpfen*) markieren, um die Art des Datenaustauschs zu definieren. Sobald Sie die *OK*-Schaltfläche wählen, stellt Excel 97 eine Verknüpfung zur betreffenden Datei her und hinterlegt diese Information in der Zelle des Arbeitsblatts.

Wählen Sie die Zelle mit dem betreffenden Objekt aus, zeigt Excel 97 in der Bearbeitungsleiste die Verbindung zum OLE-Server. Diese besitzt das Format:

=Anwendung | Thema '!' Eintrag

Für das Beispiel aus *Tabelle 2* der Datei *\BEISP\KAP22\BEISPIEL22.XLS* enthält die Bearbeitungsleiste zum Beispiel den Eintrag:

=PSP.Image|'E:\Beisp\Kap22\Bild.bmp'!''''

> *Bei Bedarf können Sie das Kontrollkästchen* Als Symbol *markieren. Dann wird die Verknüpfung des Objekts im Arbeitsblatt mit einem Icon dargestellt.*

> *Sie finden im Ordner* \BEISP\KAP22 *der Begleit-CD-ROM die Datei* BEISPIEL22.XLS. *Das Arbeitsblatt* Tabelle 2 *enthält ein Beispiel für ein verknüpftes Objekt.*

OLE-Verknüpfung mit Dateien

Excel 97 bietet Ihnen auch die Möglichkeit, eine Verknüpfung zu bereits bestehenden Dateien aufzubauen. Dadurch sparen Sie das Aktivieren der Fremdanwendung. Die Verknüpfung mit Dateien erfolgt analog zum Einbetten von Objekten.

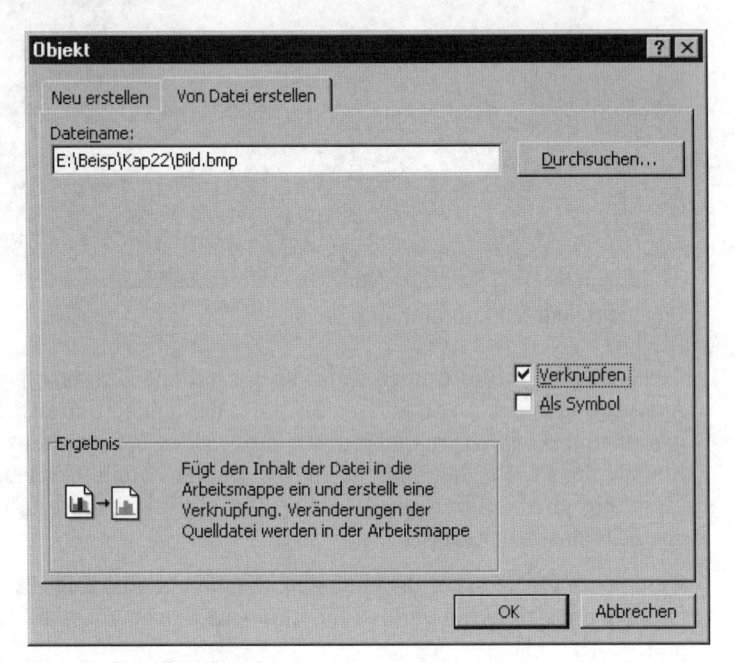

Bild 22.18: Verknüpfen einer Datei

Um eine Datei als Objekt mit dem Arbeitsblatt zu verknüpfen, gehen Sie in folgenden Schritten vor:

1. Wählen Sie die Zelle an, in der das Objekt einzufügen ist.
2. Öffnen Sie das Dialogfeld *Objekt* über den gleichnamigen Eintrag im Menü EINFÜGEN.

3. Wählen Sie die Registerkarte *Von Datei erstellen*.

4. Tragen Sie den Dateinamen im gleichnamigen Feld der Registerkarte ein.

5. Markieren Sie das Kontrollkästchen *Verknüpfen* (Bild 22.18).

6. Schließen Sie das Dialogfeld über die *OK*-Schaltfläche.

Excel 97 stellt jetzt eine Verknüpfung zur betreffenden Datei her und hinterlegt diese Information in der Zelle des Arbeitsblatts.

Verknüpfung bei fehlendem OLE-Server

Der Versuch, eine Datei per OLE mit Excel 97 zu verknüpfen, setzt einen funktionsfähigen OLE-Server voraus. Excel 97 erkennt an der Dateierweiterung die zugehörige Anwendung. Der Versuch, eine Datei ohne OLE-Server mit einem Arbeitsblatt zu verknüpfen, wird durch Excel 97 ignoriert. Das Programm fügt das Objekt dann in das Arbeitsblatt ein und stellt ein Symbol in der Anzeige dar. Ist dagegen eine Verbindung zu einem OLE-Server unter Windows definiert, der Server aber aus unterschiedlichen Gründen nicht arbeitsbereit, blendet Excel 97 eine Fehlermeldung ein.

Verknüpfung bearbeiten, ändern und aktualisieren

Wenn Sie Verknüpfungen in einem Arbeitsblatt definieren, sind diese bei Veränderungen der Originaldateien im Arbeitsblatt zu berücksichtigen. Excel 97 führt dies in der Regel automatisch aus. Sie können aber eine Verbindung auch manuell aktualisieren. Führen Sie hierzu folgende Schritte aus:

1. Öffnen Sie das Menü BEARBEITEN, und wählen Sie den Eintrag VERKNÜPFUNGEN. Wird der Eintrag abgeblendet dargestellt, enthält Ihr Arbeitsblatt keine Verknüpfungen.

2. Sobald Sie den Eintrag aktiviert haben, zeigt Excel 97 das Dialogfeld mit den existierenden Verknüpfungen (Bild 22.19).

3. Wählen Sie die zu aktualisierende Verbindung, und betätigen Sie dann die Schaltfläche *Jetzt aktualisieren*.

Das Dialogfeld dient sowohl zur Aktualisierung als auch zur Restaurierung ungültiger Verknüpfungen.

Bild 22.19 zeigt zwei Verknüpfungen im Arbeitsblatt, wovon eine zu Paint und eine zu Word 97 gehört. Die Spalte *Status* zeigt dabei an, ob die Verbindung automatisch (A) oder auf Befehl (B) aktualisiert wird. Sie können die Aktualisierungsmethode für die angewählte Verbindung über die Optionsfelder am unteren Rand des Dialogfeldes umsetzen. Bei einer automatischen Aktualisierung wird zum Beispiel bei jeder Änderung des Bildes in Paint dies auch in der Excel-Anwendung berücksichtigt. Beim Laden aktualisiert Excel 97 automatisch die Anzeige.

Die Verknüpfungen zum Word-Dokument (Bild 22.19) muß dagegen manuell aktualisiert werden. Hierzu wählen Sie den betreffenden Eintrag in der Liste der Verknüpfungen und betätigen die Schaltfläche *Jetzt aktualisieren*. Dann paßt Excel 97 die betreffenden Ergebnisse an.

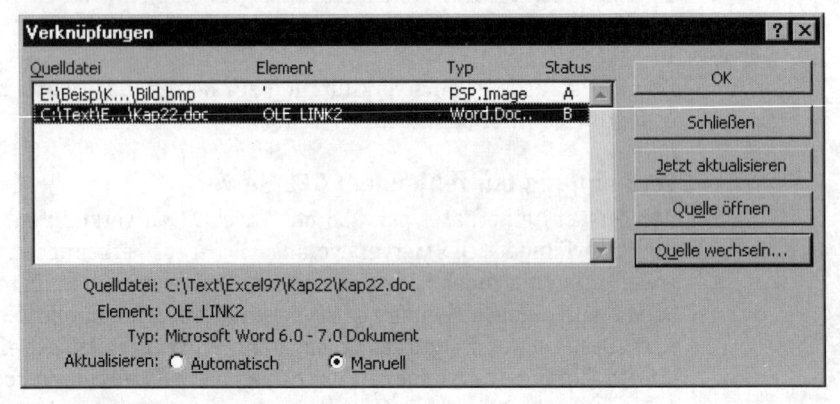

Bild 22.19: Das Dialogfeld Verknüpfungen

> Excel 97 speichert die Werte von Verknüpfungen intern. Bei umfangreichen Verknüpfungen mit Feldern anderer Tabellen benötigt die Speicherung der Werte Zeit und Speicherplatz. Sie können aber auf die Speicherung verzichten. Hierzu müssen Sie in der Registerkarte *Berechnen* (Menü Extras, Eintrag Optionen) die Markierung des Kontrollkästchens *Externe Verknüpfungswerte speichern* löschen.

Verknüpfung sperren

Um unter Excel 97 die Aktualisierung von Verknüpfungen zu sperren, müssen Sie die Registerkarte *Berechnen* (Menü Extras, Eintrag Optionen) aufrufen. Dann deaktivieren Sie das Kontrollkästchens *Fernbezüge aktualisieren*. In diesem Fall wird die automatische Aktualisierung der Verknüpfungen unterbunden.

Verknüpfung ändern

Sofern Sie ein Arbeitsblatt mit einer Datei verknüpft haben, wird die Verbindung beim Verschieben der Datei in ein anderes Verzeichnis ungültig. Vielleicht möchten Sie nur eine andere Datei in die Verknüpfung einbinden? Dann ist die bestehende Verbindung umzudefinieren. Hierzu dient die Schaltfläche *Quelle wechseln* (Bild 22.19). Sobald Sie diese aktivieren, erscheint ein Dialogfeld zur Eingabe einer neuen Verbindung (Bild 22.20).

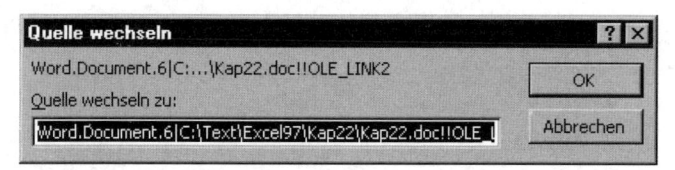

Bild 22.20: Das Dialogfeld Quelle wechseln

Sie müssen im Eingabefeld den neuen Dateinamen eintragen, oder das Laufwerk mit dem Pfad korrigieren und die *OK*-Schaltfläche quittieren, um die Verbindung zu ändern.

Schneller geht die Änderung, indem Sie das Objekt mit einem Mausklick markieren. Excel 97 blendet dann den Inhalt der zugehörigen Zelle in der Bearbeitungsleiste ein. Dieser Inhalt stimmt mit dem Inhalt des Feldes Quelle wechseln zu *überein und läßt sich direkt ändern.*

Verknüpfung löschen und einbetten

Möchten Sie die Verknüpfung löschen, wählen Sie das Objekt an. Dann genügt der Befehl in der Bearbeitungsleiste zum Entfernen. Excel 97 fügt dann das Objekt als Grafik im Arbeitsblatt ein. Eine Bearbeitung per OLE-Server ist dann aber nicht mehr möglich.

Um eine Verknüpfung in das Arbeitsblatt einzubetten, aktivieren Sie über einen Doppelklick auf das Objekt den zugehörigen Server. Dann fertigen Sie über die Funktion *Speichern unter* eine Datei mit dem Objektinhalt an. Im nächsten Schritt läßt sich diese Datei dann über OBJEKT im Menü EINFÜGEN in das Arbeitsblatt einbetten.

22.4 Beispiele für OLE-Anwendungen

Abhängig von der installierten Software lassen sich verschiedene Objekte in Arbeitsblättern einfügen. Nachfolgend finden Sie einige (nicht repräsentative) Beispiele.

WordArt-Objekte einbinden

Zum Einbinden eines WordArt-Objekts benötigen Sie nicht die Funktion »Objekt einfügen«. In Excel 97 steht eine eigene Schaltfläche zur Verfügung.

1. Aktivieren Sie die Anzeige der *Zeichnen*-Symbolleiste über die nebenstehend gezeigte Schaltfläche der *Standard*-Symbolleiste.

2. Wählen Sie in der *Zeichnen*-Symbolleiste die Schaltfläche *WordArt einfügen*.

WordArt führt Sie anschließend durch die einzelnen Schritte zum Erstellen des Objekts (siehe Teil 5).

Um ein bestehendes WordArt-Objekt zu bearbeiten, wählen Sie dieses per Doppelklick an.

Bilder mit Paint Shop Pro einbinden

Wenn Sie das Programm Paint Shop Pro (dies ist ein Shareware-Programm zur Konvertierung von Bildern) installiert haben, trägt sich dieses als OLE-Server unter Windows ein. Um ein Bild über Paint Shop Pro im Arbeitsblatt einzubinden, führen Sie folgende Schritte aus:

1. Markieren Sie die Stelle im Arbeitsblatt, an der das Bild erscheinen soll.
2. Öffnen Sie das Menü EINFÜGEN, und wählen Sie den Eintrag OBJEKT.
3. Im eingeblendeten Dialogfeld *Objekt* wählen Sie die Registerkarte *Neu erstellen* (siehe Bild 22.21).
4. Anschließend klicken Sie auf den Eintrag »Paint Shop Pro Image« in der Liste der Objekttypen.

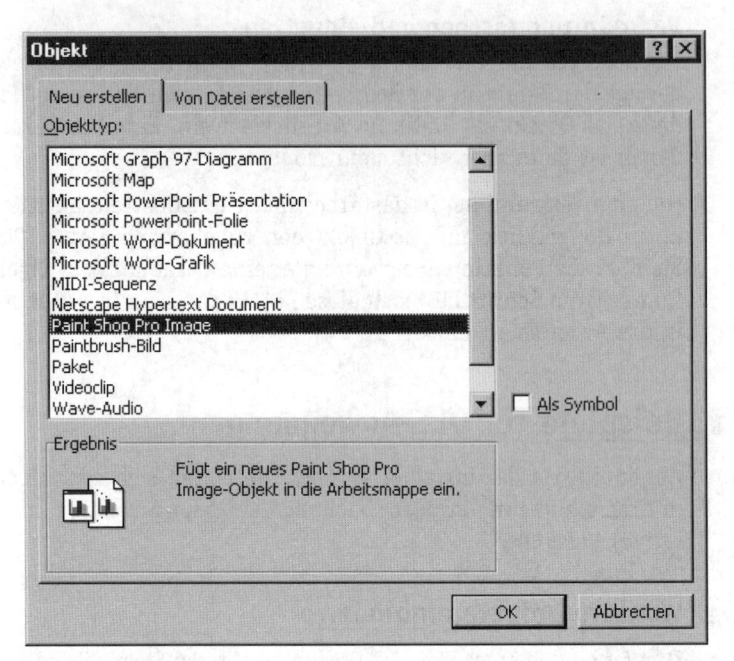

Bild 22.21: Objekt einfügen

Wenn Sie nun die *OK*-Schaltfläche betätigen, wird das Programm geladen und das Dialogfeld zum Erstellen einer neuen Grafik gezeigt.

Klänge in Excel-97-Arbeitsblättern

Möchten Sie in einem Arbeitsblatt akustische Meldungen einbinden? Sofern Sie über die betreffende Ausstattung verfügen, ist dies ganz einfach:

1. Markieren Sie die Position im Arbeitsblatt, an der die Tonkonserve einzufügen ist.
2. Öffnen Sie das Menü EINFÜGEN, und wählen Sie den Eintrag OBJEKT.
3. Im Dialogfeld *Objekt* wählen Sie anschließend die Registerkarte *Neu erstellen* (Bild 22.21).
4. Nun müssen Sie den Eintrag »Wave-Audio« in der Liste der Objekttypen selektieren.
5. Sobald Sie die *OK*-Schaltfläche betätigen, erscheint der Windows-Audiorecorder (Bild 22.22).

Sie können nun den Audiorecorder verwenden, um die akustische Nachricht zu erstellen. Sobald Sie den Audiorecorder beenden, wird die Nachricht im Arbeitsblatt hinterlegt. Dargestellt wird dies durch das Symbol eines Lautsprechers.

Bild 22.22: Audiorecorder

Bezüglich der Bedienung des Audiorecorders sehen Sie in der Windows-Hilfe nach. Sobald Sie dieses Symbol später per Doppelklick aktivieren, erscheint wieder der Audiorecorder, über den sich dann die Aufzeichnung wiedergeben läßt.

Alternativ können Sie auch eine bereits aufgezeichnete Tonkonserve als Datei (WAV) in ein Arbeitsblatt einfügen. Dann müssen Sie im Dialogfeld *Objekt* die Registerkarte *Von Datei erstellen* wählen und anschließend den Dateinamen angeben.

Video-Clips in Excel-Arbeitsblättern

Sofern Sie Video-Dateien auf Ihrem Rechner verfügbar haben, können Sie diese wie jede andere Objektdatei auch in einem Arbeitsblatt einfügen.

···▸ Hierzu gehen Sie wie beim Einfügen von Klängen vor. Als Objekttyp wählen Sie lediglich den Eintrag *Videoclip* und zeichnen dann über den Media-Recorder Bilder auf.

···▸ In der Regel werden die Videoclips jedoch getrennt aufgezeichnet und in AVI-Dateien gespeichert. Sie können aus Ihrem Excel-Arbeitsblatt eine Verbindung zu diesen Dateien und damit auch zum Media-Recorder herstellen (wählen Sie die Registerkarte *Aus Datei erstellen,* siehe Abschnitt »Verknüpfen«).

Excel 97 setzt dann im Arbeitsblatt einen Platzhalter mit einem Hinweis auf das Video ein (Bild 22.23).

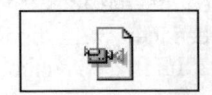

Bild 22.23: Markierung für einen Videoclip

Sobald der Benutzer diesen Platzhalter mit einem Doppelklick aktiviert, spielt der Video-Recorder das Video ab.

Beachten Sie jedoch, daß die Videos speicher- und rechenintensiv sind. Ohne entsprechende Hardware dürften hier die Grenzen schnell erreicht sein.

Word-Dokumente in Excel

Die Funktion *Textfeld* der *Zeichnen*-Symbolleiste enthält eine Reihe von Beschränkungen, die bei längeren Texten sehr störend wirken. Es ist auch nicht sonderlich elegant, Texte in einzelnen Zellen zu hinterlegen. Sofern Sie Word 97 auf Ihrem Rechner installiert haben, können Sie ganze Textpassagen mit diesem Programm erstellen und als Objekt in das Arbeitsblatt einfügen. Hierzu gehen Sie wie beim Einfügen von Bildern mit Paint Shop Pro vor. In Schritt 3 wählen Sie im Dialogfeld *Objekt* als OLE-Server dann den Eintrag »Microsoft Word Dokument«. Beachten Sie aber, daß zwei Varianten zum Einfügen des Objekts existieren:

···▸ Die Option »Microsoft Word Dokument« erzeugt ein Objekt, welches den Text im Word-Format enthält. Dieses Format läßt sich mit vielen fremden Textverarbeitungsprogrammen verarbeiten.

···▸ Die Option »Microsoft Word-Grafik« blendet ebenfalls die Word-Symbolleisten ein. Zusätzlich wird jedoch das Fenster zur Bearbeitung von Zeichnungen eingeblendet.

Sie können nun den Text eingeben (bzw. die Grafik erstellen) und das Dokument gestalten.

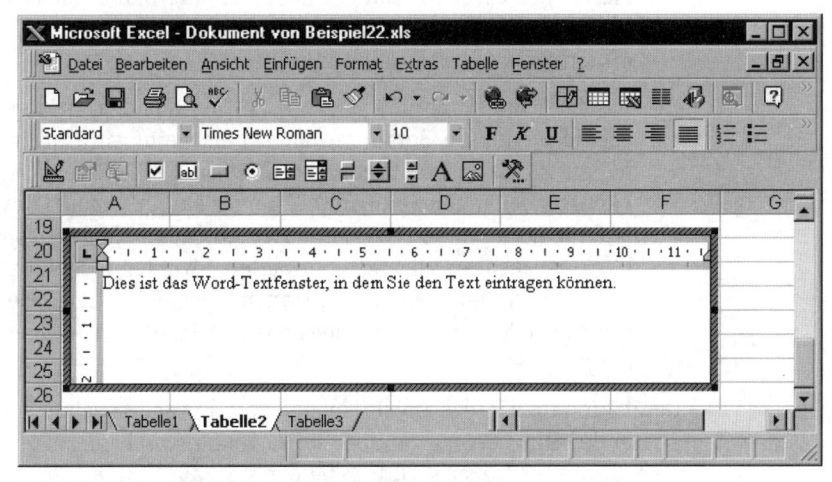

Bild 22.24: Eingabe eines Word-Textes im Arbeitsblatt

Um das Objekt zu schließen, klicken Sie das Arbeitsblatt außerhalb des Objekts an. Anschließend erscheinen die Excel-97-Menüs und -Symbolleisten wieder.

OLE 2 und der Unterschied zu OLE 1

Excel 97 gehört neben Word 97 zu den Programmen, die die neue OLE-2-Technik bereits unterstützen. Diese zeichnet sich dadurch aus, daß beim Aufruf des Servers dieser nur seine eigene Menüleiste im Anwendungsprogramm mit einblendet. Dies ist zum Beispiel beim Aufruf von Word 97 zu erkennen (Bild 22.24), wo die benutzerdefinierten Symbolleisten sichtbar werden. Der Vorteil liegt dabei in der Tatsache begründet, daß der Benutzer in der gewohnten Arbeitsumgebung bleibt und keine neue Bedieneroberfläche zu sehen bekommt.

Bei älteren Anwendungsprogrammen wird teilweise noch die OLE-1-Technik unterstützt. In diesem Fall öffnet Windows ein eigenes Fenster mit der betreffenden Anwendung. Dieses Verhalten bringt bei verschiedenen Objekten sogar Vorteile.

Möchten Sie trotz OLE-2-Unterstützung beim Erstellen eines neuen Objekts die ältere OLE-1-Anzeige eines Programmes abrufen? Dann verwenden Sie folgende Vorgehensweise beim Erstellen des Objekts:

1. Fügen Sie das Objekt über den gleichnamigen Eintrag im Menü EINFÜGEN mit der OLE-2-Technik im Arbeitsblatt ein. Schließen Sie die Anwendung sofort wieder (damit haben Sie ein leeres Objekt mit einer Verbindung zum OLE-Server im Arbeitsblatt angelegt).

2. Um das Objekt weiter zu bearbeiten, genügt die erneute Aktivierung des Servers. Hierzu dürfen Sie das Objekt nicht per Doppelklick aktivieren, da Excel 97 dann den Server mit OLE-2-Darstellung aufruft. Markieren Sie vielmehr das Objekt mit einem einfachen Mausklick, und öffnen Sie dann das Menü BEARBEITEN.

3. Im Menü BEARBEITEN gibt es einen Eintrag mit dem Namen des Objekts. Sobald Sie diesen Befehl anwählen, erscheint ein Untermenü mit Befehlen wie BEARBEITEN, ÖFFNEN und UMWANDELN. (Die Befehlsbezeichnungen hängen aber vom jeweiligen OLE-Server ab. Außerdem können Sie diese Befehle auch per Kontextmenü abrufen, wenn Sie das Objekt mit einem Klick der rechten Maustaste anwählen.) Wählen Sie jetzt im eingeblendeten Untermenü den Eintrag *Öffnen*. Excel 97 aktiviert den OLE-Server (im OLE 1-Modus) und blendet das Fenster dieser Anwendung im Vordergrund ein.

Jetzt können Sie das Objekt in der gewohnten Umgebung erstellen und später den OLE-Server (z.B. über die Tastenkombination Alt+F4) schließen. In dieser Hinsicht unterscheidet sich die Handhabung in nichts von den vorher besprochenen Techniken zum Einbinden von Objekten.

23. Hilfsmittel

23.1 Die Rechtschreibprüfung

Zu den Hilfsmitteln zur Bearbeitung von Tabelleneinträgen gehört auch die Rechtschreibprüfung. Diese analysiert alle Textstellen, Diagramme, Schaltflächen (nur keine Visual-BASIC-Makros und Formeln) im markierten Bereich oder innerhalb des Arbeitsblatts/Gruppe auf korrekte Schreibweise. Soll das komplette Arbeitsblatt korrigiert werden, darf nur eine Zelle angewählt sein.

Um die Rechtschreibprüfung aufzurufen, wählen Sie den gleichnamigen Eintrag aus dem Menü EXTRAS. Alternativ können Sie die nebenstehend gezeigte Schaltfläche wählen.

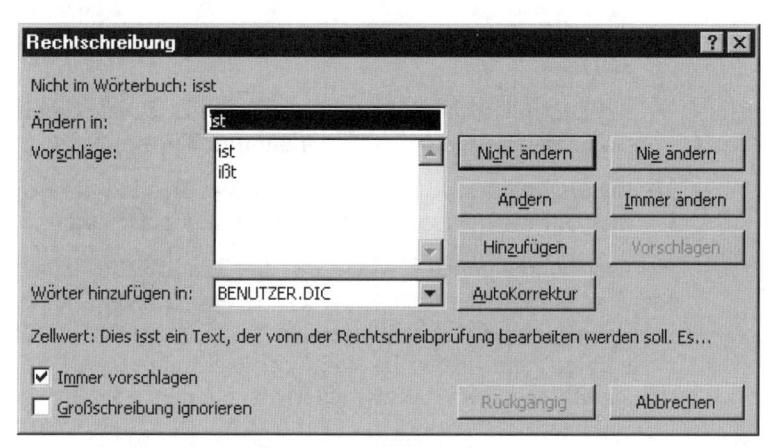

Bild 23.1: Dialogfeld Rechtschreibprüfung

Excel 97 beginnt mit der Analyse der Textstellen in der Tabelle. Wird ein fehlerhaftes Wort gefunden, öffnet Excel 97 das Dialogfeld *Rechtschreibprüfung* (Bild 23.1)

···> Das fehlerhafte Wort wird hinter *Nicht im Wörterbuch:* angezeigt. Weiterhin sehen Sie den Textausschnitt neben *Zellwert:* im unteren Teil des Dialogfeldes.

···> Im Feld *Ändern in* wird ein Vorschlag für eine korrekte Schreibweise eingeblendet. Existieren mehrere Alternativen, zeigt Excel 97 diese in der Liste *Vorschläge*.

···> Handelt es sich um ein korrekt geschriebenes Wort, können Sie dieses über die Schaltfläche *Hinzufügen* in ein Benutzerwörterbuch aufnehmen. Der Name dieser Datei (*.DIC) läßt sich über das Listenfeld *Wörter hinzufügen in* auswählen.

- Die Schaltfläche *Ändern* korrigiert das gefundene Wort gemäß den Vorgaben im Feld *Ändern in*. Mit *Nicht ändern* wird das Wort unverändert in der Tabelle belassen.

- Sie können den Begriff auch in eine Ausschlußliste aufnehmen, indem Sie die Schaltfläche *Nie ändern* betätigen. Dieses Wort wird dann während der aktuellen Sitzung nicht mehr als falsch angezeigt.

- Ist ein Wort häufiger falsch geschrieben (jeder kennt seine kleinen Fehler), quittieren Sie die Schaltfläche *Immer ändern*. Dann korrigiert die Rechtschreibprüfung das Wort ohne Nachfrage. Wählen Sie die Schaltfläche *AutoKorrektur*, fügt Excel 97 den falschen und den korrekten Begriff in die AutoKorrektur-Listen ein. Dann wird der Begriff bereits bei der Eingabe automatisch korrigiert.

- Mit *Vorschlagen* blendet die Rechtschreibprüfung weitere Alternativen (sofern vorhanden) zur Schreibweise ein.

- Die letzte Korrektur läßt sich über die Schaltfläche *Rückgängig* wieder aufheben.

- Das Kontrollkästchen *Immer vorschlagen* ist zu markieren, um die Liste der Schreibweisen bei falsch erkannten Wörtern einzublenden.

- Mit *Großschreibung ignorieren* erreichen Sie, daß die Rechtschreibprüfung auf die Unterscheidung von Groß-/Kleinschreibung verzichtet.

Die Rechtschreibprüfung wird über die Schaltfläche *Abbrechen* vorzeitig beendet. Enthält der Text Bindestriche (wie z.B. ein- und ausschalten), werden die betreffenden Wörter als falsch angezeigt. Zusätzlich gibt es noch einige kleine Fehler im Modul der Rechtschreibprüfung, wodurch korrekt geschriebene Wörter als fehlerhaft markiert werden.

> *Über Benutzerwörterbücher können Sie auch solche Begriffe in die Rechtschreibung aufnehmen, die nicht in den Standard-Wörterbüchern enthalten sind. Bei den Benutzerwörterbüchern handelt es sich um Textdateien mit der Erweiterung DIC, die (zumindest auf meinem System) im Windows-Ordner \MSAPPS\PROOF gespeichert werden. Die Datei enthält die korrekt geschriebenen Einträge, wobei für jeden Eintrag eine Zeile benutzt wird. Beachten Sie, daß das Dialogfeld* Rechtschreibprüfung *in Excel 97 von der Word-97-Rechtschreibprüfung abweicht. Word 97 benutzt auch ein anderes Verzeichnis zum Ablegen der Benutzerwörterbücher (die Excel-97-Rechtschreibprüfung verwendet die aus Word 6.0/95 bekannten Einstellungen).*

23.2 Arbeiten mit AutoKorrektur

Gibt es bestimmte Wörter, die Sie häufiger beim Eintippen falsch schreiben (z.B. fehlende Buchstaben, vertauschte Buchstaben etc.)? Dann sollten Sie diese Wörter in der Funktion *AutoKorrektur* angeben. Dieser Funktion überwacht die gesamten Benutzereingaben und korrigiert automatisch falsch geschriebene Wörter.

Wörter in AutoKorrektur aufnehmen

Um einen neuen Begriff in die Liste der zu korrigierenden Wörter aufzunehmen, gehen Sie folgendermaßen vor:

1. Wählen Sie im Menü EXTRAS den Befehl AUTOKORREKTUR an. Excel 97 öffnet das Dialogfeld aus Bild 23.2.

2. Fügen Sie das falsch geschriebene Wort im Feld *Ersetzen* ein. Dann tragen Sie die korrekte Schreibweise im Feld *Durch* ein.

3. Sobald Sie die Schaltfläche *Hinzufügen* betätigen, nimmt Excel 97 das Wort in der Liste auf.

Bild 23.2: Dialogfeld AutoKorrektur

Anschließend kann Excel 97 diese Fehleingabe bei eingeschalteter AutoKorrektur erkennen und automatisch beheben.

> *Die Schaltflächen* Hinzufügen *und* Löschen *werden nur freigegeben, wenn ein Begriff definiert oder angewählt wurde. Die Excel-97-AutoKorrektur weicht in den Optionen vom betreffenden Word-97-Pendant ab.*

AutoKorrektur zu- oder abschalten

Bei langen Wortlisten und überlastetem Rechner kann sich die automatische Eingabekorrektur im Hintergrund störend bemerkbar machen. Wenn Sie schnell tippen, werden die Wörter nicht direkt angezeigt. Weiterhin kann es durchaus vorkommen, daß Sie bewußt einen Text mit fehlerhaft geschriebenen Worten erstellen möchten. Dann müssen Sie die AutoKorrektur abschalten.

1. Wählen Sie den Eintrag *AutoKorrektur* im Menü EXTRAS an.
2. Dann löschen Sie die Markierung des Kontrollkästchens *Während der Eingabe ersetzen* (Bild 23.2).

Sobald Sie das Dialogfeld über die *OK*-Schaltfläche schließen, unterläßt Excel 97 zukünftig die automatische Korrektur der Eingaben. Diese Einstellung wirkt sich nur auf die Einträge in der Wörterliste aus.

Einträge aus AutoKorrektur löschen

Um einen Eintrag, den Sie nicht mehr benötigen, aus der Liste der zu korrigierenden Wörter zu löschen, gehen Sie folgendermaßen vor:

1. Öffnen Sie das Dialogfeld *AutoKorrektur* (Menü EXTRAS, Befehl AUTOKORREKTUR).
2. Suchen Sie den Begriff in der Wortliste. Sie können hierzu per Bildlaufleiste blättern oder den ersten Buchstaben des Begriffs im Feld *Ersetzen* eintippen.
3. Markieren Sie den zu entfernenden Begriff in der Liste.
4. Klicken Sie auf die Schaltfläche *Löschen*.

Excel 97 entfernt den Eintrag samt der Korrekturanweisung (das richtig geschriebene Wort) aus der Liste.

Optionen der AutoKorrektur

Die Funktion AutoKorrektur bietet Ihnen verschiedene Optionen, die Sie im Dialogfeld *AutoKorrektur* zu- oder abschalten können.

Probleme mit Großbuchstaben am Wortanfang

Beim schnellen Schreiben kommt es häufiger vor, daß die zwei ersten Buchstaben eines Worts irrtümlich in Großbuchstaben eingetippt werden. Dann korrigiert Excel 97 das zweite Zeichen automatisch in einen Kleinbuchstaben. Die führt aber manchmal zu grotesken Situationen: versuchen Sie zum Beispiel die Buchstabenfolgen PCs einzugeben. Excel 97 sollte dies sofort in Pcs korrigieren.

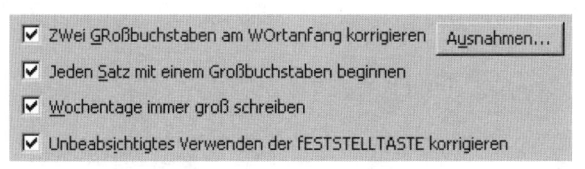

Bild 23.3: AutoKorrektur-Optionen

Heben Sie die Markierung des Kontrollkästchens *ZWei GRoßbuchstaben am WOrtanfang korrigieren* auf (Bild 23.3), unterbleibt diese Korrektur.

Bemerken Sie sofort nach der Eingabe, daß die Funktion AutoKorrektur ungewollt tätig wird? Dann reicht es, die Tastenkombination Strg+z *zu drücken. Excel 97 hebt die letzte Änderung auf, und Sie können anschließend weiterschreiben. Eine mehrfache Betätigen der Tastenkombination* Strg+. *erlaubt Ihnen jedoch nicht, weitere Änderungen rückgängig zu machen. Excel 97 schaltet vielmehr zwischen den beiden Schreibweisen, die durch AutoKorrektur bearbeitet wurden, hin und her. Bemerken Sie erst nach der Eingabe weiterer Zeichen den Fehler, gehen Sie per Cursortasten zum betreffenden Wort und verbessern dies. Kehren Sie anschließend per Cursortasten an die alte Eingabeposition zurück. Excel 97 ruft die Funktion AutoKorrektur nur nach Eingabe des Leerzeichens hinter dem Wort auf, d.h. die verbesserte Eingabe bleibt jetzt erhalten.*

Zusätzlich haben Sie die Möglichkeit, bestimmte Wörter, die mit zwei Großbuchstaben anfangen, in die sogenannte Ausnahmeliste aufzunehmen. Einträge, die in dieser Liste stehen, werden von Excel 97 bei der AutoKorrektur ebenfalls ignoriert.

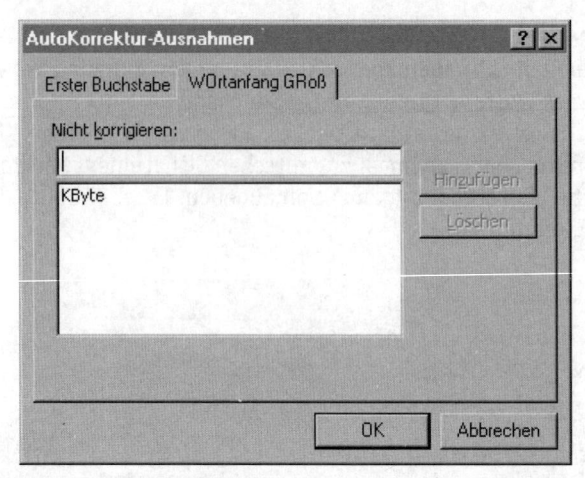

Bild 23.4: Ausnahmen Wortanfang

1. Öffnen Sie das Dialogfeld *AutoKorrektur* (Menü Extras, Befehl AutoKorrrektur).
2. Klicken Sie auf die Schaltfläche *Ausnahmen* (Bild 23.2).
3. Wählen Sie die Registerkarte *Wortanfang GRoß* (Bild 23.4).
4. Geben Sie den Ausnahmebegriff im Feld *Nicht korrigieren* ein.
5. Betätigen Sie die Schaltfläche *Hinzufügen*. Diese Schaltfläche wird nur freigegeben, wenn das Wort zwei Großbuchstaben und einen dritten Kleinbuchstaben enthält.
6. Schließen Sie das Dialogfeld über die *OK*-Schaltfläche.

Excel 97 ignoriert dann dieses Wort bei der Eingabe. Um einen Eintrag zu entfernen, klicken Sie auf das betreffende Wort und wählen die Schaltfläche *Löschen*. Zum Schließen des Dialogfeldes verwenden Sie die *OK*-Schaltfläche.

AutoKorrektur am Satzanfang

AutoKorrektur überwacht den Satzanfang auf Großbuchstaben und korrigiert diesbezügliche Eingabefehler automatisch. Einerseits ist es ja sehr angenehm, wenn ein fehlender Großbuchstabe am Satzanfang korrigiert wird. AutoKorrektur prüft dabei lediglich, ob ein Punkt im Text vorkommt. Dieser Punkt wird als Satzende verwendet. Benutzen Sie abgekürzte Begriffe wie etc., bzw. und so weiter, kann dies dazu führen, daß das folgende Wort plötzlich groß geschrieben wird. Allerdings bietet Excel 97 zwei Ansatzmöglichkeiten, um diese Verhalten zu kontrollieren:

⋯⟩ Sie können im Dialogfeld *AutoKorrektur* die Markierung des Kontrollkästchens *Jeden Satz mit einem Großbuchstaben beginnen* löschen. Dann wird die Funktion komplett abgeschaltet.

⋯⟩ Die AutoKorrektur verfügt über eine Ausnahmeliste, in der Sie bestimmte Begriffe aufnehmen können, die von der Korrektur auszunehmen sind. Diese Liste wird über die Schaltfläche *Ausnahmen* im Dialogfeld *AutoKorrektur* aufgerufen. In der Registerkarte *Erste Buchstabe* (Bild 23.5) tragen Sie das Wort im Feld *Nicht groß schreiben nach* ein. Dann betätigen Sie die Schaltfläche *Hinzufügen*.

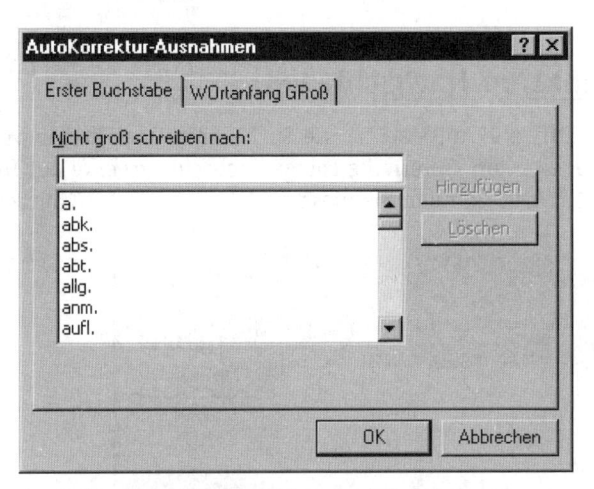

Bild 23.5: Ausnahmeliste für den ersten Buchstaben

Excel 97 berücksichtigt dann das Wort bei der AutoKorrektur. Ein nicht benötigtes Wort entfernen Sie, indem Sie dieses in der Liste markieren (Bild 23.5) und die Schaltfläche *Löschen* anklicken. Das Dialogfeld läßt sich über die *OK*-Schaltfläche schließen.

Sie sollten alle häufig benutzten Abkürzungen in der Ausnahmeliste aufnehmen. Denken Sie zum Beispiel an Abkürzungen bei Straßennamen, Wochentagen oder Monatsangaben.

Eine Markierung im Kontrollkästchen *Wochentage immer groß schreiben* (Bild 23.3) stellt sicher, daß Angaben wie Montag, Dienstag etc. mit einem Großbuchstaben beginnen.

Feststelltaste korrigieren

Manchmal kommt es vor, daß die ⇧-Taste gedrückt wurde. Dann erscheinen alle eingegebenen Kleinbuchstaben als Großbuchstaben und umgekehrt. Mit der Option *Unbeabsichtigtes Verwenden der* ⇧-*Taste korrigieren* läßt sich steuern, ob Excel 97 diesen Fall bei der Eingabe erkennt und automatisch behebt. Ist das betreffende Kontrollkästchen markiert, korrigiert Excel 97 alle Eingaben, die mit einem Kleinbuchstaben beginnen und dann mit Großbuchstaben fortgesetzt werden.

> *Die Funktion* AutoKorrektur *weicht bei Excel 97 von den in Word 97 verfügbaren Optionen ab. Bestimmte in Word 97 angebotene Optionen fehlen in Excel 97 vollständig.*

23.3 Die Funktion Nachschlagen

Microsoft Office 97 unterstützt die Suche nach Begriffen in verschiedenen Nachschlagewerken. Sofern Sie solche Nachschlagewerke auf Ihrem System installiert haben, können Sie diese auch unter Excel 97 nutzen.

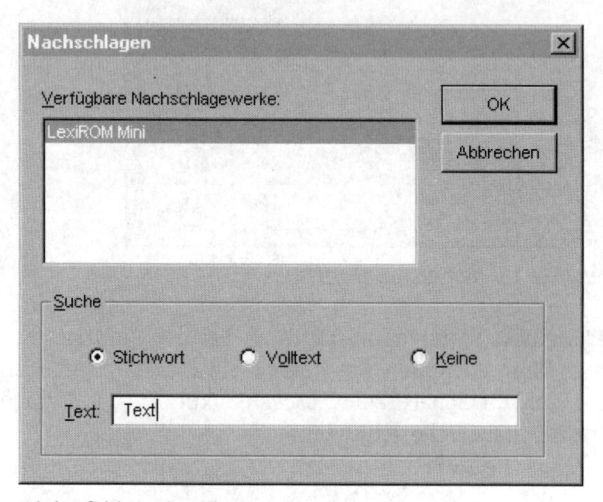

Bild 23.6: Dialogfeld Nachschlagen

1. Wählen Sie im Menü EXTRAS den Befehl NACHSCHLAGEN.

2. Excel 97 öffnet das Dialogfeld *Nachschlagen* (Bild 23.6). Wählen Sie als erstes das gewünschte Nachschlagewerk, in dem der Begriff zu suchen ist. (In Bild 23.6 ist nur ein Nachschlagewerk installiert.)

3. Anschließend geben Sie den gesuchten Begriff im Feld *Text* ein.

4. Setzen Sie weiterhin eines der Optionsfelder.

Die Option *Stichwort* bewirkt, daß lediglich das Stichwortverzeichnis des Nachschlagewerks durchsucht wird. Die Option *Volltext* veranlaßt eine Suche im kompletten Text des Nachschlagewerks (was recht lange dauern kann).

23 Hilfsmittel

Mit der Option *Keine* wird die Eingabe im Textfeld gesperrt (es wird nicht im Nachschlagewerk gesucht). Sobald Sie das Dialogfeld über die *OK*-Schaltfläche schließen, ruft Excel 97 das Nachschlagewerk auf. Je nach gewählter Suchoption wird ggf. die Seite mit dem Suchbegriff angezeigt (Bild 23.7).

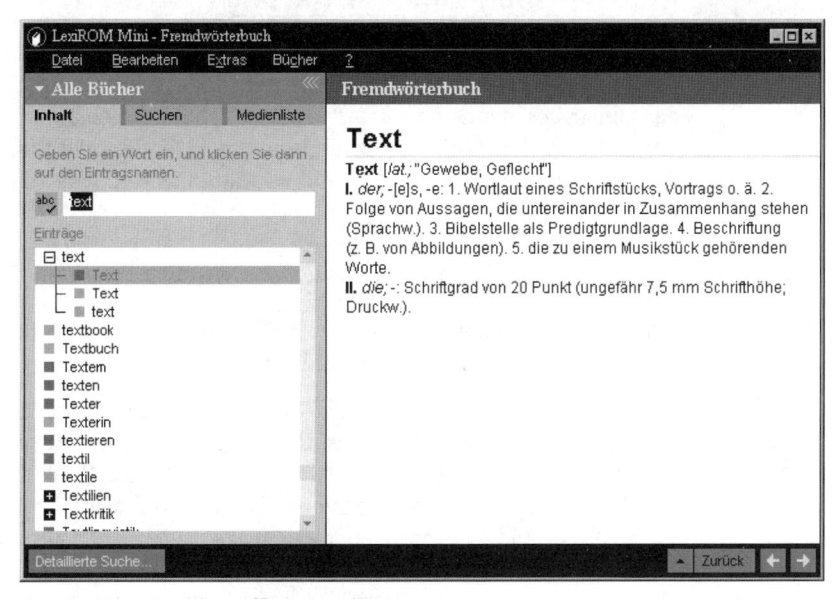

Bild 23.7: Anzeige des Suchbegriffs im LexiROM

24 Excel-Add-In-Programme

24.1 Add-In-Programme verwalten

Add-In-Programme sind VBA-Module, die von Excel 97 in einer speziellen Form in XLA-Dateien gespeichert werden. Die Umwandlung (Compilierung) des VBA-Codes in eine Add-In-Anwendung erhöht die Ablaufgeschwindigkeit und schützt den Code vor Veränderungen oder Einsichtnahme. Wie sich Add-In-Programme installieren und verwalten lassen, wird nachfolgend behandelt.

Add-In-Programme einrichten

Add-In-Programme müssen vor ihrer Nutzung in Excel 97 eingerichtet werden. Sie haben hierzu zwei verschiedene Möglichkeiten:

⇒ Add-In-Programme liegen als XLA-Dateien vor. Wenn Sie eine solche XLA-Datei in das Verzeichnis *XLSTART* kopieren, lädt Excel 97 das Add-In-Programm bei jedem Start. Der Vorteil dieser Methode liegt darin, daß das Add-In sofort verfügbar ist. Nachteilig ist die Tatsache, daß sich das Add-In nicht deaktivieren läßt. Vielmehr muß die XLA-Datei aus *XLSTART* entfernt werden.

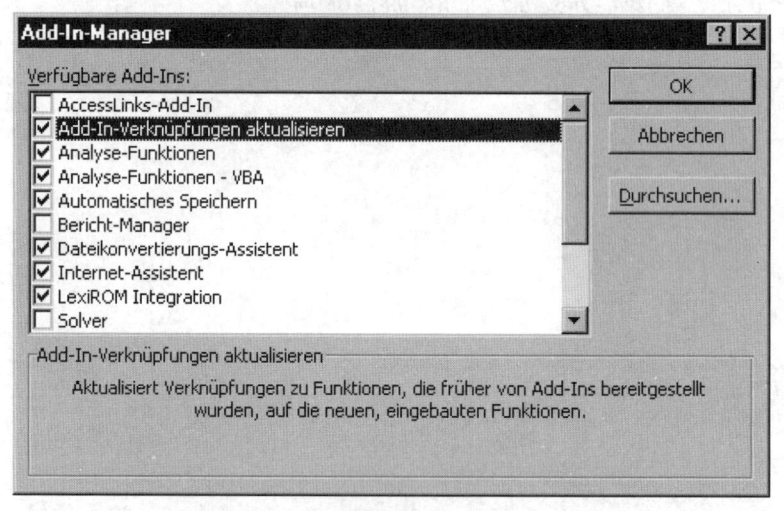

Bild 24.1: Das Dialogfeld des Add-In-Managers

⇒ Zur Verwaltung der Add-In-Programme besitzt Excel 97 ein eigenes Programm, den *Add-In-Manager*. Über dieses Programm können Sie Add-In-Programme einrichten, installieren und wieder deaktivieren. Der Add-In-Manager kopiert die XLA-Dateien in den Ordner *MAKRO* (siehe folgenden Abschnitt).

Der Excel-97-Add-In-Manager ist über den gleichnamigen Eintrag im Menü EXTRAS aufzurufen. Sobald Sie diesen Menüpunkt anwählen, blendet Excel 97 das Dialogfeld des Add-In-Managers auf dem Bildschirm ein (Bild 24.1). (Dies ist aber nur der Fall, sofern das Add-In entsprechende Informationen zur Verfügung stellt!)

Dieses Dialogfeld enthält in der Liste *Verfügbare Add-Ins* eine Aufstellung aller in Excel 97 bereits eingerichteter Add-In-Programme.

Sobald Sie einen dieser Einträge per Maus anwählen, erscheint im unteren Teil des Dialogfeldes der Name des Add-In-Programms mit zusätzlichen Erläuterungen.

Sie können bereits eingerichtete Add-Ins über das Kontrollkästchen vor dem Namen wahlweise aktivieren oder sperren. Ist das Kontrollkästchen markiert, wird das betreffende Add-In-Programm durch Excel 97 aktiviert und läßt sich nutzen. Wie ein Add-In-Programm aufgerufen wird, hängt von der jeweiligen Implementierung ab.

- Es gibt zum Beispiel Add-Ins, die erweiterte Funktionen für Berechnungen zur Verfügung stellen. Wenn Sie den Funktionsassistenten aufrufen, sind die per Add-In implementierten Funktionen in der Kategorie *Benutzerdefiniert* abrufbar.

- Andere Add-In-Programme richten eigene Menüpunkte ein oder lassen sich über Tastenkombinationen aufrufen. Wenn Sie das Add-In *Automatisches Speichern* im Add-In-Manager aktivieren, richtet dieses Programm zum Beispiel einen eigenen Menüpunkt im Menü EXTRAS ein. Über diesen Menüpunkt läßt sich das Add-In-Programm aufrufen oder konfigurieren.

Möchten Sie ein eingerichtetes Add-In-Programm im Add-In-Manager sperren, müssen Sie dessen Dialogfeld (Bild 24.1) aufrufen und die Markierung des Kontrollkästchens löschen. Damit wird das betreffende Add-In-Programm nicht mehr aktiviert/geladen und eventuell vorgenommene Menüeinträge verschwinden.

Ein per Add-In-Manager deaktiviertes Add-In-Programm können Sie bei Bedarf schnell reaktivieren. Sie müssen nur das Kontrollkästchen im Fenster des Add-In-Managers markieren. Die Dateien im Ordner MAKRO *werden beim Deaktivieren nicht gelöscht. Haben Sie dagegen die XLA-Datei des Add-Ins im Verzeichnis XLSTART abgelegt, müssen Sie diese Datei aus dem Startverzeichnis entfernen. Das Add-In-Programm wird aber erst beim nächsten Neustart von Excel 97 deaktiviert. Beachten Sie, daß aus* XLSTART *geladene XLA-Dateien nicht in der Liste des Add-In-Managers (Bild 24.1) als Einträge auftauchen.*

> **TIP** *Sie können eine XLA-Datei auch über den Befehl ÖFFNEN im Menü DATEI in Excel 97 laden und anschließend im Visual-Basic-Editor testen. Zum Zugriff auf den Code eines geschützten XLA-Add-Ins müssen Sie allerdings das Kennwort kennen. Ein solchermaßen geladenes Add-In wird nicht im Add-In-Manager (Bild 24.1) angezeigt.*

Add-In-Programme werden stufenweise durch Excel 97 geladen. Beim Start prüft Excel 97 nur, ob die zugehörigen XLA-Dateien existieren. Ist ein Add-In-Eintrag aktiviert, lädt Excel 97 zusätzlich den Start-Code zur Aktivierung des Programms. Erst wenn der Benutzer das Add-In anwählt, wird der restliche Code nachgeladen.

> **Achtung!** *Je mehr Add-In-Programme Sie aktivieren, um so langsamer wird Excel 97. Sie sehen dies an den Meldungen der Statuszeile, die beim Excel-Start angezeigt werden. Sie sollten daher nur die wirklich benötigten Add-In-Programme installieren und einschalten.*

Add-In-Programme installieren

Damit der Add-In-Manager eine XLA-Datei in die Liste der verfügbaren Add-Ins aufnimmt, muß die Datei installiert werden. Excel 97 durchsucht beim Start das Office-Verzeichnis *MAKRO* (befindet sich meist im Ordner *\PROGRAMME\MICROSOFT OFFICE\OFFICE*) und dessen Unterverzeichnisse nach Dateien mit den Erweiterungen .XLA und .XLL (Bild 24.2). Werden entsprechende Einträge gefunden, übernimmt Excel 97 diese in die Liste der Add-In-Programme (siehe Bild 24.1). Um ein Add-In-Programm zu installieren, reicht es, wenn Sie die betreffende XLA-Datei in das Office-Verzeichnis *MAKRO* kopieren und Excel 97 anschließend starten. Dann können Sie das Add-In über den Add-In-Manager einrichten.

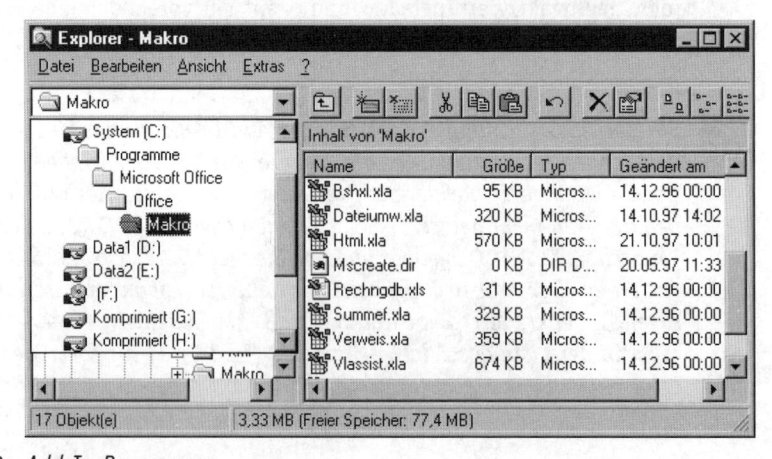

Bild 24.2: Add-In-Programme

24 Excel-Add-In-Programme

In der Regel möchte man jedoch den Umweg über den Neustart von Excel 97 vermeiden. Sie haben daher auch die Möglichkeit, eine XLA- oder XLL-Datei aus einem beliebigen Verzeichnis oder von einem wählbaren Laufwerk zu installieren.

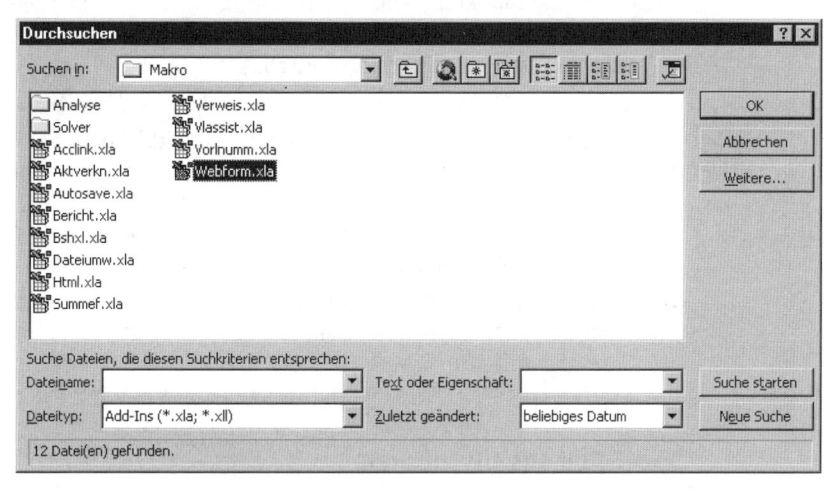

Bild 24.3: Das Dialogfeld Durchsuchen

Hierzu rufen Sie den Add-In-Manager über den gleichnamigen Eintrag im Menü EXTRAS auf. Sobald das Dialogfeld aus Bild 24.1 erscheint, betätigen Sie die Schaltfläche *Durchsuchen*. Der Add-In-Manager blendet dann das Dialogfeld *Durchsuchen* (Bild 24.3) in der Anzeige ein.

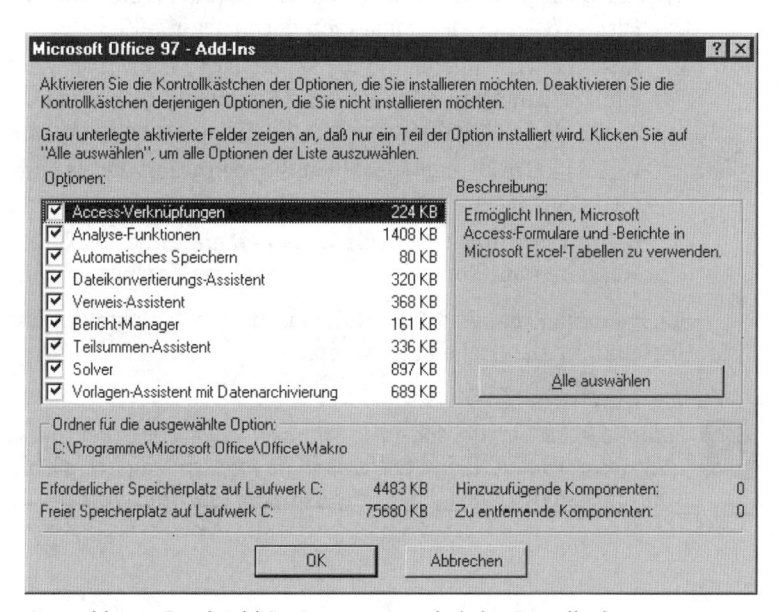

Bild 24.4: Auswahl von Excel-Add-In-Programmen bei der Installation

Über dieses Dialogfeld können Sie beliebige Verzeichnisse und Laufwerke mit Add-Ins anwählen. Enthält ein Verzeichnis solche Dateien, werden diese im Fenster angezeigt. Wählen Sie einen Namen aus und bestätigen diesen über die *OK*-Schaltfläche, trägt der Add-In-Manager die Datei in der Liste der verfügbaren Add-Ins (siehe Bild 24.1) ein. Dabei wird das Kontrollkästchen vor dem Namen des Add-In-Programms bereits markiert, d.h. die Funktionen sind direkt nutzbar.

Excel 97 verwaltet die Namen der installierten Add-Ins in der Windows-Registrierung im Zweig: HKEY_CURRENT_USER\Software\Microsoft\Office\8.0\Excel\Microsoft Excel in Einträgen wie OPEN, OPEN1 etc. Hierbei wird jeweils der komplette Pfad hinterlegt. Bei .XLA-Dateien handelt es sich um Add-Ins, die aus VBA-Modulen kompiliert wurden (siehe unten). Sie haben auch die Möglichkeit, Dynamische Link Libraries *in Form von .XLL-Dateien in diesen Verzeichnissen abzulegen (siehe Feld* Dateityp *in Bild 24.3). Dann kann Excel 97 diese ebenfalls zur Erweiterung der Excel-Funktionalität nutzen.*

Excel-Add-Ins installieren

Excel 97 wird mit einer Reihe von Add-In-Programmen ausgeliefert. Diese werden bei der Standardinstallation in der Regel auf die Festplatte kopiert. Sofern Sie eine benutzerdefinierte Installation ausgeführt haben, sind die Add-Ins eventuell nicht vorhanden. Dann stehen die betreffenden Funktionen nicht zur Verfügung.

1. Um diese Programme nachträglich zu installieren, aktivieren Sie das Excel-97-Setup-Programm (von der Office-97-CD-ROM).
2. Anschließend müssen Sie die Schaltfläche *Hinzufügen/Entfernen* wählen. Im daraufhin erscheinenden Dialogfeld markieren Sie die Option *Microsoft Excel* und klicken auf die Schaltfläche *Option ändern*.
3. Im folgenden Dialogfeld wählen Sie die Option *Add-Ins* und klicken auf die Schaltfläche *Option ändern*.
4. Setup zeigt Ihnen jetzt die installierbaren Add-Ins (Bild 24.4). Durch Markieren des Kontrollkästchens wird die Komponente installiert.

Nach Auswahl der Add-Ins schließen Sie die Dialogfelder und führen die Installation aus (siehe auch Kapitel 1).

Sofern Sie bestimmte Add-In-Programme nicht benötigen, lassen sich diese über Setup von der Platte entfernen. Sie müssen lediglich die Markierung der Kontrollkästchen für die betreffenden Komponenten löschen.

Add-In-Programme entfernen

Add-In-Programme sind zwar schnell installiert. Notfalls reicht es bereits, die XLA-Datei über die Funktion *Öffnen* zu laden. Problematischer wird es aber, vielleicht ungewollt installierte Add-In wieder loszuwerden. Zum Deinstallieren von Add-Ins schlägt die Excel-Hilfe vor, die Markierung des zugehörigen Kontrollkästchens im Add-In-Manager zu löschen. Damit wird zwar das Add-In deaktiviert, der Eintrag bleibt aber in der Liste der verfügbaren Add-Ins erhalten.

⋯⋗ Da sich die installierten Add-In-Programme im Ordner *MAKRO* befinden, reicht es in der Regel, die Markierung des Kontrollkästchens im Add-In-Manager zu löschen, Excel 97 zu beenden und dann die betreffende XLA- oder XLL-Datei zu löschen. Excel 97 erkennt beim nächsten Start, daß das Programm nicht mehr vorhanden ist und entfernt den Eintrag aus der Liste der verfügbaren Add-Ins.

Bild 24.5: Meldung bei fehlender Add-In-Datei

⋯⋗ Schwieriger wird es aber, falls eine Add-In-Datei automatisch installiert wurde und die Installationsroutine die XLA-Datei nicht in das Unterverzeichnis *MAKRO* kopiert hat. Sofern Sie das Verzeichnis dieser Datei kennen, entfernen Sie die Datei oder benennen diese um. Beim nächsten Start von Excel 97 erscheint dann eine Fehlermeldung gemäß Bild 24.5. Betätigen Sie dann die Schaltfläche *Ja*, damit Excel 97 den Eintrag aus der Liste der verfügbaren Add-Ins austrägt.

Die Meldung aus Bild 24.5 erscheint übrigens auch, wenn Sie ein Add-In-Programm auf einem fremden Laufwerk installiert haben und dieses beim Start von Excel 97 nicht verfügbar ist (z.B. Diskettenlaufwerk oder Netzwerkeinheit).

Die Alternative besteht darin, direkt mit dem Registrierungseditor in die Windows-Registrierung einzugreifen und die betreffenden Einträge zu entfernen. Sie finden diese Einträge in Namen wie OPEN, OPEN1, OPEN2 etc. im Zweig:

HKEY_CURRENT_USER\Software\Microsoft\Office\8.0\Excel\Microsoft Excel

der Registrierung. Hinweise zum Umgang mit dem Registrierungseditor finden Sie in dem im Literaturverzeichnis unter /7/ angegebenen Titel.

Add-In Verknüpfungen aktualisieren

Excel 97 bietet Ihnen eine Möglichkeit, die definierten Verknüpfungen zu aktualisieren. (Genauer: Es handelt sich um ein Add-In, welches Verknüpfungen zu Funktionen aktualisiert, die früher durch Add-Ins verfügbar waren, jetzt aber intern in Excel 97 implementiert sind.) Hierzu wählen Sie den Befehl ADD-IN VERKNÜPFUNGEN AKTUALISIEREN im Menü EXTRAS. Excel 97 zeigt das Dialogfeld aus Bild 24.6.

Wählen Sie über die Optionsfelder, für welche Arbeitsmappen Excel 97 die Verknüpfungen prüfen und aktualisieren soll. Findet das Programm eine ungültige Verknüpfung, erfolgt eine Abfrage, ob diese zu entfernen ist (siehe Bild 24.6).

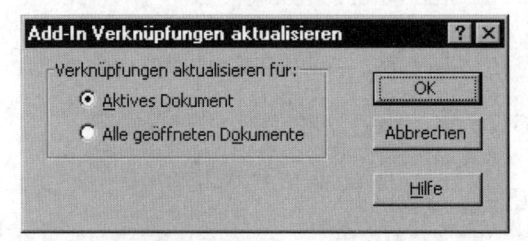

Bild 24.6: Der Befehl Add-In Verknüpfungen aktualisieren

Add-In-Dateien erstellen

Bei Add-In-Programmen handelt es sich um VBA-Module, die durch Excel 97 kompiliert und vor Veränderung geschützt werden. Dadurch laufen die Add-Ins schneller ab und der Code ist vor einer Einsichtnahme durch Dritte geschützt. Sie können selbst Add-In-Programme erstellen und weitergeben.

Einfache Add-In-Anwendungen enthalten dabei lediglich benutzerdefinierte Funktionen. Es lassen sich aber auch komplexe Add-Ins mit Dialogfeldern und Funktionen erstellen, die Symbolleisten einrichten oder Menüs verändern. Um eine Arbeitsmappe mit VBA-Code in eine Add-In-Anwendung zu überführen, gehen Sie in folgenden Schritten vor:

1. Aktivieren Sie den Visual-Basic-Editor, und geben Sie das Modul mit dem VBA-Code ein.

2. Übersetzen Sie das gesamte Projekt im Visual-Basic-Editor (Menü TESTEN, Befehl COMPILIEREN VON VBAPROJEKT).

3. Schützen Sie das Projekt von einer Einsichtnahme über den Befehl VBAPROJEKT - EIGENSCHAFTEN im Menü EXTRAS. In der Registerkarte *Schutz* läßt sich dann ein Kennwort zum Zugriff für das Projekt vereinbaren (siehe auch Teil 6).

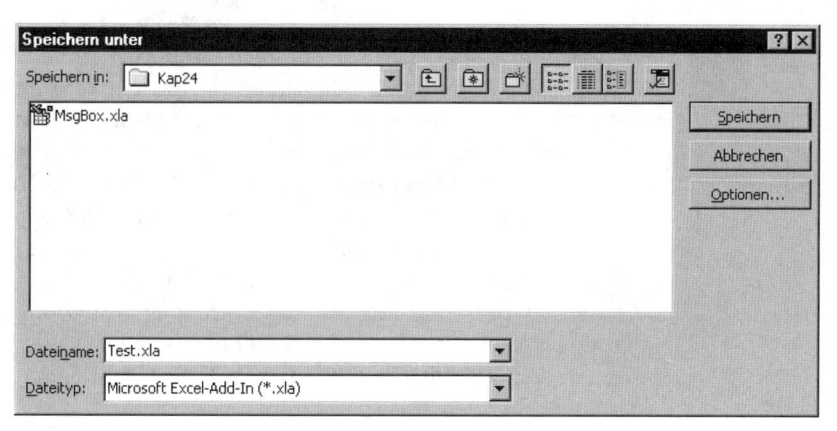

Bild 24.7: Speichern eines Add-In

4. Setzen Sie die Eigenschaft *IsAddin* der Arbeitsmappe auf *True*. (Ist die Eigenschaft auf *False* gesetzt, wird die Arbeitsmappe angezeigt. Dies ist beim Testen hilfreich.)

5. Wenn Sie jetzt den Befehl SPEICHERN UNTER im Menü DATEI wählen, läßt sich im Dialogfeld *Speichern unter* als Dateityp *Microsoft Excel-Add-In (*.xla)* wählen (Bild 24.7).

6. Tragen Sie anschließend den Dateinamen, das Laufwerk und den Ordner ein.

Sobald Sie das Dialogfeld über die Schaltfläche *Speichern* schließen, speichert Excel 97 die Arbeitsmappe als XLA-Datei. Sobald die Kompilierung des VBA-Codes abgeschlossen ist, finden Sie im Zielverzeichnis die XLA-Datei. Diese läßt sich wie jede andere XLA-Datei mit dem Add-In-Manager installieren. Sie können den Inhalt der XLA-Datei ebenfalls laden und den VBA-Code ansehen.

Für den Inhalt der XLA-Datei sind Sie verantwortlich. Sie müssen zum Beispiel sicherstellen, daß das Add-In-Programm beim Start einen Tasten-Code oder einen Menüeintrag einrichtet, über den der Benutzer dieses Add-In aufrufen kann. Bei Add-Ins, die nur Funktionen enthalten, kann dies entfallen, da die Funktionen ja über den Funktionsassistenten eingebunden werden. Zum Testen laden Sie die XLA-Datei (Menü DATEI, Befehl ÖFFNEN) und führen den VBA-Code im Visual-Basic-Editor aus. Bei geschütztem Code müssen Sie aber das Kennwort angeben, um den Quellcode zu sehen.

> *Im Verzeichnis* \BEISP\KAP24 *der Begleit-CD-ROM finden Sie die Datei* TEST.XLA. *Diese Datei enthält die Funktion* Test, *die konstant den Wert 12 zurückliefert. Sie können diese XLA-Datei als Add-In zur Demonstration installieren und anschließend über den Funktionsassistenten (über die Kategorie* Benutzerdefiniert*) abrufen. Die Zelle, in der diese Funktion abgerufen wird, erhält dann den Wert 12 zugewiesen. Die Datei* BORN.XLA *fügt bei der Installation im Add-In-Manager einen Befehl* BORNS ADD-IN *im Menü* EXTRAS *ein, über den sich das Add-In aufrufen läßt. (Das Add-In zeigt ein Meldungsfeld.) Bei der Deinstallation im Add-In-Manager (Kontrollkästchen nicht markiert) entfernt das Add-In den Befehl im Menü* EXTRAS. *Der VBA-Code des Moduls ist nicht geschützt und läßt sich im Visual-Basic-Editor ansehen, ausführen und testen.*

24.2 Excel-Add-In-Programme und Zusatzfunktionen

Excel 97 wird mit einer Reihe von Add-In-Programmen ausgeliefert. Nachfolgend werden diese Programme kurz beschrieben.

Access Links-Add-Ins

Verwendet Microsoft Access Formulare und Berichte, um Excel-Daten anzuzeigen.

Add-In-Verknüpfungen aktualisieren

Aktualisiert Verknüpfungen zu Funktionen, die früher durch Add-Ins zur Verfügung gestellt wurden, auf die neuen in Excel 97 integrierten Funktionen.

Analyse-Funktionen

Dieses Add-In enthält eine Sammlung finanztechnischer und technischer Funktionen. Sobald Sie dieses Add-In aktivieren, stehen Ihnen Werkzeuge für statistische und technische Analysen zur Verfügung. Hierzu öffnen Sie das Menü EXTRAS und wählen dann den Eintrag ANALYSE FUNKTIONEN.

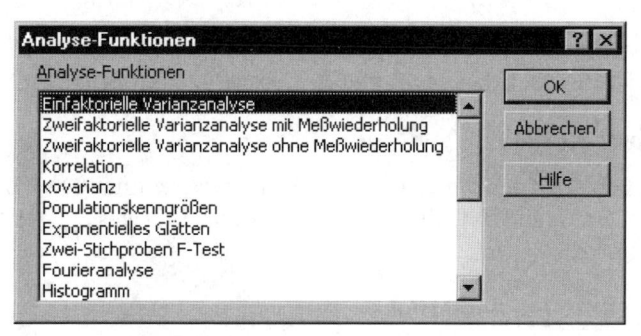

Bild 24.8: Das Dialogfeld Analyse-Funktionen

Das Add-In-Programm blendet dann das Dialogfeld aus Bild 24.8 in der Anzeige ein. Über die Auswahlliste lassen sich die einzelnen Funktionen abrufen. Die Funktionen öffnen zur Parametereingabe eigene Dialogfelder. Näheres hierzu finden Sie in der Excel-Hilfe.

> *Die Funktionen stehen Ihnen auch in Berechnungen über den Funktionsassistenten zur Verfügung.*

Analyse-Funktionen VBA

Dieses Add-In enthält Analysefunktionen für VBA-Module.

Automatisches Speichern

Dieses Add-In erlaubt Ihnen eine automatische Sicherung der geöffneten Arbeitsblätter in einstellbaren Intervallen. Eine Beschreibung dieser Funktion finden Sie in Kapitel 6.

Bericht-Manager

Dieses Add-In erstellt Berichte durch Zusammenführen von Ansichten und Szenarios (siehe Kapitel 24).

Dateikonvertierungs-Assistent

Dieses Add-In erlaubt die Konvertierung mehrerer Dateien in andere Dateiformate (siehe Kapitel 18).

Internet-Assistent

Dieses Add-In konvertiert Excel-Tabellen in Internet-HTML-Dokumente (siehe Kapitel 21).

LexiROM Integration

Bindet die Funktion des LexiROM in Excel 97 ein (siehe Kapitel 23).

Solver

Der Solver ist ein Werkzeug, um *Was-wäre-wenn*-Analysen auf Daten einer Tabelle auszuführen. Hinweise zur Funktionalität des Solvers finden Sie in Kapitel 28.

Teilsummen-Assistent

Unterstützt Sie bei der Erstellung von Formeln zur Summierung von Daten.

Verweis-Assistent

Hilft beim Erstellen von Formeln für die Datensuche in Tabellen.

Vorlagen-Assistent mit Datenarchivierung

Unterstützt die Vorlagenerstellung, wobei Datenfelder der Vorlagen automatisch in Datenbanken archiviert werden.

Vorlagen-Zubehör

Wird beim Erstellen von Vorlagen benötigt.

Web-Formular-Assistent

Unterstützt das Erstellen von Web-Formularen (siehe Kapitel 21).

24.3 Add-Ins von Microsoft Query

Sofern Sie Microsoft Query installiert haben, zeigt der Add-In-Manager noch die folgenden Add-Ins an.

Add-In ODBC-Funktion

Dieses Add-In ergänzt die Tabellen- und Makrofunktionen, mit denen über *Microsoft Open Database Connectivity* (ODBC) auf externe Datenbanken zugegriffen wird. Weitere Hinweise zu *Microsoft Query* erhalten Sie in Kapitel 29 und in der Excel-Hilfe.

Add-In Query

Dieses Add-In ermöglicht den Zugriff auf *Microsoft Query* aus Excel 97 heraus. Sobald Sie dieses Add-In aktivieren, wird der Befehl EXTERNE DATEN im Menü DATEN um Einträge zum Import von Daten aus Datenbanken ergänzt. Wählen Sie diese Funktion an, startet Excel *Microsoft Query*, damit Sie Daten aus externen Datenbanken abfragen können. Hinweise zu *Microsoft Query* erhalten Sie in Kapitel 29 und in der Excel-Hilfe.

Analysen und Datenverwaltung

Haben Sie Excel 97 bisher nur als Tabellenkalkulation genutzt? Excel 97 kann mehr. Wie wäre es, wenn Sie sich einmal anschauen, wie Excel 97 Listen (z.B. Adressen- oder Bestellisten) verwaltet und welche Funktionen es zu deren Auswertung gibt? Durch Gliedern von Tabellen oder das Definieren von Ansichten lassen sich die Daten so anzeigen, wie dies für Berichte oder Auswertungen benötigt wird. Die nachfolgenden Kapitel zeigen auch, wie Excel 97 zum Zugriff auf Datenbanken genutzt oder als Analyseinstrument eingesetzt werden kann.

4

25 Arbeiten mit Listen

25.1 Grundlagen

Listen dienen in Excel 97 zum Speichern gleichartiger Tabellendaten (z.B. Adressen, Artikellisten etc.). In früheren Versionen (Excel 4.0) wurden diese Listen deshalb auch unter dem Stichwort »Datenbankfunktionen« verwaltet.

Um die Listenfunktionen in Excel 97 nutzen zu können, sollten Sie die Daten als Liste organisieren. Was sich hinter Listen verbirgt und was sich mit den Listenfunktionen anfangen läßt, wird nachfolgend erläutert.

Eine Liste stellt einen Datenbereich in einer Tabelle dar, der spaltenweise die gleichen Informationen aufweist. Die einzelnen Informationen werden dabei zeilenweise in der Liste eingefügt. Bild 25.1 zeigt als typisches Beispiel eine Liste mit Adreßdaten, die in einer Excel-Tabelle abgebildet wurde. Diese Liste zeichnet sich durch eine besondere Struktur aus, die sich in Anlehnung an Datenbanken auf die Tabelle abbilden läßt.

	A	B	C	D	E	F
1	NAME	PLZ	ORT	STRASSE	HAUS_NR	TEL
2	Vobis Microcomputer GmbH	51050	Aachen	Rotter Bruch	30-34	
3	Central Point Software 2a		Böln	Test		
4	Addison Puma	53100	Bonn	Waldbleiche	7-12	0228/694046
5	International Trapez	53227	Bonn	Königswintere	418	0228-97024-0
6	Central Point Software		Born	Test		
7	Computer Associates GmbH	61001	Darmstadt	Marienburgstr	35	06151-949-0
8	Datamation GmbH	40001	Düsseldorf	Merowingerstr	30	0211-9331-02
9	Markt & Technik Verlag	85540	Haar b. Münch	Hans-Pinsel-S	9b	
10	ESCOM Computer	61494	Heppenheim	Tiergartenstra	9	06252-709109
11	Adobe Systems GmbH	80451	Ismaning	Karl-Zeiss-Rir	11	089-9612941
12	Borland GmbH	60701	Langen	Monzastr	4c	06103-7680
13	Central Point Software	80013	München	Hoferstr.	1/II	089-6700710
14	Microsoft GmbH	80133	Unterschleißh	Edisonstr.	1	

Bild 25.1: Beispiel einer Adreßliste

Die einzelnen Zeilen der Liste enthalten gleichartige Datensätze (Name, Adresse, Telefonnummer etc.). Die Daten eines Satzes sind dabei spaltenweise organisiert. Die erste Spalte weist zum Beispiel den Namen auf, weitere Spalten dienen zur Speicherung der Adresse mit Postleitzahl und Ortsnamen.

Da diese Struktur der Liste der Organisation einer Datenbank entspricht, werden die zugehörigen Funktionen häufig als Datenbankfunktionen bezeichnet. Sofern Sie bereits mit älteren Excel-Versionen oder anderen Tabellenkalkulationsprogrammen gearbeitet haben, ist Ihnen dies bekannt.

- Die Verwendung einer Liste als Datenbank ist in Excel 97 ohne weitere Vorbereitungen möglich. Sofern Sie in früheren Excel-Versionen (z.B. Excel 4.0) mit Datenbankfunktionen gearbeitet haben, können Sie diese Funktionen einschließlich der Abfragekriterien in Excel 97 weiterverwenden.

- Bei neuen Listen sollten Sie jedoch auf die erweiterten Möglichkeiten von Excel 97 zugreifen. Excel 97 bietet eine Reihe automatischer Funktionen zum Verwalten von Listen und Analysieren von Daten, die in diesem Kapitel vorgestellt werden.

- Weiterhin läßt sich das Programm MS-Query zum Zugriff auf externe Datenbanken verwenden. Damit können Sie Daten aus anderen Anwendungen in Excel-97-Listen übernehmen.

- Eine besondere Form zur Auswertung von Listen bilden Pivot-Tabellen. Was es mit diesem Begriff auf sich hat und welche Funktionen Excel 97 bietet, erfahren Sie in einem der folgenden Kapitel.

Excel 97 benötigt keine besonderen Kennzeichnungen für Listen innerhalb eines Arbeitsblattes. Tragen Sie einfach die Daten gemäß der in Bild 25.1 gezeigten Weise in das Tabellenblatt ein. Die Zeilen dienen zur Aufnahme der einzelnen Sätze der Liste, während die Spalten die verschiedenen Felder bezeichnen. Um Probleme bei der späteren Bearbeitung und Analyse von Listen zur vermeiden, sollten Sie jedoch einige Grundregeln beachten:

- Ein Tabellenblatt sollte immer nur eine Liste enthalten, da verschiedene Listenfunktionen wie Filtern nur eine Liste pro Blatt akzeptieren. Die Liste kann dabei aus bis zu 255 Spalten bestehen und 65535 Sätze aufnehmen.

- Enthält das Arbeitsblatt weitere Daten, die nichts mit der Liste zu tun haben, lassen Sie zwischen Liste und Daten mindestens eine Leerzeile/Leerspalte. Dies ermöglicht den Listenfunktionen die Eingrenzung des Datenbereichs. Wichtige Daten sollten nach Möglichkeit nicht links oder rechts neben einer Liste gespeichert werden. Es kann sonst zu Konflikten bei der Analyse der Daten kommen, wenn diese Daten von Teilergebnissen der Liste beeinflußt werden.

Außerdem sollten Sie die Liste so gestalten, daß deren Struktur auch optisch für den Benutzer erkennbar wird. Zusätzlich benötigen die Excel-Listenfunktionen Kriterien, um die Kopfzeile der Liste zu erkennen. Die erste Zeile der Liste sollte daher die Spaltentitel aufnehmen, da Excel 97 diese bei Berichten und beim Organisieren von Daten benötigt. Die Länge einer Spaltenbeschriftung ist dabei auf 255 Zeichen begrenzt. Sie können bei Bedarf jedoch einen Zeilenumbruch in der Zelle einfügen. Zusätzlich sind die Spaltentitel mit einer anderen Formatierung als die Tabellendaten zu versehen. Excel 97 reicht es dabei, wenn die Kopfzeile mit Großbuchstaben oder fett ausgezeichnet wird. Hinweise zum Formatieren von Zellen finden Sie in Kapitel 19.

> *Um Mißverständnisse bei der Interpretation von Werten einer Liste zu vermeiden, können Sie den gewünschten Bereich vor Anwendung der Funktionen markieren. Am einfachsten geht dies, wenn Sie der Liste einen Namen zuweisen (siehe Kapitel 11). Wählen Sie dann vor Ausführung der Funktionen die Liste über den Namen an. Damit erkennt Excel 97 automatisch den Umfang der Liste und verwendet nur die Daten des markierten Bereiches. Vergeben Sie für die oberste Zeile den Namen Datenbank, interpretiert Excel 97 diese automatisch als Beschriftung der Liste. Mit dieser Technik lassen sich auch Teilleisten verwalten. Bei markierten Bereichen können Sie auch Listen bearbeiten, die einzelne Leerzeilen aufweisen. Ohne Markierung des Listenbereichs bearbeitet Excel 97 die Daten nur bis zur ersten Leerzeile.*

> *Bei der Vergabe des Bereichsnamens Datenbank dürfen Sie nur die Kopfzeile der Liste markieren. Wird die ganze Liste markiert und diesem Bereich der Name Datenbank zugewiesen, läßt sich die nachfolgend vorgestellte Funktion Maske nicht mehr aufrufen. Statt dessen erscheint die Meldung aus Bild 25.5.*

25.2 Listen erstellen

Um eine Liste zu erstellen, müssen Sie einen freien Bereich in einer Tabelle verwenden. Tragen Sie die Spaltenbezeichnungen gemäß den oben aufgeführten Vorgaben ein. Anschließend lassen sich die Daten in den Folgezeilen direkt eintragen.

- Neue Datensätze hängen Sie einfach an den unteren Teil der Tabelle an, indem Sie die Daten in den Zellen einer leeren Zeile eintragen.

- Alternativ können Sie einen Satz in der Tabelle einfügen. Markieren Sie die betreffende Zeile, vor der die Daten einzufügen sind. Dann wählen Sie per Kontextmenü den Befehl ZELLEN EINFÜGEN. Es wird ein leerer Datensatz eingefügt, und Sie können die Daten anschließend eingeben.

- Möchten Sie Einträge korrigieren, wählen Sie die Zelle an und ändern oder überschreiben den betreffenden Inhalt.

- Über die Zwischenablage können Sie markierte Datensätze ausschneiden oder kopieren und dann in der Liste erneut einfügen. Dies bietet Ihnen eine komfortable Möglichkeit, die Sätze innerhalb einer Liste zu duplizieren.

- Möchten Sie einen Satz löschen, markieren Sie die betreffende Zeile und wählen dann per Kontextmenü den Befehl ZELLEN LÖSCHEN.

25 Arbeiten mit Listen

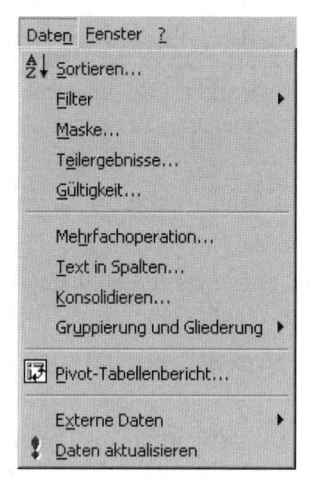

Bild 25.2: Das Menü Daten

Die Bearbeitung einer Liste unterscheidet sich in dieser Hinsicht in nichts von der Bearbeitung anderer Zellen in einem Arbeitsblatt. Die zugehörigen Techniken werden in den Kapiteln 8 und 11 beschrieben. Neben der direkten Bearbeitung der Liste über die Zellinhalte bietet Excel 97 Ihnen jedoch wesentlich komfortablere Möglichkeiten zur Verwaltung von Listen. Die einzelnen Funktionen lassen sich über das Menü DATEN abrufen (Bild 25.2).

Die verschiedenen Funktionen sowie das Arbeiten mit der Datenmaske lernen Sie auf den folgenden Seiten kennen. Wie sich Daten einer Liste aus einer Textdatei oder anderen Dateien importieren lassen, wird in Kapitel 18 diskutiert. Weiterhin lassen sich Listen mit Daten aus Datenbanken füllen. Die betreffenden Importfunktionen stehen unter dem Eintrag EXTERNE DATEN im Menü DATEN zur Verfügung. Excel 97 aktiviert dann das Hilfsprogramm MS-Query. Hinweise zur Bedienung dieses Programms finden Sie in den folgenden Kapiteln.

25.3 Die Funktion Maske

Zur einfachen Verwaltung einer Liste bietet Excel 97 die Funktion MASKE (Bild 25.4). Um Daten über diese Maske zu verwalten, gehen Sie folgendermaßen vor:

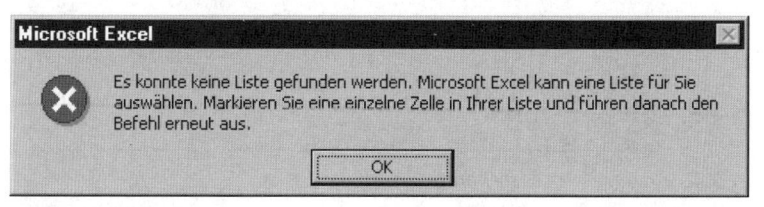

Bild 25.3: Meldung bei fehlender Liste

1. Wählen Sie einen Eintrag (Zelle) der Liste per Maus an. Dann lassen sich die Excel-Listenfunktionen auf die Daten der Liste anwenden. Haben Sie keinen Eintrag der Liste markiert, kann Excel 97 die Daten nicht finden und blendet die Fehlermeldung aus Bild 25.3 in der Anzeige ein.
2. Öffnen Sie das Menü DATEN, und wählen Sie dann den Eintrag MASKE (siehe Bild 25.2).
3. Excel 97 analysiert die Tabelle und erstellt ein Dialogfeld mit einer Datenmaske aus den gefundenen Tabellenüberschriften (Bild 25.4).

Die Titelzeile enthält dabei den Namen des Arbeitsblatts. Der Maskeninhalt unterteilt sich in zwei Hälften:

···❖ Der linke Teil enthält die Felder der Liste, wobei die Feldbezeichnungen aus den Spaltenüberschriften übernommen werden. Die Formatierung der Spaltenüberschriften wird allerdings in der Maske unterdrückt. Über die Bildlaufleiste läßt sich zwischen den einzelnen Sätzen der Liste blättern. Mit der [↹]-Taste oder per Maus läßt sich zum folgenden Feld wechseln. Mit [⇧]+[↹] gelangen Sie zum vorhergehenden Feld. Weiterhin besteht die Möglichkeit, den unterstrichenen Buchstaben im Feldnamen in Kombination mit der [Alt]-Taste zu drücken. Dann aktiviert Excel 97 automatisch das zugehörige Feld.

···❖ Der rechte Teil der Maske enthält in der obersten Zeile die Anzeige der aktuellen Datensatznummer und die Anzahl der Datensätze der Liste. Darunter befinden sich die verschiedenen Schaltflächen zur Bearbeitung der Datensätze.

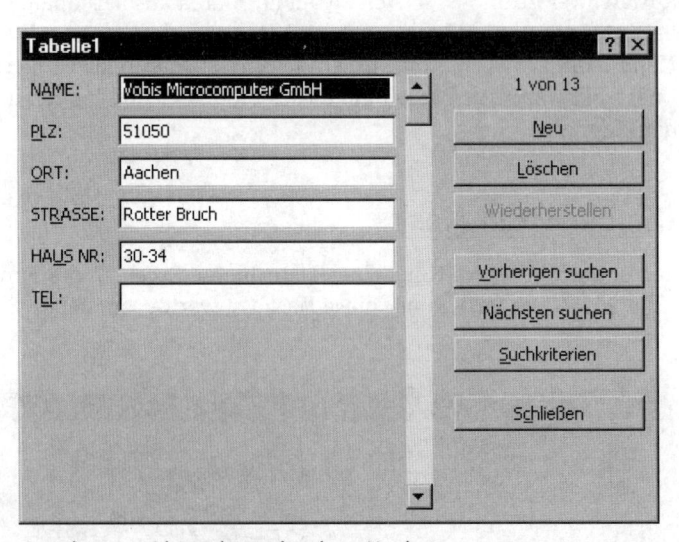

Bild 25.4: Anzeige von Listendaten in einer Maske

In dieser Maske können Sie nun die Daten ansehen und über die Feldinhalte der Liste direkt korrigieren. Tabelle 25.1 enthält die Tastenbefehle zur Bearbeitung der Daten in der Maske.

Tastencodes für die Eingabemaske

Tasten	Befehl
⌈Alt⌋+(Buchstabe)	Aktiviert das Feld oder die Schaltfläche, die im Namen den unterstrichenen Buchstaben enthält.
⌈↓⌋	Zum gleichen Feld des nächsten Datensatzes
⌈↑⌋	Zum gleichen Feld des vorherigen Datensatzes
⌈⇥⌋	Nächstes Feld im aktuellen Datensatz
⌈⇧⌋+⌈⇥⌋	Vorheriges Feld im aktuellen Datensatz
⌈←⌋	Ein Zeichen im Feld nach links
⌈→⌋	Ein Zeichen im Feld nach rechts
⌈Pos1⌋	An Feldanfang
⌈Ende⌋	An Feldende
⌈⇧⌋+⌈Pos1⌋	Zeichen ab Position bis Feldanfang markieren
⌈⇧⌋+⌈Ende⌋	Zeichen ab Position bis Feldende markieren
⌈⇧⌋+⌈←⌋	Zeichen links von der Position markieren
⌈⇧⌋+⌈→⌋	Zeichen rechts von der Position markieren
⌈↵⌋	Zum ersten Feld im nächsten Satz
⌈⇧⌋+⌈↵⌋	Zum ersten Feld im vorherigen Satz
⌈Bild↑⌋	Gleiches Feld 10 Datensätze vorher
⌈Bild↓⌋	Gleiches Feld 10 Datensätze weiter

Alternativ können Sie die Maus zur Positionierung innerhalb der Maske und innerhalb der Liste benutzen. Die Bedeutung der einzelnen Schaltflächen lernen Sie in den folgenden Abschnitten kennen.

Um ein Feld zu erreichen, klicken Sie es per Maus an. Das Blättern in der Liste erfolgt über die Bildlaufleiste. Verschieben Sie das Bildlauffeld an den Anfang oder das Ende der Bildlaufleiste, erreichen Sie den Listenanfang oder das Listenende. Ein Mausklick auf die Bildlaufpfeile bringt den folgenden oder vorhergehenden Datensatz zur Anzeige. Klicken Sie die Bildlaufleiste ober- oder unterhalb des Bildlauffeldes an, blättert Excel 97 zehn Datensätze nach oben oder unten. Weiterhin haben Sie noch die Möglichkeit, innerhalb der Liste satzweise über die Schaltflächen *Vorherigen suchen* und *Nächsten suchen* zu blättern. In allen Fällen bleibt das aktuell selektierte Feld ausgewählt.

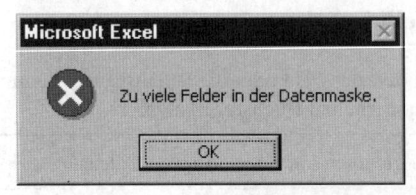

Bild 25.5: Fehlermeldung beim Aufruf der Funktion Maske

Die Maske kann bis zu 32 Felder der Liste aufnehmen. Enthält Ihre Liste mehr als diese 32 Felder, läßt sich die Funktion MASKE nicht aufrufen. Excel 97 blendet dann die Meldung aus Bild 25.5 in der Anzeige ein. Da Sie aber die Liste auch direkt bearbeiten können (siehe oben), sollte die Pflege der Daten keine Probleme bereiten. Außerdem haben Sie die Möglichkeit, eigene Masken als VBA-Dialogfelder zu erstellen.

Enthält die Anzeige einzelne Werte ohne die zugehörigen Felder, handelt es sich um berechnete Größen oder gesperrte Zellen. Diese lassen sich nicht ändern, und die Maske zeigt nur die betreffenden Werte.

Datensätze per Maske einfügen

Um einen neuen Datensatz per Maske in der Tabelle einzufügen, gehen Sie folgendermaßen vor:

1. Markieren Sie die Liste mit einem Mausklick, und wählen Sie dann die Funktion MASKE im Menü DATEN.

2. Betätigen Sie die Schaltfläche *Neu* in der Eingabemaske. Excel 97 blendet die Datenmaske mit leeren Eingabefeldern in der Anzeige ein.

3. Geben Sie nun die gewünschten Daten des Datensatzes in den Feldern ein. Zur Positionierung in der Maske verwenden Sie die ⇆-Taste (siehe Tabelle 25.1).

4. Ein Datensatz wird durch die ↵-Taste abgeschlossen. Excel 97 ist dann zur Eingabe des nächsten Datensatzes bereit.

Möchten Sie die Eingabe beenden, betätigen Sie die Schaltfläche *Schließen*. Excel 97 schließt die Maske, und die neu eingefügten Datensätze werden am Ende der Liste sichtbar.

Bild 25.6: Fehlermeldung beim Anlegen neuer Datensätze

Excel 97 hängt neue Datensätze immer an das Ende der Liste an. Sie haben aber die Möglichkeit, die Liste über die nachfolgend vorgestellten Funktionen zu sortieren.

Zum Einfügen neuer Sätze müssen unterhalb des letzten Satzes Leerzeilen vorhanden sein. Findet Excel 97 dort Daten, erscheint bei der Eingabe in ein Feld der Maske die Meldung aus Bild 25.6. Sie müssen dann die Daten unterhalb der Liste markieren und verschieben oder Datensätze aus der Liste entfernen.

Bei der Eingabe von Werten in einzelne Felder/Spalten dürfen keine zusätzlichen Leerzeichen vor die Werte gesetzt werden, da dies die Ergebnisse der Sortier- und Suchfunktionen beeinflußt.

Datensätze per Maske ändern

Um den Inhalt eines bestehenden Datensatzes zu verändern, müssen Sie diesen in der Maske anwählen.

1. Setzen Sie die Eingabemarkierung in die Liste, und wählen Sie dann die Funktion MASKE im Menü DATEN.

2. Bringen Sie anschließend den Datensatz in der Maske zur Anzeige. Sie können zum Blättern die Bildlaufleiste, die Tasten aus Tabelle 25.1 oder die Funktion der Schaltfläche *Suchkriterien* verwenden (anschließend den Suchbegriff in einem Feld eingeben).

3. Anschließend korrigieren Sie die betreffenden Feldinhalte durch Überschreiben oder Einfügen.

4. Sobald Sie einen neuen Datensatz anzeigen oder das Dialogfeld schließen, werden die Änderungen permanent in der Liste gespeichert.

Möchten Sie mehrere Datensätze korrigieren, wechseln Sie nach der Korrektur des aktuellen Satzes zum nächsten Datensatz. Um die Maske zu beenden, wählen Sie die Schaltfläche *Schließen* per Maus an.

> *Sobald Sie den Inhalt eines Feldes ändern, gibt Excel 97 in der Eingabemaske die Schaltfläche* Wiederherstellen *frei. Möchten Sie die Änderungen verwerfen, genügt es, diese Schaltfläche zu betätigen oder die* [Esc]*-Taste zu drücken. Sobald Sie die Eingabe mit der* [←]*-Taste abschließen oder zum nächsten Satz gehen, überträgt Excel 97 die Änderungen in die Liste. Wenn Sie die Maske wieder verlassen, können Änderungen mit* [Strg]+[Z] *rückgängig gemacht werden.*

Einzelne Felder einer Liste lassen sich gegen Veränderungen schützen, indem Sie die betreffende Spalte sperren. Hinweise hierzu finden Sie in Kapitel 6.

Die Listenstruktur ändern

Sie können die Liste jederzeit um weitere Felder erweitern oder einzelne Felder entfernen.

- Um neue Felder einzufügen, tragen Sie die gewünschten Werte rechts oder links von der vorhandenen Liste in die angrenzende Spalte ein. Denken Sie auch daran, den Spaltentitel entsprechend zu definieren. Arbeiten Sie mit Namen für den Listenbereich, sollten Sie diesen Namen entsprechend anpassen.

- Um ein Feld der Liste zu löschen, ist die betreffende Spalte zu entfernen. Markieren Sie die Spalte, und rufen Sie dann die Funktion ZELLEN LÖSCHEN über das Kontextmenü auf. Excel 97 entfernt dann alle Einträge dieser Spalte und verschiebt die rechts stehenden Einträge um ein Feld nach links.

Möchten Sie nachträglich einzelne Felder innerhalb der Tabelle einfügen, müssen Sie eine neue Spalte (Befehl ZELLEN EINFÜGEN) definieren. Anschließend lassen sich die Werte eintragen.

> *Sollen die Felder nur temporär ausgeblendet werden, können Sie die betreffenden Spalten verstecken. (Spalte oder Zeile markieren und im Kontextmenü den Befehl* AUSBLENDEN *wählen. Zum Einblenden mit der rechten Maustaste auf den Spalten-/Zeilentrenner klicken und im Kontextmenü den Befehl* EINBLENDEN *wählen.) Wenn Sie Spalten oder Zeilen ausblenden, tauchen die Felder in der Maske nicht mehr auf.*

Datensätze per Maske löschen

Um einen Datensatz aus einer Liste zu entfernen, gehen Sie folgendermaßen vor:

1. Markieren Sie einen Eintrag der Liste, und wählen Sie dann die Funktion MASKE im Menü DATEN.
2. Blättern Sie in der Liste so lange, bis der gewünschte Datensatz angezeigt wird.
3. Klicken Sie auf die Schaltfläche *Löschen*. Auf dem Bildschirm erscheint dann die Sicherheitsabfrage aus Bild 25.7.
4. Quittieren Sie diese Abfrage über die *OK*-Schaltfläche, entfernt Excel 97 den betreffenden Satz aus der Liste. Die nachfolgenden Datensätze werden dann eine Position nach oben verschoben, um die entstandene Lücke zu füllen.

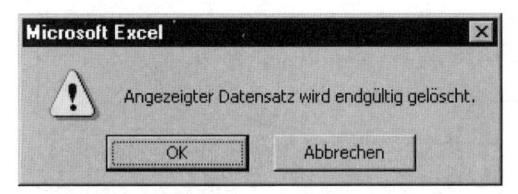

Bild 25.7: Sicherheitsabfrage beim Löschen eines Datensatzes

Möchten Sie mehrere Datensätze nacheinander löschen, wiederholen Sie die Schritte 2 bis 4. Zuletzt schließen Sie das Dialogfeld über die gleichnamige Schaltfläche.

Haben Sie irrtümlich einen Datensatz der Liste gelöscht, können Sie diesen noch retten. Schließen Sie das Arbeitsblatt, ohne zu speichern (oder speichern Sie die Änderungen unter anderem Namen). Wenn Sie dann das ursprüngliche Arbeitsblatt über die XLS-Datei laden, ist der gelöschte Datensatz noch vorhanden.

Eine weitere Möglichkeit besteht darin, den Datensatz durch das Löschen einer Zeile im Arbeitsblatt zu löschen. Achten Sie dann aber darauf, ob sich in den Spalten hinter der Liste noch Daten befinden. Beim Löschen einer Zeile würden Sie sonst auch diese Daten entfernen.

25.4 Suchen in Listen

Zum schnellen Zugriff auf Datensätze in längeren Listen bietet Excel 97 die Funktion *Suchen*. Sie können einzelne Datensätze über die Bildlaufleiste der Maske suchen oder satzweise über die Schaltflächen *Vorherigen suchen* und *Nächsten suchen* blättern. Um in einer längeren Liste direkt nach bestimmten Datensätzen zu suchen, verwenden Sie die Funktion der Schaltfläche *Suchkriterien*. Gehen Sie zur Suche folgendermaßen vor:

1. Markieren Sie einen Eintrag der Liste, und wählen Sie dann die Funktion MASKE im Menü DATEN.

2. Betätigen Sie im Dialogfeld der Maske die Schaltflächen *Suchkriterien*. Excel 97 zeigt dann die Maske aus Bild 25.8, in der Sie die Suchkriterien für den Datensatz vorgeben können.

3. Tragen Sie die gewünschten Suchkriterien in die Felder ein, und betätigen Sie dann die ⏎-Taste oder die Schaltfläche *Nächsten suchen*, um den betreffenden Datensatz auszuwählen.

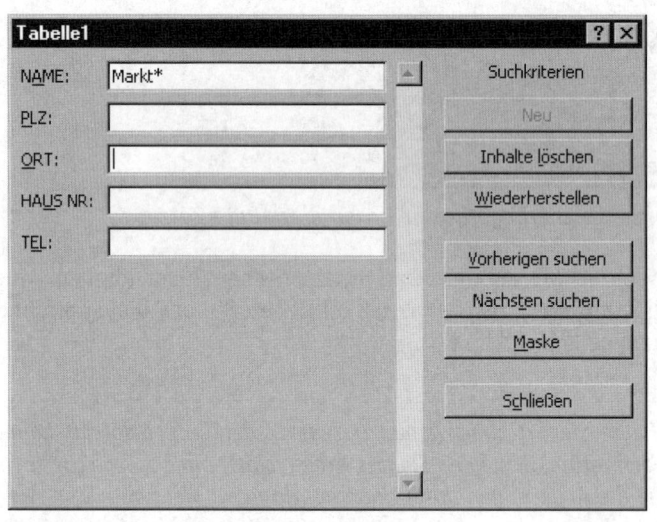

Bild 25.8: Kriterien zur Suche nach Datensätzen

Die Suche wird beendet, sobald Excel 97 einen Datensatz findet, der den Suchkriterien entspricht. Mit der Schaltfläche *Vorherigen Suchen* analysiert Excel 97 die vorhergehenden Datensätze ab der aktuellen Position bis zum Listenanfang. Mit *Nächsten suchen* analysiert Excel 97 alle folgenden Datensätze, bis zum Listenende. Sobald ein Datensatz in der Liste gefunden wird, bricht Excel 97 die Suche ab.

> *Die Funktion* Suchkriterien *erlaubt immer nur die Anzeige eines gefundenen Datensatzes. Enthält die Liste keinen Datensatz, gibt Excel 97 zwar eine akustische Warnung aus, blendet aber den Inhalt des zuletzt angezeigten Datensatzes in der Anzeige ein. Mehrere Datensätze der Liste lassen sich über die im nächsten Kapitel beschriebene Funktion* AutoFiltern *anzeigen.*

Eingabe der Suchkriterien

Excel 97 führt eine Suche durch Vergleich der Suchkriterien mit den Feldinhalten der Liste durch, d.h. Sie müssen in den einzelnen Feldern der Suchmaske (Bild 25.8) die gewünschten Suchbegriffe eingeben. Denkbar bei der Suche in der Adreßliste aus Bild 25.8 ist zum Beispiel der Text »Markt*« im Feld für den Namen einzutragen. Dann wird mit Wildcardzeichen gesucht, und Excel 97 findet ggf. Einträge wie »Markt & Technik«, »Marktzeitung« etc. Sie können weiterhin die Suchbegriffe durch die Vergleichskriterien aus Tabelle 25.2 erweitern.

Vergleichsoperatoren zur Suche in Listen

Operator	Vergleichskriterium
=	Gleich
>	Größer
>=	Größer gleich
<	Kleiner
<=	Kleiner gleich
<>	Ungleich

Die Suchkriterien der einzelnen Felder werden bei der Suche über die Funktion UND miteinander verknüpft. Dies bedeutet, sobald die Felder der Suchmaske mit einem Listeneintrag übereinstimmen, zeigt Excel 97 den Satz an. Lassen Sie einzelne Felder mit Suchkriterien leer, werden diese in die Suche nicht mit einbezogen. Sie können als Suchkriterien auch Teile eines Feldinhalts (z.B. *Bo* für *Bonn*) eintragen.

*Sie können im Suchbegriff auch mit den Platzhaltern * und ? arbeiten. Diese sind zwar nicht dokumentiert, erlauben aber die Suche nach verschiedenen Zeichen. Mit* Bo?n *finden Sie zum Beispiel Begriffe wie* Bonn *und* Born *in einem Feld der Liste. Sollen mehrere Zeichen ersetzt werden, müssen Sie den Platzhalter * benutzen. Der Suchbegriff B*n zeigt dann Einträge wie* Bonn, Born *und* Böln *an.*

Offenbar enthält die Suchfunktion per Platzhalter jedoch einen Bug und wurde deshalb nicht dokumentiert. Verwenden Sie zum Beispiel den Suchbegriff Bo?n, *zeigt die Suchfunktion Einträge wie* Bonn *an, findet aber* Born *und* Böln *nicht.*

Kritisch wird es auch, wenn Sie in einem Eingabefeld ungewollt einige Leerzeichen eintragen. Diese sind in der Maske mit den Suchkriterien nicht sichtbar, werden von Excel 97 aber bei der Suche ausgewertet. Dann findet das Programm mit Sicherheit keinen Datensatz und zeigt die alten Werte an. Sie können Leerzeichen in den Feldern mit den Kriterien nur an der Position der Einfügemarke erkennen, nachdem das Feld angewählt wurde.

Eine andere Schwachstelle stellt die ungewollte Änderung des Listeninhalts bei der Suche dar. Nur wenn Sie vorher die Schaltfläche *Suchkriterien* betätigen, nimmt Excel 97 die betreffenden Kriterien auf. Häufig möchte man nach dem ersten Suchschritt die Kriterien einschränken. Dann ändert man schnell die Felder in der Eingabemaske, was sich dann aber nicht auf die Suchkriterien, sondern auf den Listeninhalt auswirkt. Den Zustand der Maske erkennen Sie an der Beschriftung der Schaltfläche *Maske*, die zwischen *Maske* (bei der Eingabe der Suchkriterien) und *Suchkriterien* (bei der Anzeige der Listendaten) wechselt.

Suchkriterien löschen

Die Suchkriterien bleiben so lange gespeichert, bis die Maske geschlossen oder die Suchkriterien explizit gelöscht werden. Damit können Sie durch Betätigung der Schaltflächen *Vorherigen suchen* oder *Nächsten suchen* weitere Datensätze suchen lassen beziehungsweise zu einem bereits angezeigten Datensatz zurückkehren. Die Anzahl der durchsuchten Datensätze der Liste wird übrigens im Kopf der Maske (z.B. 8 von 12) angezeigt. Möchten Sie in der Maske die Suchkriterien löschen, gehen Sie folgendermaßen vor:

1. Betätigen Sie die Schaltfläche *Suchkriterien*. Excel 97 zeigt die Suchkriterien in den Feldern der Maske.

2. Gleichzeitig wird die Schaltfläche *Inhalte löschen* freigegeben. Sobald Sie diese Schaltfläche anwählen, löscht Excel 97 die Suchkriterien.

3. Über die Schaltfläche *Maske* kehren Sie zurück zur Datenanzeige in der Maske.

4. Die Schaltfläche *Suchkriterien* wird durch *Maske* ersetzt. Wählen Sie diese Schaltfläche, um zur Anzeige der Daten zurückzukehren.

Möchten Sie erneut Suchkriterien verwenden, führen Sie die im vorherigen Abschnitt beschriebenen Schritte durch.

Haben Sie die Suchkriterien ungewollt gelöscht, können Sie die letzte Einstellung über die Schaltfläche Wiederherstellen *abrufen. Voraussetzung ist allerdings, daß die Funktion* Suchkriterien *aktiv ist und die vorherigen Kriterien noch nicht überschrieben wurden.*

Funktionen zum Suchen von Werten nutzen

Der Vorteil bei Verwendung von Listen wird deutlich, wenn Sie direkt durch Eingabe eines Suchbegriffs die zugehörigen Daten aus der Liste abrufen können. Excel 97 bietet Ihnen hierzu verschiedene Funktionen, mit deren Hilfe Sie direkt Suchergebnisse in einer Zelle einblenden. Nehmen wir an, Sie möchten in einem Arbeitsblatt durch Eingabe eines Namens die Telefonnummer aus der Adreßliste abrufen. Hierzu gehen Sie folgendermaßen vor:

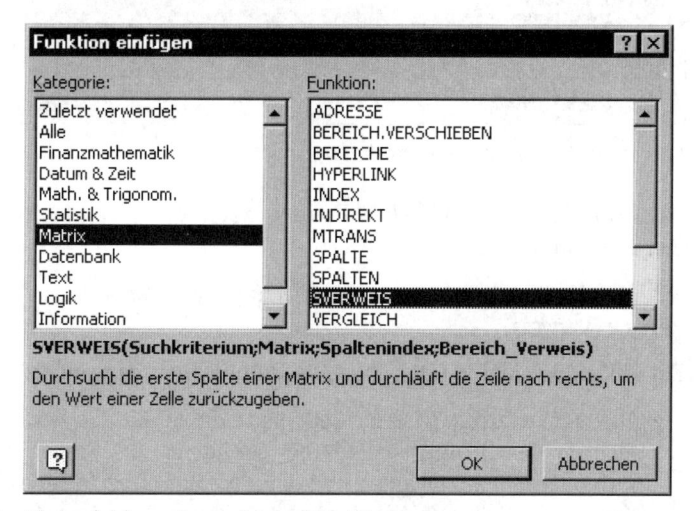

Bild 25.9: Dialogfeld zur Auswahl der Funktion

1. Reservieren Sie eine Zelle zur Eingabe des gesuchten Namens. Außerdem tragen Sie die statischen Texte für die Anzeige im Arbeitsblatt ein (siehe Bild 25.11).

2. Dann ist die Funktion über den Funktionsassistenten abzurufen. Hierzu wählen Sie die Ergebniszelle an und betätigen die nebenstehende Schaltfläche.

3. Der Funktionsassistent blendet das Dialogfeld aus Bild 25.9 ein. Wählen Sie nun die gewünschte Funktion aus. Für unser Beispiel ist dies die Funktion SVERWEIS, die sich in der Kategorie *Matrix* befindet. In der Kategorie *Datenbank* finden sich weitere Funktionen zum Zugriff auf Listen (siehe Tabelle 25.3).

4. Nach Auswahl des Funktionsnamens schließen Sie das Dialogfeld über die *OK*-Schaltfläche.

5. Der Funktionsassistent zeigt dann das Dialogfeld zur Eingabe der Parameter (Bild 25.10). In diesem Schritt sind die Parameter der Funktion einzutragen.

6. Schließen Sie nach der Parametereingabe das Dialogfeld über die Schaltfläche *Ende*.

Teil 4 · Analysen und Datenverwaltung

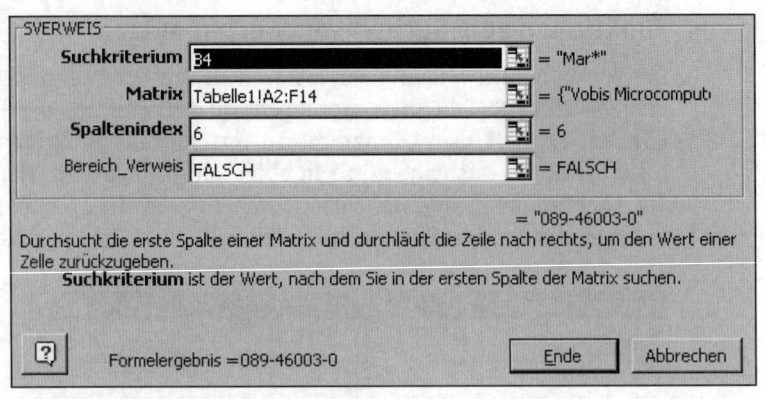

```
┌─SVERWEIS──────────────────────────────────────────────┐
│   Suchkriterium  │34                    │ ⧉ │ = "Mar*"         │
│         Matrix   │Tabelle1!A2:F14       │ ⧉ │ = {"Vobis Microcomput│
│    Spaltenindex  │6                     │ ⧉ │ = 6              │
│ Bereich_Verweis  │FALSCH                │ ⧉ │ = FALSCH         │
│                                             = "089-46003-0"    │
│ Durchsucht die erste Spalte einer Matrix und durchläuft die Zeile nach rechts, um den Wert einer │
│ Zelle zurückzugeben.                                            │
│    Suchkriterium ist der Wert, nach dem Sie in der ersten Spalte der Matrix suchen. │
│                                                                 │
│ [?]  Formelergebnis =089-46003-0         [  Ende  ] [ Abbrechen ]│
└─────────────────────────────────────────────────────────────────┘
```

Bild 25.10: Parameterdefinition einer Funktion

Damit die Funktion SVERWEIS korrekt arbeitet, müssen Sie folgende Parameter definieren:

=SVERWEIS(Suchkriterium; Mehrfachoperationsmatrix; Spaltenindex; Bereich_Verweis)

Für obiges Beispiel wurden folgende Definitionen verwendet:

- Als Suchkriterium wird die Zelle benutzt, in der der Anwender den gesuchten Namen einträgt. Hierbei genügt es, die Schaltfläche im Feld *Suchkriterium* anzuwählen und dann die betreffende Zelle ebenfalls per Maus anzuklicken (siehe Kapitel 14).

- Der zweite Parameter definiert den zu durchsuchenden Tabellenbereich (Liste). Hier wurde der Kopfbereich der Liste definiert und als Parameter im Feld *Matrix* eingetragen.

- Als Ergebnis soll die Funktion SVERWEIS ein Feld der Liste in die Zielzelle übertragen. Dieses Feld wird durch die Zeile, die das Suchkriterium erfüllt, und eine vom Benutzer definierte Spalte beschrieben. Für die Liste aus Bild 25.1 enthält die sechste Spalte die Telefonnummer, folglich ist die Zahl 6 im Feld Spaltenindex (Bild 25.10) einzutragen.

- Der letzte Parameter ist als Wahrheitswert definiert. Die Eingabe *Falsch* weist Excel 97 an, nur solche Zeilen zu verwenden, bei denen der Suchbegriff genau übereinstimmt. Ist *Bereich_Verweis* gleich *Wahr* oder nicht angegeben, wird eine größtmögliche Übereinstimmung geliefert.

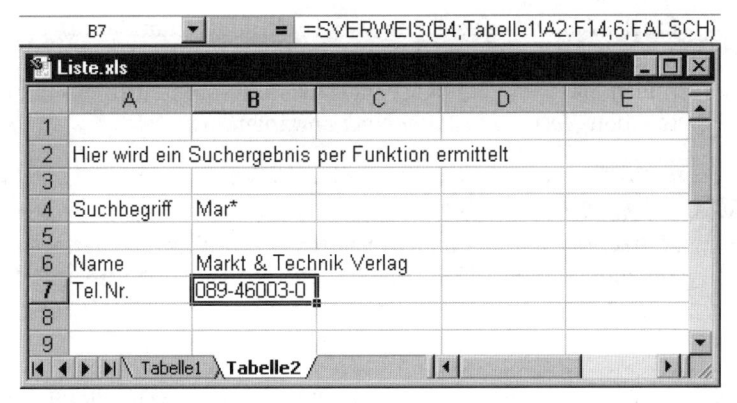

Bild 25.11: Anzeige der Ergebnisse der Suchfunktion

Sobald die Funktion mit korrekten Parametern der Zelle zugewiesen wurde, können Sie einen Namen im Eingabefeld eintragen. Excel 97 ermittelt dann anhand der Funktion SVERWEIS automatisch das betreffende Ergebnis. Bild 25.11 zeigt den Tabellenausschnitt mit der Zellformel, dem Eingabewert und dem angezeigten Ergebnis. Beachten Sie, daß beim Eingabewert ggf. Platzhalterzeichen anzugeben sind.

Funktionen zum Zugriff auf Listen

Funktion	Funktion
Kategorie Matrix	
INDEX	SVERWEIS
VERGLEICH	VERWEIS
WAHL	WVERWEIS
Kategorie	**Datenbank**
DBANZAHL	DBANZAHL2
DBAUSZUG	DBMAX
DBMIN	DBMITTELWERT
DBPRODUKT	DBSTDABW
DBSTDABWN	DBSUMME
DBVARIANZ	DBVARIANZEN

Excel 97 bietet eine Reihe von Funktionen zum Zugriff auf Listen. Eine Aufstellung solcher Funktionen finden Sie in Tabelle 25.3. Die Funktionen finden Sie, wenn Sie den Funktionsassistenten aufrufen und dann die Kategorien *Matrix* und *Datenbank* anwählen.

> *Die Funktion SVERWEIS erwartet den Suchwert immer in der ersten Spalte der Matrix. Möchten Sie andere Spalten in die Suche einbeziehen, sind andere Funktionen (z.B. INDEX, VERGLEICH etc.) zu verwenden.*

> *Sie finden die Arbeitsmappe LISTE.XLS mit der Liste und den Beispielen im Ordner \BEISP\KAP25 auf der Begleit-CD-ROM.*

25.5 Sortieren von Listen und Bereichen

Excel 97 erlaubt, einen Tabellenbereich zu sortieren, unabhängig von der Frage, ob es sich hier um eine Liste handelt. Sie können daher Bereiche der Tabelle sowohl nach Zeilen als auch nach Spalten sortieren. Beachten Sie, daß die Zellinhalte dabei physikalisch bewegt werden. Im folgenden Kapitel lernen Sie eine andere Möglichkeit kennen, um mit Filtern Teile einer Liste auszublenden. Um eine komplette Liste zu sortieren, gehen Sie in folgenden Schritten vor:

Bild 25.12: Das Dialogfeld Sortieren

1. Wählen Sie ein Element der Liste per Maus an. Damit kann Excel 97 die Liste identifizieren. Alternativ können Sie einen benannten Bereich anwählen oder den zu sortierenden Zellbereich per Maus markieren.
2. Dann wählen Sie den Befehl SORTIEREN im Menü DATEN (Bild 25.2). Excel 97 blendet das Dialogfeld aus Bild 25.12 in der Anzeige ein.
3. Im Feld *Sortieren nach* erscheint der Spaltenname, nach dem zu sortieren ist. Da Listen mit Spaltenköpfen ausgestattet sind, wird der betreffende Spaltentitel angezeigt.
4. Über die Optionsfelder *Aufsteigend* und *Absteigend* können Sie zusätzlich die Sortierreihenfolge beeinflussen.

Neben der Sortierung nach einer Spalte können Sie in den Felder *Anschließend nach* und *Zuletzt nach* zwei weitere Spalten angeben, nach denen zu sortieren ist.

Der Sortiervorgang wird über die *OK*-Schaltfläche eingeleitet. Excel 97 verschiebt dann die betreffenden Sätze der Liste gemäß den gewählten Sortierkriterien.

Die Zeile mit dem Listenkopf wird dabei vom Sortiervorgang ausgenommen. Möchten Sie einen Bereich ohne Spaltentitel sortieren, besteht die Möglichkeit, das Optionsfeld *keine Überschriften* in der Gruppe *Liste enthält* zu markieren. Dann bezieht Excel 97 die oberste Zeile der Liste in den Sortiervorgang mit ein.

Excel 97 erkennt den Listenkopf nur anhand der Formatierung. Weist die oberste Zeile eine andere Formatierung als die restlichen Zeilen auf, geht Excel 97 von einer Spaltenbeschriftung aus. Verwenden Sie dagegen das gleiche Format für Werte und Titelzeile, bezieht Excel 97 diese Zeile automatisch in den Sortiervorgang mit ein. Sie müssen dann das Optionsfeld Überschriften *in der Gruppe* Liste enthält *manuell markieren.*

Beim Sortieren von Listen und Bereichen mit Formeln müssen Sie Vorsicht walten lassen. Beim zeilenweisen Sortieren bleiben alle Bezüge zu Zellen der gleichen Zeile gültig. Bezüge auf andere Zeilen der Liste sind aber nach dem Sortieren nicht mehr gültig und führen zu falschen Ergebnissen. Gleiches gilt, falls Sie einen Bereich spaltenweise sortieren. Sie sollten auf Formeln mit Referenzen zu anderen Zeilen in sortierten Listen verzichten. Bezüge auf Zellen außerhalb der Liste müssen als absolute Referenz formuliert werden. Dann wirkt sich die Sortierung auf die Referenz nicht aus.

> *Möchten Sie einen markierten Bereich oder eine Liste zeilenweise nach der ersten Spalte sortieren, können Sie dies direkt über die beiden nebenstehenden Schaltflächen vornehmen. Beide Schaltflächen befinden sich in der Standardsymbolleiste. Die obere Schaltfläche steht dabei für eine aufsteigende Sortierreihenfolge. Betätigen Sie dagegen die untere Schaltfläche, benutzt Excel 97 eine absteigende Sortierfolge.*

Einflußnahme auf die Sortierreihenfolge

Excel 97 ermöglicht die Liste alphabetisch, numerisch oder chronologisch zu ordnen. Die Sortierreihenfolge hängt dabei vom verwendeten Datentyp der Spalte ab. In der Grundeinstellung wird die Option *Standard* benutzt, d.h. Excel 97 prüft den Datentyp der Spalten beim Sortieren. Numerische Werte werden nach der Zahlenfolge 0..9 ausgerichtet, alphanumerische Texte richten sich nach dem Alphabet. Handelt es sich um Zeitangaben, werden diese chronologisch sortiert.

- Über die Optionsfelder *Aufsteigend* oder *Absteigend* können Sie die Sortierreihenfolge der Elemente jeweils umkehren. Bei aufsteigender Sortierfolge werden Einträge mit größeren Werten in Richtung Listenende bewegt.

- Über die Schaltfläche *Optionen* können Sie aber weitere Eingriffe in die Sortierreihenfolge vornehmen. Excel 97 blendet dann das Dialogfeld aus Bild 25.13 in der Anzeige ein.

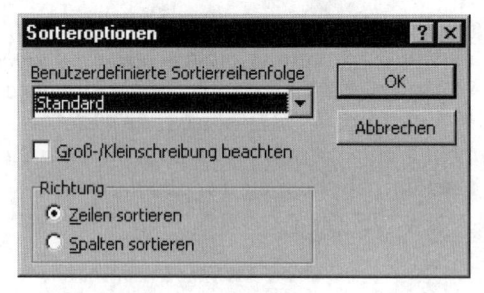

Bild 25.13: Das Dialogfeld Sortieroptionen

Über das Listenfeld *Benutzerdefinierte Sortierreihenfolge* lassen sich zusätzliche Sortierkriterien abrufen. Dies ist hilfreich, wenn Sie Felder nicht nach den *Standard*-Sortierkriterien ordnen können. Als Beispiel seien die Wochentage Sonntag, Montag, Dienstag etc. genannt. Sobald Sie das Listenfeld öffnen, blendet Excel 97 die verfügbaren benutzerdefinierten Sortierkriterien ein.

Über das Kontrollkästchen *Groß-/Kleinschreibung beachten* können Sie auf die Sortierung alphanumerischer Felder Einfluß nehmen. Excel 97 unterscheidet normalerweise nicht zwischen Groß- und Kleinbuchstaben. Nur wenn Sie das betreffende Kontrollkästchen markieren, verwendet Excel 97 den ANSI-Zeichensatz zur Sortierung der Zeichen und Zahlen. Datumswerte werden immer als serialisierte Zahl behandelt und entsprechend sortiert.

Über die Optionsfelder der Gruppe *Richtung* können Sie die zeilenweise Sortierfolge auf spaltenweise Sortierung umschalten. Dies ist insbesondere für zu sortierende Bereiche interessant, da Listen wohl selten feldweise sortiert werden.

> *Die angezeigten benutzerdefinierten Sortierkriterien legen Sie in der Registerkarte* AutoAusfüllen *(Menü EXTRAS, Eintrag OPTIONEN) fest. Näheres zu diesem Thema finden Sie in Kapitel 9.*

Festlegung der Sortierreihenfolge Aufsteigend

Bei aufsteigender Sortierreihenfolge verwendet Excel 97 die folgenden Kriterien, wobei die Reihenfolge eine fallende Priorität darstellt.

- Die höchste Priorität besitzen Zahlen innerhalb einer Sortierreihenfolge. Die Sortierfolge für Zahlen reicht von der kleinsten negativen Zahl bis zur größten positiven Zahl. Zeiten werden chronologisch vom frühesten zum spätesten Zeitpunkt geordnet.

- Die nächst niedrigere Priorität nehmen Textwerte ein. Werden Zahlen als Text eingegeben, kommen die Ziffern vor den Buchstaben. Bei Unterscheidung von Klein- und Großbuchstaben stehen Großbuchstaben vor Kleinbuchstaben. Bezüglich der Umlaute und Sonderzeichen ist die Sortierreihenfolge über die Ländereinstellung vordefiniert.

- Bei Wahrheitswerten ist die Sortierreihenfolge zu FALSCH, WAHR festgelegt. Fehlerwerte (#WERT!, #NAME?) werden in der auftretenden Reihenfolge belassen.

- Die niedrigste Priorität besitzen Leerzellen

Sofern Sie eine absteigende Sortierreihenfolge wählen, kehrt Excel 97 auch die Prioritäten um.

> *Enthält eine Spalte Text und Zahlen gemischt, sollten Sie die Zahlen als Textwerte formatieren (Apostroph ' voranstellen). Andernfalls sortiert Excel 97 zuerst die Zahlen und dann die Textwerte. Dies ist bei gemischten Zahlen wie Hausnummern (z.B. 11, 11a) sehr störend. Beachten Sie auch, daß führende Leerzeichen in einer Zelle das Sortierergebnis beeinflussen.*

Die Inhalte ausgeblendeter Zellen werden beim Sortieren nicht berücksichtigt. Wenn Sie das Ergebnis direkt nach dem Sortieren überprüfen, können

Sie den ursprünglichen Zustand über die Tastenkombination [Strg]+[z] wieder herstellen. Um die Liste nach mehreren Sortiervorgängen schnell in die ursprüngliche Form zu bringen, besitzen Sie zwei Möglichkeiten. Sofern Sie die Änderungen nicht speichern, läßt sich die ursprüngliche Fassung jederzeit aus der XLS-Datei laden. Alternativ können Sie der Liste vor dem Sortieren eine Numerierungsspalte voranstellen. Dann läßt sich die Liste anschließend nach dieser Numerierung sortieren, und die ursprüngliche Reihenfolge der Sätze liegt wieder vor.

Sortieren über mehrere Spalten

Excel 97 sortiert die Tabelle immer über die Einträge der Spalte, in der sich die Eingabemarkierung befindet. Sie haben aber die Möglichkeit, die Sortierung über weitere Spalten vorzunehmen. Hierzu gehen Sie folgendermaßen vor:

1. Klicken Sie einen Eintrag der Liste per Maus an. Dann rufen Sie die Funktion SORTIEREN über das Menü DATEN auf.

2. Excel 97 blendet das Dialogfeld aus Bild 25.12 auf dem Bildschirm ein. Tragen Sie im Feld *Sortieren nach* den Namen des zu sortierenden Feldes ein. Hierzu öffnen Sie das Listenfeld und wählen einen der eingetragenen Feldnamen aus.

3. Wechseln Sie zur Gruppe *Anschließend nach*, und tragen Sie in diesem Listenfeld den Namen des zweiten Feldes ein, nach dem zu sortieren ist.

4. Bei Bedarf können Sie ein drittes Feld in den Sortiervorgang mit einbeziehen. Sie müssen lediglich den Feldnamen im Listenfeld *Anschließend nach* eingeben.

5. Zusätzlich läßt sich für jedes Feld die Sortierreihenfolge zwischen *Aufsteigend* und *Absteigend* einstellen.

Sobald Sie die gewünschten Optionen eingestellt haben, starten Sie den Sortiervorgang über die *OK*-Schaltfläche. Excel 97 sortiert dann die Liste nach dem ersten angegebenen Feld. Treten in dieser Spalte gleiche Einträge auf, wird das nächste Feld als Sortierkriterium herangezogen. Bei weiterer Übereinstimmung kann Excel 97 auch das dritte Feld zur Sortierung verwenden.

Um eine Liste über mehr als drei Spalten zu sortieren, führen Sie die Sortierung in mehreren Schritten aus. Im ersten Durchlauf werden die Spalten mit der niedrigsten Priorität sortiert. Anschließend folgen weitere Läufe mit steigenden Prioritäten, bis die Liste in der gewünschten Form vorliegt.

Grafiken und Objekte fixieren

Enthält eine Liste oder der angrenzende Tabellenbereich Grafikobjekte, werden diese mit der Sortierung in der Liste verschoben. Sollen die Objekte an der jeweiligen Position verbleiben, markieren Sie die Objekte und wählen dann im Kontextmenü den Eintrag OBJEKT FORMATIEREN (bzw. GRAFIK FORMATIEREN). Dann rufen Sie die Registerkarte *Eigenschaften* auf und setzen anschließend die Option *Von Zellposition und -größe unabhängig*.

26 Filtern von Listen

26.1 Filtern einer Liste mit AutoFilter

Die Funktion *Suchkriterien* liefert nur einen Datensatz, der einem Suchkriterium entspricht. Häufig benötigt man jedoch alle Datensätze einer Liste, die bestimmten Kriterien entsprechen. Um alle unerwünschten Datensätze aus der Liste auszublenden, verwenden Sie die Funktion FILTER. Am einfachsten geht die Filterung über die Funktion AUTOFILTER vor sich. Führen Sie die folgenden Schritte aus:

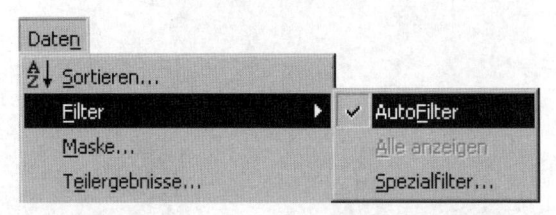

Bild 26.1: Befehl AutoFilter

1. Markieren Sie ein Element der Liste oder den zu filternden Bereich.
2. Wählen Sie im Menü DATEN den Eintrag FILTER und im eingeblendeten Untermenü den Befehl AUTOFILTER (Bild 26.1).
3. Excel 97 blendet Listenfelder und Drop-down-Pfeile in den Feldern der Kopfzeile des markierten Bereichs oder der Liste ein. Diese können Sie durch Anklicken der Drop-down-Schaltfläche öffnen (Bild 26.2).

Bild 26.2: Listenfelder bei eingeschalteter Funktion AutoFilter

Die Zahl der angezeigten Datensätze läßt sich über diese Listenfelder einschränken. Sobald Sie ein Listenfeld öffnen, zeigt Excel 97 alle Datensätze des betreffenden Feldes an. Sätze mit gleichem Feldinhalt werden in einem

Eintrag zusammengefaßt. Sie können nun über das Listenfeld der Spalte beliebige Filterkriterien festlegen. Hierzu genügt es, die betreffenden Werte in der Liste zu markieren.

- Der Eintrag *(Alle)* gibt alle Datensätze zur Anzeige frei.

- Mit *(Leere)* werden nur die Datensätze angezeigt, deren Feldinhalt leer ist. Dies erlaubt eine schnelle Identifizierung von Sätzen, die nicht vollständig mit Werten belegt wurden.

- Genau umgekehrt wirkt der Eintrag *(Nichtleere)*, der alle Sätze mit fehlenden Einträgen im Feld unterdrückt.

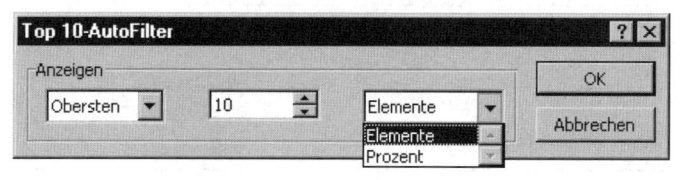

Bild 26.3: Top 10-AutoFilter

- Der Eintrag *(Top 10)* zeigt standardmäßig die ersten 10 Einträge der Liste an. Die Spalten müssen aber numerische Werte enthalten. Alternativ können Sie 10 Prozent der höchsten Werte ausfiltern lassen (Bild 26.3).

- Die Wirkung des Eintrags *(Benutzerdefiniert)* wird nachfolgend getrennt besprochen.

Die Funktion heißt zwar Top10, die Anzahl der Positionen legen Sie jedoch letztendlich im mittleren Feld selber fest.

Excel 97 zeigt anschließend nur die Datensätze, die den Filterkriterien entsprechen. Durch Auswahl der Filterkriterien über mehrere Spalten lassen sich die Bedingungen zur Anzeige einzelner Datensätze weiter einschränken. Bild 26.4 zeigt die Liste, die durch AutoFilter auf einen Datensatz reduziert wurde.

Bild 26.4: Ergebnisliste nach der Funktion AutoFilter

Benutzerdefinierte AutoFilter-Kriterien

Durch Auswahl eines Eintrags in den einzelnen Listenfeldern läßt sich leider nur eine Filterbedingung pro Spalte/Feld vereinbaren. Weiterhin prüft das Filterkriterium die Übereinstimmung der Datensätze (Bedingung =).

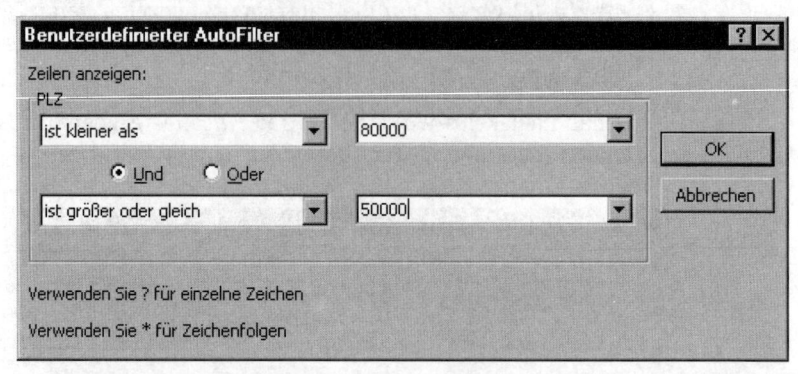

Bild 26.5: Das Dialogfeld Benutzerdefinierter AutoFilter

Über den Eintrag *(Benutzerdefiniert)* haben Sie aber die Möglichkeit, die Filterkriterien für AutoFilter an Ihre Bedürfnisse anzupassen. Sobald Sie diesen Eintrag in einem Listenfeld anwählen, blendet Excel 97 das Dialogfeld aus Bild 26.5 in der Anzeige ein. Über dieses Dialogfeld können Sie die Optionen für ein benutzerdefiniertes AutoFilter festlegen. Dies eröffnet sehr mächtige Auswahlkriterien für die anzuzeigenden Datensätze.

⇨ Alle Auswahlkriterien beziehen sich auf die aktuell angewählte Spalte. Als Vergleichsoperator wird standardmäßig der Gleichheitsoperator für das zugehörige Feld benutzt(z.B. PLZ *entspricht* 51050).

⇨ Sie können über das linke Listenfeld andere Vergleichsoperatoren (Bild 26.6) abrufen.

Bild 26.6: Vergleichskriterien für AutoFilter

⇨ Im rechten Listenfeld blendet AutoFilter einen Wert der Spalte ein. Sie können die Liste durch einen Mausklick auf den Drop-down-Pfeil öffnen und einen anderen Eintrag wählen.

⋯❖ In der zweiten Zeile finden Sie weitere Listenfelder, um ein zusätzliches Filterkriterium anzugeben. Sie können die beiden Filterkriterien über Und/Oder verknüpfen. Markieren Sie hierzu das betreffende Optionsfeld.

⋯❖ Bei Bedarf lassen sich zusätzlich einzelne Stellen im Filterkriterium durch Platzhalter ersetzen. Das Fragezeichen ? ersetzt dabei ein einzelnes Zeichen, während das Sternchen * als Platzhalter für mehrere Zeichen steht.

In Bild 26.5 wird ein Filterkriterium definiert, nach dem alle Datensätze der Liste mit dem Feldinhalt:

PLZ < 80000 UND PLZ >= 50000

anzuzeigen sind. Enthält die Liste keine Einträge, die der definierten Bedingung entsprechen, bleibt die Ergebnisliste leer. Sie können dann das Dialogfeld erneut öffnen und die Auswahlkriterien ändern. Durch Anwahl mehrerer Spalten lassen sich sehr genaue Filterkriterien schrittweise definieren. Dies ermöglicht eine schnelle Eingrenzung der Datensätze.

Eine gefilterte Liste enthält in den Spaltenköpfen mit gesetzten Filterkriterien blaue Listenfelder. Weiterhin wird die Satznummer (Zeilennummer) der angezeigten Ergebnisse blau dargestellt.

Der Befehl AutoFilter unterdrückt die nicht angezeigten Sätze der Liste durch Ausblenden der betreffenden Zeilen. Leider werden dadurch auch Zellen der Tabelle rechts und links neben der Liste beeinflußt.

Sie können die Elemente der Listenfelder sehr schnell auswählen, indem Sie die Liste öffnen und dann den Anfangsbuchstaben des Eintrags eingeben. Excel 97 verzweigt dann direkt zu dem Element, welches mit diesem Buchstaben beginnt.

Schreibfehler in Texten werden in den geöffneten Listen übrigens direkt sichtbar. Excel 97 zeigt in der Liste mehrere gleiche Einträge jeweils nur einmal. Haben Sie sich dagegen bei der Eingabe vertippt (z.B. Masskrug und Maßkrug), fällt dies in der geöffneten Liste sehr schnell auf. Ähnliches gilt übrigens für Adressenlisten, wo Personennamen mehrfach in ähnlicher Schreibweise auftreten.

> *Sie finden die Beispieltabelle in der Datei* \BEISP\KAP26\LISTE.XLS *auf der Begleit-CD-ROM.*

AutoFilter wieder abschalten

Um die Filterfunktion (für AutoFilter) wieder abzuschalten, gehen Sie folgendermaßen vor:

1. Wählen Sie im Menü DATEN den Eintrag FILTERN an. Dann erscheint das Untermenü mit dem markierten Eintrag AUTOFILTER.

2. Wenn Sie diesen Eintrag ein zweites Mal per Maus anklicken, schaltet Excel 97 die Funktion ab.

3. Möchten Sie trotz eingeschalteter Funktion *AutoFilter* alle Sätze der Liste anzeigen, wählen Sie im Untermenü des Befehls FILTERN den Eintrag ALLE ANZEIGEN.

Die Funktion *AutoFilter* läßt sich auf einen markierten Bereich begrenzen. Wenn Sie einen Spaltenkopf per Maus anwählen oder falls Sie eine Zelle markieren und die Tastenkombination [Strg]+[⇧]+[↑] eingeben, markiert Excel 97 die betreffende Spalte bzw. die Zellen. Benachbarte Spalten lassen sich zusätzlich mit den Kombinationen [⇧]+[←] und [⇧]+[→] markieren. Rufen Sie anschließend AutoFilter auf, erzeugt Excel 97 nur Listenfelder für die markierten Spalten.

26.2 Arbeiten mit der Funktion Spezialfilter

Reichen Ihnen die Filterkriterien der Funktion *AutoFilter* zur Anzeige nicht aus, können Sie auf die Funktion *Spezialfilter* zurückgreifen. Diese Funktion arbeitet ähnlich wie *AutoFilter*, verlangt aber die Definition der Filterkriterien in einem eigenen Kriterienbereich, der in der Tabelle einzutragen ist.

Spezialfilter definieren

Um die Funktion SPEZIALFILTER zu nutzen, gehen Sie folgendermaßen vor:

1. Tragen Sie ober- oder unterhalb der Liste die Filterkriterien in der Tabelle ein (Näheres siehe folgende Seiten).

2. Markieren Sie anschließend ein Element der Liste oder den zu filternden Bereich.

3. Wählen Sie im Menü DATEN den Eintrag FILTER und im eingeblendeten Untermenü die Funktion SPEZIALFILTER (Bild 26.1).

4. Excel 97 blendet das Dialogfeld aus Bild 26.7 in der Anzeige ein. In diesem Dialogfeld legen Sie den zu filternden Bereich der Liste und den Kriterienbereich fest. Außerdem können Sie zusätzliche Optionen definieren.

Sobald Sie die *OK*-Schaltfläche bestätigen, führt Excel 97 die Filterung durch. Je nach gesetzter Option der Gruppe *Aktion* blendet Excel 97 das Ergebnis in der aktuellen Liste oder in einem separaten Ergebnisbereich ein.

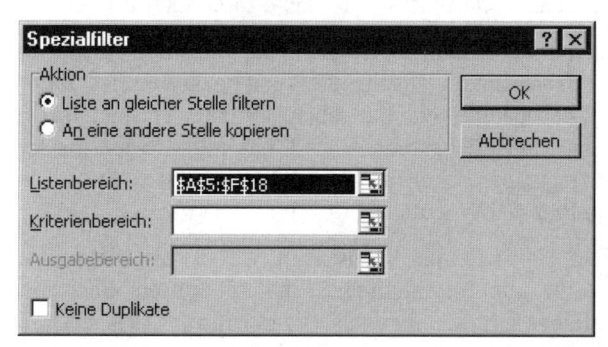

Bild 26.7: Das Dialogfeld Spezialfilter

- Ist die Option *An eine andere Stelle kopieren* markiert, müssen Sie den Ausgabebereich im gleichnamigen Feld angeben.

Sie können hierzu direkt eine Zellreferenz im Feld *Ausgabebereich* eintragen. Außerdem können Sie auf die nebenstehend gezeigte Schaltfläche des Feldes klicken und anschließend die Zelle eines leeren Bereichs in der Tabelle markieren. (Wie Sie einen Ausgabebereich in einem anderen Arbeitsblatt anlegen, wird weiter unten besprochen.)

	A	B	C	D	E
2	PLZ	PLZ			
3	>=50000	<=80000			
4					
5	NAME	PLZ	ORT	STRASSE	HAUS_NR
6	Vobis Microcomputer GmbH	51050	Aachen	Rotter Bruch	30-34
7	Central Point Software 2a		Böln	Test	
8	Addison Puma	53100	Bonn	Waldbleiche	7-12
9	International Trapez	53227	Bonn	Königswinter	418
10	Central Point Software		Born	Test	
11	Computer Associates GmbH	61001	Darmstadt	Marienburgst	35
12	Datamation GmbH	40001	Düsseldorf	Merowingerst	30
13	Markt & Technik Verlag	85540	Haar b. Münch	Hans-Pinsel-S	9b
14	ESCOM Computer	61494	Heppenheim	Tiergartenstra	9
15	Adobe Systems GmbH	80451	Ismaning	Karl-Zeiss-Rir	11

Bild 26.8: Beispieltabelle mit Kriterienbereich

Ähnliches gilt für den Kriterienbereich, der im gleichnamigen Feld als Zellreferenz einzutragen ist. Während bei der Funktion *AutoFilter* die Filterkriterien in einem Dialogfeld eingetragen werden, erwartet die Funktion *Spezialfilter* die Filterkriterien in der Tabelle. Hierbei gelten folgende Regeln:

- Ein Filterkriterium wird in einer Spalte eingegeben, wobei der Spaltenkopf mit einem Feldnamen der Liste übereinstimmen muß (siehe Zeilen 2 und 3 in Bild 26.8). Um Schreibfehler zu vermeiden, sollten Sie die Feldnamen (Spaltentitel) der Liste in den Kriterienbereich kopieren.

- Unterhalb des Feldnamens folgen die einzelnen Filterkriterien. Sie können dabei die in Tabelle 25.2 (siehe vorheriges Kapitel) gezeigten Vergleichsbedingungen angeben. Um zum Beispiel Texte auszuwählen, die mit den Buchstaben A bis C beginnen, legen Sie zwei Spalten an und tragen das Kriterium >A in der ersten Spalte und < C in der danebenliegenden Spalte ein.

- Geben Sie nur einen Buchstaben (z.B. D) als Filterkriterium ein, läßt Excel 97 alle Feldinhalte zu, die mit diesem Buchstaben beginnen. Ähnliches gilt für *Born* als Filterkriterium, das auch *Bornheim* oder *Bornemann* liefert. Eine exakte Filterung erzwingen Sie durch die Angabe des Filterkriteriums ="=Born".

- Beim Vergleich von Texten können Sie direkt mit Stellvertreterzeichen arbeiten (z.B. M??er). Einzelne Zeichen werden durch Fragezeichen ? ersetzt. Das Zeichen * steht für eine Gruppe von Zeichen. Innerhalb eines Begriffs dürfen Stellvertreterzeichen mehrfach auftreten. Sollen Stellvertreterzeichen als Zeichen im Suchbegriff auftreten, ist das Tildezeichen ~ voranzustellen. Beachten Sie aber die Ausführungen im vorherigen Punkt bezüglich der exakten Filterung.

- Um mehrere Filterkriterien auf gleiche oder unterschiedliche Felder zu definieren, verwenden Sie nebeneinanderliegende Spalten (siehe Spalten A und B in Bild 26.8). Im Spaltenkopf ist dabei der Feldname der Liste anzugeben.

- Die Filterkriterien lassen sich sowohl mit UND als auch mit ODER verknüpfen. Stehen die Filterkriterien in einer Spalte untereinander, verknüpft die Funktion Spezialfilter diese mit ODER. Filterkriterien, die nebeneinander in verschiedenen Spalten stehen, werden dagegen mit UND verknüpft. Das Beispiel aus Bild 26.8 enthält damit eine UND-Verknüpfung.

Im Kriterienbereich lassen sich vergleichende Filterkriterien wie bei *AutoFilter* vorgeben. Enthält eine Liste das Feld mit dem Namen *Ort*, könnte ein Filterkriterium zum Beispiel auf „Bonn" lauten. Vergleichende Filterkriterien können auch Auswahlbedingungen wie PLZ > 50000 aufweisen. Ein entsprechendes Beispiel findet sich in Bild 26.8. Gegenüber *AutoFilter* dürfen Sie aber mehr als zwei Filterkriterien vorgeben.

26 Filtern von Listen

Im Gegensatz zu *AutoFilter* kann der Kriterienbereich aber auch berechnete Suchkriterien enthalten. Sie können jeder Zelle des Kriterienbereichs eine Formel zuweisen. Vielleicht interessieren Sie bei der Umsatzanalyse bestimmte Minimalwerte. Nehmen wir an, es sollen alle Sätze angezeigt werden, deren Umsatzwerte unterhalb des Mittelwerts aller Umsätze liegt. Der Mittelwert der Umsätze läßt sich in einer Zelle außerhalb der Liste bestimmen. Um die gewünschten Sätze anzuzeigen, setzen Sie die Filterbedingung für die Spalte Umsatz auf:

   = Umsatz > $Zellreferenz

Mit *$Zellreferenz* ist dabei die Zelle mit dem Mittelwert des Umsatzes der betreffenden Spalte gemeint. Tragen Sie die Filterkriterien gemäß den obigen Regeln in einem Tabellenbereich ein. Hierbei dürfen Sie sowohl Zellen des aktiven Arbeitsblatts als auch andere Arbeitsblätter verwenden.

> *Achtung!* *Enthält das Arbeitsblatt mit der Liste auch den Ausgabebereich, legen Sie die Kriterien ober- oder unterhalb der Liste ab, da die Bereiche rechts und links der Liste durch die Filterung beeinflußt werden (die Zeilen werden ja ggf. ausgeblendet!).*

Um den Zellbereich mit den Filterkriterien im Dialogfeld *Spezialfilter* effektiver einzugeben, sollten Sie mit Bereichsnamen arbeiten. Diese lassen sich direkt im betreffenden Eingabefeld (z.B. Kriterienbereich) eintragen.

Natürlich können Sie den Kriterienbereich nach Anwahl der nebenstehend gezeigten Schaltfläche des gleichnamigen Feldes per Maus im Arbeitsblatt markieren. Eine direkte Eingabe der Zellreferenzen per Tastatur ist ebenfalls möglich, wird aber recht aufwendig. In Bild 26.9 sehen Sie das Ergebnis einer solchen Filterung.

	A	B	C	D	E	F
1						
2	PLZ	PLZ				
3	>=50000	<=80000				
4						
5	NAME	PLZ	ORT	STRASSE	HAUS_NR	TEL
6	Vobis Microcomputer GmbH	51050	Aachen	Rotter Bruch	30-34	0221-3456
8	Addison Puma	53100	Bonn	Waldbleiche	7-12	0228/694046
9	International Trapez	53227	Bonn	Königswinter	418	0228-97024-0
11	Computer Associates GmbH	61001	Darmstadt	Marienburgst	35	06151-949-0
14	ESCOM Computer	61494	Heppenheim	Tiergartenstr	9	06252-709109
16	Borland GmbH	60701	Langen	Monzastr	4c	06103-7680
19						

Bild 26.9: Tabelle mit gefilterten Ergebnisdaten

> *Wenn Sie im Dialogfeld* Spezialfilter *den Kriterienbereich festlegen, vergibt Excel 97 für diesen Zellbereich automatisch den Namen* Suchkriterien. *Dies gilt aber nur, wenn der Kriterienbereich im aktuellen Arbeitsblatt liegt. Ähnliches passiert für den Zielbereich, der automatisch mit dem Namen* Zielbereich *belegt wird. Interessant ist dabei, daß diese durch Excel 97 vergebenen Namen nur lokal im Arbeitsblatt definiert sind, während alle vom Benutzer definierten Namen global für die Arbeitsmappe gelten.*

Ausgefilterte Daten einblenden und Duplikate unterdrücken

Sollen die mit der Funktion *Spezialfilter* ausgeblendeten Datensätze wieder angezeigt werden, gehen Sie folgendermaßen vor:

1. Öffnen Sie das Menü DATEN, und wählen Sie den Eintrag FILTER.
2. Anschließend ist im Untermenü der Eintrag ALLE ANZEIGEN anzuwählen (Bild 26.1).

Möchten Sie gleiche Sätze in einer Liste unterdrücken?

1. Rufen Sie das Dialogfeld *Spezialfilter* auf.
2. Anschließend markieren Sie das Kontrollkästchen *Keine Duplikate* und schließen das Dialogfeld.

> *Sie finden im Verzeichnis* \BEISP\KAP26 *der Begleit-CD-ROM die Datei* LISTE.XLS. *Diese Arbeitsmappe enthält im Arbeitsblatt* Tabelle 1 *eine Liste und die betreffenden Filterkriterien. Die Ergebnisse der Spezialfilterung werden dabei im gleichen Bereich angezeigt.*

Gefilterte Daten in anderen Tabellenbereich übernehmen

Wenn Sie mit der Option *Spezialfilter* arbeiten, lassen sich die gefilterten Daten in einen anderen Tabellenbereich ausgeben. Hierzu müssen Sie im Dialogfeld *Spezialfilter* das Feld *Ausgabebereich* anwählen und dann den Tabellenbereich angeben. Dabei können Sie sowohl einen Bereich angeben als auch mit Namen arbeiten. Randbedingung ist aber, daß der Zielbereich frei zur Aufnahme der gefilterten Daten ist und im aktiven Arbeitsblatt liegt.

> *Um gefilterte Daten in ein anderes Arbeitsblatt zu übernehmen, gehen Sie folgendermaßen vor:*

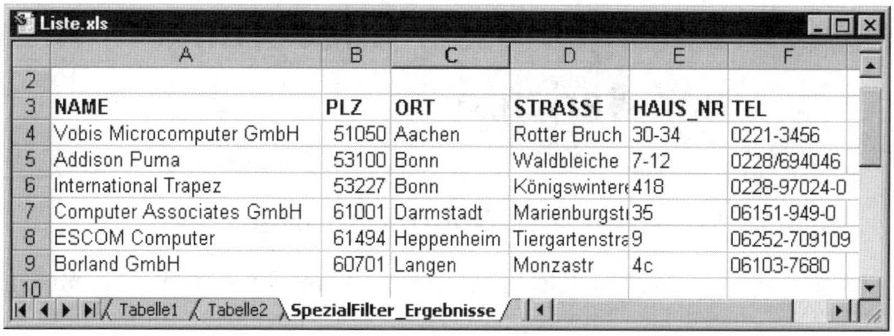

```
Liste.xls
      A                          B       C         D              E        F
2
3  NAME                         PLZ    ORT       STRASSE        HAUS_NR  TEL
4  Vobis Microcomputer GmbH     51050  Aachen    Rotter Bruch   30-34    0221-3456
5  Addison Puma                 53100  Bonn      Waldbleiche    7-12     0228/694046
6  International Trapez         53227  Bonn      Königswinter   418      0228-97024-0
7  Computer Associates GmbH     61001  Darmstadt Marienburgstr  35       06151-949-0
8  ESCOM Computer               61494  Heppenheim Tiergartenstr 9        06252-709109
9  Borland GmbH                 60701  Langen    Monzastr       4c       06103-7680
10
  Tabelle1 / Tabelle2 \ SpezialFilter_Ergebnisse /
```

Bild 26.10: Ergebnisse in einem anderen Tabellenblatt

1. Wechseln Sie in das Arbeitsblatt, in dem die gefilterten Daten benötigt werden. Dort klicken Sie eine Zelle an.

2. Aktivieren Sie den Eintrag FILTER im Menü DATEN. Dann wählen Sie im Untermenü den Befehl SPEZIALFILTER. Excel 97 blendet damit das Dialogfeld *Spezialfilter* in der Anzeige ein (siehe Bild 26.7).

3. Wählen Sie nun das Feld *Listenbereich* per Maus an, klicken Sie auf die nebenstehend gezeigte Schaltfläche des Feldes, wechseln Sie anschließend in das Arbeitsblatt mit der Liste, und wählen Sie ein Element der Liste per Maus an. Sofern dem Listenbereich ein Name zugewiesen wurde, können Sie auch den Namen im Feld *Listenbereich* eintragen.

4. Dann wählen Sie das Feld *Kriterienbereich* per Maus an und betätigen ebenfalls die in Schritt 3 gezeigte Schaltfläche des Feldes. Wechseln Sie anschließend zum Arbeitsblatt mit den Kriterien und markieren Sie diesen Bereich. Sofern Sie mit Namen arbeiten, können Sie den Namen des Kriterienbereichs auch direkt im Feld *Kriterienbereich* eingeben.

5. Im letzten Schritt aktivieren Sie das Optionsfeld *An eine andere Stelle kopieren* und wählen dann das freigegebene Feld *Ausgabebereich* an. Jetzt markieren Sie im Zielarbeitsblatt den Bereich (oder die Zelle), in dem die Ergebnisse auszugeben sind. Auch hier können Sie mit Bereichsnamen arbeiten, die sich aber auf das aktuelle Arbeitsblatt beziehen müssen.

Wenn Sie die *OK*-Schaltfläche betätigen, schließt Excel 97 das Dialogfeld und legt die gefilterten Daten im aktiven Arbeitsblatt ab (Bild 26.10).

Alternativ haben Sie natürlich die Möglichkeit, die Daten der Liste in das aktuelle Arbeitsblatt zu kopieren und dann zu filtern. Dies funktioniert aber nur, falls das aktive Arbeitsblatt genügend Raum zur Aufnahme der Liste und der Ergebnisdaten aufweist. In der Regel dürften die oben beschriebenen Schritte eine effektivere Übernahme der gefilterten Daten erlauben.

Bei der Übernahme der Daten wird auch der Vorteil von Bereichsnamen sehr deutlich, da diese global in der Arbeitsmappe gelten. Statt die Bereiche mühsam per Maus zu markieren oder manuell einzugeben, tragen Sie lediglich den Bereichsnamen im Eingabefeld ein. Excel 97 übernimmt dann automatisch den Zellbereich an Stelle des Namens.

27 Teilergebnisse, Gliederungen, Ansichten und Berichte

27.1 Arbeiten mit Teilergebnissen

Eine Variante zur Datenanalyse bietet die Funktion *Teilergebnisse*. Hier können Sie Teilergebnisse einer Liste anzeigen, ohne direkt Formeln in ein Tabellenblatt einzutragen. Nachfolgend wird der Umgang mit der Funktion *Teilergebnisse* gezeigt.

Teilergebnisse anzeigen

Nehmen wir an, Sie verfügen über eine Liste mit Umsatzdaten eines Jahres verschiedener Filialen. Leider wurde beim Anlegen der Tabelle die in Bild 27.1 gezeigte Struktur gewählt.

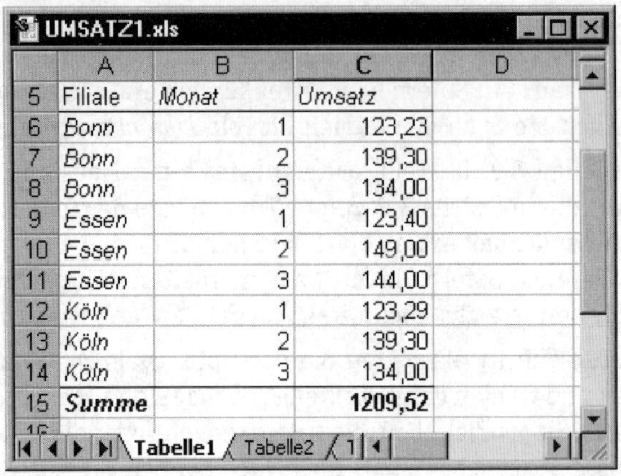

	A	B	C	D
5	Filiale	*Monat*	*Umsatz*	
6	*Bonn*	1	123,23	
7	*Bonn*	2	139,30	
8	*Bonn*	3	134,00	
9	*Essen*	1	123,40	
10	*Essen*	2	149,00	
11	*Essen*	3	144,00	
12	*Köln*	1	123,29	
13	*Köln*	2	139,30	
14	*Köln*	3	134,00	
15	***Summe***		**1209,52**	

Bild 27.1: Liste mit Umsatzdaten

Sind die Filialnamen unsortiert, können Sie die Liste gemäß Bild 27.1 zwar über die Funktion *Sortieren* nach Filialnamen sortieren, dies erlaubt Ihnen aber lediglich eine Zusammenfassung der Sätze nach Filialen. Nun interessiert Sie aber, wie der Gesamtumsatz der einzelnen Filialen innerhalb der Liste war. Manuell artet die Aufgabe in sehr viel Arbeit aus. Sie müssen eine neue Zeile für den jeweiligen Zwischenwert einfügen und dann die Summe über die betreffenden Filialsätze berechnen. Über die Funktion *Teilergebnisse* können Sie die Liste sehr schnell um die entsprechenden Teilergebnisse ergänzen (Bild 27.2). Excel 97 versieht die Liste mit einer Gliederung und blendet unter jeder Filiale die Teilergebnisse ein. Zusätzlich steht unterhalb der Liste das Gesamtergebnis.

27 Teilergebnisse, Gliederungen, Ansichten und Berichte

> **Achtung!** *Die Funktion* Teilergebnisse *bietet eine tückische Falle im Zusammenhang mit der Summenbildung. Ein Vergleich der Bilder 27.1 und 27.2 zeigt, daß die berechneten Summen voneinander abweichen. Excel 97 benutzt in der Ursprungstabelle die Summenformel =SUMME(C6:C14) zur Ermittlung des Gesamtumsatzes. Durch Anwendung der Funktion* Teilergebnisse *werden die Zwischensummen der Filialumsätze in die Tabelle eingefügt. Excel 97 paßt die Summenformel =SUMME(C5:C15) automatisch an. Dies führt aber dazu, daß Excel 97 sowohl die Umsätze als auch die Zwischenergebnisse der Filialen Bonn, Köln und Essen zur Summe addiert, was falsch ist (Bild 27.2). Sie sollten in diesem Fällen der Funktion* Teilergebnisse *die Ermittlung der Summe überlassen.*

	A	B	C
2		Umsatz 97	
3			
4	Filiale	Monat	Umsatz
5	Bonn	1	123,23
6	Bonn	2	139,30
7	Bonn	3	134,00
8	**Bonn Ergebnis**		396,53
9	Essen	1	123,40
10	Essen	2	149,00
11	Essen	3	144,00
12	**Essen Ergebnis**		416,40
13	Köln	1	123,29
14	Köln	2	139,30
15	Köln	3	134,00
16	**Köln Ergebnis**		396,59
17	**Gesamtergebnis**		1209,52
18	**Summe**		2022,45

Bild 27.2: Liste mit Umsatzdaten und Teilergebnissen

Die Funktion Teilergebnisse anwenden

Um die Liste aus Bild 27.1 mit Teilergebnissen zu ergänzen, gehen Sie in folgenden Schritten vor:

1. Markieren Sie einen Eintrag der Liste oder den zu bearbeitenden Bereich der Teilliste.

2. Öffnen Sie das Menü DATEN, und wählen Sie dann den Eintrag TEILERGEBNISSE. Excel 97 blendet auf dem Bildschirm das Dialogfeld aus Bild 27.3 ein.

3. Tragen Sie in diesem Dialogfeld die gewünschten Optionen zur Bildung der Teilergebnisse ein.

4. Sobald Sie das Dialogfeld über die *OK*-Schaltfläche schließen, bearbeitet Excel 97 die Liste und blendet die Teilergebnisse gemäß Bild 27.2 ein.

Das Dialogfeld *Teilergebnisse* enthält alle Elemente, um die Liste mit den Teilergebnissen zu gestalten.

⇢ Als erste müssen Sie im Feld *Gruppieren nach* die Spalte der Liste angeben, nach der die Teilergebnisse zu gruppieren sind. Die Liste aus Bild 27.1 enthält drei Spalten, wobei in unserem Beispiel die Gruppierung nach Filialnamen erfolgen soll. Deshalb ist im Feld *Gruppieren nach* der betreffende Feldname auszuwählen. Sobald Sie das zugehörige Listenfeld öffnen, blendet Excel 97 alle Spaltentitel der Liste oder des markierten Bereichs ein. Um die monatsweisen Umsätze zusammenzufassen, müssen Sie zum Beispiel die Gruppierung über den *Monat* vornehmen.

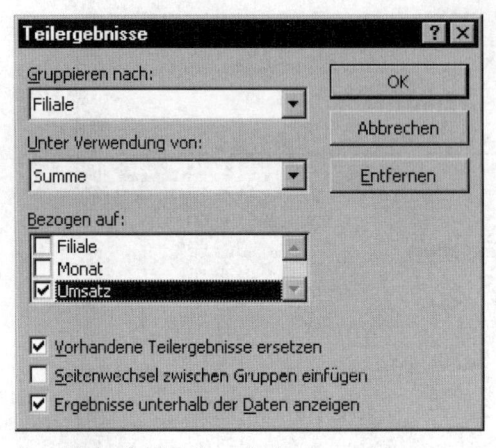

Bild 27.3: Das Dialogfeld Teilergebnisse

⇢ Excel 97 bietet Ihnen verschiedene Funktionen, die Sie zur Berechnung der Teilergebnisse heranziehen können. Die Auswahl erfolgt über das Listenfeld *Unter Verwendung von*. Die einzelnen Funktionen werden in Tabelle 27.1 vorgestellt.

⇢ Die Zeilen mit den Teilergebnissen enthalten die einzelnen Felder mit den berechneten Werten. Welche Spalten dabei mit Werten zu ergänzen sind (d.h., auf welche Spalte die Funktionen anzuwenden sind), legen Sie über die Liste *Bezogen auf* fest. Excel 97 blendet alle Feldnamen (d.h., die Spaltentitel) der Liste oder des markierten Bereichs in diesem Fenster ein. Vor jedem Eintrag findet sich ein Kontrollkästchen. Wird dieses Kontrollkästchen markiert, berechnet Excel 97 für die betreffende Spalte die Teilergebnisse. Sie können dabei eine oder mehrere Spalten markieren.

⋯⁓ Das Kontrollkästchen *Vorhandene Teilergebnisse ersetzen* ist zu aktivieren, wenn Excel 97 bereits vorhandene Teilergebnisse der Liste ersetzen soll. Heben Sie die Markierung auf, fügt Excel 97 bei jedem Aufruf der Funktion die betreffenden Teilergebnisse in der Liste ein. Dies ist bei der Berechnung von Teilergebnissen für mehrere Spalten hilfreich (siehe unten).

⋯⁓ Möchten Sie die Liste mit den Teilergebnissen drucken, können Sie nach jeder Gruppe einen Seitenwechsel auslösen. Hierzu ist das betreffende Kontrollkästchen *Seitenwechsel zwischen Gruppen einfügen* vor dem Erstellen der Liste mit den Teilergebnissen zu markieren.

⋯⁓ Wenn Sie das Kontrollkästchen *Teilergebnisse unterhalb der Daten anzeigen* markieren, fügt Excel 97 die Teilergebnisse unterhalb der jeweiligen Gruppe ein. Diese Variante wurde zum Beispiel in Bild 27.2 verwendet. Heben Sie die Markierung auf, setzt Excel 97 die Teilergebnisse im Kopf der betreffenden Gruppe ein.

Sobald Sie anschließend die *OK*-Schaltfläche betätigen, ermittelt Excel 97 die Teilergebnisse und blendet diese in der Liste ein. Um die Teilergebnisse wieder zu entfernen, rufen Sie die Funktion erneut auf und betätigen die Schaltfläche *Entfernen*. Dann stellt Excel 97 die ursprüngliche Liste wieder her.

Wichtig ist, daß die erste Zeile der Liste die Spaltenbeschriftungen enthält. Excel 97 verwendet diese im Dialogfeld Teilergebnisse, *um die Auswahlkriterien festzulegen. Weiterhin muß die Liste vor Anwendung der Funktion nach einer Spalte sortiert werden. Diese Spalte dient dann zur Bildung von Gruppen, nach denen die Werte zusammenzufassen sind. Die Funktion selbst nimmt keine Sortierung der Daten vor.*

Sie finden die beiden gezeigten Tabellen Tabelle 1 *und* Teilergebnisse *in der Datei* \BEISP\KAP27\UMSATZ1.XLS *auf der Begleit-CD-ROM. Tabelle 1 enthält dabei die unmodifizierte Tabelle, während in* Teilergebnisse *die gleichnamige Funktion angewendet wurde.*

Teilergebnisse über mehrere Spalten erzeugen

Sie können über die Funktion Teilergebnisse *immer nur eine Spalte als Gruppe definieren. Falls Sie in einer Tabelle Teilergebnisse über mehrere Spalten benötigen, müssen Sie zu einem Trick greifen. Dies soll am Beispiel der Tabelle aus Bild 27.1 gezeigt werden.*

Die Spalte *Monat* wird hierzu in Produkt (z.B. Damenbekleidung = 1, Bettwäsche = 2 etc.) umbenannt. Damit kann die Fragestellung erweitert werden. Neben den Filialumsätzen läßt sich nach den Teilergebnissen der Produktgruppe fragen. Um eine entsprechende Auswertung zu erhalten, gehen Sie folgendermaßen vor:

1. Sortieren Sie als erstes die Liste nach der Spalte *Filiale* und dann nach der Spalte *Produkt*. Damit sind die Voraussetzungen zur Berechnung der Teilergebnisse geschaffen.

2. Dann wählen Sie ein Element der Liste an und rufen die Funktion *Teilergebnisse* auf.

3. Nun berechnen Sie die Teilergebnisse über die Spalte *Umsatz*, wobei das Feld *Filiale* zur Gruppenbildung verwendet wird.

4. Rufen Sie erneut die Funktion *Teilergebnisse* auf. Nun ist aber die Spalte *Produkt* zur Gruppenbildung heranzuziehen. Die Summe wird weiterhin über die Spalte *Umsatz* ermittelt. Damit die bereits bestehenden Teilergebnisse nicht überschrieben werden, muß die Markierung des Kontrollkästchens *Vorhandene Teilergebnisse ersetzen* gelöscht werden.

Sobald Sie die *OK*-Schaltfläche betätigen, fügt Excel 97 zusätzlich die Zwischenergebnisse über die einzelnen Produkte in die Liste ein. Das Ergebnis ist in Bild 27.4 zu sehen.

	A	B	C
5	Filiale	Produkt	Umsatz
6	Bonn	1	123,23
7	Bonn	1	139,30
8		1 Ergebnis	262,53
9	Bonn	2	134,00
10		2 Ergebnis	134,00
11	**Bonn Ergebnis**		396,53
12	Essen	1	123,40
13		1 Ergebnis	123,40
14	Essen	2	149,00
15	Essen	2	144,00
16		2 Ergebnis	293,00
17	**Essen Ergebnis**		416,40
18	Köln	1	123,29
19		1 Ergebnis	123,29
20	Köln	3	139,30
21	Köln	3	134,00
22		3 Ergebnis	273,30
23	**Köln Ergebnis**		396,59
24	**Gesamtergebnis**		1209,52

Bild 27.4: Teilergebnisse über zwei Gruppen

Funktionen zur Berechnung von Teilergebnissen

Standardmäßig berechnet Excel 97 bei numerischen Werten die Summe einer Spalte für die gewünschte Gruppe. Bei Textwerten in einer Spalte wird eine Zählfunktion benutzt, um die Zahl der Einträge einer Gruppe als Teilergebnis auszugeben. Eine Gruppe wird dabei aus allen aufeinanderfolgenden Datensätzen mit dem gleichen Inhalt in der angegebenen Spalte (Gruppieren nach) gebildet. Deshalb ist auch die Sortierung der Liste vor Anwendung der Funktion *Teilergebnisse* erforderlich.

Die Spalte, über die die Gruppierung erfolgt, sowie die Spalten mit den Teilergebnissen werden im Dialogfeld *Teilergebnisse* (siehe Bild 27.3) festgelegt. Weiterhin haben Sie die Möglichkeit, verschiedene Funktionen über das Listenfeld *Unter Verwendung von* auf die Spalten anzuwenden. Tabelle 27.1 enthält eine Aufstellung der von Excel 97 angebotenen Funktionen zur Berechnung von Teilergebnissen.

Funktionen zur Berechnung von Teilergebnissen

Name	Funktion
Summe	Berechnet die Summe der numerischen Einträge.
Anzahl	Berechnet die Anzahl der (nicht leeren) Einträge der Gruppe.
Mittelwert	Berechnet den Mittelwert der Einträge der Gruppe.
Maximum	Ermittelt den maximalen Wert einer Gruppe.
Minimum	Ermittelt den minimalen Wert einer Gruppe.
Produkt	Berechnet das Produkt aller Werte der Gruppe.
Anzahl Zahlen	Bestimmt die Anzahl der Datensätze/Zeilen mit numerischen Daten der Teilergebnisgruppe (nur bei numerischen Daten).
Standardabweichung (Stichprobe)	Nimmt eine Schätzung für die Standardabweichung für die Grundgesamtheit vor. Die Schätzung beruht auf einer Stichprobe, wobei diese die Teilergebnisgruppe umfaßt.
Standardabweichung (Grundgesamtheit)	Berechnet die Standardabweichung für die Grundgesamtheit. Die Teilergebnisgruppe gilt dabei als Grundgesamtheit.
Varianz (Stichprobe)	Nimmt eine Schätzung der Varianz für eine Grundgesamtheit vor. Die Schätzung beruht auf einer Stichprobe, wobei diese die Teilergebnisgruppe umfaßt.
Varianz	Berechnet die Varianz für die Grundgesamtheit. Die Teilergebnisgruppe gilt dabei als Grundgesamtheit.

Die meisten dieser Funktionen lassen sich nur auf numerische Werte einer Spalte anwenden. Lediglich die Funktion *Anzahl* bezieht sich auf Textfelder, die nicht leer sind. Hinweise zu den einzelnen Funktionen finden Sie in der Excel-Hilfe.

> *Passen Sie bei der Interpretation der Gesamtergebnisdaten auf. Excel 97 leitet diese immer von den Detaildaten der Liste ab und blendet das Ergebnis unterhalb der Liste ein. Beim Mittelwert wird dieser damit aus den Einzelwerten der Liste und nicht aus den Teilergebnissen berechnet.*

Teilergebniszeilen ein-/ausblenden

Excel 97 versieht die Tabelle mit den Teilergebnissen mit einer Gliederung. Die Detailwerte der ursprünglichen Tabelle erhalten dabei die niedrigste Ebene zugewiesen. Die nächsthöhere Ebene ist den Zeilen mit den Teilergebnissen vorbehalten. Die höchste Ebene nehmen die Zeilen mit den Gesamtergebnissen ein. Am linken Rand des Arbeitsblatts blendet Excel 97 die Symbole für die Gliederung ein. Alle Zeilen einer Ebene werden dabei durch eine Klammer eingefaßt. Am Ende einer Klammer findet sich die Schaltfläche mit dem Minuszeichen (*Detail ausblenden*), oder bei ausgeblendeter Ebene eine Schaltfläche mit dem Pluszeichen (*Detail einblenden*).

⇢ Sie können nun einzelne Ebenen einer Gruppe ein- oder ausblenden, indem Sie die betreffende Schaltfläche per Maus anklicken. Um eine Detailebene auszublenden, klicken Sie die Schaltfläche mit dem Minuszeichen an. Excel 97 entfernt die Zeilen dieser Ebene und ersetzt die Klammer durch eine Schaltfläche mit einem Pluszeichen. Wählen Sie dieses Pluszeichen per Maus an, blendet Excel 97 die versteckten Ebenen und die Klammern wieder ein.

⇢ Am oberen Rand finden Sie die Schaltflächen mit der fortlaufenden Numerierung 1, 2 etc. Diese Nummern stehen für die betreffende Gliederungsebene. In Bild 27.4 werden zum Beispiel vier Gliederungsebenen in der Tabelle eingeblendet. Sobald Sie eine der Schaltflächen per Maus anklicken, blendet Excel 97 die niedrigeren Gliederungsebenen aus. Wählen Sie wie in Bild 27.5 zum Beispiel die Schaltfläche 2, zeigt Excel 97 nur noch die beiden höchsten Gliederungsebenen mit dem Gesamtergebnis und den Filialumsätzen an.

Bild 27.5: Unterdrücken von Detailinformationen

Sobald Sie die Schaltfläche mit dem Minuszeichen anwählen, zeigt Excel 97 nur noch das Gesamtergebnis an. Über die Schaltflächen mit dem Pluszeichen können Sie die Detailwerte schrittweise in der Liste einblenden.

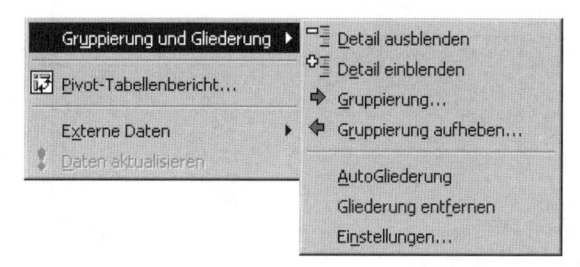

Bild 27.6: Untermenü Gruppierung und Gliederung

> Neben den Schaltflächen können Sie die Detailinformationen über die Einträge DETAIL AUSBLENDEN und DETAIL EINBLENDEN (Menü DATEN, Untermenü GRUPPIERUNG UND GLIEDERUNG) anzeigen oder verstecken (Bild 27.6). Weitere Informationen zum Thema Gliederung finden Sie im folgenden Abschnitt.

> Sie finden die gezeigte Tabelle Produkte in der Datei \BEISP\KAP27\UMSATZ1.XLS auf der Begleit-CD-ROM.

27.2 Arbeiten mit Gliederungen

Bei umfangreicheren Tabellen ist es oft hilfreich, bestimmte Informationen zu einer Ebene zusammenzufassen. Ein Beispiel haben Sie bereits im vorhergehenden Abschnitt bei der Funktion *Teilergebnisse* kennengelernt. Der nachfolgende Abschnitt stellt die Funktionen zum Gliedern vor.

Was sind Gliederungen?

Bei umfangreicheren Tabellen ist es oft hilfreich, Detailinformationen aus bestimmten Zeilen oder Spalten temporär auszublenden. Nehmen wird zum Beispiel die Umsatztabelle aus Bild 27.7. Diese enthält sehr viele Informationen, die unter Umständen nicht alle interessant sind.

Hier wäre es sicherlich hilfreich, wenn sich für den Ausdruck des Berichts die Zeilen mit den Einzelumsätzen der Filialen ausblenden ließen. Excel 97 bietet Ihnen hier verschiedene Ansätze. In Kapitel 19 wurde gezeigt, wie Sie Spalten oder Zeilen einer Tabelle manuell ein-/ausblenden können. Weiter unten lernen Sie die Funktion *Ansichten* kennen, die ebenfalls eine modifizierte Darstellung der Tabelle erlaubt.

	A	B	C	D	E	F
3			Umsatz 97			
4						
5	Filiale	Januar	Februar	März	April	Summe
6	Köln	1234,50	980,10	1234,50	980,10	4429,20
7	Bonn	1230,00	1090,01	1230,00	990,01	4540,02
8	Düsseldorf	1031,00	1230,00	1031,00	1230,00	4522,00
9	Duisburg	1234,50	980,10	1234,50	980,10	4429,20
10	Essen	1230,00	1090,01	1230,00	1090,01	4640,02
11	Wuppertal	1031,00	1230,00	1031,00	1230,00	4522,00
12	Summe	6991,00	6600,22	6991,00	6500,22	27082,44
13	Gesamt:	27082,44				
14						

Bild 27.7: Beispieltabelle mit Umsatzzahlen

Am elegantesten geht das Ein- und Ausblenden verschiedener Informationen jedoch mit der Funktion *Gliederung*. Hierbei fassen Sie Zeilen- oder Spaltengruppen zu verschiedenen Ebenen zusammen.

- Die unterste Gliederungsebene in Bild 27.7 umfaßt zum Beispiel die Zeilen 6 bis 11 mit den Einzelumsätzen der Filialen.

- Als nächsthöhere Gliederungsebene ist die Zeile mit den summierten Umsätzen der Filialen zu sehen.

- Die höchste Gliederungsebene umfaßt nur den Gesamtumsatz in Zeile 13.

Mit der Funktion *Gliederung* können Sie den einzelnen Zeilen Gliederungsebenen zuweisen. Damit eröffnet sich Ihnen die Möglichkeit, die Anzeige auf diese Gliederungsebenen zu beschränken. Wählen Sie zum Beispiel die Gliederungsebene 1, werden alle Zeilen der anderen Ebenen automatisch ausgeblendet. In der Tabelle aus Bild 27.7 ist dann nur noch der Gesamtumsatz zu sehen.

Gliederung automatisch erstellen

Am einfachsten läßt sich eine Gliederung erstellen, wenn Sie diese Aufgabe Excel 97 überlassen. Hierzu gehen Sie folgendermaßen vor:

1. Markieren Sie den Gliederungsbereich in der Tabelle.
2. Wählen Sie im Menü DATEN den Eintrag GRUPPIERUNG UND GLIEDERUNG. Excel 97 öffnet dann das Untermenü aus Bild 27.6.
3. Klicken Sie in diesem Untermenü auf den Eintrag AUTOGLIEDERUNG.

Excel 97 analysiert dann den markierten Bereich der Tabelle spalten- und zeilenweise auf Formeln mit Zellbezügen. Zeigen diese Bezüge nach links oben, gruppiert Excel 97 die zugehörigen Daten in Zeilen. Bei Verweisen auf Zellen nach links oder rechts führt Excel 97 die Gliederung spaltenweise durch.

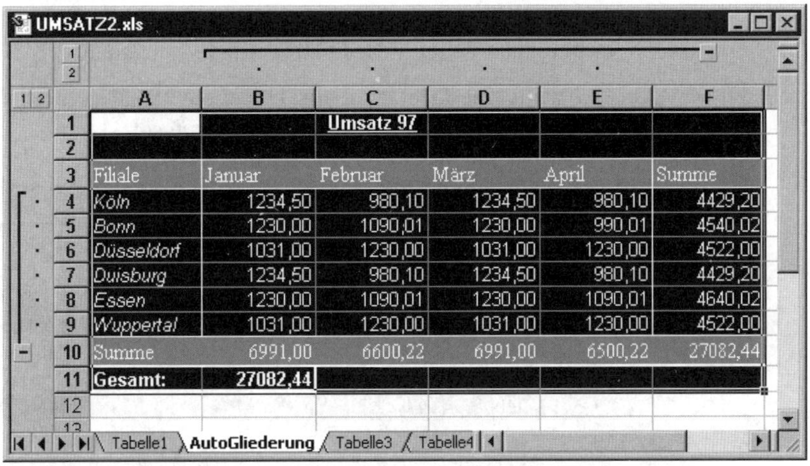

Bild 27.8: Ergebnis einer AutoGliederung

Das Ergebnis der Funktion *AutoGliederung* für die Tabelle aus Bild 27.7 ist in Bild 27.8 zu sehen. Die Zeilen mit den Einzelumsätzen der Filialen wurden in der Gliederungsebene 2 zusammengefaßt. Die summierten Filialumsätze gehören dagegen zur Gliederungsebene 1. Da die Tabelle auch eine spaltenweise Summierung der Umsätze jeder Filiale enthält, faßt die Funktion *AutoGliederung* zusätzlich die Spalten mit den Monatsumsätzen zu einer Ebene zusammen. Der Gesamtumsatz einer Filiale wird dann der Gliederungsebene 1 zugeordnet.

Am linken und oberen Tabellenrand blendet Excel die Gliederungssymbole ein. Über diese Gliederungssymbole lassen sich die verschiedenen Gliederungsebenen erkennen und selektiv ein- oder ausblenden.

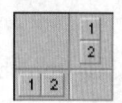

⇢ Für jede der horizontalen und vertikalen Gliederungsebenen blendet Excel 97 eine Schaltfläche in der linken oberen Ecke ein. Durch Anwahl dieser Schaltflächen lassen sich die niedrigeren Gliederungsebenen aus der Anzeige ausblenden. Wenn Sie zum Beispiel die horizontale Schaltfläche mit der Zahl 1 anwählen, blendet Excel 97 alle Details aus und zeigt die Tabelle aus Bild 27.9. Ein Beispiel mit mehr als zwei Gliederungsebenen finden Sie in Bild 27.11.

⇢ Außerdem werden die einzelnen Gruppen einer Gliederungsebene mit einer Klammer und der Schaltfläche mit einem Minuszeichen (Detail ausblenden) eingeschlossen. Sobald Sie die Schaltfläche *Detail ausblenden* anwählen, blendet Excel 97 alle Zeilen dieser Gliederungsebene aus. Existieren mehrere Gruppen innerhalb der Gliederungsebene, wird für jede Gruppe eine solche Klammer angezeigt. Damit können Sie Teile einer Tabelle unterdrücken. Bei ausgeblendeten Gliederungsebenen erscheint an Stelle der Klammer eine Schaltfläche mit einem Pluszeichen (Detail einblenden). Durch Anwahl dieser Schaltfläche lassen sich die verborgenen Zeilen oder Spalten wieder anzeigen.

Bild 27.9 zeigt eine Tabelle mit ausgeblendeten Spalten für die Filialumsätze. Diese wurden der Gliederungsebene 2 zugewiesen.

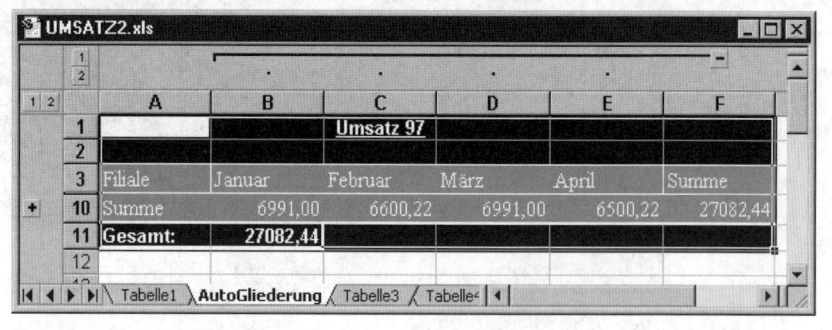

Bild 27.9: Tabelle mit ausgeblendeter Gliederungsebene

Um die Gliederungsebene mit den Filialumsätzen wieder einzublenden, betätigen Sie die Schaltfläche *Detail einblenden* oder wählen die Schaltfläche mit der Ziffer 2 an.

> Bild 27.9 zeigt ein weiteres Problem im Zusammenhang mit der Formatierung der Zellen an. Normalerweise fällt es nicht auf, wenn Sie unterschiedliche Formate für den Tabellenkopf und -fuß verwenden. Werden jedoch die dazwischenliegenden Zeilen ausgeblendet, werden die Abweichungen sofort sichtbar.

Über die Registerkarte *Ansicht* (Menü Extras, Eintrag Optionen) lassen sich die Gliederungssymbole ein- oder ausblenden. Ist die Markierung im Kontrollkästchen *Gliederungssymbole* gesetzt, zeigt Excel 97 die Symbole.

Bei ausgeblendeten Gliederungssymbolen können Sie die Details über die Einträge im Untermenü GRUPPIERUNG UND GLIEDERUNG (Bild 27.6) ein- oder ausblenden.

Schneller geht das Ein- und Ausblenden der Gliederungssymbole, wenn Sie sich die nebenstehende Schaltfläche in einer Symbolleiste einrichten. Die Schaltfläche befindet sich im Dialogfeld Befehle *in der Kategorie* Daten *(Menü* EXTRAS, *Befehl* ANPASSEN*). Möchten Sie einzelne Gliederungsbereiche schnell markieren? Dann halten Sie die* ⇧*-Taste gedrückt und klicken auf die Klammern der Gliederungsebenen (bzw. auf die zugehörigen Schaltflächen* Gliederungsebene einblenden *und* Gliederungsebene ausblenden *– dies sind die Schaltflächen mit den Plus- und Minuszeichen).*

Gliederung manuell erstellen

Beim Erstellen der Gliederung fassen Sie Zeilen- oder Spaltengruppen zu verschiedenen Ebenen zusammen. Als Beispiel möge wieder die in Bild 27.7 gezeigte Tabelle dienen. Hier sollen die Filialen *Köln, Bonn* und *Düsseldorf* zu einer Gruppe zusammengefaßt werden. Zusätzlich zu den von *AutoGliederung* definierten zwei vertikalen Gliederungsebenen sind weitere Gruppen zu definieren. Auf die horizontale Gliederung wird dagegen verzichtet. Um diese Gliederungsebenen festzulegen, gehen Sie in folgenden Schritten vor:

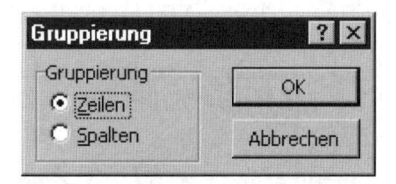

Bild 27.10: Dialogfeld Gruppierung

1. Markieren Sie die zu gliedernden Zellen mit den Daten.
2. Wählen Sie im Menü DATEN den Befehl GRUPPIERUNG UND GLIEDERUNG an. Excel 97 blendet das Untermenü aus Bild 27.6 in der Anzeige ein.
3. Sie müssen dann den Befehl *Gruppierung* per Maus anwählen. Excel 97 öffnet das Dialogfeld aus Bild 27.10.
4. Legen Sie über ein Optionsfeld fest, ob die Gruppierung zeilen- oder spaltenweise erfolgen soll, und schließen Sie das Dialogfeld über die *OK*-Schaltfläche.

Damit faßt Excel 97 die markierten Zeilen oder Spalten zu einer Gliederungsgruppe zusammen und zeigt das Gliederungssymbol am Tabellenrand. Bild 27.11 zeigt das Beispiel einer Tabelle, die mit mehreren Gliederungsebenen versehen wurde.

Bild 27.11: Tabelle mit manueller Gliederung

Gruppierung aufheben

Um die Gliederung einzelner Ebenen aufzuheben, wählen Sie die betreffenden Zellen der Gliederungsebene an. Dann öffnen Sie das Untermenü über den Befehl GRUPPIERUNG UND GLIEDERUNG (Menü DATEN). Wählen Sie den Eintrag GRUPPIERUNG AUFHEBEN. Kann Excel 97 nicht erkennen, ob die Gruppierung für Zeilen oder Spalten aufzuheben ist, blendet es das Dialogfeld aus Bild 27.12 in der Anzeige ein. Sie müssen dann eine Option für die aufzuhebende Gruppierung wählen.

Um die gesamte Gliederung aufzuheben, markieren Sie den kompletten gegliederten Bereich. Dann ist der Eintrag GLIEDERUNG ENTFERNEN im Untermenü GRUPPIERUNG UND GLIEDERUNG per Maus anzuwählen. Haben Sie nur einen Teil des gegliederten Bereichs markiert, entfernt Excel 97 die zugehörigen Gliederungen.

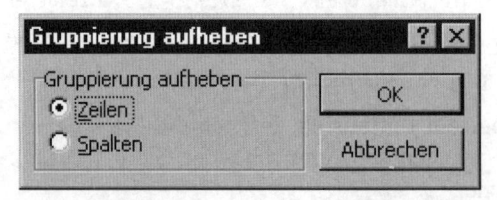

Bild 27.12: Gruppierung aufheben

27 Teilergebnisse, Gliederungen, Ansichten und Berichte

> *Die Zellen eines Gliederungsbereichs lassen sich sehr schnell markieren, indem Sie die* ⇧*-Taste gedrückt halten und dann die Schaltflächen* Details einblenden *oder* Details ausblenden *in der Gliederungsleiste per Maus anklicken (dies sind die Schaltflächen mit den Plus- oder Minuszeichen).*

Über die Tastenkombinationen Alt+⇧+← und Alt+⇧+→ können Sie direkt einzelne Gruppen ein- oder ausblenden.

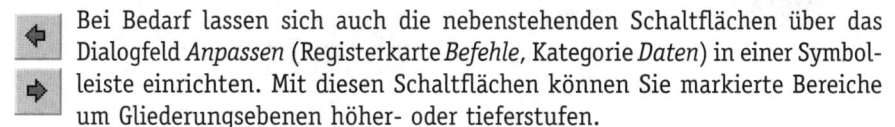

Bei Bedarf lassen sich auch die nebenstehenden Schaltflächen über das Dialogfeld *Anpassen* (Registerkarte *Befehle*, Kategorie *Daten*) in einer Symbolleiste einrichten. Mit diesen Schaltflächen können Sie markierte Bereiche um Gliederungsebenen höher- oder tieferstufen.

Wenn Sie Pivot-Tabellen verwenden (siehe Kapitel 30), können Sie die zugehörige Symbolleiste aktivieren. In dieser Symbolleiste finden Sie die Schaltflächen, um Gliederungsebenen umzustufen oder Details ein- und auszublenden.

Gliederungsfunktion einrichten

Über den Eintrag EINRICHTEN im Untermenü GRUPPIERUNG UND GLIEDERUNG (Menü DATEN) können Sie verschiedene Optionen für die Gliederung setzen. Sobald Sie den Eintrag anwählen, erscheint das Dialogfeld aus Bild 27.13 in der Anzeige.

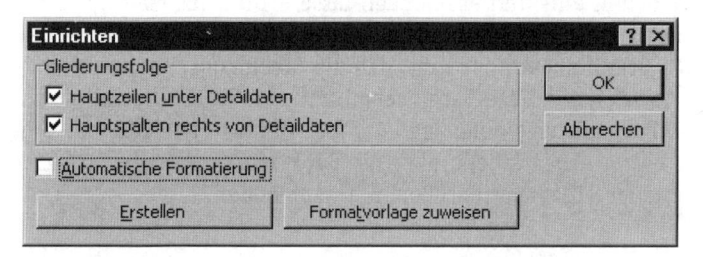

Bild 27.13: Einrichten der Gliederungsoptionen

Über die Gruppe *Gliederungsfolge* bestimmen Sie, wie die Hauptzeile einer Gliederung angeordnet wird. Bei markiertem Kontrollkästchen, stellt Excel 97 die Schaltfläche (Detail ausblenden) unter die Gruppe. Ohne Markierung wird die Zeile über der Gruppe als Hauptzeile verwendet.

Die Option *Automatische Formatierung* wendet die Druckformate *Zeilenebene_1, Spaltenebene_1* etc. auf die Zeilen und Spalten der gegliederten Tabelle an. Die Zuweisung der Formatvorlage erfolgt über die Schaltfläche *Formatvorlage zuweisen*.

> *Außerdem können Sie Tabellenbereiche zu Teilergebnissen zusammenfassen. So lassen sich zum Beispiel Monatsumsätze einer Filiale addieren und zu einem Teilresultat in der Tabelle vereinen. Weitere Informationen zum Umgang mit Teilergebnissen finden Sie im vorhergehenden Kapitel.*

> *Sie finden die Beispieltabelle in der Datei \BEISP\KAP27\UMSATZ2.XLS auf der Begleit-CD-ROM.*

27.3 Ansichten

Sie können das aktuelle Erscheinungsbild eines Arbeitsblatts speichern. Dann müssen Sie die gewünschten Einstellungen nicht ständig zum Anzeigen oder Drucken anpassen. Hierzu wird die Funktion *Ansicht* benutzt. Der nachfolgende Abschnitt zeigt, wie sich Tabelleninhalte mit Ansichten auf bestimmte Ergebnisse reduzieren lassen, ohne daß einzelne Zeilen/Spalten auszublenden sind.

Ansichten abrufen

In Kapitel 19 wird vorgestellt, wie sich einzelne Spalten oder Zeilen einer Tabellen ein- und ausblenden lassen. Dies hat aber den Nachteil, daß der Benutzer nur nach einem genauen Blick auf die betreffenden Zeilen- oder Spaltennummern erkennt, daß die Tabelle ggf. noch weitere Daten enthält. Möchten Sie diese Daten sehen, müssen Sie die betreffenden Spalten oder Zeilen wieder einblenden. Darüber hinaus haben Sie die Möglichkeit, die Ansicht einer Tabelle über die Funktion *Gliederung* zu gestalten und bestimmte Informationsebenen auszublenden.

Bild 27.14: Das Menü Ansicht

Sobald Sie das zugehörige Arbeitsblatt speichern, sichert Excel 97 auch die betreffenden Informationen. Dies bedeutet aber andererseits, daß die ursprüngliche Fassung des Arbeitsblatts überschrieben wird. Schließen Sie dagegen die Arbeitsmappe, ohne zu speichern, gehen die erstellten »Ansichten« verloren. Schön wäre es doch, wenn Sie sich eine oder sogar mehrere getrennte »Ansichten« auf die Tabelle eines Arbeitsblatts definieren könnten. Diese Ansichten lassen sich direkt abrufen und zeigen alle Informationen, die Sie benötigen, verändern die Tabelle aber nicht.

Aus der Datenbanktechnik ist die betreffende Technik seit Jahren unter dem Begriff »View« bekannt. Die Funktion *Ansichten* läßt sich auch unter Excel 97 anwenden. (Diese war in früheren Excel-Versionen als Add-In *Ansichten-Manager* realisiert. In Excel 97 taucht der Name aber nicht mehr im Add-In-Manager auf. Die Funktion ist vermutlich als interner Befehl implementiert.) Der Befehl ANSICHT ANPASSEN steht im Menü ANSICHT zur Verfügung (Bild 27.14). Nach Anwahl des Menüpunkts erscheint das Dialogfeld aus Bild 27.15 in der Anzeige.

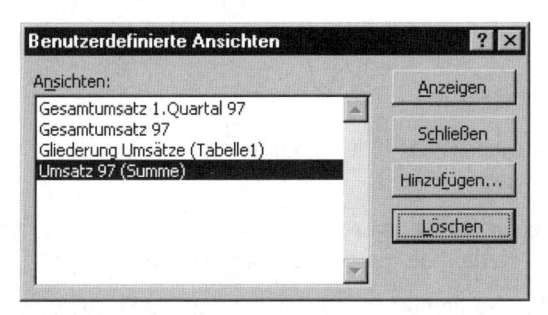

Bild 27.15: Das Dialogfeld Benutzerdefinierte Ansichten

In der Liste *Ansichten* finden Sie die Namen der bereits vom Benutzer definierten Tabellenansichten.

1. Klicken Sie auf einen dieser Namen.
2. Dann betätigen Sie die Schaltfläche *Anzeigen*.

Excel 97 blendet die betreffende Tabellendarstellung im Arbeitsbereich ein. Die Funktion *Ansichten* stellt dabei die Fenstergröße und -position, den gewählten Tabellenausschnitt, den Titel, ggf. eine Gliederung, die aktive Zelle, den Skalierungsfaktor der Anzeige, den Druckbereich und viele Einstellungen des Dialogfeldes *Optionen* automatisch ein. Sie sehen praktisch eine Replik des Tabellenzustandes (bzw. der Arbeitsmappe), der beim Erstellen der Ansicht herrschte.

> *Vielleicht fragen Sie sich, was das alles soll? Sie können ja auch einen solchen Tabellenzustand herstellen und die Arbeitsmappe speichern. Excel 97 sichert die aktuelle Ansicht der Arbeitsmappe und zeigt den letzten Zustand beim erneuten Laden an. Um dann zur Ansicht der Ursprungstabelle des Arbeitsblatts zurückzukehren, müssen Sie aber alle Änderungen (z.B. eine Gliederung) wieder aufheben. Die Funktion Ansicht macht diese »Klimmzüge« überflüssig. Sie definieren einfach die gewünschten Ansichten (siehe unten), stellen dann die Anzeige der Ursprungstabelle wieder her und sichern die Arbeitsmappe. Lädt der Benutzer die Arbeitsmappe, erhält er die gewohnte Darstellung mit Arbeitsblättern und Tabellen. Erst wenn er den Befehl ANSICHTEN ANPASSEN im Menü ANSICHT wählt, kann er die vordefinierten Ansichten abrufen.*

Ansichten beziehen sich immer auf eine bestimmte Arbeitsmappe. Im Dialogfeld *Benutzerdefinierte Ansichten* sind nur dann Einträge aufgeführt, wenn die Arbeitsmappe mit den definierten Ansichten geladen und aktiviert ist. Die Funktion *Ansicht* verändert nicht die Anzeige der Gliederungssymbole, auch wenn eine Tabelle mit Gliederung abgerufen wird.

Ansicht definieren

Um eine neue Ansicht auf eine Arbeitsmappe zu definieren, gehen Sie folgendermaßen vor:

1. Laden Sie die Arbeitsmappe, aktivieren Sie das betreffende Arbeitsblatt, und stellen Sie die gewünschten Optionen ein.

2. Nach diesen Vorbereitungen rufen Sie den Befehl ANSICHTEN ANPASSEN über das Menü ANSICHT auf. Excel 97 blendet das Dialogfeld aus Bild 27.15 in der Anzeige ein.

3. Betätigen Sie nun die Schaltfläche *Hinzufügen*, öffnet die Funktion *Ansicht* das Dialogfeld zur Definition der Optionen (Bild 27.16).

4. Setzen Sie die gewünschten Optionen, und schließen Sie das Dialogfeld über die *OK*-Schaltfläche.

5. Jetzt wird die neu definierte Ansicht im Dialogfeld *Benutzerdefinierte Ansichten* übernommen.

6. Stellen Sie die ursprüngliche Fassung der Arbeitsmappe wieder her. Dann sichern Sie die Arbeitsmappe.

27 Teilergebnisse, Gliederungen, Ansichten und Berichte

Bild 27.16: Ansicht hinzufügen

Bezüglich der Optionen im Dialogfeld *Ansicht hinzufügen* gilt folgendes:

⇢ Im Feld *Name* tragen Sie eine Bezeichnung für die neue Ansicht ein. Sie sind in der Namensgebung weitgehend frei. Dieser Name taucht später in der Liste der Ansichten auf.

⇢ Zusätzlich läßt sich in der Gruppe *Ansicht enthält* wählen, ob die aktuellen Druckeinstellungen und ausgeblendete Zeilen, Spalten und Filtereinstellungen in der Ansicht zu übernehmen sind.

Sobald Sie die *OK*-Schaltfläche betätigen, legt die Funktion ANSICHT die betreffenden Parameter unter dem Namen der Ansicht ab.

> *Wenn Sie vor der Definition der ersten Ansicht die ursprüngliche Darstellung der Arbeitsmappe laden und diese als Ansicht definieren, läßt sich diese Darstellung später mit wenigen Mausklicks abrufen.*

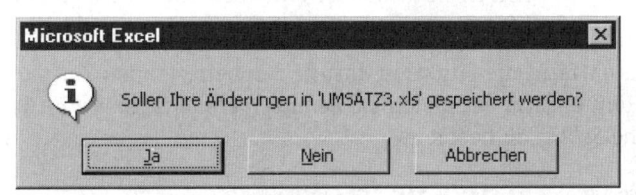

Bild 27.17: Sicherheitsabfrage beim Schließen

> *Sie können Ansichten benutzen, um z.B. schnell eine Tabelle mit und ohne Gitternetzlinien anzuzeigen bzw. auszudrucken. Definieren Sie einfach eine Ansicht der Tabelle mit eingeblendeten Gitternetzlinien. Anschließend schalten Sie die Gitternetzlinien ab (Menü EXTRAS, Befehl OPTIONEN, Registerkarte* Ansicht, *Option* Gitternetzlinien*) und definieren die zweite Ansicht. Anschließend lassen sich die Gitternetzlinien durch Umschalten der Ansichten ein-/ausblenden.*

> **Achtung!** *Wenn Sie eine Ansicht neu definiert haben, erscheint beim Schließen der Arbeitsmappe ggf. die in Bild 27.17 gezeigte Sicherheitsabfrage. Sie müssen dieses Dialogfeld über die Ja-Schaltfläche schließen, damit die Ansichten mit in der XLS-Datei gesichert werden. Unterdrücken Sie die Speicherung über die Schaltfläche Nein, werden die neu definierten Ansichten verworfen. Wird die Arbeitsmappe in der zuletzt definierten Ansicht angezeigt und speichern Sie die Arbeitsmappe, erscheint beim erneuten Laden genau diese Ansicht. Daher sollten Sie vor dem Speichern des Arbeitsblatts immer den ursprünglichen Zustand der Arbeitsmappe einstellen. (Zusätzlich empfiehlt es sich, gemäß obigem Tip, eine Ansicht des ursprünglichen Zustands der Arbeitsmappe zu definieren. Dies gibt dem Benutzer die Möglichkeit, diesen Zustand schnell abzurufen und ggf. wieder in der Arbeitsmappe zu sichern.)*

Ansichten löschen

Um eine Ansicht zu löschen, gehen Sie in folgenden Schritten vor:

1. Öffnen Sie die Arbeitsmappe, aus der eine Ansicht zu löschen ist.
2. Wählen Sie den Befehl ANSICHT ANPASSEN im Menü ANSICHT.
3. Klicken Sie im Dialogfeld *Benutzerdefinierte Ansichten* (Bild 27.15) auf den Namen der zu löschenden Ansicht.
4. Betätigen Sie in diesem Dialogfeld die Schaltfläche *Löschen*.
5. Die Funktion *Ansicht* blendet eine Sicherheitsabfrage ein (Bild 27.18). Schließen Sie dieses Dialogfeld über die *Ja*-Schaltfläche.

Jetzt entfernt die Funktion *Ansicht* den betreffenden Eintrag aus der Liste. Sie können jetzt das Dialogfeld *Benutzerdefinierte Ansichten* über die Schaltfläche *Schließen* beenden.

Bild 27.18: Bestätigung beim Löschen einer Ansicht

> **CD** *Auf der Begleit-CD-ROM finden Sie die Datei \BEISP\KAP27\UMSATZ3.XLS. In dieser Arbeitsmappe sind verschiedene Ansichten definiert.*

> 27 Teilergebnisse, Gliederungen, Ansichten und Berichte

Wenn Sie eine Ansicht löschen, müssen Sie die Speicherung der Änderungen beim Schließen der Arbeitsmappe zulassen. Andernfalls bleibt die gelöschte Ansicht erhalten und wird beim nächsten Laden wieder angezeigt. Daher sollten Sie sofort nach dem Löschen der Ansicht die ursprüngliche Darstellung der Arbeitsmappe einstellen, das Dialogfeld Benutzerdefinierte Ansichten *über die Schaltfläche* Anzeigen *schließen und die Arbeitsmappe sichern. Dies stellt auch sicher, daß die ursprüngliche Darstellung der Arbeitsmappe nach dem Laden wieder erscheint.*

27.4 Arbeiten mit Berichten

Die Funktion *Ansicht* eignet sich im wesentlichen, um Arbeitsmappen in unterschiedlichen Darstellungen abzurufen. Zum Ausdrucken müssen Sie die gewünschten Arbeitsblätter oder markierte Bereiche angeben. Für häufig zu erstellende Berichte, die immer bestimmte Arbeitsblätter mit Tabellen, Tabellenausschnitten oder Diagrammen enthalten, ist dies zu aufwendig. Excel 97 bietet Ihnen hier die Möglichkeit, die auszugebenden Dokumente in einem Bericht zusammenzustellen. Diese Berichte lassen sich mit wenigen Mausklicks ausdrucken.

Die Zusammenstellung und die Ausgabe von Berichten erfolgt über den Bericht-Manager. Hierbei handelt es sich um ein Add-In, welches explizit installiert und eingerichtet werden muß. Wie Sie Excel-Komponenten nachträglich installieren, wird in Kapitel 1 gezeigt. Ist das betreffende Add-In installiert, fehlt der Befehl BERICHT-MANAGER *im Menü* ANSICHT, *müssen Sie das Add-In Bericht-Manager in Excel 97 freigeben (siehe Kapitel 24).*

Erstellen eines neuen Berichts

Um einen neuen Bericht zu erstellen, gehen Sie in folgenden Schritten vor:

Bild 27.19: Der Befehl Bericht-Manager

1. Öffnen Sie das Menü ANSICHT, und wählen Sie den Befehl BERICHT-MANAGER (Bild 27.19).

2. Excel 97 öffnet das Dialogfeld des Bericht-Managers, der die bereits definierten Berichte und verschiedene Schaltflächen zeigt (Bild 27.20). Wählen Sie jetzt die Schaltfläche *Hinzufügen*.

3. Der Bericht-Manager öffnet ein weiteres Dialogfeld, in dem Sie die Bereiche für den Bericht zusammenstellen (Bild 27.21). Geben Sie die Optionen ein, und schließen das Dialogfeld über die *OK*-Schaltfläche.

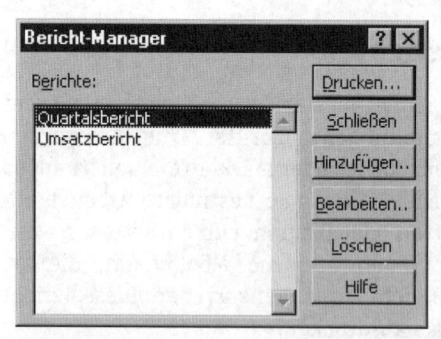

Bild 27.20: Dialogfeld Bericht-Manager

Die erforderlichen Schritte zur Definition der Bereiche werden nachfolgend beschrieben. Zuerst ist die Frage zu klären, was verbirgt sich hinter den Bereichen? Nehmen wir an, Sie haben eine Arbeitsmappe mit mehreren Arbeitsblättern. In einem Bericht können Sie nun definieren, welche Arbeitsblätter der Arbeitsmappe im Ausdruck erscheinen. Hierbei sind Sie nicht nur auf komplette Arbeitsblätter angewiesen, sondern Sie können auch auf die im vorhergehenden Abschnitt besprochenen Ansichten sowie auf die in Kapitel 28 vorgestellten Szenarien zugreifen. Ein im Bericht zu druckendes Arbeitsblatt (oder eine Ansicht bzw. ein Szenario) wird als Bereich bezeichnet.

Um den Bericht zu definieren, sind im Dialogfeld *Bericht hinzufügen* folgende Optionen zu setzen:

⇢ Tragen Sie als erstes den Namen des Berichts im Feld *Berichtsname* ein. Dieser Begriff erscheint später in der Liste Berichte (siehe Bild 27.20).

⇢ In der Gruppe *Bereich* werden dann die Arbeitsblätter (samt Ansichten und Szenarien) für den Bericht zusammengestellt.

⇢ Das Feld *Bereiche dieses Berichts* zeigt die Bereiche an, die im aktuellen Bericht benutzt werden. Microsoft Excel druckt diese Bereiche in der im Feld aufgeführten Reihenfolge.

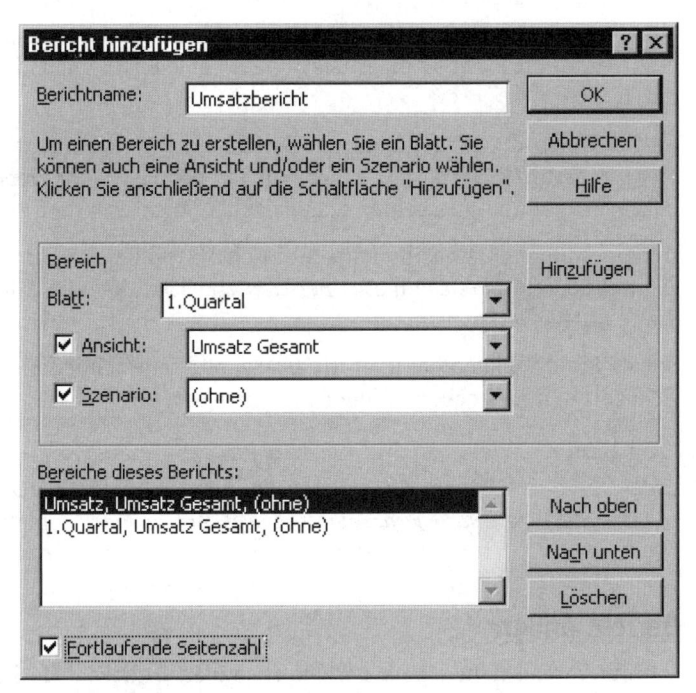

27 Teilergebnisse, Gliederungen, Ansichten und Berichte

Bild 27.21: Das Dialogfeld Bericht hinzufügen

Um einen Bereich zu einem Bericht hinzuzufügen sind folgende Schritte erforderlich:

1. Geben Sie als erstes das gewünschte Arbeitsblatt im Listenfeld *Blatt* an. Der Name läßt sich über das Listenfeld abrufen, welches Ihnen die Liste aller Arbeitsblätter der Arbeitsmappe anzeigt.

2. Enthält die Arbeitsmappe Ansichten, können Sie das Kontrollkästchen *Ansicht* markieren. Der Bericht-Manager gibt das zugehörige Listenfeld frei. Über dieses Listenfeld läßt sich eine der definierten Ansichten wählen. Im Bericht wird dann der Inhalt der Ansicht ausgegeben.

3. Möchten Sie ein Szenario drucken (siehe nächstes Kapitel), markieren Sie das Kontrollkästchen *Szenario* und wählen eines der definierten Szenarios.

4. Klicken Sie auf die Schaltfläche *Hinzufügen* (Bild 27.21), um die Optionen für den Bereich in den Bericht aufzunehmen.

Wiederholen Sie die obigen Schritte, bis alle Bereiche im Bericht eingefügt sind. Diese Bereiche werden dann beim Ausdruck des Berichts ausgegeben.

Der Bericht-Manager zeigt die ausgewählten Optionen der einzelnen Bereiche im Feld *Bereiche dieses Berichts* an. Beim Ausdruck erscheinen die einzelnen Bereiche in der angegebenen Reihenfolge. Haben Sie das Kontrollkästchen *Fortlaufende Seitenzahl* markiert, werden die Berichtsseiten aller Bereiche durchnumeriert. Ist dieses Kontrollkästchen deaktiviert, beginnt Microsoft Excel 97 die Numerierung bei jedem Berichtsbereich erneut mit 1.

Gefällt Ihnen die Reihenfolge der Bereiche im Bericht nicht, können Sie diese ändern. Markieren Sie einen Eintrag der Liste, und verschieben Sie diese vertikal über die beiden Schaltflächen *Nach oben* und *Nach unten*.

Um einen Bereich eines Berichts zu löschen, wählen Sie den betreffenden Eintrag im Feld *Bereiche dieses Berichts* an. Anschließend klicken Sie auf die Schaltfläche *Löschen*.

Sobald Sie das Dialogfeld über die *OK*-Schaltfläche schließen, wird der Bericht mit den angegebenen Bereichen angelegt.

> *Legen Sie einen Bericht an, müssen Sie beim Schließen der Arbeitsmappe (oder vorher) diese speichern. Andernfalls gehen die Berichtsoptionen verloren.*

Bericht ändern

Um die Vorgaben in einem Bericht zu ändern, klicken Sie im Dialogfeld *Bericht-Manager* auf den Bericht und wählen anschließend die Schaltfläche *Bearbeiten* (siehe Bild 27.20). Der Bericht-Manager zeigt das Dialogfeld *Bericht ändern* an. Dieses Dialogfeld entspricht im Aufbau dem Dialogfeld *Bericht hinzufügen* (Bild 27.21). Ändern Sie anschließend die gewünschten Optionen, und schließen Sie das Dialogfeld über die *OK*-Schaltfläche.

Bericht löschen

Um einen Bericht zu löschen, gehen Sie folgendermaßen vor:

1. Starten Sie den Bericht-Manager (Befehl BERICHT-MANAGER, Menü ANSICHT).

2. Anschließend klicken Sie im Fenster des Bericht-Manager auf den Namen des zu löschenden Berichts.

3. Sobald Sie die Schaltfläche *Löschen* betätigen, wird der Bericht entfernt.

> *Denken Sie beim Schließen der Arbeitsmappe daran, daß diese gespeichert wird. Andernfalls kann Excel 97 den gelöschten Bericht nicht austragen.*

Bericht drucken

Um einen Bericht auszugeben, gehen Sie folgendermaßen vor:

1. Starten Sie den Bericht-Manager (Befehl BERICHT-MANAGER, Menü ANSICHT).
2. Anschließend klicken Sie im Fenster des Bericht-Managers auf den Namen des Berichts.
3. Sobald Sie die Schaltfläche *Drucken* betätigen, wird der Bericht mit allen Bereichen ausgegeben.

So schön der Ansatz mit den Berichten ist, in der Praxis gibt es doch Nachteile. Durch die Implementierung als Add-In-Programm wird die Laufzeit erheblich beeinträchtigt. Als nachteilig empfinde ich es auch, daß bei der Erstellung oder bei der Änderung eines Berichts keine Ansicht oder kein Szenario direkt definiert werden kann. Diesen Schritt müssen Sie vorher durchführen. Wurde dies vergessen, ist der Bericht-Manager zu beenden und nach Definition der Ansicht oder des Szenarios erneut aufzurufen.

Auf der Begleit-CD-ROM finden Sie die Datei \BEISP\KAP27\BERICHTE.XLS, in der einige Berichte definiert sind.

28 Analysen und Szenarien

28.1 Zielwertsuche und Mehrfachauswahl

Excel 97 bietet eine Reihe von Funktionen zur Analyse der Tabellendaten. Neben der in Kapitel 30 diskutierten Technik der Pivot-Tabellen haben Sie die Möglichkeit, auf die Funktionen *Zielwertsuche* und *Mehrfachauswahl* zurückzugreifen. Der folgende Abschnitt geht auf die beiden Funktionen ein.

Die Funktion Zielwertsuche

Ein häufiges Problem bei der Lösung von Gleichungen stellt die Bestimmung der Eingabeparameter dar. Sofern keine analytische Lösung bekannt ist, müssen Sie die Eingabeparameter solange variieren, bis der gesuchte Wert berechnet wird. Dies kann bei komplexen Formeln recht aufwendig sein. Excel 97 bietet mit der Funktion *Zielwertsuche* die Möglichkeit zur automatischen Bestimmung des Eingabeparameters in Abhängigkeit vom Zielwert. Als Beispiel soll die Gewinnermittlung für eine zu produzierende Ware dienen. Der Gewinn berechnet sich wie folgt:

Gewinn = Stückzahl * (Preis - Stückkosten) - Fixkosten

Bei gegebenen Fixkosten und Stückkosten interessieren die Größen für Preis und Stückzahl, bei denen die Kosten aufgefangen werden (Break-Even-Analyse). Jede über diesen Wert hinaus verkaufte Einheit trägt erst zum Gewinn bei. Da bei der Zielwertsuche nur ein Parameter variabel gehalten werden kann, soll bei der Analyse der Verkaufspreis fest sein. Bild 28.1 zeigt einen Tabellenausschnitt, in dem die Werte und die Formeln für die Break-Even-Analyse des Produkts A eingetragen wurden.

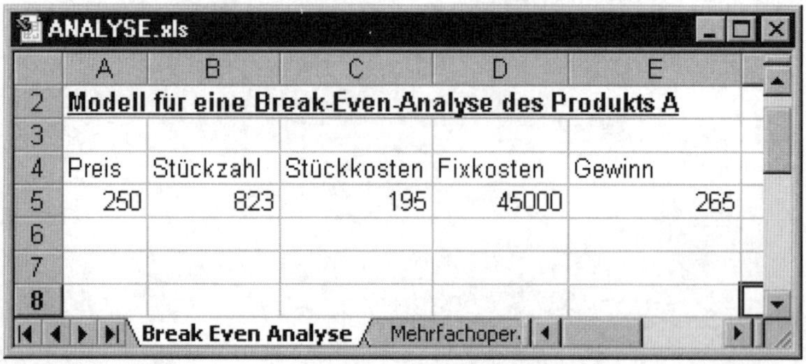

Bild 28.1: Tabelle mit Break-Even-Analyse

Die Fixkosten werden dabei in Abhängigkeit von der erstellten Menge berechnet. Es handelt sich also um die sogenannten sprungfixen Kosten. Bis 1000 Stück gehen 45.000,- DM in die Kalkulation ein. Ab 1000 Stück müssen die Fixkosten wegen höherem Maschinenverschleiß und Überstunden auf 55.000,- DM erhöht werden. Dies wird durch eine WENN-Bedingung:

=WENN(B5>1000;55000;45000)

in der betreffenden Zelle berücksichtigt.

In der Break-Even-Analyse ist mit den vorgegebenen Werten die Stückzahl zu ermitteln, bei der der Gewinn gerade 0 wird. Dann ist der *Break-Even-Punkt* erreicht. Natürlich können Sie auch andere Gewinnvorgaben als Ziel eintragen. Letztlich läuft es aber darauf hinaus, daß die Stückzahl manuell solange variiert wird, bis der vorgegebene Wert *Gewinn* erreicht wird. Diese Aufgabe können Sie aber der Excel-Funktion *Zielwertsuche* überlassen.

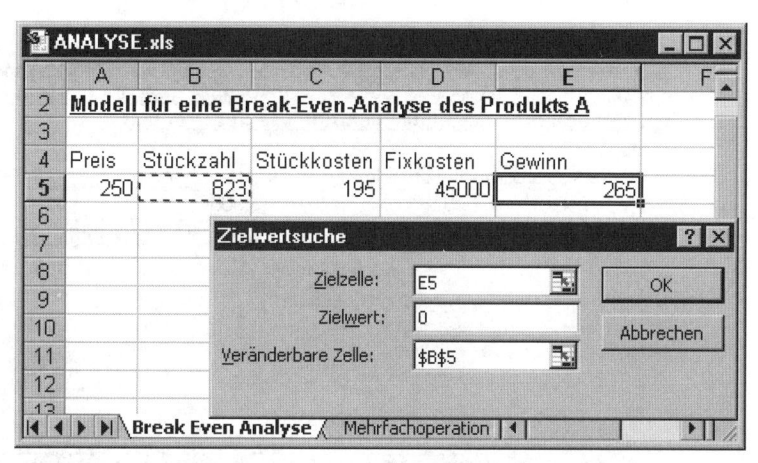

Bild 28.2: Eingabe der Parameter für die Zielwertsuche

1. Nachdem Sie die erforderlichen Eingaben getätigt haben, markieren Sie als erstes die Zelle mit dem berechneten Gewinn.

2. Dann öffnen Sie das Menü EXTRAS und wählen den Eintrag ZIELWERTSUCHE.

3. Auf dem Bildschirm erscheint das Dialogfeld *Zielwertsuche,* in dem die Parameter für die Suche einzutragen sind (Bild 28.2).

4. Als erstes benötigt Excel 97 eine Zelle, in der die Formel für den Zielwert enthalten ist. An Hand dieser Formel ermittelt Excel 97 den gesuchten Parameter. Sie können im Feld *Zielzelle* die Zellreferenz direkt eintragen, oder Sie klicken in der Tabelle auf die betreffende Zelle.

5. Weiterhin benötigt die Funktion *Zielwertsuche* den Zielwert (den Wert, nach dem zu optimieren ist). Da Sie diesen in der Zielzelle nicht eingeben können (sonst wird ja die Formel überschrieben), ist der Wert im Feld *Zielwert* einzutragen.

6. Als letzten Parameter müssen Sie noch die zu variierende Zelle vorgeben. Diese Zelle muß dabei direkt oder indirekt in die Formel der Zielzelle eingehen. Tragen Sie die betreffende Zellreferenz (oder einen Namen, falls die Zelle benannt ist) im Feld *Veränderbare Zelle* ein. Alternativ läßt sich das Feld anwählen und die veränderbare Zelle in der Tabelle anklicken.

In unserem Beispiel ist die Zelle mit der Stückzahl als veränderbare Zelle anzugeben. Bei Bedarf können Sie natürlich auch die anderen Parameter der Formel als variabel angeben. Zu beachten ist lediglich, daß nur ein Parameter verändert werden darf.

Sobald Sie die *OK*-Schaltfläche betätigen, startet Excel 97 die Suche des Zielwerts. Dabei wird der veränderbare Wert solange korrigiert, bis der gewünschte Zielwert erreicht ist. Während der Zielwertsuche blendet Excel 97 das Statusfenster aus Bild 28.3 in der Anzeige ein.

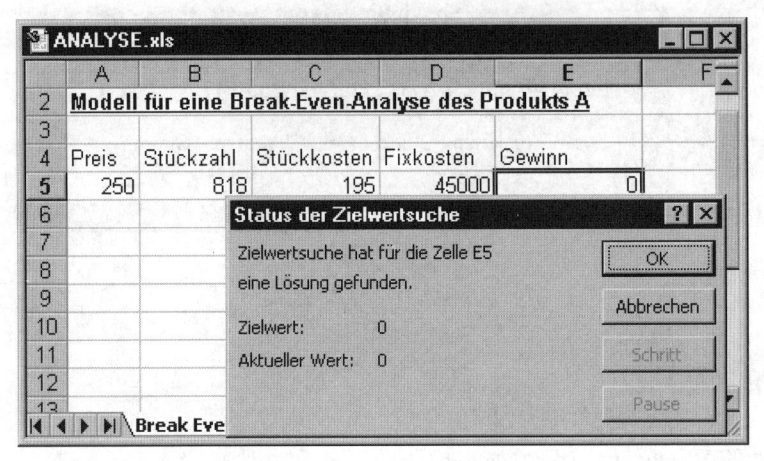

Bild 28.3: Status der Zielwertsuche

Dieses Fenster enthält sowohl den vorgegebenen Zielwert als auch die bisher ermittelte Zielgröße. In unserem Beispiel besteht ein linearer Zusammenhang zwischen den Parametern. Daher läßt sich der Zielwert leicht ermitteln. Bei komplexeren Formeln kann es erforderlich werden, den Zielwert in Schritten zu ermitteln. Dann unterbrechen Sie die Suche nach dem Zielwert über die Schaltfläche *Pause*. Excel 97 ändert dann die Beschriftung dieser Schaltfläche in *Weiter*. Sie können die Suche anschließend schrittweise über die Schaltfläche *Schritt* oder kontinuierlich über *Weiter* fortsetzen.

Zur Übernahme der gefundenen Werte in die Tabelle schließen Sie das Statusfenster über die *OK*-Schaltfläche. Die Schaltfläche *Abbrechen* verwirft den gefundenen Wert und die Tabelle bleibt unverändert.

> *Möchten Sie einen irrtümlich übernommenen Wert in der Tabelle korrigieren, müssen Sie sofort nach der Übernahme die Tastenkombination* Strg+Z *verwenden oder den Eintrag* RÜCKGÄNGIG:ZIELWERTSUCHE *im Menü* BEARBEITEN *anwählen. Auch ein Klick auf die entsprechende Schaltfläche der Standard-Symbolleiste nimmt eine Aktion zurück.*

Findet die Funktion keinen Zielwert, gibt Sie eine entsprechende Meldung in der Anzeige aus. Prüfen Sie dann die Formeln und setzen gegebenenfalls einen anderen Startwert in der veränderbaren Zelle.

> *Sie finden das Beispiel in der Datei* \BEISP\KAP28\ANALYSE.XLS *auf der Begleit-CD-ROM. Wählen Sie das Arbeitsblatt* Break Even Analyse *an.*

Die Funktion Mehrfachauswahl

Ein Problem bilden Analysen, bei denen aus mehreren Eingabewerten die zugehörigen Ausgabewerte zu ermitteln sind. Greifen wir wieder auf das Beispiel aus der Zielwertsuche zurück. Dort wurde der Gewinn bei der Produktion einer Ware A aus den Verkaufspreisen, den Stückzahlen und den Fertigungs- und Fixkosten ermittelt. Nun sind die zu fertigenden Stückzahlen auf Grund einer Investitionsentscheidung für eine neue Maschine zu ermitteln. Die Planung sieht fünf verschiedene Fertigungskapazitäten vor, die anschließend auf den zu erwartenden Gewinn untersucht werden sollen. Ziel der Analyse ist es, die Variante mit dem maximalen Gewinn zu bestimmen.

Natürlich können Sie die Formel in eine Zelle eintragen und fünfmal die Funktion *Zielwertsuche* aufrufen, um die Einzelergebnisse zu ermitteln. Schöner wäre es jedoch, die Formel und die benötigten Eingangsparameter in einer Tabelle einzutragen. Auf Knopfdruck soll Excel 97 anschließend die fünf Varianten durchrechnen und die Ergebnisse gleich in der Tabelle in fünf untereinander liegenden Zellen liefern. Das Werkzeug zur Durchführung dieser Analysen steht unter dem Namen *Mehrfachoperation* zur Verfügung. Dabei wird zwischen Mehrfachoperationen mit einem und zwei Eingabefeldern unterschieden.

- Die erste Variante erwartet unterschiedliche Eingabewerte für eine Variable der Formel, die es zu berechnen gilt. Das Ergebnis wird als Vektor im Zielbereich abgelegt, d.h. zu jedem Eingabewert existiert genau ein Ausgabewert.

⋯⊱ Bei Mehrfachoperationen mit zwei Eingabefeldern können Sie unterschiedliche Werte für zwei Variablen der Rechenvorschrift angeben. Die Ergebnisse werden dann als Matrix im Zielbereich in der Tabelle gespeichert.

Um die Mehrfachoperation mit einem Eingabefeld durchzuführen, gehen Sie in folgenden Schritten vor:

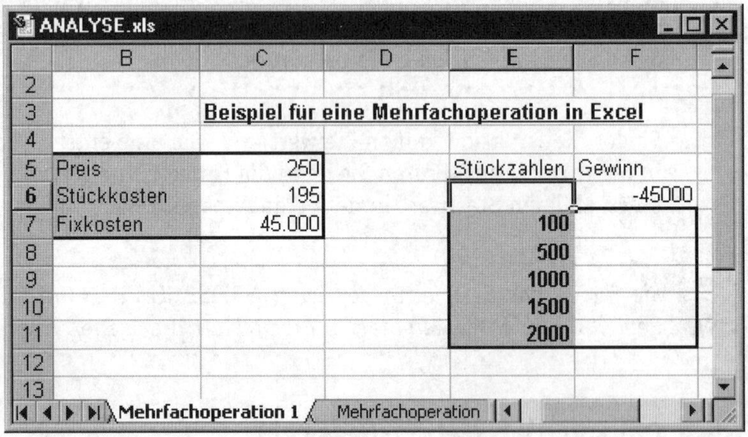

Bild 28.4: Tabelle mit Eingabebereich für Mehrfachoperationen

1. Legen Sie als erstes die Tabelle mit den zu variierenden Eingabewerten an. Diese sind als Liste in einer Spalte einzutragen (Bild 28.4, Spalte *Stückzahlen*). Dieser Bereich wird als Eingabebereich bezeichnet. Achten Sie darauf, daß die Spalte rechts neben dem Eingabebereich frei bleibt.

2. Definieren Sie die Formel zur Berechnung der Ergebniswerte in der Zeile oberhalb des Eingabebereichs und eine Spalte nach rechts versetzt (F6 in Bild 28.4). Setzen Sie den Zellbezug dieser Formel für die Eingabewerte auf die erste Zelle oberhalb des Eingabebereichs. Diese Zelle wird nachfolgend als *Platzhalterzelle* bezeichnet (in Bild 28.4 ist dies die Zelle E6).

3. Zusätzliche Formeln lassen sich in den Zellen rechts neben der aktuellen Formel unterbringen. Tragen Sie bei Bedarf auch die weiteren Größen, die in die Berechnung eingehen, in die Tabelle ein. Sie können diese Größen links, ober- oder unterhalb der Eingabewerte in Zellen speichern.

4. Nun ist der kleinste rechteckige Bereich mit den Eingabewerten und den benötigten Formeln zu markieren. In Bild 28.4 umfaßt dieser Bereich die Zellen E6:F11.

5. Wählen Sie anschließend im Menü DATEN den Eintrag MEHRFACHOPERATION. Excel 97 blendet das Dialogfeld zur Definition der Mehrfachoperation in der Anzeige ein (Bild 28.5).

6. Setzen Sie nun im Feld *Werte aus Spalte* den Zellbezug auf die *Platzhalterzelle* der Formel. Hierzu reicht es, das Feld anzuwählen und dann die Zelle per Maus anzuklicken. Bei Bedarf verschieben Sie das Dialogfeld, damit die Zelle sichtbar wird.

Sobald Sie das Dialogfeld *Mehrfachoperation* über die *OK*-Schaltfläche schließen, führt Excel 97 die Berechnungen auf den Werten des Eingabefelds durch.

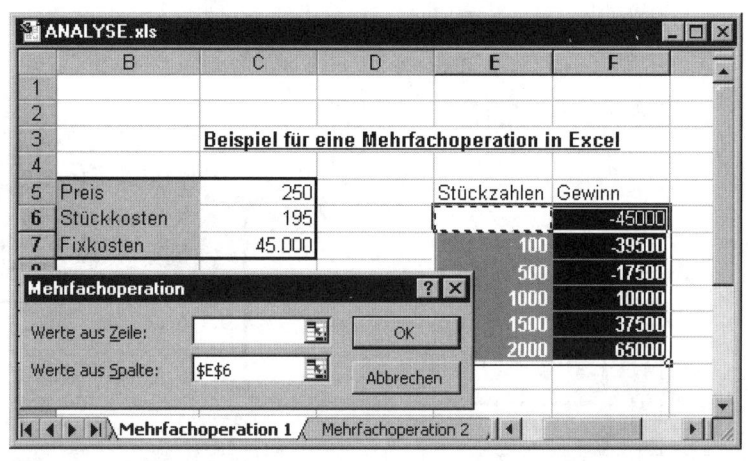

Bild 28.5: Das Dialogfeld Mehrfachoperation

Die Ergebniswerte fügt Excel 97 in der Spalte rechts neben dem Eingabebereich ein. Jedem Eingabewert wird ein Ergebnis gegenübergestellt. Damit erhalten Sie sofort eine Übersicht, wie sich verschiedene Eingabewerte auf die Ergebnisse auswirken. Da die Ein- und Ausgabewerte in Listenform vorliegen, lassen sich diese sehr leicht in Form von Diagrammen auswerten. Bild 28.6 zeigt das Gewinnergebnis als Variation der Stückzahlen (es wurde zusätzlich ein Diagramm in das betreffende Tabellenblatt eingefügt).

Im obigen Beispiel wurden die Werte des Eingabebereichs spaltenweise angeordnet. Sie haben natürlich auch die Möglichkeit, diese Werte zeilenweise anzuordnen. Die Formel mit dem Eingabefeld ist dann eine Zeile unterhalb in der Spalte links neben dem ersten Wert des Eingabebereichs anzuordnen. Als Platzhalter für die Eingabevariable ist die Zelle links neben dem Eingabefeld zu wählen. Im Dialogfeld *Mehrfachoperation* ist das Feld *Werte aus Zeile* zu markieren und dort der Bezug zur Platzhalterzelle einzutragen.

> **Achtung!** *Erscheint bei Betätigung der OK-Schaltfläche die Fehlermeldung Bezug auf Eingabefeld ist ungültig, dann haben Sie die falsche Platzhalterzelle angewählt.*

Sie können bei der Mehrfachoperation durchaus mehrere Formeln verwenden. Diese müssen bei spaltenweisem Eingabebereich lediglich rechts neben der ersten Formel angeordnet werden. Bei zeilenweisem Eingabebereich sind die Formeln untereinander zu stellen.

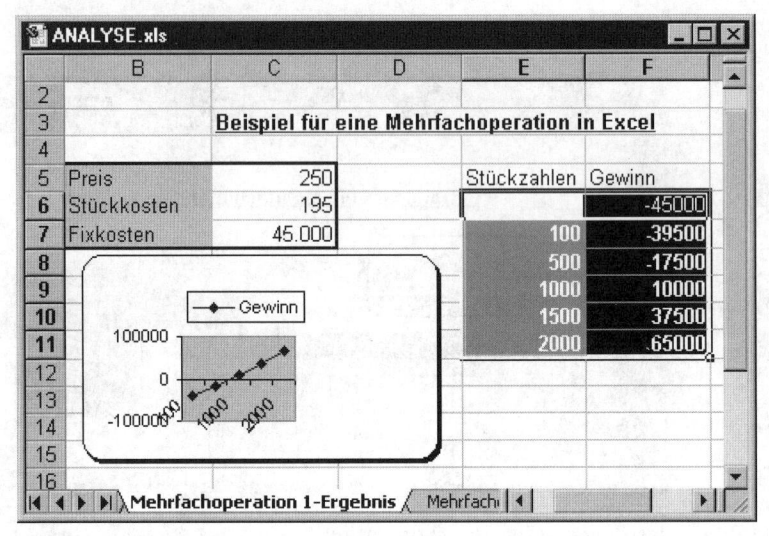

Bild 28.6: Ergebnis einer Mehrfachoperation

> **CD** *Sie finden das Beispiel in der Datei* \BEISP\KAP28\ANALYSE.XLS *auf der Begleit-CD-ROM. Wählen Sie das Arbeitsblatt* Mehrfachoperation 1 *bzw.* Mehrfachoperation 1-Ergebnis *an.*

Mehrfachoperationen mit zwei Eingabebereichen

Die Analyse von Daten mit Mehrfachoperationen auf einem Eingabebereich eignet sich nur für einfache Fragestellungen. Ziehen wir das Beispiel mit der Break-Even-Analyse für den nächsten Schritt heran. Die Fixkosten sind bisher als fest vorausgesetzt worden. Da bei steigenden Produktionsmengen in neue Anlagen investiert wird, ändern sich die Fixkosten in Abhängigkeit von der Produktionsmenge. Damit liegt ein zweiter variabler Parameter vor, der in die Auswertung miteinbezogen werden muß.

Die Lösung bietet eine Mehrfachoperation mit zwei Eingabebereichen. Um diese Operation durchzuführen, gehen Sie in folgenden Schritten vor:

28 Analysen und Szenarien

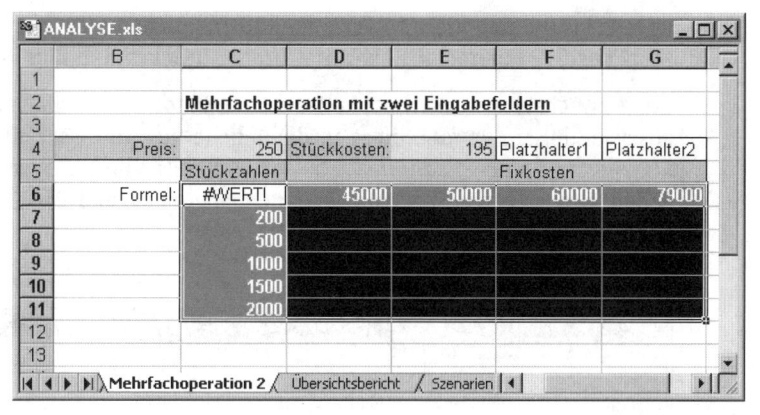

Bild 28.7: Tabelle zur Ausführung mit Mehrfachoperationen mit zwei Eingabefeldern

1. Geben Sie als erstes die Formel zur Berechnung der Ergebniswerte in einer Zelle ein. Den Zellbezug dieser Formel auf die Eingabewerte setzen Sie auf zwei leere Zellen der Tabelle (siehe Bearbeitungsleiste in Bild 28.8). Excel 97 zeigt anschließend in der Zelle den Inhalt #Wert, da keine Datei aus den leeren Zellen übernommen werden kann.

2. Legen Sie dann unterhalb der Zelle mit der Formel die Liste der Werte des ersten Eingabebereichs an. Achten Sie darauf, daß die Spalten rechts neben dem Eingabebereich für die Ergebnisse frei bleiben.

3. Die Werte des zweiten Eingabebereichs sind dann in einer Zeile rechts neben der Zelle mit der Formel einzutragen.

4. Nun ist der rechteckige Bereich mit den zwei Eingabebereichen und der Formel zu markieren. In Bild 28.7 umfaßt dieser Bereich die Zellen C6:G11.

5. Wählen Sie anschließend im Menü DATEN den Eintrag MEHRFACHOPERATION. Excel 97 blendet das Dialogfeld zur Definition der Mehrfachoperation in der Anzeige ein (siehe Bild 28.5).

6. Markieren Sie das Feld *Werte aus Spalte* und wählen die Platzhalterzelle für die Werte des ersten Eingabebereichs per Maus an.

7. Im nächsten Schritt ist das Feld *Werte aus Zeile* anzuwählen. Dann klicken Sie die Platzhalterzelle für die Werte des zweiten Eingabebereichs per Maus an.

Jetzt sind die beiden Bezüge für Spalten und Zeilen vereinbart, und Sie können die Funktion *Mehrfachoperation* über die *OK*-Schaltfläche starten. Die Ergebniswerte fügt Excel 97 spaltenweise rechts neben dem Eingabebereich ein. Jedem Eingabewert wird ein Ergebnis gegenübergestellt. Damit erhalten Sie sofort eine Übersicht, wie sich verschiedene Eingabewerte auf die Ergebnisse auswirken. Da die Ein- und Ausgabewerte in Listenform vorliegen, lassen sich diese in Form von 3D-Diagrammen auswerten. Bild 28.8 zeigt das Gewinnergebnis als Variation der Stückzahlen und der Fixkosten.

Um Verwechslungen der Platzhalter für die Eingabebereiche bei der Eingabe auszuschließen, wurden diese in der Tabelle aus Bild 28.8 mit den Texten *Platzhalter 1* und *Platzhalter 2* belegt. Durch geeignete Formatierung der Zellen läßt sich die Struktur der Eingabebereiche und der Ergebnisse optisch hervorheben.

Bild 28.8: Ergebnis der Mehrfachanalyse mit zwei Eingabewerten

Möchten Sie Teile der Tabelle nach Ausführung einer Mehrfachoperation ändern (z.B. Zellen verschieben), blendet Excel 97 eine Fehlermeldung ein (Bild 28.9). Löschen Sie in diesem Fall den Bereich mit den Ergebnissen. Excel 97 hebt die Markierung der Mehrfachoperation auf, und die Tabelle läßt sich normal bearbeiten.

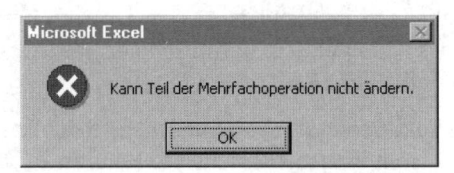

Bild 28.9: Fehler beim Kopieren einer Zelle aus dem Ergebnisbereich

Einziger Makel an der Auswertung ist die Tatsache, daß in der Ergebnistabelle bestimmte Werte nicht unterdrückt werden. So gibt es keinen Bezug der gestuften Fixkosten zu den Stückzahlen. Die Werte der Spalte:

Fixkosten = 45000

sind nur bis zur *Fertigungsmenge = 500* definiert. Ab 1000 Einheiten gilt die nächsthöhere Fixkostenstufe. Diese Selektion muß manuell erfolgen.

Trotzdem bietet die Mehrfachauswahl den Vorteil, daß Excel 97 die Ergebnisse neu berechnet, sobald Sie die Eingabewerte verändern. Hierdurch sind schnelle Analysen auf komplexen Daten leicht durchführbar.

Sie finden das Beispiel in der Datei \BEISP\KAP28\ANALYSE.XLS *auf der Begleit-CD-ROM. Wählen Sie das Arbeitsblatt* Mehrfachoperation 2 *an.*

28.2 Arbeiten mit Szenarien

In den vorhergehenden Abschnitten dieses Kapitels wurden einige Methoden zur Durchführung von *Was-wäre-wenn*-Analysen gezeigt. Allen Methoden gemeinsam ist, daß zuerst das Berechnungsmodell in einem Tabellenblatt zu erstellen ist. Dann lassen sich *Zielwertsuche* und *Mehrfachoperation* anwenden. Allerdings besitzen die Methoden auch Einschränkungen. Ein besonderes Problem ist der fehlende Überblick, wenn verschiedene Varianten durchgerechnet werden. Bild 28.10 zeigt zum Beispiel ein verfeinertes Modell zur Gewinnermittlung für eine Fertigungsanlage.

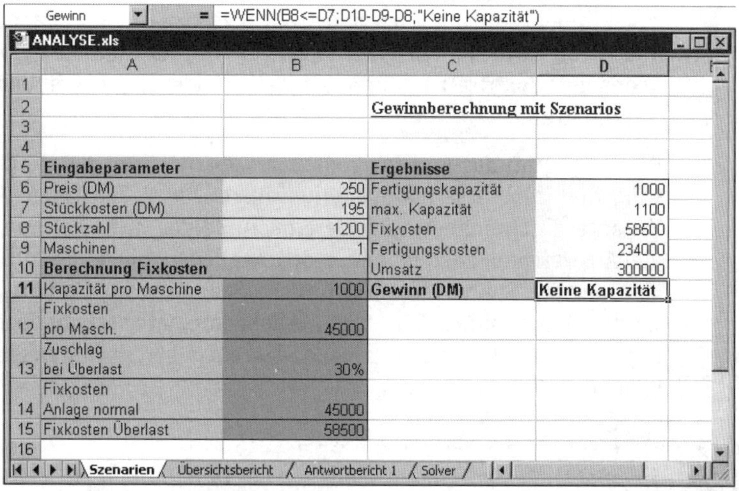

	A	B	C	D
1				
2			Gewinnberechnung mit Szenarios	
3				
4				
5	**Eingabeparameter**		**Ergebnisse**	
6	Preis (DM)	250	Fertigungskapazität	1000
7	Stückkosten (DM)	195	max. Kapazität	1100
8	Stückzahl	1200	Fixkosten	58500
9	Maschinen	1	Fertigungskosten	234000
10	**Berechnung Fixkosten**		Umsatz	300000
11	Kapazität pro Maschine	1000	**Gewinn (DM)**	**Keine Kapazität**
12	Fixkosten pro Masch.	45000		
13	Zuschlag bei Überlast	30%		
14	Fixkosten Anlage normal	45000		
15	Fixkosten Überlast	58500		
16				

Bild 28.10: Tabellenmodell zur Gewinnberechnung

Dieses Modell ermittelt in Anlehnung auf die in den vorherigen Seiten gezeigten Beispiele den Gewinn aus der verkauften Menge auf Basis des Verkaufspreises und unter Abzug der Fertigungs- und Fixkosten. Als Erweiterung werden aber variable Fixkosten in Abhängigkeit von der Kapazität eingeführt. Eine Maschine kann maximal 1000 Einheiten pro Fertigungsperiode herstellen. Hierbei gilt ein fester Fixkostensatz. Zur Erhöhung der Fertigungskapazität gibt es zwei Möglichkeiten:

⋯⋙ Die Fertigungskapazität der Maschinen kann im Betrieb mit Überlast um 10 % erhöht werden. Durch schnellere Abnutzung, Überstundenzuschläge etc. erhöhen sich die Fixkosten dann aber um einen Zuschlag von x %.

⋯⋙ Alternativ haben Sie die Möglichkeit, die Fertigungskapazität durch Zukauf weiterer Maschinen zu erhöhen. Die Fixkosten erhöhen sich pro Maschine um 45.000,- DM, wobei dieser Wert jedoch einstellbar ist.

Das Modell wurde so angelegt, daß als Eingabeparameter der Preis, die Stückkosten, die Stückzahl und die Maschinenzahl vorzugeben sind. Die Maschinenzahl stellt eine Investitionsentscheidung dar und sollte daher vom Benutzer eingetragen werden. Nun können Sie an diesem Modell untersuchen, wie sich der Gewinn bei verschiedenen Verkaufszahlen auswirkt. Durch die sprungfixen Kosten und den Zuschlag bei Kapazitätsüberlastung ergibt sich kein linearer Zusammenhang zwischen Verkaufsmenge und Gewinn.

Excel 97 bietet Ihnen nun die Möglichkeit, verschiedene Varianten durchzurechnen und den erwarteten Gewinn zu ermitteln. Vermutlich stoßen Sie dann auf ein Problem, welches die Anwendbarkeit stark behindert. Bei der Auswertung gilt es, die Übersicht über die Parametervariationen und die zugehörigen Ergebnisse zu behalten. Selbst bei dem einfachen Modell aus Bild 28.10 ist dies nicht mehr trivial. Im Grunde sind Sie gezwungen, Buch über jeden Schritt zu führen und alle Änderungen mit den Ergebnissen festzuhalten.

Hier setzt nun das Add-In-Programm *Szenario-Manager* an, das auf Anweisung die Ergebnisse als Szenarien aufzeichnet. Jedesmal, wenn Sie eine Variante durchrechnen und die Ergebnisse der *Was-wäre-wenn*-Analyse für die Auswertung aufzeichnen möchten, legen Sie ein Szenario über den Manager an. Später lassen sich diese Szenarien als Bericht abrufen. Hier werden die jeweiligen Ein- und Ausgabeparameter tabellarisch wiedergegeben. Wie Sie mit dem Szenario-Manager umgehen, erfahren Sie in den nachfolgenden Abschnitten.

Sie finden das Berechnungsmodell in der Datei \BEISP\KAP28\ANALYSE.XLS *auf der Begleit-CD-ROM. Wählen Sie das Arbeitsblatt* Szenarien. *Die Formeln verwenden direkte Zellbezüge. Wegen der besseren Lesbarkeit sollten Sie aber in eigenen Modellen mit Namen arbeiten. Als Besonderheit wurde zusätzlich eine Kapazitätsüberwachung im Modell aufgenommen (siehe Eingabezeile in Bild 28.10). Überschreitet die vorgegebene Stückzahl die Fertigungskapazität, erscheint eine Fehlermeldung in der Zelle mit dem Gewinn. Erreicht wird dies über eine einfache Wenn-Bedingung.*

Szenario anlegen

Haben Sie im Modell eine Berechnung durchgeführt und möchten das Ergebnis der Analyse als Szenario aufzeichnen, ist der Szenario-Manager aufzurufen. Dieser muß dabei als Add-In installiert und im Add-In-Manager aktiviert worden sein (siehe Kapitel 24). Dann genügt es, im Menü EXTRAS den Eintrag SZENARIO-MANAGER anzuwählen. Auf dem Bildschirm erscheint das Dialogfeld aus Bild 28.11. Sind bereits Szenarien gespeichert, werden diese im Feld *Szenarios* angezeigt. Um ein neues Szenario aufzunehmen, gehen Sie folgendermaßen vor:

1. Rufen Sie das Dialogfeld *Szenario hinzufügen* (Bild 28.12) über die Schaltfläche *Hinzufügen* im Dialogfeld des Szenario-Manager (Bild 28.11) auf. (Mit der Schaltfläche *Bearbeiten* (Bild 28.11) läßt sich ein bereits existierendes Szenario bearbeiten.)

2. Geben Sie als erstes im Feld *Szenarioname* einen Namen vor. Dieser darf maximal 255 Zeichen lang sein, wobei Leer- und Sonderzeichen erlaubt sind.

3. Dann wählen Sie das Feld *Veränderbare Zellen*, und klicken auf die nebenstehend gezeigte Schaltfläche.

4. Anschließend markieren Sie den Bereich der Tabelle mit den Eingabeparametern. Halten Sie die [Strg]-Taste gedrückt, lassen sich auch nicht benachbarte Zellen markieren. Excel 97 überträgt die Zellreferenzen in das Feld *Veränderbare Zellen*.

5. Geben Sie im Feld *Kommentar* einen Text mit Anmerkungen zur aktuellen Variante ein. Dies erleichtert später die Analyse der Szenarien. Die Eingabe ist optional.

6. Setzen Sie die Markierung des Kontrollkästchens *Änderungen verhindern* der Gruppe *Schutz*.

7. Schließen Sie das Dialogfeld über die OK-Schaltfläche.

Informationen über die einzelnen Felder erhalten Sie übrigens, indem Sie in der rechten oberen Ecke des Dialogfelds Szenario hinzufügen *auf die Schaltfläche* Direkthilfe *(die Schaltfläche mit dem Fragezeichen) klicken und dann das Feld per Mausklick anwählen.*

Teil 4 · Analysen und Datenverwaltung

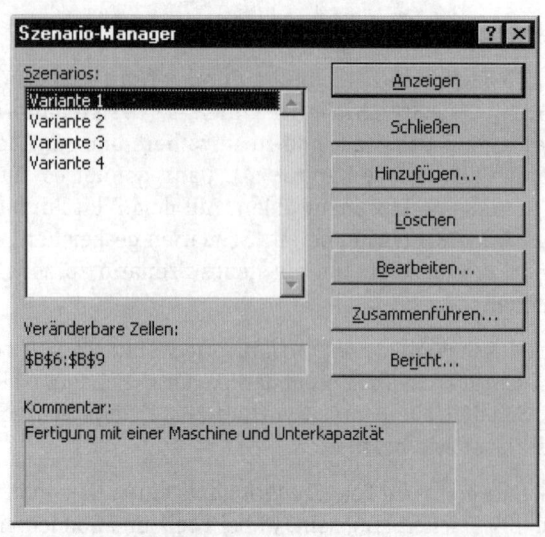

Bild 28.11: Das Dialogfeld Szenario-Manager

Nach diesen Vorbereitungen kennt der Szenario-Manager die aufzuzeichnenden Daten und fertigt einen Schnappschuß des Tabellenblatts an. Um Ihnen Gelegenheit zur Variation der Eingabeparameter zu geben, wird gleichzeitig das Dialogfeld aus Bild 28.13 in der Anzeige eingeblendet. In den Eingabefeldern finden Sie die zuletzt definierten Werte der Tabelle. Sie können diese Werte direkt im Dialogfeld ändern. Sobald Sie die *OK*-Schaltfläche betätigen, schließt der Szenario-Manager das Dialogfeld und speichert die letzten eingetragenen Werte.

Bild 28.12: Szenario hinzufügen

Mit der Schaltfläche *Abbrechen* kehren Sie zum Szenario-Manager zurück, ohne die betreffenden Daten in einem Szenario zu speichern.

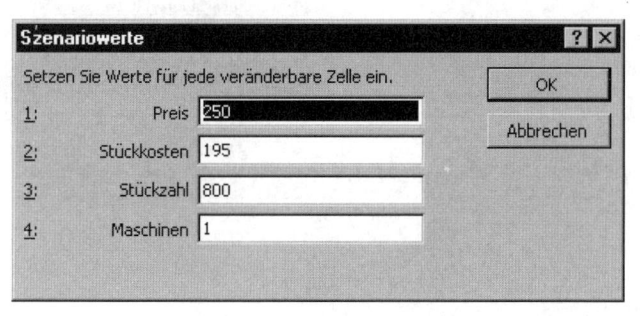

Bild 28.13: Eingabe der Szenariowerte

> *Standardmäßig zeigt der Szenario-Manager im Dialogfeld* Szenariowerte *nur die Zellbezüge (z.B.: $B$9, $C$14 etc.) an. Sobald Sie aber den Zellen Namen zuweisen (siehe Kapitel 11), erscheinen diese vor dem jeweiligen Eingabefeld.*

Szenario anzeigen

In der Tabelle mit dem Berechnungsmodell sind immer nur die zuletzt eingetragenen Parameter zu sehen. Haben Sie mehrere Szenarien aufgezeichnet, können Sie die zugehörige Tabellenansicht sehr einfach abrufen:

1. Aktivieren Sie den Szenario-Manager über den gleichnamigen Eintrag im Menü EXTRAS.

2. Im Dialogfeld *Szenario-Manager* (siehe Bild 28.11) wählen Sie den Namen eines Szenarios per Maus an.

3. Dann betätigen Sie die Schaltfläche *Anzeigen*.

Der Szenario-Manager überträgt jetzt die Eingabewerte in der Tabelle mit dem Berechnungsmodell und führt eine Neuberechnung der Daten durch. Wenn Sie das Dialogfeld beiseite schieben, werden die Werte des Szenario sichtbar (Bild 28.14). Bei Bedarf können Sie so sehr schnell die verschiedenen Varianten in der Tabelle abrufen.

> *Der Szenario-Manager speichert die Szenarien im betreffenden Arbeitsblatt. Wenn Sie die Mappe schließen, müssen Sie die Speicherung der Änderungen erlauben. Andernfalls gehen die aufgezeichneten Szenarien verloren.*

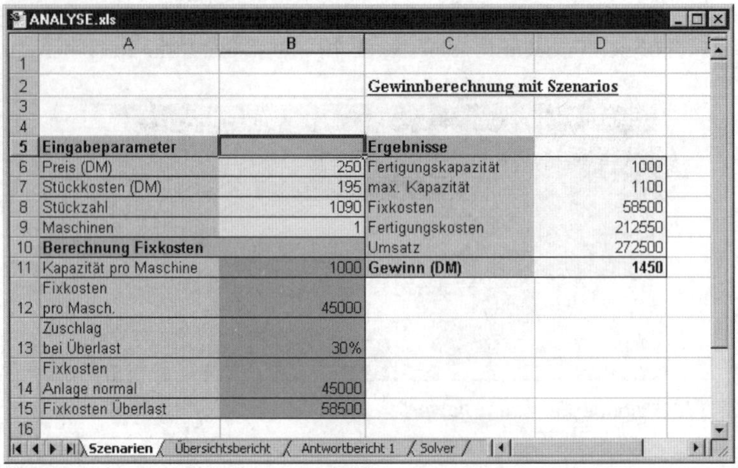

ANALYSE.xls

	A	B	C	D
1				
2			Gewinnberechnung mit Szenarios	
3				
4				
5	**Eingabeparameter**		**Ergebnisse**	
6	Preis (DM)	250	Fertigungskapazität	1000
7	Stückkosten (DM)	195	max. Kapazität	1100
8	Stückzahl	1090	Fixkosten	58500
9	Maschinen	1	Fertigungskosten	212550
10	**Berechnung Fixkosten**		Umsatz	272500
11	Kapazität pro Maschine	1000	**Gewinn (DM)**	**1450**
12	Fixkosten pro Masch.	45000		
13	Zuschlag bei Überlast	30%		
14	Fixkosten Anlage normal	45000		
15	Fixkosten Überlast	58500		
16				

Szenarien / Übersichtsbericht / Antwortbericht 1 / Solver

Bild 28.14: Ansicht des Szenarios in der Tabelle des Modells

Szenario löschen

Um ein Szenario zu löschen, aktivieren Sie das Dialogfeld *Szenario-Manager* (siehe Bild 28.11) über den gleichnamigen Eintrag im Menü EXTRAS. Dann genügt es, den Szenario-Namen anzuwählen und die Schaltfläche *Löschen* zu betätigen. Das Szenario wird ohne Rückfragen direkt aus der Liste gelöscht.

TIP *Möchten Sie alle Szenarien der Liste löschen, markieren Sie den untersten Eintrag. Wenn Sie nun die Schaltfläche* Löschen *betätigen, entfernt der Manager den letzten Eintrag und markiert automatisch den vorletzten Namen.*

Szenario bearbeiten

Möchten Sie ein Szenario bearbeiten, aktivieren Sie das Dialogfeld *Szenario-Manager* (siehe Bild 28.11) über den gleichnamigen Eintrag im Menü EXTRAS. Dann genügt es, den Szenario-Namen anzuwählen und die Schaltfläche *Bearbeiten* anzuklicken. Der Manager blendet das Dialogfeld *Szenario bearbeiten* in der Anzeige ein. Dieses Dialogfeld besitzt den gleichen Aufbau wie das Dialogfeld *Szenario hinzufügen* (siehe Bild 28.12).

Sie können in diesem Dialogfeld den Namen, das Kommentarfeld und den Bereich der veränderbaren Zellen modifizieren. Zusätzlich besteht die Möglichkeit, über das Kontrollkästchen *Änderungen verhindern* die Bearbeitung des Szenarios durch andere Benutzer zu sperren. Weiterhin lassen sich einzelne Szenarien über das Kontrollkästchen *Ausblenden* verstecken. Wenn Sie dann das Dialogfeld *Szenario-Manager* anwählen, erscheint der Name nicht mehr in der Liste der Szenarien.

Beachten Sie aber, daß die Optionen *Änderungen verhindern* und *Ausblenden* nur bei aktiviertem Blattschutz wirksam werden. Der Szenario-Manager markiert Änderungen des Szenarios im Kommentarfeld. Hier werden das Änderungsdatum und der Benutzername hinzugefügt.

Bericht erstellen

Nachdem Sie die Szenarien aufgezeichnet haben, können Sie über den Manager einen Übersichtsbericht anlegen. Hierzu aktivieren Sie den Szenario-Manager über den Eintrag im Menü EXTRAS. Dann wählen Sie im Dialogfeld aus Bild 28.11 die Schaltfläche *Bericht*. In der Anzeige erscheint das Dialogfeld aus Bild 28.15 mit der Abfrage des Berichtstyps.

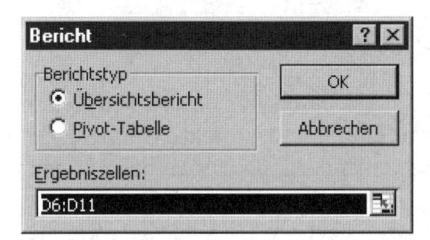

Bild 28.15: Das Dialogfeld Bericht

···❖ Wählen Sie das Optionsfeld *Übersichtsbericht,* um alle Szenarien in den Bericht zu übernehmen.

···❖ Der Umgang mit Pivot-Tabellen wird in Kapitel 30 behandelt. Über die Option *Pivot-Tabelle* können Sie spezielle Varianten des Berichts erzeugen.

Zusätzlich sollten Sie die Zellen mit den Ergebnissen des Modells im Feld *Ergebniszellen* eintragen. Hierzu läßt sich die nebenstehend gezeigte Schaltfläche anklicken. Dann können Sie die Zellen im Arbeitsblatt per Maus markieren. Anschließend ergänzt der Manager den Bericht mit den berechneten Ergebnissen. Andernfalls erscheinen nur die Werte der Eingabezellen. Sie dürfen als Ausgabe eine oder mehrere Zellen angeben.

Sobald Sie die *OK*-Schaltfläche betätigen, fügt der Manager ein Arbeitsblatt in der Arbeitsmappe ein. War die Option *Übersichtsbericht* markiert (Bild 28.15) erhält das Arbeitsblatt den Namen *Übersichtsbericht*. In diesem Arbeitsblatt finden Sie die Daten der Szenarien (Bild 28.16).

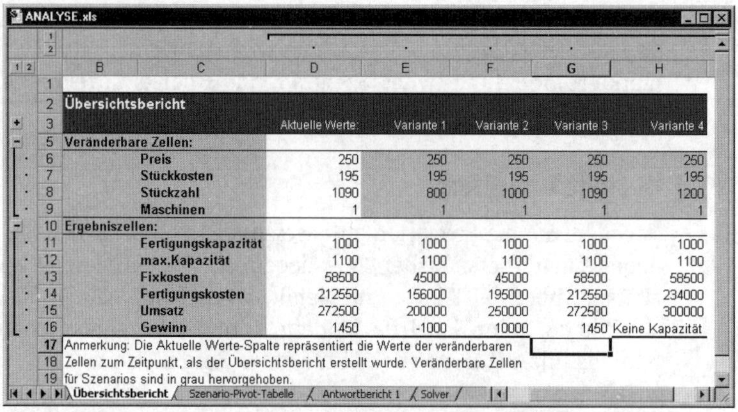

ANALYSE.xls

		D	E	F	G	H
Übersichtsbericht						
		Aktuelle Werte:	Variante 1	Variante 2	Variante 3	Variante 4
Veränderbare Zellen:						
	Preis	250	250	250	250	250
	Stückkosten	195	195	195	195	195
	Stückzahl	1090	800	1000	1090	1200
	Maschinen	1	1	1	1	1
Ergebniszellen:						
	Fertigungskapazität	1000	1000	1000	1000	1000
	max.Kapazität	1100	1100	1100	1100	1100
	Fixkosten	58500	45000	45000	58500	58500
	Fertigungskosten	212550	156000	195000	212550	234000
	Umsatz	272500	200000	250000	272500	300000
	Gewinn	1450	-1000	10000	1450	Keine Kapazität

Anmerkung: Die Aktuelle Werte-Spalte repräsentiert die Werte der veränderbaren Zellen zum Zeitpunkt, als der Übersichtsbericht erstellt wurde. Veränderbare Zellen für Szenarios sind in grau hervorgehoben.

Übersichtsbericht / Szenario-Pivot-Tabelle / Antwortbericht 1 / Solver

Bild 28.16: Übersichtsbericht des Szenario-Managers

Dieses Arbeitsblatt enthält die Daten der gespeicherten Szenarien in der Reihenfolge der Definition. Es gibt keine direkte Möglichkeit, diese Reihenfolge im Szenario-Manager zu ändern. Da es sich beim Ergebnisbericht aber um eine Tabelle handelt, lassen sich die Spalten manuell verschieben. Im nachfolgenden Abschnitt wird aber ein Trick gezeigt, wie Sie die Szenarien doch noch sortieren können.

Übersichtsberichte werden zusätzlich mit einer Gliederung versehen, über die Sie einzelne Zeilen/Spalten ausblenden können.

TIP

Sollen nicht alle Szenarien im Bericht erscheinen, haben Sie über die Funktion Bearbeiten *die Möglichkeit, bestimmte Szenarien auszublenden (siehe oben). Standardmäßig enthält der Bericht für die Ein- und Ausgabefelder nur die Feldbezeichnungen ($A$3, $B$19 etc.). Diese sind aber nicht allzu transparent. Definieren Sie für die einzelnen Zellen Namen, erscheinen diese mit im Bericht.*

Haben Sie dagegen die Option *Pivot-Tabelle* im Dialogfeld *Bericht* gewählt, legt der Szenario-Manager ein Arbeitsblatt mit einer Pivot-Tabelle in der Arbeitsmappe an. Dieses Arbeitsblatt erhält die Bezeichnung *Szenario-Pivot-Tabelle*. Diese Tabelle läßt sich weiter auswerten (siehe Kapitel 30).

CD

Auf der Begleit-CD-ROM finden Sie die Datei \BEISP\KAP28\ANALYSE.XLS, *die das Arbeitsblatt* Szenarien *sowie die daraus abgeleiteten Arbeitsblätter* Übersichtsbericht *und* Szenario-Pivot-Tabelle *enthält.*

Szenarien zusammenführen

Der Szenario-Manager erlaubt Ihnen, bereits definierte Szenarien aus anderen Arbeitsblättern oder Arbeitsmappen in einem Arbeitsblatt zusammenzuführen. Hierzu gehen Sie folgendermaßen vor:

1. Laden Sie alle Arbeitsmappen/-blätter mit den benötigten Szenarien.
2. Wechseln Sie zum Zielarbeitsblatt und rufen Sie den Szenario-Manager auf.
3. Dann betätigen Sie die Schaltfläche *Zusammenführen* (siehe Bild 28.11).
4. Excel 97 blendet das Dialogfeld aus Bild 28.17 in der Anzeige ein. Wählen Sie nun die gewünschten Szenarien aus und übernehmen Sie diese im Zielblatt.

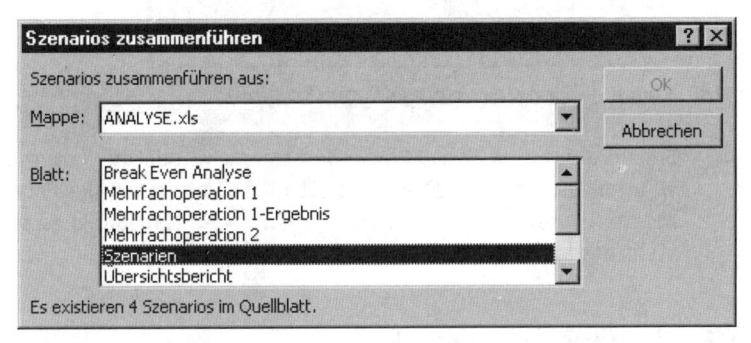

Bild 28.17: Szenarien zusammenführen

Über das Listenfeld *Mappe* lassen sich die geladenen Arbeitsmappen auswählen. Dann müssen Sie den Namen eines Arbeitsblatts in der Liste *Blatt* markieren. Enthält dieses Blatt *Szenarien,* wird deren Anzahl am unteren Rand des Dialogfelds eingeblendet.

Möchten Sie die Reihenfolge der Szenarios ändern, geht dies nur mit einem Trick: Wechseln Sie zu einem Arbeitsblatt, welches keine Szenarien enthält. Übernehmen Sie die Szenarien aus dem Quellarbeitsblatt und löschen dann alle Einträge bis auf einen. Legen Sie so schrittweise in jedem Arbeitsblatt genau ein Szenario ab. Anschließend wechseln Sie zum alten Arbeitsblatt, löschen alle Szenarien *und fügen die* Szenarien *aus den anderen Arbeitsblättern in der gewünschten Reihenfolge über die Funktion* Zusammenführen *wieder ein.*

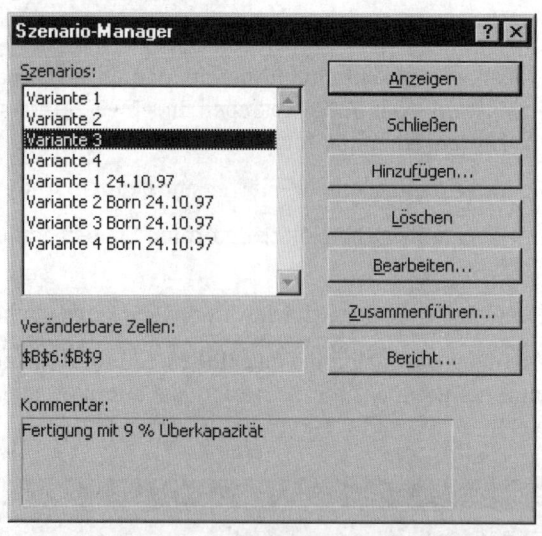

Bild 28.18: *Szenario-Manager mit eingefügten Szenarien*

Sobald Sie die *OK*-Schaltfläche betätigen, werden die *Szenarien* des ausgewählten Quellblatts in das Zielblatt übernommen. Ist der betreffende Name bereits in der Liste vorhanden, ergänzt der Manager diesen mit dem Erstellungsdatum (Bild 28.18).

28.3 Umgang mit dem Solver

Die Analyse einer Problemstellung mit Szenarien erfordert von Ihnen die manuelle Vorgabe der Eingabewerte. Möchten Sie die Eingabewerte so verändern, daß ein maximales oder minimales Ergebnis erzielt wird, artet dies häufig in Arbeit aus. Bei einem veränderlichen Parameter können Sie zwar noch die Funktion *Zielwertsuche* verwenden. Bei mehreren variablen Eingabeparametern funktioniert dies aber nicht mehr.

Zur Lösung des Problems wird in Excel 97 das Add-In-Programm *Solver* mitgeliefert. Dieses Programm dient zur Ermittlung der Lösungen multivariabler Aufgabenstellungen. Konkret bedeutet dies, daß Sie eine Formel mit mehreren Eingabewerten vorgeben können. Dann sucht der Solver die Eingangswerte, bei denen das Ergebnis maximal oder minimal wird, bzw. einem vorgegebenen Wert entspricht. Sie können die gefundenen Lösungen zusätzlich in Szenarien speichern und dann in Berichten ausgeben.

Um den Solver zu nutzen, muß aber das entsprechende Add-In-Programm installiert und im Add-In-Manager aktiviert sein (siehe Kapitel 24).

Anwendung des Solvers

Im vorhergehenden Abschnitt wurde bei der Szenario-Analyse ein Modell zur Ermittlung des Gewinns bei einer Warenfertigung erstellt. Sie können bestimmte Eingabeparameter variieren und erhalten aus dem Modell den berechneten Gewinn.

Das Modell befindet sich in der Arbeitsmappe \BEISP\KAP28\ANALYSE.XLS *auf der Begleit-CD-ROM. Im Arbeitsblatt* Solver *finden Sie die Eingabefelder und die Formeln zur Berechnung des Ergebnisses.*

Der Aufbau der Tabelle entspricht den oben diskutierten Beispielen und ist in Bild 28.19 zu sehen. Über den Solver soll nun das Modell analysiert werden. Ziel ist die Maximierung des Gewinns bei Variation der Eingabewerte für Preis und Stückzahl. Hierzu gehen Sie folgendermaßen vor:

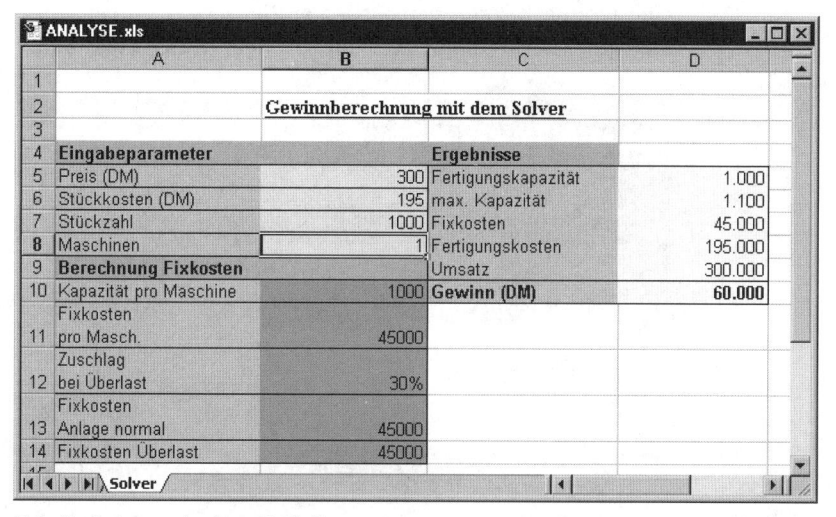

	A	B	C	D
1				
2		Gewinnberechnung mit dem Solver		
3				
4	**Eingabeparameter**		Ergebnisse	
5	Preis (DM)	300	Fertigungskapazität	1.000
6	Stückkosten (DM)	195	max. Kapazität	1.100
7	Stückzahl	1000	Fixkosten	45.000
8	Maschinen	1	Fertigungskosten	195.000
9	**Berechnung Fixkosten**		Umsatz	300.000
10	Kapazität pro Maschine	1000	**Gewinn (DM)**	**60.000**
11	Fixkosten pro Masch.	45000		
12	Zuschlag bei Überlast	30%		
13	Fixkosten Anlage normal	45000		
14	Fixkosten Überlast	45000		

Bild 28.19: Tabelle Solver *mit dem Modell*

1. Laden Sie die Tabelle mit den zu analysierenden Daten. Dann aktivieren Sie den Solver über den gleichnamigen Eintrag im Menü Extras. Der Solver meldet sich mit dem Dialogfeld aus Bild 28.20.

2. Zur Berechnung der Lösung wird die *Zielzelle* benötigt. Markieren Sie das betreffende Feld und klicken Sie dann auf die nebenstehend gezeigte Schaltfläche des Felds. Anschließend läßt sich die Zielzelle in der Tabelle per Maus markieren. Diese Zelle muß die Formel zur Berechnung des Modells enthalten.

3. Nun legen Sie das Optimierungskriterium für den Solver fest. Sie können nach einem Maximum, einem Minimum oder einem vorgegebenen

Wert suchen lassen. Hierzu ist das betreffende Optionsfeld in der Gruppe *Zielwert* zu markieren. Haben Sie das Optionsfeld *Wert* markiert, läßt sich auch der Zielwert im betreffenden Feld vorgeben.

4. Im nächsten Schritt legen Sie den Bereich mit den veränderbaren Zellen fest. Markieren Sie das Feld *Veränderbare Zellen* und klicken Sie auf die in Schritt 2 gezeigte Schaltfläche. Anschließend lassen sich diese Zellen in der Tabelle markieren. Halten Sie beim Markieren die `Strg`-Taste gedrückt, können Sie auch nichtzusammenhängende Zellen wählen.

5. Bei Bedarf können Sie noch die Nebenbedingungen für die zu verändernden Zellen vereinbaren (siehe folgende Abschnitte). Diese Nebenbedingungen sorgen dafür, daß der Solver die veränderbaren Werte innerhalb der angegebenen Grenzen beläßt.

In Bild 28.20 sehen Sie das Dialogfeld mit den Solver-Parametern für eine Auswertung. Nach diesen Vorbereitungen starten Sie den Solver über die Schaltfläche *Lösen*. Dieser versucht durch Variation der Eingabeparameter eine Lösung für den vorgegebenen Zielwert zu finden und teilt in einem Dialogfeld mit, daß eine Lösung gefunden wurde (Bild 28.21).

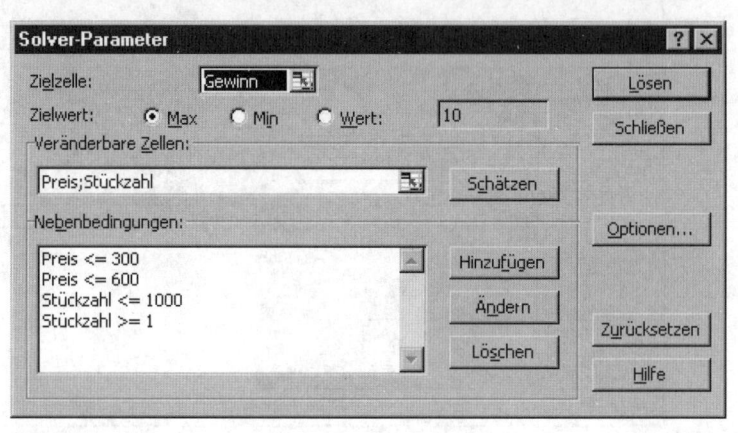

Bild 28.20: Solver-Parameter

Sie können nun über die beiden Optionsfelder *Lösung verwenden* und *Ausgangswerte wiederherstellen* festlegen, ob die Werte für die Eingabeparameter in die Tabelle übertragen werden, oder ob die Ausgangswerte zu restaurieren sind.

In der Liste *Berichte* finden Sie verschiedene Einträge zur Auswahl des Ergebnisberichts. Wählen Sie den gewünschten Namen und betätigen Sie die *OK*-Schaltfläche. Anschließend fügt der Solver ein neues Arbeitsblatt mit dem gewählten Ergebnisbericht in die Mappe ein (Bild 28.24).

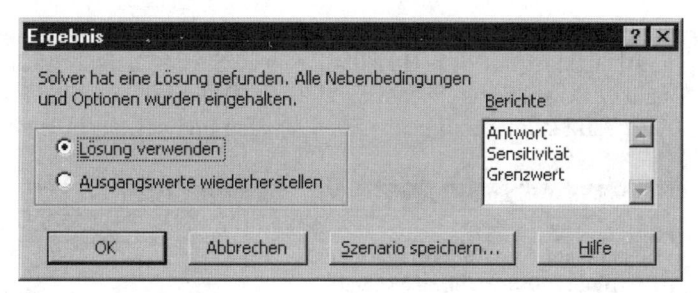

Bild 28.21: Ergebnis des Solvers

> **Achtung!** Im Dialogfeld Ergebnis *funktioniert (wie bei anderen Dialogfeldern) die Schaltfläche der Direkthilfe nicht. Offenbar liegt hier noch ein Bug in Excel 97 vor.*

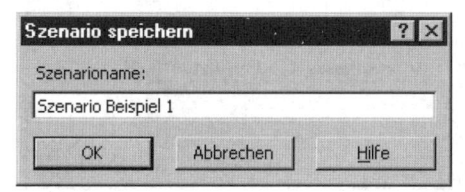

Bild 28.22: Eingabe des Szenario-Namens

Die Schaltfläche *Szenario speichern* ermöglicht Ihnen, die ermittelten Werte unter einem Namen als Szenario zu speichern. Den Szenario-Namen fragt der Solver dabei über ein Dialogfeld (Bild 28.22) ab. Sobald Sie das Dialogfeld über die *OK*-Schaltfläche schließen, legt Excel 97 das Szenario im Arbeitsblatt ab.

Bild 28.23: Im Solver eingefügte Szenarien

Um diese gespeicherten Szenarien wieder abzurufen, wählen Sie das betreffende Arbeitsblatt mit dem Modell an. Sobald Sie den Befehl SZENARIO-MANAGER im Menü EXTRAS anklicken, öffnet Excel 97 das Dialogfeld aus Bild 28.23. In diesem Dialogfeld lassen sich die Szenarien abrufen und ggf. auch bearbeiten.

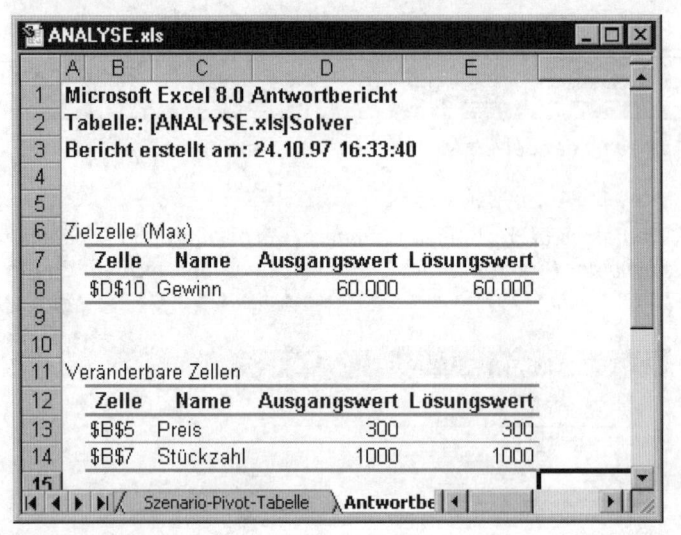

Bild 28.24: Antwortbericht

Der Solver speichert die Parameter in der aktuellen Tabelle. Sie haben auch die Möglichkeit, Ergebnisse in Form eines Modells in der Tabelle zu sichern. Die festgelegte Zelle mit dem Ergebnis muß die *Zielfunktion* zur Berechnung des Werts enthalten. Der Solver analysiert die Formel und kann auch vorhergehende Rechenschritte bis zu den angegebenen Eingabewerten (Entscheidungsvariablen) zurückverfolgen.

In Bild 28.21 finden Sie drei Berichtsvarianten, die der Solver in einem Arbeitsblatt speichern kann.

⇢ Der *Antwortbericht* (Bild 28.24) enthält die Zielzelle, die Ausgangs- und Lösungswerte der veränderbaren Zellen, sowie die Nebenbedingungen.

⇢ Der *Sensitivitätsbericht* enthält Informationen, wie empfindlich die gefundene Lösung auf Variationen der Eingabeparameter reagiert. Der Bericht wird im Aufbau durch das Kontrollkästchen *Lineares Modell voraussetzen* des Dialogfelds *Optionen* beeinflußt (Bild 28.26).

⇢ Im *Grenzwertbericht* werden die Werte, die oberen und unteren Grenzwerte, sowie die Zielergebnisse angezeigt.

In den Berichten und bei der Feldauswahl werden die Zellreferenzen in der Form $A$1 angezeigt. Wenn Sie jedoch den Zellen Namen zuweisen, zeigt der Solver diese Namen an Stelle des Zellbezugs an.

Nebenbedingungen festlegen

Zur Ermittlung der Lösung kann der Solver die Eingabewerte frei variieren. Dies ist in der Regel jedoch nicht erwünscht; so kann in unserem Beispiel sicherlich der Preis nicht unter die Herstellkosten fallen und sollte auch nicht in astronomische Höhen gehen. Sie können daher für jede der Eingabevariablen und auch für den Zielwert Nebenbedingungen formulieren. Der Solver berücksichtigt diese Nebenbedingungen bei der Variation der Eingabeparameter. Um eine Nebenbedingung zu definieren, gehen Sie folgendermaßen vor:

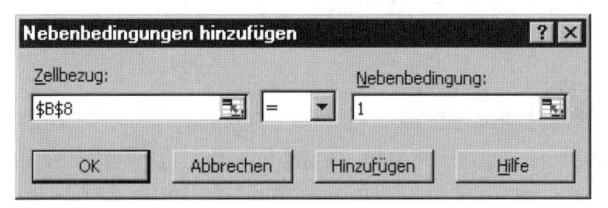

Bild 28.25: Eingabe der Nebenbedingungen

1. Wählen Sie im Dialogfeld *Solver-Parameter* das Feld *Nebenbedingungen* (Bild 28.20).

2. Betätigen Sie die Schaltfläche *Hinzufügen*. Der Solver blendet dann das Dialogfeld zur Eingabe der Nebenbedingung in der Anzeige ein (Bild 28.25).

Im Feld *Zellbezug* ist die Zelle (deren Namen oder eine Zellreferenz) einzugeben, deren Wert einer Nebenbedingung unterworfen wird. Hierbei können Sie die nebenstehend gezeigte Schaltfläche des Feldes anwählen und dann auf die betreffende Zelle klicken. Der Solver überträgt die Koordinaten in das Feld. Wählen Sie anschließend über das mittlere Listenfeld das Auswertekriterium (<=, >=, =, ganzzahlig, bin) für die Nebenbedingung. Bei ganzzahligen Werten läßt sich im Dialogfeld *Optionen* (siehe unten) die Toleranzgrenze festlegen. Im rechten Feld ist die Nebenbedingung einzugeben. Sie dürfen dabei einen Zellbezug oder eine Konstante eintragen. In Bild 28.25 wird festgelegt, daß der Zellinhalt $B$8 = 1 sein muß. Über die Schaltfläche *Hinzufügen* trägt der Solver die Bedingung ein und erlaubt sofort die Eingabe der nächsten Parameter. Sie können zu jedem Problem bis zu 100 Nebenbedingungen eintragen, wobei jedoch pro Zelle nur zwei Nebenbedingungen erlaubt sind.

Um eine Nebenbedingung zu ändern, wählen Sie den betreffenden Eintrag im Dialogfeld *Solver-Parameter* (Bild 28.20) an. Dann klicken Sie auf die Schaltfläche *Ändern*. Der Solver öffnet das Dialogfeld *Nebenbedingungen ändern*, welches aber bis auf den Titel mit dem Dialogfeld *Nebenbedingungen hinzufügen* identisch ist.

Gelöscht wird eine Nebenbedingung, indem Sie den Eintrag anwählen und dann die Schaltfläche *Löschen* betätigen. Bei Verwendung der Schaltfläche *Zurücksetzen* werden alle Nebenbedingungen und auch die restlichen Vorgaben gelöscht.

> *Bei der Auswahl von Zellbezügen blendet der Solver diese in der Form $A$1 in der Anzeige ein. Es ist allerdings für den Benutzer bei späteren Auswertungen kaum noch nachvollziehbar, was die betreffende Zelle enthält. Definieren Sie deshalb für die Zellen Namen, der Solver zeigt diese anschließend in den Dialogfeldern und in den Ergebnisberichten an.*

Optionen des Solvers

Der Solver ermöglicht Ihnen, verschiedene Optionen einzustellen. Hierzu wählen Sie im Dialogfeld *Solver-Parameter* (Bild 28.20) die Schaltfläche *Optionen*. Der Solver blendet dann das Dialogfeld aus Bild 28.26 in der Anzeige ein.

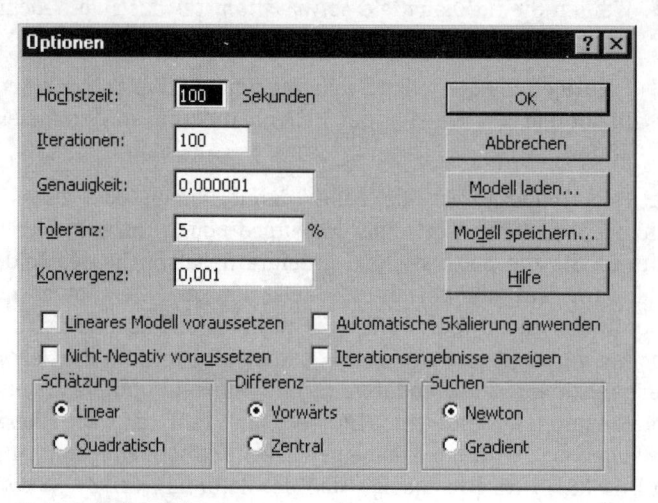

Bild 28.26: Optionen des Solvers

In diesem Dialogfeld läßt sich der Ablauf der Lösungssuche, das Lösungsverfahren und die Anzeige der Lösungsergebnisse einstellen.

- In den Feldern *Höchstzeit* und *Iterationen* können Sie die Suchzeit und die Zahl der Interationsschritte des Solvers begrenzen. Die Vorgaben von 100 sind für kleinere Aufgaben ausreichend.

- Das Feld *Genauigkeit* legt die maximale Abweichung zwischen Zielergebnis und der Vorgabe fest. Gleichzeitig wird der Wert bei der Ermittlung eines Minimums/Maximums als Abbruchkriterium verwendet. Ändert sich das Ergebnis zwischen zwei Schritten nicht mehr als die angegebene Genauigkeit, wird die Suche beendet. Weiterhin verwendet der Solver den Wert zur Prüfung auf Nebenbedingungen und Grenzwerte. Der eingegebene Wert muß im Intervall 0 < Genauigkeit < 1 liegen.

- Beschränken Sie den Inhalt von veränderbaren Zellen über Nebenbedingungen auf ganzzahlige Werte, nimmt die Lösungssuche unter Umständen viel Zeit in Anspruch. Sie können über das Feld *Toleranz* aber die zulässige maximale Fehlerabweichung (in %) von der Lösung definieren. Die Zielzelle einer die ganzzahligen Nebenbedingungen erfüllenden Lösung darf um diesen Wert vom eigentlich optimalen Wert abweichen. Diese Option trifft nur auf Probleme mit ganzzahligen Nebenbedingungen zu. In der Regel beschleunigt eine höhere Toleranz den Lösungsprozeß.

- Unterschreitet die relative Änderung in der Zielzelle die Zahl im Feld *Konvergenz* bei den letzten fünf Iterationen, hält der Solver an. Die Option *Konvergenz* trifft nur auf nichtlineare Probleme zu und wird durch eine Bruchzahl zwischen 0 (Null) und 1 angegeben. Eine größere Anzahl von Dezimalstellen bei der eingegebenen Zahl deutet auf eine geringere Konvergenz hin. Je kleiner der Konvergenzwert, desto länger braucht Solver zur Lösungsfindung.

- Durch Markierung des Kontrollkästchens *Lineares Modell voraussetzen* können Sie die Lösungssuche beschleunigen. Dies funktioniert aber nur, wenn das Berechnungsmodell lineare Abhängigkeiten zwischen Ergebnis und Eingabeparametern aufweist. Verwenden Sie Multiplikationen, Divisionen oder andere nichtlineare Abbildungen, darf das Kontrollkästchen nicht markiert werden.

- Markieren Sie das Kontrollkästchen *Iterationsergebnisse anzeigen*, unterbricht der Solver die Suche nach jedem Iterationsschritt und zeigt die Ergebnisse an. Dies ist bei komplexen Problemen hilfreich, wenn keine Lösung gefunden oder ein Fehler angezeigt wird.

- Die Option *Automatische Skalierung anwenden* ist hilfreich, wenn sich die Eingaben und die Zielwerte in Ihrer Größe stark unterscheiden.

- Die Option *Nicht-Negativ voraussetzen* veranlaßt, daß der Solver einen unteren Grenzwert von 0 (Null) für alle veränderbaren Zellen annimmt (für die Sie im Feld *Nebenbedingungen* des Dialogfelds *Nebenbedingungen hinzufügen* keinen unteren Grenzwert angegeben haben).

- Mit den Optionsfeldern der Gruppe *Schätzung* läßt sich festlegen, wie die Schätzwerte der Grundvariablen bei einer eindimensionalen Suche ermittelt werden. Mit *Linear* wird eine lineare Extrapolation über einen tangentialen Vektor vorgenommen. Bei nichtlinearen Problemen führt die quadratische Extrapolation häufig zu schnelleren Ergebnissen.

⇢ Die Optionen der Gruppe *Differenzen* legen die Art der Differenzbildung zwischen Schätzwert und Ziel- und Nebenbedingungsfunktion fest. Standardmäßig wird eine Vorwärtsdifferenzierung verwendet.

⇢ In der Gruppe *Suchen* legen Sie den Suchalgorithmus zur Ermittlung der Näherungslösung fest. Standardmäßig wird das Newton-Verfahren zur Berechnung der Näherungslösung benutzt. Beim Gradientenverfahren benötigen Sie weniger Speicherplatz als beim Newton-Verfahren. Dies geht jedoch auf Kosten der Iterationsschritte. Hinweise zu diesen beiden Suchverfahren sind der Literatur über numerische Rechenverfahren zu entnehmen.

Beachten Sie bei der Lösung des Zielwertproblems, daß die vorgegebenen Startparameter unter Umständen die Berechnung einer Lösung stark beeinflussen. So hängt es bei nichtlinearen Gleichungen häufig vom Startwert ab, ob ein lokales oder globales Extremum gefunden wird.

Modell speichern und laden

Hat der Solver eine Lösung gefunden, können Sie diese im Dialogfeld *Optionen* über die Schaltfläche *Modell speichern* in der Tabelle sichern (Bild 28.26). Der Solver blendet das Dialogfeld aus Bild 28.27 zur Eingabe des Modellbereichs ein. Markieren Sie ggf. die Zellen, in denen das Modell hinterlegt werden soll.

Sobald Sie das Dialogfeld über die *OK*-Schaltfläche schließen, legt der Solver die Parameter des Modells im angegebenen Tabellenbereich ab. Hierbei handelt es sich um die Funktion zur Ermittlung des Zielwerts (z.B. MAX, MIN etc.), die Zahl der Eingangswerte, logische Konstante (wahr, falsch) für die Nebenbedingungen und den Parametersatz als Matrix. Da das erste Solver-Modell automatisch in der Tabelle gespeichert wird, benötigen Sie die Schaltfläche nur, um weitere Modelle explizit in der Tabelle zu sichern.

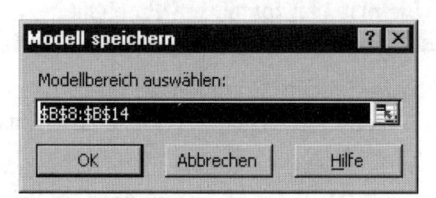

Bild 28.27: Modell speichern

Das Laden eines Modells erfolgt über die Schaltfläche *Modell laden* des Dialogfelds *Optionen* (Bild 28.26). Anschließend erscheint eine Abfrage des Modellbereichs, wobei das Dialogfeld im Aufbau mit dem Dialogfeld aus Bild 28.27 übereinstimmt.

Der Solver ist sicherlich ein Werkzeug zur Lösung multivariabler Aufgabenstellungen. In der Praxis müssen Sie aber einigen Aufwand treiben, damit das Programm eine Lösung ermitteln kann. Insbesondere die Formulierung der Start- und Nebenbedingungen kann eine kritische Angelegenheit sein. Das in der Datei ANALYSE.XLS gespeicherte Modell gibt zum Beispiel bei Stückzahlen, die die Fertigungskapazität übersteigen, den Wert *Keine Kapazität* zurück. Dies führt bei der Variation der Eingangswerte zu einem Abbruch im Solver. Nur durch Begrenzung der Stückzahl über eine Nebenbedingung läßt sich der Abbruch vermeiden. Problematisch ist es aber, diese Begrenzung auf eine berechnete Größe zu beziehen, da der Solver dann mit variablen Nebenbedingungen arbeiten muß. Es führt an dieser Stelle zu weit, auf alle Aspekte des Solvers einzugehen. In der Excel-Hilfe finden Sie weitere Hinweise auf Beispiele und Anwendungen des Solvers.

Neben dem Solver bietet Excel 97 Ihnen weitere Analysefunktionen als Add-In an. Mit dem Analysepaket lassen sich zum Beispiel mathematische und technische Analysen an Wertetabellen vornehmen. Näheres zur Installation dieses Add-In-Programms entnehmen Sie Kapitel 24 und der Excel-Hilfe.

29 Abfragen und Arbeiten mit Microsoft Query

29.1 Einführung in Microsoft Query

Office 97 wird mit dem Programm Microsoft Query ausgeliefert, welches den Zugriff aus Excel 97 auf Daten von Fremdanwendungen (d.h. Datenbanken) unterstützt. Zusammen mit den Microsoft-Query-Add-In-Programmen eröffnet sich die Möglichkeit, schnell aus Excel 97 auf andere Daten zuzugreifen und diese in Tabellen zu importieren. Eine Einführung in Microsoft Query erhalten Sie in diesem Abschnitt.

Grundlagen

Wenn Sie in Excel 97 Daten aus anderen Anwendungen importieren möchten, haben Sie hierzu verschiedene Möglichkeiten. Sie können zum Beispiel über die Funktion *Öffnen* direkt die Datenformate älterer Excel-Versionen lesen. Auch der Zugriff auf Fremddateien (z.B. dBASE) ist über die entsprechenden Filter möglich. Diese Techniken wurden in Kapitel 18 besprochen. Andererseits haben Sie die Möglichkeit, Daten per OLE (siehe Kapitel 22) als Objekte in ein Arbeitsblatt einzubinden. Dies setzt aber voraus, daß die OLE-Server-Anwendung zur Verarbeitung dieser Daten auf dem PC läuft. Weiterhin lassen sich Objekte nur als Ganzes bearbeiten, eine Aufteilung einzelner Werte auf Zellen einer Tabelle ist nicht möglich.

An dieser Stelle setzt das Programm Microsoft Query an, welches Ihnen den Zugriff auf die Daten unterschiedlicher Anwendungen erlaubt. Im Gegensatz zum direkten Import der Dateien über die Funktion *Öffnen* können Sie in Microsoft Query Abfragekriterien definieren, nach denen die Daten zu lesen sind. Dies bringt erhebliche Vorteile beim Zugriff auf große Datenbestände. Eine Excel-Tabelle kann maximal 65.536 Zeilen aufweisen. Bereits der Import einer dBASE-Datenbank mit 70.000 Datensätzen ist damit für Excel 97 ein Problem. Sie wären demnach gezwungen, die zu importierenden Datenbestände auf eine Größe zu reduzieren, die sich mit Excel-Tabellen bearbeiten läßt. Was aber tun, wenn Sie sich mit der Bedienung der Fremdanwendung nicht auskennen? Oder Sie verfügen nur über die Daten im Fremdformat und haben keine Möglichkeit, diese Daten zu verändern? Oder Sie benötigen die Daten einer Datenbank, die nach bestimmten Kriterien gefiltert werden?

Hier werden die Vorteile des Zugriffs über Microsoft Query bereits sichtbar. Mit diesem Programm geben Sie die gewünschte Datenquelle an. Über Abfragekriterien lassen sich dann die zu importierenden Daten einschränken und für die direkte Verarbeitung durch Excel 97 aufbereiten. Dabei bietet Ihnen Excel 97 verschiedene Möglichkeiten zum Zugriff auf die Daten.

- ⇢ Sofern Sie eine Abfrage interaktiv erstellen und die Daten in eine Tabelle übernehmen möchten, aktivieren Sie direkt das Programm Microsoft Query.

- ⇢ Sie können aber auch feste Anwendungen für einen Benutzer erstellen und die Funktionen des ODBC-Add-In-Programms aus VBA-Modulen nutzen. Dann kann der Umweg über Microsoft Query entfallen.

- ⇢ Alternativ können Sie aber auch über das in Excel 97 integrierte Add-In für Microsoft Query die Abfragen ausführen.

- ⇢ Sofern Sie mit dem Pivot-Assistenten arbeiten (siehe Kapitel 30), können Sie ebenfalls auf die Fremddaten zugreifen.

Microsoft Query installieren

Um mit Microsoft Query zu arbeiten, muß dieses installiert sein. Sie können dies leicht überprüfen, indem Sie im Menü DATEN den Befehl EXTERNE DATEN wählen. Ist der entsprechende Befehl im angezeigten Untermenü (NEUE ABFRAGE ERSTELLEN) gesperrt, wurden die Komponenten von Microsoft Query bei der Office-Installation nicht eingerichtet. Sofern dies nicht der Fall ist, können Sie die betreffenden Dateien auch nachträglich installieren.

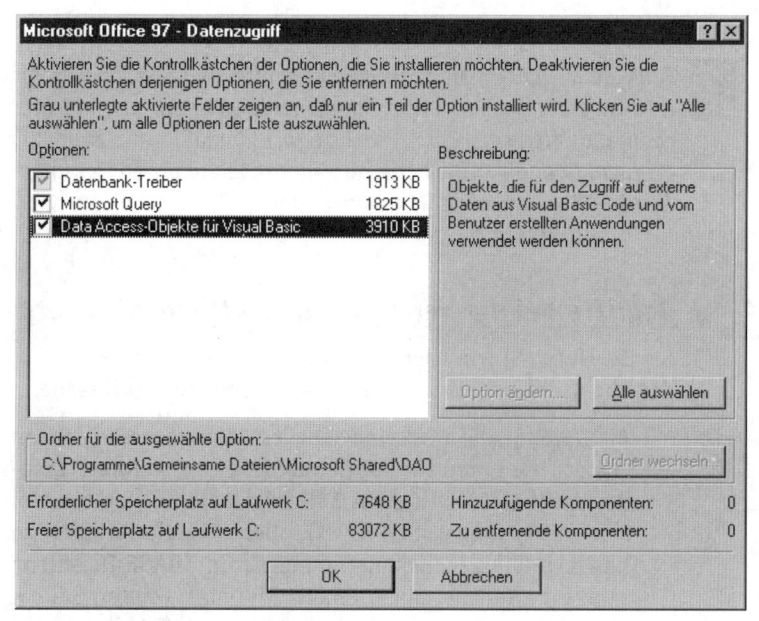

Bild 29.1: Optionen zum Datenzugriff

1. Legen Sie die Office-97-CD-ROM in das Laufwerk ein.
2. Starten Sie das Office-97-Setup-Programm (SETUP.EXE im Hauptverzeichnis des Installationsmediums).
3. Wählen Sie im angezeigten Setup-Dialogfeld die Schaltfläche *Hinzufügen/Entfernen*.
4. Setup zeigt das Dialogfeld mit den verfügbaren Komponenten. Markieren Sie das Kontrollkästchen der Option *Datenzugriff*. Anschließend klicken Sie auf die Schaltfläche *Option ändern*.
5. Setup zeigt das Dialogfeld aus Bild 29.1 mit den installierbaren Komponenten zum Datenzugriff. Markieren Sie das Kontrollkästchen *Microsoft Query*.
6. Bei Bedarf können Sie die Option *Datenbank-Treiber* markieren und die zu installierenden Datenbanktreiber über die Schaltfläche *Option ändern* festlegen.

Sobald Sie alle geöffneten Dialogfelder über die *OK*-Schaltfläche schließen, installiert Setup die benötigten Komponenten im System. Voraussetzung ist allerdings, daß genügend freie Speicherkapazität auf der Festplatte vorhanden ist.

Falls Sie im Add-In-Manager (siehe Kapitel 24) den Eintrag Microsoft Query-Add-In *nicht finden, diese Komponente aber nutzen möchten, müssen Sie ebenfalls Microsoft Query nachträglich installieren. Zum Zugriff aus VBA-Modulen über die ODBC-Spracherweiterungen muß ebenfalls das entsprechende Add-In-Programm installiert sein.*

Begriffe bei der Verwendung von Microsoft Query

Bei der Nutzung von Microsoft Query werden verschiedene Begriffe verwendet, die auf den nachfolgenden Seiten ebenfalls auftauchen.

- Als Datenquelle wird eine Tabelle (oder mehrere Tabellen) verstanden, aus der die Daten für die Abfrage bezogen werden. (Eine Tabelle hat in der Regel nichts mit einer Kalkulationstabelle zu tun, sondern bezieht sich auf eine Datenbank.) Wie diese Tabelle letztlich gespeichert ist, hängt von der Fremdanwendung ab. In dBASE III entspricht zum Beispiel eine Tabelle immer einer DBF-Datei. Greifen Sie dagegen auf Datenbanken wie Oracle zu, können mehrere Tabellen in einer Datenbank gespeichert sein. Je nach verwendetem ODBC-Treiber blendet Excel 97 die Datei- oder Tabellennamen der Datenquelle ein.

- Der Begriff Tabelle bezieht sich auf die Struktur der abzufragenden Daten. Eine Tabelle läßt sich wie eine Excel-Tabelle mit Zeilen und Spalten interpretieren.

… Eine Tabelle besteht aus einem oder mehreren Datensätzen, die in Excel 97 einer Zeile entsprechen. Jede Zeile der Tabelle besteht aus Feldern, deren Daten abgefragt werden. Ein Feld entspricht in der Excel-Nomenklatur einer Zelle.

… Das Resultat einer Abfrage liegt in Microsoft Query als Tabelle vor und wird als Abfrageergebnis bezeichnet. Sie können dieses Abfrageergebnis in eine Excel-Tabelle übernehmen.

… Über die Abfragekriterien lassen sich die zu übernehmenden Daten einschränken. Sie können zum Beispiel bei der Abfrage festlegen, daß nur Datensätze zu lesen sind, die im Feld *Umsatz* einen Wert größer 5000 aufweisen.

… Microsoft Query arbeitet intern mit SQL-Anweisungen. Structured Query Language ist eine Abfragesprache für Datenbanken, die einen herstellerunabhängigen Zugriff auf Datenbanken erlauben soll (was in der Praxis allerdings nicht hundertprozentig stimmt). Sie können die SQL-Anweisungen durch Excel 97 erstellen lassen oder diese manuell in einem eigenen Fenster eintragen.

Zur Arbeit mit Microsoft Query müssen Ihnen die Begriffe nicht vollständig klar sein. Führen Sie einfach das Beispiel im nächsten Abschnitt aus.

Die ODBC-Treiber einrichten

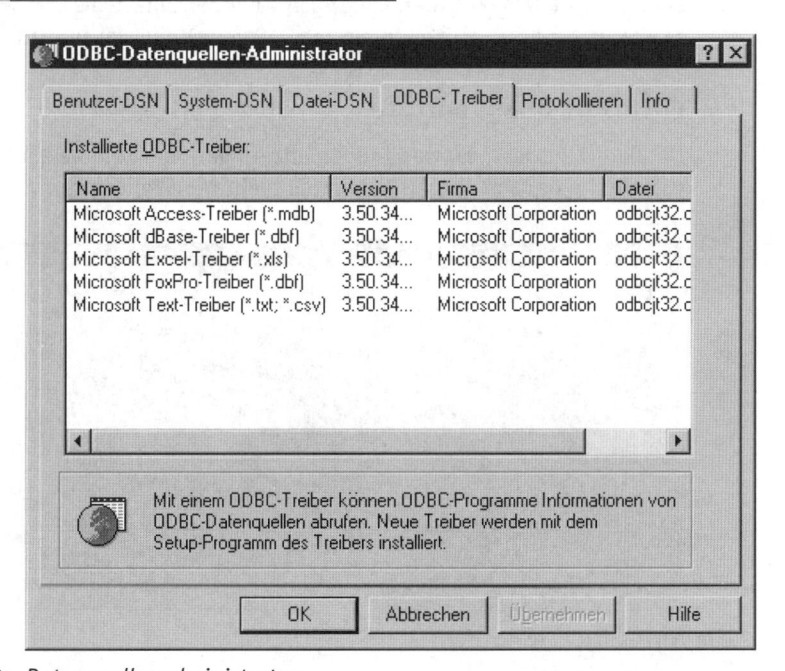

Bild 29.2: Datenquellenadministrator

Zum direkten Zugriff auf die Datenquellen verwenden Excel 97/Microsoft Query zusätzlich bestimmte ODBC-Treiber (DLL-Dateien). Diese Treiber werden automatisch beim Setup eingerichtet, lassen sich aber über den ODBC-Datenquellen-Administrator verwalten. Dieser Administrator wird über die Windows-Systemsteuerung aufgerufen.

1. Wählen Sie im Windows-Startmenü den Eintrag EINSTELLUNGEN/SYSTEMSTEUERUNG.
2. Im Fenster der Systemsteuerung ist das nebenstehend gezeigte Symbol per Doppelklick anzuwählen.
3. Anschließend können Sie über die Registerkarten des Dialogfelds ODBC-Datenquellen-Administrator die ODBC-Treiber sowie die Data Source Names (DSN) kontrollieren und ggf. entfernen bzw. hinzufügen (Bild 29.2).

Der ODBC-Treiber ist dabei unabhängig von Excel 97. Ob bereits ein solcher Treiber installiert ist, erkennen Sie beim Öffnen der Windows-Systemsteuerung. Im Programmfenster muß das in Schritt 2 gezeigte Symbol erscheinen. Sobald Sie das Symbol per Maus anwählen, blendet der Treiber das Dialogfeld mit den Datenquellen in die Anzeige ein (Bild 29.2). Ist dies nicht der Fall, müssen Sie Microsoft Query neu installieren.

Zum Zugriff auf Fremddaten benötigen Sie unterschiedliche ODBC-Treiber. Diese werden beim Setup über die Option *Datenbanktreiber* ausgewählt (Bild 29.1).

Microsoft Query aufrufen

Um Daten aus Fremdanwendungen abzufragen, müssen Sie als erstes Microsoft Query starten. Hierzu haben Sie mehrere Möglichkeiten:

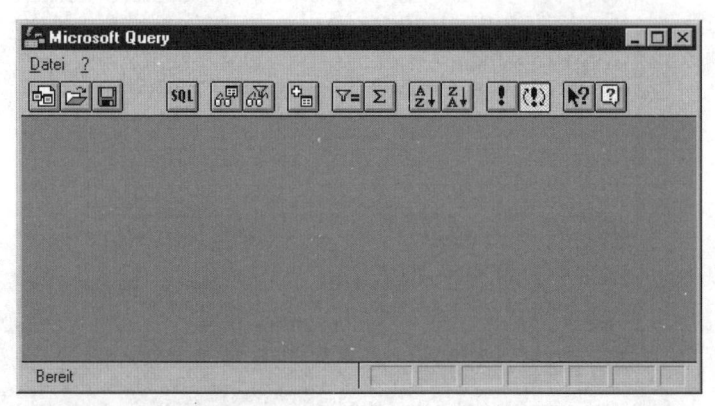

Bild 29.3: Microsoft Query-Fenster

29 Abfragen und Arbeiten mit Microsoft Query

··❖ Sie suchen im Fenster des Windows Explorer den Ordner, in dem Office 97 installiert wurde. In diesem Ordner findet sich eine Verknüpfung auf Microsoft Query. Im Unterordner \OFFICE finden Sie zusätzlich das Symbol der nebenstehenden Datei *MSQRY32.EXE*. Durch einen Doppelklick auf das betreffende Symbol wird Microsoft Query aufgerufen. Das Programm meldet sich mit einem Anwendungsfenster gemäß Bild 29.3. Über das Fenster von Microsoft Query und die Symbolleiste können Sie dann Daten anderer Anwendungen abfragen und die Daten mehrerer Tabellen zusammenführen.

··❖ Sofern das Query-Add-In installiert und aktiviert ist (siehe Kapitel 24), können Sie Microsoft Query auch direkt aus Excel 97 aufrufen. Hierzu verwenden Sie die Befehle im Untermenü EXTERNE DATEN des Excel-Menüs DATEN. Dann erscheint das Dialogfeld zur Auswahl einer Datenquelle (Bild 29.4). Die Vorgehensweise bei der Definition einer Datenquelle wird nachfolgend besprochen.

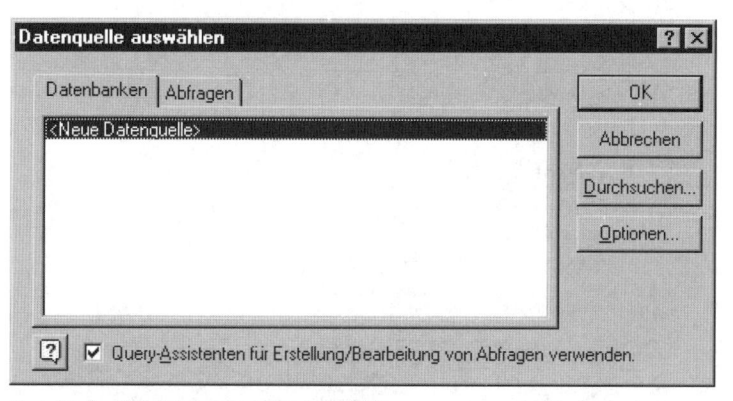

Bild 29.4: Das Dialogfeld Datenquelle auswählen

> *Über den Befehl PIVOT-TABELLENBERICHT im Menü DATEN läßt sich ein Assistent aufrufen, der Ihnen ebenfalls eine Option zum Zugriff auf externe Datenquellen bietet.*

29.2 Zugriff auf externe Daten

Über den Befehl EXTERNE DATEN im Menü DATEN läßt sich auf externe Datenquellen zugreifen (Bild 29.5). Sie können hierbei verschiedene Befehle im Untermenü EXTERNE DATEN verwenden. Die Befehle werden dabei je nach der vorliegenden Situation freigegeben oder gesperrt.

⇢ Um Daten erstmalig aus einer Datenbank in Microsoft Query oder in eine Excel-Tabelle zu übernehmen, benötigen Sie eine Abfrage. Diese läßt sich über den Befehl NEUE ABFRAGE ERSTELLEN definieren (siehe unten).

⇢ Zur Abfrage von Web-Daten steht ebenfalls ein entsprechender Befehl im Menü zur Verfügung.

⇢ Bestehende und in Abfragedateien gespeicherte Abfragen lassen sich über den Befehl DATENBANKABFRAGE AUSFÜHREN laden, um Daten erneut aus einer externen Quelle zu übernehmen.

Die unteren drei Befehle des Menüs EXTERNE DATEN werden freigegeben, nachdem Sie externe Daten in eine Tabelle übernommen haben. Sie können dann die Abfrage bearbeiten, Parameter setzen oder die Datenbereichseigenschaften verändern.

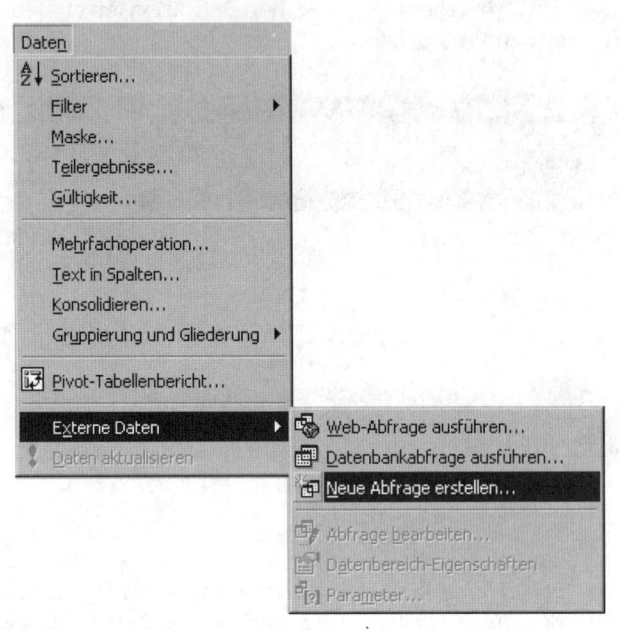

Bild 29.5: Menü Externe Daten

Eine neue Abfrage erstellen

Zum Zugriff auf externe Daten benutzt Microsoft Query sogenannte Abfragen. In dieser Abfrage werden alle Informationen (Datenquelle, abzufragende Felder, Filterbedingungen etc.) hinterlegt. Um Daten mittels Microsoft Query in eine andere Anwendung (z.B. eine Excel-Tabelle) zu übernehmen, müssen Sie eine Abfrage erstellen. Die erforderlichen Schritte lernen Sie nachfolgend kennen. Als Beispiel soll eine Adressenliste aus einer DBF-Datenbank mit Microsoft Query gelesen werden.

Sie finden auf der Begleit-CD-ROM die Dateien ADRESSEN.MDB, ADRESSEN1.MDB *und* LISTE.DBF *im Verzeichnis* \BEISP\KAP29. *Bei den MDB-Dateien handelt es sich um Access-97-Datenbanken, während* LISTE.DBF *im dBASE III-Format abgelegt wurde. Außerdem ist im Office-97-Paket eine Beispieldatenbank Nordwind GmbH mit verschiedenen Datenbanken enthalten.*

Zur Definition einer neuen Abfrage gehen Sie in folgenden Schritten vor:

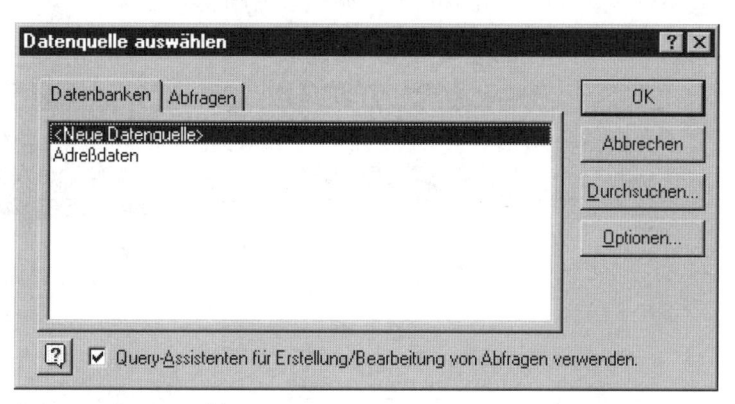

Bild 29.6: Datenquelle auswählen

1. Öffnen Sie in Excel 97 das Menü DATEN und wählen Sie den Eintrag EXTERNE DATEN.

2. Im Untermenü klicken Sie auf den Befehl NEUE ABFRAGE ERSTELLEN. Haben Sie sich eine Schaltfläche in einer benutzerdefinierten Symbolleiste eingerichtet, läßt sich auch die nebenstehende Schaltfläche per Maus anklicken.

3. Excel 97 öffnet das Dialogfeld zur Auswahl der Datenquelle (Bild 29.6), in dem Sie die Optionen setzen. Um die nächsten Schritte zu vereinfachen, markieren Sie das Kontrollkästchen *Query-Assistenten für Erstellung/Bearbeitung von Abfragen verwenden*. Microsoft Query benutzt einen Assistenten, der Sie durch die Schritte der Abfrageerstellung führt (siehe unten).

4. Existiert bereits eine Datenquelle, wählen Sie diese per Mausklick an und betätigen die *OK*-Schaltfläche.

5. Um eine neue Datenquelle festzulegen, wählen Sie den Eintrag *<Neue Datenquelle>* und klicken auf die *OK*-Schaltfläche. (Die Definition einer neuen Datenquelle wird im folgenden Abschnitt skizziert.)

Haben Sie das betreffende Kontrollkästchen markiert, startet Microsoft Query den Query-Assistenten, der Sie durch die Schritte der Abfrageerstellung begleitet (Bild 29.7). (Ist das Kontrollkästchen nicht markiert, gelangen Sie direkt in das Fenster von Microsoft Query. Dort können Sie die Abfrage ebenfalls erstellen und ausführen. Einzelheiten finden Sie im Abschnitt »Arbeiten mit Microsoft Query«.)

Schritt 1 - Tabellen und Felder auswählen

Der Query-Assistent zeigt nach dem Start das Dialogfeld mit Schritt 1 der Abfrageerstellung (Bild 29.7). Im linken Feld *Verfügbare Tabellen und Spalten* sehen Sie die Namen der Tabellen der externen Datenbank. Für jede Tabelle werden die externen Felder eingeblendet.

> *Da in diesem Beispiel die Datenquelle auf die Datei LISTE.DBF zeigt, enthält das Feld nur eine Tabelle mit den betreffenden Feldern.*

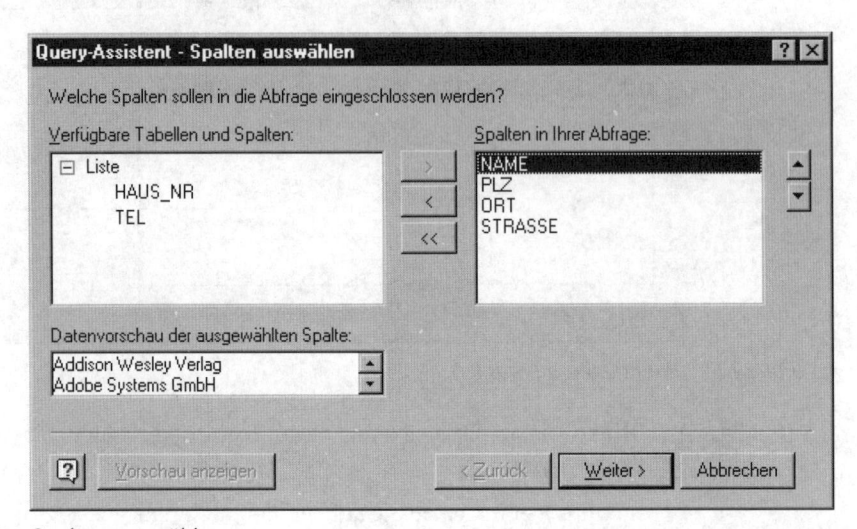

Bild 29.7: *Spalten auswählen*

Sie können nun eine Tabelle anklicken und die Felder einzeln oder komplett in die rechte Liste *Spalten in Ihrer Abfrage* übernehmen.

1. Hierzu markieren Sie die betreffende Tabelle oder das gewünschte Feld im linken Feld.
2. Klicken Sie auf die nebenstehend gezeigte Schaltfläche, um den Eintrag in die rechte Liste zu übernehmen.

Bei Bedarf lassen sich bereits in die rechte Liste übernommene Felder über die restlichen Schaltflächen wieder von der Auswahl herausnehmen. Möchten Sie sehen, welche Daten ein Feld enthält, klicken Sie es in der betreffenden Liste an. Wenn Sie jetzt die Schaltfläche *Vorschau zeigen* wählen, blendet Microsoft Query einige Daten dieses Felds im Feld mit der Vorschau ein.

> *Die Reihenfolge der Felder in der Abfrage läßt sich durch die beiden Schaltflächen rechts neben dem Feld* Spalten in Ihrer Abfrage *verändern. Markieren Sie ein Feld und verschieben Sie es mittels der Schaltfläche innerhalb der Liste.*

Schritt 2 - Daten filtern

Über die Schaltfläche *Weiter* > gelangen Sie zum nächsten Schritt des Assistenten. Im zugehörigen Dialogfeld erlaubt der Assistent Ihnen, Kriterien zum Filtern von Daten festzulegen (Bild 29.8).

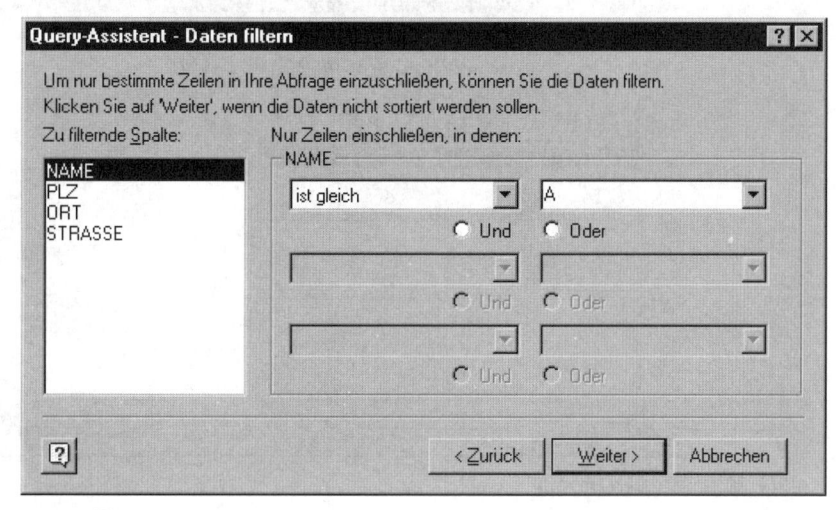

Bild 29.8: Daten filtern

1. Wählen Sie einen Eintrag im Feld *Zu filternde Spalte*.
2. Anschließend legen Sie im linken Feld der Gruppe *Nur Zeilen einschließen, in denen* die Auswahlbedingung fest. Das Listenfeld gibt Ihnen vordefinierte Bedingungen vor.
3. Tragen Sie im rechten Feld das Kriterium (z.B. A% zur Suche nach allen Namen, die mit dem Buchstaben A beginnen) ein.

Bei Bedarf können Sie die obigen Schritte wiederholen, um mehrere Spalten zur Filterung zu verwenden. Dann müssen Sie die Verknüpfung der Filterkriterien über die Optionsfelder *Und* bzw. *Oder* festlegen.

Schritt 3 - Sortierreihenfolge definieren

In Schritt 3 erlaubt Ihnen der Assistent, Bedingungen zum Sortieren der importierten Daten anzugeben (Bild 29.9).

1. Rufen Sie über das Listenfeld *Sortieren nach* den Namen des Felds (d.h. der Spalte) ab, nach der der Ergebnisbereich zu sortieren ist.
2. Legen Sie die Sortierrichtung über die beiden Optionsfelder *Aufsteigend* oder *Absteigend* rechts neben dem Feld *Sortieren* fest.

Sie können bis zu drei Felder zum Sortieren des Ergebnisbereichs verwenden. Wiederholen Sie ggf. die Schritte 1 und 2 mit den beiden Feldern *dann nach*.

Über die Schaltfläche *Weiter* > gelangen Sie zum nächsten Dialogfeld. Möchten Sie einen Schritt zurückgehen und die Filterkriterien ändern, wählen Sie die Schaltfläche < *Zurück*.

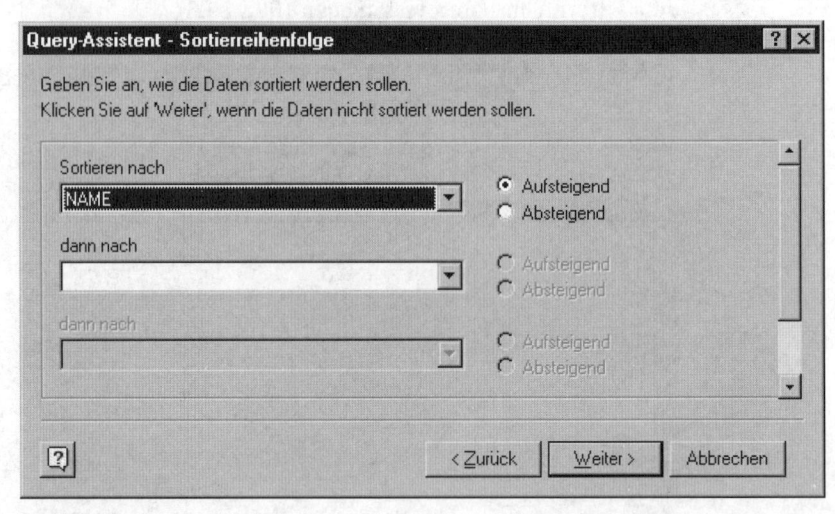

Bild 29.9: Sortierkriterien

Schritt 4 - Daten übernehmen

Sobald Sie die Schaltfläche *Weiter* > betätigen, gelangen Sie zum letzten Dialogfeld (Bild 29.10). In diesem Dialogfeld fragt der Query-Assistent ab, wohin die Ergebnisdaten der Abfrage zu transferieren sind.

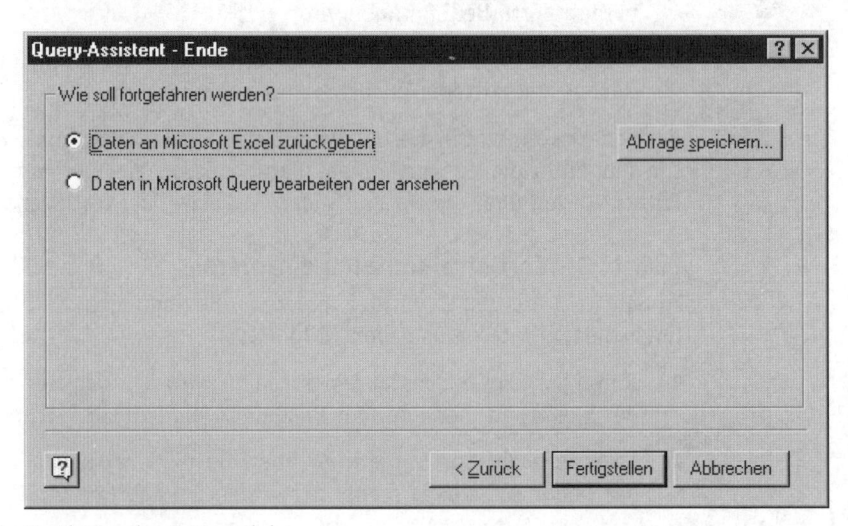

Bild 29.10: Festlegen des Importziels

29 Abfragen und Arbeiten mit Microsoft Query

⋯❥ Sie können die Option *Daten an Microsoft Excel zurückgeben* wählen. Dann überträgt Microsoft Query die Daten der externen Datenquelle in eine Excel-Tabelle, sobald Sie die Schaltfläche *Fertigstellen* wählen.

In diesem Fall muß jedoch die Zelle in der obersten linken Ecke des Ergebnisbereichs definiert sein. Diese wird über ein eigenes Dialogfeld angegeben (Bild 29.11).

⋯❥ Durch Anklicken der betreffenden Zelle im aktuellen Arbeitsblatt wird die Zellreferenz im Dialogfeld *Externe Daten an Excel zurückgeben* übernommen.

⋯❥ Die Option *Als neues Blatt* veranlaßt, daß Excel 97 eine neue Tabelle für die Daten anlegt.

⋯❥ Die Option *In eine neue Pivot-Tabelle* bewirkt, daß ein neues Arbeitsblatt angelegt wird. In diesem Arbeitsblatt werden die Daten in Form einer Pivot-Tabelle hinterlegt.

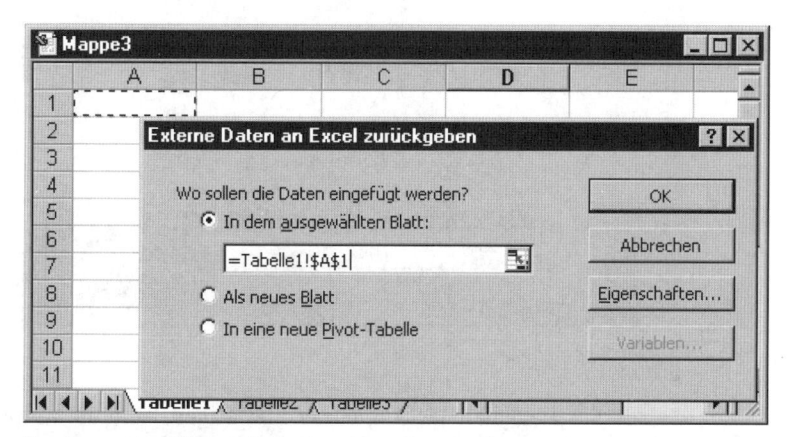

Bild 29.11: Festlegen des Zielbereichs

Sobald Sie eines der Optionsfelder markieren, ggf. die Zellreferenz setzen und dann die *OK*-Schaltfläche betätigen, importiert Microsoft Query die Abfragedaten in den Zielbereich.

Über die Schaltfläche *Eigenschaften* können Sie verschiedene Eigenschaften der Abfrage setzen (siehe Abschnitt »Ergebnisse in Excel 97 übernehmen«).

⋯❥ Verwenden Sie dagegen im Dialogfeld aus Schritt 4 die Option *Daten in Microsoft Query bearbeiten und ansehen* (Bild 29.10) importiert Microsoft Query die Daten in ein eigenes Fenster.

Sie können die Daten anschließend ansehen und bearbeiten (siehe Abschnitt »Arbeiten mit Microsoft Query«). Beim Schließen des Microsoft-

Query-Fensters übernimmt Excel 97 die Daten in einer Tabelle. Dann erscheint ebenfalls das Dialogfeld aus Bild 29.11.

Abfrage speichern

Die erstellte Abfrage läßt sich im letzten Dialogfeld des Query-Assistenten als Abfragedatei (Erweiterung DQY) speichern. Dies ist optional und der Schritt muß explizit ausgeführt werden.

1. Hierzu wählen Sie die Schaltfläche *Abfrage speichern* in Schritt 4 des Assistenten (Bild 29.10).

2. Anschließend legen Sie im Dialogfeld *Speichern unter* das Laufwerk, den Ordner und den Namen der Abfragedatei fest (Bild 29.12).

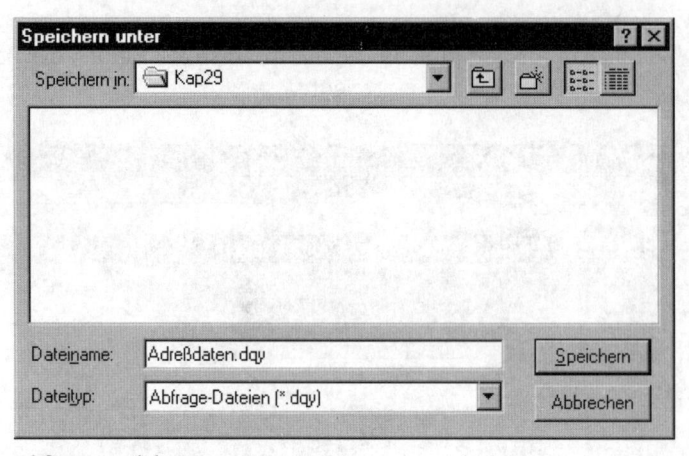

Bild 29.12: Abfrage speichern

Sobald Sie die Schaltfläche *Speichern* betätigen, wird die Abfrage (d.h. die angegebenen Parameter) in einer Datei hinterlegt. Sie können diese Datei für weitere Abfragen verwenden.

Microsoft Query benutzt bestimmte Verzeichnisse (z.B. den Ordner \ABFRAGEN im Office-Verzeichnis) zur Speicherung von Abfragen. Sie können aber eigene Verzeichnisse verwenden. Im Verzeichnis \BEISP\KAP29 der Begleit-CD-ROM finden Sie beispielsweise eine solche Abfragedatei.

Eine Datenquelle auswählen

Um eine Abfrage ausführen zu können, muß Microsoft Query die zugehörige Datenquelle kennen. Eine Datenquelle kann eine Datenbank oder eine andere externe Datei sein. Zur Definition einer Datenquelle sind folgende Schritte auszuführen:

29 Abfragen und Arbeiten mit Microsoft Query

1. Rufen Sie im Menü DATEN den Befehl EXTERNE DATENQUELLE und im Untermenü den Befehl NEUE ABFRAGE ERSTELLEN auf (siehe Bild 29.5).

2. Microsoft Query öffnet das Dialogfeld *Datenquelle auswählen* (siehe Bild 29.6). Klicken Sie auf den Eintrag *<Neue Datenquelle>* und betätigen Sie anschließend die *OK*-Schaltfläche.

3. Excel 97 öffnet das Dialogfeld *Neue Datenquelle erstellen* (Bild 29.13), in dem Sie die betreffenden Optionen setzen.

···> Im Feld *Name der neuen Datenquelle* geben Sie einen Namen vor, unter dem die Datenquelle im Feld *Datenquelle auswählen* erscheint (siehe Bild 29.6).

···> Im zweiten Listenfeld *Wählen Sie den Treiber für ...* läßt sich der Treiber für den Typ der Datenbank wählen. Abhängig von den installierten Treibern bietet Microsoft Query verschiedene Datenbanktypen (Access, dBASE etc.) an. Wählen Sie hier den Treiber, der dem Typ der zu importierenden Datenbanktabelle entspricht.

···> Nachdem Sie den Namen und den Treiber festgelegt haben, läßt sich die Verbindung zur Datenquelle über die Schaltfläche *Verbinden* angeben. Microsoft Query öffnet ein weiteres Dialogfeld zum Aufsetzen der Optionen des ODBC-Treibers (Bild 29.15).

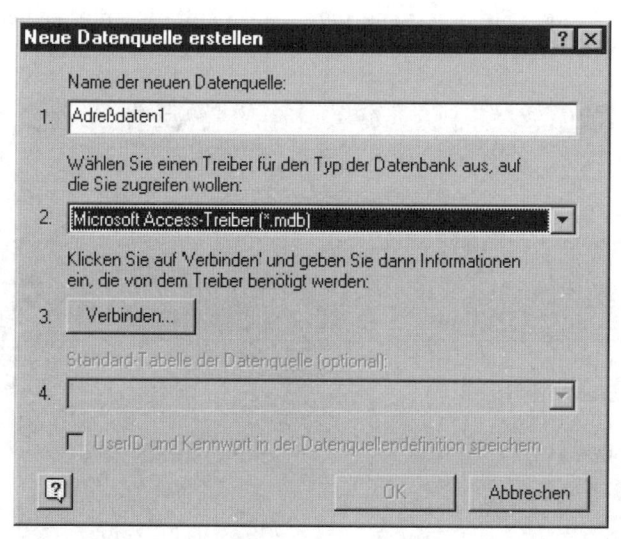

Bild 29.13: Neue Datenquelle erstellen

···> Haben Sie eine Datenquelle ausgewählt und die Verbindung hergestellt (siehe unten), läßt sich im Dialogfeld *Neue Datenquelle erstellen* (Bild 29.13) optional das vierte Feld *Standard-Tabelle der Datenquelle (optional)* anwählen. In diesem Listenfeld zeigt Microsoft Query die Namen der verfügbaren Tabellen (Bild 29.14). Wählen Sie eine der Tabellen, beziehen sich die Abfragen des Query-Assistenten auf diese Tabelle.

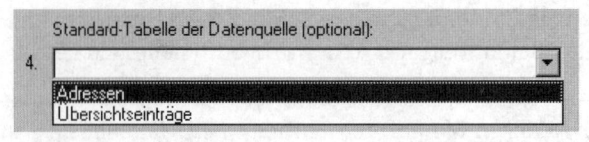

Bild 29.14: Auswahl einer Tabelle

> Datenbanken wie dBASE III kennen nur eine Tabelle pro Datenbank. Dann ist die Auswahl der Tabelle im vierten Feld überflüssig. Bei Datenbanken wie Microsoft Access 97 lassen sich aber viele Tabellen pro Datenbank anlegen. Benötigen Sie nur Daten aus einer Tabelle (oder soll dies die Haupttabelle sein), sollten Sie die betreffende Tabelle festlegen.

Verbindung festlegen

Haben Sie die Schaltfläche *Verbinden* angewählt, erscheint das Dialogfeld aus Bild 29.15. Hier führen Sie die nächsten Schritte aus.

- Über die Schaltfläche *Auswählen* richten Sie eine Verbindung zu einer bestehenden Datenbank ein.

- Benötigen Sie eine neue Datenbank, läßt sich diese über die Schaltfläche *Erstellen* anlegen (dies kann zu Testzwecken hilfreich sein).

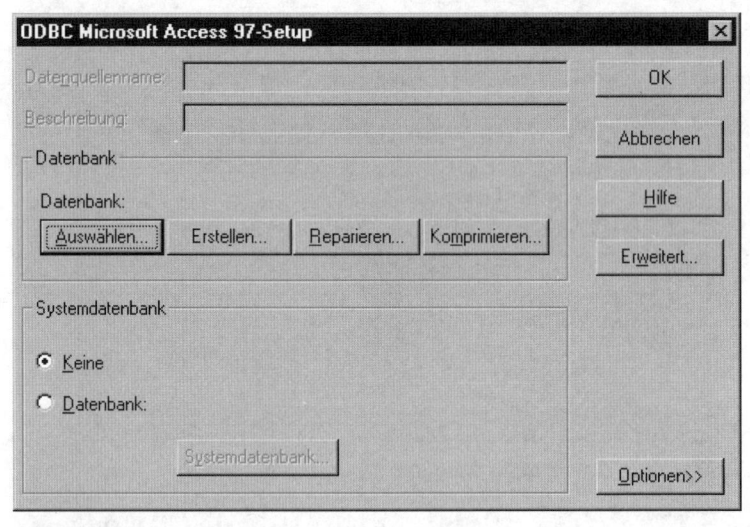

Bild 29.15: ODBC-Setup

- Bei einigen Datenbanken (z.B. Microsoft Access) besteht die Möglichkeit, die Datenbank über die Schaltflächen *Reparieren* oder *Komprimieren* zu bearbeiten. Sie sehen dann ein Dialogfeld zur Auswahl der betreffenden Datenbankdatei.

In diesem Buch wird lediglich die Verbindung zu einer bestehenden Datenbank besprochen.

Klicken Sie auf die Schaltfläche *Auswählen*, um auf eine bestehende Datenbank zuzugreifen. Microsoft Query öffnet anschließend das Dialogfeld zur Auswahl der Datenbank (Bild 29.16). Stellen Sie Laufwerk, Ordner und Dateiname ein. Anschließend klicken Sie auf die *OK*-Schaltfläche.

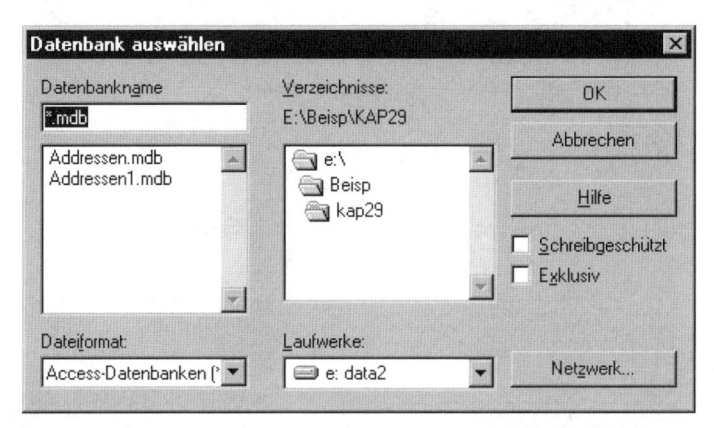

Bild 29.16: Datenbank auswählen

Microsoft Query richtet die Verbindung zur Datenquelle ein. Bei Bedarf können Sie noch das Kontrollkästchen *UserID und Kennwort in der Datenquellendefinition speichern* markieren (Bild 29.13). Dann hinterlegt Microsoft Query das Kennwort und die Benutzer-ID zum Zugriff auf die Datenbank (dies ist nur bei Datenbanken erforderlich, die ein Kennwort zum Zugriff benötigen).

Sobald Sie die geöffneten Dialogfelder über die *OK*-Schaltfläche schließen, startet Microsoft Query den Assistenten zur Eingabe der Abfrageparameter (siehe oben).

29.3 Arbeiten mit Microsoft Query

Bei der Übernahme der Daten des Query-Assistenten in Microsoft Query zeigt das Programm die Daten in einem eigenen Fenster an. Alternativ haben Sie die Möglichkeit, Microsoft Query über den Befehl Neue Abfrage erstellen im Menü Daten/Externe Daten aufzurufen. Sobald Sie eine der vorhandenen Datenquellen anwählen, öffnet Microsoft Query das Fenster mit der Tabelle, den Abfragekriterien und den Daten (Bild 29.17). Nachfolgend wird kurz skizziert, wie Sie in diesem Fenster arbeiten.

Anzeige der Daten bei Übernahme in Microsoft Query

Haben Sie im Microsoft-Query-Assistenten die Option *Daten in Microsoft Query bearbeiten oder ansehen* gewählt (siehe Bild 29.10), übernimmt das Programm die abgefragten Daten in einem eigenen Fenster (Bild 29.17).

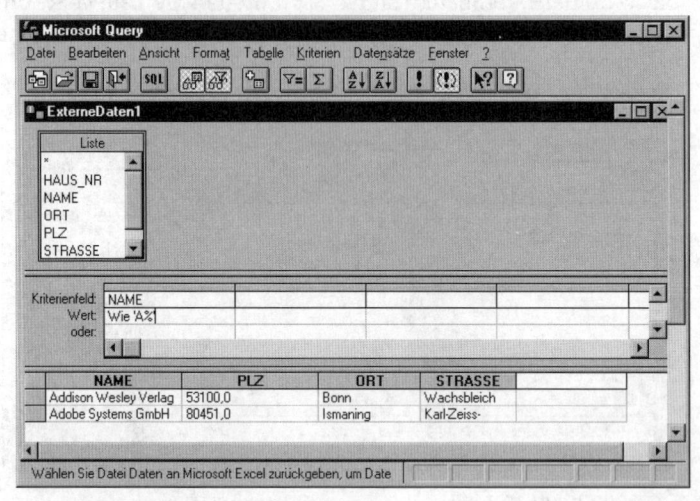

Bild 29.17: Query-Bildschirm mit Ergebnisdaten

Im Kopfbereich erscheinen die Tabellen, die in die Abfrage einbezogen wurden. Unterhalb der Tabelle werden die Auswahlkriterien der Abfrage gezeigt. Im unteren Teil erscheint dann das Ergebnis der Abfrage als Tabelle.

Beachten Sie aber, daß sich die Anzeige der Auswahlkriterien und der Ergebnistabelle über Schaltflächen bzw. Menübefehle ein- oder ausblenden läßt. Weiterhin läßt sich Größe der Fenster per Maus verändern.

Die Microsoft Query-Schaltflächen

Die Funktionen von Microsoft Query lassen sich sowohl über die Menüleiste als auch über die Schaltflächen der Symbolleiste abrufen. Bild 29.18 enthält eine Übersicht über die Bezeichnungen der einzelnen Schaltflächen in der Symbolleiste.

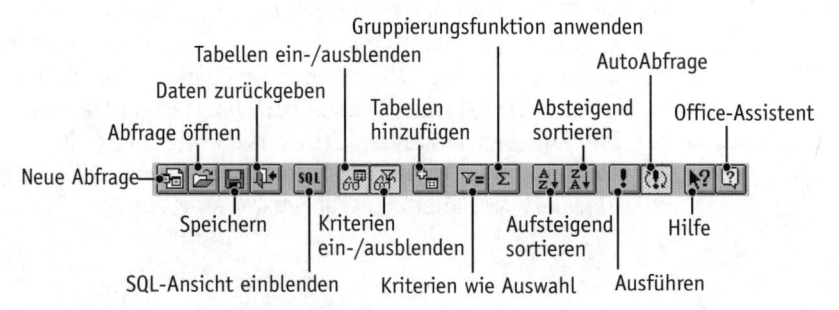

Bild 29.18: Symbolleiste von Microsoft Query

Benötigen Sie eine Information über die betreffende Schaltfläche, genügt es, mit der Maus darauf zu zeigen. Microsoft Query blendet dann den Funktionsnamen in der Anzeige ein.

> *Detaillierte Informationen erhalten Sie, indem Sie die Schaltfläche Hilfe per Maus anwählen und dann die gewünschte Schaltfläche anklicken. Microsoft Query ruft dann die kontextsensitive Hilfe mit Informationen zu dieser Funktion auf. Beachten Sie, daß nicht alle Schaltflächen zu jedem Zeitpunkt sichtbar sind.*

Felder bei der Abfrage bearbeiten

Nachdem die Datentabelle ausgewählt wurde, können Sie die Felder angeben, die im Abfrageergebnis erwünscht sind. Nehmen wir an, Sie benötigen nur den Namen mit der Anschrift für eine Aufstellung. In diesem Fall sind die Felder Name, PLZ, Ort und Straße in der Ausgabe erwünscht. Hierzu haben Sie zwei Möglichkeiten:

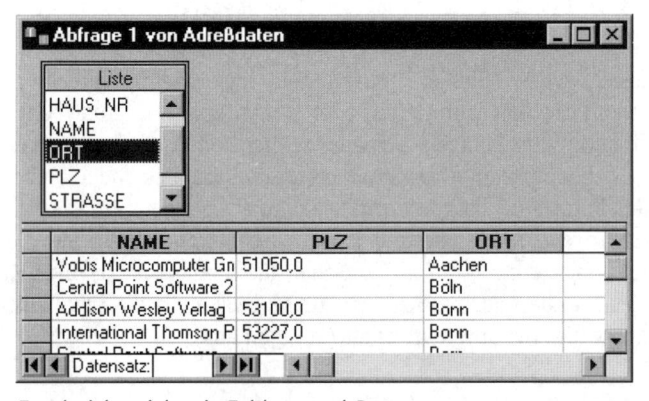

Bild 29.19: Ergebnisbereich mit Feldern und Daten

⋯▸ Sie können den Feldnamen in der geöffneten Tabelle (siehe Bild 29.17 Liste) per Doppelklick anwählen. Microsoft Query überträgt dann den Feldnamen direkt in den Ergebnisbereich und zeigt auch die ausgewählten Datensätze (Bild 29.19).

⋯▸ Im Ergebnisbereich wird ein Listenfeld zur Auswahl der Feldnamen der geöffneten Tabelle eingeblendet. Sie können ein bestehendes Listenfeld öffnen und den Feldnamen wählen. Öffnen Sie das leere Listenfeld am rechten Rand der Liste, läßt sich ein neues Feld im Ergebnisbereich einblenden (Bild 29.20).

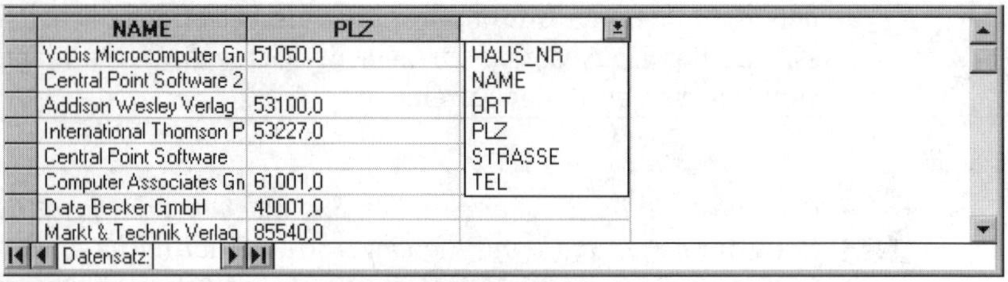

```
         NAME            PLZ
  Vobis Microcomputer Gn│51050,0          HAUS_NR
  Central Point Software 2                NAME
  Addison Wesley Verlag │53100,0          ORT
  International Thomson P│53227,0         PLZ
  Central Point Software                  STRASSE
  Computer Associates Gn│61001,0          TEL
  Data Becker GmbH      │40001,0
  Markt & Technik Verlag│85540,0
```

Bild 29.20: Auswahl der Felder im Ergebnisbereich

In Bild 29.20 wurden bereits zwei Feldnamen definiert, so daß Query die Inhalte der betreffenden Datensätze im Ergebnisbereich anzeigt. Die dritte Spalte enthält in diesem Beispiel noch keine Daten. Hier finden Sie das Listenfeld zur Auswahl der Feldnamen. Microsoft Query ermöglicht Ihnen, dabei einen Feldnamen mehrfach im Ergebnisbereich anzugeben. Weiterhin können Sie bereits definierte Feldnamen aus dem Ergebnisbereich löschen. Hierzu markieren Sie den Spaltenkopf und betätigen die [Entf]-Taste.

> *Wenn Sie das geöffnete Listenfeld über die [Esc]-Taste schließen, übernimmt Microsoft Query das Feld nicht im Ausgabebereich.*

Jedesmal wenn Sie ein neues Feld im Ergebnisbereich eintragen, ein Auswahlkriterium definieren oder sonst eine Änderung an den Abfragebedingungen vornehmen, aktualisiert Microsoft Query den Ausgabebereich. Dies kann bei komplexen Abfragen und großen Datenbeständen zu hoher Belastung eines Netzwerks beim Zugriff auf einen Server führen. Sie können die automatische Aktualisierung jedoch abschalten, indem Sie die Schaltfläche *AutoAbfrage* anklicken. Ist diese Schaltfläche eingedrückt, führt Microsoft Query bei jeder Änderung eine Abfrage durch. Klicken Sie die Schaltfläche erneut an, schaltet dies die automatischen Abfragen ab.

Spalten und Zeilen im Ergebnisbereich bearbeiten

Da der Ergebnisbereich wie eine Excel-Tabelle strukturiert ist, können Sie die meisten der in Excel 97 gebräuchlichen Techniken zur Bearbeitung der Daten anwenden. Zum Blättern zwischen den einzelnen Datensätzen verwenden Sie die Bildlaufleiste. Weiterhin werden im Arbeitsbereich in der linken unteren Ecke mehrere Schaltflächen und das Feld *Datensatz* eingeblendet (siehe Bild 29.19). Über die Schaltflächen gelangen Sie zum Anfang oder Ende des Ergebnisbereichs oder können satzweise blättern. Geben Sie die Satznummer im Feld Datensatz ein, zeigt Query diesen Datensatz direkt an.

- Um eine Spalte aus dem Ergebnisbereich zu löschen, wählen Sie den Spaltenkopf mit dem Feldnamen per Maus an. Excel 97 markiert die gesamte Spalte und zeigt den Inhalt invers an. Nun genügt es, die [Entf]-Taste zu drücken, um die Spalte zu löschen. Die rechts daneben befindlichen Spalten werden um eine Position nach links verschoben.

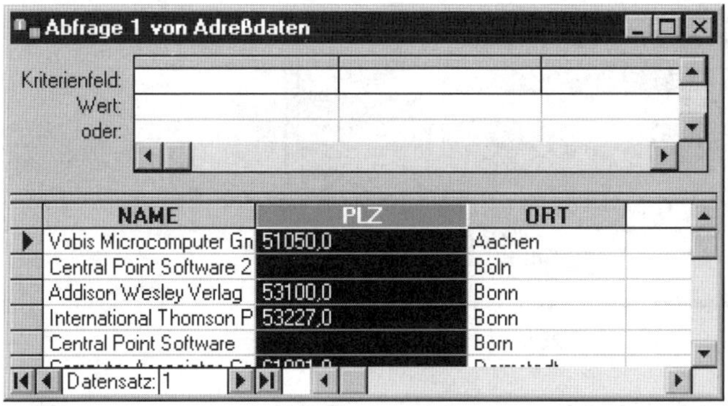

Bild 29.21: Markierte Spalte im Ausgabebereich

- Halten Sie die ⇧-Taste gedrückt, lassen sich mehrere benachbarte Spalten auswählen. Um die Auswahl aufzuheben, klicken Sie einen Eintrag in der betreffenden Spalte per Maus an.

- Die Spalten werden in der Reihenfolge der Felddefinitionen mit Werten gefüllt. Möchten Sie die Anordnung der Felder/Spalten nachträglich korrigieren? Dann genügt es, den Spaltenkopf anzuklicken. Sobald Query die Spalte markiert, ziehen Sie diese bei gedrückter linker Maustaste an die neue Position. Sobald Sie die Maustaste freigeben, ordnet Query die Felder in der neuen Reihenfolge.

Möchten Sie allerdings den Inhalt einer Zelle im Ergebnisbereich durch Überschreiben verändern, wird dies durch Microsoft Query abgelehnt. Sie haben aber die Möglichkeit, die Daten zu bearbeiten. Hierzu öffnen Sie das Menü Datensätze und klicken den Eintrag *Bearbeiten ermöglichen* an. Solange dieser Eintrag markiert ist, können Sie den Inhalt des Ergebnisbereichs editieren. Microsoft Query erlaubt aber nur dann, die Daten zu bearbeiten, wenn diese aus einer Tabelle stammen und der Treiber einen Zugriff auf die Tabelle erlaubt.

Sobald Sie Daten im Ergebnisbereich ändern, überträgt der ODBC-Treiber die Änderungen auch in die Ursprungstabelle. Hierdurch gehen unter Umständen Daten verloren oder werden verfälscht. Möchten Sie einzelne Werte ändern, erledigen Sie dies in der Excel-Tabelle.

Änderung der Spaltenüberschrift

Microsoft Query trägt als Spaltentitel den Feldnamen der Tabelle ein. Sie können aber die Spalte bearbeiten, indem Sie den Spaltenkopf mit einem Doppelklick anwählen. Microsoft Query blendet dann das Dialogfeld aus Bild 29.22 in der Anzeige ein.

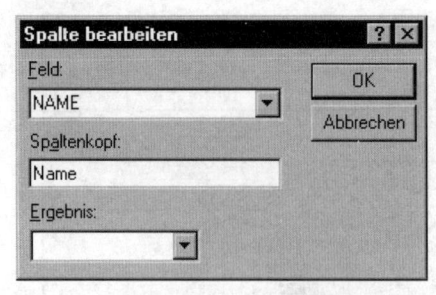

Bild 29.22: Das Dialogfeld Spalte bearbeiten

Über das Listenfeld *Feld* wählen Sie den gewünschten Feldnamen aus. Dann läßt sich im Feld *Spaltenkopf* eine neue Spaltenüberschrift eintragen. Weiterhin können Sie das Ergebnis der Spalte bei numerischen Werten verändern (Summe, Mittelwert).

> Über das Feld Ergebnis *lassen sich berechnete Werte in einer Spalte einblenden. Die Wirkung entspricht der Funktion* Gruppieren.

Spalten ein- und ausblenden

Ähnlich wie bei Excel 97 lassen sich die Spaltenbreite und -höhe verändern. Positionieren Sie den Mauscursor auf dem Zwischenraum zwischen den Spalten- oder Zeilenköpfen und verschieben Sie diesen bei gedrückter linker Maustaste. Weiterhin können Sie diese Parameter über die Befehle des Menüs FORMAT verändern.

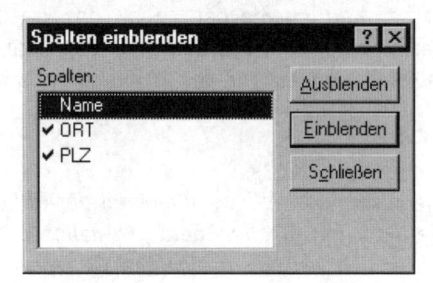

Bild 29.23: Das Dialogfeld Spalten einblenden

- Um eine Spalte zu verstecken, markieren Sie diese per Maus und wählen dann den betreffenden Eintrag im Menü FORMAT.

- Die Spalten lassen sich wieder einblenden, indem Sie den betreffenden Eintrag im Menü FORMAT anwählen.

Microsoft Query blendet dann das Dialogfeld aus Bild 29.23 in der Anzeige ein. Hier finden sich die Namen aller Spaltenköpfe des Ergebnisbereichs.

Die sichtbaren Einträge sind mit einem Häkchen vor dem Namen markiert. Sie können die einzelnen Einträge per Maus markieren und dann die Schaltflächen *Einblenden* und *Ausblenden* betätigen. Sobald Sie die Schaltfläche *Schließen* anwählen, blendet Microsoft Query die betreffenden Spalten in der Anzeige ein oder aus.

Um mehrere Spalten auszublenden, verwenden Sie die Funktion Spalten einblenden *(auch wenn dies widersinnig klingt). Im Dialogfeld aus Bild 29.23 können Sie dann die gewünschten Spalten markieren und ausblenden.*

Ergebnisse in Excel 97 übernehmen

Nach Auswahl der benötigten Felder aus der Tabelle füllt Microsoft Query den Ausgabebereich mit den Daten. Wie Sie diese Datenmenge über Auswahlkriterien einschränken, erfahren Sie im nächsten Abschnitt. Zunächst ist es erforderlich, die abgefragten Daten in die Excel-Tabelle zu übertragen. Hierzu bietet Microsoft Query Ihnen verschiedene Möglichkeiten.

- Haben Sie Microsoft Query aus Excel 97 (Menü DATEN, Eintrag EXTERNE DATEN) aufgerufen, enthält die Symbolleiste in Microsoft Query die Schaltfläche *Daten zurückgeben*. Sie müssen die Schaltfläche anklicken, um die Daten in die geöffnete Excel-Tabelle zu übertragen.

- Wurde Microsoft Query direkt aufgerufen, öffnen Sie das Menü DATEI und wählen den Eintrag DATEN AN MICROSOFT EXCEL ZURÜCKGEBEN.

In der Anzeige erscheint dann der Excel-Bildschirm mit der geöffneten Tabelle. Weiterhin wird das Dialogfeld zur Auswahl der einzufügenden Informationen eingeblendet (siehe Bild 29.11).

Eigenschaften des externen Datenbereichs setzen

Die Schaltfläche *Eigenschaften* im Dialogfeld *Externe Daten an Excel zurückgeben* (siehe Bild 29.11) öffnet das in Bild 29.24 gezeigte Dialogfeld, in dem Sie verschiedene Eigenschaften für die Übernahme der Daten aus Microsoft Query festlegen können.

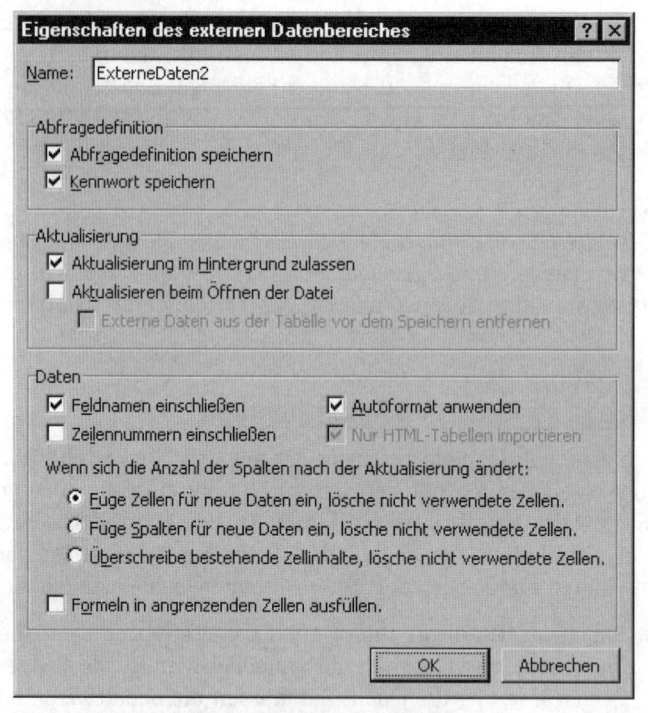

Bild 29.24: Eigenschaften des externen Datenbereichs

- Mit *Abfragedefinitionen speichern* übernimmt Excel 97 alle Kriterien, die in Microsoft Query zur Abfrage der Tabelle definiert wurden. Dies ist wichtig, falls Sie die Daten in der Excel-Tabelle später aktualisieren möchten (siehe letzter Abschnitt). Deaktivieren Sie diese Option, falls keine Speicherung erwünscht ist. Ähnliches gilt für die Option *Kennwort speichern*, mit der Excel 97 das Kennwort zum Zugriff auf die Daten übernimmt.

- Sollen die Feldnamen des Ergebnisbereichs in der Excel-Tabelle auftreten, markieren Sie die Option *Feldnamen einschließen*. Excel 97 übernimmt immer die Spaltenüberschriften des Ergebnisbereichs.

- *Zeilennummern einschließen* erlaubt die Übernahme der Satznummern in der Ergebnistabelle. Dies ist hilfreich, falls Sie die Daten als Liste später sortieren möchten. Dann läßt sich über die Satznummern in der ersten Spalte schnell die ursprüngliche Reihenfolge restaurieren.

Zusätzlich läßt sich festlegen, wie Excel 97 die Daten der Abfrage aktualisieren soll.

> *Excel 97 übernimmt nur die Feldnamen der Quelltabelle. Dies gilt auch dann, falls Sie in Microsoft Query neue Spaltenüberschriften für den Ergebnisbereich definiert haben. Weitere Hinweise finden Sie in der Query-Hilfe. Klicken Sie in der rechten oberen Ecke des Fensters auf die Schaltfläche* Direkthilfe *(die Schaltfläche mit dem Fragezeichen). Sobald Sie anschließend auf ein Element des Dialogfelds klicken, blendet Excel 97 ein Hilfefenster ein.*

Abfrage laden und speichern

Um in Microsoft Query auf eine bereits bestehende Abfrage zuzugreifen, betätigen Sie die Schaltfläche *Abfrage öffnen* (siehe Bild 29.18) oder wählen Sie den betreffenden Eintrag im Menü DATEI. Microsoft Query blendet dann das Dialogfeld aus Bild 29.25 in der Anzeige ein.

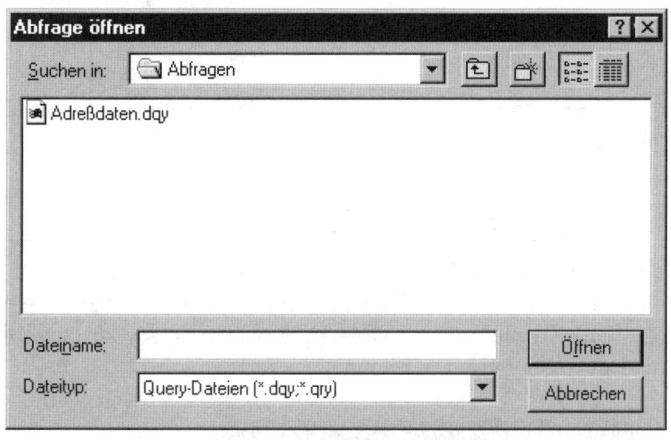

Bild 29.25: Öffnen einer gespeicherten Abfrage

Gespeicherte Abfragedateien erhalten in der Regel die Erweiterung .QRY. Wählen Sie den gewünschten Dateityp und dann den Dateinamen. Sobald Sie die Schaltfläche *Öffnen* betätigen, lädt Microsoft Query die gespeicherten Abfragedaten.

Um eine Abfrage zu speichern, wählen Sie die gleichnamige Schaltfläche aus der Symbolleiste (siehe Bild 29.18). Alternativ stehen Ihnen die Einträge SPEICHERN und SPEICHERN UNTER im Menü DATEI zur Verfügung. Existiert bereits eine Datei, sichert Microsoft Query die neuen Definitionen ohne Nachfrage. Bei neuen Abfragen oder bei Anwahl der Funktion *Speichern unter* erscheint ein Dialogfeld zur Auswahl des Speicherformats. In Abhängigkeit vom verwendeten Treiber kann Microsoft Query die Abfragen in einem eigenen Format oder als Abfrage im Format der Fremdanwendung speichern. Dies ist insbesondere bei Datenbanken wie Oracle oder Microsoft SQL-Server von Vorteil. Bei Speicherung der Abfrage in eine Datei müssen Sie anschließend noch den Dateinamen in dem Dialogfeld *Speichern unter* eingeben.

Hinweis zum Definieren neuer Datenquellen

Wenn Sie eine neue Abfrage gestalten, blendet Microsoft Query ein Dialogfeld zur Auswahl der Datenquelle in der Anzeige ein (siehe Bild 29.6). In der Liste finden sich alle Datenquellen, die Microsoft Query bekannt sind (siehe Kapitelanfang). Sie haben aber die Möglichkeit, die Schaltfläche *Optionen* zu betätigen. Im dann eingeblendeten Dialogfeld lassen sich die Verzeichnisse festlegen, in denen das Programm nach Abfragen und Datenquellendefinitionen sucht.

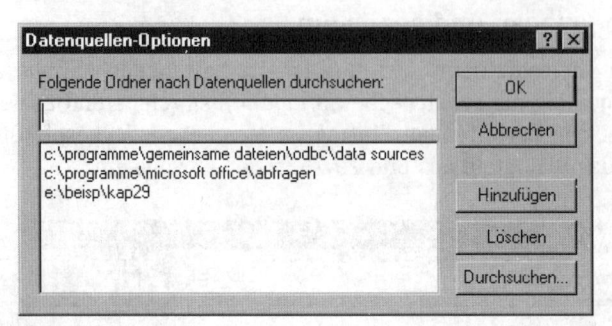

Bild 29.26: Datenquellen-Optionen

Tabellen zur Abfrage hinzufügen

Das Beispiel im vorherigen Abschnitt bezog sich auf eine ausgewählte Tabelle, aus der Daten mit Microsoft Query gelesen wurden. Sie haben aber die Möglichkeit, mehrere Tabellen in Microsoft Query zu laden und die Daten im Ergebnisbereich miteinander zu verknüpfen.

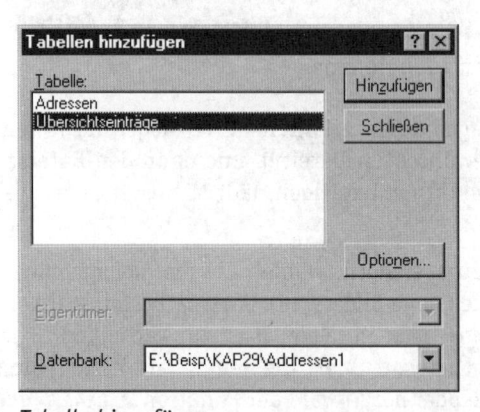

Bild 29.27: Tabelle hinzufügen

1. Öffnen Sie das Fenster von Microsoft Query und schalten Sie die Tabellenanzeige über die nebenstehend gezeigte Schaltfläche ein.

2. Wählen Sie im Fenster von Microsoft Query die Schaltfläche *Tabelle hinzufügen* (oder den betreffenden Befehl im Menü TABELLE).

29 Abfragen und Arbeiten mit Microsoft Query

3. Excel 97 blendet das Dialogfeld zur Auswahl der Tabelle in der Anzeige ein (Bild 29.27). Wählen Sie nun die gewünschte Tabelle, die in die Abfrage einbezogen werden soll. Sie können auch mehrere Tabellen auswählen und über die Schaltfläche *Hinzufügen* in den Tabellenbereich aufnehmen.

4. Schließen Sie das Dialogfeld über die gleichnamige Schaltfläche.

Die Schaltfläche *Optionen* des Dialogfelds erlaubt Ihnen, die Anzeige der Tabellen, Ansichten etc. der Datenquelle zu beeinflussen (Bild 29.28). Sollen keine Ansichten der betreffenden Datenquelle zur Auswahl angeboten werden, muß die Markierung des betreffenden Kontrollkästchens gelöscht werden.

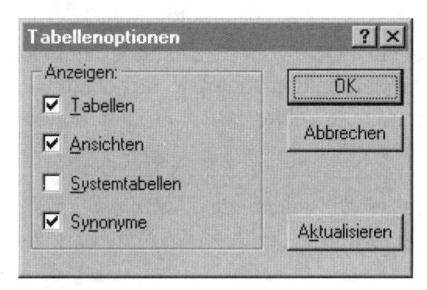

Bild 29.28: Tabellenoptionen

Beachten Sie bei der Auswahl mehrerer Tabellen jedoch, daß diese mindestens ein Feld gemeinsam haben. Über dieses Feld werden die ausgewerteten Daten später im Ergebnisbereich verknüpft. Microsoft Query blendet die Tabellen im Tabellenbereich ein und verbindet die Tabellen mit gleichen Feldnamen durch eine Linie (Bild 29.29).

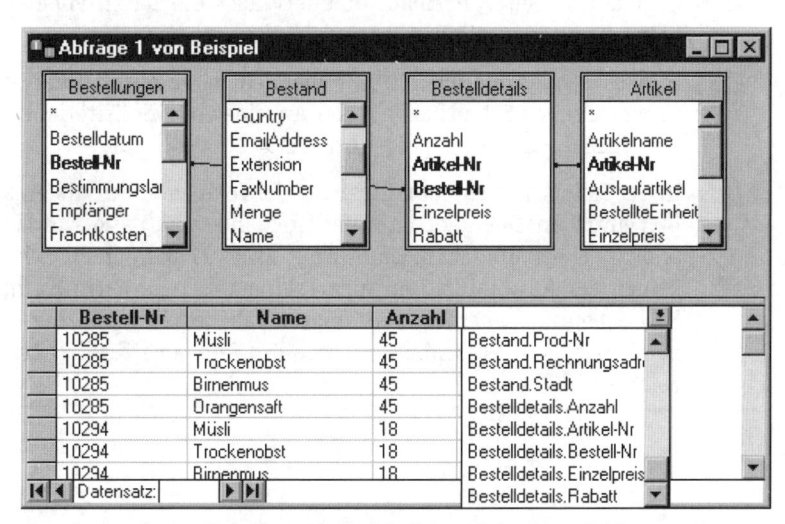

Bild 29.29: Anzeige mehrerer Tabellen mit Verbindung über einen Feldnamen

Wenn Sie jetzt einen Feldnamen über ein Listenfeld auswählen, blendet Microsoft Query vor dem Feldnamen den Namen der Tabelle ein (z.B. Kunden.PLZ). Dies ist in Bild 29.29 in der geöffneten Liste zu erkennen.

Sie können nun die Felder aus den verbundenen Tabellen in den Ergebnisbereich übernehmen. Anschließend lassen sich Auswahlkriterien definieren oder die Ergebnisdaten sortieren und filtern.

Tabellen manuell verbinden
Was tun, wenn die Feldnamen nicht übereinstimmen, die Tabellen aber in einem Feld die gleichen Daten aufweisen? In diesem Fall müssen Sie die Verbindung zwischen den Tabellen manuell herstellen. Klicken Sie per Maus das Feld in der ersten Tabelle an und ziehen dann bei gedrückter linker Maustaste den Mauscursor auf das korrespondierende Feld der zweiten Tabelle. Sobald Sie die Maustaste freigeben, zeichnet Microsoft Query eine Verbindungslinie zwischen den beiden Tabellen. Auf diese Weise lassen sich auch mehrere korrespondierende Felder zwischen den Tabellen verbinden.

Um eine Verbindungslinie wieder aufzuheben, wählen Sie diese mit einem Mausklick an. Sobald diese fett dargestellt wird, können Sie die Linie mit der Entf *-Taste löschen.*

Abfragekriterien formulieren

Durch die Übernahme der Feldnamen in den Ergebnisbereich trägt Microsoft Query alle Daten der Quelltabelle dort ein. Häufig möchte man jedoch nur eine Untermenge der Daten aus der Quelltabelle ausfiltern. Gerade hier liegt der Vorteil von Microsoft Query, daß die Daten vor der Übernahme reduziert werden können.

Hierzu blenden Sie den Kriterienbereich im Microsoft-Query-Fenster über nebenstehende Schaltfläche in der Anzeige ein. Der Kriterienbereich besitzt den in Bild 29.30 gezeigten Aufbau.

In der Zeile *Kriterienfeld* müssen Sie die Feldnamen für die einzelnen Kriterien eintragen. Dies geht am einfachsten, indem Sie das gewünschte Kriterienfeld per Maus anklicken. Dann zeigt Excel 97 die Schaltfläche (Pfeil) zum Öffnen der Auswahlliste mit den Feldnamen. Alternativ können Sie einen Feldnamen aus einer der angezeigten Tabellen in eine Zelle des Kriterienbereichs ziehen. Anschließend wird der Feldname für das Kriterium angezeigt.

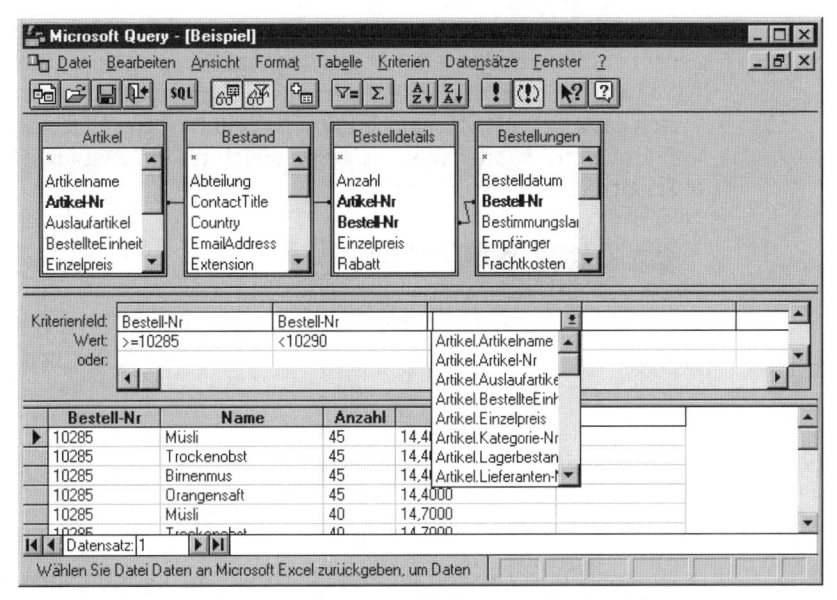

Bild 29.30: Microsoft Query mit geöffnetem Listenfeld im Kriterienbereich

Bild 29.31: Kriterium bearbeiten

Microsoft Query erlaubt, mit einem Kriterium oder mit mehreren Kriterien zu arbeiten. Diese Kriterien lassen sich dabei auf ein oder mehrere Felder beziehen. Alle nebeneinander in verschiedenen Spalten stehenden Kriterien werden durch UND verknüpft. (Manchmal faßt Microsoft Query die Kriterien mehrerer Spalten zusammen und stellt diese in einem Feld *Wert* verknüpft über Schlüsselworte wie UND bzw. ODER dar.)

Unterhalb des *Kriterienfeldes* finden sich die Zeilen mit der Bezeichnung *Wert*. In diese Zeilen werden die eigentlichen Kriterien eingetragen. Kriterien die in der gleichen Spalte untereinander stehen, werden mit ODER verknüpft. In Bild 29.30 werden zum Beispiel alle Bestellungen mit einer Bestellnummer zwischen:

10285 <= Bestellnummer <10290

ausgefiltert. Um ein Filterkriterium anzugeben, wählen Sie das Feld *Wert* der betreffenden Spalte per Doppelklick an. Microsoft Query öffnet ein Dialogfeld zur Eingabe des Kriteriums (Bild 29.31). Im Listenfeld *Operator* läßt sich das Auswahlkriterium abrufen. Im Feld *Wert* tragen Sie den Wert für die Prüfung ein. Kennen Sie den Wertebereich für ein Feld nicht, läßt sich die Schaltfläche *Werte* anwählen.

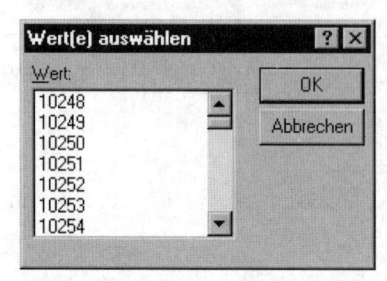

Bild 29.32: Werte auswählen

Microsoft Query zeigt dann das Dialogfeld zur Auswahl eines Werts für das betreffende Kriterium (Bild 29.32). Über diese Technik lassen sich beliebige Kriterien zur Auswahl der Datensätze verwenden.

> *Die manuelle Eingabe der Filterkriterien ist recht fehleranfällig, insbesondere was die Verknüpfung mit Und/Oder betrifft. Verwenden Sie daher die Funktion im Menü KRITERIEN. Näheres hierzu findet sich im Abschnitt »Kriterien bearbeiten«.*

Kriterium wie Auswahl

Entspricht ein Filterkriterium genau einem Wert der Tabelle, haben Sie eine weitere Möglichkeit zur Übernahme in den Kriterienbereich. Hierzu gehen Sie folgendermaßen vor:

1. Tragen Sie als erstes im Kriterienbereich den Feldnamen für das betreffende Kriterium ein.

2. Dann wählen Sie einen Eintrag, der dem gewünschten Filterkriterium entspricht, in der Ergebnistabelle an. In unserem Beispiel könnte dies zum Beispiel der Eintrag Italien in der Spalte Land sein.

3. Um das Kriterium in den Bereich zu übertragen, genügt die Betätigung der Schaltfläche *Kriterium wie Auswahl*.

Microsoft Query übernimmt dann den Wert im Kriterienbereich und filtert sofort die Daten gemäß der angegebenen Bedingung. Nachdem Sie eine Bedingung für eine Spalte übernommen haben, lassen sich weitere Kriterien in dieser Spalte nur noch manuell eintragen. Sie können aber den Wertebereich durch zusätzliche Kriterien aus den anderen Spalten weiter einschränken.

> *Um die Kriterien einer Spalte zu löschen, markieren Sie den Eintrag im Kriterienfeld und löschen diesen über die* `Entf`*-Taste. Damit sind die Kriterien nicht mehr wirksam. Eine komplette Spalte mit Kriterien läßt sich durch einen Mausklick auf den Spaltenkopf markieren und mit der* `Entf`*-Taste löschen. Alle gesetzten Kriterien werden durch den betreffenden Eintrag im Menü* KRITERIEN *gelöscht.*

> *Vermeiden Sie aber Leerspalten zwischen den einzelnen Filterkriterien, da dies Auswirkungen auf die Auswahl haben kann. Kritisch sind auch eingetragene Leerzeichen in Wertefeldern.*

Abfragen mit SQL

Microsoft Query setzt die Abfragen im Kriterienbereich in SQL-Befehle um und gibt diese über den ODBC-Treiber an die Datenbank weiter oder greift an Hand dieser Angaben auf die Dateien (z.B. DBF-Dateien) zu. Sie können die SQL-Befehle jederzeit in einem eigenen Fenster einblenden. Hierzu betätigen Sie die Schaltfläche *SQL-Ansicht einblenden*. In der Anzeige erscheint dann das Fenster mit den aktuellen SQL-Befehlen.

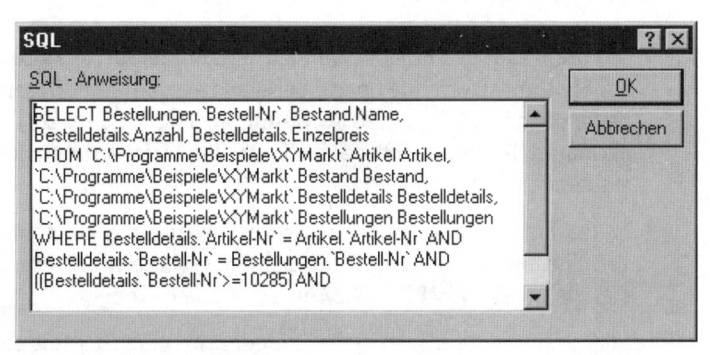

Bild 29.33: Anzeige der SQL-Befehle

Sofern Sie die Abfragesprache SQL beherrschen, können Sie natürlich eigene Abfragen in diesem Fenster eintragen und damit die Daten abrufen. Beachten Sie jedoch, daß dies Rückwirkungen auf eventuell gesetzte Kriterien im Kriterienbereich hat. Microsoft Query löscht die betroffenen Anweisungen im Kriterienbereich.

> *Die Anzeige der SQL-Kommandos kann bei der Einarbeitung in SQL recht hilfreich sein. Weiterhin haben Sie damit die Möglichkeit, die Abfragen zu überwachen und gegebenenfalls manuell zu optimieren. Das Ergebnis können Sie anschließend als Abfrage speichern und später wieder laden.*

Ergebnisse sortieren

Microsoft Query zeigt die Daten im Ergebnisbereich in der Reihenfolge, wie diese in der Quelldatenbank gespeichert sind. In der Symbolleiste finden Sie zwei Schaltflächen, um die Daten im Ergebnisbereich in aufsteigender oder absteigender Reihenfolge zu sortieren.

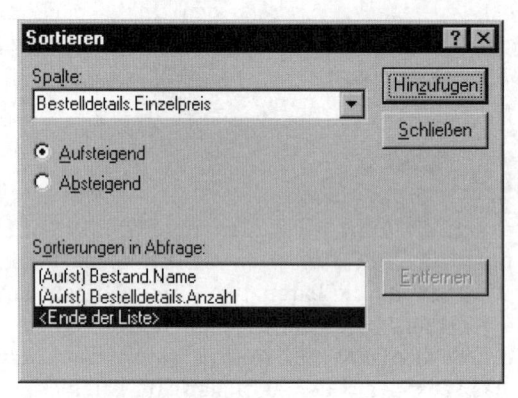

Bild 29.34: Das Dialogfeld Sortieren

- Um die Daten des Ergebnisbereichs über eine Spalte zu sortieren, wählen Sie die betreffende Spalte per Maus an. Dann betätigen Sie eine der beiden Schaltflächen zum Sortieren. Microsoft Query sortiert dann den gesamten Datenbereich nach dieser Spalte in aufsteigender oder absteigender Reihenfolge.

- Ist der Ergebnisbereich nach mehreren Spalten zu sortieren, wählen Sie den Eintrag SORTIEREN im Menü DATENSÄTZE. Microsoft Query blendet dann das Dialogfeld aus Bild 29.34 in der Anzeige ein.

Über das Feld *Spalte* lassen sich eine oder mehrere Spalten zur Sortierung markieren und mittels der Schaltfläche *Hinzufügen* in die Liste *Sortierungen in Abfrage* einbinden. Für jeden Eintrag können Sie über die beiden Optionsfelder die Sortierreihenfolge (*Aufsteigend, Absteigend*) festlegen. In der Liste wird die Sortierfolge in Klammern vor den Ausdruck gestellt (Bild 29.34).

Um einzelne Spalten von der Sortierung auszunehmen, wählen Sie die Spalte in der Liste *Sortierungen in Abfrage* an und betätigen dann die Schaltfläche *Entfernen*.

> *Sehen Sie im Kapitel 25 bezüglich der Sortierreihenfolge und der Prioritäten nach. Microsoft Query benutzt die gleichen Kriterien wie Excel 97 beim Sortieren von Listen.*

Datensätze gruppieren

Microsoft Query bietet Ihnen zusätzlich die Möglichkeit, bereits bestimmte Berechnungen auf den ermittelten Datensätzen vorzunehmen (Summe, Mittelwert, Anzahl, Min, Max). Hierzu wird die Funktion *Gruppieren* über nebenstehende Schaltfläche aktiviert.

1. Um die Daten des Ergebnisbereichs über eine Spalte zu gruppieren, wählen Sie die betreffende Spalte per Maus an.
2. Dann betätigen Sie die Schaltfläche zum *Gruppieren*.

Microsoft Query berechnet für den gesamten Datenbereich dieser Spalte die betreffenden Werte. Die Spaltenüberschrift wird automatisch mit einem Hinweis auf die jeweilige Funktion ergänzt. In Bild 29.35 wurde die Anzahl der jeweiligen Datensätze in der Spalte *Anzahl von Name* berechnet.

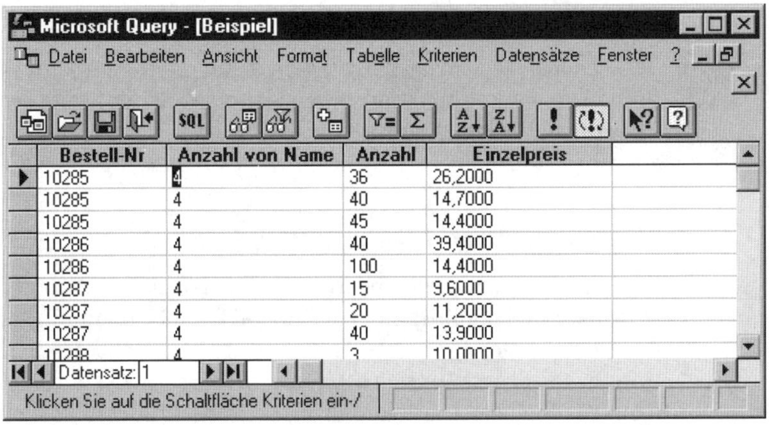

Bild 29.35: Ergebnisbereich mit Gruppierung

Sofern Sie die Schaltfläche zum Gruppieren mehrfach betätigen, wechselt Microsoft Query schrittweise die Funktion. Sie können die Spalte aber auch per Doppelklick anwählen und im Dialogfeld *Spalte bearbeiten* die betreffende Rechenfunktion auswählen (Bild 29.36 im Vordergrund).

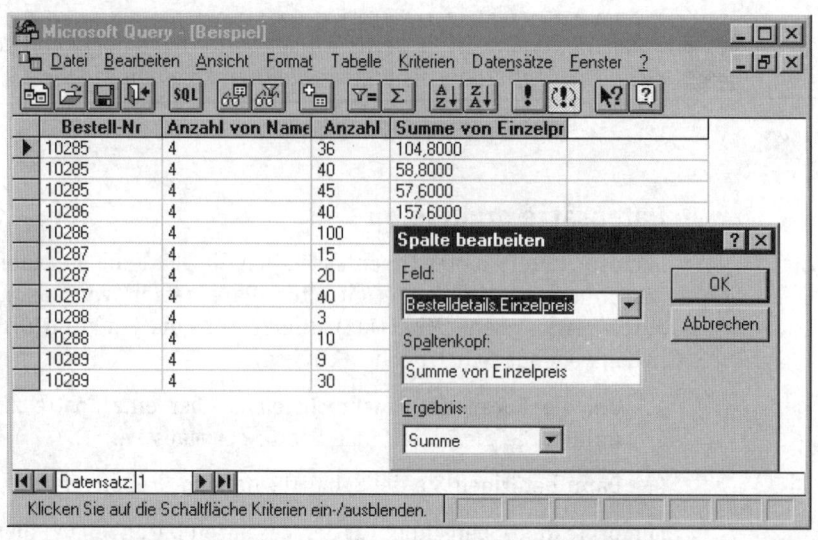

Bild 29.36: Gruppierung über den Preis mit Dialogfeld Spalte bearbeiten

Die Wirkung der Funktion *Gruppierung* wird nur sichtbar, wenn mehrere gleiche Datensätze vorliegen.

> **TIP** *Der Menübefehl* SPALTE BEARBEITEN *besitzt die gleiche Wirkung wie die Schaltfläche* Gruppierungsfunktion anwenden. *Die Funktion* Spalte bearbeiten *wurde im vorhergehenden Abschnitt vorgestellt.*

Abfragekriterien bearbeiten

Möchten Sie den Datenbereich einer Excel-Tabelle mit importierten Daten verändern und die Kriterien zur Datenabfrage bearbeiten? Dann wählen Sie die Daten in der Excel-Tabelle an, öffnen das Menü DATEN und wählen im Untermenü EXTERNE DATEN den Eintrag DATEN BEARBEITEN. Microsoft Query zeigt dann das Dialogfeld mit den Abfragekriterien (Bild 29.36), und Sie können die gewünschten Kriterien anpassen.

Kriterien hinzufügen

Um Kriterien hinzufügen, können Sie die weiter oben beschriebenen Techniken verwenden. Sicherer ist es jedoch, den Eintrag KRITERIEN HINZUFÜGEN im Menü KRITERIEN zu wählen. Sobald Sie diese Funktion anwählen, blendet Microsoft Query das Dialogfeld Bild 29.37 in der Anzeige ein.

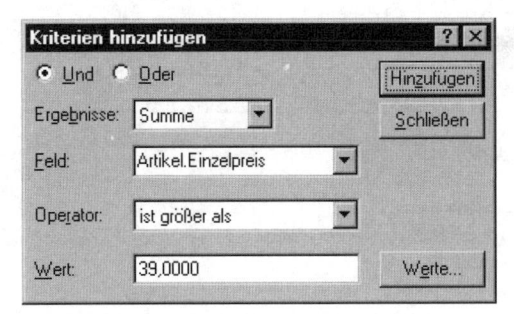

Bild 29.37: Das Dialogfeld Kriterien hinzufügen

Über dieses Dialogfeld lassen sich die Kriterien sehr einfach formulieren.

- Die beiden Optionsfelder *Und/Oder* erlauben die Auswahl der Verknüpfung mit anderen Kriterien.
- Die Spalte *Ergebnisse* erlaubt, berechnete Ergebnisse (Summen, Min, Max etc.) in einer Spalte auszugeben.
- Über das Listenfeld *Feld* rufen Sie den Feldnamen ab, auf den sich das Kriterium bezieht. Microsoft Query blendet in der Liste die Feldnamen der geöffneten Tabellen ein.
- Die verfügbaren Operatoren lassen sich ebenfalls über das gleichnamige Listenfeld abrufen.
- Im Feld *Wert* wird der Feldinhalt des zuletzt angewählten Datensatzes angezeigt. Dieser Wert wird in die Auswahlbedingung einbezogen. Sie können diesen Wert jedoch manuell korrigieren oder über die Schaltfläche *Werte* ein Dialogfeld mit den Werten der betreffenden Spalte abrufen (Bild 29.32).

Wählen Sie dann einen Wert aus der Liste und bestätigen diesen über die *OK*-Schaltfläche. Auf diese Weise lassen sich beliebige Auswahlkriterien für eine Abfrage erstellen. Die Funktion *Kriterien hinzufügen* sorgt selbst dafür, daß die Kriterien korrekt im Kriterienbereich eingetragen werden.

Bestehende Datenbankabfrage ausführen

Haben Sie bereits eine Abfrage definiert und als DQY-Datei gesichert? Dann läßt sich diese Abfrage mit wenigen Schritten erneut ausführen.

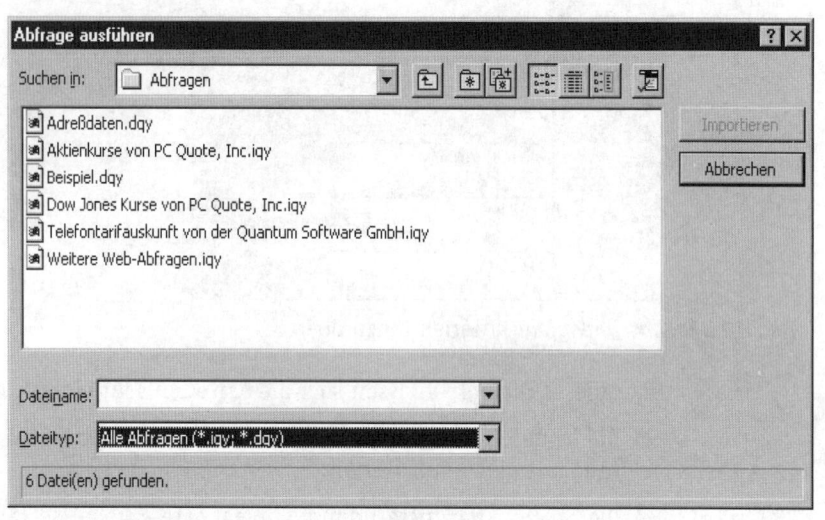

Bild 29.38: Das Dialogfeld Abfrage ausführen

1. Öffnen Sie eine Excel-Arbeitsmappe und wählen das Arbeitsblatt, in dem die Daten der Abfrage zu importieren sind.

2. Wählen Sie im Menü DATEN den Befehl EXTERNE DATEN. Anschließend klicken Sie im Untermenü auf den Befehl DATENBANKABFRAGE AUSFÜHREN.

3. Excel 97 öffnet das Dialogfeld *Abfrage ausführen* (Bild 29.38), in dem Sie das Laufwerk und den Ordner einstellen.

4. Anschließend wählen Sie eine der gespeicherten Abfragedaten aus. Sie können dabei Datenbankabfragen (Dateierweiterung .DQY) oder Internet-Abfragen (Dateierweiterung .IQY) öffnen. Stellen Sie ggf. den betreffenden Dateityp über das gleichnamige Listenfeld ein.

5. Laden Sie die ausgewählte Abfragedatei über die Schaltfläche *Importieren*.

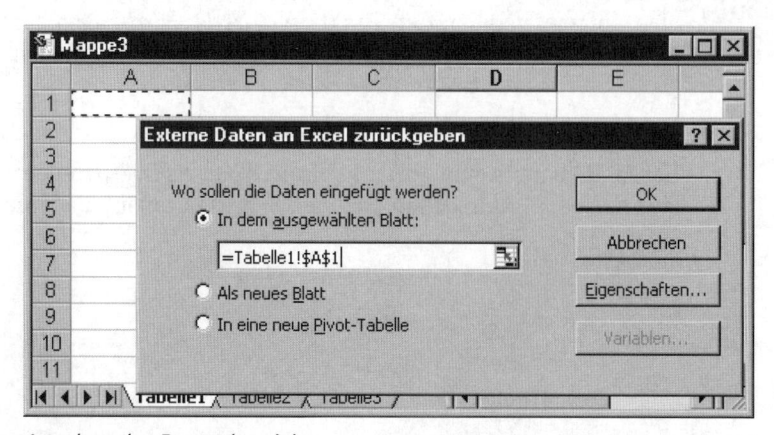

Bild 29.39: Angeben des Importbereichs

29 Abfragen und Arbeiten mit Microsoft Query

Excel 97 zeigt dann das Dialogfeld zur Auswahl des Importbereichs (Bild 29.39). Sie können die Abfrageergebnisse in ein bestehendes Arbeitsblatt, in ein neues Arbeitsblatt oder in eine Pivot-Tabelle übernehmen (siehe Abschnitt »Eine neue Abfrage erstellen«). Über die Schaltfläche *Eigenschaften* läßt sich ein Dialogfeld öffnen, welches die Eigenschaften der Abfrage festlegt (siehe Abschnitt »Ergebnisse in Excel 97 übernehmen«).

Web-Abfrage ausführen

Über den Befehl WEB-ABFRAGE AUSFÜHREN im Menü DATEN/EXTERNE DATEN läßt sich auch eine Abfrage auf Daten im Web ausführen.

Bild 29.40: Untermenü Externe Daten

Der Ablauf zum Ausführen der Abfrage entspricht der Vorgehensweise beim Ausführen einer Datenbankabfrage (siehe vorheriger Abschnitt).

1. Nach dem Aufrufen des Befehls müssen Sie im Dialogfeld *Abfrage ausführen* (Bild 29.38) lediglich eine gespeicherte Web-Abfrage (Dateierweiterung .IQY) wählen.

2. Anschließend betätigen Sie die Schaltfläche *Importieren* und wählen im Dialogfeld *Externe Daten an Excel zurückgeben* die Speicheroptionen.

Excel 97 nimmt Verbindung zum Internet auf (ein Internet-Zugang ist daher Voraussetzung), importiert die Daten und fügt diese im Zielbereich ein.

Web-Abfrage erstellen

Excel 97 oder Microsoft Query bieten keine Funktion, um eine Web-Abfrage zu erstellen. Sie müssen sich mit der Formularerstellung in HTML (Hypertext Markup Language) auskennen. Dann läßt sich einer der mitgelieferten Web-Abfragen zur Abfrage externer Daten aus einer World-Wide-Web-Quelle oder einem Intranet anpassen. Das folgende Listing zeigt den Inhalt der gespeicherten Web-Abfrage zur Ermittlung des Dow-Jones-Index.

```
WEB

1

http://webservices.pcquote.com/cgi-bin/exceldow.exe?
```

Die dritte Zeile enthält die URL-Adresse im Web, auf der die auszuführende CGI-Datei geladen ist. Zur Bearbeitung der IQY-Datei müssen Sie diese in einem Programm wie dem Windows-Editor laden. Anstelle der obigen EXE-Datei können Sie natürlich auch HTML-Formulare in der URL-Adresse angeben. Dann öffnet die Abfrage das betreffende Formular auf dem Web-Server, und der Benutzer kann die Abfrage aus dem Formular heraus starten. Der HTML-Code des Formulars läßt sich in einem Programm wie dem Windows-Editor öffnen und bearbeiten.

Das von Microsoft erhältliche *Office 97 Resource Kit* enthält Informationen zur Thematik. Beispiele für Web-Abfragen finden Sie im Ordner *\ABFRAGEN* im Office-Verzeichnis.

Die Ausführungen in diesem Kapitel können die Funktionen von Microsoft Query lediglich streifen. Weitergehende Informationen finden Sie in der Online-Hilfe. Weiterhin sind Kenntnisse in SQL und in Datenbanktechnik zum Umgang mit Microsoft Query äußerst hilfreich.

Auf der Begleit-CD-ROM finden Sie im Verzeichnis \BEISP\KAP29 verschiedene Beispieldateien zum Umgang mit Microsoft Query.

30 Pivot-Tabellen und Konsolidieren

30.1 Pivot-Tabellen erstellen

In diesem Abschnitt werden die Funktionen zum Erstellen von Pivot-Tabellen vorgestellt. Neben den Grundlagen lernen Sie die Funktionen des Assistenten zum Erstellen von Pivot-Tabellen kennen.

Was sind Pivot-Tabellen?

Excel 97 verfügt über mehrere Funktionen, um bei umfangreicheren Tabellen Detailinformationen aus bestimmten Zeilen oder Spalten temporär auszublenden. Einige dieser Funktionen werden in Kapitel 28 beschrieben. Sind diese Daten aber nicht in der benötigten Weise strukturiert, nützt das Ausblenden der Details wenig. Nehmen wir als Beispiel die Tabelle aus Bild 30.1. Diese enthält die Informationen über die Bestelleingänge der letzten Jahre eines Handelshauses.

	A	B	C	D	E	F	G	H
1			Bestellungen 1990-1997					
2								
3	Kdnr	Firma	Artikel	Bestnr.	Stck	Jahr	Umsatz	LAND
4	1234	Mère Paillarde	1	10004	35	1992	3.194,20	Dänemark
5	123	Franchi S.p.A.	2	10001	30	1991	1.316,95	Kanada
6	112	Morgenstern	3	10009	70	1993	1.530,00	Großbritanr
7	7	Franchi S.p.A.	1	10003	12	1992	499,18	Dänemark
8	4711	Mère Paillarde	3	10006	10	1990	87,20	Italien
9	344	Simons bistro	1	10011	10	1991	589,05	Großbritanr
10	213	Mère Paillarde	2	10007	4	1991	1.405,00	Deutschlan
11	344	Morgenstern	3	10011	12	1990	589,05	Großbritanr
12	344	Seven Seas Imports	1	10011	15	1992	589,05	Großbritanr
13	7	Wellington Trading	1	10003	12	1991	498,18	Dänemark
14	123	Simons bistro	2	10001	30	1990	1.316,95	Kanada
15	123	Vaffeljernet	3	10001	30	1992	1.316,95	Kanada

Bild 30.1: Beispieltabelle mit Umsatzzahlen

Die Daten wurden mit Microsoft Query aus einer externen Datenbank (Nordwind) importiert und geringfügig aufbereitet. Die Beispieltabelle stellt eine typische Sammlung von Daten dar, wie Sie diese aus Datenbanken und Listen durch Abfragen generieren können. Im Grunde sind alle Informationen vorhanden, aber eine Auswertung ist kaum möglich. Nehmen wir an, Sie möchten die Umsätze der einzelnen Artikel über die Jahre sehen. Oder Ihr Vertrieb interessiert sich für die Umsätze, die mit den einzelnen Kunden getätigt wurden. Dann beginnt die oft mühsame Aufbereitung der Tabellendaten, um die Informationen optisch zu strukturieren.

Wäre es hier nicht schön, wenn Sie aus der Tabelle die benötigten Informationen herausziehen könnten? Natürlich sollten sich die Informationen nach verschiedenen Kriterien gestalten lassen und schnell muß die Sache sein. Dann sind Pivot-Tabellen genau das richtige Mittel für Sie. Diese erlauben die schnelle Analyse vorhandener Daten, die Excel 97 oder eine andere Anwendung erstellt hat. Zum Zugriff auf Fremdanwendungen benutzt Excel 97 das Programm Microsoft Query, welches in Kapitel 29 vorgestellt wird. Alle Daten, die mit Microsoft Query abrufbar sind, stehen Ihnen auch in Pivot-Tabellen zur Verfügung. In den folgenden Beispielen wird die Tabelle aus Bild 30.1 verwendet. Der Vertrieb will die Umsätze der einzelnen Artikel über verschiedene Jahre sehen. Zusätzlich soll sich das Ergebnis für verschiedene Kunden aufbereiten lassen. Bild 30.2 zeigt eine mögliche Lösung, welche mit wenigen Handgriffen als Pivot-Tabelle aufbereitet wurde.

	A	B	C	D	E	F	G
1				**Umsatz kundenorientiert**			
2							
3	Artikel	(Alle)					
4							
5	Summe - Umsatz	Jahr					
6	Firma	1990	1991	1992	1993	Gesamtergebnis	
7	Franchi S.p.A.	135	1316,95	498,18	0	1950,13	
8	Mère Paillarde	87,2	1405	3194,2	0	4686,4	
9	Morgenstern	589,05	0	0	1530	2119,05	
10	Seven Seas Imports	0	0	589,05	0	589,05	
11	Simons bistro	1316,95	589,05	0	0	1906	
12	Vaffeljernet	1405	0	1316,95	0	2721,95	
13	Wellington Trading	0	498,18	87,2	3194,2	3779,58	
14	Gesamtergebnis	3533,2	3809,18	5685,58	4724,2	17752,16	
15							

Bild 30.2: Datenauswertung mit einer Pivot-Tabelle

Die Pivot-Tabelle enthält zu Beginn in den einzelnen Zeilen Artikelnummern, während in den Spalten die Jahresumsätze erscheinen. Zusätzlich werden bei der Erstellung der Tabelle die Summen der Zeilen und Spalten ermittelt und angezeigt. Für die Elemente der Pivot-Tabelle werden dabei die nachfolgend vorgestellten Begriffe benutzt:

- Die einzelnen Zellen der Tabelle in Pivot-Tabellen bezeichnet man als *Felder*. Diese Felder legen die Darstellung der Daten fest.

- Ein *Zeilenfeld* definiert die Einträge aus der Tabelle, die in der ersten Spalte (Zeilentitel) eingetragen werden. In Bild 30.2 ist dies das Feld *Firma*, d.h. unterhalb dieses Felds erscheinen die Firmennamen in der Spalte.

⋯⁖ Die Spaltenüberschriften werden durch das Feld *Spaltenfeld* angegeben. In Bild 30.2 handelt es sich um die Zelle mit der Bezeichnung *Jahr*. Über das Spaltenfeld werden die Tabellendaten getrennt nach einzelnen Jahren eingetragen.

⋯⁖ Unterhalb der Spaltentitel enthält die Pivot-Tabelle aus Bild 30.2 die Umsatzdaten, geordnet nach Firmennamen und verteilt über die einzelnen Jahre. Dieser Bereich der Tabelle wird als *Datenbereich* bezeichnet.

⋯⁖ Um welche Daten es sich im Datenbereich handelt, erkennen Sie am Datenfeld in der linken oberen Ecke der Tabelle. Dieses enthält in Bild 30.2 den Text *Summe - Umsatz*. Der erste Eintrag definiert die auf die Daten angewandte Funktion (Summe, Anzahl etc.). Der zweite Eintrag entspricht dem Feldnamen der Datentabelle, aus dem die Ergebnisse im Datenbereich berechnet wurden.

⋯⁖ Optional kann eine Pivot-Tabelle noch sogenannte *Seitenfelder* aufweisen. In Bild 30.2 ist dies die Zelle mit der Beschriftung *Artikel*. Über das zugehörige Listenfeld läßt sich eine zusätzliche Aufteilung der Daten auf verschiedene »Seiten« erreichen. In Bild 30.2 finden Sie neben dem Feld *Artikel* die Schaltfläche des Listenfelds. In der aktuellen Darstellung werden die Umsätze aller Artikel in der Ergebnistabelle angezeigt. Durch Auswahl einer Artikelnummer können Sie die Anzeige auf die Umsätze dieses Artikels reduzieren.

Pivot-Tabellen werden aus den beschriebenen Elementen aufgebaut. Zur Erstellung verwenden Sie den nachfolgend beschriebenen Assistenten. Die Ergebnistabellen werden in Arbeitsblättern gespeichert und lassen sich gliedern, formatieren, in Diagrammen darstellen, drucken und für weitere Berechnungen verwenden. Die entsprechenden Techniken werden in den verschiedenen Kapiteln oder auf den nachfolgenden Seiten behandelt.

In vier Schritten zur Pivot-Tabelle

Zur Verdeutlichung des Umgangs mit dem Pivot-Tabellen-Assistenten wird nachfolgend eine einfache Tabelle erstellt. Als Basis dienen die in Bild 30.1 gezeigten Umsatzdaten.

Diese sind in der Arbeitsmappe PIVOT.XLS im Arbeitsblatt Tabelle 1 *im Verzeichnis \BEISP\KAP30 auf der Begleit-CD-ROM gespeichert.*

Nun ist eine Pivot-Tabelle zu erstellen, die in der ersten Spalte die Artikelnummer aufweist. Als Spaltenüberschriften sind die einzelnen Jahre zu verwenden. Der Datenbereich enthält dann die summierten Umsatzdaten für das jeweilige Produkt. Um diese Pivot-Tabelle zu erstellen, gehen Sie folgendermaßen vor:

1. Öffnen Sie die Arbeitsmappe, in der die Ergebnisse zu speichern sind. Dies kann dabei die gleiche Mappe sein, die auch die Tabelle mit den Quelldaten enthält. Sie können die Pivot-Tabelle im Arbeitsblatt mit den Quelldaten oder in eigenen Arbeitsblättern ablegen.

2. Dann rufen Sie über den Befehl PIVOT-TABELLENBERICHT im Menü DATEN den Assistenten zur Erstellung der Tabelle auf.

Dieser Assistent geleitet Sie in vier Schritten bis zur fertigen Pivot-Tabelle.

Schritt 1 - Auswahl der Datenquelle

Sobald Sie den Pivot-Tabellen-Assistenten aufrufen, blendet dieser das Dialogfeld aus Bild 30.3 in der Anzeige ein. Das Dialogfeld dient zur Auswahl der Datenquelle.

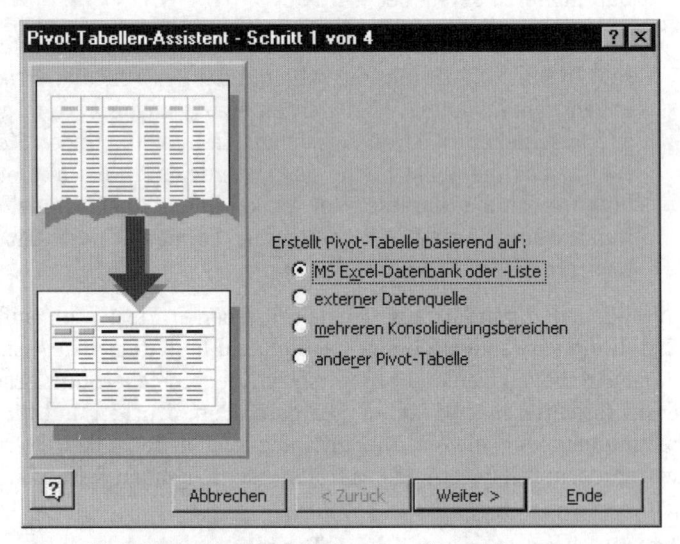

Bild 30.3: Auswahl der Datenquelle im Pivot-Tabellen-Assistenten

Hierzu markieren Sie eines der vier Optionsfelder. Der Assistent stellt die betreffenden Optionen zum Zugriff auf die Datenquelle ein. Erkennbar ist der Inhalt des Dialogfelds.

⇢ In der Regel werden Sie Pivot-Tabellen aus einer Excel 97-Tabelle erzeugen. Hierzu ist das oberste Optionsfeld zu markieren. Der Assistent fragt dann in den folgenden Dialogfeldern die Parameter für den Zugriff auf eine Excel 97-Tabelle ab. Zum Zugriff auf diese Tabelle sind keine besonderen Voraussetzungen notwendig.

⇢ Sie besitzen auch die Möglichkeit, die Pivot-Tabelle direkt aus externen Datenquellen zu erstellen. Dann greift der Assistent über Microsoft Query auf die Daten der betreffenden Anwendung zu. Voraussetzung ist allerdings, daß der entsprechende ODBC-Treiber geladen und das

30 Pivot-Tabellen und Konsolidieren

QUERY-Add-In-Programm korrekt installiert sind (siehe Kapitel 29). In diesem Fall zeigt der Assistent in dem nachfolgenden Schritt das Dialogfeld zur Abfrage der externen Daten (siehe unten).

⇢ Möchten Sie Daten aus mehr als einer Excel-97-Tabelle in einer Pivot-Tabelle zusammenführen, können Sie dies über eine Konsolidierung erreichen. Sobald Sie die entsprechende Option markieren, erlaubt der Assistent die Zusammenfassung verschiedener Tabellen.

⇢ Als letzte Option ermöglicht Ihnen der Pivot-Tabellen-Assistent, die Daten aus vorhandenen Pivot-Tabellen in anderer Form aufzubereiten und wiederum als Pivot-Tabelle zu speichern.

Für das nachfolgende Beispiel wird die Option *MS Excel 97-Datenbank oder Liste* gewählt. Der Assistent bezieht sich auf die Tabelle einer Arbeitsmappe. Um zum nächsten Schritt zu gelangen, wählen Sie die Schaltfläche *Weiter >*.

Über die Schaltflächen < Zurück und Weiter > können Sie zwischen den einzelnen Schritten blättern. Die Schaltfläche Abbrechen beendet den Assistenten, ohne die Tabelle zu erstellen. Sie können in jedem Schritt den Assistenten über die Schaltfläche Ende beenden. Dann ergänzt der Assistent die fehlenden Eingabeparameter mit Standardoptionen und generiert anschließend die Pivot-Tabelle. Benötigen Sie zusätzliche Hilfestellung zu einem Dialogfeld, läßt sich diese über die Schaltfläche Hilfe (in der linken unteren Ecke) jederzeit abrufen.

Schritt 2 - Auswahl des Datenbereichs

Beim Zugriff auf Excel-97-Tabellen ist im zweiten Schritt der Bereich mit den Quelldaten in der Tabelle anzugeben (Bild 30.4).

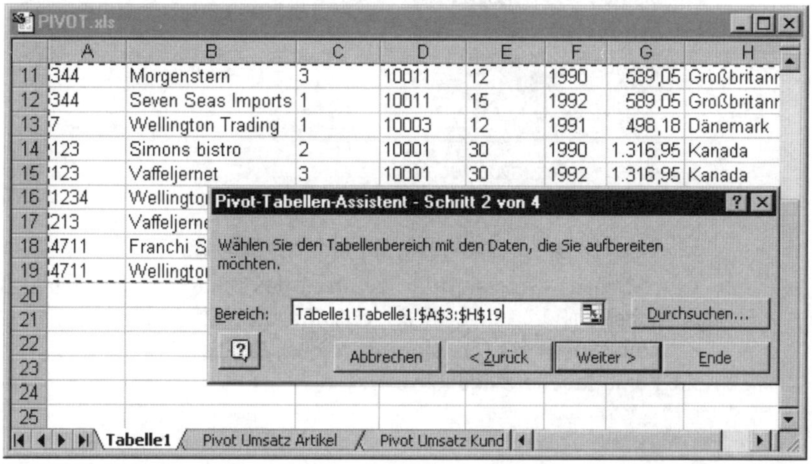

Bild 30.4: Auswahl des Quelldatenbereichs

Im Feld *Bereich* müssen Sie den Tabellennamen und den Zellbezug der gewünschten Tabelle eintragen. Sie können hier mit benannten Bereichen arbeiten und einfach einen Namen eingeben. Alternativ wählen Sie das gewünschte Arbeitsblatt an und markieren den Bereich mit den Quelldaten. Dieser wird dabei mit einer gestrichelten Linie umgeben.

Befinden sich die Quelldaten in einer nicht geladenen Arbeitsmappe, betätigen Sie die Schaltfläche *Durchsuchen*. Excel 97 aktiviert dann das Dialogfeld *Öffnen*, welches aber den Titel *Durchsuchen* besitzt. Sie können über dieses Dialogfeld den Namen einer XLS-Datei auswählen und die betreffende Arbeitsmappe laden. Anschließend wählen Sie den Quelldatenbereich im Arbeitsblatt an. Schalten Sie dann über die Schaltfläche *Weiter* > zum nächsten Schritt des Assistenten.

Die Arbeitsmappe PIVOT.XLS enthält im Arbeitsblatt Tabelle 1 die Beispieldaten aus Bild 30.4.

Existiert bereits eine Pivot-Tabelle im Arbeitsblatt, meldet Excel 97 ggf., daß Sie diese Tabelle verwenden sollen, um Speicher zu sparen. Quittieren Sie diese Abfrage mit Ja, erscheint das Dialogfeld aus Bild 30.5 zur Auswahl des Pivot-Bereichs.

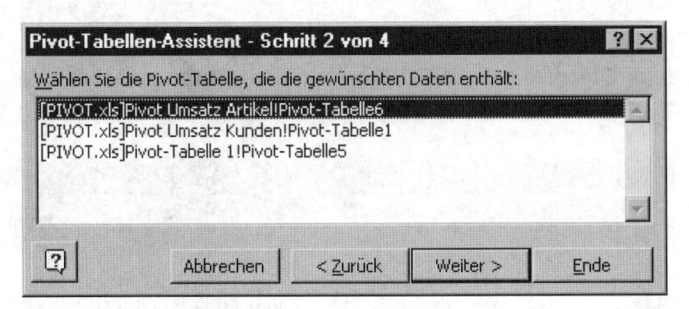

Bild 30.5: Auswahl der Pivot-Tabelle

Schritt 3 - Gestaltung der Pivot-Tabelle

In Schritt drei zeigt der Assistent das Dialogfeld zur Gestaltung der Pivot-Tabelle (Bild 30.6). Dieses enthält am rechten Rand die Schaltflächen mit den Feldern des Quelldatenbereichs. Zusätzlich wird das Layout einer leeren Pivot-Tabelle eingeblendet.

30 Pivot-Tabellen und Konsolidieren

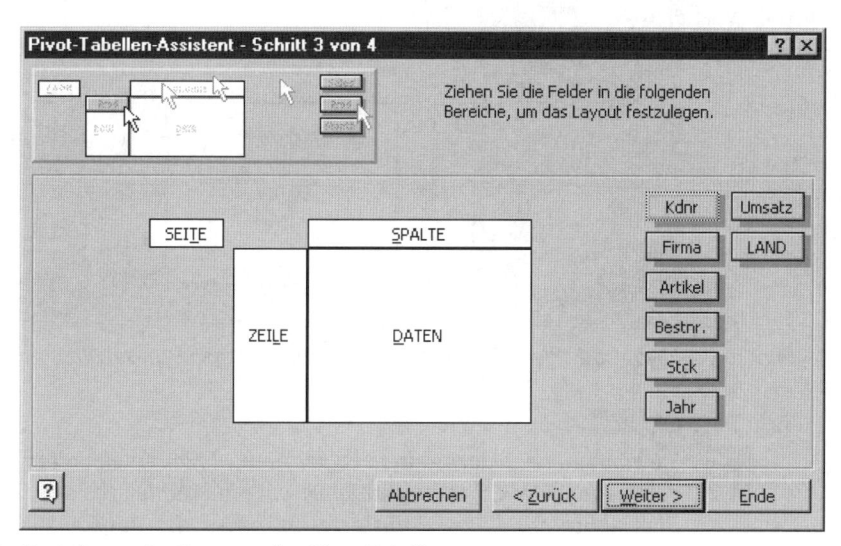

Bild 30.6: Gestaltung des Layouts der Pivot-Tabelle

Sie müssen nun die gewünschten Felder als Spalte, Zeile, Daten oder (optional) Seite definieren.

1. Hierzu wählen Sie ein Feld per Mauscursor an und ziehen dieses bei gedrückter linker Maustaste in das Layout der Tabelle.

2. Sobald Sie die linke Maustaste freigeben, richtet der Assistent das Feld mit der betreffenden Funktionalität (Zeilenfeld, Datenfeld, Spaltenfeld etc.) ein.

In Bild 30.7 finden Sie einen Ausschnitt des Layouts für eine artikelbezogene Darstellung der Umsatzdaten aus der Beispieltabelle. Das Feld *Artikel* wurde an die betreffende Position verschoben und damit als Zeilenfeld definiert. In den einzelnen Spalten sollen die Daten der jeweiligen Jahre auftauchen. Deshalb wird das Feld *Jahr* als Spaltenfeld im Layoutbereich positioniert. Auf die Eingabe eines Seitenfelds soll bei diesem Beispiel verzichtet werden. Die entsprechende Funktion lernen Sie auf den folgenden Seiten kennen. Als letztes Feld wird der *Umsatz* im Datenbereich der Pivot-Tabelle abgelegt. Jetzt sind bereits die Definitionen für die gewünschte Tabelle abgeschlossen und Sie können über die Schaltfläche *Weiter >* zum nächsten Schritt wechseln.

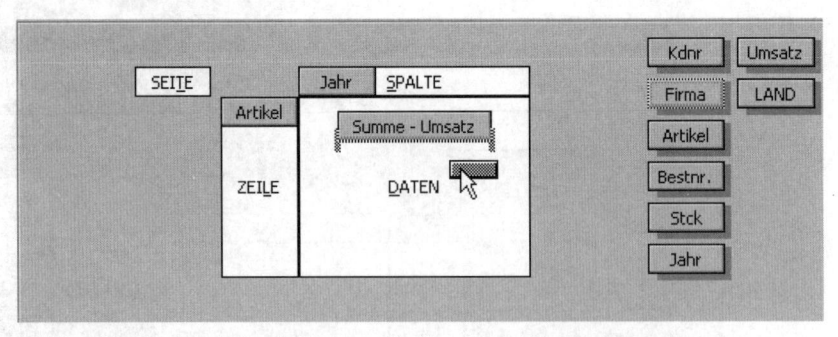

Bild 30.7: Layout der Pivot-Tabelle für eine artikelbezogene Umsatzdarstellung

> Sie können bei Bedarf weitere Felder in die Zeilen und Spalten schieben oder die Position der Felder nachträglich ändern. Wählen Sie ein Feld mit einem Doppelklick der linken Maustaste an, öffnet der Assistent ein Fenster zur Bearbeitung der Feldeigenschaften. Mehr zu dieser Funktion finden Sie in den folgenden Abschnitten. Um ein Feld wieder zu löschen, ziehen Sie dieses aus der Darstellung des Layoutbereichs heraus. Sobald Sie die linke Maustaste loslassen, wird das Feld aus der Pivot-Tabelle entfernt.

Schritt 4 - Erzeugen der Pivot-Tabelle

Im letzten Schritt erlaubt Ihnen der Assistent, das Blatt und die Zellen mit dem Zielbereich der Pivot-Tabelle anzugeben (Bild 30.8).

- Sie können die Pivot-Tabelle über die Option *Neuem Blatt* in ein getrenntes Arbeitsblatt einfügen lassen.

- Mit der Option *Bestehendem Arbeitsblatt* fügen Sie die Pivot-Tabelle im aktuellen Arbeitsblatt der Tabelle ein. In diesem Fall müssen Sie im zugehörigen Eingabefeld eine Zelle des Zellbereichs angeben. Hierzu können Sie eine Zelle per Maus markieren. Diese Zelle bezeichnet die linke obere Ecke der Pivot-Tabelle. Falls Sie bereits vorhandene Daten überschreiben, werden Sie von Excel gewarnt.

Über die Schaltfläche *Optionen* des Dialogfelds läßt sich ein weiteres Dialogfeld mit Optionen für die Pivot-Tabelle öffnen (Bild 30.9).

Excel 97 schlägt im Feld *Name* der Pivot-Tabelle einen Namen für die Tabelle vor. Sie können diesen Namen jedoch Ihren Bedürfnissen anpassen. Dieser Name hat nichts mit der Bezeichnung für das Arbeitsblatt zu tun.

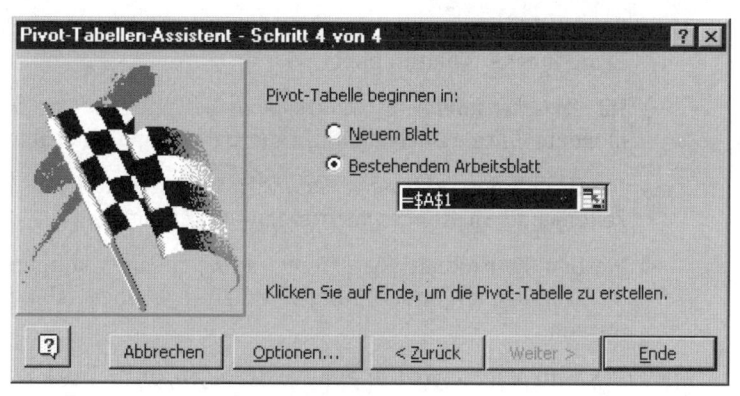

Bild 30.8: Schritt 4 - Auf dem Weg zur Pivot-Tabelle

Über die Kontrollkästchen des Dialogfelds *Pivot-Tabellenoptionen* läßt sich die Formatierung und das Speicherformat der Pivot-Tabelle beeinflussen.

Bild 30.9: Pivot-Tabellenoptionen

- Die Option *Gesamtsummen für Spalten* zeigt die Gesamtergebnisse in den Spalten der Pivot-Tabelle an.

- Mit *Gesamtsumme für Zeilen* läßt sich das Gesamtergebnis in den Zeilen der Pivot-Tabelle darstellen.

- Markieren Sie das Kontrollkästchen *Tabelle AutoFormatieren*, weist der Assistent der Pivot-Tabelle ein entsprechendes Format mit Linien etc. zu. Sie können dieses Format aber nachträglich über die Funktion *AutoFormat* korrigieren. Dann sollten Sie die Markierung dieses

Kontrollkästchens löschen, damit das Format bei Änderungen an der Pivot-Tabelle erhalten bleibt.

- Mit *Zwischensumme für ausgeblendete Seitenelemente* werden ausgeblendete Seitenfeldelemente in die Darstellung eingeblendet.

- Die Option *Beschriftungen verbinden* führt die äußeren Zellen mit den Zeilen- und Spaltenbeschriftungen ggf. zusammen.

- Mit dem Kontrollkästchen *Formatierung behalten* können Sie angeben, ob bestehende Formatierungen erhalten bleiben oder überschrieben werden.

- Das Feld *Seitenlayout* erlaubt festzulegen, in welcher Reihenfolge das Seitenlayout der Tabelle aufgebaut wird. Im darunterliegenden Feld geben Sie die Zahl der Felder pro Spalte an.

- Die Option *Fehlerwerte anzeigen als* erlaubt Ihnen, ein Zeichen vorzugeben, mit dem Fehlerwerte in der Tabelle ausgegeben werden.

- Die Option *Leere Zelle anzeigen als* ermöglicht Ihnen die Vorgabe eines Werts, mit dem leere Zellen in der Tabelle erscheinen sollen.

- Der Assistent speichert zusammen mit der Pivot-Tabelle eine unsichtbare Kopie der Quelldaten. Diese ermöglicht bei Änderungen an der Tabellenstruktur eine schnelle Umrechnung der Ergebnisse. Bei umfangreichen Tabellen und knappem Speicher können Sie die Speicherung verhindern, indem Sie die Markierung des Kontrollkästchens *Daten mit Tabellen-Layout speichern* löschen. Der Assistent entfernt die Daten auch aus sämtlichen Pivot-Tabellen, die auf dieser Datenquelle basieren. Über den Eintrag *Daten aktualisieren* im Kontextmenü lassen sich die entfernten Daten einer Pivot-Tabelle aber aktualisieren.

	A	B	C	D	E	F
1			Umsätze Artikel			
2						
3	Summe - Umsatz	Jahr				
4	Artikel	1990	1991	1992	1993	Gesamtergebnis
5	1	135	1087,23	4282,43	3194,2	8698,86
6	2	2721,95	2721,95			5443,9
7	3	676,25		1404,15	1530	3610,4
8	Gesamtergebnis	3533,2	3809,18	5686,58	4724,2	17753,16

Bild 30.10: Ergebnis in Form einer Pivot-Tabelle

- Sollen die Daten einer Tabelle beim Öffnen aktualisiert werden, markieren Sie das Kontrollkästchen *Beim Öffnen aktualisieren*.

⋯⋗ Die Option *Drilldown zulassen* bestimmt, ob Details in der Pivot-Tabelle (per Doppelklick auf eine Datenzelle) angezeigt werden.

Mit den Optionen der Gruppe *Optionen externer Daten* läßt sich einstellen, ob das Kennwort gespeichert, eine Abfrage im Hintergrund durchgeführt und der Speicher optimiert wird.

Ergebnis anzeigen

Sobald Sie das Dialogfeld über die Schaltfläche *Ende* schließen, erstellt der Assistent die Pivot-Tabelle im betreffenden Arbeitsblatt. In Bild 30.10 finden Sie die Pivot-Tabelle, die aus den auf den vorherigen Seiten gezeigten Definitionen generiert wird.

In der Datei PIVOT.XLS *im Verzeichnis* \BEISP\KAP30 *der Begleit-CD-ROM finden Sie weitere Tabellenblätter mit Pivot-Tabellen.*

30.2 Erweiterte Techniken für Pivot-Tabellen

Im folgenden Abschnitt lernen Sie weitere Funktionen zur Bearbeitung von Pivot-Tabellen kennen. Hier wird gezeigt, wie sich Seitenfelder auswirken und wie sich Pivot-Tabellen ändern lassen.

Die Symbolleiste Pivot-Tabelle

Zur Bearbeitung von Pivot-Tabellen verfügt Excel 97 über eine eigene Symbolleiste (Bild 30.11). Diese Symbolleiste läßt sich über das Untermenü des Befehls SYMBOLLEISTE (Menü ANSICHT) ein- und ausblenden.

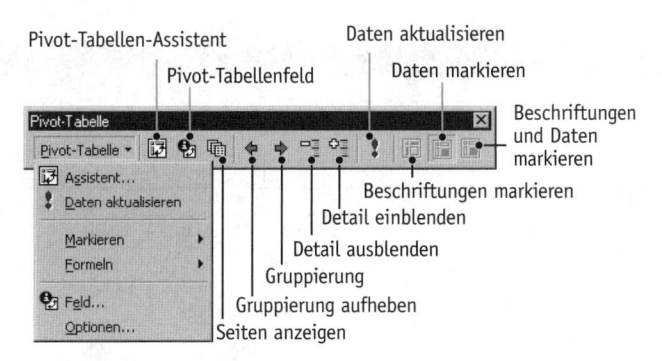

Bild 30.11: Die Symbolleiste Pivot-Tabelle

Sobald Sie eine Pivot-Tabelle anwählen, wird die Symbolleiste automatisch durch Excel 97 im Arbeitsbereich eingeblendet. Sie können die Symbolleiste freischwebend im Arbeitsbereich anordnen oder im Kopf- und Fußbereich als feste Symbolleiste einfügen.

Pivot-Tabellen mit Seitenfeldern

Eine sehr hilfreiche Einrichtung sind Seitenfelder in Pivot-Tabellen. Sie erlauben dem Benutzer, einen Filter über die Daten zu legen und bestimmte Werte bei Bedarf auszublenden. Nehmen wir wieder die Beispieltabelle aus Bild 30.1. In einer neuen Pivot-Tabelle soll der Umsatz der Jahre 1990 bis 1993 in Abhängigkeit von Firmen und Produkten untersucht werden (diese Jahreszahlen wurden gewählt, weil die Tabelle zufällig die betreffenden Daten enthielt). Hierzu führen Sie mit dem Pivot-Tabellen-Assistenten die im vorhergehenden Abschnitt beschriebenen vier Schritte aus. In Schritt 3 legen Sie das Tabellenlayout gemäß Bild 30.12 fest.

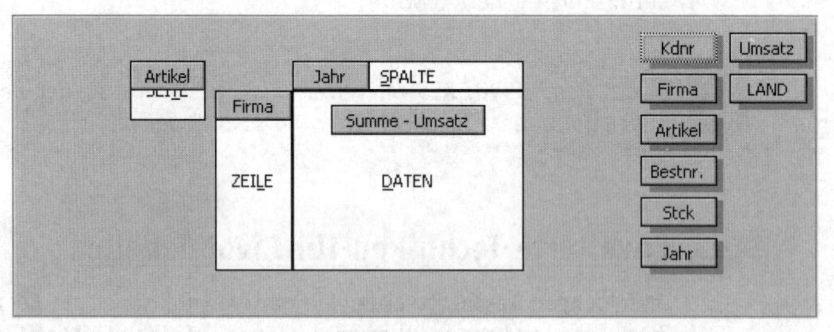

Bild 30.12: Layout der Tabelle mit Seitenfeld

Neben dem Zeilenfeld *Firma* und dem Spaltenfeld *Jahr* wird nun das Seitenfeld *Artikel* in der Tabelle definiert. Sobald Sie den Assistenten schließen, legt dieser die Pivot-Tabelle aus Bild 30.13 in einem Arbeitsblatt ab. Sie erhalten eine Übersicht der Umsätze mit den einzelnen Firmen über die Jahre des Betrachtungszeitraums. Weiterhin werden die Gesamtergebnisse der Umsatzzahlen über die Jahre automatisch berechnet.

	A	B	C	D	E	F
3	Artikel	(Alle)				
4						
5	Summe - Umsatz	Jahr				
6	Firma	1990	1991	1992	1993	Gesamtergebnis
7	Franchi S.p.A.	135	1316,95	498,18	0	1950,13
8	Mère Paillarde	87,2	1405	3194,2	0	4686,4
9	Morgenstern	589,05	0	0	1530	2119,05
10	Seven Seas Imports	0	0	589,05	0	589,05
11	Simons bistro	1316,95	589,05	0	0	1906
12	Vaffeljernet	1405	0	1316,95	0	2721,95
13	Wellington Trading	0	498,18	87,2	3194,2	3779,58
14	Gesamtergebnis	3533,2	3809,18	5685,58	4724,2	17752,16

Bild 30.13: Pivot-Tabelle mit firmenbezogenen Umsatzdaten (alle Artikel)

Die Werte in Bild 30.13 berücksichtigen Umsätze mit den Firmen über alle Produkte. Liegen von einer Firma in einem Jahr mehrere Bestellungen vor, werden die Daten in der Pivot-Tabelle addiert.

Über das Seitenfeld haben Sie nun aber die Möglichkeit, die angezeigten Daten zu filtern. Klicken Sie auf das Seitenfeld und öffnen dann das Listenfeld über die Schaltfläche neben *Artikel*. Excel 97 blendet die Liste der Artikelnummern ein (Bild 30.14). Sie können nun den Eintrag *(Alle)* anwählen, um die Darstellung aus Bild 30.13 zu erreichen.

Möchten Sie dagegen die Umsatzverteilung über ein Produkt sehen, wählen Sie die betreffende Artikelnummer in der Liste aus. In Bild 30.14 zeigt die Tabelle die Auswertung über den Artikel mit der Nummer 2 (Sie sehen die Auswertung im Hintergrund). Über das Filterkriterium sind verschiedene Kunden aus der Anzeige herausgefallen. Durch Variation der Artikelnummer über das Seitenfeld läßt sich der kundenbezogene Umsatz unter verfeinerten Kriterien analysieren.

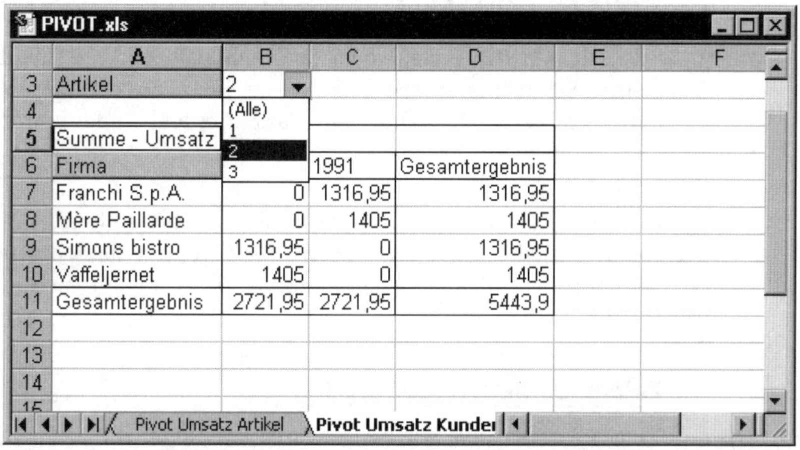
PIVOT.xls

	A	B	C	D	E	F
3	Artikel	2				
4		(Alle)				
5	Summe - Umsatz	1				
6	Firma	2 / 3	1991	Gesamtergebnis		
7	Franchi S.p.A.	0	1316,95	1316,95		
8	Mère Paillarde	0	1405	1405		
9	Simons bistro	1316,95	0	1316,95		
10	Vaffeljernet	1405	0	1405		
11	Gesamtergebnis	2721,95	2721,95	5443,9		
12						
13						
14						

Pivot Umsatz Artikel | Pivot Umsatz Kunden

Bild 30.14: Auswertung über die Artikelnummer

Die bisherigen Beispiele verwenden nur ein Feld für die Spalte, Zeile und Seite. Sie können bei der Definition der Pivot-Tabelle jedoch mehrere Felder angeben. Der Assistent erzeugt eine entsprechende Tabelle mit diesen Feldern.

Änderung der Feldstruktur

Änderungen an der Struktur einer Pivot-Tabelle lassen sich im Tabellenassistenten in Schritt 3 (siehe Bild 30.6) sehr einfach vornehmen. Sie müssen lediglich die Felder im Layout einfügen oder aus dem Layout entfernen. Dies geschieht, indem Sie das Feld bei gedrückter linker Maustaste in das Layout ziehen oder herausschieben.

Um aus einer bestehenden Pivot-Tabelle direkt Schritt 3 des Pivot-Assistenten aufzurufen, wählen Sie ein Feld der Tabelle per Maus an. Anschließend betätigen Sie die nebenstehend gezeigte Schaltfläche in der Symbolleiste *Pivot-Tabelle*.

Felder direkt verschieben

Excel 97 bietet Ihnen zusätzlich die Möglichkeit, die Pivot-Tabelle direkt zu bearbeiten. Um ein Feld in der Tabelle an eine andere Position zu verschieben, positionieren Sie den Mauscursor auf diesem Pivot-Feld (diese sind in der Tabelle grau hinterlegt). Dann ziehen Sie das Feld bei gedrückter linker Maustaste zur neuen Position. Solange Sie sich im Tabellenbereich befinden, nimmt der Mauscursor beim Verschieben die nebenstehend gezeigte Form an. Sie können dadurch die Struktur der Tabelle beliebig variieren. Eine Sortierung der Zeilen- oder Spaltenfelder ist kein Problem, verschieben Sie einfach die Felder an die gewünschte Position. Excel 97 wandelt Zeilen- und Spaltenfelder automatisch um, wenn Sie zwischen Zeilen und Spalten verschoben werden. Erkennbar wird ein Typwechsel an der Cursorform, die beim Übergang zwischen Zeilen- und Spaltenfeldern die Ausrichtung wechselt. Um ein Zeilen- oder Spaltenfeld in ein Seitenfeld zu wandeln, ziehen Sie dieses in die linke obere Ecke, an der Seitenfelder normal auftreten. Excel 97 erzeugt dann das Seitenfeld an der betreffenden Stelle.

Felder hinzufügen

Möchten Sie nachträglich Felder in der Pivot-Tabelle hinzufügen, können Sie die Tabelle anwählen und den Assistenten über die nebenstehende Schaltfläche aufrufen (siehe oben). Dann lassen sich die Felder im Layoutbereich einfügen.

Felder umbenennen

Excel 97 verwendet zur Beschriftung der Felder die Feldnamen der Quelltabelle. Da die Pivot-Tabelle aber auf eine Tabelle in einem Arbeitsblatt mit Gitternetzlinien abgebildet wird, lassen sich die statischen Feldinhalte leicht ändern.

1. Wählen Sie einfach die betreffende Zelle mit einem Mausklick an. Excel 97 blendet dann den Zelleninhalt in der Bearbeitungszeile ein.
2. Wechseln Sie zur Bearbeitungszeile und tragen den neuen Namen für das Feld ein. Schließen Sie die Eingabe mit der ⏎-Taste ab.

Excel 97 übernimmt den neuen Namen in das Feld. Dieser Name bleibt auch erhalten, wenn Sie die Tabelle verändern. Sie können mit dieser Methode aber nur die statischen Teile der Pivot-Tabelle (Feldnamen) ändern. Die Datenfelder der Pivot-Tabelle lassen sich dagegen nicht ändern. Die Werte sind in der Quelltabelle zu korrigieren. Der Feldname läßt sich auch im Pivot-Tabellen-Feld (siehe Bild 30.18) umbenennen.

Felder löschen

Sie können Felder der Pivot-Tabelle sowohl im Assistenten (siehe Bild 30.6) als auch direkt in der Tabelle entfernen. Um ein Feld direkt aus einer Pivot-Tabelle zu löschen, wählen Sie das Feld per Maus an. Dann ziehen Sie es bei gedrückter linker Maustaste aus dem Tabellenbereich. Sobald der Mauscursor die nebenstehende Form annimmt, können Sie die linke Maustaste freigeben. Excel 97 löscht das Feld aus der Tabelle.

Details ein- und ausblenden

Sobald Sie eine Pivot-Tabelle mit mehr als einem Zeilen-/Spaltenfeld aufbauen, enthält diese zusätzliche Spalten oder Zeilen mit Detaildaten. Bild 30.15 zeigt ein Beispiel für eine Tabelle, in der der Jahresumsatz über die Artikel und den Rabattsatz aufgetragen wurde.

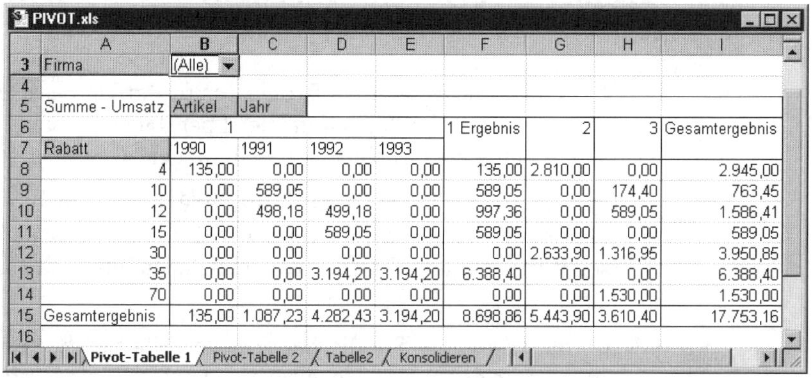

PIVOT.xls

	A	B	C	D	E	F	G	H	I
3	Firma	(Alle)							
4									
5	Summe - Umsatz	Artikel	Jahr						
6		1				1 Ergebnis	2	3	Gesamtergebnis
7	Rabatt	1990	1991	1992	1993				
8	4	135,00	0,00	0,00	0,00	135,00	2.810,00	0,00	2.945,00
9	10	0,00	589,05	0,00	0,00	589,05	0,00	174,40	763,45
10	12	0,00	498,18	499,18	0,00	997,36	0,00	589,05	1.586,41
11	15	0,00	0,00	589,05	0,00	589,05	0,00	0,00	589,05
12	30	0,00	0,00	0,00	0,00	0,00	2.633,90	1.316,95	3.950,85
13	35	0,00	0,00	3.194,20	3.194,20	6.388,40	0,00	0,00	6.388,40
14	70	0,00	0,00	0,00	0,00	0,00	0,00	1.530,00	1.530,00
15	Gesamtergebnis	135,00	1.087,23	4.282,43	3.194,20	8.698,86	5.443,90	3.610,40	17.753,16
16									

Bild 30.15: Beispieltabelle mit Details

In der Zeile unterhalb der Spaltenfelder tauchen die Artikelnummern auf. Die Spalte mit der Artikelnummer 1 unterteilt sich dabei in weitere Unterspalten mit den Umsätzen der einzelnen Jahre. Beachten Sie jedoch, daß in diesem Beispiel die Unterteilung nur für die Spalte mit der Artikelnummer 1 vorgenommen wird. Die Spalten mit den Artikelnummern 2 und 3 enthalten keine Detaildaten.

Sie haben aber die Möglichkeit, diese Detaildaten ein- oder auszublenden und jeweils für verschiedene Werte (z.B. Artikelnummer 2 oder 3) anzuzeigen.

Teil 4 · Analysen und Datenverwaltung

	A	B	C	D	E
3	Firma	(Alle)			
4					
5	Summe - Umsatz	Artikel	Jahr		
6		1	2	3	Gesamtergebnis
7	Rabatt				
8	4	135,00	2.810,00	0,00	2.945,00
9	10	589,05	0,00	174,40	763,45
10	12	997,36	0,00	589,05	1.586,41
11	15	589,05	0,00	0,00	589,05
12	30	0,00	2.633,90	1.316,95	3.950,85
13	35	6.388,40	0,00	0,00	6.388,40
14	70	0,00	0,00	1.530,00	1.530,00
15	Gesamtergebnis	8.698,86	5.443,90	3.610,40	17.753,16

Bild 30.16: Pivot-Tabelle mit ausgeblendeten Detaildaten

····> Möchten Sie die Anzeige der Detaildaten für Artikel 1 ausblenden, wählen Sie die Zelle mit der Artikelnummer 1 per Doppelklick an. Dann erzeugt Excel 97 eine komprimierte Darstellung gemäß Bild 30.16.

····> Um zum Beispiel für die Artikelnummer 2 die Detaildaten der einzelnen Jahre einzublenden, reicht ebenfalls ein Doppelklick auf die Zelle mit dieser Artikelnummer. Analog verfahren Sie für die Spalte mit der Artikelnummer 3.

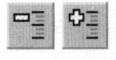

····> Alternativ können Sie die betreffende Zelle per Maus anwählen und dann die beiden Schaltflächen *Detail einblenden* und *Detail ausblenden* der Symbolleiste *Pivot-Tabelle* benutzen.

Der Vorteil der letzten Variante liegt darin, daß sich vorher per Maus mehrere Zeilen oder Spalten markieren lassen. Excel 97 wendet dann die Funktionen *Detail einblenden* oder *Detail ausblenden* auf den markierten Bereich an.

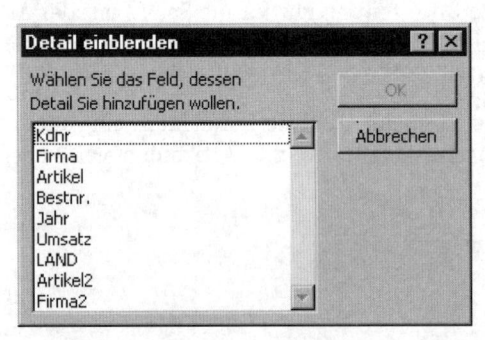

Bild 30.17: Das Dialogfeld *Detail einblenden*

Enthält die Spalte keine Detaildaten, öffnet Excel 97 bei Verwendung der Funktion Detail einblenden *das Dialogfeld zur Eingabe eines neuen Felds (Bild 30.17). Sie erhalten dadurch die Gelegenheit, ein Feld zur Anzeige der Detaildaten hinzuzufügen.*

Feld bearbeiten

Um ein Feld (Zeile, Spalte, Seite) zu bearbeiten, können Sie die auf den vorhergehenden Seiten beschriebenen Techniken verwenden. Excel 97 bietet Ihnen jedoch das Dialogfeld aus Bild 30.18 zur Bearbeitung der Felder. Dieses Dialogfeld können Sie auf zwei verschiedene Arten aufrufen:

- Wählen Sie die »Schaltfläche« des Felds (z.B. *Artikel* in Bild 30.16) mit einem Doppelklick der linken Maustaste an.

- Markieren Sie einen Wert des Felds im Zeilen- oder Spaltentitel und wählen dann die nebenstehend gezeigte Schaltfläche in der Symbolleiste *Pivot-Tabelle*.

Das Feld *Name* im Dialogfeld gibt den Feldnamen des angewählten Werts an. Sie können diesen Namen überschreiben und somit das Feld umbenennen.

- Die Optionsfelder der Gruppe *Anordnung* beeinflussen den Feldtyp. Bei Aufruf des Dialogfelds ist der Feldtyp bereits markiert. Durch Umsetzen der Markierung können Sie den Feldtyp verändern. Wenn Sie bei einem Spaltenfeld das Optionsfeld *Zeile* markieren, setzt Excel 97 das Feld in ein Zeilenfeld um.

- Die Gruppe *Teilergebnisse* legt fest, wie die Teilergebnisse über die Detailanzeigen (siehe Bild 30.15) ermittelt werden. Mit der Vorgabe *Automatisch* überlassen Sie Excel 97 die Auswahl der Berechnungsfunktion. Bei numerischen Werten wird dann die Summe verwendet. Über das Optionsfeld *Keine* blenden Sie die Anzeige der Teilergebnisse aus. Benötigen Sie eine spezielle Funktion, ist das Optionsfeld *Benutzerdefiniert* zu markieren und dann eine Funktion (z.B. *Mittelwert*) aus der Liste zu wählen.

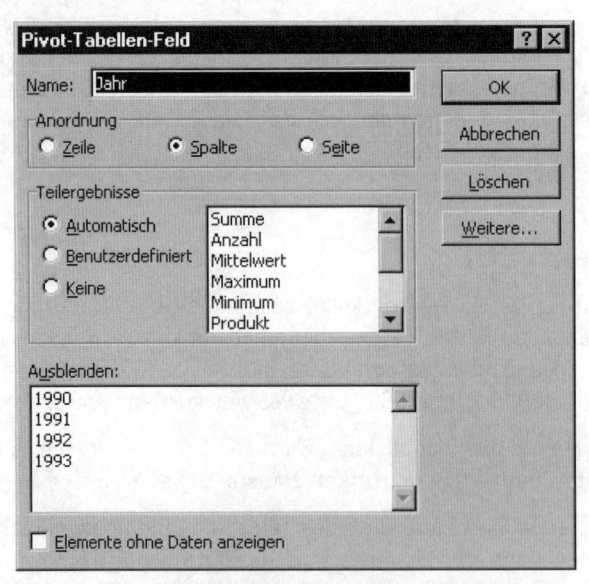

Bild 30.18: Teilergebnisse im Dialogfeld Pivot-Tabellen-Feld

⇢ Um einzelne Detailwerte auszublenden, wählen Sie die betreffenden Werte in der Liste *Ausblenden*. In Bild 30.18 können Sie zum Beispiel die Jahreszahlen selektiv ausblenden und somit eine differenzierte Tabellenanzeige erzeugen.

Wichtig ist lediglich, daß mindestens ein Eintrag angezeigt wird. Möchten Sie alle Detailwerte aus der Anzeige entfernen, verwenden Sie die Schaltfläche *Löschen*. Diese entfernt dann das betreffende Feld aus der Pivot-Tabelle.

Die Schaltfläche *Weitere* öffnet ein Dialogfeld, in dem Sie einige zusätzliche Optionen (*Seitenfeldoptionen*, *AutoSortieren*, *AutoAnzeigen*) für das Feld setzen können. Näheres hierzu finden Sie in der Online-Hilfe.

Bearbeitung der Datenfelder

Wenn Sie die Pivot-Tabelle aufbauen, ist im Datenbereich ein Datenfeld einzufügen. In den Beispieltabellen dieses Kapitels (siehe Bild 30.16) ist dies der Umsatz. Excel 97 verwendet bei numerischen Daten automatisch die Summenfunktion, um mehrfach auftretende Datensätze der gleichen Art (z.B. gleiche Firma) in der Pivot-Tabelle zusammenzufassen. Weiterhin wird die Formatierung für die Zahlen im Datenbereich auf *Standard* gesetzt, d.h. Excel 97 formatiert die Einträge nach dem aktuellen Wert. Das Ergebnis ist in den Beispieltabellen zu sehen; die Daten in den Spalten werden mit unterschiedlicher Anzahl an Nachkommastellen versehen.

Bild 30.19: Das Dialogfeld Pivot-Tabellen-Feld

Sie haben aber die Möglichkeit, auf das Format und die Berechnungsfunktion Einfluß zu nehmen.

1. Hierzu wählen Sie eine Zelle mit einem Datenwert per Maus an.
2. Dann betätigen Sie die Schaltfläche *Pivot-Tabellen-Feld* in der Symbolleiste *Pivot-Tabelle*, oder Sie öffnen das Kontextmenü über die rechte Maustaste und wählen den Eintrag FELD.

Excel 97 blendet das Dialogfeld aus Bild 30.19 in der Anzeige ein.

Änderung der Berechnungsfunktion

Über die Liste *Zusammenfassen mit* läßt sich die Funktion wählen, mit der Datensätze des gleichen Typs in der Tabelle zusammengefaßt werden. Standardmäßig wird bei numerischen Feldern die Summe gebildet. Sie haben aber die Möglichkeit, die Anzahl, den Mittelwert, das Minimum/Maximum etc. zu verwenden. Bei der Auswahl wird automatisch der Eintrag im Feld *Name* aus dem Feldnamen und der gewählten Funktion ergänzt. Sie haben aber die Möglichkeit, diesen Eintrag manuell mit einem beliebigen Text zu überschreiben. Der Inhalt erscheint später in der Pivot-Tabelle in der linken oberen Ecke.

Bei der Funktion Anzahl *wird zwischen numerischen Werten und Feldern mit Texten unterschieden. Sie haben zwei verschiedene Funktionen für diesen Zweck. Bei numerischen Werten werden leere Zellen nicht in die Zählung einbezogen.*

> **Achtung!** Sobald Sie den ersten Teil des Namens für die Datenzellen ändern, aktualisiert Excel 97 diesen beim Wechsel der Berechnungsfunktion nicht mehr. Überschreiben Sie zum Beispiel *Summe - Umsatz* mit dem Text *Umsatzsumme*, bleibt dieser erhalten, auch wenn Sie später die Funktion *Anzahl* anwenden. Sie können den Namen aber restaurieren, indem Sie die Funktion und den in der oberen linken Ecke angezeigten Feldnamen eintragen.

> **TIP** Sofern Sie mehrere Darstellungsarten eines Felds (z.B. Summe und Durchschnitt) benötigen, richten Sie das Feld zweifach im Pivot-Tabellen-Assistenten ein. Dann läßt sich die gewünschte Funktion auf dieses Feld mehrfach anwenden.

Zahlenformat ändern

Excel 97 verwendet zur Darstellung der Datenfelder das Format *Standard*. Dadurch erhalten die Ergebniswerte eine unterschiedliche Stellenzahl in der Anzeige. Sie können zwar den Ergebnisbereich markieren und über die Funktion *Zellen formatieren* ein individuelles Format zuweisen. Dieses wird aber bei der nächsten Aktualisierung der Tabelle wieder überschrieben.

Möchten Sie das Format für den Datenbereich ändern, wählen Sie im Dialogfeld *Pivot-Tabellen-Feld* die Schaltfläche *Zahlen* an. Excel 97 blendet dann das Dialogfeld *Zellen* mit der Registerkarte *Zahlen* in der Anzeige ein. Über diese Registerkarte lassen sich die gewünschten Formate für den Datenbereich vorgeben. Weitere Hinweise zur Formatierung von Daten über die Registerkarte *Zahlen* finden Sie in Kapitel 19.

> **TIP** Die Formatierung des Zellhintergrunds sollten Sie über AutoFormat (siehe Kapitel 19) vornehmen. Löschen Sie vorher aber die Markierung des Kontrollkästchens AutoFormat in Schritt 4 des Pivot-Tabellen-Assistenten (siehe Bild 30.9).

Optionen zur Datenanzeige

Die Schaltfläche *Optionen >>* (Bild 30.19) erlaubt Ihnen, weitere Optionen zur Darstellung der Datenfelder einzustellen. Excel 97 erweitert dann das Dialogfeld *Pivot-Tabellen-Feld* um die Elemente aus Bild 30.20.

Über die Gruppe *Daten zeigen als* läßt sich eine Funktion zur Berechnung der Daten in Abhängigkeit von den Nachbardaten auswählen. In Bild 30.20 wurde zum Beispiel die Differenzfunktion benutzt. Damit gibt Excel 97 die Feldnamen in der Liste *Basisfeld* und die Feldelemente in der Liste *Basiselement* frei. Sie können dann zum Beispiel die Differenz der Umsätze der aktuellen Artikelnummer zu einer definierbaren Artikelnummer anzeigen lassen. Selektieren Sie hierzu die Artikelnummer in der Liste *Basiselement* und betätigen Sie die *OK*-Schaltfläche.

> *Enthält der Datenbereich mehrere Datenfelder (z.B. Umsatz und Stückzahl), ändert sich die Bezeichnung in der linken oberen Tabellenecke in eine Schaltfläche mit der Aufschrift* Daten. *Sie können die Datenbezeichnungen jedoch einblenden, indem Sie diese Schaltfläche nach oben ziehen.*

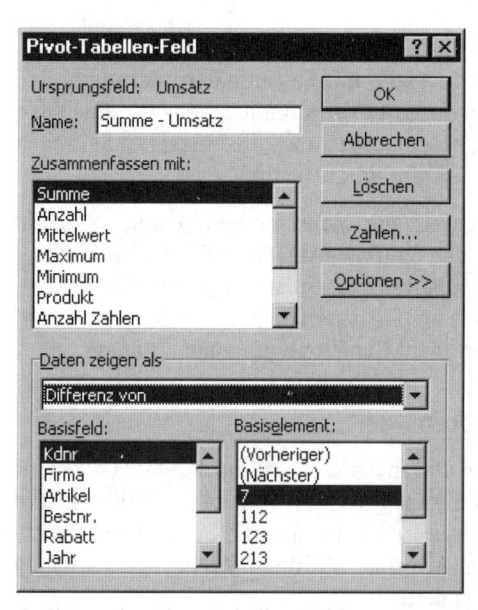

Bild 30.20: Optionen im Pivot-Tabellen-Feld

Anzeige der Detaildaten

In manchen Fällen interessieren Sie vielleicht die Detaildaten (Originaldaten), die in eine Auswertung der Pivot-Tabelle eingeflossen sind. Sicherlich besteht die Möglichkeit, in der Tabelle mit den Quelldaten nachzusehen. Dies ist aber nur bei kleinen Datenmengen ohne Aufwand möglich. Wurden die Daten dagegen mit Microsoft Query aus einer Datenbank gewonnen, dürfte der Zugriff auf die Daten recht aufwendig werden.

Hier bietet Excel 97 Ihnen eine sehr elegante Möglichkeit, die Originaldatensätze schnell abzurufen. Sie müssen lediglich die betreffende Datenzelle mit einem Doppelklick der linken Maustaste anwählen. Excel 97 legt dann ein neues Tabellenblatt mit den Quelldaten im aktuellen Arbeitsblatt an (Bild 30.21). Enthält ein Datenfeld das Ergebnis mehrerer Sätze (z.B. die Ergebnisdaten), werden alle Datensätze in das neue Tabellenblatt eingeblendet.

	A	B	C	D	E	F	G	H
1	Kdnr	Firma	Artikel	Bestnr.	Stck	Jahr	Umsatz	LAND
2	7	Franchi S.p.A.	1	10003	12	1992	498,18	Dänemark
3	123	Franchi S.p.A.	2	10001	30	1991	1316,95	Kanada
4	4711	Franchi S.p.A.	1	10000	4	1990	135	Italien
5								

Bild 30.21: Anzeige der Detaildaten

Seitendaten anzeigen

Sofern Sie eine Pivot-Tabelle mit Seitenfeldern definieren, wird immer nur eine dieser Seiten angezeigt. Sie können dabei zwar eine Zusammenfassung über die Option *(Alle)* erreichen, aber die einzelnen Seiten (z.B. Firmennamen) sind über ein Listenfeld abzurufen.

Wenn Sie ein Seitenfeld per Maus markieren und dann die Schaltfläche *Seiten anzeigen* in der Symbolleiste *Pivot-Tabelle* anwählen, legt Excel 97 für jeden Eintrag im Seitenfeld ein neues Arbeitsblatt mit den Daten der Seite als Pivot-Tabelle an. Sie haben dadurch die Möglichkeit, diese Ergebnistabellen in weiteren Pivot-Tabellen zusammenzufassen.

Daten aktualisieren

Änderungen an den Daten müssen Sie in der Tabelle mit den Quelldaten durchführen. Um die Anzeige der Pivot-Tabelle zu aktualisieren, wählen Sie den Ergebnisbereich an und betätigen die Schaltfläche *Daten aktualisieren* in der Symbolleiste. Alternativ können Sie den gleichnamigen Eintrag im Kontextmenü verwenden.

Daten sortieren

Beim Aufbau der Tabelle liegen die Zeilen und Spalten nicht immer sortiert vor. Beispielsweise wäre es denkbar, die Pivot-Tabelle aus Bild 30.13 nach Firmennamen oder Jahreszahlen zu sortieren. Ähnliches gilt, falls Sie zum Beispiel die Spalte mit der Artikelnummer in Bild 30.10 anders sortieren möchten. Um die Daten über eine Spalte oder Zeile zu sortieren, gehen Sie folgendermaßen vor:

1. Markieren Sie die zu sortierenden Einträge der Spalte oder Zeile per Maus. In den Beispieltabellen wären dies die Firmennamen, Artikelnummern oder Jahreszahlen.

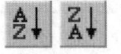

2. Dann betätigen Sie die Schaltflächen zum Sortieren in der Standard-Symbolleiste. Das Programm bietet dabei die Möglichkeit, auf- und absteigend zu sortieren.

Anschließend werden die Daten des Ergebnisbereichs entsprechend sortiert. Diese Sortierung erfolgt jedoch nach numerischer oder alphanumerischer Sortierfolge.

> *Für eine benutzerdefinierte Sortierung verwenden Sie bei markiertem Datenbereich den Eintrag SORTIEREN im Menü DATEN. Excel 97 blendet dann ein Dialogfeld zum Einstellen der Sortieroptionen ein. Hinweise zum Umgang mit der Funktion SORTIEREN finden Sie in Kapitel 26.*

> *Sie können die Reihenfolge der Zeilen- und Spaltenelemente sehr einfach durch Eingabe des Werts verändern. Um zum Beispiel in der Tabelle aus Bild 30.13 die Daten des Jahres 1993 in der Spalte 1991 einzublenden, tragen Sie die neue Jahreszahl 1993 in der Zelle ein. Excel 97 gruppiert die restlichen Spalten entsprechend um.*

> *Dies funktioniert aber nur bei der Eingabe gültiger Werte in der betreffenden Zelle. Geben Sie zum Beispiel an Stelle der Zahl 1993 den Wert 1970 ein, ändert sich zwar die Spaltenüberschrift. Da keine Werte aus 1970 existieren, bleibt der Datenbereich jedoch unverändert.*

Gruppierung in Pivot-Tabellen

Enthält die Pivot-Tabelle mehrere Zeilen oder Spalten, können Sie diese in Gruppen zusammenfassen (Bild 30.22) und bei Bedarf Teilergebnisse sehr elegant über die Schaltflächen der Symbolleiste ein- oder ausblenden.

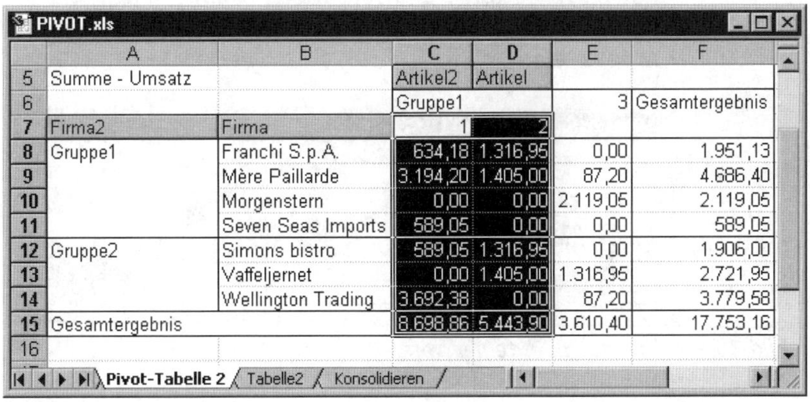

	A	B	C	D	E	F
5	Summe - Umsatz		Artikel2	Artikel		
6			Gruppe1		3	Gesamtergebnis
7	Firma2	Firma	1	2		
8	Gruppe1	Franchi S.p.A.	634,18	1.316,95	0,00	1.951,13
9		Mère Paillarde	3.194,20	1.405,00	87,20	4.686,40
10		Morgenstern	0,00	0,00	2.119,05	2.119,05
11		Seven Seas Imports	589,05	0,00	0,00	589,05
12	Gruppe2	Simons bistro	589,05	1.316,95	0,00	1.906,00
13		Vaffeljernet	0,00	1.405,00	1.316,95	2.721,95
14		Wellington Trading	3.692,38	0,00	87,20	3.779,58
15	Gesamtergebnis		8.698,86	5.443,90	3.610,40	17.753,16

Bild 30.22: Tabelle mit Gruppierung

Um in der Tabelle aus Bild 30.22 zum Beispiel die Firmennamen der Gruppe 1 zusammenzufassen, gehen Sie folgendermaßen vor:

1. Markieren Sie die Firmennamen, die in der betreffenden Gruppe zusammenzufassen sind.
2. Dann klicken Sie mit der rechte Maustaste auf den markierten Bereich und wählen im Kontextmenü den Befehl GRUPPIERUNG UND GLIEDERUNG.
3. Im Untermenü wählen Sie den Eintrag GRUPPIERUNG.

Excel 97 faßt anschließend die markierten Elemente zu einer Gruppe zusammen und fügt ein Feld für den Namen in der Tabelle ein. Sobald Sie das Feld löschen, wird die Gruppierung der kompletten Spalte oder Zeile aufgehoben.

Sie können eine einzelne Gruppe aufheben, indem Sie das Gruppenfeld (z.B. Gruppe 1 in Bild 30.22) mit der rechten Maustaste anwählen und dann den Befehl GRUPPIERUNG UND GLIEDERUNG/GRUPPIERUNG AUFHEBEN betätigen.

30.3 Konsolidieren und Fremddaten

Dieser letzte Abschnitt geht kurz auf den Import von Fremddaten in Pivot-Tabellen ein. Hier erfahren Sie auch, wie sich Daten aus Pivot-Tabellen weiterverwenden lassen und was es mit dem Stichwort Konsolidieren auf sich hat.

Daten aus externen Datenquellen importieren

Beim Erstellen von Pivot-Tabellen können Sie direkt auf externe Datenquellen zugreifen. Dies gibt Ihnen die Möglichkeit, Daten von Fremdanwendungen mit dieser Technik aufzubereiten. Hierzu führen Sie die zu Beginn dieses Kapitels beschriebenen Schritte aus. In Schritt 1 des Assistenten wählen Sie allerdings das Optionsfeld *externer Datenquelle* (siehe Bild 30.3). Der Assistent blendet dann in Schritt 2 das Dialogfeld aus Bild 30.23 in der Anzeige ein.

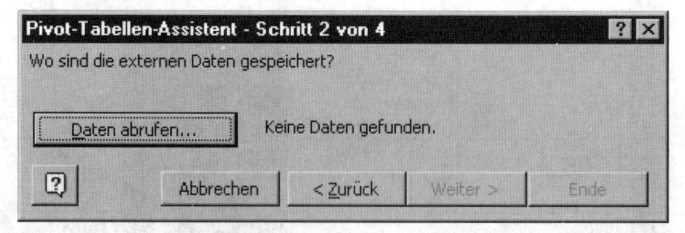

Bild 30.23: Übernahme externer Daten

Sobald Sie die Schaltfläche *Daten abrufen* betätigen, aktiviert der Assistent das Programm Microsoft Query über das entsprechende Add-In. Dort sind die Datenquelle, die gewünschten Tabellen und dann die zu importierenden Felder einzustellen. Nach der Rückgabe der Daten an Excel 97 können Sie wie gewohnt die restlichen Schritte im Assistenten ausführen.

Informationen zum Umgang mit dem Programm Microsoft Query finden Sie in Kapitel 29. Die Installation von Add-Ins wird in Kapitel 24 behandelt.

Zugriff auf bestehende Pivot-Tabellen

Sie können die Inhalte bestehender Pivot-Tabellen in weiteren Pivot-Tabellen übernehmen. Hierzu rufen Sie den Pivot-Tabellen-Assistenten wie im ersten Abschnitt beschrieben auf. Als Datenquelle wählen Sie in Schritt 1 den Eintrag *anderer Pivot-Tabelle* (siehe Bild 30.3). Der Assistent blendet dann das Dialogfeld aus Bild 30.24 in der Anzeige ein.

Die Liste enthält die Namen aller geladenen Arbeitsmappen und der zugehörigen Arbeitsblätter mit gültigen Pivot-Tabellen. Markieren Sie nun den Namen der gewünschten Pivot-Tabelle und betätigen die Schaltfläche *Weiter >*. Anschließend bietet Ihnen der Assistent das Dialogfeld zur Layouterstellung der Tabelle (siehe Bild 30.6) an. Für die weiteren Schritte verfahren Sie gemäß der Beschreibung am Kapitelanfang.

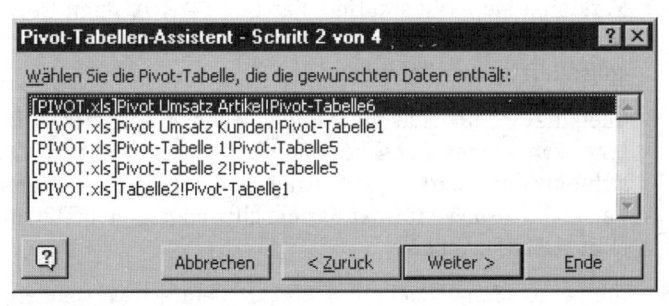

Bild 30.24: Auswahl der Pivot-Tabellen

Konsolidieren mit Pivot-Tabellen

Möchten Sie den Inhalt mehrerer Tabellen in einer Ergebnistabelle zusammenfassen, müssen Sie die Funktion *Konsolidieren* verwenden. Der Pivot-Tabellen-Assistent verfügt über eine entsprechende Option. Wird das Optionsfeld *mehreren Konsolidierungsbereichen* in Schritt 1 markiert (siehe Bild 30.3), blendet Excel 97 im nächsten Schritt das Dialogfeld aus Bild 30.25 in der Anzeige ein.

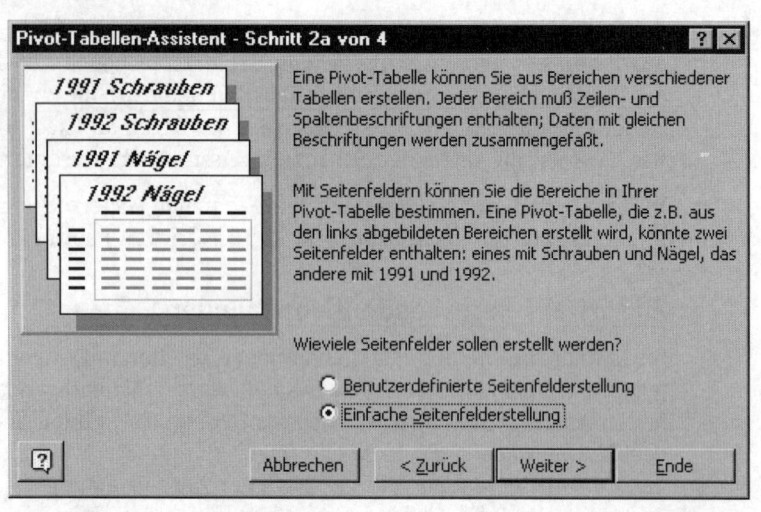

Bild 30.25: Konsolidieren von Pivot-Tabellen

Die Pivot-Tabellen werden dabei über die Seitenfelder in Bereiche aufgeteilt. Wählen Sie als erstes die Option zur Erstellung der Seitenfelder. Über die Schaltfläche *Weiter* > rufen Sie das Dialogfeld zur Auswahl der Tabellenbereiche auf (Bild 30.26).

- Markieren Sie – falls nötig – das Feld *Bereich*. Dann wechseln Sie zum betreffenden Arbeitsblatt mit der Tabelle und markieren dort den zu konsolidierenden Datenbereich.

- Über die Schaltfläche *Hinzufügen* nehmen Sie diesen Bereich in die Liste *Vorhandene Bereiche* auf. Über die Schaltfläche *Löschen* lassen sich einzelne (markierte) Einträge aus der Liste entfernen. Die Schaltfläche *Durchsuchen* öffnet das gleichnamige Dialogfeld zum Laden weiterer Arbeitsmappen.

Sie können die Schaltfläche *Hinzufügen* mehrfach verwenden, um mehrere Bereiche auszuwählen. Nach Auswahl der Konsolidierungsbereiche schalten Sie im Assistenten über die Schaltfläche *Weiter* > zu Schritt 3 und definieren die Ergebnistabelle. Diese läßt sich in Schritt 4 in einem Arbeitsblatt speichern.

Sofern Sie im Dialogfeld aus Bild 30.25 eine benutzerdefinierte Seitenfelderstellung wählen, lassen sich bis zu vier Seitenfelder aus den Bereichen übernehmen. Das Dialogfeld aus Bild 30.26 wird dann um zusätzliche Optionen zur Auswahl der Seitenfelder ergänzt.

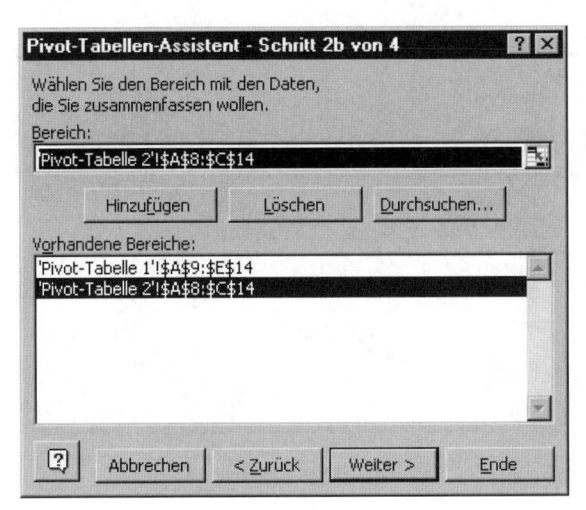

Bild 30.26: Auswahl der Konsolidierungsbereiche

Die Funktion Konsolidieren

Sie können die Inhalte einzelner Tabellenblätter auch ohne den Pivot-Tabellen-Assistenten konsolidieren. Die entsprechende Funktion steht über den Befehl KONSOLIDIEREN im Menü DATEN zur Verfügung. Sie können die konsolidierten Daten entweder in einem neuen Arbeitsblatt oder einem freien Bereich der aktuellen Tabelle ablegen.

1. Wählen Sie hierzu den Bereich, in dem die Zieldaten zu speichern sind.

2. Dann aktivieren Sie den Eintrag KONSOLIDIEREN im Menü DATEN. Excel 97 blendet das Dialogfeld aus Bild 30.27 in der Anzeige ein.

3. Hier sind die Konsolidierungsfunktion und die Bezüge auf die zu konsolidierenden Daten einzutragen. Tragen Sie im Feld *Bezug* den Zellbezug auf die betreffenden Daten ein. Am einfachsten geht dies, wenn Sie den Zellbereich im gewünschten Arbeitsblatt per Maus markieren.

4. Soll ein Bereich aus einer externen Arbeitsmappe konsolidiert werden, läßt sich diese über die Schaltfläche *Durchsuchen* laden.

5. Einzelne Bezüge werden über die Schaltfläche *Hinzufügen* in die Liste der vorhandenen Bezüge übertragen. Sie können diese Einträge nach Anwahl über die Schaltfläche *Löschen* wieder austragen.

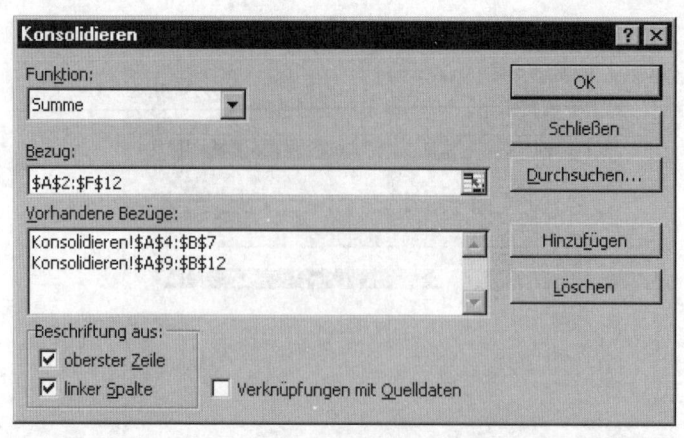

Bild 30.27: Das Dialogfeld Konsolidieren

Sobald Sie die *OK*-Schaltfläche betätigen, führt Excel 97 die Konsolidierung der angegebenen Bereiche durch. Gleichartige Datensätze werden dabei über die Konsolidierungsfunktion zusammengefaßt. Die Beschriftung läßt sich aus den Quellbereichen übernehmen. Die Auswahl erfolgt über die Kontrollkästchen *Beschriftung aus*. Das Kontrollkästchen *Verknüpfung mit Quelldaten* erlaubt die Aktualisierung der konsolidierten Ergebnisse bei Änderungen der Quelldaten. Ohne Markierung müssen Sie die Funktion *Konsolidieren* erneut aufrufen.

Bild 30.28: Beispiel für die Konsolidierung von Tabellenbereichen

Bild 30.28 enthält ein sehr einfaches Beispiel, welches aber die Funktion *Konsolidieren* sehr gut veranschaulicht. Im linken Teil der Tabelle befinden sich zwei Datenbereiche mit Umsatzdaten verschiedener Filialen. Solche Bereiche können aus einem oder mehreren Arbeitsblättern der gleichen oder verschiedener Arbeitsmappen zu einer gemeinsamen Tabelle kombiniert werden. Durch Anwahl einer Zielzelle überträgt die Funktion *Konsolidieren* die Quelldaten in den Zielbereich. Dabei werden Sätze gleichen Inhalts über die im Dialogfeld *Konsolidieren* (Bild 30.27) ausgewählte Funktion zusammengefaßt. In Bild 30.28 taucht die Filiale *Köln* zum Beispiel mit zwei Datensätzen auf. Die Ergebnistabelle enthält jedoch den summierten Betrag der Umsätze. Verschiedene Datensätze werden in der Ergebnistabelle hinzugefügt. Denken Sie daran, daß die Ergebnistabelle hierdurch unter Umständen größer als die Quelltabelle wird.

Durch Auswahl des Zielbereichs bestimmen Sie, wieviele Zellen konsolidiert werden. Wird nur eine Zielzelle markiert, konsolidiert Excel 97 die kompletten Quellbereiche. Markieren Sie jedoch mehrere Zellen als Zielbereich, bricht Excel 97 die Konsolidierung ab, sobald diese Zellen mit Ergebnissen gefüllt sind.

Sie dürfen keine Bereiche mit Gliederungen oder Verknüpfungen konsolidieren, da dies zu internen Problemen mit Excel 97 führt.

31 Excel 97 und Datenbanken

31.1 Der Vorlagen-Assistent

Das Add-In *Vorlagen-Assistent* erlaubt Ihnen, Werte aus einer Excel-Tabelle in einer Datenbank auszulagern. Gleichzeitig wird eine Vorlage für eine Excel-Tabelle erzeugt.

Bild 31.1: Beispieltabelle

Wozu ist dies zu verwenden? Nehmen wir an, Sie verfolgen die Entwicklung des Kurses einer Aktie. Hierzu geben Sie in einer Excel-97-Tabelle den Tageskurs und den Kurs eines Vortags an. Excel 97 ermittelt direkt den Kursgewinn/-verlust und zeigt diesen an (Bild 31.1).

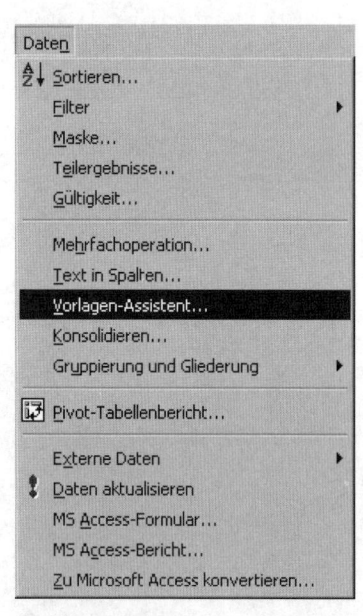

Bild 31.2: Das Menü Daten

31 Excel 97 und Datenbanken

Sobald Sie die Arbeitsmappe öffnen und den Aktienkurs in der Tabelle eintragen, wird der vorherige Wert überschrieben. (Die Tabelle ließe sich als Liste organisieren, wobei die Kursverläufe zeilenweise eingetragen werden. Aber zur Demonstration des Vorlage-Assistenten wurde diese etwas kuriose Form der Tabelle benutzt.) Sie können Excel 97 nun anweisen, den jeweils zuletzt eingetragenen Wert bestimmter Zellen beim Schließen der Arbeitsmappe in eine externe Datenbank zu exportieren.

Hierzu ist das Add-In *Vorlagen-Assistent* zu verwenden. Dieses Add-In erstellt nicht nur die benötigte Datenbank, sondern auch eine Vorlage des Arbeitsblatts zur Eingabe der Tabellendaten. Sie können daher die Funktion *Neu* in Excel 97 benutzen, um für jede Eingabe ein neues Arbeitsblatt zu erzeugen. Die Daten werden automatisch in der Datenbank gesammelt und lassen sich später auswerten.

> **TIP** *Um das betreffende Add-In zu nutzen, muß dieses installiert und im Add-In-Manager freigegeben werden (siehe Kapitel 24).*

Datenbank und Vorlage erstellen

Um den Inhalt einer Excel-Tabelle in eine Vorlage zu übertragen und an eine Datenbank anzubinden, gehen Sie in folgenden Schritten vor:

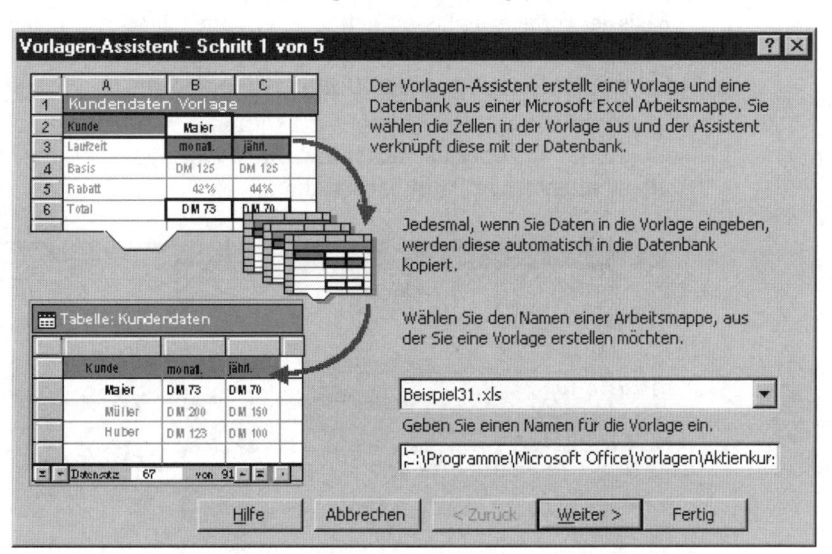

Bild 31.3: Arbeitsmappe und Vorlage festlegen

1. Wählen Sie im Excel-Anwendungsfenster das Menü DATEN und anschließend den Befehl VORLAGEN-ASSISTENT (Bild 31.2).

2. Excel 97 startet den Vorlagen-Assistenten, der Sie durch die einzelnen Schritte führt (Bild 31.3).

Welche Optionen der Assistent abfragt, wird nachfolgend erläutert. Über die beiden Schaltflächen *Weiter >* und *< Zurück* können Sie zwischen den verschiedenen Dialogseiten blättern. Die Schaltfläche *Fertig* erstellt die Dateien auf Basis der Vorgabewerte. Mit *Abbrechen* wird der Assistent beendet, ohne Vorlagedateien zu erstellen. Über die Schaltfläche *Hilfe* erhalten Sie zusätzliche Informationen über die einzelnen Funktionen des Assistenten.

Schritt 1 - Arbeitsmappe und Vorlage

Im ersten Schritt erscheint das Dialogfeld aus Bild 31.3, in dem der Assistent die Namen der Vorlagedatei und der Arbeitsmappe abfragt.

⇢ Wählen Sie im oberen Listenfeld der Dialogseite den Namen der Arbeitsmappe, aus der der Assistent eine Vorlage erstellen soll. Der Assistent zeigt automatisch den Namen der aktiven Arbeitsmappe an.

⇢ Im unteren Feld ist der Name der Vorlage einzugeben. Excel 97 gibt dabei bereits den Ordner für die Vorlagedatei vor. Standardmäßig hinterlegt Excel 97 Vorlagen im Office-Ordner *\VORLAGEN*. Der Name der Vorlagedatei erscheint später im Dialogfeld *Neu* in der Registerkarte *Allgemein* (siehe Bild 31.9). Wählen Sie daher einen aussagekräftigen Namen für die Vorlagedatei.

Der Assistent erzeugt eine Vorlagedatei, die einen identischen Aufbau wie die gewählte Arbeitsmappe besitzt. Legen Sie eine neue Arbeitsmappe auf Basis der Vorlage an, lassen sich in deren Arbeitsblättern die Daten eintragen.

Schritt 2 - Festlegen der Datenbankoptionen

In Schritt 2 fragt der Assistent die Optionen zum Anlegen der Datenbank ab (Bild 31.4). Über das Listenfeld *Datenbank Typ* läßt sich das Format für die zu erzeugende Datenbank wählen.

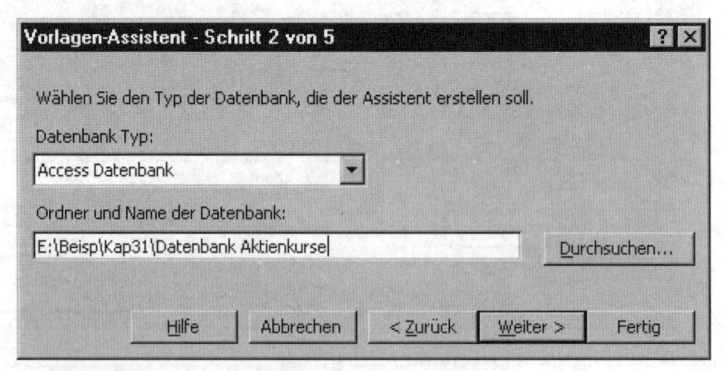

Bild 31.4: Arbeitsmappe und Vorlage festlegen

In obigem Beispiel wurde eine Access-Datenbank eingestellt, d.h. Excel 97 fügt die Daten des Eingabeformulars in eine Tabelle einer Access-Datenbank ein. Je nach installierten Filtern lassen sich jedoch auch Excel-Arbeitsmappen, dBASE-Datenbanken, FoxPro-Datenbanken etc. erstellen.

Den Ordner, in dem die Datenbank zu erzeugen ist, sowie deren Namen legen Sie im untersten Feld der Dialogseite (Bild 31.4) fest. In obigem Beispiel wird die Datenbank *DATENBANK AKTIENKURSE.MDB* im Verzeichnis *BEISP\KAP31* erzeugt.

Die Schaltfläche *Durchsuchen* erlaubt Ihnen, den Ordner in einem Dialogfeld anzuwählen. Hierbei ist jedoch Voraussetzung, daß der betreffende Ordner bereits eine Datenbank besitzt, deren Struktur zur Aufnahme der Daten geeignet ist.

Sie finden die Beispieldatenbank im Verzeichnis BEISP\KAP31 *der Begleit-CD-ROM.*

Schritt 3 - Auswahl der Exportzellen

Im nächsten Schritt erwartet der Assistent Angaben darüber, welche Zellen der Arbeitsmappe in die Datenbank auszulagern sind. Hierzu wird ein Dialogfeld gemäß Bild 31.5 (im Vordergrund) in der Anzeige eingeblendet.

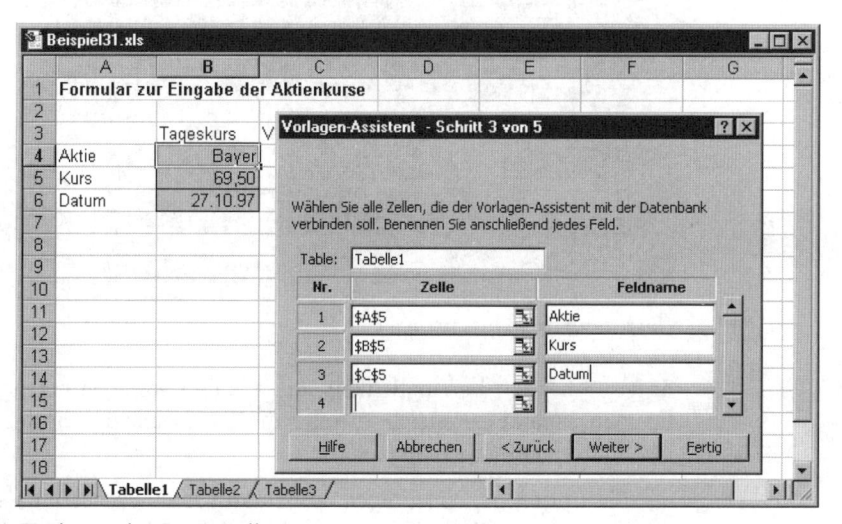

Bild 31.5: Festlegen der Exportzellen

Wählen Sie im Feld *Tabelle* den Namen des Arbeitsblatts mit den zu exportierenden Zellen. Anschließend gehen Sie folgendermaßen vor:

1. Klicken Sie auf das Feld *Nr* in der Spalte *Zelle*. Anschließend markieren Sie die Zelle des Arbeitsblatts, in dem der zu exportierende Wert stehen soll.

2. Klicken Sie auf das benachbarte Feld der Spalte *Feldname*. In diesem Feld ist ein Name einzutragen.

Der eingegebene Feldname dient in der Datenbank zum Erzeugen der Feldbezeichnung. Unter dieser Feldbezeichnung läßt sich auf die einzelnen Felder der Datenbank zugreifen.

> **Achtung!** *Achten Sie bei der Vergabe der Feldnamen darauf, daß es sich um gültige Namen für die Tabellen der Datenbank handelt.*

Wiederholen Sie die betreffenden Schritte für alle Zellen des Arbeitsblatts, die in einem Datensatz der Datenbank gesichert werden sollen.

Schritt 4 - Festlegen des Übertragungsmodus

Sobald Sie Schritt 4 über die Schaltfläche *Weiter >* aufrufen, zeigt der Assistent das Dialogfeld aus Bild 31.6.

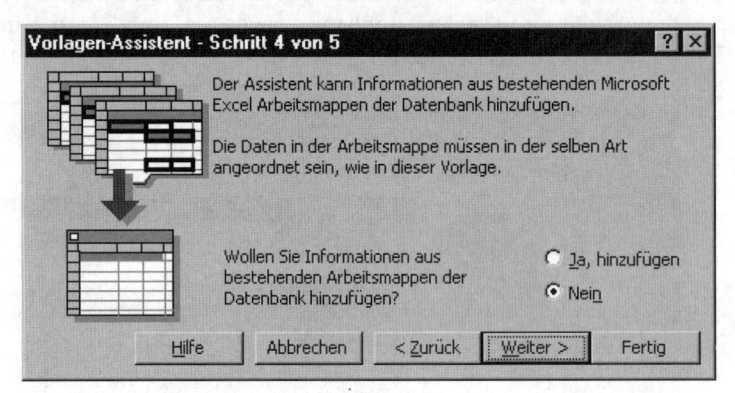

Bild 31.6: Übertragungsmodus festlegen

Excel 97 besitzt die Möglichkeit, die aus den Vorlagen erzeugten Arbeitsmappen separat zu speichern oder die Daten an eine bestehende Mappe bzw. Datenbank anzuhängen.

- Die Option *Ja, hinzufügen* sorgt dafür, daß Excel 97 Daten aus einer bestehenden Datei übernimmt. In diesem Fall wird ein Zwischenschritt mit dem in Bild 31.7 gezeigten Dialogfeld eingefügt.

- Die Option *Nein* veranlaßt, daß Excel 97 eine neue Datenbank anlegt und die Daten später exportiert werden. In diesem Fall erscheint nach Betätigung der Schaltfläche *Weiter >* das in Bild 31.8 gezeigte Dialogfeld.

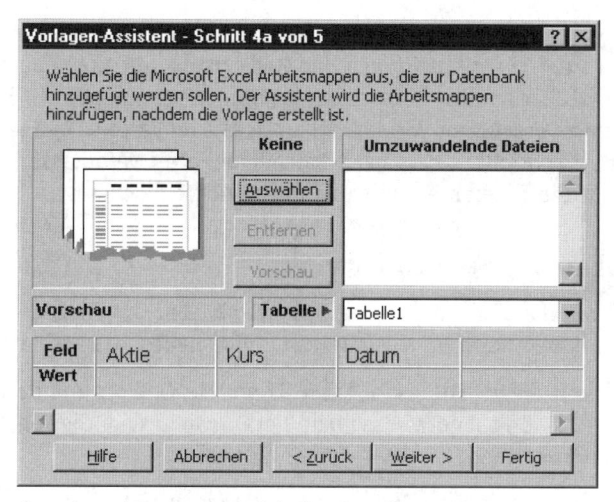

Bild 31.7: Angeben der umzuwandelnden Dateien

Haben Sie die Option *Ja, hinzufügen* gewählt, erscheint das Dialogfeld aus Bild 31.7. Über die Schaltfläche *Auswählen* öffnen Sie ein Dialogfeld, in dem Sie eine Arbeitsmappe zur Umwandlung wählen können. Das Feld *Tabelle* erlaubt Ihnen, das gewünschte Arbeitsblatt mit den Vorgabedaten einzustellen.

Die Schaltfläche *Entfernen* löscht einen selektierten Eintrag mit den Namen einer Datei. Über die Vorschau sehen Sie, welche Daten der gewählten Datei in die Datenbank aufgenommen werden.

Schritt 5 - Assistent abschließen

In Schritt 5 besitzt der Assistent alle Informationen, um die Datenbank und die Vorlagedatei zu erstellen (Bild 31.8).

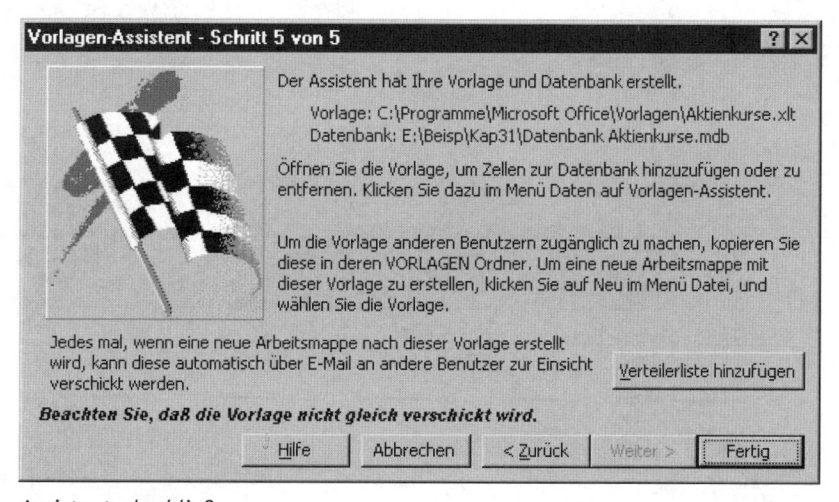

Bild 31.8: Assistent abschließen

Sind Sie an einem E-Mail-System angeschlossen, läßt sich über die Schaltfläche *Verteilerliste hinzufügen* das Mail-System aufrufen. Dort können Sie einen Verteiler festlegen. Erstellen Sie eine Arbeitsmappe auf Basis der vom Assistenten erzeugten Vorlage, erhalten alle im Verteiler aufgeführten Nutzer eine Nachricht. Über die Schaltfläche *Fertig* veranlassen Sie, daß der Assistent die Dateien erstellt und das Dialogfeld schließt.

Eingaben über die Vorlage

Sobald Sie die Vorlage und die Datenbank über den Vorlagen-Assistenten erzeugt haben, können Sie Daten in einem neuen Arbeitsblatt eintragen.

1. Klicken Sie in Microsoft Excel 97 im Menü DATEI auf den Befehl NEU. Excel 97 öffnet jetzt das Dialogfeld *Neu*, in dem Sie die Vorlagen anwählen können.

2. Wählen Sie in der Registerkarte *Vorlagen* den Eintrag mit den vom Assistenten erzeugten Vorlagendaten. In Bild 31.9 wäre dies das Symbol AKTIENKURSE.XLT.

3. Schließen Sie das Dialogfeld über die *OK*-Schaltfläche.

Excel 97 erzeugt anschließend ein neues Arbeitsblatt auf Basis der betreffenden Vorlage.

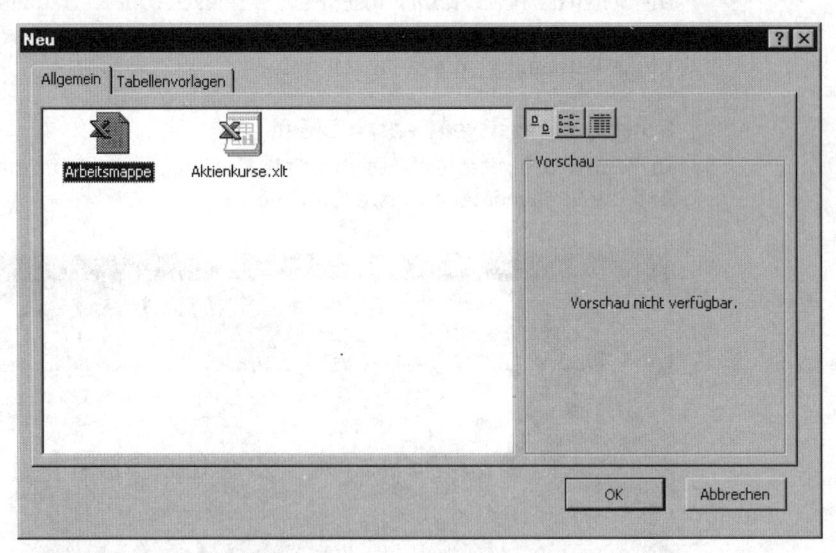

Bild 31.9: Vorlagedatei auswählen

Wählen Sie in dieser Arbeitsmappe das gewünschte Arbeitsblatt aus. Anschließend können Sie die Daten wie gewohnt eingeben. Sobald Sie die Arbeitsmappe schließen, überträgt Excel 97 die neuen Daten in die im Assistenten angegebene Datenbank. Beim Schließen der Daten fragt Excel 97 jeweils nach, ob Sie die eingegebenen Daten speichern möchten (Bild 31.10).

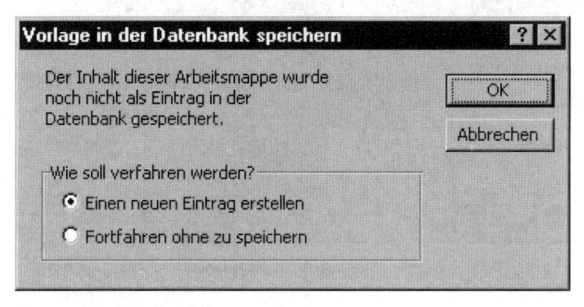

Bild 31.10: Auswahl des Speichermodus

Sie können später die betreffende Datenbankdatei mit der zugehörigen Anwendung laden und die gespeicherten Daten ansehen. Außerdem bietet sich die Möglichkeit, die Anwendung zu nutzen, um die betreffenden Daten auszuwerten. Auf diesem Weg läßt sich Excel 97 verwenden, um Daten in einer Datenbank zu sammeln.

Sie finden die betreffenden Beispieldateien auf der Begleit-CD-ROM im Ordner \BEISP\KAP31.

31.2 Excel 97 und Access 97

Excel 97 besitzt einige Add-Ins, mit denen sich Daten aus Arbeitsmappen in das Access-97-Format überführen lassen. Nachfolgend finden Sie eine kurze Übersicht über diese Funktionen.

Voraussetzung zur Nutzung der Funktionen ist allerdings, daß das betreffende Add-In *AccessLink-Add-In* installiert und freigegeben ist (siehe auch Kapitel 24). Die Funktionen stehen in Microsoft Excel im Menü DATEN zur Verfügung (Bild 31.2).

31.3 Arbeitsmappe zu Access konvertieren

Möchten Sie den Inhalt einer Arbeitsmappe in das Access-Format konvertieren?

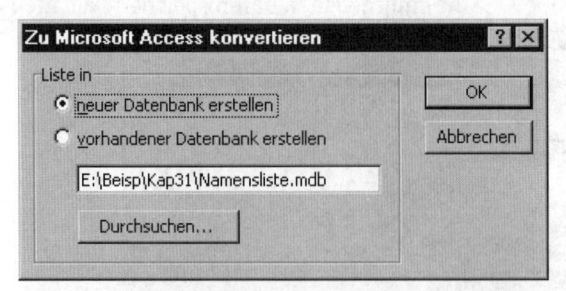

Bild 31.11: Das Dialogfeld Zu Microsoft Access konvertieren

1. Dann wählen Sie im Menü DATEN den Befehl ZU MICROSOFT ACCESS KONVERTIEREN (Bild 31.2). Das Add-In meldet sich mit dem in Bild 31.11 gezeigten Dialogfeld.

2. Wählen Sie eines der beiden Optionsfelder, um festzulegen, wo der Inhalt der Arbeitsmappe zu hinterlegen ist.

3. Geben Sie im Dialogfeld das Laufwerk, den Ordner und den Namen der Datenbank vor. Über die Schaltfläche *Durchsuchen* läßt sich ein Dialogfeld zur Auswahl des Laufwerks, des Ordners und des Dateinamens öffnen.

Sobald Sie das Dialogfeld aus Bild 31.11 über die *OK*-Schaltfläche schließen, beginnt das Add-In mit dem Export der Daten. Hierbei wird Microsoft Access 97 aufgerufen.

Dieses Programm öffnet den Import-Assistenten, der die Übernahme der Daten aus dem aktuellen Arbeitsblatt der Excel-Arbeitsmappe unterstützt (Bild 31.12). Der Assistent führt Sie anschließend durch die einzelnen Schritte, in denen die Import-Optionen festgelegt werden.

So benötigt der Import-Assistent beispielsweise Informationen über die Feldnamen, die in der Zieltabelle anzulegen sind. Enthält eine zu exportierende Tabelle eine Kopfzeile, können Sie deren Einträge als Feldnamen übernehmen.

Sie können die einzelnen Schritte im Access-Import-Assistenten über die Schaltflächen *Weiter* > und < *Zurück* durchlaufen. Alternativ besteht die Möglichkeit, nach Auswahl der Tabellenüberschriften als Feldnamen die Schaltfläche *Fertigstellen* zu wählen. Dann verwendet der Assistent Standardvorgaben und importiert die Excel-Daten in einer Tabelle der Datenbank. Sie können diese Tabelle jederzeit unter Microsoft Access ansehen, indem Sie die Datenbank öffnen und die Tabelle im Datenbankfenster ansehen.

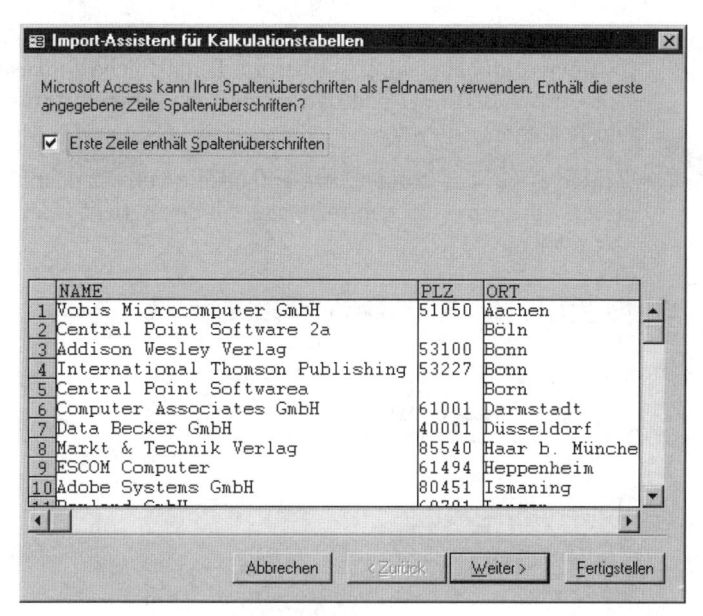

Bild 31.12: *Der Access-Import-Assistent*

Beim Export der Arbeitsmappe hinterlegt der Excel-Assistent einen Hinweis im aktuellen Arbeitsblatt, daß die betreffenden Daten importiert wurden.

In der Datei \BEISP\KAP31\BEISPIEL31.XLS *der Begleit-CD-ROM finden Sie das Arbeitsblatt* Liste, *welches in eine Access-Datenbank im gleichen Verzeichnis exportiert wurde. Das Arbeitsblatt enthält den Hinweis auf den Export der betreffenden Daten.*

Access-Bericht erstellen

Über ein weiteres Add-In erlaubt Excel 97 Ihnen, Daten eines Arbeitsblatts als Access-Bericht zu exportieren. Berichte sind besondere Objekte in Microsoft Access. Berichte fassen bestimmte Informationen zum Ausdrucken zusammen. Um einen Bericht im Access-Format zu erstellen, gehen Sie folgendermaßen vor:

1. Wählen Sie im Excel-Anwendungsfenster im Menü DATEI den Befehl ACCESS-BERICHT (Bild 31.2). Excel 97 startet das Add-In, welches sich mit dem in Bild 31.13 gezeigten Dialogfeld meldet.

2. Wählen Sie in der Gruppe *Bericht in* ein Optionsfeld, um festzulegen, ob eine neue oder eine bestehende Datenbank zur Speicherung des Berichts zu wählen ist.

3. Anschließend tragen Sie den Namen der Access-Datenbankdatei im betreffenden Eingabefeld ein. Über die Schaltfläche *Durchsuchen* lassen sich Laufwerk, Ordner und Dateiname auch interaktiv in einem Dialogfeld festlegen.

4. Wählen Sie in der Gruppe *Liste enthält* die betreffenden Optionen. Mit diesen Optionen läßt sich festlegen, ob der Bericht Überschriften enthält oder nicht.

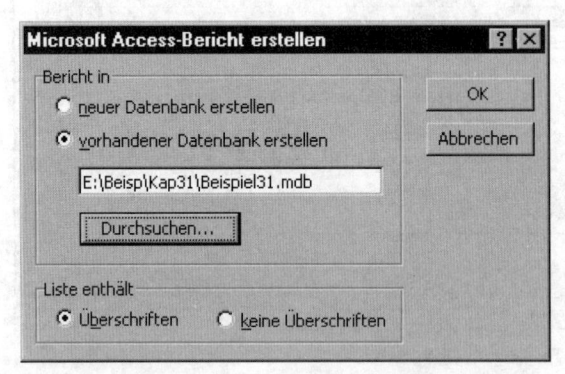

Bild 31.13: Das Dialogfeld Microsoft Access-Bericht erstellen

Sobald Sie das Dialogfeld über die *OK*-Schaltfläche schließen, ruft das Add-In Microsoft Access auf. Dieses Programm legt das Arbeitsblatt mit den Daten als Tabelle in der gewählten Datenbank ab. Gleichzeitig wird der Access-Berichts-Assistent aufgerufen (Bild 31.14).

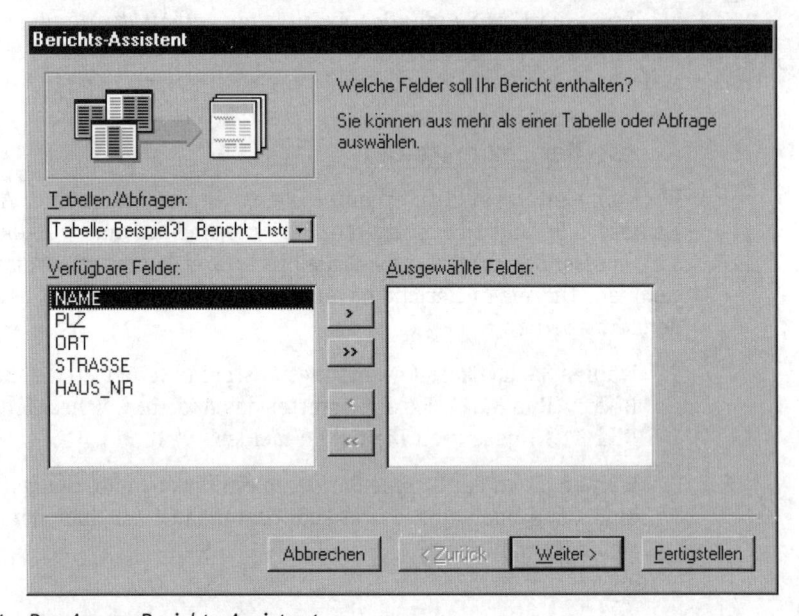

Bild 31.14: Der Access-Berichts-Assistent

Der Berichts-Assistent führt Sie durch die einzelnen Schritte zur Definition der Berichtsoptionen. Im ersten Schritt müssen Sie festlegen, welche Felder der Tabelle im Bericht übernommen werden. Nachdem Sie diese Felder über die Schaltflächen des Dialogfelds in die rechte Liste übernommen haben, können Sie die Schaltfläche *Fertigstellen* wählen. Dann ergänzt der Assistent die restlichen Eingabeoptionen und fertigt zusätzlich den Bericht in der Datenbank an.

Sie können diesen Bericht natürlich in Microsoft Access über die Registerkarte *Berichte* im Datenbankfenster abrufen. Wechseln Sie jedoch in Excel 97 zum betreffenden Arbeitsblatt, enthält dieses eine Schaltfläche *Bericht ansehen*. Bei Anwahl dieser Schaltfläche per Mausklick, wird der Bericht automatisch geöffnet (Bild 31.15).

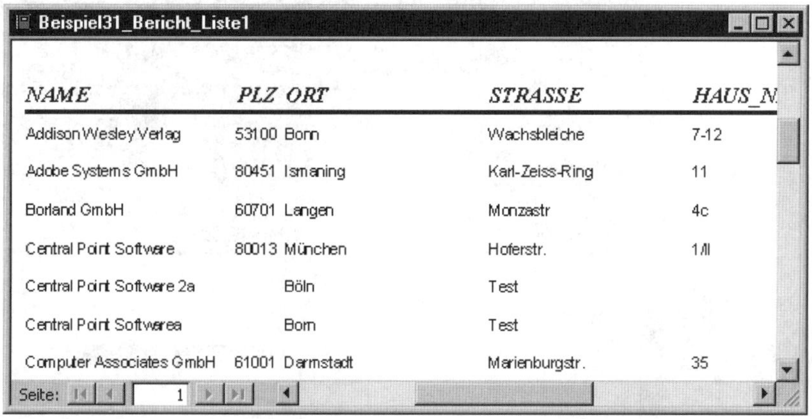

NAME	PLZ	ORT	STRASSE	HAUS_N
Addison Wesley Verlag	53100	Bonn	Wachsbleiche	7-12
Adobe Systems GmbH	80451	Ismaning	Karl-Zeiss-Ring	11
Borland GmbH	60701	Langen	Monzastr	4c
Central Point Software	80013	München	Hoferstr.	1/II
Central Point Software 2a		Böln	Test	
Central Point Softwarea		Bonn	Test	
Computer Associates GmbH	61001	Darmstadt	Marienburgstr.	35

Bild 31.15: Anzeige des Berichts in Access

CD *Sie finden einen solchen Bericht in der Datei* \BEISP\KAP31\BEISPIEL31.MDB *auf der Begleit-CD-ROM.*

31.4 Access-Formulare erstellen

Neben Tabellen und Berichten können Sie die Daten eines Excel-Arbeitsblatts auch in ein Access-Formular überführen. Hierzu verwendet Excel 97 ebenfalls ein Add-In. Access-Formulare erlauben dem Benutzer eine komfortable Eingabe und Anzeige von Listendaten. Um ein Arbeitsblatt in ein Formular im Access-Format zu erstellen, gehen Sie folgendermaßen vor:

1. Wählen Sie im Excel-Anwendungsfenster im Menü DATEI den Befehl MS ACCESS-FORMULAR (Bild 31.2). Excel 97 startet das Add-in, welches sich mit dem gezeigten Dialogfeld meldet.

2. Excel 97 startet das Add-In, welches sofort den Formular-Assistenten in Microsoft Access 97 aufruft. Gleichzeitig werden die markierten Daten des Arbeitsblatts in eine Access-97-Tabelle übernommen.

Der Access-Formular-Assistent führt Sie anschließend durch die einzelnen Schritte zur Gestaltung des Formulars. Im ersten Schritt sind die Felder anzugeben, die im Formular erscheinen sollen. Es handelt sich hierbei um Felder der Tabelle, die in Access 97 übernommen wurde.

Im nächsten Schritt wird das Formular-Layout (einspaltig, tabellarisch, als Access-Datenblatt oder in Blöcken) festgelegt. In Schritt 3 erlaubt der Assistent Ihnen, den Formular-Stil (Hintergrundmuster) auszuwählen. Im letzten Schritt können Sie den Namen des Formulars angeben.

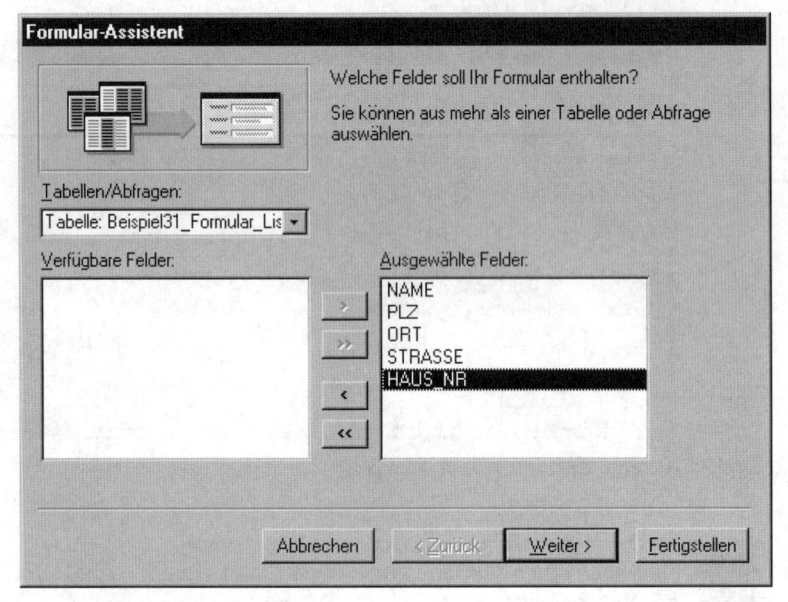

Bild 31.16: Der Formular-Assistent

Der Assistent ermöglicht über die Schaltflächen < *Zurück* und *Weiter* > zwischen den einzelnen Seiten zu blättern. Über die Schaltfläche *Fertigstellen* erreichen Sie, daß der Assistent das Formular mit den bereits festgelegten Optionen erstellt.

Sie können das Formular aus Microsoft Access aufrufen, indem Sie den betreffenden Eintrag in der Registerkarte *Formulare* des Datenbankfensters wählen. Im Excel-Arbeitsblatt, aus dem das Formular erstellt wurde, finden Sie eine Schaltfläche *Formular ansehen*. Durch Anklicken dieser Schaltfläche läßt sich das Access-Formular direkt aus Excel aufrufen. In Bild 31.17 ist ein solches Access-Formular zu sehen.

31 Excel 97 und Datenbanken

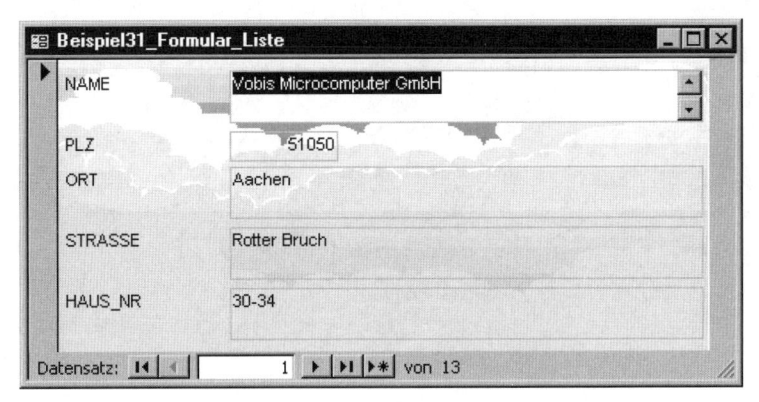

Bild 31.17: Access-Formular

> **TIP** *Zum Fertigstellen des Formulars oder eines Berichts kann es erforderlich werden, das Excel-Arbeitsblatt zu schließen. Zumindest auf meinem System konnten die Assistenten die betreffenden Access-Objekte erst nach dem Schließen der Arbeitsmappe fertigstellen. Fehlen die in diesem Abschnitt beschriebenen Funktionen, müssen Sie im Excel-Add-In-Manager (Menü EXTRAS) das Kontrollkästchen* AccessLinks-Add-In *markieren.*

> **CD** *Sie finden ein solches Formular in der Datei* \BEISP\KAP31\BEISPIEL31.MDB *auf der Begleit-CD-ROM.*

Diagramme und Grafiken

Was wäre eine Präsentation oder ein Bericht ohne Bilder und Diagramme? Haben Sie bisher noch nicht mit Zeichenprogrammen gearbeitet? Dann sollten Sie in den folgenden Kapiteln nachlesen, was Excel 97 für Sie tun kann. Mit wenigen Handgriffen lassen sich Ihre Dokumente durch ansprechende Säulendiagramme, Kreisdiagramme etc. professionell aufwerten. Die Darstellung von Daten in Landkarten verleiht Ihren Präsentationen den richtigen Pfiff. Weiterhin können Sie Bilder und Grafiken in Dokumente aufnehmen oder mit den Excel-Zeichenfunktionen erweitern. Wie einfach dies geht, erfahren Sie in den nachfolgenden Kapiteln.

32 Diagramme erstellen

32.1 Grundlagen

Excel 97 unterscheidet zwischen in Arbeitsblättern (Tabellen) eingebetteten Diagrammen und einzelnen Diagrammblättern.

- Von einem eingebetteten Diagramm spricht man, wenn dieses innerhalb eines Tabellenblatts miteingefügt wird. Dies hat Vorteile, wenn im Rahmen eines Berichts beispielsweise Daten, Texte und Diagramme auf einem Blatt zu drucken sind.

- Für Präsentationen ist es aber vorteilhafter, wenn das Diagramm in einem eigenen Arbeitsblatt gespeichert wird. Für diesen Zweck bietet Excel 97 einen speziellen Blattyp *Diagramm*, der nur zur Aufnahme von Diagrammen dient.

Sie können ein Diagrammblatt direkt über die Funktionstaste [F11] anlegen. Wenn Sie zu diesem Diagrammblatt wechseln und dann den Diagrammassistenten (siehe unten) aufrufen, erstellt dieser das Diagramm in diesem Arbeitsblatt.

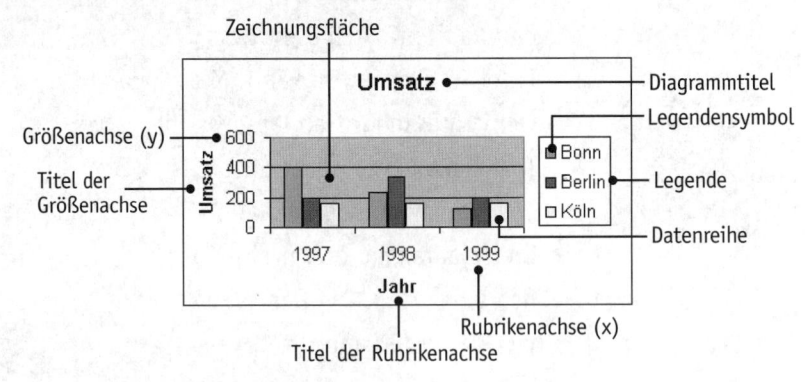

Bild 32.1: Beispiel für ein Säulendiagramm

Excel 97 unterstützt verschiedene Diagrammtypen, mit denen sich die Daten auf unterschiedliche Weise darstellen lassen. In Bild 32.1 ist ein Beispiel für ein solches Diagramm zu sehen.

Aktivieren oder Markieren?

Diagramme sind letztendlich Objekte, die in Excel-Arbeitsblätter eingefügt werden. Daher läßt sich bei der Bearbeitung von Diagrammen zwischen Markieren und Aktivieren unterscheiden. Je nachdem welcher Modus gewählt wurde, läßt sich das Diagramm in der Größe anpassen oder formatieren.

- Wenn Sie das Diagramm mit einem Mausklick anwählen, wird dies als Markieren bezeichnet. Das Diagramm wird durch eine dünne durchgezogene Linie mit Ziehmarken eingerahmt. Ein markiertes Diagramm (oder ein Diagrammelement) läßt sich verschieben, in der Größe verändern, kopieren und löschen. Um die Markierung aufzuheben, klicken Sie per Maus einen Bereich außerhalb des Diagramms an.

⋯⋗ Wird ein Diagramm mit einem Doppelklick angewählt, aktiviert Excel 97 das betreffende Diagramm-Objekt. Doppelklicken Sie auf ein Element des Diagramms (z.B. Zeichnungsfläche, Legende, Diagrammtitel etc.) wird dieses Element (genaugenommen ist dies auch ein Objekt) durch einen gestrichelten Rahmen markiert. Gleichzeitig öffnet Excel 97 das Dialogfeld zur Formatierung der betreffenden Komponente. Um die Aktivierung aufzuheben, klicken Sie einen Bereich außerhalb des Diagramms an.

Bei der Bearbeitung von Diagrammen sollten Sie diesen Unterschied beachten. Hinweise zur Markierung einzelner Diagrammelemente finden Sie im Abschnitt »Diagramm formatieren«.

Die Diagramm-Symbolleiste

Sobald Sie ein Diagramm markieren oder aktivieren, öffnet Excel 97 die Symbolleiste *Diagramm* (Bild 32.2).

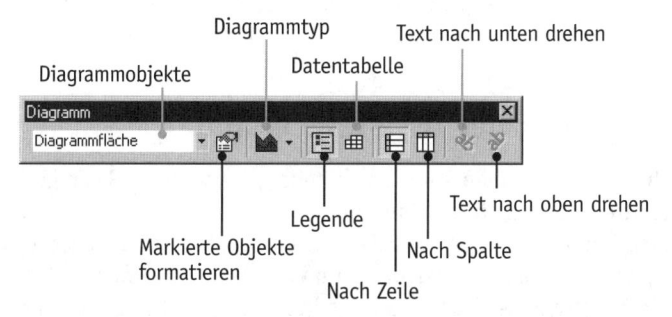

Bild 32.2: Symbolleiste Diagramm

Diese Symbolleiste enthält Elemente, um das Diagramm zu bearbeiten und zu formatieren.

⋯⋗ Das Listenfeld *Diagrammobjekte* erlaubt Ihnen ein Objekt (Diagrammfläche, Diagrammtitel, Achsenbeschriftung etc.) innerhalb des markierten Diagramms auszuwählen. Alle Änderungen beziehen sich dann auf dieses Objekt.

⋯⋗ Mit der Schaltfläche *Markierte Objekte formatieren* öffnen Sie das gleichnamige Dialogfeld mit den Registerkarten zur Formatierung des ausgewählten Diagrammobjekts. Die Beschriftung der Schaltfläche wechselt dabei in Abhängigkeit vom gewählten Objekt (z.B. *Zeichnungsfläche formatieren*).

⋯⋗ Die Schaltfläche *Diagrammtyp* erlaubt Ihnen die Auswahl eines Diagrammtyps zur Darstellung der Daten. Nach Anwahl der Schaltflächen zeigt Excel 97 eine Palette mit den verfügbaren Diagrammtypen.

⇢ Die Schaltfläche *Legende* erlaubt Ihnen, die Tabellenlegende ein- oder auszublenden.

⇢ Mit der Schaltfläche *Datentabelle* wird eine Tabelle mit den zur Erstellung des Diagramms benutzten Werten unterhalb des Diagramms ein-/ausgeblendet.

⇢ Über die beiden Schaltflächen *Nach Zeile* und *Nach Spalte* können Sie die Darstellung der Daten zwischen X- und Y-Achse vertauschen. Im Diagramm aus Bild 32.1 sorgen die Schaltflächen dafür, daß wahlweise das Jahr oder der Filialname in der X-Achse auftaucht (d.h. die Daten werden entsprechend aufgetragen).

⇢ Mit den beiden Schaltflächen *Text nach unten drehen* und *Text nach oben drehen* erreichen Sie bei einem Beschriftungstext (Legende) des Diagramms, daß dieser Text diagonal in der angegebenen Richtung ausgerichtet wird.

Beispiele für den Einsatz der Schaltflächen und Listenfelder der Symbolleiste finden Sie in den folgenden Kapiteln. Die Symbolleiste sollte automatisch bei der Markierung oder Aktivierung eines Diagramms eingeblendet werden. Beachten Sie aber, daß sich die Symbolleiste über den Befehl SYMBOLLEISTEN im Menü ANSICHT ein- oder ausblenden läßt (den Eintrag DIAGRAMM im Untermenü anklicken, um den Status umzuschalten).

32.2 Diagramm per Assistent erstellen

Um ein neues Diagramm zu erstellen, verwenden Sie den Diagramm-Assistenten. Dieser führt Sie durch die einzelnen Schritte der Diagrammerstellungen. Um den Assistenten aufzurufen, klicken Sie in der *Standard*-Symbolleiste auf die nebenstehend gezeigte Schaltfläche. Alternativ können Sie bei einem geöffneten Arbeitsblatt den Befehl DIAGRAMM ERSTELLEN im Menü EINFÜGEN wählen, um den Diagramm-Assistenten aufzurufen.

Schritt 1 - Diagrammtyp auswählen

Der Assistent meldet sich mit dem Dialogfeld aus Bild 32.3, in dem der Diagrammtyp auszuwählen ist.

⇢ Im linken Feld *Diagrammtyp* wählen Sie die Kategorie für den Diagrammtyp (Säule, Balken, Linie, Kreis, Punkt etc.) aus.

⇢ Enthält ein Diagrammtyp weitere Untertypen, werden diese im rechten Feld *Untertyp* angezeigt. Zur Auswahl eines Untertyps klicken Sie auf das betreffende Symbol. Der Assistent blendet unterhalb des Felds *Untertyp* die Bezeichnung für den gewählten Untertyp ein.

⇢ Wurden vor dem Aufruf des Diagramm-Assistenten bereits Daten in einer Tabelle markiert, können Sie auf die Schaltfläche *Schaltfläche gedrückt halten für Beispiel* klicken. Solange Sie die Schaltfläche »eingedrückt« halten (d.h. die linke Maustaste drücken), zeigt der Assistent anstelle der Diagrammuntertypen eine Diagrammvorschau mit den markierten Daten.

Über die Schaltflächen *Weiter >* und *< Zurück* läßt sich zwischen den einzelnen Seiten des Assistenten blättern. Mit der Schaltfläche *Abbrechen* beenden Sie den Assistenten, ohne ein Diagramm anzulegen. Wählen Sie die Schaltfläche *Ende,* erzeugt der Assistent ein Diagramm mit den eingegebenen oder vordefinierten Werten. Diese Schaltfläche wird nur freigegeben, wenn der Assistent über genügend Informationen verfügt, um das Diagramm zu erstellen.

Benötigen Sie Hilfe bei der Erstellung eines Diagramms, läßt sich die Schaltfläche Office-Assistent *in der linken unteren Ecke des Dialogfelds anwählen. Excel 97 öffnet die Sprechblase des Office-Assistenten, der Ihnen Hilfestellung bei den einzelnen Schritten anbietet.*

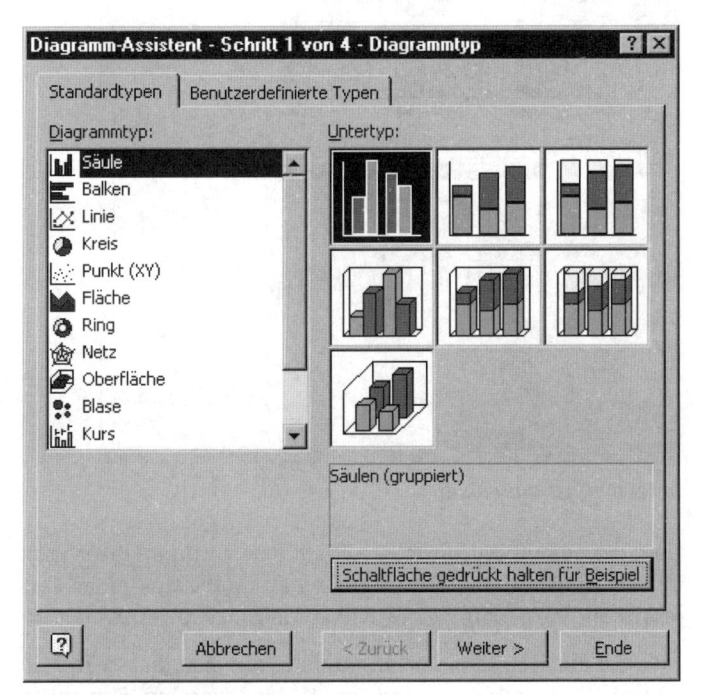

Bild 32.3: Auswahl des Diagrammtyps

Schritt 2 - Datenbereich auswählen

Im zweiten Schritt gilt es, den Datenbereich auszuwählen, der im Diagramm darzustellen ist. Der Assistent blendet das in Bild 32.4 gezeigte Dialogfeld ein.

Teil 5 · Diagramme und Grafiken

Hatten Sie bereits vor dem Aufruf des Assistenten einen Datenbereich markiert, zeigt der Assistent eine Vorschau des Diagramms. Um den Datenbereich zu markieren, klicken Sie auf die nebenstehend gezeigte Schaltfläche des Felds *Datenbereich*.

Excel 97 blendet das Dialogfeld des Assistenten aus und ermöglicht Ihnen, den Datenbereich innerhalb eines Tabellenblatts per Maus zu markieren. Der markierte Bereich wird dabei durch eine gestrichelte Linie dargestellt (Bild 32.5). Sobald Sie die Markierung über die ⟵-Taste bestätigen, erscheint erneut das Dialogfeld des Assistenten (wobei die Beschriftung der Kopfzeile aber wechselt).

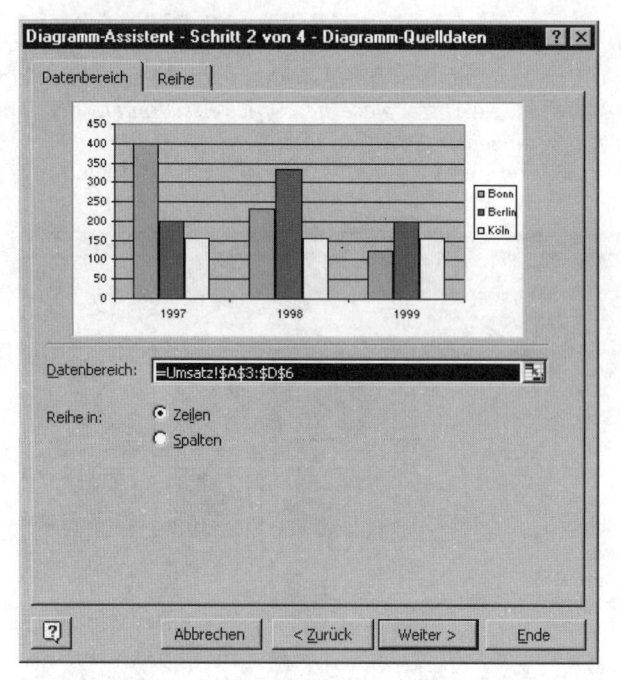

Bild 32.4: Datenbereich auswählen

Über die beiden Optionsfelder *Zeilen* bzw. *Spalten* läßt sich noch festlegen, ob der Assistent die Daten einer Datenreihe aus einer Zeile oder Spalte lesen soll. Diese Daten werden über die X-Achse des Diagramms eingetragen.

Falls Sie die »falsche« Option wählen, läßt sich dies später über die Schaltflächen *Nach Zeile* bzw. *Nach Spalte* der *Diagramm*-Symbolleiste ändern.

Bild 32.5: Markierung des Datenbereichs

Die Registerkarte Reihe

In Schritt 2 können Sie gemäß den obigen Ausführungen einen Datenbereich auswählen, der im Diagramm darzustellen ist. Excel 97 kann dabei durchaus Diagramme mit mehreren Datenreihen visualisieren (z.B. Umsatzdaten mehrerer Filialen über verschiedene Jahre). Sofern diese Daten in zusammenhängenden Zellen vorliegen, genügt es, diesen Zellbereich zu markieren. Der Assistent übernimmt dann sowohl die Bezeichnung für die Datenreihen als auch die eigentlichen Daten. (Als Datenreihe werden in diesem Beispiel dann die Daten einer Filiale bezeichnet.) Möchten Sie Datenreihen im Diagramm wiedergeben, die in verschiedenen Zellbereichen vorliegen? Dann wählen Sie in Schritt 2 die Registerkarte *Reihe* (Bild 32.6).

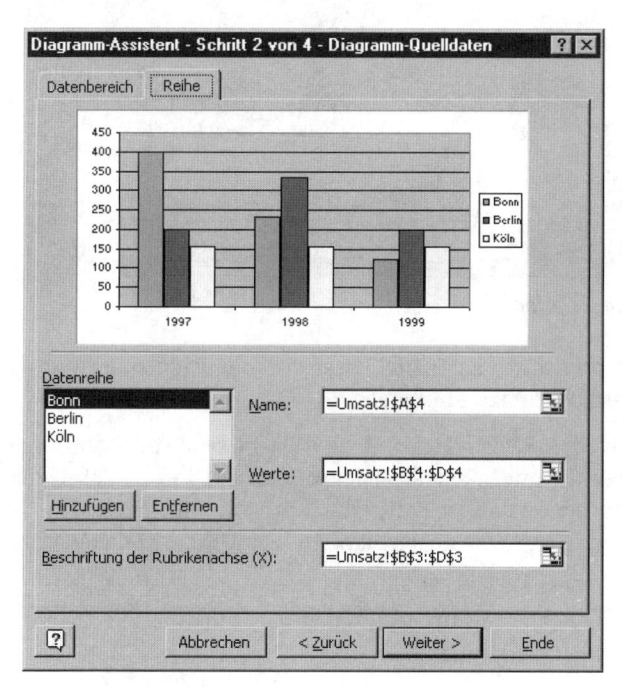

Bild 32.6: Registerkarte Reihe

In dieser Registerkarte finden Sie die einzelnen Datenreihen im gleichnamigen Feld. Über die Schaltflächen *Hinzufügen* und *Entfernen* läßt sich die Zahl der darzustellenden Datenreihen festlegen.

Über die Felder *Name* und *Werte* läßt sich festlegen, woher der Assistent die betreffenden Daten für die Datenreihe bezieht. Als *Name* lassen sich Konstanten (z.B. *Bonn*) oder Zellreferenzen (z.B. auf eine Zelle mit Text) im betreffenden Feld eintragen. Dieser Name wird für die Datenreihe verwendet und in der Legende angegeben. Das Feld *Beschriftung der Rubrikenachse* definiert den Zellbereich, in dem die Werte der X-Achse stehen.

Schritt 3 - Diagrammoptionen festlegen

Zur Darstellung des Diagramms erlaubt Excel 97 verschiedene Optionen. Diese Optionen werden in Schritt 3 vom Assistenten abgefragt. Über die verschiedenen Registerkarten (Bild 32.7) des Dialogfelds *Diagrammoptionen* können Sie die betreffenden Optionen einstellen.

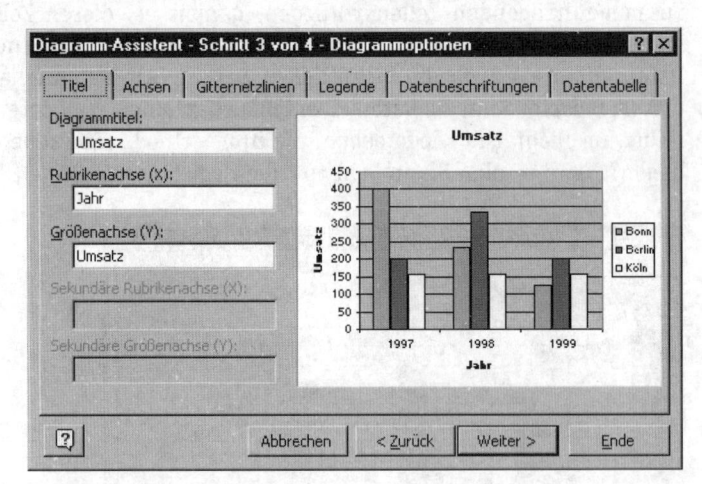

Bild 32.7: Diagrammoptionen festlegen

- In der Registerkarte *Titel* lassen sich der Diagrammtitel sowie die Achsenbeschriftungen eintragen.

- Mit der Registerkarte *Achsen* läßt sich festlegen, welche Achsenbeschriftungen eingeblendet werden und wie die Rubrikenachse (X-Achse) anzuzeigen ist (Zeitreihe, Kategorie, Automatisch). Ist das betreffende Kontrollkästchen markiert, zeigt Excel 97 die Achsenbeschriftung.

- Die Registerkarte *Gitternetzlinien* besitzt verschiedene Kontrollkästchen, mit denen Sie Gitternetzlinien als Hilfslinien im Diagramm ein- oder ausblenden können.

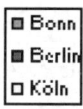

- Ein Diagramm kann mit einem Legendenfeld ausgestattet werden, welches die Datenreihen des Diagramms bezeichnet. Über die Registerkarte *Legende* bestimmen Sie die Position des Legendenfelds. Weiterhin legen Sie fest, ob das Legendenfeld zu sehen ist oder nicht.

- Die Registerkarte *Datenbeschriftung* bietet verschiedene Optionsfelder, in denen sich die Datenbeschriftung ein- oder ausblenden läßt. Weiterhin läßt sich wählen, wie die Datenbeschriftung anzuzeigen ist (z.B. Werte oder Prozent). Bei eingeschalteter Datenbeschriftung erscheint bei jedem Datenpunkt der zugehörige Wert im Diagramm.

- Die Registerkarte *Datentabelle* besitzt zwei Kontrollkästchen, über die Sie eine Tabelle mit den verwendeten Daten unterhalb des Diagramms einblenden sowie die Legendensymbole in der Tabelle ein-/ausblenden können.

Sobald Sie eine der Optionen wählen, zeigt der Assistent Ihnen die Auswirkungen auf das Diagramm in der Vorschau an. Weiterhin können Sie zusätzliche Informationen über die Direkthilfe des Dialogfelds abrufen. Klicken Sie in der rechten oberen Ecke des Dialogfelds auf die Schaltfläche mit dem Fragezeichen (Schaltfläche *Direkthilfe*). Sobald Sie diese Schaltfläche betätigen, nimmt der Mauscursor die Form eines Fragezeichens an. Klicken Sie auf eine Option des Dialogfelds, zeigt der Assistent ein Fenster mit zusätzlichen Erläuterungen zur betreffenden Option.

Weitere Informationen zu den einzelnen Registerkarten finden Sie zusätzlich am Ende dieses Kapitels. Beachten Sie auch, daß in Abhängigkeit vom gewählten Diagrammtyp nicht alle Registerkarten im Dialogfeld angezeigt werden. Außerdem unterscheiden sich die angezeigten Optionen der Registerkarten in Abhängigkeit vom Diagrammtyp.

Schritt 4 - Diagramm-Plazierung

Im letzten Schritt fragt der Assistent ab, wo das Diagramm zu plazieren ist (Bild 32.8).

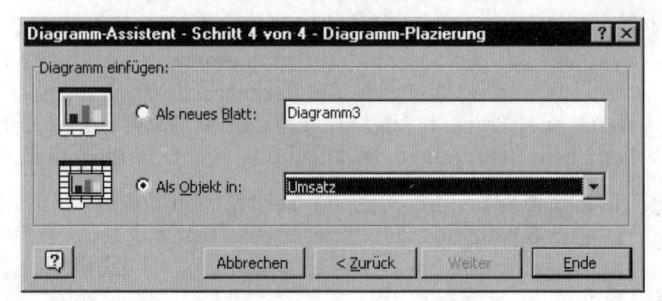

Bild 32.8: Diagramm-Plazierung

Sie können die Option *Als neues Blatt* wählen. Dann läßt sich im zugehörigen Feld eine Bezeichnung für das neue Arbeitsblatt angeben. Sobald Sie das Dialogfeld über die Schaltfläche *Ende* schließen, legt der Assistent ein neues Arbeitsblatt in der Arbeitsmappe an und erzeugt in diesem Blatt das Diagramm.

Mit dem Optionsfeld *Als Objekt in* fügt der Assistent das Diagramm als Objekt in einem bestehenden Arbeitsblatt der Arbeitsmappe ein. Hierbei wird das Arbeitsblatt, in dem die Daten für das Programm ausgewählt wurden, vorgegeben. Sie können diese Auswahl aber über das Listenfeld ändern und ein existierendes Tabellenblatt wählen.

Anzeige des Ergebnisses

Sobald Sie den Diagramm-Assistenten über die Schaltfläche *Ende* schließen, erzeugt dieser das Diagramm aus den ausgewählten Daten. Haben Sie nicht alle Schritte ausgeführt, verwendet der Assistent bestimmt Standardoptionen als Vorgabe zur Diagrammerstellung. In Bild 32.9 ist ein Diagramm zu sehen, welches im Tabellenblatt der Daten eingefügt wurde.

Verdeckt das Diagramm einen Teil der Tabelle, markieren Sie das Diagramm (objekt). Anschließend läßt sich das Objekt mit der Maus an eine beliebige Stelle im Arbeitsblatt ziehen (in Diagramm zeigen und bei gedrückter linker Maustaste ziehen.) In Bild 32.9 ist das Diagramm markiert. Sie sehen die Ziehmarken an den Ecken des Markierungsrahmens. Über diese Ziehmarken läßt sich die Größe des Diagramms verändern (siehe folgende Kapitel).

Sie finden die Beispieltabelle sowie das Diagramm in der Datei \BEISP\KAP32\BEISPIEL32.XLS auf der Begleit-CD-ROM.

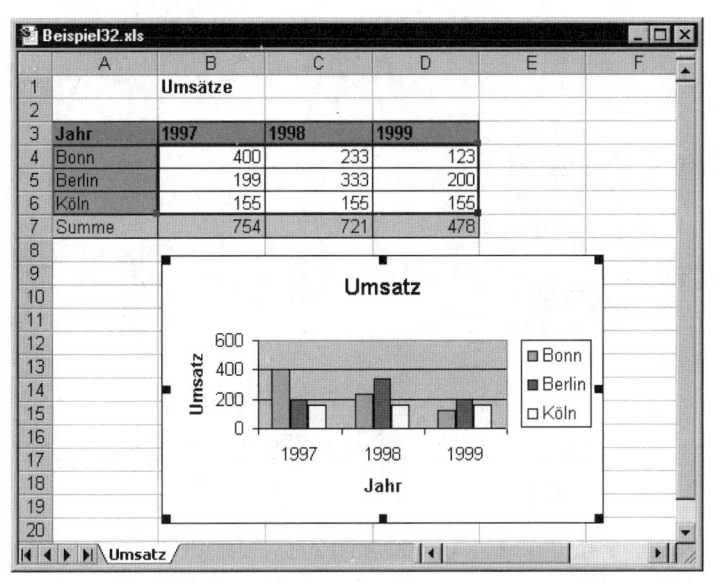

Bild 32.9: Anzeige des Ergebnisses

32.3 Diagrammoptionen

In Schritt 3 des Diagramm-Assistenten können Sie verschiedene Diagrammoptionen festlegen. Nachfolgend werden die einzelnen Registerkarten dieser Diagrammoptionen vorgestellt.

Diagrammtitel

Die Registerkarte *Titel* bestimmt die im Diagramm angezeigte Beschriftung für die Achsen des Diagramms. Weiterhin läßt sich ein getrennter Diagrammtitel einfügen. In Bild 32.10 sehen Sie die betreffende Registerkarte samt der Vorschau der vorgegebenen Diagrammtitel.

- Im Feld *Diagrammtitel* geben Sie einen Text vor, der ober- oder unterhalb des Diagramms eingeblendet wird. In Bild 32.10 wurde hier der Titel *Umsatz* gewählt.

- Das Feld *Rubrikenachse (X)* dient zur Aufnahme eines Zusatztextes, der unterhalb der X-Achse angezeigt wird. In Bild 32.10 wurde der Text *Jahr* verwendet.

- Tragen Sie einen Text im Feld *Größenachse (Y)* ein (Bild 32.10), trägt der Assistent diesen an der Y-Achse ab.

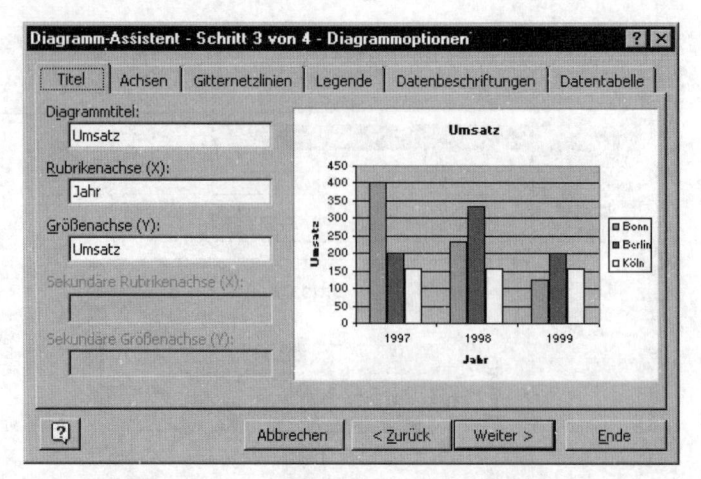

Bild 32.10: Titel festlegen

Bleibt ein Feld frei, unterdrückt der Assistent die Anzeige der betreffenden Beschriftung. Arbeiten Sie mit einer Sekundärachse (dies ist eine zweite Achse, die beispielsweise am rechten Rand des Diagramms abgetragen wird), werden die Felder zur Beschriftung dieser Achsen freigegeben.

Achsen

In der Registerkarte *Achsen* läßt sich festlegen, wie die Primärachse darzustellen ist (Bild 32.11).

- Ist das Kontrollkästchen *Rubrikenachse (X)* markiert, zeigt der Assistent eine Beschriftung an der X-Achse an.

- Das Optionsfeld *Automatisch* bewirkt, daß der Assistent die Achsenbeschriftung automatisch aus den gewählten Daten bestimmt. Bei Zeitwerten wird eine Zeitreihe als Achsenbeschriftung verwendet. Bei allen anderen (numerischen) Daten werden diese an der Achse aufgetragen (Standard-Achsenbeschriftung).

- Das Optionsfeld *Kategorie* bewirkt, daß die X-Achse in der Standarddarstellung aufgetragen wird.

- Das Optionsfeld *Zeitachse* läßt sich bei Daten verwenden, die über Zeitwerten aufgetragen werden. Dann stellt der Assistent die Daten als Datumswert dar. Die Jahreszahlen aus Bild 32.11 werden dann als 01.01.00 ausgegeben (die fehlende Jahreszahl resultiert aus der Tatsache, daß die Werte der Zellen mit den Jahresangaben in der Beispieltabelle als numerische Werte und nicht als Datumswerte formatiert war.)

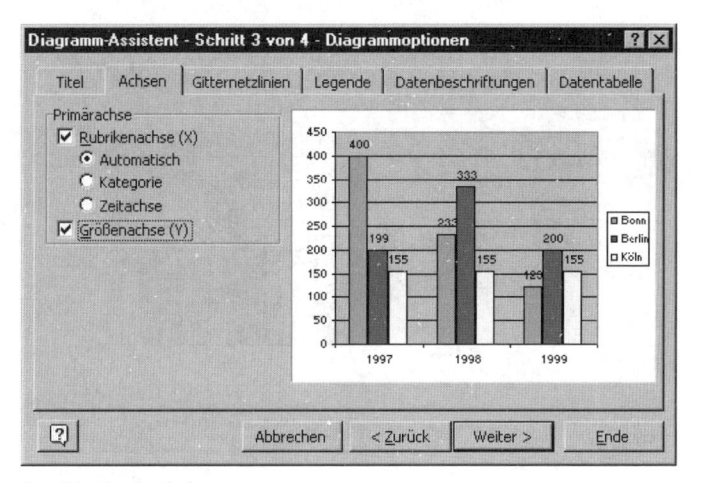

Bild 32.11: Registerkarte Achse

⇢ Wird das Kontrollkästchen *Größenachse (Y)* markiert, zeigt der Assistent die Beschriftung der Y-Achse an.

Benötigen Sie keine Beschriftung an den Achsen des Diagramms, löschen Sie die Markierung der Kontrollkästchen. Über die Vorschau läßt sich sofort erkennen, wie sich eine Option auf das Diagramm auswirkt.

Gitternetzlinien

In verschiedenen Diagrammtypen lassen sich Gitternetzlinien einblenden. Dies erlaubt es, die Diagrammwerte mit Hilfe der Achsenbeschriftung besser abzulesen.

Die Registerkarte *Gitternetzlinien* (Bild 32.12) besitzt die entsprechenden Kontrollkästchen, um die Optionen einzublenden oder zu unterdrücken.

⇢ Sie haben hierbei die Möglichkeit, die Gitternetzlinien für jede Achse getrennt ein- oder auszublenden.

⇢ Die Option *Hauptgitternetz* bewirkt, daß der Assistent eine Linie zwischen den jeweiligen Skalenteilen der betreffenden Achse zieht.

⇢ Markieren Sie ein Kontrollkästchen *Hilfsgitternetz*, unterteilt der Assistent das Hauptgitternetz mit weiteren Hilfslinien (zum Beispiel vier Linien pro Skalenteil an der Y-Achse oder eine weitere Hilfslinie an der X-Achse).

Teil 5 · Diagramme und Grafiken

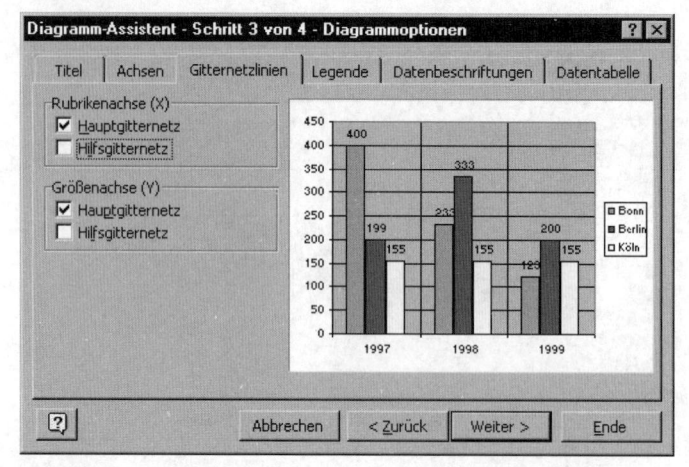

Bild 32.12: Registerkarte Gitternetzlinien

Legende

Diagramme können eine oder mehrere Datenreihen darstellen. Bei einer Datenreihe wird lediglich ein Wert (z.B. der Umsatz einer Filiale über verschiedene Jahre) über die X-/Y-Achsen abgetragen. Die Identifizierung ist dann eindeutig, und Sie können über die Achsenbeschriftungen zusätzliche Hinweise auf die dargestellten Daten geben (z.B. Umsätze Filiale Bonn in Mio. DM).

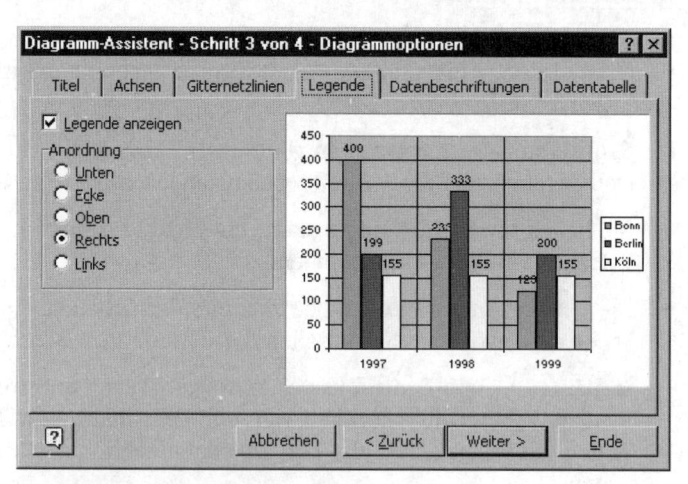

Bild 32.13: Registerkarte Legende

Benutzen Sie jedoch ein Diagramm zur vergleichenden Darstellung verschiedener Datenreihen (z.B. Darstellung der Umsätze dreier Filialen über verschiedene Jahre), benötigt der Betrachter weitere Hinweise zur Darstellung. Er muß eindeutig erkennen können, um welche Daten es sich im Diagramm handelt. Die Unterscheidung der einzelnen Datenreihen wird dadurch erreicht, daß der Assistent die betreffenden Werte in unterschiedlichen Farben darstellt. In Säulendiagrammen erhalten die Säulen verschiedenen Farben. Bei Liniendiagrammen werden unterschiedliche Symbole zur Darstellung der einzelnen Diagrammpunkte verwendet.

Die Zuordnung zwischen Datenwert und Diagrammdarstellung wird üblicherweise durch eine zusätzliche Legende im Diagramm dargestellt. Eine solche Legende wird beispielsweise in Bild 32.13 am rechten Rand des Diagramms angezeigt. Über die Registerkarte *Legende* läßt sich festlegen, ob und wie die Legende dargestellt wird.

- Das Kontrollkästchen *Legende anzeigen* erlaubt die Legende ein-/auszublenden. Eine Markierung im Kontrollkästchen sorgt dafür, daß die Legende sichtbar ist.

- Die Position, an der die Legende im Diagramm erscheinen soll, wird über die Optionsfelder der Gruppe *Anordnung* bestimmt.

Sie können die Position der Legende über die Optionsfelder vordefinieren. Gefällt Ihnen die Position im Diagramm später nicht mehr, läßt sich das Objekt (die Legende) per Maus markieren und an eine andere Diagrammposition ziehen.

Datenbeschriftung

Bei vielen Diagrammen werden die Werte sowie die Skalierungen eingetragen. Interessiert sich der Betrachter für einen bestimmten Wert, muß er den Betrag aus der Achsenskalierung (Y-Achse) ablesen. Je nach vom Assistenten gewählter Skalierung läßt sich der Wert des betreffenden Datenpunkts nicht genau ermitteln sondern, lediglich schätzen.

Weiterhin gibt es häufig den Fall, daß die Datenwerte, die zur Erstellung des Diagramms benutzt wurden, deutlich im Diagramm zu sehen sein sollen. Umsatzdarstellungen, die in Form eines Balkendiagramms visualisiert werden, machen sich immer gut, wenn die Umsatzzahlen direkt oberhalb der betreffenden Balken stehen. Ähnliches gilt für Kreisdiagramme (Bild 32.15).

Diese Darstellungsart läßt sich über die Registerkarte *Datenbeschriftungen* erzwingen (Bild 32.14). Über die Optionsfelder der Gruppe *Datenbeschriftungen* legen Sie fest, wie die Werte im Diagramm auszugeben sind.

- Die Option *Keine* unterdrückt die Anzeige der Datenbeschriftung in einem Diagramm.

- Mit der Option *Wert anzeigen* sorgen Sie dafür, daß die Werte im Diagramm angezeigt werden (diese Werte beziehen sich auf die (Y)-Achse).

- Mit der Option *Beschriftung anzeigen* werden die Werte der X-Achse an den Datenpunkten angezeigt. In dem in Bild 32.14 gezeigten Diagramm wären dies die Jahreszahlen.

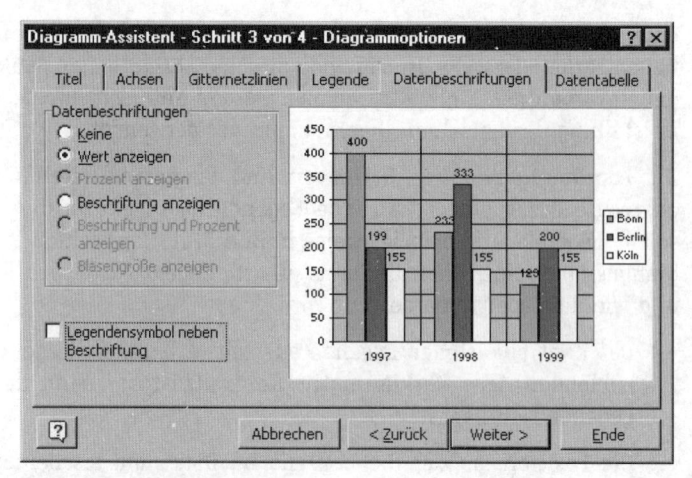

Bild 32.14: Datenbeschriftung

Abhängig von den dargestellten Datenreihen werden verschiedene Optionsfelder der Gruppe *Datenbeschriftungen* gesperrt. In Bild 32.15 sehen Sie beispielsweise die Registerkarte *Datenbeschriftungen* bei einem Kreisdiagramm. Hier werden alle Optionsfelder freigegeben.

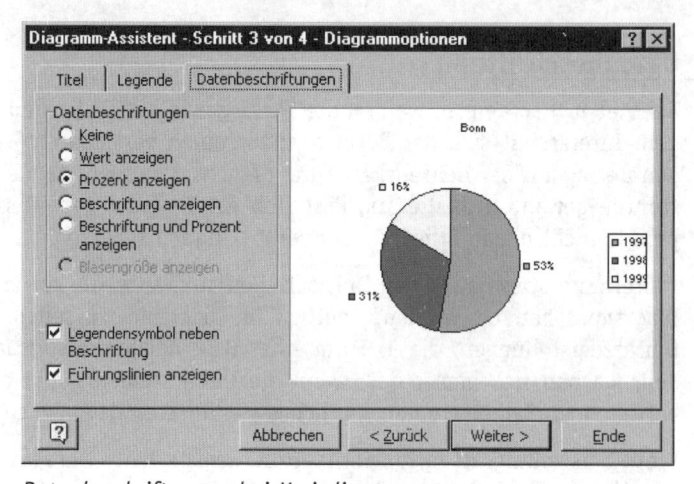

Bild 32.15: Datenbeschriftungen bei Kreisdiagrammen

- Die Option *Prozent anzeigen* bewirkt, daß die zur Darstellung des Diagramms benutzten Werte als Prozentzahlen neben den Diagrammausschnitten eingeblendet werden.

- Die Option *Beschriftung und Prozent anzeigen* erlaubt Ihnen, sowohl die vom Assistenten ermittelten Prozentwerte als auch die Darstellung der Originalwerte neben dem Diagramm anzuzeigen.

⋯﹜ Die Option *Blasengröße* wird nur beim Diagrammtyp *Blasendiagramm* freigegeben. Sie können dann die Größenangabe neben der betreffenden Blase einblenden.

Über die Kontrollkästchen der Registerkarte können Sie die Legendensymbole zu- oder abschalten.

⋯﹜ Ein markiertes Kontrollkästchen *Legendensymbole neben Beschriftung* bewirkt, daß die rechts in der Legende verwendeten Symbole neben den Datenbeschriftungen angezeigt werden.

⋯﹜ Bei einem Kreisdiagramm wird zusätzlich das Kontrollkästchen *Führungslinien zeigen* eingeblendet. Bei gesetzter Markierung kann der Assistent eine Führungslinie vom Kreisausschnitt des betreffenden Werts zum eingeblendeten Wert ziehen.

Sobald Sie eine Option markieren, zeigt der Assistent die Veränderung in der Diagrammvorschau.

Datentabelle

Diagramme lassen sich neben einer Tabelle in einem Arbeitsblatt als Objekt einfügen. Die Alternative besteht darin, ein Diagramm in ein eigenes Arbeitsblatt zu übertragen. Dies hat den Vorteil, daß mehr Platz zur Darstellung des Diagramms zur Verfügung steht. Außerdem läßt sich das Arbeitsblatt ausdrucken, ohne daß die Details der Tabelle mit den Datenwerten erscheinen.

Der Nachteil dieses Ansatzes besteht unter Umständen darin, daß die Tabellenwerte für eine nachträgliche Auswertung des Diagramms nicht zur Verfügung steht. Sie können natürlich die betreffende Datentabelle getrennt ausdrucken (oder bei der Betrachtung am Bildschirm zwischen Diagrammblatt und Datentabelle wechseln).

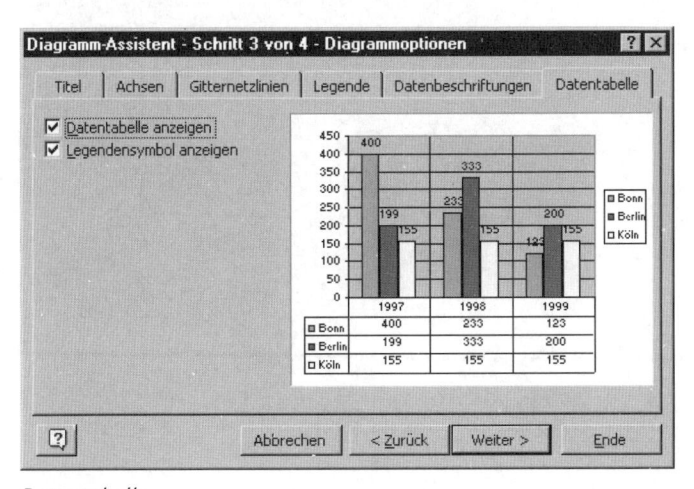

Bild 32.16: Datentabelle

Wurden nur Teile eines Tabellenblatts zur Darstellung in einem Diagramm verwendet, ist es häufig günstiger, wenn Sie den Assistenten anweisen, die Datentabelle zusätzlich unterhalb des Diagramms anzuzeigen (Bild 32.16).

- Sobald Sie in der Registerkarte *Datentabelle* das Kontrollkästchen *Datentabelle anzeigen* markieren, erzeugt der Assistent eine Tabelle unterhalb des Diagramms.

- Das Kontrollkästchen *Legendensymbol anzeigen* wird nur freigegeben, wenn die Option *Datentabelle anzeigen* markiert ist. Über die Markierung des Kontrollkästchens legen Sie fest, ob die Legendensymbole zusätzlich in der Datentabelle eingeblendet werden.

Beachten Sie aber, daß diese Registerkarte nur bei einigen Diagrammtypen verfügbar ist. Bei bestimmten Diagrammtypen macht diese Option keinen Sinn, die Registerkarte wird dann nicht eingeblendet. Weitere Hinweise bezüglich der Diagrammoptionen entnehmen Sie bitte der Excel-Hilfe.

33. Diagramme bearbeiten

33.1 Diagramm kopieren, verschieben und in der Größe ändern

Bei der Erstellung eines Diagramms können Sie dessen Position innerhalb eines Arbeitsblatts festlegen. Das Diagramm läßt sich nachträglich verschieben, in der Größe verändern oder kopieren.

1. Um das Diagramm neu zu positionieren, markieren Sie dieses mit einem Mausklick. Excel 97 umgibt das Diagramm mit einem Rahmen.
2. Nun läßt sich das Diagramm bei gedrückter linker Maustaste innerhalb des Arbeitsblatts verschieben.

Zum Kopieren markieren Sie das Diagramm ebenfalls und benutzen die gleichen Techniken wie beim Kopieren von Zellbereichen.

- Halten Sie die [Strg]-Taste beim Verschieben gedrückt, fügt Excel 97 eine Kopie des Diagramms an der aktuellen Position ein, sobald Sie die linke Maustaste loslassen.
- Sie können auch die Befehle AUSSCHNEIDEN, KOPIEREN und EINFÜGEN im Menü BEARBEITEN verwenden, um ein Diagramm zu kopieren.
- Schneller geht es, wenn Sie das markierte Diagramm mit [Strg]+[C] in die Zwischenablage kopieren (oder mit [Strg]+[X] ausschneiden) und dann an der neuen Position mit [Strg]+[V] einfügen.

Das Kopieren über die Zwischenablage funktioniert auch, um ein eingebettetes Diagramm in ein separates Diagrammblatt (oder in eine andere Anwendung) zu übertragen. Hierzu führen Sie folgende Schritte aus:

1. Stellen Sie sicher, daß ein Diagrammblatt in der Arbeitsmappe existiert. Gegebenenfalls ist dieses Blatt neu zu erstellen. (Registerreiter eines Blatts mit der rechten Maustaste wählen, im Kontextmenü EINFÜGEN anklicken. Wählen Sie das Symbol *Diagramm* in der Registerkarte *Allgemein* des Dialogfelds *Neu*.)
2. Wechseln Sie zum Arbeitsblatt, welches das *Diagramm* enthält, wählen das Diagramm mit einem Mausklick an und kopieren es mit [Strg]+[C] in die Zwischenablage.
3. Dann wählen Sie das Diagrammblatt über das zugehörige Blattregister an und fügen das Diagramm aus der Zwischenablage mit [Strg]+[V] ein.

In analoger Weise läßt sich der Inhalt eines Diagrammblatts in einer Tabelle kopieren. Um die Größe eines Diagramms anzupassen, klicken Sie dieses per Maus an. Das Diagramm wird mit einem Rahmen und Ziehmarken umgeben. Wählen Sie eine Ziehmarke per Maus an und verschieben diese bei gedrückter linker Maustaste. Ziehmarken in den Ecken verändern dabei die Diagrammgröße proportional.

Um das Diagramm zu löschen, markieren Sie dieses. Anschließend drücken Sie die (Entf)-Taste.

> *Halten Sie die (Alt)-Taste beim Ziehen gedrückt, paßt Excel 97 die Diagrammgröße schrittweise über die Gitterlinien der Tabelle an. Bei einem markierten Diagramm blendet Excel 97 das Menü DIAGRAMM in der Menüzeile ein. Dieses Menü bietet zusätzliche Befehle zur Bearbeitung des Diagramms.*

Diagrammelemente markieren und bearbeiten

Neben dem gesamten Diagramm lassen sich auch einzelne Diagrammelemente (-objekte) markieren und bearbeiten (z.B. verschieben, kopieren oder löschen). Um ein Diagrammelement zu markieren, können Sie dieses per Maus anklicken.

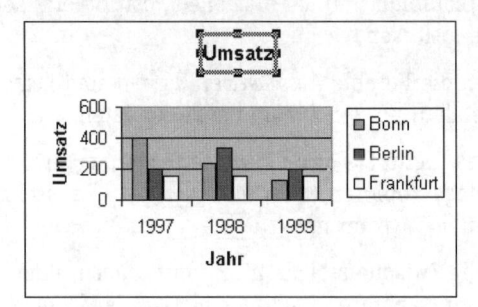

Bild 33.1: Diagramm mit markiertem Diagrammelement

Excel 97 markiert das betreffende Element mit einem gestreiften Rahmen (Bild 33.1). Sie können aber die *Diagramm*-Symbolleiste einsetzen, um gezielt Diagrammobjekte auszuwählen.

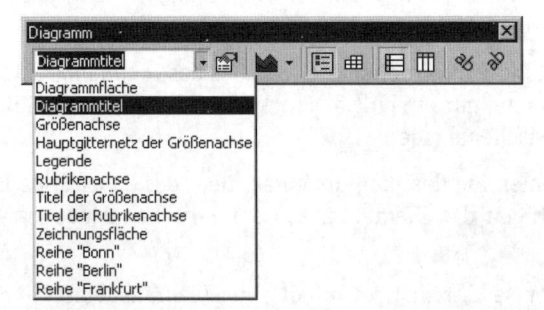

Bild 33.2: Diagrammobjekte in der Diagramm-Symbolleiste

1. Klicken Sie auf die Diagrammfläche, um die *Diagramm*-Symbolleiste einzublenden. (Gegebenenfalls müssen Sie die Symbolleiste über den gleichnamigen Befehl im Menü Ansicht freigeben.)
2. Öffnen Sie das Listenfeld *Diagrammobjekte* und wählen anschließend das gewünschte Objekt aus (Bild 33.2).

Excel 97 markiert dann das betreffende Diagrammobjekt. Sie können das Objekt anschließend über die [Entf]-Taste löschen. Zum Kopieren oder Verschieben verwenden Sie die oben beschriebenen Funktionen.

33.2 Datenbereiche im Diagramm anpassen

Ändert sich nach dem Erstellen des Diagramms der Datenbereich (z.B. es wurden neue Zeilen/Spalten eingefügt, ein Datenbereich ist nicht mehr gültig etc.), läßt sich diese Zuweisung nachträglich anpassen.

Datenreihe im Diagramm löschen

Soll ein Datenbereich aus einem Diagramm entfernt werden? Dies ist mit wenigen Schritten durchzuführen:

1. Markieren Sie die Objekte der betreffenden Datenreihe. Sie können das betreffende Objekt beispielsweise im Listenfeld *Diagrammobjekte* auswählen (siehe oben).
2. Excel 97 markiert die betreffenden Datenpunkte im Diagramm (Bild 33.3). Drücken Sie jetzt die [Entf]-Taste.

Excel 97 löscht die betreffende Datenreihe im Diagramm und paßt dessen Darstellung an.

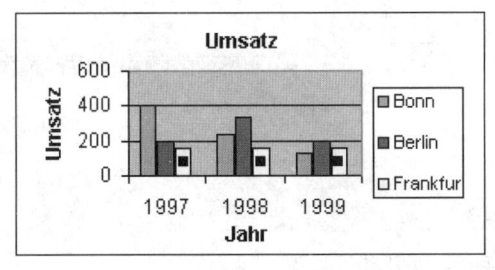

Bild 33.3: Diagramm mit markierter Datenreihe (rechte Balken)

Haben Sie eine Datenreihe irrtümlich gelöscht, drücken Sie sofort danach die Tastenkombination [Strg]+[Z]. Dann hebt Excel 97 die letzte Änderung auf.

Datenreihe hinzufügen

Um eine neue Datenreihe im Diagramm aufzunehmen (oder um den Datenbereich zu ändern), gehen Sie folgendermaßen vor:

1. Markieren Sie das Diagramm mit einem einfachen Mausklick. Excel 97 stellt das Diagramm mit einem Rahmen und Ziehpunkten dar.

2. Betätigen Sie nun die Schaltfläche zum Aufruf des Diagramm-Assistenten. Excel 97 blendet das Dialogfeld mit Schritt 1 des Diagramm-Assistenten in der Anzeige ein (siehe Kapitel 32).

3. Wählen Sie die Schaltfläche *Weiter >*, um zum Dialogfeld aus Schritt 2 zu gelangen. In diesem Dialogfeld läßt sich der Datenbereich für die Datenreihen wählen.

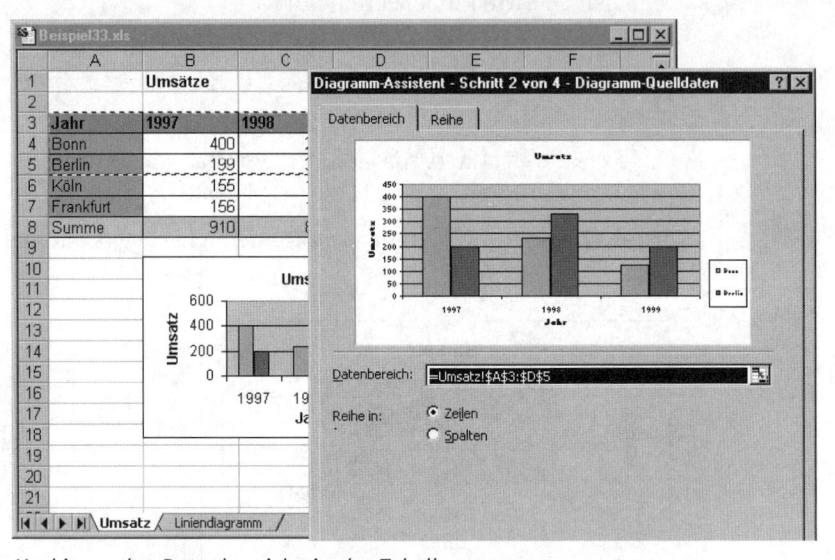

4. Der aktuelle Datenbereich wird in der Tabelle durch eine »umlaufende« Linie markiert (Bild 33.4, Hintergrund). Markieren Sie den neuen Datenbereich in der gewünschten Tabelle. Über die nebenstehend gezeigte Schaltfläche des Felds *Datenbereich* läßt sich das Dialogfeld zum Markieren des Zellbereichs ausblenden (die Auswahl ist dann über die ⏎-Schaltfläche zu bestätigen).

Bild 33.4: Markieren des Datenbereichs in der Tabelle

Sobald Sie das Dialogfeld über die Schaltfläche *Ende* schließen, aktualisiert der Assistent das Diagramm mit dem neuen Datenbereich. (Weitere Hinweise und Tricks zur Bearbeitung von Datenreihen finden Sie am Kapitelende im Abschnitt »Datenreihen einfügen, bearbeiten oder löschen«.)

Datenreihenzuordnung ändern

Excel 97 bietet Ihnen die Möglichkeit, die im Diagramm verwendeten Datenreihen zeilen- oder spaltenweise zu lesen. Um diese Zuordnung nachträglich zu ändern, setzen Sie die Markierung der Optionsfelder der Gruppe Reihe in im Dialogfeld um (Bild 33.4). Über die (in Bild 33.4 nicht dargestellten) Schaltflächen Weiter > und < Zurück des Dialogfelds können Sie zu den anderen Schritten des Diagramm-Assistenten blättern, um die restlichen Diagrammoptionen zu verändern.

In der *Diagramm*-Symbolleiste gibt es die beiden nebenstehend gezeigten Schaltflächen *Nach Zeile* und *Nach Spalte*. Eine dieser beiden Schaltflächen wird bei Anwahl des Diagramms eingedrückt dargestellt. Klicken Sie auf die nicht eingedrückte Schaltfläche, setzt Excel 97 die Datenreihenzuordnung im Diagramm ebenfalls um. Dies macht sich darin bemerkbar, daß die Beschriftungen der X-Achse und der Legende vertauscht werden.

Mehrfachmarkierung im Datenbereich

Manchmal ist die Zusammenfassung mehrerer unterschiedlicher Datenbereiche in einem Diagramm erforderlich. Sofern bereits ein Diagramm gezeichnet wurde, wählen Sie dieses per Mausklick an und betätigen die nebenstehend gezeigte Schaltfläche *Diagramm-Assistent* zum Aufruf des Diagramm-Assistenten. Zur Auswahl des Datenbereichs gehen Sie folgendermaßen vor:

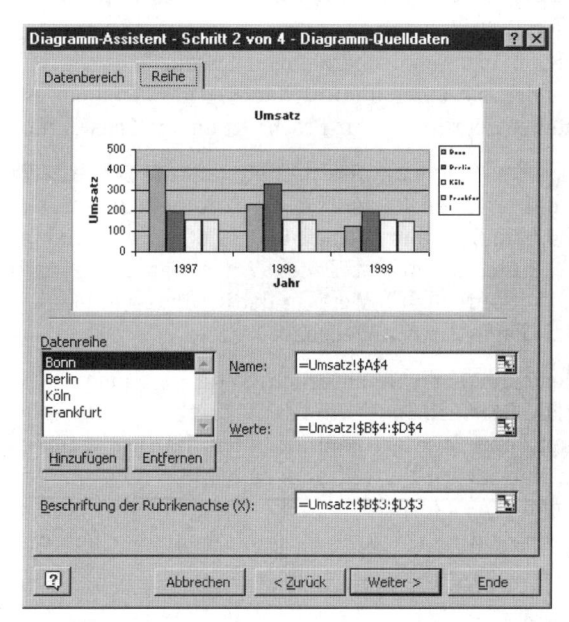

Bild 33.5: Die Registerkarte Reihe

1. Schalten Sie im Assistenten zu Schritt 2 (Schaltfläche *Weiter >* betätigen) und wählen Sie die Registerkarte *Reihe* (Bild 33.5).
2. Markieren Sie eine Datenreihe in der gleichnamigen Liste. Dann tragen Sie den Namen der Reihe im Feld *Name* ein. Dies kann eine Konstante (z.B. *Bonn*) oder eine Zellreferenz auf eine Zelle mit der Bezeichnung sein. Um eine Zellreferenz auf eine Zelle mit dem Namen der Reihe anzugeben, klicken Sie auf die nebenstehend gezeigte Schaltfläche des Felds. Anschließend markieren Sie die betreffende Zelle (oder die Zellen).
3. Klicken Sie auf das Feld *Werte* und tragen hier die Referenz auf den Zellbereich mit den eigentlichen Daten ein. Über die in Punkt 2 gezeigte Schaltfläche läßt sich das Dialogfeld zum Markieren des Zellbereichs ausblenden. Bestätigen Sie die Markierung des Zellbereichs in diesem Fall durch Drücken der ⏎-Taste.

Sind mehrere Bereiche zu markieren, wiederholen Sie diese Schritte für jeden Bereich. (Bei Bedarf lassen sich weitere Datenreihen über die Schaltfläche *Hinzufügen* in der Liste aufnehmen.) Nachdem alle Bereiche ausgewählt sind, schließen Sie das Dialogfeld des Assistenten über die *Ende*-Schaltfläche. Der Assistent aktualisiert das betreffende Diagramm.

Weiterhin läßt sich mit benannten Bereichen arbeiten. Dann brauchen Sie lediglich die Bereichsnamen in den Feldern der Registerkarte Reihe *einzutragen.*

Diagrammbeschriftung aus der Tabelle übernehmen

In der Regel enthält die Tabelle Spalten- und Zeilenbeschriftungen, die sich automatisch im Diagramm übernehmen lassen. Falls Sie jedoch lediglich den Datenbereich markieren und anschließend das Diagramm erzeugen, kennt Excel 97 die Bezeichnungen zur Beschriftung der Achsen nicht.

Schließen Sie den Diagramm-Assistenten über die Schaltfläche *Ende*, ohne vorher die betreffenden Namen für die Datenreihen festgelegt zu haben, zeigt Excel 97 ein Diagramm gemäß Bild 33.6 an. Die X-Achse wird mit den Werten 1, 2, 3 etc. beschriftet. Excel 97 generiert für jeden Datenwert (Y-Wert) einen fortlaufenden X-Wert. In der Legende werden die Einträge *Reihe 1, Reihe 2, Reihe 3* etc. angegeben.

Diese Probleme umgehen Sie natürlich, wenn Sie bereits beim Erstellen des Diagramms die Beschriftungen in die Markierung des Datenbereichs einbeziehen. Dann kann Excel 97 beim Erstellen des Diagramms darauf zugreifen. Ist die Markierung der betreffenden Zellen nicht möglich (siehe folgender Abschnitt), oder haben Sie die Markierung vergessen, können Sie die Legendenbeschriftung bzw. die Beschriftung der Datenreihen und der X-Achse auch nachträglich vornehmen.

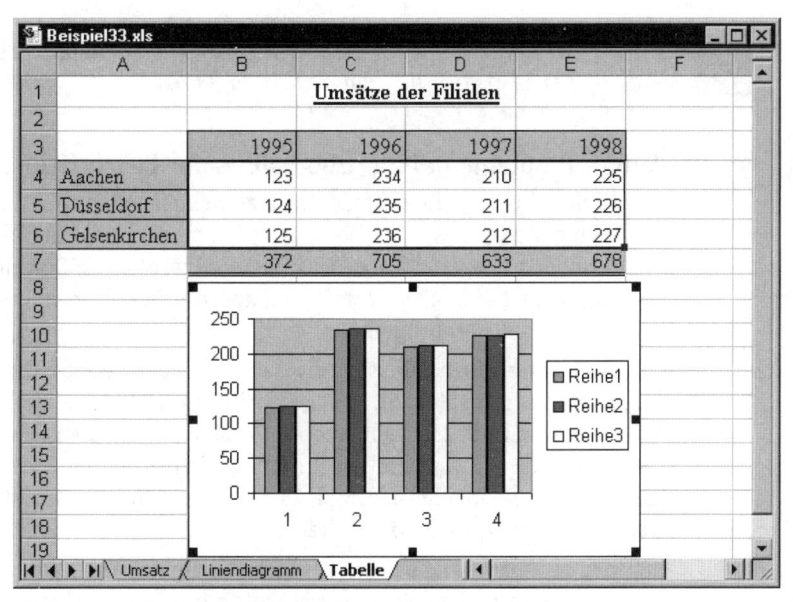

Bild 33.6: Diagramm mit Standard-Legende

1. Hierzu markieren Sie das Diagramm und rufen anschließend den Diagramm-Assistenten über die nebenstehend gezeigte Schaltfläche auf.

2. Blättern Sie im Diagramm-Assistenten zu Schritt 2.

3. Anschließend wählen Sie die Registerkarte *Reihe,* in der die Optionen zur Beschriftung der Datenreihe eingetragen werden (Bild 33.5).

4. Wählen Sie (sofern noch nicht geschehen) die gewünschte Datenreihe im Feld *Datenreihe* an.

Die Registerkarte *Reihe* enthält das Feld *Name*, um die Beschriftung für eine markierte Datenreihe anzugeben.

⋯▸ Tragen Sie in das Feld *Name* eine Konstante ein, zeigt Excel 97 den betreffenden Text in der Legende.

⋯▸ Setzen Sie den Feldinhalt auf eine Zellreferenz, die einen Namen für die Datenreihe enthält, wird dieser Name übernommen.

⋯▸ Die Beschriftung der X-Achse läßt sich über das Feld *Beschriftung der Rubrikenachse (X)* festlegen. Tragen Sie hier einen Zellbereich oder einen Namen für einen benannten Bereich ein, blendet Excel 97 die Zellinhalte als Beschriftung im Diagramm ein.

Sobald Sie die Optionen gesetzt haben, läßt sich das Dialogfeld über die *Ende*-Schaltfläche schließen. Excel 97 übernimmt die betreffenden Daten im Diagramm.

In der Datei \BEISP\KAP33\BEISPIEL33.XLS *finden Sie das Arbeitsblatt* Tabelle. *Dieses zeigt das Diagramm aus Bild 33.6.*

Weitere Probleme bei der Übernahme der Beschriftung

Eigentlich sollte die Übernahme der Diagrammbeschriftung aus der Tabelle kein Problem darstellen. Sie beziehen einfach den Teil der Tabelle, der die Zeilen- oder Spaltentitel enthält, in die Markierung des Datenbereichs ein. Der Diagramm-Assistent »bastelt« daraus die benötigten Beschriftungen für X-Achse und Datenreihen.

Probleme gibt es aber, falls sich die Zellen mit der Beschriftung nicht markieren lassen. Einmal kann die Beschriftung außerhalb der Datentabelle hinterlegt sein (z.B. in einem anderen Arbeitsblatt). Aber es gibt noch viel trivialere Fälle, wo sich die Beschriftung nicht direkt markieren läßt. Als Beispiel soll die Tabelle aus Bild 33.6 dienen, die die Umsätze einzelner Filialen über mehrere Jahre enthält.

Nun wird ein Diagramm benötigt, welches lediglich die Umsätze der Filialen *Düsseldorf, Aachen* und *Gelsenkirchen* für die Jahre 1996 und 1998 enthält. Diese Forderung verbietet es, daß Sie einen zusammenhängenden Datenbereich markieren.

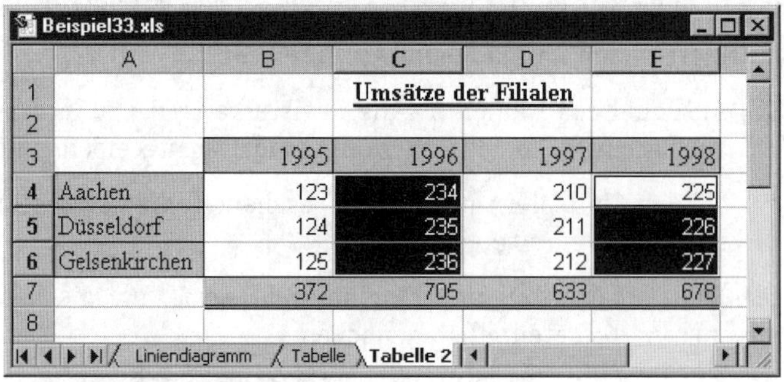

	A	B	C	D	E
1			Umsätze der Filialen		
2					
3		1995	1996	1997	1998
4	Aachen	123	234	210	225
5	Düsseldorf	124	235	211	226
6	Gelsenkirchen	125	236	212	227
7		372	705	633	678
8					

Bild 33.7: Markierung der Datenbereiche

Standardmäßig wird man wohl versuchen, die betreffenden Datenbereiche der Tabelle über eine Mehrfachmarkierung auszuwählen. In Bild 33.7 sind die Bereiche durch eine inverse Darstellung erkennbar.

Wenn Sie anschließend den Diagramm-Assistenten aufrufen und sofort über die Schaltfläche *Ende* schließen, erzeugt dieser ein Säulendiagramm gemäß Bild 33.8. In diesem Diagramm werden die X-Achse und die Legende mit Standardbezeichnungen gefüllt.

Um dieses Problem zu korrigieren, müssen Sie das Diagramm markieren, den Diagramm-Assistenten aufrufen und in Schritt 2 in der Registerkarte *Reihe* die betreffenden Zellbereiche für die Beschriftung der Datenreihen und der X-Achse wählen (siehe vorhergehender Abschnitt).

33 Diagramme bearbeiten

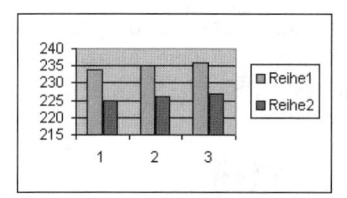

Bild 33.8: Diagramm mit Standardbezeichnungen

> Sie können das gewünschte Diagramm in obigem Beispiel allerdings mit weniger Aufwand realisieren. Markieren Sie einfach den gesamten Datenbereich und erstellen das Diagramm. Anschließend markieren Sie die unerwünschten Datenreihen und löschen diese über die (Entf)-Taste. Alternativ besteht die Möglichkeit, die nichtbenötigten Spalten und Zeilen aus der Tabelle temporär auszublenden und das Diagramm auf den Restdaten aufzubauen. Sie können hierzu beispielsweise die Funktion Ansicht benutzen. Beachten Sie hierbei aber, daß die Option Nur sichtbare Zellen werden gezeichnet in der Registerkarte Diagramm *(Menü* Extras, *Eintrag* Optionen*)* markiert ist. Andernfalls blendet Excel 97 auch weiterhin die Daten der versteckten Zellen ein.

Hierarchische Diagrammbeschriftung

In manchen Fällen ist eine hierarchische Diagrammbeschriftung erwünscht. Die Tabelle aus Bild 33.9 enthält in der Spalte A eine weitere Gliederung der Filialen in die Gebiete Mitte und West.

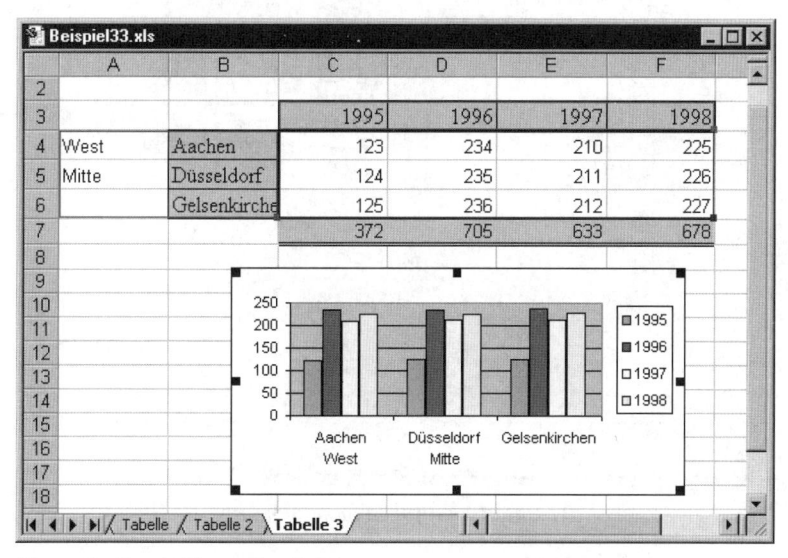

Bild 33.9: Doppelte Beschriftung der X-Achse

Wenn Sie die zwei Spalten A und B im Diagramm-Assistent zur Beschriftung der X-Achse mitangeben, führt Excel 97 eine hierarchische Diagrammbeschriftung durch. Das Ergebnis ist in Bild 33.9 im Diagramm zu sehen.

33.3 Diagrammtypen und Varianten

Excel 97 unterstützt verschiedene Diagrammtypen und -untertypen. Diese lassen sich beim Erstellen des Diagramms im ersten Dialogfeld des Diagramm-Assistenten abrufen. Nachfolgend werden die verschiedenen Diagrammtypen vorgestellt.

Säulendiagramme

Der Diagrammtyp *Säulendiagramm* erlaubt die Darstellung von Datenreihen in Form von Säulengruppen. Jeder Datenwert wird als Säule über die X-Achse aufgetragen, wobei die Werte mehrerer Datenreihen als nebeneinanderstehende Säulen erscheinen. In den Beispielen der obigen Abschnitte wurden solche Säulendiagramme zur Visualisierung von Umsatzdaten benutzt.

Der Typ *Säulendiagramm* besitzt sieben verschiedene Untertypen, die sich in der Registerkarte *Standardtypen* im Feld *Untertyp* auswählen lassen. Hierzu genügt es, in der Registerkarte auf den betreffenden Untertyp zu klicken (Bild 33.10).

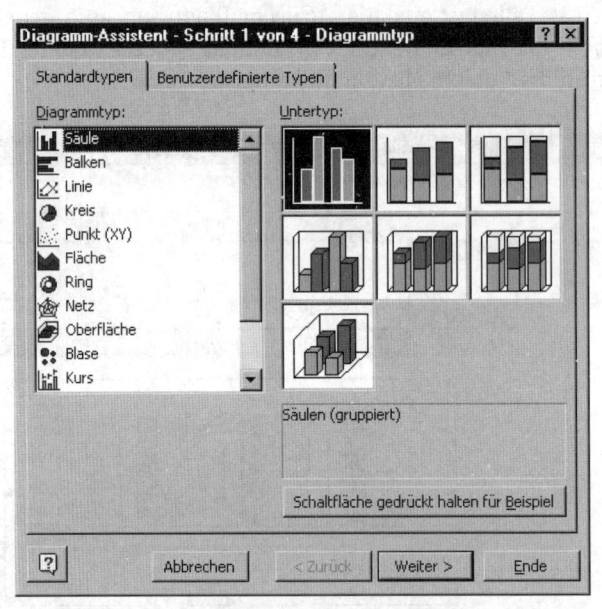

Bild 33.10: Auswahl der Untertypen für Säulendiagramm

33 Diagramme bearbeiten

Bei den Säulendiagrammen wird zwischen einer Darstellung mit einfachen zweidimensionalen Säulen und einer dreidimensionalen Säulenanzeige unterschieden. Die ersten sechs Varianten zeigen die Datenreihen (trotz eventuell gewählter 3D-Säulen) in einer zweidimensionalen Darstellung an (Bild 33.10), während der siebte Untertyp eine echte 3D-Anordnung der Säulen im Diagramm erzeugt. Excel 97 unterteilt die Varianten der Säulendiagramme (und verschiedene andere Diagramme) in folgende Grundvarianten:

- Der Typ *Säulen gruppiert* stellt die Datenreihen in Form einfacher Säulen dar. Die Säulenlänge ist proportional den Werten der Datenreihen. Die Einzelwerte der Datenreihe werden dabei als Säulen nebeneinander gestellt.

- Mit dem Untertyp *Säulen gestapelt* addiert Excel 97 die Einzelwerte jeder Datenreihe innerhalb eines Balkens. Bezogen auf die in den vorherigen Abschnitt vorgestellten Umsatzdaten der Filialen bedeutet dies, daß die Balkenlänge jeweils das summierte Ergebnis anzeigt.

- Diagramme vom Untertyp *Säulen (100%, gestapelt)* bewirken, daß Excel 97 die Balkenlänge für alle Einzelwerte auf die gleiche Länge (100%) normiert. In den Balken werden anschließend die Einzelwerte der Datenreihen angezeigt.

Diese drei Untervarianten lassen sich in der gleichen Weise auf einfache Säulendiagramme und auf Säulendiagramme mit 3D-Säulen (Varianten *Säulen 3D, gruppiert*, *Säulen 3D, gestapelt*, *Säulen (3D, 100%, gestapelt)*) anwenden. Bild 33.11 enthält einen Ausschnitt aus einer Tabelle mit verschiedenen Säulendiagrammtypen.

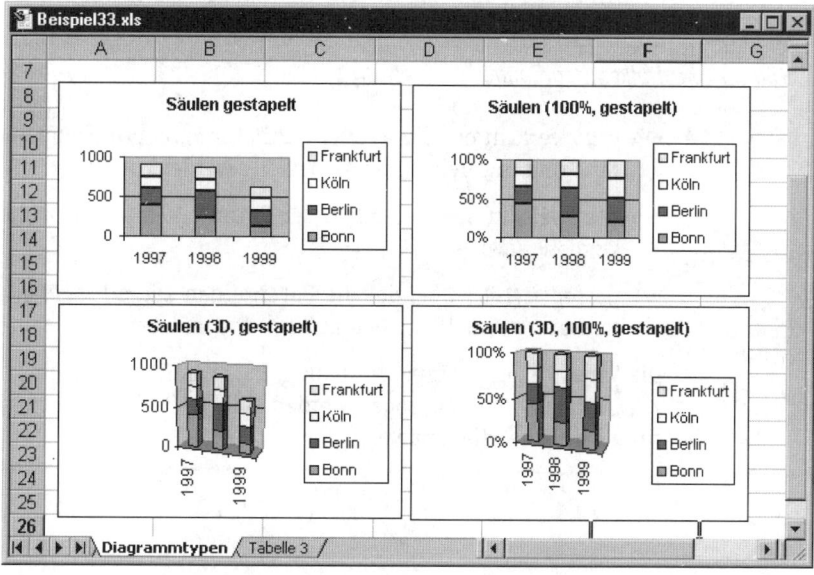

Bild 33.11: Säulendiagramme (Varianten)

Balkendiagramme

Balkendiagramme sind ähnlich wie Säulendiagramme aufgebaut. Excel 97 dreht die Säulen lediglich um 90 Grad nach rechts. Dies ergibt Balken, deren Nullpunkt sich am linken Diagrammrand befindet (Bild 33.13).

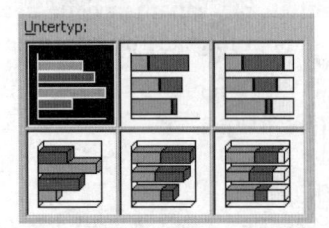

Bild 33.12: Balkendiagramm (Untertypen)

Excel 97 unterscheidet bei Balkendiagrammen sechs Untertypen (Bild 33.12), die sich über die Registerkarte *Standardtypen* des Diagramm-Assistenten abrufen lassen. Diese Untertypen werden in zwei Gruppen unterteilt, wobei eine Gruppe eine zweidimensionale Balkendarstellung benutzt und die zweite Gruppe auf dreidimensionale Balken zurückgreift. Innerhalb der Gruppe unterscheidet Excel 97 die Varianten:

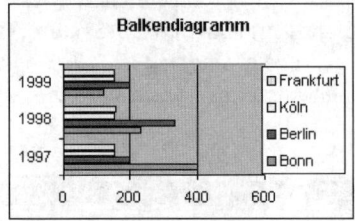

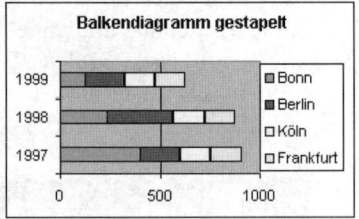

Bild 33.13: Balkendiagramme

⋯▹ *gruppiert*, in der die Balken der Datenreihen in Gruppen zusammengefaßt und untereinander dargestellt werden,

⋯▹ *gestapelt*, in der die Balken der Datenreihen jeweils addiert dargestellt werden, sowie

⋯▹ *gestapelt 100%*, bei der die Datenreihen addiert werden und eine Normierung der Balkenlänge auf 100 Prozent erfolgt.

Die Variante mit gestapelten Balken ist hilfreich, wenn eine Gesamtsumme zum Vergleich herangezogen werden soll. In Bild 33.13 sehen Sie Beispiele für zwei Balkendiagramme.

Liniendiagramme

Der Diagrammtyp *Liniendiagramm* stellt die Datenreihen in Form einer Linie dar, die über die X-Achse abgetragen wird. Der Diagrammtyp besitzt ebenfalls sieben Untervarianten (Bild 33.14), die sich über die Registerkarte *Standardtypen* des Diagramm-Assistenten abrufen lassen.

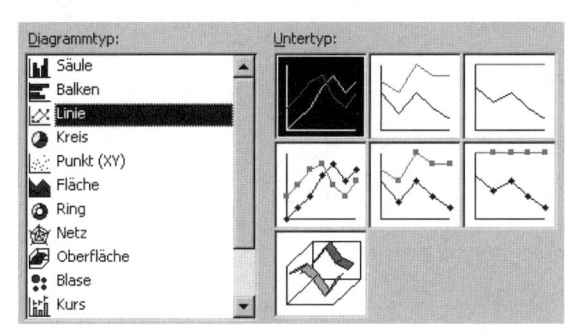

Bild 33.14: Linientypen

Die Untertypen der zwei obersten Gruppen unterteilen sich in drei Grundvarianten:

- Beim einfachen Linientyp wird jede Datenreihe getrennt über die X-Achse abgetragen. Die Datenpunkte einer Datenreihe sind dabei durch eine farbige Linie verbunden.
- Beim Linientyp *gestapelt* trägt Excel 97 die erste Datenreihe Linie ein. Für die zweite Linie werden die Werte der bereits gezeichneten Datenreihe zu den aktuellen Werten addiert. Dadurch erscheint die neue Linie oberhalb der vorher gezeichneten Linien. Diese Vorgehensweise wird für alle Datenreihen des Diagramms wiederholt.
- Die Variante *gestapelt, 100%* funktioniert ähnlich wie der Untertyp *gestapelt*. Hierbei wird jedoch die Darstellung der addierten Einzelwerte auf 100% normiert, d.h. die oberste Linie verläuft genau bei 100% der Y-Achse.

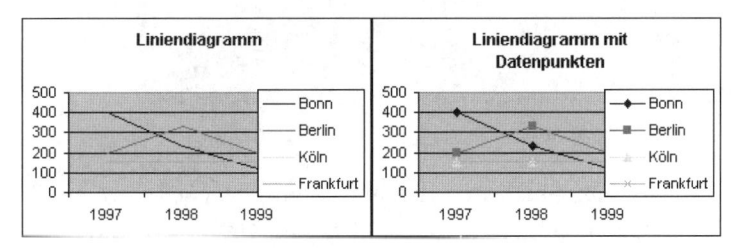

Bild 33.15: Liniendiagramme mit und ohne Datenpunkte

Die beiden Gruppen (Untertypen 1-3 und 4-6) unterscheiden sich lediglich dadurch, daß die erste Gruppe Diagramme mit einfachen Linien erzeugt, während bei der zweiten Gruppe die Linien zusätzlich mit Datenpunkten (Symbolen) markiert werden (Bild 33.15). Der Untertyp *3D* erzeugt eine echte 3D-Darstellung der Datenreihen in einem Liniendiagramm (Bild 33.16).

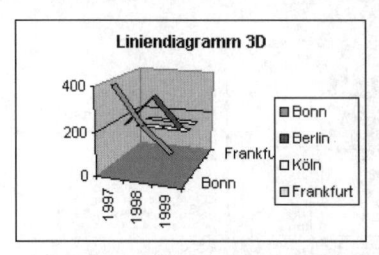

Bild 33.16: Liniendiagramm mit 3D-Darstellung

Kreisdiagramme

Der Diagrammtyp *Kreisdiagramm* erlaubt die Darstellung einer Datenreihe in Form von Kreis- oder Tortendiagrammen. Für diesen Diagrammtyp gibt es sechs verschiedene Untertypen (Bild 33.17). Die betreffenden Untertypen lassen sich in Schritt 1 des Diagramm-Assistenten in der Registerkarte *Standardtypen* auswählen.

Die Untertypen unterscheiden sich im wesentlichen in der Darstellung der Kreissegmente. Weiterhin haben Sie bei diesem Diagrammtyp die Möglichkeit, die Datenwerte als Zahlen oder Prozentwerte als Beschriftung am Diagramm auszugeben.

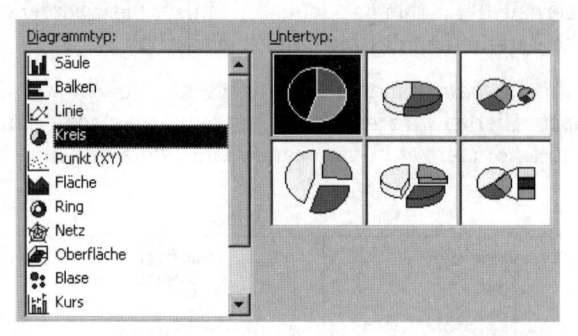

Bild 33.17: Kreisdiagramme

Diese Optionen lassen sich in den einzelnen Schritten des Diagramm-Assistenten abfragen (siehe auch Kapitel 32).

Punktdiagramme

Der Diagrammtyp *Punktdiagramm* bewirkt eine Darstellung der Datenreihen als Einzelpunkte innerhalb eines X/Y-Koordinatensystems.

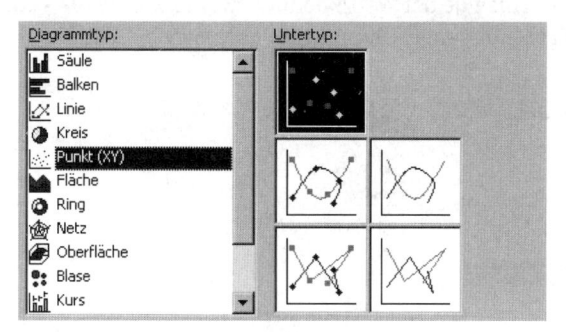

Bild 33.18: Punktdiagramme

Excel 97 unterstützt dabei fünf verschiedene Untertypen, die eine Darstellung als Einzelpunkte, mit Linien sowie mit Linien und Datenpunkten zulassen (Bild 33.18).

Bei den Diagrammen, in denen die Datenpunkte mit Linien verbunden dargestellt werden, kennt Excel 97 zwei Varianten zur Berechnung der Linien. In der einfachsten Variante werden die Linien einfach zur Verbindung der betreffenden Datenpunkte einer Datenreihe benutzt (dies sind die in Bild 33.18 in der unteren Reihe sichtbaren Untertypen). Die Alternative besteht darin, daß Excel 97 die Linie über eine Interpolation der Datenpunkte berechnet (in Bild 33.18 sind dies die beiden mittleren Untertypen).

Flächendiagramme

Flächendiagramme werden ähnlich wie Liniendiagramme dargestellt. Einziger Unterschied: beim Flächendiagramm wird die Fläche unterhalb der Linie mit Farbe gefüllt. Die Auswahl einer der sechs Untervarianten erfolgt im Diagramm-Assistenten in Schritt 1.

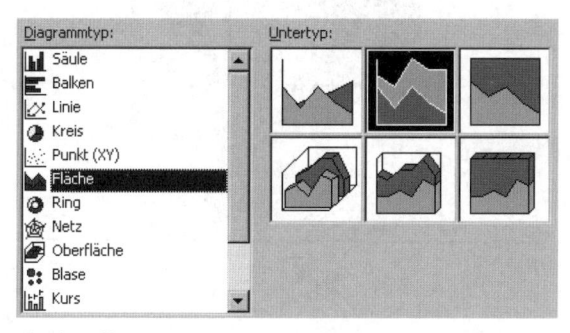

Bild 33.19: Flächendiagramme

Ringdiagramme

Ringdiagramme werden ähnlich wie Kreisdiagramme dargestellt. Sie erlauben eine Darstellung einer Datenreihe in Form eines Rings, wobei Ringsegmente zur Anzeige der Werte benutzt werden. Excel 97 kennt dabei zwei Varianten: geschlossener Ring und Ringsegmente (Bild 33.20).

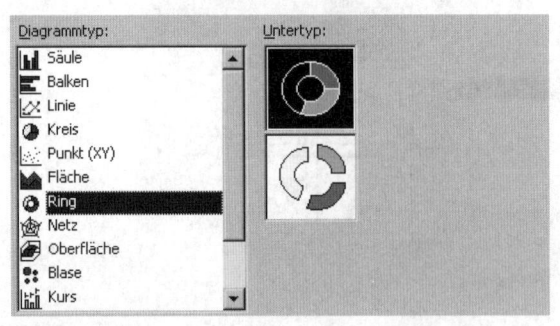

Bild 33.20: Ringdiagramme

Netzdiagramme

Netzdiagramme erlauben eine besondere Darstellung von Datenwerten. Die Werte einer Datenreihe werden dabei in einem Netz abgetragen, wobei die Zahl der Datenpunkte pro Reihe die Zahl der Radiallinien im Netz angibt. Der Betrag eines Werts bestimmt dabei den Abstand des Datenpunkts vom Mittelpunkt des Netzes.

Sie können in Excel 97 drei verschiedene Netzdiagramm-Varianten im Dialogfeld des Assistenten wählen (Bild 33.21). In der einfachsten Variante werden die Datenreihen durch Linien verbunden im Netz angezeigt. Die zweite Variante zeigt zusätzlich Symbole an den einzelnen Datenpunkten, während die dritte Varianten die Flächen im Netz farbig füllt.

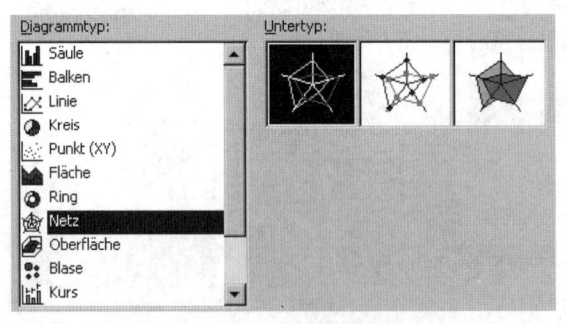

Bild 33.21: Netzdiagramme

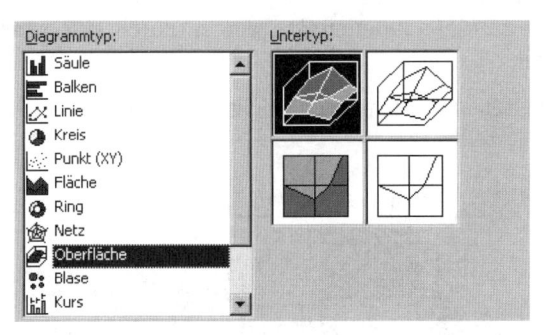

Oberflächendiagramme

Die Darstellung der Datenreihen als Oberflächendiagramm ist in vier verschiedenen Varianten möglich (Bild 33.22):

- Die einfachste Option erzeugt eine 3D-Darstellung einer Oberflächenkontur.
- Die zweite Variante benutzt ebenfalls eine 3D-Darstellung, greift aber auf ein Drahtmodell zur Visualisierung zurück.
- Die dritte Variante des Oberflächendiagramms zeigt die Draufsicht auf die Oberfläche.
- In der vierten Variante wird ein Drahtmodell benutzt, um die Draufsicht des Oberflächendiagramms zu visualisieren.

Bild 33.22: Oberflächendiagramme

Blasendiagramme

Blasendiagramme erlauben, die Daten in Form von Blasen in einem XY-Koordinatensystem darzustellen. Zur Erzeugung des Diagramms benötigt Excel 97 zwei Wertereihen.

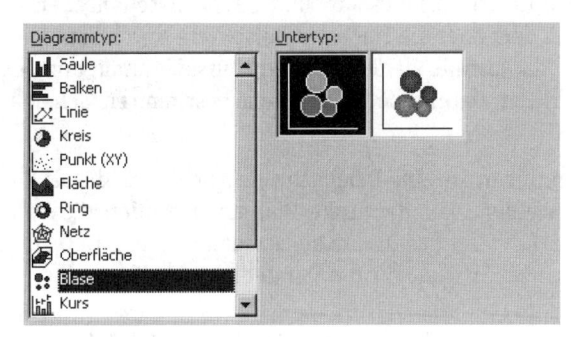

Bild 33.23: Blasendiagramm

Die Werte der ersten Reihe werden dabei über der Y-Achse abgetragen, wobei die Reihenfolge der Werte die Abstände auf der X-Achse angibt. Dies ergibt dann die Koordinaten der Blasen im Diagramm. Anschließend benutzt Excel 97 die Werte der zweiten Datenreihe zur Bestimmung der Blasengröße. Je größer der Wert ist, um so größer wird die Blase. Excel 97 unterscheidet dabei zwei Varianten: einfache Blasen und Blasen in 3D-Darstellung.

Kursdiagramme

Die Darstellung von Datenreihen, die einen Höchst- und Tiefstwert sowie einen Mittelwert annehmen können, läßt sich über Kursdiagramme visualisieren. Kursdiagramme werden von Excel 97 in vier verschiedenen Varianten angeboten (Bild 33.24).

- Die erste Variante erlaubt die Anzeige von Höchst-/Tiefstkursen. Die beiden Werte eines Datenpunkts werden durch eine senkrechte Linie verbunden.

- In der zweiten Variante werden Höchst-/Tiefstkurse durch eine gefüllte Säule dargestellt.

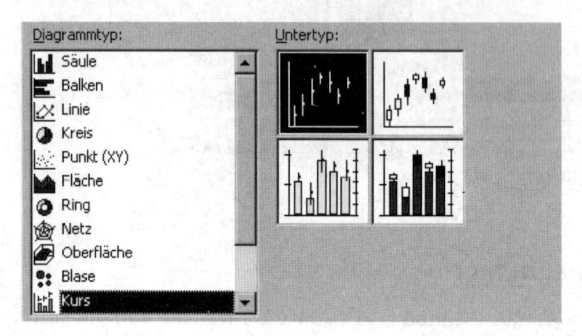

Bild 33.24: Kursdiagramme

Die beiden unteren Varianten in Bild 33.24 erstellen ebenfalls ein Kursdiagramm, in dem aber die Höchst-/Tiefstwerte durch Säulen beginnend ab der X-Achse dargestellt werden. Um ein Kursdiagramm anzulegen, müssen die Daten in der Datentabelle in einem bestimmten Schema angeordnet werden.

In Bild 33.25 finden Sie eine Tabelle mit Beispieldaten, die als Kursdiagramme visualisiert werden. Für das linke Diagramm werden die Spalten *Höchst, Tiefst* und *Schluß* über das Datum abgetragen. Das rechte Diagramm benutzt dagegen alle vier Spalten für die Darstellung der Werte über dem Datum.

Sie finden das Beispiel im Arbeitsblatt Kursdiagramm *in der Datei* \BEISP\KAP33\BEISPIEL33.XLS *auf der Begleit-CD-ROM.*

33 Diagramme bearbeiten

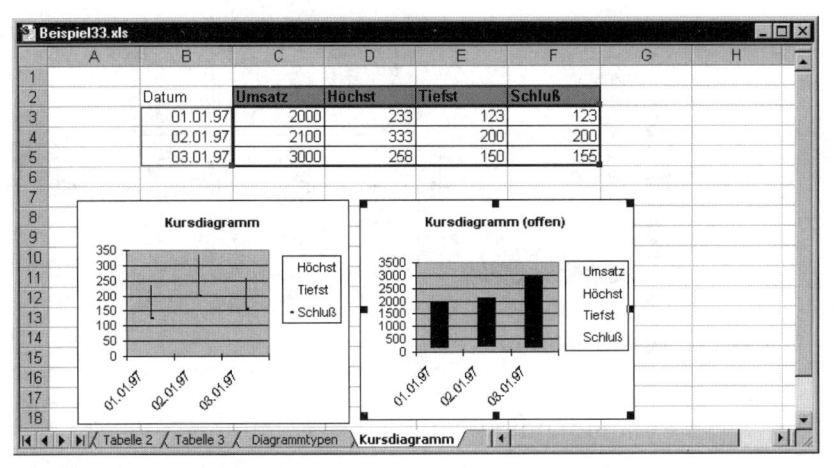

Bild 33.25: Beispiele für Kursdiagramme

Zylinderdiagramme

Der Diagrammtyp *Zylinder* gleicht in der Darstellung und in den verfügbaren Varianten der Säulendarstellung (siehe oben). Anstelle von Säulen werden jedoch Zylinder zur Darstellung des Diagramms benutzt. Nach dem Aufruf des Diagramm-Assistenten läßt sich der Diagrammtyp über die erste Dialogseite abrufen (Bild 33.26). Die Untertypen dieses Diagramms besitzen die Belegung wie Säulendiagramme (*gruppiert, gestapelt, gestapelt 100%*).

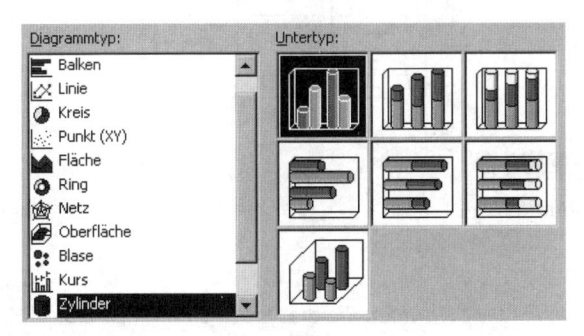

Bild 33.26: Zylinderdiagramm

Kegeldiagramm

Der Diagrammtyp *Kegel* gleicht in der Darstellung und in den verfügbaren Varianten der Säulendarstellung dem Zylinderdiagramm (siehe oben). Nach dem Aufruf des Diagramm-Assistenten läßt sich der Diagrammtyp über die erste Dialogseite abrufen (Bild 33.27). Die Untertypen dieses Diagramms besitzen die Belegung wie Säulendiagramme (*gruppiert, gestapelt, gestapelt 100%*). Die Werte werden durch Kegel unterschiedlicher Länge in der gewählten Diagrammvariante angezeigt.

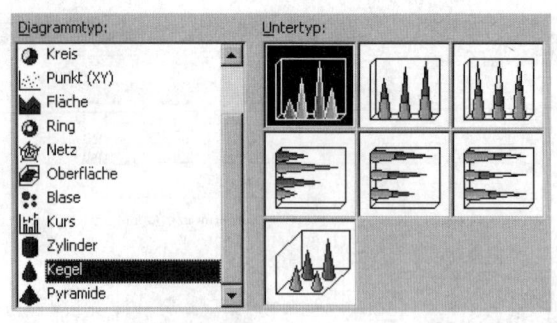

Bild 33.27: Kegeldiagramm

Pyramidendiagramm

Der Diagrammtyp *Pyramide* stellt eine Variation des Kegeldiagramms dar (siehe oben). Nach dem Aufruf des Diagramm-Assistenten läßt sich der Diagrammtyp über die erste Dialogseite abrufen (Bild 33.28). Die Untertypen dieses Diagramms besitzen die Belegung wie Säulendiagramme (*gruppiert, gestapelt, gestapelt 100%*). Die Werte werden durch Kegel unterschiedlicher Länge in der gewählten Diagrammvariante angezeigt.

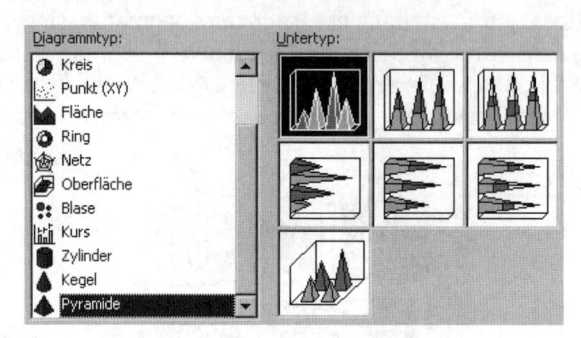

Bild 33.28: Pyramidendiagramm

Auf der Begleit-CD-ROM finden Sie die Datei \BEISP\KAP33\BEISPIEL33.XLS, die im Arbeitsblatt Diagrammtypen *verschiedene weitere Beispiele für Diagrammtypen enthält.*

33.4 Benutzerdefinierte Diagrammtypen

Neben den im vorhergehenden Abschnitt vorgestellten, in Excel 97 integrierten Diagrammtypen lassen sich auch benutzerdefinierte Diagrammtypen erstellen und nutzen.

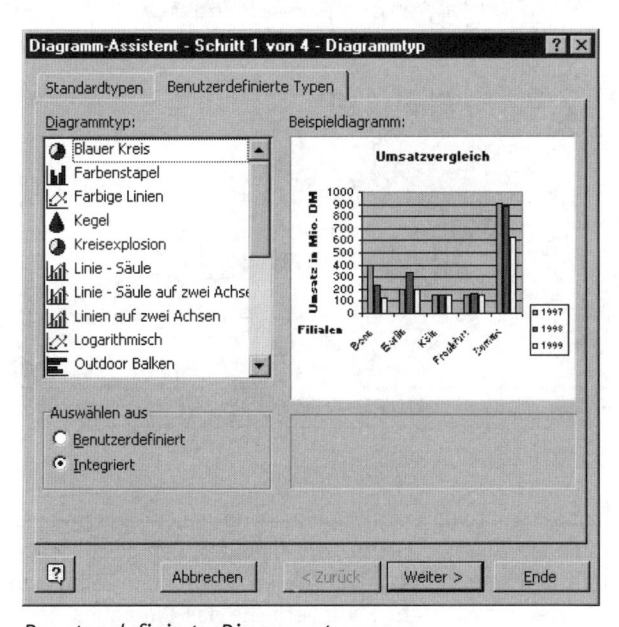

Benutzerdefinierte Diagrammtypen basieren auf den Standard-Diagrammtypen, denen zusätzliche Erweiterungen oder bestimmte Optionen zugeordnet sind. Solche benutzerdefinierten Programmtypen lassen sich wie Vorlagen nutzen, d.h. Sie erhalten quasi auf »Knopfdruck« ein Diagramm nach Ihren Vorstellungen. Sie könnten beispielsweise bestimmte Titelvorgaben, Beschriftungen, Logos etc. im benutzerdefinierten Diagramm hinterlegen. Sobald Sie diesen Diagrammtyp abrufen, erhält das vom Diagramm-Assistenten erstellte Diagramm die betreffenden Elemente.

Benutzerdefinierte Diagrammtyp abrufen

Um einen benutzerdefinierten Diagrammtyp abzurufen, gehen Sie in folgenden Schritten vor:

1. Öffnen Sie die Arbeitsmappe, in der das Diagramm zu erstellen ist.
2. Rufen Sie den Diagramm-Assistenten über das nebenstehend gezeigte Symbol der *Standard*-Symbolleiste auf.
3. Wählen Sie im Dialogfeld aus Schritt 1 die Registerkarte *Benutzerdefinierte Typen* (Bild 33.29). Der Assistent zeigt anschließend die Liste der integrierten benutzerdefinierten Diagrammtypen an.
4. Setzen Sie ggf. die Markierung des Optionsfelds der Gruppe *Auswählen aus* auf *Benutzerdefiniert* um.
5. Wählen Sie einen benutzerdefinierten Diagrammtyp aus der Liste *Diagrammtyp*.

Bild 33.29: Benutzerdefinierte Diagrammtypen

Anschließend verwenden Sie die Schaltfläche *Weiter >*, um die Diagrammerstellung zu setzen (siehe Kapitel 32). Möchten Sie mit Standardoptionen arbeiten, genügt es, die Schaltfläche *Ende* anzuklicken. Der Assistent erstellt das Diagramm mit den benutzerdefinierten Vorgaben.

Benutzerdefinierten Diagrammtyp erstellen

Ein benutzerdefinierter Diagrammtyp läßt sich als eine Art Vorlage interpretieren, der das Aussehen eines Diagramms verändert. Alle benutzerdefinierten Diagrammtypen basieren auf den Standarddiagrammtypen. Allerdings werden die Vorgaben der Standarddiagrammtypen durch zusätzliche Formatierungen und Optionen, wie beispielsweise Legenden, Gitternetzlinien, Datenbeschriftungen, eine Sekundärachse, Farben, Muster, Füllbereiche und Anordnungsvarianten, für verschiedene Diagrammelemente überschrieben.

Beim Erstellen eines benutzerdefinierten Diagrammtyps können Sie auf die Standarddiagrammtypen oder auf einen der integrierten benutzerdefinierten Diagrammtypen zurückgreifen. (Denn die integrierten benutzerdefinierten Diagrammtypen basieren letztendlich auch auf den Standarddiagrammtypen.)

Um einen benutzerdefinierten Diagrammtyp zu entwerfen, führen Sie folgende Schritte aus:

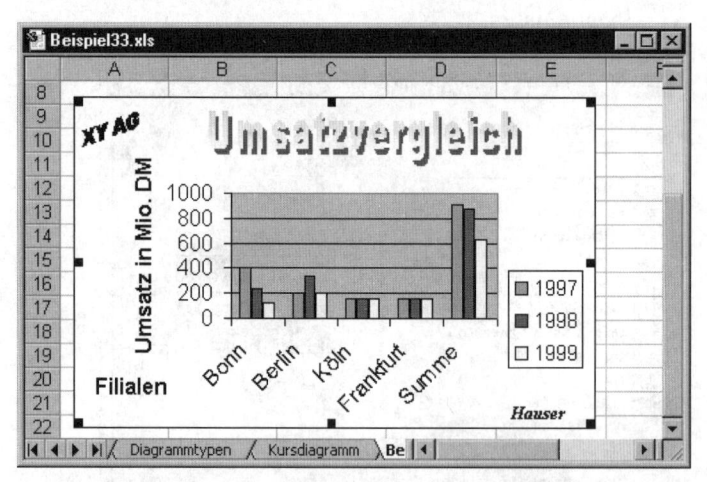

Bild 33.30: Benutzerdefiniertes Diagramm

1. Gehen Sie wie beim Erstellen eines »normalen« Diagramms vor. Aktivieren Sie den Diagramm-Assistenten, rufen den gewünschten Diagrammtyp ab und setzen die gewünschten Diagrammoptionen in den Dialogseiten des Assistenten. Speichern Sie das Diagramm nach Möglichkeit in ein eigenes Diagrammblatt (dies verhindert, daß sich Diagrammobjekte später in der Vorlage überlagern).

2. Sobald das Diagramm vorliegt, passen Sie dessen Formatierung nach Ihren Wünschen an. Sie können hierzu Diagrammobjekte (Titel, Legendenbeschriftungen etc.) verändern und in der Position verschieben. Bei Bedarf lassen sich dem Diagramm auch Muster oder Logos hinzufügen (über WordArt, die Zeichenfunktionen oder über den Befehl GRAFIK im Menü EINFÜGEN). Bild 33.30 zeigt ein Beispiel für ein solches Diagramm, dem verschiedene Elemente hinzugefügt wurden.

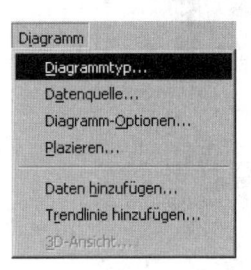

Bild 33.31: Das Menü Diagramm

Einige Möglichkeiten zur Anpassung eines Diagramms werden auf den folgenden Seiten (bzw. folgenden Kapiteln) besprochen. Sobald das Diagramm in der gewünschten Form vorliegt, müssen Sie dieses als Vorlage registrieren. Hierzu verwendet Excel 97 ein sehr einfaches Schema:

- Integrierte benutzerdefinierte Diagrammtypen befinden sich in der Datei *XL8GALRY.XLS*, die im Office-Ordner hinterlegt ist.
- Erstellen Sie einen neuen benutzerdefinierten Diagrammtyp, ist dieser in der Datei *XLUSRGAL.XLS* zu speichern.

Sie müssen sich aber um diese Feinheiten nicht kümmern. Um den betreffenden benutzerdefinierten Diagrammtyp als Vorlage für andere Diagramme zu speichern, führen Sie folgende Schritte aus:

1. Klicken Sie auf das Diagramm, das als benutzerdefinierter Diagrammtyp gespeichert werden soll (das Diagramm wird dann markiert). In Bild 33.30 sehen Sie ein Beispiel für ein benutzerdefiniertes Säulendiagramm, dem verschiedene Elemente hinzugefügt wurden.

2. Excel 97 blendet bei markiertem Diagramm das Menü DIAGRAMM in ein (Bild 33.31). Über dieses Menü lassen sich verschiedene Diagrammoptionen abrufen. Klicken Sie jetzt im Menü DIAGRAMM auf DIAGRAMMTYP.

3. Excel 97 öffnet das Dialogfeld *Diagrammtyp*, welches die Registerkarten *Standardtypen* und *Benutzerdefinierte Typen* enthält (Bild 33.32). Klicken Sie in der Registerkarte *Benutzerdefinierte Typen* auf das Optionsfeld *Benutzerdefiniert*.

Teil 5 · Diagramme und Grafiken

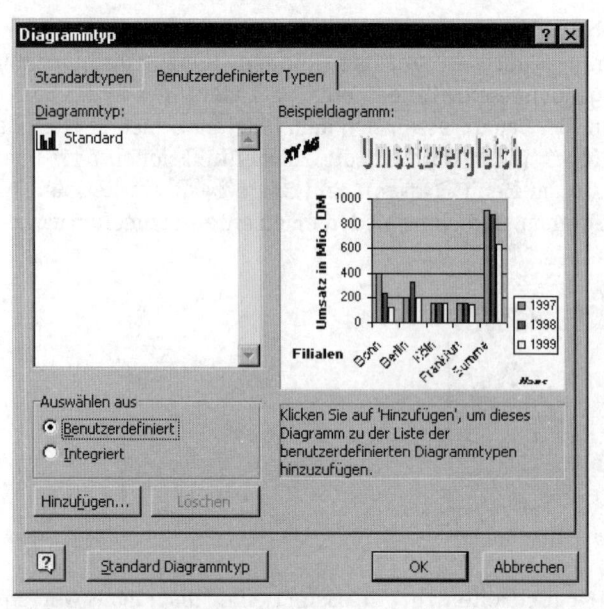

Bild 33.32: Die Registerkarte Benutzerdefinierte Typen

4. Klicken Sie auf die Schaltfläche *Hinzufügen*. Excel 97 öffnet ein weiteres Dialogfeld, in dem die Optionen für den neuen Diagrammtyp abgefragt werden (Bild 33.33).

5. Geben Sie im Feld *Formatname* einen Namen für den Diagrammtyp ein. Im Feld *Beschreibung* fügen Sie eine kurze Erläuterung für den Diagrammtyp ein. (Diese beiden Texte erscheinen später bei der Anwahl des Diagrammtyps im Dialogfeld des Assistenten.)

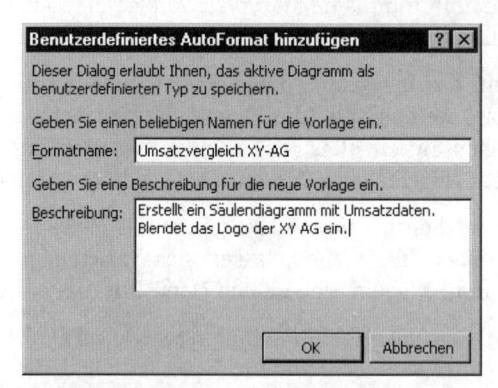

Bild 33.33: Benutzerdefiniertes AutoFormat hinzufügen

Sobald Sie das geöffnete Dialogfeld über die *OK*-Schaltfläche schließen, erzeugt Excel 97 die Vorlage für den benutzerdefinierten Diagrammtyp. Der betreffende Eintrag erscheint bereits in der Registerkarte *Benutzerdefinierte Typen* (Bild 33.34).

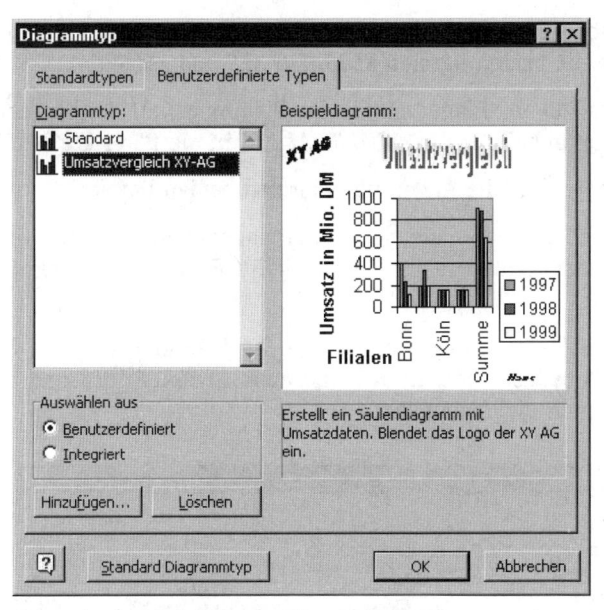

Bild 33.34: Neuer benutzerdefinierter Diagrammtyp

Die Liste *Diagrammtyp* enthält den im Feld *Formatname* definierten Namen. In diesem Dialogfeld sehen Sie auch den im Feld *Beschreibung* eingegebenen Text.

Rufen Sie das Dialogfeld Diagrammtyp *über den gleichnamigen Befehl im Menü* DIAGRAMM *auf, enthalten die Registerkarten in der Fußzeile die Schaltfläche* Standard Diagrammtyp *(Bild 33.34). Klicken Sie auf diese Schaltfläche, legt Excel 97 den betreffenden Diagrammtyp als Standard für neue Diagramme fest.*

Einen integrierten benutzerdefinierten Diagrammtyp definieren

Möchten Sie keinen benutzerdefinierten, sondern einen integrierten benutzerdefinierten Diagrammtyp anlegen? Sobald Sie das Optionsfeld Integriert *in der Registerkarte* Benutzerdefinierte Typen *markieren (Bild 33.34), verschwindet die Schaltfläche* Hinzufügen. *Die Excel-Hilfe führt aus, daß sich benutzerdefinierte integrierte Diagrammvorlagen nicht erzeugen und löschen lassen. Bild 33.35 zeigt aber, daß es durchaus möglich ist, benutzerdefinierte Diagrammvorlagen in der Liste der integrierten Vorlagen zu sichern. Hierzu müssen Sie aber zu einem Trick greifen: Excel 97 hinterlegt die benutzerdefinierten Diagrammtypen (integriert und benutzerdefiniert) im Office-Ordner in den beiden bereits erwähnten Dateien* XL8GALRY.XLS *und* XLUSRGAL.XLS. *Diese Dateien enthalten für jede Diagrammvorlage ein Diagrammblatt, wobei der Name der Vorlage zur Benennung des Diagrammblatts verwendet wird.*

Teil 5 · Diagramme und Grafiken

1. Haben Sie eine benutzerdefinierte Diagrammvorlage definiert, öffnen Sie die beiden Dateien *XL8GALRY.XLS* und *XLUSRGAL.XLS*.
2. Anschließend kopieren Sie das Diagrammblatt der benutzerdefinierten Diagrammvorlage aus *XLUSRGAL.XLS* in die Datei *XL8GALRY.XLS*.
3. Sichern Sie die Änderungen an den beiden Dateien.

Anschließend sollte die neue Diagrammvorlage bei der Anwahl des Diagramm-Assistenten in der Registerkarte *Benutzerdefinierte Typen* erscheinen.

Möchten Sie eine dieser so definierten Diagrammvorlagen wieder entfernen? Dann laden Sie die Arbeitsmappe *XL8GALRY.XLS* und entfernen das betreffende Diagrammblatt.

Bild 33.35: Benutzerdefinierter integrierter Diagrammtyp

> Sollen auch andere Benutzer diese Diagrammvorlagen nutzen, fertigen Sie eine Kopie der betreffenden Arbeitsmappe im Office-Verzeichnis an. Benennen Sie die Kopie anders, da Excel 97 keine zwei Arbeitsmappen gleichen Namens laden kann. Anschließend laden Sie auf dem System des betreffenden Benutzers die umbenannte Arbeitsmappe und die betreffenden XLS-Dateien mit den benutzerdefinierten Diagrammen im Office-Ordner des lokalen Systems. Anschließend läßt sich das Arbeitsblatt des benutzerdefinierten Diagramms in die Dateien XL8GALRY.XLS und XLUSRGAL.XLS des lokalen Benutzers kopieren.

Benutzerdefinierten Diagrammtyp löschen

Um einen benutzerdefinierten Diagrammtyp zu löschen, gehen Sie in folgenden Schritten vor:

1. Klicken Sie auf ein Diagramm, um anschließend im Menü DIAGRAMM den Befehl DIAGRAMMTYP zu aktivieren.
2. Klicken Sie in der Registerkarte *Benutzerdefinierte Typen* auf das Optionsfeld *Benutzerdefiniert*.
3. Wählen Sie im Feld *Diagrammtyp* den zu löschenden Eintrag und betätigen anschließend die Schaltfläche *Löschen*.
4. Excel 97 zeigt ein Dialogfeld mit einer Sicherheitsabfrage (Bild 33.36). Bestätigen Sie die Sicherheitsabfrage über die *OK*-Schaltfläche und schließen Sie das Dialogfeld *Diagrammtypen* über die *OK*-Schaltfläche.

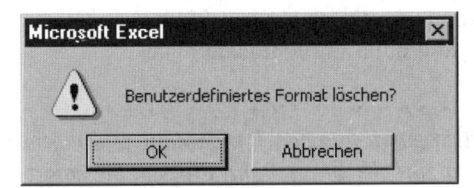

Bild 33.36: Löschen einer Diagrammvorlage

Mit diesen Schritten entfernt Excel 97 die benutzerdefinierte Diagrammvorlage aus der Datei *XLUSRGAL.XLS*.

33.5 Ändern des Diagrammtyps

Sie können in gewissen Bereichen den Typ eines vorhandenen Diagramms nachträglich verändern. Hierzu führen Sie folgende Schritte aus:

1. Markieren Sie das Diagramm mit einem Mausklick. Das Diagramm wird dann mit einer dünnen Linie umgeben.
2. Wählen Sie im Menü DIAGRAMM den Befehl DIAGRAMMTYP an. Alternativ läßt sich das markierte Diagramm mit der rechten Maustaste anklicken. Dann wählen Sie im Kontextmenü den Befehl DIAGRAMMTYP.
3. Excel 97 blendet dann das Dialogfeld aus Bild 33.37 ein. In diesem Dialogfeld wählen Sie die gewünschte Registerkarte, dann den Diagrammtyp und ggf. auch den Untertyp aus.
4. Bestätigen Sie diese Auswahl über die *OK*-Schaltfläche.

Excel 97 stellt anschließend das Diagramm in der Form dar, die dem gewählten Typ entspricht.

> *Im Dialogfeld* Diagrammtyp *enthält die Registerkarte* Standardtypen *übrigens zwei Kontrollkästchen (die beim Aufruf der gleichen Registerkarte im Assistenten nicht zu sehen sind).*

- Ist das Kontrollkästchen *Formatierung löschen* markiert, entfernt Excel 97 die Formatierung, die auf Diagrammelemente angewandt wurde. Das Diagramm wird anschließend in der Standarddarstellung angezeigt. Lassen Sie das Kontrollkästchen unmarkiert, behält Excel 97 bei der Änderung des Diagrammtyps die Formatierung der Diagrammobjekte bei.

- Das Kontrollkästchen *Auf Auswahl anwenden* weist der im Diagramm markierten Datenreihe den neuen Diagrammtyp zu. Diese Option läßt sich jedoch nur dann wählen, wenn lediglich eine Datenreihe angezeigt wird.

Über die Schaltfläche *Standard Diagrammtyp* können Sie den ausgewählten Diagrammtyp als Standard erklären. Excel 97 verwendet die betreffenden Optionen zur Erzeugung eines Standarddiagramms.

> *Haben Sie versehentlich einen falschen Typ gewählt und möchten schnell zur vorherigen Darstellung zurückkehren? Dann drücken Sie sofort nach dem Zuweisen des neuen Diagrammtyps die Tastenkombination* [Strg]+[Z]. *Alternativ können Sie auch den Befehl* Rückgängig *im Menü* Bearbeiten *oder die Schaltfläche* Rückgängig *wählen. Excel 97 setzt dann den Diagrammtyp zurück.*

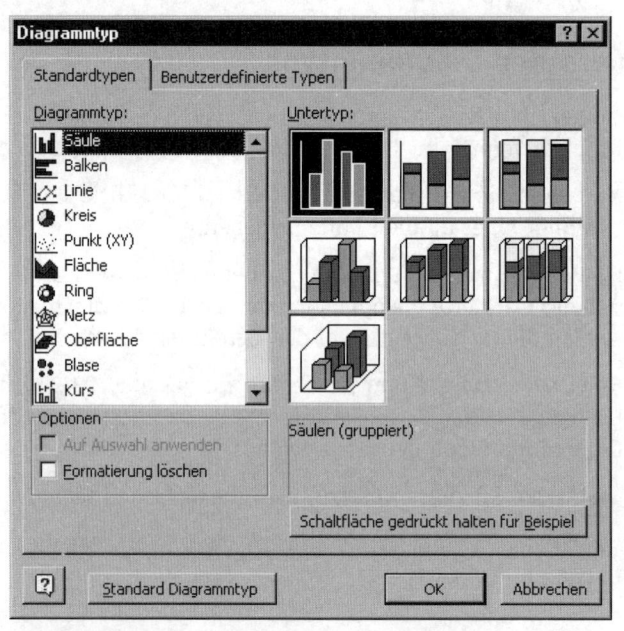

Bild 33.37: Das Dialogfeld Diagrammtyp

Ändern des Diagrammtyps per Symbolleiste

Eleganter läßt sich der Diagrammtyp über die *Diagramm*-Symbolleiste verändern.

1. Markieren Sie das betreffende Diagramm im Arbeitsblatt. Das Diagramm wird mit einer dünnen Linie markiert.
2. Sobald Sie das Diagramm markieren, blendet Excel 97 die *Diagramm*-Symbolleiste ein. (Falls nicht, müssen Sie diese über den Befehl SYMBOLLEISTEN im Menü ANSICHT zur Anzeige freigeben.)
3. Klicken Sie auf die Schaltfläche *Diagrammtyp*. Excel 97 öffnet eine Palette mit den Symbolen der verfügbaren Standard-Diagrammtypen (Bild 33.38).
4. Wählen Sie eine dieser Schaltflächen mit einem Mausklick an.

Bild 33.38: Auswahl des Diagrammtyps

Excel 97 zeigt das Diagramm anschließend in der gewünschten Darstellung. Beachten Sie aber, daß über diese Schaltflächen nur bestimmte Diagrammtypen gewählt werden können. Soll ein Untertyp eingestellt werden, müssen Sie die im vorherigen Abschnitt gezeigte Methode über den Befehl DIAGRAMMTYP IM MENÜ DIAGRAMM verwenden.

> **TIP** *Wenn Sie häufiger den Diagrammtyp wechseln, können Sie die* Diagramm-Palette als Werkzeugleiste definieren. Hierzu öffnen Sie die Palette, positionieren die Maus auf einem Eintrag und ziehen die Palette bei gedrückter linker Maustaste in den Dokumentbereich.

Diagrammtyp einer Datenreihe ändern

Manchmal ist es hilfreich, verschiedene Diagrammtypen zu überlagern. Die Tabelle aus Bild 33.39 enthält neben den Umsätzen einzelner Filialen auch den Gesamtumsatz. Es ist denkbar, den Gesamtumsatz zusätzlich im Diagramm einzublenden. Allerdings soll die Datenreihe nicht als Säule sondern als zusätzliche Linie im Diagramm erscheinen. Hierzu müssen Sie ein Säulendiagramm und ein Liniendiagramm überlagern. Bei einem neu zu erstellenden Diagramm gehen Sie folgendermaßen vor:

1. Markieren Sie den Bereich mit den darzustellenden Daten und rufen anschließend den Diagramm-Assistenten über die nebenstehend gezeigte Schaltfläche auf.

2. Anschließend erstellen Sie das Säulendiagramm mit allen darzustellenden Datenreihen (auch der Summe). Die betreffenden Schritte sind in Kapitel 32 besprochen.

3. Sobald das Diagramm sichtbar ist, markieren Sie eine Säule der Datenreihe *Summe* mit einem Mausklick. Excel 97 versieht die betreffenden Säulen dieser Datenreihe mit Markierungspunkten.

4. Klicken Sie mit der rechten Maustaste auf eine markierte Säule. Im Kontextmenü wählen Sie den Befehl DIAGRAMMTYP.

5. Excel 97 öffnet das Dialogfeld *Diagrammtyp* (Bild 33.37). Wählen Sie in diesem Dialogfeld eine Registerkarte und dann den gewünschten Diagrammtyp (hier ein Liniendiagramm).

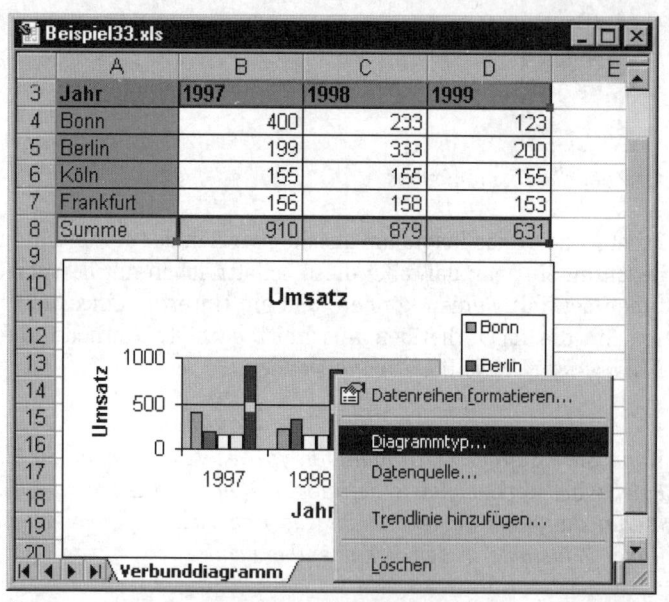

Bild 33.39: Ändern des Diagrammtyps für eine Datenreihe

Sobald Sie dieses Dialogfeld schließen, stellt Excel 97 die betreffende Datenreihe im gewählten Diagrammstil dar (Bild 33.40).

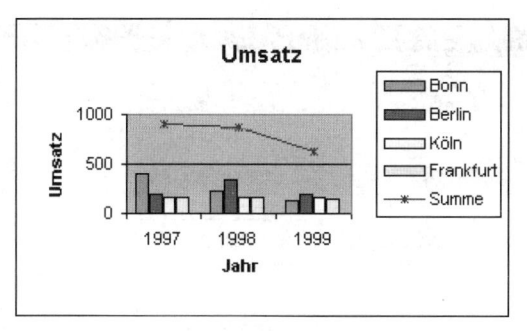

Bild 33.40: Verbunddiagramm mit Säulen und Linien

33.6 Neuberechnen eines Diagramms

Wenn Sie Änderungen in einer Tabelle vornehmen, werden auch die Diagramme aktualisiert, die von diesen Tabellenwerten direkt oder indirekt abhängen.

Haben Sie die automatische Neuberechnung abgeschaltet, können Sie die Aktualisierung der Diagramme über die Taste F9 erreichen.

33.7 Datenreihen einfügen, bearbeiten oder löschen

Um in einem Diagramm Datenreihen zu erweitern, neue Datenreihen hinzuzunehmen oder zu entfernen, können Sie das Diagramm anwählen und mit dem Diagramm-Assistenten bearbeiten. Diese Technik wurde zu Beginn dieses Abschnitts besprochen. Excel 97 bietet Ihnen aber die Möglichkeit, die Datenreihen eines Diagramms individuell zu gestalten.

Datenreihe neu einfügen

Um eine Datenreihe manuell in ein eingebettetes Diagramm einzufügen, markieren Sie die Zellen der Datenreihe in der Tabelle. Dann zeigen Sie per Maus auf den Markierungsrahmen des Bereichs (Bild 33.41) und ziehen diesen Rahmen per Maus auf das Diagramm. Sobald Sie die Maustaste loslassen, fügt Excel 97 die neue Datenreihe als Grafik in das Diagramm ein.

Der Vorteil dieser Vorgehensweise besteht darin, daß Sie die Daten eines Bereichs mehrfach im Diagramm einfügen können. Excel 97 hängt die neue Datenreihe an das Diagramm an und benutzt automatisch das Format der letzten Datenreihe zur Darstellung. Sie haben aber die Möglichkeit, die Darstellungsart (siehe oben) oder die Reihenfolge der Datenbereiche (siehe folgende Abschnitte) zu ändern.

Teil 5 · Diagramme und Grafiken

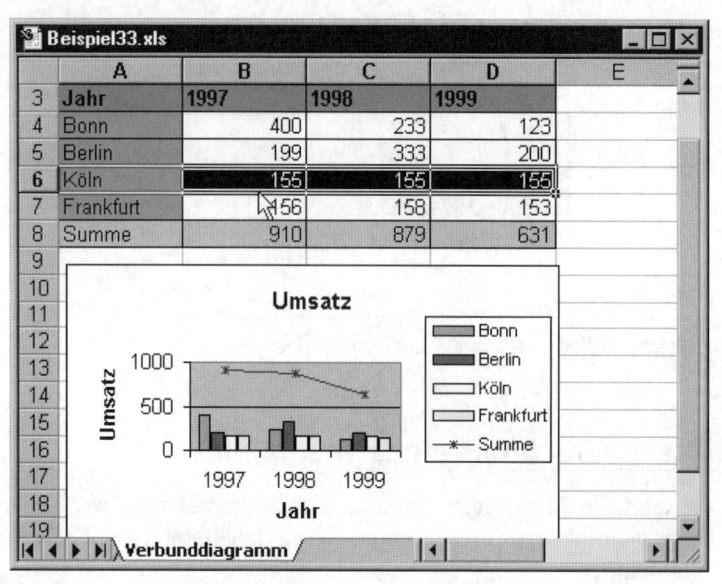

Bild 33.41: Datenreihe durch Ziehen in Diagramm einfügen

Befindet sich das Diagramm in einem eigenen Diagrammblatt, sollten Sie mit der Zwischenablage arbeiten, um die Datenreihe einzufügen.

1. Markieren Sie in der Tabelle die Zellen, deren Daten im Diagramm als neue Reihe aufzunehmen sind und fügen Sie diese mit der Funktion KOPIEREN (Menü BEARBEITEN) in die Zwischenablage ein.

2. Wechseln Sie zum Diagrammblatt und aktivieren Sie das Diagramm. Dann läßt sich der Inhalt der Zwischenablage über den Eintrag INHALTE EINFÜGEN im Menü BEARBEITEN in das Diagramm einfügen.

Excel 97 interpretiert die Daten und zeigt diese automatisch im Diagramm an. Der Vorteil bei dieser Vorgehensweise liegt darin, daß Sie Daten aus mehreren Tabellenblättern in einem Diagramm verknüpfen können. Weiterhin läßt sich bei der Markierung von Datenbereichen mit Namen arbeiten.

Datenübernahme aus anderen Diagrammen

Sie können in einem Diagramm sogar die Daten eines anderen Diagramms übernehmen. Einzige Randbedingung dabei ist, daß Excel 97 nur ein komplettes Diagramm übernehmen kann.

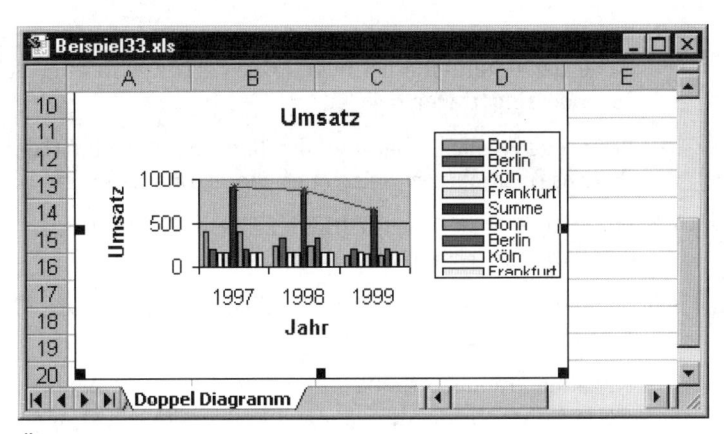

Bild 33.42: Übernahme von Daten aus einem anderen Diagramm

1. Aktivieren Sie zur Übernahme der Datenreihen das Quelldiagramm.

2. Dann fertigen Sie eine Kopie in der Zwischenablage an. Dies kann über die Tastenkombination [Strg]+[c] oder über den Befehl KOPIEREN im Menü BEARBEITEN erfolgen.

3. Wechseln Sie zum Zieldiagramm, aktivieren Sie dieses und fügen Sie den Inhalt der Zwischenablage mit [Strg]+[v] ein.

Excel 97 stellt die übernommenen Daten im neuen Diagramm dar.

Die Übernahme der Daten aus dem Quelldiagramm funktioniert nur, wenn die schwarzen Vierecke (Ziehmarken oder Markierungspunkte) innerhalb des markierten Bereichs zu sehen sind.

Wenn Sie die Daten im Zieldiagramm einfügen, wendet Excel 97 die Formatierung des Quelldiagramms an. Sie können aber über den Befehl INHALTE EINFÜGEN im Menü BEARBEITEN die Übernahme der Formatierung sperren.

Datenreihe bearbeiten

Sobald Sie ein Diagramm aktivieren und eine Datenreihe per Maus anwählen, erscheint in der Bearbeitungsleiste der Befehl *Datenreihe* mit den zugehörigen Parametern. Für das Beispieldiagramm aus Bild 33.41 enthält die Datenreihe der ersten Säule folgenden Aufbau:

=DATENREIHE(Verbunddiagramm!$A$8;;Verbunddiagramm!$B$8:$D$8;10)

Die Funktion *Datenreihe* besitzt dabei vier Parameter, die die Anzeige im Diagramm beeinflussen.

↝ Der erste Parameter gibt die Zelle oder den Bereich an, in dem sich der Name der Datenreihe befindet. Dieser Name wird zum Beispiel in der Legende eingetragen.

↝ Der zweite Parameter definiert den Bereich mit der Rubrikenbezeichnung (X-Achse). In obigem Beispiel ist dieser Parameter leer.

↝ Der dritte Parameter enthält den Zellbereich, aus dem die darzustellenden Daten zu lesen sind.

↝ Der letzte Parameter gibt schließlich die Position der Datenreihe im Diagramm an (z.B. 1, 2, 3 etc.).

Die einzelnen Parameter sind durch Semikola voneinander getrennt. Als Parameter für eine Legende oder die Rubrik darf ein Text in Anführungsstrichen auftreten (z.B. =DATENREIHE("Umsätze Aachen"; DEMO.XLS!; Tabelle1! $B$5:$E$5;1). Weiterhin können Sie Bereiche über einen Namen angeben. Wichtig ist lediglich, daß immer ein externer Bezug auf ein Arbeitsblatt (z. B. Tabelle1!...) auftritt.

Über die Funktion Datenreihe *können Sie den Aufbau der Tabelle individuell gestalten. So lassen sich direkt die Rubrikentexte angeben oder bestimmte Zellen mit Texten zur Beschriftung übernehmen. Auch ein Bezug von Daten aus externen Arbeitsblättern ist möglich. Allerdings sind Sie selbst für eine korrekte Gestaltung der Aufrufparameter verantwortlich. Häufig endet deshalb der Eingabeversuch in einer Fehlermeldung.*

Datenreihe einfrieren

In manchen Fällen ist es erwünscht, die Daten eines Diagramms einzufrieren. Damit wirken sich Änderungen in den Zellen der Tabelle auf das Diagramm nicht mehr aus. Hierzu müssen Sie den Zellbezug der aktuellen Datenreihe(n) unterbrechen, bzw. in eine Konstante umwandeln. Diese Umwandlung ist relativ leicht möglich.

1. Markieren Sie eine Datenreihe des Diagramms mit einem Mausklick der linken Maustaste.

2. Die Bearbeitungszeile zeigt den Inhalt der Datenreihe (z.B. =DATENREIHE(Tabelle1!$A$5;Tabelle1!$B$3:$E$3;Tabelle1!$B$5:$E$5;2)).

3. Klicken Sie per Maus auf Bearbeitungsleiste. Dann drücken Sie die Tastenkombination [Strg]+[⇧]+[0].

Excel 97 wandelt die Zellbezüge in eine Matrixkonstante um. Die Zeile enthält anschließend nur noch einen Eintrag (z.B. =DATENREIHE("Düsseldorf";{1979.1980.1981.1982};{124.236.211.226};1)). Sobald Sie die ⏎-Taste betätigen, übernimmt Excel 97 diese Konstante und friert damit die Datenreihe im Diagramm ein.

> *Um die Fixierung der Daten aufzuheben, wählen Sie bei aktiviertem Diagramm den Diagramm-Assistenten und markieren den Datenbereich erneut.*

Datenreihe löschen

Sie haben die Möglichkeit, eine Datenreihe direkt im Diagramm zu löschen. Hierzu gehen Sie folgendermaßen vor:

1. Aktivieren Sie das Diagramm und wählen dann die betreffende Datenreihe an. Excel 97 markiert diese Datenreihe mit Ziehpunkten. In der Bearbeitungsleiste erscheint der Befehl Datenreihe mit den zugehörigen Parametern.

2. Drücken Sie die [Entf]-Taste. Alternativ können Sie den Befehl LÖSCHEN im Menü BEARBEITEN wählen und dann den Unterbefehl *Datenreihe* anklicken..

Excel 97 entfernt die Datenreihe aus dem Diagramm. Um lediglich das Format der Datenreihe zu löschen, befolgen Sie die Schritte 1 und 2, wählen aber in Schritt 2 den Unterbefehl FORMATE.

> *Noch einfacher läßt sich eine Datenreihe über die Legende entfernen (siehe Abschnitt »Diagramm formatieren« im nächsten Kapitel).*

Datenpunkt im Diagramm ändern

Bei Analysen sind häufiger die angezeigten Werte zu variieren. Sie können dann zwar in die Tabelle wechseln und die betreffenden Zellwerte ändern. Excel 97 aktualisiert anschließend automatisch das zugehörige Diagramm. Dies ist einerseits recht aufwendig, wenn es sich um ein separates Diagrammblatt handelt. Weiterhin ist die betreffende Zelle bei umfangreichen Wertereihen nicht unbedingt direkt erkennbar. Excel 97 bietet Ihnen deshalb die Möglichkeit, die Datenpunkte direkt im Diagramm zu verändern.

1. Markieren Sie das Diagramm mit einem Mausklick. Das Diagramm wird mit einem dünnen Rahmen umgeben.

2. Wählen Sie jetzt einen Diagrammpunkt (z.B. eine Säule oder einen Punkt) per Maus an. Falls Excel 97 alle Punkte der Datenreihe markiert, klikken Sie erneut auf den gewünschten Datenpunkt.

3. Excel 97 markiert dann nur diesen Wert durch ein Viereck (Ziehmarke). Bei Säulendiagrammen wird der Balken durch einen Rahmen mit Ziehpunkten eingegrenzt. Positionieren Sie die Maus auf dem obersten Punkt, der dem Datenwert entspricht. Excel 97 blendet den Namen der Datenreihe und den Wert in einem Fenster ein (Bild 33.43).

4. Sobald der Mauscursor die Form eines Doppelpfeils annimmt, läßt sich dieser Datenpunkt bei gedrückter linker Maustaste in vertikaler Richtung verschieben. Excel 97 zeigt dabei den aktuellen Datenwert in einem Fenster an.

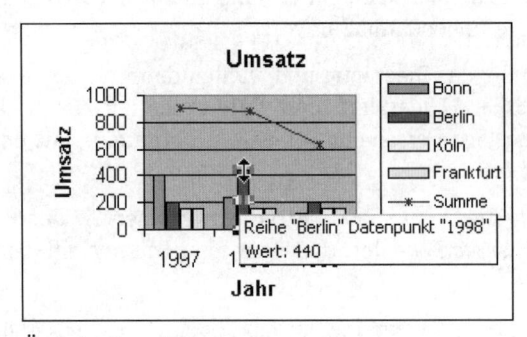

Bild 33.43: Ändern eines Datenwerts

Sobald Sie die Maustaste loslassen, aktualisiert Excel 97 das Diagramm und überträgt den Wert des Datenpunkts in die Tabelle.

> *Wenn Sie die Tabelle vor der Veränderung der Datenpunkte speichern, können Sie die Werte beliebig verändern. Um die Änderungen in der Tabelle zu verwerfen, schließen Sie die Arbeitsmappe ohne zu speichern und öffnen diese anschließend wieder. Eine andere Möglichkeit besteht darin, die Werte der Datenreihe einzufrieren (siehe oben). Dann wirken sich Änderungen nur auf die lokalen Werte der Matrix und nicht mehr auf die Tabelle aus.*

> *Um einen Datenpunkt in einem Kreisdiagramm zu ändern, klicken Sie eines der Segmente per Maus an. Dann zeigt Excel 97 mehrere Ziehpunkte an den Ecken. Über die Ziehpunkte können Sie den Winkel des Segments vergrößern oder verkleinern und beeinflussen somit den zugehörigen Datenwert.*

34 Diagramme formatieren und anpassen

34.1 Beschriftungen ändern und formatieren

Diagramme enthalten verschiedene Beschriftungen, wie Diagrammtitel, Achsenbeschriftungen etc. Der folgende Abschnitt behandelt einige Aspekte im Zusammenhang mit der Änderung der Beschriftungen in Diagrammen.

Auswahl von Diagrammelementen

Zur Änderung von Beschriftungstexten sowie zur Formatierung von Diagrammen müssen Sie vorher einzelne Elemente anwählen. Hierzu bietet Ihnen Excel 97 verschiedene Möglichkeiten.

- Am einfachsten geht die Anwahl per Maus. Sie müssen das betreffende Element lediglich mit einem Mausklick anwählen. Ein Doppelklick auf ein Diagrammelement öffnet dagegen das Dialogfeld zur Formatierung des Objekts.
- Wenn Sie eine Legende per Maus anklicken, markiert Excel 97 den gesamten Textblock. Um ein Element der Legende (Einzeltext oder Legendensymbol) zu markieren, klicken Sie dieses erneut per Maus an.
- Sie können die Elemente auch über das Listenfeld *Diagrammobjekte* in der *Diagramm*-Symbolleiste wählen. Dies erlaubt den gezielten Zugriff auf jedes Diagrammobjekt.

Die Auswahl per Maus ist immer dann sinnvoll, wenn sich die Elemente sehr einfach identifizieren lassen. Enthält das Diagramm sehr viele Elemente (z.B. bei Datenpunkten), ist es manchmal hilfreich, die Cursortasten zur Feinauswahl eines Objekts zu verwenden. Excel 97 markiert das gewählte Element mit einem Rahmen oder einem Ziehpunkt.

> *Um in einem Kreisdiagramm ein Segment herauszuziehen, klicken Sie als erstes auf das Kreisdiagramm. Excel 97 markiert den gesamten Kreis. Klicken Sie erneut auf das gewünschte Kreissegment. Dann ziehen Sie das Segment per Maus radial nach außen.*

Diagrammtitel und andere Beschriftungen ändern

Innerhalb des Diagramms läßt sich eine Überschrift mit einem Titel ablegen. Weiterhin können die Achsen mit zusätzlichen Texten versehen werden. Um einen solchen Text direkt im Diagramm zu ändern, gehen Sie folgendermaßen vor:

1. Klicken Sie auf das betreffende Diagrammobjekt. Dieses wird durch eine schraffierte Rahmenlinie markiert.
2. Klicken Sie auf den Text innerhalb der Rahmenlinie. Der Mauscursor wird jetzt als senkrechter Strich dargestellt (d.h. es handelt sich um einen Textcursor).
3. Markieren Sie den Text (durch Ziehen per Maus oder indem Sie die ⇧ -Taste gedrückt halten und die Einfügemarke im Text über die Cursortasten verschieben).
4. Ändern Sie den Text in der gewünschten Weise. Zum Abschluß klicken Sie auf einen Bereich außerhalb des markierten Objekts.

Excel 97 paßt dann den Beschriftungstext entsprechend an.

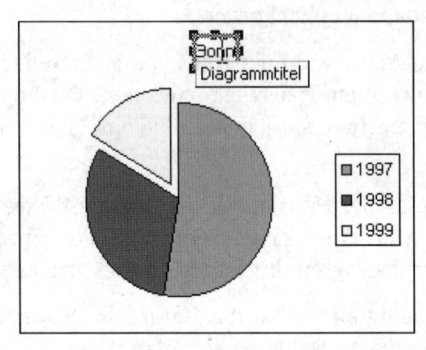

Bild 34.1: Markierter Diagrammtitel

Sofern Sie die Maus auf der Rahmenlinie oder einem der Ziehpunkte positionieren, läßt sich der Markierungsrahmen bei gedrückter linker Maustaste im Diagramm verschieben. Die Größe des Platzhalters ist dagegen nicht veränderbar, sie wird automatisch am eingefügten Text angepaßt.

> *Um eine Beschriftung zu löschen, markieren Sie das betreffende Objekt mit einem Mausklick. Anschließend drücken Sie die* Entf *-Taste.*

Texte im Diagramm hinzufügen

Sie können neben den Achsenbeschriftungen und dem Diagrammtitel weitere Texte im Diagramm einfügen. Hierzu fügen Sie ein Textfeld über die Funktion *Zeichnen* an der gewünschten Position im Diagramm ein (siehe Kapitel 36). Anschließend klicken Sie das Textfeld im Diagramm an und geben den Text per Tastatur ein.

Zeilenumbruch im Text

Excel 97 führt bei Texten in Diagrammen mitunter willkürlich einen Zeilenumbruch aus, wenn die Zeichen den Rand des Platzhalters für das Objekt erreichen. Sie können bei der Gestaltung von Beschriftungen aber an beliebigen Stellen Zeilenumbrüche und Tabulatoren im Text einfügen. Hierzu müssen Sie folgende Tastenkombinationen verwenden:

- Um einen Zeilenumbruch innerhalb einer Beschriftung auszuführen, positionieren Sie die Einfügemarke an die gewünschte Stelle und drücken die ⏎-Taste.
- Möchten Sie einen Tabulator in der Beschriftung einfügen, drücken Sie die Tastenkombination Strg+↹.

Diese Gestaltungsmöglichkeiten stehen Ihnen auch für Legendentexte etc. zur Verfügung.

Sie können auch zusätzlich Grafiken, Logos etc. in einem Diagramm einblenden. Hierzu verwenden Sie die Funktion Zeichnen, *die in Kapitel 36 vorgestellt wird.*

Beschriftungstext formatieren

Um einen Beschriftungstext zu formatieren, gehen Sie in folgenden Schritten vor:

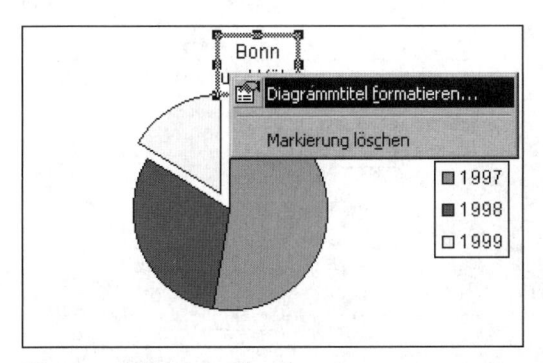

Bild 34.2: Diagrammtitel formatieren

1. Markieren Sie das betreffende Diagrammobjekt mit einem Mausklick. Soll lediglich ein Teil des Beschriftungstexts formatiert werden, markieren Sie anschließend den betreffenden Textausschnitt.

2. Wählen Sie das Objekt (oder den markierten Textbereich) mit der rechten Maustaste an. Klicken Sie im Kontextmenü auf den Befehl xxx FORMATIEREN (xxx steht hier für den Objektnamen, wie z.B. Diagrammtitel).

3. Excel 97 öffnet das Dialogfeld *xxx formatieren*, in dem sich die Registerkarten zur Definition der Formatoptionen befinden (Bild 34.3). Wählen Sie die einzelnen Registerkarten und setzen dort die gewünschten Optionen.

Sobald Sie das Dialogfeld schließen, wendet Excel 97 die Formatierung auf das gewählte Diagrammobjekt an.

> **TIP** *Haben Sie lediglich das Diagrammobjekt markiert (der schraffierte Rahmen ist zu sehen), blendet Excel 97 die in Bild 34.3 gezeigten Registerkarten im Dialogfeld ein. Wurde dagegen der Text markiert, erscheint nur die Registerkarte Schrift im Dialogfeld. In dieser Registerkarte fehlt auch das Listenfeld* Hintergrund *zur Einstellung des Hintergrunds des betreffenden Diagrammobjekts.*

Schriftart, Schriftgrad und -darstellung setzen

Über die Registerkarte *Schrift* lassen sich die Schriftart, der Schriftgrad sowie die Optionen zur Darstellung des Texts (fett, kursiv, unterstrichen etc.) setzen.

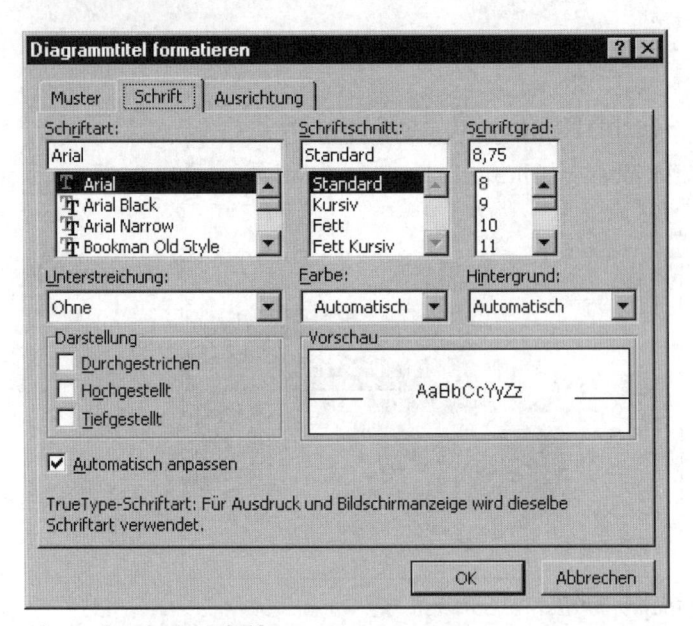

Bild 34.3: Die Registerkarte Schrift

...> Die Schriftart und den Schriftschnitt wählen Sie über die betreffenden Listenfelder. Excel 97 zeigt die Namen und Schnitte der installierten Schriftarten an. Über die Liste *Schriftschnitt* bestimmen Sie auch, ob der Text fett und/oder kursiv anzuzeigen ist.

⋯▸ Die Schriftgröße wird über das Listenfeld *Schriftgrad* abgerufen. Alternativ können Sie die Größe direkt im Eingabefeld vorgeben. Dies erlaubt Ihnen auch Zwischengrößen wie 8,5 einzutragen.

⋯▸ Die Darstellung des Texts läßt sich über die Kontrollkästchen der Gruppe *Darstellung* beeinflussen. Markierte Kontrollkästchen erlauben durchgestrichene, hoch- oder tiefgestellte Texte. Unterstreichungen lassen sich über das Listenfeld *Unterstreichung* wählen.

⋯▸ Die Schriftfarbe und der Schrifthintergrund werden über die beiden Listenfelder *Farbe* und *Hintergrund* eingestellt. Beachten Sie, daß das Feld *Hintergrund* nur dann vorhanden ist, wenn vor Aufruf des Dialogfelds kein Text markiert war. Sie können die Option *Hintergrund* dabei auf *Automatisch*, *Unsichtbar* und *Undurchsichtig* einstellen.

Markieren Sie das Kontrollkästchen *Automatisch anpassen*, skaliert Excel 97 die Schriftgrößen des Beschriftungsfelds automatisch, wenn sich die Größe des Objekts ändert.

Die Textfarbe eines Beschriftungsobjekts läßt sich auch einfacher anpassen. Markieren Sie das betreffende Textobjekt. Anschließend wählen Sie in der Format-Symbolleiste die Schaltfläche Schriftfarbe. *Über die zugehörige Farbpalette läßt sich die Schriftfarbe sehr schnell auswählen.*

Textausrichtung verändern

Beschriftungstexte in einem Diagramm werden standardmäßig horizontal bzw. vertikal angeordnet. Die Auswahl erfolgt durch den Assistenten bei der Diagrammerstellung.

Über die Registerkarte *Ausrichtung* (Bild 34.4) können Sie die Ausrichtung des markierten Beschriftungsobjekts jederzeit ändern. Wählen Sie eine der Optionen zur Ausrichtung (*Horizontal, Vertikal*) im Textfeld. Anschließend stellen Sie den Winkel für die Neigung des Textes im Feld *Grad* ein. Eine schnelle Ausrichtung des Neigungswinkels erreichen Sie, indem Sie auf eine der Marken im angezeigten Halbkreis klicken. Excel 97 paßt den Text im Beschriftungsfeld diesem Neigungswinkel an.

In der Diagramm-*Symbolleiste existieren die nebenstehend gezeigten Schaltflächen. Markieren Sie ein Beschriftungsobjekt (der Text darf nicht markiert werden). Dann läßt sich der Text durch Anwahl einer der nebenstehend gezeigten Schaltflächen in der angegebenen Weise kippen. Um den Neigungswinkel auf 0 zurückzusetzen, müssen Sie die Registerkarte* Ausrichtung *aufrufen und das Feld* Grad *auf 0 setzen.*

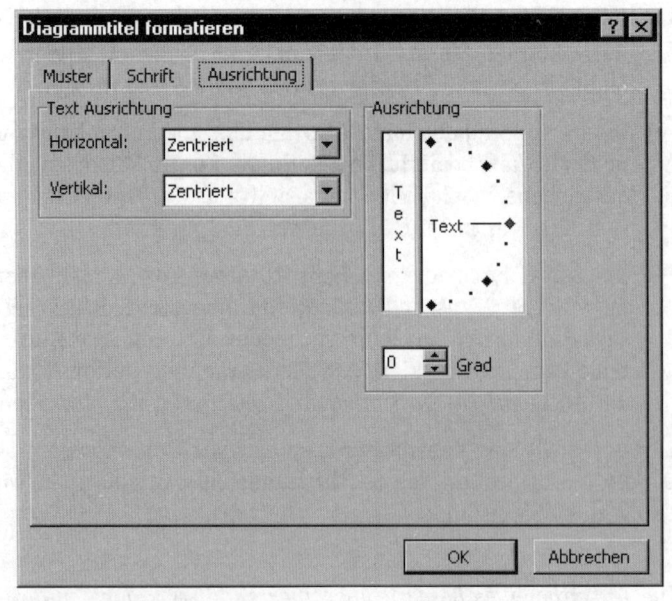

Bild 34.4: Registerkarte Ausrichtung

Muster für Beschriftungsobjekte definieren

Sie können ein Beschriftungsobjekt mit einem (Hintergrund-) Muster versehen. Hierzu müssen Sie das Objekt markieren (nicht den Text) und dann die Registerkarte *Muster* im Dialogfeld *xxx formatieren* öffnen (Bild 34.5).

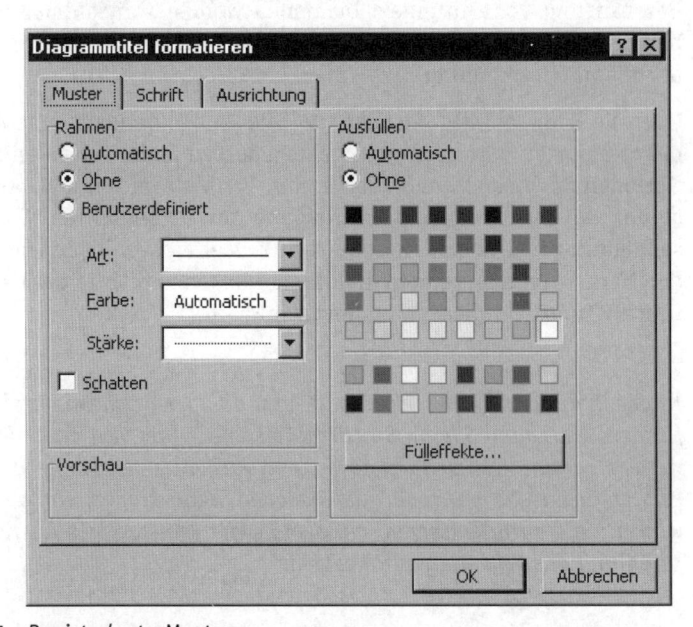

Bild 34.5: Registerkarte Muster

⋯⁂ Über die Optionsfelder der Gruppe *Rahmen* läßt sich festlegen, ob kein Rahmen oder ein benutzerdefinierter Rahmen anzuzeigen ist. Bei benutzerdefinierten Rahmen lassen sich die Art der Rahmenlinie, die Farbe der Linie sowie die Strichstärke einstellen. Das Optionsfeld *Automatisch* überläßt Excel 97 die Anzeige eines Rahmens (z.B. bei der Legende).

⋯⁂ Markieren Sie das Kontrollkästchen *Schatten*, versieht Excel 97 das Beschriftungsfeld mit einem Schatten. Die Wirkung des Schattens wird im Feld *Vorschau* angezeigt.

⋯⁂ Über die Gruppe *Ausfüllen* läßt sich festlegen, ob der Hintergrund des Beschriftungsfelds mit einer Farbe oder einem Füllmuster auszufüllen ist. Das Optionsfeld *Ohne* unterdrückt die Hintergrundfarbe. Die Option *Automatisch* veranlaßt Excel 97 die durch Windows vorgegebene Hintergrundfarbe (meist Weiß) zu verwenden. Alternativ können Sie auf eine der Farben der Farbpalette klicken. Dann benutzt Excel 97 diese Farbe als Hintergrund im Beschriftungsfeld.

⋯⁂ Über die Schaltfläche *Fülleffekte* läßt sich ein getrenntes Dialogfeld mit mehreren Registerkarten öffnen. In diesem Dialogfeld können Sie Fülleffekte wie Farbverläufe oder Muster für den Hintergrund des Beschriftungsfelds festlegen (siehe Abschnitt »Arbeiten mit Fülleffekten«).

Das Feld *Vorschau* zeigt die Wirkung der in der Registerkarte *Muster* eingestellten Optionen. Bleibt das Feld »leer«, ist der Hintergrund auf transparent gesetzt. Sobald eine Füllfarbe oder ein Schatten definiert ist, erscheint das Beschriftungsfeld in der Vorschau.

34.2 Legende bearbeiten

Excel 97 blendet innerhalb des Diagramms automatisch eine Legende mit den Bezeichnungen der verwendeten Datenreihen ein. Sie können den Legendentext aus der Tabelle übernehmen oder individuell gestalten (siehe Kapitel 33). Nachfolgend wird gezeigt, wie sich die Optionen der Legende ändern lassen.

Legendentext ein-/ausblenden

Um die Legende ein- oder auszublenden, rufen Sie die *Diagramm*-Symbolleiste auf. Diese Symbolleiste erscheint automatisch beim Markieren eines Diagramms. (Andernfalls geben Sie die Anzeige über den Befehl SYMBOLLEISTEN im Menü ANSICHT frei.)

Über die nebenstehend gezeigte Schaltfläche *Legende* läßt sich die Anzeige des Legendentextes ein- und ausblenden. Bei eingedrückter Schaltfläche wird die Legende angezeigt. Um die Anzeige zu unterdrücken, müssen Sie die Schaltfläche erneut per Maus anwählen.

> Um die Legende schnell auszublenden, markieren Sie den Bereich und betätigen die ⌈Entf⌉-Taste. Achten Sie jedoch darauf, daß der gesamte Legendentext mit einem Markierungsrahmen umgeben ist. Wird nur ein Element markiert, löscht Excel 97 die zugehörige Datenreihe aus dem Diagramm. Die Legende läßt sich über die oben gezeigte Schaltfläche wieder einblenden.

Legendentext ändern

Der Legendentext wird bei der Erstellung eines Diagramms automatisch durch Excel 97 generiert. Haben Sie eine Zeile/Spalte mit Beschriftungen verwendet, kann Excel 97 den Inhalt für die Legende übernehmen (siehe oben). Dann genügt es, die betreffenden Zellen zu ändern, um den Legendentext zu beeinflussen. Gibt Excel 97 die Beschriftung der Legende mit Reihe1, Reihe2 etc. vor, können Sie die Beschriftung manuell verändern.

1. Markieren Sie hierzu das Diagramm mit einem Mausklick. Anschließend rufen Sie den Diagramm-Assistent über die nebenstehend gezeigte Schaltfläche auf.

2. Gehen Sie über die Schaltfläche *Weiter >* zu Schritt 2. Dort wählen Sie die Registerkarte *Reihe* und passen die Optionen für die Beschriftung der Datenreihe an (siehe auch Kapitel 33).

Sobald Sie das Dialogfeld über die Schaltfläche *Ende* schließen, paßt Excel 97 die Legendenbeschriftung an.

Legende ausrichten

Die Ausrichtung der Legende läßt sich ändern, indem Sie die Legende mit der rechten Maustaste anklicken und im Kontextmenü den Befehl LEGENDE FORMATIEREN anwählen. In der Registerkarte *Anordnung* läßt sich die Legendenposition über verschiedene Optionsfelder festlegen (Bild 34.6). Weiterhin können Sie die Legende markieren und per Maus an die gewünschte Position ziehen.

Bild 34.6: Optionen der Registerkarte Anordnung

> *Möchten Sie einen Legendentext unterdrücken, geben Sie im Feld* Name *(der Registerkarte* Reihe *in Schritt 2 des Diagramm-Assistenten) ein Leerzeichen oder ="" ein. Dann erscheint nur noch die Marke für die betreffende Legende.*

Sie können auch einen Eintrag in der Legende ganz löschen, indem Sie diesen per Maus markieren und die `Entf`-Taste drücken. Excel 97 löscht dann aber auch die zugehörige Datenreihe aus dem Diagramm.

Legende formatieren

Möchten Sie den Legendentext lediglich formatieren (Ausrichtung, Schriftart, Muster), gehen Sie folgendermaßen vor:

1. Markieren Sie die Legende des Diagramms mit einem Mausklick (der Markierungsrahmen wird sichtbar).
2. Nun wählen Sie den Legendentext mit einem Klick der rechten Maustaste an.
3. Klicken Sie im Kontextmenü auf den Befehl LEGENDENTEXT FORMATIEREN.

Excel 97 öffnet das Dialogfeld *Legendentext formatieren* mit verschiedenen Registerkarten (Schrift, Muster, Anordnung), über die Sie die Formatierung der Legende anpassen können. Hinweise zu den Optionen der einzelnen Registerkarten finden Sie auf den vorhergehenden Seiten (z.B. im Abschnitt »Beschriftungstext formatieren«).

> *Ist die Legende bereits markiert, können Sie einen einzelnen Legendentext direkt per Maus anklicken. Excel 97 markiert diesen dann durch einen eigenen Rahmen. Sie können anschließend die Registerkarte* Schrift *direkt über einen Doppelklick der linken Maustaste oder über das Kontextmenü aufrufen. Dann wirkt sich die Textformatierung nur auf diesen Legendentext aus.*

Legendenhintergrund

Neben der Schriftart können Sie auch den Legendenhintergrund über die Registerkarte *Muster* (Bild 34.31) gestalten. Näheres zur Anwendung von Fülleffekten finden Sie im Abschnitt »Arbeiten mit Fülleffekten«.

Die Änderungen in der Registerkarte *Muster* wirken sich auf den gesamten Hintergrund der Legende aus.

Gitternetzlinien in Diagrammen

Ein Diagramm läßt sich mit vertikalen und horizontalen Linien versehen, um die Ablesbarkeit einzelner Werte zu verbessern. Excel 97 unterscheidet dabei zwischen Hauptgitternetzlinien, die sich an der Hauptskalierung der Achsen (z.B. Jahreszahlen) ausrichten, und den Hilfsgitternetzlinien, die Zwischenwerte markieren.

Sie haben beim Erstellen eines Diagramms die Möglichkeit, diese Linien in einem Dialogfeld des Assistenten ein- oder auszublenden. Der Assistent läßt sich auch nachträglich aufrufen, indem Sie das Diagramm markieren und die nebenstehend gezeigte Schaltfläche anwählen.

Schneller funktioniert das Ein- oder Ausblenden der horizontalen und vertikalen Hilfslinien über die beiden nebenstehend gezeigten Schaltflächen. Sie müssen diese Schaltflächen allerdings in der *Diagramm*-Symbolleiste einrichten (Menü EXTRAS, Befehl ANPASSEN, Registerkarte *Befehle*, Kategorie *Diagramm*).

Gitternetzlinien formatieren

Um die Gitternetzlinien in einem Diagramm zu formatieren, müssen diese eingeblendet sein. Dann markieren Sie die Gitternetzlinien. Hierzu können Sie das Diagramm per Mausklick markieren und dann in der *Diagramm*-Symbolleiste das Objekt *Gitternetzlinien* im Listenfeld *Diagrammobjekt* wählen. Markierte Gitternetzlinien werden mit einer Ziehmarke versehen.

Klicken Sie mit der rechten Maustaste auf die Markierung und wählen im Kontextmenü den Befehl GITTERNETZLINIEN FORMATIEREN. Excel 97 öffnet das Dialogfeld *Gitternetzlinien formatieren* (Bild 34.7).

Über die Registerkarte *Muster* lassen sich der Linientyp, die Linienstärke und die Linienfarbe wählen. Sobald Sie die betreffenden Optionen gesetzt haben, läßt sich die Registerkarte über die *OK*-Schaltfläche schließen. Excel 97 übernimmt die neuen Einstellungen zur Anzeige der Gitternetzlinien.

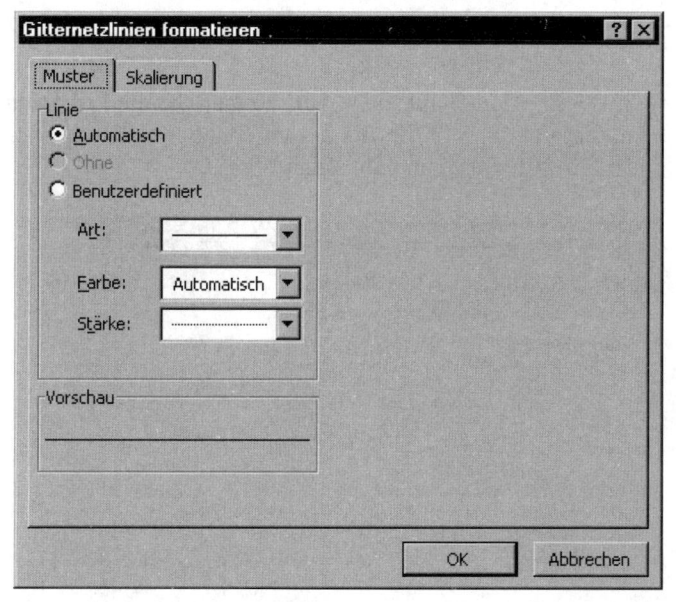

Bild 34.7: Das Dialogfeld Gitternetzlinien formatieren

34.3 Gestaltung der Achsenskalierung und -beschriftung

Excel 97 legt beim Erstellen eines Diagramms automatisch die Skalierung der Achsen an Hand der darzustellenden Werte fest. Für die Beschriftung werden die Formatvorgaben der Vorlage verwendet. Sie können die Skalierung und Beschriftung jedoch individuell anpassen.

1. Markieren Sie die betreffende Achse mit einem Mausklick.
2. Dann wählen Sie die markierte Achse mit der rechten Maustaste an.
3. Im Kontextmenü klicken Sie auf den Befehl ACHSE FORMATIEREN.

Noch einfacher funktioniert es, wenn Sie eine Achse per Doppelklick anwählen. In allen Fällen öffnet Excel 97 das Dialogfeld *Achse skalieren*. In den Registerkarten dieses Dialogfelds können Sie die Optionen zur Darstellung der Skalierung dieser Achse beeinflussen.

Achsenform verändern

Um die Skalenteilung der betreffenden Achse ein- oder auszublenden, markieren Sie in der Registerkarte *Muster* die Optionsfelder der Gruppe *Achse* (Bild 34.8).

⇢ Die Option *Automatisch* überläßt Excel 97 die Auswahl der betreffenden Skalenstriche.

···❖ Markieren Sie das Optionsfeld *Ohne*, unterdrückt Excel 97 die Anzeige der Skalenstriche.

···❖ Mit der Option *Benutzerdefiniert* können Sie die Farbe, die Strichstärke und die Linienform für die Skalenstriche in den zugehörenden Listenfeldern *Art*, *Farbe* und *Stärke* abrufen.

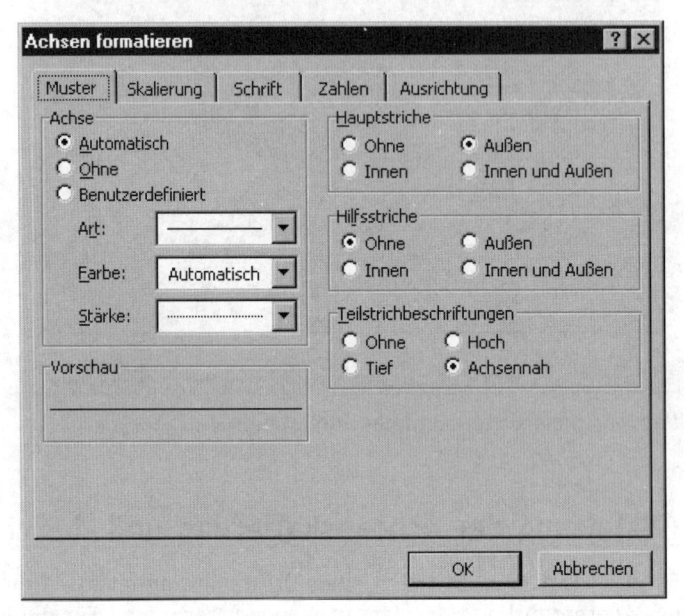

Bild 34.8: Die Registerkarte Muster

Die Optionsfelder der Gruppe *Hauptstriche* legen fest, wo Excel 97 die Skalenteilung der Hauptstriche anzeigt. Hilfsstriche, die die Hauptstriche weiter unterteilen, lassen sich über die Gruppe *Hilfsstriche* ein-/ausblenden sowie in der Position festlegen. In der Gruppe *Teilstrichbeschriftungen* definieren Sie, wie Excel 97 die Beschriftung der Teilstriche an der betreffenden Achse zeichnet. Diese legen fest, wie Excel 97 die Beschriftung der Teilstriche (Zahlen oder Texte) positioniert. Bei der Beschriftung der X-Achse stimmen die angegebenen Richtungen *Hoch* und *Tief* mit der Lage der Texte überein. Mit *Hoch* werden die Texte oberhalb des Strichs angezeigt. Bei der Beschriftung der Y-Achse beziehen sich die Optionsfelder *Hoch* und *Tief* dagegen auf den Bereich rechts und links der Achse. Bei der Auswahl *Achsennah* dürften die wenigsten Probleme auftauchen. Das Optionsfeld *Ohne* erlaubt es, die *Achsenbeschriftung* auszublenden. Standardmäßig werden nur die Hauptstriche angezeigt. Je nach verwendetem Diagrammtyp können Sie aber auch die Teilstriche (Hilfsstriche) miteinblenden.

Der Inhalt des Dialogfelds *Achsen* hängt vom gewählten Diagramm ab. Enthält das Diagramm eine *Sekundärachse*, wird zum Beispiel eine zweite Gruppe mit den Kontrollkästchen für diese Achse eingeblendet.

Skalierung ändern

Um die Achsenskalierung zu verändern, müssen Sie die betreffende Achse im Diagramm per Maus markieren. Sobald die Endpunkte der Achse mit Ziehpunkten versehen sind, können Sie im Menü FORMAT oder über das Kontextmenü den Eintrag ACHSEN FORMATIEREN abrufen. (Noch schneller geht es, wenn Sie die betreffende Achse per Doppelklick anwählen).

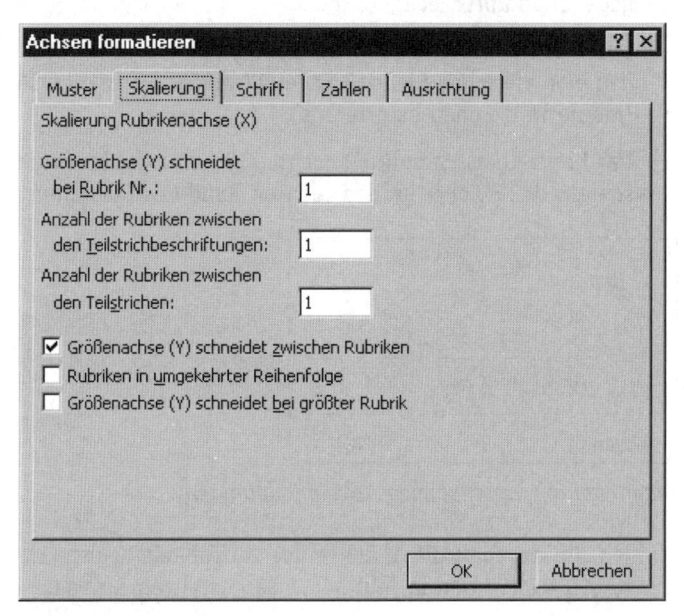

Bild 34.9: Skalierung bei X-Achse

Excel 97 blendet dann das Dialogfeld *Achsen formatieren* ein, in dem Sie die Registerkarte *Skalierung* wählen. (Beachten Sie aber, daß der Aufbau des Dialogfelds und der Registerkarten von der angewählten Achse und der Diagrammform abhängt.) In dieser Registerkarte läßt sich die Skalierung anpassen. Haben Sie vor Aufruf der Registerkarte die X-Achse markiert, zeigt Excel 97 die Registerkarte mit dem Aufbau aus Bild 34.9.

- Über das Feld *Größenachse (Y) schneidet bei Rubrik Nr.* legen Sie die Lage der Y-Achse im Diagramm fest. Standardmäßig wird der Wert 1 eingetragen, damit die Achse links von der ersten Rubrik liegt. Sie können die Y-Achse allerdings auch in das Diagramm verschieben (siehe Bild 34.10).

- Soll nicht jede Rubrik mit einer Beschriftung versehen werden, erhöhen Sie den Wert im Feld *Anzahl der Rubriken zwischen den Teilstrichbeschriftungen*. Dann läßt sich jede 2., 3. etc. Rubrik mit einer Beschriftung versehen.

Teil 5 · Diagramme und Grafiken

- ⇒ Das Kontrollkästchen *Anzahl der Rubriken zwischen den Teilstrichen* legt fest, wie groß der Abstand zwischen einzelnen Skalenstrichen der Achse ist.
- ⇒ Das Kontrollkästchen *Größenachse (Y) schneidet zwischen Rubriken* legt fest, wo der Schnittpunkt der Achsen liegen darf. Markieren Sie das Kontrollkästchen, damit Excel 97 den Schnittpunkt genau auf die angegebene Rubrik legen kann.
- ⇒ Durch Markierung des Kontrollkästchens *Rubriken in umgekehrter Reihenfolge* erreichen Sie, daß Excel 97 die Skalierung der Achse umdreht (kleine Werte oben bzw. rechts).
- ⇒ Das Kontrollkästchen *Größenachse (Y) schneidet bei größter Rubrik* verschiebt die Y-Achse an den rechten Rand des Diagramms.

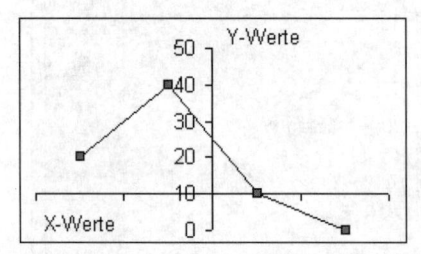

Bild 34.10: Diagramm mit verschobenen Achsennullpunkten

Wählen Sie dagegen die Y-Achse vor Aufruf der Registerkarte *Skalierung* an, zeigt Excel 97 den in Bild 34.11 dargestellten Aufbau.

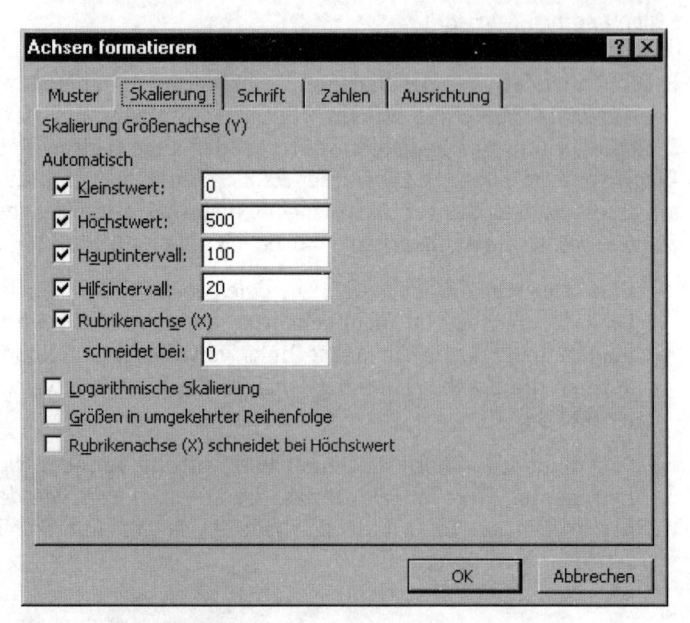

Bild 34.11: Skalierung bei Y-Achse

- Die Kontrollkästchen *Kleinstwert* und *Höchstwert* und die zugehörigen Felder bestimmen die Skalierung der Y-Achse (größter und kleinster Wert der Skalierung). Die Werte werden vom Diagramm-Assistenten automatisch aus den Werten bestimmt.

- Die Skalenteilung wird über den Wert im Feld *Hauptintervall* festgelegt und über das zugehörige Kontrollkästchen ein-/ausgeblendet. Excel 97 versieht die Skalenteile mit einem entsprechenden Skalenwert.

- Das Kontrollkästchen und das Feld *Hilfsintervall* wird zum Einblenden der Hilfsgitternetzlinien benutzt (siehe Abschnitt *Gitternetzlinien*).

- Im Feld *Rubrikenachse (X) schneidet bei* läßt sich ein Offset für die X-Achse angeben. Dadurch verschieben Sie die X-Achse im Diagramm in positiver oder negativer Richtung (Bild 34.10).

Die restlichen drei Kontrollkästchen erlauben die Auswahl einer logarithmischen Skalierung der Y-Achse, die Umkehrung der Reihenfolge der Achsenskalierung und die Lageveränderung der Rubrikenachse (siehe oben).

Excel 97 bietet Ihnen die Möglichkeit, die Skalierung der Y-Achse linear oder logarithmisch zu wählen. Bei Liniendiagrammen läßt sich die Option Logarithmische Skalierung *jedoch nur für die Y-Achse einstellen (siehe Bild 34.11). Benötigen Sie eine logarithmische Skalierung beider Achsen, müssen Sie als* Diagrammtyp Punkt (XY) *wählen. Anschließend steht die Option* Logarithmische Skalierung *auch in der Registerkarte* Skalierung *der X-Achse zur Verfügung.*

Sofern Sie zusätzliche Informationen zu einem Feld oder einer Option der Registerkarte *Skalierung* benötigen, rufen Sie diese über die Schaltfläche *Direkthilfe* ab (Schaltfläche mit dem Fragezeichen in der rechten oberen Ecke des Dialogfelds).

Achsenbeschriftung formatieren

Um die Beschriftung der Achsen zu verändern (Schriftart, Formatierung der Zahlen, Farben etc.) müssen Sie das Dialogfeld *Achsen formatieren* aufrufen (Achse per Doppelklick markieren) und dann die Registerkarte *Schrift* wählen. In dieser Registerkarte (siehe Bild 34.3) finden Sie Optionen, um die Schriftart, den Schriftgrad sowie die Formatierung der Achsenbeschriftung zu verändern.

Zahlen der Achsenbeschriftung formatieren

In der Achsenbeschriftung werden Zahlen im Format der betreffenden Zellen eingeblendet. Dies bedeutet zum Beispiel, daß die Werte meist ohne Nachkommastellen angezeigt werden. Ähnliches gilt für Kreisdiagramme mit Prozentangaben.

1. Um das Format der angezeigten Zahlen der Achsenbeschriftung zu verändern, markieren Sie die Achse mit einem Doppelklick.

2. Excel 97 öffnet das Dialogfeld *Achse formatieren*, in dem Sie die Registerkarte *Zahlen* wählen.

3. In dieser Registerkarte wählen Sie das gewünschte Zahlenformat für die Achsenbeschriftung (Bild 34.12) aus einer der vorgegebenen Kategorien. Bei Bedarf können Sie auch eine benutzerdefinierte Formatschablone benutzen (siehe auch Kapitel 19).

Sobald Sie die Registerkarte über die *OK*-Schaltfläche schließen, formatiert Excel 97 die Zahlen der Achsenbeschriftung gemäß der Vorgabe.

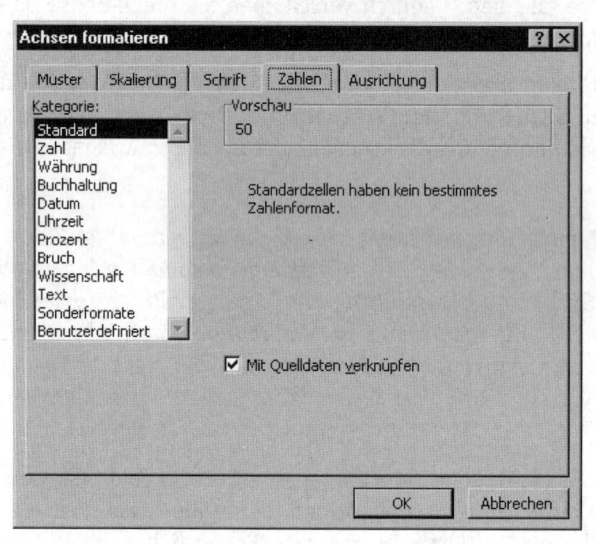

Bild 34.12: Die Registerkarte Zahlen *zur Achsenformatierung*

Bei einem neuen Diagramm ist die Achsenbeschriftung in der Regel mit der Tabelle verknüpft. Sobald Sie die Formatierung ändern, hebt Excel 97 die Beschriftung auf. Dies wird durch ein leeres Kontrollkästchen *Mit Quelldaten verbunden* symbolisiert. Sobald Sie dieses Kontrollkästchen markieren, aktiviert Excel 97 die Verknüpfung wieder.

> **TIP** *Um in einem Kreisdiagramm einzelne Prozentangaben mit Nachkommawerten zu versehen, aktivieren Sie das Diagramm. Dann wählen Sie einen der Prozentwerte mit einem Doppelklick an. In der Registerkarte* Zahlen *können Sie nun das gewünschte Format eintragen. Sobald Sie die Registerkarte schließen, übernimmt Excel 97 das betreffende Format zur Anzeige der Prozentwerte im Kreisdiagramm.*

Achsenbeschriftung ausrichten

Excel 97 richtet die Texte der Achsenbeschriftung automatisch nach den Gegebenheiten aus. Dies muß aber nicht immer optimal sein. Sie können in einem aktivierten Diagramm die Achsenbeschriftung in einem beliebigen Winkel kippen.

1. Doppelklicken Sie auf die gewünschte Achse des Diagramms. Excel 97 öffnet das Dialogfeld *Achse formatieren*.
2. Wählen Sie die Registerkarte *Ausrichtung*. In dieser Registerkarte ist der Neigungswinkel für die Beschriftung einzustellen (Bild 34.13).

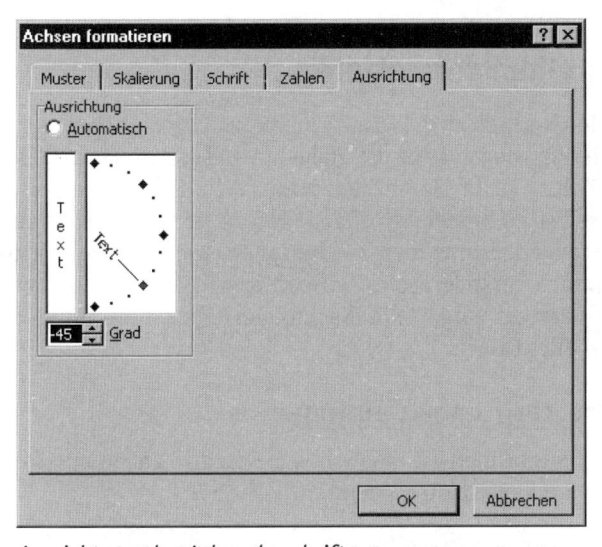

Bild 34.13: Ausrichtung der Achsenbeschriftung

Ist das Optionsfeld *Automatisch* markiert, paßt Excel 97 die Ausrichtung der aktuellen Situation im Diagramm an. Sobald Sie den Winkel einstellen und die Registerkarte über die *OK*-Schaltfläche schließen, übernimmt Excel 97 die Ausrichtung für die Beschriftung der Achse.

Diagrammfläche formatieren

Wenn Sie bei einem Diagramm die Diagrammfläche markieren, läßt sich diese formatieren. (Sie können den Hintergrund der Zeichenfläche mit einer Farbe, einem Bild, einem Muster oder einem Farbverlauf füllen.) Um die Diagrammfläche zu formatieren, öffnen Sie bei markierter Diagrammfläche das Kontextmenü und wählen den Eintrag DIAGRAMMFLÄCHE FORMATIEREN. Alternativ läßt sich die Funktion über das Menü FORMAT oder direkt über die Tastenkombination [Strg]+[1] aufrufen. Excel 97 öffnet dann das Dialogfeld *Diagrammfläche formatieren* mit der zuletzt eingestellten Registerkarte (Bild 34.5). Über diese Registerkarte lassen sich die einzelnen Optionen zur Formatierung der Diagrammfläche abrufen.

Sie können einen Rahmen um die Diagrammfläche ziehen, einen Schatten hinter die Fläche legen, die Hintergrundfarbe setzen oder einen Fülleffekt definieren. (Hinweise hierzu finden Sie weiter oben im Abschnitt »Muster für Beschriftungsobjekte definieren« und am Kapitelende im Abschnitt »Arbeiten mit Fülleffekten«.)

> *Das Optionsfeld* Ohne *in der Gruppe* Ausfüllen *gestaltet den Diagrammhintergrund transparent. Dies ist zum Beispiel beim Erstellen von Folien mit Diagrammen hilfreich.*

34.4 Datenreihen formatieren

Die in den vorherigen Abschnitten vorgestellten Formatfunktionen beziehen sich überwiegend auf die Elemente außerhalb der dargestellten Werte. Excel 97 ermöglicht Ihnen über zusätzliche Funktionen, auch die Datenreihen selbst zu bearbeiten. Damit lassen sich eine Reihe zusätzlicher Effekte erzeugen. Einige dieser Funktionen, wie Datenreihen löschen, Werte im Diagramm verändern etc., wurden bereits weiter oben bzw. in den vorherigen Kapiteln vorgestellt. Nachfolgend finden Sie Hinweise auf weitere spezielle Funktionen.

Datenbeschriftungen einfügen

Excel 97 bietet Ihnen die Möglichkeit, Beschriftungen innerhalb der einzelnen Datenreihen vorzunehmen.

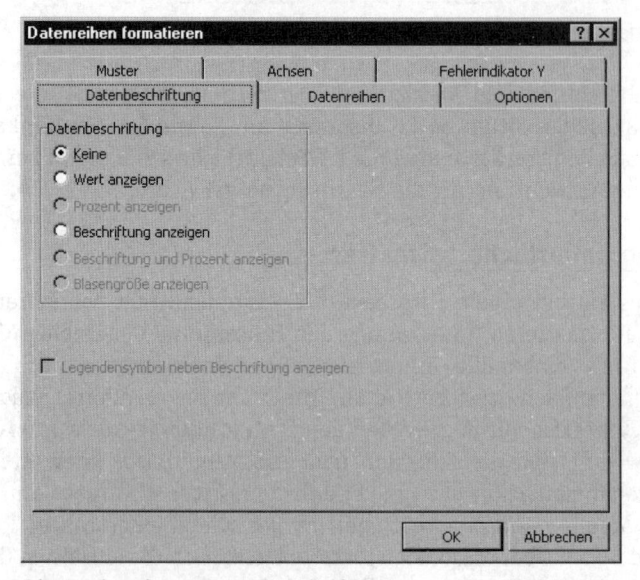

Bild 34.14: Die Registerkarte Datenbeschriftung

1. Doppelklicken Sie auf eine Datenreihe des Diagramms. Excel 97 öffnet das Dialogfeld *Datenreihen formatieren*.
2. Aktivieren Sie die Registerkarte *Datenbeschriftung* (Bild 34.14) und setzen die gewünschten Optionen. Standardmäßig ist die Option *Keine* gewählt, d.h. die Datenreihen bleiben unbeschriftet. In Abhängigkeit vom Diagrammtyp läßt sich aber eines der Optionsfelder in der Gruppe *Datenbeschriftungen* markieren (siehe auch Kapitel 33).

Sobald Sie das Dialogfeld über die *OK*-Schaltfläche schließen, zeigt Excel 97 die Datenbeschriftung im Diagramm an (Bild 34.15).

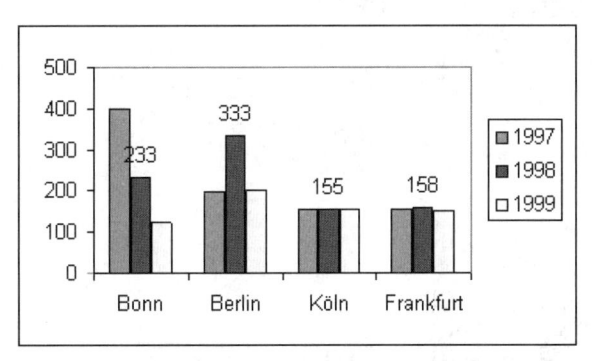

Bild 34.15: *Diagramm mit Datenbeschriftung an einer Datenreihe*

Über das Optionsfeld *Werte anzeigen* blendet Excel 97 nur die Werte der betreffenden Datenpunkte ein. Bild 34.15 enthält nur eine Datenreihe, da es bei dicht nebeneinanderliegenden Punkten schnell zur Überlagerung der Werte kommt. Wird das Optionsfeld *Beschriftung anzeigen* markiert, blendet Excel 97 neben dem Wert zusätzlich die Beschriftung der X-Achse ein. In den meisten Fällen sind die Werte dann aber nicht mehr zu lesen. Sie haben aber die Möglichkeit, über die Funktion *Datenreihen formatieren* die Ausrichtung der Beschriftung zu verändern (siehe folgende Seiten).

Die Optionsfelder *Prozent* und *Beschriftung und Prozent* werden nur freigegeben, falls das Diagramm Prozentwerte enthält. Über das Kontrollkästchen *Legendensymbol neben Beschriftung anzeigen* läßt sich das Symbol der Legende einblenden. Auch dies führt schnell zu einer sehr unübersichtlichen Darstellung innerhalb des Diagramms und sollte mit Vorsicht verwendet werden.

Weiterhin haben Sie die Möglichkeit, die Beschriftung der Datenreihen zu verändern. Hierzu wählen Sie einen der Beschriftungspunkte mit einem Doppelklick der Maustaste an, oder klicken im Kontextmenü den Eintrag *Datenbeschriftungen formatieren* an. Excel 97 zeigt dann das gleichnamige Dialogfeld mit den Registerkarten *Schrift*, *Zahlen*, *Ausrichtung* und *Muster*. Über diese Registerkarten läßt sich das Format der Datenbeschriftungen individuell gestalten. Die Bedeutung dieser Registerkarten wurde bereits in den vorhergehenden Abschnitten vorgestellt.

Reihenfolge der Datenreihen ändern

Sie können in Diagrammen die Reihenfolge der Datenreihen ändern. Standardmäßig übernimmt Excel 97 den Inhalt des ersten markierten Bereichs als erste Datenreihe. Bei mehreren Spalten oder Zeilen werden die nächsten Datenreihen aus den folgenden Zellinhalten gebildet. Sie können diese Aufteilung jedoch nachträglich verändern.

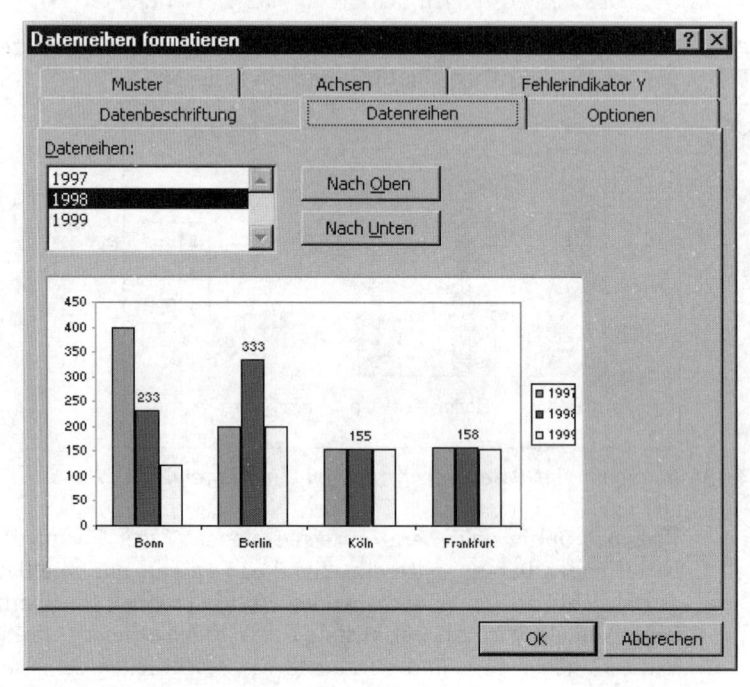

Bild 34.16: Datenreihen

1. Markieren Sie den Diagrammbereich mit einem Mausklick.
2. Klicken Sie mit der rechten Maustaste in der Zeichnungsfläche auf das Symbol einer Datenreihe. Wählen Sie im Kontextmenü den Befehl DATENREIHEN FORMATIEREN.
3. Excel 97 öffnet das Dialogfeld *Datenreihen formatieren,* in dem Sie die Registerkarte *Datenreihen* wählen (Bild 34.16).
4. Markieren Sie eine Datenreihe in der Liste *Datenreihen* und verschieben diesen Eintrag über die Schaltflächen *Nach oben* bzw. *Nach unten*.

Excel 97 zeigt die Auswirkungen im Fenster mit der Diagrammvorschau. Sobald Sie die Datenreihe in der gewünschten Reihenfolge sortiert haben, schließen Sie das Dialogfeld über die *OK*-Schaltfläche.

Zuweisung einer Sekundärachse

Um ein Linien- oder Säulendiagramm etc. nachträglich mit einer Sekundärachse zu versehen (eine Achse, die am rechten Rand des Diagramms angezeigt wird), gehen Sie folgendermaßen vor:

1. Markieren Sie eine Datenreihe mit einem Mausklick.
2. Wählen Sie die Datenreihe mit der rechten Maustaste an.
3. Klicken Sie im Kontextmenü auf den Befehl DATENREIHEN FORMATIEREN.
4. Excel 97 öffnet das Dialogfeld *Datenreihen formatieren*. Wählen Sie in diesem Dialogfeld die Registerkarte *Achsen* (Bild 34.17).
5. Markieren Sie in dieser Registerkarte das Optionsfeld *Sekundärachse*.

Das Ergebnis wird bereits in der Vorschau sichtbar, Excel 97 versieht das Diagramm mit einer Sekundärachse und trägt die ausgewählte Datenreihe über dieser Achse auf. Sobald Sie die Registerkarte über die *OK*-Schaltfläche schließen, fügt Excel 97 die Sekundärachse im Diagramm ein.

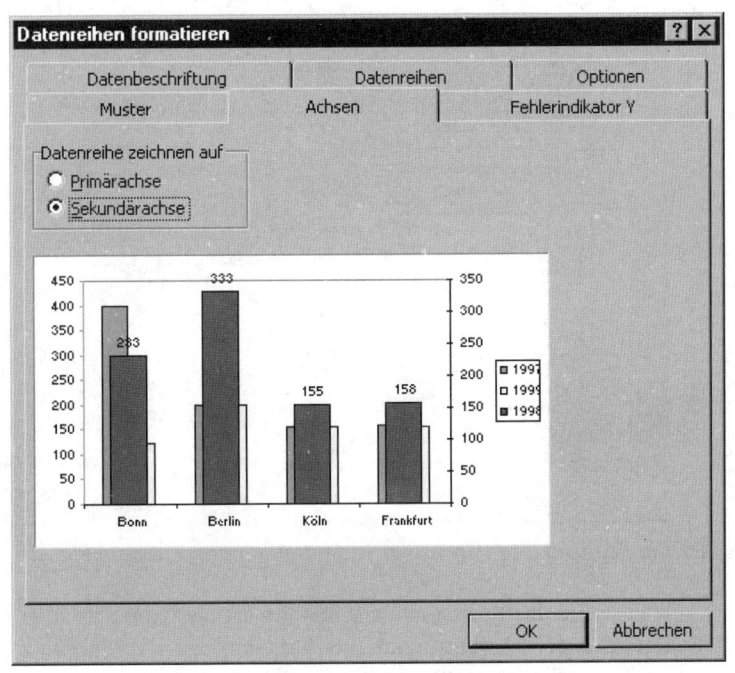

Bild 34.17: Änderung der Sekundärachse

Sobald das Diagramm eine Sekundärachse enthält, können Sie die Daten wahlweise an der Primär- und Sekundärachse auftragen. Markieren Sie die Datenreihe und führen die oben gezeigten Schritte aus. Über die Markierung der Optionsfelder *Primärachse* und *Sekundärachse* legen Sie fest, über welcher Skalierung die Werte abgetragen werden.

Datenpunkte und Linientyp formatieren

Excel 97 versieht die Datenpunkte der einzelnen Reihen (z.B. Liniendiagramm) automatisch mit einem Symbol. Sie haben aber die Möglichkeit, die Symbole individuell für jede Datenreihe zu wählen.

1. Markieren Sie eine Datenreihe mit einem Mausklick im Diagramm.
2. Doppelklicken Sie erneut auf die Datenreihe. Excel 97 öffnet das Dialogfeld *Datenreihe formatieren*.
3. Wählen Sie die Registerkarte *Muster*. Je nach Diagrammtyp zeigt diese Registerkarte die Optionen zur Gestaltung der Datenreihe (Bild 34.18). Die Registerkarte enthält zwei Gruppen, um den Linientyp und die Markierung der Datenpunkte einzustellen.

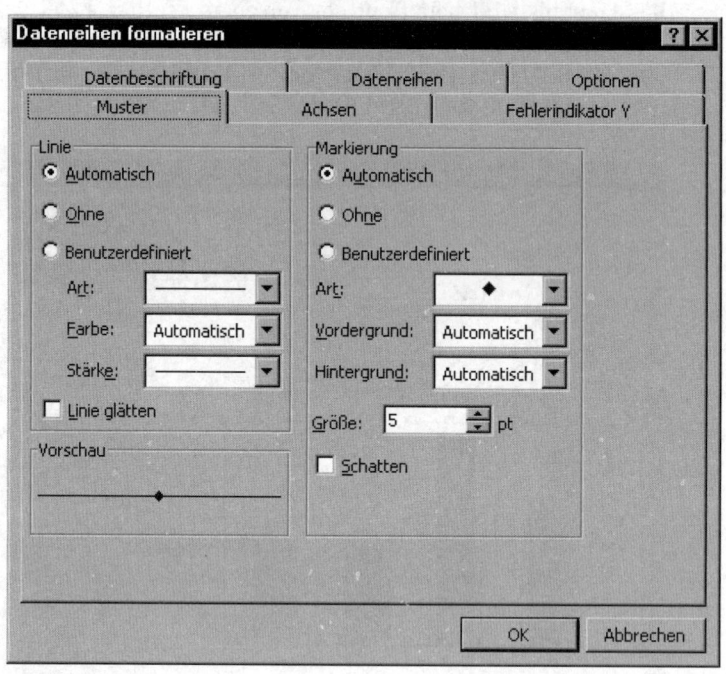

Bild 34.18: Die Registerkarte Muster *zur Formatierung der Datenpunkte*

Wählen Sie die Optionen und schließen die Registerkarte über die *OK*-Schaltfläche. Excel 97 übernimmt Ihre Vorgaben zur Darstellung der Datenreihe. Bei Liniendiagrammen können Sie so die Form, Stärke und Farbe der Linie bestimmen. Über die Gruppe *Markierung* stellen Sie die Form des Symbols für die Darstellung einzelner Datenpunkte ein. Sie können dabei sowohl das Symbol, als auch die Farbe für Vorder- und Hintergrund vorgeben. Das Ergebnis ist im Feld *Vorschau* sofort sichtbar.

34 Diagramme formatieren und anpassen

> *Bei Säulen- und Flächendiagrammen können Sie über die Schaltfläche Fülleffekte das Muster für die Fläche definieren. Dies erlaubt es, Bilder oder spezielle Symbole in einer Säule zu hinterlegen.*

Trendlinien in Diagrammen

Ein Diagramm (Säule, Linien, XY, Balken) läßt sich mit Trendlinien versehen. Hierzu gehen Sie folgendermaßen vor:

1. Markieren Sie im Diagramm eine Datenreihe, über die der Trend zu berechnen ist. (Datenreihe einmal anklicken und dann ggf. nochmals auf eine Datenreihe klicken.)
2. Klicken Sie mit der rechten Maustaste auf die Datenreihe. Wählen Sie im Kontextmenü den Befehl TRENDLINIEN HINZUFÜGEN (Bild 34.19).

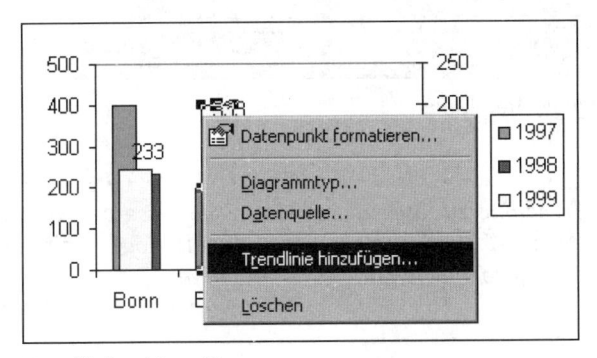

Bild 34.19: Trendlinien hinzufügen

Excel 97 öffnet das Dialogfeld *Trendlinie*, in dem Sie die Registerkarte *Typ* wählen (Bild 34.20).

1. Wählen Sie in der Registerkarte *Typ* den gewünschten Typ für den Trend.
2. Über die Registerkarte *Optionen* können Sie zusätzlich bestimmte Parameter für benutzerdefinierte Trendfunktionen eintragen.

Weiterhin läßt sich im Feld *Basierend auf Reihe* die Datenreihe wählen, aus deren Daten der Trend berechnet wird. Sobald Sie die Registerkarte über die *OK*-Schaltfläche schließen, zeichnet Excel 97 eine Trendlinie in das Diagramm ein. Um eine weitere Trendlinie zu erstellen, markieren Sie die nächste Datenreihe und führen die obigen Schritte erneut aus.

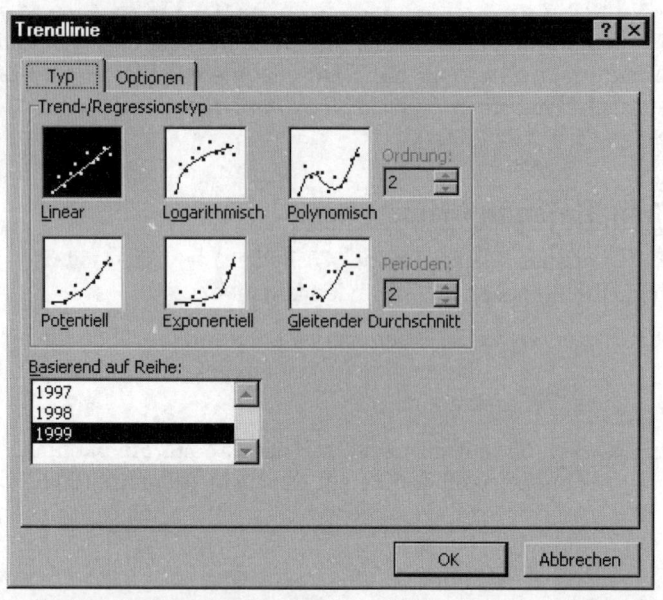

Bild 34.20: *Das Dialogfeld* Trendlinie

> *Um eine Trendlinie zu löschen, markieren Sie diese per Maus und drücken dann die* Entf *-Taste. Weiterhin haben Sie die Möglichkeit, eine markierte Trendlinie wie jede andere Linie zu formatieren.*

Fehlerindikator in Diagrammen

Um die Datenpunkte mit einem Fehlerindikator zu versehen, führen Sie folgende Schritte aus:

1. Markieren Sie im Diagramm eine Datenreihe mit einem Doppelklick.
2. Wählen Sie im Dialogfeld *Datenreihen formatieren* die Registerkarte *Fehlerindikator Y* (Bild 34.21).
3. Setzen Sie in der Registerkarte die Optionen für die Anzeige des Fehlerindikators.

Sobald Sie die Registerkarte über die *OK*-Schaltfläche schließen, versieht Excel 97 die Datenpunkte mit dem Symbol des Fehlerindikators. Die Größe des Fehlerindikators hängt dabei von Ihren Vorgaben für den Fehlerbetrag ab.

> *Zur Bestimmung des Fehlerbetrags bietet Excel 97 verschiedene Varianten. Bezüglich der genauen Definitionen rufen Sie die Direkthilfe (Schaltfläche mit dem Fragezeichen) auf.*

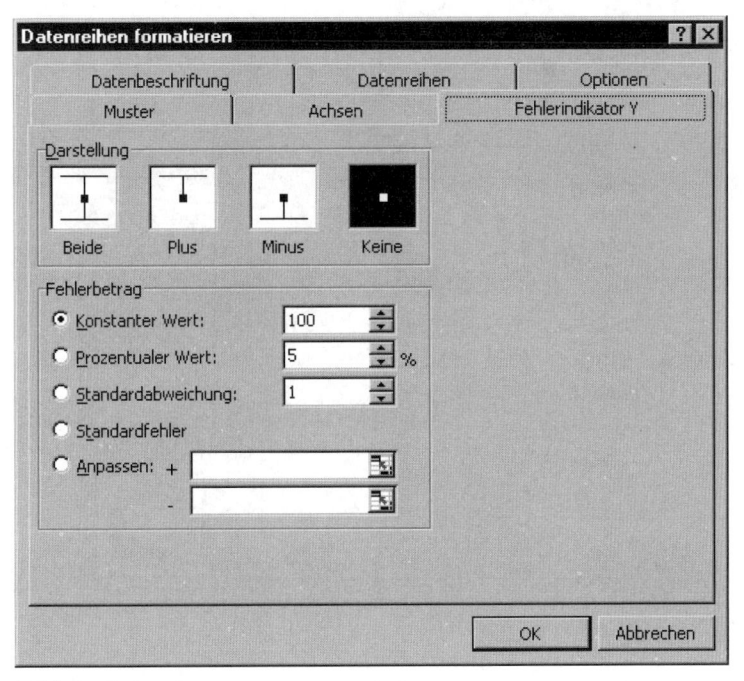

Bild 34.21: Fehlerindikator Y

Diagramme mit Objekten

Eine beliebte Variante in Säulendiagrammen ist die Verwendung bestimmter Symbole zur Darstellung der Balken (z.B. Autos, Menschen etc.). Excel 97 bietet Ihnen die Möglichkeit, beliebige grafische Objekte zur Gestaltung der Diagramme zu verwenden. Hierzu gehen Sie in folgenden Schritten vor:

1. Erstellen Sie das Diagramm in der gewohnten Weise.

2. Wählen Sie eine Datenreihe per Doppelklick an. Excel 97 zeigt jetzt das Dialogfeld *Datenreihe formatieren*.

3. Wählen Sie die Registerkarte *Muster* und klicken dort auf die Schaltfläche *Fülleffekte*.

4. Excel 97 öffnet das Dialogfeld *Fülleffekte*, in dem Sie die Registerkarte *Grafik* wählen (Bild 34.22).

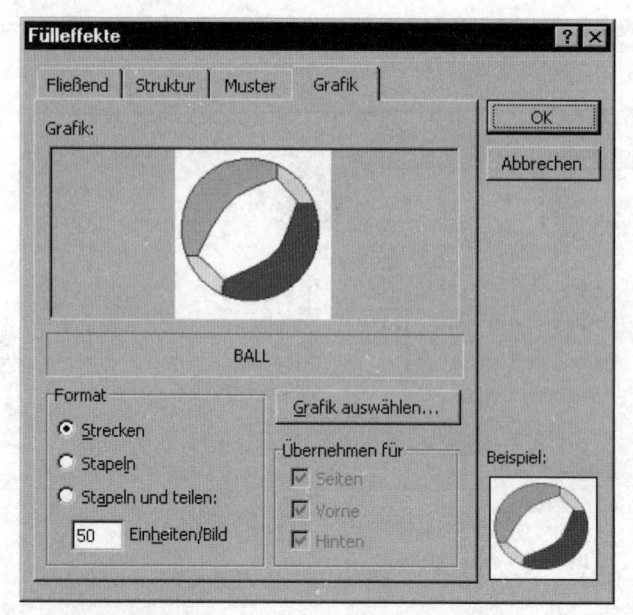

Bild 34.22: Grafik als Fülleffekt

5. Klicken Sie auf die Schaltfläche *Grafik wählen*. Im dann geöffneten Dialogfeld geben Sie das Laufwerk, den Pfad und den Namen der zu übernehmenden Grafikdatei an.

6. Sobald Sie dieses Dialogfeld schließen, wird die Grafik in der Vorschau der Registerkarte *Grafik* angezeigt. Sie können noch die Darstellungsoptionen wählen.

Sobald Sie die geöffneten Dialogfelder über die *OK*-Schaltfläche schließen, verwendet Excel 97 das grafische Objekt zur Darstellung der Säule in dem Diagramm (Bild 34.23).

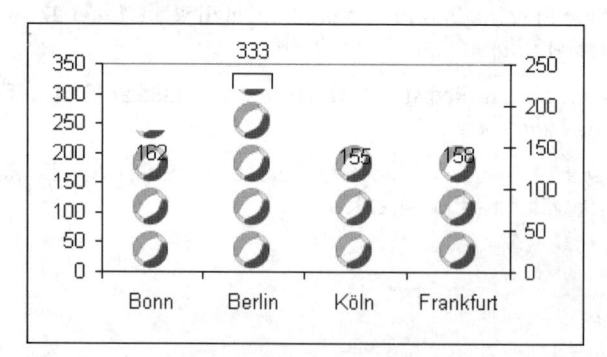

Bild 34.23: Diagramm mit Symbolen zur Darstellung

- Die Option *Strecken* bewirkt, daß Excel 97 die Grafik so streckt, daß Sie in die betreffende Säule paßt. In diesem Fall würde der Ball als Rechteck verformt. Diese Form eignet sich nur für einfache Muster.
- Mit *Stapeln* erreichen Sie, daß Excel 97 die Grafik in der Originalgröße mehrfach übereinander stapelt. Die Zahl der Symbole bestimmt dabei die Säulenhöhe.
- Die Option *Stapeln und teilen* bewirkt, daß Excel 97 die Grafik skaliert und dann als Säule stapelt.

Soll das Symbol innerhalb des Stapels geteilt werden, müssen Sie eine Einheit im zugehörigen Feld *Einheiten/Bild* der Registerkarte eintragen (Bild 34.22). Je kleiner diese Einheit gewählt wird, um so mehr Symbole werden pro Säule gezeichnet.

Die Optionen der Gruppe *Übernehmen für* werden nur freigegeben, wenn ein 3D-Diagramm mit Seiten markiert wurde. Dann läßt sich festlegen, auf welche Seite die Symbole bezogen werden.

In Bild 34.23 werden allerdings einige Einschränkungen dieses Verfahrens sichtbar. Große Bedeutung kommt der Auswahl der betreffenden Symbole zu. Hier eignen sich nur Symbole, die möglichst aus eine schwarzen Fläche bestehen und annähernd quadratische Form besitzen. Excel 97 zeichnet teilweise Rechtecke oberhalb der Symbole, die nichts mit der Darstellung der Werte zu tun haben. Hier müssen Sie ggf. etwas experimentieren, um optimale Grafiken zu erhalten.

3D-Diagramme drehen

Bei 3D-Diagrammen erlaubt Excel 97 dem Benutzer die Ansicht frei einzustellen. Bild 34.24 zeigt ein einfaches 3D-Diagramm mit Umsatzzahlen.

Sobald Sie dieses Diagramm aktivieren und dann per Maus anklicken, blendet Excel 97 Ziehpunkte an den Eckpunkten des umgebenden Raumgitters ein. Sobald Sie einen der Ziehpunkte per Maus anwählen und bei gedrückter linker Maustaste verschieben, blendet Excel 97 das Raumgitter an Stelle des Diagramms ein (Bild 34.25).

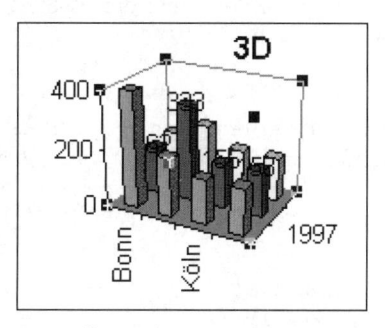

Bild 34.24: Darstellung eines 3D-Diagramms

Sie können nun den Ziehpunkt per Maus beliebig im Raum ausrichten. Sobald Sie die linke Maustaste freigeben, blendet Excel 97 das 3D-Diagramm in der neuen Ansicht ein.

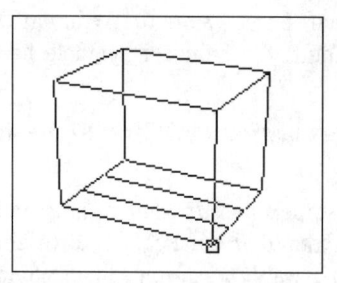

Bild 34.25: Raumgitter eines 3D-Diagramms

Die Ausrichtung der Raumlage eines 3D-Diagramms per Maus ist eine gewöhnungsbedürftige Angelegenheit. Sie können das Diagramm aber auch mit einem Mausklick markieren und dann mit der rechten Maustaste auf die Bodenfläche des Diagramms klicken. Im Kontextmenü wählen Sie den Eintrag 3D-ANSICHT (Bild 34.26).

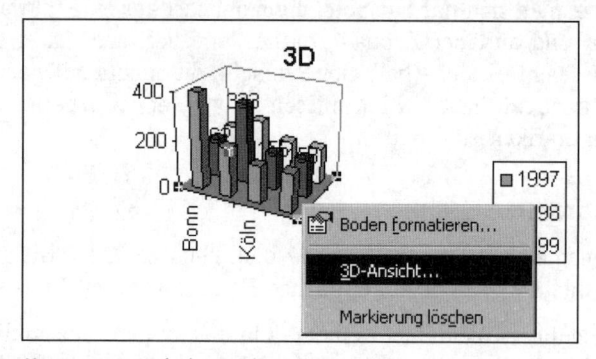

Bild 34.26: Kontextmenü bei 3D-Diagramm

Excel 97 blendet das Dialogfeld aus Bild 34.27 auf dem Bildschirm ein. In diesem Dialogfeld können Sie die Ansicht über Drehachsen sehr einfach einstellen und in einer Vorschau beurteilen. Über die *OK*-Schaltfläche wird die Einstellung übernommen.

> *Wenn Sie sofort nach dem Drehen die Tasten* Strg + Z *drücken, stellt Excel 97 automatisch die alte Orientierung des Diagramms wieder her.*

34 Diagramme formatieren und anpassen

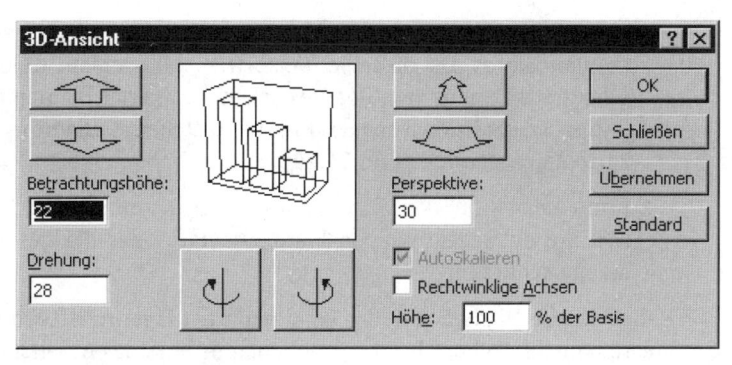

Bild 34.27: Das Dialogfeld 3D-Ansicht

Excel 97 bietet Ihnen zusätzlich die Möglichkeit, den Boden mit einem Muster und die hinteren Seitenflächen mit Bezugslinien zu versehen. Wählen Sie die betreffende Fläche per Maus an. Dann kann die Formatierung mit der gewünschten Funktion erfolgen (Funktion über das Kontextmenü aufrufen).

Diagramm schützen

Wenn Sie ein Diagramm mit viel Aufwand erstellt und formatiert haben, sollten Sie dieses vor ungewollten Veränderungen schützen.

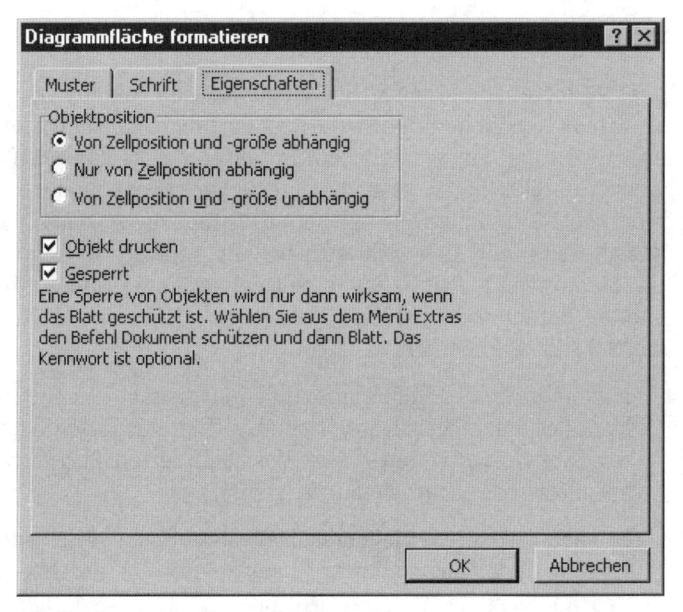

Bild 34.28: Die Registerkarte Eigenschaften

⋯❖ Handelt es sich bei dem Diagramm um ein eingebettetes Diagramm, können Sie es auf dieselbe Weise wie jedes andere Objekt in einem Tabellenblatt schützen. Doppelklicken Sie auf das Diagramm, und überprüfen Sie die Markierung des Kontrollkästchens *Gesperrt* in der Registerkarte *Eigenschaften* (Bild 34.29).

⋯❖ Wenn es sich bei dem Diagramm um ein Diagrammblatt handelt, können Sie entweder nur das Diagrammblatt oder die gesamte Arbeitsmappe schützen.

Haben Sie das Diagramm in der Tabelle mit der Eigenschaft *Schutz* versehen, müssen Sie den Schutz für die Arbeitsmappe bzw. das Arbeitsblatt über den Befehl SCHUTZ im Menü EXTRAS aktivieren. Um den Schutz aufheben zu können, müssen Sie unter Umständen das Kennwort angeben, das bei der Einrichtung des Schutzes vergeben wurde (siehe auch Kapitel 19).

> *In der Registerkarte* Eigenschaften *(Bild 34.28) läßt sich über das Kontrollkästchen* Objekt drucken *festlegen, ob das markierte Objekt beim Ausdruck des Arbeitsblatts erscheinen soll (das Kontrollkästchen muß markiert sein). Weiterhin können Sie festlegen, ob die Position des Objekts vor einer Zelle abhängig ist.*

34.5 Arbeiten mit Fülleffekten

Excel 97 bietet Ihnen vielfältige Möglichkeiten, um die Diagrammobjekte mit Farben, Symbolen und Mustern zu versehen. Einige dieser Möglichkeiten wurden auf den vorhergehenden Seiten dieses Kapitels (quasi nebenbei) vorgestellt. So ist es mit wenigen Mausklicks möglich, den Hintergrund des Diagrammtitels mit einer Farbe zu versehen. Was für den Diagrammtitel gilt, läßt sich auch für alle anderen Diagrammobjekte nutzen. Sie können auf diese Weise beispielsweise die Farben für die Darstellung der Datenreihen in Linien, Säulen etc. beeinflussen. Hierzu sind nur zwei Schritte erforderlich:

1. Markieren Sie das zu formatierende Diagrammobjekt mit einem Doppelklick der linken Maustaste. Excel 97 öffnet das Dialogfeld *xxx formatieren* (wobei *xxx* für den Namen des selektierten Diagrammobjekts, wie beispielsweise *Diagrammfläche*, steht).

2. Je nach gewähltem Diagrammobjekt erscheinen verschiedene Registerkarten. In der Registerkarte *Muster* lassen sich anschließend Rahmen und Rahmenstile, Schatten (Gruppe *Rahmen*) sowie die Hintergrundfarbe bzw. Füllfarbe (Gruppe *Ausfüllen*) wählen (Bild 34.29).

34 Diagramme formatieren und anpassen

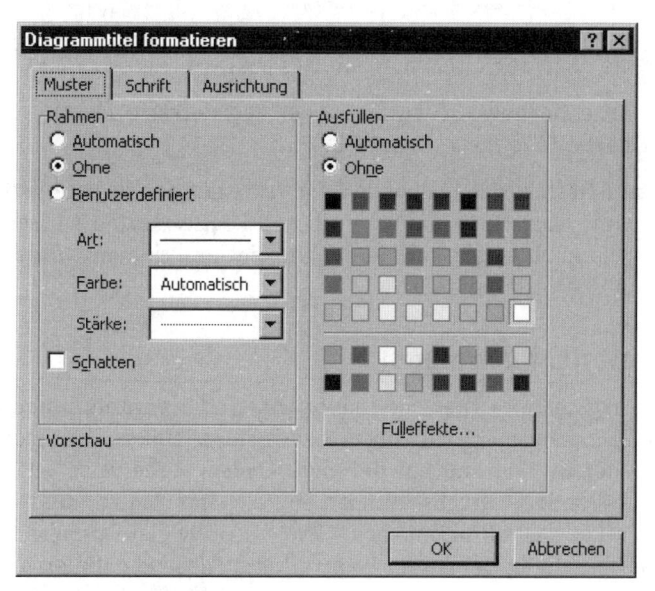

Bild 34.29: Die Registerkarte Muster

Aber es sind noch weitere Optionen möglich. Sie können die Fläche des Diagrammelements ggf. mit einem Fülleffekt (Farbverlauf, Struktur, Muster, Grafik) versehen. Bild 34.30 zeigt ein Diagramm, dessen Fläche mit einer Hintergrundstruktur versehen wurde. In Bild 34.23 wurde die Funktion *Grafik* genutzt, um ein Diagramm mit Säulen in Form eines Balls zu erstellen. Auf ähnliche Weise lassen sich weitere Fülleffekte einsetzen.

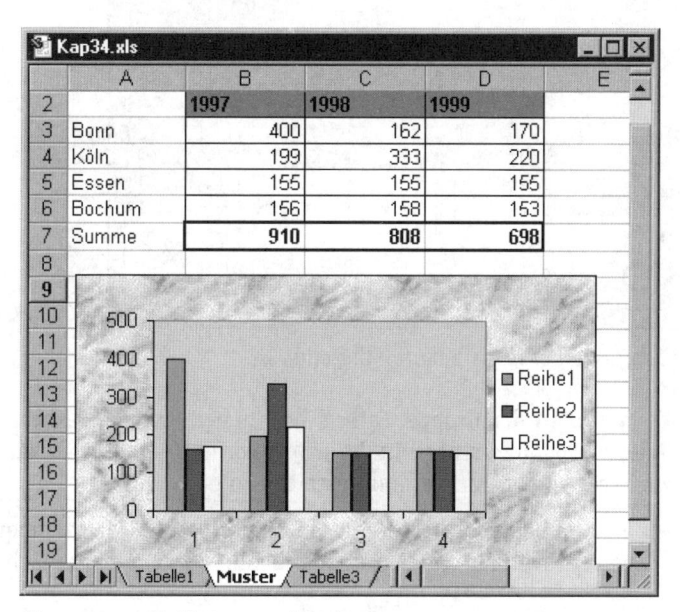

Bild 34.30: Diagramm mit Hintergrundstruktur

1. Hierzu müssen Sie die Registerkarte *Muster* geöffnet haben (führen Sie die oben beschriebenen Schritte aus).

2. Anschließend klicken Sie in der Registerkarte *Muster* auf die Schaltfläche *Fülleffekte* (Bild 34.29)

Excel 97 öffnet das Dialogfeld *Fülleffekte* mit den Registerkarten *Fließend*, *Struktur*, *Muster* und *Grafik*. In diesen Registerkarten müssen Sie den gewünschten Fülleffekt definieren. Wie dies funktioniert, wird in den folgenden Abschnitten erläutert.

Farbverlauf definieren

Die Registerkarte *Fließend* erlaubt Ihnen, den Hintergrund des angewählten Diagrammobjekts mit einem Farbverlauf zu füllen. (Bei einem Farbverlauf wird der Hintergrund mit der angegebenen Farbe versehen. Hierbei setzt Excel 97 jedoch Farbabstufungen ein, die einen Verlauf, beispielsweise zwischen Rot nach Grün, ergeben.) Wie der Farbverlauf zu berechnen ist, läßt sich über die Optionen der Registerkarte *Fließend* definieren (Bild 34.31).

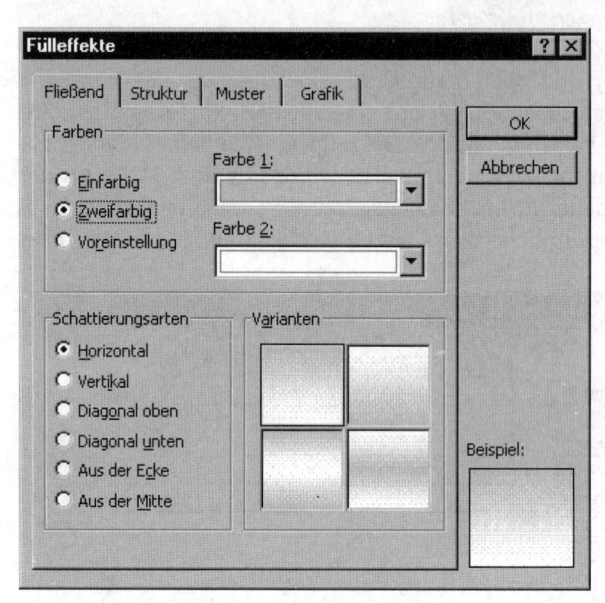

Bild 34.31: Fülleffekte der Registerkarte Fließend

Die Optionen der Gruppe *Farben* bestimmen, welche Farben Excel 97 im Fülleffekt benutzen darf. In der Gruppe *Schattierungsarten* wird festgelegt, wie Excel 97 den Farbverlauf gestalten soll.

⇢ Bei den beiden Optionsfeldern *Horizontal* und *Vertikal* erzeugt Excel 97 den Farbverlauf von links nach rechts bzw. von oben nach unten.

···❯ Die zwei Optionsfelder *Diagonal oben* bzw. *Diagonal unten* erzeugen einen Farbverlauf, der in der linken oberen bzw. linken unteren Ecke mit der Grundfarbe beginnt und in Richtung diagonal entgegengesetzter Ecke variiert wird.

···❯ Mit den Optionsfeldern *Aus der Ecke* bzw. *Aus der Mitte* erreichen Sie, daß die Grundfarbe an den Ecken bzw. in der Mitte der Fläche benutzt wird. Excel 97 berechnet den Farbverlauf anschließend radial nach innen oder nach außen.

Sie sehen die Wirkung einer solchen Option sofort am Feld *Beispiel*, in dem eine Vorschau in Form einer verkleinerten Fläche erscheint. Für jeden Farbverlauf (Schattierungsart) bietet Excel 97 Ihnen vier Varianten, die als Vorschau in den vier Feldern der Gruppe *Varianten* angezeigt werden. Klikken Sie auf eine solche Fläche, benutzt Excel 97 die betreffende Variante zur Erstellung des Farbverlaufs.

Von Bedeutung ist auch die Gruppe *Farben*, in deren Feldern Sie festlegen, welche Farben Excel 97 zur Berechnung des Farbverlaufs verwenden darf.

···❯ Markieren Sie das Optionsfeld *Zweifarbig*, gibt Excel 97 zwei Listenfelder zur Auswahl der Farben frei (Bild 34.31). Setzen Sie über diese Listenfelder die zwei Farben, berechnet Excel 97 einen Farbverlauf zwischen den beiden Basisfarben.

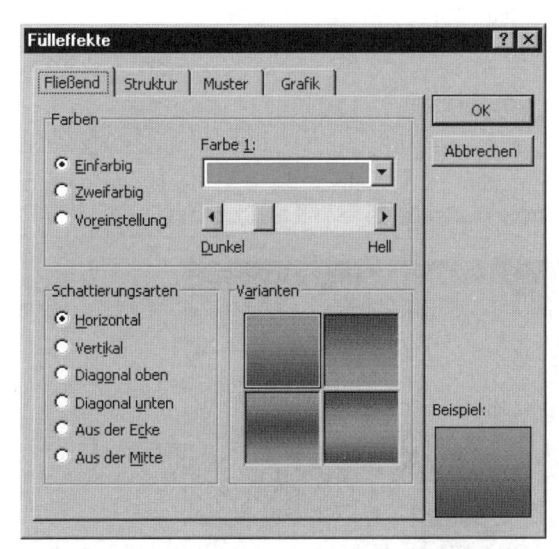

Bild 34.32: Einfarbiger Farbverlauf

···❯ Wählen Sie die Option *Einfarbig*, benutzt Excel 97 nur die im Listenfeld *Farbe 1* eingestellte Grundfarbe zur Berechnung des Farbverlaufs. Der Verlauf wird dann über Helligkeitsstufen simuliert. Der Grad der Helligkeitsstufen (von Dunkel bis Hell) läßt sich über den bei der Anwahl der Option angezeigten Schieberegler variieren (Bild 34.32).

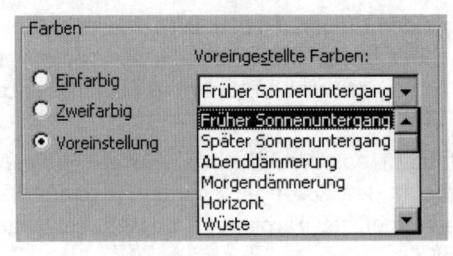

Bild 34.33: Voreinstellungen für Farbverläufe

⇢ Wählen Sie das Optionsfeld *Voreinstellung*, zeigt Excel 97 in der Registerkarte *Fließend* das Listenfeld *Voreingestellte Farben*. Über diese Liste können Sie von Microsoft vordefinierte Farbverläufe abrufen (Bild 34.33).

Haben Sie die Optionen in der Registerkarte gewählt, schließen Sie diese über die *OK*-Schaltfläche. Excel 97 hebt dann die Markierungen der Optionsfelder *Automatisch* und *Ohne* der Gruppe *Ausfüllen* in der Registerkarte *Muster* auf. Sobald Sie die Registerkarte *Muster* über die *OK*-Schaltfläche schließen, blendet Excel 97 den Farbverlauf im Diagrammobjekt ein.

Im Arbeitsblatt Muster *der Datei* \BEISP\KAP34\BEISPIEL34.XLS *der Begleit-CD-ROM finden Sie ein Diagramm mit einem entsprechenden Farbverlauf in der Zeichenfläche.*

Strukturen anwenden

Die Registerkarte *Struktur* erlaubt Ihnen, Diagrammelemente mit einer Struktur als Hintergrund zu versehen. In Bild 34.30 enthält der Diagrammhintergrund beispielsweise eine solche Struktur.

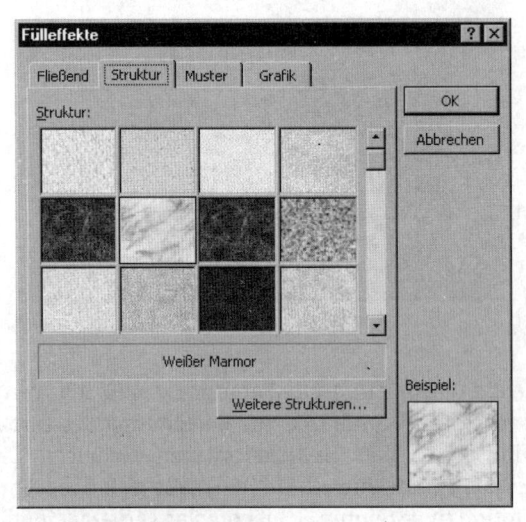

Bild 34.34: Die Registerkarte Struktur

1. Zum Zuweisen einer Struktur wählen Sie in der Registerkarte *Muster* (Bild 34.29) die Schaltfläche *Fülleffekte*.
2. Anschließend klicken Sie auf die Registerkarte *Struktur* (Bild 34.34).
3. Klicken Sie auf eines der Felder mit den vorgegebenen Strukturen.
4. Anschließend wählen Sie die *OK*-Schaltfläche, um die Struktur zu übernehmen.

Sobald Sie die Registerkarte *Muster* schließen, übernimmt Excel 97 die Struktur zur Gestaltung des Hintergrunds des gewählten Diagrammobjekts.

Bei den Strukturen handelt es sich um Bitmap-Bilder (meist im BMP-Format), die anschließend geladen und im Hintergrund des Diagrammobjekts angezeigt werden. Excel 97 kachelt dabei das Muster über- und nebeneinander, um die Fläche zu füllen. Über die Schaltfläche Weitere Strukturen *der Registerkarte* Struktur *(Bild 34.34) läßt sich ein Dialogfeld zur Auswahl weiterer Strukturdateien wählen. Excel 97 öffnet das Dialogfeld* Struktur markieren *(was letztendlich aber ein Dialogfeld zum Öffnen einer Datei ist). Im Feld* Dateityp *zeigt Excel 97 eine Liste der beim Import unterstützten Grafikformate. Diese Liste hängt von der Anzahl der installierten Grafikfilter ab. Sie können nun beliebige Grafikdateien als Struktur wählen. Achten Sie jedoch darauf, daß sich die Bitmap-Dateien als Struktur eignen. Durch die Kachelung der Bitmap ergeben sich bei vielen Grafiken unschöne Randeffekte (es sind die Ränder der einzelnen Kacheln als Linien zu sehen).*

Microsoft liefert im Ordner \PROGRAMME\MICROSOFT OFFICE\CLIPART *eine Sammlung von Grafikdateien mit. Im Unterordner* \HINTERGRÜNDE *finden Sie weitere Grafiken, die sich als Strukturen eignen. Sie müssen die betreffenden Cliparts ggf. nachträglich von der Office-CD-ROM installieren (siehe Kapitel 1). Weiterhin finden Sie auf der Begleit-CD-ROM dieses Buches das Verzeichnis* \BILDER, *in dem verschiedene Grafiken hinterlegt sind. Einige dieser Grafiken eignen sich ebenfalls als Hintergründe. Das Internet bietet Ihnen ebenfalls eine riesige Fundgrube an solchen Grafikdateien. Beachten Sie aber das Copyright der Bilddateien, d.h. diese dürfen ggf. nicht weitergegeben werden.*

Muster anwenden

Die Registerkarte *Muster* im Dialogfeld *Fülleffekte* erlaubt Ihnen, Muster als Fülleffekt für den Hintergrund des gewählten Diagrammobjekts zu wählen (Bild 34.35).

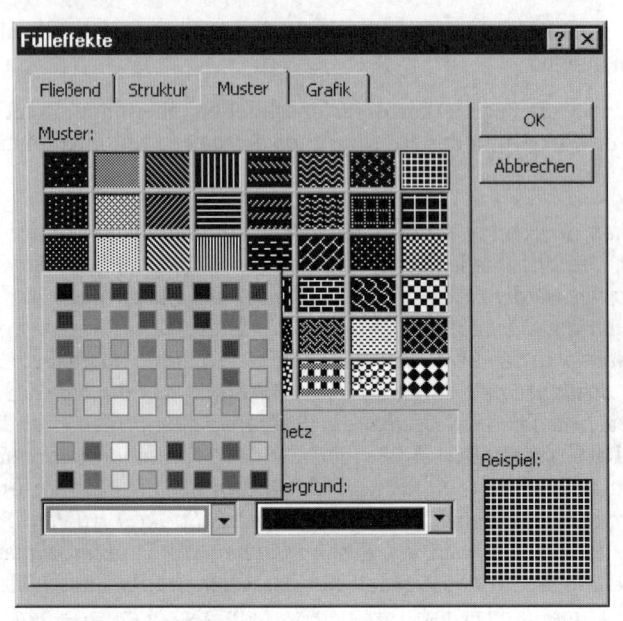

Bild 34.35: Die Registerkarte Muster

Im Feld *Muster* werden Ihnen verschiedene vordefinierte Muster zum Füllen des Diagrammobjekts angeboten. Klicken Sie auf ein solches Muster, wird dieses im Feld *Beispiel* angezeigt.

Standardmäßig bietet Excel 97 nur Schwarzweißmuster an. Sie können diese Muster jedoch einfärben. Hierzu wählen Sie die gewünschten Farben in den Listenfeldern *Vordergrund* und *Hintergrund*. Bei Anwahl eines Listenfeldes zeigt Excel 97 die Palette der verfügbaren Farben. Durch einen Klick auf das betreffende Farbfeld setzen Sie die Farbe für Vorder- oder Hintergrund. Die Auswirkung wird sofort im Feld *Beispiel* sichtbar.

> *Sie sollten Muster nur mit Vorsicht verwenden, da die Lesbarkeit der Diagramme durch Muster unter Umständen erheblich leidet.*

Grafiken anwenden

Über die Registerkarte *Grafik* (Bild 34.36) lassen sich Grafiken als Hintergrund für das gewählte Diagrammobjekt festlegen.

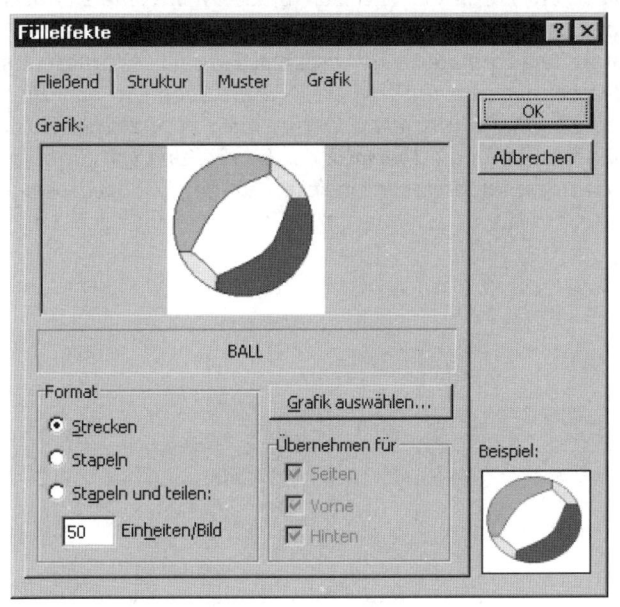

Bild 34.36: Die Registerkarte Grafik

Über die Schaltfläche *Grafik auswählen* wird das Dialogfeld zur Auswahl der Grafikdatei geöffnet. Sie können alle Grafikdateien wählen, deren Import durch die installierten Grafikfilter unterstützt wird.

Über die Optionsfelder der Gruppe *Format* legen Sie fest, wie Excel 97 die Grafik auf den Hintergrund anwenden soll. Um eine Grafik als Hintergrund für ein Diagramm zu verwenden, sollten Sie das Optionsfeld *Strecken* nutzen. Allerdings hat dies häufig den Nachteil, daß die Grafik verzerrt erscheint. Besser ist es daher, die Grafik auf die Größe des Diagramms abzustimmen. Ein Beispiel, wie Sie Grafiken zur Gestaltung eines Säulendiagramms nutzen können, finden Sie weiter oben im Abschnitt »Diagramme mit Objekten«. Dort werden auch die Optionsfelder *Stapeln* und *Stapeln und teilen* besprochen.

Möchten Sie eigene Grafiken erstellen oder bestehende Grafiken verändern? Sofern diese im BMP-Format vorliegen, können Sie das Windows-Programm MS Paint *zur Bearbeitung von Grafiken verwenden. Zusätzlich wird das Programm* Photo Editor *mit Microsoft Office 97 mitgeliefert. Dieses Programm erlaubt Ihnen, auch Grafiken anderer Dateiformate zu lesen, zu bearbeiten und in weitere Formate zu konvertieren. Ein sehr leistungsfähiges Programm zur Bearbeitung von Grafiken stellt* Paint Shop Pro *dar. Dieses Programm wird als Shareware vertrieben und ist auch in deutscher Version erhältlich. Eine Einführung in die Thematik der Bearbeitung von Grafikformaten erhalten Sie in dem im Literaturverzeichnis unter /8/ angegebenen Titel.*

35 Landkarten

35.1 Grundlagen

Excel 97 besitzt eine spezielle Zusatzfunktion, mit der sich Daten aus Tabellen in Landkarten visualisieren lassen. Nehmen wir einmal an, Sie möchten die Zahl der PKW pro 1000 Einwohner in Deutschland, Frankreich und Italien grafisch darstellen.

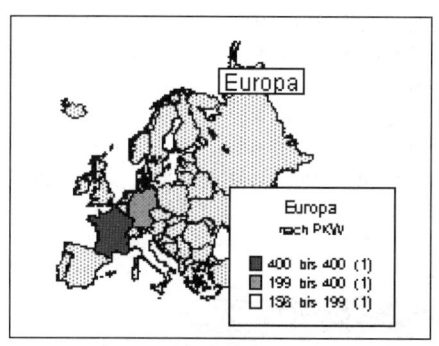

Bild 35.1: Darstellung von Werten in einer Karte

Dies könnte beispielsweise in Form einer Europakarte gemäß Bild 35.1 erfolgen. In dieser Karte werden die betreffenden Länder farblich hervorgehoben, wobei die Farbe die Zahl der PKW pro 1000 Einwohner wiedergibt. Hierzu werden die Werte in drei Gruppen unterteilt. Die Legende gibt dabei an, welche Werte mit welchen Farben dargestellt werden.

Um die Daten in dieser Weise grafisch darzustellen, können Sie auf die Funktion *Landkarte* zurückgreifen. Er handelt sich dabei um eine Zusatzfunktion, die in Excel 97 installiert werden muß. Wurde dies beim Einrichten von Office 97 versäumt, können Sie diese Funktion auch nachträglich installieren (siehe Kapitel 1). Wie Sie mit dieser Zusatzfunktion arbeiten, wird in diesem Kapitel skizziert.

Bei der Installation der Zusatzfunktion Landkarten *(im Ordner* \PROGRAMME\GEMEINSAME DATEIEN\MICROSOFT SHARED\DATAMAP*) hinterlegt Setup im Ordner* \DATA *die Datei* MAPSTATS.XLS*. Diese Datei enthält nützliche Daten zu verschiedenen Ländern. Um neue Landkarten einzurichten, verwenden Sie das Programm* DATAINST.EXE*, welches im Ordner der Funktion* Landkarten *hinterlegt wird. Näheres zu diesem Programm finden Sie in der Online-Hilfe von Microsoft Map.*

35.2 Landkarten erstellen

Zum Erstellen einer Landkarte müssen Sie die Daten in Form einer Tabelle organisieren, wobei die Funktion *Landkarte* bestimmte Voraussetzungen an den Tabellenaufbau stellt.

- So müssen Sie in einer Spalte die Bezeichnungen für die einzelnen Länder der Karte hinterlegen. Die Funktion *Landkarte* benutzt diese Bezeichnungen, um die Werte den grafischen Darstellungen der Karte zuzuordnen.

- Daten wie Postleitzahlen sollten als Text und nicht als numerische Werte formatiert sein. Dies verhindert das Löschen von Nullen bei der Aufbereitung der Daten.

> *Eine Liste von Standardnamen und Abkürzungen für Landkartenmerkmale finden Sie in der Beispielarbeitsmappe MAPSTATS.XLS.*

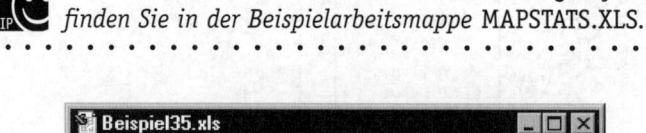

Bild 35.2: Beispieltabelle mit Landesnamen und Daten

Die in Bild 35.2 gezeigte Tabelle enthält solche Daten, die in einer Landkarte visualisiert werden können. Die Ländernamen sind in der linken Spalte eingetragen. Die beiden folgenden Spalten enthalten die Werte für die Kategorien *PKW* und *LKW*. Um diese Daten in einer Europakarte anzuzeigen, gehen Sie folgendermaßen vor:

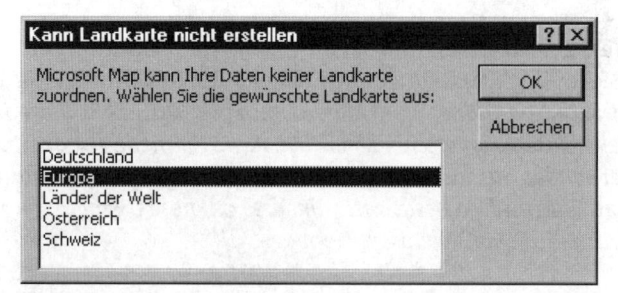

Bild 35.3: Auswahl der Landkarte

1. Klicken Sie im Excel-Fenster auf die nebenstehend gezeigte Schaltfläche der Standard-Symbolleiste.

2. Der Mauscursor nimmt jetzt die Form eines Kreuzes an, Excel 97 erwartet, daß Sie den Bereich für das zu zeichnende Objekt (die Karte) angeben. Zeigen Sie mit der Maus auf die linke obere Ecke des Kartenbereichs. Ziehen Sie anschließend bei gedrückter linker Maustaste die Maus diagonal zur rechten unteren Ecke.

3. Sobald Sie die Maustaste loslassen, markiert Excel 97 den Bereich für die Karte. Gleichzeitig versucht die Funktion *Landkarte* eine der registrierten Landkarten zur Darstellung auszuwählen. Es wird aber in den meisten Fällen nicht eindeutig möglich sein, eine Landkarte anzugeben. Dann wird das in Bild 35.3 gezeigte Dialogfeld geöffnet, in dem Sie eine Landkarte wählen.

Sobald Sie das Dialogfeld zur Auswahl der Karte über die *OK*-Schaltfläche schließen, wird die Karte als Objekt im aktuellen Arbeitsblatt eingefügt (Bild 35.4).

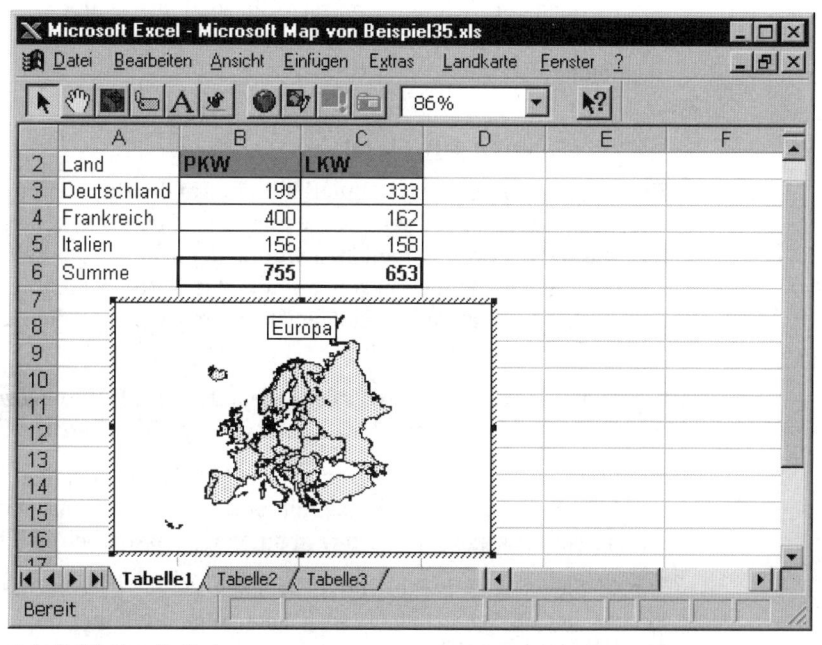

Bild 35.4: Arbeitsblatt mit Karte

Das Objekt ist aktiviert (erkennbar am schraffierten Rand mit den Ziehmarken). Sie können das Objekt daher verschieben (auf die aktivierte Fläche zeigen und per Maus ziehen) oder in der Größe verändern (die Ziehmarken per Maus verschieben).

Teil 5 · Diagramme und Grafiken

> Um ein solches Kartenobjekt zu löschen, müssen Sie dieses Markieren. Hierzu klicken Sie auf eine Zelle außerhalb des Objektbereichs. Excel 97 hebt die Aktivierung auf. Klicken Sie jetzt per Maus auf das Objekt. Die Markierung wird durch die eingeblendeten Ziehmarken angezeigt. Wenn Sie jetzt die ⌈Entf⌉-Taste drücken, löscht Excel 97 das Objekt.

Bild 35.5: Die Symbolleiste Microsoft Map

Bei einem aktivierten Kartenobjekt blendet die Funktion *Landkarte* (offizieller Name Microsoft Map) eine eigene Menü- und Symbolleiste zur Bearbeitung der Karte im Excel-Fenster ein (Bild 35.4). Bild 35.5 enthält eine Übersicht über die einzelnen Schaltflächen in Microsoft Map.

In den nächsten Schritten müssen Sie jetzt die Grafik in der Landkarte konfigurieren und die Daten anbinden. Die betreffenden Schritte werden nachfolgend skizziert.

Daten an Karte zuweisen

Zur Darstellung von Daten innerhalb der Landkarte müssen Sie eine Verknüpfung zwischen diesen Daten und dem Kartenobjekt definieren. (Sofern die Aktivierung aufgehoben wurde, der schraffierte Rahmen ist nicht mehr zu sehen, doppelklicken Sie auf das Kartensymbol. Die Landkarte wird durch einen schraffierten Rahmen hervorgehoben. Gleichzeitig erscheint die Symbolleiste *Microsoft Map*.)

1. Wählen Sie im Menü EINFÜGEN den Befehl DATEN. Die Funktion *Landkarte* öffnet das Dialogfeld *Microsoft Map* zur Auswahl des Datenbereichs (Bild 35.6).

2. Markieren Sie in der Datentabelle den darzustellenden Datenbereich. Achten Sie darauf, daß auch die Spalte mit den Ländernamen markiert ist. (Der markierte Bereich wird durch eine gestrichelte Linie angezeigt.)

Sobald Sie diese Auswahl durch Drücken der ⌐-Taste oder durch Anklicken der *OK*-Schaltfläche bestätigen, fügt die Funktion *Landkarte* eine Legende mit Hinweisen zur Datendarstellung im Diagramm ein. Gleichzeitig werden die Daten des markierten Tabellenbereichs den Ländern der Karte zugeordnet (Bild 35.7).

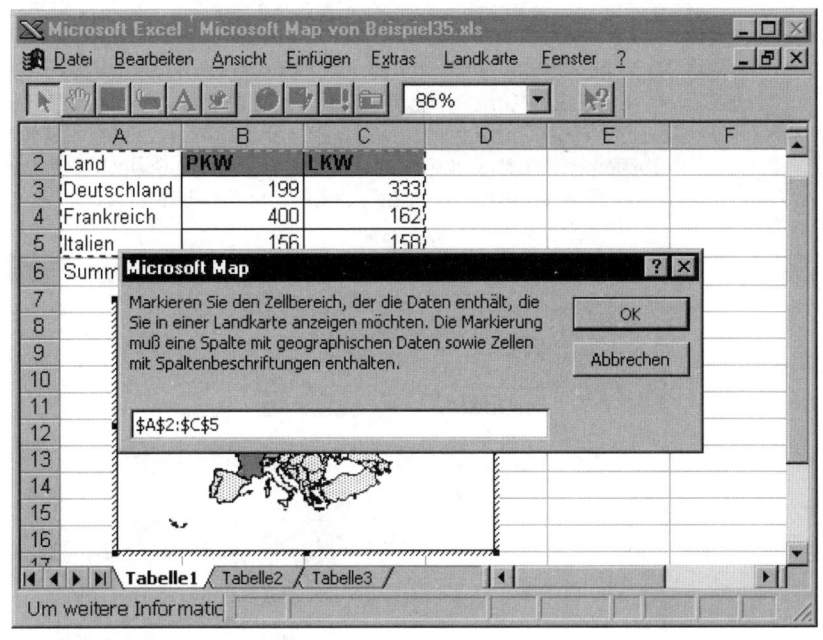

Bild 35.6: Markieren des Datenbereichs

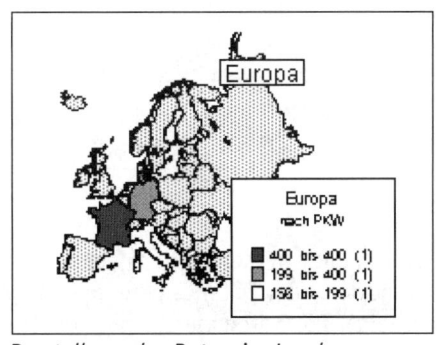

Bild 35.7: Darstellung der Daten im Land

Zusätzlich wird das Dialogfeld *Karten-Manager* angezeigt, in dem Sie die Darstellungsoptionen wählen. (Diese Funktionen werden im folgenden Abschnitt vorgestellt.)

Beachten Sie, daß die Funktion *Landkarte* standardmäßig immer nur die Daten einer Spalte in einem Schritt in der Landkarte einblendet (auch wenn Sie zwei Datenreihen im Datenbereich markiert haben). Um weitere Datenbereiche zu visualisieren, fügen Sie die betreffenden Daten im Karten-Manager zur Landkarte hinzu (siehe folgende Abschnitte).

Umgang mit dem Karten-Manager

Nach Auswahl eines Datenbereichs (siehe vorhergehender Abschnitt) öffnet die Funktion *Landkarte* das Dialogfeld *Karten-Manager* (Bild 35.8). Wurde bereits eine Verbindung zwischen den Daten und der Landkarte definiert, gibt Microsoft Map die nebenstehend gezeigte Schaltfläche frei. Über diese Schaltfläche läßt sich der Karten-Manager ebenfalls ein- und ausblenden.

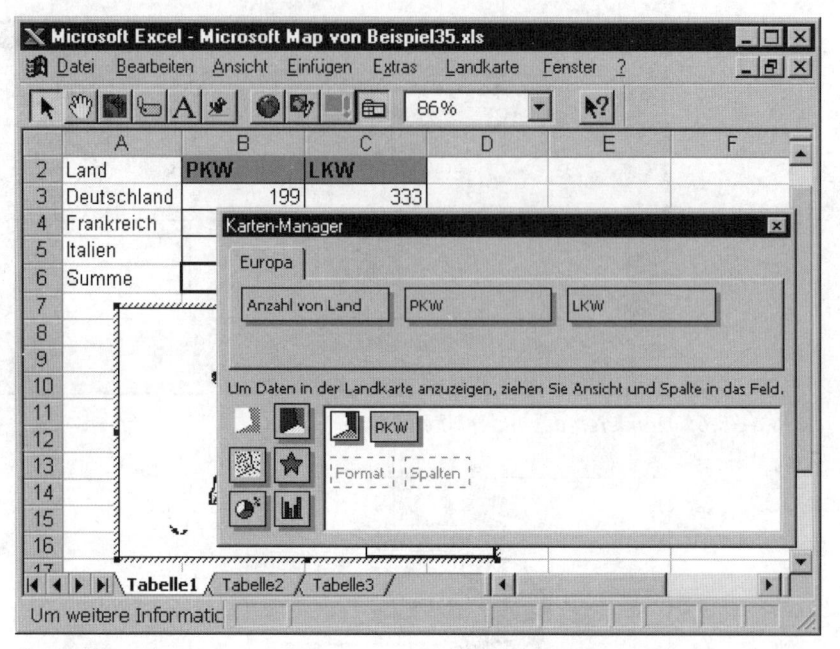

Bild 35.8: Karten-Manager

- ⇢ Im Dialogfeld *Karten-Manager* werden in der obersten Zeile die darzustellenden Datenkategorien oder Datenreihen (hier *Anzahl von Land, PKW* und *LKW*) angezeigt. Die Kategorie *Anzahl von Land* wird durch das Programm bestimmt. Die restlichen Kategorien entsprechen den Spalten des markierten Datenbereichs der Tabelle.

- ⇢ Über die sechs Symbole am linken Rand des Dialogfelds läßt sich das Darstellungsformat festlegen, in dem die Daten in der Karte zu visualisieren sind (Bild 35.9).

Bild 35.9: Symbole zur Darstellung der Daten

Um eine neue Datenreihe innerhalb der Landkarte hinzuzufügen, gehen Sie in folgenden Schritten vor:

Bild 35.10: Datenreihe hinzufügen

1. Zeigen Sie auf das Symbol der Datenreihe, die darzustellen ist. Der Mauscursor nimmt die Form eines Griffs an, und gleichzeitig wird der Name der Reihe eingeblendet (Bild 35.10).

2. Ziehen Sie das Symbol in den Vorschaubereich auf das gestrichelt markierte Feld *Spalten*. Beim Ziehen nimmt der Mauscursor die nebenstehend gezeigte Form an.

Bild 35.11: Karten-Manager mit eingetragener Datenkategorie

Sobald Sie die linke Maustaste loslassen, fügt das Programm den Namen der Datenreihe in der Liste ein. Gleichzeitig wird eines der sechs Symbole für das Darstellungsformat der Datenkategorie automatisch zugewiesen. In Bild 35.11 ist das Symbol *Bereich* und die Datenkategorie *LKW* zu erkennen. Dies bedeutet, daß in der Landkarte die Werte aus der Spalte *LKW* als Farbbereich (Format *Bereich*) dargestellt werden. Gleichzeitig wird eine Legende mit einer Beschreibung der Darstellungsart im Diagramm eingeblendet. Das Ergebnis entspricht der Darstellung aus Bild 35.7.

> **TIP** *Haben Sie eine Datenreihe und das Darstellungsformat definiert, zeigt der Karten-Manager eine weitere Zeile mit den Feldern* Format *und* Spalten *an (Bild 35.11). Wiederholen Sie gegebenenfalls die obigen Schritte, um weitere Datenreihen in der Landkarte darzustellen. Sie müssen das Symbol der Datenreihe und das Formatsymbol zu den gestrichelt dargestellten Feldern* Format *und* Spalten *ziehen. Jede Datenreihe wird in der Kartendarstellung mit einer getrennten Legende versehen. Wichtig ist dabei, daß jeder Datenreihe ein anderes Darstellungsformat zugewiesen werden muß. (Sie können ja schlecht die PKW- und LKW-Verteilung mit dem Format* Bereich *versehen. In diesem Fall müßten beide Werte in einem Land mit zwei verschiedenen Farben versehen werden, was nicht geht. Denkbar ist beispielsweise die Visualisierung der PKW-Verteilung über eine Farbe, während die LKW-Dichte mit einem Punktemuster, einem Säulendiagramm etc. angezeigt wird. Bei Kreis- und Säulendiagrammen können Sie auch mehrere Datenreihen angeben. Näheres hierzu finden Sie in den folgenden Abschnitten.)*

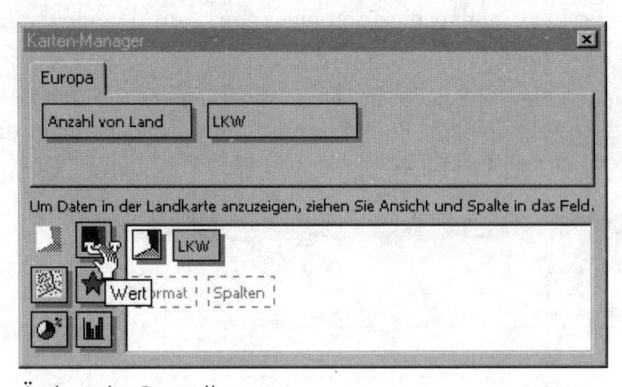

Bild 35.12: Ändern der Darstellungsart

Darstellungsformat ändern

Möchten Sie die Art der Darstellung für eine Datenkategorie ändern? Dann sind folgende Schritte auszuführen:

1. Zeigen Sie per Maus auf eines der sechs Formatsymbole am linken Rand des Karten-Managers. Bereits belegte Formate werden dabei abgeblendet (und sind somit gesperrt).

2. Ziehen Sie das Symbol des gewünschten Formats per Maus auf das Feld *Format*.

Sobald Sie die linke Maustaste loslassen, paßt die Funktion *Landkarte* die Darstellungsart an. Gleichzeit wird auch die Legende entsprechend dem Format gesetzt. In Tabelle 35.1 finden Sie eine Gegenüberstellung der Formate und der Anzeige in einer Landkarte.

Darstellungsformate für Werte

Format		Darstellung
Bereich	Die Werte werden in Intervalle aufgeteilt und durch Einfärben der Länder dargestellt.	
Wert	Der diskrete Wert wird in eine Farbe umgesetzt, das Land erscheint in der Farbe.	
Verteilung	Eine Punkteverteilung zeigt den Wert an, wobei die Punktedichte proportional zum Wert ist.	
Symbol	Es wird ein Symbol für den Wert im Land eingeblendet, die Symbolgröße gibt den Wert an.	
Kreisdiagramm	In jedem Land wird ein Kreis eingeblendet, die Größe des Kreises steht für den Wert. Ein Kreisdiagramm kann mehrere Wertereihen aufnehmen.	
Säulendiagramm	Das Säulendiagramm kann mehrere Wertereihen aufnehmen. Die Säulenhöhe steht für den Wert.	

> *Bei den meisten Darstellungsarten ist es egal, ob Sie erst das Symbol der Datenkategorie und dann das Formatsymbol festlegen. Lediglich bei Kreis- und Säulendiagrammen müssen Sie zuerst das Feld* Format *belegen, bevor Sie im Feld* Spalten *einen oder mehrere Datenreihen eintragen.*

Mehrere Datenreihen in Kreis- oder Säulendiagrammen

Wird zur Darstellung der Werte ein Kreis- oder Säulendiagramm gewählt, bietet die Funktion *Landkarte* Ihnen die Möglichkeit, mehr als eine Datenreihe pro Land festzulegen. Beim Einrichten ist jedoch folgende Vorgehensweise zwingend erforderlich:

1. Öffnen Sie das Dialogfeld *Karten-Manager*.
2. Ziehen Sie das Symbol *Kreisdiagramm* oder *Säulendiagramm* auf das Feld *Format* der betreffenden Spalte.
3. Ziehen Sie jetzt das Symbol einer Datenreihe zum Feld *Spalten*. Sobald Sie die Maustaste loslassen, erscheint ein weiteres Feld *Spalten* (Bild 35.13).
4. Ziehen Sie nun das Symbol für die zweite darzustellende Datenkategorie zum Feld *Spalten*.

Wiederholen Sie Schritt 4 solange, bis alle darzustellenden Datenreihen in der Zeile aufgeführt sind. Die Funktion *Landkarte* stellt die betreffenden Daten im Diagramm dar. Bild 35.13 zeigt die Darstellung zweier Datenreihen (Datenkategorien) im Format Säulendiagramm.

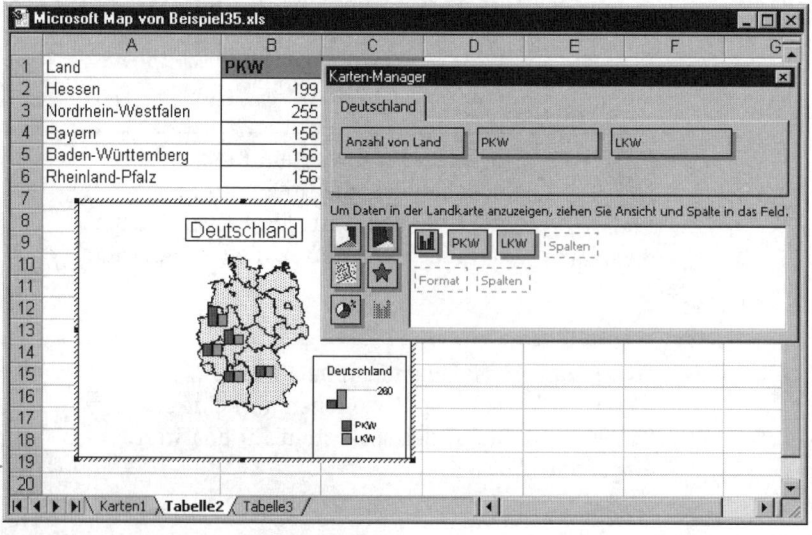

Bild 35.13: Säulendiagramm mit zwei Datenreihen

Einträge löschen

Um einen Wert in der Landkarte zu löschen, müssen Sie im Karten-Manager das Symbol des Werts aus dem Bereich *Format* bzw. *Spalte* entfernen.

Bild 35.14: Löschen eines Eintrags

1. Zeigen Sie mit der Maus auf eines der Symbole im Bereich (*Format* oder *Spalten*).

2. Halten Sie die linke Maustaste gedrückt, und ziehen Sie das Symbol aus dem Fenster.

Sobald der Mauscursor die Form eines Papierkorbs annimmt (Bild 35.14), können Sie die linke Maustaste loslassen. Die Funktion *Landkarte* trägt den betreffenden Wert und das Format aus der Zeile des Karten-Manager aus.

35.3 Beschriftung der Landkarte

Sie können die Werte der Landkarte, die Länder oder andere Merkmale beschriften. Hierzu wählen Sie in der Symbolleiste die Schaltfläche *Landkartenbeschriftung*. Alternativ können Sie im Menü EXTRAS den Befehl BESCHRIFTUNGEN wählen. Die Funktion *Landkarte* öffnet das Dialogfeld *Beschriftungen* (Bild 35.15).

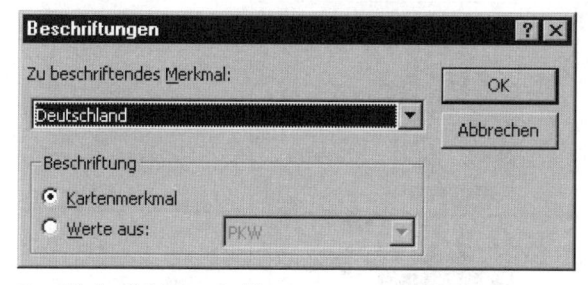

Bild 35.15: Das Dialogfeld Beschriftung

⇢ Wählen Sie in diesem Dialogfeld über das Listenfeld das zu beschriftende Merkmal.

⇢ Eine Markierung im Optionsfeld *Kartenmerkmal* bewirkt, daß Sie die Merkmale der Karte (z.B. Landesnamen) beschriften können.

⇢ Setzen Sie die Markierung auf das Optionsfeld *Werte aus*, läßt sich der Name der Datenreihe im zugehörigen Listenfeld wählen.

Sobald Sie das Dialogfeld über die *OK*-Schaltfläche schließen, lassen sich die Merkmale beschriften.

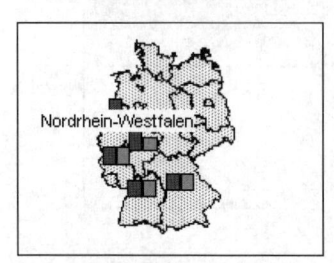

Bild 35.16: Eingeblendete Beschriftung

1. Zeigen Sie auf das gewünschte Merkmal (z.B. ein Land bei gewählter Option *Kartenmerkmal* oder auf einen Wert bei der Option *Werte aus*).
2. Die Funktion *Landkarte* blendet den aktuellen Beschriftungswert in einem Fenster in der Landkarte ein (Bild 35.16). Klicken Sie mit der linken Maustaste, um den Text zu fixieren.
3. Die Funktion *Landkarte* markiert den Text als Beschriftungsobjekt. Sie können anschließend dieses Objekt über den Markierungsrahmen verschieben, in der Größe verändern oder über die [Entf]-Taste löschen.
4. Klicken Sie mit der rechten Maustaste auf ein markiertes Objekt, erscheint ein Kontextmenü (Bild 35.17). Über den Befehl SCHRIFT öffnen Sie die Registerkarte *Schrift*, in der Sie die Schriftart, den Schriftgrad, die Farbe oder die Formatierung (fett, kursiv etc.) festlegen können.
5. Sobald Sie außerhalb des Markierungsrahmens klicken, wird die Markierung aufgehoben und die Beschriftung erscheint im Kartendiagramm.

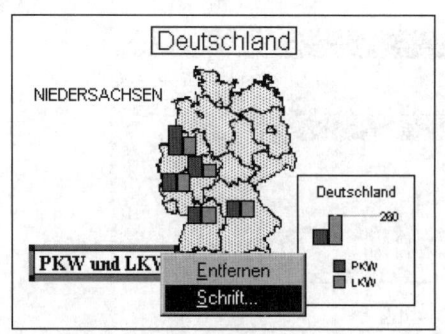

Bild 35.17: Ändern der Beschriftungsformate

> *Möchten Sie nachträglich ein Objekt markieren, wählen Sie erst die nebenstehende Schaltfläche Objekt auswählen. Anschließend können Sie ein Objekt durch Anklicken markieren.*

1. Um weitere Texte in einem Diagramm aufzunehmen, läßt sich auch die nebenstehend gezeigte Schaltfläche der Symbolleiste wählen.
2. Anschließend klicken Sie auf die zu beschriftende Stelle in der Landkarte und tippen den Text ein.

Sobald Sie eine Stelle der Landkarte außerhalb der Beschriftung anklicken, wird der Text fixiert. Sie können anschließend die Schaltfläche *Objekt auswählen* anklicken und den Text erneut markieren (Bild 35.17). Anschließend läßt sich die Registerkarte *Schrift* über das Kontextmenü aufrufen. In dieser Registerkarte stellen Sie die Schriftart, die Größe und die Formatierung des Texts ein.

> *Klicken Sie auf ein Beschriftungsobjekt, läßt sich der Text innerhalb des Markierungsrahmens markieren. Sie können anschließend den Text der Beschriftung korrigieren.*

Pinnfolien

Pinnfolien sind spezielle Objekte mit transparentem Hintergrund, die sich über die Landkarte legen lassen. Eine Pinnfolie besteht dabei aus zwei Feldern. Ein Feld enthält einen Buchstaben (z.B. A) und stellt den Anker dar. Im zweiten Feld steht der eigentliche Text der Pinnfolie. Sobald Sie den Anker markieren und den Markierungsrahmen verschieben, wandert der Text der Pinnfolie mit. Durch Ziehen des Markierungsrahmens der Pinnfolie läßt sich deren Abstand zum Anker anpassen. In einer Pinnfolie können Sie Kommentare zur Bearbeitung der Landkarte hinterlegen. Diese Kommentare lassen sich bei der Anzeige der Landkarte unterdrücken.

1. Eine Pinnfolie erzeugen Sie, indem Sie in der Symbolleiste die nebenstehend gezeigte Schaltfläche wählen. Alternativ können Sie im Menü LANDKARTE den Befehl PINNFOLIE ÖFFNEN wählen.
2. Auf dem Bildschirm erscheint das Dialogfeld *Pinnfolie* (Bild 35.18), in dem Sie einen Namen für die Pinnfolie vorgeben. Alternativ können Sie das unterste Optionsfeld markieren und den Namen einer bestehenden Pinnfolie abrufen.
3. Nach dem Schließen des Dialogfelds klicken Sie in der Landkarte auf die Stelle, an der die Folie angeheftet werden soll. (Der Mauscursor erhält bereits das Symbol eines kleinen Pins.)

4. Geben Sie den Text der Pinnfolie ein.

Um weitere Pinnfolien anzulegen, führen Sie die Schritte 3 und 4 erneut aus. Sobald Sie auf eine Stelle außerhalb der Folie klicken, wird der Text fixiert. Sie können das Objekt erneut markieren (siehe folgender Abschnitt) und an andere Positionen verschieben.

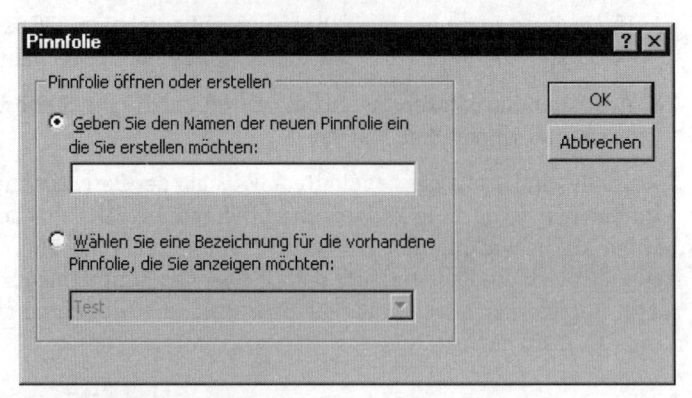

Bild 35.18: Das Dialogfeld Pinnfolie

Über den Befehl PINNFOLIEN LÖSCHEN im Menü LANDKARTE können Sie nicht mehr benötigte Pinnfolien entfernen. Beenden Sie die Funktion *Pinnfolie*, indem Sie im Menü LANDKARTE den Befehl PINNFOLIE SCHLIESSEN wählen. Dann werden alle Pinnfolien aus der Anzeige ausgeblendet.

35.4 Diagrammobjekte bearbeiten

Objekte wie Beschriftungen, Titel und die Legende einer Landkarte lassen sich auf recht einfache Weise bearbeiten. Im ersten Schritt ist das betreffende Objekt zu markieren. Hierzu wählen Sie die Schaltfläche *Objekt markieren* und klicken dann auf das gewünschte Objekt.

Bei einem Textobjekt läßt sich der Bearbeitungsmodus durch einen zweiten Mausklick aktivieren. Sie können dann den Text markieren und ändern.

Um das Objekt zu bearbeiten, klicken Sie den markierten Bereich mit der rechten Maustaste an. Im Kontextmenü zeigt die Funktion *Landkarte* die für das betreffende Objekt verfügbaren Befehle.

Über den Befehl AUSBLENDEN läßt sich das betreffende Objekt von der Anzeige ausnehmen. Der Befehl ENTFERNEN löscht das Objekt endgültig aus der Landkarte.

Legendenoptionen ändern

Klicken Sie mit der rechten Maustaste auf die Legende einer Landkarte, läßt sich im Kontextmenü der Befehl BEARBEITEN anwählen. Auf dem Bildschirm erscheint das Dialogfeld *Formateigenschaften* (Bild 35.19).

Bild 35.19: Registerkarte Legende-Optionen

In der Registerkarte *Legende-Optionen* läßt sich der Text der Legende und dessen Formatierung anpassen.

- Die Felder *Titel* und *Untertitel* erlauben Ihnen direkt die Texte für die beiden Merkmale der Legende zu korrigieren. Die Schaltfläche *Schrift* öffnet die gleichnamige Registerkarte, in der sich Schriftart, Schriftgrad, Schriftfarbe und Formatierung (fett, kursiv etc.) für das betreffende Merkmal setzen lassen.

- Haben Sie das Kontrollkästchen *Kurzformat verwenden* markiert, wird die Kurzform der Legende angezeigt. Gleichzeitig läßt sich der Text im Feld *Kurzer Titel* anpassen und über die Schaltfläche *Schrift* formatieren.

- Das Kontrollkästchen *Währungsformat verwenden* weist den Zahlen in der Legende das Währungsformat zu.

- Über die Schaltfläche *Legendentext* wird ein weiteres Dialogfeld geöffnet, über das Sie den Legendentext für die Datenreihen und das Textformat beeinflussen können.

Mit der Markierung des Kontrollkästchens *Legende anzeigen* erreichen Sie, daß die Legende angezeigt wird.

Diagrammoptionen

Über die zweite Registerkarte des Dialogfelds *Formateigenschaften* lassen sich die Optionen des gewählten Diagramms einstellen.

Bild 35.20: Säulendiagrammoptionen

Die Beschriftung und der Aufbau dieser Registerkarte hängen vom gewählten Diagrammtyp der Landkarte ab. In Bild 35.20 wurde zufällig ein Säulendiagramm gewählt, folglich zeigt die Registerkarte die Optionen dieses Diagrammtyps. Zum Aufrufen dieser Registerkarte besitzen Sie zwei Möglichkeiten:

- Sie markieren die Legende und wählen im Kontextmenü den Befehl BEARBEITEN.
- Sie wählen im Menü LANDKARTE den untersten Befehl (z.B. SÄULENDIAGRAMM-ANSICHT BEARBEITEN).

In der Registerkarte können Sie die für den betreffenden Diagrammtyp verfügbaren Optionen (Farben, Säulenabstand, etc.) einstellen.

Landkartenoptionen

Globale Optionen der Funktion *Landkarte* lassen sich über den Befehl OPTIONEN im Menü EXTRAS abrufen. Die Funktion *Landkarte* öffnet dann das Dialogfeld *Map-Optionen* (Bild 35.21) mit den einstellbaren Optionen.

In diesem Dialogfeld wählen Sie die Optionen für die Darstellungsvariante, den Maßstab und die Datenaktualisierung.

Bild 35.21: Map-Optionen

Kartenmerkmale bearbeiten

Einer Landkarte lassen sich bestimmte Merkmale, wie Grenzen, Autobahnen, Flughäfen, Großstädte etc., zuordnen. Bild 35.22 zeigt beispielsweise eine Deutschlandkarte mit eingeblendeten Autobahnen.

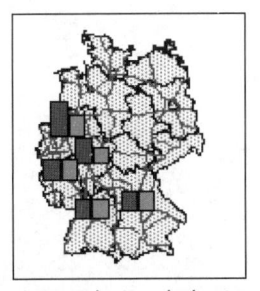

Bild 35.22: Karte mit Autobahnen

Diese Merkmale können über das Dialogfeld *Kartenmerkmale* wahlweise ein- oder ausgeblendet werden (Bild 35.23).

1. Klicken Sie mit der rechten Maustaste auf die angezeigte Landkarte.
2. Wählen Sie im Kontextmenü den Befehl MERKMALE. Auf dem Bildschirm erscheint das Dialogfeld *Kartenmerkmale* (Bild 35.23).
3. Markieren Sie das Kontrollkästchen hinter jedem Merkmal, welches in der Landkarte eingeblendet werden soll.

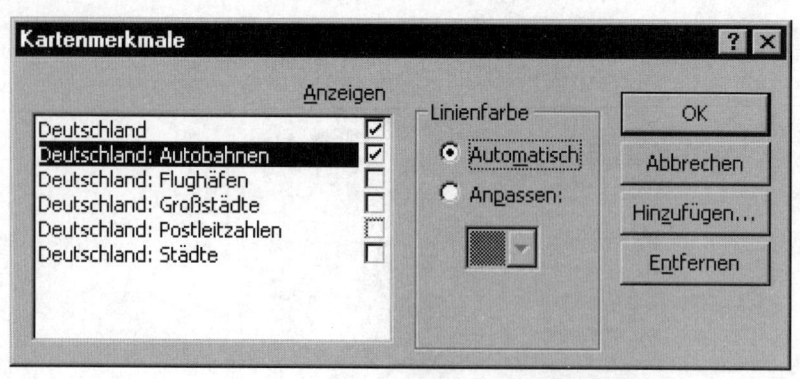

Bild 35.23: Kartenmerkmale

Sobald Sie das Dialogfeld über die *OK*-Schaltfläche schließen, blendet die Funktion *Landkarte* die gewählten Merkmale in der Darstellung ein.

Weitere Hinweise zur Gestaltung von Landkarten entnehmen Sie bitte der Online-Hilfe des Map-Programms.

In der Datei \BEISP\KAP35\BEISPIEL35.XLS *finden Sie Arbeitsblätter mit Landkarten.*

36 Grafiken und Zeichnungsobjekte

36.1 Arbeiten mit Grafiken

Excel 97 besitzt die Möglichkeit, Grafiken aus Dateien oder anderen Anwendungen in das Dokument zu importieren. Unter Grafiken werden hier Bitmap-Bilder (und eingeschränkt Meta-Bilder) verstanden. (Bitmap-Bilder enthalten Grafiken, die aus einzelnen Bildpunkten aufgebaut sind. Microsoft Paint erzeugt beispielsweise solche Bilder im BMP-Format. Meta-Bilder können grafische Objekte wie Linien, Kreise, Text und auch Bitmap-Bilder enthalten. Excel 97 unterstützt den Import solcher Bilder im Windows-Metafile-Format.) Die Grafiken lassen sich daher in verschiedenen Dateiformaten oder aus der Zwischenablage übernehmen. (Welche Formate unterstützt werden, hängt von den installierten Grafikfiltern ab.) Was es bei der Übernahme von Grafiken zu beachten gibt, erfahren Sie in nachfolgendem Abschnitt.

Grafiken aus der Zwischenablage einfügen

Die einfachste Möglichkeit zum Einfügen einer Grafik bietet die Zwischenablage. Der Vorteil liegt darin, daß sich Excel 97 automatisch um die Konvertierung der Formate kümmert. Um ein Bild aus einer Fremdanwendung (z.B. MS Paint) in die Zwischenablage zu übertragen, gibt es verschiedene Möglichkeiten:

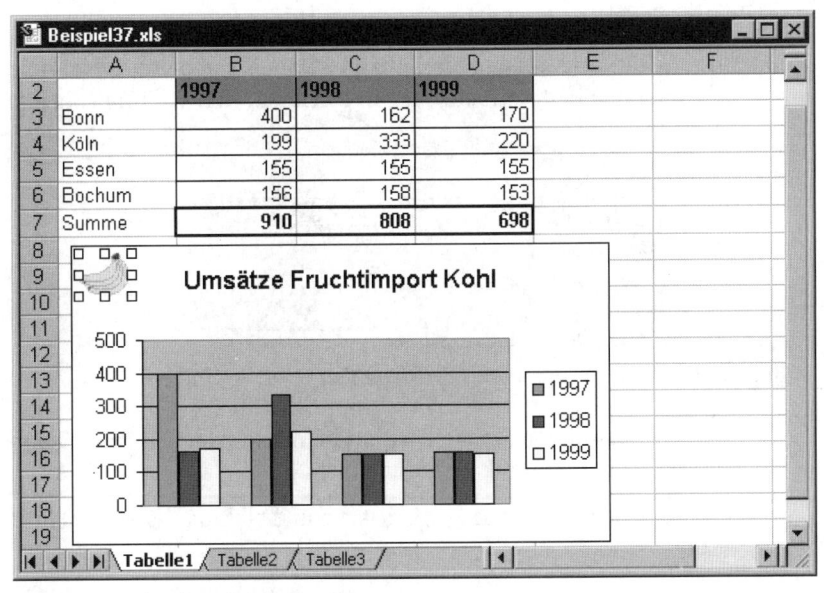

Bild 36.1: Diagramm mit eingefügter Grafik

⋯∻ Markieren Sie das Bild oder einen Bildausschnitt in der Anwendung (jede Anwendung stellt eine Funktion zum Markieren zur Verfügung). Anschließend läßt sich der markierte Bereich mit den Tasten [Strg]+[x] oder [Strg]+[c] in die Zwischenablage übertragen. Sollten diese Tasten nicht unterstützt werden, suchen Sie die Funktionen *Ausschneiden* und *Kopieren* (die sich üblicherweise als Befehle im Menü BEARBEITEN befinden sollten).

⋯∻ Der Windows-Bildschirm läßt sich über die [Druck]-Taste als Grafik in die Zwischenablage kopieren. Um ein geöffnetes Dialogfeld oder ein Anwendungsfenster als Grafik in die Zwischenablage zu übernehmen, verwenden Sie die Tastenkombination [Alt]+[Druck].

Wechseln Sie anschließend zum Excel-Arbeitsblatt und klicken per Maus an die Position, an der die Grafik einzufügen ist. Dann genügt es, die Tastenkombination [Strg]+[v] zu drücken, um das Bild im Dokument einzufügen. Bild 36.1 zeigt ein Arbeitsblatt mit einer Tabelle und einem Diagramm. In der linken oberen Ecke des Diagramms wurde ein Logo als Bild per Zwischenablage eingefügt. Auf die gleiche Art lassen sich die Bilder auch in Zellen einer Tabelle übernehmen.

Um die Größe des eingefügten Bildes zu beeinflussen, klicken Sie dieses an. Excel 97 markiert das Grafikobjekt, und Sie können die Größe über die Ziehmarken des Objekts per Maus verändern.

Grafiken aus Dateien importieren

Alternativ können Sie in Excel 97 auch komplette Bilder direkt aus Grafikdateien in das Arbeitsblatt importieren. Hierzu führen Sie folgende Schritte aus:

Bild 36.2: Menü Einfügen *mit Grafikbefehlen*

1. Markieren Sie die Position im Arbeitsblatt (Tabelle, Diagramm etc.), an der die Grafik einzufügen ist.

2. Öffnen Sie das Menü EINFÜGEN und wählen dann den Eintrag GRAFIK.

3. Excel 97 zeigt ein Untermenü (Bild 36.2), aus dem Sie den Befehl Aus Datei wählen. Excel 97 öffnet das Dialogfeld *Grafik einfügen* (Bild 36.3). Dieses Dialogfeld dient zur einfachen Auswahl der gewünschten Grafikdatei.

4. Excel 97 zeigt die Namen der Grafikdateien im aktuellen Verzeichnis. Der Inhalt der Liste wird dabei durch die Erweiterung des Dateinamens bestimmt. Setzen Sie das Feld *Dateityp* auf den Typ der Grafikdatei oder auf die Einstellung *Alle Grafiken (*.emf; *.wmf, *.jpg ...)*. In diesem Fall zeigt das Dialogfeld alle im aktuellen Ordner enthaltenen (und unterstützten) Grafikdateien an.

5. Excel 97 stellt beim Öffnen des Dialogfelds *Grafik einfügen* den zuletzt benutzten Verzeichnispfad für die Grafiken ein. Wechseln Sie bei Bedarf zum Laufwerk und dem Ordner mit den zu importierenden Grafikdateien.

6. Markieren Sie den Namen der zu importierenden Grafikdatei. Ist die Grafikvorschau aktiviert, erscheint die Grafik im Dialogfeld. Sie können die Vorschau über die nebenstehend gezeigte Schaltfläche des Dialogfelds einblenden.

Sobald Sie die Schaltfläche *Einfügen* betätigen, fügt Excel 97 die Grafik im Arbeitsblatt an der markierten Stelle ein (Bild 36.4).

Bild 36.3: Das Dialogfeld Grafik einfügen

Haben Sie die Lage der Grafikdatei vergessen, läßt sich über die Schaltfläche Suche starten *nach der Datei suchen (siehe auch Kapitel 17).*

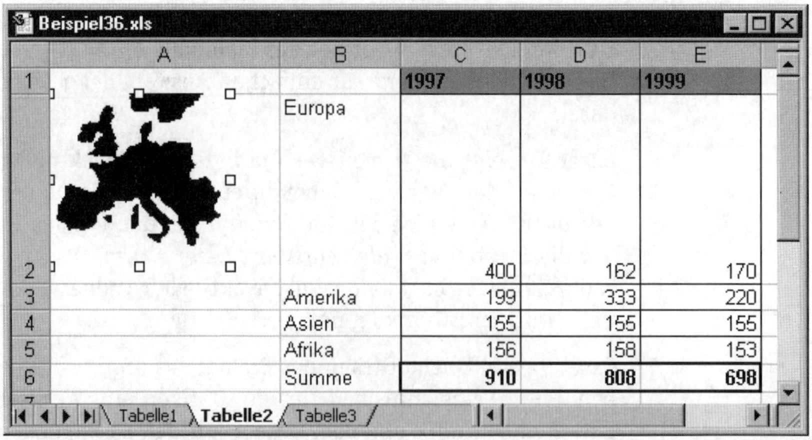

Teil 5 · Diagramme und Grafiken

Bild 36.4: Tabelle mit eingefügter Grafik

> **TIP**
> Erscheint die Grafik der selektierten Datei trotz gesetzter Option Vorschau nicht in der Anzeige, fehlt eventuell der Grafikfilter zum Import. Sie müssen dann den Filter über das Excel-Setup-Programm nachträglich installieren (siehe Kapitel 1). Zeigt Excel 97 in der Arbeitsmappe an Stelle der Grafik lediglich eine leere Zelle (oder bei einem angewählten Objekt ein graues Viereck als Platzhalter) an, dann müssen Sie im Menü EXTRAS auf den Befehl OPTIONEN klicken und die Anzeigeoptionen in der Registerkarte Ansicht setzen (siehe Kapitelende). Vermutlich ist das Optionsfeld Alle ausblenden markiert. Markieren Sie das Optionsfeld Alle anzeigen, um die Darstellung der eingefügten Grafiken zuzulassen.

Anmerkungen zur Auswahl des Grafikformats

Excel 97 unterstützt eine Reihe von Grafikformaten beim Import in das Dokument. Sofern Sie die betreffenden Grafikfilter installiert haben, läßt sich das Dateiformat über das Listenfeld *Dateityp* ändern. Öffnen Sie hierzu die Liste und wählen das gewünschte Dateiformat aus. Tabelle 36.1 enthält eine Aufstellung der unterstützten Formate.

Grafikformate

Erweiterung	Format
ADI	AutoCAD Plot File
BMP	Windows-Bitmap-Format (z.B. MS Paint)
CDR	CorelDRAW-Format
CGM	Computer Graphic Metafileformat

Grafikformate

Erweiterung	Format
DIB	Windows-Bitmap-Format (Device Independant Bitmap)
DRW	Micrografx Designer
DXF	AutoCAD 2D-Format
EPS	Encapsulated Postscript Format
GIF	Compuserve Grafik Format
HGL	HPGL-Plotterfiles
JPG/JPEG	JPEG-Grafikformat
PCD	Kodak Photo CD
PCT	Mac Pict-Format
PCX	Paintbrush Format
PIC	Lotus 1-2-3 Grafiken
PLT	HP Plotter Print Datei
PNG	Portable Network Graphics
RLE	Windows-Bitmap-Format (komprimierte Bitmap)
TGA	TrueVision Targa Format
TIF	Tag Image File Format
WMF	Windows Metafileformat (MS-DRAW)
WPG	WordPerfect Graphik Format

Sollten in Ihrem Dialogfeld nicht alle Erweiterungen angezeigt werden, fehlen die betreffenden Grafikfilter. Sie können diese nachträglich über das Office-Setup-Programm installieren (siehe Kapitel 1). Es empfiehlt sich aber, nur die Filter der Grafikformate zu installieren, die beim täglichen Arbeiten auch wirklich gebraucht werden. Dies spart Speicherplatz auf der Festplatte und im Hauptspeicher.

Bei EPS-Formaten muß das betreffende Anwendungsprogramm eine Kopie der Bilder im TIF- oder WMF-Format als Vorschau mitabgespeichert haben. Andernfalls kann Excel 97 die Grafik nicht anzeigen, sondern nur auf PostScript-Druckern ausgeben.

Bezüglich der weiteren Besonderheiten in der Unterstützung der Importformate informiert Sie die Online-Hilfe. Sofern Sie sich für die Interna dieser Formate interessieren, möchte ich auf die Literaturangabe /6/ verweisen, wo ein Großteil dieser Formate im Aufbau beschrieben wird.

Allerdings unterstützt Excel 97 eine Reihe von Grafikformaten nicht direkt, bzw. es stehen zur Zeit keine Filter zur Verfügung. Tabelle 36.2 enthält einige dieser Fremdformate.

Nicht unterstützte Importformate für Grafiken

Erweiterung	Format
BMP	OS/2 2.x Bitmapformat
CUT	Dr. Halo Format
IFF	Amiga Formate
IMG	GEM-Paint Format
LBM	Deluxe Paint Format
MSP	Microsoft Paint
RAS	Sun Raster Image Format

Sofern die Grafiken in diesen Formaten vorliegen, müssen Sie diese vor der Einbettung in das Dokument konvertieren

Hilfsprogramme zur Grafikkonvertierung

Einige Grafikprogramme wie Corel PhotoPaint oder Hijack unterstützen die Konvertierung und Bearbeitung solcher Grafiken. Im Sharewarebereich werden darüber hinaus einige ganz brauchbare Programme zur Bildkonvertierung unter Windows angeboten

- Das Programm Graphic Workshop erlaubt Ihnen, die in Tabelle 36.2 aufgeführten Fremdformate in Excel-Bildformate zu konvertieren. Der Vorteil bei diesem Programm besteht darin, daß es mehrere Grafiken als verkleinerte Symbole in einer Vorschau anzeigt. Etwas gewöhnungsbedürftig ist m.E. allerdings die Bedieneroberfläche.

- Mit Paint Shop pro liegt ein sehr leistungsfähiger Konverter vor, der auch OLE-fähig ist. Paint Shop pro erlaubt die Anfertigung von Bildschirmabzügen und unterstützt eine Reihe von Bitmap-Formaten. Damit können Sie Bilder aus Windows-Programmen »fotografieren« und in Tabellen einfügen.

Beachten Sie aber, daß die Konvertierungen nur zwischen Bitmap-Formaten möglich sind. Eingebettete Bilder werden direkt im Arbeitsblatt eingefügt und mit der Arbeitsmappe gespeichert. Da Bitmap-Bilder (abhängig von der Auflösung und Farbtiefe) sehr viel Platz benötigen, umfassen die XLS-Dateien schnell mehrere hundert Kbyte.

Sie finden in der Datei \BEISP\KAP36\BEISPIEL36.XLS einige Arbeitsblätter mit Grafiken und Objekten. Das Verzeichnis enthält auch einige BMP-Dateien, die sich als Grafiken in ein Arbeitsblatt einfügen lassen.

Einfügen einer Grafik als Objekt

Sofern Sie unter Windows OLE-fähige Grafikanwendungen installiert haben, lassen sich Bilder mit diesen Anwendungen lesen und in Excel-Arbeitsblättern übernehmen. Gegenüber dem im vorherigen Abschnitt beschriebenen direkten Import ergeben sich mehrere Vorteile:

- Es werden die Grafikformate der betreffenden Anwendung unterstützt. Dies gibt Ihnen die Möglichkeit, Grafiken in »exotischen« Formaten in die Arbeitsblätter zu übernehmen. Voraussetzung ist lediglich, daß die Anwendung installiert ist und das Grafikformat unterstützt.

- Sie können die Grafiken zwar auch per Datei als Objekte im Arbeitsblatt einfügen (wodurch die Größe der XLS-Datei entsprechend zunimmt). Beim Einfügen eines Objekts läßt sich aber wählen, ob dieses als Verknüpfung in der XLS-Datei zu hinterlegen ist. Dies spart Speicherplatz in der XLS-Datei. Weiterhin können Sie die Grafikdatei mit einer externen Anwendung bearbeiten und in verschiedenen Dokumenten verwenden.

Detailliertere Hinweise zu diesem Thema finden Sie in Kapitel 22.

36.2 AutoFormen verwenden

Häufig benötigte Symbole wie Sterne, Sprechblasen für Legenden etc. lassen sich über die Funktion *AutoFormen* in ein Arbeitsblatt übernehmen. Die Funktion *AutoFormen* läßt sich über verschiedene Wege aufrufen:

Teil 5 · Diagramme und Grafiken

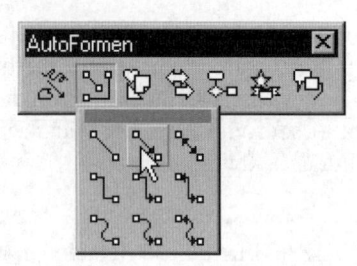

Bild 36.5: Symbolleiste AutoFormen

⇢ Wählen Sie im Menü EINFÜGEN den Befehl GRAFIK. Im Untermenü wählen Sie den Befehl AUTOFORMEN. Excel 97 blendet dann die Symbolleiste *AutoFormen* ein. Über die Schaltflächen dieser Symbolleiste lassen sich Paletten mit den verfügbaren AutoFormen öffnen (Bild 36.5).

⇢ Haben Sie die Funktion *Zeichnen* aktiviert, erscheint die gleichnamige Symbolleiste (siehe folgende Abschnitte). Dann können Sie den Menüpunkt AUTOFORMEN in der *Zeichnen*-Symbolleiste anklicken. Excel 97 öffnet ein Untermenü, über dessen Einträge Sie die Paletten mit den verfügbaren AutoFormen abrufen können (Bild 36.6).

Bild 36.6: Menüpunkt AutoFormen mit den verfügbaren AutoFormen

Um eine Autoform als Objekt in einem Arbeitsblatt einzufügen, gehen Sie in folgenden Schritten vor:

1. Öffnen Sie die Palette mit den gewünschten AutoFormen (siehe obige Anweisungen).

2. Klicken Sie in der Palette auf die Schaltfläche der gewünschten Autoform. Die Palette wird geschlossen, und der Mauscursor nimmt die Form eines kleinen Kreuzes an.

3. Klicken Sie auf eine Stelle im Arbeitsblatt, fügt Excel 97 die Autoform in der Standardgröße ein. Alternativ können Sie auf die linke obere Ecke der Objektposition zeigen und dann die Maus zur diagonal gegenüberliegenden Ecke ziehen. Sobald Sie die linke Maustaste loslassen, fügt Excel 97 die Autoform als Objekt in der angegebenen Größe ein (Bild 36.7).

Sie können das Objekt wie jedes andere Objekt per Mausklick markieren. Markierte Objekte lassen sich über die `Entf`-Taste löschen, über die Ziehmarken in der Größe verändern, an neue Positionen verschieben oder formatieren (siehe auch folgende Abschnitte). Um die Markierung des Objekts aufzuheben, klicken Sie auf einen außerhalb der Markierung liegenden Bereich des Arbeitsblatts.

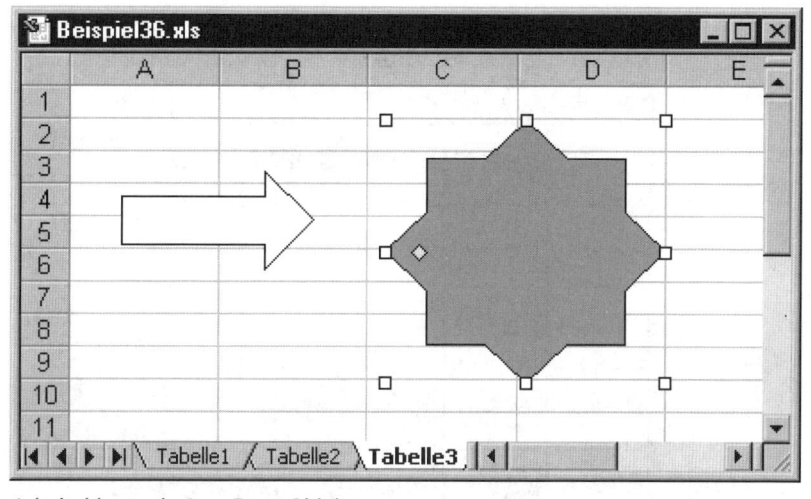

Bild 36.7: Arbeitsblatt mit AutoForm-Objekten

> *Ein markiertes AutoForm-Objekt läßt sich über die nebenstehend gezeigte Schaltfläche der Format-Symbolleiste mit einer Farbe versehen. Bei Flächen werden diese mit der betreffenden Farbe gefüllt.*

> *Ein Beispiel finden Sie in der Datei \BEISP\KAP36\BEISPIEL36.XLS auf der Begleit-CD-ROM.*

36.3 Die Funktion WordArt

Über die Funktion WordArt lassen sich spezielle Schrifteffekte erzeugen. Die Ergebnisse werden als Objekte im Arbeitsblatt eingefügt. Die Funktion *WordArt* läßt sich auf verschiedene Arten aufrufen:

⇢ Wählen Sie im Menü EINFÜGEN den Befehl GRAFIK. Im Untermenü wählen Sie den Befehl WORDART.

⇢ Haben Sie die Funktion *Zeichnen* aktiviert, erscheint die gleichnamige Symbolleiste (siehe folgende Abschnitte). Dann läßt sich die nebenstehend gezeigte Schaltfläche *WordArt einfügen* anklicken.

Excel 97 öffnet in beiden Fällen das Dialogfeld *WordArt-Katalog* zur Auswahl des WordArt-Stils (Bild 36.8).

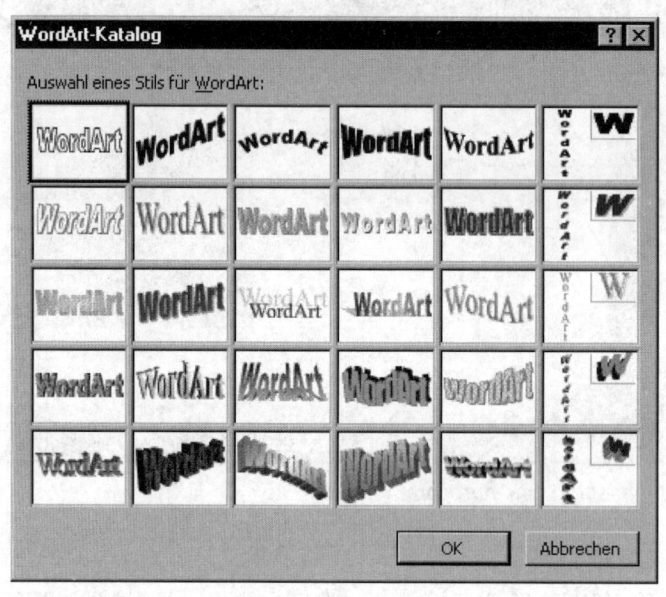

Bild 36.8: Dialogfeld zur Auswahl des WordArt-Stils

WordArt-Objekte anlegen

Um ein WordArt-Objekt in einem Excel-Arbeitsblatt einzufügen, gehen Sie in folgenden Schritten vor:

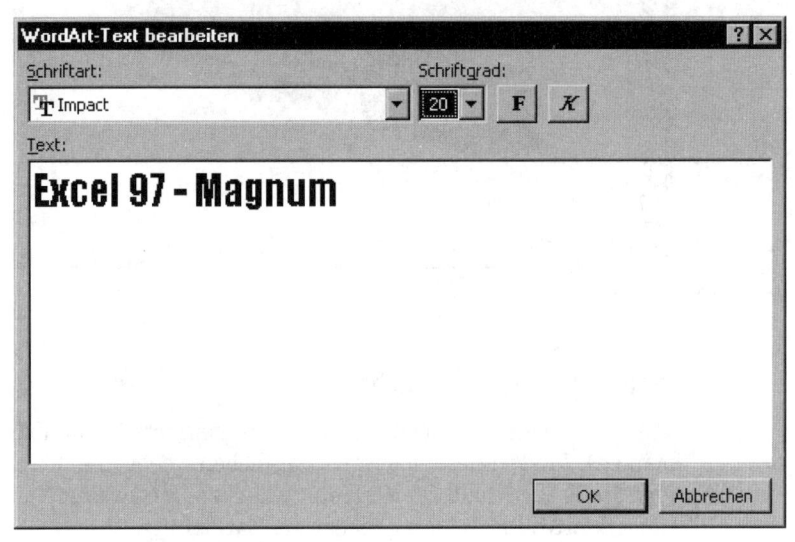

Bild 36.9: WordArt-Text bearbeiten

1. Markieren Sie die Stelle, an der das WordArt-Objekt im Arbeitsblatt einzufügen ist.

2. Rufen Sie die Funktion *WordArt* auf. Sie können dabei eine der beiden oben genannten Varianten verwenden.

3. Excel 97 öffnet das bereits erwähnte Dialogfeld *WordArt-Katalog* zur Auswahl des WordArt-Stils (Bild 36.8). Klicken Sie im Katalog auf den gewünschten Stil. (Der Text wird anschließend in diesem Stil angelegt.)

4. Schließen Sie den WordArt-Katalog über die *OK*-Schaltfläche. WordArt öffnet das Dialogfeld zur Bearbeitung des WordArt-Textes (Bild 36.9). WordArt gibt dabei bereits den Text »Ihr Text« vor.

5. Überschreiben Sie diese Vorgabe durch Ihren gewünschten Text, und setzen Sie die gewünschten Formatoptionen für diesen Text. Schriftart und Schriftgrad (die Textgröße) lassen sich über die gleichnamigen Listenfelder wählen. Die Schaltflächen *F* und *K* erlauben Ihnen, den Text fett bzw. kursiv darzustellen.

Sobald Sie das Dialogfeld über die *OK*-Schaltfläche schließen, erzeugt WordArt den Text in dem von Ihnen gewählten Stil. Gleichzeitig wird der Text als Objekt im Arbeitsblatt an der gewählten Stelle eingeblendet (Bild 36.10).

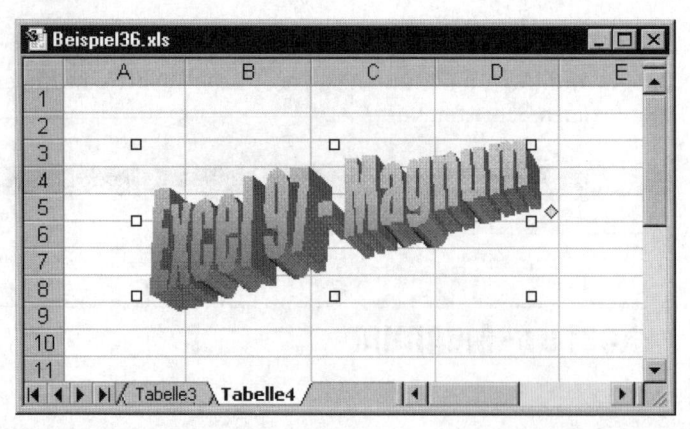

Bild 36.10: WordArt-Objekt

WordArt-Objekte bearbeiten

WordArt-Objekte sind nach dem Einfügen markiert (erkennbar an den Ziehmarken). Die Markierung läßt sich aufheben, indem Sie im Arbeitsblatt auf eine Stelle außerhalb der Markierung klicken. Ein zweiter Mausklick auf ein unmarkiertes Objekt setzt wieder die Markierung.

Sie können ein markiertes Objekt durch Drücken der (Entf)-Taste löschen. Markierte Objekte lassen sich im Arbeitsblatt verschieben, in die Zwischenablage kopieren und in der Größe verändern.

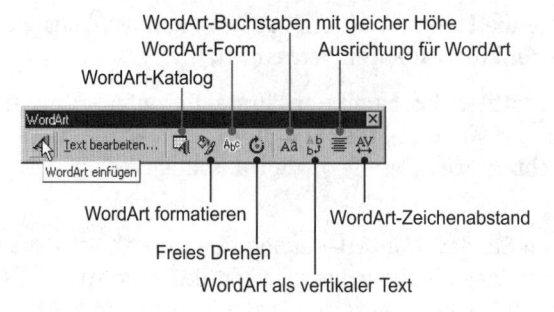

Bild 36.11: WordArt-Symbolleiste

Sobald ein WordArt-Objekt markiert ist, erscheint die *WordArt*-Symbolleiste (Bild 36.11). Über die Elemente dieser Symbolleiste lassen sich die WordArt-Objekte bearbeiten und einfügen.

> *Falls die WordArt-Symbolleiste bei Anwahl des betreffenden Objekts nicht erscheint, wählen Sie im Menü ANSICHT den Eintrag SYMBOLLEISTEN. Im Untermenü läßt sich die WordArt-Symbolleiste durch Anklicken des betreffenden Befehls ein- oder ausblenden.*

36 Grafiken und Zeichnungsobjekte

- Die Schaltfläche *WordArt einfügen* erlaubt Ihnen, neue WordArt-Objekte an der aktuellen Position im Arbeitsblatt einzufügen.

- Die Schaltfläche mit der Beschriftung *Text bearbeiten* öffnet das Dialogfeld zur Änderung des WordArt-Textes (siehe Bild 36.9).

- Die Schaltfläche *WordArt-Katalog* öffnet das gleichnamige Dialogfeld (siehe Bild 36.8). Klicken Sie auf einen der angezeigten Stile, ändert WordArt die Darstellung des aktuellen WordArt-Objekts in den gewählten Stil.

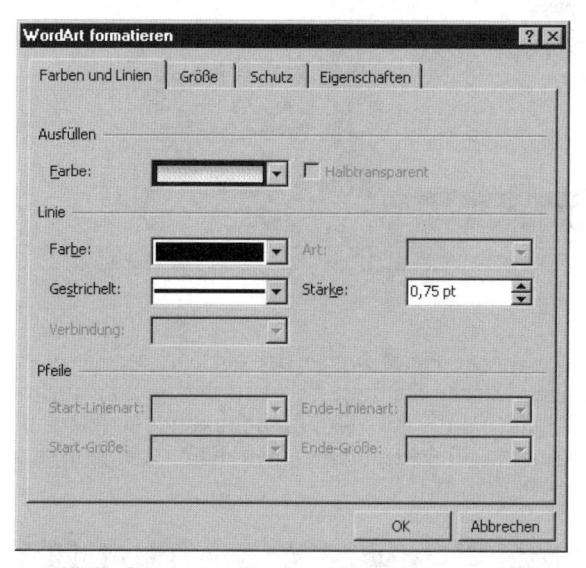

Bild 36.12: Das Dialogfeld WordArt formatieren

- Die Schaltfläche *WordArt formatieren* öffnet das gleichnamige Dialogfeld. In diesem Dialogfeld finden Sie vier Registerkarten, um das Format des WordArt-Objekts einzustellen (Bild 36.12). Die Registerkarte *Größe* ermöglicht die genaue Größenanpassung des Objekts. (Schneller geht dies aber bei einem markierten Objekt über die Ziehmarken.) In der Registerkarte *Schutz* läßt sich das Objekt vor Veränderungen schützen (hierzu muß anschließend der Blattschutz aktiviert werden). Die Registerkarte *Eigenschaften* besitzt Optionen, um die Objektposition zu fixieren sowie den Ausdruck zu unterdrücken. In der Registerkarte *Farben und Linien* finden Sie Optionen, um die Füllfarbe des Objekts, die Linienfarben sowie die Formate zur Gestaltung von Pfeilen einzustellen. Da die Handhabung dieser Optionen den Formatoptionen anderer Elemente ähnelt, wird auf eine detaillierte Beschreibung verzichtet. Hinweise zu den einzelnen Registerkarten finden Sie in den restlichen Kapiteln dieses Buches (z.B. Kapitel 19, Kapitel 34 etc.).

- Die Schaltfläche *WordArt-Form* öffnet eine Palette mit verschiedenen WordArt-Formen (Bild 36.13). Die Schaltflächen zeigen ein stilisiertes Symbol für die betreffenden Formen. Klicken Sie auf eine solche Schalt-

Teil 5 · Diagramme und Grafiken

fläche, wendet WordArt die betreffende Form auf den Text an. Hierdurch wird dieser in der betreffenden Weise dargestellt. In Bild 36.13 sehen Sie im Hintergrund der Tabelle einen über die WordArt-Form veränderten Text. Durch erneute Anwahl der Funktion lassen sich auch bestehende Formen an neue Vorgaben anpassen.

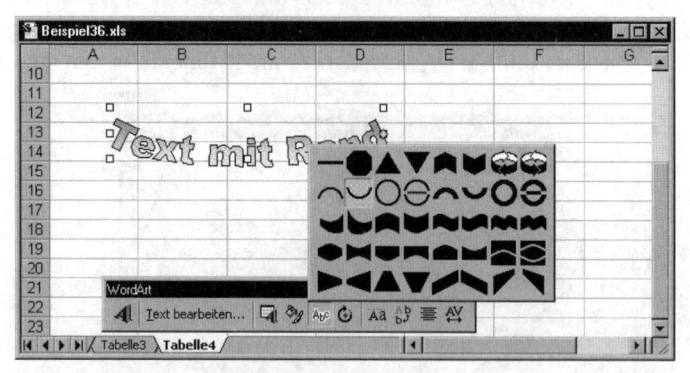

Bild 36.13: WordArt-Formen wählen

- Die Schaltfläche *Freies Drehen* ist auch in der *Zeichnen*-Symbolleiste verfügbar. Klicken Sie diese Schaltfläche bei einem markierten Objekt an, wird der Umriß mit vier »Drehpunkten« markiert. Sie können anschließend das Objekt durch Ziehen dieser Drehpunkte um eine Achse drehen (Bild 36.14).

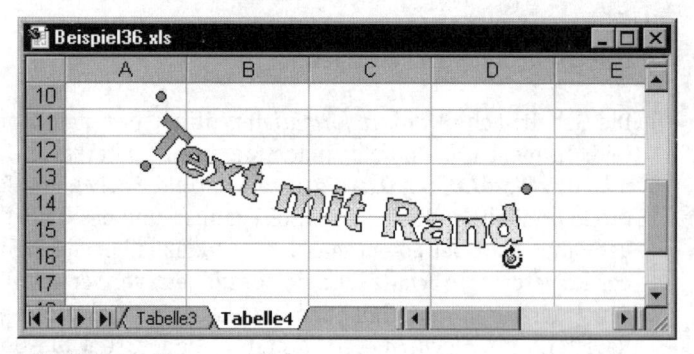

Bild 36.14: Objekt frei drehen

- Über die nebenstehend gezeigte Schaltfläche *WordArt-Buchstaben mit gleicher Höhe* erreichen Sie, daß WordArt Kleinbuchstaben an die Größe von Großbuchstaben anpaßt.

- Die Schaltfläche *WordArt als vertikaler Text* bewirkt eine vertikale Ausrichtung des WordArt-Textes.

- Verwenden Sie die Schaltfläche *Ausrichtung für WordArt*, erscheint eine Palette, über deren Einträge Sie das Format zur Ausrichtung wählen (Bild 36.15).

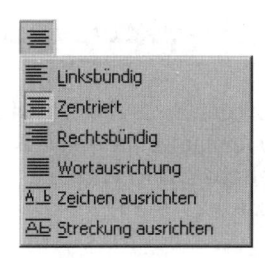

Bild 36.15: Optionen zum Ausrichten

···⊹ Die Schaltfläche *WordArt-Zeichenabstand* öffnet ebenfalls eine Palette, in der die Optionen zur Ausrichtung des Zeichenabstands aufgeführt werden (Bild 36.16).

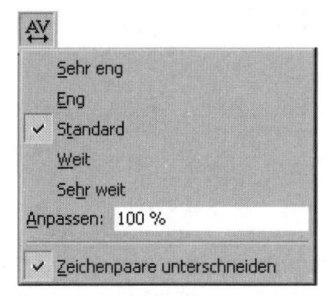

Bild 36.16: Optionen für Zeichenabstände

> *Zusätzlich lassen sich verschiedene Funktionen der Symbolleiste* Zeichnen *auf ein markiertes WordArt-Objekt anwenden. Sie können beispielsweise die Liniendicke direkt verändern. Änderungen an einem Objekt lassen sich über die Tastenkombination* (Strg)+(z), *über die Schaltfläche* Rückgängig *oder über die gleichnamige Funktion im Menü* BEARBEITEN *sowie die entsprechende Schaltfläche zurücknehmen.*

> *Ein Beispiel finden Sie in der Datei* \BEISP\KAP36\BEISPIEL36.XLS *(Tabelle4) auf der Begleit-CD-ROM.*

36.4 Die Funktion Zeichnen

Die Funktion *Zeichnen* wird in Excel 97 über eine eigene Schaltfläche in der *Standard*-Symbolleiste aktiviert. Sobald Sie diese Schaltfläche mit einem Mausklick anwählen, blendet Excel 97 die Symbolleiste *Zeichnen* im Dokument ein (Bild 36.17). In der Symbolleiste finden Sie alle Elemente, um

Zeichnungen zu erstellen und Objekte in einem Arbeitsblatt zu bearbeiten (gruppieren, schattieren etc.).

Beachten Sie, daß in Excel 97 die Funktionen *Zeichnen* und *AutoFormen* nicht getrennt sind. Sie finden daher einige *AutoFormen*-Befehle in der Symbolleiste *Zeichnen,* und bei Anwahl eines Zeichenobjekts erscheint im Kontextmenü der Befehl AUTOFORM FORMATIEREN.

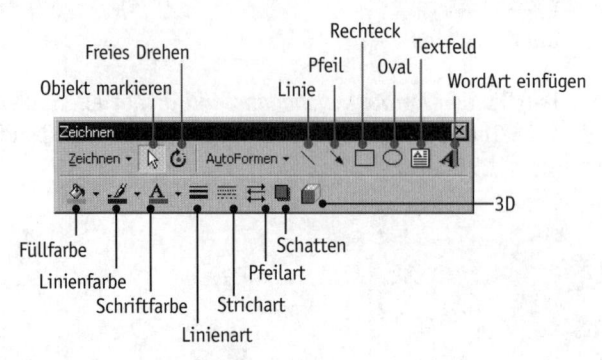

Bild 36.17: Symbolleiste Zeichnen

> Sie können die Symbolleiste an den unteren oder rechten Rand des Arbeitsbereichs ziehen. Dann bleibt unter Umständen mehr Platz zur Darstellung der Tabelleninhalte.

Geometrische Elemente per Zeichenfunktion erstellen

Die Schaltflächen *Linie, Pfeil, Rechteck* und *Oval* erlauben Ihnen, einfache geometrische Objekte (z.B. Linien und Rechtecke) im Arbeitsblatt zu erstellen.

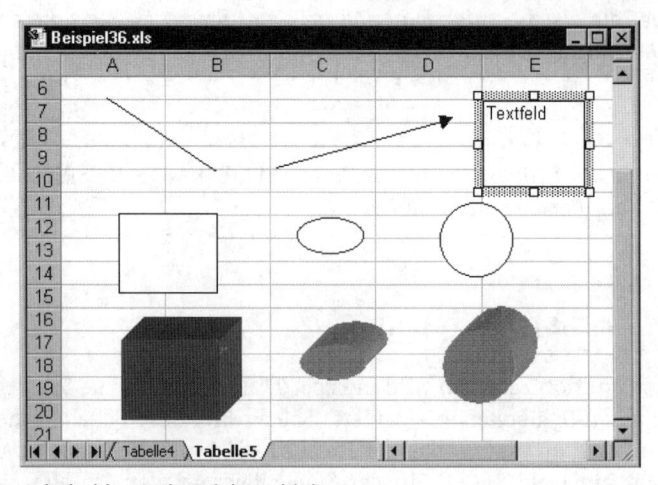

Bild 36.18: Arbeitsblatt mit Zeichenobjekten

864

- Um eine Linie zu ziehen, aktivieren Sie die betreffende Schaltfläche, positionieren den Mauscursor auf dem Anfangspunkt und ziehen dann den Mauscursor bei gedrückter linker Maustaste zum Endpunkt. Auf dem Bildschirm wird dabei die Linie bereits sichtbar. Solange Sie die Maustaste festhalten, läßt sich die Länge und Orientierung der Linie verändern.

- Analog können Sie beim Zeichnen von Pfeilen verfahren; aktivieren Sie die Schaltfläche *Pfeil* und markieren Sie den Anfangspunkt im Arbeitsblatt. Halten Sie die Maustaste gedrückt und verschieben Sie den Mauscursor zur Endposition. Sobald Sie die Maustaste loslassen, zieht die Funktion *Zeichnen* einen Pfeil. Die Pfeilspitze zeigt dabei in Richtung des zuletzt markierten Punkts.

- Um Objekte wie Rechtecke, Ovale etc. zu erstellen, wählen Sie die jeweilige Schaltfläche. Dann klicken Sie den ersten Punkt im Arbeitsblatt per Maus an. Wenn Sie jetzt die linke Maustaste gedrückt halten und die Maus verschieben, zeichnet die Funktion die Umrißlinie des Objekts. Sobald Sie die linke Maustaste loslassen, wird der Kreis oder das Rechteck gezeichnet.

> *Um einen Kreis oder ein Quadrat zu zeichnen, müssen Sie die Schaltflächen* Oval *bzw.* Rechteck *benutzen. Halten Sie beim Ziehen der Maus die* ⇧ *-Taste gedrückt, erzwingt die Funktion* Zeichnen *die Ausgabe eines Kreises oder eines Quadrats. Bei Linien oder Pfeilen erzwingt die* ⇧ *-Taste eine horizontale, vertikale oder diagonale (in bestimmten Winkeln abgestufte) Ausrichtung.*

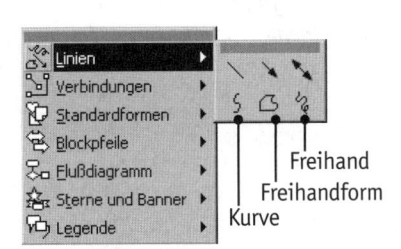

Bild 36.19: Linienarten in AutoFormen

Für Freihandfiguren, Polygone oder zur Auswahl der Pfeilsymbole stehen (im Gegensatz zu früheren Excel-Versionen) keine eigenen Schaltflächen in der *Zeichnen*-Symbolleiste zur Verfügung. Vielmehr wurden diese Funktionen in Excel 97 im Menü AutoFormen der *Zeichnen*-Symbolleiste (siehe oben) untergebracht. Unter dem Eintrag Linien finden Sie eine Palette mit den betreffenden Schaltflächen (Bild 36.19).

Wählen Sie in der Palette die Schaltfläche *Freihand*, blendet die Funktion *AutoForm* bei gedrückter linker Maustaste einen Stift als Cursor ein. Sie können dann die Figur direkt zeichnen. Um ein Polygon aus verschiedenen Geraden zu zeichnen, wählen Sie die Schaltfläche *Freihandform* und markieren anschließend den ersten Punkt mit einem Mausklick. Wenn Sie dann weitere Punkte per Mausklick markieren, verbindet die Funktion *AutoForm* diese Punkte durch eine Linie. Die Funktion wird beendet, sobald eine geschlossene Fläche vorliegt oder indem Sie den letzten Punkt mit einem Doppelklick der linken Maustaste markieren.

Halten Sie bei aktivierter Funktion Freihandform *die linke Maustaste gedrückt, lassen sich Freihandlinien zeichnen, während beim Klicken die Endpunkte durch gerade Linien verbunden werden.*

Haben Sie einen Polygonzug über die Schaltfläche *Freihandform* erstellt, können Sie die Lage einzelner Stützpunkte über den Befehl PUNKTE BEARBEITEN nachträglich verändern. Sie finden den Befehl im Menü ZEICHNEN der *Zeichnen*-Symbolleiste. Wählen Sie den Stützpunkt per Mausklick an und ziehen diesen bei gedrückter linker Maustaste an die gewünschte Position.

Die Funktion *Zeichnen* (bzw. *AutoForm*) legt die Elemente als Objekte im Dokument ab. Wird ein Objekt angewählt, umgibt Excel 97 dieses mit einem Markierungsrahmen und oder Ziehmarken. Über die Ziehmarken läßt sich dann dieser Grafikrahmen verschieben und in der Größe variieren. Das Element wird dabei automatisch in der Größe angepaßt.

Möchten Sie mehrere Objekte der gleichen Form hintereinander zeichnen (z.B. mehrere Pfeile), wählen Sie die betreffende Schaltfläche per Doppelklick an. In diesem Fall bleibt die Schaltfläche solange aktiv (eingedrückt), bis sie erneut per Maus angewählt wird.

Excel 97 ermöglicht Ihnen weiterhin, Objekte mit Makros (VBA-Modulen) zu verbinden. Hierzu klicken Sie das Objekt mit der rechten Maustaste an. Dann wählen Sie im Kontextmenü den Befehl MAKRO ZUWEISEN *und geben im anschließend geöffneten Dialogfeld den Makronamen an.*

Die Funktion Textfeld

Um Textbereiche in einem Arbeitsblatt anzulegen, bietet Excel 97 die Funktion *Textfeld*. Diese Funktion läßt sich über die nebenstehend gezeigte Schaltfläche aus der *Zeichnen*-Symbolleiste abrufen. Um ein Textfeld zu erstellen, führen Sie folgende Schritte aus:

1. Nach Betätigung der Schaltfläche *Textfeld* legen Sie die linke obere Ecke des Textfelds durch einen Mausklick fest. Halten Sie die Maustaste gedrückt.
2. Ziehen Sie anschließend die Maus bei gedrückter linker Maustaste zur Position der diagonalen Ecke. Wenn Sie die Maustaste freigeben, legt Excel 97 die Abmessungen des Textfelds fest. Sie können anschließend dessen Größe über die Ziehmarken variieren.
3. Klicken Sie jetzt in das Textfeld und tippen Sie den gewünschten Text direkt per Tastatur ein.

Nach dem Beenden der Texteingaben klicken Sie auf einen Punkt außerhalb des Textfelds. Excel 97 hebt die Markierung wieder auf und der Text wird im Textfeld angezeigt. Bei Textfeldern gilt es jedoch, einige Punkte zu beachten:

- Klicken Sie in ein Textfeld, markiert Excel 97 dieses zur Bearbeitung des Texts. Sie erkennen dies an dem schraffierten Rand des Textfelds. Sie können anschließend Textteile per Maus markieren und bearbeiten.
- Klicken Sie auf den Rand eines Textfelds, wird das Objekt zur Bearbeitung markiert. Sie erkennen dies durch den gepunkteten Rahmen. Das Objekt läßt sich anschließend löschen ([Entf]-Taste drücken), verschieben oder über die Ziehpunkte in der Größe anpassen.

Bei der Bearbeitung des Textes im Textfeld gibt es ebenfalls Besonderheiten: Erreichen Sie bei der Eingabe den linken Rand, führt Excel 97 automatisch einen Zeilenumbruch aus. Am unteren Rand rollt Excel 97 den Inhalt des Textfelds nach oben. Über die Cursortasten [↑] und [↓] können Sie im Text des Textfelds blättern. Beenden Sie die Bearbeitung, schneidet Excel 97 ggf. Teile des Textes ab (falls das Textfeld zu klein ist). Sie können den automatischen Zeilenumbruch aber bei der Formatierung des Textes (siehe unten) verändern. Bei der Texteingabe sind folgende Punkte zu beachten:

- Ein Zeilenumbruch läßt sich direkt über die [←]-Taste einleiten. Tabulatoren müssen dagegen über die Tastenkombination [Strg]+[↹] eingegeben werden. Excel 97 wandelt Tabulatoren allerdings in Leerzeichen um, die bei Bedarf einzeln zu löschen sind.
- Die Schriftattribute (fett, kursiv, unterstrichen etc.) lassen sich auf den gesamten Text oder auf markierte Textteile anwenden. Dies gilt auch für die Schriftart und die -farbe.
- Die Ausrichtung des Textes (linksbündig, rechtsbündig, zentriert) wirkt jedoch immer auf den gesamten Text innerhalb des Textfelds.

Um einen Text zu formatieren, markieren Sie den betreffenden Ausschnitt. Anschließend können Sie verschiedene Formatierungen (Ausrichtung, Fett, Kursiv etc.) über die Schaltflächen der *Format*-Symbolleiste direkt zuweisen. Alternativ läßt sich das Kontextmenü öffnen und der Befehl TEXTFELD

FORMATIEREN wählen. Excel 97 blendet das gleichnamige Dialogfeld in der Anzeige ein. In diesem Dialogfeld ist jedoch nur die Registerkarte *Schrift* enthalten. Sie müssen anschließend die gewünschten Optionen in dieser Registerkarte setzen (Bild 36.20).

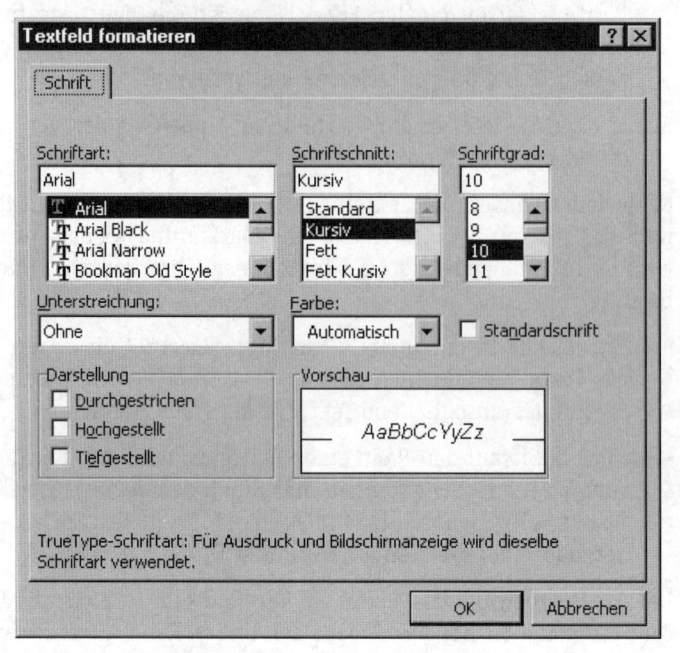

Bild 36.20: Die Registerkarte Schrift

Um globale Formate des Textfelds, wie Hintergrundfarbe, Rahmen etc., zu definieren, markieren Sie das Objekt des Textfelds (der gepunktete Rahmen muß sichtbar sein). Wenn Sie dann den Eintrag *Textfeld formatieren* im Kontextmenü aufrufen, zeigt Excel 97 das gleichnamige Dialogfeld mit verschiedenen Registerkarten an (siehe Bild 36.22). In diesen Registerkarten lassen sich die gewünschten Optionen setzen (siehe folgende Abschnitte).

> *Der Inhalt eines Textfelds läßt sich per Maus markieren und dann über die Funktion* Rechtschreibprüfung *auf Schreibfehler analysieren (siehe auch Kapitel 23).*

Textfeld mit Zelle verbinden

Ein Textfeld läßt sich mit dem Inhalt einer Zelle oder eines Zellbereichs verbinden. Hierzu gehen Sie folgendermaßen vor:

1. Legen Sie zuerst das Textfeld über die betreffende Schaltfläche per Maus an (siehe oben). Markieren Sie das Textfeld.

2. Klicken Sie per Maus auf die Bearbeitungsleiste und geben dann ein Gleichheitszeichen, gefolgt von einer Zellreferenz (z.B. =A) ein. (Bei Bedarf können Sie nach Eingabe des Gleichheitszeichens auch die Zelle oder den Bereich per Maus in der Tabelle markieren.)

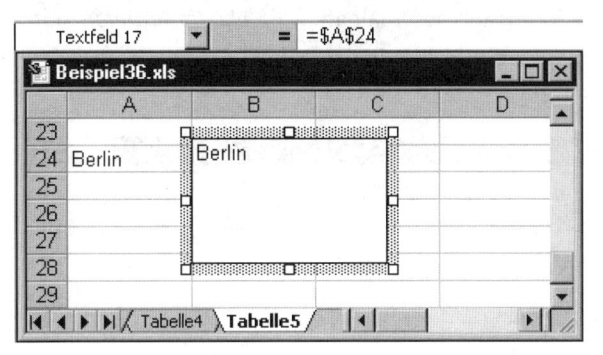

Bild 36.21: Textfeld mit Bezug auf einen Zellinhalt

Excel 97 überträgt dann den Zellinhalt in das Textfeld. Sie können dabei beliebige Zellen angeben. Auch die Verwendung von Namen oder die Markierung der Zelle per Maus ist möglich. Allerdings läßt sich in einem solchen Textfeld kein weiterer Text eintragen.

> *Falls Sie einen Zellbereich angeben, übernimmt Excel 97 nur den Inhalt der ersten Zelle in das Textfeld. Das Format des Zellinhalts wird generell nicht übertragen. Sie können daher dem Textfeld ein eigenes Format zuweisen. Die Formatierung einzelner Zeichen des Textes ist aber nicht möglich. Falls Sie den Text nicht im Zellbereich eintragen wollen, können Sie zwei Textfelder überlagern und später zu einer Gruppe kombinieren. Ein Textfeld nimmt den statischen Text auf, während das zweite Feld den Zellinhalt beinhaltet. Über die Formatierung läßt sich der Rahmen dieses Textfelds unterdrücken.*

36.5 Objekte formatieren

Sie können in Excel 97 allen Objekten (z.B. Diagramme, Bilder, Zeichnungselemente, Textfelder etc.) verschiedene Formate zuweisen. Dies reicht von der Linienform über die Position bis zum Hintergrundmuster. Welche Formate für die betreffenden Objekte verfügbar sind, hängt vom jeweiligen Objekt ab. Zur Formatierung gehen Sie folgendermaßen vor:

1. Selektieren Sie das betreffende Element durch Anklicken per Maus. Excel 97 markiert das Objekt mit einem Rahmen, dessen Ecken und Kanten mit Ziehpunkten versehen sind.

2. Nun rufen Sie die Funktion *Objekt formatieren* auf (*Objekt* steht hier für Namen wie *Textfeld, Autoform* etc.). Der betreffende Befehl ist im Excel-Menü FORMAT verfügbar. Schneller geht es aber über das Kontextmenü oder über die Tastenkombination [Strg]+[1].

3. Excel 97 öffnet das Dialogfeld *Objekt formatieren* mit verschiedenen Registerkarten (Bild 36.22). Wählen Sie eine Registerkarte und setzen Sie die gewünschten Optionen.

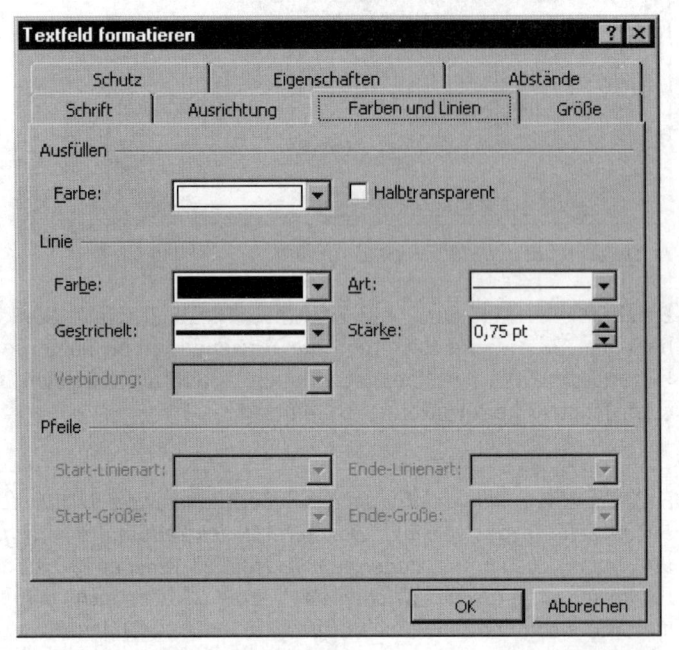

Bild 36.22: Das Dialogfeld Textfeld formatieren

Sobald Sie die Registerkarte über die *OK*-Schaltfläche schließen, formatiert Excel 97 die markierten Objekte. Einzelheiten erfahren Sie in den folgenden Abschnitten.

Beachten Sie, daß die Beschriftung des Dialogfelds und die Anzahl der Registerkarten vom markierten Objekt abhängen. Auf die Optionen der einzelnen Registerkarten soll an dieser Stelle nicht einzeln eingegangen werden, da viele Registerkarten im Rahmen anderer Excel-Funktionen behandelt werden. Benötigen Sie zusätzliche Informationen zu einer Option, lassen sich diese über die Direkthilfe abrufen.

Gestaltung der Linienform, -farbe und der Füllmuster

Wählen Sie ein Objekt an, welches Linien enthält (z.B. Linie, Pfeil, geschlossene Fläche, Textfelder etc.), können Sie die Linienstärke und die -farbe einstellen. Bei geschlossenen Flächen läßt sich zusätzlich die

Hintergrundfarbe festlegen. Die Auswahl des Linienformats erfolgt über die Registerkarte *Farben und Linien*. Allerdings werden die Optionen in Abhängigkeit vom gewählten Objekt freigegeben oder gesperrt. Bild 36.22 zeigt den Aufbau für ein Textfeld.

- Die Gruppe *Ausfüllen* erlaubt, die Fläche eines Objekts (z.B. Kreis) mit der gewählten Farbe auszufüllen. Über das Kontrollkästchen *Halbtransparent* läßt sich erreichen, daß der Hintergrund des Objekts durch die Füllfarbe scheint.

- In der Gruppe *Linie* wählen Sie die Linienfarbe, das Muster (gestrichelt), die Linienart sowie die Linienstärke. Diese Option wird bei allen Objekten freigegeben, die Linien enthalten.

- Markieren Sie einen Pfeil, gibt Excel 97 die Optionen der Gruppe *Pfeile* frei. Sie können dort die Linienart, -stärke sowie die Art des Pfeilsymbols wählen.

Die Linienstärke, die Linienart oder die Art des Pfeilsymbols lassen sich für ein markiertes Objekt auch direkt über die entsprechenden Schaltflächen der Zeichnen-Symbolleiste wählen.

Von Farben und Füllmustern

Um ein Objekt direkt mit einer Hintergrundfarbe zu versehen, stellt Excel 97 verschiedene Schaltflächen in der Standard-Symbolleiste und in der Werkzeugleiste *Zeichnen* zur Verfügung.

- Die Füllfarbe eines markierten Objekts können Sie direkt über die nebenstehend gezeigte Schaltfläche der *Zeichnen*-Symbolleiste füllen.

- Haben Sie eine Linie als Objekt markiert, läßt sich die Linienfarbe über die nebenstehend gezeigte Schaltfläche *Linienfarbe* der *Zeichnen*-Symbolleiste anpassen.

- Markierte Texte in Textfeldern werden über die nebenstehend gezeigte Schaltfläche *Schriftfarbe* eingefärbt.

Müssen Sie häufig die Farben von Linien oder Flächen wechseln, öffnen Sie die Palette und ziehen diese bei gedrückter linker Maustaste in den Arbeitsbereich. Dann bleibt diese ständig geöffnet (Bild 36.23).

Bild 36.23: Farbpalette

Durch Anklicken eines Farbfelds läßt sich die betreffende Farbe übernehmen. Die Beschriftung der restlichen Optionen der Palette hängt von der gewählten Schaltfläche ab. Die Funktionen sind aber weitgehend ähnlich.

- Die Option *Kein Füllbereich* setzt die Farbe zurück. (Bei Linien erscheint hier die Option *Keine Linie*.)

- Eine angezeigte Option *Automatisch* überläßt Excel 97 die Auswahl der Farbe gemäß den Windows-Voreinstellungen für das betreffende Objekt.

- Mit der Option *Weitere Füllfarben* bzw. *Weitere Linienfarben* öffnen Sie ein Dialogfeld mit Registerkarten zur Auswahl einer individuellen Mischfarbe (Bild 36.24). In der Registerkarte *Standard* können Sie direkt auf ein Farbfeld klicken. Die Registerkarte *Anpassen* erlaubt Ihnen, eine Mischfarbe über die Grundfarben Rot, Grün und Blau (oder über ein Farbfeld und die Optionen Sättigung und Helligkeit) zusammenzustellen.

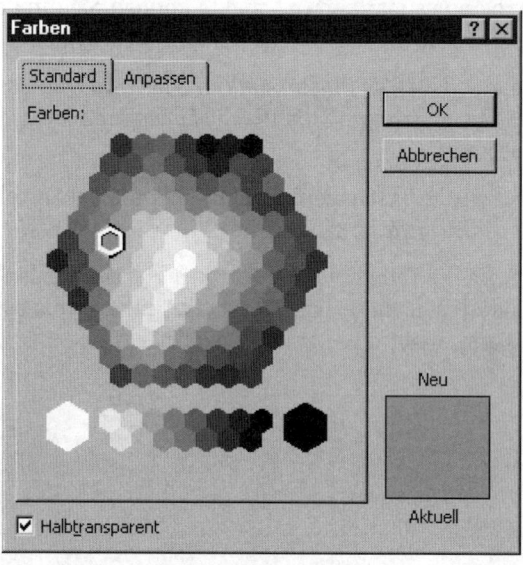

Bild 36.24: Das Dialogfeld Farben

···≻ Sie können einer Fläche jedoch zusätzlich ein Füllmuster bzw. einer Linie ein Linienmuster zuweisen. Dieses Muster definieren Sie über die Einträge *Füllmuster* bzw. *Linienmuster* in der Farbpalette.

Die Gestaltung von Füllmustern wird in Kapitel 34 diskutiert. Bei der Wahl des Eintrags *Linienmuster* wird ein Dialogfeld mit der Registerkarte *Muster* geöffnet. Hier läßt sich ein vordefiniertes Muster wählen (siehe auch Kapitel 34).

Lassen sich die oben erwähnten Schaltflächen nicht anwählen, haben Sie kein oder ein falsches Objekt selektiert.

Um mehrere Objekte mit der gleichen Farbe zu gestalten, formatieren Sie eines dieser Objekte. Anschließend können Sie dieses Objekt über die Schaltfläche Format übertragen *anwählen. Wenn Sie jetzt ein anderes Objekt per Maus anklicken, erhält dieses die gleiche Formatierung bzw. Farben zugewiesen. Selektieren Sie die Schaltfläche mit einem Doppelklick, können Sie das Format des ersten Objekts auf mehrere andere Objekte übertragen. Die Funktion* Format übertragen *übernimmt allerdings alle Formate für die anderen Objekte.*

Schattierung und 3D-Darstellung

Zeichenobjekte lassen sich sowohl mit einer Schattierung als auch mit einer 3D-Darstellung versehen. Um ein Objekt zu schattieren (oder die Schattierung aufzuheben), gehen Sie folgendermaßen vor:

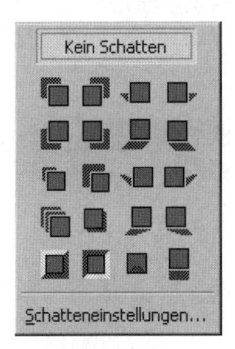

Bild 36.25: Schattierungsvarianten

1. Markieren Sie das Objekt, welches mit einem Schatten versehen werden soll.

2. Klicken Sie in der *Zeichnen*-Symbolleiste auf die nebenstehend gezeigte Schaltfläche *Schatten*.

3. Wählen Sie in der geöffneten Palette (Bild 36.25) eine der Schaltflächen für die gewünschte Schattierungsvariante.

Excel 97 weist dem Objekt den betreffenden Schatten zu. Möchten Sie die Farbe des Schattens variieren, wählen Sie in der Palette aus Bild 36.25 den Befehl SCHATTIERUNGSEINSTELLUNGEN. Excel 97 zeigt die Symbolleiste *Schattierungseinstellungen*. Über die Schaltfläche *Schattierungsfarbe* läßt sich die Farbe des Schattens ändern (Bild 36.26).

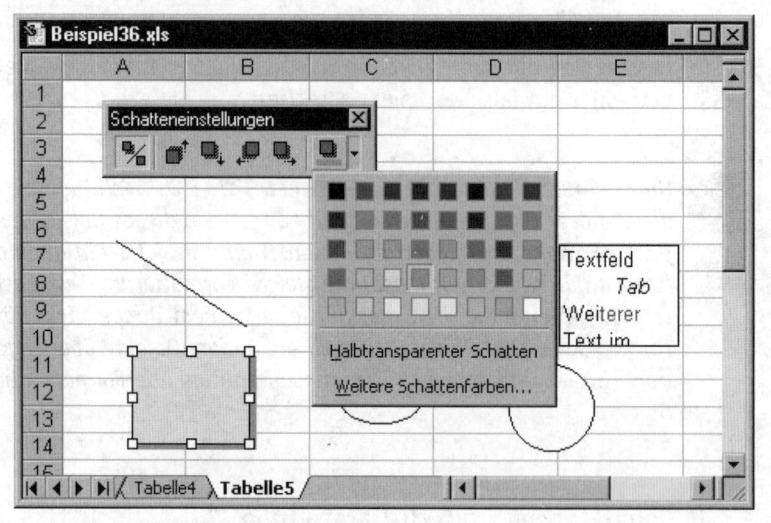

Bild 36.26: Tabelle mit schattierten Objekten

Um markierte Flächenobjekte in eine 3D-Darstellung zu bringen, läßt sich die nebenstehend gezeigte Schaltfläche der *Zeichnen*-Symbolleiste benutzen. Sobald Sie die Schaltfläche anklicken, öffnet Excel 97 eine Palette mit den 3D-Varianten. Wählen Sie eine dieser Varianten, wird das Objekt in 3D-Darstellung angezeigt.

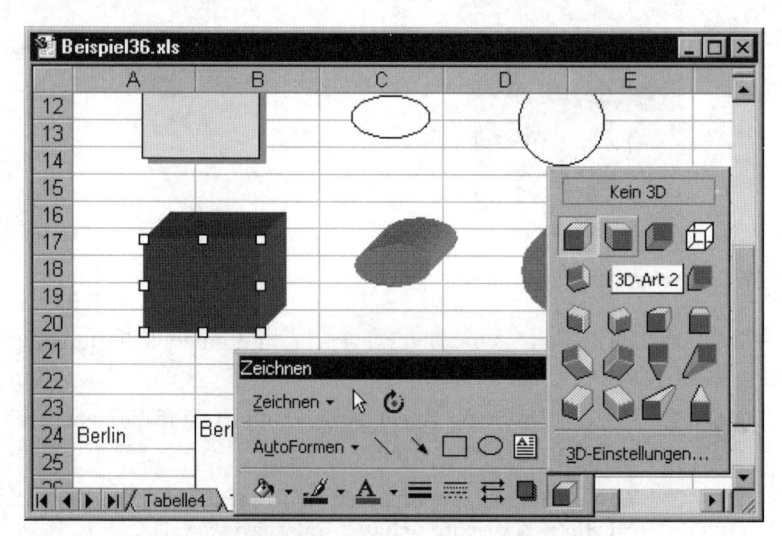

Bild 36.27: 3D-Darstellung von Objekten

Über den Eintrag *3D-Einstellungen* in der 3D-Palette läßt sich die gleichnamige Symbolleiste öffnen. Diese Symbolleiste besitzt Schaltflächen zum Drehen und Kippen der 3D-Objekte, zur Änderung der Beleuchtung oder zur Auswahl der Farbe (Bild 36.28). Bietet eine Schaltfläche mehrere Optionen, werden diese bei deren Anwahl der Schaltfläche in einer eigenen Palette angeboten. Sie können anschließend die Option durch Anklicken des Palette-Eintrags auswählen.

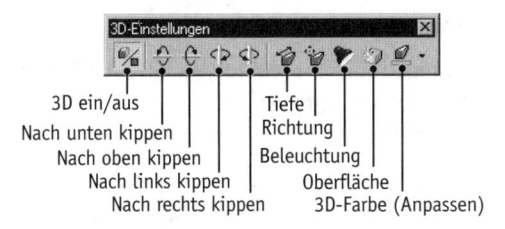

Bild 36.28: 3D-Einstellungen

Objekteigenschaften und -schutz

Wenn Sie eine Zeichnung oder ein Bild im Arbeitsblatt ablegen, verbindet Excel 97 dieses Objekt mit einer Zelle. Falls sich die Breite oder Höhe einer Zelle ändert, kann dies die Anzeige des Objekts beeinflussen. So bewirkt eine Vergrößerung der Spaltenbreite, daß ein Bild in dieser Spalte plötzlich horizontal gestreckt wird. Dies kann zwar beabsichtigt sein, führt jedoch in den meisten Fällen zur Verzerrung der Grafik. Bevor Sie an einen Fehler in Excel 97 denken, markieren Sie das Objekt mit einem Mausklick. Dann rufen Sie die Funktion *Objekt formatieren* (*Objekt* steht hier für den Namen des angewählten Objekts) beispielsweise über das Kontextmenü oder über (Strg)+(1) auf.

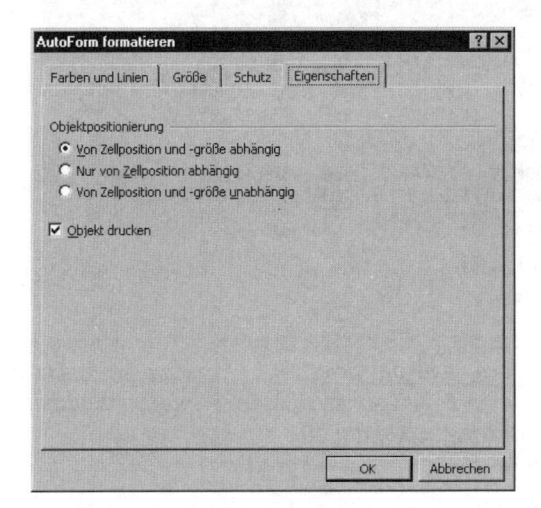

Bild 36.29: Die Registerkarte Eigenschaften

Wählen Sie die Registerkarte *Eigenschaften*. Diese Registerkarte enthält die Gruppe *Objektpositionierung* (Bild 36.29), die das Verhalten von Excel 97 bei Veränderung der Zellposition und -größe bestimmt.

- ⇢ Standardmäßig ist die Option *Von Zellposition und -größe abhängig* markiert, d.h. das Objekt wird bei Veränderung der Zellgröße verzerrt.
- ⇢ Um dies zu verhindern, wählen Sie die Option *Nur von Zellposition abhängig*. Damit verschiebt Excel 97 das Objekt, falls die Zelle verschoben wird, beläßt die Größe jedoch.
- ⇢ Die Option *Von Zellposition unabhängig* beläßt das Objekt an der aktuellen Position. Dies ist vor allem hilfreich, wenn sich das Objekt innerhalb des Arbeitsblatts nicht mehr verschieben soll.

Über das Kontrollkästchen *Objekt drucken* legen Sie fest, ob das Objekt bei der Druckausgabe anzuzeigen ist. Nur wenn das Kontrollkästchen markiert ist, gibt Excel 97 das Objekt beim Ausdruck mit aus.

> *Weiterhin können Sie die Anzeige der Objekte über den Eintrag* OPTIONEN *im Menü* EXTRAS *(Registerkarte Ansicht, Gruppe Objekte) beeinflussen. Näheres erfahren Sie im Abschnitt »Objekte ausblenden« am Ende dieses Kapitels.*

Möchten Sie das Objekt schützen, wählen Sie die Registerkarte *Schutz* und prüfen Sie, ob das Kontrollkästchen *Gesperrt* (Bild 36.30) aktiviert ist (Standardeinstellung von Excel).

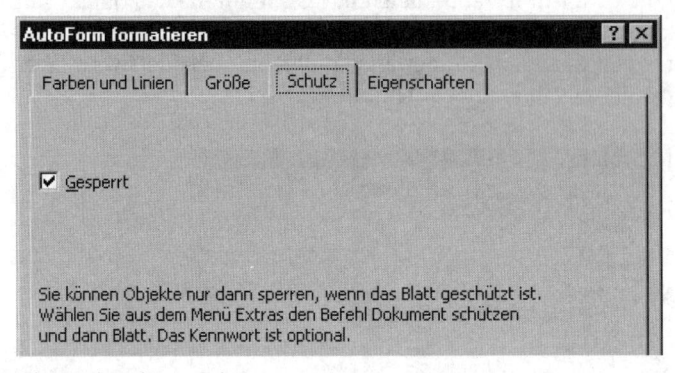

Bild 36.30: Die Registerkarte Schutz

> *Beachten Sie jedoch, daß der Schutz erst wirksam wird, nachdem Sie das Arbeitsblatt über den Befehl* SCHUTZ/BLATT *im Menü* EXTRAS *gesperrt haben. Näheres hierzu finden Sie in Kapitel 19.*

36.6 Objekte gruppieren und positionieren

Sie können Objekte überlagern und in der Position gegeneinander ausrichten. Welche Funktionen es hierzu gibt und was Sie beachten sollten, erfahren Sie in diesem Abschnitt.

Objekte markieren

Um ein Objekt zu markieren, klicken Sie es per Maus an. Excel 97 umgibt ein markiertes Objekt mit einem Rahmen, der zusätzlich mit Ziehpunkten versehen ist. Über diese Ziehpunkte können Sie die Größe des Objekts verändern, bei Polygonlinien die Form beeinflussen und das Objekt unter bestimmten Bedingungen verschieben (siehe unten). Flächen markieren Sie durch einen Mausklick innerhalb der Fläche. Bei anderen Objekten (z.B. Linien) müssen Sie zur Markierung auf die Umrißlinie klicken. Zusätzlich bietet Excel 97 Ihnen die folgenden Möglichkeiten, um spezielle Objekte oder Objektgruppen zu markieren:

- Zur Auswahl mehrerer Objekte halten Sie die ⇧-Taste gedrückt und klicken die einzelnen Objekte per Maus an. Ist die Markierung eines Objekts in der Gruppe aufzuheben, halten Sie ebenfalls die ⇧-Taste gedrückt und klicken das Objekt erneut per Maus an.

- Um gleichzeitig mehrere Objekte innerhalb eines Bereichs zu markieren, verwenden Sie die Schaltfläche *Objekte markieren* aus der Werkzeugleiste *Zeichnen*. Klicken Sie per Maus in eine Ecke des Bereichs und ziehen Sie die Maus bei gedrückter linker Maustaste zur diagonalen Ecke. Sobald Sie die Maustaste loslassen, markiert die Funktion *Zeichnen* alle Objekte innerhalb des Bereichs. Sie können einzelne Objekte freigeben, indem Sie diese bei gedrückter ⇧-Taste per Maus anklicken.

- Um alle Objekte eines Arbeitsblatts gleichzeitig zu markieren, rufen Sie die Funktion *Gehe zu* über die Funktionstaste F5 auf (siehe Kapitel 10). Anschließend wählen Sie im Dialogfeld *Gehe zu* die Schaltfläche *Inhalte*. Excel 97 blendet das Dialogfeld *Inhalte auswählen* in der Anzeige ein. Markieren Sie das Optionsfeld *Objekte* und schließen Sie das Dialogfeld über die *OK*-Schaltfläche.

- Ist einem Objekt ein Makro zugeordnet, wird dieses bei der Anwahl per Maus aktiviert. Ein solches Objekt ist dadurch zu erkennen, daß der Mauscursor bei der Positionierung auf der Objektfläche die Form einer Hand annimmt. Um das Objekt zu markieren, wählen Sie zuerst die Schaltfläche *Objekte markieren* in der Werkzeugleiste *Zeichnen* an. Sobald der Mauscursor die Form eines Pfeils annimmt, können Sie das Objekt mit dem zugewiesenen Makro durch Anklicken markieren.

Alle Markierungen werden aufgehoben, indem Sie einen Bereich außerhalb der Markierung anklicken. Um markierte Objekte zu löschen, drücken Sie die `Entf`- oder `←`-Taste. Sie können ein irrtümlich gelöschtes Objekt sofort danach über die Tastenkombination `Strg`+`z` restaurieren.

▌Objekte verschieben und kopieren

Wenn Sie die Maus auf einem markierten Objekt positionieren und dieses bei gedrückter linker Maustaste ziehen, erscheint eine Umrißlinie. Wird die linke Maustaste freigegeben, verschiebt Excel 97 die markierten Objekte zur neuen Position.

Halten Sie dagegen die `Strg`-Taste gedrückt, fertigt Excel 97 beim Verschieben eine Kopie der markierten Objekte an. Sobald Sie die Maustaste freigeben, fügt Excel 97 die Kopie an der aktuellen Cursorposition im Arbeitsblatt ein.

Alternativ können Sie die markierten Objekte über die Tasten `Strg`+`x` ausschneiden oder über `Strg`+`c` in die Zwischenablage kopieren. Mit `Strg`+`v` läßt sich der Inhalt der Zwischenablage an der aktuellen Cursorposition wieder einfügen.

> *Liegen mehrere Objekte übereinander, funktioniert das Verschieben unter Umständen nicht korrekt. Achten Sie darauf, die Umrißlinie eines Objekts anzuwählen, bevor Sie dieses bei gedrückter linker Maustaste verschieben. Andernfalls wird das darunterliegende Objekt ausgewählt und verschoben.*

▌Objekte ausrichten

Standardmäßig müssen Sie die Objekte manuell per Maus innerhalb des Arbeitsblatts positionieren. Möchten Sie mehrere Objekte gemeinsam an einer Fluchtlinie ausrichten, wird dies sehr schwierig. Excel 97 ermöglicht Ihnen aber mit einigen Tricks eine vereinfachte Ausrichtung der Objekte.

- Halten Sie beim Verschieben der Objekte die `Alt`-Taste gedrückt, richtet Excel 97 die Objektposition an den Gitternetzlinien aus. Da sich der Abstand der Gitternetzlinien über die Zellgröße (Höhe, Breite) variieren läßt, können Sie sehr leicht Fluchtlinien zur Ausrichtung der Objekte einrichten.

- Sobald Sie die Objekte an einer Gitterlinie ausgerichtet haben, fassen Sie diese zu einer Gruppe zusammen und nehmen die endgültige Positionierung vor.

⋯❖ Weiterhin haben Sie die Möglichkeit, die Objekte nur horizontal oder vertikal zu verschieben. Sie müssen lediglich beim Ziehen die ⇧-Taste gedrückt halten. Dann legt Excel 97 eine Vorzugsrichtung in Abhängigkeit von der Mausbewegung fest. Überwiegt die X-Komponente der Mausbewegung, erfolgt die Verschiebung horizontal. Andernfalls wird eine vertikale Verschiebung vorgenommen.

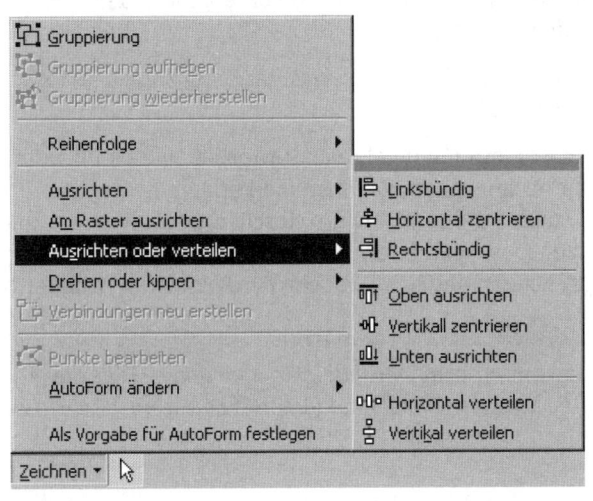

Bild 36.31: Befehle zum Ausrichten

Weiterhin bietet der Befehl ZEICHNEN in der Symbolleiste *Zeichnen* verschiedene Unterbefehle zum Ausrichten markierter Objekte (Bild 36.31). Je nach gewähltem Befehl öffnet Excel 97 ein Untermenü, in dem die Optionen zur Ausrichtung angezeigt werden. Klicken Sie auf den betreffenden Eintrag, um die Objekte auszurichten. Eine solche Ausrichtung läßt sich anschließend über die Tastenkombination Strg+z rückgängig machen.

Objektgröße verändern

Die Einstellung der Größe eines Objekts erfolgt per Maus. Wählen Sie das Objekt an, zeigt Excel 97 einen Rahmen mit Ziehpunkten. Über die Ziehpunkte läßt sich die Größe verändern. Positionieren Sie den Mauscursor auf einem der Ziehpunkte und verschieben diesen bei gedrückter linker Maustaste zur gewünschten Position. Sobald Sie die Maustaste freigeben, paßt Excel 97 die Objektgröße neu an.

Objekte gruppieren

Sie können mehrere einzelne Objekte zu einer Gruppe zusammenfassen. Diese Gruppe verhält sich anschließend wie ein einzelnes Objekt. Zum Zusammenfassen mehrerer Objekte zu einer Gruppe führen Sie folgende Schritte aus:

1. Markieren Sie die einzelnen Objekte gemäß den oben beschriebenen Techniken.
2. Wählen Sie den Befehl GRUPPIEREN im Menü ZEICHNEN der *Zeichnen*-Symbolleiste (Bild 36.31).

Excel 97 faßt dann die Objekte der Gruppe zu einem Objekt zusammen und umgibt dieses mit einem Rahmen. Sie können dieses neue Objekt nun verschieben, in der Größe verändern, löschen oder kopieren. Um die Gruppierung aufzuheben, markieren Sie das Objekt erneut und wählen den Befehl GRUPPIERUNG AUFHEBEN im Menü ZEICHNEN der *Zeichnen*-Symbolleiste.

> **Achtung!** *Excel 97 schachtelt gruppierte Objekte ineinander. Falls Sie eine Gruppierung in mehreren Schritten erstellen, müssen Sie diese auch schrittweise aufheben.*

Objektreihenfolge verändern

Wenn Sie Elemente (Linien, Rechtecke, Kreise etc.) erstellen, zeichnet Excel 97 diese im Vordergrund. Sie können dann die Linien- und Füllfarbe festlegen. Dabei werden alle im Hintergrund befindlichen Objekte (z.B. Zellinhalte, Texte etc.) verdeckt.

Um die Lage der einzelnen Objekte (in der Excel-Nomenklatur wird dies als Reihenfolge bezeichnet) zu verändern, markieren Sie diese. Anschließend lassen sich die Optionen zur Anpassung der Reihenfolge über den Befehl REIHENFOLGE im Menü ZEICHNEN der *Zeichnen*-Symbolleiste anpassen (Bild 36.32).

- Der Befehl IN DEN VORDERGRUND holt das Objekt in den Vordergrund der Zeichnung. Objekte mit gefüllten Flächen verdecken den dahinterliegenden Bereich. Sie können aber die Objektfarbe auf *halbtransparent* setzen, um den Hintergrund anzuzeigen.
- Mit dem Befehl IN DEN HINTERGRUND stellt Excel 97 die markierten Objekte in den Hintergrund. Dadurch erscheinen andere Objekte ggf. vor diesen Objekten.
- Objekte lassen sich zusätzlich ebenenweise anordnen. Die Optionen EINE EBENE NACH VORNE bzw. EINE EBENE NACH HINTEN erlauben Ihnen, die betreffenden Objekte schrittweise in Ebenen anzuordnen.

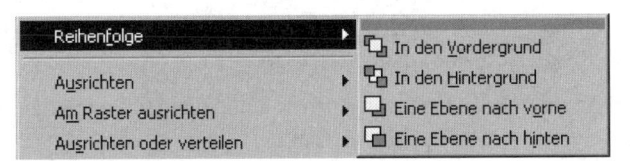

Bild 36.32: Befehl Reihenfolge

Objekte ein-/ausblenden

Excel 97 erlaubt Ihnen, alle Objekte wahlweise ein- oder auszublenden. Weiterhin können Sie an Stelle der Objekte einen Platzhalter anzeigen. Die Auswahl der Optionen erfolgt über die Registerkarte *Ansicht* im Menü EXTRAS (Eintrag OPTIONEN).

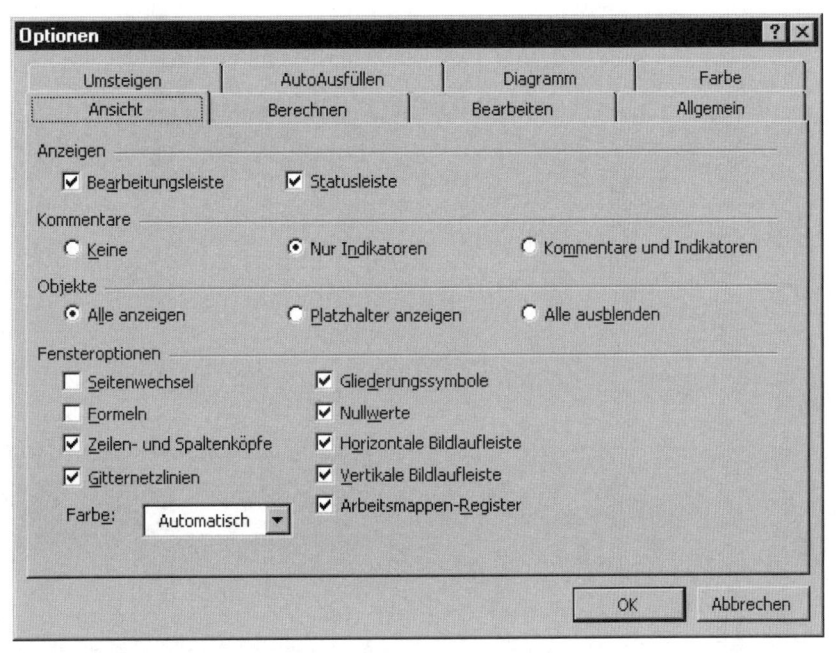

Bild 36.33: Die Registerkarte Ansicht

Über die Optionsfelder der Gruppe *Objekte* läßt sich die Sichtbarkeit der Objekte steuern (Bild 36.33).

- Standardmäßig ist die Option *Alle anzeigen* markiert, d.h. die Objekte erscheinen im angewählten Arbeitsblatt und werden gegebenenfalls auch aktualisiert (z.B. Diagramme).

- Markieren Sie das Optionsfeld *Platzhalter anzeigen*, ersetzt Excel 97 das Objekt durch eine graue Fläche als Platzhalter. Dies beschleunigt den Bildaufbau und die Druckausgabe.

⇢ Möchten Sie alle Objekte (d.h. auch Grafiken) ausblenden, markieren Sie die Option *Alle ausblenden*.

Sobald Sie die Registerkarte *Ansicht* über die *OK*-Schaltfläche schließen, wird die eingestellte Option wirksam.

Um die Sichtbarkeit von Objekten einzuschränken, müssen Sie nicht unbedingt die Registerkarte Ansicht *aufrufen. Wenn Sie die Tastenkombination* [Strg]+[6] *drücken, wählt Excel 97 eine der obigen Optionen. Sie können zwischen den drei Optionen schrittweise durch Betätigung der Tastenkombination* [Strg]+[6] *umschalten. Sobald die Objekte ausgeblendet sind, deaktiviert Excel 97 auch die Schaltflächen der Werkzeugleiste* Zeichnen.

Makros und VBA-Programmierung

Halten Sie Makros für ein italienisches Nudelgericht? Fällt Ihnen zur VBA-Programmierung nur *schwierig, schwierig* ein? Dann ist Ihnen bisher einiges entgangen. Für wiederkehrende Aufgaben lassen sich Makros verwenden. Makros aufzeichnen ist nicht schwer, und es ist schon erstaunlich, wieviel Zeit sich mit dem Einsatz dieser kleinen Helfer sparen läßt. Sicherlich kann dieser Teil Sie nicht zum perfekten VBA-Programmierer machen. Aber einige Einblicke und Aha-Effekte werden Ihnen die folgenden Kapitel sicherlich vermitteln. Trauen Sie sich doch ...

6

37 Arbeiten mit Makros

37.1 Grundlagen

Als Excel-Anwender werden Sie wohl am ehesten mit dem Begriff der Makros konfrontiert. Nachfolgend werden einige Grundlagen im Zusammenhang mit der Makroerstellung erläutert.

Warum Makros?

Um bestimmte Funktionen in Excel 97 auszuführen, müssen Sie die entsprechenden Schaltflächen und Menüeinträge aktivieren, Parameter in Registerkarten und Dialogfeldern setzen etc. Sofern Sie das Kommando nur einmalig benötigen, ist dies sicherlich akzeptabel. Nervig wird die ganze Sache aber, wenn diese Handgriffe 20mal hintereinander fällig werden.

Hier bietet es sich an, den Ablauf durch Excel 97 in einem Makro aufzeichnen zu lassen. Sie aktivieren den Makrorecorder und führen die Schritte einmal aus (siehe unten). Anschließend steht Ihnen die Sequenz als Makro zur Verfügung. Sobald Sie dieses Makro aktivieren, führt Excel 97 selbsttätig alle gespeicherten Aktionen aus. Sie können mit dieser Technik viele Arbeiten automatisieren.

Excel 97 setzt die aufgezeichneten Befehle im Makro dabei in VBA-Anweisungen um (VBA ist die Abkürzung für »Visual Basic for Applications«, dies ist die interne Programmiersprache für Microsoft Office 97). Sie können daher die Makros anschließend ansehen und bearbeiten. Dadurch eröffnen sich sehr vielfältige Möglichkeiten:

- Legen Sie das Makro auf eine Schaltfläche in einer Symbolleiste, läßt es sich per Mausklick starten.

- Ähnliches gilt, wenn Sie einem Objekt (z.B. Kreis, Landkarte, Schaltfläche etc.) ein Makro zuweisen.

- Weiterhin läßt sich ein Makro auf einen Menüeintrag legen. Dann können Sie das Makro durch Anwahl dieses Menüeintrags aufrufen.

- Eine weitere Alternative besteht darin, einem Makro eine Tastenkombination zuzuordnen. Anschließend brauchen Sie nur diese Tastenkombination zu drücken, um das Makro auszuführen.

Bei der Ausführung eines Makros wendet Excel 97 die gleiche Funktionalität wie bei der manuellen Ausführung an. Allerdings sollten Sie beachten, daß die per Makro ausgeführten Befehle nicht im Excel-Befehlsspeicher aufgezeichnet werden. Sie können per Makro durchgeführte Änderungen daher nicht über die Tastenkombination [Strg]+[Z] zurücknehmen.

> *Der Umstieg auf VBA-Anweisungen zur Realisierung der Makros hat einen riesigen Vorteil: Im Gegensatz zu früheren Excel-Versionen wird bei den Makrobefehlen nicht mehr zwischen englischsprachigen und deutschsprachigen Makroanweisungen unterschieden. Es gibt nur noch englischsprachigen VBA-Code. Dies vereinfacht die Pflege von Makros aus meiner Sicht ungemein.*

Makro/VBA-Module – Wo liegt der Unterschied?

Wenn Sie sich etwas intensiver mit der Erstellung von Makros beschäftigen, wird Ihnen bald der Begriff VBA-Modul begegnen (spätestens beim Lesen der folgenden Kapitel). Für Einsteiger (auch der Autor war selbst einmal Einsteiger in die VBA-Programmierung unter Excel 97) ist die Unterscheidung zwischen Makros und VBA-Modulen eher verwirrend. Daher möchte ich an dieser Stelle einige Erläuterungen zur Thematik geben.

Der Begriff »Makro« ist historisch entstanden. In früheren Excel-Versionen gab es noch keine VBA-Programmiersprache. Vielmehr wurden sogenannte Makro-Befehle, dies waren einfache Anweisungen, zu Makros zusammengefaßt. Bei der Ausführung dieser Makros wiederholte Excel einfach die im Makro enthaltenen Befehle. Als Ergebnis ließen sich einfache Funktionen oder Abläufe über Makros realisieren.

Mit der Zeit wurden die Anforderungen an die Funktionalität, die sich mit Makros realisieren lassen sollte, immer höher. Aus diesem Grund entschloß sich Microsoft, ab Excel 5.0 die Makrosprache durch einen Basic-Dialekt auszutauschen. Die Makros wurden ab diesem Zeitpunkt bei der Aufzeichnung direkt in Basic-Anweisungen umgesetzt und in Makros gespeichert. Als Bezeichnung für diesen Basic-Dialekt verwendete Microsoft »Visual Basic for Applications« oder kürzer VBA.

```
Modul: Modul1
    Makro: BlattKopieren

    Makro: FormelEin

    Makro: FormelAus

    ...
```

Bild 37.1: Hierarchie Makros/Module

Im Laufe der Zeit wurden von Microsoft verschiedene Excel-Versionen veröffentlicht, die mit unterschiedlichen VBA-Versionen versehen waren. In Microsoft Office 97 entschloß sich Microsoft, eine einheitliche Programmiersprache VBA 5.0 in den einzelnen Anwendungen zur Makrobearbeitung zu implementieren. Mit VBA 5 steht dem Entwickler ein mächtiges Werkzeug zur Realisierung von Zusatzfunktionen in Office-97-Produkten (und damit auch in Excel 97) zur Verfügung.

Soviel zur historischen Entwicklung, aber damit ist die Frage des Unterschieds Makro/VBA-Modul immer noch nicht beantwortet. Eingangs wurde bereits erwähnt: Mit der Verfügbarkeit der Programmiersprache VBA werden aufgezeichnete Makros in VBA-Anweisungen übersetzt. Die Makros werden dabei Arbeitsmappen zugeordnet, wobei Sie das Makro in einer persönlichen Arbeitsmappe oder in der aktuellen Arbeitsmappe speichern können. Zeichnen Sie mehrere Makros in einer Arbeitsmappe auf, hinterlegt Excel 97 den VBA-Code in getrennten Makros.

Für diese VBA-Anweisungen der Makros braucht Excel 97 aber so etwas wie einen Container. Diese Container werden in der Microsoft-Nomenklatur als »Module« bezeichnet. Bei der Aufzeichnung von Makros verwendet Excel 97 ein Modul, welches standardmäßig mit dem Namen *Modul1* belegt wird. Jedes aufgezeichnete Makro wird dann in diesem Modul hinterlegt (Bild 37.1).

> *Sie können den Makrocode in der VBA-Entwicklungsumgebung (dem Visual-Basic-Editor) ansehen und bearbeiten. Beachten Sie aber, daß die betreffenden Makros nicht mehr als solche im Modul auftauchen. Vielmehr verwendet VBA sogenannte* Prozeduren, *um den Code eines Makros zu einer Einheit zusammenzufassen. Wenn Sie also im Zusammenhang mit Makros auf den Begriff* Prozedur *stoßen, wissen Sie, daß die Prozedur den Makrocode enthält.*

Beim Speichern der Arbeitsmappe sichert Excel 97 auch den Inhalt der Module (und damit die Makros).

37.2 Makros aufzeichnen, bearbeiten und ausführen

Möchten Sie eine bestimmte Aufgabe in Excel 97 automatisieren, läßt sich hierzu ein Makro anlegen. Sie können ein solches Makro per Hand erstellen, indem Sie den betreffenden VBA-Code als Prozedur in einem Modul hinterlegen. (Auf diese Thematik wird in den folgenden Kapiteln eingegangen). Wesentlich eleganter ist es jedoch, die Aufgabe einmalig durch den Excel-Makrorecorder aufzeichnen zu lassen. Anschließend können Sie den Makrocode ausführen und ändern. Die betreffenden Schritte werden nachfolgend vorgestellt.

Makros aufzeichnen

Excel 97 bietet Ihnen sehr komfortable Möglichkeiten zur Erstellung eines Makros. Als Beispiel dient eine Funktion zum Zuweisen einer bestimmten Zellformatierung an einen markierten Tabellenbereich. Dieser Tabellenbereich wird mit der Hintergrundfarbe gelb formatiert, wobei die Zellinhalte in grüner Schrift erscheinen sollen. Sie können bei Bedarf diese Optionen ändern oder ergänzen. Vorteile bringt ein solches Makro zum Beispiel, wenn Sie Tabellenbereiche häufiger mit einem bestimmten Format versehen möchten. Zwar haben Sie die Möglichkeit, hierzu eine Formatvorlage zu definieren (siehe Kapitel 20). Aber mit einem Makro, das auf eine Schaltfläche oder einen Tastencode gelegt wird, geht dies doch etwas schneller. Nachfolgend finden Sie eine Beschreibung der erforderlichen Techniken zur Erstellung eines Makros.

Bevor Sie mit der Aufzeichnung eines Makros beginnen, sollten Sie folgendes beherzigen: Planen Sie vorher die auszuführenden Schritte, die der Makrorecorder aufzeichnen soll. Dies führt zu schnelleren Ergebnissen und vermindert in der Regel auch die Größe des Makros. Zwar ist der Makrorecorder in Excel 97 so intelligent, daß er leere Schritte im Makro nicht aufzeichnet. Aber unnötige Abläufe kann er nicht erkennen und fügt diese in das Makro ein. In unserem Beispiel zur Formatierung des Zellbereichs macht es wenig Sinn, die Markierung des Zellbereichs im Makro aufzuzeichnen. Dies soll ja vom Benutzer vor Ablauf des Makros erfolgen.

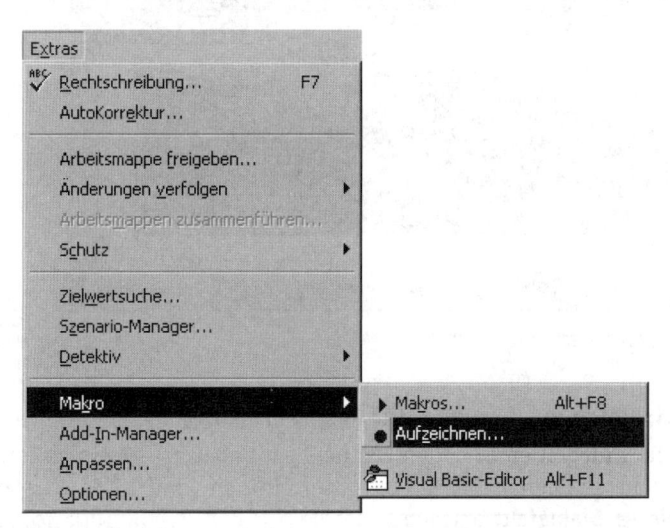

Bild 37.2: Makroaufzeichnung starten

Nachdem ein Plan bezüglich der Funktionalität des Makros und der erforderlichen Abläufe vorliegt, können Sie mit der Aufzeichnung beginnen. Hierzu führen Sie folgende Schritte aus:

1. Wählen Sie den Eintrag AUFZEICHNEN im Menü EXTRAS/MAKRO.

2. Excel 97 fragt anschließend die Makro-Optionen in einem Dialogfeld ab (Bild 37.4). Geben Sie die betreffenden Optionen ein. Dann schließen Sie das Dialogfeld über die *OK*-Schaltfläche.

3. Jetzt ist der Makrorecorder zum Aufzeichnen des Makros bereits. Sie sehen dies an der eingeblendeten *Aufzeichnen*-Symbolleiste des Recorders.

4. Führen Sie jetzt die Excel-Befehle aus, die im Makro aufzuzeichnen sind. Für das obige Beispiel ist die Textfarbe über die betreffende Schaltfläche zu setzen. Weiterhin weisen Sie die Hintergrundfarbe zu (auch hierzu besitzt Excel 97 eine Schaltfläche).

5. Sind alle Arbeiten erledigt, schließen Sie die Aufzeichnung ab, indem Sie auf die nebenstehend gezeigte Schaltfläche *Aufzeichnung beenden* klicken.

In Bild 37.3 sehen Sie das Arbeitsblatt mit eingeblendeter *Aufzeichnen*-Symbolleiste. Sobald Sie die Aufzeichnung beenden, liegt das Makro vor und kann bearbeitet oder ausgeführt werden. Wie dies geht, erfahren Sie im Abschnitt »Makros verwalten«.

Bild 37.3: Aufzeichnen eines Makros

Hinweise zur Eingabe der Makro-Optionen

Zum Anlegen eines neuen Makros benötigt Excel 97 einige Informationen, die im Dialogfeld *Neues Makro aufzeichnen* (Bild 37.4) abgefragt werden. Dieses Dialogfeld erscheint, sobald Sie den Befehl *Aufzeichnen* im Menü EXTRAS/MAKRO wählen.

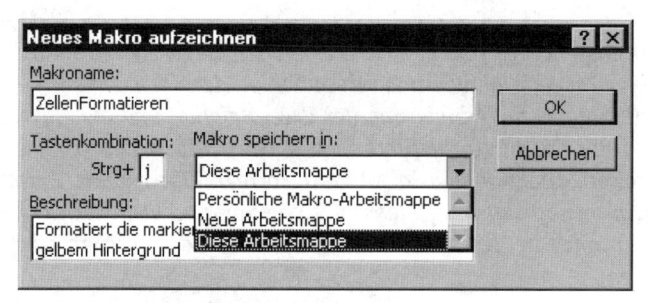

Bild 37.4: Optionen für ein neues Makro

Im Feld *Makroname* ist ein Name für das betreffende Makro anzugeben. Unter diesem Namen wird das Makro verwaltet. Sie finden diesen Namen später als Prozedurname im VBA-Modul wieder. Weiterhin wird der Name im Dialogfeld zur Aktivierung eines Makros aufgeführt (Bild 37.5). Bei der Vergabe des MakroNamens sind einige Randbedingungen zu beachten:

⋯⋗ Der Makroname muß mit einem Buchstaben oder Unterstrich als erstem Zeichen beginnen. Stellen Sie sicher, daß der Name eindeutig ist, d.h. er darf nicht bereits für ein Makro (im aktuellen Modul) benutzt worden sein. Beachten Sie, daß VBA keine Unterscheidung zwischen Groß-/Kleinschreibung vornimmt.

⋯⋗ Der Name darf bis zu 255 Zeichen lang sein (Sie sollten wegen des Aufwands beim Eingeben den Namen jedoch auf eine sinnvolle Länge begrenzen.)

⋯⋗ Innerhalb des Namens dürfen keine Leerzeichen, kein Punkt (.), kein Ausrufezeichen (!) und keines der Zeichen @, &, $, # auftreten.

Da Excel 97 die Makros als Prozeduren in Modulen speichert, sollten Sie auch keine Makronamen verwenden, die bereits durch Funktionen, Anweisungen und Methoden in Visual Basic belegt sind (z.B. MsgBox). Andernfalls wird die Funktionalität des entsprechenden Schlüsselworts in der Sprache beeinträchtigt.

Über das Feld *Tastenkombination* können Sie dem Makro eine Kombination der [Strg]-Taste mit einer weiteren Taste zuweisen. Um den Tastencode zu definieren, wählen Sie das Eingabefeld und tippen den Buchstaben der Taste ein. Betätigen Sie später diese Tastenkombination (z.B. [Strg]+[j]), wird das Makro ausgeführt.

> **Achtung!** *Viele Tastencodes sind in Excel 97 bereits belegt. Sie sollten nur freie Tastencodes zur Makro-Aktivierung verwenden. Andernfalls überschreiben Sie Tastenabkürzungen zur Aktivierung der Excel-Befehle, und die Makros werden anstelle der Befehle ausgeführt. Einige Buchstaben (z.B. ü) lassen sich zwar zuweisen, funktionieren aber nicht korrekt. Durch diese Einschränkung ist die Anwendbarkeit des Feldes* Tastenkombination *begrenzt. Sie können Makros jedoch auch in Menüs eintragen, auf Schaltflächen legen oder Objekten zuweisen.*

Excel 97 legt den Makrocode in Modulen ab. Diese Module lassen sich in einer Arbeitsmappe speichern. Über das Listenfeld *Makro speichern in* definieren Sie das Speicherziel für den Code.

- Standardmäßig legt Excel 97 diesen in einem VBA-Modul der aktuellen Arbeitsmappe ab. Dies wird durch den Eintrag *Diese Arbeitsmappe* signalisiert.

- Wählen Sie den Eintrag *Neue Arbeitsmappe,* erzeugt Excel 97 eine neue Mappe zur Speicherung des Codes.

- Sie haben aber die Möglichkeit, den Makrocode in der Arbeitsmappe PERSONL.XLS zu speichern. Diese Arbeitsmappe wird einmalig angelegt und stellt Makros global für alle Arbeitsmappen zur Verfügung. Wählen Sie in diesem Fall die Option *Persönliche Makro-Arbeitsmappe.*

> **TIP** *Die persönliche Arbeitsmappe ist ausgeblendet (d.h. Sie sehen diese Mappe nicht). Die Arbeitsmappe wird aber beim Start von Excel 97 automatisch geladen, d.h. die in dieser Mappe gespeicherten VBA-Module stehen global in Excel 97 zur Verfügung.*

Im Feld *Beschreibung* können Sie einen Kommentar hinterlegen, der Hinweise zur Funktion des Makros gibt. Dieser Kommentar erscheint sowohl im Code (als Kommentar in der VBA-Prozedur) als auch im Dialogfeld zur Verwaltung der Makros im Feld *Beschreibung* (Bild 37.5).

Relative Aufzeichnung der Adressen

Wenn Sie die Aufzeichnung eines Makros starten, blendet Excel 97 die *Aufzeichnen*-Symbolleiste ein. Diese Symbolleiste enthält auch die Schaltfläche *Relativer Bezug*. Über diese Schaltfläche läßt sich festlegen, ob die Makroanweisungen mit relativen oder absoluten Zellbezügen aufzuzeichnen sind. Kann sich die Position eines Zellbereichs innerhalb einer Tabelle ändern, müssen Sie im Makro alle Zellbezüge mit relativen Adressen aufzeichnen. Klicken Sie daher auf die betreffende Schaltfläche. Um die Aufzeichnung auf absolute Zellbezüge zurückzusetzen, klicken Sie erneut auf diese Schaltfläche.

Makros verwalten

Excel 97 legt die aufgezeichneten Befehle des Makros als Visual-Basic-Programm ab. Auf der Benutzerebene können Sie sich die Makros ansehen, bearbeiten, ausführen und testen. Die entsprechenden Optionen stehen Ihnen im Dialogfeld *Makro* zur Verfügung (Bild 37.5). Rufen Sie das Dialogfeld über den Eintrag MAKRO/MAKROS im Menü EXTRAS auf. (Alternativ können Sie das Dialogfeld über die Tastenkombination (Alt)+(F8) öffnen.)

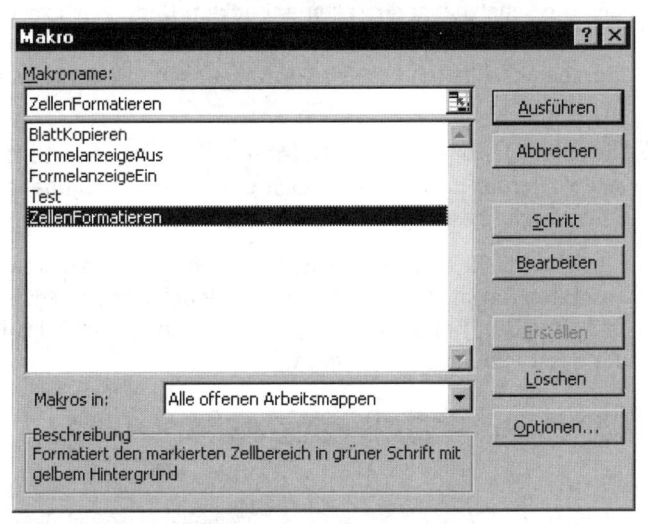

Bild 37.5: Das Dialogfeld Makro

In der Liste *Makroname* finden Sie die Namen der bereits definierten Makros. Diese Makros können sich auf eine oder alle geladenen Arbeitsmappen beziehen. Über das Listenfeld *Makros in* läßt sich jedoch festlegen, auf welche Mappe sich die Anzeige bezieht. Mit der Option *Alle offenen Arbeitsmappen* sehen Sie die verfügbaren Makros in der Liste. Der Eintrag *Diese Arbeitsmappe* reduziert die Liste der Namen auf die Makros der aktuellen Arbeitsmappe.

Um ein Makro auszuführen, zu bearbeiten oder zu löschen, wählen Sie den Namen aus der Liste. Excel 97 zeigt den zu diesem Makro abgelegten Kommentartext im Feld *Beschreibung* (dies ist übrigens der Text, den Sie vor Aufzeichnung des Makros im Dialogfeld aus Bild 37.4 eingetragen haben).

Nach Auswahl des Makronamens können Sie die betreffenden Schaltflächen des Dialogfelds anwählen, um eine Funktion auszuführen:

···≻ Die Schaltfläche *Ausführen* bewirkt, daß Excel 97 das Makro (bzw. dessen Befehle) ausführt. Beachten Sie, daß per Makro ausgeführte Befehle sich nicht über den Befehl *Rückgängig* (z.B. (Strg)+(Z)) aufheben lassen.

···≻ Die Schaltfläche *Abbrechen* schließt das Dialogfeld *Makro* ohne weitere Aktionen.

⋯❥ Über die Schaltfläche *Schritt* öffnen Sie das Fenster des Visual Basic-Editors. In dieser Umgebung läßt sich der Makrocode schrittweise ausführen und testen (siehe folgendes Kapitel).

⋯❥ Zur Bearbeitung des VBA-Codes des angewählten Makros wählen Sie die Schaltfläche *Bearbeiten*. Excel 97 öffnet ebenfalls das Fenster des Visual Basic-Editors.

⋯❥ Haben Sie im Feld *Makroname* einen neuen Namen eingegeben, läßt sich die Schaltfläche *Erstellen* anklicken. Dann legt Excel 97 eine neue Prozedur mit dem angegebenen Namen in einem VBA-Modul an. Sie können anschließend die VBA-Anweisungen direkt im Visual Basic-Editor eintippen.

⋯❥ Die Schaltfläche *Löschen* entfernt das aktuell markierte Makro aus dem Modul. Vorher müssen Sie jedoch eine Sicherheitsabfrage über die *Ja*-Schaltfläche bestätigen.

⋯❥ Die Schaltfläche *Optionen* erlaubt Ihnen, die vor dem Erstellen des Makros gesetzten Optionen (Bild 37.4) nachträglich anzupassen. Dieses Dialogfeld (Bild 37.6) erlaubt Ihnen, die Taste zum Aufruf des Makros sowie die Beschreibung zu verändern.

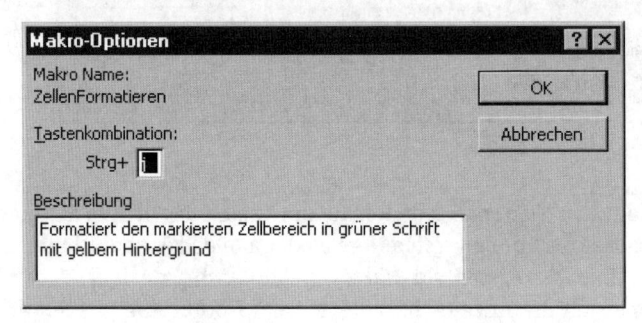

Bild 37.6: Makro-Optionen anpassen

Beenden Sie das Dialogfeld *Makro* ggf. über die Schaltfläche *Abbrechen*, damit Excel 97 kein Makro ausführt.

Bearbeiten eines Makros

Um den Makrocode zu bearbeiten, öffnen Sie das Dialogfeld *Makro* (Eintrag MAKRO/MAKROS, Menü EXTRAS). Dann wählen Sie den Makronamen aus der Liste und betätigen die freigegebene Schaltfläche *Bearbeiten*. Excel 97 öffnet das Fenster des Visual Basic-Editors mit dem Makrocode (Bild 37.7).

Alternativ haben Sie natürlich die Möglichkeit, das Fenster des Visual Basic-Editors direkt über den gleichnamigen Befehl im Menü EXTRAS/MAKRO oder über die Tastenkombination [Alt]+[F11] zu öffnen, das Modul auszuwählen und den Code im Codefenster anzusehen. Der Aufruf über die Schaltfläche *Bearbeiten* wird jedoch zu Beginn der VBA-Programmierung die einfachere Variante darstellen. (Der Umgang mit der Entwicklungsumgebung wird im nächsten Kapitel erläutert.)

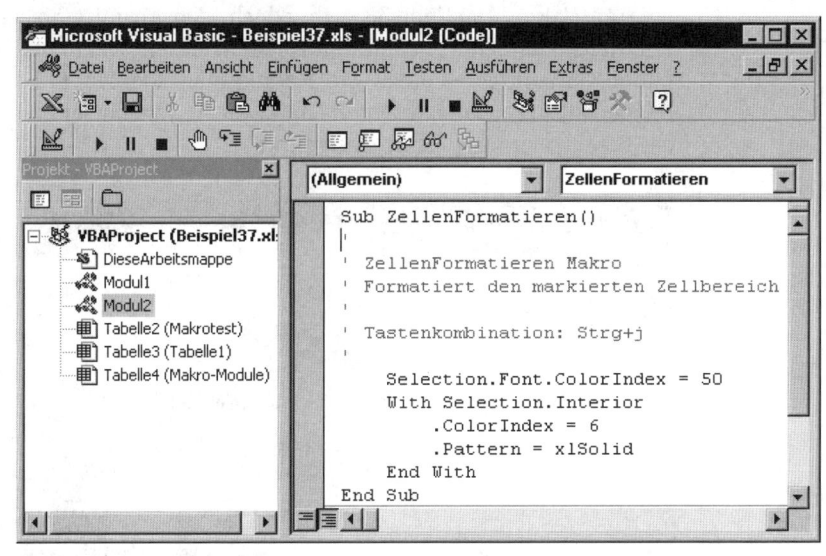

```
Sub ZellenFormatieren()

' ZellenFormatieren Makro
' Formatiert den markierten Zellbereich
'
' Tastenkombination: Strg+j
'
    Selection.Font.ColorIndex = 50
    With Selection.Interior
        .ColorIndex = 6
        .Pattern = xlSolid
    End With
End Sub
```

Bild 37.7: Visual Basic-Editor mit VBA-Code

Innerhalb des Codefensters stehen Ihnen die gewohnten Funktionen zur Textbearbeitung (Einfügen, Löschen, Überschreiben, Suchen etc.) zur Verfügung. Lediglich auf die Formatierung (Kursiv, Fett etc.) der VBA-Anweisungen müssen Sie verzichten.

Excel 97 formatiert den Visual-Basic-Code bereits nach vorgegebenen Regeln. Sie können im Code zusätzliche Kommentare ablegen. Diese Kommentare werden mit einem Apostroph ' oder dem Schlüsselwort REM eingeleitet. Alle Kommentartexte werden in der Standardeinstellung in grüner Farbe angezeigt. Schlüsselwörter erscheinen dagegen in blauer Schrift.

Visual-Basic-Befehle identifizieren

Wenn Sie die Makros anpassen möchten, müssen Sie die benutzten Befehle kennen. Nun verfügt VBA über mehrere hundert Anweisungen mit unterschiedlichen Parametern. Auch der beste Programmierer wird nicht alle Anweisungen im Kopf haben. Sie können aber die Syntax der jeweiligen Befehle über die VBA-Hilfe abrufen. Positionieren Sie die Einfügemarke vor oder auf dem betreffenden Befehl, oder markieren Sie ein Schlüsselwort. Sobald Sie die [F1]-Funktionstaste betätigen, öffnet Excel 97 das Fenster der VBA-Hilfe und zeigt automatisch die Beschreibung des aktuell selektierten Befehls.

Objekte mit Makros belegen

Um Makros auszuführen, können Sie diese im Dialogfeld *Makro* anwählen und anschließend über die Schaltfläche *Ausführen* starten. Bei häufig benutzten Makros empfiehlt es sich jedoch, den Aufruf einfacher zu gestalten. Neben der bereits erwähnten Möglichkeit, ein Makro per Tastenkombination aufzurufen, können Sie Makros mit Objekten (z.B. AutoFormen, Zeichenobjekten, Landkarten, Diagrammen etc.) verbinden. Durch Anklicken des Objekts wird das Makro ausgeführt.

Bild 37.8: Objekt an Makro anbinden

In Bild 37.8 sehen Sie im Hintergrund eine Tabelle mit zwei Textfeldern und einigen Zellen, die Formeln enthalten. Die Formeln sollen sich durch Anklicken der beiden Textfelder ein- oder ausblenden lassen.

Hierzu wurden vorher zwei Makros aufgezeichnet. (Die Anzeige der Zellformeln läßt sich über das Kontrollkästchen *Formeln* der Registerkarte *Ansicht* steuern. Die Registerkarte kann über den Befehl OPTIONEN im Menü EXTRAS aufgerufen werden. Die Schritte zum Setzen und Löschen der Markierung dieses Kontrollkästchens wurden im Makrorecorder aufgezeichnet und in zwei Makros hinterlegt. Durch Ausführen der Makros läßt sich daher die Formelanzeige ein-/ausblenden). Um die Textfelder mit den Makros zu verbinden, gehen Sie folgendermaßen vor:

1. Aktivieren Sie das betreffende Textfeld. Hierzu klicken Sie zweimal auf das Textfeld (der gepunktete Rahmen muß sichtbar sein).

2. Klicken Sie mit der rechten Maustaste auf das aktivierte Textfeld. Wählen Sie im Kontextmenü den Befehl MAKRO ZUWEISEN (Bild 37.8). (Ist der Befehl nicht freigegeben, haben Sie das Textfeld lediglich zur Bearbeitung markiert. Dann müssen Sie erneut auf den Rahmen des Textfelds klicken.)

3. Excel 97 öffnet das Dialogfeld *Zuweisen* (Bild 37.9). Wählen Sie in diesem Dialogfeld den Namen des Makros, der dem Objekt zuzuweisen ist.

4. Schließen Sie das Dialogfeld über die *OK*-Schaltfläche.

Excel 97 richtet jetzt eine Verbindung zwischen dem Objekt und dem gewählten Makro ein.

Über die Schaltfläche *Bearbeiten* des Dialogfelds *Zuweisen* läßt sich übrigens der VBA-Code des Makros ansehen und bearbeiten.

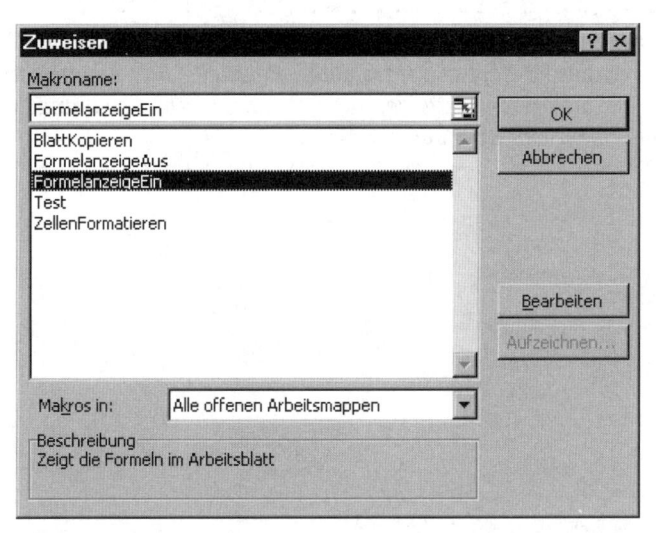

Bild 37.9: Das Dialogfeld Zuweisen

Sobald Sie das Makro dem Objekt zugewiesen haben, läßt sich das Makro durch Anklicken des Objekts ausführen. Ob ein Objekt mit einem Makro verbunden ist, erkennen Sie sehr einfach: Zeigen Sie per Maus auf das Objekt, wechselt der Mauscursor zur Form einer stilisierten Hand (Bild 37.10).

Bild 37.10: Anwahl eines Objekts mit Makro-Anbindung

> *Die Anbindung von Makros an Schaltflächen einer Symbolleiste oder das Belegen von Menüeinträgen mit Makros wird in den folgenden Kapiteln behandelt. (Begründung: Genaugenommen werden keine Makros, sondern Prozeduren aus VBA-Modulen der Schaltfläche bzw. dem Menübefehl zugewiesen.) Die Schritte zum Testen von Makros sowie der Umgang mit dem Visual Basic-Editor werden ebenfalls in den folgenden Kapiteln besprochen.*

> *In der Datei \BEISP\KAP37\BEISPIEL37.XLS der Begleit-CD-ROM finden Sie die in diesem Kapitel vorgestellten Beispiele. Das Arbeitsblatt* Makro-Test *enthält die beiden Textfelder, die mit Makros belegt sind und die Anzeige der Zellformeln ein- bzw. ausschalten.*

38 Die Visual-Basic-Entwicklungsumgebung

38.1 Den Visual Basic-Editor aufrufen

Zur Erstellung, Bearbeitung und zum Test der VBA-Programme (VBA-Module) besitzt Excel 97 eine eigene Entwicklungsumgebung: den Visual Basic-Editor. Dieser Editor bietet nicht nur das Fenster zur Anzeige und Bearbeitung des VBA-Codes. Vielmehr enthält der Editor alle Werkzeuge zur Verwaltung der Projekte, zum Entwurf von Formularen oder zum Testen der Programme. Zum Aufrufen des Visual Basic-Editors bietet Excel 97 zwei Möglichkeiten:

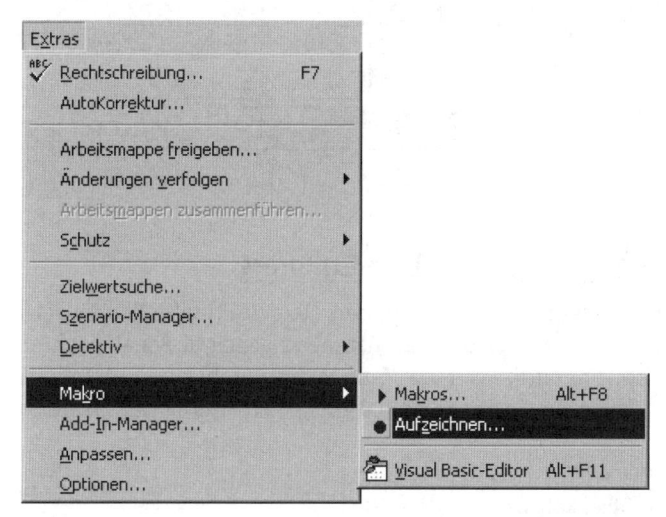

Bild 38.1: Menü Extras

- ⇢ Öffnen Sie in Excel 97 das Menü EXTRAS und wählen anschließend die Befehle MAKRO/VISUAL BASIC-EDITOR (Bild 38.1).
- ⇢ Drücken Sie in Excel 97 die Tastenkombination Alt+F11.

Excel 97 öffnet das Fenster des Visual Basic-Editors, das verschiedene Menüs, eine Symbolleiste und mehrere Fenster besitzt. Nachfolgend werden diese Elemente vorgestellt.

38.2 Die Fenster des Visual Basic-Editors

Der Visual Basic-Editor besitzt mehrere Fenster, die zur Verwaltung der Projekte, zur Bearbeitung des VBA-Programmcodes etc. benutzt werden (Bild 38.2). Nach dem ersten Aufruf finden Sie selbstverständlich ein leeres Fenster vor.

Teil 6 · Makros und VBA-Programmierung

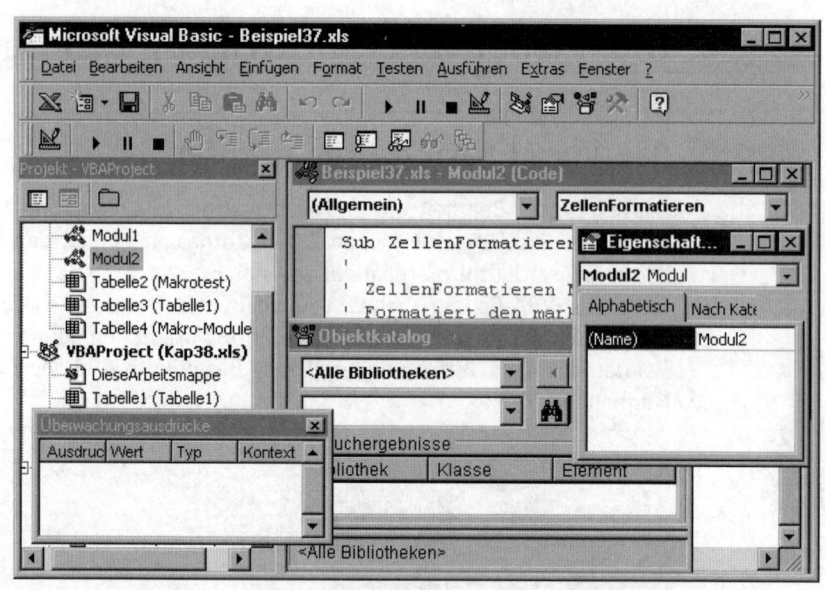

Bild 38.2: Fenster des Visual Basic-Editors

Das Fenster des Projekt-Explorers

Das Fenster des Projekt-Explorers (Bild 38.3) läßt sich im Fenster des Visual Basic-Editors über die nebenstehend gezeigte Schaltfläche oder über den Befehl PROJEKT-EXPLORER im Menü ANSICHT einblenden. Alternativ können Sie aber auch die Tastenkombination [Strg]+[R] zum Aufrufen verwenden.

Bild 38.3: Fenster des Projekt-Explorers

In Excel 97 werden VBA-Module (darunter fallen auch die bereits im vorherigen Kapitel erwähnten Makros) über sogenannte Projekte verwaltet. Ein Projekt fungiert dabei als eine Art Container, der alles aufnimmt, was irgendwie zur XLS-Datei gehört. Laden Sie in Excel 97 gleichzeitig mehrere Dateien, erhält jede Datei einen Eintrag im Projekt-Explorer. Das Fenster des Projekt-Explorer zeigt dabei die Hierarchie der geladenen Projekte (Dateien). Gleichzeitig sehen Sie bei eingeblendeten Details die in den Projekten enthaltenen Module. In Bild 38.3 sehen Sie das Fenster des Projekt-Explorer, in dem zwei Projekte (d.h. Dateien) geladen wurden.

Der Projekt-Explorer benutzt dabei Symbole zur Darstellung der einzelnen Projektbestandteile. Diese Projektbestandteile sind hierarchisch gegliedert und lassen sich ähnlich wie beim Windows-Explorer ein- oder ausblenden. Hierzu müssen Sie lediglich auf das Symbol des Plus-/Minuszeichens vor dem betreffenden Eintrag klicken. Die nachfolgende Tabelle enthält eine kurze Übersicht über die Symbole, die im Projekt-Explorer benutzt werden.

Die Symbole des Projekt-Explorers

Symbol	Bedeutung
	Steht für das Projekt (Excel 97-XLS-Datei mit der Arbeitsmappe)
	Module innerhalb eines Projekts (auch als Makros bezeichnet) werden in der Hierarchie mit dem nebenstehenden Symbol dargestellt. Module lassen sich in .BAS-Dateien exportieren.
	Das mit dem Projekt verbundene Dokument (hier die Excel-97-Arbeitsmappe, Name *Diese Arbeitsmappe*) wird mit diesem Symbol dargestellt.
	Dies ist das Symbol für Arbeitsblätter (Tabellen) in der Projekthierarchie.
	Formularmodule im Dokument werden mit dem nebenstehenden Symbol angezeigt. Formulare lassen sich in .FRM-Dateien exportieren.
	Mit diesem Symbol werden alle im Projekt enthaltenen Klassenmodule (.CLS-Dateien) dargestellt.

Die drei Schaltflächen unterhalb der Titelleiste (siehe Bild 38.3) erlauben Ihnen, die Anzeige im Projektfenster zu beeinflussen. Die linke Schaltfläche öffnet das Codefenster eines Moduls oder Formulars. Die mittlere Schaltfläche zeigt das Objektfenster für das ausgewählte Objekt. Die rechte Schaltfläche setzt die Darstellung im Projekt-Explorer zwischen Symbolen und einer Ordneranzeige um.

Das Fenster des Projekt-Explorers läßt sich per Maus in der Größe anpassen. Allerdings versucht der Visual Basic-Editor das Fenster an einen Rand anzudocken oder die Größe automatisch zu verändern. Ziehen Sie beispielsweise das Fenster des Projekt-Explorer bei gedrückter linker Maustaste in die Nähe der Werkzeugleisten des Visual-Basic-Editor-Fensters, nimmt dieses die gesamte Breite des Visual-Basic-Editor-Fensters an. (Diese Eigenschaft läßt sich über die Registerkarte *Verankern* im Dialogfeld *Optionen*, Menü EXTRAS, Befehle OPTIONEN ein- oder ausschalten.)

Projektnamen ändern

Ein geladenes Dokument enthält automatisch einen Projektnamen, wie *VBAProject (..)*, der im Projekt-Explorer angezeigt wird. Zum Ändern dieses Namens gehen Sie folgendermaßen vor:

1. Markieren Sie das Projekt mit einem Mausklick im Projekt-Explorer.
2. Klicken Sie in der Werkzeugleiste auf die Schaltfläche *Eigenschaftenfenster*.
3. Tragen Sie im Eigenschaftenfenster im Feld der Eigenschaft *(Name)* den neuen Projektnamen ein (Bild 38.4).

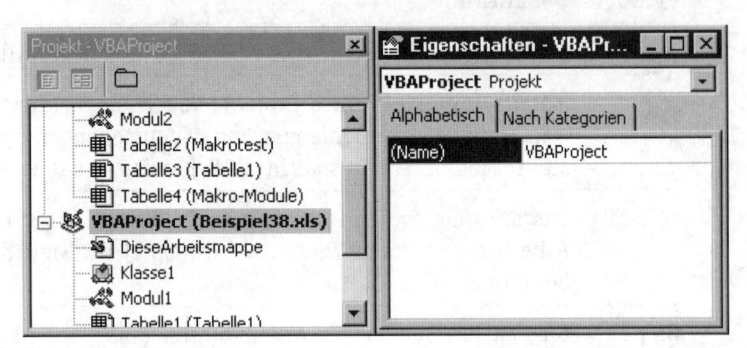

Bild 38.4: Ändern des Projektnamens

Sie können aber den in Klammern stehenden Dateinamen nicht anpassen.

38 Die Visual-Basic-Entwicklungsumgebung

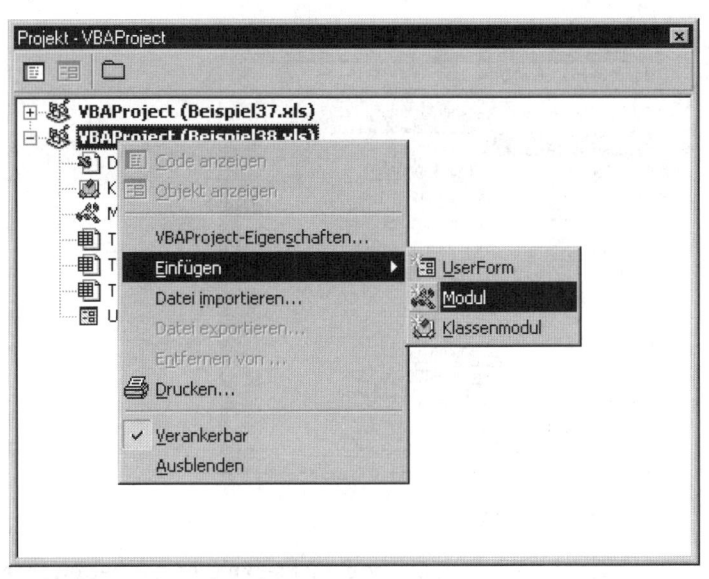

Bild 38.5: Kontextmenü zum Einfügen eines Moduls

Neues Projektmodul einfügen

Möchten Sie in einem Projekt ein neues Modul (Formular, Modul, Klassenmodul) hinzufügen, sind folgende Schritte erforderlich:

1. Öffnen Sie das Fenster des Projekt-Explorer, und wählen Sie das betreffende Projekt mit einem Klick der rechten Maustaste an.

2. Im Kontextmenü klicken Sie auf den Befehl EINFÜGEN.

3. Wählen Sie im Untermenü das gewünschte Modul (Bild 38.5) *UserForm*, *Modul* oder *Klassenmodul*.

Excel 97 fügt das betreffende Modul mit einem vorgegebenen Namen im Projekt ein. (Den Namen eines markierten Moduls können Sie, ähnlich wie den Projektnamen, über das Eigenschaftenfenster ändern.) Die gleichen Einträge stehen übrigens auch im Menü EINFÜGEN zur Verfügung.

Das Eigenschaftenfenster

Jedes Objekt (Modul, Formular, Steuerelement etc.) besitzt bestimmte Eigenschaften (*Properties*). Solche Eigenschaften sind beispielsweise der bereits erwähnte Objektname, eine Größe für ein sichtbares Objekt, eine Farbe etc. In VBA 5 wird fast alles (also auch Module, Klassen oder Formulare) als Objekt betrachtet. Die Eigenschaften (d.h. die Optionen) eines Objekts werden im Visual Basic-Editor im Eigenschaftenfenster angezeigt und bearbeitet.

Bild 38.6: Eigenschaftenfenster

1. Hierzu markieren Sie im Projekt-Explorer das betreffende Objekt.

2. Anschließend klicken Sie in der Symbolleiste des Visual Basic-Editors auf die nebenstehend gezeigt Schaltfläche.

Der Visual Basic-Editor öffnet das Eigenschaftenfenster, welches die Eigenschaften des jeweiligen Objekts anzeigt. In Bild 38.6 sehen Sie das Eigenschaftenfenster eines Excel-Formulars. Die angezeigten Eigenschaften hängen dabei vom gewählten Objekt ab. Wählen Sie beispielsweise ein Projekt als Objekt aus, enthält das Eigenschaftenfenster nur den Eintrag *Name* (siehe Bild 38.4). Über die Eigenschaft *Name* läßt sich der Name des betreffenden Objekts anpassen.

Weiterhin stellt Excel 97 Ihnen zwei Registerkarten zur Gruppierung der Eigenschaften zur Verfügung.

···> Über die Registerkarte *Alphabetisch* werden die Eigenschaften über die betreffenden Namen aufgelistet.

···> Die Registerkarte *Kategorie* faßt einzelne, logisch verwandte Eigenschaften zu Gruppen zusammen.

Beim Arbeiten mit Formularen lassen sich die Objekte (Steuerelemente) per Maus anklicken. Dann zeigt das Eigenschaftenfenster direkt die Eigenschaften des markierten Objekts an.

Das Codefenster

Im Codefenster des Visual Basic-Editors wird der eigentliche Programmcode angezeigt (Bild 38.7). Zur Anzeige des Codefensters haben Sie mehrere Möglichkeiten.

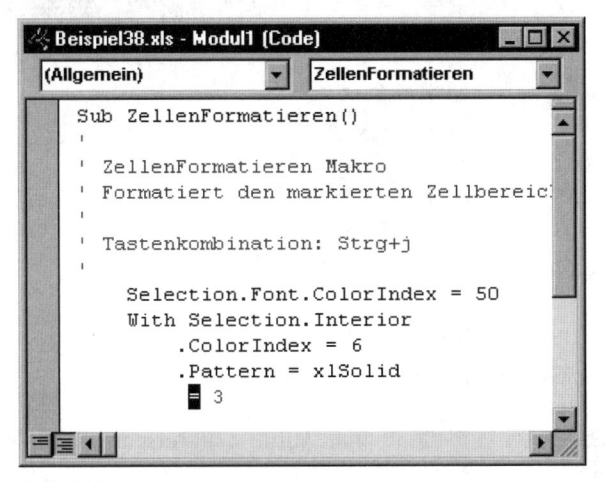

Bild 38.7: Codefenster

- Öffnen Sie das Codefenster direkt über die Funktionstaste F7.
- Klicken Sie auf den Befehl CODE im Menü ANSICHT des Visual Basic-Editors.
- Wählen Sie ein Modul im Projekt-Explorer per Doppelklick an.

Im geöffneten Programmfenster sehen Sie die VBA-Anweisungen, die Sie jederzeit ändern oder ergänzen können.

Schlüsselwörter (dies sind die in VBA festgelegten Befehl wie SUB, GOTO etc.) werden im Codefenster in blauer Farbe hervorgehoben. Normale Anweisungen erscheinen schwarz, während von Ihnen eingegebene Kommentare (beginnen mit einem '-Zeichen) grün dargestellt werden. Rot hervorgehobene Textstellen weisen auf einen Fehler in der Anweisung hin.

> Sie können diese Farben jedoch über die Registerkarte Editierformat *(Menü* EXTRAS, *Befehl* OPTIONEN*)* des Visual-Basic-Editor-Fensters verändern.

Visual Basic unterteilt die Module in *Funktionen* oder *Prozeduren*, was auch im Codefenster berücksichtigt wird. Bild 38.8 zeigt das geöffnete Codefenster mit einer Prozedur des Moduls *ZellenFormatieren*. Unterhalb der Titelzeile des Codefensters befinden sich daher zwei Listenfelder, über die Sie verschiedene »Elemente« abrufen können.

Teil 6 · Makros und VBA-Programmierung

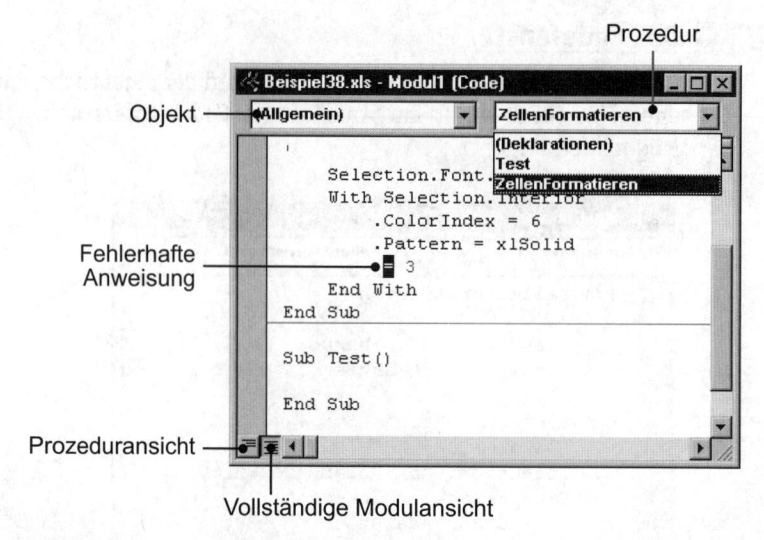

```
                                              Prozedur
         Beispiel38.xls - Modul1 (Code)       _ □ ×
Objekt ─ (Allgemein)      ▼   ZellenFormatieren ▼
                              (Deklarationen)
                              Test
             Selection.Font.  ZellenFormatieren
             With Selection.Interior
                 .ColorIndex = 6
Fehlerhafte      .Pattern = xlSolid
Anweisung ──────── ● 3
             End With
         End Sub

         Sub Test()

         End Sub
Prozeduransicht ─ ▣ ◂
                Vollständige Modulansicht
```

Bild 38.8: Abrufen einer Prozedur im Codefenster

Das linke Listenfeld dient zum Abrufen unterschiedlicher Objekte (z.B. Steuerelemente in einem Formular). Enthält das Objekt mehrere Prozeduren oder Funktionen, lassen sich diese über das rechte Listenfeld anwählen. Über die Schaltflächen in der linken unteren Ecke des Codefensters läßt sich übrigens wählen, ob dieses alle Prozeduren eines Moduls (Modulansicht) oder nur die aktuell angewählte Prozedur/Funktion (Prozeduransicht) darstellt.

VBA-Anweisungen im Codefenster eingeben

Zur Eingabe der VBA-Anweisungen im Codefenster klicken Sie auf die betreffende Zeile. Anschließend können Sie die VBA-Anweisungen direkt eintippen. Über den Befehl EINFÜGEN/PROZEDUR öffnen Sie das Dialogfeld *Prozedur hinzufügen* (Bild 38.9). In diesem Dialogfeld wählen Sie den Typ des einzufügenden Elements. Weiterhin geben Sie den Namen der Prozedur/Funktion vor. Über Optionsfelder läßt sich einstellen, ob die Anweisungen zur Vereinbarung der globalen Gültigkeit der Prozedur/Funktion beim Anlegen des Prozedurrumpfs zu erzeugen sind.

Nach dem Schließen des Dialogfelds erzeugt der Visual Basic-Editor automatisch die beiden Anweisungen zum Einleiten und Abschließen der Prozedur.

```
Sub .... ()


End Sub
```

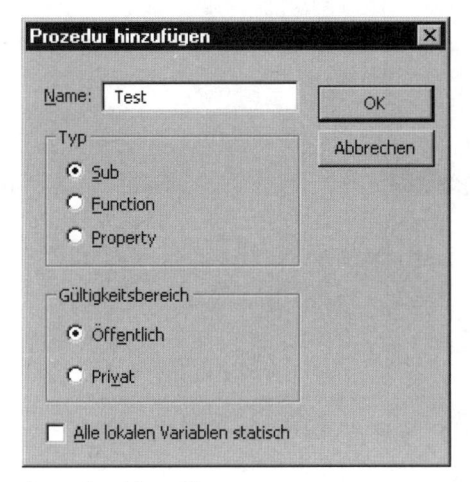

Bild 38.9: Prozedur hinzufügen

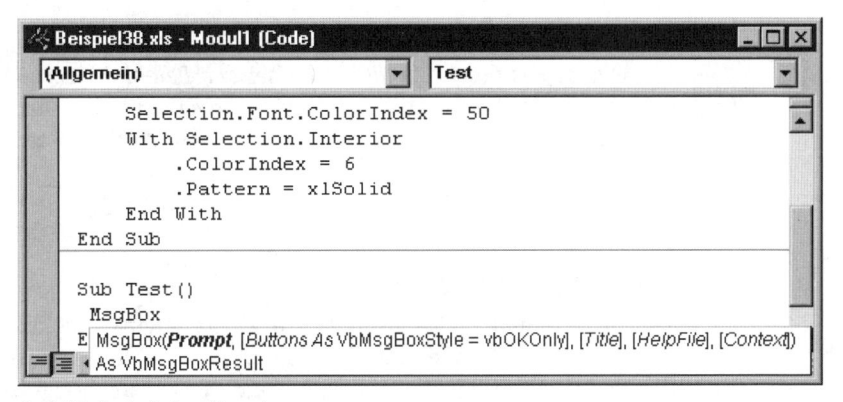

Bild 38.10: QuickInfo bei der Eingabe

Bei einer Funktion werden ähnliche Anweisungen benutzt. Sie können dann den gewünschten VBA-Code direkt zwischen diesen beiden Anweisungen eingeben. Hierbei unterstützt Sie der Visual Basic-Editor. Tippen Sie einen Ausdruck ein, der vom Visual Basic-Editor als Schlüsselwort, Eigenschaft, Methode etc. erkannt wird, blendet der Editor automatisch ein QuickInfo-Fenster mit der Syntax ein (Bild 38.10). Fehlt dieses Fenster, können Sie es über das Kontextmenü (Befehl QUICKINFO) öffnen.

Um einen Kommentar einzutragen, stellen Sie dem Text das Hochkomma (') voran. Möchten Sie eine VBA-Anweisung auf mehrere Zeilen aufteilen, fügen Sie am Ende der Zeile ein Leerzeichen und einen Unterstrich (_) ein. VBA erkennt dann, daß die nächste Zeile noch zur Anweisung gehört.

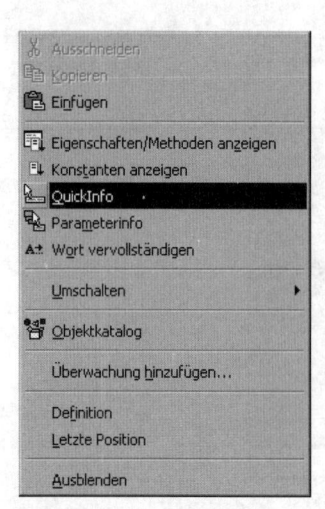

Bild 38.11: Kontextmenü zum Aufruf verschiedener Informationen

> Die Anzeige des QuickInfo läßt sich über den Befehl OPTIONEN im Menü EXTRAS über die Registerkarte Editor zu- oder abschalten. Über das Kontextmenü lassen sich weitere Informationen über Konstante, Methoden etc. als QuickInfo abrufen.

Der Objektkatalog

Jede Anwendung in Microsoft Office 97 stellt eine Objektbibliothek mit spezifischen Funktionen zur Verfügung. Diese Bibliothek enthält Informationen über die Objekte, Eigenschaften, Methoden, Ereignisse und Konstanten, die die Anwendung zur Verfügung stellt. Der Zugriff auf diese Objekte kann über das Fenster des Objektkatalogs erfolgen (Bild 38.12).

Der Objektkatalog läßt sich im Visual Basic-Editor über die nebenstehend gezeigte Schaltfläche, über den Befehl OBJEKTKATALOG im Menü ANSICHT oder über die Funktionstaste [F2] (bei geöffnetem Fenster des Visual Basic-Editors) aufrufen.

Die Anzeige des Objektkatalogs wird über verschiedene Optionen beeinflußt. Das Listenfeld in der linken oberen Ecke des Fensters legt zum Beispiel fest, aus welchen Bibliotheken Objekte aufgelistet werden sollen. In Bild 38.12 ist der Eintrag *<Alle Bibliotheken>* gewählt, d. h. der Objektkatalog zeigt alle Objekte, die in den registrierten Objektbibliotheken gefunden werden, an. Über die Schaltfläche mit dem Symbol des Fernglases läßt sich nach Objekten suchen. Weitere Informationen finden Sie in der VBA-Hilfe unter dem Stichwort *Objektkatalog*.

38 Die Visual-Basic-Entwicklungsumgebung

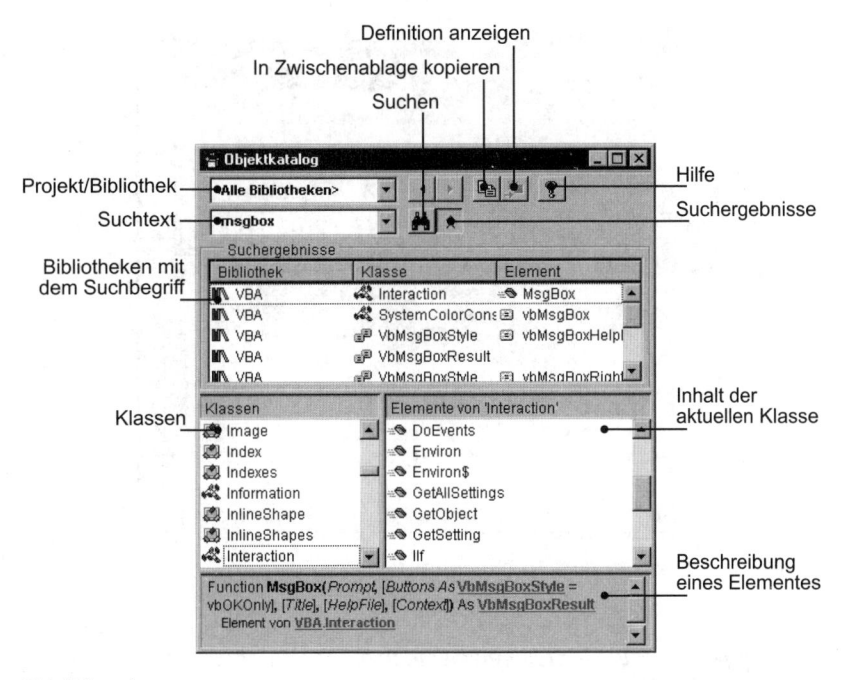

Bild 38.12: Objektkatalog

Das Fenster zum Formularentwurf

Formulare lassen sich interaktiv in einem eigenen Fenster entwerfen (Bild 38.13). Dieses Fenster erscheint, sobald Sie in der Projekthierarchie ein *Form*-Modul per Doppelklick anwählen.

Im Formularfenster wird auch die Symbolleiste *Werkzeugsammlung* angezeigt. Diese enthält die Schaltflächen, über die sich Steuerelemente (Schaltflächen, Eingabefelder etc.) interaktiv zum Formular hinzufügen lassen.

1. Klicken Sie auf die Schaltfläche des Steuerelements.

2. Zeigen Sie im Formular in die linke obere Ecke der Steuerelementeposition.

3. Ziehen Sie anschließend die Maus zur diagonalen Ecke des Bereichs für das Steuerelement.

Sobald Sie die linke Maustaste loslassen, fügt der Editor das Steuerelement in der gewählten Größe im Formular ein. Sie können das Objekt anschließend markieren, in der Größe verändern, verschieben und die Eigenschaften über das betreffende Fenster setzen.

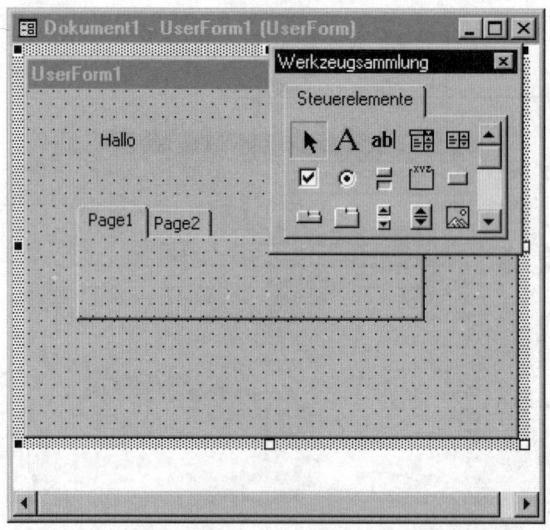

Bild 38.13: Fenster zum Formularentwurf

Sobald Sie Steuerelemente in ein Formular einfügen, erzeugt der Visual Basic-Editor die zugehörigen Prozeduren im Modul. Mit der Funktionstaste [F7] läßt sich der Code des markierten Steuerelements direkt im Codefenster anzeigen. Mit der Tastenkombination [⇧]+[F7] gelangen Sie zur Ansicht des Formulars zurück. Formulare lassen sich übrigens über die nebenstehend gezeigte Schaltfläche neu im Projekt anlegen.

Das Lokal-Fenster

Das *Lokal-Fenster* rufen Sie im Visual Basic-Editor direkt aus der Symbolleiste über die nebenstehend gezeigte Schaltfläche auf. Alternativ können Sie den Befehl LOKAL-FENSTER im Menü ANSICHT wählen.

Bild 38.14: Lokalfenster

Im *Lokal-Fenster* werden lokale Ausdrücke der gerade ausgeführten Prozedur samt Wert und Typ aufgeführt (Bild 38.14). Bei diesen lokalen Ausdrücken kann es sich um Variablen, Eigenschaften etc. handeln. Das Fenster ist leer, wenn noch keine Prozeduren ausgeführt wurden.

Das Direktfenster

Die nebenstehend gezeigte Schaltfläche des Visual Basic-Editors öffnet das Fenster des Direktbereichs. In diesem Fenster können Sie VBA-Ausdrücke testweise eingeben und mit der ⏎-Taste abschließen. Der Visual Basic-Editor führt diese Ausdrücke direkt aus und zeigt auch das Ergebnis an (Bild 38.15).

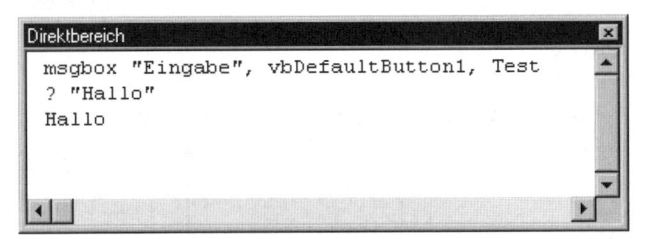

Bild 38.15: Eingegebene Befehle im Direktfenster

Das Überwachungsfenster

Im Überwachungsfenster lassen sich Ausdrücke (z. B. Variablen), deren Typ und deren Werte wiedergeben. Das Fenster läßt sich über die nebenstehend gezeigte Schaltfläche oder über den Befehl ÜBERWACHUNGSFENSTER im Menü ANSICHT öffnen.

Die zu überwachenden Ausdrücke werden im Menü TESTEN über den Befehl ÜBERWACHUNG HINZUFÜGEN definiert. Weiterhin lassen sich Ausdrücke über die Schaltfläche HINZUFÜGEN im Fenster AKTUELLEN WERT ANZEIGEN in die Liste aufnehmen.

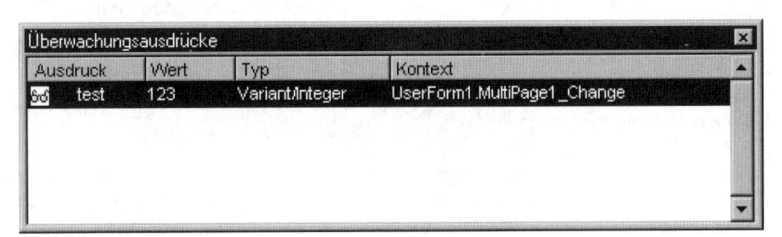

Bild 38.16: Überwachungsfenster

38.3 Die Symbolleisten des Visual Basic-Editors

Sobald Sie das Fenster des Visual Basic-Editors öffnen, werden auch einige Symbolleisten sichtbar. Nachfolgend finden Sie eine Kurzübersicht über die verfügbaren Symbolleisten.

Die Symbolleiste Voreinstellung

Direkt unterhalb der Menüzeile sehen Sie die Symbolleiste *Voreinstellung* (Bild 38.17). Diese Leiste enthält die Schaltflächen, um Microsoft Excel 97 und die bereits oben erwähnten Fenster aufzurufen.

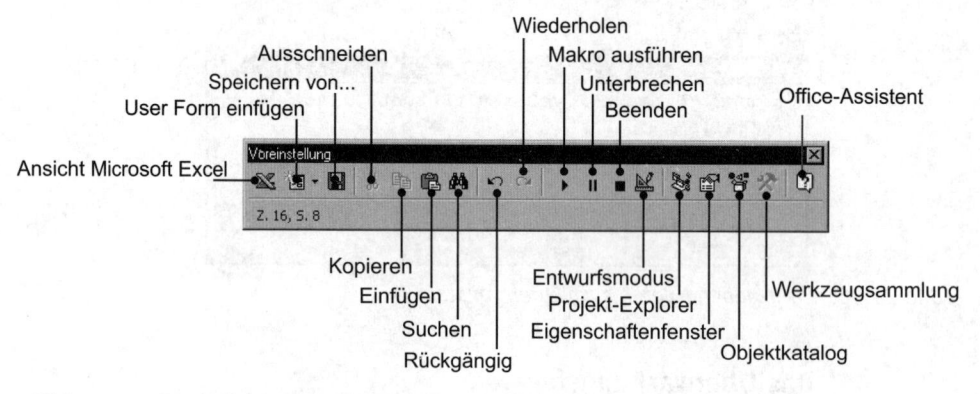

Bild 38.17: Symbolleiste Voreinstellung

Die Symbolleiste Bearbeiten

Die Symbolleiste *Bearbeiten* enthält einige Schaltflächen, mit denen Sie Funktionen zum Bearbeiten des VBA-Codes aufrufen können (Bild 38.18).

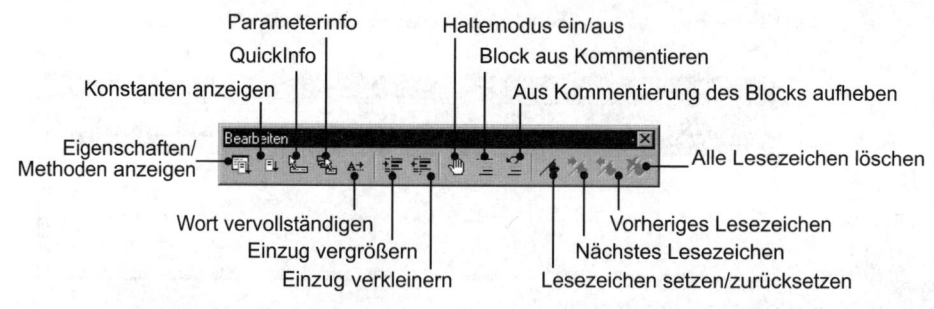

Bild 38.18: Symbolleiste Bearbeiten

Die Symbolleiste Testen

Die Symbolleiste *Testen* enthält Schaltflächen, mit denen sich die Funktionen zum Testen einer Prozedur oder Funktion aufrufen lassen (Bild 38.19).

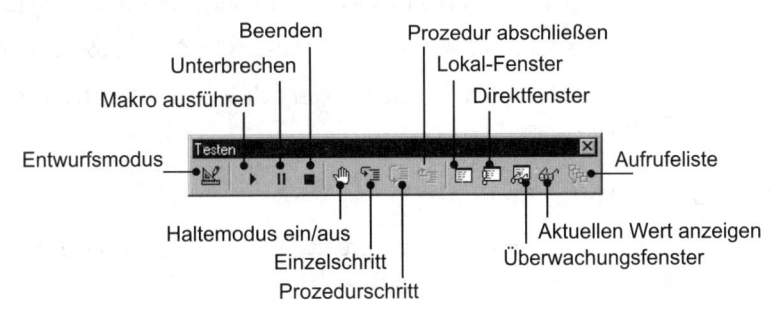

Bild 38.19: Symbolleiste Testen

> *Sofern die einzelnen Symbolleisten nicht sichtbar sind, können Sie diese über den Befehl* SYMBOLLEISTEN *im Menü* ANSICHT *einblenden.*

38.4 Die Menüs des Visual Basic-Editors

Das Fenster des Visual Basic-Editors enthält eine Menüleiste, über die Sie verschiedene Funktionen abrufen können. Nachfolgend finden Sie eine kurze Übersicht über die einzelnen Menüs und die zugehörigen Funktionen.

Das Menü Datei

Dieses Menü enthält die wichtigsten Befehle, um Dateien zu laden, zu speichern und zu drucken (Bild 38.20).

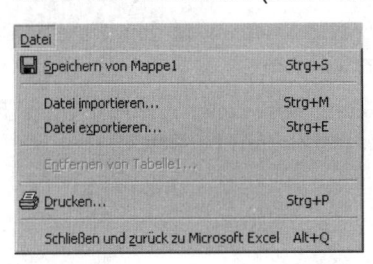

Bild 38.20: Menü Datei

- SPEICHERN VON: Sichert das aktuell geladene Dokument samt der darin enthaltenen Module.
- DATEI IMPORTIEREN: Import einer .BAS- (Modul mit VBA-Code), .FRM- (Modul mit einem Formular) oder .CLS-Datei (Klassenmodul) im aktuellen Projekt.

- **Datei exportieren**: Speichert den Inhalt des aktuellen Moduls (Modul, UserForm, Klasse) in eine .BAS-, .FRM- oder .CLS-Datei (abhängig vom gewählten Modul).
- **Entfernen von**: Markiertes Modul aus dem Projekt entfernen.
- **Drucken**: Inhalt des Visua-Basic-Fensters (z. B. den Programmcode) drucken.

Der unterste Befehl im Menü Datei schließt das Fenster des Visual Basic-Editors.

Das Menü Bearbeiten

Dieses Menü enthält alle Befehle, um die Inhalte im Fenster des Visual Basic-Editors zu bearbeiten (Bild 38.21).

- **Rückgängig**: Macht die letzte Aktion im Codefenster rückgängig.
- **Wiederholen**: Letzten Befehl wiederholen.
- **Ausschneiden**: Markierten Bereich ausschneiden und in die Zwischenablage kopieren.
- **Kopieren**: Kopiert den markierten Bereich in die Zwischenablage.
- **Einfügen**: Inhalt der Zwischenablage im aktuellen Fenster einfügen.
- **Entfernen**: Löscht den markierten Bereich im aktuellen Fenster.
- **Alles auswählen**: Der gesamte Inhalt des aktuellen Fensters wird markiert.
- **Suchen**: Öffnet das Dialogfeld *Suchen* zum Suchen nach Anweisungen in Modulen.
- **Weitersuchen**: Setzt die Suche nach einem Suchbegriff im Codefenster mit gleichen Optionen fort.
- **Ersetzen**: Öffnet das Dialogfeld *Ersetzen*, in dem Sie einen zu ersetzenden Suchbegriff vorgeben können.
- **Einzug vergrössern**: Vergrößert den Zeileneinzug für die aktuelle Anweisungszeile oder einen markierten Bereich.

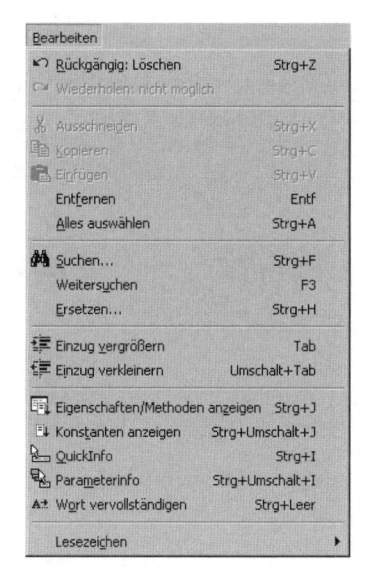

Bild 38.21: Menü Bearbeiten

- EINZUG VERKLEINERN: Verkleinert den Zeileneinzug für die aktuelle Zeile oder den eingezogenen markierten Bereich.

- EIGENSCHAFTEN/METHODEN ANZEIGEN: Öffnet das Fenster mit den verfügbaren Eigenschaften/Methoden.

- KONSTANTEN ANZEIGEN: Öffnet das Fenster mit den bei der Eingabe verfügbaren Konstanten.

- QUICKINFO: Öffnet das QuickInfo-Fenster.

- PARAMETERINFO: Öffnet ein Fenster mit Informationen zu den Parametern einer Funktion oder Prozedur.

- WORT VERVOLLSTÄNDIGEN: Vervollständigt das gerade eingegebene (Schlüssel-) Wort.

- LESEZEICHEN: Öffnet ein Untermenü mit den Befehlen zur Verwaltung der Lesezeichen.

Das Menü Ansicht

Dieses Menü enthält verschiedene Befehle (Bild 38.22), mit denen sich die Anzeige innerhalb des Visual Basic-Editors ändern läßt.

```
Ansicht
  Code                        F7
  Objekt                Umschalt+F7
  Definition            Umschalt+F2
  Letzte Position  Strg+Umschalt+F2
  Objektkatalog               F2
  Direktfenster             Strg+G
  Lokal-Fenster
  Überwachungsfenster
  Aufrufeliste...           Strg+L
  Projekt-Explorer          Strg+R
  Eigenschaftenfenster        F4
  Werkzeugsammlung
  Aktivierreihenfolge
  Symbolleisten                 ▶
  Microsoft Excel          Alt+F11
```

Bild 38.22: Menü Ansicht

- CODE: Öffnet das Codefenster des Moduls (oder des Formulars) im Visual Basic-Editor.

- OBJEKT: Bei Formularen wird das zum Formular gehörende Fenster mit der Formularansicht geöffnet.

- DEFINITION: Geht zur Anweisung, an der die an der aktuellen Cursorposition befindliche Variable bzw. Konstante definiert wurde.

- LETZTE POSITION: Springt zur letzten Cursorposition innerhalb des Codefensters.

- OBJEKTKATALOG: Öffnet das Fenster des Objektkatalogs.

- DIREKTFENSTER: Öffnet das Fenster zur direkten Eingabe von VBA-Befehlen.

- LOKAL-FENSTER: Öffnet das Fenster, in dem lokale Ausdrücke (Objekte, Variablen, Konstanten) angezeigt werden.

- ÜBERWACHUNGSFENSTER: Öffnet das Fenster mit den zu überwachenden Ausdrücken.

- AUFRUFELISTE: Zeigt die Liste mit den ausgeführten Prozedur-/Funktionsaufrufen.

- PROJEKT-EXPLORER: Das Fenster des Projekt-Explorer wird mit diesem Befehl angezeigt.

- EIGENSCHAFTENFENSTER: Zeigt das Eigenschaftenfenster mit den Eigenschaften des aktuell angewählten Objekts.

- WERKZEUGSAMMLUNG: Blendet bei geöffnetem Formularfenster die Symbolleiste *Werkzeugsammlung* ein oder aus.
- *Aktivierreihenfolge*: Öffnet bei einem Formularfenster ein Dialogfeld, in dem sich die Aktivierreihenfolge der Steuerelemente festlegen läßt.
- *Symbolleisten*: Öffnet ein Untermenü mit den Namen der verfügbaren Symbolleisten, die sich ein-/ausblenden lassen.
- Microsoft Excel: Erlaubt den Wechsel zum betreffenden Anwendungsfenster.

Das Menü Einfügen

Das Menü enthält Befehle (Bild 38.23), mit denen Sie Elemente in ein Projekt einfügen können.

Bild 38.23: Menü Einfügen

- PROZEDUR: Einfügen eines Prozedur- oder Funktionsrumpfs in das aktuelle Modul.
- USERFORM: Fügt ein neues Formularmodul im Projekt ein.
- MODUL: Fügt ein neues Modul im Projekt ein.
- KLASSENMODUL: Fügt ein neues Klassenmodul im Projekt ein.
- DATEI: Öffnet ein Dialogfeld zur Auswahl einer Quelldatei (eine Textdatei, eine BAS-Datei oder eine .CLS-Moduldatei).

Das Menü Format

Das Menü enthält die Befehle (Bild 38.24), mit denen sich die Steuerelemente eines Formulars ausrichten, gruppieren und formatieren lassen.

- AUSRICHTEN: Zeigt ein Untermenü mit Befehlen zum Ausrichten der Formularelemente.
- GRÖSSE ANGLEICHEN: Öffnet ein Untermenü mit Befehlen zur Größenanpassung verschiedener markierter Formularelemente (Steuerelemente).

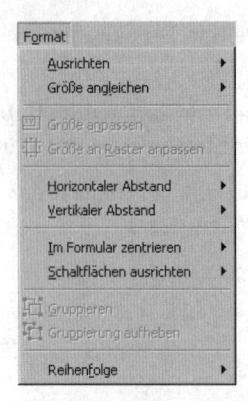

Bild 38.24: Menü Format

- **GRÖSSE ANPASSEN:** Größe eines in einem Formular enthaltenen und markierten Steuerelements anpassen.

- **GRÖSSE AN RASTER ANPASSEN:** Paßt die Größe eines in einem Formular enthaltenen und markierten Steuerelements an das vorgegebene Punktraster an.

- **HORIZONTALER ABSTAND:** Öffnet das Untermenü mit den Funktionen zur Veränderung des horizontalen Abstands der markierten Formularelemente.

- **VERTIKALER ABSTAND:** Öffnet das Untermenü mit den Funktionen zur Veränderung des vertikalen Abstands der markierten Formularelemente.

- **IM FORMULAR ZENTRIEREN:** Mit den Funktionen des Untermenüs lassen sich die markierten Formularelemente horizontal oder vertikal zentrieren.

- **SCHALTFLÄCHEN AUSRICHTEN:** Öffnet das Untermenü mit den Funktionen zum Ausrichten der markierten Befehlsschaltflächen-Steuerelemente.

- **GRUPPIEREN:** Faßt die markierten Steuerelemente im Formular zu einer Gruppe zusammen.

- **GRUPPIERUNG AUFHEBEN:** Löst die Elemente einer markierten Gruppierung auf.

- **REIHENFOLGE:** Untermenü mit Befehlen, um mehrere überlagerte Steuerelemente in verschiedenen Ebenen sowie im Vorder- oder Hintergrund anzuordnen.

Das Menü Testen

Das Menü enthält die Befehle (Bild 38.25), um ein VBA-Projekt zu übersetzen und den Code in den einzelnen Modulen zu testen.

38 Die Visual-Basic-Entwicklungsumgebung

```
Testen
   Kompilieren von Project
   Einzelschritt                    F8
   Prozedurschritt           Umschalt+F8
   Prozedur abschließen   Strg+Umschalt+F8
   Ausführen bis Cursor-Position   Strg+F8
   Überwachung hinzufügen...
   Überwachung bearbeiten...     Strg+W
   Aktuellen Wert anzeigen...  Umschalt+F9
   Haltepunkt ein/aus              F9
   Alle Haltepunkte löschen  Strg+Umschalt+F9
   Nächste Anweisung festlegen    Strg+F9
   Nächste Anweisung anzeigen
```

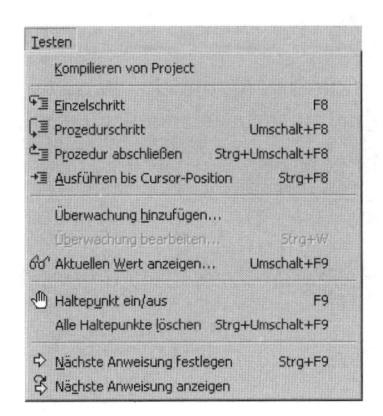

Bild 38.25: Menü Testen

- KOMPILIEREN VON PROJECT: Startet die Übersetzung aller Module innerhalb eines Projekts.
- EINZELSCHRITT: Führt die nächste Anweisung der aktuellen Prozedur im aktuellen Modul aus.
- PROZEDURSCHRITT: Führt eine komplette Prozedur aus; hält anschließend die Ausführung des Codes hinter dem Prozeduraufruf an.
- PROZEDUR ABSCHLIESSEN: Setzt den Programmablauf bei einer Unterbrechung innerhalb einer Prozedur bis zum Prozedurende fort.
- AUSFÜHREN BIS CURSOR-POSITION: Programmanweisungen bis zur Cursorposition ausführen.
- ÜBERWACHUNG HINZUFÜGEN: Öffnet das Dialogfeld, in dem sich der zu überwachende Ausdruck definieren läßt.
- ÜBERWACHUNG BEARBEITEN: Öffnet das Dialogfeld zum Bearbeiten der zu überwachenden Ausdrücke.
- AKTUELLEN WERT ANZEIGEN: Wert einer markierten Konstanten oder Variablen anzeigen.
- HALTEPUNKT EIN/AUS: Haltepunkt in der Anweisungszeile, in der der Cursor steht, setzen oder löschen.
- ALLE HALTEPUNKTE LÖSCHEN: Entfernt alle gesetzten Haltepunkte innerhalb des Moduls.
- NÄCHSTE ANWEISUNG FESTLEGEN: Die Anweisungszeile, in der der Cursor steht, wird als nächste auszuführende Anweisung festgelegt.
- NÄCHSTE ANWEISUNG ANZEIGEN: Zeigt die Anweisungszeile, die als nächstes ausgeführt wird.

Das Menü Ausführen

Das Menü enthält die Befehle (Bild 38.26), um eine Prozedur auszuführen, zu unterbrechen, die Ausführung zu beenden oder den Entwurfsmodus einzuschalten.

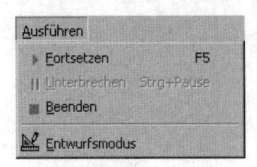

Bild 38.26: Menü Ausführen

- **FORTSETZEN**: Führt die Programmanweisung ab der aktuellen Cursorposition in der aktuellen Prozedur aus.
- **UNTERBRECHEN**: Hält die laufende Programmausführung an.
- **BEENDEN**: Das unterbrochene Programm wird beendet, alle Parameter werden in den Anfangszustand zurückgesetzt. Anschließend können Sie den Programmcode wieder bearbeiten.
- **ENTWURFSMODUS**: Schaltet von der Programmausführung zum Entwurfsmodus um.

Das Menü Extras

Das Menü erlaubt Ihnen, die Verweise, Optionen und Eigenschaften der Entwicklungsumgebung und des VBA-Projekts einzustellen (Bild 38.27).

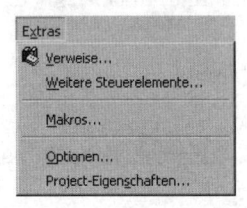

Bild 38.27: Menü Extras

- **VERWEISE**: Öffnet ein Dialogfeld zur Verwaltung der Verweise in Ojektbibliotheken. Die Verweise lassen sich durch Markieren des Kontrollkästchens vor dem Verweisnamen aktivieren (Bild 38.30).
- **WEITERE STEUERELEMENTE**: Zeigt ein Dialogfeld, in dem sich weitere auf dem Rechner installierte ActiveX-Steuerelemente aktivieren lassen.
- **MAKROS**: Öffnet das Dialogfeld zum Ausführen eines der aufgeführten Makros.
- **OPTIONEN**: Öffnet das Dialogfeld *Optionen*, in dessen Registerkarten die Optionen der Entwicklungsumgebung gesetzt werden.

⋯❥ PROJECT-EIGENSCHAFTEN: Öffnet das Dialogfeld, in dem sich die Eigenschaften des Projekts ändern lassen. Der Bezeichner *Project* steht dabei für den gewählten Projektnamen.

Das Menü Fenster

Das Menü erlaubt Ihnen, die Fenster innerhalb der Entwicklungsumgebung anzuordnen und zwischen mehreren geöffneten Fenstern zu wechseln (Bild 38.28).

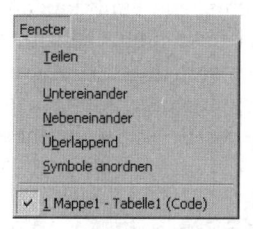

Bild 38.28: Menü Fenster

⋯❥ TEILEN: Das Fenster mit der Codeanzeige vertikal teilen, um unterschiedliche Codeausschnitte eines Moduls in den beiden Fensterhälften anzuzeigen.

⋯❥ UNTEREINANDER: Ordnet die geöffneten Fenster (Code und Formularentwurf) untereinander im Visual-Basic-Editor-Fenster an.

⋯❥ NEBENEINANDER: Ordnet die geöffneten Fenster (Code und Formularentwurf) nebeneinander im Visual-Basic-Editor-Fenster an.

⋯❥ ÜBERLAPPEND: Ordnet die geöffneten Fenster (Code und Formularentwurf) überlappend im Visual-Basic-Editor-Fenster an.

⋯❥ SYMBOLE ANORDNEN: Ordnet die Symbole verkleinerter Fenster in der linken unteren Ecke im Visual-Basic-Editor-Fenster an.

Weiterhin zeigt das Menü die Namen der geöffneten Code- und Formularfenster an. Durch Anwahl eines Menüeintrags läßt sich zwischen den Fenstern wechseln.

Das Hilfe-Menü

Das Menü mit dem Fragezeichen öffnet das Hilfemenü (Bild 38.29). Über die Befehle lassen sich der Hilfeassistent oder das Hilfefenster mit den Registerkarten *Inhalt* und *Index* aufrufen.

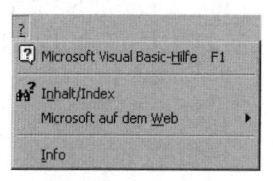

Bild 38.29: Hilfe-Menü

38.5 Optionen anpassen

Über das Menü EXTRAS lassen sich die Verweise eines Moduls in andere Objektbibliotheken aktivieren oder abschalten, die installierten ActiveX-Steuerelemente anzeigen bzw. aktivieren und die Optionen der Entwicklungsumgebung setzen bzw. die Projekteigenschaften definieren.

Verweise verwalten

In einem VBA-Modul läßt sich auf verschiedene Funktionen oder VBA-Objekte zugreifen. Diese Elemente werden über Bibliotheken zur Verfügung gestellt. Neben den Bibliotheken der Microsoft-Office 97-Anwendungen gibt es zusätzlich Bibliotheken, die sich einbinden lassen. Der Befehl VERWEISE im Menü EXTRAS öffnet das Dialogfeld mit der Liste der definierten Verweise (Bild 38.30).

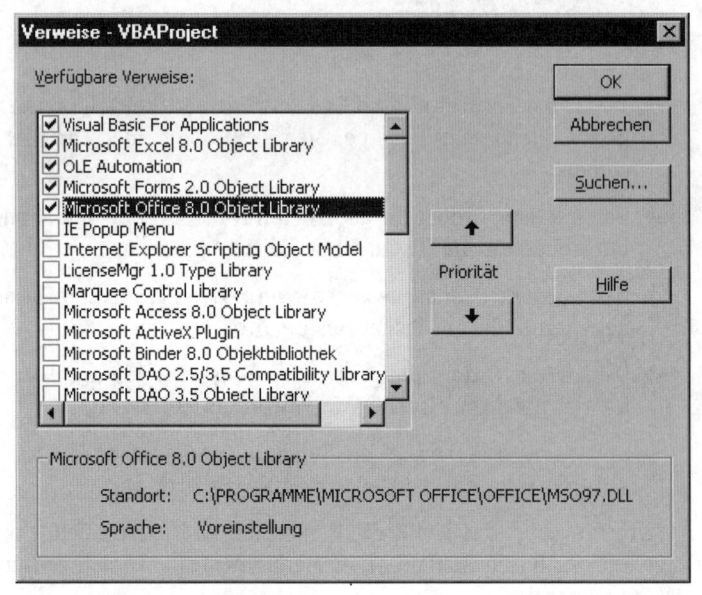

Bild 38.30: Das Dialogfeld Verweise

Die Liste *Verfügbare Verweise* enthält die Namen aller Bibliotheken, die im Visual Basic-Editor für das (die) Projekt(e) verfügbar sind. Sobald Sie eine der Office-Komponenten installieren, werden die betreffenden Bibliotheken eingerichtet (und in der Windows-Registrierung eingetragen). Der Visual Basic-Editor wertet diese Liste der Bibliotheken bei der Übersetzung eines VBA-Moduls aus und importiert die betreffenden Objekte, Methoden und Konstanten dieser Bibliotheken.

Auf die Objekte kann dabei auch aus einer anderen Anwendung oder einer Zusatzbibliothek zugegriffen werden. Möchten Sie Objekte einer anderen Anwendung oder einer Erweiterung im Code eines VBA-Moduls nutzen, ist der Verweis auf die betreffende Objektbibliothek dieser Anwendung festzulegen. Hierzu muß das Kontrollkästchen vor dem Namen der betreffenden Bibliothek markiert werden. Sobald das Kontrollkästchen markiert ist, finden Sie die Objekte der Objektbibliothek, deren Methoden und Eigenschaften im Objektkatalog.

Deaktivieren Sie die Kontrollkästchen der Bibliotheken, deren Objekte nicht verwendet werden. Dies minimiert die Zahl der Verweise, die Visual Basic beim Übersetzen auflösen muß, was zu einer schnelleren Übersetzung des Projekts führt. Beachten Sie allerdings: Wird ein Objekt bereits im Projekt verwendet, läßt sich der zugehörige Verweis nicht löschen.

Über die beiden Prioritätsschaltflächen lassen sich die Verweise in der Liste nach oben bzw. nach unten verschieben. Die Reihenfolge der Einträge hat einen Einfluß auf die Art, wie Visual Basic die Objektbibliotheken benutzt. Enthalten mehrere Bibliotheken Objekte gleichen Namens, verwendet der Visual Basic-Editor das Objekt der Bibliothek, die beim Durchsuchen der Liste zuerst gefunden wird. Sie können durch Löschen der Markierung des Kontrollkästchens die Bibliothek ggf. deaktivieren. Außerdem können Sie die Bibliothek über die Prioritätsschaltflächen in der Liste verschieben.

Im Fußbereich des Dialogfelds erscheint der Name und der Pfad des aktuell in der Liste Verfügbare Verweise *markierten Verweises (sprich der betreffenden Objektbibliothek) sowie die Sprachversion. Die Schaltfläche* Suchen *erlaubt Ihnen, über das Dialogfeld* Verweis hinzufügen *in anderen Verzeichnissen nach Objektbibliotheken zu suchen und diese in die Liste* Verfügbare Verweise *aufzunehmen. Hierbei sind Verweise auf Klassenbibliotheken (*.olb, *.tlb, *.dll), ausführbare Dateien (*.exe, *.dll) und ActiveX-Steuerelemente (*.ocx) möglich.*

Weitere Steuerelemente aktivieren

Der Microsoft Visual Basic-Editor zeigt beim Entwurf eines Formulars eine Symbolleiste mit den verfügbaren Steuerelementen. Die Steuerelemente werden als ActiveX-Controls in .OCX- und .DLL-Dateien zur Verfügung gestellt. Besitzen Sie weitere ActiveX-Controls, lassen sich deren Steuerelemente über den Befehl WEITERE STEUERELEMENTE im Menü EXTRAS registrieren. Der Visual Basic-Editor zeigt ein Dialogfeld mit allen registrierten Steuerelementen. Im Ergebnisbereich des Formulars sehen Sie den Pfad und den Namen der zum ausgewählten Steuerelement zugehörigen Datei.

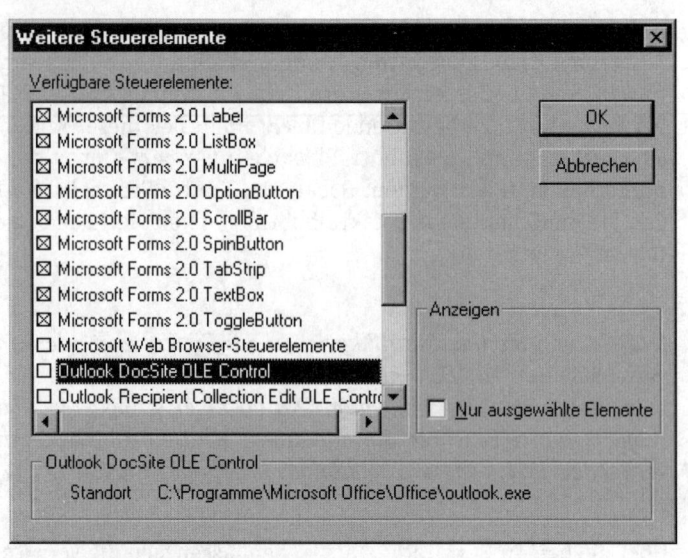

Bild 38.31: Das Dialogfeld Weitere Steuerelemente

Sobald Sie das Kontrollkästchen für ein Steuerelement markieren, wird dieses in der Symbolleiste (z.B. *Werkzeugsammlung*) aufgenommen und Sie können es verwenden. (In Microsoft Access 97 wird beispielsweise ein Kalendersteuerelement als ActiveX-Control angeboten, welches sich auf diese Weise freigeben läßt.)

Optionen des Visual Basic-Editors einstellen

Über den Befehl OPTIONEN im Menü EXTRAS des Visual Basic-Editors läßt sich das Dialogfeld *Optionen* öffnen. Dieses Dialogfeld enthält vier Registerkarten, in denen Sie die Eigenschaften der Entwicklungsumgebung einstellen können.

In der Registerkarte *Editor* lassen sich die Optionen zur Bearbeitung des Codes und zur Anzeige des Codefensters festlegen.

- Die Option *Automatische Syntaxüberprüfung* legt fest, ob Visual Basic nach der Eingabe einer Anweisungszeile automatisch die Syntax überprüfen soll.

- Markieren Sie das Kontrollkästchen *Variablendeklaration erforderlich*, verlangt der Visual Basic-Editor eine explizite Variablendeklaration in den Modulen (der Editor fügt jedem neuen Modul die *Explicit*-Anweisung hinzu.) Diese Option verhindert das Arbeiten mit undeklarierten Variablen.

- Ist die Option *Elemente automatisch auflisten* markiert, zeigt der Editor bei einer Eingabe automatisch die Informationen zum Vervollständigen einer Anweisung an.

⋯⇛ Markieren Sie das Kontrollkästchen *Automatische QuickInfo*, werden bei der Eingabe QuickInfo-Fenster mit Informationen zu Funktionen und deren Parametern angezeigt.

⋯⇛ Die Option *Automatische Daten-Tips* sorgt dafür, daß der Visual Basic-Editor den Wert einer Variablen im Haltemodus in einem QuickInfo-Fenster einblendet, sobald Sie auf die Variable zeigen.

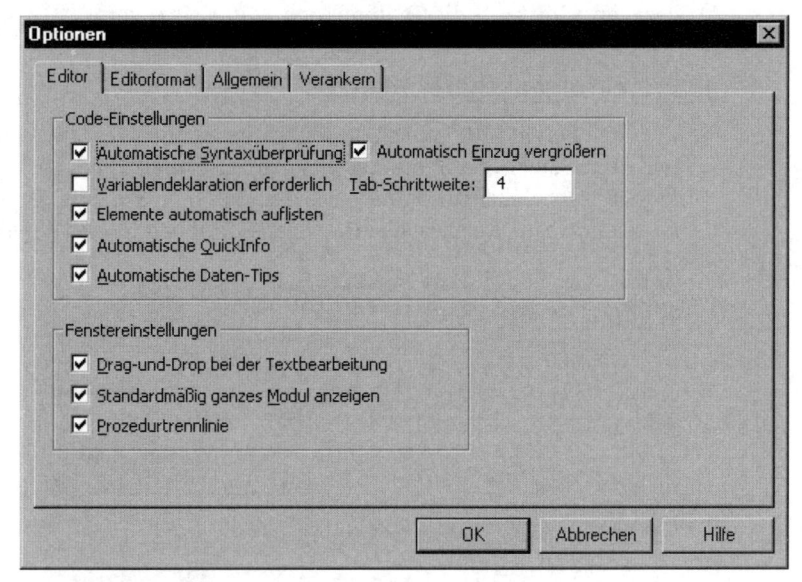

Bild 38.32: Das Dialogfeld Optionen *mit Registerkarte* Editor

Die restlichen Optionen *Automatisch Einzug vergrößern* und *Tab-Schrittweite* regeln die Tabulatorweite für Einzüge im Quellcode. In der Gruppe *Fenstereinstellungen* finden Sie Optionen, um die Drag&Drop-Funktion bei der Textbearbeitung zuzulassen, das gesamte Modul anzuzeigen und um im Codefenster eine Trennlinie zwischen Prozeduren darzustellen.

Die Registerkarte *Editorformat* enthält die Optionen, mit denen Sie die Darstellung bestimmter Elemente im Codefenster beeinflussen können. Über die Gruppe *Code-Farben* können Sie in der Textliste einzelne Elemente des Codefensters (z. B. Kommentartext) auswählen. Es dürfte jedoch wenige Gründe geben, diese Einstellungen zu ändern.

Die Registerkarte *Allgemein* enthält Optionen, um zum Beispiel das Raster im Formularentwurf zu definieren. Die restlichen Optionen beziehen sich auf die Darstellung im Fenster sowie auf Übersetzen und Testen. Das Kontrollkästchen *QuickInfo anzeigen* schaltet beispielsweise die QuickInfo-Funktion ein oder aus. Die Optionen der Gruppe *Fehlerbehandlung* legen fest, wie Fehler in der Visual-Basic-Entwicklungsumgebung verarbeitet werden. Die Optionen der Gruppe *Kompilieren* steuern, wie Visual Basic für Applikationen das Projekt übersetzt.

Die Fenster des Visual Basic-Editors lassen sich an bestimmten Positionen (z.B. linker Fensterrand) verankern. Bei manchen Fenstern (wie zum Beispiel dem Eigenschaftenfenster) ist dieses Verankern eher störend. Die Registerkarte *Verankern* enthält mehrere Kontrollkästchen, in denen sich festlegen läßt, ob die betreffenden Fenster verankerbar sind. Markieren Sie ein Kontrollkästchen, aktiviert dies die Funktion zum Verankern des betreffenden Fensters. Sobald das Fenster in die Nähe des oberen Fensterrands gezogen wird, wird dieses durch den Editor verankert.

Projekteigenschaften setzen

Über den Befehl VBAPROJECT-EIGENSCHAFTEN im Menü EXTRAS läßt sich das Dialogfeld zum Setzen der Projekteigenschaften öffnen (Bild 38.33). Der Name *Project* steht dabei für den Namen des aktuellen Projekts. In der Registerkarte *Allgemein* lassen sich verschiedene Optionen für das Projekt vorgeben.

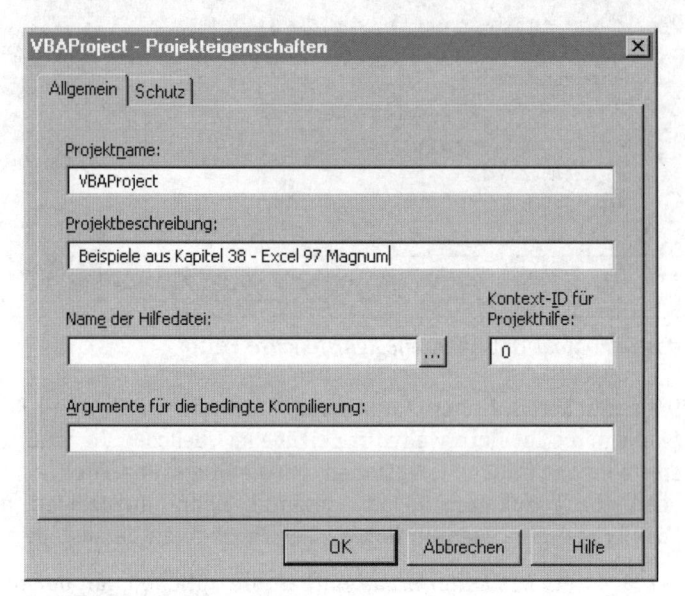

Bild 38.33: Projekteigenschaften festlegen

Im Feld *Projektname* läßt sich der Name des aktuellen Projekts eintragen. Dieser Name wird vom Visual Basic-Editor sowohl im Projektfenster als auch im Titel des Dialogfelds und im Menü EXTRAS angezeigt. (Projektnamen müssen eindeutig sein.) Das Feld *Projektbeschreibung* kann zur Aufnahme eines Kommentars dienen (der Text erscheint im Objektkatalog).

Verwendet das Projekt eine Hilfedatei, muß diese im Feld *Name der Hilfedatei* mit dem Projekt verknüpft werden, die Kontext-ID für das Hilfethema ist im Feld *Kontext-ID für Projekthilfe* anzugeben. In der Zeile *Argumente für die bedingte Kompilierung* lassen sich Konstanten für eine bedingte Kompilierung des Projekts hinterlegen.

Ein Projekt schützen

Den Zugriff auf den Quellcode der VBA-Module verhindern Sie über die Registerkarte *Schutz* (Bild 38.34).

Bild 38.34: Die Registerkarte Schutz

Das Kontrollkästchen *Projekt für die Anzeige sperren* erlaubt, das Projekt für eine Anzeige oder Bearbeitung zu sperren. Tragen Sie in den Feldern *Kennwort* und *Kennwort bestätigen* ein Paßwort ein.

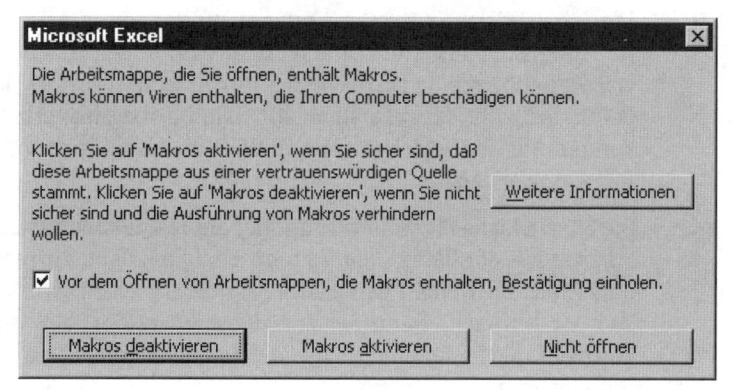

Bild 38.35: Warnung beim Öffnen eines Dokuments

Öffnen Sie ein Dokument, welches Makros enthält, zeigt Excel 97 das in Bild 38.35 abgebildete Dialogfeld mit einer Warnung an. Schließen Sie dieses Dialogfeld über die Schaltfläche *Makros aktivieren*. Anschließend können Sie auf den Inhalt der Arbeitsmappe zugreifen. Im Fenster des Projekt-Explorer sehen Sie zwar noch den Eintrag des Projekts. Möchten Sie jedoch den Inhalt des geschützten Projekts ansehen, fragt Excel 97 erst das Kennwort ab. Nur nach Eingabe eines korrekten Kennworts werden die Modulnamen im Projekt-Explorer freigegeben und Sie können auf den Code im Codefenster zugreifen. Um den Schutz aufzuheben, löschen Sie die Einträge der Kennwörter in den Feldern. Nach dem Speichern des Projekts und erneutem Öffnen läßt sich ohne Kennwort auf die Projektmodule zugreifen.

Auf der Begleit-CD-ROM finden Sie die Datei \BEISP\KAP38\BEISPIEL38.XLS welche über das Kennwort Born *geschützt wurde. Erst nach Eingabe dieses Kennworts läßt sich auf die Module des Projekts zugreifen.*

38.6 VBA-Code testen

Sobald Sie im Dialogfeld *Makro* die Schaltfläche *Schritt* wählen, öffnet Excel 97 das Fenster des Visual Basic-Editors zum Testen des Makros. Da es sich bei Makros letztendlich um VBA-Prozeduren handelt, unterscheidet sich der Text von Makros und VBA-Modulen nicht. Der Visual Basic-Editor stellt einige Funktionen zum Testen des Codes zur Verfügung. Diese Funktionen stehen im Menü TESTEN oder über die Schaltfläche der *Testen*-Symbolleiste zur Verfügung (siehe Bild 38.19).

- ⇢ Die Schaltfläche *Einzelschritt* erlaubt Ihnen, den VBA-Code Anweisung für Anweisung auszuführen und die Auswirkungen zu studieren. Jedesmal wenn Sie die Schaltfläche betätigen, führt Excel 97 den nächsten Befehl aus, d.h. das Programm läßt sich schrittweise testen. Alternativ können Sie den gleichnamigen Befehl im Menü TESTEN oder die F8-Taste verwenden.

- ⇢ Die Schaltfläche *Prozedurschritt* (oder die Tastenkombination ⇧+F8) arbeitet wie der Befehl *Einzelschritt*. Lediglich beim Aufruf einer Prozedur/Funktion werden deren Anweisungen in einem Stück ausgeführt. Dies ist hilfreich, wenn Sie zum Beispiel wissen, daß eine Prozedur korrekt funktioniert und nicht alle Anweisungen schrittweise ausführen möchten.

⇢ Die Schaltfläche *Prozedur abschließen* (oder die Tastenkombination (Strg)+(⇧)+(F8)) arbeitet die Anweisungen bis zum Ende einer Prozedur/Funktion ab.

Weiterhin gibt es noch den Befehl AUSFÜHREN BIS CURSORPOSITION im Menü TESTEN (läßt sich auch über die Tastenkombination (Strg)+(F8) aufrufen). Wählen Sie diesen Befehl, führt der Editor die Programmanweisungen aus, bis der Befehl in der aktuellen Cursorposition erreicht wird.

Die nebenstehende Schaltfläche erlaubt Ihnen, den Programmcode ohne weitere Unterbrechung auszuführen. Dadurch läßt sich ein VBA-Modul testen. Lediglich bei Fehlern (oder beim Erreichen eines gesetzten Haltepunkts) wird der Ablauf unterbrochen.

Wurde der Ablauf unterbrochen, läßt er sich über die oben gezeigten Schaltflächen fortsetzen. Möchten Sie dagegen die VBA-Anweisungen verändern oder das Programm von Anfang ablaufen lassen, wählen Sie die nebenstehende Schaltfläche *Beenden*. Diese Schaltfläche beendet die Ausführung des Moduls und setzt das Projekt zurück (die Variablen werden gelöscht und das Programm in einen definierten Anfangszustand gebracht).

Bevor Sie den VBA-Code mit den oben vorgestellten Schaltflächen testen, noch einige Vorbemerkungen. Um den VBA-Code (und die Auswirkungen auf das Excel-Arbeitsblatt) effizient zu testen, sollten Sie folgendermaßen vorgehen:

1. Öffnen Sie das Arbeitsblatt mit den Testdaten, die durch das Makro (den VBA-Code) zu bearbeiten sind. Verkleinern Sie das Fenster, so daß nur ein Teil zu sehen.

2. Anschließend öffnen Sie das Fenster des Visual Basic-Editors ((Alt)+(F11)) und wählen im Projekt-Explorer den Namen des VBA-Moduls. Verkleinern Sie das Fenster des Visual Basic-Editors soweit, daß das Excel-Arbeitsblatt zu sehen ist (Bild 38.36).

3. Wählen Sie jetzt die Schaltflächen zum Ausführen des Programmcodes.

Auf diese Weise sehen Sie sofort, was beim Ablauf des Makros im Arbeitsblatt passiert.

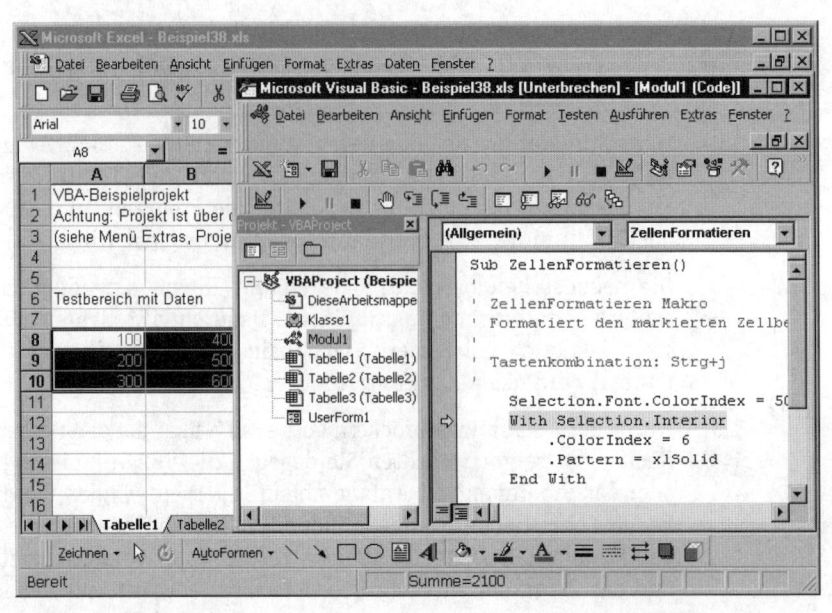

Bild 38.36: Testen des VBA-Codes

In Bild 38.36 sehen Sie das Fenster mit dem VBA-Code sowie das Excel-Anwendungsfenster im Hintergrund. Beim Programmablauf markiert der Editor die nächste auszuführende VBA-Anweisungszeile durch einen gelben Pfeil am linken Rand des Codefensters. Sie können anschließend die Ausführung des VBA-Codes über die oben erwähnten Schaltflächen steuern.

Haltepunkte setzen und aufheben

Bei längeren VBA-Modulen mit vielen Prozeduren, Schleifen und verschachteltem Code ist der schrittweise Ablauf sehr zeitintensiv. Der Visual Basic-Editor bietet Ihnen daher die Möglichkeit, sogenannte Haltepunkte im VBA-Code einzufügen. Wird bei der Programmausführung ein solcher Punkt erreicht, unterbricht das System den Ablauf.

Sie haben dann die Möglichkeit, das Programm und die Variablen zu inspizieren. Um einen Haltepunkt zu setzen oder zu löschen, gehen Sie folgendermaßen vor:

1. Markieren Sie die Anweisung, an der der Haltepunkt einzufügen oder zu löschen ist.

2. Wählen Sie die Schaltfläche *Haltepunkt ein/aus*, oder betätigen Sie die Funktionstaste F9.

Möchten Sie alle Haltepunkte innerhalb des Moduls löschen, öffnen Sie das Menü Testen *und wählen den Befehl* Alle Haltepunkte löschen.

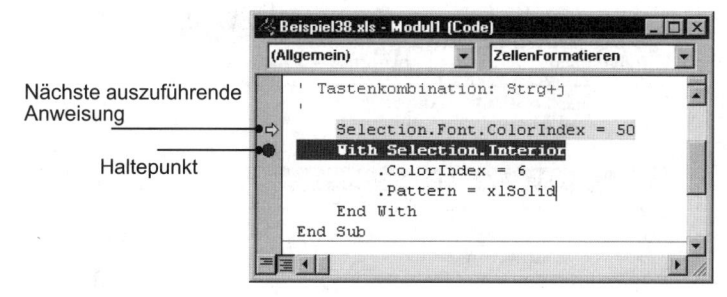

Bild 38.37: Codefenster mit Haltepunkt

Der Visual Basic-Editor fügt dann den neuen Unterbrechungspunkt in der Zeile ein oder löscht einen bestehenden Haltepunkt. Zeilen mit Haltepunkten werden durch einen braunen Kreis am linken Fensterrand und durch farbigen Hintergrund optisch markiert (Bild 38.37).

Variablen anzeigen

In Ihren Visual-Basic-Programmen werden Sie häufig Variablen definieren. Um beim Test deren Inhalt anzusehen, bietet der Editor die Schaltfläche *Aktuellen Wert anzeigen*. Allerdings wird die Anzeige nur sichtbar, wenn das Programm im Ablauf unterbrochen ist. Zur Anzeige der Variableninhalte ist der VBA-Code deshalb schrittweise auszuführen oder über Haltepunkte im Ablauf zu unterbrechen. Dann können Sie den Variablennamen per Maus markieren und die Schaltfläche *Aktuellen Wert anzeigen* anwählen. Auf dem Bildschirm blendet der Visual Basic-Editor das Dialogfeld aus Bild 38.38 mit der Anzeige des Variableninhalts ein. Dieses Fenster enthält den Namen der gewählten Variablen und den Kontext, indem die Variable definiert ist. Der Wert wird im unteren Feld eingeblendet.

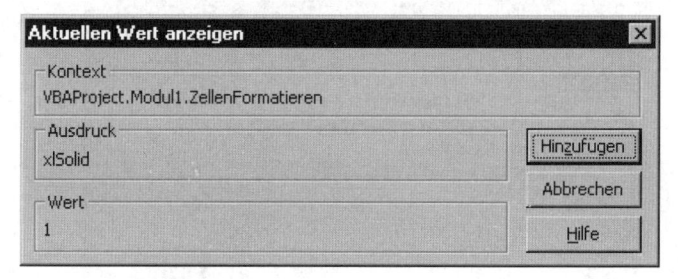

Bild 38.38: Anzeige einer Variablen

Ist die Anzeige der QuickInfos eingeschaltet, können Sie die Variableninhalte noch ansehen. Sie müssen lediglich auf den Namen der Variablen oder Konstanten zeigen. Ist deren Wert definiert, zeigt der Visual Basic-Editor den Wert in einem QuickInfo-Fenster.

Bild 38.39: Anzeige eines Werts

Zusätzlich lassen sich die Variablen im Fenster *Überwachungsausdrücke* aufnehmen (siehe folgender Abschnitt).

Überwachungsausdrücke setzen oder löschen

Neben einfachen Haltepunkten (siehe oben) lassen sich im Visual Basic-Editor auch Ausdrücke überwachen. Immer wenn sich der Wert einer Variablen ändert oder einen bestimmten Wert annimmt, kann der Programmablauf angehalten werden. Die Überwachungsausdrücke müssen Sie allerdings manuell setzen. Hierzu gehen Sie folgendermaßen vor:

1. Markieren Sie den betreffenden Ausdruck im Quellcode.
2. Klicken Sie im Menü Testen auf den Befehl Hinzufügen.
3. Im Dialogfeld aus Bild 38.40 setzen Sie die Optionen zur Überwachung des Ausdrucks.

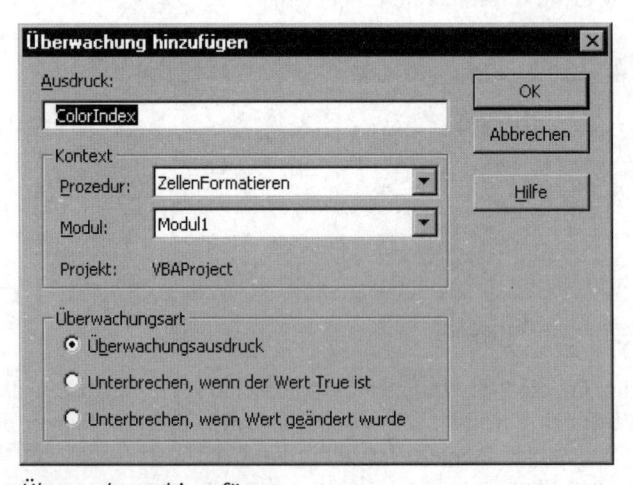

Bild 38.40: Überwachung hinzufügen

Der Inhalt des Feldes *Ausdruck* enthält den markierten Ausdruck. Sie können diesen aber manuell ändern. Über die Listenfelder *Prozedur* und *Modul* läßt sich festlegen, in welcher Quelle des Projekts der Ausdruck zu überwachen ist.

Über die drei Optionsfelder der Gruppe *Überwachungsart* bestimmen Sie, ob der lediglich der Wert des Ausdrucks anzuzeigen oder der Programmablauf bei Werteänderungen zu unterbrechen ist.

Sobald Sie das Dialogfeld über die *OK*-Schaltfläche schließen, nimmt der Editor den zu überwachenden Ausdruck im Fenster *Überwachungsausdrücke* auf. Beim Programmablauf wird der Inhalt des Fensters dynamisch aktualisiert (Bild 38.41).

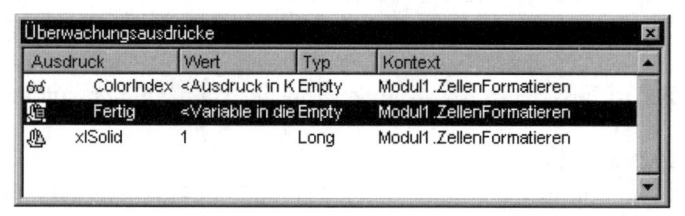

Ausdruck	Wert	Typ	Kontext
👓 ColorIndex	<Ausdruck in K	Empty	Modul1.ZellenFormatieren
Fertig	<Variable in die	Empty	Modul1.ZellenFormatieren
xlSolid	1	Long	Modul1.ZellenFormatieren

Bild 38.41: Überwachungsausdrücke

Das Symbol vor dem Ausdruck gibt dabei die zu überwachende Eigenschaft an. Die Brille in der obersten Zeile zeigt zu überwachende Variablennamen an. Das Symbol der zweiten Zeile steht für Ausdrücke, bei denen der Programmablauf beim Wert *Wahr* unterbrochen wird. Das Symbol der unteren Zeile markiert Ausdrücke, die bei Änderungen des Werts den Programmablauf unterbrechen.

> Um einen dieser Überwachungsausdrucke zu löschen, markieren Sie diesen im Fenster Überwachungsausdrücke. Anschließend reicht es, die [Entf]-Taste zu drücken. Möchten Sie den zu überwachenden Ausdruck bearbeiten, markieren Sie diesen und wählen den Eintrag ÜBERWACHUNG BEARBEITEN im Menü TESTEN.

Anzeige der Prozeduraufrufe

Wenn in einem VBA-Modul verschiedene Prozeduren aufgerufen werden, können Sie sich die Reihenfolge der Aufrufe über die nebenstehende Schaltfläche anzeigen lassen. Der Visual Basic-Editor zeigt im Dialogfeld *Aufrufeliste* die Namen der aktuell ausgeführten Prozeduren (Bild 38.42).

Bild 38.42: Anzeige der Prozeduraufrufe

Weitere Anweisungen zum Testen

Wenn Sie umfangreiche Programme mit den obigen Schaltflächen testen müssen, ist dies ein mühsames Unterfangen. Deshalb ist es wichtig, bei Bedarf bestimmte Anweisungen zum Test in das Programm einzubringen.

Debug.Print

Diese Anweisung erlaubt Ihnen während des Programmablaufs die Ausgabe von Meldungen im Direktfenster. Wenn Sie die folgende Anweisung:

```
Debug.Print "Testschritt 1 erreicht !!!"
```

im Programmcode aufnehmen, erscheint die betreffende Meldung im Direktfenster, sobald die Anweisung ausgeführt wird (Bild 38.43).

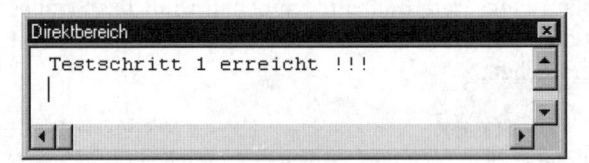

Bild 38.43: Testanweisungen im Direktbereich

Neben Texten lassen sich damit auch Variableninhalte mit ausgeben. (Sie können diesen Befehl auch im Direktbereich eingeben:

```
Debug.Print Fertig
```

Die obige Anweisung zeigt den Inhalt der Variablen *Fertig* im Direktbereich an. Die Kurzform des Befehls `Debug.Print` kann im Direktbereich mit einem Fragezeichen (z.B. ? Fertig) angegeben werden.

Stop

Möchten Sie den Programmablauf an einer bestimmten Stelle gezielt unterbrechen, fügen Sie die Anweisung *Stop* im Code ein. Sobald das System diesen Befehl erreicht, wird die Ausführung des Programms suspendiert. Damit können Sie auf Haltepunkte verzichten und das Programm gegebenenfalls direkt durchlaufen lassen.

MsgBox

Eine andere von mir häufig zur Anzeige von Programmschritten benutzte Möglichkeit besteht darin, Meldungsfelder an bestimmten Stellen einzublenden. Hierzu läßt sich die VBA-Anweisung MsgBox verwenden. Diese Anweisung erlaubt Ihnen die Ausgabe von Meldungsfenstern während des Programmablaufs. Die Anweisung:

```
TestWert = MsgBox ("Testpunkt 1 erreicht !!!",
vbOKOnly, "Test")
```

erzeugt das Dialogfeld auf dem Bildschirm.

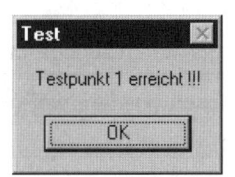

Bild 38.44: Meldungsfeld

Um den Programmablauf zu verfolgen, können Sie an geeigneten Punkten den Befehl MsgBox einfügen. Jedesmal wenn Ihr Programm diese Anweisung erreicht, erscheint die Meldung. Das Programm wird erst fortgesetzt, wenn Sie die *OK*-Schaltfläche aktivieren.

Sie können MsgBox sowohl als Funktion (wie in obiger Anweisung) als auch als Befehl:

```
MsgBox "Hallo"
```

anwenden. Bei einer Funktion müssen die Parameter in Klammern gesetzt werden. Außerdem gibt die Funktion einen Wert (den Wert der angeklickten Schaltfläche) zurück. Der erste Aufrufparameter legt den anzuzeigenden Text fest. Der dritte Aufrufparameter definiert den Text der Titelzeile im Meldungsfeld. Im zweiten Parameter lassen sich Konstanten angeben, die den Inhalt des Meldungsfelds (das angezeigte Symbol sowie die Art und Anzahl der Schaltflächen) festlegen. Die folgende Tabelle gibt einige Konstanten an, die Sie im zweiten Parameter kombinieren können.

Konstante für MsgBox

Konstante	Bemerkung
0	Kein Symbol anzeigen (Standard)
16 vbCritical	Stop-Symbol im Dialogfeld anzeigen
32 vbQuestion	Fragezeichen als Symbol im Dialogfeld anzeigen
48 vbExclamation	Ausrufezeichen als Symbol im Dialogfeld anzeigen
64 vbInformation	Informationszeichen als Symbol im Dialogfeld mitausgeben

Konstante	Bemerkung
0 vbOkOnly	Es wird die *OK*-Schaltfläche eingeblendet (Standardvorgabe)
1 vbOKCancel	Schaltflächen *OK* und *Abbrechen* anzeigen
2 vbAbortRetryIgnore	Zeigt die Schaltflächen *Abbruch*, *Wiederholen* und *Ignorieren*
3 vbYesNoCancel	Schaltflächen *Ja*, *Nein* und *Abbrechen* anzeigen
4 vbYesNo	*Ja* und *Nein* als Schaltflächen anzeigen
5 vbRetryCancel	Die Schaltflächen *Wiederholen* und *Abbrechen* anzeigen

Sie können direkt die jeweilige numerische Konstante (z.B. 32 für das Fragezeichen) oder die in VBA vordefinierten numerischen Konstanten (z.B. *vbYesNo* für *Ja/Nein*-Schaltflächen) angeben. Die betreffenden Konstanten lassen sich bei der Eingabe abrufen, indem Sie im Codefenster die ersten Buchstaben *vb* eintippen und anschließend die Tastenkombination [Strg]+ [Leertaste] drücken. Sie können dabei mehrere (sinnvolle) Konstante addieren, um die betreffenden Optionen zu kombinieren. Um sowohl das Symbol des Fragezeichens als auch eine Schaltflächenkombination *Ja/Nein* im Dialogfeld einzublenden, sind die Konstanten:

vbQuestion + vbYesNo

im zweiten Parameter anzugeben. Der Aufruf des Meldungsfelds sieht dann folgendermaßen aus:

```
' Zeige ein einfaches Meldungsfeld mit OK-
' Schaltfläche und Fragezeichen
MsgBox "Frage", vbOKOnly + vbQuestion, _
       "Test"
```

Der Unterstrich am Ende der zweiten Zeile der obigen Anweisung signalisiert übrigens eine Fortsetzungszeile. Der Befehl läßt sich dann in der nächsten Zeile fortsetzen.

> **TIP** *Aus Platzgründen konnten die Funktionen des Visual Basic-Editors nur sehr knapp beschrieben werden. Eine ausführlichere Einführung in die Funktion der VBA-Entwicklungsumgebung finden Sie in dem im Literaturverzeichnis unter /10/ aufgeführten Titel.*

39 Dialoge und Formulare

39.1 Grundlagen

Excel 97 erlaubt Ihnen, Steuerelemente wie Schaltflächen, Textfelder, Listenfelder etc. sowohl in Formularen als auch direkt in Tabellen einzufügen. Hierbei lassen sich zwei Varianten an Steuerelementen unterscheiden:

- In Excel 97 sind die Forms-Steuerelemente als ActiveX-Controls verfügbar. Sie können Steuerelemente über die Symbolleiste *Werkzeugsammlung* interaktiv in einem Formular oder in einer Tabelle anordnen. Dieser Ansatz erfordert in der Regel VBA-Programme, um Eigenschaften zu manipulieren und Benutzereingaben abzufragen.

- Aus Kompatibilitätsgründen unterstützt Excel 97 noch die aus früheren Excel-Versionen bekannten Dialog-Steuerelemente. Diese Steuerelemente lassen sich direkt über die Symbolleiste *Formular* in Arbeitsblättern einfügen. Der Vorteil besteht darin, daß Sie Steuerelemente auf recht einfachem Weg an Tabellenzellen anbinden können.

In den nachfolgenden Abschnitten werden die beiden Varianten kurz vorgestellt.

> **TIP** *Die* Formular-*Symbolleiste müssen Sie ggf. über den Befehl* SYMBOLLEISTEN *im Menü* ANSICHT *einblenden. Ähnliches gilt für die Symbolleiste* Werkzeugsammlung, *falls diese beim Erzeugen eines Formulars nicht automatisch eingeblendet wird.*

39.2 Excel 5.0-Steuerelemente im Arbeitsblatt

Im ersten Schritt möchte ich kurz zeigen, wie sich Steuerelemente über die *Formular*-Symbolleiste in einer Tabelle einfügen lassen. Diese Steuerelemente basieren auf den Excel-5.0-Dialogen und erlauben die Realisierung bestimmter Effekte ohne größere VBA-Programmierung.

Excel 5.0-Dialog anlegen

Möchten Sie die aus Excel 5.0 bekannten Dialoge in einer Arbeitsmappe verwenden, gehen Sie in folgenden Schritten vor:

1. Klicken Sie mit der rechten Maustaste auf den Registerreiter eines bereits verfügbaren Tabellenblatts.

2. Excel 97 zeigt das Kontextmenü mit den Befehlen zur Bearbeitung der Arbeitsblätter. Wählen Sie im Kontextmenü den Befehl EINFÜGEN.

3. Excel 97 öffnet das Dialogfeld *Einfügen*, in dem Sie den Typ des einzufügenden Arbeitsblatts wählen müssen. Klicken Sie in der Registerkarte *Allgemein* auf das Symbol *MS Excel 5.0-Dialog* (Bild 39.1).

Sobald Sie das Dialogfeld über die *OK*-Schaltfläche schließen, legt Excel 97 ein neues Dialog-Arbeitsblatt an. Dieses Arbeitsblatt enthält bereits einen Dialogbereich, der sich mit weiteren Steuerelementen füllen läßt.

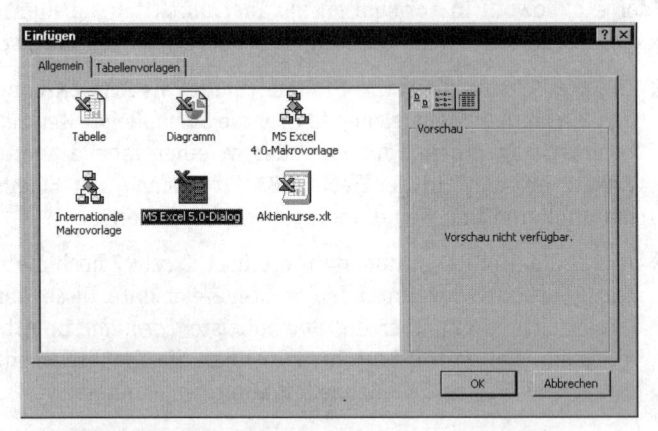

Bild 39.1: Das Dialogfeld Einfügen

In der Datei \BEISP\KAP39\BEISPIEL39.XLS *der Begleit-CD-ROM finden Sie das Arbeitsblatt* Dialog1, *welches bereits eine fertig gestaltete Maske enthält. Das Arbeitsblatt* Dialog2 *enthält dagegen einen leeren Dialog.*

Um einen Excel-5.0-Dialog auszuführen, klicken Sie auf die nebenstehend gezeigte Schaltfläche der *Formular*-Symbolleiste.

Excel-5.0-Steuerelemente einfügen

Um die älteren Excel-5.0-Steuerelemente aus der Symbolleiste *Formular* in einen Excel-5.0-Dialog oder in eine Tabelle einzufügen, gehen Sie folgendermaßen vor:

1. Wählen Sie als erstes das gewünschte Arbeitsblatt (Excel 5.0-Dialog oder Tabellenblatt), in dem die Elemente einzufügen sind.

2. Anschließend benötigen Sie die *Formular*-Symbolleiste (Bild 39.2). Diese Symbolleiste läßt sich im Menü A<small>NSICHT</small> über den Eintrag S<small>YMBOLLEISTEN</small> ein-/ausblenden.

3. Sie können jetzt die einzelnen Steuerelemente über die Symbolleiste abrufen und im Arbeitsbereich positionieren.

39 Dialoge und Formulare

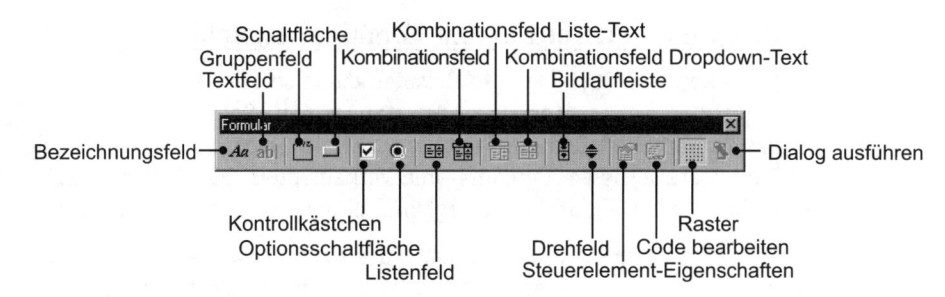

Bild 39.2: Symbolleiste Formular

Am einfachsten geht dies, indem Sie erst auf die Schaltfläche für ein Steuerelement und dann auf die Einfügeposition im Arbeitsblatt klicken. Excel 97 fügt das Steuerelement in der Standardgröße im Arbeitsblatt ein. Markieren Sie dagegen per Maus den Bereich im Arbeitsblatt, paßt Excel 97 automatisch die Größe des Steuerelements an die Markierung an.

Sie können ein Steuerelement jederzeit per Maus anklicken und über die Ziehmarken des Markierungsrahmens in der Größe verändern.

Nachdem das Steuerelement im Arbeitsblatt eingefügt wurde, müssen Sie die Eigenschaften des Steuerelements setzen. Hierzu existiert ein eigenes Dialogfeld mit mehreren Registerkarten (Bild 39.5). Sie können dieses Dialogfeld für ein markiertes Steuerelement entweder über die nebenstehend gezeigte Schaltfläche in der *Formular*-Symbolleiste öffnen. Oder Sie wählen das Steuerelement mit der rechten Maustaste an und klicken im Kontextmenü auf den Befehl STEUERELEMENT FORMATIEREN. Excel 97 öffnet das Dialogfeld *Steuerelement formatieren*. Wie die Eigenschaften gesetzt werden, wird nachfolgend an einem Beispiel erläutert.

Benötigen Sie Programmcode zur Bearbeitung von Ereignissen (z.B. Benutzereingaben) eines Steuerelements, wählen Sie in der *Formular*-Symbolleiste die nebenstehende Schaltfläche. Excel 97 öffnet dann das Fenster des Visual Basic-Editors. Im Codefenster wird dann bereits die Ereignisprozedur für das markierte Steuerelement eingefügt. Sie können anschließend den VBA-Code für das Ereignis eingeben. (Einzelheiten finden Sie weiter unten im Rahmen der Erläuterung zur Gestaltung von Excel-97-Formularen.)

Um ein Objekt in der Tabelle zu markieren, müssen Sie dieses mit der rechten Maustaste anwählen (die linke Maustaste aktiviert die Objektsteuerung). Sie können die einzelnen Steuerelemente mit den Funktionen der Symbolleiste Zeichnen zu Gruppen zusammenfassen (siehe Kapitel 36). Sofern Sie zu den Objekten jedoch Steueranweisungen definieren möchten, warten Sie mit der Gruppierung bis nach der Definition dieser Anweisungen.

937

Beispieltabelle mit einem Kombinationsfeld

Für die in Bild 39.3 gezeigte Beispieltabelle soll ein Kombinationsfeld zur Ermittlung bestimmter Werte benutzt werden. Sobald der Benutzer über das Kombinationsfeld ein Produkt auswählt, erscheinen in der Tabelle der Rabattsatz sowie der Einkaufs- und Verkaufspreis. Dies läßt sich mit wenig Aufwand über ein Steuerelement und einige Zellformeln realisieren.

(Bei einem Kombinationsfeld kann der Benutzer Vorgaben aus einer Liste übernehmen oder eigene Begriffe eintippen. Alternativ könnten Sie ein Listenfeld zur Auswahl des Produkts verwenden. Das Listenfeld besitzt den Vorteil, daß der Benutzer gezwungen wird, einen der Einträge zu wählen.)

Um das Beispiel zu realisieren, benötigen Sie zuerst das Tabellenblatt mit der Liste. Diese Liste enthält in einer Spalte die Produktnamen. Die beiden anderen Spalten definieren den Rabattsatz (in Prozent) sowie den Einkaufspreis. Bei Bedarf können Sie die Liste mit einem farbigen Hintergrund optisch herausstellen.

Nun soll das Kombinationsfeld in die Tabelle eingefügt werden. Hierzu gehen Sie in folgenden Schritten vor:

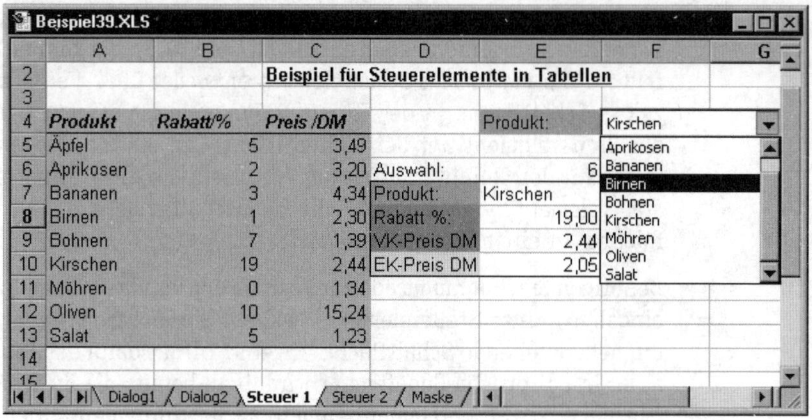

Bild 39.3: Tabelle mit Listenfeld

1. Sofern noch nicht geschehen, aktivieren Sie die *Formular*-Symbolleiste.
2. Dann wählen Sie in der Symbolleiste die Schaltfläche *Kombinationsfeld*.
3. Klicken Sie per Maus an die Einfügeposition des Elements und ziehen Sie dann den Mauscursor bei gedrückter linker Maustaste zur diagonalen Ecke.

Sobald Sie die Maustaste loslassen, fügt Excel 97 das Steuerelement als Objekt in der Tabelle ein. Das Objekt ist mit einem Positionsrahmen und Ziehmarken versehen. Sie können daher die Position und die Größe per Maus verändern. Sobald Sie einen Bereich außerhalb des Objekts anklicken, hebt Excel 97 den Positionsrahmen auf.

Wenn Sie jetzt den Pfeil der Dropdown-Liste per Maus anklicken, zeigt Excel 97 zunächst eine leere Liste an. Wie Sie das Steuerelement an die Werte der Tabelle anbinden, wird im nächsten Abschnitt »Steuerelement an Zellen anbinden« besprochen.

Beim Markieren von Steuerelementen gilt es, eine Besonderheit zu beachten: Sie können Steuerelemente nicht mit einem Klick der linken Maustaste markieren. Ein solcher Mausklick aktiviert ja die unterlagerte Objektfunktion. In unserem Beispiel würde die Dropdown-Liste geöffnet. Ein ähnliches Verhalten zeigt Excel 97 bei Schaltflächen, wo bei Anwahl das zugewiesene Makro ausgeführt wird. Zum Markieren müssen Sie daher das Objekt mit der rechten Maustaste anklicken. Excel 97 markiert das Objekt und blendet gleichzeitig das Kontextmenü ein.

Enthält das Steuerelement Text, klicken Sie auf den Text. Dieser läßt sich anschließend markieren und ändern. Um die Markierung aufzuheben, klicken Sie einen Bereich außerhalb des Objekts an.

Wenn Sie Optionsfelder in eine Tabelle aufnehmen, lassen sich diese über Gruppenfelder zusammenfassen. Um Schwierigkeiten bei der Objektsteuerung zu vermeiden, sollten Sie zuerst das Gruppenfeld definieren. Anschließend tragen Sie die gewünschten Optionsfelder in der Gruppe ein.

Steuerelement an Zellen anbinden

Damit ein Objekt (Steuerelement, Dialogfeld) wirksam wird, müssen Sie dieses mit einer Zelle verbinden und die Anweisungen zur Objektsteuerung definieren. Hierzu führen Sie folgende Schritte aus:

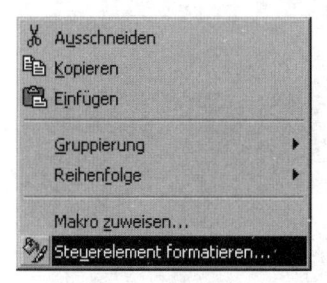

Bild 39.4: Kontextmenü bei Anwahl eines Steuerelements

1. Markieren Sie das Steuerelement durch Anklicken mit der rechten Maustaste. Dann wählen Sie im Kontextmenü den Befehl Steuerelement formatieren (Bild 39.4).

2. Excel 97 blendet das Dialogfeld *Steuerelement formatieren* mit verschiedenen Registerkarten in der Anzeige ein (Bild 39.5). Wählen Sie - falls nötig - die Registerkarte *Steuerung*.

3. Anschließend setzen Sie die entsprechenden Optionen zur Steuerung des Objekts.

Sobald Sie die Registerkarte über die *OK*-Schaltfläche schließen, wird die Objektsteuerung wirksam. Der Aufbau der Registerkarte *Steuerung* ist abhängig vom gewählten Objekt.

Listen- oder Kombinationsfeld

Listen- und Kombinationsfelder besitzen ähnliche Eigenschaften. In Bild 39.5 ist die Registerkarte *Steuerung* für ein Kombinationsfeld zu sehen. Bild 39.6 zeigt dagegen die Registerkarte für ein Listenfeld.

⇢ Bei einem geöffnetem Listen- oder Kombinationsfeld blendet Excel 97 Namen zur Auswahl in der Anzeige ein. Der Tabellenbereich mit diesen Elementen muß als Zellreferenz im Feld *Listenbereich* eingetragen werden. Sie können hier einen Zellbereich oder den Namen für einen Zellbereich eingeben. Im vorliegenden Beispiel wird der Bereich A5 bis A13 der Beispieltabelle aus Bild 39.3 gewählt. Am einfachsten geht es, wenn Sie die nebenstehend gezeigte Schaltfläche des Felds anwählen und dann den Bereich per Maus in der Tabelle markieren. Für das obige Beispiel markieren Sie die Elemente der Liste mit den Obst- und Gemüsenamen.

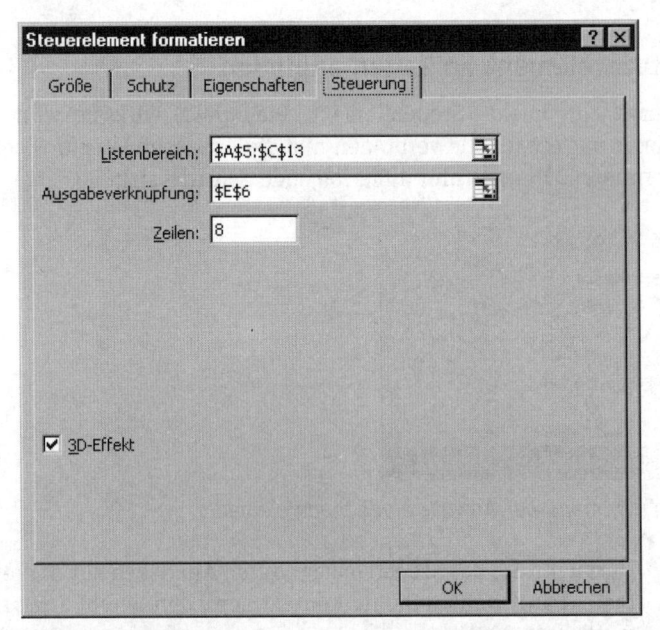

Bild 39.5: Die Registerkarte Steuerung *bei einem Kombinationsfeld*

- Wenn Sie aus der Liste ein Element per Maus anwählen, übernimmt Excel 97 dieses Element im Anzeigefeld. Gleichzeitig kann ein Listen- oder Kombinationsfeld den Index des ausgewählten Elements an eine Zelle zurückgeben. Dieser Index wird über die Elemente der Auswahlliste von 1 bis n gebildet. Wählen Sie daher das Feld *Ausgabeverknüpfung* an und tragen eine Zellreferenz ein. Für das obige Beispiel wurde die Zelle E6 zur Speicherung des Auswahlindex definiert. (Beachten Sie, daß der zurückgegebene Wert vom Steuerelement abhängt. Listen- und Kombinationsfelder liefern einen numerischen Index zurück, der der ausgewählten Komponente entspricht.)

- Das Feld *Zeilen* erlaubt bei Kombinationsfeldern anzugeben, wieviele Zeilen bei der aufgeklappten Liste anzuzeigen sind.

- Das Kontrollkästchen *3D-Effekt* erlaubt, dem Feld eine 3D-Form zuzuweisen. Sobald Sie die Markierung setzen, nimmt das Feld mit dem ausgewählten Wert eine 3D-Form an. Wird das Kontrollkästchen gelöscht, wechselt die Anzeige in eine 2D-Darstellung. Diese Option steht nur in Tabellen zur Verfügung.

- Bei einem Listenfeld erscheint die Gruppe *Markierungsart* (Bild 39.6). Über diese Optionsfelder läßt sich festlegen, ob der Benutzer nur einen Eintrag oder mehrere Einträge im Listenfeld markieren kann.

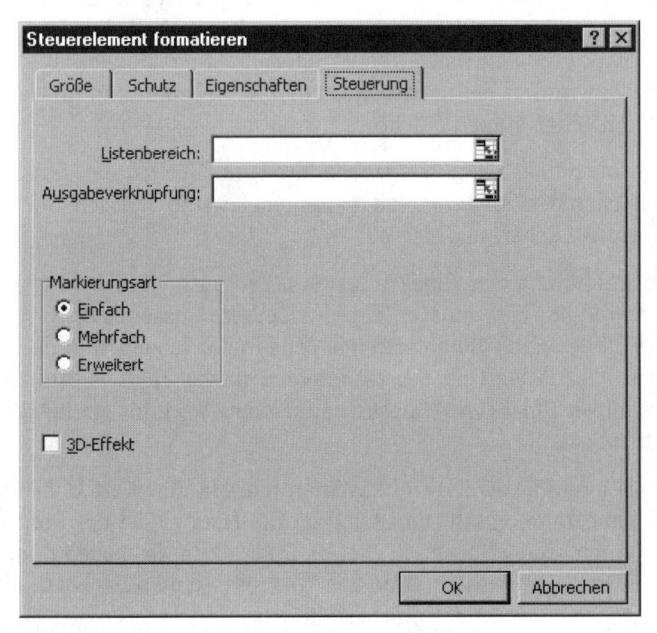

Bild 39.6: Registerkarte Steuerung *bei einem Listenfeld*

> **TIP:** Das Listen- oder Kombinationsfeld bezieht den Index immer auf die erste Spalte des ausgewählten Bereichs. Der Index beginnt bei 1 und reicht bis zum untersten Element der Spalte im markierten Bereich. Bei einer geöffneten Liste müssen Sie die Elemente per Cursor oder per Maus anwählen. Die Selektion über den ersten Buchstaben der Einträge funktioniert leider nicht. Setzen Sie den Wert der Ergebniszelle auf 0, wird ein leeres Listen- oder Kombinationsfeld angezeigt. Setzen Sie die Zelle auf einen Wert zwischen 1 bis n, zeigt das Listen-/Kombinationsfeld den zum Index passenden Wert an.

> **TIP:** Damit die Suche in der geöffneten Liste nicht zu aufwendig wird, sollten Sie die Liste vorher sortieren. Notfalls legen Sie eine Kopie der Liste über Filterkriterien an und sortieren diese.

Kontrollkästchen und Optionsfelder

Haben Sie ein Kontrollkästchen oder ein Optionsfeld in einer Tabelle eingebunden, enthält die Registerkarte *Steuerung* den Aufbau aus Bild 39.7.

Über die Optionsfelder der Gruppe *Value* legen Sie das Aussehen des jeweiligen Objekts fest. Mit *Nicht aktiviert* zeigt Excel 97 das Kontrollkästchen oder das Optionsfeld ohne Markierung. Mit dem Optionsfeld *Aktiviert* wird die Markierung im betreffenden Element eingeblendet. Die Option *Abgeblendet* wird nur bei Kontrollkästchen freigegeben und hinterlegt das Viereck mit einer grauen Fläche.

Das Kontrollkästchen *3D-Effekt* erlaubt, in Tabellen den Objekten ein dreidimensionales Aussehen zu verleihen. Hierzu müssen Sie lediglich das Kontrollkästchen markieren.

Die Anbindung der Objekte an eine Zelle erfolgt über das Feld *Ausgabeverknüpfung*. Hier müssen Sie eine Zellreferenz eintragen. Wenn Sie nach Anwahl des Felds die betreffende Zelle in der Tabelle anklicken, übernimmt Excel 97 automatisch die Zellreferenz in das Feld. In Abhängigkeit vom gewählten Objekt gibt dieses dann einen Wert in der betreffenden Zelle zurück.

- Ein markiertes Kontrollkästchen schreibt den Wert *Wahr* in die angegebene Zelle. Löscht der Benutzer die Markierung des Kontrollkästchens durch einen Mausklick, liefert Excel 97 in der zugeordneten Zelle den Wert *Falsch* zurück. Wird das Kontrollkästchen dagegen mit der Option *Abgeblendet* belegt, enthält die zugeordnete Zelle den Eintrag *#NV*.

- Bei Optionsfeldern enthält die zugeordnete Zelle numerische Werte, die die Nummer des markierten Optionsfelds (1, 2, 3 etc.) angeben. Die Reihenfolge dieser Optionsfelder wird intern festgelegt.

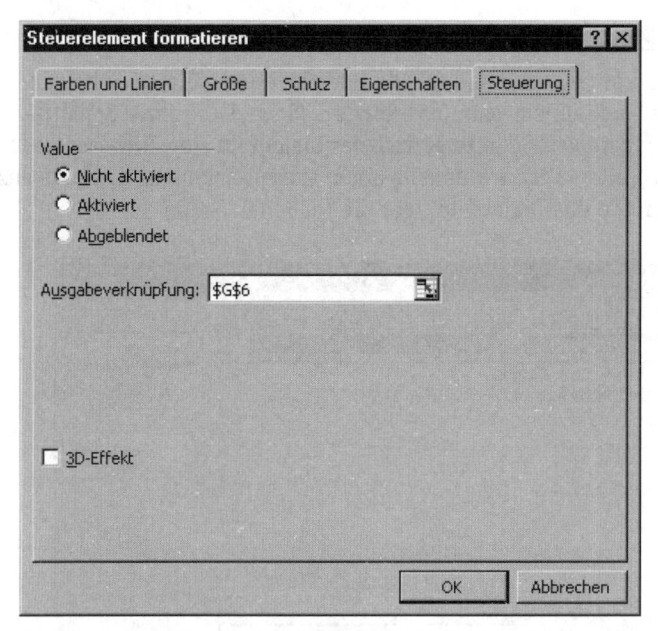

Bild 39.7: Registerkarte Steuerung *bei Kontrollkästchen und Optionsfeldern*

Bei der Definition der Optionsfelder müssen Sie allerdings einige Regeln beachten, damit später keine Probleme auftreten.

- Über die Schaltfläche *Gruppenfeld* lassen sich Optionsfelder zu Gruppen zusammenfassen. Es kann immer nur ein Optionsfeld der Gruppe selektiert werden. Damit Excel 97 die Optionsfelder zur Gruppe zusammenfaßt, müssen Sie erst das Gruppenfeld und dann die Optionsfelder definieren.

- Enthält der Bereich keine Gruppenfelder, faßt Excel 97 alle Optionsfelder zu einer Gruppe zusammen.

Sobald Sie die Optionsfelder einer Zelle der Tabelle zuordnen, blendet Excel 97 die Nummer des markierten Optionsfelds in dieser Zelle ein. Durch Anwahl anderer Optionsfelder per Maus können Sie den Wert der Tabelle umsetzen. Zusätzlich läßt sich die Markierung der Optionsfelder über den Wert der Zelle verändern. Sie können der Zelle zum Beispiel den Wert 3 zuweisen. Dann wird das dritte Optionsfeld der Gruppe markiert. Weisen Sie der Zelle einen Wert zu, der außerhalb des erlaubten Wertebereichs liegt, löscht Excel 97 die Markierung aller Optionsfelder. Bei drei Optionsfeldern in einer Gruppe sind zum Beispiel die Werte 1, 2 und 3 zulässig. Wenn Sie jetzt der Zelle den Wert 0 zuweisen, werden die Markierungen gelöscht.

Schaltflächen an Makros anbinden

Sie können in einer Tabelle oder in einem Dialog Schaltflächen einfügen und mit einem Makro verbinden. Sobald Sie eine Schaltfläche einfügen, blendet Excel 97 automatisch das Dialogfeld zum Zuweisen des Makronamens ein (Bild 39.8). Wählen Sie einen Makronamen aus der Liste aus und schließen Sie das Dialogfeld über die *OK*-Schaltfläche.

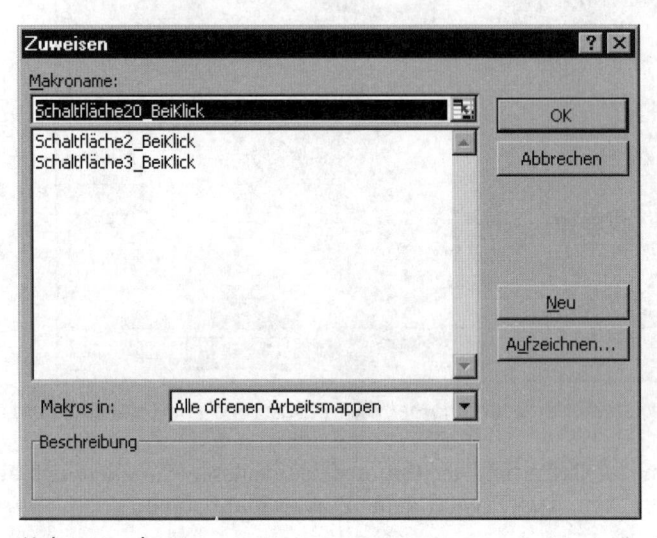

Bild 39.8: Makro zuweisen

Die Schaltfläche *Aufzeichnen* im Dialogfeld *Zuweisen* erlaubt Ihnen, die Befehle für ein neues Makro durch Excel 97 aufzeichnen zu lassen (siehe Kapitel 37).

Über die Schaltfläche *Neu* wird eine neue Ereignisprozedur für das betreffende Ereignis im Codefenster angelegt. Sie können in diesem Fenster ggf. den Code der Prozedur manuell ergänzen.

Wird ein bestehendes Makro in der Liste angewählt, wechselt die Schaltfläche *Neu* zur Beschriftung *Bearbeiten* und Sie können über diese Schaltfläche das Codefenster des Visual Basic-Editors öffnen.

Das Dialogfeld *Zuweisen* läßt sich aber auch ohne Zuweisung eines Makros über die Schaltflächen *Abbrechen* verlassen. Sie haben jederzeit die Möglichkeit, der Schaltfläche ein Makro zuzuweisen. Wählen Sie hierzu die Schaltfläche mit der rechten Maustaste an und aktivieren Sie den Eintrag MAKRO ZUWEISEN im Kontextmenü. Der Befehl MAKRO ZUWEISEN steht nur dann zur Verfügung, wenn die Arbeitsmappe auch tatsächlich ein Makro enthält. Ansonsten wird der Eintrag abgeblendet dargestellt.

Excel 97 erlaubt auch Ereignisprozeduren für einzelne Steuerelemente eines Tabellenblatts zu definieren. Wählen Sie das Steuerelement mit der rechten Maustaste an. Anschließend klicken Sie auf die nebenstehend gezeigte Schaltfläche der Formular-Symbolleiste. Im Codefenster des Editors läßt sich dann der VBA-Code eingeben.

Anwendungsbeispiel (Fortsetzung)

Im letzten Schritt möchte ich die komplette Realisierung des Beispiels aus Bild 39.3 diskutieren. In den bisherigen Schritten wurde die Tabelle *Steuer 1* mit den statischen Elementen (Listen-, Kombinationsfeld etc.) definiert (siehe oben). In Bild 39.9 wird eine geringfügig modifizierte Tabelle *Steuer 2* verwendet. Diese enthält ebenfalls eine Liste und die betreffenden Zellen wurden mit einer Hintergrundfarbe formatiert. Nun ist das Kombinationsfeld mit den Zellen der Tabelle zu verbinden und die restlichen Berechnungsschritte zur Anzeige der geforderten Werte im Block neben der Eingabeliste einzugeben.

1. Im ersten Schritt wird das Kombinationsfeld über die rechte Maustaste angewählt und im Kontextmenü der Eintrag *Steuerelement formatieren* gewählt.

2. Anschließend sind in der Registerkarte *Steuerung* die Felder mit den Zellbezügen zu belegen (siehe oben). Der Eingabebereich ist für das Beispiel aus Bild 39.9 auf A4:A12 zu setzen. Die Ausgabezelle liegt bei den Koordinaten E6.

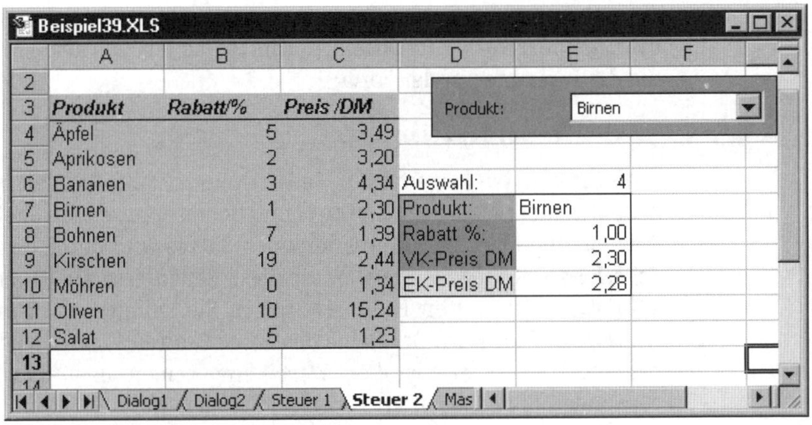

Bild 39.9: Tabelle mit Kombinationsfeld

Sobald Sie das Dialogfeld über die *OK*-Schaltfläche schließen, wird die Steuerung des Kombinationsfelds aktiviert. Wenn Sie nun auf die Schaltfläche mit dem Pfeil rechts neben dem Kombinationsfeld klicken, sollte bereits die Liste mit den Obst- und Gemüsenamen erscheinen.

> *Seien Sie vorsichtig, wenn eine Zellreferenz in einem Feld in der Registerkarte* Steuerung *bereits einen Eintrag enthält. Wenn Sie dann die Referenz über eine Zellauswahl übernehmen, fügt Excel 97 diese Referenz zum bestehenden Feldinhalt hinzu. Um dies zu verhindern, markieren Sie den Inhalt des Feldes. Anschließend können Sie den gewünschten Bereich in der Tabelle markieren. Excel 97 überträgt die Zellkoordinaten automatisch in das Eingabefeld und überschreibt die alten Werte.*

> *In Bild 39.9 wird für den Rückgabewert der Auswahlliste die Zelle E6 gewählt. In der Regel möchte man diesen Wert jedoch vor dem Benutzer verbergen. Sie können dies leicht dadurch erreichen, indem Sie die Zelle hinter dem Listenfeld (z.B. E2) angeben. Dann wird der Wert durch das Objekt verdeckt, Sie können aber jederzeit auf diese Zelle Bezug nehmen.*

Anzeige der restlichen Werte

Im nächsten Schritt ist das ausgewählte Produkt als Text anzuzeigen. Weiterhin interessieren der Rabattsatz, der Verkaufspreis und der Einkaufspreis aus der Tabelle. Gemäß Bild 39.9 enthält die Tabelle bereits die statischen Texte der Ausgabefelder. Nun müssen die gewünschten Informationen nur noch in den reservierten Zellen eingeblendet werden.

Über die Auswahlliste wird die Nummer des ausgewählten Datensatzes in der Zelle E6 zurückgeliefert. Damit benötigen wir nur noch eine Funktion, die anhand dieser Satznummer die gewünschten Werte aus der Tabelle in die Ergebniszellen zurückliefert. Hierzu eignet sich die Funktion INDEX, die die Parameter in der Form:

    =INDEX(Matrix, Zeile, Spalte)

erwartet und den betreffenden Zellwert zurückgibt. Als Matrix ist dabei der Zellbereich der Liste mit den Obst- und Gemüsepreisen anzugeben (A4:C12). Die Zeilennummer des interessierenden Satzes wird durch das Listenfeld in Zelle E6 zurückgegeben. Daher ist diese Zelladresse als Parameter *Zeile* zu übergeben. Im letzten Parameter geben Sie lediglich die Nummer der gewünschten Spalte an. Der Name des ausgewählten Produkts befindet sich in der ersten Spalte, also wird der Wert 1 eingetragen. Benötigen Sie den Preis, verwenden Sie dagegen als Spaltenindex den Wert 3.

Bild 39.10 enthält einen Ausschnitt aus der Tabelle mit den betreffenden Formeln. Über die Funktion INDEX lassen sich die Tabellenwerte in den einzelnen Zellen übernehmen. Der Einkaufspreis ergibt sich aus dem Verkaufspreis minus dem gewährten Rabatt. Dies ist recht einfach mittels einer Kalkulationsformel zu berechnen.

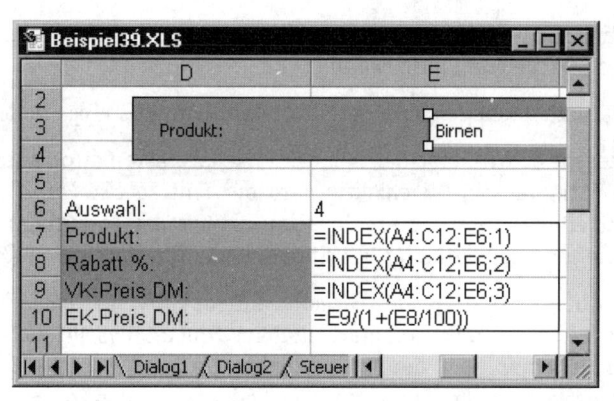

Bild 39.10: Zellformeln zur Ermittlung der Ergebnisse aus der Tabelle

Damit eröffnet sich dem Benutzer eine einfache Möglichkeit, die jeweiligen Preise über das Listenfeld abzurufen. Sie können die Listen und die berechneten Ergebnisse noch vor unberechtigten Zugriffen schützen, indem Sie die Zellen des Arbeitsblatts schützen (siehe Kapitel 19).

Achten Sie bei der Verwendung der Funktion INDEX auf die korrekte Angabe des Matrixbereichs. Sofern Sie die Titelzeile miteinbeziehen, verschieben sich die Indexwerte der Liste um 1. Dann treten schnell Probleme beim Zugriff auf die letzten Elemente auf.

Sie finden die in den vorherigen Abschnitten vorgestellten Beispiele in den Arbeitsblättern der Datei \BEISP\KAP39\BEISPIEL39.XLS auf der Begleit-CD-ROM.

39.3 Excel-97-Formulare

Da Excel 97 mit VBA 5.0 ausgeliefert wird, stehen Ihnen recht mächtige Funktionen zur Gestaltung von Formularen zur Verfügung. Sie können daher auf die Excel-5.0-Dialoge verzichten. Sie haben die Möglichkeit, auch die VBA-Steuerelemente als ActiveX-Komponenten in Tabellen einfügen. Nachfolgend wird kurz skizziert, wie Formulare in Excel 97 entworfen und benutzt werden.

Ein Formular anlegen

Um in Excel 97 ein Formular anzulegen, muß das Fenster des Visual Basic-Editors geöffnet sein. Dann wählen Sie folgende Schritte:

1. Klicken Sie im Fenster des Projekt-Explorers auf ein Projekt, um dieses zur Bearbeitung auszuwählen.
2. Wählen Sie im Visual Basic-Editor den Befehl USERFORM im Menü EINFÜGEN.

Mit diesem Schritt legt der Microsoft Visual Basic-Editor automatisch ein leeres Formular an. Gleichzeitig wird der Eintrag *UserFormx* im aktuellen Projekt eingetragen (*x* steht für die Nummer des Formulars). Sie können anschließend das Formular mit Steuerelementen ausstatten (Bild 39.11).

Um ein bereits bestehendes Formular erneut im Visual Basic-Editor zu öffnen, wählen Sie das Formularmodul im Fenster des Projekt-Explorer per Doppelklick an. Über die Tastenkombinationen [F7] bzw. [⇧]+[F7] läßt sich zwischen der Entwurfs- und der Codeansicht des Formulars wechseln.

Haben Sie das Formular markiert, läßt sich über die nebenstehend gezeigte Schaltfläche das Eigenschaftenfenster öffnen. Über das Eigenschaftenfenster können Sie die Eigenschaften des Formulars (z.B. Formulartitel) ändern.

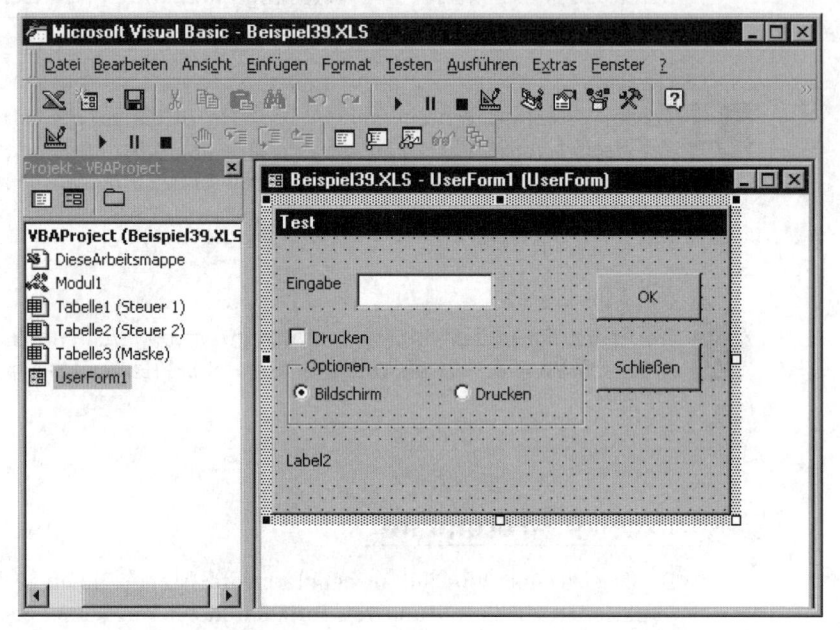

Bild 39.11: Formular im Visual Basic-Editor

Steuerelemente einfügen

Sobald Sie das Fenster des Visual Basic-Editors öffnen und das Layout eines Formulars anzeigen, läßt sich die Symbolleiste *Werkzeugsammlung* mit der Registerkarte *Steuerelemente* (Bild 39.12) über die nebenstehende Schaltfläche ein- bzw. ausblenden.

39 Dialoge und Formulare

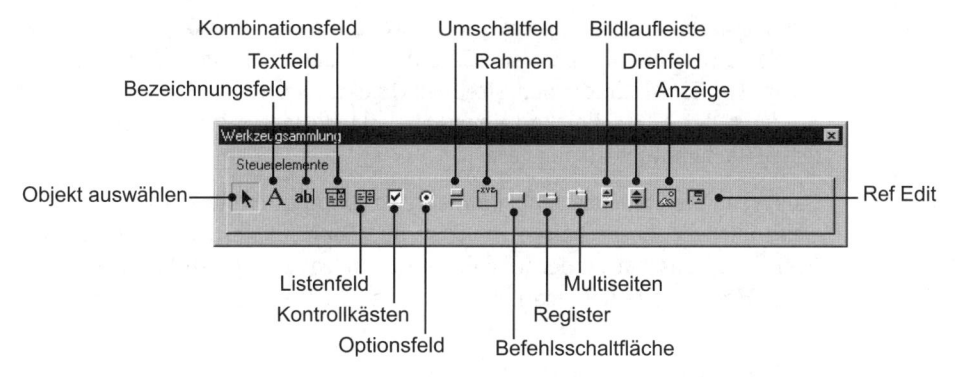

Bild 39.12: Symbolleiste Werkzeugsammlung

In dieser Werkzeugsammlung finden Sie die Schaltflächen, mit denen sich Steuerelemente (als ActiveX-Controls) in ein Formular einfügen lassen. Um ein Steuerelement im Formular einzufügen, sind folgende Schritte auszuführen.

1. Klicken Sie auf die Schaltfläche des gewünschten Steuerelements.
2. Markieren Sie die Position und Größe des Steuerelements im Formularlayout durch Ziehen per Maus.

Sie können Steuerelemente durch Anklicken im Formularlayout markieren und anschließend in der Größe und Position verändern. Weiterhin lassen sich Steuerelemente wie andere Objekte gruppieren.

Eigenschaften der Objekte ändern

Die Eigenschaften eines markierten Steuerelements legen Sie über die nebenstehend gezeigte Schaltfläche fest. Sobald der Visual Basic-Editor das Eigenschaftenfenster öffnet, können Sie die Eigenschaften des Objekts setzen.

Bild 39.13: Eigenschaftenfenster

Die Eigenschaft *Name* legt beispielsweise den Namen des Objekts fest. Dieser Name wird benötigt, um in VBA auf das Element zuzugreifen. Die Eigenschaft *Caption* definiert den Titel des Objekts. Bei einem Formular ist dies der Text der Titelzeile. Bei einer Schaltfläche legt diese Eigenschaft die Schaltflächenbeschriftung fest.

Die Farben des Steuerelements (Vorder- und Hintergrund) lassen sich beispielsweise über die Eigenschaften *ForeColor* und *BackColor* festlegen. Einzelheiten über die Eigenschaften der jeweiligen Steuerelemente finden Sie in der VBA-Hilfe (Eigenschaftenfeld markieren und die Funktionstaste [F1] drücken).

Ereignisprozeduren realisieren

Steuerelemente sind Objekte, die durch den Benutzer angewählt werden können. Weiterhin kann der Benutzer den Inhalt eines Steuerelements (z.B. den Inhalt eines Textfelds) verändern. Windows löst beim Laden eines Formulars, beim Anklicken einer Schaltfläche oder eines Steuerelements, beim Ändern eines Werts etc. sogenannte Ereignisse aus. VBA unterstützt die Bearbeitung dieser Ereignisse in Form sogenannter Ereignisprozeduren. Hierbei handelt es sich um Prozeduren, die bei Eintritt des Ereignisses aufgerufen werden. Um Ereignisprozeduren zu erstellen, sollten Sie das Codefenster des Visual Basic-Editors nutzen.

1. Klicken Sie mit der rechten Maustaste auf das Steuerelement.
2. Wählen Sie im Kontextmenü den Befehl CODE ANZEIGEN. Alternativ können Sie im Entwurfsmodus die Taste [F7] drücken.

Der Visual Basic-Editor öffnet das Codefenster, in dem Sie die Ereignisprozedur festlegen. Über das linke Listenfeld läßt sich (sofern noch nicht erfolgt) das gewünschte Objekt des Formulars auswählen.

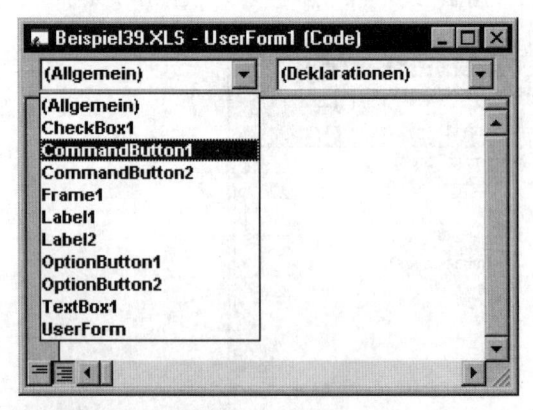

Bild 39.14: Auswahl des Objekts

Objekte können die Steuerelemente und auch das Formular selbst (Objekt *UserForm*) sein. Die im Listenfeld angezeigten Namen (Bild 39.14) werden automatisch beim Anlegen der Objekte durch den Editor vergeben. Sie können aber die Namen im Eigenschaftenfenster über die *Name*-Eigenschaft umbenennen.

Haben Sie das gewünschte Objekt im linken Listenfeld ausgewählt, müssen Sie noch angeben, welches Ereignis bearbeitet werden soll. Die verschiedenen für das gewählte Objekt verfügbaren Ereignisse lassen sich über das rechte Listenfeld abrufen (Bild 39.15).

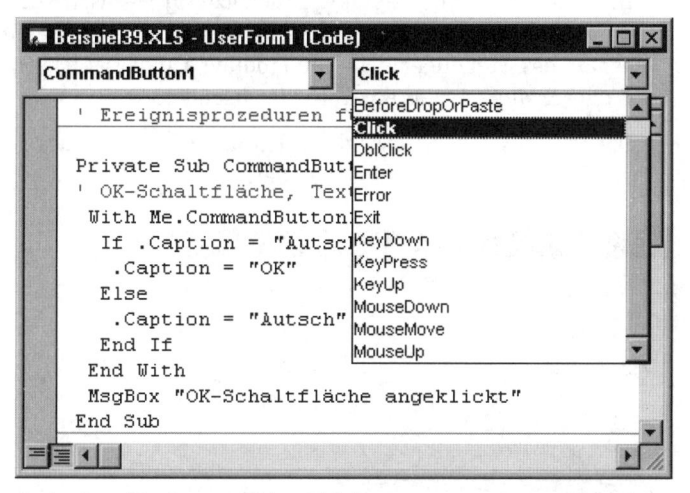

Bild 39.15: Ereignisse für das gewählte Objekt

Sobald Sie einen Eintrag in der Liste wählen, erzeugt der Visual Basic-Editor automatisch den Rumpf der Ereignisprozedur. Hierbei wird die Kopfzeile und die End Sub-Anweisung im Codefenster eingefügt.

```
Private Sub .....
```

```
End Sub
```

Innerhalb dieser Anweisungen können Sie jetzt weitere VBA-Anweisungen einfügen.

> *An dieser Stelle führt es zu weit, auf die einzelnen Ereignisse sowie die Feinheiten der Ereignisprogrammierung einzugehen. Hinweise finden Sie einmal in der VBA-Hilfe (markieren Sie den Namen des Ereignisses, wie z.B. Click und drücken die* F1 *-Funktionstaste). Eine ausgiebige Beschreibung, wie sich Formulare in VBA einsetzen lassen, finden Sie außerdem in dem im Literaturverzeichnis unter /10/ angegebenen Titel.*

Ein Beispielformular

Zum Abschluß möchte ich noch ein kurzes Beispiel besprechen, welches aus einem einfachen Formular mit zwei Schaltflächen, einem Textfeld, einem Kontrollkästchen und zwei Optionsfeldern besteht (Bild 39.16).

⇢ Über das Textfeld läßt sich eine Benutzereingabe tätigen. Weiterhin kann der Benutzer das Kontrollkästchen sowie die Optionsfelder anklicken. Hierdurch wird die Markierung entsprechend umgesetzt.

⇢ Zur Demonstration der Schaltflächen öffnet die *OK*-Schaltfläche ein Dialogfeld mit einer Meldung. Gleichzeitig wechselt die Beschriftung dieser Schaltfläche mit jedem Mausklick (hier wird die *Caption*-Eigenschaft des Steuerelements per Programm umgesetzt). Mit der Schaltfläche *Schließen* wird das Formular beendet.

⇢ Die Ergebnisse der Auswahl werden im unteren Teil des Formulars über ein Bezeichnungsfeld eingeblendet.

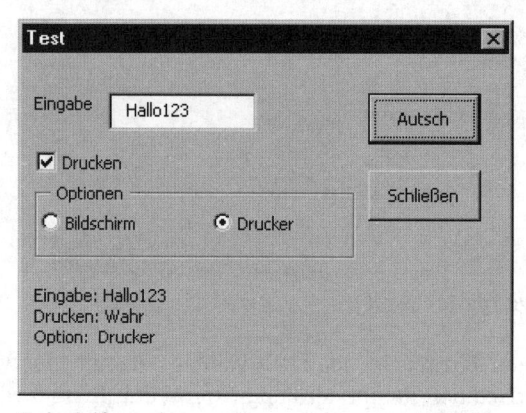

Bild 39.16: Beispielformular

Weiterhin soll das Formular noch an ein Arbeitsblatt angebunden werden. Ändert der Benutzer eine Einstellung im Formular, erscheinen die betreffenden Werte in der Tabelle (Bild 39.17). Dieses Formular ist zwar nicht allzu sinnvoll, enthält aber die typischen Steuerelemente, die in Formularen auftauchen. Daher finden Sie im nachfolgend gezeigten VBA-Programmcode die Anweisungen zur Verwaltung dieser Steuerelemente.

Sie können das Formular über den Projekt-Manager des Visual Basic-Editors anwählen und anschließend ausführen. Wesentlich einfacher geht es aber, wenn Sie die Tabelle *Formular* in Excel 97 laden. Über die Schaltfläche *Formular öffnen* läßt sich das betreffende VBA-Formular direkt aufrufen. Sobald der Benutzer Änderungen am Textfeld oder an den Optionsfeldern vornimmt, erscheinen die Werte in der Tabelle.

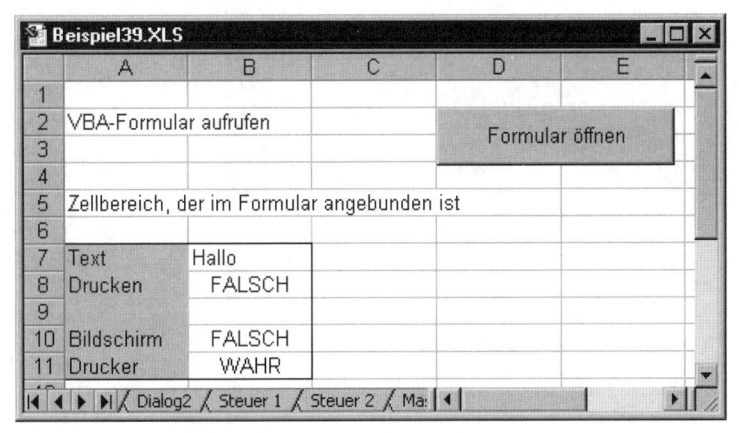

Bild 39.17: Tabelle mit Ergebnissen der Formulareingabe

Sie finden das Beispiel in der Datei \BEISP\KAP39\BEISPIEL39.XLS auf der Begleit-CD-ROM. Der VBA-Code befindet sich in den Modulen Formularaufruf und UserForm1.

Code zum Aufruf des Formulars

Der Code zum Aufruf des Formulars besteht nur aus einer einzigen Anweisung. Es wird die Show-Methode auf das betreffende Modul angewandt:

```
Sub Schaltfläche1_BeiKlick()
' Formular aufrufen
  UserForm1.Show
End Sub
```

Diese Anweisungen werden in der Click-Prozedur des Click-Ereignisses abgelegt. Beachten Sie, daß die Benennung dieser Prozedur etwas von der Nomenklatur der restlichen Ereignisprozeduren abweicht. Beim Anlegen dieser Prozedur wurde die Anweisung *Makro zuweisen* benutzt (siehe oben). Excel 97 vergibt dabei den Prozedurnamen. Legen Sie dagegen eine Prozedur für das Click-Ereignis eines Steuerelements in einem Excel 97-Formular an, wird der Name des Steuerelements mit dem Namen *Click* als Prozedurname benutzt.

Formularobjekte an Zellen anbinden

Die Anbindung eines Steuerelements an eine Tabellenzelle erfolgt über die Eigenschaft *ControlSource*. Tragen Sie im betreffenden Feld des Eigenschaftenfensters den Tabellennamen sowie die Zellreferenz ein (Bild 39.18).

Bild 39.18: *Eigenschaften eines Steuerelements*

> *Über die Eigenschaft* ControlTipText *läßt sich übrigens der Text eingeben, der als QuickInfo beim Zeigen auf das betreffende Element erscheint.*

Der Code zur Verwaltung des Formulars

Das Formular besitzt verschiedene Steuerelemente, die über Ereignisprozeduren verwaltet werden. Jedesmal wenn der Benutzer ein Steuerelement anwählt, wird ein entsprechendes Ereignis ausgelöst. Das nachfolgende Listing zeigt die betreffenden VBA-Anweisungen:

```
' Ereignisprozeduren für das Formular

Private Sub CheckBox1_Click()
' Kontrollkästchen
  RefreshAnzeige
End Sub

Private Sub CommandButton1_Click()
' OK-Schaltfläche, Text ändern und Meldung
  With Me.CommandButton1
' setze die Beschriftung der Schaltfläche um
    If .Caption = "Autsch" Then
      .Caption = "OK"
    Else
```

```vb
        .Caption = "Autsch"
      End If
    End With
    
    ' Meldungsfeld öffnen
    MsgBox "OK-Schaltfläche angeklickt"
    
    ' Inhalt des Beschriftungsfelds aktualisieren
    
    RefreshAnzeige
End Sub

Private Sub CommandButton2_Click()
  ' Schaltfläche Schließen
    Unload Me    ' Formular schließen
End Sub

Private Sub OptionButton1_Click()
  ' Optionsfeld 1
    RefreshAnzeige
End Sub

Private Sub OptionButton2_Click()
  ' Optionsfeld 2
    RefreshAnzeige
End Sub

Private Sub TextBox1_Change()
  ' Jede Änderung im Textfeld
    RefreshAnzeige
End Sub

Private Sub UserForm_Initialize()
  ' beim Aufruf des Formulars ausführen
  ' initialisiere die Variablen und Anzeigen
```

```vb
    With UserForm1            ' über Formular
      .Label2 = "Eingabe: "   ' Ergebnis der Eingabe
      .TextBox1 = "Hallo"     ' Textfeld
                ' Beschriftung der OK-Schaltfläche
      .CommandButton1.Caption = "OK"
                ' QuickInfo-Text
      .CommandButton1.ControlTipText = "OK-Schaltfläche"
      .CheckBox1 = True       ' Kontrollkästchen markieren
      .OptionButton1 = True   ' Optionsfeld setzen
    End With
End Sub


Private Sub RefreshAnzeige()
' Aktualisiert den Inhalt des Beschriftungsfelds
Dim txt As String
  With Me
' Inhalt Textfeld
    txt = "Eingabe: " + .TextBox1 + Chr(10)
' Status Kontrollkästchen
    txt = txt + "Drucken: " + Str(.CheckBox1) + Chr(10)
    If .OptionButton1 Then
      txt = txt + "Option: Bildschirm"
    Else
      txt = txt + "Option: Drucker"
    End If
    .Label2 = txt
  End With
End Sub
' *** Ende ***
```

Die Prozedur *RefreshAnzeige* aktualisiert die Anzeige des Bezeichnungsfelds. Hierzu wird der Text der Variablen *txt* dem Steuerelement *.Label2* zugewiesen. In der Prozedur *UserForm_Initialize* erfolgt die Initialisierung. Diese Ereignisprozedur wird beim Laden des Formulars aufgerufen. Um auf Steuerelemente des Formulars zuzugreifen, läßt sich der Formularname oder der Bezeichner *Me*, kombiniert mit dem durch einen Punkt getrennten Namen des Steuerelements, angeben. Bei einigen Eigenschaften muß auch der Eigenschaftenname angegeben werden. (Die Punkte zwischen den Namen trennen Objekte, Methoden und Eigenschaften.)

Die Ereignisprozedur *TextBox1_Change* wird aufgerufen, sobald der Benutzer eine Eingabe im Textfeld vornimmt. Die restlichen Prozeduren fangen die *Click*-Ereignisse der betreffenden Steuerelemente ab. In der Prozedur *CommandButton2_Click* wird der Befehl:

```
Unload Me
```

benutzt, um das Formular wieder über die *Unload*-Methode zu schließen. Einzelheiten entnehmen Sie bitte dem Listing. Weitere Hinweise zur Erstellung von Formularen und zur Ereignisverarbeitung finden Sie in dem im Literaturverzeichnis unter /10/ angegebenen Titel.

40 VBA unter Excel 97

40.1 Grundlagen

VBA 5.0 ist die Programmiersprache, die in allen Office-97-Anwendungen sowie in Visual Basic 5.0 verfügbar ist. (Allerdings unterscheiden sich die VBA-Implementierungen und Entwicklungsumgebungen der verschiedenen Office-97-Anwendungen. Microsoft Access 97 besitzt eine andere Entwicklungsumgebung als Word 97, Excel 97 oder PowerPoint 97, Outlook 97 benutzt Visual Basic Script etc.) Sofern Ihnen die in Visual Basic 5.0 benutzten Konzepte und Begriffe vertraut sind, können Sie diese direkt auf VBA übertragen.

Das in Excel 97 integrierte VBA 5.0 unterstützt einen objektorientierten Ansatz zur Erstellung von VBA-Programmen. Nachfolgend finden Sie deshalb eine Kurzübersicht über die wichtigsten Begriffe wie Objektmodell, Objekte, Methoden, Eigenschaften etc.

Was sind Objekte, Methoden, Eigenschaften?

Zentraler Bestandteil eines jeden VBA-Programms sind Objekte, die in sogenannten Objektmodellen hinterlegt werden. Zusätzlich werden Sie mit Begriffen wie Methoden, Eigenschaften und Auflistungen konfrontiert.

Objekte

Objekte stellen einen abstrakten Begriff dar, der für eine Zusammenfassung von Daten und den Funktionen aus diesen Daten steht. Nehmen wir ein Beispiel aus Excel 97: Eine Arbeitsmappe ist ein Objekt. Sie kann mehrere Arbeitsblätter und VBA-Module enthalten. Die Daten des Objekts *Workbook* (dies ist die Objektbezeichnung für Arbeitsmappe) stellen somit die Arbeitsblätter dar. Als Funktionen lassen sich beispielsweise Arbeitsblätter einfügen, kopieren oder löschen.

Die in der Arbeitsmappe enthaltenen Arbeitsblätter stellen ihrerseits wieder Objekte (*Worksheet*-Objekte) dar. Das Objekt der Arbeitsmappe enthält ebenfalls eine Sammlung weiterer Objekte, wie zum Beispiel die einzelnen Zellen einer Tabelle. Jede Zelle besitzt einen Wert, und es lassen sich bestimmte Operationen auf der Zelle ausführen (lesen, Wert ändern, löschen etc.).

Um die Übersicht über die verschiedenen Objekte sowie deren Bezüge untereinander zu behalten, werden die Objekte in sogenannten Objektmodellen (siehe unten) hierarchisch gegliedert. In VBA muß zum Zugriff auf ein Objekt immer ein Pfad, beginnend vom Hauptobjekt (Wurzel) zum gewünschten Objekt, angegeben werden. Ein Arbeitsblatt (*Worksheet*) ist beispielsweise ein Unterobjekt des Objekts *Workbook*, während *Workbook* seinerseits wieder ein Objekt der Anwendung (*Application*) darstellt.

Unter Excel 97 können Sie in VBA die Excel-Objekte sowie die von anderen Office-Anwendungen und Bibliotheken zur Verfügung gestellten Objekte verwenden. Dies ermöglicht Ihnen beispielsweise, aus Excel-VBA-Programmen auf Formulare (hier werden *Forms*-Objekte benutzt) oder auf Word-Dokumente (hier werden Word-Objekte verwendet) zuzugreifen.

Methoden

Eine Methode beschreibt eine Funktion, die auf das betreffende Objekt angewandt wird. Das Objekt einer Zelle ließe sich beispielsweise anlegen oder löschen. Auf das Objekt *Workbook* läßt sich die *Add*-Methode anwenden, um ein neues Arbeitsblatt zur Arbeitsmappe hinzuzufügen. Für jedes Objekt sind bestimmte Methoden vorgegeben, die sich im Visual Basic-Editor abrufen lassen.

Eigenschaften

Ein weiterer Begriff im Zusammenhang mit Objekten stellen die sogenannten Eigenschaften dar. Jedes Objekt besitzt bestimmte Eigenschaften, die sich lesen und teilweise auch beschreiben lassen. Am intuitivsten sind wohl die Eigenschaften eines sichtbaren Objekt wie beispielsweise ein Formular. Ein solches Formular besitzt Eigenschaften wie *Position*, *Größe*, *Farbe* etc. Durch Änderung der Eigenschaften für die Größe lassen sich die Abmessungen des Formulars ändern. Über die Eigenschaften für die Vorder- und Hintergrundfarbe kann das Formular eingefärbt werden usw.

Das *Application*-Objekt definiert dagegen die Eigenschaften der betreffenden Anwendung. Über das Excel 97-Application-Objekt läßt sich folglich auf die Excel 97-Einstellungen zugreifen. Sie können über die Eigenschaften des *Application*-Objekts beispielsweise die Position, Höhe und Breite des Excel-97-Fensters ermitteln (siehe unten).

Auflistungen

Als letztes möchte ich kurz auf den Begriff der Auflistungen eingehen. Normalerweise werden Objekte in einer Hierarchie angegeben. Das *Application*-Objekt kann beispielsweise ein *Workbook*-Objekt enthalten. Ein *Workbook*-Objekt darf wiederum ein *Worksheet*-Objekt aufweisen. Diese Objekte lassen sich hierarchisch gliedern. Jetzt gibt es aber den Fall, daß in Excel 97 mehr als ein Arbeitsblatt geladen werden darf. Eine Arbeitsmappe darf auch mehr als ein Arbeitsblatt aufnehmen usw. Dies bedeutet: ein Objekt kann mehrere Unterobjekte des gleichen Typs enthalten. Zum Beispiel darf ein *Workbook*-Objekt eine Sammlung von *Worksheet*-Objekten, d.h. ein Objekt für jedes Arbeitsblatt, aufweisen. Diese Sammlung wird im englischen Sprachraum auch als *Collection* bezeichnet. Der deutsche Begriff für eine solche *Collection* ist aber nicht Sammlung, sondern *Auflistung*.

Ereignisse

Der Begriff der Ereignisse wurde bereits in früheren Kapiteln behandelt. Für ein Objekt kann ein Ereignis auftreten. Wird beispielsweise eine Schaltfläche (dies ist ein Objekt) in einem Formular (dies ist auch ein Objekt) angeklickt, löst dies ein *Click*-Ereignis für die Schaltfläche aus. In einem VBA-Programm kann dann eine Ereignisprozedur darauf reagieren (z.B. das Formular schließen).

Das Excel-Objektmodell

Excel 97 besitzt ein eigenes Objektmodell, welches die unterstützten Objekte beschreibt (Bild 40.1). Sie benötigen die Informationen des Objektmodells, um über die Objekte auf die verschiedenen Funktionen der Anwendung und der Dokumente zuzugreifen.

```
Application
 ├─ Workbooks (Workbook)
 │   ├─ Worksheets (Worksheet)
 │   ├─ Charts (Chart)
 │   ├─ DocumentProperties (DocumentProperty)
 │   ├─ VBProject
 │   ├─ CustomViews (CustomView)
 │   ├─ CommandBars (CommandBar)
 │   ├─ PivotCaches (PivotCache)
 │   ├─ Styles (Style)
 │   │   ├─ Borders (Border)
 │   │   ├─ Font
 │   │   └─ Interior
 │   ├─ Windows (Window)
 │   │   └─ Panes (Pane)
 │   ├─ Names (Name)
 │   ├─ RoutingSlip
 │   └─ Mailer
 ├─ AddIns (AddIn)
 ├─ AutoCorrect
 ├─ Assistant
 ├─ Debug
 ├─ Dialogs (Dialog)
 ├─ CommandBars (CommandBar)
 ├─ Names (Name)
 ├─ Windows (Window)
 │   └─ Panes (Pane)
 ├─ WorksheetFunction
 ├─ RecentFiles (RecentFile)
 ├─ FileSearch
 ├─ FileFind
 ├─ VBE
 └─ ODBCErrors (ODBCError)
```

Bild 40.1: Excel-97-Objektmodell

Das Objektmodell enthält die Namen für Objekte und beschreibt die Hierarchie, die die Objekte untereinander annehmen (ein Objekt kann weitere Objekte enthalten). Bei einigen Einträgen wird der Buchstabe *s* (Plural) angehängt. Dieser Name beschreibt dann eine Auflistung von Objekten. Der Begriff *Workbook* steht dann beispielsweise für ein konkretes Objekt (hier: die konkrete Arbeitsmappe, auf die sich eine Operation bezieht). Mit dem Begriff *Workbooks* wird dagegen eine Auflistung bezeichnet. Diese Auflistung kann eine oder mehrere Arbeitsmappen (*Workbook*-Objekte) enthalten.

Das oberste Objekt des Excel-Objektmodells stellt das *Application*-Objekt dar. Dieses Objekt enthält alle Objekte und Auflistungen, die zur Anwendung gehören. Bei Excel 97 können dies beispielsweise Auflistungen wie

Workbooks, *AddIns*, *Dialogs* etc. sein. (Die zur Auflistung zugehörenden Objektnamen werden im Objektmodell in Klammern aufgeführt.)

Um in VBA auf ein bestimmtes Objekt zuzugreifen, müssen Sie in der Regel in der Anweisung alle Objekte, beginnend vom *Application*-Objekt bis zum gewünschten Objekt, angeben. Diese Hierarchie legt eindeutig fest, welches Objekt gemeint ist. Der Zugriff auf das Objekt *Worksheet* ist beispielsweise über die Hierarchie:

```
Application.Workbook.Worksheet
```

durchzuführen. Die Punkte trennen dabei die einzelnen Objektnamen. Da einige Objekte jedoch in Auflistungen vorliegen, müssen Sie das betreffende Objekt der Auflistung eindeutig angeben (z.B. durch den Objektnamen). Die obige Anweisung sieht dann modifiziert so aus:

```
Application.Workbook("Umsatz.xls").Worksheet("Meier")
```

Besitzt das Objekt Eigenschaften, können Sie über den betreffenden Namen auf diese Eigenschaften zugreifen. Benötigen Sie den Zugriff auf eine Eigenschaft, geben Sie diese getrennt durch einen Punkt hinter dem letzten Objektnamen an. Ähnliches gilt, falls Sie eine Methode auf ein Objekt anwenden möchten.

> *Allerdings gibt es einige Abweichungen von der obigen Regel. Da das Application-Objekt sehr häufig in der Hierarchie auftaucht, können Sie diesen Objektnamen teilweise weglassen. VBA ergänzt dann automatisch den betreffenden Objektbezug. Weiterhin ist eine Eigenschaft des Objekts als Standard festgelegt. Zum Zugriff auf diese Eigenschaft muß der Eigenschaftenname nicht angegeben werden. Beispiele für den Umgang mit Objekten und Eigenschaften lernen Sie in den folgenden VBA-Beispielen kennen.*

40.2 Arbeiten mit Excel-Objekten

Der nachfolgende Abschnitt zeigt einige Beispiele, mit denen sich auf bestimmte Excel-Objekte zugreifen läßt

Ändern der Fenstereigenschaften

Das *Application*-Objekt besitzt beispielsweise die Eigenschaften *Height*, *Width*, *Left* und *Top*, mit denen sich die Position und die Größe des Excel-Anwendungsfensters festlegen läßt. Um die betreffenden Eigenschaften zu setzen, sind folgende VBA-Anweisungen erforderlich:

```
' Beispiele für den Zugriff auf das
' Excel-Application-Objekt

Public Sub FensterSetzen()
' Manipulieren die Eigenschaften des Fensters
Dim txt As String      ' Variable vereinbaren

' setze die Eigenschaften des Application-Objekts
 With Application
   .WindowState = xlNormal   ' Fenster anzeigen
   .Height = 300       ' Höhe
   .Width  = 300       ' Breite
   .Left = 50          ' X-Position
   .Top = 50           ' Y-Position
' Melde neue Werte
   txt = "Höhe:   " + Str(.Height) + Chr(10) _
       + "Breite:  " + Str(.Width) + Chr(10) _
       + "X:   " + Str(.Left) _
       + "  Y: " + Str(.Top)

   MsgBox txt, vbOKOnly + vbInformation, _
          "Fensterdaten"
 End With
End Sub
' *** Ende ***
```

Bild 40.2: Anzeige der Eigenschaften und Methoden bei der Eingabe

Die Prozedur *FensterSetzen* läßt sich als Makro aufrufen. Beim Ablauf wird das *Application*-Objekt benutzt, um einige Eigenschaften zu setzen. Um nicht jedesmal den Objektpfad angeben zu müssen, wurden die Anweisungen in einen *With*-Block gesteckt (dies beschleunigt auch den Programmablauf). Innerhalb des Blocks lassen sich den Eigenschaften direkt Werte zuweisen. Die Anweisung:

```
.Height = 300
```

setzt die Höhe auf 300 Punkte. Beachten Sie, daß der Punkt vor dem Namen der Eigenschaft erforderlich ist.

> *Der Visual Basic-Editor unterstützt Sie bei der Eingabe der Befehle. Sobald Sie den Punkt in einer Anweisungszeile eintippen, erscheint bereits das Fenster mit der Liste der Methoden und Eigenschaften, die für das betreffende Objekt verfügbar sind (Bild 40.2). (Fehlt das Fenster, drücken Sie die Tastenkombination* [Strg]+[Leer]. *Eigenschaften lassen sich übrigens an dem Eigenschaftensymbol vor dem Namen erkennen.) Sobald Sie den ersten Buchstaben des Namens tippen, zeigt die Liste die Namen, die mit diesem Buchstaben beginnen. Ist der Name in der Liste markiert, können Sie die* [Leer]-*Taste drücken. Der Editor fügt dann den Namen im Codefenster ein.*

In obigem Listing werden die Eigenschaften mit neuen Werten belegt. Hierzu steht der Name der Eigenschaft auf der linken Seite einer Zuweisung (z.B. *.Height = 300*). Möchten Sie eine Eigenschaft auslesen, muß der Name der Eigenschaft auf der rechten Seite einer Zuweisung stehen (z.B. *h = .Height*). Der Lesezugriff auf Eigenschaften des *Application*-Objekts wird in obigem Listing benutzt, um die aktuellen Einstellungen in einem Meldungsfenster anzuzeigen. Da das Meldungsfeld (*MsgBox*) den anzuzeigenden Text als String erwartet, wird die Funktion *Str (.name)* zur Konvertierung benutzt. Als *.name* ist der Name der Eigenschaft (z.B. *.Height*) anzugeben. Das System liefert den Wert der Eigenschaft an die Funktion zurück. Diese konvertiert numerische Werte in eine Zeichenkette. Durch Verknüpfen der einzelnen Werte wird ein Gesamttext erzeugt.

> *Bei der Verknüpfung der Zeichenketten sollte vorzugsweise der &-Operator verwendet werden. Allerdings funktioniert auch der in diesem Listing benutzte +-Operator.*

> *Sie können alle Eigenschaften lesen. Bei verschiedenen Eigenschaften ist generell ein Schreibzugriff verboten. Bei anderen Eigenschaften bestimmt der Zustand des Objekts, ob eine Änderung zulässig ist. Ist das Excel-Fenster beispielsweise maximiert, macht die Positionierung keinen Sinn. Excel 97 löst in diesem Fall einen Laufzeitfehler aus, wenn Sie die Eigenschaft* Top *oder* Left *ändern. Um diesen Laufzeitfehler zu verhindern, wird der Fensterzustand in obigem Listing über die Eigenschaft* .WindowState *auf* xlNormal *gesetzt. Nähere Informationen zu den verschiedenen Eigenschaften finden Sie in der VBA-Hilfe.*

Die Funktion *Chr(10)* fügt einen Zeilenwechsel im Text ein. Dies bewirkt, daß die jeweiligen Daten in mehreren Zeilen im Meldungsfeld erscheinen. Das Meldungsfeld wird über die *MsgBox*-Anweisung ausgegeben. Die Konstanten im zweiten Parameter sorgen dafür, daß das Meldungsfeld mit einer *OK*-Schaltfläche sowie dem Informations-Symbol ausgestattet wird (siehe Kapitel 39). In Bild 40.3 sehen Sie das in der Größe reduzierte Excel-Anwendungsfenster sowie das Meldungsfeld, welches bei der Ausführung des VBA-Codes angezeigt wird.

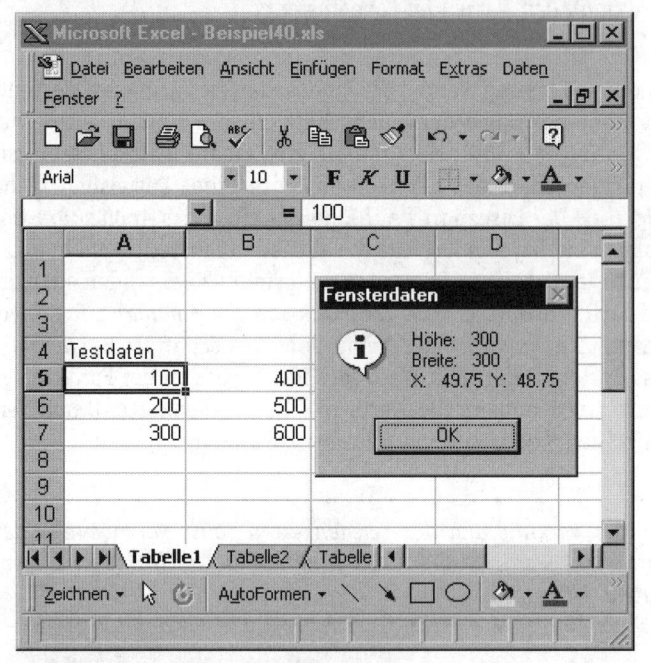

Bild 40.3: Excel-Fenster mit Meldungsfeld

Sie finden den Beispielcode in der Datei \BEISP\KAP40\BEISPIEL40.XLS auf der Begleit-CD-ROM. Wechseln Sie zum Projekt-Explorer im Fenster des Visual Basic-Editors und wählen Sie das Modul Application1.

Anzeige der geladenen Arbeitsmappen

Weiter oben wurde erwähnt, daß Arbeitsmappen als Auflistung im *Application*-Objekt verwaltet werden. Im nächsten Beispiel möchte ich daher den Zugriff auf eine solche Auflistung zeigen. Über eine einfache VBA-Prozedur sollen die in Excel 97 geladenen Arbeitsmappen in einem Meldungsfeld aufgelistet werden (Bild 40.4). Das Meldungsfeld gibt sowohl den Namen der betreffenden Datei als auch den Pfad an.

Zum Zugriff auf die Auflistung wird wieder das *Workbooks*-Objekt benutzt. (Das *Application*-Objekt ist standardmäßig verfügbar und muß nicht explizit angegeben werden.). Die Schleife:

```
For Each mappe In Workbooks
...
Next mappe
```

liefert alle *Workbook*-Objekte der Auflistung zurück. Sie können anschließend innerhalb der Schleife über den Objektnamen *mappe* auf ein einzelnes Objekt zugreifen. Mit:

```
mappe.name
mappe.path
```

lesen Sie die Eigenschaften mit dem Namen und dem Pfad des betreffenden Objekts. Um die Angabe der Objekthierarchie zu sparen, wurde in nachfolgendem Listing jedoch eine *With*-Anweisung benutzt.

Bild 40.4: Liste der geladenen Arbeitsmappen

> *Beachten Sie, daß die Objektvariable* mappe *im Prozedurkopf als Typ* Workbook *vereinbart wurde. Dies erlaubt dem System, das Objekt (und damit auch die Objektbibliotheken zum Zugriff) bereits zur Übersetzungszeit festzulegen. Diese Technik wird als* Early Binding *bezeichnet und besitzt verschiedene Vorteile: Der Visual Basic-Editor kann bei bekannten Objekten die verfügbaren Methoden und Eigenschaften bei der Eingabe im Codefenster anzeigen. Zusätzlich ist bereits bei der Übersetzung eine Prüfung, ob das Objekt die Eigenschaften und Methoden unterstützt, möglich. Kennen Sie den Objekttyp nicht, können Sie die Deklaration weglassen. Dann legt das System eine Variable vom Typ* Objekt *an. Möchten (oder müssen) Sie alle Variablen in einem Modul deklarieren, definieren Sie die Objektvariable vom Typ* Objekt. *In beiden Fällen kann das System den genauen Objekttyp erst zur Laufzeit ermitteln und die Verweise zur betreffenden Objektbibliothek auflösen (*Late Binding*). Dies kostet jedoch Laufzeit.*

Die einzelnen Informationen über die aktuellen Eigenschaften des *Application*-Objekts werden zur Ausgabe in einer Variablen *txt* gesammelt. Zur Verknüpfung der Zeichenketten wird in diesem Beispiel das &-Zeichen benutzt. Anschließend erfolgt die Ausgabe über *MsgBox* als Meldungsfeld. Weitere Informationen sind dem nachfolgenden Listing zu entnehmen.

```
' Zeigt eine Liste der geladenen Arbeitsmappen
Public Sub MappenListe()
Dim txt As String        ' Textvariable zur Ausgabe
Dim mappe As Workbook    ' Objektvariable


' Textvariable initialisieren

 txt = ""                    ' init Textvariable
' Schleife über die Auflistung
 For Each mappe In Workbooks
  With mappe       ' über Objekt (Name + Pfad)
   txt = txt & "Name: " & .Name & Chr(10) _
         & "Pfad: " & .Path & Chr(10) & Chr(10)
  End With
 Next mappe        ' alle Arbeitsmappen

 MsgBox txt, vbOKOnly + vbExclamation, _
        "Geladene Arbeitsmappen"
End Sub
' *** Ende ***
```

> Sie finden den Beispielcode in der Datei \BEISP\KAP40\BEISPIEL40.XLS auf der Begleit-CD-ROM. Wechseln Sie zum Projekt-Explorer im Fenster des Visual Basic-Editors und wählen Sie das Modul Arbeitsmappen.

Zugriff auf die aktuelle Arbeitsmappe

Im nächsten Schritt soll auf die aktuelle Arbeitsmappe zugegriffen werden. Für diese Arbeitsmappe lassen sich die Arbeitsblätter auflisten. Diese Aufgabe gleicht der Anzeige der Arbeitsmappen, verlangt aber den Zugriff auf andere Objekte und Auflistungen (siehe Objektmodell in Bild 40.1). Ein Meldungsfeld gibt den Namen der Arbeitsblätter an (Bild 40.5).

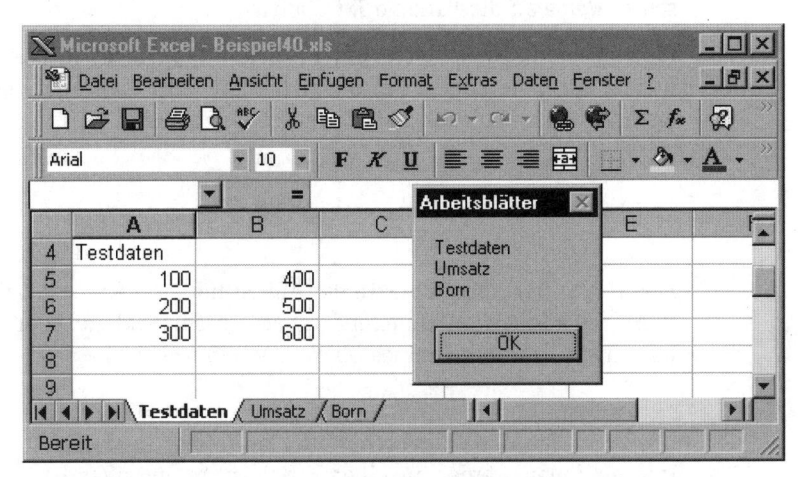

Bild 40.5: Meldung mit den Namen der Arbeitsblätter der aktiven Arbeitsmappe

In der Prozedur *Arbeitsblatt* werden als erstes die benötigten Variablen definiert. Neben der Textvariablen *txt* sind dies die beiden in der Prozedur benutzten Objektvariablen. Die Objektvariable *Wrkbk* bezieht sich auf eine Arbeitsmappe, muß also vom Typ *Workbook* sein. Schwieriger wird es bei der Objektvariablen für ein Arbeitsblatt. Eine Objektvariable *Sheet* kennt das Objektmodell nicht. Weisen Sie der Variablen den Typ *Sheets* zu, kommt es zu einem Laufzeitfehler, da dieser Typ sich auf eine Auflistung von Arbeitsblättern bezieht. Die Objektvariable für ein Arbeitsblatt ist im Objektmodell mit *Worksheet* festgelegt.

```
Dim txt As String          ' Textvariable
Dim Wrkbk As Workbook      ' Objektvariable
Dim sht As Worksheet
```

Sobald Sie die Objektvariable definiert haben, können Sie mit den Zuweisungen beginnen. Als erstes wird die Textvariable initialisiert (txt = "").

Dann muß das Objekt der aktuellen Arbeitsmappe ermittelt werden. Dies läßt sich über die *ActiveWorkbook*-Methode durchführen. Diese Methode liefert eine Referenz auf das betreffende Objekt. Die folgende *Set*-Anweisung:

```
Set Wrkbk = ActiveWorkbook
```

sorgt dafür, daß diese Referenz der Objektvariablen *Wrkbk* zugewiesen wird. Sie können anschließend über diese Objektvariable auf das Objekt der aktuellen Arbeitsmappe zugreifen. Hierzu müssen Sie in allen Anweisungen den Objektnamen *Wrkbk* angeben. Mit:

```
Txt = Wrkbk.Name
```

würde beispielsweise der Name der aktuellen Arbeitsmappe aus der Eigenschaft *Name* an die Variable *Txt* übertragen.

Die einzelnen Arbeitsblätter einer Arbeitsmappe liegen in einer *Sheets*-Auflistung vor. Zum Zugriff auf die Auflistung wird die in der *Set*-Anweisung erstellte *Wrkbk*-Objektvariable benutzt. Die Schleife:

```
For Each sht In Wrkbk.Sheets
  txt = txt & sht.Name & Chr(10) ' Name
  Next sht
```

Liefert alle *Worksheet*-Objekte der Auflistung an die Objektvariable *sht* zurück. Sie können anschließend innerhalb der Schleife über dem Objektnamen *sht* auf ein einzelnes Objekt zugreifen. Mit:

```
sht.name
```

lesen Sie die *Name*-Eigenschaft des betreffenden Objekts. Die einzelnen Informationen werden in einer Variablen *txt* miteinander verknüpft und anschließend über *MsgBox* als Meldungsfeld angezeigt. Weitere Informationen sind dem nachfolgenden Listing zu entnehmen.

```
' Alle Tabellenblätter der aktuellen
' Arbeitsmappe in einer Meldung auflisten
Public Sub Arbeitsblatt()

Dim txt As String           ' Textvariable
Dim Wrkbk As Workbook       ' Objektvariable
Dim sht As Worksheet

  txt = ""                  ' init Textvariable

  Set Wrkbk = ActiveWorkbook ' hole Workbook-Objekt
```

```
' Schleife über alle Objekte der Sheets-
' Auflistung des aktuellen Workbook-Objekts
For Each sht In Wrkbk.Sheets
    txt = txt & sht.Name & Chr(10) ' Name
Next sht

    MsgBox txt, vbOKOnly, "Arbeitsblätter"
End Sub
' *** Ende ***
```

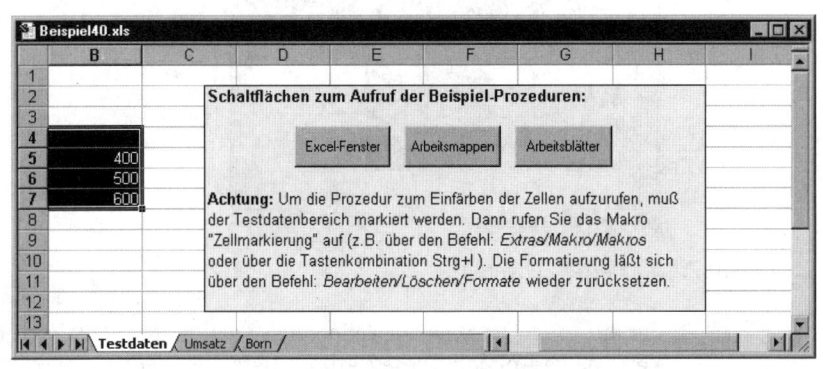

Bild 40.6: Tabelle mit Schaltflächen zum Aufruf der Makros

Sie finden den Beispielcode in der Datei \BEISP\KAP40\BEISPIEL40.XLS auf der Begleit-CD-ROM. Wechseln Sie zum Projekt-Explorer im Fenster des Visual Basic-Editors und wählen Sie das Modul **Arbeitsblatt**.

Das Arbeitsblatt Testdaten *enthält zusätzlich einige Schaltflächen zum Aufrufen der in diesen Abschnitten besprochenen Prozeduren (Makros). Die Prozedur zum Einfärben der Zellen (siehe unten) kann nicht per Schaltfläche aufgerufen werden, da beim Anklicken der Schaltfläche die Markierung des Zellbereichs aufgehoben wird.*

Zugriff auf Zellen eines markierten Bereichs

Im nächsten Beispiel sollen die Zellen eines markierten Tabellenbereichs in einem VBA-Modul ausgewertet werden. Zur Demonstration prüft die Prozedur den Zellinhalt. Handelt es sich um eine nicht leere Zelle, die einen numerischen Wert enthält, wird der Zellhintergrund eingefärbt. Werte unterhalb einer bestimmten Grenze erscheinen dann rot, während Werte im Bereich zwischen *Limit 1* und *Limit 2* grün markiert werden. Alle anderen Werte werden mit einem blauen Hintergrund dargestellt (Bild 40.7). Vor Ausführung der Prozedur muß ein Zellbereich markiert worden sein. Andernfalls erscheint eine Fehlermeldung und das Modul wird ohne weitere Aktionen beendet.

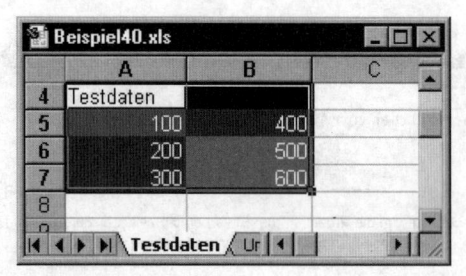

Bild 40.7: Markierter Zellbereich

Um auf einen markierten Zellbereich zuzugreifen, läßt sich die *Selection*-Methode verwenden. Diese Methode liefert ein *Range*-Objekt zurück. Hierzu wird die folgende Anweisung benutzt:

```
Set xlRange = Selection
```

Sobald das Objekt vorliegt, läßt sich überprüfen, ob überhaupt eine Markierung vorlag. Hierzu sind die folgenden Anweisungen vorgesehen:

```
If IsEmpty(xlRange) Then      ' etwas markiert
  MsgBox "Nichts markiert"    ' Nein, abbrechen!!!
  Exit Sub
End If
```

Die Funktion *IsEmpty* ermittelt, ob das Range-Objekt *xlRange* leer ist. Trifft dies zu, blendet das VBA-Programm einen Fehlerdialog ein. Die *Exit Sub*-Anweisung beendet die Prozedur.

Hat der Benutzer einen Bereich markiert, muß das Programm alle Zellen der Markierung bearbeiten. Dies läßt sich in folgender Schleife realisieren:

```
For Each zelle In xlRange.Cells      ' alle Zellen
  With zelle                          ' Zellobjekt
    ...
  End With
Next zelle
```

Das Objekt *zelle* bezieht sich auf die aktuelle Zelle der *Cells*-Auflistung. Da in der Anweisung vor der *Cells*-Auflistung die Objektreferenz auf das *xlRange*-Objekt angegeben wurde, ermittelt die Schleife nur die Zellen dieses Bereichs. Über die Eigenschaft *Value* des *zelle*-Objekts läßt sich jetzt ermitteln, ob die Zelle einen Wert enthält und numerisch ist:

```
If IsNumeric(.Value) And _
    Not IsEmpty(.Value) Then
```

Bei einem numerischen Wert prüft das Programm den Wert auf die Grenzwerte ab. Je nach dem Betrag des Zellwerts wird eine der im Programm definierten Farbkonstanten der Variablen *idx* zugewiesen. (Sie können übrigens nicht auf die VBA-Konstanten wie *vbRed* zugreifen, da diese die Farbwerte anders kodieren!) Nach der Auswertung setzt das Programm die Farbeigenschaft für den Zellhintergrund:

```
.Interior.ColorIndex = idx
```

Weitere Einzelheiten sind dem nachfolgenden Listing zu entnehmen:

```
Option Explicit
' Bearbeite eine Gruppe (vom Benutzer)
' markierter Zellen

Public Sub ZellMarkierung()

Const Limit1 As Integer = 150  ' Grenzwerte
Const Limit2 As Integer = 450

' Farben für ColorIndex: 0 = Auto, 1 = Schwarz,
' 2 = Weiß 3 = Rot, 4 = Grün, 5 = Blau
Const Auto = 0
Const Rot = 3
Const Grün = 4
Const Blau = 5

Dim xlRange As Range          ' Auswahl
```

```vba
Dim zelle As Range
Dim idx As Long                  ' Farbe


On Error GoTo Fehler             ' Fehler abfangen

 Set xlRange = Selection         ' hole Markierungsbereich
 If IsEmpty(xlRange) Then        ' etwas markiert
   MsgBox "Nichts markiert", _
          vbOKOnly + vbCritical, _
          "Fehler"                ' Nein, Fehler
    ' Nein, abbrechen!!!
    Exit Sub
 End If


' Ja, es ist etwas markiert. Prüfe jetzt die Zell-
' inhalte. Ist ein Wert innerhalb einer Grenze, wird
' der Zellhintergrund entsprechend eingefärbt. Werte
' unterhalb der Konstanten Limit1 werden
' z.B. rot angezeigt.
'

 For Each zelle In xlRange.Cells  ' alle Zellen
                                  ' der Markierung
   With zelle                     ' Zellobjekt
     If IsNumeric(.Value) And _
        Not IsEmpty(.Value) Then  ' nur Zahlen
       If .Value < Limit1 Then    ' kleiner Grenze?
         idx = Rot                ' Ja, rot
       Else
         If .Value < Limit2 Then
           idx = Grün
         Else
           idx = Blau
         End If
       End If
       .Interior.ColorIndex = idx  ' setze Hintergrund
```

```
        End If
      End With
    Next zelle
    Exit Sub
Fehler:              ' Fehler
    MsgBox "Laufzeitfehler: " & Str(Err.Number) _
         & " " & Err.Description, _
           vbOKOnly + vbCritical, "Fehler"
End Sub
' *** Ende ***
```

Sie finden den Beispielcode in der Datei \BEISP\KAP40\BEISPIEL40.XLS auf der Begleit-CD-ROM. Wechseln Sie zum Projekt-Explorer im Fenster des Visual Basic-Editors und wählen Sie das Modul Zellen. Sie müssen das Makro explizit über die Tastenkombination Strg+1 *oder über den Befehl* EXTRAS/MAKRO/MAKROS *starten.*

Hinweis zur Fehlerbehandlung

Das obige Listing zur Bearbeitung eines markierten Zellbereichs enthält noch einige Anweisungen, um Laufzeitfehler abzufangen. Mit:

On Error ...

legen Sie fest, was das System beim Auftreten eines Laufzeitfehlers tun soll. Mit *On Error Resume Next* wird einfach die nächste Anweisung ausgeführt. In obigem Listing wird mit *On Error Goto Fehler* ein Sprung zur Marke *Fehler* ausgeführt. An dieser Marke gibt das Programm den Fehlercode und den Fehlertext über ein Meldungsfeld aus. Detailliertere Informationen zur Fehlerbehandlung in VBA-Modulen finden Sie in den im Literaturverzeichnis unter /10,11/ aufgeführten Titeln.

Ein solcher Fehlercode wird beispielsweise ausgelöst, wenn Sie auf das Textfeld der Tabelle klicken und dann das Makro Zellmarkierung *aufrufen. Da das Textfeld keine Zellen besitzt, kann deren Hintergrund auch nicht eingefärbt werden. Der Zugriff auf* .ColorIndex *ist unzulässig. (Ursprünglich hatte ich das Makro auf eine Schaltfläche gelegt. Beim Anklicken der Schaltfläche erschien der Laufzeitfehler, während die Prozedur beim direkten Aufruf einwandfrei lief. Es dauerte schon eine Zeit, bis ich die Ursache für das Problem herausgefunden hatte.)*

40.3 Spezielle Visual Basic-Makros

Bei der Arbeit mit Excel 97 bin ich auf verschiedene Fragestellungen gestoßen, für die einfache Makros die adäquate Lösung darstellen. Diese Lösungen werden nachfolgend kurz vorgestellt. Damit erhalten Sie Werkzeuge um die entsprechenden Aufgaben zu lösen. Die Makros (VBA-Module) sind ausführlich kommentiert und beschrieben, so daß Anpassungen kein Problem darstellen dürften.

Erstellen benutzerdefinierter Funktionen

Wenn Sie komplexere Berechnungen in Tabellen benötigen, können Sie an Stelle einer Formel auch eine benutzerdefinierte Funktion einsetzen. Der Vorteil liegt in der einfachen Anwendbarkeit und schnelleren Ausführung. Mit VBA verfügen Sie über das richtige Werkzeug, um Funktionen sehr schnell zu erstellen. (Allerdings sollten Sie eines beachten: Trotz des übersetzten Codes sind VBA-Funktionen immer noch langsamer als die integrierten Excel-Funktionen. Existiert eine Funktion in Excel 97, macht es keinen Sinn, diese Funktion in VBA neu zu implementieren.)

Wie sich eine benutzerdefinierte Funktion erstellen läßt, wird nachfolgend am Beispiel der Geschwindigkeitsberechnung ermittelt. Die Geschwindigkeit in km/h läßt sich aus dem Weg in Meter und der Zeit in Sekunden:

Geschwindigkeit = Weg / Zeit * 3,6

berechnen. Diese Funktion gilt es nun in Visual Basic als Makro zu implementieren. Wechseln Sie zum Visual Basic-Editor und legen ein leeres Modul zur Aufnahme des VBA-Codes an. Dann geben Sie die Anweisungen aus folgendem Listing als Funktion ein.

```
' (c) Born
' Demonstration zur Erstellung benutzerdefinierter
' Funktionen. Die Funktion berechnet die
' Geschwindigkeit in Km/h aus Weg (m) und Zeit (s).
' Geschwindigkeit = Weg / Zeit * 3,6
'
' Definition der Funktion und Übergabeparameter

Function Geschwindigkeit(Weg, Time)
  Geschwindigkeit = Weg / Time * 3.6
End Function
```

Wichtig ist, daß die Funktion mit dem Schlüsselwort *Function* beginnt und die benötigten Parameter übergeben werden. Die Parameter sind mit Kommata zu trennen. Der Wert wird anschließend in der Funktion berechnet und im Funktionsnamen *Geschwindigkeit* zurückgegeben.

Innerhalb der Funktion dürfen Sie die meisten Visual-Basic-Befehle verwenden. Nicht erlaubt sind Anweisungen zur Manipulation von Fenstern etc.

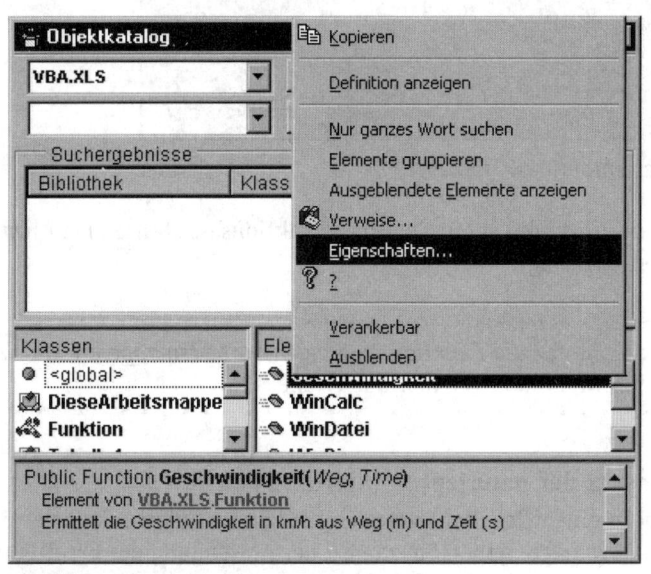

Bild 40.8: Beschreibung im Objekt-Katalog setzen

Funktionsbeschreibung im Objekt-Katalog hinterlegen

Nachdem Sie die Funktion erstellt haben, sollten Sie dieser noch einen Kommentar für den Benutzer zuweisen. Dieser Kommentar wird bei Anwahl der Funktion im Objekt-Katalog in der Fußzeile angezeigt (Bild 40.8). Um diese Beschreibung festzulegen, gehen Sie in folgenden Schritten vor:

1. Öffnen Sie im Visual Basic-Editor das Fenster des Objektkatalogs.

2. Wählen Sie die betreffende Bibliothek und dann das gewünschte Objekt (hier die Funktion *Geschwindigkeit*).

3. Klicken Sie mit der rechten Maustaste auf den Namen der Funktion. Im Kontextmenü ist der Befehl EIGENSCHAFTEN zu wählen (Bild 40.8).

4. Tragen Sie anschließend im Eigenschaftenfenster des Objekt-Katalogs die Beschreibung für das Objekt ein (Bild 40.9).

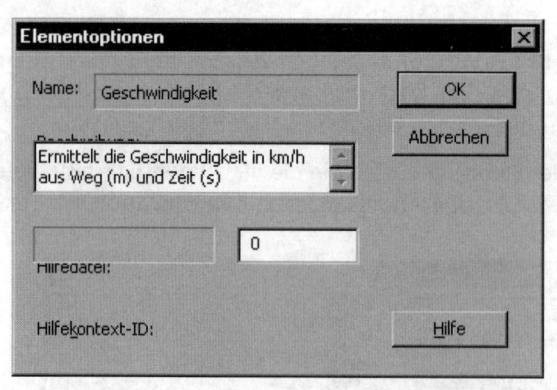

Bild 40.9: Elementoptionen setzen

Dieser Text wird später im Excel-Funktionsassistenten bei Anwahl der Funktion angezeigt

> *Legen Sie für die Funktion eine eigene Arbeitsmappe an und wandeln diese später in ein Add-In (XLA-Datei) um.*

Einsatz der benutzerdefinierten Funktion

Um in einem Tabellenblatt eine benutzerdefinierte Funktion in einer Zelle zu verwenden, gehen Sie wie bei der Anwendung der Excel-Funktionen vor. Sie können nach dem Gleichheitszeichen direkt den Funktionsnamen mit den erforderlichen Parametern (z.B. =Geschwindigkeit($A$1,10) eintragen. Dann liefert die Funktion das Ergebnis in der Zelle zurück. Bei komplexeren Funktionen werden Sie jedoch auf den Funktionsassistenten zurückgreifen wollen.

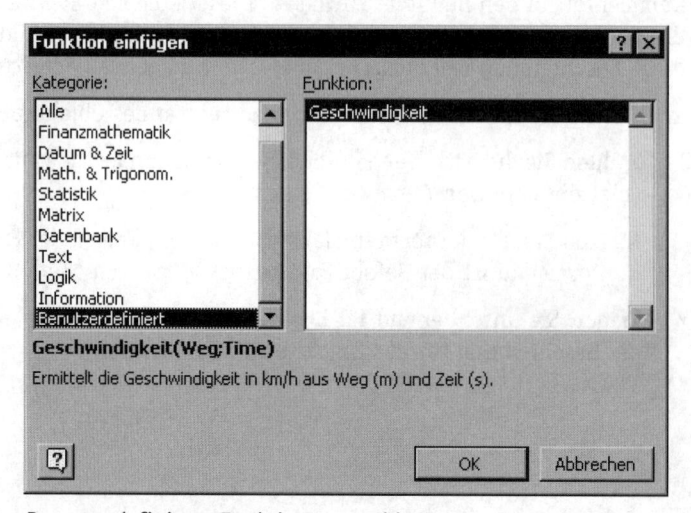

Bild 40.10: Benutzerdefinierte Funktion auswählen

Wenn Sie den Funktionsassistenten aufrufen und dann die Kategorie *Benutzerdefiniert* anwählen, erscheinen die Namen der definierten Funktionen (Bild 40.10). Wurde für die angewählte Funktion eine Bemerkung eingetragen, erscheint diese in der Anzeige. Sie brauchen nur die Funktion anzuklicken und die *OK*-Schaltfläche zu betätigen. Excel 97 fügt die Funktion in die Formel ein und öffnet das Fenster mit der Ausdruckspalette (Bild 40.11).

In dieser Palette können Sie nun die Zellreferenzen für die Parameter der Funktion eintragen. Excel 97 ermittelt die Feldbezeichner (Weg, Time) automatisch aus den Parameternamen der Funktion. Der Funktionsassistent unterscheidet nicht zwischen internen und benutzerdefinierten Funktionen. Sobald Sie die Parameter eingegeben haben, schließen Sie den Assistenten über die Schaltfläche *Ende*. Excel 97 setzt die Funktion samt Parametern in die Zelle ein. Diese berechnet den Funktionswert und gibt diesen als Zellwert zurück.

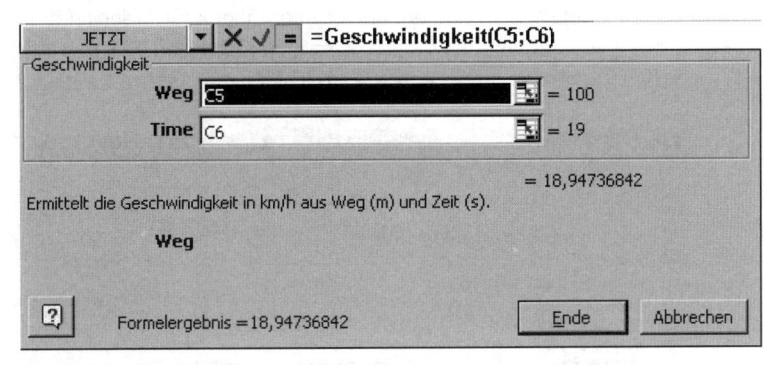

Bild 40.11: Ausdruck eingeben

> Sie finden die Funktion im Modul *Funktion* in der Datei \BEISP\KAP40\VBA.XLS auf der Begleit-CD-ROM.

Ein Add-In-Programm erstellen

In Kapitel 24 werden Add-In-Programme vorgestellt, die die Funktionalität von Excel 97 erweitern. Dort wird auch besprochen, wie sich Add-In-Programme installieren und wieder entfernen lassen. Nachfolgend möchte ich erläutern, wie sich ein Add-In-Programm als VBA-Modul realisieren läßt.

> *Das nachfolgend vorgestellte Add-In finden Sie in der Datei \BEISP\KAP24\BORN.XLS auf der Begleit-CD-ROM.*

Bei diesem Beispiel handelt es sich um ein sehr einfaches Add-In-Programm, welches lediglich das Prinzip zum Erstellen der Add-In-Programme demonstriert. Um das auf der Begleit-CD-ROM enthaltene Add-In zu nutzen, kopieren Sie als erstes die XLA-Datei gemäß den Erläuterungen aus Kapitel 24 in ein Verzeichnis der Festplatte. (Von der CD-ROM sollten Sie keine XLA-Dateien registrieren, da die Funktionen nach dem Wechsel der CD-ROM nicht mehr verfügbar sind.) Anschließend registrieren Sie das Add-In über die Schaltfläche *Durchsuchen* im Add-In-Manager (siehe Kapitel 24).

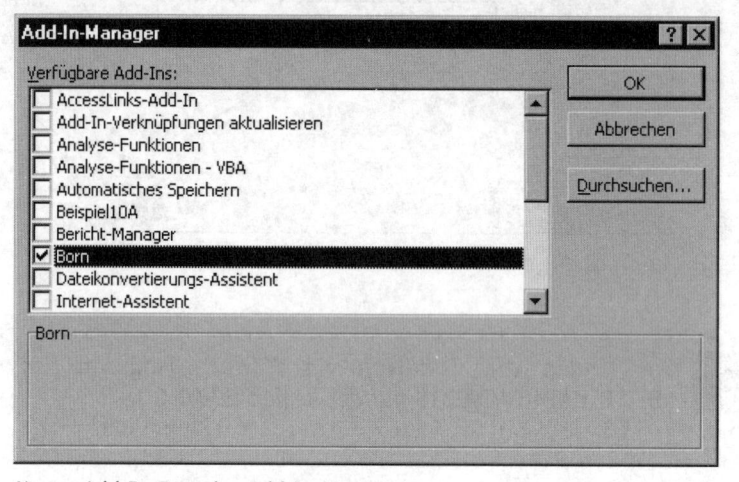

Bild 40.12: Neues Add-In Born im Add-In-Manager

Wenn Sie anschließend den Add-In-Manager über den Befehl ADD-IN-MANAGER im Menü EXTRAS aufrufen, zeigt dieser einen Eintrag für das Add-In *Born* (Bild 40.12). Das Kontrollkästchen vor dem Eintrag signalisiert, ob das Add-In zur Benutzung freigegeben ist oder nicht.

Bild 40.13: Meldung bei der Freigabe des Add-In

Sobald Sie das Kontrollkästchen vor dem Eintrag *Born* durch Anklicken markieren, installiert Excel 97 das betreffende Add-In. Sie erhalten als Kontrolle ein einfaches Dialogfeld mit einer Meldung angezeigt (Bild 40.13). Bestätigen Sie diese Meldung über die *OK*-Schaltfläche, wird das Add-In für die Benutzung freigegeben. (Diese Meldung ist bereits eine Funktion des Add-In, welches sich bei der Aktivierung im Add-In-Manager selbst installieren muß. In diesem Schritt trägt das Beispiel-Add-In einen neuen Befehl im Menü EXTRAS ein.) Benötigen Sie das Add-In nicht mehr, können Sie die Funktion im Add-In-Manager wieder abschalten. Hierzu heben Sie einfach die Markierung des Kontrollkästchens vor dem Eintrag *Born* wieder auf (Bild 40.12). Excel 97 meldet dies dem Add-In, welches zur Kontrolle ein zweites Dialogfeld anzeigt (Bild 40.14).

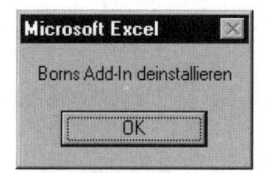

Bild 40.14: Meldung beim Deinstallieren

Quittieren Sie das Dialogfeld über die *OK*-Schaltfläche, entfernt das Add-In den vorher installierten Befehl im Menü EXTRAS. Bei Bedarf können Sie die Add-In-Datei noch löschen. Dann trägt Excel 97 auch den Verweis auf das Add-In aus der Windows-Registrierung aus (siehe auch Kapitel 24).

Zur Nutzung des Add-In muß dieses aufgerufen werden. Für das hier diskutierte Beispiel stellt das Add-In einen eigenen Befehl im Menü EXTRAS zur Verfügung (Bild 40.15). Beachten Sie aber, daß andere Add-Ins (z.B. eine Funktion) auf andere Weise aufgerufen werden können.

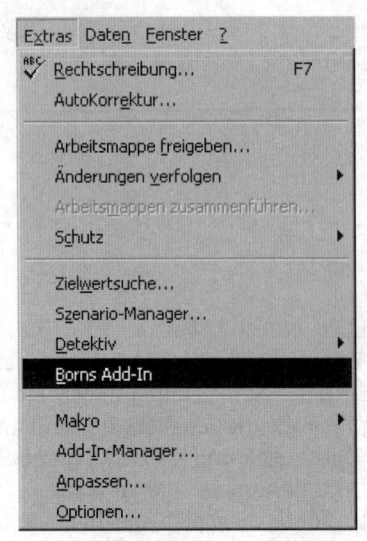

Bild 40.15: Befehl zum Aufruf des Add-In

Wählt der Benutzer den betreffenden Befehl im Menü EXTRAS, blendet das Add-In das in Bild 40.16 gezeigte Dialogfeld ein. Diese Meldung ist zwar nicht allzu sinnvoll, das Add-In soll ja auch nur zur Demonstration der Programmiertechniken dienen.

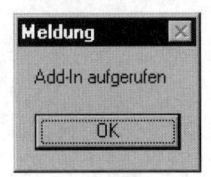

Bild 40.16: Meldung beim Aufruf des Add-In

Add-In VBA-Code

Zur Realisierung des Add-In benötigen Sie verschiedene VBA-Module. Als erstes müssen Sie auf die Ereignisse der Installation/Deinstallation im Add-In-Manager reagieren. Excel 97 löst bei diesen Aktionen Ereignisse aus, die durch die beiden Ereignisprozeduren *Workbook_AddinInstall* und *Workbook_AddinUninstall* behandelt werden. Die beiden Ereignisprozeduren sind im Modul *Diese Arbeitsmappe* abzulegen, da die Ereignisse sich auf die gesamte Arbeitsmappe beziehen. (Nur im Codefenster dieses Moduls lassen sich die Ereignisprozeduren abrufen.) Das nachfolgende Listing zeigt, daß in den Ereignisprozeduren lediglich zwei weitere Prozeduren aus dem Modul *BornAddIn* aufgerufen werden. (In diesem Modul sind alle VBA-Anweisungen untergebracht, die die Funktionalität des Add-In ausmachen.)

```
' Modul: DieseArbeitsmappe
' Enthält die Ereignisprozeduren zur
' Installation/Deinstallation des Add-In
' Ruft Prozeduren aus BornAddIn auf.

Private Sub Workbook_AddinInstall()
' Wird aufgerufen, sobald der Benutzer
' im Add-In-Manager das Kontrollkästchen
' des Add-In Born markiert und dann
' die OK-Schaltfläche anklickt. Erzeugt
' einen Menüeintrag zum Aufruf des Add-In.

  BornAddIn.CreateEntry
End Sub

Private Sub Workbook_AddinUninstall()
' Wird aufgerufen, sobald der Benutzer im
' Add-In-Manager die Markierung des
' Kontrollkästchens des Add-In Born
' löscht und dann die OK-Schaltfläche anklickt.
' Entfernt den Menüeintrag zum Aufruf des Add-In.

  BornAddIn.DelMenü
End Sub
' *** Ende ***
```

Leider reicht die Eingabe der Ereignisprozeduren mit Aufruf der betreffenden Hilfsfunktionen nicht. In Excel 97 müssen Sie die Ereignisverarbeitung explizit freigeben. Dies erfolgt über ein Klassenmodul mit dem im folgenden Listing gezeigten Aufbau.

```
' Klassenmodul, um die Ereignisbearbeitung
' zu ermöglichen

Public WithEvents App As Application
```

```
Dim X As New AddInModul


Sub InitializeApp()
    Set X.App = Application
End Sub
' *** Ende ***
```
Der Code befindet sich im Modul *AddInModul*. Mit der Anweisung:

```
Dim X As New AddInModul
```
wird ein neues Objekt für das Add-In definiert, welches anschließend mit der Anweisung:

```
Set X.App = Application
```
an die Anwendung angebunden wird. Sobald dieses Klassenmodul vorhanden ist, kann Excel 97 Ereignisse auf das betreffende Modul beziehen.

Der VBA-Code, der die Funktionalität des Add-In bestimmt, wurde im Modul *BornAddIn* hinterlegt. Die Prozedur *CreateEntry* wird über die Ereignisprozedur aufgerufen, sobald das Kontrollkästchen des Add-In (Bild 40.12) im Add-In-Manager markiert wird. In der Prozedur sorgt das Add-In dafür, daß im Menü EXTRAS ein Befehl BORNS ADD-IN zum Aufruf der eigentlichen Add-In-Funktion eingetragen wird. Der folgende Set-Befehl:

```
Set cmdMenuOp = CommandBars("Worksheet Menu Bar") _
    .Controls("Extras").Controls _
    .Add(Type:=msoControlButton, Before:=10)
```
benutzt die *Add*-Methode, um ein neues *Controls*-Objekt für den Befehl BORNS ADD-IN in die *CommandBars*-Auflistung einzutragen. Die Parameter der *Add*-Methode geben den Typ des *Control*-Objekts und dessen Position an. Über die beim Set-Befehl zurückgegebene Objektvariable läßt sich auf die Eigenschaften des neuen Befehls zugreifen. Diese Eigenschaften werden anschließend gesetzt.

```
With cmdMenuOp
    .Caption = Befehl        ' Text des Befehls
    .OnAction = "AddInX"     ' Name Prozedur angeben
End With
```
Die *Caption*-Eigenschaft enthält den Text, der im Menü angezeigt wird. Ein &-Zeichen in diesem Text legt übrigens die Abkürzungstaste des Befehls fest. Der Eigenschaft *OnAction* wird in einem String der Name einer Prozedur übergeben. Wählt der Benutzer diesen Befehl, ruft das System die betreffende Prozedur (hier *AddInX*) auf. Die Prozedur *AddInX* dient im Beispiel lediglich zur Demonstration und gibt ein Meldungsfeld aus. Sie können aber die betreffende Prozedur um eigene VBA-Anweisungen erweitern.

Die Prozedur *DelMenu* besitzt nur eine einzige Aufgabe: Sie muß den Befehl im Menü Extras austragen, sobald das Add-In im Add-In-Manager abgeschaltet wird. Dies läßt sich mit folgenden Befehlen erreichen:

```
Set entry = CommandBars("Worksheet Menu Bar") _
  .Controls("Extras") _
  .Controls(Befehl)
 entry.Delete
```

In der ersten Anweisung wird die Objektvariable *entry* auf das *Controls*-Objekt des betreffenden Befehls gesetzt. Dieses Objekt läßt sich anschließend über die *Delete*-Methode löschen. Der Aufruf der Prozedur erfolgt über die Ereignisprozedur *Workbook_AddinUninstall*. Das nachfolgende Listing zeigt den gesamten Code des VBA-Moduls *BornAddIn*.

```
Option Explicit
' Modul: BornAddin (by Günter Born)
' Add-In: Born.XLA
'

' Demonstriert, wie sich ein Add-In realisieren läßt.
'

' In den Ereignisprozeduren des Moduls AddInModul
' werden die Prozeduren CreateEntry und
' DelMenü aufgerufen. CreateEntry setzt den Befehl
'  "Borns Add-In" im Menü Extras, während
' DelMenü den Befehl entfernt.
'

' Bei Anwahl des Befehls Borns Add-In im Menü Extras
' wird die Prozedur AddInX aufgerufen,
' die hier lediglich ein Meldungsfeld ausgibt.

Const Befehl = "&Borns Add-In"   ' Befehl vereinbaren
' Objektvariable
Dim cmdMenuOp As CommandBarControl
Dim entry As CommandBarControl
Dim mElement1 As CommandBarControl


Public Sub CreateEntry()
' Füge den Befehl zum Aufruf des Add-In (d.h. der Prozedur
```

```vba
' AddInX) im Menü Extras ein.


' Melde die Installation
 MsgBox "Borns Add-In installieren." + Chr(13) + _
        Chr(13) + "Aufruf im Menü 'Extras' über" + _
        Chr(13) + "den Befehl " + Befehl


' Schritt 1: Füge das neue Menü "Borns Add-In"
' im Menü "Extras" ein
 Set cmdMenuOp = CommandBars("Worksheet Menu Bar") _
    .Controls("Extras").Controls _
    .Add(Type:=msoControlButton, Before:=10)
   With cmdMenuOp
     .Caption = Befehl              ' Text des Befehls festlegen
     .OnAction = "AddInX"           ' Name Prozedur angeben
   End With
End Sub


Sub AddInX()
' Diese Prozedur wird aufgerufen, sobald der Benutzer
' den Eintrag Borns Add-In im Menü Extras anwählt.
' Gebe hier zur Demonstration nur eine Meldung aus

 MsgBox "Add-In aufgerufen", vbYes + vbExclamation, "Meldung"
End Sub


Sub DelMenü()
' Lösche den Befehl "Borns Add-In" im Menü "Extras"

 MsgBox "Borns Add-In deinstallieren"

 Set entry = CommandBars("Worksheet Menu Bar") _
```

```
            .Controls("Extras") _
            .Controls(Befehl)
        entry.Delete
End Sub
' *** Ende ***
```

Add-In-Datei erstellen

Nachdem der betreffende VBA-Code erstellt wurde, können Sie diesen in eine XLA-Datei überführen.

1. Aktivieren Sie den Visual Basic-Editor und übersetzen Sie das gesamte Projekt im Visual Basic-Editor (Menü TESTEN, Befehl COMPILIEREN VON VBAPROJEKT).

2. Schützen Sie das Projekt vor einer Einsichtnahme über den Befehl VBAPROJEKT - EIGENSCHAFTEN im Menü EXTRAS. In der Registerkarte *Schutz* läßt sich dann ein Kennwort zum Zugriff für das Projekt vereinbaren.

3. Wenn Sie jetzt den Befehl SPEICHERN UNTER im Menü DATEI des Excel-97-Fensters wählen, läßt sich im Dialogfeld *Speichern unter* als Dateityp *Microsoft Excel Add-In (*.xla)* wählen. Sichern Sie die Arbeitsmappe als XLA-Datei.

4. Um die Anzeige der Arbeitsmappe zu unterdrücken, wechseln Sie erneut zum Visual Basic-Editor. Dort wählen Sie im Projekt-Explorer das Symbol des Moduls *Diese Arbeitsmappe* an. Setzen Sie die Eigenschaft *IsAddin* der Arbeitsmappe auf *True*.

Das gespeicherte Arbeitsblatt wird dann beim Laden nicht mehr angezeigt. Um die Anzeige wieder zuzulassen, müssen Sie die Eigenschaft *IsAddin* für die Arbeitsmappe auf *False* zurücksetzen.

Windows-Explorer aufrufen

Manchmal wäre es hilfreich, wenn sich der Windows-Explorer direkt aus Excel 97 aufrufen ließe. Mit den folgenden VBA-Anweisungen haben Sie in einer Minute das Problem gelöst.

```
' WinExplorer (c) Born
' Aktiviert den Windows Explorer
'
Sub WinExplorer()
  TestAnwID = Shell("EXPLORER.EXE", 1)  ' Dateimanager
End Sub
' *** Ende ***
```

Die *Shell*-Anweisung bewirkt, daß die als Parameter übergebene Anwendung aufgerufen wird. Der zweite Parameter gibt den Fenstermodus an. Anstelle der Konstanten 1 können Sie auch VBA-Konstante wie *vbNormalFocus* verwenden. Diese Konstante zeigt das Explorer-Fenster im Normalmodus an.

> *Sofern die EXE-Datei nicht im Standard-Pfad enthalten ist, können Sie auch einen Pfad (z.B. SHELL "C:\Windows\EXPLORER.EXE") im ersten Parameter mitangeben. Wenn Sie das Makro (d.h. die VBA-Prozedur) auf die Schaltfläche einer Symbolleiste legen, läßt sich der Explorer per Mausklick aufrufen (siehe Kapitelende).*

> *Sie finden den VBA-Code im Modul* WinExplorer *in der Datei* \BEISP\KAP40\VBA.XLS *auf der Begleit-CD-ROM.*

Windows-Rechner aufrufen

Im zweiten Beispiel soll gezeigt werden, wie sich in Excel 97 der Windows-Rechner aufrufen läßt. Allerdings ergibt sich im Zusammenhang mit dem Aufruf des Rechners ein weiteres Problem (welches allgemein beim *Shell*-Aufruf auftritt): Rufen Sie den *Shell*-Befehl mehrfach auf, startet dieser die betreffende Windows-Anwendung jedesmal neu. Einige Anwendungen ermitteln beim Start, ob bereits eine Instanz aktiv ist. In diesem Fall wird die Anwendung nicht neu geladen, sondern die Anwendung legt lediglich ein neues Dokumentfenster an. Der Windows-Rechner gehört jedoch nicht zu diesen Anwendungen. Vielmehr erscheint bei jedem Aufruf der *Shell*-Anweisung eine neue Kopie des Rechners in der Windows Taskleiste. Beim Beenden von Excel 97 stehen Sie dann ggf. vor einer Sammlung von geladenen Rechnern, deren Fenster zu schließen sind. Um dies zu verhindern, müssen Sie vor Ausführung des *Shell*-Aufrufs prüfen, ob die Anwendung bereits geladen ist. Dies ist mit folgender VBA-Sequenz möglich:

```
' WinCalc (c) Born
' Aktiviert den Windows Rechner
' über die Anweisungen Shell,
' überwacht über Tasks.Exists, ob die
' Anwendung bereits läuft.
' Achtung: Die Datei MSWOrd.OLB muß als
' Verweis aktiviert sein !!!
Public Sub WinCalc()
```

```
' Hole neu Objektvariable, da sonst ein Laufzeit-
' fehler auftritt, falls Word 97 nicht aktiv ist !!!
  Dim anw As New Word.Application

' Ist der Rechner bereits aktiv?
  If anw.Tasks.Exists("Rechner") Then
' Ja, Fenster in den Vordergrund holen
    anw.Tasks("Rechner").Activate
    anw.Tasks("Rechner").WindowState = _
                  wdWindowStateNormal
  Else
' Rechner erst starten
    Shell "Calc.exe", vbNormalFocus
  End If

  anw.Quit    ' Beende Automatisierungsobjekt
End Sub
' *** Ende ***
```

Die VBA-Prozedur weist nun einige Anweisungen mehr als beim Aufruf des Explorer auf. Im ersten Schritt ist zu prüfen, ob der Rechner bereits im Speicher geladen ist. Dann muß die betreffende Anwendung lediglich als Fenster in den Vordergrund geholt werden.

Im ersten Schritt wird in obigem Listing die *Exists*-Methode auf das *Tasks*-Objekt angewandt. Diese Methode liefert den Wert *True* zurück, falls das Objekt in der Windows-Task-Leiste existiert. In diesem Fall läßt sich das Objekt mit der *Activate*-Methode aktivieren. Die Eigenschaft *WindowState* bestimmt dabei den Fenstermodus der Anwendung. Existiert der Task nicht, ruft die Prozedur den Windows-Rechner über die *Shell*-Anweisung auf.

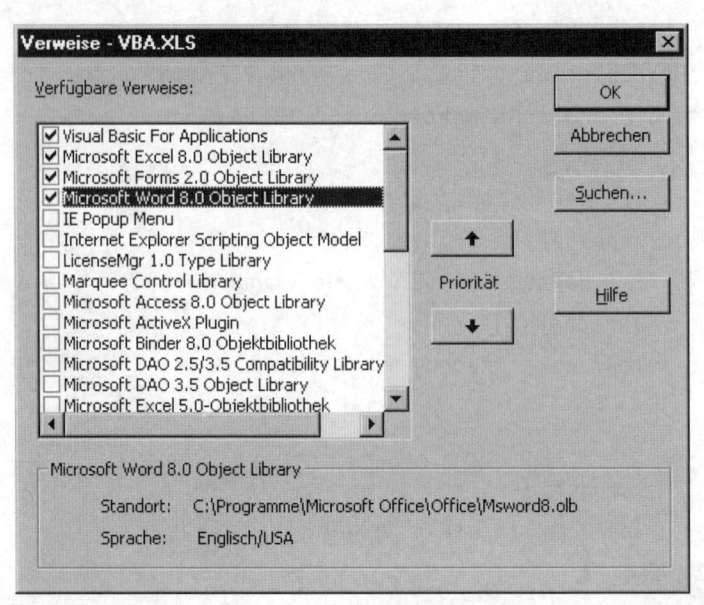

Bild 40.17: Verweise für das Modul

> Leider unterstützt das Excel-97-Objektmodell das Tasks-Objekt nicht! Das betreffende Objekt wird von Word 97 in der Objektbibliothek MSWORD.OLB bereitgestellt. Es sind daher eine Reihe von »Klimmzügen« erforderlich, um Excel 97 dieses Objekt und die zugehörigen Methoden zur Verfügung zu stellen. Falls es bei der Ausführung des VBA-Codes zu einem Laufzeitfehler wegen eines fehlenden Objekts kommt, müssen Sie die betreffende Objektbibliothek unter Excel 97 registrieren. Öffnen Sie im Visual Basic-Editor das Menü Extras und klicken auf den Befehl Verweise. Im Dialogfeld Verweise muß der Eintrag Microsoft Word 8.0 Object Library enthalten und das Kontrollkästchen markiert sein (Bild 40.17). Fehlt der Eintrag, wählen Sie die Schaltfläche Suchen. Anschließend suchen Sie die Datei im Office-Ordner. Sobald der Verweis aktiviert ist, sollte sich die Prozedur ausführen lassen.

Allerdings gibt es ein weiteres Problem: Mit den obigen Schritten läuft die Prozedur nur dann, wenn Word 97 geladen ist. Da Sie dies nicht immer voraussetzen können, wurde ein erweiterter Ansatz gewählt. Die Prozedur erzeugt sich ein eigenes Word-Objekt, um sicherzustellen, daß die *Tasks.Exist*-Methode benutzt werden kann. Mit der Anweisung:

```
Dim anw As New Word.Application
```
wird eine neue Objektvariable auf das Word-Application-Objekt angelegt. Gleichzeitig stellt dies sicher, daß das Objekt bei Bedarf in den Speicher geladen werden kann. (Dies ist der Fall, sobald die *Tasks.Exists*-Anweisung ausgeführt wird.) Leider müssen Sie nun auch dafür sorgen, daß das Word-Application-Objekt vor dem Beenden der Prozedur wieder aus dem Speicher entfernt wird. Andernfalls lädt jeder Aufruf der Prozedur eine Kopie von Word in den Speicher, was wegen Speichermangel sehr schnell zu einem Speicherfehler führt. Mit der Anweisung:

```
anw.Quit
```
entfernen Sie das Word-Application-Objekt aus dem Speicher. Mit diesen Vorbereitungen ist das Modul fertig. Testen Sie das Programm, indem Sie es mehrfach ausführen. Hierbei darf immer nur ein Symbol für den Windows-Rechner in der Windows-Taskleiste auftauchen.

Sie finden den VBA-Code im Modul WinCalc *in der Datei \BEISP\KAP40\VBA.XLS auf der Begleit-CD-ROM.*

Aufruf eines DOS-Befehls

Abschließend soll der Aufruf der DOS-Shell demonstriert werden. Das nachfolgend gezeigte Modul ruft das DOS-Fenster auf und veranlaßt, daß der DIR-Befehl mit einem vom Benutzer eingegebenen Suchmuster ausgeführt wird. Die Benutzereingabe erfolgt über ein Dialogfeld (Bild 40.18). Dieses Dialogfeld können Sie über die *InputBox*-Funktion aufrufen. Diese Funktion besitzt folgende Syntax:

```
Ergebnis = InputBox(Prompt, Title, Voreinstellung)
```
Der Text im Parameter *Prompt* wird im Dialogfeld angezeigt. *Title* ist der Titeltext des Fensters. Der Parameter *Voreinstellung* legt den Wert fest, der im Eingabefeld erscheint. Der vom Benutzer eingetippte Wert wird von der Funktion zurückgeliefert, falls das Dialogfeld über die *OK*-Schaltfläche geschlossen wird. Bei der Schaltfläche *Abbrechen* wird ein Leerstring geliefert. Das nachfolgende Listing zeigt, wie das DOS-Fenster über COMMAND.COM aufgerufen wird. Das Verzeichnis wird dabei über die Variable *Pattern* im Befehl angegeben.

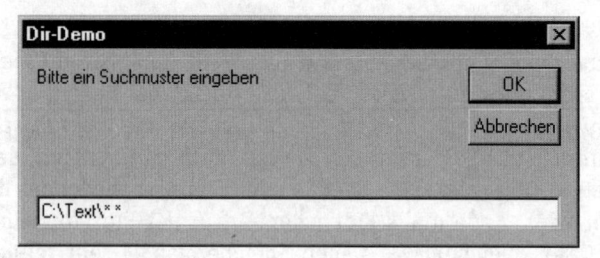

Bild 40.18: Eingaben abfragen

```
' Demonstration des Zugriffs auf
' DOS-Befehle aus Excel

Sub WinDir()
' Konstanten für das Eingabefeld
Const Prompt As String = _
    "Bitte ein Suchmuster eingeben"
Const Title As String = "Dir-Demo"
Const Voreinstellung As String = "*.*"


Dim Befehl As String
Dim Pattern As String

' Frage den Namen der Datei ab
' Meldung, Titel und voreingestellten Wert anzeigen.
 Pattern = InputBox(Prompt, Title, Voreinstellung)
 Befehl = "command.com /c Dir " + Pattern

 TestAnwID = Shell(Befehl, 1) '   Starte DOS
End Sub
' *** Ende ***
```

> *Das DOS-Fenster wird sofort nach der Anzeige des DIR-Befehls geschlossen, Verwenden Sie beim Aufruf den Parameter /p anstelle /c, bleibt das Fenster geöffnet. Sie können aber auch eine Batchdatei .BAT aufrufen und den DIR-Befehl dort hinterlegen. Dann läßt sich über eine PIF-Datei festlegen, wie das DOS-Fenster zu gestalten ist. Näheres zum Aufruf des DOS-Fensters finden Sie in den im Literaturverzeichnis unter /3,4,5/ aufgeführten Titeln.*

40.4 Makroaufrufe per Menü und Schaltfläche

In den vorherigen Kapiteln wurde bereits diskutiert, wie sich Makros an Objekte anbinden lassen. Ein Mausklick auf das Objekt veranlaßt Excel 97, das Makro auszuführen. Weiterhin können Sie vor dem Aufzeichnen eines Makros eine Tastenkombination angeben, mit dem sich das Makro ausführen läßt. Excel 97 erlaubt Ihnen zusätzlich, Makros (d.h. in VBA-Modulen gespeicherte Prozeduren) mit Befehlen in Menüs oder mit Schaltflächen von Symbolleisten zu verbinden. Dann lassen sich die Makros durch Anwahl eines Befehls oder einer Schaltfläche aufrufen.

Makro an Schaltfläche zuweisen

Am komfortabelsten lassen sich VBA-Prozeduren bzw. Makros über Schaltflächen einer Symbolleiste aufrufen. Dann reicht ein Mausklick auf die Schaltfläche zur Ausführung. Um eine Schaltfläche in einer benutzerdefinierten Symbolleiste einzurichten, sollte die Symbolleiste bereits existieren und eingeblendet sein. (Wie dies funktioniert, wird im Anhang im Abschnitt »Excel 97 individuell einrichten« beschrieben.) Um die Schaltfläche einzurichten und mit dem Makro zu verbinden, führen Sie die folgenden Schritte aus:

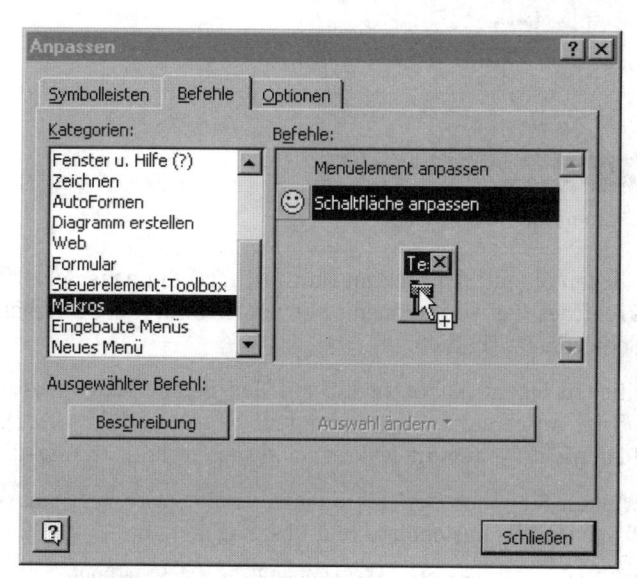

Bild 40.19: Schaltfläche in Symbolleiste einrichten

1. Wählen Sie im Menü EXTRAS den Befehl ANPASSEN. Excel 97 öffnet das Dialogfeld *Anpassen*, in dem Sie die Registerkarte *Befehle* wählen.

2. Suchen Sie in der Registerkarte *Befehle* die Kategorie *Makros*. Ziehen Sie das Symbol *Schaltfläche anpassen* bei gedrückter linker Maustaste zur neuen Symbolleiste (Bild 40.19).

Sobald Sie jetzt die linke Maustaste loslassen, richtet Excel 97 die Schaltfläche in der Symbolleiste ein. Bei Bedarf können Sie das Symbol durch ein anderes Symbol austauschen. Im Kontextmenü der Schaltfläche (Bild 40.20) finden Sie die betreffenden Befehle. (Näheres zur Gestaltung und Anpassung der Schaltflächensymbole finden Sie im Anhang im Abschnitt »Excel 97 individuell einrichten«.) Um ein Makro an die Schaltfläche anzubinden, sind folgende Schritte durchzuführen:

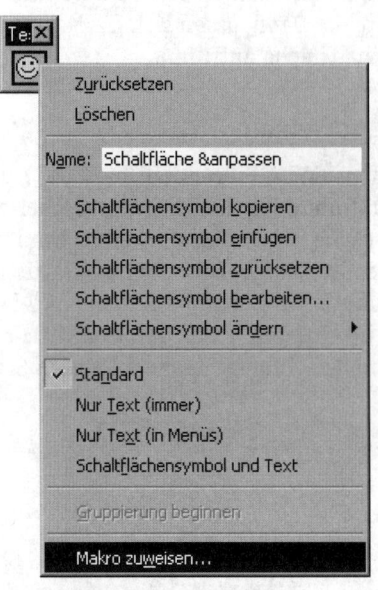

Bild 40.20: Kontextmenü der Schaltfläche

1. Klicken Sie mit der rechten Maustaste auf die neue Schaltfläche. Excel 97 öffnet das Kontextmenü mit den Befehlen zur Bearbeitung dieser Schaltfläche (Bild 40.20).

2. Klicken Sie im Kontextmenü auf den Befehl MAKRO ZUWEISEN. Excel 97 öffnet anschließend das Dialogfeld *Zuweisen* (Bild 40.21). In diesem Dialogfeld werden die Makros im aktuellen Projekt aufgeführt.

3. Wählen Sie einen der Makronamen in der Liste per Mausklick an. Der Name wird in das oberste Feld übertragen.

4. Schließen Sie das Dialogfeld über die *OK*-Schaltfläche.

Nach diesen Schritten ist das Makro mit der betreffenden Schaltfläche verbunden. Schließen Sie jetzt das noch geöffnete Dialogfeld *Anpassen* durch Anklicken der *Schließen*-Schaltfläche. Wenn Sie dann die neue Schaltfläche in der benutzerdefinierten Symbolleiste anklicken, sollte Excel 97 das betreffende Makro aufrufen.

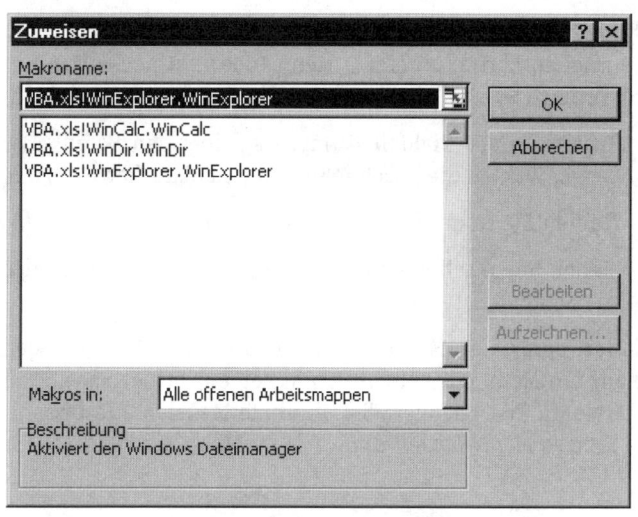

Bild 40.21: Das Dialogfeld Zuweisen

Makro in Menü einbinden

In Office 97 werden Menüs und Symbolleisten als eine Komponente betrachtet. Daher können Sie einen Menübefehl einrichten und mit einem Makro belegen.

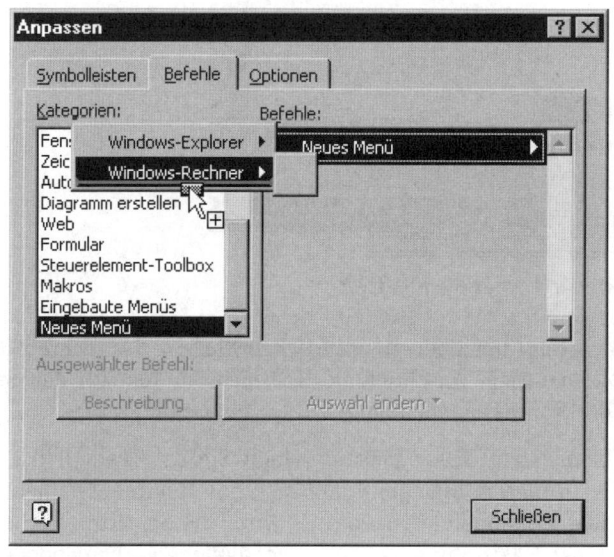

Bild 40.22: Menüeintrag einrichten

Neuen Menüeintrag einrichten

Einen neuen Eintrag in einem Menü (oder ein neues Menü in einer benutzerdefinierte Symbolleiste) richten Sie mit folgenden Schritten ein:

1. Öffnen Sie das Dialogfeld *Anpassen* über den Befehl ANPASSEN im Menü EXTRAS. Wählen Sie anschließend die Registerkarte *Befehle* (Bild 40.22).
2. Wählen Sie in der Registerkarte *Befehle* die Kategorie *Neues Menü*.
3. Ziehen Sie anschließend das Symbol *Neues Menü* aus der Liste *Befehle* zur Symbolleiste.

Existiert bereits ein Menü, halten Sie die linke Maustaste gedrückt. Sobald Sie auf ein Menü oder einen Befehl zeigen, öffnet Excel 97 das Menü bzw. Untermenü. Erst nachdem Sie die linke Maustaste loslassen, fügt Excel 97 den Eintrag *Menüelement anpassen* im Menü ein (Bild 40.23).

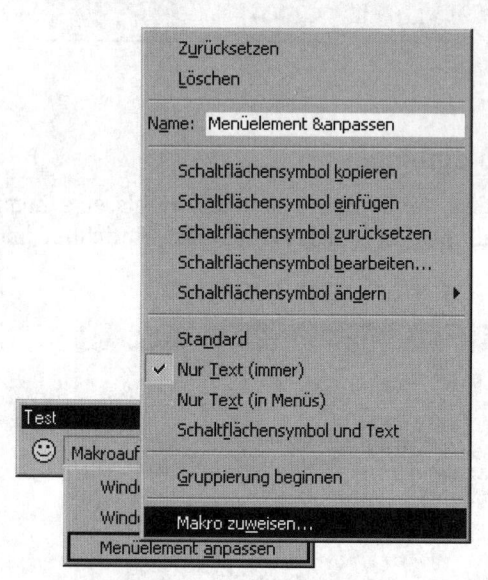

Bild 40.23: Kontextmenü eines Menübefehls

Um das Menü umzubenennen, klicken Sie mit der rechten Maustaste auf den Menüeintrag. Anschließend läßt sich der Text für den Befehl im Feld NAME des Kontextmenüs ändern.

Über den Befehl MAKRO ZUWEISEN öffnen Sie das Dialogfeld *Zuweisen* (Bild 40.21). In diesem Dialogfeld läßt sich das Makro auswählen, das dem betreffenden Menübefehl zugeordnet wird. Die Schritte gleichen der Anbindung eines Makros an eine Schaltfläche (siehe vorhergehender Abschnitt).

Soll ein Makro an ein bestehendes Menü angebunden werden, können Sie auch folgende Vorgehensweise wählen:

1. Öffnen Sie das Dialogfeld *Anpassen* über den Befehl ANPASSEN im Menü EXTRAS. Wählen Sie anschließend die Registerkarte *Befehle* (Bild 40.22).
2. Wählen Sie in der Registerkarte *Befehle* die Kategorie *Makros*.
3. Ziehen Sie anschließend das Symbol *Menüelement anpassen* aus der Liste *Befehle* zum Menü.
4. Excel 97 öffnet das Menü, sobald Sie beim Ziehen darauf zeigen. Öffnen Sie alle Menüstufen, bis der gewünschte Eintrag angezeigt wird.
5. Zeigen Sie mit der Maus auf das betreffende Menü und lassen Sie dann die linke Maustaste los.

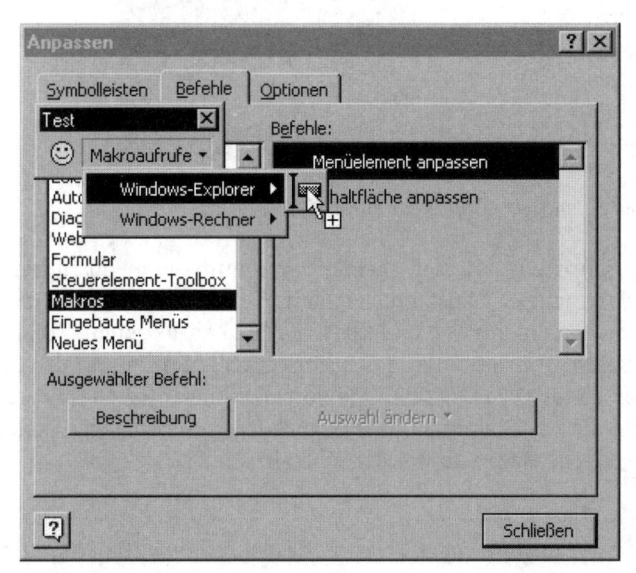

Bild 40.24: Menüelement anpassen

Excel 97 fügt anschließend den Befehl *Menüelement anpassen* an der betreffenden Stelle im Menü ein. Sie können hierbei nicht nur Menüs einer Symbolleiste erweitern, sondern auch die Einträge der Excel-Menüzeile. Anschließend ist der Name des Menüeintrags zu setzen und das Makro zuzuweisen.

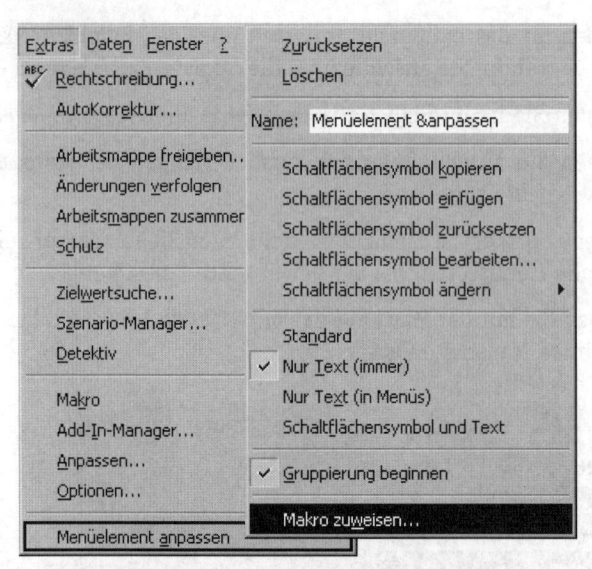

Bild 40.25: Kontextmenü zum Anpassen eines Menüeintrags

Diese Schritte lassen sich ebenfalls im Kontextmenü ausführen. Klicken Sie mit der rechten Maustaste auf den Eintrag *Menüelement anpassen*. Den Menünamen ändern Sie im Feld *Name* des Kontextmenüs (Bild 40.25). Über den Befehl MAKRO ZUWEISEN des Kontextmenüs öffnen Sie das Dialogfeld *Zuweisen* (Bild 40.21). Wählen Sie dort den Namen des gewünschten Makros. Sobald Sie das Dialogfeld über die *Schließen*-Schaltfläche verlassen, bindet Excel 97 das Makro an den Menübefehl an.

Mit diesen Ausführungen möchte ich den Teil zur VBA-Programmierung und Makroerstellung schließen. Aus Platzgründen konnten nur wenige Aspekte dieser Thematik angerissen werden. Eine detaillierte Diskussion der Thematik findet sich in den zahllosen Büchern zur VBA-Programmierung. In diesem Zusammenhang möchte ich auf die im Literaturverzeichnis unter /10,11/ aufgeführten Titel verweisen. Sofern Sie über das Office 97 Developers Kit verfügen, ist das in /11/ aufgeführte Handbuch im Lieferumfang enthalten. Der in /10/ angegebene Titel geht auf die VBA-Programmierung unter Microsoft Office 97 ein, enthält aber auch ein Kapitel mit speziellen Fragen zur VBA-Programmierung unter Excel 97.

Anhang

Können Sie mit Anhängen wenig anfangen? Trotzdem möchte ich Sie motivieren, einen Blick in die folgenden Abschnitte zu werfen. Nach dem Motto »Jedem sein eigenes Excel 97« können Sie sich die Benutzeroberfläche des Programms an eigene Wünsche anpassen. Auch sonst enthält der Anhang sicherlich die eine oder andere hilfreiche Information...

A Excel 97 individuell einrichten

A.1 Symbol- und Menüleisten gestalten

Symbolleisten sind ein wichtiges Instrument in Excel 97. Sie erlauben auch dem ungeübten Benutzer eine schnelle Bedienung des Programms. Wer häufiger mit den Excel-Zusatzfunktionen umgeht und mit Tastenkürzeln auf Kriegsfuß steht, wird die kleinen Schaltflächen der Symbolleisten schnell zu schätzen wissen. Deshalb möchte ich nachfolgend einen kurzen Abriß über die Gestaltung der Symbolleisten geben.

Symbolleisten ein- und ausblenden

Um Symbolleisten ein- oder auszublenden, öffnen Sie das Menü ANSICHT und wählen den Eintrag SYMBOLLEISTEN. Im Untermenü zeigt Excel 97 die verfügbaren Symbolleisten (Bild A.1).

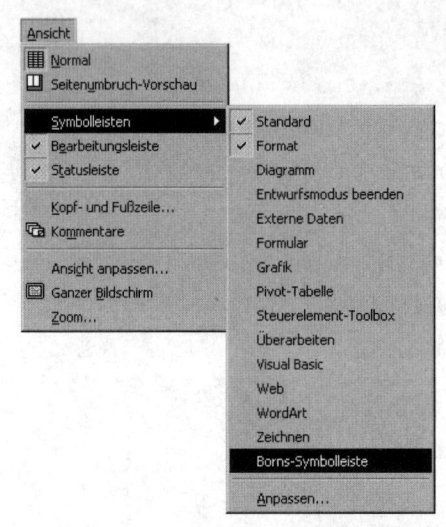

Bild A.1: Menü mit den verfügbaren Symbolleisten

Ist der betreffende Eintrag vor dem Namen der Symbolleiste mit einem Häkchen markiert, blendet Excel 97 die betreffende Symbolleiste in der Anzeige ein.

Durch Anklicken des betreffenden Eintrags im Untermenü SYMBOLLEISTEN läßt sich diese Markierung setzen oder löschen. Gleichzeitig wird die zugehörige Symbolleiste ein- oder ausgeblendet.

Symbolleisten verschieben

Standardmäßig ordnet Excel 97 die Symbolleisten am oberen Rand unterhalb der Menüzeile an. Sie haben aber die Möglichkeit, die Symbolleisten in Ihr Dokument zu verschieben oder an den Seiten des Anwendungsfensters »anzudocken«.

1. Positionieren Sie den Mauscursor auf einer freien Stelle innerhalb der Symbolleiste. Dies kann zum Beispiel der Raum zwischen den Schaltflächen sein.
2. Ziehen Sie anschließend die Symbolleiste bei gedrückter linker Maustaste in die Arbeitsmappe.

Damit nimmt die Symbolleiste eine rechteckige Form an und läßt sich frei im Text positionieren (Bild A.2). Sobald Sie die linke Maustaste loslassen, blendet Excel 97 die Symbolleiste an der letzten Position des Mauszeigers ein. Man bezeichnet diese im Dokumentfenster sichtbaren Symbolleisten auch als »schwebende Symbolleisten«.

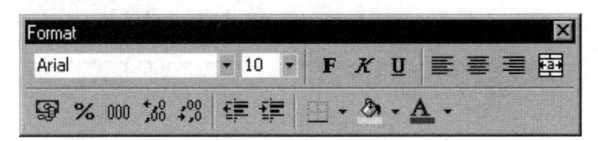

Bild A.2: Schwebende Symbolleiste

> *Sie können die Form einer solchen frei schwebenden Symbolleiste verändern, indem Sie den Rand der Leiste bei gedrückter linker Maustaste verschieben.*

Um die Leiste wieder im Kopfbereich des Anwendungsfensters anzuordnen, haben Sie zwei Möglichkeiten:

- Sie ziehen die Symbolleiste per Maus in den Kopfbereich des Fensters zurück. Sobald Excel 97 die Kontur der Leiste durch einen gestrichelten Rahmen zeigt, lassen Sie die linke Maustaste los. Excel 97 dockt die Symbolleiste im Kopfbereich an.
- Noch schneller geht es, wenn Sie die Titelzeile der Leiste per Doppelklick anwählen. Excel 97 dockt die Leiste dann an der letzten Position am Fensterrand an.

Ein Doppelklick auf eine freie Stelle einer solchen angedockten Leiste bewirkt, daß Excel 97 die Leiste wieder frei schwebend im Dokumentbereich anzeigt.

Vertikale Symbolleisten

Möchten Sie den Raum am linken oder rechten Fensterrand als Symbolleiste nutzen? Dann ziehen Sie die Symbolleiste per Maus an den linken oder rechten Rand des Fensters. Sobald Sie den Rand erreichen, markiert Excel 97 den Umriß der Symbolleiste als dünnen Rahmen. Sobald Sie die Maustaste freigeben, dockt Excel 97 die Symbolleiste am rechten oder linken Fensterrand an. (Auf die gleiche Art können Sie eine Symbolleiste natürlich auch am unteren Fensterrand andocken.)

Vorteil einer vertikalen Symbolleiste ist der größere vertikale Arbeitsbereich für Tabellen. Dies ist insbesondere bei benutzerdefinierten Symbolleisten hilfreich. Allerdings reduziert sich die horizontale Breite der Bildschirmanzeige.

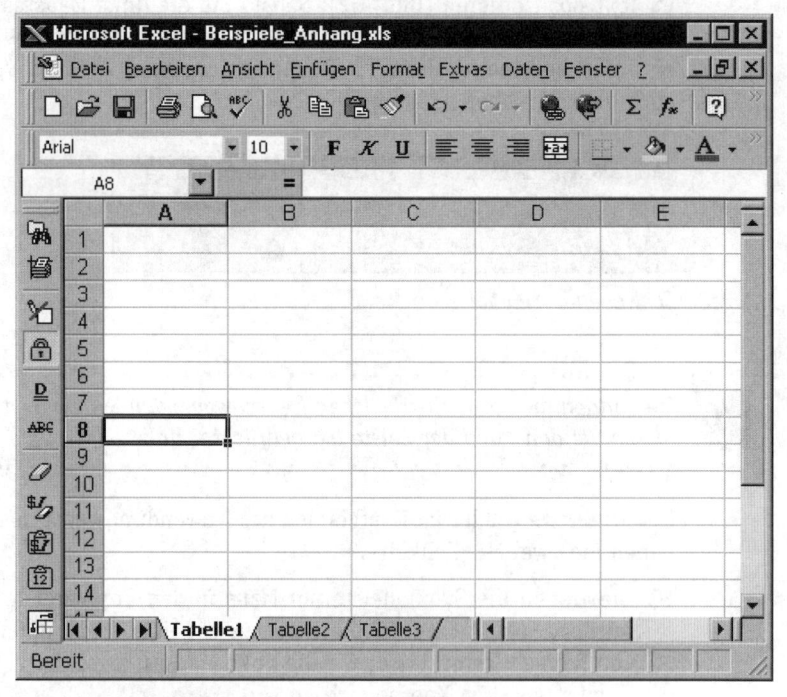

Bild A.3: Excel-Fenster mit Symbolleiste am linken Rand

Optionen für Symbolleisten setzen

Excel 97 erlaubt Ihnen, verschiedene Optionen für Menü- und Symbolleisten zu setzen. Hierzu führen Sie folgende Schritte aus:

1. Rufen Sie das Dialogfeld *Anpassen* auf. Dies kann über den Befehl ANSICHT/SYMBOLLEISTEN/ANPASSEN erfolgen. Oder Sie klicken mit der rechten Maustaste auf eine Symbolleiste und wählen im Kontextmenü den Befehl ANPASSEN.

2. Excel 97 öffnet das Dialogfeld *Anpassen*, in dem Sie die Registerkarte *Optionen* wählen (Bild A.4).
3. Setzen Sie anschließend die gewünschten Optionen für die Menü- oder Symbolleiste.
4. Schließen Sie das Dialogfeld über die gleichnamige Schaltfläche.

Excel 97 übernimmt die gesetzten Optionen für alle Menü- und Symbolleisten.

⇢ Die Option *Große Schaltflächen* sorgt dafür, daß die Schaltflächen der Symbolleisten in vergrößerter Form angezeigt werden. Sie sehen die Auswirkungen sofort, nachdem die Markierung des Kontrollkästchens gesetzt oder gelöscht wurde.

Möchten Sie sehbehinderten Personen den Umgang mit Excel 97 erleichtern? Dann markieren Sie das Kontrollkästchen Große Schaltflächen *und stellen zusätzlich den Zoomfaktor über das Listenfeld der* Standard-*Symbolleiste auf einen Wert größer 100 % ein. Dadurch erscheinen sowohl die Schaltflächen als auch die Tabellenanzeige vergrößert. Der Nachteil der vergrößerten Schaltflächen besteht jedoch darin, daß weniger Schaltflächen in einer Symbolleiste dargestellt werden können. Außerdem wirkt sich diese Option nicht auf die Menüleiste aus, d.h. die Befehle und die eventuell im Menü enthaltenen Symbole werden weiter in normaler Größe angezeigt.*

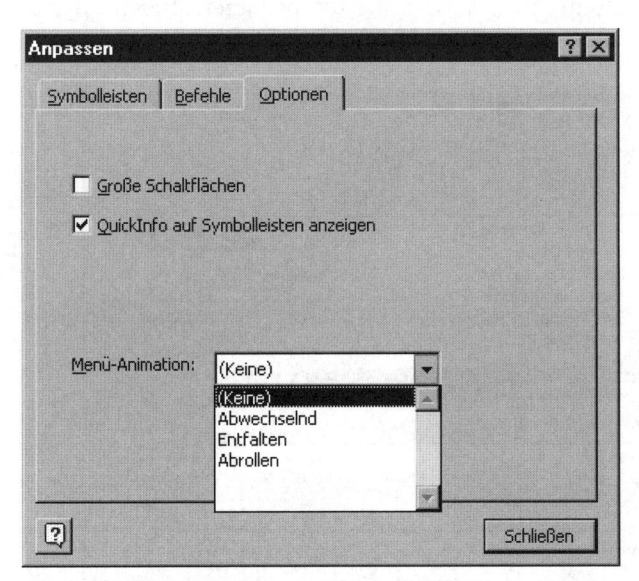

Bild A.4: Die Registerkarte Optionen

- Das Kontrollkästchen *QuickInfo auf Symbolleisten anzeigen* steuert, ob Excel 97 beim Zeigen auf eine Schaltfläche der Symbolleiste das Fenster mit dem QuickInfo-Text anzeigt. Standardmäßig ist die Option markiert, um die QuickInfos anzuzeigen.

- Über das Listenfeld *Menü Animation* läßt sich festlegen, ob ein Menü beim Öffnen animiert wird. Standardmäßig ist diese Option auf *(Keine)* gesetzt. Sie können aber die Optionen *Entfalten*, *Abrollen* oder *Abwechselnd* wählen. Excel 97 öffnet anschließend bei der Anwahl die Menüs mit der eingestellten Animation.

Sobald Sie das Dialogfeld über die Schaltfläche *Schließen* beenden, werden die Optionen wirksam.

Benötigen Sie zusätzliche Informationen zu einem Steuerelement der Registerkarte, klicken Sie auf die Schaltfläche *Direkthilfe* (dies ist die Schaltfläche mit dem Fragezeichen in der rechten oberen Ecke des Dialogfelds). Der Mauscursor nimmt die Form eines Fragezeichens an. Klicken Sie auf ein Steuerelement, zeigt Excel 97 ein Fenster mit zusätzlichen Informationen an.

Über die Schaltfläche in der linken unteren Ecke der Registerkarte läßt sich übrigens der Office-Assistent aufrufen. Dieser bietet Ihnen zusätzliche Informationen zur Registerkarte an (siehe auch Kapitel 5).

Benutzerdefinierte Symbolleisten erzeugen

Möchten Sie eine benutzerdefinierte Symbolleiste mit eigenen Schaltflächen einrichten? Dann müssen Sie die benutzerdefinierte Symbolleiste zuerst über folgende Schritte einrichten:

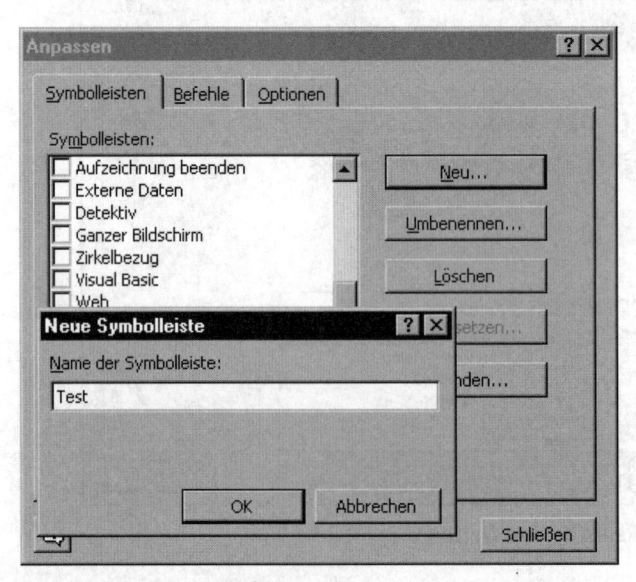

Bild A.5: Neue Symbolleiste einfügen

1. Klicken Sie mit der rechten Maustaste auf eine Symbolleiste. Dann wählen Sie im Kontextmenü den Befehl ANPASSEN.
2. Im Dialogfeld *Symbolleiste* wählen Sie die Registerkarte *Symbolleisten* (Bild A.5). Diese Registerkarte führt die Namen aller verfügbaren Symbolleisten auf.
3. Klicken Sie auf die Schaltfläche *Neu*. Excel 97 öffnet das Dialogfeld *Neue Symbolleiste*. Als Name wird *Symbolleiste n* vorgegeben, wobei *n* eine fortlaufende Nummer darstellt.
4. Passen Sie ggf. den Titel der Symbolleiste an. Anschließend betätigen Sie die *OK*-Schaltfläche.

Excel 97 reserviert eine leere Symbolleiste mit dem vorgegebenen Titel. Sie sehen diesen Namen in der Registerkarte *Symbolleisten* in der Liste der Symbolleisten. Eine Markierung im Kontrollkästchen vor dem Namen legt fest, daß die Symbolleiste angezeigt wird. Sobald Sie das Dialogfeld schließen, wird die leere Symbolleiste angezeigt.

Symbolleistentitel umbenennen

Excel 97 zeigt bei einer schwebenden Symbolleiste eine Titelzeile mit dem Symbolleistentitel an. Bei den integrierten Symbolleisten ist dieser Titel fest vorgegeben. Bei benutzerdefinierten Symbolleisten entspricht der Titel dem beim Anlegen der Symbolleiste vergebenen Namen. Sie können den Titel einer benutzerdefinierten Symbolleiste ändern.

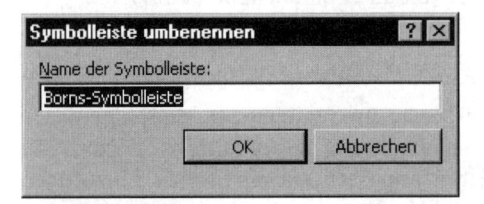

Bild A.6: Symbolleiste umbenennen

1. Öffnen Sie die Registerkarte *Symbolleisten* im Dialogfeld *Anpassen*. Wie dies geht, wurde im vorhergehenden Abschnitt skizziert.
2. Markieren Sie den gewünschten Eintrag in der Liste *Symbolleisten*. Handelt es sich um eine benutzerdefinierte Symbolleiste, gibt Excel 97 die Schaltfläche *Umbenennen* frei.
3. Klicken Sie auf die Schaltfläche *Umbenennen*. Excel 97 öffnet das Dialogfeld *Symbolleiste umbenennen* (Bild A.6).
4. Ändern Sie den Titel für die Symbolleiste.

Sobald Sie das Dialogfeld über die *OK*-Schaltfläche schließen, übernimmt Excel 97 den neuen Titel.

Symbolleiste löschen

Sie können benutzerdefinierte Symbolleisten in Excel 97 löschen. Hierzu gehen Sie in folgenden Schritten vor:

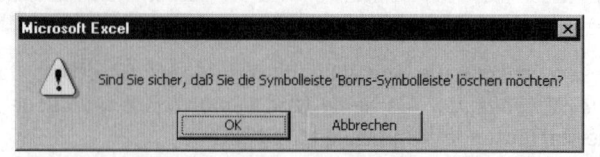

Bild A.7: Abfrage beim Löschen einer Symbolleiste

1. Öffnen Sie die Registerkarte *Symbolleisten* im Dialogfeld *Anpassen* (z.B. mit der rechten Maustaste auf eine Symbolleiste klicken und den Befehl ANPASSEN im Kontextmenü wählen).

2. Markieren Sie den gewünschten Eintrag in der Liste *Symbolleisten*. Handelt es sich um eine benutzerdefinierte Symbolleiste, gibt Excel 97 die Schaltfläche *Löschen* in der Registerkarte frei (Bild A.5).

3. Klicken Sie auf die Schaltfläche *Löschen*, und bestätigen Sie die Sicherheitsabfrage (Bild A.7) über die *OK*-Schaltfläche.

Excel 97 entfernt die betreffende Symbolleiste aus der Arbeitsumgebung. Allerdings kann es sein, daß die gelöschte benutzerdefinierte Symbolleiste nach dem Laden einer bestimmten Arbeitsmappe wieder vorhanden ist. Informationen bezüglich dieser Besonderheiten finden Sie weiter unten im Abschnitt »Symbolleisten an Arbeitsmappe anbinden«.

Symbolleiste zurücksetzen

Im Abschnitt »Schaltfläche zur Symbolleiste hinzufügen« wird gezeigt, wie sich Symbolleisten anpassen lassen. Sie können in Excel 97 auch die integrierten Symbolleisten anpassen (Schaltflächen hinzufügen oder entfernen). Möchten Sie die Änderungen einer integrierten Symbolleiste aufheben?

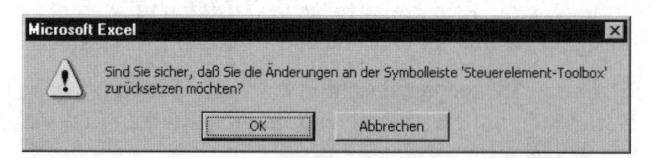

Bild A.8: Abfrage beim Zurücksetzen einer Symbolleiste

1. Öffnen Sie die Registerkarte *Symbolleisten* im Dialogfeld *Anpassen* (z.B. mit der rechten Maustaste auf eine Symbolleiste klicken und den Befehl ANPASSEN im Kontextmenü wählen).

2. Markieren Sie den gewünschten Eintrag in der Liste *Symbolleisten*. Handelt es sich um eine integrierte Symbolleiste, gibt Excel 97 die Schaltfläche *Zurücksetzen* in der Registerkarte frei.

3. Klicken Sie auf diese Schaltfläche. Anschließend bestätigen Sie die Sicherheitsabfrage (Bild A.8) über die *OK*-Schaltfläche.

Excel 97 entfernt jetzt alle vom Benutzer eingefügten Schaltflächen. Gleichzeitig werden eventuell gelöschte Schaltflächen wieder eingefügt. Die Symbolleiste besitzt dann den Aufbau, der nach der Excel-Installation vorlag.

Symbolleiste an Arbeitsmappe anbinden

Standardmäßig ordnet Excel 97 benutzerdefinierte Symbolleisten global zu, d.h. die Konfigurierung gilt für alle Arbeitsmappen. Sie haben aber die Möglichkeit, eine Symbolleiste einer bestimmten Arbeitsmappe zuzuordnen. Hierzu gehen Sie folgendermaßen vor:

1. Öffnen Sie die Arbeitsmappe, der die Symbolleiste zugeordnet werden soll.

2. Öffnen Sie anschließend das Dialogfeld *Anpassen* und klicken auf die Registerkarte *Symbolleisten*.

3. Klicken Sie auf die Schaltfläche *Anbinden*. Excel 97 öffnet das Dialogfeld *Symbolleisten anpassen* (Bild A.19). Die Liste *Benutzerdefinierte Symbolleisten* enthält die Namen der globalen Symbolleisten.

4. Wählen Sie den oder die Namen der gewünschten Symbolleiste und kopieren diese über die gleichnamige Schaltfläche in die aktuelle Arbeitsmappe (Liste *Symbolleisten der Arbeitsmappe*).

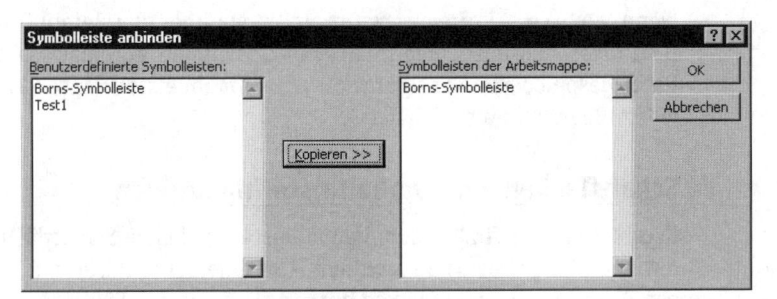

Bild A.9: Das Dialogfeld *Symbolleisten anpassen*

Um eine Symbolleiste der Arbeitsmappe zu löschen, klicken Sie diese in der Liste *Symbolleisten der Arbeitsmappe* an. Die Schaltfläche *Kopieren* wird in *Löschen* umbenannt. Sobald Sie die Schaltfläche wählen, entfernt Excel 97 die Symbolleiste aus der aktuellen Arbeitsmappe.

Nach dem Schließen des Dialogfelds *Symbolleisten anbinden* können Sie anschließend die global definierte Symbolleiste (über die Schaltfläche *Löschen* der Registerkarte *Symbolleisten*) löschen. Sobald Sie die Arbeitsmappe speichern, sichert Excel 97 auch die Informationen über die Symbolleiste mit. Wird die Arbeitsmappe später geladen, zeigt Excel 97 die Symbolleiste wieder an.

Symbolleistenkombinationen sichern

Excel 97 übernimmt automatisch die Symbolleisten einer Arbeitsmappe, falls diese noch nicht global vereinbart sind. Die Verwaltung der Symbolleisten erfolgt dabei über die Datei EXCEL8.XLB im Windows-Ordner. Sind Benutzerprofile zur Netzwerknutzung freigegeben, vergibt Excel 97 den Benutzernamen (z.B. *BORN.XLB*) für die Konfigurationsdateien. Um eine bestimmte Symbolleistenkombination zu speichern, gehen Sie in folgenden Schritten vor:

1. Rufen Sie Excel 97 auf und führen anschließend die Konfigurierung der Menü- und Symbolleisten sowie Schaltflächen etc. durch. Hierbei können Sie auch die Anordnung der Symbolleisten verändern.

2. Beenden Sie Excel 97. Das Programm legt jetzt die Konfigurierung der Symbolleisten in der XLB-Datei ab.

3. Suchen Sie die XLB-Datei per Windows-Explorer im Windows-Ordner (entweder *EXCEL8.XLB* oder *NAME.XLB*, wobei der Name dem Anmeldenamen des Benutzers entspricht). Alternativ kann die Datei im Anmeldeordner des Netzwerks hinterlegt sein.

4. Benennen Sie die XLB-Datei um. Achten Sie aber darauf, daß die Erweiterung XLB erhalten bleibt.

Wenn Sie Excel 97 erneut starten, läßt sich über den Befehl ÖFFNEN im Menü DATEI diese XLB-Datei laden. Excel 97 übernimmt automatisch die in dieser Datei gespeicherte Konfiguration der Symbolleisten. Excel 97 erstellt bei jedem Beenden eine XLB-Datei.

Schaltflächen zur Symbolleiste hinzufügen

Excel 97 erlaubt Ihnen, den Symbolleisten beliebige Schaltflächen (und damit auch Funktionen) zuzuordnen. Um eine Schaltfläche mit der zugehörigen Funktion zur Symbolleiste hinzuzufügen, gehen Sie folgendermaßen vor:

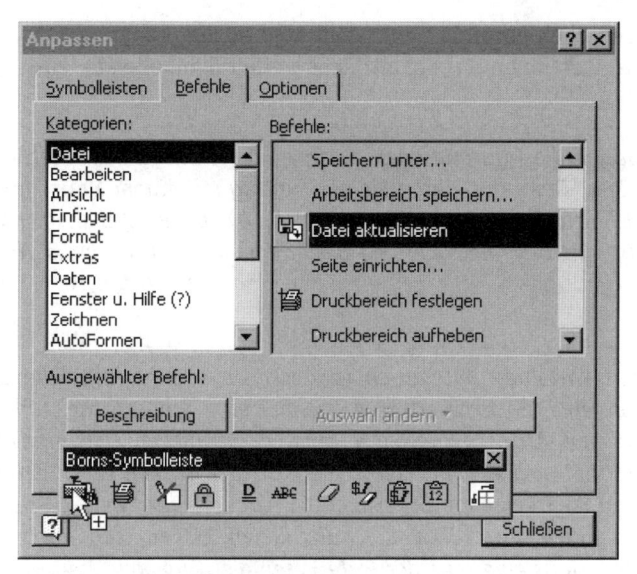

Bild A.10: Befehl zur Symbolleiste hinzufügen

1. Sorgen Sie dafür, daß eine benutzerdefinierte Symbolleiste mit dem gewünschten Namen definiert ist (siehe oben).

2. Öffnen Sie die Registerkarte *Befehle* im Dialogfeld *Anpassen*. Sie können hierzu den Befehl ANSICHT/SYMBOLLEISTEN/ANPASSEN verwenden, oder Sie klicken mit der rechten Maustaste auf die Symbolleiste und wählen im Kontextmenü den Befehl ANPASSEN.

3. Wählen Sie nun in der Liste *Kategorien* einen Namen aus. Die Namen stehen für die in Excel 97 verfügbaren Befehle (und entsprechen weitgehend den Menüs). Sobald Sie eine Kategorie wählen, werden rechts in der Gruppe *Befehle* die für diese Kategorie vordefinierten Befehle samt eventuell vorhandener Schaltflächensymbole sichtbar (Bild A.10).

4. Ziehen Sie den gewünschten Befehl bei gedrückter linker Maustaste auf eine (benutzerdefinierte) Symbolleiste.

Sobald Sie die linke Maustaste loslassen, fügt Excel 97 den neuen Befehl in der Symbolleiste ein. Ob die Schaltfläche als Symbol oder als Text-Schaltfläche dargestellt wird, hängt von der Definition des betreffenden Befehls ab.

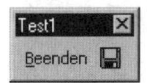

···▸ Enthält der Eintrag in der Liste *Befehle* lediglich einen Text, wird eine Text-Schaltfläche in der Symbolleiste eingetragen. Dies ist beim Eintrag *Beenden* in der nebenstehend gezeigten Symbolleiste der Fall.

···▸ Zeigt der Eintrag in der Liste *Befehle* bereits ein Symbol, übernimmt Excel 97 lediglich dieses Symbol für die Schaltfläche. Die nebenstehend gezeigte Symbolleiste enthält beispielsweise das Symbol einer Diskette, welches für den Befehl SPEICHERN steht.

Mit den oben gezeigten Schritten können Sie praktisch alle vordefinierten Excel-Funktionen auf Schaltflächen einer Symbolleiste legen.

> **TIP:** Benötigen Sie Informationen zu einem der in der Liste Befehle angezeigten Einträge? Dann markieren Sie den Eintrag mit einem Mausklick und wählen die Schaltfläche Beschreibung (Bild A.10). Excel 97 blendet dann ein Textfenster mit Informationen zur betreffenden Funktion in der Anzeige ein.

> **TIP:** In den einzelnen Kategorien verstecken sich sehr hilfreiche Schaltflächen und Befehle. So existiert zum Beispiel eine Schaltfläche, um den Schreibschutz einer Arbeitsmappe zu setzen und aufzuheben. Über eine andere Schaltfläche läßt sich ein markierter Bereich als Druckbereich übernehmen. Hier müssen Sie in eigenen Experimenten herausfinden, welche Schaltflächen für Sie hilfreich sind. Neben Schaltflächen lassen sich auch Listen- oder Kombinationsfelder aus der Liste Befehle zu Symbolleisten hinzufügen.

Menüs anpassen und zu Symbolleisten hinzufügen

Excel 97 unterscheidet bei der Konfiguration nicht mehr zwischen Menü- und Symbolleisten (der einzige Unterschied betrifft lediglich die Darstellung). Daher können Sie auch Schaltflächen in der Excel-Menüleiste einfügen oder Menüs in Symbolleisten einbauen. In Bild A.11 ist die Excel-Menüleiste als schwebende Symbolleiste zu sehen. Das erste Symbol steht für das Dokumentfenster, während die zweite Schaltfläche mit dem Symbol *Neu* manuell zur Menüleiste hinzugefügt wurde.

Bild A.11: *Menüleiste mit Schaltfläche*

Menü einrichten

Um einen Menüeintrag hinzuzufügen oder anzupassen, gehen Sie wie beim Einrichten einer Schaltfläche vor: Öffnen Sie die Registerkarte *Befehle* im Dialogfeld *Anpassen* (z.B. über den Befehl Ansicht/Symbolleisten/Anpassen). Sobald das Dialogfeld *Anpassen* sichtbar ist, können Sie neue Menüs einrichten oder bestehende Menüs verändern.

1. Um ein Menü aus der Excel-Menüleiste zu entfernen, klicken Sie auf die Menüzeile.

2. Der Menüname wird markiert und läßt sich aus der Leiste in den Dokumentbereich ziehen.

Bild A.12: Menü anpassen

Schritt 2 löscht das komplette Menü. Ziehen Sie dagegen das Menü nicht in den Dokumentbereich, sondern zu einer Symbolleiste, fügt Excel 97 dieses in der Leiste ein.

Menü entfernen

Möchten Sie lediglich einen Befehl aus dem Menü entfernen, gehen Sie folgendermaßen vor:

1. Klicken Sie auf den Menünamen. Excel 97 öffnet das betreffende Menü.
2. Anschließend klicken Sie auf den zu entfernenden Befehl und ziehen diesen in den Dokumentbereich (Bild A.12).

Sobald Sie das Dialogfeld *Anpassen* schließen, steht der Befehl nicht mehr im Menü zur Verfügung.

> *Haben Sie ein Menü verändert und möchten die Excel-Standardeinstellungen wieder haben? Für die integrierten Menüs kann Excel 97 diesen Zustand restaurieren. Hierzu gehen Sie wie im Abschnitt »Symbolleiste zurücksetzen« vor. Als Symbolleiste wählen Sie den Eintrag* Arbeitsblatt-Symbolleiste. *Über die Schaltfläche* Zurücksetzen *lassen sich die Excel-Standardmenüs zurückholen.*

Menü in Symbolleiste einfügen

Um ein eigenes Menü in der Menü- oder Symbolleiste einzurichten, gehen Sie folgendermaßen vor:

1. Wählen Sie in der Registerkarte *Befehle* die Kategorie *Neues Menü* (Bild A.13).

2. Anschließend ziehen Sie den Eintrag *Neues Menü* aus der Liste *Befehle* zur gewünschten Symbolleiste.

Zeigt der Mauscursor beim Loslassen auf eine Symbolleiste, richtet Excel 97 den Eintrag *Neues Menü* in der Leiste ein. Dieser Eintrag läßt sich anschließend über das Kontextmenü umbenennen (siehe Abschnitt »Makro in Menü einbinden« in Kapitel 40).

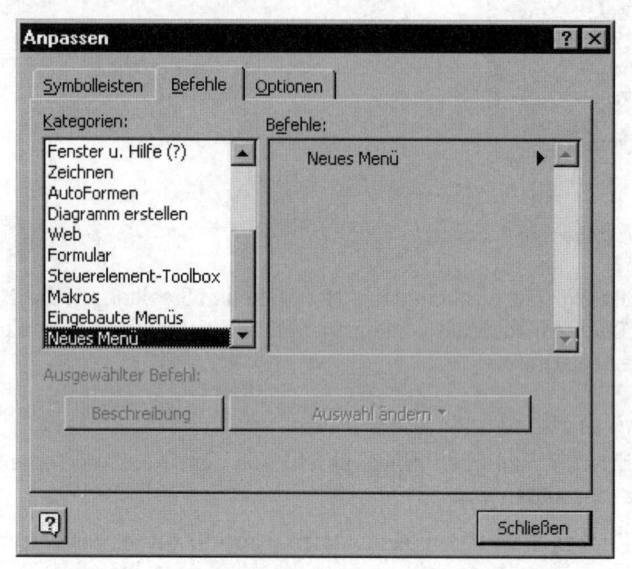

Bild A.13: Befehl zum Einrichten neuer Menüs

Befehl im Menü hinzufügen

Ist ein neuer Befehl in ein bestehendes Menü einzufügen, sind folgende Schritte erforderlich:

1. Wählen Sie in der Registerkarte *Befehle* den Eintrag *Neues Menü*. Ziehen Sie den Eintrag *Neues Menü* aus der Liste *Befehle* zu dem betreffenden Menü.

2. Halten Sie die linke Maustaste gedrückt, öffnet Excel 97 beim Ziehen das betreffende Menü (Bild A.14). Sie können nun den Eintrag *Neues Menü* zur gewünschten Position im Menü ziehen.

3. Soll der Eintrag als Untermenü erscheinen, ziehen Sie den Eintrag *Neues Menü* auf den rechten Rand eines Menüeintrags. Excel 97 zeigt das Symbol einer leeren Schaltfläche, auf das Sie zeigen.

Bild A.14: Menüeintrag einfügen

Sobald Sie die linke Maustaste loslassen, fügt Excel 97 den Eintrag *Neues Menü* in der betreffenden Menüposition ein. Über das Kontextmenü läßt sich anschließend der Name des Menüs oder des Eintrags anpassen (siehe auch Abschnitt »Menünamen und Schaltflächenbezeichnungen anpassen«).

Excel-Befehl in Menü einfügen

Soll einer der Excel-Befehle in einem Menü eingefügt werden, gehen Sie folgendermaßen vor:

1. Wählen Sie in der Registerkarte *Befehle* aus der Liste *Kategorie* einen Namen aus.
2. Dann suchen Sie den Eintrag aus der Liste *Befehle* und ziehen diesen zum gewünschten Menü (Excel 97 öffnet das Menü, sobald Sie beim Ziehen darauf zeigen.)

Lassen Sie die linke Maustaste los, fügt Excel 97 den betreffenden Befehl an der aktuellen Stelle des Menüs ein. Enthält der Befehl ein Symbol, wird dieses Symbol zusammen mit dem Befehl angezeigt.

> *Wie Sie Makros mit Menübefehlen verknüpfen, wird am Ende von Kapitel 40 beschrieben.*

> *Die Kategorie* Eingebaute Menüs *der Registerkarte* Befehle *besitzt bereits Einträge, mit denen sich komplette Excel-Standardmenüs in einer Symbolleiste einfügen lassen.*

Menüs und Schaltflächenbezeichnungen anpassen

Wenn Sie ein Menü oder einen Menübefehl in einer Symbolleiste einrichten, vergibt Excel 97 automatisch den Text *Neues Menü*. Ziehen Sie dagegen einen der Standardbefehle (z.B. der Kategorie *Datei*) zu einem Menü oder einer Symbolleiste, richtet Excel 97 das Symbol oder den Text für die Schaltfläche ein. Beim Zeigen auf das Symbol einer Schaltfläche blendet Excel 97 einen Hinweis auf die Funktion der Schaltfläche in einem QuickInfo-Fenster ein.

Sie haben die Möglichkeit, den im QuickInfo-Fenster einer Schaltfläche angezeigten Text oder die Beschriftung eines Menüs bzw. eines Befehls anzupassen.

1. Öffnen Sie das Dialogfeld *Anpassen* (z.B. mit der rechten Maustaste auf eine Schaltfläche klicken und im Kontextmenü den Befehl ANPASSEN wählen). Es ist egal, welche Registerkarte angezeigt wird.
2. Klicken Sie mit der rechten Maustaste auf die betreffende Schaltfläche, das Menü oder den Befehl im Menü. Excel 97 öffnet ein Kontextmenü mit den Befehlen zur Anpassung des betreffenden Elements.
3. Nun müssen Sie den Text im Feld *Namen* entsprechend ändern (Bild A.15).

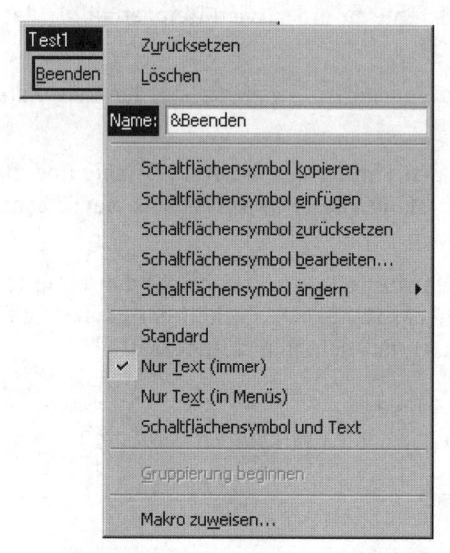

Bild A.15: Anpassen eines Eintrags einer Symbolleiste

Sobald Sie anschließend auf einen Punkt außerhalb des Kontextmenüs klicken, wird der neue Name übernommen. Die Änderung wird wirksam, sobald Sie das Dialogfeld *Anpassen* schließen. Bei einer Schaltfläche wirkt sich der Inhalt des Felds *Name* auf die *QuickInfo*-Anzeige aus. Bei Menüs wird der Menüname oder der Name eines Befehls entsprechend den Vorgaben in *Name* geändert. Diese Anpassung funktioniert sowohl für die benutzerdefinierten als auch für die integrierten Schaltflächen, Menüs und Befehle.

Im Feld *Name* aus Bild A.15 wird der Text *&Beenden* angezeigt. Das &-Zeichen im Text markiert bei einem Menübefehl die Abkürzungstaste. (Menüs werden mit einem unterstrichenen Buchstaben angezeigt. Drücken Sie die Alt-Taste in Kombination mit dem unterstrichenen Buchstaben, öffnet

Excel 97 das betreffende Menü.) Der Text *&Beenden* bewirkt folglich, daß sich das Menü über die Tastenkombination (Alt)+(B) öffnen läßt.

Beachten Sie aber bei der Auswahl der Abkürzungstasten, daß viele Buchstaben bereits durch die Excel-Menüs belegt sind. Der Buchstabe B wird vom Menü BEARBEITEN verwendet. Findet Excel 97 zwei Menüs mit der gleichen Abkürzungstaste, wird beim Drücken der Tastenkombination das erste Menü aktiviert. Drücken Sie erneut die Tastenkombination, aktiviert Excel das zweite Menü usw.

Gruppierung einfügen

In Menüs können Sie einzelne Befehle zu Gruppen zusammenfassen. Die Gruppen werden durch waagerechte Linien (Separatoren bzw. Gruppenteiler) unterteilt. Das Menü aus Bild A.15 enthält zum Beispiel einen solchen Gruppenteiler unterhalb des Befehls LÖSCHEN. Bei Schaltflächen in Symbolleisten läßt sich ebenfalls ein Separatorzeichen zwischen den Schaltflächen einfügen. Möchten Sie eine solche Gruppierung in einem Menü oder bei Schaltflächen vornehmen? Dann führen Sie folgende Schritte aus:

1. Öffnen Sie das Dialogfeld *Anpassen* (siehe oben). Es ist dabei egal, welche Registerkarte angezeigt wird.

2. Klicken Sie mit der rechten Maustaste auf den Menübefehl oder auf die Schaltfläche, an der die Gruppierung beginnen soll.

3. Im Kontextmenü wählen Sie den Befehl GRUPPIERUNG BEGINNEN (Bild A.15).

Bei Menüeinträgen wird der Separator oberhalb des markierten Elements eingefügt. Schaltflächen erhalten den Separator am linken Rand. Ist eine Gruppierung nicht möglich, sperrt Excel 97 den Befehl GRUPPIERUNG BEGINNEN.

Wählen Sie einen gruppierten Eintrag erneut an, läßt sich die Gruppierung über den gleichen Befehl im Kontextmenü wieder aufheben. Eine Gruppierung läßt sich auch setzen oder indem Sie das betreffende Element per Maus etwas von den restlichen Elementen wegziehen. Zum Aufheben der Gruppierung schieben Sie das Element über den Separator.

Schaltflächenanzeige definieren

Schaltflächen können mit einem Symbol oder einem Text dargestellt werden. Bei Menüeinträgen läßt sich ein Text und/oder ein Symbol anzeigen. Beim Einrichten einer Schaltfläche oder eines Menüs verwendet Excel 97 bestimmte Vorgaben zur Darstellung (siehe Abschnitt »Schaltflächen zur

Symbolleiste hinzufügen«). Sie können aber festlegen, wie Excel 97 den Eintrag anzeigen soll.

1. Öffnen Sie das Dialogfeld *Anpassen* (siehe oben). Es ist dabei egal, welche Registerkarte angezeigt wird.
2. Klicken Sie mit der rechten Maustaste auf den Menübefehl oder auf die Schaltfläche, deren Darstellung verändert werden soll.
3. Im Kontextmenü wählen Sie dann einen der Befehle für die Darstellungsart (Bild A.16).

```
  Standard
✓ Nur Text (immer)
  Nur Text (in Menüs)
  Schaltflächensymbol und Text
```

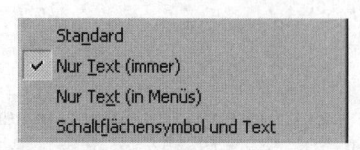

Bild A.16: Darstellungsoptionen

Der Eintrag STANDARD überläßt Excel 97 die Auswahl, ob Text oder ein Symbol erscheinen sollen. Mit NUR TEXT (IMMER) erreichen Sie, daß Excel 97 eine Textschaltfläche bzw. einen Befehl mit Text ausgibt. Ein eventuell vorhandenes Symbol wird bei der Anzeige unterdrückt. Der Befehl NUR TEXT (IN MENÜS) bewirkt, daß das Schaltflächensymbol in Menüeinträgen ausgeblendet wird. Wählen Sie die Option SCHALTFLÄCHENSYMBOL UND TEXT, zeigt Excel 97 in Menüs sowohl den Text als auch das Symbol an. In Schaltflächen erscheint das Symbol. Der Text für die Beschriftung wird im Feld *Name* des Kontextmenüs definiert (siehe oben).

> Um einer beliebigen Schaltfläche nachträglich ein Makro zuzuweisen, wählen Sie im Kontextmenü den Befehl MAKRO ZUWEISEN (siehe auch Kapitel 40).

Schaltflächensymbol ändern und bearbeiten

Wenn Sie in einer Symbolleiste einen Befehl als Schaltfläche einrichten, benutzt Excel 97 das vordefinierte Symbol dieses Befehls. Legen Sie Makros auf Schaltflächen, verwendet Excel 97 das Symbol eines kleinen Gesichts zur Darstellung der Schaltfläche. Dies bedeutet, daß Sie die Schaltflächensymbole vermutlich anpassen müssen. Bei geöffnetem Dialogfeld *Anpassen* (z.B. über den Befehl ANSICHT/SYMBOLLEISTEN/ANPASSEN) lassen sich die Schaltflächensymbole über das Kontextmenü bearbeiten.

Bild A.17: Kontextmenü zur Gestaltung von Schaltflächensymbolen

Um einer Schaltfläche ein vordefiniertes Schaltflächensymbol zuzuweisen, gehen Sie folgendermaßen vor:

1. Klicken Sie mit der rechten Maustaste auf die Schaltfläche.
2. Wählen Sie im Kontextmenü den Befehl SCHALTFLÄCHENSYMBOL ÄNDERN. Excel 97 zeigt dann eine Palette vordefinierter Schaltflächensymbole (Bild A.17).
3. Klicken Sie per Maus auf eines der Symbole in der Palette.

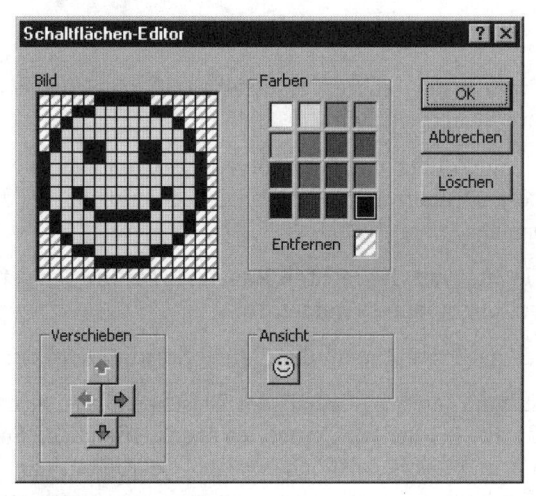

Bild A.18: Schaltflächen-Editor

Excel 97 übernimmt das vordefinierte Symbol in der Schaltfläche.

Schaltflächensymbol anpassen

Die Verwendung der in Excel 97 vordefinierten Schaltflächensymbole vereinfacht zwar viele Schritte. Falls Ihnen ein Symbol nicht gefällt, können Sie es über den integrierten Editor anpassen. Um diesen Editor aufzurufen, wählen Sie im Kontextmenü den Befehl SCHALTFLÄCHENSYMBOL BEARBEITEN (Bild A.17).

Excel 97 öffnet ein Dialogfeld, in dem das stilisierte Symbol der Schaltfläche vergrößert dargestellt wird (Bild A.18). Im Schaltflächen-Editor können Sie das Symbol der Schaltfläche individuell gestalten. Die einzelnen Punkte des Symbols lassen sich einfärben oder auf transparent setzen. Hierzu wählen Sie die betreffende Farbe aus der Gruppe *Farben* und klicken dann auf die Bildpunkte des Symbols. Die Farbe *Entfernen* setzt einen Bildpunkt auf den Transparentmodus zurück. Die Schaltfläche *Löschen* entfernt das komplette Bild. In der Gruppe *Ansicht* erhalten Sie während der Bearbeitung eine Anzeige des Symbols in Originalgröße. Über die Schaltflächen der Gruppe *Verschieben* können Sie das Symbol in der Anzeige des Schaltflächen-Editors verschieben. Sobald Sie mit der Gestaltung fertig sind, betätigen Sie die *OK*-Schaltfläche. Excel 97 weist das Symbol der (benutzerdefinierten) Schaltfläche in der Symbolleiste zu.

Schaltflächensymbol kopieren

Möchten Sie das Symbol einer anderen Schaltfläche verwenden? Hierzu muß das Dialogfeld *Anpassen* geöffnet sein (z.B. über den Befehl ANSICHT/SYMBOLLEISTEN/ANPASSEN). Anschließend gehen Sie folgendermaßen vor:

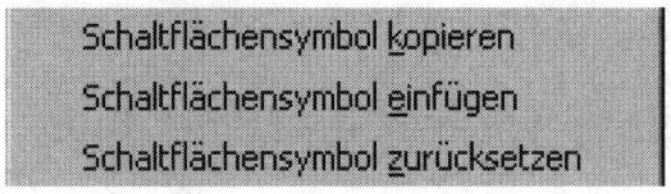

Bild A.19: Schaltflächen kopieren

1. Klicken Sie mit der rechten Maustaste auf die Schaltfläche, die das gewünschte Symbol enthält.
2. Wählen Sie im Kontextmenü den Befehl SCHALTFLÄCHENSYMBOL KOPIEREN (Bild A.19). Excel 97 übernimmt das Schaltflächensymbol in die Windows-Zwischenablage.
3. Klicken Sie jetzt mit der rechten Maustaste auf die Schaltfläche, in die das Symbol übernommen werden soll.
4. Wählen Sie im Kontextmenü den Befehl SCHALTFLÄCHENSYMBOL EINFÜGEN.

Excel 97 übernimmt jetzt den Inhalt der Zwischenablage, also das Symbol, in die Schaltfläche. Bei Bedarf können Sie anschließend den Schaltflächen-Editor aufrufen und das Schaltflächensymbol bearbeiten (siehe vorheriger Abschnitt). Hierdurch ergeben sich elegante Möglichkeiten zur Gestaltung der Schaltflächen.

Sie müssen beim Kopieren nicht unbedingt auf die Excel-97-Schaltflächensymbole zurückgreifen. Die restlichen Office-97-Programme verfügen ebenfalls über Schaltflächensymbole, die Sie mit den oben gezeigten Schritten in die Zwischenablage kopieren und anschließend in die Schaltfläche übernehmen können. Weiterhin besteht die Möglichkeit, einen Bildschirmabzug mit Symbolen über die Druck *-Taste in der Zwischenablage anzufertigen. Anschließend läßt sich der Inhalt der Zwischenablage in ein Zeichenprogramm (z.B. MS Paint) übernehmen. Dort können Sie das Symbol ausschneiden und modifizieren. Anschließend markieren Sie das Symbol und kopieren es mit der Tastenkombination* Strg+c *in die Zwischenablage. Jetzt steht einer Übernahme in eine Excel-Schaltfläche nichts mehr im Wege.*

Schaltflächensymbol zurücksetzen

Die oben beschriebenen Funktionen erlauben Ihnen auch, die Symbole der in Excel 97 integrierten Schaltflächen zu überschreiben. Möchten Sie später das ursprüngliche Symbol wieder anzeigen?

1. Dann klicken Sie bei geöffnetem Dialogfeld *Anpassen* mit der rechten Maustaste auf die Schaltfläche.

2. Anschließend ist der Eintrag SCHALTFLÄCHENSYMBOL ZURÜCKSETZEN im Kontextmenü zu wählen (Bild A.19).

Excel 97 setzt das Symbol der Schaltfläche auf das intern definierte Icon zurück.

Schaltflächen verschieben, kopieren und löschen

Sie können die Schaltflächen der Symbolleisten verschieben, kopieren oder löschen. (Das gleiche gilt sinngemäß auch für Menüs und Menüeinträge.) Voraussetzung ist hierbei, daß das Dialogfeld *Anpassen* in der Anzeige eingeblendet ist (Menü ANSICHT/SYMBOLLEISTE/ANPASSEN).

- Möchten Sie ein Element in der Symbolleiste (oder in einem Menü) verschieben, wählen Sie es mit dem Mauscursor an. Dann halten Sie die linke Maustaste gedrückt und verschieben das Symbol an die gewünschte Stelle.

- Um den Abstand zwischen den Schaltflächen zu vergrößern, ziehen Sie diese einfach bei gedrückter linker Maustaste auseinander. Excel 97 fügt dann einen Separator zwischen den Schaltflächen ein. Sollen die Schaltflächen zusammengelegt werden, schieben Sie eine Schaltfläche bei gedrückter linker Maustaste halb über die zweite Schaltfläche und lassen dann die Taste los.

- Wenn Sie eine Schaltfläche (oder einen Menüeintrag) bei gedrückter linker Maustaste per Maus verschieben und gleichzeitig die [Strg]-Taste drücken, wird diese Schaltfläche (bzw. der Menüeintrag) kopiert.
- Möchten Sie eine Schaltfläche (oder einen Menüeintrag) aus der Symbolleiste löschen, ziehen Sie das Symbol bei gedrückter linker Maustaste in den Dokumentbereich.

Entfernen Sie alle Schaltflächen aus der jeweiligen Symbolleiste, bleibt ein leerer Rahmen zurück. Sie können diese leere Symbolleiste ebenfalls in den Bereich des Arbeitsblatts ziehen und durch Anklicken der *Schließen*-Schaltfläche in der rechten oberen Ecke ausblenden.

Die Symbolleiste läßt sich aber nur über die Schaltfläche der Registerkarte Symbolleisten löschen (siehe Abschnitt »Symbolleisten löschen«).

Wenn Sie eine der in Excel 97 integrierten Schaltflächen entfernen, bleibt das zugehörige Symbol erhalten. Beim Einrichten der Funktion als Schaltfläche erscheint auch das betreffende Symbol. Löschen Sie eine Schaltfläche mit einem benutzerdefinierten Symbol, geht dieses verloren. Soll ein solches Symbol erhalten bleiben, legen Sie eine benutzerdefinierte Symbolleiste an und ziehen die Schaltfläche zu dieser Symbolleiste. Dann schalten Sie die Anzeige dieser Symbolleiste ab. Alternativ können Sie das Symbol über den Befehl SCHALTFLÄCHENSYMBOL KOPIEREN des Kontextmenüs in die Zwischenablage übernehmen, mit der Tastenkombination [Strg]+[c] in einem Zeichenprogramm wie MS Paint einfügen und anschließend als BMP-Datei sichern.

A.2 Excel 97 anpassen

Neben der Gestaltung der Menü- und Symbolleisten ermöglicht Excel 97 eine Anpassung verschiedener Optionen, des Arbeitsverzeichnisses oder des Arbeitsbereichs. Nachfolgend werden diese Techniken kurz vorgestellt.

Das Menü Ansicht

Das Menü ANSICHT enthält verschiedene Einträge (Bearbeitungsleiste, Statusleiste, Symbolleisten etc.) um den Aufbau des Bildschirm zu verändern. Über die verschiedenen Einträge läßt sich die Bildschirmanzeige variieren.

Bild A.20: Menü Ansicht

- Der Eintrag BEARBEITUNGSLEISTE ermöglicht Ihnen, die Zeile zur Bearbeitung der Zellinhalte oberhalb des Arbeitsbereichs ein- oder auszublenden.

- Die Statusleiste wird nur angezeigt, wenn der gleichnamige Eintrag mit einem Häkchen markiert ist.

- Benötigen Sie den kompletten Bildschirmbereich zur Anzeige Ihres Dokuments, benutzen Sie die Option GANZER BILDSCHIRM. Damit werden die Symbolleisten ausgeblendet. Sie können das Menü erneut öffnen und den Befehl anwählen. Dies hebt die Darstellung GANZER BILDSCHIRM wieder auf.

- Über den Eintrag SYMBOLLEISTEN gestalten Sie das Aussehen Ihrer Kopfzeile mit den entsprechenden Leisten (siehe oben).

- Die Option ZOOM öffnet ein Dialogfeld zur Variation der Größe des angezeigten Arbeitsblatts. Einfacher läßt sich der Zoomfaktor jedoch über das betreffende Kombinationsfeld der *Standard*-Symbolleiste einstellen.

Die Befehle NORMAL und SEITENUMBRUCH-VORSCHAU erlauben Ihnen, zwischen der gewohnten Anzeige der Arbeitsblätter sowie der Anzeige mit eingeblendeten Seiten umzuschalten. In der Seitenumbruch-Vorschau lassen sich die Seitenumbrüche durch Mausklicks festlegen.

Einstellungen im Dialogfeld Optionen

Neben der Einstellung der Bildschirmanzeige im Menü ANSICHT enthält das Dialogfeld *Optionen* verschiedene Registerkarten zur Definition der Excel-Einstellungen. Das Dialogfeld wird über den Eintrag OPTIONEN im Menü EXTRAS aufgerufen. Zur Einstellung der Anzeigeoptionen wählen Sie die Registerkarte *Anzeigen* (Bild A.21).

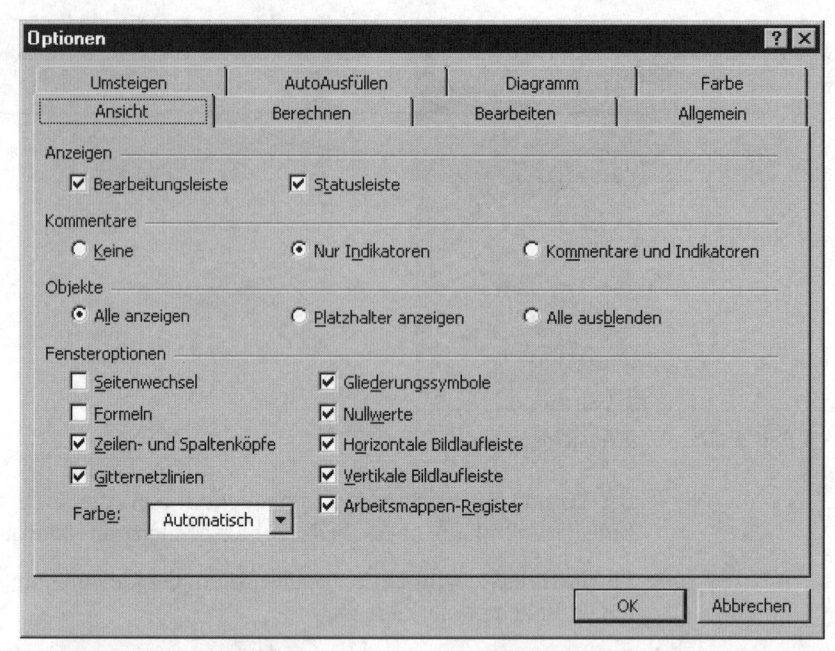

Bild A.21: Die Registerkarte Anzeigen

- Über die Kontrollkästchen der Gruppe *Anzeigen* lassen sich die Bearbeitungs- und Statusleiste ein- oder ausblenden.

- Die Gruppe *Kommentare* legt fest, wie Zellen mit Kommentaren angezeigt werden. Die Option *Nur Indikatoren* bewirkt, daß die Zellen mit einem kleinen Dreieck versehen werden. Die Option *Kommentare und Indikatoren* bewirkt, daß Excel 97 beim Zeigen auf die Zelle den Kommentar einblendet.

- Über die Optionsfelder der Gruppe *Objekte* bestimmen Sie, ob Grafiken, Diagramme und sonstige Objekte in der Anzeige sichtbar sind. Standardmäßig wird die Option *Alle anzeigen* gewählt. Um schnellere Bildaufbauzeiten zu erreichen, wählen Sie die Option *Platzhalter anzeigen*. Bei Bedarf lassen sich die Objekte über die Option *Alle ausblenden* komplett unterdrücken. Mit der Tastenkombination `Strg`+`6` läßt sich die Sichtbarkeit der Objekte schrittweise zwischen den Optionen umschalten.

- Die Kontrollkästchen der Gruppe *Fensteroptionen* beeinflussen die Anzeige der Arbeitsblätter.

Viele Fensteroptionen wirken sich dabei nur auf das aktuelle Dokumentfenster aus. Sie können zum Beispiel ein zweites Fenster mit der Anzeige des aktuellen Arbeitsblatts öffnen (Menü FENSTER, Eintrag NEUES FENSTER). Wenn Sie anschließend das Kontrollkästchen *Formeln* in der Registerkarte *Ansicht* markieren, können Sie sowohl die Formeln, als auch die berechneten Werte sehen (Bild A.22). Die Formeln lassen sich übrigens direkt über die Tastenkombination `Strg`+`#` in der Anzeige ein- und ausblenden.

Das Kontrollkästchen *Seitenwechsel* der Registerkarte *Ansicht* beeinflußt die Anzeige der durch Excel 97 eingefügten automatischen Seitenwechsel. Wird das Kontrollkästchen markiert, erscheint an den Stellen mit einem Seitenwechsel eine dünne gestrichelte Linie.

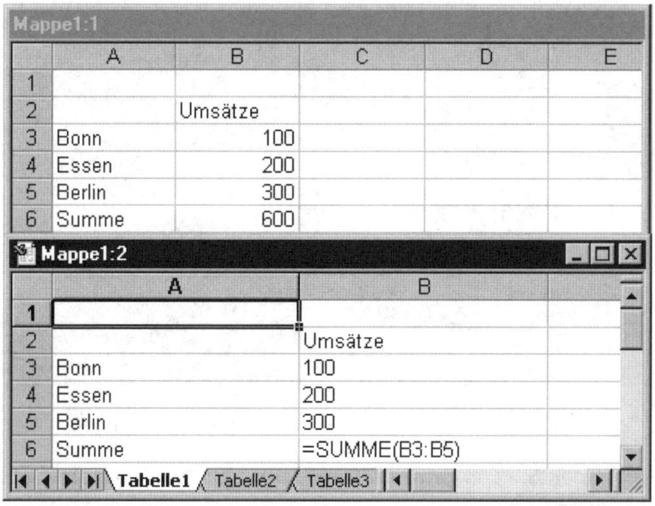

Bild A.22: Anzeige von Werten und Formeln

Über die restlichen Kontrollkästchen lassen sich die Zeilen- und Spaltenköpfe, die Gliederungssymbole, Gitternetzlinien, Nullwerte und Bildlaufleisten ein- oder ausblenden. Die Registerreiter der Arbeitsmappen werden über das Kontrollkästchen *Arbeitsmappen-Register* ein- oder ausgeblendet. Sobald Sie dieses Kontrollkästchen markieren, blendet Excel 97 die Registerreiter am unteren Rand eines Arbeitsblatts ein. Über diese Registerreiter läßt sich zwischen den Arbeitsblättern wechseln.

Änderung der Zugriffspfade

Wenn Sie nach dem Excel-Start die Funktion *Öffnen* verwenden, stellt Excel 97 bereits ein Verzeichnis zum Zugriff auf die XLS-Dateien ein. Dieses Verzeichnis wird als Standardarbeitsverzeichnis in der Registerkarte *Allgemein* (Eintrag OPTIONEN, Menü EXTRAS) definiert (Bild A.23).

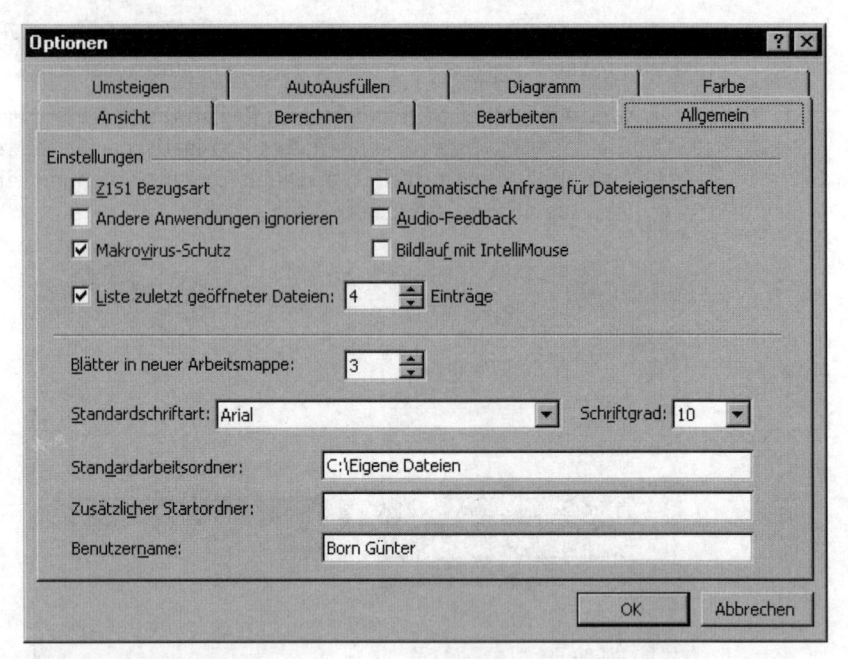

Bild A.23: Die Registerkarte Allgemein

- Tragen Sie das gewünschte Verzeichnis im Eingabefeld *Standardarbeitsordner* ein.

- Sofern Sie im Netzwerk arbeiten, kann ein zusätzliches Startverzeichnis, welches zum Beispiel auf einem Server liegt, erforderlich werden. In diesem Fall läßt sich das zusätzliche Startverzeichnis über den gleichnamigen Eintrag in der Registerkarte *Allgemein* definieren.

Excel 97 überprüft allerdings nicht, ob das alternative Startverzeichnis gültig ist. Bei einem ungültigen oder nicht zugreifbaren Verzeichnis werden die Definitionen nicht gelesen. Dies ist im Netzwerk relevant, da Sie sich hier vor dem Excel-Start für die entsprechenden Laufwerke anmelden müssen.

Die von Excel 97 beim Start automatisch überprüften Ordner lassen sich allerdings nicht verändern. Beim Start lädt das Programm beispielsweise automatisch die XLS-Dateien im Verzeichnis XLSTART. Auch eventuell definierte Musterarbeitsmappen müssen in diesem Verzeichnis gespeichert werden.

> **TIP** *Das Arbeitsverzeichnis läßt sich auch über die Startoption /p setzen. Näheres hierzu finden Sie weiter unten. Den Benutzernamen, den Excel 97 verwendet, können Sie übrigens im gleichnamigen Feld der Registerkarte* Allgemein *setzen.*

Änderung der Farbeinstellung und Farbpalette

Excel 97 besitzt intern eine Farbpalette mit 56 Einträgen. Bestimmten Elementen wie Diagrammlinien, Diagrammobjekten, Gitternetzlinien etc. lassen sich diese Farben zuweisen. Die Festlegung der Farben für den Zellhintergrund, die Diagrammlinien etc. erfolgt über die Registerkarte *Farbe* (Bild A.24). Diese Registerkarte läßt sich über den Eintrag OPTIONEN im Menü EXTRAS aufrufen.

··⊱ Über die Schaltfläche *Standard* der Registerkarte läßt sich die von Excel 97 vordefinierte Farbeinstellung für die einzelnen Farben übernehmen.

··⊱ Sie können aber jedes Farbfeld über die Schaltfläche *Bearbeiten* individuell anpassen.

Um eine Farbe anzupassen, gehen Sie folgendermaßen vor:

1. Klicken Sie auf eines der Farbfelder in der Palette. Anschließend betätigen Sie die Schaltfläche *Bearbeiten*.
2. Excel 97 blendet dann das Dialogfeld aus Bild A.25 in der Anzeige ein.
3. Wählen Sie die gewünschte Farbe aus dem Farbfeld der Registerkarte *Standard*.
4. Um eine Mischfarbe individuell einzutragen, klicken Sie auf die Registerkarte *Anpassen*. Anschließend definieren Sie den Farbwert in dieser Registerkarte.

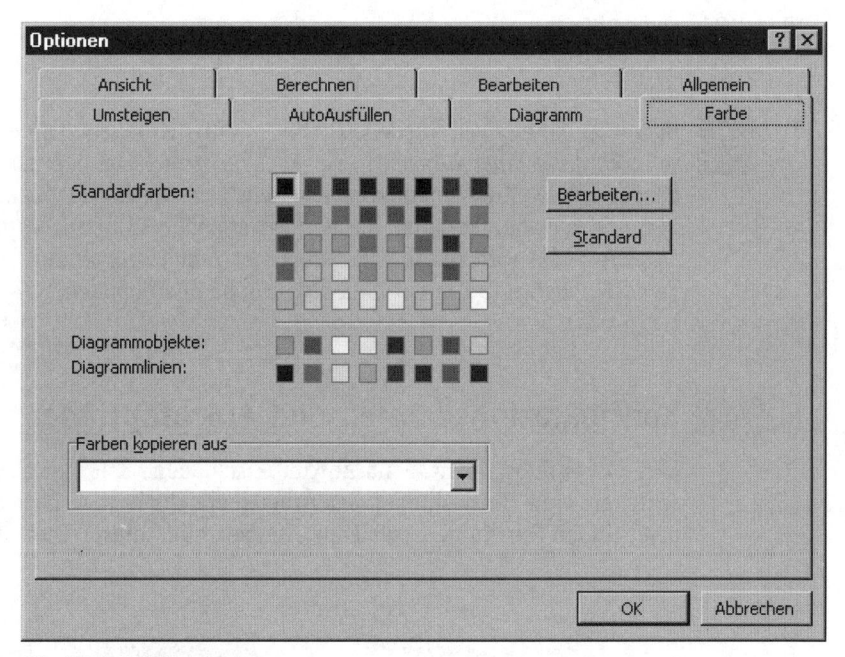

Bild A.24: Die Registerkarte Farbe

Um eine Farbe zuzuweisen, können Sie einen Punkt im Farbfeld per Maus anklicken. Die Farbanteile Rot, Grün und Blau lassen sich aber auch über die Felder im Bereich zwischen 0 und 255 mischen. Weiterhin können Sie den Farbton, die Sättigung und die Intensität über die betreffenden Felder vorgeben. Die Intensität läßt sich übrigens auch direkt durch Ziehen des Pfeils rechts vom Farbfeld beeinflussen.

Die vorherige Farbe sowie die neue Mischfarbe wird im Vorschaufeld in der rechten unteren Ecke der Registerkarte angezeigt. Sobald die Farbe eingestellt ist, schließen Sie das Dialogfeld über die *OK*-Schaltfläche.

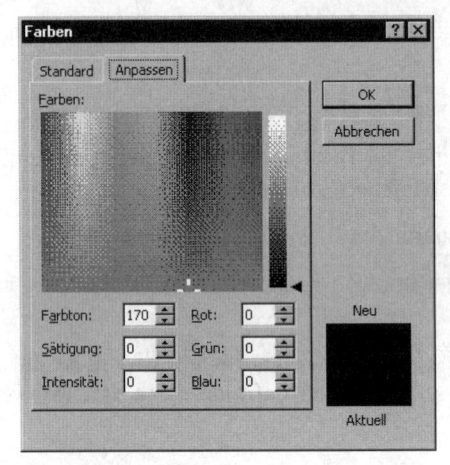

Bild A.25: Farben anpassen

Haben Sie bereits verschiedene Farben in einer Arbeitsmappe geändert, lassen sich diese Einstellungen in der Registerkarte Farbe *übernehmen. Sobald die betreffende Arbeitsmappe geladen wird, blendet Excel 97 beim Öffnen des Listenfelds* Farben kopieren aus *den betreffenden Namen ein. Öffnen Sie das Listenfeld und wählen Sie den Namen der Arbeitsmappe aus. Dadurch wird deren Farbdefinition in der aktuellen Mappe übernommen.*

A.3 Konfigurationsdateien und Aufrufoptionen

Excel 97 erlaubt Ihnen, beim Aufruf verschiedene Schalter zu setzen, und speichert viele Einstellungen des Arbeitsbereichs in XLW-Dateien. Nachfolgend finden Sie einige kurze Hinweise bezüglich dieser Thematik.

Speichern der Arbeitsumgebung in XLW-Dateien

Excel 97 verwaltet die Namen, die Größe und die Position der geladenen Arbeitsmappen in einem sogenannten Arbeitsbereich. Sie können in Excel 97 den Arbeitsbereich explizit in einer Datei sichern. Hierzu gehen Sie folgendermaßen vor:

1. Laden Sie alle Arbeitsmappen, die im Arbeitsbereich gewünscht sind. Legen Sie die Größen und Positionen der Dokumentfenster im Excel-Anwendungsfenster fest.

2. Öffnen Sie das Menü DATEI und wählen den Eintrag ARBEITSBEREICH SPEICHERN. Excel 97 blendet das Dialogfeld aus Bild A.26 in der Anzeige ein.

3. Wählen Sie das Laufwerk und das Zielverzeichnis. Geben Sie den Namen der XLW-Datei vor.

Sobald Sie das Dialogfeld über die Schaltfläche *Speichern* schließen, sichert Excel 97 die Informationen über die aktuellen Einstellungen (den Arbeitsbereich) in der betreffenden XLW-Datei.

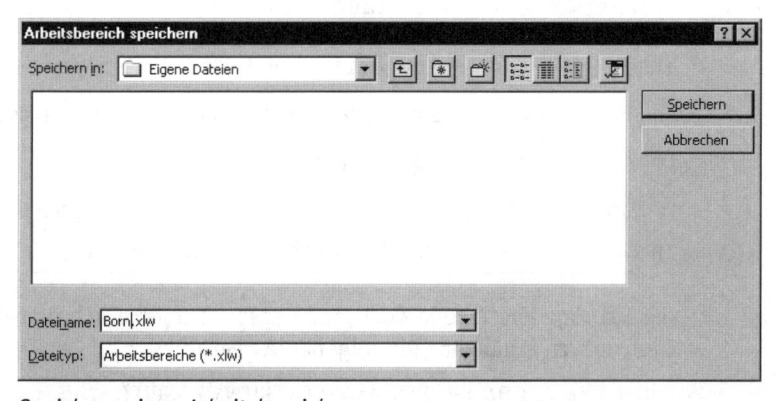

Bild A.26: Speichern eines Arbeitsbereichs

Standardmäßig vergibt Excel 97 beim Speichern den Dateinamen *WIEDER.XLW*. Dies ist die Datei, aus der der Arbeitsbereich beim Start von Excel 97 geladen wird. Sie haben aber die Möglichkeit, individuelle Dateinamen zu vergeben und so eine abweichende Konfigurierung zu sichern.

Um den Inhalt der Arbeitsbereichsdatei zu laden, wählen Sie die Funktion *Öffnen* (z.B. im Menü DATEI). Wird die XLW-Datei nicht angezeigt, müssen Sie ggf. als Dateityp .XLW angeben. Wählen Sie die gewünschte XLW-Datei. Excel 97 zeigt dann die Inhalte der Arbeitsmappen, die vor dem Speichern im Arbeitsbereich geöffnet waren. Gleichzeitig werden die Fenster in der vorherigen Größe und Position angeordnet.

Beachten Sie aber, daß die Pfadnamen zu den XLW-Dateien mit im Arbeitsbereich abgelegt werden. Verschieben Sie die Arbeitsmappen in ein anderes

Verzeichnis, läßt sich die XLW-Datei nicht mehr verwenden, da Excel 97 dann die Arbeitsmappen nicht findet. Der Vorteil beim Laden von XLW-Dateien besteht darin, daß Sie mehrere Arbeitsmappen in einem Schritt öffnen können. Excel 97 ordnet diese dann so an, wie dies vor dem Speichern der Arbeitsumgebung der Fall war. Beachten Sie aber, daß Sie die Arbeitsmappen nach Änderungen explizit speichern müssen. Das Speichern des Arbeitsbereichs sichert lediglich die Anzeigeoptionen der Arbeitsmappen.

Excel-97-Aufrufoptionen

Sie können Excel 97 beim Start den Namen einer oder mehrerer Arbeitsmappen übergeben (z.B. EXCEL UMSATZ.XLS). Dann werden die betreffenden Dokumente automatisch geladen. Weiterhin läßt sich beim Start von Excel 97 der Ablauf über die Schalter aus Tabelle 40.1 beeinflussen.

Excel-97-Startoptionen

Schalter	Bedeutung
ohne	Erzeugt eine neue leere Arbeitsmappe beim Start
/e	Keine neue Arbeitsmappe beim Start erzeugen
Datei	Lade Arbeitsmappe
/r Datei	Öffne die Arbeitsmappe mit Schreibschutz
/p Pfad	Richtet das Arbeitsverzeichnis ein

Die Einträge aus Tabelle 40.1 sind gegebenenfalls durch den Pfad und das Laufwerk zu ergänzen. Die folgende Anweisung:

EXCEL.EXE /r KUNDEN.XLS /p C:\DATEIEN\BEISPIEL

lädt zum Beispiel das Dokument KUNDEN.XLS und setzt das Arbeitsverzeichnis auf C:\DATEIEN\BEISPIEL.

Sie können auf dem Windows-Desktop verschiedene Verknüpfungssymbole mit unterschiedlichen Excel-Startoptionen einrichten. Wenn Sie das Verknüpfungssymbol auf dem Desktop mit der rechten Maustaste anklicken, läßt sich im Kontextmenü der Befehl EIGENSCHAFTEN wählen. In der Registerkarte Verknüpfung *tragen Sie den Befehl zum Excel-Aufruf und die gewünschten Aufrufparameter im Feld* Ziel *ein (Bild A.27). Anschließend kann der Anwender durch Anklicken der betreffenden Verknüpfungssymbole Excel 97 mit unterschiedlichen Arbeitsverzeichnissen und Startdateien aufrufen.*

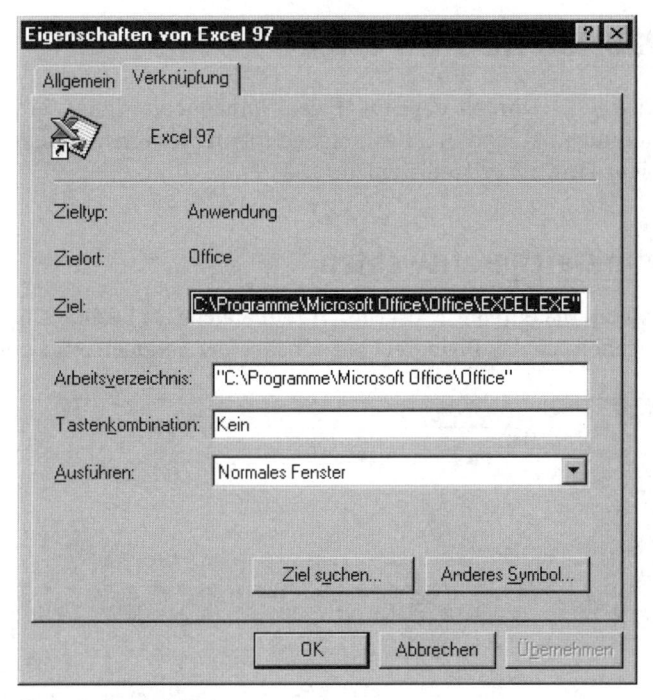

Bild A.27: Verknüpfung definieren

B Was ist neu an Excel 97?

In Excel 97 wurden gegenüber den Vorgängerversionen einige hilfreiche Neuerungen eingeführt. Nachfolgend sollen diese Neuerungen für den Umsteiger kurz angerissen werden.

B.1 Zellbereiche auswählen

In vielen Dialogfeldern lassen sich Zellbereiche als Bezüge eingeben. In Bild B.1 sehen Sie das Dialogfeld zur Eingabe der Parameter für eine Formel.

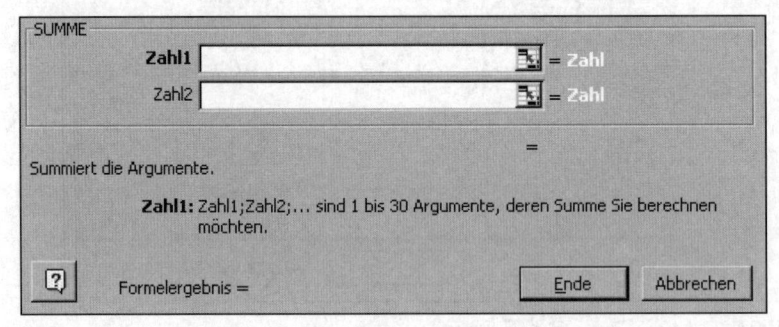

Bild B.1: Eingabe der Zellbezüge in einem Dialogfeld

In früheren Excel-Versionen mußten Sie das Dialogfeld beiseite schieben, um die Zellbereiche zu markieren. In Excel 97 klicken Sie auf die nebenstehend gezeigte Schaltfläche des Felds. Das Dialogfeld wird verkleinert, und Sie können den Zellbereich markieren. Durch Drücken der ←-Taste wird das Dialogfeld in der vorherigen Größe angezeigt.

B.2 Zwischenergebnisse anzeigen

Bei der Formeleingabe öffnet Excel 97 eine Formelpalette (Bild B.1), in der das Zwischenergebnis der Formel angezeigt wird.

B.3 AutoKorrektur

Excel 97 überwacht Ihre Eingaben auf offensichtliche Fehler. Bei Texten werden Rechtschreibfehler automatisch behoben. Haben Sie einen Fehler bei der Formeleingabe gemacht, zeigt Excel 97 einen Korrekturvorschlag für die Formel an.

B.4 Bezugszellenanzeige

Ein Doppelklick auf eine Zelle mit einer Formel zeigt alle Zellen, die in die Formel eingehen. Hierdurch lassen sich die Werte, die in die Formel einbezogen werden, recht einfach ermitteln.

B.5 Beschriftungen

Im Menü EINFÜGEN finden Sie im Untermenü NAMEN den neuen Befehl BESCHRIFTUNGEN. Mit diesem Befehl können Sie Bereiche mit Zeilen- und Spaltentiteln angeben. Diese in diesen Bereichen enthaltenen Namen lassen sich in Formeln wie benannte Bereiche angeben. (Einzelheiten finden Sie in Kapitel 11.)

B.6 Kommentare

Kommentare lassen sich nun in Kommentarfeldern (dies sind eingeblendete Textfelder) eintippen. Hinweise zur Bearbeitung von Kommentaren finden Sie in Kapitel 8.

B.7 Gültigkeitsregeln

Sie können in Excel 97 Gültigkeitsregeln definieren und nach Gültigkeitsregeln suchen lassen (siehe Kapitel 8). Verletzte Gültigkeitsregeln lassen sich zusätzlich im Tabellenblatt anzeigen.

B.8 Zellformate

Excel 97 erlaubt die Auswahl des Währungssymbols für das Zellformat in der Registerkarte *Zahlen*. Zusätzlich bietet die Registerkarte *Ausrichtung* verschiedene neue Varianten zur Ausrichtung. Die Registerkarte wird über den Befehl FORMAT/ZELLEN aufgerufen. Über eine bedingte Formatierung lassen sich Zellen formatieren, deren Wert einer bestimmten Bedingung genügt (siehe Kapitel 19).

B.9 Zellhöhe/-breite

Klicken Sie auf einen Zeilen- oder Spaltenteiler der Tabelle, blendet Excel 97 automatisch die Höhe/Breite in einem QuickInfo-Fenster ein. Beim Ziehen der vertikalen Bildlaufleiste zeigt Excel 97 in einem QuickInfo-Fenster die aktuelle Zeilennummer.

B.10 Rückgängig/Wiederholen

Die Schaltflächen zum Rückgängigmachen des letzten Befehls bzw. zum Wiederholen des letzten Befehls erlauben Ihnen, eine Liste der aufgezeichneten Befehle zu öffnen. Sie können dann einen der Befehle auswählen und rückgängig machen bzw. wiederholen.

B.11 Internet-Funktionen

Excel 97 unterstützt wie die anderen Office-97-Anwendungen den Zugriff auf andere Dokumente über Hyperlinks. Weiterhin können Sie den Inhalt einer Tabelle als HTML-Dokumente im Web-Format exportieren bzw. auf HTML-Dokumente zugreifen. Hinweise zum Umgang mit den HTML-Funktionen finden Sie in Kapitel 21.

B.12 Der Office-Assistent

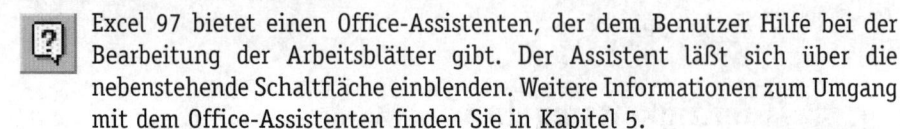

Excel 97 bietet einen Office-Assistenten, der dem Benutzer Hilfe bei der Bearbeitung der Arbeitsblätter gibt. Der Assistent läßt sich über die nebenstehende Schaltfläche einblenden. Weitere Informationen zum Umgang mit dem Office-Assistenten finden Sie in Kapitel 5.

B.13 Seitenumbruch-Vorschau

Im Menü ANSICHT gibt es den Befehl SEITENUMBRUCH-VORSCHAU, der Ihnen das Festlegen der Seitenumbrüche innerhalb der Tabelle gestattet.

B.14 Add-Ins

Einige in früheren Excel-Versionen als Add-In realisierten Funktionen werden jetzt intern durch Excel 97 zur Verfügung gestellt.

B.15 Grafiken und Zeichnen

Die Funktion *Zeichnen* wurde um Funktionen zur Gestaltung von *AutoFormen* und *WordArt*-Objekten ergänzt. Weiterhin lassen sich über eine Zusatzfunktion Werte in Landkarten anzeigen.

B.16 Menüs

Die Entwickler haben verschiedene Menübefehle umbenannt sowie Befehle in anderen Menüs untergebracht.

B.17 Menü- und Symbolleisten anpassen

Excel 97 unterscheidet bei der Konfigurierung (und bei der VBA-Programmierung) nicht mehr zwischen Menü- und Symbolleisten. Sie können daher die gleichen Funktionen im Dialogfeld *Anpassen* (Menü SYMBOLLEISTE/ANSICHT, Befehl ANPASSEN) zur Gestaltung von Menü- und Symbolleisten verwenden. Einzelheiten finden Sie in Anhang A.

B.18 VBA-Code

Excel 97 unterstützt VBA 5.0, wodurch sich eine Reihe von Änderungen zu den Vorgängerversionen ergeben. VBA-Module werden in einem eigenen Editor verwaltet. VBA-Code läßt sich in Tabellen, Arbeitsmappen oder getrennten Modulen hinterlegen.

C Tastenkombinationen

C.1 Menübedienung

Tasten zur Menübedienung

Tasten	Bemerkung
`Alt` oder `F10`	Wählt (selektiert) den ersten Befehl DATEI in der Menüleiste aus.
`Alt`+Buchstabe	Wählt das Menü mit dem angegebenen Buchstaben. Der betreffende Buchstabe ist im Menünamen unterstrichen. Ist das Menü bereits selektiert, reicht es, den im Menünamen unterstrichenen Buchstaben einzutippen, um das Menü zu öffnen.
`←`/`→`	Selektiert das Menü rechts oder links vom aktuell gewählten Menü.
`↑`/`↓`	Bewegt die Auswahl des Befehls im aktuell geöffneten Menü um eine Position nach oben oder nach unten.
`↵`	Führt den ausgewählten Menübefehl aus.
`Esc`	Hebt die aktuelle Auswahl auf. Drücken Sie bei geöffnetem Menü die `Esc`-Taste zweimal, wird das Menü geschlossen und die Selektion der Menüzeile aufgehoben.

C.2 Bewegen in der Tabelle

Tasten zum Bewegen im Tabellenblatt

Tasten	Bemerkung
`←`	Um eine Spalte nach links positionieren
`→`	Um eine Spalte nach rechts positionieren
`↑`	Um eine Zeile nach oben positionieren
`↓`	Um eine Zeile nach unten positionieren
`Strg`+`↑`	Um einen Block nach oben positionieren
`Strg`+`↓`	Um einen Block nach unten positionieren

Tasten	Bemerkung
[Strg]+[←]	Um einen Block nach links positionieren
[Strg]+[→]	Um einen Block nach rechts positionieren
[Bild↑]	Eine Seite nach oben
[Bild↓]	Eine Seite nach unten
[Alt]+[Bild↑]	Eine Seite nach rechts
[Alt]+[Bild↓]	Eine Seite nach links
[Pos1]	Zur ersten Tabellenzelle der aktuellen Zeile
[Strg]+[Pos1]	Zur Tabellenzelle A1 gehen

C.3 Funktionstasten

Funktionstasten

Tasten	Bemerkung
[F1]	Excel-Hilfe oder Office-Assistent aufrufen
[⇧]+[F1]	Direkthilfe aufrufen
[Alt]+[F1]	Diagrammblatt in Arbeitsmappe einfügen
[Alt]+[⇧]+[F1]	Tabellenblatt in Arbeitsmappe einfügen
[F2]	Aktive Zelle bearbeiten
[⇧]+[F2]	Zellkommentar bearbeiten
[Alt]+[F2]	Speichern unter
[Alt]+[⇧]+[F2]	Speichern
[F3]	Name in Formel einfügen
[⇧]+[F3]	Funktion in Formel einfügen
[Strg]+[F3]	Name festlegen
[Strg]+[⇧]+[F3]	Namen (aus Beschriftungen) erstellen
[F4]	Befehl wiederholen

Tasten	Bemerkung
⇧+F4	Suchen/Weitersuchen wiederholen
Strg+F4	Fenster schließen
Alt+F4	Excel 97 schließen
F5	Gehe zu
⇧+F5	Suchen
Strg+F5	Fenstergröße wiederherstellen
F6	Zum nächsten Abschnitt wechseln
⇧+F6	Zum vorherigen Ausschnitt wechseln
Strg+F6	Nächstes Arbeitsmappenfenster
Strg+⇧+F6	Vorheriges Arbeitsmappenfenster
F7	Rechtschreibprüfung starten
Strg+F7	Fenster verschieben
F8	Markierung erweitern
⇧+F8	Hinzufügen zur Markierung
Strg+F8	Fenstergröße ändern
Alt+F8	Dialogfeld Makro öffnen
F9	Alle Blätter der geöffneten Mappen berechnen
⇧+F9	Aktives Tabellenblatt berechnen
Strg+F9	Arbeitsmappe minimieren
F10	Menüleiste aktivieren
⇧+F10	Kontextmenü öffnen
Strg+F10	Arbeitsmappenfenster wiederherstellen
F11	Diagramm erstellen
⇧+F11	Tabellenblatt einfügen
Strg+F11	Excel 4.0-Makrovorlage einfügen
Alt+F11	Visual Basic-Editor aufrufen
F12	Befehl Speichern unter ausführen
⇧+F12	Befehl Speichern ausführen
Strg+F12	Befehl Öffnen ausführen
Strg+⇧+F11	Befehl Drucken ausführen

C.4 Formatieren

Tasten zum Formatieren

Tasten	Bemerkung
[Alt]+['] (Apostroph)	Führt den Befehl FORMATVORLAGE im Menü FORMAT aus
[Strg]+[1]	Befehl ZELLEN im Menü FORMAT ausführen
[Strg]+[⇧]+[&]	Zahlenformat *Standard* anwenden
[Strg]+[⇧]+[$]	Währungsformat mit zwei Dezimalstellen anwenden
[Strg]+[⇧]+[%]	Prozentformat ohne Dezimalstellen
[Strg]+[⇧]+[„]	Zahlenformat Wissenschaft mit zwei Dezimalstellen
[Strg]+[⇧]+[§]	Datumsformat anwenden (Tag, Monat, Jahr)
[Strg]+[⇧]+[^]	Zeitformat (Stunden, Minuten) anwenden
[Strg]+[⇧]+[!]	Format *Zahl* mit zwei Dezimalstellen und 1.000er-Trennzeichen und ggf. negatives Vorzeichen
[Strg]+[⇧]+[ ]	Gesamtrahmen zuweisen
[Strg]+[⇧]+[>]	Alle Rahmen entfernen
[Strg]+[⇧]+[F]	Fettschrift ein/aus
[Strg]+[⇧]+[K]	Kursivschrift ein/aus
[Strg]+[⇧]+[U]	Unterstreichen ein/aus
[Strg]+[5]	Durchgestrichen ein/aus
[Strg]+[9]	Zeilen ausblenden
[Strg]+[)]	Zeilen einblenden
[Strg]+[8]	Spalten ausblenden
[Strg]+[(]	Spalten einblenden

C.5 Daten bearbeiten

Daten bearbeiten

Tasten	Bemerkung
[F2]	Aktive Zelle bearbeiten
[ESC]	Eingabe/Bearbeitung abbrechen
[←]	Zeichen links vom Cursor löschen
[F3]	Namen in Formel einfügen
[⏎]	Eingabe in eine Zelle abschließen
[Strg]+[⇧]+[⏎]	Formel als Matrixformel eingeben
[Strg]+[A]	Formelpalette nach der Eingabe eines gültigen Funktionsnamens in eine Formel anzeigen
[Strg]+[⇧]+[A]	Argumentnamen und Klammern für die Funktion nach der Eingabe des gültigen Funktionsnamens in der Formel einfügen
[Strg]+[C]	Markierung kopieren
[Strg]+[V]	Inhalt der Markierung einfügen
[Strg]+[X]	Markierung ausschneiden
[Entf]	Inhalt des markierten Bereichs löschen
[Strg]+[+]	Leere Zelle einfügen
[Strg]+[Z]	Befehl rückgängig machen

C.6 Sonstige Tastencodes

Sonstige Tasten

Tasten	Bemerkung
Strg+N	Befehl Neu
Strg+O	Befehl Öffnen
Strg+S	Befehl Speichern
Strg+P	Befehl Drucken
Strg+Z	Befehl Rückgängig
Strg+Y	Befehl Wiederholen
Strg+F	Befehl Suchen
Strg+H	Befehl Ersetzen
Strg+G	Befehl Gehe zu
Strg+K	Befehl Hyperlink
Strg+.	Datum in Zelle einfügen
Strg+⇧+.	Zeit in Zelle einfügen
Strg+#	Formelanzeige ein/aus
Strg+⇧+#	Dialogfeld Formatvorlage öffnen
Strg+⇧+0	Matrixkonstante einfrieren
Alt+⇧+0	Funktion Summe() in Zelle einfügen

D Die Begleit-CD-ROM

Diesem Buch wurde eine CD-ROM mit Übungsdateien und hilfreichen Zusatzprogrammen beigelegt. Nachfolgend möchte ich kurz auf den Inhalt eingehen.

D.1 Die Übungsdateien

In verschiedenen Kapiteln dieses Buchs werden Beispiele benutzt. Um diese Beispiele nachzuvollziehen, ist es nach meiner Erfahrung hilfreich, auf bereits vorhandene Dateien zuzugreifen. Deshalb habe ich (ohne Anspruch auf Vollständigkeit) die benutzten XLS-Dateien und einige Mustervorlagen auf der CD-ROM im Verzeichnis \BEISP abgelegt. Die einzelnen Unterverzeichnisse beziehen sich auf die jeweiligen Kapitel. Die Beispiele lassen sich (sofern nichts anderes im Buch angegeben wird) direkt von der CD-ROM laden.

Weitere Hinweise bezüglich der Beispiele finden Sie direkt im Buch. Verweise auf Dateien werden mit dem nebenstehenden Symbol im Text markiert.

D.2 Zusatzprogramme

Die CD-ROM enthält verschiedene Zusatzprogramme aus dem Shareware- und Freewarebereich. Diese Dateien sind in Verzeichnissen wie SHAREW oder FREEW in Archivdateien untergebracht.

- Endet die Datei mit der Erweiterung EXE, handelt es sich um ein lauffähiges Programm, welches sich ggf. selbst entpackt bzw. installiert. Enthält ein Verzeichnis eine Datei wie *SETUP.EXE,* starten Sie die Datei und befolgen Sie die jeweiligen Installationsschritte.

- Bei Dateien mit der Erweiterung ZIP, LHA, ARC handelt es sich um gepackte Archive. Zum Entpacken benötigen Sie ein Entpackprogramm. ZIP-Dateien lassen sich mit dem auf der CD-ROM enthaltenen Shareware-Programm WinZip auf die Festplatte expandieren.

Nach dem Entpacken befolgen Sie die Anweisungen zur Installation. Informationen zu den Funktionen der jeweiligen Programme sowie zu deren Installation entnehmen Sie der Begleitdokumentation dieser Programme.

Was ist Shareware?

Shareware-Programme werden von den Autoren der jeweiligen Software zum Testen angeboten. Dies bedeutet, Sie dürfen das Programm im Rahmen der in der Shareware-Dokumentation genannten Bedingungen auf Ihrem Rechner testen. Meist ist die Testzeit auf 30 Tage begrenzt. Sofern Sie das Programm nutzen, müssen Sie sich beim Autor des Programms registrieren lassen. Dies kostet meist nur ein paar Mark, erlaubt Ihnen aber die legale Nutzung des Programms. Halten Sie sich an die Vorgaben der Autoren bezüglich Registrierung und Nutzung. Nur dadurch geben Sie den Autoren einen Anreiz zur Weiterentwicklung der Software.

Was ist Freeware?

Bei Freeware handelt es sich um Programme oder Dokumente, die von den jeweiligen Autoren zur freien Nutzung weitergegeben werden. Sie dürfen diese Programme unter den in der zugehörigen Dokumentation angegebenen Bedingungen weitergeben. Das Copyright für das Produkt bleibt aber beim jeweiligen Autor, d.h. Sie dürfen die Dateien nicht ändern und dann weitergeben.

Haftung und Weitergabe der Dateien

Die Programme und Dateien auf dieser CD-ROM werden kostenlos und auf der Basic AS-IS weitergegeben. Verlag und Autoren übernehmen keine Haftung und geben keine Unterstützung bei der Installation und beim Gebrauch der Programme. Es kann auch keine Gewährleistung für die Funktion der Programme sowie der Informationen im vorliegenden Material samt Buch gegeben werden. Die Risiken der Benutzung liegen bei Ihnen. Informationen zur Bedienung der Software finden Sie in den zugehörigen Dokumentationsdateien. Soweit es sich um Shareware-Programme handelt, seien Sie bitte fair und lassen die Produkte registrieren. Ansonsten wünsche ich viel Spaß mit den Zusatzprogrammen.

Wenn Sie Microsoft Office 97 installiert haben, verfügen Sie über den Microsoft Internet Explorer 3.0. Mit diesem Werkzeug läßt sich die Datei _START.HTM aus dem Hauptverzeichnis der CD-ROM aufrufen. Diese Datei enthält weitere Informationen zum Inhalt der CD-ROM.

E Das Service Release 1 für Office 97

Microsoft Office 97 bietet im Vergleich zu den Vorgängerversionen zwar viele Neuerungen und Verbesserungen. Leider haben sich aber auch eine Reihe von Fehlern in der ersten Version eingeschlichen. Auch wenn diese Fehler bei Microsoft Excel 97 (im Vergleich mit Microsoft Word 97) vielleicht nicht so gravierend auffallen, sollte das von Microsoft zur Verfügung gestellte Service Release für Office 97 auch für diesen Anwenderkreis von Interesse sein.

Bei der Installation des »Service Release 1 für Office 97 (OSR1)« werden einige Dateien von Excel 97 (bzw. von Office 97), der HTML-Konverter sowie verschiedene VBA-OLB-Module ausgetauscht. Außerdem erweitert es die Funktionalität der Office-Anwendungen durch nützliche Programmzusätze.

Versionen des Service Release für Office 97

Das Service Release für Office 97 ist in zwei verschiedenen Versionen erhältlich:

- Für die Aktualisierung einer bestehenden Version von Microsoft Office 97 (bzw. eines Office 97-Einzelprograms) ist die (kostenlos erhältliche) sogenannte »Patch-Version« des Service-Release gedacht. Er hat die Aufgabe, eine deutschsprachige Office-97-Installation direkt zu aktualisieren (sprich: Es werden nur Dateien überschrieben, die sich geändert haben). Der Patch enthält deshalb nur die wesentlichsten Änderungen, beispielsweise den *Word 6.0/95-Binärkonverter für Word 97* (für Microsoft Word 97) oder die HTML-Filter für Excel 97 etc.

> **TIP** *Auch wenn Sie nicht das komplette Office 97, sondern nur eine der Einzelanwendungen wie Microsoft Word 97 oder Microsoft Excel 97 installiert haben, aktualisiert das OSR-1 Ihre vorhandene Installation mit den notwendigen Komponenten.*

> **Achtung** *Nach einer Neuinstallation von Komponenten müssen Sie den Patch erneut starten, um auch die neuen Programmteile anzupassen.*

- Im Vergleich zur Patch-Version beinhaltet die Enterprise Version des OSR1 (mit allen Erweiterungen und Bug-Fixes) eine komplette neue Version von Microsoft Office 97 bzw. von dem von Ihnen erworbenen Programm (wie Microsoft Word 97, Microsoft Excel 97 etc.). Sie erhalten die CD mit der Enterprise-Version des OSR1 gegen eine Bearbeitungsgebühr von 49 Mark und im Austausch mit Ihrer Original-CD direkt von Microsoft. Die Bestellung sollte schriftlich erfolgen und die Rechnungskopie vom Erwerb Ihrer Office 97 bzw. Word 97 CD beigelegt werden.

Service Release für Office 97 per Internet beziehen

Die kostenlose Version des Service Release für Office 97 läßt sich per CD-ROM anfordern oder über das Internet als Download beschaffen. Um einen unberechtigten Download per Internet zu verhindern, müssen Sie sich registrieren lassen. Dazu benötigen Sie die Produkt-ID Ihrer Office 97- oder Excel-97-Version. Diese Nummer finden Sie über *?/Info* der Office-Anwendungen oder auf der CD-Hülle.

Bild E.1: Die Internet-Adresse HTTP://WWW.MICROSOFT.COM/GERMANY/OFFICE/SR gibt die Seite zum Download des Patches frei

Der Download per Internet ist zwar unbürokratisch und sofort durchführbar, hat aber einen »Pferdefuß«: Nehmen Sie sich zum Download der Dateien viel Zeit, und wählen Sie einen Zeitpunkt mit kostengünstiger Tarifstruktur. Schon beim Registrieren der Produkt-ID müssen Sie Geduld mitbringen. Noch zäher wird es dann beim Download – der Transfer der 8,5 Megabyte Daten benötigt selbst bei einem schnellen Internet-Zugang mit 28 800 Bits/Sekunde mindestens eine Stunde. (Auch bei schnelleren Übertragungsstrecken sollten Sie sich in Geduld fassen, spielt doch auch die Übertragungskapazität des Web-Servers und des Internet eine gewichtige Rolle.)

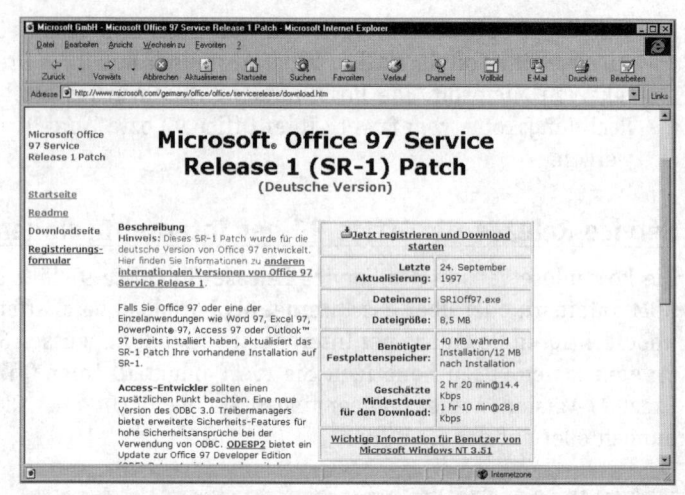

Bild E.2: Informationen, die Sie ernst nehmen sollten – der Download dauert seine Zeit

> Häufig ist es deshalb eine sinnvolle Alternative, die kostenlose CD bei Microsoft telefonisch zu bestellen (Telefon 01 80 / 5 25 11 99). Auch hier sollten Sie die Produkt-ID bereithalten – Sie werden bei der Bestellung danach gefragt!

Das Service Release für Office 97 installieren

Die Installation der OSR1-Patch-Version erfolgt durch den Start der Datei SR1OFF97.EXE. Der Patch wird nach der Installation etwa 12 zusätzliche Megabyte Ihrer Festplatte belegen– während der Installation sind sogar 40 Megabyte freier Festplattenspeicher nötig.

> Suchen Sie vor dem Patch die Datei MSO7DEU.DLL der Originalversion, und kopieren Sie diese an einen sicheren Ort. Damit sind Sie gegen mögliche Überraschungen nach dem Upgrade gefeit.

Die Patch-Version ist nur komplett installierbar. Sie haben also während der Installation keine Möglichkeit, nur bestimmte Teile des OSR1 zu installieren. Außerdem sollten Sie eine Zeit für die Installation des Patches wählen, in der Sie Ihren PC nicht benötigen. Die Office-Anwendungen stehen während des Korrekturvorgangs nicht zur Verfügung. Der Zeitbedarf des Upgrade-Vorgangs wird von Microsoft mit mindestens 45 Minuten angegeben – auf langsamen Systemen sind aber auch zwei Stunden möglich. Nach einem Neustart des Computers ist das Upgrade abgeschlossen. Anschließend können Sie Ihre Festplatte nach einer Datei 97SR1_0.TXT durchsuchen. Diese enthält Informationen über den Ablauf der Installation und dokumentiert alle vorgenommenen Änderungen

> **Wenn Sie nach dem Patch erneut das Setup-Programm von Microsoft Office 97** (bzw. von Microsoft Excel 97) ausführen müssen, um einzelne Komponenten hinzuzufügen, kann der Patch zu Problemen führen. Deinstallieren Sie Office 97 zuvor mit Start/Einstellungen/Systemsteuerung/Software, installieren Sie Office 97 mit den hinzuzufügenden Komponenten, und führen Sie dann den Patch erneut aus. Besser ist es, die Installation vor der Ausführung des Patches zu komplettieren. Nach den Erfahrungen des Autors sollten Sie sowieso häufige Installationen/Deinstallationen einzelner Komponenten unter Microsoft Office 97 vermeiden. Die Setup-Dateien bereinigen bei der Deinstallation nicht alle Systemeinstellungen korrekt. Dies führt zu unerwarteten Effekten und Fehlfunktionen, die sich nur durch eine komplette Deinstallation mit anschließender Neuinstallation beheben lassen. Angesichts des Zeitbedarfs bei der Neuinstallation mit anschließendem Patch ein »schwieriges Unterfangen«.

Leider sind Sie auch nach dem Patch in einigen wenigen Versionen von Office 97 oder Excel 97 nicht vor neuen Überraschungen gefeit. In vereinzelten Dialogfeldern ist es zu Übersetzungsfehlern gekommen. Nach der Ausführung des Patches sollten Sie deshalb beim Umgang mit den ersten Dokumenten besonders aufmerksam sein und ggf. auf Fehler und Probleme achten.

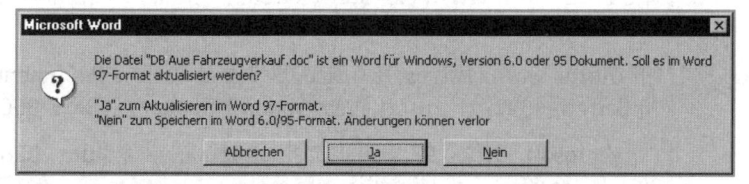

Bild E.3: Einige Dialogfelder (hier in Word 97) sind nach dem Patch fehlerhaft. Hier paßt die Beschriftung der Schaltflächen und deren Funktion nicht mehr zusammen – die Schaltfläche Ja *bricht beispielsweise die Konvertierung des Word-Dokuments ab*

> *Wenn nach dem Upgrade die beschriebenen Fehler in Dialogfeldern auftauchen sollten, kopieren Sie die Datei MSO7DEU.DLL der Originalversion an ihren ursprünglichen Ort zurück.*

Die Wiederherstellung des ursprünglichen Zustandes der Office-Dateien ist auf direktem Weg nicht möglich. Sie können aber Microsoft Office 97 oder Microsoft Excel 97 (oder andere Office-97-Anwendungen) mit dem Setup-Programm entfernen und dann erneut installieren. Setup entfernt alle Office-97-Dateien – einschließlich der von OSR1 vorgenommenen Änderungen – beläßt aber alle von Ihnen erstellten Dateien auf der Festplatte.

F Literatur

[1] Said Baloui: Excel 97 – Das Kompendium, 999 Seiten, 1997,
Markt&Technik Verlag München, ISBN 3-8272-5216-4

[2] Ignatz Scheels: Excel 97 – Supertricks, 1997,
Markt&Technik Verlag München

[3] Günter Born: Windows 95 – Tuning, 724 Seiten, 1995,
Markt&Technik Verlag München, ISBN 3-87791-757-7

[4] Günter Born: Windows NT 4 – Tuning, 636 Seiten, 1997,
Markt&Technik Verlag München, ISBN 3-8272-5256-3

[5] Günter Born: Windows 95 – Supertricks, 434 Seiten, 1996,
Markt&Technik Verlag München, ISBN 3-8272-5337-3

[6] Günter Born: Referenzhandbuch Dateiformate, 5. Auflage,
1400 Seiten, 1997, Addison Wesley Verlag Bonn, ISBN 3-8273-1241-8

[7] Günter Born: Arbeiten mit der Microsoft Windows 95 Registrierung,
348 Seiten, 1997, Microsoft Press Verlag München, ISBN 3-86063-388-0

[8] Günter Born: Intranet Publishing mit Microsoft Office 97, 306 Seiten,
1997, Microsoft Press Verlag München, ISBN 3-86063-431-3

[9] Günter Born: HTML 2.0/3.2 – Referenz Guide, 2. Auflage, 242 Seiten,
1997, Addison Wesley Verlag Bonn, ISBN 3-8273-1260-4

[10] Günter Born: Microsoft Office 97 Visual Basic – Programmierung,
700 Seiten, 1997, Microsoft Press Verlag München, ISBN 3-86063-446-1

[11] Microsoft: Office 97 Visual Basic Programmer's Guide, 528 Seiten,
1997, Microsoft Press München, ISBN 1-57231-340-4

Stichwortverzeichnis

■ SYMBOLE

\# 65
&-Operator 963
+-Operator 963
.DQY 670
1900-Zeitsystem 182
1904
   Datumswerte 183
   Zeitsystem 182
3D
   Adreßbezüge 274
   Bezüge 279
   Diagramm
      Drehen 819

■ A

A1-Bezugssystem 275
Abfrage 664
   Abfragekriterien
      Bearbeiten 685
      Formulieren 684
   Ausführen 691
   Ergebnisse
      Bearbeiten 676
      Spalten ein-/
      ausblenden 678
      Sortieren 688
      Übernehmen 679
   Felder bearbeiten 675
   Datenquelle wählen 670
   Datensätze gruppieren 689
   Erstellen 664
   Externer Daten 663
   Grundlagen 658
   Im Web 693
   Laden/speichern 681
   Mit MS Query 659
   Per SQL 687
   Speichern 670
   Tabellen hinzufügen 682
   Verbindung festlegen 672
Absolute
   Adressen 273
   Zellbezüge 273
Access
   Access-Bericht erstellen 733
   Access-Formular erstellen 735
   Access-Funktionen 731
   Arbeitsmappe zu Access konvertieren 732
   Tabelle konvertieren 732
Access Links-Add-Ins 570
Access-Bericht erstellen 733
Access-Formular erstellen 735
Achsenbeschriftung
   Schriftart verändern 807
Achsenskalierung
   Ändern 805
   Ein-/ausblenden 803
Add-In
   AccessLinks 737
   Analyse Funktionen 570
   Analyse Funktionen – VBA 571
   Automatisches Speichern 571
   Bericht-Manager 571
   Dateikonvertierungs-Assistent 571
   Internet-Assistent 571
   LexiROM Integration 572
   ODBC Funktion 572
   Query 572
   Solver 572
   Teilsummen-Assistent 572
   VBA-Beispiel 980
   Verknüpfungen aktualisieren 567
   Verweis-Assistent 572
   Vorlagen-Assistent mit Datenarchivierung 572
   Vorlagen-Zubehör 572
   Web-Formular-Assistent 572
Add-Ins
   Access Links 570
   Analyse Funktionen VBA 571
   Automatisches Speichern 571
   Bericht-Manager 571
   Dateikonvertierungs-Assistenten 571
   Internet-Assistent 571
   LexiRom-Integration 572
   MS Query
      ODBC-Funktion 572
      Query 572
   Solver 572
   Teilsummen-Assistent 572
   Verknüpfungen aktualisieren 570
   Verweis-Assistent 572
   Vorlagen-Assistent mit Datenarchivierung 572
   Vorlagen-Zubehör 572
   Web-Formular-Assistent 572
Add-In-Dateien erstellen 568
Add-In-Programme 562
   Verknüpfungen aktualisieren 562
   Auswählen 565
   Aktivieren 563
   Aufrufen 563
   Deaktivieren 563
   Einrichten 562
   Entfernen 567
   Dateien erstellen 568
   Speichern 568
   Kompilieren 568

Excel ADD-Ins installieren 566
Meldung bei fehlender Add-In-Datei 567
Einträge in Registrierung entfernen 567
Installieren 564, 566
Verfügbare ADD-Ins 570
Was ist das? 562
Add-In-Verknüpfungen aktualisieren 570
Adobe Type Manager 450
Adreßbezüge
　Arten 273
　In Formeln 273
　Konvertieren 274
　Wechseln 274
Adreßliste in Excel als Beispiel 574
Adressen
　Bei Hyperlinks 502
　　Absolute 502
　　Relative 502
　Pfadangaben 503
ANALYSE.XLS 657
Änderung
　Automatisch 135
　Beim Speichern 135
　Kollidierende 135
　Zurücknehmen 265
Anlegen
　Abfrage 673
　Access-Formular 735
　Arbeitsblatt 161
　Arbeitsmappe 120
　Bericht 625
　Diagramm 740
　Formatvorlage 466
　Formular 947
　Makro 886
　Pivot-Tabelle 695
　Tabelle 161
　Tabellenvorlage 121, 489
　VBA-Modul 958
Anordnen der Dokumentfenster 51
Ansehen Kommentar 191

Ansicht
　Abrufen 620
　Benutzerdefinierte 621
　Definieren 622
　Dialogfeld Ansicht hinzufügen 623
　Dialogfeld Benutzerdefinierte Ansichten 621
　Löschen 624
　Was ist das? 620
　Zum Einblenden von Gitternetzlinien verwenden 623
Anzahl der Arbeitsblätter pro Arbeitsmappe 149
Ansicht
　Anpassen 1019
　Bearbeitungsleiste 1019
　Ganzer Bildschirm 1019
　Kopf-/Fußzeile 1019
　Normal 1019
　Seitenumbruch-Vorschau 1019
　Statusleiste 1019
　Z1S1-Bezugsart 1022
Anzeige
　Benutzerdefinierter Eigenschaften 377
　Der Dateistatistik 376
　Der Eingabe 175
　Der Fehlerspur im Detektiv 317
　Der referenzierten Zellen 318
　Einer fehlerhaften Zelle 317
　Externer Referenzen 318
　Kommentar 191
　Werte und Formeln 1021
Anzeigewerte, Rechnen mit 291
Application-Objekt 961
Arbeiten
　mit Bezugsoperatoren 277
　Mit dem Excel-Detektiv 315
　mit Verknüpfungen 281
Arbeitsbereich
　Laden 1026

Speichern 1025
Arbeitsblatt
　Anordnen
　　In Fenstern 169
　Anzeigeoptionen 164
　Auswählen 49, 150
　Durchschlag anfertigen 152
　Ein-/ausblenden 165
　Einfügen
　　Per Funktionstasten 162
　　Per Schaltfläche 162
　Formatieren 452
　Gruppierung
　　Aufheben 154
　　Erweitern 153
　　Setzen 152
　Kopieren 157, 158
　Kopierfunktion 152
　Löschen 163
　Neu einfügen 161
　Neu holen 55
　Registerreiter ausblenden 1021
　Schützen 464
　Speichern 73
　Umbenennen 154
　Verschieben 156, 158
　Vorlagen 489
　Zahl für neue Mappe festlegen 50
Arbeitsblätter
　Pro Arbeitsmappe 149
　Reihenfolge ändern 50
Arbeitsmappe
　Alle schließen 139
　Als Kopie öffnen
　Ausblenden 166
　Aus Tabellenvorlage anlegen 121
　Aus Windows erzeugen 124
　Automatisch laden 485
　Befehl Neu 120
　Blattregister
　　Bereich vergrößern 151

Dateistatistik anzeigen 376
Direkt laden 78
Eigenschaften
  Anzeigen 130, 376
  Benutzerdefiniert 376
Ein-/ausblenden 166
Freigabe aufheben 136
Freigabeoptionen 135
Freigeben 133
Im Fenster anordnen 169
In verschiedenen Ordnern 137
In zweitem Fenster anzeigen 168
Inhalte anzeigen 376
Konsolidieren 721
Laden 76, 125
  Automatisch 136
  Per Office Shortcut-Leiste 127
  Per Startmenü 127
Leseschutz 142
Makros abschalten 126
Mehrere laden 128
Mit Kennwort schützen 142
Neu anlegen 120
Neue Arbeitsblätter 149
Neuer Name 140
Öffnen
  Als Kopie 132
  Reservierter Arbeitsmappen 132
  Schreibgeschützt 130
Per Startmenü anlegen 124
Schließen 138
Schreibschutz 144
Schützen 142
Shortcut-Leiste 123
Speichern 139
Symbolleiste zuordnen 1005
Unter neuem Namen speichern 141
Zoomfaktor vergrößern 172

Arbeitsmappen 48
  Mehrere markieren 129
  Schließen 138
  Zusammenführen (Konsolidieren) 721
Arbeitsverzeichnis
  einstellen 371
  Standardarbeitsordner einstellen 1022
Assistent
  Teilsummen 572
  Verweis 572
  Vorlagen mit Datenarchivierung 572
  Web-Formular 520, 572
Argumente 297
Arithmetische Reihe 213
Audio-Dateien einbinden 549
Ausblenden
  Arbeitsblatt 461
  Arbeitsmappen-Register 1020
  Bearbeitungsleiste 1020
  Bildlaufleisten 1020
  Gitternetzlinien 1020
  Kommentare 192, 1020
  Nullwerte 1020
  Objekte 1020
  Statusleiste 1020
Ausdruck
  Eingeben 188
  Format 188
  Skalieren 337
Ausfüllen 441
  Bündig anordnen 212
  Format kopieren 204
  Reihen abrufen 212
  Reihentyp 213
  Zellbereiche 210
Ausfüllkästchen 81
Ausrichten 439
Ausrichtung 442
  Horizontal 440
  Vertikal 440
Auswahl eines Arbeitsblatts 49
AutoAusfüllen 198

Leerzellen 207
Mit Datenreihen 199
Reihe
  Definieren 208
  Importieren 209
  Löschen 208
  Strg-Taste 207
AutoFilter 596
  Abschalten 600
  Benutzerdefinierte Kriterien 598
AutoFormat 93
  Anpassen 458
AutoFormen 855
  Symbolleiste 856
AutoKorrektur 555
  Abschalten 556
  Am Satzanfang steuern 558
  Arbeiten mit 555
  Ausnahmeliste 559
  Einschalten
  Einträge löschen 556
  Erster Buchstabe groß schreiben 557
  Feststelltaste korrigieren 559
  Optionen 556
  Probleme mit Großbuchstaben am Wortanfang 557
  Satzanfang 558
  Wörter aufnehmen 555
Automatisch speichern 146
AutoSpeichern, Optionen 147

B

Balkendiagramm 766, 768
  3D 768
  Gestapelt 768
  Varianten 768
Barwert 309
Bearbeiten
  Abfragen 673
  Arbeitsmappe 247

Bearbeitungsleiste 54
Berichte 625
Diagrammlegende 799
Dateieigenschaften 373
Diagramme 757
Eingabefelder 71
Fehler 315
Filter 600
Formeln 89
Gliederungen 606
Grafiken 849
Gültigkeitskriterien 194
Kommentare 191
Listen 576
Matrixformeln 322
Pivot-Tabellen 695
Szenarien 639
Zellwerte 54
Bearbeitungsleiste 36, 57, 248
   Ein-/ausblenden 247, 1019
Bedingte Formate 437
   Zellhintergrund 437
Bedingte Zellformate 435
Befehle zurücknehmen 73
Benutzerdefinierte Eigenschaften
   Diagrammtypen 776
      Abrufen 777
      AutoFormat hinzufügen 780
      Benutzerdefiniert, löschen 783
      Erstellen 778
      Integrierte hinzufügen 781
   Funktionen erstellen 974
   Formate für Zeichen 421
   Zellformate 420
Benutzername ändern 1022
Berechnung
   Auf Anzeigewerten 291
   Datumswerte 295
   Manuell 287
   Steuern 287
   Varianten 287
   Wie Lotus 1-2-3 290
   Berechnungszeile 68
   Zirkelbezüge 289
Bereich
   Füllen 198
   Markieren 224
   Mit Namen belegen 231
   Mit Vorgabewerten füllen 81
   Sortieren 590
Bereiche, mehrere markieren 226
Bereichsnamen definieren 231
Bereichsoperator 278
   Prioritäten 278
Bericht 625, 645
   Ändern 628
   Bereich 626
   Bereiche,
      Reihenfolge ändern 628
   Dialogfeld,
      Bericht hinzufügen 627
   Drucken 365, 629
   Erstellen neuer Bericht 625
   Löschen 628
   Reihenfolge der Ausgabe 628
   Szenarien als Quelle 645
   Übersichtsbericht 646
   Was ist das? 625
   Wie wird ein Bericht erzeugt? 626
   Wie wird ein Bericht geändert? 628
   Wie wird ein Bericht gedruckt? 629
   Wie wird ein Bericht gelöscht? 628
Berichts-Manager 625
   Dialogfeld 626
Beschriftungsbereiche 243
Bewegen
   in Markierung 216
   in Tabelle 221
Bezüge
   Eingeben 276
   Zu anderen Arbeitsblättern 279
   Zu anderen Tabellen 279
Bezugsoperatoren 277
Bilder
   Mit Paint Shop Pro einbinden 548
Bildlaufleisten ausblenden 1020
Bildschirmansicht verändern 1018
Bildschirmelemente 35
Blasendiagramm 773
Blättern in Tabellen 217
Blattregister 49
Break-Even-Analyse 630
Brüche eingeben 175
Buchhaltungsformate 418
BW 309

C

ClipArt-Grafiken 850
CGI-Skript 523
Code-Editor 903
Codefenster 903
Common Gateway Interface (CGI) 523
Cursorbewegung bei der Eingabe 215
Cursorsteuerung Tasten 215

D

Datei
   Anzeige sortieren 384
   Drucken im Dateimanager 381
   Exportieren 409
      Besonderheiten bei Excel-Formaten 411
      Dateierweiterungen 411
      Exportformate 409, 412
      Hinweise zu Exel 5.0/95/97 413
      Im Textformat 410

Warnungen bei älteren
   Formaten 410
Favoriten zur Suche
   definieren 395
Funktion weitere Suche
   390
Importieren 397
   Importformate 39
   Im Textformat 397
   Lotus-Daten (Besonder-
   heiten) 398
   Per Dateikonver-
   tierungs-Assistent 406
   Textbereich nachträglich
   aufteilen 404
   Trennzeichen auswäh-
   len 401
Komprimieren 385
Kopieren 382
Laden 76
Löschen 381
Informationen anzeigen
   380
Mehrere gleichzeitig
   öffnen 379
Organisation 371
Öffnen 378
   Mit Vorschau 379
Per OLE verknüpfen 544
Schreibgeschützt öffnen
   380
Suchen 387
   In Favoriten 394
   Im Web 396
   Mit Wildcardzeichen 389
   Über Weitere Suche 393
Suchoptionen 389
Suchkriterien 391
   Abrufen 392
   Ändern 393
   Entfernen 390
   Speichern 391
Vorschau 380
Dateieigenschaften 373
   Dialogfeld aufrufen 374
Datei-Info
   Beim Speichern neuer
   Dateien 373

Pflegen 374
Sind gesperrt, was tun?
   375
Dateianzeige sortieren 384
Dateieigenschaften 373
   Manuell aufrufen 374
   Registerkarte Allgemein
   374
   Registerkarte Inhalt 376
Dateierweiterungen 411
Dateikonvertierungs-
   assistent 406
Dateiorganisation 371
Dateistatistik 376
Dateisuche 387
Daten bearbeiten 247
Datenbank als Funktion in
   Excel realisieren 575
Datenbankabfrage aus-
   führen 691
Datenblock 219
   Markieren 225
   Positionieren im 219
Dateneingaben
   Gültigkeitsregeln 194
   Korrigieren 57
   Zahlen 61
Datenreihen 199
   Erzeugen 209
   Importieren 209
   Zum AutoAusfüllen
   definieren 209
Datentabelle
   Im Diagramm einblenden
   755
Datensätze
   Per Maske ändern 581
   Per Maske einfügen 580
   Per Maske löschen 582
   Per Maske suchen 583
Datum
   In serielle Zahl 183
   Umbrechen 431
Datumsformat 419
   Besonderheiten 430
Datumswert
   Berechnungen 295
   Eingeben 180

DB-Funktionen 589
Debug.Print 932
Deinstallation 28
Detaillierte Suchkriterien
   393
Detektiv, arbeiten mit 317
Dezimalstelle hinzufügen/
   entfernen 63
Diagramm, 3D-Darstellung
   drehen 819
   Achsen
      Beschriftung formatie-
      ren 807
      Beschriftung ausrichten
      809
      Mit Quelldaten verknüp-
      fen 808
      Registerkarte Ausrich-
      tung 809
      Registerkarte Muster
      804
      Registerkarte Skalierung
      805
      Registerkarte Zahlen
      808
      Skalierung ändern 805
      Zahlen formatieren 807
   Achsenbeschriftung 750,
      793, 803
      Ausblenden 804
      Ausrichten 809
      Formatieren 807
   Achsenform verändern
      804
   Achsenskalierung 803
      Größtwert 807
      Logarithmisch 807
      Nullpunkt 807
   Aktivieren 740
   Assistent 742
      Datenbereich auswählen
      743
      Diagrammtyp wählen
      742
      Optionen festlegen 746
      Reihe wählen 745

1049

Beim Drucken ausblenden 822
Beschriftung 793
  Aus Tabelle übernehmen 762
  Darstellungsoptionen 796
  Doppelte, in der X-Achse 765
  Formatieren 795
  Hierarchisch 765
  Probleme bei der Übernahme 765
  Schriftart ändern 796
  Schriftgrad ändern 796
  Standard-Legende 763
  Textausrichtung 797
Beschriftung aus Tabelle 762
Beschriftung löschen 794
Beschriftungsobjekt
  Muster definieren 798
Daten einfügen 787
Daten löschen 791
Datenbereich anpassen 759
Datenbereich auswählen 743
Datenbeschriftung
  Bei Kreisdiagrammen 754
  Ein-/ausblenden 810
Datenpunkt ändern 791
Datenreihe
  Bearbeiten 789
  Einfrieren 790
  Einfügen 787
  Formatieren 810
  Hinzufügen 760
  Löschen 759
  Über Legende löschen 801
  Reihenfolge ändern 812
  Zuordnung ändern 761
Datenübernahme aus Diagramm 788

Datentabelle hinzufügen 755
Datenreihe
  Bearbeiten 789
  Einfrieren 790
  Im Diagramm löschen 759
  Löschen 791
  Neu einfügen 787
  Zum Diagramm hinzufügen 760
  Zuordnung ändern 761
Datenpunkt ändern 791
Diagrammelemente
  Auswählen per Listenfeld 758
  Bearbeiten 759
  Markieren 758
Diagrammtitel 793
Diagrammtyp
  Auswählen 742
  Balkendiagramm 768
  Benutzerdefinierte Typen 777
  Blasendiagramm 773
  Flächendiagramm 771
  Kegeldiagramm 775
  Kreisdiagramm 770
  Kursdiagramm 774
  Liniendiagramm 769
  Liniendiagramm mit Datenpunkten 769
  Oberflächendiagramm 773
  Punktdiagramm 771
  Pyramidendiagramm 776
  Ringdiagramm 772
  Säulendiagramm 766
  Schaltfläche 741
  Zylinderdiagramm 775
Einbetten 740
Elemente markieren 758
Elemente wählen 793
Erstellen 742
Farbverlauf 825

Fehlerindikator 816
Formatieren 746
  Beschriftung ändern 793
  Beschriftungstext 795
  Mit Mustern 798
  Schriftart 796
  Schriftgrad 796
  Text hinzufügen 794
  Textausrichtung 797
  Textdarstellung 796
  Zeilenumbruch 795
Formatierung löschen 784
Fülleffekt 822
  Grafik 829
  Farbverlauf 824
  Muster 828
  Struktur 823, 826
Füllmuster fließend 824
Gitternetzlinien
  Ein-/ausblenden 751, 802
  Formatieren 802
  Hauptgitternetz 751
  Hilfsgitternetz 751
Größe ändern 757
Kopieren 757
Legende 799
  Ausblenden 799
  Ausrichten 800
  Bearbeiten 799
  Beschriftung anzeigen 753
  Datenreihe unterdrücken 801
  Ein-/ausblenden 799
  Einfügen 747
  Formatieren 801
  Hintergrund gestalten 801
  Position vordefinieren 753
  Text ändern 800
  Werte ein-/ausblenden 753
  X-Achse tauschen 761

Legendenhintergrund 801
Legendentext ändern 800
Logarithmische Skalierung 806
Linientyp einstellen 814
Markieren 740
Mehrfachmarkierung im Datenbereich 761
Mit einer Dateibeschriftung versehen 747
Mit einer Legende versehen 747
Mit Fehlerindikator 816
Mit Fülleffekt 818
Mit Landkarte 831
Mit Objekten 817
Mit Sekundärachse 813
Mit Symbolen 818
Mit Trendlinien 815
Muster für Hintergrund verwenden 828
Neu berechnen 787
Optionen
  Datenbeschriftung 753
  Gitternetzlinien 751
  Größenachse 759
  Legende 752
  Rubrikenachse 749
  Titel 749
Plazierung 748
  Als neues Blatt 748
  Als Objekt in Tabelle 758
Probleme bei der Beschriftung 764
Säule aus Symbolen erstellen 817
Schützen 821
Sekundärachse 813
Skalierung ändern 805
Struktur für Hintergrund verwenden 826
Symbolleiste 741
Tabulator im Text 795
Teilstrichbeschriftungen Anzahl 805
Text hinzufügen 794

Titel 749
Typ
  ändern 783
  Säulen (100%, gestapelt) 767
  Säulen gestapelt 767
  Säulen gruppiert 767
Typ ändern 785
Typen überlagern 785
Verschieben 757
Versteckte Zellen anzeigen 765
Wird nicht angezeigt 852
Zeilenumbruch im Text 795
DIAGRAMM.XLT 489
Diagrammassistent
  Diagramm formatieren 746
  Registerkarte Reihe 745
Diagrammbeschriftung, hierarchisch 765
Diagrammblatt
  Größe anpassen 340
  Diagrammgröße einstellen 341
  Druckqualität 341
Diagramme
  Beschriftungen 793
  Datenpunkte formatieren 814
  Druckqualität 343
  Gitternetzlinien 802
  Mehrfachmarkierung im Datenbereich 761
  Trendlinien 815
  Typ ändern 783
Diagrammfläche formatieren 809
Diagrammoptionen 749
  Achsen 750
  Datenbeschriftung 753
  Datentabelle 755
  Gitternetzlinien 751
  Legende 752
  Setzen 746
  Titel 749

Diagrammtyp
  Ändern 783
  Benutzerdefiniert 776
    Abrufen 777
    Erstellen 778
    Integriert 781
    Löschen 783
  Einer Datenreihe ändern 785
  Per Symbolleiste ändern 785
  Säulendiagramm 766
Dialog
  Anlegen 936
  Beispieltabelle mit Kombinationsfeld 938
  Einfügen 935
  Grundlagen 935
  Steuerelement
    3D-Effekt 941
    An Zellen anbinden 939
    Anwendungsbeispiel 945
    Aus Excel 5.0 verwenden 935
    Ausgabeverknüpfung mit Zelle 941
    Formatieren 941
    Kombinationsfeld 940
    Kontrollkästchen 942
    Listenfeld 940
    Optionsfeld 942
    Schaltfläche 944
    Symbolleiste 937
DIALOG.XLT 489
Dialogfeld
  An Zelle anbinden 939
  Drucken 361
  Optionen 1019
  Öffnen mit Vorschaugrafik 375
  Seite 338
Direktbereich 909
Direkthilfe 104
  Schaltfläche 747
Direkte Zellbearbeitung aktivieren 247

Stichwortverzeichnis

Dokumente
　drucken 360
　Exportieren 409
Dokumenteigenschaft
　Autor 375
　Kommentar 375
　Stichwörter 375
　Thema 374
　Titel 374
Dokumentfenster
　Anordnen 51
　Teilen 52
Dokumentsuche 393
Dokumentverzeichnis 371
Druck
　An Seitengröße anpassen 339
　Auflösung der Grafiken reduzieren 359
　Berichte 365
　Drucktitel setzen 356
　Entwurfsqualität 359
　Geschwindigkeit erhöhen 359
　Gitternetzlinien ausgeben 359
　Kommentare mit ausgeben 360
　Konzeptausdruck 363
　Mehrerer Arbeitsblätter 362
　Mehrerer Kopien 363
　Schwarzweißdruck 359
　Seitenreihenfolge 357
　Spaltenköpfe 360
　Spaltenüberschriften 357
　Von Diagrammblättern 341
　Vorgaben für Tabellendruck 354
　Zeilenüberschriften 357
　Zellformeln 364
Drucken
　Arbeitsblätter 362
　Arbeitsmappe 362
　Aus dem Dialogfeld Öffnen 381
　Aus Windows 369

Ausgabegeschwindigkeit steigern 343
Benutzerdefiniertes Papierformat einstellen 342
Bereichsweise 361
Berichte 365, 625
Beschleunigen 368
Diagrammblatt Größe anpassen 340
Dokumente 360
Druckbereich voreinstellen 354
Druckgeschwindigkeit 359
Druckqualität 343
Druckqualität bei Diagrammen 341, 343
Drucktitel 356
Entwurfsqualität 359
Farbdruck 343
Fußzeilen 347
　Abschalten 349
　Automatische Übernahme 353
　Benutzerdefiniert 349
　Datum 351
　Firmenspezifisch 350
　In Mustervorlagen 350
　Probleme 353
　Zeit 351
Gitternetzlinien
　abschalten 359
Gruppierung 363
Im Hochformat 337
Im Querformat 335
In Datei 369
Kommentare 360
Kopien 363
Kopfzeilen 347
　Abschalten 349
　Benutzerdefiniert 349
　Dateiname anzeigen 352
　Datum 351
　Firmenspezifisch 350
　In Mustervorlagen 350
　Probleme 353

Randeinstellung 348
Zeit einblenden 351
Markierte Bereiche 361
Mit Kopien 363
Noten 365
Optionen 359
Papierformat 335, 342
Papierschacht 344
Per Kontextmenü 369
Querformat 337
Schwarzweißdruck 343
Seitenansicht zur Kontrolle nutzen 366
Seitennumerierung 344
Seitenränder 345
Seitenreihenfolge 357
Seitenwechsel 358
Seitenweise 362
Skalierung der Ausgabe 337
Spaltennummern 360
Standardeinstellung für Seitenränder 345
Seitenweise 362
Tabelle
　Anpassen 339
　Bereichsweise 361
Zeilennummern 360
Zellformeln 364
Drucker
　Anschluß wechseln 334
　Anschluß zuweisen 329
　Ausgabe in Datei 329
　Diagnose 331
　Dokumentspezifische Eigenschaften anzeigen 335
　Druckertyp auswählen 328
　Eigenschaften 334
　Fehler 331
　Im Netzwerk 327
　Name 329
　Neuer Drucker 326
　Ordner 326
　Papierformat einstellen 335
　Papiergröße wählen 335

Papierzufuhr einstellen 335
Probleme lokalisieren 331
Spooldateien 335
Standarddrucker wählen 329, 334
Testseite drucken 331
Treiber installieren 327
Treiber wechseln 332
Druckereigenschaften ändern 333
Druckerschriftarten 449
Druckertreiber
  Assistent 327
  Installieren 326
  Lokal installieren 327
  Wechseln 332
Druckqualität 343
Duales Dateiformat 413
Durchstreichen 445

E

Early Binding in VBA-Modulen 966
Eigenschaft 958. *Siehe auch* Dokument
  Dialogfeld für Drucker 334
  Drucker 334
  Externer Datenbereich 679
  Verknüpfung zum Inhalt 378
Einfügen
  Aus Zwischenablage 88
  Selektiv 255
  Zellen und Inhalte 261
Eingabe
  Ausdrücke 188
  Cursorsteuerung 215
  Fehler korrigieren 57, 71
  Fehlerdialog 197
  Formeln 188
  Formel mit Zellbezügen 191
  In selektierten Bereichen 249
  Meldung definieren 195

Mit fester Stellenzahl 177
Systemzeit 182
Text oder Zahl? 175
US-Zeiten 180
Von Bruchzahlen 175
Von Gültigkeitskriterien 194
Von Kommentaren 192
Von Prozentwerten 175
Von Texten 185
Von Währungsdaten 184
Von Zahlen 173
Von Zahlen als Text 187
Eingabefeld 59
Eingabefehler korrigieren 71
Eingabemeldung definieren 195
Eingaben in mehrere Arbeitsblätter übernehmen 211
Einstellungen, Neue Arbeitsmappe 488
Elementoptionen setzen 975
Entscheidungsvariablen 652
Entwurfsqualität
  Diagrammausdruck 343
Ereignis 960
Ereignisprozeduren 950
Ersetzen 263
Erweiterte Dateisuche 390
Erweiterungsmodus 224
Excel
  Als Verknüpfung starten 34
  Alternativen zum Starten 32
  Anpassen
    Ansichtsoptionen 1020
    Arbeitsverzeichnis 1022
    Bearbeitungsleiste 1020
    Benutzername 1022
    Blätter pro Arbeitsmappe 1022
    Farbeinstellungen 1023
    Farbpalette 1023

Fensteroptionen 1020
Ganzbildschirm-darstellung einschalten 1019
Schriftgrad 1022
Seitenumbruch-Vorschau 1019
Standardarbeitsordner 1022
Standardschriftart 1022
Startordner 1022
Statusleiste 1020
Z1S1-Bezugsart 1022
Zeilen- und Spaltenköpfe 1020
Zoomfaktor 1019
Zugriffspfade einstellen 1021
Anwendungsfenster, Komponenten 35
Arbeitsumgebung sichern 1025
Aufrufen 32
Aufrufoptionen 1024
Beenden 75
Dokumentfenster 44
Einsatzgebiete 22
Elemente des Anwendungsfensters 35
Fenstertitel 35
Hilfe aufrufen 109
Komponenten hinzufügen/entfernen 28
  auswählen zur Installation 29
  Anzeige Speicherplatzbedarf 29
Menüleisten 38
Konfigurationsdateien 1024
Produkt-ID 117
Speichern der Arbeitsumgebung 1025
Starten 32
  Alternativen 32
Startoptionen 1026

1053

Symbolleisten 38
Verknüpfung auf dem Desktop einrichten 34
Vom Desktop starten 34
Vorgaben (über Mustervorlagen) anpassen 488
Vorlagen-Assistent 724
Wechsel per Taskleiste 54
Excel 97
　Access-Bericht erstellen 733
　Access-Formular erstellen 735
　Access-Funktionen 731
　Arbeitsmappe zu Access konvertieren 732
　Benötigter Arbeitsspeicher 23
　Benötigter Plattenspeicher 23
　Benötigter Prozessor 23
　Daten an Datenbank anhängen
　　Arbeitsmappe auswählen 726
　　Datenbankoptionen festlegen 726
　　Erstellen 725
　　Exportzellen auswählen 727
　　Übertragungsmodus festlegen 728
　　Vorlage erstellen 725
　Datenbankzugriffe 724
　Einsatzgebiete 22
　Fenstergröße ändern 36
　Hardware-Anforderungen 23
　Hoch-/Querformat setzen 337
　Installieren 24
　Installationsvoraussetzungen 22
　Neuerungen 1028
　Software-Voraussetzungen 23
　Tastenkombinationen 1032

Welche Komponenten sind zu installieren 23
Seitenformat einrichten 336
Skalierung der Ausgabe 338
Excel-Detektiv 315
Excel-Formate 411
EXCEL8.XLB 1006
Exponentformat 419
Export
　Besonderheiten bei Exel-Formaten 411
　Dateierweiterungen beim Export 411
　Format auswählen 409
　Formate (Übersicht) 412
　Im HTML-Format 507
　In Textdateien 410
　Von Dokumenten 409
Externer Bezug 279

F

Farbe 451
Füllfarbe 455
Für Gitternetzlinien 457
Farbeinstellung ändern 1023
Farbpalette ändern 1023
Favoriten definieren 395
Fehleranalyse
　Excel-Detektiv 315
　Alle Spuren entfernen 316
　Markierung fehlerhafter Zellen aufheben 316
　Neuen Kommentar anlegen 316
　Spur zum Fehler verfolgen 317
　Spur zum Nachfolger anzeigen 317
　Spur zum Vorgänger aktivieren 317
Fehlerdialog festlegen 196

Fehlersuche mit dem Excel-Detektiv 315
Fehlerwerte 300
Fenster
　Fixieren 171
　Größe ändern 36
　Teilen 170
　Vergrößern 50
　Verschieben 51
Fenstertitel 35
Fensterwechsel per Tastatur 169
Feststelltaste, falsche Eingaben mit Autokorrektur korrigieren 559
Fett 96, 443
File:// 500
Filter
　Daten wieder einblenden 604
　Kriterium für AutoFilter 598
　Kriterien abschalten 600
Filtern
　AutoFilter
　　Abschalten 600
　　Benutzerdefiniert 598
　　Optionen 597
　　Einer Liste mit AutoFilter 596
　　Ergebnisanzeige von AutoFilter 597
　　Mit Top 10-Autofilter 597
　Spezialfilter
　　Ausgefilterte Daten einblenden 604
　　Bereichsnamen verwenden 603
　　Definieren 600
　　Dialogfeld 601
　　Duplikate unterdrücken 604
　　Ergebnisanzeige (Beispiel) 603
　　Filterkriterien verknüpfen 602
　　Filterkriterium 602

Gefilterte Daten in
Tabellenbereich über-
nehmen 604
Kriterienbereich
(Beispiel) 601
Flächendiagramm 771
3D-Darstellung 771
Format
AutoFormat anwenden
458
Bedingte Formatangaben
435
Benutzerdefiniertes 418,
420
Kopieren 435
Bruch 419
Buchhaltung 418
Datum 419
Besonderheiten 431
In mehrere Zeilen
aufteilen 432
Farbige Ausgabe 425
Farbcodes für Format-
definitionen 433
In andere Arbeitsblätter
übertragen 212
Löschen 85
Mit Vorzeichendarstellung
427
Nullwerte
zwangsweise anzeigen
427
umsetzen 427
Prozent 419
Schablonen 421
Löschen 434
Sonderzeichen für
Formatschablonen
„ 423
421
% 422
* 423
, 422
. 422
/ 422
? 422
@ 423

[] 424
\ 422
_ 423
0 421
E 422
H 424
h 424
M 423
m 424
s 424
T 423
Text 420
Übertragen 99
Uhrzeit 419
Aktuelle Zeit überneh-
men 431
Besonderheiten 431
In Millisekunden 430
Varianten
Für Text 425
Für Zahlen 424
Währungsdarstellung
Festlegen 429
Fremdwährungen 428
Werte
Einfärben 425
Eigene Währungs-
darstellung festlegen
429
Verstecken 427
Wissenschaft 419
Zahl 418
Zeichen siehe Formate
Text
Zeit siehe Uhrzeit
Zurücksetzen 179
Format-Symbolleiste 414
Formatangaben, bedingte
435
Formatanweisungen,
Farben 433
Formate
Benutzerdefiniert 418
Kopieren 435
Besonderheiten beim
Kopieren 459
Für Brüche 419

Für Buchhaltungszwecke
418
Für Dezimalstellen 417
Für Prozentwerte 419
Für Währungsbeträge 419
Integrierte Zellformate
417
Kategorie
Benutzerdefiniert 418
Bruch 419
Buchhaltung 418
Datum 419
Prozent 419
Sonderformate 420
Standard 418
Text 420
Uhrzeit 419
Währung 419
Wissenschaft 419
Zahl 418
Kopieren 435
Fett 96
Fremdwährung 428
Kursiv 96
Registerkarte für
Zellformate 417
Text 439
Währung 419
Zahlen 417
Zum Ausrichten der
Zellinhalte 414
Zum Ausrichten von
Texten 441
Formatieren
Automatisch 93
Buchstaben 96
Datumsangaben 416
Exponentdarstellung 416
Formel 285
Für Buchstaben aufheben
97
Manuell 95
Mit Standardformaten 414
Mit zwei Dezimalstellen
416
Mit Füllfarben 455
Prozentwerte 416
Tastenkombinationen 416

Stichwortverzeichnis

Text 96, 439
Von Zellinhalten 414
Währungsbeträge 416
Formatierung
  Aufheben 475
  Bedingte 437
  Benutzerdefiniert 417
  Für Buchstaben aufheben 97
  Fett 96
  Für Spaltenbreite verändern 460
  Für Zeilenhöhe verändern 460
  Zellinhalte 414
  Zellhintergrund mit bedingten Formaten einfärben 437
Formatschablone löschen 434
Formatvarianten, Text plus Zahl 424
Formatvorlage 466, 482
  Ändern 476
  Arbeiten mit 466
  Aufheben 475
  Beispiele zum Umgang 473
  Eingaben 730
  Kopieren 480
  Liste der Formatvorlagen anzeigen 467
  Listenfeld in Symbolleiste einrichten 469
  Löschen 481
  Neu definieren 479
  Per Schaltfläche abrufen 469, 471
  Per Tastatur abrufen 469
  Schnell anwenden 468
  Verändern 476
  Zuweisen 466
Formel
  Einfügen 65
  Eingeben 188, 267
  Ergebnisse direkt anzeigen 268

Fehleranzeige 190
Formatieren 188, 285
  In Tabelle anzeigen 285
  Kopieren 70
  Konstante 271
  Korrigieren 89
  Mit Zellbezügen 191
  Name 283
  Operatoren 269
    Prioritäten 270
  Umwandlung von Eingabewerten 271
  Verschieben/kopieren 252
Formelanzeige in Zelle 69
Formeln
  Argumente korrigieren 305
  Einfügen 256
  Mit Adreßbezügen 273
  Mit dem Funktionsassistenten abrufen 307
  Mit Konstanten 271
  Namen 283
Formelpalette 303
Formular 935
  Anlegen 947
  Aufrufen 953
  Code zur Verwaltung 954
  Eingaben prüfen 314
  Objekteigenschaften ändern 949
  Symbolleiste 948
  Ereignisprozeduren realisieren 954
  Beispiel 952
  VBA-Code zum Formularaufruf 953
  Mit Listenfeld 314
  Objekt an Zelle anbinden 953
  Steuerelement einfügen 907, 948
Formularfenster 907
Freeware 1039
Fremdbezüge aktualisieren 293

Frontpage 97/98 523Ftp:/ / 500
Füllbereich, Zahl kopieren 201
Fülleffekte 822
Füllen
  Einer Zahlenreihe 201
  Leerzellen 207
  Mit Zeitwerten 203
  Mit Vorgabewerten 198
  Per Kontextmenü steuern 203
  Reihenbildung erzwingen 206
  Von Bereichen 198
  Zeitwerte 203
Füllmuster 455, 456
  In Zellen setzen 456
  Kopieren 457
Füllfarben siehe Füllmuster
Funktion
  Abrufen 301
  Argumente 297
    Datentypen 298
    Korrigieren 305
  Aufrufen 297
  Ausfüllen 210
  Argumente, Zahl 297
  Datenbank 312
  Datentypen, für Argumente 298
  Datum/Uhrzeit 309
  Ergebnisse 299
  Finanzmathematische 309
  Funktionsgruppen 309
  Gehe zu 221
  Geschachtelt 300
  Geschachtelte Aufrufe 298
  Gruppen 309
  Information 313
  Interne/externe 297
  Listenzugriffe
    Tabelle mit Funktionsnamen 589
  Logik 313
  Mathematische 310

1056

Matrix 311
Maske zur Dateneingabe 577
Mehrfachauswahl 633
Statistische 310
Suchen nach Werten 587
Summe 301
Syntax allgemein 297
Teilergebnisse anwenden 607
Teilergebnisse berechnen 611
   Anzahl 611
   Anzahl Zahlen 611
   Maximum 611
   Minimum 611
   Mittelwert 611
   Produkt 611
   Standardabweichung 611
   Summe 611
   Varianz 611
Text 312
Über Namensfeld abrufen 302
Über Funktionenfeld abrufen 302
Verwenden 296
Funktion einfügen 307
Funktion Zeichnen 863
Funktionen zur Berechnung von Teilergebnissen 611
Funktionsassistent 307
Funktionsergebnisse 299
Funktionsgruppen 309
Funktionsname 297
Fußzeile
   Abschalten 349
   Automatische Übernahme 353
   Benutzerdefiniert 349
   Datum 351
   Definieren 347
   Firmenspezifisch 350
   In Mustervorlagen 350
   Probleme 353

   Unterdrücken 349
   Vordefiniert 347
   Zeit 351
Fußzeilentext löschen 352

G

Ganzer Bildschirm 1019
Gehe zu 221
   Inhalte auswählen 229
Geometrische Reihe 213
Gitternetzlinien einfärben 457
Gliederung 613
   Arbeiten mit 614
   Aufheben 618
   Automatisch erstellen 615
   Dialogfeld Gruppierung 617
   Einrichten 619
   Ergebnis einer Gliederung (Beispiel) 615
   Gliederungsebene einblenden 616
   Gliederungsfunktion einrichten 619
   Gliederungssymbole ein-/ausblenden 617
   Gruppierung aufheben 618
   Manuell erstellen 617
   Schaltflächen der Funktion 616
   Tastenkombinationen für Gruppen 619
   Was ist das? 614
Grafik
   Als Objekt einfügen 855
   Aus Datei importieren 850
   Aus Zwischenablage einfügen 849
   Autoformen verwenden 855
   Einfügen 851
   Hilfsprogramme zur Konvertierung 854
   OLE 855

   Vorschau beim Laden 851
   Wird nicht angezeigt 852
Grafikformat auswählen 852
Graphic Workshop 854
Gruppierung
   Aufheben 618
   definieren 617
Gültigkeitskriterien 194
   Eingabemeldung definieren 195
   Fehlerdialog festlegen 196

H

Hauptgitternetz 751
Hilfe
   Aufrufen 109
   drucken 115
   Im Web 115
   Lotus 1-2-3 117
   QuickInfos 104
   Registerkarte
      Index 111
      Inhalt 110
      Suchen 112
Hilfsgitternetz 751
Hilfsmittel
   AutoKorrektur 555
   Nachschlagen 560
   Rechtschreibprüfung 553
Hintergrundfarbe
   Siehe Füllfarbe 455
Hintergrundmuster
   Siehe Füllmuster 455
HTML-Dokument
   Anzeigen 514
   Erzeugen 507
   Import 519
   Web-Formular-Assistent 520
HTML-Export 507
   Assistent 509
   Bereich festlegen 509
   Ergebnisse anzeigen 514
   Einschränkungen 519

Konvertierverfahren 510
Kodierung des Zieldokuments 513
Kopfzeile 511
Probleme 519
Schnittstelle zum Web-Server 523
Speichern in bestehendes Dokument 515
Vorlagedatei 516
Erstellen 518
Zieldatei 512
HTML-Format 507
HTML-Konvertierverfahren 510
Http:// 498, 500
Hyperlink 115, 493, 496
Bearbeiten 505
Einfügen 496
Entfernen 506
Favoriten definieren 506
Kopieren 504
Navigieren mit 495
Parameter 497
Protokollvarianten 500
Relative/absolute Adressen 502
Teiladresse im Dokument 501
Was ist das? 493

I

Import
Formate (Übersicht) 412
HTML-Dokumente 519
Lotusformate 398
Textformat 399
Importieren 397
Im Textformat 397
Lotus-Daten (Besonderheiten) 398
Per Dateikonvertierungs-Assistent 406
Textbereich nachträglich aufteilen 404
Trennzeichen auswählen 401

Importformate für Grafiken 853
INDEX 589
Inhalte
Einfügen 255
Löschen 255
Per Schaltfläche löschen 259
Spaltenweise einfügen 260
Selektiv einfügen 255
Installation 23
aktualisieren 25
Neuinstallation 25
Wartungsinstallation 25
Installationsprogramm 25
IQY-Datei 694

K

Kegeldiagramm 775
Kennwortschutz
Aufheben 144
Setzen 144
Klänge in Arbeitsblättern 549
Kombinationsfeld 940
Kommentar
Bearbeiten 191
Kopieren 193
Löschen 192
Kommentarzellen markieren 227
Komponenten
Entfernen 28
Nachträglich installieren 28
Konsolidieren 721
Konstante in Formeln 271
Kontextmenü 40
Dateneingabe 266
Konzeptausdruck 343, 363
Kopfzeile
Abschalten 349
Automatische Übernahme 353
Benutzerdefiniert 349
Datum 351

Definieren 347
Firmenspezifisch 350
In Mustervorlagen 350
Probleme 353
Unterdrücken 349
Vordefiniert 347
Zeit 351
Kopfzeilentext löschen 352
Kopieren 249
Besonderheiten 459
Kreisdiagramm 770
Prozentwerte formatieren 808
Varianten 770
Kursdiagramm 774
Beispiel 775
Mit Höchst-/Tiefstkursen 774
Kursiv 96, 443

L

Landkarte
Beschriftung 841
Daten zuweisen 834
Darstellungsformat ändern 838
Diagrammoptionen 846
Diagrammobjekte bearbeiten 844
Einträge löschen 841
Erstellen 831, 832
Format
Bereich 839
Kreisdiagramm 839
Symbol 839
Verteilung 839
Wert 839
Grundlagen 831
Karten-Manager 836
Kartenmerkmale bearbeiten 847
Kreisdiagramm, mehrere Werte 840
Landkartenoptionen setzen 846
Legende
Optionen ändern 845

bearbeiten 844
Merkmale bearbeiten 847
Pinnfolie 843
Objekte bearbeiten 844
Optionen 846
Pinnfolie 843
Säulendiagramm,
  mehrere Werte 840
Titel bearbeiten 844
Wert löschen 841
Late Binding 966
Leerzellen, mit Autoausfüllen erzeugen 207
Legende 752
Linien 453
  Zeichenfunktion
    Freihandform 865
    Kurve 865
Liniendiagramm 769
  3D-Darstellung 770
  Gestapelt 769
  Gestapelt und normiert
    auf 100 % 769
  Mit Datenpunkten 769
  Varianten 769
Linientyp einstellen 453
Liste
  Blättern zwischen Datensätzen 579
  Datenmasken 577
  Datensatz ändern 576,
    581
  Datensatz einfügen 576,
    580
  Datensatz kopieren 576
  Datensatz löschen 576,
    582
  Datensatz neu einfügen
    576
  Datensatz suchen 583
  Duplikate unterdrücken
    604
  Erstellen 576
  Filter 596
  Grundlagen 574
  Neuen Datensatz anhängen 576
  Sortieren 590

Spezialfilter 600
Struktur ändern 582
Suchkriterien eingeben
  585
Suchkriterien löschen 586
Teilergebnisse 606
Was ist das? 574
Werte per Funktion
  suchen 587
Liste der zuletzt geöffneten Dateien einstellen
  127
Listenfeld 940
Listenfunktion 547
Lokal-Fenster 908
Löschen per Schaltflächen
  259
Lotus-1-2-3-Hilfe 117

M

Mac-Zeitsystem 182
Mailto: 500
Makro
  An Objekt anbinden 894
  Aufruf per Schaltfläche
    991
  Aufzeichnen 887
  Aufzeichnung beenden
    888
  Ausführen 891
  Bearbeiten 891, 892
  Code bearbeiten 892
  In Menü einbinden 993
  Löschen 892
  Manuell erstellen 892
  Name 888
  Namenskonventionen 889
  Optionen 888
  Ändern 892
  Relative Aufzeichnung der
    Adressen 890
  Speicherung 888
  Testen 926
  Schrittweise 892
  VBA-Befehle identifizieren
    893
  Verwalten 891

Makro-Objekt markieren
  877
Makro-Viren Warnung 126
MAKRO.XLT 489
Makros
  Überwachungspunkte 930
  Unterschiede zu VBA 885
  Was ist das? 884
  Warum verwenden? 884
Manuelle Berechnung 287
MAPPE.XLT 484
Mapstats.xls 832
Markieren 63, 224
  Arbeitsblatt 225
  Bestimmter Zellen 227
  Kommentarzellen 227
  Mehrerer Bereiche 336
  Mit Gehe zu 228
  Per Bearbeitungsleiste
    224
  Spalte 225
  Zeile 225
  Zellen und Bereiche 224
Markierung
  Fehlerhafter Zellen
    aufheben 316
  Positionierung in 215
Matrixformel
  Bearbeiten 322
  Berechnungen 321
  Eingeben 320
  Einfrieren 324
  Fehlermeldung beim
    Bearbeiten 322
  Funktionen zur Bearbeitung 324
  Mit Texten 324
Matrixkonstante eingeben
  323
Matrizen, was ist das? 319
  Beispiel 319
  Eingeben 320
  Berechnungen in 321
Maximale Spaltenzahl 45
Maximale Zeilenzahl 45
Mehrfachauswahl 633
  Eingabewerte 634
  Ergebnisbereich 638

Funktion 633
Mehrfachoperation
  (Beispiel) 635
  Platzhalter für Eingabe-
  bereiche 638
  Was ist das? 633
Mehrfachoperation mit
  zwei Eingabebereichen
  636
Mehrfachselektion 226
Menü
  Abkürzungstaste
    definieren 1013
  Animation einschalten
    1002
  Anpassen 1008
  Ansicht 1018
  Befehl hinzufügen 1010
  Datei 38
    einrichten 1011
  Excel-Befehl einfügen
    1011
  Gruppierung einfügen
    1013
  Löschen 1009
  Name anpassen 1011
  Zurücksetzen 1009
Menüeintrag einrichten
  994
Menüleiste 35, 38
  Anpassen 1008, 1031
  Animation abschalten
    1001
  Bezeichnung des Befehls
    anpassen 1011
  Darstellungsoptionen
    1014
  Einrichten 1008
  Entfernen 1009
  Excel-Befehle einfügen
    1011
  Gruppierung einfügen
    1013
  In Symbolleiste einfügen
    1009
  Optionen 1000
Methode 958

Microsoft Internet-
  informations-Server
  (M IIS-2) 523
Microsoft Map 834
Microsoft Query
  Abfrage
    Bearbeiten 690
    Dateityp 681
    Datensätze gruppieren
      689
    Ergebnisbereich 675
    Ergebnisse sortieren
      688
    Felder bearbeiten 675
    Kriterien bearbeiten
      685
    Kriterien löschen 687
    Kriterium wie Auswahl
      686
    Laden 681
    Mit SQL-Befehlen 687
    Neu erstellen 664
    Speichern 670
    Tabellen hinzufügen
      682
    Tabellen manuell
    verbinden 684
    Tabellenoptionen 683
    Verbindung der Tabellen
      über Feldnamen 683
    Werte auswählen 686
  Abfragekriterien 661
  Abfragekritierien formulie-
    ren 684
  Abfrageergebnis 661
  Arbeiten mit 672
  Assistenten verwenden
    665
    Abfrage speichern 670
    Daten filtern 667
    Daten übernehmen 668
    Datenquelle wählen
      671
    Sortierreihenfolge
    festlegen 667

    Tabellen und Felder
      auswählen 666
    Verbindung festlegen
      672
    Zielbereich festlegen
      669
  Aufrufen 662
  Begriffe 660
  Daten aktualisieren 690
  Daten anzeigen 674
  Daten bearbeiten 677
  Datenbankabfrage
    ausführen 691
  Datenquelle auswählen
    670
  Datenquelle definieren
    682
  Datensätze gruppieren
    689
  Datensätze löschen 676
  Eigenschaften des
    externen Datenbereichs
    setzen 679
  Einführung 658
  Ergebnisbereich
    Spalten ein-/ausblen-
      den 678
    Spalten und Zeilen
      bearbeiten 676
    Spaltenüberschrift
      ändern 677
  Ergebnisse
    Gruppieren 689
    In Excel übernehmen
      679
    Sortieren 688
    Sortierkritierien 688
    Sortierprioritäten 689
  Feld löschen 676
  Felder auswählen 675
  Felder löschen 676
  Grundlagen 658
  Installieren 659
  Kriterien
    Bearbeiten 690
    Hinzufügen 690

ODBC-Treiber einrichten 661
Schaltflächen 674
Spalte löschen 676
Spalten ein-/ausblenden 678
Spaltenüberschrift ändern 677
SQL-Befehle verwenden 687
Tabelle 661
Tabellen hinzufügen 682
Tabellen verbinden 684
Was ist das? 658
Web-Abfrage
  Ausführen 693
  CGI-Datei 694
  Erstellen 693
Zugriff auf externe Daten(banken) 663
MODUL.XLT 489
Modulansicht 904
MsgBox-Befehl (VBA) 933
  Konstante 933
MSQRY32.exe 663
Mustervorlage 482
  Beispiel 483
  Ändern 487
  Arbeitsblatt aus Mustervorlage erstellen 486
  Dateinamen 488
  Erstellen 483
  Für Tabellen und Arbeitsblätter 489
  Zuweisen 485
  Vorteile 483
  Was ist das? 482

N

Nachschlagen 560
Name
  Anwenden 239
  als Ersatz für Zellbezüge 285
  Bei der Eingabe übernehmen 284
  Definieren 231
  Definition anzeigen 238
  Direkt eingeben 235
  Einfügen 237
  In Formeln 283
  In Formeln übernehmen 284
  Liste mit Bereichen anzeigen 238
  Liste der Namen in Tabelle einfügen 238
  Positionierung 220
  Übernehmen 236
Namen anwenden, Optionen 240
Namensfeld 57, 220
  Zum markieren nutzen 224
Netzdiagramm 772
Nullwert
  Anzeigen 427
  Ausblenden 426
  In Zelle ausblenden 426
  Zwangsweise anzeigen 427

O

Oberflächendiagramm 773
Object Linking and Embedding 527
Objekt 958
  3D-Darstellung 873
  Symbolleiste 875
  Alle markieren 877
  Als Symbol anzeigen 533
  Anzeigen 533
  Ausblenden 881
  Aus Datei einfügen 531
  Ausdruck unterdrücken 541
  Ausrichten 878
  Bearbeiten 536
  drucken 876
  Eigenschaften 949
  Einbetten 529
  Formatieren 541, 869
  Freies Drehen 862
  Füllen 871
  Füllfarben 871
  Fülleffekte 824
  Größe verändern 879
  Gruppe markieren 877
  Gruppieren 880
  Im Hintergrund 880
  Kopieren 542, 878
  Linienform 870
  Löschen 542, 877
    Rückgängig 878
  Makro anbinden 894
  Markieren 877
  Reihenfolge verändern 880
  Schattierung 873
  Schützen 875
  Symbol ändern 533
  Umwandeln 539
  Verschieben 542, 878
  Wird nicht angezeigt 852
Objekt-Katalog, Beschreibung hinterlegen 975
Objekteigenschaften 875
Objektkatalog 906
Objektmodell 960
Objektsteuerung 939
ODBC-Datenquellen-Administrator 662
ODBC-Treiber einrichten 662
Office-Shortcut-Leiste 123
Office-Assistent 105, 1030
  Optionen 108
  Schließen 107
  Wechseln 108
Öffnen
  Anzeigeoption ändern 129
  Leere Tabelle wird angezeigt 78
OLE 527
  Einführung 527
  Grafik einfügen 855
  Nutzen in Arbeitsblättern 527

Objekt
    Anzeige im Arbeitsblatt 533
    Anzeige des Objektsymbols erzwingen 534
    Aus Datei einfügen 531
    Auswahl eines Objektsymbols 534
    Bearbeiten 531
    Eingebettetes Objekt bearbeiten 536
    Formatieren 541
    Kopieren 542
    Löschen 542
    Neu erstellen und einbetten 529
    Öffnen 537
    Probleme bei fehlendem OLE-Server 538
    Umwandeln 539
    Verschieben 542
Objekt-Manager 538
Was ist das? 527
OLE 2 551
    Unterschiede zu OLE 1 551
OLE-Anwendung
    Audiorecorder 549
    Beispiel 547
    Klangrecorder 549
    Paint Shop Pro 548
    Video-Clips 550
    WordArt 547
    Word-Dokumente einbetten 550
OLE-Funktion
    Einbetten 529
    Klang einbinden 549
    Verknüpfen 542
        Bei fehlendem OLE-Server 545
        Inhalte einfügen 543
        Mit Dateien 544
    Verknüpfung 542
        Aktualisieren 545
        Ändern 545
    Bearbeiten 545
    Einbetten 547
    Löschen 547
    Mit Dateien 544
    Sperren 546
OLE-Objekte nutzen 527
OLE-Server 536
    Fehlt 545
    Probleme 538
Operatoren
    In Formeln 269
    Prioritäten 270
Option
    Bündig anordnen 212
    Direkte Zellbearbeitung 318
Optionen
    Anzeigeoptionen für Arbeitsblätter 164
    Beim Ausdrucken 359
    Für Berechnungen 287
    Für Fußzeilen 349
    Für Kopfzeilen 349
    Für Matrixformeln 323
    Für Namen 240
    Zur Autospeicherung 147
    Zur Freigabe 135
Ordner anlegen 383
Ordnerwechsel 384

P

Paint Shop Pro 854
    Bilder bearbeiten 548
Papierformat 337
    Benutzerdefiniert 342
    Einrichten 335
Papiergröße
    Ausdruck 342
Papierschacht auswählen 344
Pivot-Tabelle
    Anzeige der Detaildaten 715
    Assistent 697
    Beispiel 704
    Berechnung Datenfelder 713
    Berechnungsfunktion ändern 713
Daten
    Aktualisieren 716
    Sortieren 716
Datenbereich 697
Datenfelder ändern 712
Datenquelle auswählen 698
Details ein-/ausblenden 709
Detaildaten anzeigen 715
Elemente ausblenden 711
Erstellen per Assistent 697
    Datenquelle auswählen 698
    Ergebnisse erzeugen 702
    Optionen der Pivot-Tabelle 703
    Pivot-Tabellenlayout gestalten 701
    Quelldatenbereich auswählen 699
Feld bearbeiten 711
Felder 696
    hinzufügen 708
    umbenennen 708
    verschieben 708
Feldstruktur ändern 707
Fremddaten integrieren 718
Gestalten 700
Gruppieren 717
Konsolidieren 718
Name 702
Optionen zur Datenanzeige 714
Seitendaten anzeigen 716
Seitenfelder 706
Spaltenfeld 696
Symbolleiste 705
Zahlenformat im Datenbereich 714
Zeilenfeld 696
Zieladressen 702

Was sind Pivot-Tabellen? 695
Pivot-Tabellen
　Assistent aufrufen 708
　Daten übernehmen 719
　Detaildaten anzeigen 715
　Details ein-/ausblenden 709
　Erstellen 695
　Externe Quelldaten 718
　Felder löschen 709
　Grundlagen 695
　Gruppierung 717
　Konsolidieren 719
　　Bereiche auswählen 720
　　Beispiel 722
　　Funktion 721
　Optionen zu Datenanzeige 714
　Seitenfelder 706
PKZIP 385
Positionieren
　Mit Gehe zu 221
　Über Suchen 222
Positionierung
　Über Namen 220
　Über Zelladressen 220
Projekt
　Eigenschaften setzen 924
　Modul hinzufügen 901
　Name ändern 900
　Schützen 925
Projekt-Explorer 898
Projekte 899
Prozeduransicht 904
Prozentwerte eingeben 175
Punktdiagramm 771
　Varianten 771
Pyramidendiagramm 776

Q

Query, Abfrage speichern 681
QuickInfo 104
　Abschalten 1002
　Für Schaltfläche anpassen 1011
QuickInfo-Fenster 36

R

Rahmen 453
　Auswählen der Rahmenform 453
　Löschen 455
Randeinstellung 345
Recherchen 393
Rechnen mit Anzeigewerte 291
Rechtschreibprüfung 553
　Aufrufen 553
　Benutzerwörterbücher pflegen 553
　Korrektur rückgängig machen 554
　Korrekturliste pflegen 554
　Mit AutoKorrektur 555
Registerkarte
　Allgemein 923, 1021
　Ansicht 286
　Ausrichtung 186, 440
　Autoausfüllen 209
　Befehle (im Dialogfeld Anpassen) 259
　Bearbeiten 247
　Berechnen 292
　Datenbeschriftung 753
　Details (beim Drucker) 333
　Diagramm 341
　Editierformat 923
　Editor 922
　Gitternetzlinien 751
　Kopfzeile/Fußzeile 347
　Papier 342
　Papierformat 336
　Rahmen (für Zellen) 454
　Seitenränder 345
　Schrift 448
　Schutz 463, 876
　Tabelle 354

Umsteigen (von Lotus 1-2-3) 290
Verankern 924
Zahlen (bei Zellen) 184
Registerlaufpfeile 49
Reihe
　Abrufen 212
　Vorgabewerte ermitteln 201
　Zum Füllen abrufen
Reihenbildung erzwingen 206
Relative Adressen 273
Ringdiagramm 772
Rückgängig machen 265

S

Säulendiagramm 767
　Gestapelt 767
　Gruppiert 767
　3D 767
　Varianten 767
Schaltfläche
　Anzeigeoptionen 1013
　definieren 1007
　Direkthilfe 747
　Gruppierung aufheben 1013
　Kommentar löschen 259
　Kopieren 1017
　Löschen 1017, 1018
　Name anpassen 1011
　Symbol zurücksetzen 1017
　kopieren 1016
　Verschieben 1017
　Zellformate löschen 259
　Zellinhalte löschen 259
Schaltflächen
　Benutzerdefiniert 1011
　Einbinden 944
　In Symbolleisten vergrößern 1001
　Symbol bearbeiten 1014
　Verschieben 1017

Schaltflächensymbol
  anpassen 1016
Schnittmengen
  implizit 279
Schnittmengenoperator
  278
Schnittpunkt-Operatoren
  241
Schreibschutz
  ausschalten 131
Schriftart 447
  Arial 450
  Dutch 450
  Helvetica 450
  Swiss 450
  Standardvorgabe 451
  TimesRoman 450
  Univers 450
  Wingdings 450
Schriftgrad 447
Schriftnamen 450
Schriftstil
  Fett 443
  Kursiv 443
  Unterstrichen 443
Schwebende Symbolleisten
  42
Seite einrichten 336
Seitenansicht 366
Seitenformat 337
Seitennumerierung 344
  Erste Seite 344
Seitenumbruch aufheben
  359
Seitenwechsel, manuell
  358
Selektieren 224
Setup-Programm 25
Shareware 1039
SHELLNEW 491
Sicherungsdatei
  Erstellen 141
  Laden 142
Solver 648
  Alternative Analysemethoden 657
  Antwortbericht 652
  Anwenden 649

Beispiel Gewinnberechnung 649
Ergebnisse 651
  Als Szenario speichern 651
Grenzwertbericht 652
Modell speichern und laden 656
Nebenbedingungen festlegen 653
Optimierungskriterium 649
Optionen 654
  Automatische Skalierung 655
  Differenz 655
  Höchstzeit 654
  Iterationen 654
  Lineares Modell 655
  Modell laden 654
  Schätzung 655
  Suchen 655
Sensitivitätsbericht 652
Umgang mit dem Werkzeug 648
Veränderbare Zellen 650
Was ist das? 648
Zellbezug 653
Zielzelle 649
Sonderformate 420
Sortieren 590
  Grafiken beim Sortieren fixieren 595
  Objekte beim Sortieren fixieren 595
  Liste über mehrere Spalten 594
  Von Bereichen 590
  Von Listen 590
Sortierreihenfolge 592
  Festlegen 593
Spalte
  Ausblenden 582
  Einblenden 582
  Einfügen 260
  Löschen 262
  Markieren 224

Mehrere summieren 67
Was ist das? 45
Spaltenbeschriftung 60
Spaltenbreite verändern
  460
Spaltenhöhe verändern
  460
Spaltennumerierung 45
Spaltenüberschrift eingeben 59
Speichern, Optionen 140
Spezialfilter 600
  Ausgefilterte Daten einblenden 604
  Bereichsnamen verwenden 603
  Definieren 600
  Dialogfeld 601
  Duplikate unterdrücken 604
  Ergebnisanzeige (Beispiel) 603
  Ergebnisse in andere Tabellenblätter übernehmen 604
  Filterkriterien verknüpfen 602
  Flterkriterium 602
  Gefilterte Daten in Tabellenbereich übernehmen 604
  Kriterienbereich (Beispiel) 601
Spooldatei 335
Standard-Diagrammtyp
  festlegen 781
Standard-Schriftart
  einstellen 451
Standarddrucker 333
Standardeinstellung
  verändern 488
Standardformat 415, 418
Startverzeichnis ändern
  1021
Standardvorlagen
  Dateinamen 489
Statusleiste 36
  ein-/ausblenden 1019

Steuerelement
  3D-Effekt 941
  Aktivieren 921
  An Zelle anbinden 939
  Anwendungsbeispiel 945
  Aus Excel 5.0 verwenden 935
  Ausgabeverknüpfung mit Zelle 941
  Beispiel 938
  Eigenschaften 949, 950
  Erstellen 936
  Formatieren 941
  Grundlagen 935
  Kombinationsfeld 940
  Kontrollkästchen 942
  Listenfeld 940
  Optionsfeld 942
  Schaltfläche 944
Steuerung
  Kontrollkästchen 942
  Optionsfeld 942
Stichworte 375
Stornofeld 59
Structured Query Language 661
Suchen 222
  Funktionen zum Suchen nach Werten 587
  Im Web 396
  In der Hilfe 112
  In Favoriten 394
    Definieren 395
  Nach Dateien 387
    Kriterien ändern 393
    Kriterien definieren 389
    Kriterien entfernen 390
    Kriterien löschen 393
    Kriterien speichern 391
    Planen 389
  Nach Fehlerwerten 318
Suchen und Ersetzen 263
Suchkriterien
  Abrufen 392
  Ändern 393
  Eingeben 389
  Für Listen löschen 586

Löschen 390, 393
Speichern 391
Summieren 67
SVERWEIS 587
Symbole
  Verändern 1006
  Zuweisen 1006
Symbolleiste 35, 41
  Anpassen 1031
  An Arbeitsmappe anbinden 1005
  Ausblenden 43, 998
  Benutzerdefinierte Symbolleisten erzeugen 1002
  Datei 1006
  Befehl hinzufügen 1007
  Diagramm 741
  Einblenden 43, 998
  Erzeugen 1002
  Gelöschte Schaltflächen einfügen 1004
  Große Schaltflächen anzeigen 1001
  Gruppierung einfügen 1013
  Löschen 1004
  Mehrere Varianten 1006
  Menü
    Einfügen 1009
    Hinzufügen 1006, 1008
  Name 1003
  Optionen 1000
  QuickInfo abschalten 1002
  Schaltfläche
    Als Symbol 1014
    Als Text 1014
    Anzeige definieren 1013
    Bezeichnung anpassen 1011
    Darstellungsoptionen 1014
    Hinzufügen 1006
    Schaltflächen-Editor 1015

Symbol ändern 1015
Symbol anpassen 1016
Symbol aus Vorgabe abrufen 1015
Symbol einfügen 1015
Symbol kopieren 1016
Symbol löschen 1017
Symbol verschieben 1017
Symbol zurücksetzen 1017
  Vergrößern 1001
  Separator einfügen 1013
  Titel ändern 1003
  Verschieben 999
  Vertikal 1000
  Zurücksetzen 1004
Symbolleistenkombination sichern 1006
Syntax 297
Systemvoraussetzungen 22
Systemzeit eintragen 182
Szenarien 639
  Anlegen 641
  Anzeigen 643
  Bearbeiten 64
  Bericht erstellen 6454
  Eingabe der Szenario-Werte 643
  Dialogfeld Szenario-Manager 642
  Löschen 644
  Reihenfolge ändern 647
  Übersichtsbericht 645
  Zusammenführen 647
  Was ist das? 639
Szenario-Manager 640

T

Tabelle
  Als Grafik in andere Programme übernehmen 253
  Als Grafik in Arbeitsblatt einfügen 254

Als Ausschnitt als Grafik einfügen 254
Ausdrucken 101
Blättern 46, 217
Daten eingeben 173
Formeln einblenden 285
Laden 76
Linien ziehen 100
Manuell formatieren 95
Markierte Bereiche drucken 361
Maximale Zeilenzahl 45
Rahmen 100
Schützen 464
Spaltenzahl 45
Speichern 73
Struktur schützen 464
Unter neuem Namen speichern 103
Vorgaben für Ausdruck 354
Vorlagen 121
Werte eingeben 55
Zahlen eingeben 61, 173
TABELLE.XLT 489
Tabellenfenster
  Größe ändern 50
Tabellenvorlage
  Für Arbeitsmappen 121
  Für Arbeitsblätter erstellen 489
  Für Windows anpassen 491
Taskleiste, Wechsel zu Excel 54
Tasten
  Für die Eingabemaske 579
  Zum Blättern im Tabellenblatt 48
Tausendertrennstelle 64
Teilergebnisse 606
  Anwenden 607
  Anzeigen 606
  Beispiel 607
  Berechnungen in 609
  Ein- und ausblenden 612
  Funktion anwenden 607
  Funktionen 611

  Gruppenbildung 610
  Gruppieren nach 608
  Seitenwechsel zwischen Gruppen 609
  Teilergebniszeilen ein-/ausblenden 612
  Über mehrere Spalten 609
  Unterhalb der Daten anzeigen 609
  Vorhandene ersetzen 609
  Was ist das? 606
Test
  Anzeige Proceduraufrufe 931
  Einzelschritt 926
  Haltepunkte 928
  VBA-Code 926
  Testen VBA-Code 926
    Ablauf unterbrechen 927
    Beenden 927
    Einzelschrittbetrieb 926
    Haltepunkte löschen 928
    Haltepunkte setzen 928
    Mit Debug.Print 932
    Mit MsgBox-Anweisungen 933
    Programmcode ausführen 927
    Prozedur abschließen 927
    Proceduraufrufe anzeigen 931
    Überwachung hinzufügen 930
    Überwachungsausdrücke löschen 930
    Überwachungsausdrücke setzen 930
    Variablen anzeigen 929
Text
  Ausrichten 439
  Buchstaben formatieren 96
  Durchstreichen 445
  Eingeben 185

  Einlesen 400
  Fett formatieren 443
  Formatieren 439
  In Spalten aufteilen 404
  Kursiv formatieren 443
  Mit Überlänge 185
  Unterstreichen 443
    Varianten 444
  Zeichen
    Ausrichten 440
    Doppelt unterstreichen 444
    Durchstreichen 445
    Farbig gestalten 451
    Fett 443
    Hochstellen 446
    Kursiv 443
    Mit Rahmen 453
    Schriftart 447
    Schriftgrad 447
    Tiefstellen 446
    Unterstreichen 444
    Unterstreichen Einfach (Buchhaltung) 444
    Unterstreichen Doppelt (Buchhaltung) 444
    Zeilenumbruch 442
  Schriftart
    Besonderheiten 449
    Namen der Schriften 450
    Für Drucker 449
    True Type 449
    Wechseln 447
  Schriftgrad einstellen 447
  Standardschriftart einstellen 451
Text-Assistent 399
Textausrichtung 442
Textfeld 550
  Ausrichtung Schrift 867
  Formatieren 867
  Markieren 867
  Mit Zelle verbinden 868
  Schriftattribute 867
TrueType 449

TrueType-Schriftarten 449

U

Überwachungsfenster 909
Umsätze berechnen 65
Umgang mit der
  Bearbeitungsleiste 248
Unterstreichen
  Buchhaltung 445
  doppelt 444
  Varianten 444
Unterstrichen 96, 443
URL 498

V

VBA 885
  Add-In-Programm
    Erstellen 978
    Datei kompilieren 985
    VBA-Beispiel 981
  Anzeige der geladenen
    Arbeitsmappen 965
  Application-Objekt 961
  Arbeitsblätter auflisten
    967
  Arbeitsmappe aktuelle
    967
  Arbeitsmappen anzeigen
    965
  Auflistungen 959
  Benutzerdefinierte
    Funktionen 974
    Einsetzen 976
  Bibliotheken einbinden
    920
  Code eingeben 904
  Codefenster 903
  Commandbars-Auflistung
    983
  DOS-Befehl aufrufen 989
  Editor aufrufen 897
  Eigenschaft
    Activate 987
    Windowstate 987
  Eigenschaften 959

Eigenschaftenfenster 901
Eingaben abfragen 990
Ereignisse 960
Excel-Fenster manipulieren 961
Excel-Objektmodell 960
Excel Objekte
  Application-Objekt 961
  Fenstereigenschaften
    ändern 961
  Farbe für Zelle setzen 971
  Fehlerbehandlung 973
  Fenster der Entwicklungsumgebung 897
  Fenstereigenschaften
    ändern 961
  FOR Each-Befehl 971
  Funktionen,
    benutzerdefiniert 975
  Grundlagen 958
  InputBox-Funktion 989
  IF-Befehl 970
  InputBox-Befehl 989
  IsNumeric-Funktion 970
  Kommentar 893
  Makro
    An Schaltfläche anbinden 991
    In Menü einbinden 992
  Markierten Bereich
    auswerten 970
  Methoden 959
  Meldungsfeld anzeigen
    964
  Menüeintrag
    Einrichten 994
    Anpassen 995
  MsgBox-Befehl 933
  Objekte 958
  Objekt-Katalog
    Funktionsbeschreibung
    hinterlegen 975
  On Error 973
  Optionen 922
  Rechner aufrufen 986
  Schaltflächen zum Aufruf
    der Module integrieren
    969

Shell-Aufruf 986
Tasks.Exist-Methode
  Anwenden 987
  Aus Word importieren
    987
Testen 926
  Ablauf unterbrechen
    927
  Beenden 927
  Einzelschrittbetrieb 926
  Haltepunkte löschen
    928
  Haltepunkte setzen 928
  Mit Debug.Print 932
  Mit MsgBox-Anweisungen 933
  Programmcode ausführen 927
  Prozedur abschließen
    927
  Prozeduraufrufe
    anzeigen 931
  Überwachung hinzufügen 930
  Überwachungsausdrücke
    löschen 930
  Überwachungsausdrücke
    setzen 930
  Variablen anzeigen 929
  Testanweisungen 932
  Verweise 920
  Weitere Steuerelemente
    aktivieren 921
  Windows
    Explorer aufrufen 985
    Rechner aufrufen 986
  Workbook-Objekt 961
  Worksheet-Objekt 961
  Zugriff auf die aktuelle
    Arbeitsmappe 967
  Zugriff auf Markierung
    970
VBA-Code
  Eingeben 904
  Farbkodierung der
    Anweisungen 903
  Haltepunkte setzen 917

1067

Kompilieren 917
Prozedur hinzufügen 905
QuickInfo bei der Eingabe 905
Stop 932
Testen 926
　Ablauf unterbrechen 927
　Beenden 927
　Einzelschrittbetrieb 926
　Haltepunkte löschen 928
　Haltepunkte setzen 928
　Mit Debug.Print 932
　Mit MsgBox-Anweisungen 933
　Programmcode ausführen 927
　Prozedur abschließen 927
　Prozeduraufrufe anzeigen 931
　Überwachung hinzufügen 930
　Überwachungsausdrücke löschen 930
　Überwachungsausdrücke setzen 930
　Variablen anzeigen 929
VBA-Entwicklungsumgebung 897
　Projekt-Explorer 899
　Eigenschaftenfenster 901
　Direktfenster 909
　Formularfenster 907
　Lokal-Fenster 908
　Menüs 911
　　Ansicht 914
　　Ausführen 918
　　Bearbeiten 912
　　Datei 911
　　Einfügen 915
　　Extras 918
　　Fenster 919
　　Format 915
　　Hilfe 919

Testen 916
Objektkatalog 906
Optionen 922
Symbolleisten 910
　Bearbeiten 910
　Testen 910
　Voreinstellung 910
　Überwachungsfenster 909
　Verweise verwalten 920
VBA-Module 885
VBA-Optionen 920
VBA-Projekt
　Eigenschaften setzen 924
　Projekt-Explorer 899
　Projektmodul einfügen 901
　Projektnamen ändern 900
　Schützen 925
VBA-Prozedur
　Aufruf per Schaltfläche 991
Vergleichsoperatoren zur Suche in Listen 585
Vereinigungsoperator 278
Verknüpfung 281
　Aktualisieren 293, 545
　Aktualisierung sperren 546
　Ändern 545, 546
　Einbetten 547
　Löschen 547
Verschieben 249
Verweise
　In Hyperlinks 496
　VBA 920
Video Clips in Excel 97 einbinden 550
Video for Windows 550
Visual Basic, Variable anzeigen 929
Visual Basic for Applications 885
Visual Basic-Befehle 893
Visual Basic-Editor 897
　Aufrufen 897
　Eigenschaftenfenster 901
　Fenster 897

Hilfe-Menü 919
Menü
　Ansicht 914
　Ausführen 918
　Bearbeiten 912
　Datei 911
　Einfügen 915
　Extras 918
　Fenster 919
　Format 915
　Testen 916
　Projekt-Explorer 898
　Symbolleiste
　　Voreinstellung 910
Vorgabewerte für Reihen ermitteln 201
Vorgängerzelle direkt anwählen 318
Vorlage
　Arbeiten mit 466
　Beispiele zum Umgang 473
　Eingaben 730
　Kopieren 480
　Liste der Formatvorlagen anzeigen 467
　Listenfeld in Symbolleiste einrichten 469
　Löschen 481
　Neu definieren 479
　Per Symbolleiste abrufen 468
　Verändern 476
　Zuweisen 466
Vorlagen-Assistent 724
　Daten auslagern 725
Vorschaugrafik erzeugen 375

W

Wahrheitswerte 295
Was sind Arbeitsmappen? 48
Währungsdaten eingeben 184

Währungsformat,
 benutzerdefiniert 429
Währungsformate, Fremd-
 währung 428
Web-Abfrage
 Ausführen 693
 Erstellen 693
 Symbolleiste 495
Web-Formular erzeugen
 523
Web-Formular-Assistent
 520
Web-Hilfe 115
Web-Publishing 507
Web-Server 523
Welche Funktionen gibt
 es? 309
Weitere Suche 390
WENN-Funktion 313
Werkzeugleiste, Dialog 936
Wert
 als Festkommazahl 175
 als Prozentwert 175
 als Text 175
 bearbeiten 73
 Brüche eingeben 175
 Darstellung 175
 Der aktuellen Zelle 58
 Eingeben 55
 Einfrieren 292
 Verstecken 427
Wechsel zur vorhergehen-
 den Zelle 318
Wie kann ich Abfragen
 von Daten erstellen? 675
 Add-In-Programme
  verwalten? 563
 Analysen ausführen? 630
 Änderungen zurückneh-
  men? 265
 Ansichten nutzen? 622
 Arbeitsblätter
  Ein-/Ausblenden? 165
  Formatieren? 414
  Gruppieren? 152
  Kopieren? 156
  Löschen? 163
  Neu einfügen? 160

 Umbenennen? 154
 Verschieben? 156
Arbeitsmappen
 Anordnen? 167
 Ein-/Ausblenden? 166
 In einem zweiten
  Fenster zeigen? 168
 In Fenstern anordnen?
  169
 Aus der Zwischenablage
  einfügen? 88
 Berechnungsformeln
  korrigieren? 89
Bereiche
 Markieren? 226
 Mit Vorgabewerten
  füllen? 199
 Beschriftungsbereiche
  benutzen? 245
 Brüche eingeben? 175
 Das Seitenformat einrich-
  ten? 336
Daten
 Bearbeiten? 247
 Unter neuem Namen
  speichern? 103
 Datenbankdaten in Excel
  einbinden? 658
Dateien
 Eigenschaften pflegen?
  373
 Exportieren? 397
 Importieren? 397
 Suchen? 387
 Datums- und Zeitwerte
  eingeben? 180
 Datum in eine serielle
  Zahl wandeln? 183
 Den Bereich des Blatt-
  registers vergrößern?
  151
 Den Druckertreiber
  wechseln? 332
 Den Schreibschutz
  beim Laden aktivieren?
  130
  wieder aufheben? 144

 Den Solver für Analysen
  nutzen? 649
Diagramme
 Bearbeiten? 757
 Beschriften? 753
 Den Typ ändern? 785
 Erstellen? 740
 Formatieren? 793
 Mit Landkarten erstel-
  len? 831
 Skalieren? 803
 Die Anzahl der Arbeits-
  blätter festlegen? 149
 Die Anzeige vergrößern?
  172
 Die Direkthilfe abrufen?
  104
 Die Druckereigenschaften
  einstellen? 333
Drucken? 326
 Berichte? 365
 Den Drucktitel definie-
  ren? 356
 Die Seitenreihenfolge
  einstellen? 357
 Kommentare? 365
 Optionen definieren?
  364
 Seitenwechsel erzwin-
  gen? 358
 Tabellenbereich ausge-
  ben? 361
 Zellformeln? 364
Ein Arbeitsblatt auswäh-
 len? 150
Ein Fenster fixieren? 171
Eine Arbeitsmappe
 neu anlegen? 120
 Laden? 125
 Freigeben? 133
 Schützen? 142
 Speichern? 139
 Unter neuem Namen
  speichern? 140
Eine reservierte Arbeits-
 mappe öffnen? 132

Eine Seitenansicht
  abrufen? 366
Eine Tabelle ausdrucken?
  101
Eine Tabellenvorlage
  verwenden 121
Eine Zelle
  Anwählen? 46
  Auf das Standardformat
    zurücksetzen? 178
  Markieren? 224
Eine Reihenbildung beim
  Autofüllen erzwingen?
  206
Einen Drucker installieren? 330
Excel 97 individuell
  einrichten? 1002
Formate übertragen? 98,
  435
Formatvorlagen nutzen?
  466
Formeln
  Eingeben? 188
  Kopieren? 252
  Verschieben? 252
Funktionen
  Verwenden? 296
  Per Assistent abrufen?
    307
Gültigkeitskriterien
  definieren? 194
Gliederungen nutzen?
  614
Hilfe erhalten? 105, 109
HTML-Dokumente benutzen? 519
Web-Formulare erstellen?
  521
In Tabellen
  Bezüge auf andere
    Zellen eingeben? 276
  Blättern? 215
  Suchen? 222
In Listen suchen? 583
Kommentare eingeben?
  191

Kontextmenüs zur Eingabe
  nutzen? 266
Kopf-/Fußzeilen definieren
Leerzellen erzeugen? 207
Linien in Tabellen ziehen?
  100
Listen
  Erstellen? 576
  Filtern? 596
  Sortieren? 590
Makros erstellen? 884
Mehrfachoperationen
  nutzen? 634
Mit den Access-Funktionen arbeiten? 733
Mit Berichten arbeiten?
  625
Mit Masken arbeiten? 577
Mit Matrixformeln arbeiten? 320
Mit Namen arbeiten? 231
Mit Szenarien arbeiten?
  639
Mustervorlagen erstellen?
  483
Objekte in Tabellen
  einbinden? 529
Pivot-Tabellen erstellen?
  695
Sicherungsdateien
  automatisch anlegen?
  141, 146
Symbolleisten ein-/
  ausblenden? 1002
Rechtschreibprüfung
  durchführen? 553
Spalten
  Einfügen? 260
  Löschen? 262
Tabellenvorlagen definieren? 489
Text
  Formatieren? 439
  Ausrichten? 439
VBA-Programme erstellen?
  897

Währungsdaten eingeben?
  184
Wörter in AutoKorrektur
  aufnehmen? 555
Zahlen
  Als Text eingeben? 187
  Eingeben? 173
  Formatieren? 92
Zeilen
  Einfügen? 260
  Löschen? 262
Zeichnungsobjekte
  einfügen? 864
Zellen
  Formatieren? 92, 414
  Kopieren? 86
  Per Suchen/Ersetzen
    ändern? 263
  Schützen? 462
  Verstecken? 427
Zellbereiche kopieren? 86
Zellinhalte löschen? 85
WIEDER.XLW 1025
Wildcardzeichen 389
Windows Tabellenvorlage
  491
Windows NT 3.51 Service
  Pack 5 23
Windows NT 4.0 Workstation Service Pack 1 23
Windows-Explorer aufrufen
  383
Wissenswertes über Excel-Dokumente 44
WinZip 385, 387
Word 97 550
Word-Dokumente in Excel
  97 550
WordArt 858
  Formatieren 861
  Formen wählen 862
  Fülleffekte 861
  Linieneffekte 861
  Objekt
    Anlegen 859
    Bearbeiten 860
    Einbinden 547

Stichwortverzeichnis

Optionen zum Ausrichten 863
Text bearbeiten 859
Stil auswählen 858
Symbolleiste 860
World Wide Web 115

X

Xl8galry.xls 779
XLA-Datei 563
XLB-Datei 1006
XLK-Datei 142
XLSTART 136, 484, 562
Xlusrgal.xls 779
XLW-Datei 1015
XY-Diagramm 771

Z

Z1S1-Bezugssystem 275
Zahl
  Als Text eingeben 187
  Ausrichten 439
  Kopieren in Füllbereich 201
  Mit fester Stellenzahl 177
  Nachkommastellen 62
Zahleneingabe
  Anzahl Nachkommastellen 62
  Dezimalstelle hinzufügen/ entfernen 63
  mit Dezimalzeichen 61
  Nachkommastellen 61
  Hinweise und Tips 62
Zahlenformat 418
Zeichengröße 447
Zeichen
  Hochstellen 446
  Tiefstellen 446
Zeichnen
  Elemente zeichnen 864
  Füllmuster 870
  Linienarten 865
  Linienfarbe 870
  Linienform 870

Mit Autoformen 857
Mit WordArt 858
Symbolleiste 864
Textfeld 866
  Markieren 866
  Mit Zelle verbinden 868
Zeichnung, Linien erstellen 864
Zeichnungselement
  Formatieren 869
  Textfeld 866
Zeile
  Ausblenden 582
  Einblenden 582
  Einfügen 260
  In der Höhe verändern 461
  Löschen 262
  Markieren 225
  Verstecken 461
  Was ist das? 45
  Werte summieren 69
Zeilenbeschriftung 60
Zeilennumerierung 45
Zeilenumbruch 442
Zeilenhöhe verändern 460
Zeit eingeben 180
Zeiten konvertieren 272
Zeitformat 419
  Besonderheiten 430
  Millisekunden 430
Zellbereich
  Auswählen 1028
  Kopieren 86
  Markieren 224
  Selektieren 224
Zellbezüge durch Namen ersetzen 285
Zelle 45
  Aktive 56
  Bearbeiten 247
  Dezimalstelle hinzufügen/ entfernen 63
  Direktanwahl 220
  direkte Bearbeitung 247
  Sperren 247
  Format zurücksetzen 179

Formatieren 414
Formel
  ausblenden 463
  Einfügen 65
  Kopieren 70
  Inhalt verschieben 78
  Inhalt und Format löschen 86
  Löschen 262
  Namen 56
  Schützen 462
  Standardformat zurücksetzen 178
  Systemzeit eintragen 182
  Was ist das? 45
  Wert eingeben 56
  Wie erreiche ich 46
  Zahleneingabe 62
Zellen
  Ausfüllen 210
  Bereich schützen 462
  Einfügen 260
  Formatieren 92
  Inhalte löschen 81
  Kopieren 249
  Markieren 67
  Mit Vorgabewerten füllen 81
  Per Ersetzen ändern 263
  Registerkarte Schutz 463
  Schraffieren 456
  Schützen 462
  Verschieben 79, 249
Zellformat
  Benutzerdefiniert 420
  Bruch 419
  Datum 419
  Integriertes 417
  Löschen 85
  Prozent 419
  Text 420
  Textanzeige 428
  Zahl 418
  Zeit 419
Zellhintergrund, bedingte Formate 437
Zellinhalt
  Ausrichten horizontal 98

Löschen 83, 257
Zellwerte in Arbeitsblätter übernehmen 211
Ziehen mit der Maus 67
Zielfunktion 652
Zielwertsuche 630
  Funktion 630
  Parameter eingeben 631
  Rückgängig machen 633
  Status der Suche 632
  Veränderbare Zelle 632
  Was ist das? 630
  Zielgröße 632
  Zielwert 631
  Zur Break-Even-Analyse 631

Zirkelbezug, Iterationen 289
Zirkulare Berechnungen 288
Zoomfaktor setzen 172, 1019
Zu Access konvertieren 732
Zugriffspfad
  Ändern 1021
  Setzen 371
Zur vorherigen Zelle wechseln 318
Zylinderdiagramm 775